मानवशास्त्र विश्वकोश
(Encyclopaedia of Anthropology)

मानवशास्त्र विश्वकोश

(Encyclopaedia of Anthropology)

हरिकृष्ण रावत

रावत पब्लिकेशन्स

जयपुर • नई दिल्ली • बैंगलोर • गुवाहाटी • कोलकाता

ISBN 978-81-7033-740-9 (HB)
ISBN 978-81-7033-741-6 (PB)

Reprinted, 2016

Published by
Prem Rawat for **Rawat Publications**
Satyam Apts, Sector 3, Jawahar Nagar, Jaipur 302 004 (India)
Phone: 0141 265 1748 / 7006 Fax: 0141 265 1748
E-mail: info@rawatbooks.com
Website: www.rawatbooks.com

New Delhi Office
4858/24, Ansari Road, Daryaganj, New Delhi 110 002
Phone: 011 2326 3290

Also at *Bangalore, Guwahati* and *Kolkata*

Typeset by Rawat Computers, Jaipur
Printed at Nice Printing Press, New Delhi

अपनी बात

'समाजशास्त्रीय विश्वकोश' तथा 'समाजशास्त्रीय चिन्तक एवं सिद्धान्तकार' के प्रकाशन की श्रृंखला की अगली कड़ी मानवविज्ञान (मानवशास्त्र) का यह कोश है। इस कोश से जुड़ी एक अन्य पुस्तक (मानवशास्त्रीय विचारक और सिद्धान्तकार) प्रकाशाधीन है। इस कोश में मानवविज्ञान की लगभग सभी विधाओं, यथा भौतिक (शारीरिक), सामाजिक और सांस्कृतिक मानवशास्त्र के अतिरिक्त भाषाविज्ञान, पुरातत्वशास्त्र, पारिस्थितिकी आदि की सभी संकल्पनाएं (कान्सेप्ट्स), धारणाओं और उपागमों को सम्मिलित करने का पूरा-पूरा प्रयास किया गया है। पुस्तक में उद्‌विकासवाद के सभी रूपों, प्रसारवाद, प्रकार्यवाद, क्रियोन्मुखी सिद्धान्त, प्रक्रियात्मक एवं मार्क्सवादी सिद्धान्त, सापेक्षवाद के विभिन्न स्वरूपों, संरचनावाद और उत्तर-संरचनावाद तथा अधुनातन व्याख्यात्मक एवं उत्तर-आधुनिकतावादी दृष्टिकोणों के अतिरिक्त वैश्वीकरण, विश्व व्यवस्था सिद्धान्त, स्टेम सेल, क्लोनिंग और मानव के उद्‌विकास से संबंधित अद्यतन सामग्री दी गई है।

इस कोश का मुख्य उद्देश्य पाठकों, विशेषतः उच्च कक्षाओं के विद्यार्थियों तथा प्रतियोगी परीक्षाओं के आशार्थियों के साथ-साथ सामान्यजन को मानवशास्त्र के विभिन्न विषयों की अति संक्षेप में, किन्तु विषय से संबंधित सभी मूल बातों की सारगर्भित जानकारी देना हैं। अपनी अन्य पुस्तकों की भांति, इस पुस्तक में भी कुछ अवधारणाओं और जटिल शब्दों को अधिक बोधगम्य बनाने की दृष्टि से उनके साथ ही कोष्ठक में अंग्रेजी शब्दों को देवनागरी लिपि में भी दिया गया है।

मैं अपने उन सभी साथियों, इष्ट मित्रों और परिवार सदस्यों को भी धन्यवाद देता हूँ जिन्होंने मुझे इस पुस्तक के लेखन में उत्साहवर्द्धन के साथ-साथ सहयोग प्रदान किया है। इस पुस्तक के प्रणयन में भी मेरे लघु भ्राता श्री कैलाश रावत (जो इस कोश के प्रकाशक भी हैं) की महत्ती भूमिका रही है। मैं उनके प्रति भी आभार ज्ञापित करता हूं। अन्त में, मैं उन सभी लेखकों के प्रति कृतज्ञता प्रदर्शित करता हूं जिनकी लेखन सामग्री का मैनें इस कोश में जहां-तहां प्रयोग किया है।

हरिकृष्ण रावत

आनन्द भवन
डिग्गी मोहल्ला
ब्यावर (राज.)

A

Abbevillian culture – अबेविली संस्कृति

मिंडल हिमनदीय काल की पुरापाषाण युग की संस्कृति को 'अबेविली संस्कृति' के नाम से जाना जाता है। इसका नाम अबेविली स्थान (फ्रांस में) के नाम पर अबेविली संस्कृति पड़ा। इस संस्कृति का मूल उपकरण बड़ा अपरिष्कृत क्रोड (कुठार) था जिसका प्रयोग हस्त कुठार की भांति किया जाता था। ऐसा अनुमान है कि इस संस्कृति के प्रमुख उपकरणों का विकास मिश्र में करीब 600,000 वर्ष पूर्व और फ्रांस एवं इंग्लैण्ड में लगभग 450,000 वर्ष पूर्व हुआ था। अबेविली का पुरातन नाम 'छैलियन' रहा है जो फ्रांस के "छैलिज़" के आधार पर पड़ा है।

abduction – अपहरण

किसी व्यक्ति (अधिकांशतः स्त्री) को भगा ले जाना अथवा बलात् (जोर जबर्दस्ती) रूप में रोकने को अपहरण कहते हैं। आधुनिक शोध द्वारा यह उजागर हुआ है कि प्राचीन काल में इस प्रकार के तरीकों का व्यापक प्रचलन नहीं था जैसा कि कुछ पुराने लेखकों ने लिखा है। कुछ आदिवासी जातियों में अवश्य लड़की को भगा ले जाकर उसके साथ विवाह करने के साक्ष्य मिले हैं, किन्तु ये साक्ष्य भी विवाह के इस तरीके की व्यापकता का समर्थन नहीं करते हैं।

abhiseka – अभिषेक

पवित्र जल द्वारा हिन्दुओं में स्नान करने के अनुष्ठान को अभिषेक कहते हैं। इस शब्द का प्रयोग अधिकांशतः देवी-देवताओं के स्नान के अनुष्ठान के लिये किया जाता है। किन्तु कभी-कभी इस शब्द का प्रयोग राजा-महाराजाओं अथवा उच्च अधिकारियों द्वारा पद-ग्रहण समारोह के लिये भी किया जाता है। बौद्ध धर्म में, अभिषेक को पूर्णता की दसवीं अवस्था मानी गई है।

abong – एबंग

फिलीपीन द्वीप के इफूगाओ लोगों के ऐसे घरों को एबंग कहा गया है जो वहां गरीबों द्वारा प्रयोग किये जाते हैं।

ablineal relative – अपरेखिक सम्बन्धी

एक ऐसा रक्त सम्बन्धी (चचेरा भाई-बहिन) जिसकी गणना न तो जातक (ईगो) की वंश रेखा

में होती है और न ही वह कोई ऐसा व्यक्ति होता है जो सह-वंशजों या सपिन्डियों में से होता है, अपरेखिक सम्बन्धी कहलाता है।

aboriginal/aborigines – आदिवासी/ आदिवासी जातियां

किसी देश-प्रदेश के वे लोग जो आदिकाल से वहां रह रहे हैं तथा वे वहां के मूल निवासी हैं, उन्हें उस देश-प्रदेश का आदिवासी कहा जाता है। इस पद (टर्म) का सामान्य रूप में प्रयोग आस्ट्रेलिया के मूल निवासियों के लिये किया जाता रहा है। अमरीकी इन्डियन लोगों को उत्तरी अमेरिका का आदिवासी (मूल निवासी) माना जाता है।

abraxas – अब्रेक्सस

मिश्रवासियों के अनिश्चित मूल के एक ऐसे मिथकीय देवता को 'अब्रेक्सस' के नाम से जाना जाता है जिसकी उपासना प्राचीन गुह्य ज्ञानवादी किया करते थे। इस देवता के रूपाकार के बारे में यह माना जाता था कि इसका शीर्ष मुर्ग या सिंह का, शरीर मनुष्य का तथा हाथ-पैर सर्प के होते थे और जिसके एक हाथ में कोड़ा और दूसरे में ढाल रहती थी। इस देवता को मिश्रवासी परम शक्ति का प्रतीक या सूर्य देवता का रूप भी मानते थे।

'अब्रेक्सस' का शाब्दिक अर्थ गंडा या तावीज़ है। यूरोप, एशिया माइनर और उत्तरी अफ्रीका में दूसरी शताब्दी ईसा पूर्व से तेरहवीं शताब्दी तक एक रत्न या कवच का प्रयोग एक गंडे या तावीज़ के रूप में किया जाता था। इस तावीज़ पर एक विशेष आकृति अथवा संख्या का अंकन सम्मोहन हेतु किया जाता था।

'अब्रेक्सस' का प्रयोग ईश्वर के लिये एक शब्द के लिये भी किया जाता था जो अक्षरों के सात तत्वों से निर्मित होता है।

acclimatization – पर्यनुकूलन

जीवों द्वारा अपनी नवीन जलवायु परिस्थितियों के अनुरूप शारीरिक रूप से अनुकूलन की प्रक्रिया पर्यनुकूलन कहलाती है। इस प्रक्रिया में जीव अपने नये पर्यावरण (जलवायु) के अनुसार अपने आपको ढालता है। यह प्रक्रिया कभी-कभी नये सामाजिक परिवेश के साथ व्यक्ति के मानसिक एवं सामाजिक समायोजन के लिये भी प्रयोग की जाती है। पर्यनुकूलन किसी प्राणी-जाति में कुछ पीढ़ियों तक तब तक चलता रहता है, जब तक कि नये परिवेश के अनुसार शरीर में तालमेल बिठाने की शक्ति उत्पन्न नहीं हो जाती। बालों और चमड़ी के रंग में जलवायु अनुसार परिवर्तन इस प्रक्रिया के उदाहरण हैं, किन्तु मानवशास्त्री इस विचार से सहमत नहीं हैं।

accommodation – समंजन

सामाजिक समायोजन की एक ऐसी प्रक्रिया जिसके द्वारा संघर्षरत व्यक्ति अथवा समूह स्थाई रूप में या कुछ समय के लिये शांतिपूर्ण अन्तर्क्रिया द्वारा संघर्ष को रोकने या टालना स्वीकार करते हैं, समंजन कहलाती है। यह "शांतिपूर्ण सह अस्तित्व" की एक स्थिति है। इस स्थिति में संघर्ष पूर्णतः समाप्त नहीं होता, अपितु बाह्य रूप में समाप्त हुआ दिखाई देता है। इस

स्थिति की सुप्त ज्वालामुखी से तुलना की जा सकती है जो सुप्त दिखाई देते हुए भी कभी भी भभक सकता है। यह एक ऐसी स्थिति है जिसमें प्रकट या खुल्म-खुल्ला झगड़े की वारदातों से बचा जाता है।

acculturation – पर-संस्कृतिग्रहण

पर-संस्कृतिग्रहण संस्कृति परिवर्तन की एक प्रक्रिया है जिसकी शुरुआत तब होती है जब दो पूर्णतः स्वतंत्र सांस्कृतिक व्यवस्थाएं एक दूसरे के सम्पर्क में आती हैं। परिणामस्वरूप दोनों में एक दूसरे की विशेषताओं के ग्रहण करने से सांस्कृतिक समानताओं में वृद्धि होती है। इस प्रक्रिया में एक संस्कृति दूसरी संस्कृति के तत्वों को स्वेच्छा से अथवा दबाववश ग्रहण करती है। अतः, *पर-संस्कृतिग्रहण अंतःसांस्कृतिक आदान-प्रदान की एक ऐसी प्रक्रिया है जिसमें भिन्न संस्कृतियों के बीच उनके सांस्कृतिक विशेषकों (लक्षणों) तथा तत्वों के प्रसार द्वारा संस्कृति के नवीन और मिश्रित स्वरूप का जन्म होता है।* पर-संस्कृतिग्रहण द्वारा दो संस्कृतियों की सांस्कृतिक-दूरी में तो कमी आती ही है, किन्तु इसके द्वारा सामाजिक-दूरी (आत्मसात्करण) में भी समान रूप में कमी आये, यह आवश्यक नहीं है; अर्थात् पर-संस्कृतिग्रहण द्वारा अन्ततः आत्मसात्करण (असिमिलेशन) हो भी सकता है और नहीं भी। पर-संस्कृतिग्रहण में प्रसार, प्रतिक्रियात्मक अनुकूलन, सम्पर्क के फलस्वरूप उत्पन्न कई प्रकार की सामाजिक और सांस्कृतिक पुनर्संगठन, विसंस्कृतिकरण तथा सांस्कृतिक विखंडन जैसी अनेक प्रक्रियाएं सम्मिलित होती हैं।

इस प्रक्रिया के उद्‌भव का इतिहास आदिवासीय संस्कृति का आधुनिक समाजों की संस्कृति के साथ सम्पर्क से जुड़ा हुआ है। प्रारम्भ में इस अवधारणा का प्रयोग ऐसे सम्पर्क के फलस्वरूप आदिवासीय संस्कृति में होने वाले एक तरफा परिवर्तनों के लिये ही किया गया, किन्तु यह एक द्विवर्ती या उभयपक्षीय प्रक्रिया भी हो सकती है जिसमें सम्पर्क में आई हुई दोनों संस्कृतियों के बीच न्यूनाधिक मात्रा में सांस्कृतिक तत्वों, लक्षणों और संकुलों का आदान-प्रदान होता है। इस प्रक्रिया के फलस्वरूप उत्पन्न हुए आधुनिक समाजो पर आदिवासीय संघात को कई क्षेत्रों में देखा जा सकता है।

इस प्रक्रिया का सर्वप्रथम उल्लेख **लिंटन** ने अपनी पुस्तक **"द स्टडी ऑफ मैन"** (1936) में किया है। बाद में, **हर्सकोविट्स** और **रेडफील्ड** आदि नृ-वैज्ञानिकों ने भी किया है। भारत में इस प्रक्रिया को लेकर **एस.एन.रथ** ने एक अध्ययन '**कास्ट एज़ फार्म ऑफ अकल्चरेशन**' किया है।

acculturation, antagonistic – विरोधात्मक पर-संस्कृतिग्रहण

किसी समाज के द्वारा साधन के रूप में ऐसे सांस्कृतिक लक्षणों का अंगीकार किया जाना ताकि सांस्कृतिक अतिक्रमण का भरसक विरोध किया जा सके, विरोधात्मक पर-संस्कृतिग्रहण कहलाता है। अमेरिका के मैदानी भागों के आदिवासी इंडियनों द्वारा अपनी रक्षा हेतु बन्दूकों को अंगीकार कर सभ्य अमरीकियों के विरोध में खड़े हो जाना इस प्रक्रिया का एक उदाहरण है।

acculturation, contra – प्रति पर-संस्कृतिग्रहण

जब प्रबल और दुर्बल दो संस्कृतियां एक दूसरे के सम्पर्क में आती हैं, तब दुर्बल (अधिशासित) संस्कृति सर्वप्रथम पूर्णतः विखंडित (छिन्न-भिन्न) हो जाती है और बाद में इसमें अपने खोए हुए अस्तित्व की पुनः प्रतिष्ठा की प्रतिक्रिया के फलस्वरूप उभार आता है; इस प्रतिक्रिया को ही प्रति पर-संस्कृतिग्रहण कहते हैं। भारत में नागा-आन्दोलन, झारखंड आन्दोलन इसी प्रक्रिया के ही कुछ उदाहरण हैं। यह अतीत के गौरव के पुनरुत्थान या पुनरुज्जीवन की एक प्रक्रिया है।

acculturation, cross – परा पर-संस्कृतिग्रहण

परा पर-संस्कृतिग्रहण एक ऐसी प्रक्रिया है जिसमें सम्पर्क में आई संस्कृतियों में आपस में संस्कृति-विशेषकों (लक्षणों) की अदला-बदली या लेन-देन होता है।

acculturation, marginal – सीमांत (उपांत) पर-संस्कृतिग्रहण

पर-संस्कृतिग्रहण की प्रक्रिया का एक रूप सीमांत या उपांत पर-संस्कृतिग्रहण के नाम से जाना जाता है जिसमें सांस्कृतिक तत्वों का आदान-प्रदान दो संस्कृतियों की सीमाओं तक ही सीमित रहता है।

acculturation, planitational – विस्तृत क्षेत्रीय पर-संस्कृतिग्रहण

दूरस्थ क्षेत्र की दो संस्कृतियों के परस्पर सम्पर्क में आने पर जो आदान-प्रदान की प्रक्रिया होती है, उसे विस्तृत क्षेत्रीय पर-संस्कृतिग्रहण कहते हैं। इस प्रक्रिया द्वारा दीर्घ अवधि में दोनों संस्कृतियों के एक दूसरे में पूर्ण विलय हो जाने की संभावना रहती है।

acculturation, voluntary – ऐच्छिक पर-संस्कृतिग्रहण

पर-संस्कृतिग्रहण का एक रूप जिसमें एक समाज दूसरे समाज की संस्कृति के विशेषकों (लक्षणों) को स्वेच्छा से ग्रहण करता है, ऐच्छिक पर-संस्कृतिग्रहण कहलाता है।

acephalous society – शिरोहीन समाज

ऐसी राजनीतिक व्यवस्थाएं जिनमें केन्द्रीय सत्ता नहीं होती, शिरोहीन या शीर्षहीन समाज के नाम से जानी जाती हैं। ऐसे समाजों में सत्ता पर नियन्त्रण कुल, वंश-समूह या वंश के किसी एक भाग का होता है। इस प्रकार के "शीर्षहीन" समाजों के लिये एक वैकल्पिक पद 'राज्य विहीन समाज' का भी प्रयोग किया गया है। ऐसे समाजों में राजनीतिक व्यवस्था 'खंडित' प्रकार की विकेन्द्रित अथवा बहुकेन्द्रित हो सकती है। इस प्रकार के समाजों के प्रचुर उदाहरण अफ्रीका की कई जनजातियों या कबीलों में देखने को मिले हैं, जहां सत्ता पर नियन्त्रण किसी व्यक्ति विशेष के हाथ में न होकर सम्पूर्ण वंश-समूह के पास होता है।

acheulian age – ऐश्यूली युग

निम्न पुरापाषाण युग से सम्बन्धित एक युग को ऐश्यूली युग के नाम से जाना जाता है। यह

युग प्रारंभिक द्वितीय अंतर्हिमावर्तनीय काल, अर्थात् मिन्डेल तथा रिस युग के मध्य तक चलता है। इसे "ऐश्यूल" नाम फ्रांस के सेंट ऐश्यूल नामक स्थान के आधार पर दिया गया है। इस युग की प्रमुख विशेषता सभी ओर से अपखंडित चकमक उपकरण है।

Acheulian Culture — ऐश्यूली संस्कृति

फ्रांस में सोम नदी के किनारे सेंट एश्यूल नामक एक स्थान है। यहां पर लगभग 130 लाख वर्ष पूर्व किसी विनिष्ट संस्कृति के कुछ अवशेष पहली बार मिले थे। इन अवशेषों के आधार पर ही इसे एश्यूली संस्कृति का नाम दिया गया। बाद में जहां कहीं इसी प्रकार के उपकरण मिले, उन्हें 'एश्यूली संस्कृति' कहा गया। यह संस्कृति सामान्यतः 'होमो इरक्ट्स', प्राणी से जुड़ी पाई गई है। इस संस्कृति की विशेषता हाथ की कुल्हाड़ी और काटने के अन्य बड़े-बड़े उपकरणों में झलकती है।

achieved qualities — अर्जित विशेषताएं

ऐसी विशेषताएं जो एक व्यक्ति अपने जीवन काल में अपने प्रयत्नों के आधार पर अर्जित करता है, अर्जित विशेषताएं कहलाती हैं।

achieved status = status, achieved

action research — क्रियान्मुखी शोध

व्यावहारिक शोध के एक ऐसे विशिष्ट रूप को क्रियान्मुखी या क्रियापरक शोध कहते हैं जिसका प्रमुख उद्देश्य वांछित सामाजिक परिवर्तन हेतु प्रभावकारी साधनों की खोज़ करना होता है। अधिकांश क्रियान्मुखी शोध किसी सामाजिक स्थिति अथवा दशा में संशोधन अथवा सुधार की इच्छा अथवा किसी समूह या समुदाय की किसी समस्या के समाधान के सामूहिक प्रयास से प्रेरित होती हैं। बहुधा क्रियापरक शोध सामाजिक परिवर्तन, व्यक्तियों अथवा लघु सामाजिक समूहों की व्याधिकीय स्थिति का निदान या किसी संगठन की कार्य-क्षमता में बढ़ोत्तरी करने अथवा किसी समूह में वैमनस्य को कम करने के प्रयोजनों को लेकर की जाती हैं। इस प्रकार की शोध योजनाओं में कई बार शोधकर्त्ता स्वयं नियोजित नीति कार्यक्रमों में सहभागिक बन जाते हैं और अपने ज्ञान एवं शोध अनुभव का प्रयोग उन संगठनों और समुदायों में करते हैं जिनमें उनकी सेवाएं ली जाती हैं।

action theory — क्रिया-सिद्धान्त

सामान्य रूप में, समाज से संबंधित और विशेष रूप में, राजनीतिक व्यवस्थाओं से संबंधित उन सभी अध्ययनों को क्रिया-सिद्धान्त के घेरे में सम्मिलित किया गया है जो किसी सामाजिक-राजनीतिक संदर्भ में अकेल कर्त्ताओं और उनकी व्यूह रचनाओं पर केन्द्रित होते हैं। क्रिया-सिद्धान्त में सैद्धान्तिक तौर पर आदान-प्रदान संबंधों (ट्रैन्ज़ैक्शन्स), व्यवस्था विश्लेषण और खेल-सिद्धान्त को सम्मिलित किया जाता है। मानवशास्त्र में क्रिया सिद्धान्त के अन्तर्गत व्यक्ति को सामाजिक संगठन के तानेबाने में जुड़ा मान कर उसकी राजनीतिक क्रिया और अन्तर्क्रिया का विश्लेषण किया जाता है। राजनीतिक मानवशास्त्र में, क्रिया-सिद्धान्त के

अन्तर्गत राजनीतिक प्रक्रियाओं तथा गुटों, हित समूहों की रचनाओं का अध्ययन क्षेत्र-कार्य पद्धति द्वारा किया गया है।

एक दृष्टि से, क्रिया सिद्धान्त, कुछ मात्रा में, संरचनात्मक-प्रकार्यवाद की एक प्रतिक्रिया है जिसमें व्यक्ति की अपेक्षा सम्पूर्ण सामाजिक व्यवस्था, बड़े-बड़े समूहों, राजनीतिक व्यवस्थाओं का अध्ययन किया जाता है। क्रिया-सिद्धान्त सामाजिक व्यवहार के गत्यात्मक रूप, जैसे व्यूह रचना, निर्णय प्रक्रिया और अधिकाधिक हित-साधना पर ज़ोर देता है। मानवशास्त्र के क्षेत्र में शुरू में **मेयर, फर्थ** और **लीच** द्वारा अपने-अपने अध्ययनों में क्रियान्मुखी उपागम का प्रयोग किया गया है। सन् 1950 और 1960 के बीच **बेली, बार्थ और टर्नर** तथा **ए.पी. कोहेन** तथा अन्य मानवशास्त्रियों ने इस उपागम का व्यापक रूप में प्रयोग किया है। क्रिया-सिद्धान्त ने नृजातिकता के मानवशास्त्रीय अध्ययनों को भी प्रभावित किया है।

adaptation – अनुकूलन

पर्यावरण की परिस्थितियों की प्रतिक्रिया के फलस्वरूप जीव द्वारा शारीरिक और/या व्यवहारात्मक समायोजन की प्रक्रिया को अनुकूलन कहते हैं। अनुकूलन की प्रक्रिया में परिवर्तित पर्यावरण की आवश्यकताओं के अनुसार जीव की क्रियाओं में संशोधन/परिष्करण संभव है। अनुकूलन दो प्रकार के परिवर्तनों का संकेत देता है; (1) प्रजनन सम्बन्धी जीन की आवृत्तियों के ऐसे परिवर्तन जो उसकी नस्ल के अति जीवन के लिये आवश्यक हों, (2) ऐसे शारीरिक और सामाजिक-सांस्कृतिक परिवर्तन जो व्यक्ति की व्यक्तिगत क्षमता और कल्याण में वृद्धि करते हों।

अनुकूलन लघु अथवा दीर्घ अवधि तक चल सकता है। पारिस्थितिकी मानवशास्त्र में इस अवधारणा का केन्द्रीय स्थान है, यद्यपि कुछेक विद्वानों ने उद्विकासीय और आनुवंशिक अनुकूलन पर अधिक जोर दिया है; फिर भी सभी इस बात पर सहमत हैं कि मानव प्राणी सहित सभी एकल जीव पर्यावरण के प्रति प्रतिक्रिया करते हैं। एकल जीव संरचनात्मक और प्रकार्यात्मक समायोजन द्वारा अपने पर्यावरण में होने वाले परिवर्तनों के प्रति प्रतिक्रिया करते हैं। इसके तीन रूप हैं : नियंत्रक, दशानुकूलन और विकासात्मक।

अनुकूलन अनिवार्यतः एक समझौता है। इसके परिणाम शायद ही कभी पूर्ण या 'इष्टतम' समाधान होता है; यह केवल संयोग, प्रतिस्पर्धा और अवसर को प्रकट करता है। इसका मुख्य कारण यह है कि पर्यावरण निरंतर बदलता रहता है, जन-समुदाय निरंतर व्यवहारात्मक, शारीरिक, विकासात्मक और आनुवंशिक विशेषताओं में होने वाले नवाचारों को अपने में सम्मिलित करता रहता है। यही नहीं, इनकी आपसी अन्तर्क्रियाएं बड़ी जटिल होती हैं और बहुधा इनके बारे में कोई भविष्योक्ति नहीं की जा सकती है।

आजकल यह माना जाने लगा है कि मानव में 'पर्यावरण की सीमाओं' को लांघने की क्षमता है। वह उपस्थित पर्यावरण के अनुरूप न केवल अपने आपको ढालता है या उसके साथ तालमेल बिठाता है, अपितु मानव अपने ऊपर पड़ने वाले भौतिक पर्यावरण के प्रभावों में परिवर्तन करने में भी सक्षम है।

adaptation, pre – पूर्वानुकूलन

किसी विशिष्ट परिवर्तन अथवा परिस्थिति के साथ समय से पूर्व अपने को ढालने को पूर्वानुकूलन कहते हैं। एक अन्य अर्थ में, जीव अथवा समूह में उन लक्षणों का होना जो पूर्ववर्ती पर्यावरण से अनुकूलित नहीं हैं, किन्तु किसी दूसरे पर्यावरण में बने रहने में सहायक होते हैं, पूर्वानुकूलन कहलाता है।

address terms – संबोधन संज्ञाएं

सम्बोधन संज्ञाएं वे नातेदारी संज्ञाएं हैं जिनका प्रयोग व्यक्ति के सम्बोधन में प्रत्यक्ष रूप में किया जाता है। यह संभव हो सकता है कि किसी नातेदारी व्यवस्था में एक ही मूल संज्ञा का अनेक व्यक्तियों के लिये प्रयोग किया जाता हो, जैसे आंग्ल भाषा का शब्द "कज़ॅन" का प्रयोग चचेरे, मौसेरे, फूफेरे और ममेरे भाई-बहिन सभी के लिये किया जाता है। इसी प्रकार, अंग्रेजी के "ऑन्ट" एवं "अंकल" शब्द भी हैं। अतः मानवशास्त्री बहुधा सम्बोधन संज्ञाओं को संदर्भ संज्ञाओं से अलग करते हैं।" (देखिये : 'किनशिप टर्म्स')

adelphic polyandry = polyandray, adelphic

adlet – अदलेत

एस्किमो जनजाति में प्रचलित एक विश्वास कि एक राक्षस का जन्म कुत्तों तथा मानव के संकरण द्वारा हुआ है, इसे वे 'अदलेत' कहते हैं।

adolescence – किशोरावस्था

बाल्यावस्था और वयस्कावस्था के बीच की अवस्था को कई संस्कृतियों (सभी मानव संस्कृतियों में नहीं) में किशोरावस्था के रूप में स्वीकारा गया है। यह अवस्था जैवकीय संक्रमण की स्थिति को प्रकट करती है जिसमें यौवनारम्भ (तरुणाई), वर्धन, गति में तीव्रता, द्वितीयक कामवृति जैसी विशेषताओं (किशोरियों के उरोजों में उभार और किशोरों की दाड़ी-मूंछ की शुरुआत, आवाज़ में अन्तर आदि) के अतिरिक्त सर्वाधिक महत्वपूर्ण प्रजनन क्षमता के विकास आदि को सम्मिलित किया जाता है।

एक सामाजिक अवस्था के रूप में, किशोरावस्था में यह आशा की जाती है कि जैवकीय रूप में वयस्क होने पर बदली हुई दशाओं के अनुरूप अपने समुदाय के सांस्कृतिक जीवन में सामाजिक रूप में व्यक्तियों का पुनर्समायोजन किया जाये। कई संस्कृतियों में, जीवन-पथ के संस्कारों के माध्यम से जैवकीय अवस्था के आने के पूर्व ही किशोर-किशोरियों को सामाजिक रूप में किशोरावस्था की प्रस्थिति प्रदान करने का विधि-विधान है। कम से कम सभी संस्कृतियों में 'तरुणाई' को किसी न किसी रूप में सामाजिक मान्यता दी गई है। किशोरावस्था में मुख्यतः कामवृत्ति सम्बन्धी तीव्र रुचि और भावी भूमिकाओं (पुरुषों में खाने-कमाने और स्त्रियों में घरेलू कार्यों सम्बन्धी बातों संबंधी) के बारे में सोच-विचार उत्पन्न हो जाता है।

किशोरावस्था की अवधि अलग-अलग समाजों में भिन्न है। पारम्परिक ग्रामीण और

आदिवासी समाजों में बाल्यावस्था और वयस्कावस्था के बीच की अवधि, अर्थात् किशोरावस्था छोटी होती है (बहुधा 2 से 5 वर्षों तक), जबकि औद्योगिक आधुनिक समाजों में यह अवधि अपेक्षाकृत लम्बी होती है और इसे बहुधा बीसवें वर्ष के प्रारंभ तक खींचा जाता है।

adoption – दत्तकता/दत्तक प्रथा

कल्पित नातेदारी संबंधों का एक रूप दत्तकत्ता या दत्तक प्रथा कहलाता है जिसके द्वारा प्रजनन की प्राकृतिक (जैवकीय) प्रक्रिया में उत्पन्न कमियों को नातेदारी की विचारधारा के मानदंडों के साथ तालमेल बिठाने का प्रयास किया जाता है। यह एक ऐसा तौर-तरीका है जिसमें दत्तक नातेदार उन व्यक्तियों के लिये वास्तविक नातेदारों की भूमिका की पूर्ति करते हैं, जिन्हें प्रकृति ने उससे मरहूम रखा है। प्रायः यह देखा गया है कि लगभग सभी समाजों में माता-पिता के स्थान पर या इनके अतिरिक्त संरक्षण और सहायता करने वाले व्यक्ति होते हैं। दूसरे माता-पिता (जनक एवं जननी) के बालक या बालिका को अपने स्वयं का बनाने, अर्थात् 'गोद लेने' के किसी प्रकार के प्रथानुगत या ऐच्छिक तरीके को दत्तकता या दत्तक प्रथा कहा गया हैं। गोद लेने वालों और गोद देने वालों की अभिप्रेरणा, उद्देश्य, गोद की प्रक्रिया का स्वरूप, इसका सांस्कृतिक अर्थ तथा अन्य विशेषताएं अलग-अलग समाजों में भिन्न पाई गई हैं।

adulthood – वयस्कता

सामान्य जैवकीय अर्थ में, परिपक्वता प्राप्त करने को वयस्कता कहा जाता है। मानवशास्त्रीय दृष्टि से इसे सामाजिक वयस्कता के अर्थ में परिभाषित किया गया है। आयु-संरचना के अनुसार जब व्यक्ति पूर्ण अधिकारों और दायित्वों को ग्रहण कर लेता है या ग्रहण करने योग्य हो जाता है, तब यह स्थिति सामाजिक वयस्कता कहलाती है। बहुधा यह स्थिति विवाह और जनकता (पितृत्व) के साथ-साथ आती है।

Aegean culture – ईजियन संस्कृति

ईजियन सागर के द्वीपों तथा उसके निकटवर्ती देशों की प्रागैतिहासिक सभ्यता से सम्बन्धित विशेषतः (3000-1100 ई.पू.) कांस्य युग की संस्कृति ईजियन संस्कृति के नाम से जानी जाती है।

Aegyptopithecus – एजिप्टोपिथेकस

मिश्र के फायूम क्षेत्र में पाये गये प्रोपलिऑपिथेसिड को एजिप्टोपिथेकस कहा गया है।

aeneolithic age – ताम्र-प्रस्तर युग

नव-प्रस्तर युग तथा कांस्य युग के बीच का संक्रांति काल ताम्र-प्रस्तर युग के नाम से जाना जाता है। इस युग में बहुत थोड़ा तांबे का प्रयोग किया गया था।

affines – विवाह-सम्बन्धी

विवाह के आधार पर बने सम्बन्धियों को "एफईन" अथवा विवाह-सम्बन्धी कहते हैं। विवाह

के बाद पति का पत्नी के रक्त सम्बन्धियों के साथ और पत्नी का पति के रक्त सम्बन्धियों के साथ स्थापित सम्बन्ध विवाह-सम्बन्धी की श्रेणी में आता है। सास-दामाद या श्वसुर-दामाद, जीजा-साली, देवर-भाभी, ननद-भौजाई के सम्बन्ध इसी प्रकार के कुछ सम्बन्ध हैं। आधुनिक एंग्लो-अमेरिकी नातेदारी व्यवस्था में विवाह सम्बन्धियों को ससुराल वाले सम्बन्धियों के रूप में जाना जाता है। किसी वंश-प्रणाली की नियमित विनिमय प्रथा में विवाह आधारित रिश्ते दो वंशों के बीच इस प्रकार के हो सकते हैं कि दम्पत्ति के सभी रक्त-सम्बन्धी सदस्य विवाह-सम्बन्धी भी हों।

affinity – सम्बन्ध/वंश-सादृश्य

इस शब्द का प्रयोग दो अर्थों में किया जाता है। पहले अर्थ में, रक्त के स्थान पर विवाह के आधार पर बनी सम्बन्ध-प्रस्थिति के अर्थ में प्रयोग सास और दामाद या श्वसुर और पुत्र-वधु की सम्बन्ध-प्रस्थिति वैवाहिक सम्बन्धों के उदाहरण हैं। नातेदारी अध्ययनों में, वंश-सिद्धान्त में वैवाहिक संबंधों को अपेक्षाकृत कम महत्व दिया गया है, जब कि वैवाहिक गठबंधन सिद्धान्त में इन संबंधों को प्राथमिकता दी गई है। द्वितीय अर्थ में, इस शब्द का प्रयोग विभिन्न स्त्रोतों से जन्मी भाषाओं की संरचना में व्याप्त सादृश्यता के प्रदर्शन के लिये किया जाता है। कभी-कभी इस शब्द का प्रयोग भाषाओं की उत्पत्ति के साझा उद्‌गम के लिये भी किया जाता है।

Africanthropus njarasensis – अफ्रिकनथ्रोपस नज़ारासेन्सिस

मानव के एक विवादास्पद स्वरूप को 'अफ्रिकनथ्रोपस नज़ारासेन्सिस' कहा गया है। ऐसा माना जाता है कि यह विवादास्पद स्वरूप पिथेक्नथ्रोपस-सिन्नथ्रोपस स्तर का था और जो प्लाइस्टोसीन युग (अत्यंत नूतन युग) में रहा है और यह बहुत कुछ बाद के निन्डर्थल मानव से मिलता-जुलता था। मानव के इस स्वरूप के अनेक खोपड़ियों के टुकड़े सन् 1935 में टांग्यानिका में पाये गये हैं।

after-world – परलोक/यमलोक

परलोक या यमलोक ऐसे स्थान की संकल्पना है जहां मनुष्य मृत्यु के पश्चात् जाता है। यह अवधारणा लगभग सभी संस्कृतियों में सामान्य रूप में पाई गयी है।

agamang – अगामंग

फिलिपीन द्वीप की इफूगाओं नामक जनजाति में जहां अविवाहित महिलाएं सामूहिक रूप में निवास करती हैं, उन निवास गृहों को उनकी भाषा में 'अगामंग' कहते हैं। ये युवागृहों का ही एक रूप है।

agamy – अयुग्मकता/अविवाह प्रथा

विश्व में कुछ ऐसे समूह अथवा समाज पाये गये हैं जो विवाह की प्रथा को मान्यता नहीं देते। विवाह प्रथा की यह अमान्यता अथवा किसी प्रकार के विवाह विनियमों के न होने की स्थिति ही अयुग्मकता या अविवाह प्रथा के नाम से जानी जाती है। इस शब्द का प्रयोग **आर.**

एच. लॉवी ने किया है। आजकल इसी से मिलती-जुलती एक प्रथा 'लिविंग टुगेदर' का विकास हुआ है जिसमें बिना विवाह किये साथ-साथ पति-पत्नी के समान एक साथ रहने का रिवाज़ सा बनता जा रहा है।

age — युग/काल/आयु

सांस्कृतिक उद्‌विकास के इतिहास में एक प्रमुख उप विभाजन को युग या काल कहा गया है। इस अर्थ में, पृथ्वी के इतिहास की एक काल सीमा जिसमें एक विशेष प्रकार का जीवन प्रधान रहा हो, जैसे ताम्र युग, कांस्य युग और लोह युग आदि। एक अन्य अर्थ में, जब कोई विशेष भू-वैज्ञानिक घटना अथवा उसकी कोई श्रृंखला घटी हो, जैसे हिमयुग। 'युग' शब्द का प्रयोग उस कालावधि के लिये भी किया जाता है जिसमें कोई वस्तु अथवा प्राणी जीवित या विद्यमान रहा हो। 'युग' शब्द की आलोचना भी हुई है क्यों कि यह शब्द बड़ा अस्पष्ट भ्रम-असमंजस पैदा करने वाला है। इस शब्द से यह विदित होता है कि किसी काल विशेष की संस्कृति में समरूपता थी जो कि सामान्य रूप से होती नहीं है।

मानवशास्त्र में सामाजिक संगठन के संदर्भ में व्यक्ति की आयु का भी अध्ययन किया गया है। व्यक्ति की उम्र सामाजिक संगठन की दृष्टि से विशिष्ट अर्थ रखती है। अलग-अलग समाजों में इसका प्रयोग भिन्न अर्थों में किया गया है। देखिये आयु-वर्ग, आयु-श्रेणी, आयु-भूमिका, आयु-प्रस्थिति, आयु-संरचना।

age area — काल-क्षेत्र

क्लार्क विसलर द्वारा प्रतिपादित एक अवधारणा 'काल-क्षेत्र' कहलाती है जिसके अनुसार किसी संस्कृति-क्षेत्र की सीमा पर प्राप्त सांस्कृतिक लक्षणों की आयु को केन्द्र से प्राप्त लक्षणों (विशेषकों) से अधिक प्राचीन मानी जाती है। ऐसा माना जाता है कि ये लक्षण बहुत समय पूर्व केन्द्र से परिधि की ओर प्रसारित हुए थे। अतएव, इनकी आयु की गणना केन्द्र से परिधि तक की दूरी के अध्ययन के साथ-साथ केन्द्र में प्राप्त उनसे सम्बन्धित लक्षणों द्वारा की जा सकती है। इस प्रकार संस्कृति-केन्द्र के अन्वेषणों द्वारा परिधि पर प्राप्त सांस्कृतिक लक्षणों के वस्तुतः प्राचीन स्वरूप के प्रमाणों का अनावरण किया जा सकता है। इस अवधारणा की प्रामाणिकता के बारे में मानव वैज्ञानिकों में आपस में मतभेद हैं।

age category — आयु-श्रेणी

एक ही वर्ग (स्त्री या पुरुष) एवं लगभग एक ही आयु के व्यक्तियों का समूह जिसके कुछ निश्चित कर्त्तव्य एवं विशेषाधिकार समान रूप में होते हैं और जो समाज का एक अंश या भाग होता है, आयु-श्रेणी के नाम से जाना जाता है। प्रत्येक आयु-श्रेणी को भिन्न-भिन्न पड़ावों से गुजरना पड़ता है और प्रत्येक की अपनी एक सुनिश्चित प्रस्थिति, आनुष्ठानिक क्रियाकलाप एवं कर्त्तव्य होते हैं।

किसी संस्कृति में कितनी आयु-श्रेणियां हैं, इसके सम्बन्ध में समाजों में भिन्नता देखी गई है। नाइजीरिया की नूप जनजाति के लोगों में जहां मात्र तीन आयु-श्रेणियां हैं, वहां केन्या की नंदी संस्कृति में 28 आयु-श्रेणियां पाई गई हैं। भारतीय समाज (हिन्दुओं में) में मोटे रूप

में 6 आयु-श्रेणियां यथा शैशवावस्था, बाल्यावस्था, किशोरावस्था, युवावस्था, प्रौढ़ावस्था और वृद्धावस्था की परिकल्पना पाईं गई है। यहां इन्हीं आयु-श्रेणियों के अनुसार व्यक्तियों से व्यवहार किया जाता है और उसी के अनुरूप उनसे प्रत्याशा की जाती है।

age class – आयु-वर्ग

लगभग समान आयु वाले (समवयस्क) व्यक्तियों के समूह को एक आयु-वर्ग माना जाता है। एक संस्कृति के एक आयु-वर्ग के व्यक्तियों की शिक्षा-दीक्षा अथवा सामाजिक कार्यकलापों में काफी समानता होती है। बहुधा ऐसे समूह पुरुष समुदाय में होते हैं।

age conflict – आयु-संघर्ष

आधुनिक समाजों में आयु-संघर्ष एक विशेष महत्व का विषय बन गया है। इसे 'पीढ़ियों का अन्तर' या 'पीढ़ियों का संघर्ष' के नामों से भी जाना जाता है। मानवशास्त्रीय साक्ष्य बताते हैं कि जिस प्रकार विभिन्न समाजों में आयु को भिन्न रूपों में परिभाषित और भिन्न रूपों में प्रयोग किया गया है, उसी प्रकार आयु-समूहों में संघर्ष अथवा तनाव की मात्रा और स्वरूपों में भी अन्तर होता है। यह बहुत कुछ रूप में पीढ़ी की परिभाषा, आयु-समूहों के स्थानिक और संगठनात्मक विभाजन एवं पृथकता और प्रत्येक समाज में सम्पत्ति और शक्ति की धारणा एवं उसके संचरण के प्रतिमानों पर निर्भर करता है। आजकल समाज का स्तरीकरण आयु-संघर्ष (पीढ़ियों का संघर्ष) और आयु-समूहों के आधार पर उसी रूप में किया जाने लगा है, जिस प्रकार 'वर्ग-संघर्ष' आधार पर किया जाता है।

age role – आयु-भूमिका

अपेक्षाओं का एक समूह जो एक खास आयु-वर्ग के व्यक्तियों से जुड़ा होता है, आयु-भूमिका के नाम से जाना जाता है।

age set – आयु-माला/आयु-समूह

कई जनजातीय समाजों में, विशेषतः पूर्वी अफ्रीका, मध्य ब्राजील तथा न्यूगिनी के कुछ भागों में आयु-आधारित सामाजिक समूहीकरण पाया गया है जो नातेदारी और वंश आधारित बंधनों को नज़रअंदाज करते है। आयु-माला व्यवस्थाओं में, युवा व्यक्ति (बहुधा केवल पुरुष किन्तु कभी-कभी स्त्री-पुरुष दोनों) किसी नामित इकाई के रूप में समूह बनाते हैं जिसमें सम्मिलित पहचान के तत्व होते हैं। कुछ आयु-माला व्यवस्थाओं की प्रकृति चक्रिक होती है। इनमें कुछ पीढ़ियों के बाद उन्हीं नाम का पुनः प्रयोग किया जाता है जिनका प्रयोग पहले हुआ है। इसके विपरीत, कुछ आयु-माला व्यवस्थाएं उत्तरोत्तर प्रगतिशील होती हैं और इनमें निरंतर नये नामों का प्रयोग होता है। कुछ आयु-माला व्यवस्थाओं में किशोरावस्था में अथवा विवाह के पूर्व भौतिक रूप में अलग-थलग रखने की व्यवस्था होती है। बहुधा यह ऐसे योद्धा आयु-समूह के युवाओं के लिये होती है जिन्हें अलग से 'पुरुष-घरों' में रखा जाता है। इस प्रकार की आयु-मालाएँ नातेदारी संबंधों को बनाये रखने में महत्वपूर्ण भूमिका अदा करती हैं।

age status – आयु-प्रस्थिति

एक ऐसी सामाजिक प्रस्थिति जिससे एक व्यक्ति अपनी आयु के आधार पर सम्बद्ध होता है, आयु-प्रस्थिति कहलाती है।

age structure – आयु-संरचना

आयु-समूहों के आधार पर किसी भी राष्ट्र की रचना को आयु-संरचना कहते हैं। मोटे रूप में, तीन आयु-संरचनाओं का प्रयोग किया जाता है, यथा (1) पश्चिमी-यूरोपीय, (2) उत्तरी अमरीकी और (3) ब्राजिल के प्रकार की। किसी भी देश की उन्नति और भविष्य पर उसकी आयु-संरचना के स्वरूप का गहरा प्रभाव पड़ता है।

age systems – आयु-प्रणालियां

आयु-प्रणालियों में निश्चित औपचारिक क्रमों की श्रृंखला (आयु-सोपान) का प्रयोग किया जाता है जिसके द्वारा सभी व्यक्तियों को विशिष्ट आयु-वर्गों या समवयस्क समूहों (एज-सेट) के सदस्यों के रूप में निरन्तर गुजरना पड़ता है। मानवशास्त्रीय साहित्य में 'एज-ग्रेड', 'एज-क्लास' या 'एज सेट' शब्दों का प्रयोग समानार्थक शब्दों में किया गया है, फिर भी इन अवधारणाओं में पर्याप्त अन्तर है। आयु-सोपान (एज-ग्रेड) उन व्यक्तियों से पूर्णतः भिन्न है (आयु-समूह, समवयस्क समूह या आयु-वर्ग) जो इनसे गुजरते हैं।

सभी समाजों में पद और प्रस्थिति के निर्धारण में आयु एक महत्वपूर्ण मापदंड है, फिर भी औपचारिक समवयस्क समूहों को महत्व नहीं दिया जाता है। ये बहुधा एकमात्र रूप में ऐसे पितृवंशीय समाजों में पाये जाते हैं जहां नेतृत्वहीन राजनीतिक संगठन होते हैं और इनका प्रयोग मुख्यतः व्यक्तियों को संगठित करने के लिये किया जाता है। स्त्रियों की आयु-प्रणालियों का या तो अस्तित्व ही नहीं है या उनके पुरुष प्रतिरूप के धुंधले प्रतिबिम्ब के रूप कहीं-कहीं देखने को मिले हैं। अफ्रीका के सहारा क्षेत्र, उत्तरी अमेरिका के मैदानी इण्डियन लोगों और अमेजन क्षेत्र के लोगों में इस प्रकार की आयु-प्रणालियां पाई गई हैं।

ageism – वयवाद

व्यक्तियों अथवा समूहों के प्रति उनकी आयु पर आधारित अतार्किक भेदभाव और पूर्वाग्रही विचारों को वयवाद कहते हैं। इसमें व्यक्ति या समूह की शारीरिक अथवा मानसिक क्षमताओं के बारे में रूढ़िबद्ध धारणाएं निहित होती हैं। अधिकांशतः ये धारणाएं प्रजातिवाद और लैंगिकवाद (सेक्सिज़म) की भांति वयोवृद्धता या बुढ़ापे से सम्बन्धित होती हैं, जैसे बड़ी उम्र के कारण बूढ़ों को नौकरी न देना या नौकरी से निकाल देना आदि।

प्रत्येक व्यक्ति के आयु-चक्र में ऐसा काल आता है जब वह अधीनस्थ (मातहत) की भूमिका (जैसे, बाल्यावस्था), तो कभी सत्ताधारी (जैसे, मध्यम आयु-वर्ग में) की भूमिका का निर्वाह करता है। उम्र की ये अवस्थाएं व्यक्ति को वयवाद के पूर्वाग्रहों से बोझिल कर देती हैं।

agelecism – समूहवाद

इस शब्द की उत्पत्ति ग्रीक भाषा के शब्द "एजलिक" से हुई है जिसका प्रयोग समूह के अर्थ

में किया जाता है। समूहवाद के समर्थक विद्वानों की मान्यता है कि सामाजिक समूह का अस्तित्व व्यक्ति से पहले होता है और यही उसकी रचना करता है। समूह एक स्वतंत्र यथार्थ है जिसकी रचना व्यक्तियों द्वारा होकर भी व्यक्तियों से परे होती है। इस अवधारणा का प्रयोग प्रसिद्ध समाजशास्त्री **दुर्खाइम** तथा अन्य फ्रांसीसी लेखकों की कृतियों में हुआ है।

aggression – आक्रमण/आक्रामकता

मानव का एक ऐसा व्यवहार जो दूसरे मानव को नुकसान पहुँचाने या अहित करने के उद्देश्य से किया जाता है, उसे मानवीय आक्रामकता कहते हैं। प्रायः ऐसा व्यवहार किसी कुंठा के कारण उत्पन्न और एक प्रेरक की तरह काम करने वाली शत्रुता या विरोध की भावना का प्रतिफल होता है। कुछेक चिन्तकों ने स्वयं को नुकसान पहुँचाने वाले व्यवहार को भी इसी श्रेणी (आक्रामकता) में रखा है।

क्या आक्रामकता मानव की एक प्रवृत्ति है ? या क्या मानव प्राकृतिक रूप में ही आक्रामक या लड़ाका है ? ये प्रश्न अनादिकाल से चिन्तकों, बुद्धिजनों और साधारण जन को समान रूप में उद्वेलित करते रहे हैं। किसी भी प्राणी जाति द्वारा किया जाने वाला व्यवहार उसकी आनुवंशिक (जननिक) विरासत के कारण होने की काफी संभावना रहती है। अतः उपर्युक्त प्रश्नों का उत्तर सतही तौर पर सकारात्मक हो सकता है, किन्तु यह तर्क स्थूल तौर पर किये गये इस दावे से बहुत दूर प्रतीत होता है जिसके अनुसार यह माना जाता है कि मानव प्राणियों में आक्रामकता की ओर एक तरह से सहज झुकाव होता है। इसी आधार पर प्रसिद्ध आचार्यशास्त्री **कोनार्ड लौरेन्ज** ने कहा है कि "आक्रामकता आनुवंशिक रूप में प्राप्त एक विवशता है जो कि किसी बाह्य प्रेरक द्वारा भड़क जाती है।" **लौरेन्ज** की इस धारणा को मानवीय आक्रामकता के आज के अध्येता और आचारशास्त्री स्वीकार नहीं करते हैं। **लौरेन्ज और फ्रायड** जो कि आक्रामकता को एक जन्मजात मानवीय अंतर्नोद (ड्राइव) मानते हैं, उनके अनुसार इस प्रवृत्ति का समय-समय पर तुष्टि होना आवश्यक है, किन्तु आजकल इस विचारधारा के विपरीत "नैराश्य-आक्रामकता" की प्राक्कल्पना अधिक महत्वपूर्ण मानी जाती है जिसके अनुसार यह माना जाता है कि व्यक्ति आक्रामक रुख का तब प्रयोग करता है जब उसके उद्देश्यों की पूर्ति में अवरोध उत्पन्न होते हैं।

aging – जरण (वयवृद्धि)

गर्भाधान से लेकर मृत्यु तक चलती रहने वाली एक अविकल प्रक्रिया जिसमें अपरिपक्व जीव की संरचना और उसके कार्य पहले तो धीरे-धीरे परिपक्व होते हैं और बाद में उनका क्षरण और ह्रास होने लगता है। सामान्य अर्थों में जरण या वयवृद्धि आयु बढ़ने (बुढ़ापा) की एक जैवकीय प्रक्रिया है।

यह आत्म-विकास और सीखने की एक सांस्कृतिक प्रक्रिया भी है जो समाज के रोज़मर्रा के नाटक में कर्त्ताओं के रूप में, व्यक्तियों में चलती रहती है। दोनों प्रक्रियाएं पारस्परिक नियंत्रण और प्रभाव के द्वन्द्वात्मक सम्बन्धों द्वारा जुड़ी होती हैं।

agnates – पितृवंशी (सपिन्डी)
पुरुष वंश धारा के वंशज पितृवंशी या सपिन्डी कहलाते हैं। ये नातेदार आपस में एक दूसरे से केवल पुरुष (पिता की ओर से) के द्वारा जुड़े होते हैं।

agrarian society – कृषिहर/खेतीहर समाज
एक ऐसा समाज जिसके सदस्यों के जीविकोपार्जन का मुख्य साधन/धंधा (मार्क्स की शब्दावली में उत्पादन-विधि) कृषि या कृषि पर केन्द्रित अन्य धंधे होते हैं, उसे कृषिहर/खेतिहर समाज कहते हैं। खेतिहर समाज और प्रारंभिक आखेटक-संग्राहक समाज अथवा बागबानीय समाज में अन्तर होता है। जहां आखेटक-संग्राहक समाज में किसी प्रकार का उत्पादन नहीं किया जाता, वहां बागबानीय समाजों में भोज्य सामग्री का उत्पादन बड़े-बड़े खेतों की अपेक्षा छोटे-छोटे बाग-बगीचों में किया जाता है। खेतिहर समाजों में उत्पादन अपेक्षाकृत वृहत आधार पर और विशिष्ट उन्नत उपकरणों के प्रयोग द्वारा किया जाता है। भूमि को जोतने से लेकर फसल उपजाने, फसल काटने और पशुपालन की क्रियाएं खेतिहर समाज के आवश्यक अंग हैं।

agriculture – कृषि कर्म (खेतीबारी)
विचारपूर्वक पेड़-पौधों के लगाने, उगाने और काटने के काम को कृषि कर्म या खेतीबारी कहते हैं। कभी-कभी इसमें पशुपालन को भी सम्मिलित कर लिया जाता है। खेतीबारी करने वालों को किसान, कृषक या खेतिहर कहा जाता है। इसके विपरीत, किसी राज्य व्यवस्था के तहत लगान (भू-राजस्व) देने वाले व्यक्ति भूमिहर (पेजेन्ट) कहलाते हैं।

agriculture, rites of – कृषि संबंधी अनुष्ठान
खेती के लिये भूमि को तैयार करने, बोने, रक्षा करने तथा फसल को काटने सम्बन्धी कई अनुष्ठानों को समाजों में प्रयोग किया जाता देखा गया है। फसल को नुकसान पहुँचाने वाले प्रभावों से बचाने या उन पर नियंत्रण प्राप्त करने के लिये समाज की जादुई शक्ति का प्रयोग किया जाता है। फसल को बोने के समय बीजों को उपजाने हेतु भारत में अभद्र भाषा, ग्रीस में शापित शब्दों का तथा अन्य विधियों का प्रयोग किया जाता है। लहलहाती फसल की रक्षा करने के लिए जापान में जादुई मंत्रों का उच्चारण करते हैं तथा खेतों में देवी-देवता की प्रतिमा को ले जाते हैं। वर्षा के आह्वान के लिये भी अनुष्ठानों का प्रयोग किया जाता है। फसल के शुरू के कुछ दानों या फलों के प्रयोग के साथ भी आनुष्ठानिक क्रियाएं की जाती हैं। दक्षिणी अमेरिका में मानव की हत्या कर उसके रक्त को मिलाकर फसल के नये दानों के आटे से रोटी बनाई जाती है। अभी कुछ वर्षों पूर्व तक चीन के राज्य-धर्म में कृषि के आनुष्ठानिक कृत्यों पर जोर दिया जाता था।

aid, mutual – पारस्परिक सहायता
एक ही प्रजाति के व्यक्तियों द्वारा एक दूसरे के प्रति सहयोगी व्यवहार के प्रदर्शन को पारस्परिक सहायता की संज्ञा दी गई है। **क्रोप्टकिन** द्वारा इस मानवीय एवं पशु व्यवहार को एक सामान्य नियम माना गया है।

Ainu – ऐनू

विश्व की जनसंख्या का प्रजातिक आधार पर जो वर्गीकरण किया गया है, उसमें कुछ ऐसी प्रजातियां भी पाई गई हैं जिन्हें वैज्ञानिक मापदंडों के अनुसार किसी भी एक प्रजाति या उप प्रजाति में नहीं रखा जा सकता, उनमें जापान के आसपास के द्वीप समूहों जैसे होक्काइडो और सयालिन में पाई जाने वाली ऐनू जाति भी एक है। इसीलिये ऐनू लोगों की गणना "संदिग्ध प्रजातियों" में की गई है। ऐनू प्रजाति के लोग दक्षिण-पूर्व आस्ट्रेलिया के आदिवासियों से मिलते-जुलते हैं, किन्तु इनका रंग बहुत कुछ यूरोप के काकेशियन लोगों की भांति है। इस प्रजाति के लोगों का रंग जापानियों की भांति पीला न होकर बहुत कुछ सफेद है। इनके केश लहरदार, होंठ पतले तथा शरीर और चेहरे आदि पर अत्यधिक बाल होते हैं। इनकी औसत ऊंचाई 5 फीट 2 इंच होती है। भौहों की हड्डियां आस्ट्रेलायॅड प्रजाति के लोगों की भांति भारी होती है। आँखों का रंग हल्का भूरा या काला होता है। इनके कान लम्बे और लटके हुए तथा ललाट छोटा होता है। अधिकांशतः इनमें 'बी' की अपेक्षा 'ए' प्रकार रक्त समूह पाया गया है। इनके उद्‌गम के बारे में पुख्ता जानकारी नहीं है, किन्तु ऐसा कहा जाता है कि ये लोग साइबेरिया-यूरोप होते हुए यहां आये थे। इनकी भाषा को पुरा-एशियाई या हायपरबोरियन माना जाता है।

Akkadian – अक्काडियाई

अत्यधिक पुरातन प्रकार की सामी भाषा परिवार की एक भाषा अक्काडियाई कहलाती है जिसका प्रयोग अरामई भाषा के पहले तक पूर्व के कुछ भागों में कूटनीति और वाणिज्य के लिये की जाती थी। पुरातन अक्काडियाई या एस्सेरियन भाषा 2800-650 ई. पू. और नव अक्काडियाई या बेबीलोयाई भाषा 650-100 ई. पू. बोली जाती थी।

albinism/albinization – रंजकहीनता/रंजकहीनताकरण

त्वचा, आँख और केश के रंग में एक प्रकार की कमी को रंजकहीनता कहते हैं। यह एक आनुवंशिक लक्षण है जो परिवर्तनशील है। यह बहुधा एक मंद लक्षण के रूप में सन्तान को हस्तान्तरित किया जाता है। एक रंजकहीन व्यक्ति के केश सफेद, त्वचा सफेद और आँखें पीली हो सकती हैं। कम रंजकहीन व्यक्तियों में रंग सम्बन्धी ये कमियां कम हो सकती हैं। रंजकता की पूरी कमी रंजकहीनताकरण कहलाती है।

alienation – अलगाव

अलगाव व्यक्ति की एक ऐसी सामाजिक-मनोवैज्ञानिक स्थिति या अवस्था है जिसमें व्यक्ति अपने चिर-परिचित सामाजिक अस्तित्व से अपने आपको कटा हुआ अनुभव करता है, यह एक ऐसी दशा है जिसमें परिचित व्यक्ति या स्थिति भी अजनबी सी लगती है। इस अवधारणा का प्रयोग प्रजातिक पूर्वाग्रह, मानसिक बीमारी, वर्ग-चेतना, औद्योगिक तनाव, राजनीतिक उदासीनता, उग्रवाद, अतिवादिता तथा आतंकवाद जैसी अनेक व्यक्तिगत और सामाजिक समस्याओं की व्याख्या में किया गया है।

सामाजिक विज्ञानों में इस बहुचर्चित अवधारणा का प्रयोग कई विभिन्न अर्थों और

परिप्रेक्ष्यों में किया गया है। इसका सर्वप्रथम प्रयोग प्रसिद्ध दार्शनिक **हीगल** की कृतियों में देखने को मिलता है। बाद में एक नया रूप और सन्दर्भ देते हुए **कार्ल मार्क्स** ने इसे पूंजीवाद और साम्यवाद सम्बन्धी अपने विचारों में एक प्रमुख अवधारणा के रूप में प्रस्तुत किया। पूंजीवादी व्यवस्था में कामकाज की सामाजिक दशाओं के कारण कामगार इस प्रकार अपने कार्य से विमुख हो कट जाता है कि उसे अपने कार्य से अपेक्षित संतुष्टि नहीं मिल पाती है उसे अपना अस्तित्व रचनात्मक और अर्थपूर्ण नज़र नहीं आता, यह स्थिति ही मार्क्स दृष्टि में अलगाव की दशा को प्रकट करती है। सन् 1950 और सन् 1960 के बीच अमरीकी समाज वैज्ञानिकों ने अलगाव के सामाजिक - संरचनात्मक पक्ष (मार्क्स के अनुसार) की अपेक्षा इसके व्यक्तिपरक और मनोवैज्ञानिक पक्षों पर अधिक बल दिया है। **एम. सीमेन** (1959) ने इस अवधारणा के मनोवैज्ञानिक आयाम पर अधिक बल देते हुए इसमें शक्तिहीनता, अर्थहीनता, पृथकता, मानकशून्यता, आत्म-विमुखता, अप्रतिमानता और अवैयक्तिकरण जैसी प्रक्रियाओं को भी सम्मिलित किया है।

allele – युग्मविकल्पी (एलील)

एक वाहकाणु (जीन) के जोड़े या समूह के प्रत्येक सदस्य को युग्मविकल्पी (एलील) कहते हैं। युग्मविकल्पी समरूपी क्रोमोसोम्स के साथ रहते हैं तथा समान लक्षण का निर्धारण करते हैं। बहुधा 'एलील' शब्द को 'जीन' के पर्यायवाची शब्द के रूप में प्रयोग किया जाता है।

Allen's rule – एलन का नियम

'एलन के नियम' के अनुसार यह माना जाता है कि बाहर निकले हुए शरीर के अंग (विशेषतः हाथ और पैर) गर्म प्रदेशों की अपेक्षा (एक जाति विशेष की श्रेणी के) ठंडे प्रदेशों में अपेक्षाकृत छोटे होते हैं। इसका कारण यह है कि ठंडी जलवायु के साथ अनुकूलित पशुओं के अंग छोटे और ताकतवार होते हैं, अतः वे उष्मा का संरक्षण कर सकते हैं, जब कि गर्म जलवायु के साथ अनुकूलित पशुओं के अंग लम्बे और पतले होते हैं ताकि वे उष्मा का निष्कासन जल्दी कर लेते हैं।

alliance/alliance systems – वैवाहिक बंधन/विवाह बंधन प्रणालियां

वंशों, गोत्रों अथवा अन्य वैवाहिक वर्गों के आधार पर पति-पत्नियों की विनिमय की नियमित व्यवस्था को वैवाहिक बंधन या विवाह बन्धन प्रणालियां कहा गया है। (अंग्रेजी के "अलाइअन्स" शब्द का प्रयोग मूल रूप में विवाह के लिये ही किया गया है) इस प्रकार की सम्बन्ध व्यवस्था में वंशों के बीच स्थाई वैवाहिक सम्बन्ध होते हैं। यह एक ऐसी प्रक्रिया है जिसके द्वारा वंश-समूहों अथवा अन्य नातेदारी समूहों को अधिमान्य अथवा पुनरावर्तक विवाह के नियमों द्वारा जोड़ा जाता है, ताकि ये समूह वैवाहिक बन्धनों द्वारा एक-दूसरे से कई पीढ़ियों तक बंधे रहें। विवाह बंधन सिद्धान्त सामाजिक सम्बन्धों के बनाये रखने में वंश-समूह सिद्धान्त की अपेक्षा ऐसे स्थाई विनिमय सम्बन्धों की महत्ता पर अधिक बल देता है, यद्यपि मानवशास्त्र में नातेदारी सिद्धान्त (लेवी स्ट्रास) के सन्दर्भ में वंश-समूह सिद्धान्त का वर्चस्व रहा है।

alliance, asymmetrical – अप्रतिसम विवाह बंधन

एक ऐसी विवाह बंधन व्यवस्था को अप्रतिसम विवाह बंधन की संज्ञा दी गई है जिसमें वैवाहिक जीवन-साथी वंश-समूहों के पद-क्रमानुसार जुड़े होते हैं। ऐसी व्यवस्थाओं में या तो पत्नी देने वाला वंश-समूह (प्रतिलोम व्यवस्था) या पत्नी लेने वाला वंश-समूह (अनुलोम व्यवस्था) उच्च प्रस्थिति का होता है।

alliance theory – वैवाहिक-बंधन सिद्धान्त

सामाजिक मानवशास्त्र के क्षेत्र में नातेदारी अध्ययन के क्षेत्र में मोटे रूप में दो प्रमुख सिद्धान्त प्रचलित हैं—वंश-समूह सिद्धान्त (डिसेन्ट थिअरि) और वैवाहिक-बंधन सिद्धान्त (अलाएन्स थिअरि)। (फ्रैंच भाषा में विवाह के लिये 'अलाएन्स' शब्द का प्रयोग किया जाता है) वंश-समूह सिद्धान्त वंशक्रम के नियमों पर और वैवाहिक-बंधन सिद्धान्त विवाह सम्बन्धी नियमों पर बल देता है। वैवाहिक बंधन सिद्धान्त का आधार ऐसे समाज हैं जिनकी निर्मायक इकाइयों के बीच में स्थाई पारस्परिक वैवाहिक बन्धन होते हैं। एक लम्बे काल से मानवशास्त्री ऐसे समाजों का अध्ययन करते रहे हैं जिनमें 'द्वि-दल संगठन' पाया गया है और ऐसे संगठनों के अर्धांशों में आपस में विवाह सम्बन्ध होते हैं। ये अर्धांश (मोइटी) समूह बहिर्विवाही होते हैं, अतः ये दूसरे अर्धांश समूह से ही लड़की लेते हैं या देते हैं। सन् 1930 के दशक में **जे. पी. बी. डी. जोशेलिन डी जोंग** ने इन्डोनेशिया के अनेक जनजातीय समूहों के वैवाहिक सम्बन्धों के विश्लेषण के आधार पर अर्धांशों की उपस्थिति और उनमें ऐसे आपसी वैवाहिक सम्बन्धों की पुष्टि की है।

वैवाहिक-बंधन सिद्धान्त की प्रमुख रुचि वैवाहिक नियमों के अध्ययन में रही है, अर्थात् किस प्रकार के समूहों के बीच विवाह सम्बन्ध स्थापित किये जा सकते हैं और किन समूहों अथवा व्यक्तियों के बीच ऐसे सम्बन्ध स्थापित करने के निषेध हैं और क्यों ? अतः विवाह और निकटभिगमन निषेध सम्बन्धी नियमों का अध्ययन ही इस सिद्धान्त के केन्द्रीय महत्व के विषय रहे हैं। इस सिद्धान्त की यह मान्यता है कि नातेदारी प्रणालियों का आधार ही विवाह की संभावनाएं या असंभावनाएं हैं।

इस सिद्धान्त के प्रमुख प्रणेता संरचनावादी **क्लाड लेवी स्ट्रास** (1969) रहे हैं जिन्होंने इसकी सारगर्भित व्याख्या अपनी पुस्तक "नातेदारी की प्रारंभिक संरचनाएं" में की है। इस पुस्तक में 'नातेदारी और विवाह' के एक सामान्य सिद्धान्त का प्रतिपादन किया गया है। उन्होंने बताया है कि "निकटाभिगमन निषेध" ही मूलतः मानव प्राणी को प्राकृतिक अवस्था से संस्कृति की अवस्था में लाने वाला नियम है। इस नियम ने ही आदि-मानव पर यह दबाव डाला होगा कि वह ऐसे समूहों में अपने आपको संगठित करे जिससे जीवन साथियों का विनिमय किया जा सके। कालान्तर में विनिमय के इस सिद्धान्त ने सामाजिक जीवन की एक प्रमुख प्रेरणा शक्ति के रूप में स्थाई रूप ग्रहण कर लिया होगा। स्ट्रास के अनुसार प्रारंभिक मानव ने विवाह सम्बन्धी ऐसी संभावनाओं पर विचार किया होगा जिसके द्वारा निकट सम्बन्धियों के बीच विवाह को टाला जा सके। इसी आधार पर 'सलिंग सहोदर', अर्थात् चचेरे-मौसेरे भाई-बहिनों की संतानों के बीच विवाह की अपेक्षा 'विलिंग सहोदरों' अर्थात्

ममेरे-फूफेरे भाई-बहिन की सन्तानों के बीच विवाह को वरीयता प्रदान की गई है। इस नियम के अनुसार स्वयं के वंश-समूह में विवाह को वर्जित किया गया। यह वंश समूह मातृ या पितृ वंशीय हो सकता है। 'विलिंग सहोदरज विवाह' के तीन विकल्प हो सकते हैं : पुरुष के दृष्टिकोण से मातृपक्षीय विवाह, अर्थात् मां के भाई (मामा) की लड़की से विवाह हो सकता है, या पितृ पक्षीय विवाह (अर्थात् पिता की बहिन (बुआ) की लड़की से विवाह) हो सकता है या यह द्विपक्षीय/उभयवाही विवाह (अर्थात् किसी ऐसे व्यक्ति से जो एक ही समय में भांजी या भतीजी दोनों लगती हो) हो सकता है। इस प्रकार की विवाह की संभावनाओं के आधार पर स्ट्रास ने यह निष्कर्ष प्रस्तुत किया कि मानव समाजों का विकास द्विपक्षीय विलिंग सहोदरज विवाह के नियंत्रित विनिमय से मातृपक्षीय विलिंग सहोदरज विवाह के सामान्य विनिमय के रूप में हुआ है। कभी-कभी विकास की बीच की अवस्था के रूप में पितृपक्षीय विलिंग सहोदरज विवाह भी हो सकते हैं। धीरे-धीरे इन प्रारंभिक नातेदारी प्रणालियों ने जटिल प्रणालियों में परिवर्तित होते हुए आज का रूप ग्रहण कर लिया जिसमें कुछ प्रकार के रिश्तेदारों को छोड़कर एक व्यक्ति किसी से भी विवाह कर सकता है। प्रारंभिक नातेदारी प्रणालियों में एक जीवन-साथी का चुनाव कुछ सामाजिक नियमों द्वारा होता था, जब कि आज की जटिल नातेदारी प्रणालियों में वैवाहिक जीवन-साथी का चुनाव संरचनात्मक नियमों के स्थान पर व्यक्तिगत रुचि के आधार पर किया जाता है।

'प्रारंभिक संरचनाएं' किस प्रकार कार्य करती हैं, इस प्रश्न का उत्तर देते हुए **रोडने नीडहॉम** (1962) ने कहा कि इस प्रकार की संरचनाओं का नियमित स्वरूप होता है, जिसके लिये उन्होंने "चिरकालिक" (प्रीस्क्रिप्टिव) वैवाहिक बंधन प्रणाली शब्द का प्रयोग किया है, किन्तु लेवी स्ट्रास ने अपने सिद्धान्त के सीमित बचाव के रूप में नीडहॉम के तर्क को अस्वीकार करते हुए कहा कि उनका सिद्धान्त नातेदारी प्रणालियों और सामाजिक उद्‌विकास का एक सामान्य सिद्धान्त है। नातेदारी की उनकी प्रारंभिक संरचनाएं प्रतिरूप (मॉडल्स) मात्र हैं, वे वास्तविक विवाह प्रणालियों से मेल खाती ही हों, यह आवश्यक नहीं है। ये मॉडल्स विवाह प्रतिमानों को नियंत्रित करने वाले उन व्यक्तियों के विचारों को प्रकट करते हैं जो विवाह प्रणालियों का प्रयोग करते हैं। स्ट्रास के इन तर्कों और विचारों की भारी आलोचनाएं हुई है। आलोचना के रूप में कहा गया कि लेवी स्ट्रास के विवाह प्रणालियों सम्बन्धी ये निष्कर्ष नातेदारी शब्दावलियों पर आधारित हैं, किन्तु विवाह-प्रणालियों और नातेदारी शब्दावलियों के बीच इतना घनिष्ठ सहसम्बन्ध नहीं है कि जिसके आधार पर लेवी स्ट्रास जैसे निष्कर्ष निकाले जा सकें। इन आलोचनाओं के आधार पर स्ट्रास के नातेदारी सिद्धान्त के साथ-साथ उनके सामाजिक उद्‌विकास को भी नकार दिया गया। यही नहीं, कुछ मानवशास्त्रियों ने नातेदारी प्रणालियों को मूलतः वैवाहिक-बंधन व्यवस्थाएं (जैसा कि स्ट्रास ने माना है) मानने से ही इन्कार कर दिया है।

इन आलोचनाओं के बावजूद आज भी लेवी स्ट्रास की उपरोक्त उल्लिखित पुस्तक को वैवाहिक गठबंधन व्यवस्थाओं के मौलिक लक्षणों को उजागर करने वाली एक महत्वपूर्ण कृति माना जाता है। इसी बीच, **एडमंड लीच** जैसे प्रख्यात मानवशास्त्री ने बताया कि मानवीय

कार्यकलापों में वंश प्रणाली की भूमिका को रेखांकित करने वाले सिद्धान्त अफ्रीकी मानवशास्त्रियों द्वारा विकसित किये गये हैं और ये सिद्धान्त विशेषतः अफ्रीकी समाजों पर खरे उतरे हैं। इसके विपरीत, विश्व के अन्य भागों विशेषकर दक्षिणी-पूर्वी एशिया और इन्डोनेशिया के समाजों का तानाबाना विवाह की संस्था के चहुँओर बुना हुआ है और इन समाजों में वंशक्रम के सिद्धान्त को द्वितीयक महत्ता दी गई है। अतः विश्व के इन भागों में 'वंशक्रम सिद्धान्त' की अपेक्षा विवाहं-बंधन सिद्धान्त को नातेदारी व्यवस्था की व्याख्या में अधिक प्रयोग किया जाता है। पिछले कुछ वर्षों से, मानवशास्त्रियों ने विवाह और वंश दोनों ही सिद्धान्तों की महत्ता पर बल देना बंद कर दिया है और अपने नृजातिक अध्ययनों द्वारा नातेदारी और विवाह की व्यवस्थाओं की विविधता को उजागर किया है। कुछेक मानवशास्त्रियों ने दोनों ही सिद्धान्तों को लेकर अध्ययन किये हैं। सन् 1960 और 1970 के बीच विवाह-बंधन सिद्धान्त और वंशक्रम सिद्धान्त के बीच जो युद्ध छिड़ा, उसका मूलाधार सामाजिक मानवशास्त्र में एक लम्बे समय से चला आ रहा प्रकार्यवाद और संरचनावाद की दो वैचारिक परम्पराओं के बीच का विवाद रहा है। किन्तु अब यह विवाद ठंडा पड़ गया है और यह स्वीकार किया जाने लगा है कि मूल रूप में इन दोनों में कोई अन्तर नहीं है और जो कुछ अन्तर दिखाई देता है, वह मात्र प्रयोग किये जाने वाले सिद्धान्त के स्तर या अधिक्रम का है।

Alpine – अल्पाइन

काकेशॉयड प्रजाति की एक उप प्रजाति अल्पाइन कहलाती है। इस प्रजाति के लोग अधिकांशतः यूरोप के केन्द्रीय तथा पूर्वी भागों में पाये जाते हैं। इस प्रजाति के लोगों का कद मध्यम दर्जे का (औसत कद 5 फीट 5 इंच), सिर चौड़ा, लम्बी नाक, चौड़े कंधे, गहरी छाती, शरीर और चेहरे पर काफी बाल, केश और आँखों का रंग मध्यम से लेकर गहरा भूरा, त्वचा का रंग हल्का सफेद या पीला-भूरा होता है। इस प्रजाति के कुछ लोग भारत के कुछ भागों में भी मिलते हैं।

altruism – परार्थवाद

एक ऐसी क्रिया परार्थवाद कहलाती है जो दूसरे व्यक्तियों के लाभ या हित के लिये की जाती है तथा जिसमें परार्थवादी को कुछ त्याग करना पड़ता है अथवा कोई कीमत चुकानी पड़ती है। इस प्रकार की क्रिया के पीछे परोपकार की भावना हो भी सकती है, और कभी-कभी नहीं भी। यह एक ऐसी प्रवृत्ति है जिसके द्वारा व्यक्ति यह अनुभव करता है कि दूसरों की आवश्यकताएं उसकी आवश्यकताओं से अधिक महत्वपूर्ण हैं, अतः वह दूसरों की आवश्यकताओं की बलवेदी पर अपनी आवश्यकताओं को उत्सर्ग कर देता है।

परार्थवाद की भावना क्यों उत्पन्न होती है, व्यक्ति का परार्थवाद की ओर क्यों रुझान उत्पन्न होता है, इस समस्या को सर्वप्रथम **डार्विन** के उद्विकास के सिद्धान्त का प्रयोग करते हुए परार्थवाद को "प्राकृतिक प्रवरण" की एक जरूरत माना है। आजकल यह विषय **सामाजिक जीवशास्त्र** का प्रमुख मुद्दा बना हुआ है। कुछ सामाजिक-जीवशास्त्रियों का तर्क है

कि चूंकि सामाजिक जीवन का आधार जीव वैज्ञानिक है, अतः मानव में अन्य विशेषताओं की भांति परार्थवाद का भी एक **जीन** होता है जो समुदाय के किसी सदस्य को परार्थवाद की ओर उन्मुख करता है। इस विचार को अभी किसी भी वैज्ञानिक क्षेत्र में व्यापक समर्थन नहीं मिला है।

कुछेक विचारकों ने परार्थवाद का कारण (1) स्वजन-पक्षपात, (2) पारस्परिकता को बताया है। स्वजन-पक्षपात (भाई-भतीजावाद) का विचार मानव-प्राणी में तो स्पष्ट रूप में विद्यमान है, किन्तु कुछ मनोवैज्ञानिक परीक्षणों से यह स्पष्ट हुआ है कि यह प्रवृति जानवरों में भी पाई जाती है। परार्थवाद के उद्‌भव का दूसरा कारण पारस्परिकता की भावना है, अर्थात् यदि कोई व्यक्ति आज किसी के लिये कुछ त्याग करता है, तो त्याग करने वाला व्यक्ति भविष्य में उस व्यक्ति से अपने प्रति त्याग की आशा कर सकता है (यदि ऐसी जरूरत पड़ती है) जिसके प्रति उसने आज त्याग किया है। यह विचार "जैसे को तैसा" की सामान्य धारणा द्वारा पोषित है। पारस्परिक परार्थवाद ऐसे व्यक्तिगत सामाजिक सम्बन्धों के स्तर पर ही देखने को मिलता है जहां विनिमय साथियों में अधिक असंतुलन रहने की गुंजाइश नहीं होती है। जहां एक ओर, डार्विन का "प्राकृतिक प्रवरण" का सिद्धान्त प्रतिस्पर्धा पर ज़ोर देता है, वहां स्वजन-पक्षपात (भाई-भतीजावाद) और पारस्परिकता का आधार सहयोग है। अतः सहयोग एवं प्रतिस्पर्धा दोनों ही परार्थवाद के प्रत्यक्ष अथवा परोक्ष रूप में मूलाधार हैं। परार्थवाद ने विनिमय सिद्धान्त के विकास में भी महती भूमिका अदा की है।

alyha — अल्यहा

कोलोरेडो के मोहाब अमेरिंडयन लोगों में दो पुरुषों के परस्पर विवाह करने की प्रथा 'अल्यहा' कहलाती है। इनमें से एक पुरुष स्त्री का वेश धारण कर दूसरे पुरुष (पति) के साथ विवाह रचाता और धर बसाता है। ये नर पत्नियां अत्यंत परिश्रमी होती हैं। बहुधा ऐसे पुरुष-पति समाज में हंसी-मजाक के विषय होते हैं। काल्पनिक गर्भावस्था संबंधी विभिन्न अनुष्ठानों के अवसर पर ऐसे पुरुष-पति की खूब मज़ाक बनाई जाती है। मोहाबे लोगों में समलैंगिक स्त्रियां भी होती हैं। आजकल सभ्य समाजों में भी समलैंगिक विवाह होने लगे हैं।

Amartian culture — अमराती संस्कृति

मिस्त्र की प्रारंभिक पूर्व राजवंशगत ताम्र प्रस्तर संस्कृति को अमराती संस्कृति के नाम से जाना जाता है जिसकी विशेषता अस्थि एवं प्रस्तर के परिष्कृत रूप से निर्मित उपकरण हैं।

amasiodo — अमासिआडो

अमरीका में बसे कुछ अफ्रीकी नीग्रो समूहों में प्रचलित विवाह की एक प्रथा 'अमासिआडो' कहलाती है। इस प्रथा के अनुसार स्त्री परिवार का केन्द्र होती है। सामान्यतः इस प्रकार के विवाह लम्बे समय तक चलते हैं। संभवतः इस प्रकार के विवाहों का उद्‌गम अफ्रीका के उन क्षेत्रों में हुआ है जहां बहुपत्नी विवाह की प्रथा प्रचलित थी। इस प्रकार के जोड़ों के बीच और सन्तानों के प्रति कोई उत्तरदायित्व नहीं होता है।

ambil-anak – ऐंबिल-अनाक

सुमात्रा द्वीपवासियों में प्रचलित पितृवंशानुक्रम एवं पितृस्थानीय विवाह के अपवाद स्वरूप वहां एक अन्य विवाह प्रथा का प्रचलन देखा गया है। इस प्रथा के अनुसार परिवार में पुत्र के न होने पर जामाता ससुराल में ही रहने लगता है। इस स्थिति में पति को वधु-शुल्क देने से छूट मिल जाती है, किन्तु ऐसे घर-जवांई का बच्चों, पत्नी और सम्पत्ति पर कोई अधिकार नहीं होता है और पत्नी का पिता घर-जवांई को कभी भी घर से बाहर निकाल सकता है। एबिल-अनाक मलाया भाषा का एक शब्द है।

ambilateral descent = descent, ambilateral

ambilocal residence = residence, ambilocal

American Indian/Amerindian – अमरीकी इंडियन/अमेरिंडियन

पश्चिमी गोलार्ध में एस्किमो के अतिरिक्त मंगोलाभ जनसमूह की सभी जनजातियों के लोगों के लिये अमरीकी इंडियन या "अमेरिंडियन" शब्द का प्रयोग किया जाता है। 'अमेरिंडयन' शब्द अमरीकी इंडियन के प्रारंभिक अक्षरों के योग से बना है जिसका प्रयोग सन् 1899 में उन व्यक्तियों के लिए प्रस्तावित किया गया था जो न्यूवर्ड (अमेरिका) में यूरोपीय लोगों के बसने से पहले वहां के निवासी थे। इस शब्द का प्रयोग तकनीकी एवं लोकप्रिय लेखनों में अंग्रेजी में भारतीयों को इन लोगों से अलग बताने के लिये किया जाता है।

amino acids – ऐमिनो अम्ल

ऐमिनो अम्ल बहुत छोटे अणु होते हैं जो प्रोटीन्स के अंग (संघटक) होते हैं।

amita-clan – पितृश्वसा गोत्र (भुआ का कुल)

मरडॉक के नियम के अनुसार पैतृक वंशानुक्रम में भुआ स्थानिक आवास के नियम के फलस्वरूप गठित समूह को पितृश्वसा गोत्र या भुआ का कुल कहा जाता है।

amitate – पितृश्वश्रेय/भुआ अधिकार

कुछ पितृसत्तात्मक समाजों में एक ऐसी प्रथा देखने में आई है जिसके अनुसार पिता की बहिन अर्थात् भुआ का अपने भतीजे एवं भतीजियों के साथ विशिष्ट निकटता का सम्बन्ध होता है, इसे "अमितेत" या पितृश्वश्रेय (पितृश्वसा संबंध) कहते हैं। इस प्रथा के अनुसार भुआ को अपने भतीजों और भतीजियों के नामकरण से लेकर उनके लिये वैवाहिक जीवन-साथी ढूंढने का विशेषाधिकार प्राप्त होता है। ऐसे समाजों में भतीजे एवं भतीजियां भी भुआ को अपनी माँ की अपेक्षा अधिक सम्मान और आदर देती हैं। कहीं-कहीं इस प्रथा के अनुसार भुआ की सम्पत्ति का उत्तराधिकारी भी उसका भतीजा ही होता है। दक्षिणी अफ्रीका की कई जनजातियों में इस प्रथा के लक्षण पाये गये हैं।

amok – विक्षिप्तता (अमॉक)

'अमाँक' मलाया, इंडोनेशिया और न्यूगिनी में पाया गया एक ऐसा मानसिक विकार है जिस बीमारी से ग्रस्त व्यक्ति शुरू में अवसाद का अनुभव करता है, बाद में अन्तर्मुखी और शान्त हो जाता है और अन्त में उन्मत्ता के हद तक पागल हो जाता है। बहुधा यह बीमारी मलाया के पुरुषों में देखी गई, जहां की भाषा का ही "अमॉक" शब्द है। इस बीमारी के लक्षण मेलेनेशिया, साइबेरिया और भारत के लोगों में भी पाये गये हैं। अमॉक की स्थिति में व्यक्ति पहले आत्म-विस्मृति की अवस्था में पहुंच जाता है और बाद में हिंसात्मक कार्यवाही करने लगता है।

amphidromia – कुल-प्रवेश (ऐंफीड्रोमिया)

कुल-प्रवेश अथेंस का एक संस्कार रहा है जिसके अनुसार बालक को चूल्हे के चारों ओर चक्कर लगवाया जाता था और इस प्रकार उसे अपने पूर्वजों के कल्प में दीक्षित किया जाता था।

Amphipithecus – ऐंफ़ीपिथेकस

कुछ पुरा-सत्तामीमांसाशास्त्रियों का अनुमान है कि सबसे पुराना नर वानर (प्राइमेट) कोई नराभ (ऐंथ्रोपॉइड) रहा है जिसे ऐंफ़ीपिथेकस के नाम से जाना जाता है।

amulet – तावीज़

कोई वस्तु, बहुधा सजावटी, जैसे रत्न, आभूषण अथवा स्मृति-चिन्ह जिस पर किसी मोहिनी, वशीकरण या जादुई मंत्र अथवा किसी प्रतीक का अंकन होता है, जिसे संभावित खतरों, व्याधियों और विभिन्न प्रकार की कठिनाइयों से बचने या दूर करने या भूत-प्रेत से रक्षा करने के लिये पहना जाता है, तावीज़ कहते हैं। ऐसा माना जाता है कि यह सबसे पुराने प्रकार का आभूषण रहा होगा जो प्रागैतिहासिक मानव द्वारा पहना जाता था। कुछ तावीज़ तो मूलतः पूर्वजों के शरीर के बहुत छोटे हिस्से थे। शारीरिक हिस्सों का प्रदर्शन, जिन पर कुछ खुदा होता था, का प्रयोग वस्त्रों तथा शरीर को सजाने के साधन के रूप में किया जाता था। खतरों से रक्षा करने के अतिरिक्त, तावीज़ों का प्रयोग शक्ति (युद्ध), धन-धान्य और सौभाग्य प्राप्ति के लिये भी किया जाता था। एक विशिष्ट प्रकार का तावीज़ गंडा कहलाता है। तथाकथित सभ्य समाजों में भी तावीज का प्रचलन देखा जा सकता है।

anarak – अनारक

एस्किमों जाति द्वारा कयाक में पहना जाने वाला एक ऊपरी वस्त्र 'अनारक' कहलाता है। यह तेल लेपित पशु चर्म का बना होता है जिससे पानी/बर्फ से बचाव हो जाता है। इसकी लम्बाई जांघों तक होती है तथा इसके साथ ही सिर को ढकने के लिये टोपी सिली होती है।

Anasazi culture – अनासाज़ी संस्कृति

न्यू मैक्सिको के उत्तरी अरीज़ोना के पठारी प्रदेशों, कोलोरिडो एवं उटाह के समीपस्थ क्षेत्र तथा

होहोकान में पाये गये करंड कर्मी प्यूब्लो इंडियनों की जीवन-शैली को "अनासाज़ी संस्कृति" के नाम से जाना जाता है। यह नवाहो भाषा का एक शब्द है जिसका अर्थ "प्राचीन लोग" होता है।

ancestors – पूर्वज

वे व्यक्ति (कभी-कभी पूर्णतः कोई मिथकीय प्राणी) पूर्वज कहलाते हैं जिनसे एक व्यक्ति अथवा सम्पूर्ण एक वंश, वंशक्रम प्रणाली के अनुसार अपने वंश की गणना करते हैं तथा अपने आपको उनका वंशज मानता है। संकुचित अर्थों में, पूर्वज से तात्पर्य ऐसे व्यक्तियों से है जिन्हें सामाजिक रूप में विशिष्ट प्रजनक माना जाता है तथा जिन्हें व्यक्तियों द्वारा या किसी नातेदार समूह द्वारा या किसी समाज द्वारा व्यक्तियों या एक समूह के रूप में याद किया जाता है। अति संक्षेप में, ये ऐसे व्यक्ति होते हैं जिनके द्वारा वंशावली का प्रादुर्भाव हुआ माना जाता है।

ancestor cult – पूर्वज कल्प

समूह के पूर्वजों की आत्माओं की पूजा अथवा उनके साथ संपर्क स्थापित करने से जुड़े कृत्य या कर्मकाण्ड पूर्वज कल्प कहलाते हैं।

ancestor worship – पूर्वज-पूजा/पितृ पूजा

पूर्वज-पूजा एक धार्मिक प्रथा है जो इस सांस्कृतिक विश्वास पर आधारित है कि पूर्वज़ों की आत्माओं में उनके वंशजों को प्रभावित करने की शक्ति होती है। इस धार्मिक प्रथा में कई बातें जैसे मृतकों की आत्माओं को नाराज न करने से लेकर अधिक उर्वरता प्राप्त करने जैसी इच्छित परिणामों को प्राप्त करने वाली प्रथाएं भी सम्मिलित होती हैं। जापानियों का शिंटोवाद पूर्वज-पूजा का एक उदाहरण है।

मानवशास्त्र के क्षेत्र में **हरबर्ट स्पेन्सर** (1876) और **एडवर्ड बर्नेट टायलर** ने सर्वप्रथम इसका प्रयोग अपने उद्‌विकासीय सिद्धान्त में धार्मिक विश्वासों के जन्म की प्रारंभिक अवस्थाओं के रूप में (स्वप्न में मृत व्यक्तियों के दर्शन द्वारा पूर्वज आत्माओं में विश्वास के विचार का जन्म) किया था। फिर भी, यह सही है कि आज भी कई धार्मिक परम्पराओं में (विशेषतः आदिवासीय धर्मों में) पूर्वज-पूजा का विधान किसी न किसी रूप में विद्यमान है। हिन्दू धर्म में श्राद्ध-पर्व पूर्वज पूजा की धारणा को ही प्रतिबिम्बित करता है।

आत्मा की अजरता-अमरता सम्बन्धी विश्वास ने मृत पूर्वजों की आराधना को विकसित कर "पूर्वज पूजा" की धारणा को स्थापित किया है। पूर्वज-पूजा मुख्यतः सामूहिक वंश समूहों के आधार पर संगठित समाजों का एक विशिष्ट लक्षण है। इस प्रथा के अनुसार पूर्वजों की पूजा पौराणिक देवी-देवताओं की भांति सम्पूर्ण धार्मिक क्रियाओं के साथ सम्पन्न की जाती है।

anchorite – विरक्त साधु

वह व्यक्ति जो धार्मिक भावना से प्रेरित होकर एकांत में निवास करने के लिये संसार का परित्याग कर देता है, उसे विरक्त साधु या एकांत साधक कहा जाता है।

Andamanese – अंडमानी/अंडमानवासी

इस शब्द का प्रयोग दो अर्थों में हुआ है। प्रथम अर्थ में, बंगाल की खाड़ी के पूर्व भाग में स्थित अन्डमान द्वीप समूहों में निवास करने वाले उन पिग्मी आदिवासी समूहों के लिये हुआ है जो मुख्यतः खाद्य सामग्री (कन्द, मूल, फल आदि) एकत्रित करने वाले थे। यहां की मुख्य मूल निवासी जनजातियां—ऊंगी, यारवा आदि रही हैं।

द्वितीय अर्थ में, अंडमानी शब्द अण्डमान द्वीप समूहों की ऐसे भाषा परिवार समूह के लिये हुआ है जिसका अन्य भाषा परिवारों या समूहों से कोई प्रत्यक्ष संबंध नहीं रहा है। इस भाषा परिवार समूह के दो भिन्न स्वरूप—वृहत् अंडमानी और लघु अंडमानी रहे हैं। वृहत अंडमानी भाषा समूह में बा, चारी, कोरा, येरु, जुओई, केडे, कोल और पुछिक्वर (उत्तरी उप समूह) और बेले और बीआ (दक्षिणी उपसमूह) आते हैं, तथा लघु भाषा में ऊंगी और यारवा आते हैं। स्वरध्वनि की दृष्टि से, इन भाषाओं में 'स' के विलोपन, प्रत्ययों की जटिल प्रणाली, विस्तृत वर्ग प्रणाली तथा सजीव और निर्जीव लिंग के आधार पर अन्तर किया जाता है।

androcracy – पुरुषकेन्द्रित तंत्र

ऐसे समाज जो पुरुषों पर केन्द्रित होते हैं तथा जिसमें पुरुषों को प्रधानता हासिल होती है, पुरुषकेन्द्रित तंत्र कहलाते हैं।

androgynous society – पुंस्त्रीत्व

एक ऐसा समाज जिसमें 'पुरुषत्व' और 'नारीत्व' दोनों अवधारणाओं की कोई सार्थकता नहीं होती। ऐसे समाजों में लिंग के आधार पर किसी को कोई सामाजिक भूमिका नहीं मिली होती है।

angakok – एंगकाक

एस्किमों लोगों के पुरोहित वर्ग को 'एंगकाक' कहते हैं। यह वर्ग विशेष सुविधा-सम्पन्न होता है। इन्हें किसी भी स्त्री के साथ सहवास की स्वतंत्रता का अधिकार होता है। ये व्यक्ति साधारण जन को डरा-धमका कर उनका शोषण करने के साथ उनसे कई फायदे उठाते हैं।

anima – प्राण तत्व/जीव तत्व

आदिम जनों का यह विश्वास कि व्यक्तियों, वस्तुओं और प्रकृति में आत्मा का निवास होता है। यह आत्म तत्व मृत पूर्वजों की प्रेतात्मा नहीं होता, अपितु वह प्राण सत्ता है जो सूर्य, चन्द्र, वृक्ष, मानव और सभी जीवों में अंतर्निहित होता है।

animals – पशु/जानवर

मानवशास्त्रियों की जानवरों के अध्ययन में रुचि प्रारंभ से ही रही है जिसके उदाहरण हमें

125,000-10,000 वर्ष पूर्व के निएण्डर्थल और उच्च पुरापाषाण-युग (पेलियोलिथिक काल) की गुफाओं की दिवारों की चित्रकारी के अध्ययन से जानकारी मिलती है। इन चित्रकारियों में पशुओं का प्रयोग धार्मिक प्रतीकों के रूप में 'जूडा के शेर' और 'परमेश्वर के मेमने' आदि के रूप में देखने को मिलता है। हिन्दू धर्म में भी अलग-अलग देवी-देवताओं के वाहन के रूप में (गणपति का मूषक, सरस्वती का हंस आदि) पशु प्रतीकों का प्रयोग प्रचुर मात्रा में हुआ है। आजकल पशुओं के प्रति क्रूरता पर प्रतिबंध लगाने हेतु लोगों में एक नई जाग्रति का सूत्रपात हुआ है। कई देशों में तो इस मिशन को लेकर कुछ संस्थाओं की स्थापना भी की गई है। आधुनिक पश्चिमी समाजों में पशु-अधिकारों की बात भी होने लगी है।

मानवशास्त्र में, मानव और पशु अन्तर्क्रिया के बारे में सर्वप्रथम यह प्रश्न उठाया गया कि पशुओं को कब से और क्यों पालतू बनाया गया (**चाइल्ड**, 1936) और उनका किस प्रकार वर्गीकरण किया गया (**दुर्खाइम एवं मॉस**, 1963)। आजकल पशुओं के मानवशास्त्रीय अध्ययन मुख्यतः दो दिशाओं में हो रहे हैं। प्रथम, पशुओं का प्रकार्यात्मक वस्तु अथवा पारिस्थितिकीय अथवा प्रणालीपरक परिप्रेक्ष्य में आहार के रूप में अध्ययन और द्वितीय, संरचनात्मक अथवा प्रतीकात्मक परिप्रेक्ष्य में अर्थपूर्ण वस्तु अथवा प्रतीक के रूप में अध्ययन। भारत में गाय का एक पवित्र प्रतीक के साथ-साथ पारिस्थितिकीय उपयोगिता की दृष्टि से अध्ययन किया गया है। इसी प्रकार न्यूगिनी में सूअरों के कई प्रकार के उपयोग पर अध्ययन किये गये हैं। यही नहीं, समकालीन कुछ अध्येताओं ने नृजातिक पशु चिकित्सा तथा नृजातिक कारण और लोक-निदान के विषयों को लेकर भी अध्ययन किये हैं।

animal, generalized – सामान्यीकृत पशु

वह पशु जो अपने पूर्वजों के सामान्यीकृत स्वरूप से बहुत अधिक नहीं बदला है, सामान्यीकृत पशु की श्रेणी में आता है। उन्नत पशुओं के वर्ग में से मानव एक ऐसा पशु है जिसके अंग अधिकांशतः सामान्यीकृत हैं, जैसे आँख और मस्तिष्क। मानव के पैर संभवतः उसके एक मात्र विशिष्टिकृत अंग हैं जिन्होंने वानर के पैरों से ऊंची एड़ी के पैरों का स्वरूप ग्रहण किया है। मानव के हाथ, जिनका बहुत कुछ रूप में अभी भी आद्य स्वरूप है, सामान्यीकृत अंगों की अनुकूलनशीलता और नमनीयता के एक अच्छे उदाहरण हैं। घोड़ा एक विशिष्टीकृत पशु का एक उदाहरण है जिसके कठोर और लम्बे मध्य खुरों का प्रयोग विशेष रूप में दौड़ने में किया जाता है।

animal, mythical – मिथकीय पशु

एक असाधारण, और अनोखी आकृति का कृत्रिम जीव जिसकी बहुधा लोक कथाओं में चर्चा होती है। बासिलिस्क (अमेरिकी छिपकली) की गणना भी मिथकीय पशु में की जाती है।

animal, sacred – पवित्र पशु

वह पशु जिसकी कोई धार्मिक महत्ता होती है, अथवा जिसे कोई विशिष्ट अर्थ प्रदान किया गया होता है, पवित्र पशु कहलाता है। ऐसे पशु कुछ विशिष्ट देवी-देवताओं के साथ भी जुड़े हो सकते हैं और ऐसे पशुओं को मारने, खाने अथवा नुकसान पहुंचाने संबंधी कुछ निषेध होते

हैं। इन पवित्र पशुओं के साथ कई मिथक् जुड़े होते हैं। हिन्दुओं में गाय को एक पवित्र पशु माना गया है। यही नहीं, हिन्दुओं में अनेक देवी-देवताओं के साथ वाहन के रूप में पशु जुड़े हुए हैं, जैसे गणपति के साथ मूसक, शिव के साथ नन्दी, आदि।

animal, white — सफेद पशु

अमरीकी इन्डियनों में सफेद पशुओं के प्रति कुछ विशिष्ट अलौकिक शक्ति की भावना देखी गई है। उदाहरणार्थ, यूरोक प्रदेश के सफेद छोटे भेड़िये के बारे में इन लोगों में यह धारणा प्रचलित है कि यह आकाश में रहता है तथा यही सभी भेड़ियों का स्त्रोत है।

animals, worship of — पशु-पूजा

प्रारंभिक मानव अपने आपको पशुओं के काफी निकट मानता था। उसे उनकी ताकत, चालाकी तथा रहस्यात्मकता के बारे में जानकारी नहीं थी। से विस्मृत रहता था। वह कुछ पशुओं पर अपने भोजन के लिये निर्भर रहता था, कुछ के साथ वह अपने मैत्रीय सम्बन्ध बनाता था, तो कुछ से अपने को बचाने का प्रयास करता था। इन्हीं बातों ने बाद में संभवतः पशु-पूजा का रूप धारण कर लिया हो। उपासना का जन्म संभवतः मानव का पशुओं के द्वारा मारे जाने के शुरूआती डर के साथ-साथ उसकी भोजन की आवश्यकता रहा हो। जब से अनाज मानव का मुख्य भोजन बना, तब से अनेक पशु भूमि की उर्वरता से जुड़ गये। सांप के विषय में यह माना गया कि इसके पास कई प्रकार की शक्तियां होती हैं। इसे धन-सम्पदा, घर और भूमि की उर्वरता के साथ-साथ रोग मुक्त करने की शक्ति के रूप में देखा गया है। व्यापक रूप में यह विश्वास प्रचलित है कि मृतकों की आत्माओं का पुनर्जन्म पशुओं के रूप में होता है। गणचिन्हवाद (टोटमवाद) के कई स्वरूपों का जन्म पशु-उपासना के आधार पर ही हुआ है जिसके अनुसार किसी जनजाति के समस्त व्यक्ति या कुछ व्यक्ति किसी एक पशु जाति के साथ अपने संबंधों की खोजबीन करते पाये गये हैं। (देखिये—टोटमवाद)

animatism — जीवीवाद/जीवसत्तावाद

धर्म का एक रूप जीवीवाद/जीवत्मवाद या जीवसत्तावाद के नाम से जाना जाता है जिसमें यह विश्वास किया जाता है कि सृष्टि की प्रत्येक वस्तु (जड़ अथवा चेतन दोनों) में एक अलौकिक शक्ति या सत्ता का निवास होता है। यह अलौकिक शक्ति निर्वैयक्तिक, अनिवर्चनीय, अज्ञेय और अप्राकृतिक होती है। मानवशास्त्रीय साहित्य में **कॉडरिंगटन एवं मैरेट** ने जीवीवाद या जीवत्मवाद के एक विशिष्ट रूप को **"मानावाद"** की संज्ञा दी है। मेलेनेशिया के आदिवासी लोग इस अलौकिक शक्ति को "माना" के नाम से पुकारते हैं जो उनके अनुसार सभी सजीव और निर्जीव वस्तुओं में निवास करती है। कॉडरिंगटन की भांति **डी.एन. मजूमदार** ने भारतीय आदिवासियों में (विशेषतः छोटा नागपुर के मुंडा तथा हो लोगों में) "बोंगा" नामक शक्ति के अस्तित्व के लक्षण प्राप्त किये हैं जिसके आधार पर उन्होंने **"बोंगावाद"** की धारणा को विकसित किया है। आओ नागा समुदाय में इस निर्वैयक्तिक शक्ति को "आरेन" कहा जाता है। (देखिये—मानावाद)

animism – **जीववाद/आत्मावाद**

"ऐनिमिज़म" शब्द का प्रयोग सर्वप्रथम अंग्रेज मानवशास्त्री **एडवर्ड टायलर** ने आदिम धर्म की उत्पत्ति के संदर्भ में आदिम जातियों के इस विश्वास को इंगित करने के लिये किया कि सभी वस्तुओं का दोहरा अस्तित्व होता है—एक भौतिक, अर्थात् दृश्यगत शरीर और दूसरा मानसिक, अर्थात् अदृश्य आत्मा। इस अदृश्य आत्मा के विश्वास ने ही "आत्मावाद" को जन्म दिया है। यह कहा गया है कि आत्मावाद का विचार सर्वप्रथम जीवित और मृतक के अन्तर तथा निद्रा, स्वप्न और समाधि की घटनाओं के आधार पर जन्मा होगा। इन घटनाओं ने मानव में यह अहसास उत्पन्न किया होगा कि प्रत्यक्ष दिखने वाले इस भौतिक शरीर के अतिरिक्त "आत्मा" जैसी कोई चीज है जिसका शरीर से स्वतंत्र अस्तित्व होता है।

जीववाद/आत्मावाद धर्म की उत्पत्ति का एक ऐसा सिद्धान्त है जिसके अनुसार यह माना जाता है कि किसी प्रकार की कोई प्राणिक शक्ति, या आत्मा होती है जो सजीव घटनाओं को जन्म देती है, किन्तु फिर भी उसका अस्तित्व इन शरीरों से पृथक रहता है। इस आत्मिक/अभौतिक शक्ति में विश्वास ही **एडवर्ड टायलर** (1871) के अनुसार जीववाद/आत्मावाद है। टायलर के अनुसार जीववाद ही धर्म का प्रारंभिक (आद्य) स्वरूप है और यही सभी धर्मों का आधार है। उन्होंने आत्मा की धारणा को ही जीवात्मा के साथ जोड़ दिया और कहा कि यह आत्मा या जीवात्मा पशुओं, पेड़-पौधों के अलावा निर्जीव वस्तुओं में भी निवास करती है। कई आत्माओं के विश्वास ने ही बहुदेववाद को जन्म दिया और बाद में यही बहुदेववाद का विचार धीरे-धीरे एक उच्च शक्ति, एक ईश्वर में विश्वास में परिणित हो गया जिससे एकदेववाद का जन्म हुआ।

टायलर के जीववाद (आत्मा या जीवात्मा में विश्वास) के विचार की **मेरियट** (1909) ने आलोचना करते हुए कहा कि धर्म का जन्म एक अवैयक्तिक, अतिप्राकृतिक शक्ति में विश्वास के कारण हुआ है। इस शक्ति को अलग-अलग स्थानों पर भिन्न-भिन्न नामों से जाना जाता है, जैसे पोलिनेशिया में 'माना', इरोक्विस में 'ओरेण्डा' और भारत में छोटा नागपुर के अनेक आदिवासी समूहों में "बोंगा" नामक अदृश्य शक्ति के नाम से जाना जाता है। मेरियट के अनुसार यह शक्ति किन्हीं विशिष्ट व्यक्तियों या प्राकृतिक घटनाओं की धरोहर नहीं होती है।

anomie – **मानकशून्यता (एनॉमी)**

मानकशून्यता एक ऐसी स्थिति अथवा दशा है जिसमें समाज के मानदंड भंग हो जाते हैं, अर्थात् सामूहिक नैतिकता का अभाव हो जाता है। इस स्थिति में समाज के मानदंडों में एक प्रकार का विरोधाभास, या संघर्ष उत्पन्न हो जाता है जो व्यक्ति के लिये मानदंडीय उलझन पैदा कर देता है कि वह क्या करे और क्या न करे। इस शब्द का सर्वप्रथम प्रयोग प्रसिद्ध समाजशास्त्री **एमिल दुर्खाइम** ने आत्महत्या के अपने विश्लेषण में किया था। बाद में, **आर. के. मर्टन** ने इस अवधारणा का प्रयोग विचलन की सभी घटनाओं के विश्लेषण में किया है। जहां दुर्खाइम ने इसे मानदंडीय उलझन की स्थिति के रूप में चित्रित किया है, वहां मर्टन ने मानकशून्यता को सामाजिक संरचना में टूटन की स्थिति बताया है।

anthroarchaeologist – नृपुरातत्वशास्त्री
वह पुरातत्वशास्त्री जिसने मानवशास्त्र की अन्य शाखाओं में भी प्रशिक्षण प्राप्त किया है, नृपुरातत्वशास्त्री कहलाता है।

anthropic – मानव/मनुष्य
मानवीय संस्कृति के प्रारंभ होने के पूर्व अन्य पशुओं में से एक पशु के रूप में मानवशास्त्र में मानव के लिये इस शब्द का प्रयोग किया गया है।

anthropocentrism – नृकेंद्रिवाद
नृकेंद्रिवाद एक ऐसा दृष्टिकोण है जो मानव को सृष्टि में केन्द्रीय महत्व देता है। इसके अनुसार मानव जाति को सभी वस्तुओं के माप का आधार माना जाता है।

anthropogeny/anthropogenesis – मानवउत्पत्तिशास्त्र
मानव की उत्पत्ति संबंधी कारणों का अध्ययन मानवउत्पत्तिशास्त्र कहलाता है, जैसे जब मानव का अवतरण हुआ तब इस पृथ्वी की भौतिक दशाएं कैसी थीं, इसके बारे में जो गर्भशास्त्रीय अध्ययन किया जाता है वह मानवउत्पत्तिशास्त्र का एक विषय है।

anthropogeography – मानवशास्त्रीय भूगोल
भौगोलिक पर्यावरण और मानव के बीच के पारस्परिक संबंधों के अध्ययन को मानवशास्त्रीय भूगोल कहते हैं। मानव भूगोल से बहुत-कुछ मिलता-जुलता यह विषय उन्नीसवीं शताब्दी में जर्मनी के विश्वविद्यालयों में पढ़ाया जाता था। इसी विषय ने मानवशास्त्र में 'प्रसारवाद' को जन्म दिया। प्रसारवाद सांस्कृतिक परिवर्तन में उद्विकासवाद की उपेक्षा करता है। इसका जन्म उद्विकासवाद की प्रतिक्रिया स्वरूप ही हुआ है।

anthropoid – एन्थ्रॉपॉयड
प्रॉसिमिअन्स की अपेक्षा उच्च स्तन्य (प्राइमिट) उद्विकास के स्तर के अत्यधिक उन्नत जीव जिनमें मानव, नये और पुराने विश्व के बन्दर और वानर (एप्स) आते हैं, उन्हें 'एन्थ्रॉपॉयड' कहा गया है। ऐसा माना जाता है कि एन्थ्रॉपॉयड का उद्विकास तृतीय महाकल्प काल में हुआ था। इस उपगण की सही रूप में सामने की आंखें, सुविकसित मस्तिष्क और त्रिविमदर्शी दृष्टि थी। इसके दो प्रचलित रूप हैं : नवीन विश्व के बन्दर और प्राचीन विश्व के बन्दर।

anthropolatry – मानव पूजा
एक पशु का समर्पण भाव, जैसे एक पालतू कुत्ते का अपने स्वामी के प्रति उत्सर्ग को मानव पूजा कहा गया है। कुछ लेखकों ने लिखा है कि मानव के धार्मिक आवेग शुद्ध रूप में पाशविक होते हैं, वे मानव पूजा सदृश अथवा समान होते हैं। मानव पूजा से तात्पर्य ऐसे किसी मानव की उपासना या पंथ से भी है जिसे देवता के रूप में और इसके साथ ही किसी देवता को एक मानव के रूप में माना गया है। अनेक प्रारंभिक संस्कृतियों में व्यक्तियों में देवात्वारोपण किया गया है। उदाहरणार्थ, जापान के शिन्तोधर्म में राजा को ही देवता स्वरूप

मान गया है और बहादुर सैनिकों के समाधि स्थल बने हुए हैं। भारत में शिरडी के सांईबाबा के अतिरिक्त जयललिता और अमिताभ बच्चन के मंदिर बने हैं और उनकी पूजा होने लगी है।

anthropology – मानवशास्त्र/नृविज्ञान/नृतत्व विज्ञान
आंग्ल भाषा के "ऐन्थ्रपॉलॉजि" शब्द की रचना ग्रीक भाषा के "ऐन्थ्रपॉज़" अर्थात् "मानव" और"लॉगॉस" अर्थात् "अध्ययन" या "विज्ञान" शब्दों के मेल से हुई है। इसका साधारण सा अर्थ होता है, "मानव का अध्ययन" अथवा "मानव का विज्ञान"। ब्रिटेनिका विश्वकोश (1771) के प्रथम संस्करण में मानवशास्त्र को "मानवीय प्रकृति का अनुशीलन" (डिस्कॉर्स) कहा है। इस धरा पर मानव की उत्पत्ति कब, कहां और कैसे हुई, तब से अब तक उसमें क्या और कैसे परिवर्तन हुए, आधुनिक मानव के शारीरिक लक्षणों में क्या और क्यों अन्तर है। इनके अतिरिक्त पुरातन और वर्तमान मानव समाजों के रीति-रिवाजों और प्रथानुगत विचारों में क्या और क्यों भिन्नता रही है, इन प्रश्नों के उत्तर जानने का प्रयास ही मानवशास्त्र है।

ऐसा माना जाता है कि "ऐन्थ्रपॉलॉजि" शब्द की उत्पत्ति संभवतः प्रख्यात दार्शनिक **अरस्तु** द्वारा उदात्त विचारों वाले जिस मानव के बारे में वर्णन किया गया है, उसी से हुई है। यह शब्द सबसे पहले मानवीय प्रकृति संबंधी एक अज्ञात पुस्तक में इंगलैण्ड में देखने में आया है। इस पुस्तक में इस विषय को मनोविज्ञान और शरीरशास्त्र में विभाजित किया गया है। किन्तु वर्तमान मानवशास्त्र के विज्ञान में पुरातत्वशास्त्र, सामाजिक-सांस्कृतिक मानवशास्त्र, भाषा विज्ञान, शारीरिक मानवशास्त्र जैसे कई विषयों को सम्मिलित किया गया है।

मानवशास्त्र को कई भिन्न रूप में परिभाषित किया गया है। **हर्सकोवित्स** के शब्दों में, "मानवशास्त्र मानव और उसके कार्यों का अध्ययन है।" यह परिभाषा अवश्य बहुत छोटी है, किन्तु थोड़ी अस्पष्ट है। जहां तक मानव और उसके कार्यकलापों के अध्ययन का प्रश्न है, अनेक विज्ञान यथा समाजशास्त्र, मनोविज्ञान, राजनीति विज्ञान, अर्थशास्त्र, इतिहास, मानव जीवशास्त्र और यहां तक कि दर्शनशास्त्र और साहित्य जैसे मानविकी के विषय भी किसी न किसी रूप में इन्हीं विषयों का अध्ययन करते हैं। विस्तृत रूप में, *मानवशास्त्र एक ऐसा विषय है जिसमें मानव जाति के जन्म से लेकर (उद्‌भव) वर्तमान काल तक उसके शारीरिक, सामाजिक एवं सांस्कृतिक विकास एवं व्यवहारों के विभिन्न पक्षों का वैज्ञानिक तरीकों से अध्ययन किया जाता है।* इसमें मानव समूहों की शरीर-रचना तथा उनकी संस्कृतियों में पाई जाने वाली समानताओं और भिन्नताओं का अध्ययन किया जाता है। मानवशास्त्र का दृष्टिकोण इतिहास, राजनीति विज्ञान, मनोविज्ञान, अर्थशास्त्र आदि की भांति विशिष्टात्मक न होकर समग्रात्मक (समष्टिपरक) है।

मानवशास्त्र का अध्ययन एक ओर प्राकृतिक विज्ञानों (प्राणीशास्त्र) तथा दूसरी ओर सामाजिक विज्ञानों (सामाजिक-सांस्कृतिक मानवशास्त्र) से जुड़ा हुआ है। प्राणीशास्त्र की एक शाखा के रूप में मानवशास्त्र प्राचीन और आधुनिक मानव के विभिन्न समूहों की रचना एवं प्रक्रियाओं की समानताओं और भिन्नताओं का विश्लेषण एवं वर्गीकरण करता है। प्राणीशास्त्र से जुड़ी हुई मानवशास्त्र की इस शाखा को "भौतिक मानवशास्त्र" कहते हैं। इसमें मानव को

एक स्तनधारी पशु के रूप में अध्ययन किया जाता है। उद्‌विकासीय प्रक्रिया में वानर से मानव, उसके अस्थि-पंजर, शरीर रचना, यौन-अन्तर, आनुवंशिकी, प्रजनन आदि इसके अध्ययन के प्रमुख विषय हैं। दूसरी ओर, एक सांस्कृतिक-सामाजिक अध्ययन के रूप में, यह विज्ञान विभिन्न संस्कृतियों और समाजों की संरचना, संस्थाओं और प्रक्रियाओं का अध्ययन करता है। मानव के सामाजिक-सांस्कृतिक पक्षों के अध्ययन को ब्रिटेन में अधिकांशतः "सामाजिक मानवशास्त्र" अमेरिका में "सांस्कृतिक मानवशास्त्र" और यूरोप के अन्य देशों में "नृजातिशास्त्र" (ऍथ्नॉलजि) के नाम से जाना जाता है। इनमें मानव के कार्यों तथा उसके सामाजिक जीवन का अध्ययन संस्कृति के सृजनकर्ता के रूप में किया जाता है।

जहां ब्रिटेन में सामाजिक मानवशास्त्र को ही मानवशास्त्र के नाम से जाना जाता है, वहां अमेरिका और कनाड़ा में मानवशास्त्र के चार प्रमुख भाग (शाखाएं) बताये गये हैं : (1) जैवकीय या भौतिक मानवशास्त्र, (2) सांस्कृतिक मानवशास्त्र (3) मानवशास्त्रीय भाषाशास्त्र, और (4) प्रागैतिहासिक पुरातत्व। अन्य देशों में इन चारों भागों को मानवशास्त्र की शाखायें न मानकर पृथक्-पृथक् विषय माना गया है।

मानवशास्त्र की कई शाखाएं हैं जिनका वर्णन आगे किया गया है। किन्तु ये सभी शाखाएं पूर्णतः पारस्परिक रूप में एकान्तिक नहीं हैं, अर्थात् आपस में इनमें कोई लेन-देन न हो, ऐसी बात नहीं है। संभव है एक विशिष्ट मानवशास्त्री सांकेतिक - राजनीतिक मानवशास्त्री हो सकता है या वह संज्ञानात्मक - आर्थिक मानवशास्त्री हो सकता है।

anthropology, action — क्रियात्मक मानवशास्त्र

अनुप्रयुक्त (अप्लाइड) मानव विज्ञान की वह शाखा क्रियात्मक मानवशास्त्र के नाम से जानी जाती है जिसमें सामाजिक-सांस्कृतिक मानवविज्ञान के सिद्धान्तों के प्रयोग द्वारा निर्धारित विकास के लक्ष्यों को प्राप्त करने का प्रयास किया जाता है।

anthropology, applied — व्यावहारिक (अनुप्रयुक्त) मानवशास्त्र

जब मानवशास्त्र का प्रयोग शोध और अध्यापन, जैसे सामान्य अकादमिक (शैक्षणिक) उद्देश्यों के लिये न किया जाकर मानव की व्यावहारिक समस्याओं के निदान के उद्देश्य से सूचना एकत्रण, नीति निर्माण अथवा सीधी कार्यवाही हेतु किया जाता है, तब इसे व्यावहारिक मानवशास्त्र या अनुप्रयुक्त मानवशास्त्र कहते हैं। इसमें मानवशास्त्रीय ज्ञान (सिद्धान्तों, अवधारणाओं, प्रारूपों) एवं अंतदृष्टि का प्रयोग मानव की आवश्यकताओं की पूर्ति एवं मानवीय समस्याओं के समाधान के लिये किया जाता है। आजकल व्यावहारिक मानवशास्त्र का प्रयोग प्रमुख रूप में नीति निर्माण और 'सामाजिक परिवर्तन के प्रबंधन' के लिये किया जाने लगा है। इसमें निर्देशन, प्रशासन और परामर्श की सभी विधाएं सम्मिलित हो सकती हैं। इसके कई रूप (उपक्षेत्र) हैं, किन्तु सभी का उद्देश्य मूल रूप में किसी तात्कालिक महत्व के मुद्दे का हल ढूंढना और उसका समाधान करना है। क्रियान्मुखी मानवशास्त्र, शोध एवं विकास मानवशास्त्र, समर्थन मानवशास्त्र, सांस्कृतिक मध्यस्थता, सहभागिक क्रियात्मक शोध तथा सामाजिक विपणन जैसे क्षेत्र व्यावहारिक (हस्तक्षेप) मानवशास्त्र के विभिन्न रूप हैं।

सन् 1970 के दशक से "व्यावहारिक मानवशास्त्री" शब्द के स्थान पर "पेशेवर मानवशास्त्री" (प्रैक्टिसिंग एन्थ्रपलॉजिस्ट) शब्द का प्रयोग किया जाने लगा है। पेशेवर मानवशास्त्रियों के समस्या निदान के कई क्षेत्र हैं, जैसे स्वास्थ्य, शिक्षा, विकास आदि। अपने-अपने विशिष्ट क्षेत्र के आधार पर ही वे अपने को चिकित्सा मानवशास्त्री, विकास मानवशास्त्री और शिक्षा मानवशास्त्री कहते हैं। इनकी कई भूमिकाएं हैं, जैसे—नीतिशोधकर्त्ता, शोध विश्लेषक, मूल्यांकन कर्त्ता, संस्कृति मध्यस्थकर्त्ता, कार्यक्रम प्रारूप निर्माता, प्रशासक, समर्थनकर्त्ता, चिकित्सक आदि-आदि।

पारम्परिक रूप में यह माना जाता है कि अकादमिक मानवशास्त्र का विकास व्यावहारिक मानवशास्त्र से पहले हुआ। वास्तव में, कई क्षेत्रों में यह क्रम उल्टा रहा है, अर्थात् पहले व्यावहारिक मानवशास्त्र और बाद में अकादमिक (शैक्षणिक) मानवशास्त्र। ऐसा उन क्षेत्रों में हुआ है जहां किसी प्रवर्तनकर्त्ता ने संभावित व्यावहारिक लाभ की दृष्टि से किसी तात्कालिक समस्या के निदान हेतु किसी शोध का प्रवर्तन किया हो। ऐसी स्थिति में प्रवर्तित शोध के निष्कर्ष बाद में अकादमिक शोध को जन्म दे सकते हैं। ऐसा कहा जाता है कि "अप्लाइड एन्थ्रपलॉजी" शब्द का शुरुआती प्रयोग ही सन् 1906 में केम्ब्रिज विश्वविद्यालय में आयोजित उपनिवेशीय प्रशासकों के एक प्रशिक्षण कार्यक्रम सम्बन्धी एक लेख से हुआ है। यही प्रवृत्ति बाद में अमेरिका में दोहराई गई जो आज भी प्रचलित है। विधिक मानवशास्त्र, चिकित्सा मानवशास्त्र, नगरीय मानवशास्त्र और आहार, जनांकिकी के क्षेत्र में आधारभूत कार्यों की शुरुआत व्यावहारिक कारणों से ही हुई है।

व्यावहारिक या अनुप्रयुक्त मानवशास्त्र का विकास दो रूप में हुआ है, व्यावहारिक शोध तथा हस्तक्षेप (इन्टरवेनशन)। अधिकांश व्यावहारिक शोध सामाजिक नीति निर्माण के उद्देश्य से की जाती है। इसके अन्तर्गत नीति विकास प्रक्रिया की रचना में मदद करना, नीति के प्रभाव या नीति निर्णयों का आंकलन करना, नीति के आधार पर किये गये कार्य का मूल्यांकन करना आदि कार्य सम्मिलित किये जाते हैं।

हस्तक्षेप सम्बन्धी क्रियाएं बहुधा व्यक्तियों की अपेक्षा समुदाय पर अधिक केन्द्रित होती हैं। ऐसी क्रियाएं (1) किसी कार्यक्रम की रचना-प्रक्रिया के एक महत्वपूर्ण अंग के रूप में समुदाय की जरूरतों के बारे में लोगों की अनुभूति को मालूम करने, या (2) किसी सशक्त सामुदायिक संगठन को विकसित करने के लिये की जाती है। हस्तक्षेप मानवशास्त्र के कई रूप उभर कर आये हैं जिनका उल्लेख प्रारंभ में किया गया है।

अनुप्रयुक्त मानवशास्त्र में सामान्य मानवशास्त्र की अपेक्षा परिमाणात्मक विधियों जैसे सर्वेक्षण और सांख्यिकीय विश्लेषण का अधिक प्रयोग किया जाता है। मानवशास्त्रियों ने अपने ज्ञान और निपुणताओं का प्रयोग इतने भिन्न क्षेत्रों में किया है कि यह बताना मुश्किल है कि क्या कोई ऐसा क्षेत्र भी है जो उनसे छूट गया है। कृषि, शिक्षा, स्वास्थ्य के साथ-साथ प्राकृतिक संसाधन, बुढ़ापा, पर्यावरण, लैंगिकता (जेण्डर), मानव अधिकार, शरणार्थी पुनर्वास, आवासन, तथा मादक दवाओं और मदिरा का दुरुपयोग जैसे अनेक विषयों पर अनुप्रयुक्त मानवशास्त्रियों ने काम किया है और कर रहे हैं। इन विषयों के अलावा, वे नगरीय जीवन,

जनसंख्या, कानून, और पोषक-आहार जैसे विषयों के अध्ययन में भी अगुआ रहे हैं। चिकित्सा मानवशास्त्र के विषय का उद्भव तो इस क्षेत्र में की गई व्यावहारिक शोध का ही परिणाम है।

anthropology, auto — स्वक-मानवशास्त्र

मर्लिन स्ट्रेदर्न (1967) ने स्वक-मानवशास्त्र को परिभाषित करते हुए लिखा है कि "यह ऐसा मानवशास्त्र है जिसका प्रयोग उस सामाजिक संदर्भ में किया जाता है जिसने इसको जन्म दिया है।" अधिक स्पष्ट रूप में, इस अवधारणा का प्रयोग स्वयं का, स्वयं के घर का तथा स्वयं के आत्म के मानवशास्त्रीय अध्ययन के लिये किया जाता है। इसके द्वारा व्यक्ति के भौतिक, घटनाचक्रिक, मनोवैज्ञानिक, सामाजिक तथा व्यक्तिगत उस अंधकारमय क्षेत्र की गवेषणा की जाती है जिसकी रचना एक देशी मानवशास्त्र द्वारा होती है।

स्वक-मानवशास्त्र ने कई महत्वपूर्ण बहस के मुद्दों को जन्म दिया है, जैसे क्या एक व्यवसाय के रूप में राजनीतिक दृष्टि से मानवशास्त्र सही है ? क्या मानवशास्त्र का प्रयोग अन्य विषयों की अपेक्षा कुछ भौगोलिक-भौतिक परिवेश में अच्छा हुआ है ? क्या मानवशास्त्र सामाजिक जीवन के प्रति एक सार्वभौमिक दृष्टिकोण उत्पन्न करता है ? क्या मानवशास्त्र का कार्य अनिवार्यतः कुछ मानसिक दशाओं की स्थिति में ही किया जा सकता है ?

anthropology, biological — जैविक मानवशास्त्र

अध्ययन-अनुसंधान की वह शाखा जैविक मानवशास्त्र कहलाती है जिसमें मानव प्राणी तथा उससे निकटता से संबंधित वर्तमान तथा उद्विकासीय परिप्रेक्ष्य के अनुसार विलुप्त हुई जैविक प्रजातियों का अध्ययन किया जाता है। इसमें मानवीय जीवाश्म-विज्ञान, जनांकिकी, पारिस्थितिकी, प्रजनन पारिस्थितिकी, न्यायालयिक विज्ञान तथा पुरारोगशास्त्र, उच्च स्तनधारी जीव विज्ञान, सामाजिक-जीवशास्त्र, उद्विकासीय मनोविज्ञान तथा आनुवंशिकी एवं शारीरिक विभिन्नताएं और अनुकूलन जैसे अनेक विषयों का अध्ययन किया जाता है। जैविक मानवशास्त्र के इन उपक्षेत्रों में अन्तर कहीं-कहीं नाम मात्र का है जो इन क्षेत्रों के ऐतिहासिक विकास के कारण उत्पन्न हुआ। कुछेक क्षेत्रों में अन्तर का कारण वर्गीकरण और किसी विशिष्ट शारीरिक अथवा व्यवहारजन्य प्रणाली में विशेष रुचि का होना रहा है। जैविक मानवशास्त्र के उपरोक्त सभी विषयों (उपक्षेत्रों) पर एक अलग-अलग प्रविष्टि (एन्ट्री) के रूप में इस कोश में यथा स्थान पर प्रकाश डाला गया है।

anthropology, cognitive — संज्ञानात्मक मानवशास्त्र

मानवशास्त्र की एक शाखा या परिप्रेक्ष्य जो सांस्कृतिक कोटियों और संरचना तथा चिन्तन की प्रक्रिया के बीच सम्बन्धों पर बल देती है, संज्ञानात्मक मानवशास्त्र कहलाती है। इसमें मस्तिष्क और समाज के आपसी सम्बन्धों का अध्ययन किया जाता है। संज्ञानात्मक मानवशास्त्रियों की रुचि यह जानने में होती है कि विभिन्न समाजों में व्यक्ति कैसे सोचते और महसूस करते हैं; उदाहरणार्थ, वे किसी घटना या मसले के बारे में कैसे निर्णय करते हैं, और प्राकृतिक वस्तुओं जैसे पेड़-पौधों और जानवरों का कैसे वर्गीकरण करते हैं ? मूलतः, संज्ञानात्मक मानवशास्त्र

सांस्कृतिक ज्ञान का, इसके संगठन और प्रतिदिन के जीवन में इसके प्रयोग के संदर्भ में अध्ययन करता है, जैसे वर्गीकरण कैसे किया जाता है, अनुमान (निष्कर्ष) कैसे निकाले जाते हैं, आदि। सन् 1950 के करीब जब इसका जन्म हुआ था, संज्ञानात्मक मानवशास्त्र को नृजातिविज्ञान (ऍथनॉसाइन्स) अथवा नृजातिशब्दार्थ विज्ञान के समानार्थक माना जाता था। उस समय इसके अन्तर्गत लोक वर्गीकरण व्यवस्थाओं तथा उनके अर्थों को जानने के लिये अध्ययन किये जाते थे। ये अध्ययन प्रमुखतः नातेदारी, लोक वनस्पतिशास्त्र तथा रंगों के वर्गीकरण के विषयों से सम्बन्धित होते थे।

वर्गीकरण व्यवस्थाओं के अत्याधुनिक अध्ययन अवधारणात्मक कोटियों की मनोवैज्ञानिक यथार्थता को जानने पर केन्द्रित होते हैं। उदाहरणार्थ, "कंवारा" कोटि की व्याख्या पारम्परिक नृजातिविज्ञान में तीन विशिष्ट तत्वों : पुरुष, वयस्क और अविवाहित को जोड़ कर की जाती है। यद्यपि, यह वर्गीकरण वास्तविक जीवन में कई बार सही नहीं उतरता है, जैसे हम सामान्यतः पोप, साधु-सन्तों या पुजारियों को कंवारे मानते हैं। वर्गीकरण व्यवस्थाओं के अधिकांश अध्ययन भाषाशास्त्रियों द्वारा किये गये हैं जब कि संज्ञानात्मक मानवशास्त्रियों के अधिकांश अध्ययन इससे जुड़ी ज्ञान की संरचनाओं से सम्बन्धित हैं जिसे मनोवैज्ञानिकों ने "स्कीमा" कहा है। संज्ञानात्मक मानवशास्त्रियों का विचार है कि हम जीवन की घटनाओं की व्याख्या सामान्यतः "संगठित सांस्कृतिक ज्ञान" के संदर्भ में करते हैं जो हमें अपने पूर्वजों से प्राप्त होता है। किसी क्लब अथवा पार्टी में जाने का तात्पर्य एक अमेरिकी व्यक्ति सामान्यतः वहां धूम्रपान करने, शराब पीने, ताशपत्ती या जुआ खेलने आदि क्रियाओं से लगाता है, किन्तु यही संज्ञान एक भारतीय का विभिन्न हो सकता है।

anthropology, criminal – अपराधमूलक मानवशास्त्र

अपराधत्व संबंधी विभिन्न लक्षणों और शारीरिक विशेषताओं के संबंधों के आपसी अध्ययन को अपराधमूलक मानवशास्त्र कहते हैं। तूरिन विश्वविद्यालय के अपराधी मानवशास्त्र के संस्थापक एवं आचार्य **सीज़र लोम्ब्रोसो** (1836-1909) ने कहा है कि अपराधी शारीरिक, मानसिक तथा तंत्रिका संबंधी असंगतताओं और विकृतियों से ग्रस्त व्यक्ति होते हैं। इन असंगतताओं का कारण अपक्षय (विकृति) और पूर्वजता (ऐटॅविज़म) होती है। उन्होंने अपराधी को "पागल" और "वहशी" (जंगली) के बीच का व्यक्ति माना है। अपराध के आधुनिक सिद्धान्तों ने अपराधी व्यवहार के लिये अनेक जटिल कारणों को उत्तरदायी माना है जिसके आधार पर लोम्ब्रोसो के शारीरिक विकृति के सिद्धान्त को आजकल त्याग दिया गया है।

anthropology, critical – आलोचनात्मक मानवशास्त्र

"आलोचनात्मक मानवशास्त्र" की अवधारणा का प्रयोग तीन अर्थों में किया जाता है: (1) विभिन्न संस्कृतियों की शोध के आधार पर उद्भूत ज्ञानमीमांसीय और सांस्कृतिक समीक्षा परिप्रेक्ष्य के रूप में और कभी-कभी मानवशास्त्रियों द्वारा अपने ही समाजों के अध्ययनों के लिये, (2) मार्क्सवादी सैद्धान्तिक परम्परा द्वारा प्रेरित मानवशास्त्रीय अध्ययनों के लिये; (3) 1960 के बाद के वे अध्ययन जो फ्रैंकफुर्त आलोचनात्मक सैद्धान्तिक परम्परा के आधार पर

किये गये हैं। प्रारंभिक नृजातीय वर्णनात्मक अध्ययन जैसे परिवार संबंधी **मेलिनोस्की** (1926, 1962), **मीड** (1928, 1930) के अध्ययन, अपराध और दंड संबंधी मेलिनोस्की का अध्ययन (1927), आव्रजन नीति सम्बन्धी **बोआस** का अध्ययन (1928), शिक्षा सुधार संबंधी **रेडफील्ड** का अध्ययन (1947), विज्ञान और जादूगिरी सम्बन्धी **इवान्स प्रिचार्ड** का अध्ययन (1937), आदि प्रथम वर्ग में आते हैं। इसी प्रकार, अनेक आधुनिक सामुदायिक अध्ययन जैसे **वार्नर** (1941-59), **गस्फील्ड** (1963), **ग्राइम्स** (1976), **फीशर** (1980) के अध्ययनों को भी इसी श्रेणी में रखा जा सकता है। इसी श्रेणी में प्रकार्यवादी अध्ययनों को भी सम्मिलित किया जाता है।

द्वितीय वर्ग में **स्टनले डायमंड, इरिक वूल्फ, सिडनी मींज़ और मार्शल साहलिन** के अध्ययनों को रखा जाता है जिनमें मार्क्सवादी परम्परा या भौतिकतावादी प्रेरित मानवशास्त्र को अमेरिका में प्रयोग किया गया है। **जूलियन स्टीवार्ड** और **लेज़ली व्हाइट** का सांस्कृतिक पारिस्थितिकी के क्षेत्र में किया गया अध्ययन भी इसमें सम्मिलित किया जाता है। द्वितीय युद्ध के बाद के अध्ययनों के विषयों में स्पष्ट बदलाव देखा जा सकता है। इन अध्ययनों में शक्ति-सत्ता और राजनीतिक, आर्थिक जैसे विषय हावी रहे हैं। 1950 और 1960 के दशकों में तृतीय विश्व के देशों में मानवशास्त्र के क्षेत्र में आधुनिकीकरण और विकास का विषय छाया रहा है जिसे मार्क्सवादी पूंजीवाद और उपनिवेशवाद की ऐतिहासिक शक्तियों का प्रत्यक्ष-अप्रत्यक्ष परिणाम मानते हैं। "मानवशास्त्र की समीक्षा" और "द्वन्द्वात्मक मानवशास्त्र" जैसी पत्रिकाओं का प्रकाशन इस तथ्य की पुष्टि करता है। जब हम अमेरिका की मार्क्सवादी आधार पर मानवशास्त्र के सिद्धान्त निर्माण की परम्परा की तुलना इंग्लैण्ड और फ्रांस से करते हैं, तो हम देखते हैं कि वहां यह प्रवृत्ति धीमी रही है। इन देशों में राजनीतिक-आर्थिक केन्द्रित अध्ययनों की अपेक्षा पारिस्थितिकीय केन्द्रित अध्ययनों की प्रवृत्ति अधिक रही है। फिर भी, इन अध्ययनों ने वहां मानवशास्त्र में अविकसित देशों के सिद्धान्त के विकास में महत्वपूर्ण योगदान किया है।

मानवशास्त्र में, जर्मनी के फ्रैंकफुर्त सम्प्रदाय ने मानवशास्त्रियों, सहबद्ध इतिहासकारों, और सांस्कृतिक अध्ययन के लेखकों की एक ऐसी पृष्ठभूमि तैयार की जो वर्ग-विभाजन, बाज़ार केन्द्रित और क्रांति ग्रसित समाजों के अध्ययन में रुचि रखते रहे हैं। इस आधार पर **वाल्टर बैंज़ामिन** को एक ऐसे आलोचक के रूप में प्रस्तुत किया गया जिसने आधुनिक संस्कृति के विरोध में अपनी आवाज़ उठाई। उन्होंने **आडोर्नो** के आधुनिक प्रौद्योगिकी के संभावित खतरों के प्रति प्रकट किये गये निराशावाद के स्थान पर आशावाद प्रकट किया। फ्रैंकफुर्त की विचारधारा को फैलाने में **अल्थ्युज़र** के संरचनावादी मार्क्सवाद का सहारा लिया गया। अस्सी के दशक के मध्य में इस विचारधारा को तथाकथित उत्तर-आधुनिकतावादी लेखकों के समूह **(मिशेल फूको, दरिदा, लेकन और बाड्रिलार्ड)** ने आगे बढ़ाने में महती भूमिका अदा की है। इस समूह ने सत्तर के दशक की कम्प्यूटर क्रांति द्वारा संचार-सम्प्रेषण की प्रकृति के परिवर्तन के कारण सामाजिक संगठन में परिवर्तन होने की संभावना व्यक्त की।

फ्रैंकफुर्त सम्प्रदाय के आलोचनात्मक सिद्धान्त (क्रिटिकल थीऑरि) का पुनः आगमन

साठ के दशक के विद्यार्थी आन्दोलन द्वारा हुआ है। इस आंदोलन ने जनपुंज (**मॉस**) समाजों, जनपुंज राजनीति तथा बुर्जुआई समाजों के नियंत्रण की आलोचनाओं/समीक्षाओं को प्रेरित करने में महत्ती भूमिका अदा की है। लोकप्रिय संस्कृति को अत्यधिक दुधारू स्थिति के रूप में देखा गया जिसमें कुछ विशिष्ट प्रकार के विरोध की संभावना व्यक्त की गई। मानवशास्त्रीय क्षेत्र में 'बरमिंघम सांस्कृतिक अध्ययनों' की नृजातीय शोध इसके प्रारंभिक उदाहरण हैं। सन् अस्सी और निव्वे के दशकों में सांस्कृतिक आलोचनाओं की इन पुनर्जीवित भावनाओं को फ्रांसीसी उत्तर-अल्जीरियाई युद्ध और 1968 के बाद की उत्तर-आधुनिकता की विचारधारा ने आगे बढ़ाने में काफी मदद की है।

anthropology, cultural – सांस्कृतिक मानवशास्त्र
मानवशास्त्र की वह शाखा सांस्कृतिक मानवशास्त्र के नाम से जानी जाती है जिसमें मानव संस्कृतियों की उत्पत्ति, इतिहास, विकास तथा सांस्कृतिक भिन्नताओं (स्वरूपों) का अध्ययन किया जाता है। देश एवं काल की सीमाओं में आबद्ध न होकर मानव जाति के प्रत्येक भाग की संस्कृति का अध्ययन करना इस शाखा का उद्देश्य है। इसमें मानव संस्कृतियों की संरचना और कार्य-प्रणाली का अध्ययन किया जाता है। सांस्कृतिक मानवशास्त्री संस्कृतियों का उनके विशिष्ट पर्यावरण में अध्ययन करते हैं और उनकी अन्य संस्कृतियों के साथ तुलना करके उनके विकास, संगठन और प्रक्रियाओं के सम्बन्ध में सर्वदेशीय, सर्वकालीन निष्कर्षों पर पहुंचने का यत्न करते हैं। एक सांस्कृतिक मानवशास्त्री उन तरीकों का अध्ययन करता है जो मानव ने अपने प्राकृतिक परिवेश तथा सामाजिक जगत् के साथ सामंजस्य स्थापित करने हेतु खोजे हैं। यही नहीं, वह प्रथाओं को सीखने, उन्हें सुरक्षित रखने तथा एक पीढ़ी से दूसरी पीढ़ी को इन्हें हस्तान्तरण की प्रक्रियाओं का भी अध्ययन करता है। संक्षेप में, सांस्कृतिक मानवशास्त्र मानव के उन समस्त व्यवहारों का अध्ययन करता है जिन्हें सीखा जाता है। इसमें सामाजिक, भाषाई, तकनीकी और पारिवारिक व्यवहारों का भी अध्ययन किया जाता है।

सांस्कृतिक मानवशास्त्र का जन्म ग्रीक दार्शनिक **अरस्तु** (संभवतः इससे पूर्व भी) के साथ ई. पूर्व चौथी शताब्दी में हुआ था। व्यावहारिक दृष्टि से इसका जन्म उन्नीसवीं शताब्दी में तब हुआ जब यूरोपीय अध्येताओं को अफ्रीका और एशिया के उन लोगों के बारे में जानकारी मिली जिन्हें उन्होंने "आदिम समाज" का नाम दिया। इसके साथ-साथ अमेरिका के मूल निवासियों की लुप्त हो रही संस्कृति की समस्या ने भी सांस्कृतिक मानवशास्त्र के उद्भव को प्रश्रय दिया है। सांस्कृतिक मानवशास्त्र शब्द का प्रयोग अधिकांशतः उत्तरी अमेरिका और कनाडा में अधिक किया जाता है, जबकि इसी विषय-वस्तु के अध्ययन के लिये यूरोप में नृजातिविज्ञान (एथनॉलॉजी) और ब्रिटेन में "सामाजिक मानवशास्त्र" (सोश्यल एन्थ्रोपॉलॉजी) शब्दों का प्रयोग किया जाता है।

सांस्कृतिक मानवशास्त्र की विचारधारा के पोषक मानवशास्त्री मुख्यतः **ई. बी. टायलर** और **फ्रैंज बोऑस** परम्परा के हैं। इस परम्परा का सर्वाधिक विकास अमेरिका में हुआ है। यही कारण है कि इंग्लैण्ड की अपेक्षा अमेरिका के अधिकांश मानव-वैज्ञानिक अपने आपको सामाजिक मानवशास्त्री की अपेक्षा सांस्कृतिक मानवशास्त्री कहलाना पसंद करते हैं। इसके

विपरीत, जिन मानव-वैज्ञानिकों ने सांस्कृतिक तथ्यों (प्रथाएं, रीतिरिवाज, संस्कार आदि) की अपेक्षा सामाजिक तथ्यों (समाज का तानाबाना, सामाजिक प्रक्रियाएं) में अपनी अभिरुचि प्रकट की है, वे **दुर्खाइम, रेडक्लिफ ब्राउन, मेलिनोस्की** के बौद्धिक वंशज माने जाते हैं। इस परम्परा का प्रभाव अधिकांशतः ब्रिटेन के मानव-वैज्ञानिकों पर देखा जा सकता है।

सांस्कृतिक मानवशास्त्र के कई उप विभाग हैं, जिनमें पुरातत्वशास्त्र, मानवशास्त्रीय भाषाविज्ञान, और नृजातिविज्ञान प्रमुख हैं। ये सभी विषय मोटे रूप में मानवीय संस्कृति का अध्ययन करते हैं। इनका विवेचन अन्यत्र इसी कोश में पृथक रूप में किया गया है।

anthropology, dialogic – संवादात्मक (संवादपरक) मानवशास्त्र

सुप्रसिद्ध रूसी साहित्यिक आलोचक **मिखाइल बख़्तीन** के लेखों के संकलन की एक पुस्तक उनकी मृत्यु के उपरान्त छपी और उसे 'द डायलॉजिक इमैजिनेशन' (1984) (संवादात्मक कल्पना) नाम दिया गया। इस पुस्तक में बख़्तीन ने संवाद समालोचना के नये आयाम प्रणीत किये हैं जिसने मानवशास्त्र (नृजातिलेखन) को भी काफी प्रभावित किया है। मानवशास्त्रियों ने यहीं से 'डायलॉजिक' शब्द लेकर इसे 'ऐनॅलॉजिक' (साम्यानुमानिक) शब्द के विपरीत प्रयोग इस अर्थ में किया है कि भाषा का प्रयोग कैसे किया जाता है, ज्ञान का संचय कैसे होता है तथा नृजातिलेखन में तथ्यों को किस प्रकार प्रस्तुत किया जाता है।

बातचीत या संवादों का विश्लेषणात्मक अध्ययन भाषिक (भाषाई) मानवशास्त्र का एक प्रमुख अंग रहा है। बख़्तीन से प्रभावित होने वाले प्रथम मानवशास्त्री **डेनिश टेडलॉक** (1979, 1983) रहे हैं। जिन्होंने लिखा है कि मानवशास्त्रीय ज्ञान मानवशास्त्री और उसके सूचनादाता के बीच आमने-सामने के सम्पर्क क्षेत्र पर निर्भर करता है। यह बीच की अवस्था ही संवाद का संसार है। इन संवादों के सम्पादन द्वारा ही मानवशास्त्री और सूचनादाता एक दूसरे को समझ पाते हैं। इन दोनों की बातचीत से जो कुछ उभर कर आता है, वह दोनों के लिये ही नया होता है। यह दोनों के दो संसारों की भिन्नताओं की एक साझी समझ होती है, एक साझा संसार होता है। अतः मानवशास्त्रीय ज्ञान के लेखे-जोखे (नृजातिलेखन) को प्रस्तुत करते समय यह आवश्यक है कि संवादात्मक स्थिति का भी लेखा-जोखा दिया जाये। अभी तक पारम्परिक नृजातिलेखन में इसका नितांत अभाव रहा है। यह न हमें **लेवी स्ट्रॉस** के दक्षिणी अमरीकी मिथकों के लम्बे वृतान्तों में देखने को मिलता है और न ही **ग्रीज़** के लेखनों में जिन्होंने शोध-क्षेत्र में हुए वार्तालाप को यथावत देने का दावा किया है। वास्तव में, 'संवादात्मकता' के स्थान पर पारम्परिक मानवशास्त्र 'साम्यानुमानिकता' से भरा पड़ा है। पारम्परिक मानवशास्त्र में तथ्यों का लेखन एकालाप के रूप में, अर्थात् तथाकथित वस्तुपरक शैली में हुआ है।

संवादात्मक (संवादपरक) दृष्टिकोण भाषान्तर की धारणा को भिन्न रूप में प्रस्तुत करने के साथ-साथ शक्ति और प्रतिनिधित्व के ताने-बाने की अधिक समझ देता है। इस अर्थ में "डाइ-लॉग" का अर्थ दो व्यक्तियों के बीच होने वाला मात्र वार्तालाप नहीं है, अपितु इस शब्द की ग्रीक व्युत्पत्तीय अर्थ में इसका तात्पर्य तर्क-वितर्क तथा उन सामाजिक आधारों का प्रदर्शन करना है जो इन्हें निश्चितता, वैधता और उपयोगिता प्रदान करते हैं।

मानवशास्त्र में शोधकर्त्ता और सूचनादाता के बीच होने वाले वार्तालाप को बख्तीनवादी संवाद उपागम ने काफी प्रभावित किया है। परिणामतः क्षेत्र-कार्य के दौरान होने वाले संवाद-विमर्श आलोचनात्मक विश्लेषण का एक प्रमुख विषय बन गया है। अब यह स्वीकार किया जाने लगा है कि नृजातिक ज्ञान शोधकर्त्ता और सूचनादाता के बीच होने वाले वार्तालाप की उपज होता है। अतः इन दोनों के बीच होने वाले संवादों का व्यवस्थित ढंग से विश्लेषण होना आवश्यक है। यही नहीं, अब यह अनुभव किया जाने लगा है कि नृजातिशास्त्री और सूचनादाता के बीच जो वार्तालाप होता है, उसे यथावत प्रथम पुरुष वाणी में दिया जाना चाहिये।

anthropology, ecological – पारिस्थितिकीय मानवशास्त्र

यद्यपि संरक्षणात्मक पर्यावरणीय विज्ञान और पर्यावरणवाद का इतिहास कई शताब्दियों पुराना है, तथापि ये विज्ञान अधिकांशतः सन् 1960 के दशक से नये रूपाकार में उभर कर आये हैं और इस ऐतिहासिक प्रक्रिया के भाग के रूप में इनका प्रयोग मानवशास्त्र में होता रहा है। मानवशास्त्र के प्रत्येक उपविभागों—पुरातत्वशास्त्र में पुरापारिस्थितिकी, वानरगण पारिस्थितिकी, मानवीय अनुकूलनता या अधिक संकुचित रूप में शारीरिक मानवशास्त्र और जैवकीय मानवशास्त्र में मानवीय व्यवहार पारिस्थितिकी, सांस्कृतिक पारिस्थितिकी और बाद में सांस्कृतिक मानवशास्त्र में प्रणाली पारिस्थितिकी, भाषाशास्त्र में नृजातीय पारिस्थितिकी आदि ने मानवीय पारिस्थितिकी में अपने-अपने अध्ययन दृष्टिकोणों को विकसित किया है। मानवशास्त्र में सर्वाधिक उल्लेखनीय शुरुआती कार्य **जूलियन स्टीवार्ड** (1955) द्वारा सांस्कृतिक पारस्थितिकी के क्षेत्र में 'मानवीय पारस्थितिकी और अनुकूलन' को समझने में किया गया है। बाद में, इस क्षेत्र के कार्य को आगे बढ़ाते हुए **रॉय रेप्पापोर्ट** (1967) ने संस्कृति के प्रमुख विषय यथा धर्म और युद्ध पर कार्य किया और बताया कि ये किस प्रकार जनसंख्या और संसाधनों में संतुलन बनाने में नियंत्रण के साधनों का कार्य करते हैं। **मार्विन हैरिस** (1979) ने "सांस्कृतिक भौतिकवाद" की अपनी अवधारणा के माध्यम से कई प्रथाओं और संस्थाओं की व्याख्या की है। इस सम्बन्ध में उन्होंने सर्वाधिक प्रसिद्ध उदाहरण भारत के पवित्र पशु गाय का दिया है। उन्होंने बताया है (1985) कि गाय केवल हिन्दू विश्वासों के कारण पवित्र नहीं है, अपितु यह भारत की कृषिहर अर्थव्यवस्था की धुरी है। इसके द्वारा प्राप्त प्रत्येक वस्तु (गोबर, मूत्र, दूध) का किसी न किसी रूप में प्रयोग होता है।

आजकल कुछ मानवशास्त्री संस्कृति पर पर्यावरण के एकतरफा प्रभाव के अध्ययन की अपेक्षा संस्कृति और पर्यावरण के पारस्परिक प्रभाव और एक लम्बी अवधि में एक दूसरे में परिवर्तन किये जाने का अध्ययन करने लगे हैं। संस्कृति एवं पर्यावरण के पारस्परिक प्रभाव एवं परिवर्तन सम्बन्धी इस नये दृष्टिकोण को "ऐतिहासिक पारिस्थितिकी" की संज्ञा दी गई है। इस क्षेत्र में उल्लेखनीय अध्ययन **क्रमले** (1994) और **विलियम बाले** (1994) द्वारा किये गये हैं। विलियम बाले ने ब्राजील के अमेज़न प्रदेश में अध्ययन कर पौधों की 788 जातियों का पता लगाया है। यही नहीं, बाले ने ऐतिहासिक पारिस्थितिकी का प्रयोग नृजाति पारिस्थितिकी, सांस्कृतिक पारिस्थितिकी, राजनीतिक पारिस्थितिकी और प्रादेशिक पारिस्थितिकी के बीच

समन्वय स्थापित करने में भी किया है।

मानव-पर्यावरण अन्तर्क्रिया का विषय मानवशास्त्र के लगभग सभी उपागमों में मुख्यतः मूलभूत शोध तक सीमित है और इसके अनुप्रयुक्त (व्यावहारिक) पक्ष पर बहुत कम ध्यान दिया गया है। संसाधनों में कमी, बढ़ता हुआ प्रदूषण, पौधों और पशुओं की जातियों का समापन, उष्ण कटिबन्धी जंगलों का विनाश आदि जैसी पर्यावरणीय समस्याओं एवं संकटों के लक्षणों के अतिरिक्त प्रतिदिन मानव अधिकारों के दुरुपयोग सहित विभिन्न प्रकार की हिंसा बहुधा इन घटनाओं से जुड़ी पाई गई हैं। इन हिंसात्मक घटनाओं और मानव अधिकारों के दुरुपयोग ने इस क्षेत्र में "आमूलचूल परिवर्तनवादी पारिस्थितिकी" (रेडिकल इकॉलॉजी) को जन्म दिया है जिसका वर्णन इसी कोश में अन्यत्र किया गया है।

पर्यावरणीय मानवशास्त्र के योगदानों में एक प्रमुख योगदान यह रहा है कि इसने देशज (मूल निवासी) समाजों की संस्कृति के पक्षों की पारिस्थितिकी-तार्किकता और पर्यावरणीय-युक्तिमूलकता दोनों को उज़ागर किया है, जो कि बाहरी व्यक्ति नहीं कर पाये। वास्तव में, बाहरी व्यक्तियों ने प्रजातिवाद और नृजातिकेन्द्रितता की भावना से प्रेरित होकर इनके प्रभावों का ही नकारात्मक रूप में मूल्यांकन किया है। उदाहरणार्थ, 'काटो और जलाओ' के विचार पर आधारित "स्थानान्तरित खेती" वहीं पर लाभदायक सिद्ध होती है जहां पर जनसंख्या का घनत्व कम होता है, और जहां यह खेती जीवन-निर्वाह के लिये की जाती है। चूंकि परती भूमि, नये बागबगीचों और शिकार के लिये जंगल बहुतायत में उपलब्ध हैं, अतः स्थानान्तरित खेती कोई समस्या नहीं है। अनादिकाल से ये क्षेत्र आदिवासीय समाजों के क्षेत्र रहे हैं, इनमें वनों के समाप्त होने की कोई समस्या नहीं रही, किन्तु जब से इन क्षेत्रों में (अभी हाल के कुछ वर्षों से) पश्चिमी शैली के आर्थिक विकास की शुरुआत हुई, तभी से पर्यावरण प्रदूषण और पारिस्थितिकी असन्तुलन की समस्याएं सामने आने लगी हैं। यही नहीं, पारम्परिक स्थानान्तरित कृषि ने जैविक-विभिन्नता को भी बनाये रखने में मदद की है। संसाधन व्यवस्थापन और जैविक-विभिन्नता को बनाये रखने में अब धीरे-धीरे पर्यावरणविद् और संरक्षणविद् आदि स्थानीय लोगों और उनके ज्ञान, संस्कृति और मूल्यों का महत्व समझने लगे हैं।

anthropology, economic – आर्थिक मानवशास्त्र

आर्थिक मानवशास्त्र अर्थशास्त्र के दो पक्षों पर प्रकाश डालता है : (1) आवश्यक एवं वैकल्पिक माल और सेवाओं का उत्पादन तथा (2) मितव्ययता की व्यूह रचना करना, जिसे बहुधा औपचारिक-तात्विक विवाद कहा जाता है। प्रारंभिक मानवशास्त्रियों ने अधिकांशतः उत्पादन के अध्ययन पर ही अधिक ध्यान दिया है, किन्तु पिछली आधी शताब्दी से मितव्ययता के अध्ययनों पर अधिक जोर दिया जा रहा है। उत्पादन से तात्पर्य संसाधनों के प्राप्त करने तथा उन्हें हितकर वस्तुओं और क्रियाओं में बदलने की प्रक्रियाओं से है। वितरण का अर्थ उन तरीकों से है जिनके द्वारा वस्तुओं और सेवाओं को एक व्यक्ति से दूसरे व्यक्ति को हस्तान्तरित किया जाता है। पिछले पचास वर्षों में आर्थिक मानवशास्त्र में उत्पादन की अपेक्षा वितरण पर अधिक बल दिया जा रहा है।

पारम्परिक रूप में, आर्थिक मानवशास्त्र का क्षेत्र छोटे तथा सरल जनजातीय एवं कृषक समाजों के अध्ययन तक सीमित था, किन्तु आजकल यह आर्थिक संरचनाओं के तुलनात्मक अध्ययनों के द्वारा आर्थिक सिद्धान्तों की रचना में योगदान कर रहा है। ब्रिटेन में **मेलिनोस्की, फर्थ** तथा **रिचार्ड्स** और अमेरिका में, **हर्सकोवित्स** और **सोल टेक्स** के जनजातीय एवं कृषकों के अर्थव्यवस्था के अध्ययनों ने वितरण, विनिमय या पारस्परिकता पर प्रकाश डाला है। इन अध्ययनों में उत्पादन की प्रणालियों के अध्ययन पर नगण्य ध्यान दिया गया है। इसके विपरीत, मार्क्सवादी रुझान वाले मानवशास्त्रीय अध्ययनों में उत्पादन की प्रणालियों का वर्णन के साथ-साथ उनका वर्गीकरण भी किया गया है।

anthropology, feminist – महिलावादी मानवशास्त्र

महिलावादी मानवशास्त्र के अध्ययन के प्रमुख विषय महिलाओं की भूमिका, विश्वास, तथा प्रथाएं आदि हैं। यह सही है कि महिलावादी मानवशास्त्र का मुख्य अध्ययन केन्द्र स्त्रियां और स्त्रियों की भूमिकाएं हैं, किन्तु इसका व्यापक लक्ष्य मानव समाज को अधिकाधिक रूप में पूर्ण समझना है।

महिलावादी मानवशास्त्र या मोटे रूप में आधुनिक महिलावादी अध्ययनों का उदय सन् 1960 के दशक के अन्तिम वर्षों और 1970 के प्रारंभिक वर्षों में हुआ था, जिसे सामान्यतः "महिलावादी द्वितीय लहर" के नाम से जाना जाता है। इस अवधि में **पश्चिमी यूरोपीय** और अमेरिकी महिलाओं ने अपने नागरिक और आर्थिक अधिकारों के लिये महिलावादी मुक्ति आन्दोलन चलाया।

यौन-भेद, लिंग (जेन्डर) और लैंगिकता महिलावादी अध्ययनों की मुख्य विवेचनात्मक अवधारणाएं हैं। पिछले 150 वर्षों में इन तीनों अवधारणाओं के अर्थ और प्रयोग में काफी परिवर्तन आया है और अभी भी निरन्तर इनमें संशोधन हो रहा है। सामान्यतः यौन-भेद से तात्पर्य स्त्री और पुरुष के शारीरिक और जैविक अन्तर को प्रकट करता है। "लिंग" (जेन्डर) की अवधारणा सामान्यतः किसी समाज में यौन-भेद के अनुरूप अर्थ और भूमिकाओं का संकेत देती है। एक समाज स्त्री-पुरुष के शारीरिक, जैवकीय और विकासीय अन्तरों को किस प्रकार देखता है, उन्हें वह क्या अर्थ प्रदान करता है, 'स्त्रियोचित' और 'पुरुषोचित' अवधारणाओं को समाज किस प्रकार परिभाषित करता है। ये सांस्कृतिक विश्वास हैं जो जैवकीय तथ्यों को नहीं, सामाजिक रिवाजों को रूपाकार देते हैं। वास्तव में, महिलावादी मानवशास्त्रियों ने यह प्रस्थापित किया है कि स्त्रियों या पुरुषों की कोई सर्वदेशीय भूमिकाएं नहीं हैं। पचास वर्षों से भी अधिक वर्षों पूर्व, **माग्रेट मीड** (1935) ने लिखा था कि "प्रत्येक संस्कृति ने स्त्रियों एवं पुरुषों की भूमिकाओं का किसी न किसी रूप में संस्थानीकरण किया है स्वभाव जिसे हम किसी एक लिंग की मौलिकता मानते हैं, वह मानवीय स्वभाव मात्र की विशेषता हो सकती है।" अभी हाल, अनेक उत्तर-संरचनावादी महिलावादी और लिंगवादी सिद्धान्तकारों ने यह माना है कि जिस प्रकार संस्कृति लिंग (जेण्डर) की रचना करती है, उसी प्रकार यौन (सेक्स) की रचना अर्थात् शरीर के अर्थ की रचना भी संस्कृति करती है।

"कामात्मकता" (सैक्सुअलिटी) का अर्थ यौन (सैक्स) और लिंग (जेण्डर) दोनों से भिन्न

है। कामात्मकता उन भावनाओं का संकेत देती है जिनके द्वारा समाज और व्यक्तिगण कामवासनात्मक (मैथुनिक) और प्रजनन सम्बन्धी क्रियाओं के रूप में देखते हैं और उन पर व्यवहार प्रदर्शित करते हैं।

आधुनिक मनोविश्लेषणवाद के उद्‌भव और मनोविज्ञान से प्रभावित मानवशास्त्रियों ने समलैंगिक और विषमलैंगिक, संस्थानीकृत और असंस्थानीकृत दोनों समूहों का अध्ययन किया है। उन्होंने बताया है कि लिंग, यौन और कामुकता बहुधा संस्कृतियों में घनिष्ठ रूप में निकटता से जुड़ी हुई अवधारणाएं हैं और बहुधा इनका उपयोग सामाजिक नियंत्रण के लिये किया जाता है। उदाहरणार्थ, एक समाज किन्हीं आयु और लिंग समूहों की यौन क्रियाओं सम्बन्धी रिवाजों पर नियंत्रण लगा सकता है, जबकि अन्य समूहों पर नहीं। समाजों में यौन क्रियाओं सम्बन्धी रिवाजों में भिन्नता हो सकती है। कई स्थानों पर समलैंगिक जोड़ियों पर प्रतिबंध है और कई स्थानों पर नहीं।

महिलावादी मानवशास्त्र ने मानवशास्त्र के पुरातन चार क्षेत्रों—सामाजिक-सांस्कृतिक, भाषाई, भौतिक और पुरातत्वशास्त्र को घनिष्ठ रूप से प्रभावित किया है। उदाहरणार्थ, सामाजिक-सांस्कृतिक मानवशास्त्र के क्षेत्र में महिलावादी मानवशास्त्रियों ने विश्व के विभिन्न भागों की स्त्रियों की सामाजिक प्रथाओं, अनुभवों और सांस्कृतिक प्रतीकों का अध्ययन किया है। इन अध्ययनों के आधार पर नातेदारी, विवाह और परिवार के साथ-साथ धर्म और राजनीतिक व्यवस्थाओं के अध्ययनों में प्रासंगिक संशोधन किये गये हैं। महिलावादी मानवशास्त्रियों ने स्त्रियों और पुरुषों के भाषाई तौर-तरीकों का भी अध्ययन किया है और बताया है कि किस प्रकार भाषा के क्षेत्र में भी पुरुषों को अधिक महत्ता दी गई है, जैसे "मानव स्वरूप" (ह्यूमन काइन्ड) के लिये "पुरुष स्वरूप" (मैन काइन्ड) शब्द का प्रयोग किया जाना।

महिलावादी मानवशास्त्रियों ने एक अत्यन्त पुराने इस विचार को भी नकारा है कि स्त्रियां शारीरिक और मानसिक दृष्टि से पुरुषों से कमजोर होती हैं। उन्होंने बताया है कि स्त्री-पुरुष का शारीरिक अन्तर उनकी सामाजिक क्षमताओं के अन्तर को प्रकट नहीं करता है। महिलावादी मानवशास्त्र ने पुरातत्वशास्त्र के इस भ्रम को भी तोड़ा है कि पुरुष शिकारी और स्त्रियां संग्राहक (कन्द, मूल, फल का एकत्रण करने वाली आदि) रहीं हैं। किसी स्थान पर "पत्थर का सिरा" या "तीर का सिरा" मिलने से इस तथ्य की पुष्टि नहीं होती कि पुरुष ही शिकार करने वाले हुआ करते थे।

आजकल, कई अध्ययनों में लिंग और कामात्मकता के सांस्कृतिक अर्थ तथा समाज में शक्ति के विभाजन की खोज की जा रही है। कई महिलावादी मानवशास्त्रियों ने तो "महिलाओं" (वीमेन) की कोटि की उपयोगिता पर ही प्रश्न उठाया है। उन्होंने इस संदर्भ में महिलाओं के शोषण के विभिन्न रूप-स्वरूपों को भी उजागर किया है।

anthropology, forensic – न्यायालयिक मानवशास्त्र

अनुप्रयुक्त (व्यावहारिक) मानवशास्त्र की एक शाखा न्यायालयिक मानवशास्त्र कहलाती है जिसमें कानूनी मसलों के अध्ययन में मानवशास्त्रीय तकनीकों का प्रयोग किया जाता है। भौतिक (शारीरिक) मानवशास्त्री मानवीय अवशेषों के अपने विश्लेषण एवं विवेचन में मृत्यु

संबंधी तथा इसी प्रकार के अन्य विषयों में अपनी विशेषज्ञता का प्रयोग करते हैं।

anthropology, hermeneutics — **भाष्यवैज्ञानिक मानवशास्त्र**
किसी देश के मूल निवासी (आदिवासी) अपने जटिल सांस्कृतिक रूपों का किस प्रकार उद्‌वाचन और व्याख्या करते हैं, इस विद्या के सूक्ष्म विश्लेषण के लिए मानवशास्त्र में भाष्यविज्ञान शब्द का प्रयोग किया जाता है। वास्तव में, प्रसिद्ध दार्शनिक **डिल्थे** ने बहुत पहले सामाजिक विज्ञानों में भाष्य विज्ञान पद्धति के प्रयोग का सुझाव दिया था। उनके अनुसार यह विधि प्राकृतिक विज्ञानों की विधियों की वस्तुपरक विधियों की भांति ही पूर्णतः वस्तुनिष्ठ है जबकि यह क्रियाओं के अर्थ जानने पर केन्द्रित है जो कर्त्ताओं को अपनी क्रियाओं में स्व-सुधार और परिवर्तन का अवसर देती है। वास्तव में, यह मेलिनोस्कीवादी "मूलनिवासी दृष्टिकोण" का ही एक परिष्कृत विस्तारित रूप है

anthropology, humanistic — **मानवतावादी मानवशास्त्र**
सन् 1970 के दशक के मध्य में जब "मानवतावादी मानवशास्त्र हेतु समाज" नामक संस्था की स्थापना हुई, तब अमरीकी मानवशास्त्र के क्षेत्र में मानवतावादी मानवशास्त्र के नये नाम से इस विषय की शुरुआत हुई। इसके विषय क्षेत्र और परिप्रेक्ष्य के बारे में अभी निश्चितता नहीं है। अलग-अलग विद्वानों ने इसकी पहचान भिन्न रूप में की है और इसके साथ कई विषयों को जोड़ा है। आश्चर्य तो यह है कि जो विद्वान् अपने आपको मानवतावादी नहीं कहते, उन्होंने भी इसके एकाधिक पहलुओं के साथ अपनी सहमति प्रकट की है। इस तथाकथित भिन्न कलेवर लिये हुए मानवतावादी मानवशास्त्र पर पूर्ववर्ती पीढ़ी के मानवशास्त्रियों, जैसे **एडवर्ड सपिर** और **रूथ बेनेडिक्ट** जैसे मानवशास्त्रियों का गहरा प्रभाव पड़ा है। **सपिर** (1917) ने सांस्कृतिक एवं ऐतिहासिक शक्तियों के फलस्वरूप उत्पन्न एकल मानव प्राणी की रचनात्मकता के अध्ययन की महत्ता पर जोर दिया है। मानव प्राणी की इस रचनात्मकता को मानवतावादी मानवशास्त्र ने "मानवशास्त्र और मानवतावाद" नामक पत्रिका के प्रथम अंक में जोर-शोर से इन शब्दों में प्रस्तुत किया—"जैसा कि हम देखते हैं, मानवतावादी मानवशास्त्र का प्रमुख केन्द्र व्यष्टि (एकल) मानव प्राणी है - - - - - (और) प्रकृति, संस्कृति और समाज के अवसरों और दायरों में स्वतंत्रता और रचनात्मकता के लिये व्यक्ति के प्रयास है।" मानवतावादी मानवशास्त्र के इन लक्ष्यों को ध्यान में रखते हुए 'जीवन-इतिहास विधि' के माध्यम से संस्कृति में व्यक्तित्व के अध्ययनों को प्रोत्साहित किया गया। अभी हाल, जीवन-इतिहास की इस परम्परा को मनोवैज्ञानिक मानवशास्त्र (**क्रेम्पन्जनों**, 1977, 1980 और **मेन्डलबॉम** द्वारा गांधी का अध्ययन, 1973) में आगे बढ़ाया गया है।

anthropology, interpretative — **व्याख्यात्मक मानवशास्त्र**
मानवशास्त्र की वह शाखा "व्याख्यात्मक मानवशास्त्र" के नाम से जानी जाती है जिसमें दूसरी संस्कृतियों का लेखा-जोखा एक आन्तरिक व्यक्ति की दृष्टि से तैयार कर उसकी ज्ञानमीमांसीय आधार पर विवेचना की जाती है। व्याख्यात्मक मानवशास्त्र की स्थिति शुद्ध व्यवहारपरक,

सांख्यिकीय और औपचारिक-भाषावैज्ञानिक मानवशास्त्र से पूर्णतः विपरीत है क्योंकि इसमें प्रतीकों के अर्थ, विकास और उनकी विनष्टि तथा भाषाई लाक्षणिकता की समृद्धि पर बल दिया जाता है। जब से यह समझा जाने लगा है कि संस्कृति एक प्रकार से अर्थों की एक व्यवस्था है और इसे उजागर किया जाना चाहिये, तभी से व्याख्यात्मक मानवशास्त्र में लोगों की रुचि में बढ़ोत्तरी हुई है।

व्याख्यात्मक मानवशास्त्र का सन् 1960 और 1970 के दशकों तक शिकागो सम्प्रदाय, विशेषतः **क्लीफोर्ड ग्रीज़** के "प्रतीकात्मक मानवशास्त्र" के साथ सम्बन्ध रहा है। सी. ग्रीज़ ने संस्कृतियों के ग्रंथों को रूपक के रूप में प्रयोग किया है और इस बात पर बल दिया है कि मानवशास्त्रियों को ग्रंथों की भांति संस्कृति को भी पढ़ना चाहिये और इसमें निहित अर्थ की खोज करनी चाहिये। व्याख्यात्मक मानवशास्त्र ने "संज्ञानात्मक मानवशास्त्र" की कटु आलोचना की है। इसने "संरचनावाद" की भी बखिया उधेड़ी है।

anthropology, legal – विधिक मानवशास्त्र

प्रारंभिक मानवशास्त्रीय अध्ययन ऐतिहासिक और अन्तर-सांस्कृतिक परिप्रेक्ष्यों के संदर्भ में किये गये हैं, और इनके आधार पर सामाजिक और सांस्कृतिक उद्विकासवादी, सहसम्बन्धात्मक और नृजातिलेखन सम्बन्धी सिद्धान्तों का जन्म हुआ है। अठारहवीं शताब्दी के यूरोपीय बुद्धिजनों में यह विचार सामान्य रूप में प्रचलित था कि कानून एक सार्वभौमिक घटना है। उन्नीसवीं शताब्दी के मानवशास्त्री, यद्यपि आरामतलब अटकलबाजी चिन्तक थे, तथापि उन्होंने पश्चिमी और गैर पश्चिमी कानूनों के बीच अन्तरों को संहिताबद्ध करने की शुरुआत कर दी थी। सन् 1861 में **हेनरी मेन** ने यूरोप और भारत की कानून सम्बन्धी सामग्री को एकत्रित कर यह प्रस्थापित किया कि कानून में (प्रस्थिति से संविदात्मक प्रकृति की ओर) जो परिवर्तन हुए हैं, वे नातेदारी आधारित समाजों का क्षेत्रीय आधार पर संगठित समाजों में बदलाव का परिणाम है। बाद के शोधकर्त्ताओं, जैसे **हॉबहाऊस** (1906) ने अर्थव्यवस्था के स्तर (जीवन-निर्वाह के प्रमुख रूप) को कानून के स्वरूप के साथ जोड़ने का प्रयास किया है। **दुर्खाइम** (1933) ने अनुशास्तियों (कानून) के स्वरूप को समाज के एकीकरण की यात्रा (यांत्रिक से सावयविक समाज) के साथ जोड़ा है और बताया है कि आदिवासी समाजों में दमनकारी कानून और आधुनिक सभ्य समाजों में क्षतिपूर्ति प्रतिकारी कानून (रेस्टिटयूटिव लॉ) होते हैं। **मेलिनोस्की** (1926) ने अपने क्षेत्र-कार्य के आधार पर संकलित तथ्यों के द्वारा आदिवासी लोगों की कानून और व्यवस्था से जुड़ी व्यापक भ्रान्तियों और मिथकों को स्पष्ट किया है। उन्होंने अपने अध्ययन में सामाजिक नियंत्रण और सामाजिक सम्बन्धों के रिश्तों को रेखांकित किया है। **रेडक्लिफ ब्राउन** (1933) ने विधिशास्त्रीय दृष्टि को अपनाते हुए **रोस्को पाउन्ड** की कानून की इस परिभाषा पर अमल किया है कि कानून से तात्पर्य "ऐसे सामाजिक नियंत्रण से है जो राजनीतिक आधार पर एक संगठित समाज व्यवस्था को व्यवस्थित रूप में बल प्रयोग द्वारा स्थापित करता है।" कानून को एक संगठित विधिक अनुशास्ति (स्वीकृति) के रूप में परिभाषित कर **रेडक्लिफ ब्राउन** ने यह निष्कर्ष प्रस्तुत किया कि कुछ सरल समाजों में कोई कानून नहीं थे।

इन प्रारंभिक मानवशास्त्रियों के विचारों के बाद कानून का विषय गरमा-गरम बहस का एक मुद्दा बन गया। यदि कानून को राजनीतिक आधार पर संगठित सत्ता के सन्दर्भ में परिभाषित किया जाता है, तब सभी समाजों में कानून नहीं थे। किन्तु, यदि इसे "सामाजिक नियंत्रण की अधिकांश प्रक्रियाओं" के रूप में परिभाषित किया जाता है तब सभी समाजों में किसी न किसी रूप में कानून रहे हैं। इस परिभाषा के अनुसार कानून और सामाजिक नियंत्रण पर्यायवाची बन जाते हैं। आजकल अधिकांश मानवशास्त्री कानून को इतने संकुचित अथवा सर्वव्यापक रूप में परिभाषित नहीं करते हैं।

नृजातीय लेखन ने आदिम समाजों की विभिन्नताओं को उजागर किया है। इस प्रकार की विभिन्नताओं की खोज ने मानवशास्त्रियों को कई आयामों, यथा आर्थिक, सम्बधनात्मक, कार्यप्रणाली और राजनीतिक आधार पर समाजों को वर्गीकृत करने के लिये प्रोत्साहित किया है। उदाहराणार्थ, आर्थिक आधार पर आखेटक-संग्रहाक समाज, घुमक्कड़ समाज, चरागाही समाज, खेतिहर समाज और औद्योगिक समाज के वर्गों में वर्गीकृत किया गया है। इसी प्रकार, राजनीतिक आधार पर राज्य विहीन और राज्य वाले समाज बताये गये हैं। नृजातीय विभिन्नताओं का विश्लेषण करते हुए बहुधा मानवशास्त्रियों ने विशिष्ट समाजों का उनके मुख्य कानूनी तौर-तरीकों के आधार पर वर्णन किया है। प्रारंभिक अध्ययनों में सामाजिक नियंत्रण की प्रणालियों का वर्णन-विश्लेषण किया गया है, जबकि बाद के अध्ययनों में सामाजिक नियंत्रण की व्यवस्थाओं के स्थान पर विवाद की प्रक्रिंया का विश्लेषण किया गया है। **मैक्स ग्लकमैन** (1955) ने इस सम्बन्ध में निर्णय प्रक्रिया के सम्बन्धनात्मक सिद्धान्त को प्रस्थापित किया है। उन्होंने कहा है कि यदि सामाजिक सम्बन्धों की प्रकृति (विवादग्रस्त व्यक्तियों के बीच) के विषय में ज्ञान हो जाता है, तब् निर्णय-प्रक्रिया के विषय में पहले से आसानी से बताया जा सकता है। **ग्लकमैन** के अनुसार सम्बन्धों की प्रकृति मामले को सुलझाने की प्रक्रिया को प्रभावित कर विवादग्रस्त लोगों को नियंत्रित करती है।

आजकल कानून की लड़ाई में प्रक्रिया और शक्ति इन दोनों की भूमिका अत्यन्त महत्वपूर्ण हो गई है और मानवशास्त्री भी इन दोनों परिवर्त्यों (चरों) के प्रति सजग हैं। कानून और राज्य शक्ति सम्बन्धी अध्ययन प्रदर्शित करते हैं कि कानून तटस्थ नहीं होता, अपितु यह राजनीतिक रूप में सक्रिय होता है, अर्थात् कानून पर राजनीतिक शक्ति का प्रभाव पड़े बिना नहीं रहता है। राजनीतिज्ञ अपने विचारों और अपने लाभ को मध्यस्थ रख कर नये-नये कानून निर्मित करते हैं। यद्यपि कानून का प्रयोग शक्ति और गतिशीलता के एक साधन और मानव और मानवीय संसाधनों पर नियंत्रण स्थापित करने के लिये किया जाता है, तथापि मानवशास्त्रियों को अभी इस तथ्य की खोज करना है कि कानून के ऐसे कौन से प्रकार्य हैं जो सामाजिक नियंत्रण से प्रत्यक्ष तौर पर सम्बन्धित नहीं हैं।

anthropology, linguistics — भाषिक (भाषाई) मानवशास्त्र
भाषाई या भाषिक मानवशास्त्र या मानवशास्त्रीय भाषाविज्ञान सांस्कृतिक मानवशास्त्र की एक शाखा है जिसमें सामान्य भाषा और बोली की उत्पत्ति, विकास और परिवर्तन के साथ-साथ विशिष्ट भाषाओं की रचना का मानवशास्त्रीय ढंग से अध्ययन किया जाता है। एक

मानवशास्त्रीय भाषा वैज्ञानिक की रुचि अलिखित भाषा की संरचना और उसके इतिहास के जानने में अधिक होती है। आधुनिक भाषाओं के बीच जो समानताएं हैं, उनके आकलन के द्वारा भाषा वैज्ञानिक को भाषाओं और भाषाओं के समूहों के बीच ऐतिहासिक सम्बन्धों को जानने और भाषाई परिवारों तथा मानवीय समुदायों के बीच पुरातन सम्बन्धों को खोजने में काफी मदद मिली है। आजकल संस्कृति और भाषा के आपसी सम्बन्धों के अध्ययन में भी रुचि प्रदर्शित की जा रही है, अर्थात् किस प्रकार भाषा किसी समाज के सदस्य को घटनाओं की अनुभूति में सहायक होती है तथा किस प्रकार भाषा का प्रयोग विभिन्न समाजों में हमारे बोध की रचना करता है।

ऐसा माना जाता है कि मानवशास्त्र और भाषाविज्ञान दोनों का उद्‌भव उन्नीसवीं सदी में समान बौद्धिक पृष्ठभूमि में हुआ है। जिन प्रेरणाओं ने प्रारंभिक पुरातत्वशास्त्रियों को ग्रीस में मानव सभ्यता के उद्‌भव के लिये, प्रारंभिक लोकवार्त्ताकारों को लोक कथाओं और साझा स्मृतियों में संस्कृति की उत्पत्ति के लिये तथा प्रारंभिक निठल्ले सांस्कृतिक मानवशास्त्रियों को मानवीय समूहों की तुलनाओं के माध्यम से मानवीय प्रथाओं के उद्‌भव को जानने के लिये प्रोत्साहित किया है, उन्हीं प्रेरणाओं ने भाषाई खोजों को प्रेरित किया है।

मानवशास्त्र में भाषाशास्त्र के औपचारिक अध्ययन की शुरुआत **फ्रैंज बोऑस** द्वारा की गई है। उन्होंने सर्वप्रथम प्रजाति, भाषा और संस्कृति की अवधारणाओं को अलग-अलग किया और बताया कि ये सभी एक दूसरे से स्वतंत्र हैं। कोई भी व्यक्ति कोई भी भाषा सीख सकता है तथा किसी भी सांस्कृतिक परम्परा को अपनाने में वह पूर्णतः सक्षम है। **बोऑस** ने भाषा और संस्कृति सम्बन्धी उद्‌विकासवादी परिप्रेक्ष्य की आलोचना करते हुए इस बात को अस्वीकार किया कि कोई भी समाज भाषाई, सांस्कृतिक और जैवकीय तीनों दृष्टि से बराबर रूप में "आदिवासी" या पिछड़ा हो सकता है। उनके अनुसार प्रत्येक समाज का विकास स्वतंत्र होता है और अपने ढंग से भौतिक और सामाजिक पर्यावरण के साथ अनुकूलन करते हुए आगे बढ़ता है और यही बात भाषा के विकास पर भी लागू होती है। बोऑस के इन विचारों के आधार पर ही उनके शिष्यों ने "भाषाई सापेक्षवाद" को जन्म दिया। इस सिद्धान्त के अनुसार यह माना जाता है कि किसी भी भाषा को मानव की आवश्यकताओं की पूर्ति करने के संदर्भ में किसी दूसरी भाषा से ऊंचा नहीं माना जा सकता। **बोऑस** ने मानवशास्त्र में भाषाविज्ञान के अध्ययन के महत्व को रेखांकित करते हुए कहा कि यह मानव मस्तिष्क की कार्यप्रणाली को जानने में गहन अन्तर्दृष्टि प्रदान करता है। देशज वार्ताकारों से सूचना एकत्रित करके, एक भाषाशास्त्री भाषा की कार्य-प्रणाली का मॉडल तैयार कर सकता है।

बोऑस के साथ काम करने वाले सर्वाधिक प्रसिद्ध मानवशास्त्री **एडवर्ड सपिर** रहे हैं। उन्होंने भाषा की कार्य-प्रणाली के सांस्कृतिक और मनोवैज्ञानिक दोनों पक्षों का अध्ययन किया है। उन्होंने "ध्वनिग्राम" (फ़ोनिम) नामक नव विकसित अवधारणा का भी अध्ययन किया। **सपिर** ने स्वनिक प्रतीकवाद (फ़ोनेटिक सिम्बोलिज़म) का अध्ययन कर शुद्ध ध्वनि और व्यक्तियों द्वारा लगाये गये अर्थ के बीच सम्बन्धों की खोज की। उन्होंने भाषा और लिंग, ऐतिहासिक भाषाविज्ञान, मनोभाषाविज्ञान के साथ अनेक अमरीकी देशज भाषाओं के क्षेत्र में

अग्रगामी अध्ययन किये हैं। वे सर्वाधिक अपनी "सपिर-वोर्फ (हार्फ) प्राक्कल्पना" के लिये जाने जाते हैं।

इस प्राक्कल्पना को आगे बढ़ाने का कार्य उनके शिष्य **बैंजामिन ली वोर्फ** (1956) ने किया। **सपिर** ने इस सम्बन्ध में कहा है कि भाषा 'संस्कृति की सांकेतिक पथ प्रदर्शक' है। भाषा छनने का काम करती है जिसके द्वारा सम्प्रेषण के उद्देश्यों हेतु विश्व की रचना की जाती है। **वोर्फ** के अनुसार, भाषा विचारों की निर्धारक होती है।

सपिर के समकालीन मानवशास्त्री मेलिनोस्की ने ब्रिटेन में भाषा के अध्ययन में रुचि प्रदर्शित की। मेलिनोस्की ने अपने बहु प्रसिद्ध ट्रोब्रिएंड द्वीपवासियों के अध्ययन में उनकी भाषा पर भी काम किया है। इस सम्बन्ध में उन्होंने अनुवाद की समस्या, विशेषतः द्वीपवासियों की जादुई क्रियाविधि के अनुवाद की समस्या की चर्चा की है। उन्होंने कहा कि जादुई सूत्रों का वास्तव में अनुवाद नहीं किया जा सकता है। मेलिनोस्की के बाद में ब्रिटेन में भाषा पर **जे. आर. फर्थ** और **एडविन अर्डेनर** ने काम किया है।

सन् 1957 में **नॉम चौमस्की** की पुस्तक "सिन्टैक्टिक स्ट्रॅक्चर्स" ने मानवशास्त्रीय भाषाविज्ञान के क्षेत्र में एक क्रांति उत्पन्न कर दी जिसके आधार पर भाषाविज्ञान को एक अकादमिक विषय के रूप में मान्यता दी जाने लगी। **चौमस्की** ने ध्वनिशास्त्र और रूपविज्ञान (आकारिकी) से परे हट कर भाषा में वाक्य विन्यास को अपने अध्ययन का केन्द्र बनाया। सन् 1970 से 1990 के बीच भाषा और सामाजिक जीवन के सम्बन्धों के अध्ययन पर बल दिया गया जिसके फलस्वरूप "सामाजिक भाषाशास्त्र" का उद्‌भव हुआ। इस क्षेत्र में **डेल हाइम्स** और **जॉन गुम्परज** ने अग्रगामी अध्ययन किये हैं। हाइम्स ने सामाजिक-भाषाशास्त्र को "सामाजिक रूप में यथार्थवादी भाषाशास्त्र" का नाम दिया। इसमें सामाजिक जीवन के ढाँचे में भाषा का अध्ययन किया गया, अर्थात् किस प्रकार किसी एक विशिष्ट समुदाय में भाषा के स्वरूप में भिन्नता उत्पन्न होती है और इस भिन्नता का समुदाय के सामाजिक-सांस्कृतिक विभाजनों और गत्यात्मकता से क्या सम्बन्ध है। इन विभाजनों का आधार लिंग, नृजातिकता, वर्ग-भिन्नताएं या समुदाय के भीतर के कोई अन्य सांस्कृतिक विभाजन हो सकते हैं। **हाइम्स** द्वारा जिस सामाजिक-भाषाशास्त्र के विचार को प्रणीत किया गया, उसे बाद में "सम्प्रेषण का नृतत्वलेखन" का नाम दिया गया। इसमें बोली और भाषा का सामाजिक एवं सांस्कृतिक परिवेश में नृतत्वलेखन सम्बन्धी अध्ययन किया जाता है। मेलिनोस्की की भांति, इसमें भी भाषा को मात्र एक स्वरूप ही नहीं, अपितु एक गतिशील व्यवहार के रूप में भी देखा जाता है। यह "प्रकार्यात्मक" भाषाशास्त्र इस तथ्य पर प्रकाश डालता है कि भाषा सामाजिक जीवन में क्या कार्य करती है। इस दृष्टि से यह प्रदर्शित किया जा सकता है कि प्रत्येक समाज का भाषा के उपयोग का अपना एक विशिष्ट सांस्कृतिक प्रतिमान होता है।

सन् 1985 के बाद भाषाशास्त्रीय (भाषिक) मानवशास्त्र के क्षेत्र में यह अनुभव किया जाने लगा कि भाषा को अपने सम्पूर्ण सांस्कृतिक संदर्भ में अध्ययन किये जाने के लिये यह आवश्यक है कि उच्च जटिल प्रकार के भाषागत व्यवहारों का अध्ययन किया जाये। इस प्रकार के अध्ययन को "संवाद-विमर्श" (डिस्कोर्स) का नाम दिया गया। इस क्षेत्र के एक

अग्रणी शोधकर्त्ता **जॉन गुम्परज** (1982) ने कहा कि "संवाद-विमर्श" का अध्ययन लगभग असंभव सा था यदि श्रव्य और दृश्य रिकार्डरों के रूप में आधुनिक तकनीक उपलब्ध नहीं हो पाती। वास्तव में, संवाद-विमर्श की प्रक्रियाओं के अध्ययन के लिये श्रम साध्य अभिलेखन, रिकार्डिंग, प्रतिलेखन (ट्रेन्स्क्रिप्शन) तथा मौखिक अन्तर्क्रिया के विश्लेषण की आवश्यकता पड़ती है। यह कार्य हर एक व्यक्ति नहीं कर सकता। इसके लिये विशिष्ट प्रशिक्षण के साथ-साथ अत्यधिक कुशलता की जरूरत होती है। यही नहीं, एक ही समाज में भिन्न सामाजिक समूहों की भिन्न संवाद-विमर्श की शैली होती है। इस प्रकार की भिन्नताएं समूहों के बीच सम्प्रेषण में बाधा उत्पन्न कर सकती हैं, जबकि स्वयं व्यक्ति यह अनुभव कर सकते हैं कि वे समान भाषा बोल रहे हैं। मानवीय जीवन में भाषा के अध्ययन में नवीन प्रौद्योगिकी द्वारा न केवल खोज के परिष्कृत एवं उन्नत तरीके उपलब्ध होंगे, अपितु यह मानवीय सम्प्रेषण के नवीन स्वरूपों को भी उपलब्ध करायेगी। कुछेक का अध्ययन भाषिक मानवशास्त्रियों ने शुरू कर भी दिया है। इसमें कम्प्यूटर पर आधारित सम्प्रेषण की तकनीकें, जैसे ई-मेल, कम्प्यूटर के माध्यम से प्रत्यक्ष वार्तालाप (चैट) तथा विद्युती "बुलैटीन बोर्ड" प्रमुख हैं। शब्दों और प्रतिमाओं का कम्प्यूटर और उपग्रह के माध्यम से संचरण की तकनीक ने सात समुद्र पार बैठे हुए व्यक्ति के साथ नियमित रूप से बातचीत करना संभव बना दिया है। जहां एक ओर प्रत्येक समाज (देश) सम्प्रेषण के इन नये तरीकों के नियमाचार बना रहा है, वहां अन्तर्राष्ट्रीय स्तर पर भी इनके प्रयोग के नियम बनाये जा रहे हैं।

anthropology, literary – साहित्यिक मानवशास्त्र

साहित्यिक मानवशास्त्र का जन्म पाठालोचन (शाब्दिक समालोचना), लक्षण-विज्ञान, मनोविश्लेषण, भाष्यविज्ञान (हॅर्मिन्यूटिक), तथा 1960 और 1970 के दशकों के घटनाशास्त्रीय दर्शनशास्त्रों के द्वारा हुआ है जिसने उत्तर-आधुनिकता को विकसित किया और साहित्यिक मानवशास्त्रियों को 1970 और 1980 के दशकों में उत्तर-आधुनिकता का मुखिया और संरक्षक बना दिया। यद्यपि अभी तक इस विषय की एक विशिष्ट सम्प्रदाय के रूप में खुद की कोई विशिष्ट पहचान नहीं बनी है, तथापि इस क्षेत्र में कई व्यक्तियों ने काम करके अपनी पहचान अवश्य बनाई है। इस क्षेत्र में काम करने वाले प्रमुख व्यक्ति **जैम्स क्लिफोर्ड** (1982), **विक्टर टर्नर** (1982), **माईकेल फिशर** (1986), **पाल रेबिनो** (1988), **रेनाटो रोसल्डो** (1989) और **क्लिफोर्ड ग्रीज़** (1973, 1983) आदि हैं।

साहित्यिक मानवशास्त्र की प्रथम धारणा यह है कि सांस्कृतिक विश्लेषण की शुरुआत "साहित्यिक ग्रन्थों" की "विचक्षणता" (सूक्ष्म अवलोकन) से होने चाहिये, क्यों कि ग्रीज़ के शब्दों में संस्कृति "ग्रन्थों की एक समष्टि" है। अतः इस प्रकार के विश्लेषण का लक्ष्य यह जानना नहीं है कि सामाजिक और सांस्कृतिक घटनाएं किस प्रकार कार्य करती हैं, अपितु घटनाओं की व्याख्या करना है कि इन घटनाओं, जैसे प्रवचन, रीति-रिवाजों अथवा संस्थाओं का क्या अर्थ है। अतः साहित्यिक मानवशास्त्र की द्वितीय धारणा है कि साहित्यिक भाष्यविज्ञान होना चाहिये जिसका कार्य अर्थ की व्याख्या करना है। तीसरी धारणा है कि जो लोग भाषा विज्ञान के प्रति समर्पित हों, उन्हें एक विशिष्ट प्रकार के नृजातिलेखन का कार्य

करना चाहिये जिसे **ग्रीज़** ने "गहन वर्णन" कहा है। 'गहन वर्णन' से तात्पर्य रीति-रिवाजों के इस प्रकार के विश्लेषण से है ताकि दूसरे समूहों को रीति-रिवाजों का अर्थ मालूम हो सके। वास्तव में, नृजातिशास्त्री द्वारा अर्थ का अर्थ जानने से तात्पर्य यह है कि : (1) आदिवासी अपने अर्थ के बारे में क्या सोचते हैं; (2) आदिवासी सूचनादाता आदिवासियों के अर्थ के बारे में क्या सोचते हैं; (3) नृजातिलेखक सूचनादाताओं के अर्थ के बारे में क्या सोचते हैं; (4) पाठकगण आदिवासियों के अर्थों के बारे में क्या जानना चाहते हैं और इस विषय पर नृजातिलेखक क्या सोचते हैं। अनेक साहित्यिक मानवशास्त्रियों की अन्तिम धारणा उनके द्वारा विज्ञान का अस्वीकार किये जाने को प्रकट करती है क्योंकि यह ज्ञानमीमांसीय शाब्दिक वर्णन मात्र है।

anthropology, marxist – मार्क्सवादी मानवशास्त्र

मानवशास्त्र के क्षेत्र में सन् 1960 के आसपास एक नये परिप्रेक्ष्य, एक नई विचारधारा के आगमन की आहट शुरू हो गई थी। यह नया परिप्रेक्ष्य या नई विचारधारा मार्क्सवाद के नाम से जानी जाती है। इस नये परिप्रेक्ष्य ने अगले दो दशकों तक फ्रांस, ब्रिटेन, दक्षिणी अफ्रीका, कनाडा, नीदरलैंण्ड, लातीनी अमेरिका, स्केडिनेविया के साथ-साथ हमारे देश भारत पर भी गहरा प्रभाव अंकित किया है, किन्तु किन्हीं कारणों से इसका प्रभाव संयुक्त राज्य अमेरिका पर बहुत कम देखा गया। मार्क्सवादी दर्शन से प्रभावित प्रसिद्ध अमरीकी उद्‌विकासवादी **लेज़ली व्हाइट** भी मार्क्सवादी मुद्दों और बहसों पर अनज़ान कारणों से मौन रहे हैं।

मार्क्सवादी मानवशास्त्र मुख्यतः तीन अवधारणाओं पर केन्द्रित है : (1) भौतिकवाद, (2) सामाजिक उद्‌विकास, और (3) पूंजीवाद। मार्क्स की भौतिकवाद सम्बन्धी धारणा श्रम और श्रमिकों पर केन्द्रित है। श्रम की व्याख्या के लिये मार्क्स ने उत्पादन के ढंग, उत्पादन सम्बन्ध, उत्पादन के साधन और शक्तियों जैसी कई अवधारणाओं का प्रयोग किया है। मार्क्स के भौतिकवादी परिप्रेक्ष्य की शुरुआत ही उत्पादन प्रणाली और उत्पादन सम्बन्धों से होती है। जिसमें उत्पादन की प्रक्रिया में श्रमिकों की केन्द्रीय भूमिका पर बल दिया गया है। इस समस्त विश्लेषण में भौतिक आधार या आर्थिक ढाँचे (अधोसंरचना), जिसकी व्याख्या उत्पादन प्रणाली के रूप में की गई है, का सम्पूर्ण समाज के साथ, विशेषतः सांस्कृतिक और राजनीतिक "अधिसंरचना" के सम्बन्धों को खगोला गया है।

मार्क्सवादी विश्लेषण की दूसरी प्रमुख अवधारणा सामाजिक उद्‌विकास रही है। इसमें मार्क्स ने उद्‌विकासीय प्रक्रिया का सहारा लेते हुए आदिम, प्राचीन, एशियाटिक, सामंतवादी, पूंजीवादी और समाजवादी उत्पादन प्रणाली पर अपने योजनाबद्ध विचार प्रकट करते हुए अपने विश्लेषण द्वारा यह बताया है कि किस प्रकार एक उत्पादन प्रणाली से दूसरी उत्पादन प्रणाली में परिवर्तन होता जाता है।

मार्क्सवादी मानवशास्त्र का तृतीय क्षेत्र स्वयं पूंजीवादी समाज और पूर्व पूंजीवादी समाजों के संदर्भ में पूंजीवाद के विस्तार का विश्लेषण करना रहा है। पूंजीवादी समाजों के विश्लेषण में कार्य और कार्य-स्थल के साथ संबंध, दूकानों और कारखानों की कार्यप्रणाली तथा विचारधारा, घर-परिवार, समुदाय तथा व्यावसायिक गृहों और कारखानों के क्षेत्र में

लिंग-सम्बन्ध, समुदाय रचना तथा विचारधाराएं, राजनीतिक क्रियाएं, प्रतिरोध और निष्क्रियता जैसी अनेक नृजातीय समस्याओं और मुद्दों पर अन्वेषण केन्द्रित किये गये हैं। पूर्व पूंजीवाद के संदर्भ में पूंजीवादी समाजों के विस्तार के विश्लेषण में कृषकों, ग्रामीणों, बागबानी करने वालों जैसे गैर-पूंजीवादी समूहों और समाजों पर पूंजीवाद के विकास के परिणामों का अध्ययन किया गया है। इन अध्ययनों में प्रमुख रूप में उपनिवेशवाद और साम्राज्यवादी प्रवृत्तियों का संरचनात्मक और प्रक्रियात्मक दोनों स्तरों पर अन्वेषण किया गया है।

anthropology, medical – चिकित्सा मानवशास्त्र

चिकित्सा मानवशास्त्र में सामाजिक और सांस्कृतिक परिवेश के वृहद् संदर्भ में मानव की स्वास्थ्य की समस्याओं और उपचार व्यवस्था का अध्ययन किया जाता है। चिकित्सा मानवशास्त्री स्वास्थ्य एवं उपचार व्यवस्थाओं सम्बन्धी मूलभूत शोध के साथ-साथ व्यावहारिक शोध के मुद्दों पर भी कार्य करते हैं। व्यावहारिक शोध का मुख्य उद्देश्य नैदानिक परिवेश (चिकित्सालय) में चिकित्सकीय देखभाल के कार्य में सुधार लाने के साथ-साथ बीमारियों की रोकथाम और नियंत्रण के सामुदायिक सार्वजनिक स्वास्थ्य कार्यक्रमों में सुधार लाना होता है। चिकित्सा मानवशास्त्री अपने कार्य के लिये जैवकीय एवं सामाजिक विज्ञानों के साथ-साथ नैदानिक विज्ञानों के ज्ञान का भी प्रयोग करते हैं। उन्होंने अपने शोध कार्यों द्वारा मानवीय स्वास्थ्य तथा विश्वव्यापी स्वास्थ्य सेवाओं की समझ और सुधार के क्षेत्र में महत्त्वपूर्ण कार्य किया है। यही कारण है कि मानवशास्त्र के प्रभाव क्षेत्र के बाहर रह कर पिछले कुछ वर्षों में "चिकित्सा मानवशास्त्र" के एक स्वतंत्र उप विषय का विकास हुआ है। इस विषय का अपना साहित्य है, अपनी बैठकें होती हैं तथा अपना प्रशिक्षण कार्यक्रम आयोजित किया जाता है।

चिकित्सा मानवशास्त्र में कई उपागमों का प्रयोग किया गया है, जैसे नृजाति (लोक) चिकित्सा उपागम, जैव चिकित्सा उपागम, पारिस्थितिकीय उपागम, विवेचनात्मक उपागम तथा व्यावहारिक उपागम। नृजाति चिकित्सा उपागम सबसे पुराना है। वास्तव में, धर्म और उपचार व्यवस्थाओं का वर्णन एवं विश्लेषण का कार्य उतना ही पुराना है जितना स्वयं मानवशास्त्र। सभी समाजों में किसी न किसी रूप में चिकित्सा व्यवस्थाएं पाई गई हैं जिनमें बीमारी के कारणों के सिद्धान्तों, उनके निदान की विधियों और उपचार के तरीकों और व्यवहार के बारे में स्पष्ट निर्देश होते हैं। इस क्षेत्र में प्रारंभिक अध्ययन गैर पश्चिमी समाजों में (आदिम एवं परम्परागत) सामान्यतः धर्म के तुलनात्मक अध्ययन के अन्तर्गत किये गये हैं। रुग्नता संबंधी विचारों और चिकित्सकीय कर्मकाण्डों का विश्लेषण ब्रह्माण्डीय विश्वासों और सांस्कृतिक मूल्यों के संदर्भ में किया गया है। विभिन्न संस्कृतियों के लोग रुग्नता के बारे में क्या सोचते हैं, वे बीमारी को किस रूप में परिभाषित करते हैं और किस प्रकार इसके निदान और उपचार की व्यवस्था करते हैं, आदि का अध्ययन प्रारंभिक नृजातीय चिकित्सा मानवशास्त्र में किया गया है।

जैविक मानवशास्त्र में विज्ञान की मानक ज्ञानमीमांसा का प्रयोग किया जाता है और इसमें मानवीय जीवशास्त्र तथा विभिन्न दबावों के स्वास्थ्य पर पड़ने वाले प्रभावों का अध्ययन

किया जाता है। जैव चिकित्सक मानवशास्त्रियों ने महामारियों की खोज हेतु प्रतिरक्षा प्रणाली संबंधी अध्ययन किये हैं। जैव मानवशास्त्रियों ने ठंडे तापक्रम, ऊंचे स्थानों पर मानव की व्यवस्थाओं, संक्रामक बीमारियों जैसी मानव की शारीरिक अनुकूलन सम्बन्धी विषयों के अध्ययन किये हैं।

चिकित्सा मानवशास्त्र में पारिस्थितिकीय उपागम इस बात पर बल देता है कि किस प्रकार मानवीय सांस्कृतिक और व्यवहारात्मक प्रतिमान रोगाणुओं, पर्यावरण तथा मानवीय परपोषी जटिल अन्तर्क्रियाओं के आकार की रचना करता है तथा संक्रामक एवं असंक्रामक बीमार-स्थितियों को उत्पन्न करता है। पिछले कुछ वर्षों में स्वास्थ्य और रुग्नता संबंधी पारिस्थितिकीय अध्ययनों में उन सामाजिक-आर्थिक कारकों के परे जाने की भी कोशिश हुई है जो बीमारी की दरों को प्रभावित करती हैं। पारिस्थितिकीय मानवशास्त्र और राजनीतिक पारिस्थितिकी दोनों में सांस्कृतिक, भौतिक, तथा राजनीतिक-आर्थिक परिवेश के सम्बन्ध में यह खोजबीन की जाती है कि ये कैसे व्याधि, अस्वस्थता और मृत्यु के वितरण को प्रभावित करती है। चिकित्सा मानवशास्त्र के क्षेत्र में पारिस्थितिकीय विश्लेषण ने कई ऐसे मामलों को उजागर किया है जहां सांस्कृतिक परिवर्तनों ने कुछ समूहों के स्वास्थ्य में सुधार किया है।

चिकित्सा मानवशास्त्र में विवेचनात्मक उपागम के प्रयोग की शुरुआत 1980 और 1990 के दशकों में हुई है। इस उपागम का प्रयोग दो रूप में हुआ है। इसके एक रूप में मार्क्सवादी और दूसरे में ज्ञानमीमांसीय दृष्टियों का प्रयोग किया गया है। मार्क्सवादी उपागम में यह समझने पर बल दिया गया है कि किस प्रकार राजनीतिक-आर्थिक शक्तियां स्वास्थ्य को प्रभावित करती हैं तथा स्वास्थ्य की देखरेख सम्बन्धी व्यवस्थाओं का निर्माण करती हैं। दूसरा विवेचनात्मक उपागम ज्ञानमीमांसीय दृष्टि पर आधारित हैं और इसमें बौद्धिकता की मात्रा अधिक है, जो आधुनिक जैव चिकित्सकीय सिद्धान्त और व्यवहार पर बल देती है। यह उपागम **मिशेल फूको** जैसे उत्तर-आधुनिक चिन्तकों से प्रभावित है जिसने यथार्थ की सामाजिक-रचनावादी प्रकृति तथा "जैव चिकित्सा" जैसी प्रमुख संस्थाओं में अन्तर्निहित सामाजिक शक्ति को समझने पर बल दिया है। इन दोनों ही उपागमों में एक बात सामान्य रही है कि ये दोनों ही उपागम चिकित्सा मानवशास्त्र के आधारों और उद्देश्यों पर मूलभूत पुनर्विचार पर बल देते हैं। इस उपागम में चिकित्सा को कार्य-प्रणालियों और उपचारों के मात्र एक समूह के रूप में नहीं देखा जाता, अपितु इसे सामाजिक सम्बन्धों का एक विशिष्ट ताना-बाना और एक ऐसी विचारधारा भी माना जाता है जो इसे वैधता प्रदान करती है। रुग्नता और स्वस्थता में राजनीतिक-आर्थिक आयामों को केन्द्रीय महत्ता दिये जाने के साथ-साथ चिकित्सक और रोगी के बीच के असमान सामाजिक सम्बन्ध भी विवेचनात्मक चिकित्सा मानवशास्त्रीय उपागम के प्रमुख विषय हैं। इस क्षेत्र की एक अन्य धारा ने तो पश्चिमी चिकित्सा के सिद्धान्त और कार्यप्रणाली दोनों में अन्तर्निहित उस ज्ञानमीमांसा और सार्वभौमिकता सम्बन्धी विचारों को ही चुनौती दी है, जिसे चिकित्सा मानवशास्त्र में परम्परानुसार सांस्कृतिक विश्लेषण से क्षम्य माना जाता रहा है। यही परम्परा "जैवचिकित्सा" के लेबल के प्रयोग के लिये उत्तरदायी है। जैवचिकित्सा उपागम के अनुसार मन और शरीर को अलग-अलग मान कर चिकित्सा की जाती है, जो कि विवेचनात्मक चिकित्सा मानवशास्त्र

को मंजूर नहीं है। **लॉक और शेफर-ह्यूज़ेस** (1996) जैसे चिकित्सा मानवशास्त्रियों ने मन और शरीर के सम्बन्ध में बनी हुई पश्चिमी धारणाओं को तोड़ने पर बल दिया है।

चिकित्सा मानवशास्त्र के क्षेत्र में व्यावहारिक (अप्लाइड) उपागम तभी से प्रयोग किया जाता रहा है जब से इस विषय की शुरुआत हुई है। व्यावहारिक चिकित्सा उपागम की दो शाखाएं हैं : नैदानिक (क्लिन्कल) और जन स्वास्थ्य। नैदानिक व्यावहारिक चिकित्सा मानवशास्त्र मुख्यतः अपने विश्लेषणात्मक प्रतिरूपों (मॉडल्स) के प्रयोग के लिये जाना जाता है। ये प्रतिरूप व्याधि और रुग्नता के संबंध में चिकित्सक और रोगी की अनुभूतियों के बीच जो वैचारिक अन्तर होता है, उसके बारे में गवेषणा करते हैं। नैदानिक व्यावहारिक मानवशास्त्रीगण जैवचिकित्सकीय परिवेश में स्वास्थ्य की देखभाल करने वालों और स्वास्थ्य सुधार की सेवाऐं देने वालों के साथ काम करते हैं। यही नहीं, ये मानवशास्त्री भावी पेशेवरों (चिकित्सक, नर्स, कम्पाउण्डर आदि) को प्रशिक्षण भी देते हैं। नैदानिक चिकित्सा मानवशास्त्री के शोध के क्षेत्र काफी व्यापक हैं; जैसे लघु क्षेत्र में स्वास्थ्य सेवाओं का चयन, बीमारी सम्बन्धी विश्वास, बालक जन्म और रजोनिवृति जैसे जीवन-चक्र की घटनाएं, स्वस्थ बनाये रखने सम्बन्धी व्यवहार, बीमारियों का वितरण, बीमारी (दर्द) का अहसास तथा रोग मुक्त करने वाले और रोगी के बीच अन्तर्क्रियाएं तथा वृहत स्तर पर स्वास्थ्य सेवा व्यवस्थाएं तथा राजनीतिक और आर्थिक संद्रर्भ आदि। कई स्थानों पर नैदानिक व्यावहारिक मानवशास्त्रियों को अस्पतालों में सांस्कृतिक मध्यस्थकर्त्ता और दुभाषियों के तौर पर कार्य पर लगाया जाता है। आजकल व्यावहारिक चिकित्सा मानवशास्त्री जन स्वास्थ्य के क्षेत्र में कई प्रकार की शोध कर रहे हैं। ये लोग कई प्रकार की अन्तर्राष्ट्रीय स्वास्थ्य योजनाओं में भी कार्यरत हैं।

चिकित्सा मानवशास्त्र का सबसे महत्वपूर्ण कार्य पारम्परिक चिकित्सा ज्ञान की खोज करना है, अतः कुछेक लोगों ने इसके लिए ''ईथॅनोमेडिसन'' (लोकचिकित्साशास्त्र) शब्द का भी प्रयोग किया है। इसे ''क्लिनिकल ऍन्थ्रापॉलाजी'' (नैदानिक मानवशास्त्र) से भी अलग किया गया है जिसका मुख्य कार्य चिकित्सा क्षेत्र के कुछ विशिष्ट नैदानिक प्रकरणों के समाधान में मानवशास्त्रीय ज्ञान का प्रयोग करना है। इसे ''स्वास्थ्य का मानवशास्त्र'' के नाम से भी जाना जाता है जिसका सर्वाधिक विकास उत्तरी अमेरिका में पिछले बीस वर्षों में हुआ है। इस विकास का कारण रून्गता के बारे में बढ़ता हुए परिष्कृत मानवशास्त्रीय ज्ञान मात्र नहीं है, अपितु डाक्टरों, तथा अन्य स्वास्थ्य कर्मियों और योजनाकारों में वैकल्पिक चिकित्सा पद्वतियों के बारे में बढ़ती हुई रुचि तथा उनके प्रति खुले दिमाग से विचार करने की प्रवृति भी है। चिकित्सा मानवशास्त्र के विकास के पूर्व नृजातिलेखन में रून्गता के सामाजिक और प्रतीकात्मक पक्ष (टोनागिरी) पर बहुत कुछ लिखा गया है। लोक चिकित्साशास्त्र में गैर-पश्चिमी चिकित्सा पद्धतियों तथा विश्वासों एवं ऐसे तौर-तरीकों का अध्ययन किया जाता है जो पारम्परिक एलोपैथिक ''वैज्ञानिक'' पद्धति से भिन्न होती हैं।

इस क्षेत्र में हाल में **यंग** द्वारा किये गये एक अध्ययन (1982) में अस्वस्थता (सिक्नेश), बीमारी (इलनेश) और रोग या व्याधि (डिज़ीज) में अन्तर किया गया है। अस्वस्थता एक विश्वव्यापी शब्द है जिसका प्रयोग रून्ग स्वास्थ्य संबंधी सभी घटनाओं के लिये किया जाता है, चाहे इसे व्याधि (रोग) के रूप में या बीमारी के रूप में परिभाषित किया

जाता हो। रोग किसी सावयव की व्याधिकीय स्थिति को प्रकट करने वाला शब्द है, चाहे इस स्थिति को सांस्कृतिक अथवा मनोवैज्ञानिक रूप में स्वीकार किया गया हो या स्वीकार न किया गया हो। इन दोनों शब्दों से भिन्न, बीमारी (इलनेश) शब्द सामाजिक और सांस्कृतिक रूप में परिभाषित रूग्न स्वास्थ्य के अनुभव तथा अवबोधन को प्रकट करता है।

anthropology, museum – संग्रहालयी (म्यूज़ियम) मानवशास्त्र
विदेशी अज़नबी स्थानों से कला वस्तुओं को लाकर जमा करने की पश्चिमी देशों में एक लम्बी परम्परा रही है। शुरू में यह काम व्यक्तिगत स्तर पर किया जाता था, किन्तु बाद में इस कार्य ने सार्वजनिक रूप ग्रहण कर लिया और राजा-महाराजाओं, सामंतों, पादरियों तथा अन्य लोगों ने सार्वजनिक संग्रहालयों की स्थापना की। जब अठारहवीं शताब्दी से खोज के कार्यकलाप काफी संगठित आधार पर किये जाने लगे, तब से कला वस्तु और प्राकृतिक सामग्री के संग्रहण के प्रति तीव्र रुझान पैदा हुआ। लम्बी यात्राओं के अनेक खोजकर्त्ताओं ने न केवल कला या प्राकृतिक अज़नबी वस्तुओं एवं सामग्री के संकलन का कार्य किया, अपितु वे अपने साथ मानवशास्त्र और नृजातिशास्त्र से सम्बन्धित सामग्री (मूल निवासियों के रीति-रिवाज) भी लाये।

जब उन्नीसवीं शताब्दी में मानवशास्त्र के विषय की औपचारिक रूप में शुरुआत हुई, तब नृजातीय वस्तुओं के संग्रहण एवं उनके समुचित प्रयोग का कार्य प्रारंभ हुआ। उन्नीसवीं और बीसवीं शताब्दी के संग्रहकर्त्ताओं ने वस्तुओं के उत्पादन कर्त्ताओं के सांस्कृतिक अर्थों पर विशेष ध्यान नहीं दिया। उस समय अधिकांश संग्रहकर्त्ता व्यापारी, उद्यानों के मालिक, धर्म प्रचारक, (मिशनरी) और सरकारी अधिकारी-गण थे।

संग्रहालयों के बारे में यह कहा जाता है कि "वे दूसरे लोगों की वस्तुओं को रखने वाले आत्म-नियुक्त रक्षक तथा दूसरे लोगों के इतिहास की व्याख्या करने वाले स्व-नियुक्त व्याख्याकार हैं।" संग्रहालय में प्रदर्शित वस्तुओं ने हमेशा उन व्यक्तियों की सांस्कृतिक परिकल्पनाओं को प्रतिबिम्बित किया है जिन्होंने उन वस्तुओं को निर्मित किया है। इन वस्तुओं ने राष्ट्रीय पहचान और "अन्यों" के साथ राष्ट्र के सम्बन्ध के बारे में संदेशों को भी मुखर बनाया। ये वस्तुएं "आदिम" बन गईं और हम "सभ्य" बन गये। प्राकृतिक इतिहास के संग्रहालयों में इन वस्तुओं को संस्कृति के अनुभाग में रखने के स्थान पर प्रकृति के अनुभाग में प्रदर्शित की गई। किन्तु, समय के साथ राष्ट्रीय पहचान तथा किसी राष्ट्र के विश्व के अन्य भागों के साथ सम्बन्ध के बारे में विचारों में अब काफी बदलाव आ गया है। यह बदलाव संग्रहालयों के रख-रखाव में हुए परिवर्तन में स्पष्ट झलकता है। तथाकथित "अन्य" राष्ट्रों की कला वस्तुओं को अब कला संग्रहालयों में भी रखा जाने लगा है। कई उपनिवेशी राष्ट्र स्वतंत्र होने के बाद साम्राज्यवादी राष्ट्रों से उनके देशों से ले जाई गई वस्तुओं को लौटाने की मांग करने लगे हैं।

anthropology, neuro – **तंत्रिकापरक मानवशास्त्र**
तंत्रिकापरक विज्ञान और मानवशास्त्र जहां एक दूसरे को काटते हैं, उस स्थान पर तंत्रिका मानवशास्त्र स्थित है। इसके शोध के तीन प्रमुख क्षेत्र हैं : (1) मानव और वानर के मस्तिष्क का उद्विकास, (2) आधुनिक मानवीय तंत्रिका-शरीर रचना में रूपान्तरण, और (3) अन्तर-सांस्कृतिक संज्ञानात्मक तंत्रिका मनोविज्ञान।

पुरातंत्रिकाविज्ञान मानव के मस्तिष्क की उत्पत्ति का अध्ययन करता है। इसके लिये यह अश्मीभूत (जीवावशेष) कपालों को साक्ष्य के रूप में प्रयोग कर मानव के मस्तिष्क के आकार, स्वरूप और ऊपरी आकृति का पता लगाता है। इस प्रकार के अध्ययन के आधार पर यह अनुमान किया जाता है कि चालीस लाख वर्षों की अवधि में "हॉमिनिड" मानव के मस्तिष्क का आकार तीन गुना से अधिक हो गया और यह विस्तार (अधिकांशतः वल्ककीय) मानव की विकसित संज्ञानात्मक और भाषिक क्षमताओं से मेल खाता है। तुलनात्मक तंत्रिका-जीवशास्त्र आधुनिक पशु जातियों के मस्तिष्क की संरचना और प्रकार्य का अध्ययन करता है। तुलनात्मक अध्ययनों में बहुधा ऐसी संरचनाओं का भी अध्ययन किया जाता है जो मानव मस्तिष्क की दृष्टि से विशिष्ट होते हैं। उद्विकासीय तंत्रिका मानवशास्त्री दो वर्गों में बंटे हुए हैं। प्रथम प्रकार के मानवशास्त्री मस्तिष्क के किसी एक विशिष्ट स्थानिक क्षेत्र को महत्वपूर्ण मानकर उसमें होने वाले परिवर्तनों का अध्ययन करते हैं, जबकि दूसरे प्रकार के मानवशास्त्री सम्पूर्ण मस्तिष्क के आकार पर बल देते हैं। दोनों ही क्षेत्रों में जो शोध हुई हैं, वे काफी निराशाजनक हैं।

पिछले पचास वर्षों में तंत्रिकापरक वैज्ञानिक शोध में क्रांतिकारी परिवर्तन आया है। आजकल लिंग और यौनिक अनुस्थापन पर काफी शोध हो रही हैं, जबकि प्रजाति संबंधी तंत्रिका शरीर रचना पर शोध किया जाना लगभग समाप्त हो गया है। बीसवीं शताब्दी के प्रारंभिक वर्षों में प्रजातिक विभिन्नताओं को लेकर काफी शोध हुई हैं और उन्हीं के आधार पर प्रजाति के जैवकीय आधार को न्यायोचित ठहरा कर प्रजातिक वर्गीकरण किये गये। किन्तु, आधुनिक जैवकीय मानवशास्त्र द्वारा प्रजातिक वर्गीकरण के पूर्ववर्ती प्रयासों को अस्वीकार कर दिया गया। आजकल पुनः अत्यन्त परिष्कृत उपकरणों द्वारा अन्तर-जनसंख्यात्मक विभिन्नताओं के माप के प्रयास किये जा रहे हैं।

यह धारणा कि संस्कृति मानव प्राणी की एक अनुपम विशेषता है, यह केवल मानव प्राणी में ही मिलती है, इस विचार को बल देती है कि सांकेतिक भाषा के लिये मस्तिष्क के तत्वों का विशेष स्थान होता है, अतः इसका तंत्रिकापरक मानवशास्त्र द्वारा शोध किया जाना चाहिये। **वोरफिनवादी प्राक्कल्पना,** और **संरचनावाद** के रूप में भाषिक सापेक्षवाद ने इस क्षेत्र में काफी चुनौतियां उपस्थित की हैं। इस प्रकार के अनेक प्रश्न खड़े किये गये हैं, जैसे कि क्या दायें बनाम बांयें मस्तिष्क के भाग के विशिष्टीकरण के कारण संस्कृतियों की संज्ञानात्मक शैली में कोई भिन्नता आती है, आदि।

तंत्रिकापरक मानवशास्त्र अभी पूर्णतः विकसित नहीं हो पाया है और अभी मानवशास्त्र में इसकी स्थिति लगभग हासिये पर है। प्रत्यक्षवादियों ने तो इसे इस आधार पर नकार दिया

है कि इसकी प्राक्कल्पनाओं का आसानी से परीक्षण नहीं किया जा सकता है। सांस्कृतिक मानवशास्त्रियों ने इसके बारे में यह विचार व्यक्त करके इसे अस्वीकार कर दिया है कि यह जैवकीय निर्धारण का एक नया रूप मात्र है।

anthropology, palaeo – पुरा-मानवशास्त्र

पुरा-मानवशास्त्र प्रागैतिहास, पुरातत्व और भौतिक मानवशास्त्र का एक संयुक्त विज्ञान है। इसमें डायनासौर सहित सभी विलुप्त हुई जीव-जातियों से लेकर प्रारंभिक आदि मानव जीव तक अध्ययन किया जाता है। यह आदि मानव—उनके कालक्रम, भौतिक संरचना, पुरातात्विक अवशेष, निवास आदि का अध्ययन अन्तरानुशासन पद्धति से करता है। इसमें ज्ञान की कई शाखाओं यथा पुरा-सत्तामीमांसा, पुरा-जलवायु विज्ञान, पुरातत्व विज्ञानों का सहारा लिया जाता है। ये विज्ञान तैथिकी तकनीकों के समर्थन, अवशेषों के समस्थानिकीय (आइसोटॉपिक) विश्लेषण द्वारा भोजन तथा जलवायु आदि के निर्धारण में सहायता करते हैं।

पुरा-मानवशास्त्र के अध्ययन के प्रमुख विषय हैं : (1) उच्च स्तनधारी जीवों का उद्भव तथा प्रमुख उच्च स्तन्यों के प्रकारों में जातिवृतिक सम्बन्ध, (2) प्रमुख समूहों में उच्च स्तन्यी अनुकूलन सम्बन्धी अपसरण, परिवर्तन और अभिसरण, (3) जातिवृत, पारिस्थितिकी तथा वानरों का व्यवहार, (4) जातियों के प्रकारों और विलोपन के प्रतिमान तथा आस्ट्रेलोपिथेसीन तथा अन्य मिलते-जुलते द्विपाये वानरों की व्यावहारात्मक पारिस्थितिकी, (5) प्रारंभिक तथा मध्य प्लाइस्टोसीन युग के मानव जीव, विशेषतः 'होमो जाति' और 'होमो इरक्टस' की बदलती हुई अनुकूलन प्रवृत्तियां, इसके साथ-साथ भौतिक संस्कृति के आधार पर व्यवहारात्मक परिवर्तन का अनुमान करना, (6) आधुनिक मानव का उद्भव जिसमें प्रारंभिक मानव सदृश्य जातियों की अपेक्षा आधुनिक मानव के हट्टे-कट्टेपन में बहुत कमी, (7) बागबानी और कृषि कर्म, सिरैमिक और धातु तकनीकों का आविष्कार, ग्राम्य और नगरीय आवास तथा प्रव्रजन और नगरीकरण के विकास के साथ मेघावी मानव के व्यवहार में महत्वपूर्ण परिवर्तन।

anthropology, philosophical – दर्शनशास्त्रीय मानवशास्त्र

दर्शनशास्त्रीय मानवशास्त्र दर्शनशास्त्र की एक शाखा है जो मुख्यतः इस तथ्य पर बल देती है कि मानव एक ऐसा पशु है जिसे अधिकांशतः स्वयं अपने निर्णय लेने होते हैं। यद्यपि ज्ञान की इस शाखा के उदय के बारे में निश्चितता नहीं है, तथापि यह माना जाता है कि दर्शनशास्त्रीय मानवशास्त्र की शुरुआत सन् 1920 के आसपास मुख्यतः जर्मन दर्शनशास्त्र में हुई। इसके अस्तित्ववाद, प्रघटनाशास्त्र और **डिल्थे** के "जीवन के दर्शन" सम्बन्धी विचारों (जिसमें चेतना को जीवंत तथा तात्कालिक अनुभव के संदर्भ में देखा जाता है) से भी सम्बन्ध रहे हैं। इसके विकास में कई व्यक्तियों ने योगदान किया है, जैसे **कीर्केगाड, नीत्से, पास्कल, हर्डर, गोथे, कांत, हीगल, फेरबॉख, तथा वॉन हमबोल्ट** आदि। आधुनिक प्रमुख चिन्तकों में जिन्हें दर्शनशास्त्रीय मानवशास्त्र के साथ जोड़ा जा सकता है, उनमें प्रमुख हैं : **मैक्स शेलर, एडोल्फ पोर्टमन्न, हेलमूठ प्लेसनर, आरनोल्ड गेहलेन, एफ. जे. जे. बायटेन्डिक, मेडार्ड वॉस,**

लुडविग बिन्सवेन्गर, इर्विन स्ट्रास और माइकेल लेंडमन्न।

दर्शनशास्त्रीय मानवशास्त्र की विशिष्टता मानव के सत्तामूलक संकेन्द्रण में झलकती है जिसके अनुसार मानव को स्वयं को अपनी प्रकृति का मध्यस्थ (निर्धारक) माना जाता है। दर्शनशास्त्रीय मानवशास्त्र के विचारों के प्रवर्त्तक विद्वान **हर्डर** के अनुसार, मानव मूलप्रवृत्तियों का दास नहीं है। मानव में मूलप्रवृत्तियों का स्थान स्वतंत्रता ने ले लिया है; विशिष्ट संकल्पों की कमी तर्क, बोध और चिन्तन के विकास की एक शर्त है। पशु में कुछ जोड़ने से मानव का निर्माण नहीं हुआ है, अपितु वह तो मूलभूत रूप में पूर्णतः एक भिन्न संगठन के सिद्धान्त की देन है....... मानव ही एक मात्र ऐसा प्राणी है जिसका अपना एक स्वतंत्र विश्व है।

दर्शनशास्त्रीय मानवशास्त्र का सम्बन्ध मानव के मात्र भौतिक (मानवीय जीवशास्त्र) चरित्र से न होकर उसके अर्थपूर्ण चरित्र से है। उदाहरणार्थ, **इर्विन स्ट्रास** (1966) ने बताया कि मानव की नैतिक क्षमता इस स्थिति से कारणात्मक रूप में नहीं, अपितु अन्तर्निहित रूप में जुड़ी हुई है। **प्लेसनर** (1970) ने विश्व में मानव की स्थिति को एक "सनकपन" माना है क्योंकि अन्य पशुओं से भिन्न मानव हमेशा अपनी प्रकृति से थोड़ा भिन्न होता है। मानव को पशुओं से भिन्न प्रदर्शित करते हुए प्लेसनर ने उदाहरण दिया है कि कुछ स्थितियों के प्रतिक्रिया स्वरूप हंसने और चिल्लाने की मानवीय क्रियाएं मानव प्राणी की अपनी विशिष्टताएं हैं जो अन्य किसी प्राणी में देखने को नहीं मिलती हैं। ये उदाहरण यह प्रकट करते हैं कि दर्शनशास्त्रीय मानवशास्त्र का मुख्य कार्य मानवीय रचनात्मकता की उस सक्रियता का अध्ययन करना है जिसके द्वारा शरीर और मन को एक दूसरे से अलग और समान प्रदर्शित किया जा सके।

शरीर और मन के बीच विभाजन स्वीकार कर दर्शनशास्त्रीय मानवशास्त्र ने विज्ञान की श्रेष्ठता के समक्ष भी प्रश्न खड़े किये हैं। इसके द्वारा वैज्ञानिक शोध के प्रयोग पर तो कोई आपत्ति नहीं खड़ी की गई है, किन्तु यह वैज्ञानिक ज्ञान की प्राधान्यता को फिर भी अस्वीकारता है। दर्शनशास्त्रीय मानवशास्त्र के अनुसार मानव तर्कशास्त्रीय रूप में अनिश्चित है, अतः इसके तल की खोज वैज्ञानिक संदर्भ में करना कठिन है। मानव के संबंध में अपने अस्तित्ववादी दृष्टिकोण के अनुसार, दर्शनशास्त्रीय मानवशास्त्र मानव को विज्ञान की एक वस्तु मानने की अपेक्षा एक ऐसा प्राणी मानता है जिसे अपने भाग्य की रचना स्वयं करना चाहिए।

anthropology, physical/biological/sematic — शारीरिक/जैविकीय/दैहिक मानवशास्त्र

मानवशास्त्र की अनेक शाखाएं हैं जिसमें शारीरिक मानवशास्त्र इसकी एक सर्वाधिक प्रमुख शाखा है। इस शाखा के अन्तर्गत मानव के शारीरिक पक्ष अर्थात् उसके उद्‌भव, शारीरिक बनावट, ढाँचे, प्रकृति तथा प्रजातिक भिन्नताओं का अध्ययन किया जाता है। मनुष्य का प्रारंभिक स्वरूप क्या था, वह किन-किन स्तरों से गुजरता हुआ पशु जगत् से पृथक हो गया, उसकी मानवीय संरचना में प्रारंभ से लेकर आज तक क्या-क्या परिवर्तन हुए, किस प्रकार एक स्थान का मानव दूसरे स्थान के मानव से शारीरिक रचना के आधार पर भिन्न है, इस भिन्नता

के आधार पर समस्त मानव जाति का उनकी शारीरिक विशेषताओं के आधार पर तुलनात्मक अध्ययन कर के उनके वैज्ञानिक वर्गीकरण जैसे अनेक विषय शारीरिक मानवशास्त्र के कार्य-क्षेत्र हैं। शारीरिक विशेषताओं के अध्ययन के लिये एक मानवशास्त्री मानव तथा उसके समकक्ष माने जाने वाले अन्य प्राणियों (वानर, वनमानुष, चिम्पाजी, गोरिल्ला, बन्दर आदि) के प्रस्तरीकृत कंकाल, जीवाश्मों, (अस्थि-पंजरों) का प्रयोग कर मानव जाति के उद्‌विकास की विभिन्न स्थितियों को निश्चित करने का यत्न करता है। संक्षेप में, मानवीय जीवशास्त्र का अध्ययन मानवशास्त्र की इस शाखा का प्रमुख विषय है। यही कारण है कि इसे जैविक या दैहिक मानवशास्त्र के नाम से भी जाना जाता है। यही नहीं, इसमें पारिस्थितिकी और सावयव के संबंधों का भी अध्ययन किया जाता है। एक दैहिक या जैविक मानवशास्त्री की प्रमुख रुचि आनुवंशिकी, यौन-भेद, तुलनात्मक शरीर-रचना, शरीरशास्त्र, मानव के उद्‌गम, विशेषतः वानर जातीय विकसित पशुओं (प्राइमेट्स) के बारे में जानने में होती है।

भौतिक (शारीरिक) मानवशास्त्र के दो प्रमुख उप विभाग हैं : (1) मानवीय जीवाश्म विज्ञान और (2) मानवीय विभिन्नताएं। मानवीय जीवाश्म विज्ञान में मानव के आविर्भाव और बाद में इसके उद्‌विकास का अध्ययन किया जाता है। इसके लिये जीवाश्म वैज्ञानिक मानव, पूर्वमानव और मानव से मिलते-जुलते पशुओं (वानर एवं बन्दर आदि) के कंकालों, अस्थि-पंजरों का अध्ययन करते हैं। भौतिक मानवशास्त्र के दूसरे क्षेत्र में मानवीय भौतिक अथवा जैवकीय भिन्नताओं के रूपों और कारणों का अध्ययन किया जाता है। इसके लिये भौतिक मानवशास्त्री मानवीय आनुवंशिकी, जनसंख्या जीवशास्त्र और मरक विज्ञान का प्रयोग करते हैं।

शारीरिक या भौतिक मानवशास्त्र का जन्म मानव के जन्म सम्बन्धी बाइबिल की कथा (एडम और इव की कथा), अर्थात् धार्मिक दृष्टिकोण के प्रतिवाद स्वरूप हुआ। अनेक विद्वानों एवं बुद्धिजनों ने इस कथा के प्रति संदेह प्रकट किया। प्राकृतिक इतिहासकारों ने मानव के जन्म को एक अधिप्राकृतिक या अलौकिक मानने के स्थान पर इसे एक प्राकृतिक या नैसर्गिक घटना माना। सन् 1859 में **चार्ल्स डार्विन** की प्रख्यात पुस्तक "जातियों की उत्पत्ति" (ऑरिजिन ऑफ स्पीशीज) के प्रकाशन ने सभी पूर्ववर्ती कल्पनात्मक सिद्धान्तों को झुटलाते हुए जैवकीय उद्‌विकास के सिद्धान्त का प्रतिपादन कर इस धारणा को बल प्रदान किया कि मानव का जन्म कोई धार्मिक घटना नहीं है, अपितु यह एक प्राकृतिक घटना है। सन् 1830 में सीथिया में "कुल ओबा" स्थान पर हुए पुरातत्वी खुदाई ने उन्नीसवीं शताब्दी में भौतिक मानवशास्त्र के विकास में काफी सहायता की है। आजकल भौतिक मानवशास्त्र में जीव सम्बन्धी विषय और उद्‌विकासीय प्रक्रिया पर नये ढंग से कार्य हो रहा है।

आज के शारीरिक मानवशास्त्र (जो अपने विस्तारित आयामों के कारण कभी-कभी "जैवकीय मानवशास्त्र" कहलाता है) के अन्तर्गत अनेक प्रकार की विशिष्टताएं जुड़ गई हैं, अर्थात् मानव विज्ञान की इस शाखा में आजकल अनेक विषयों का विस्तृत एवं विशिष्ट अध्ययन का समावेश हो गया है, जैसे दन्त मानवविज्ञान (डेन्टल एन्थ्रोपोलॉजी), जनसंख्या आनुवंशिकी (पॉप्यूलेशन जिनेटिक्स), कोशिका आनुवंशिकी (साइटोजिनेटिक्स), आण्विक आनुवंशिकी (मॉलिक्यूलर जिनेटिक्स), जैव-रसायनिक आनुवंशिकी (बायोकेमिकल जिनेटिक्स)

आदि। इनमें से कुछ विषय ऐसे हैं जिनके द्वारा अध्ययन किये जाने वाले मानव समुदाय के रक्त और उनके पर्यावरण के परस्पर सम्बन्धों की भी जानकारी प्राप्त होती है।

anthropology, political – राजनीतिक मानवशास्त्र

राजनीतिक मानवशास्त्र में मुख्यतः कानून, व्यवस्था, संघर्ष, प्रशासन तथा शक्ति के विषयों का अध्ययन किया जाता है। इसका जन्म उन्नीसवीं शताब्दी के उद्विकासवादी सिद्धान्तकार **सर हेनरी मेन** (1861) जिन्होंने प्रस्थिति आधारित और कानूनसम्मत समझौते के आधार पर संगठित समाजों में भेद किया है, और **लेविस हेनरी मॉर्गन** (1877) जिन्होंने सरकार के संगठन के आधार के लिये नातेदारी और क्षेत्र में भेद किया है, के लेखनों से हुआ है। इसके अतिरिक्त, इसके उद्भव पर **एमिल दुर्खाइम** (1933), **मैक्स वेबर** (1968) तथा **कार्ल मार्क्स** (1887) के नैतिक व्यवस्था और सामाजिक संगठन के बीच सम्बन्धों संबंधी उनके विचारों का भी प्रभाव पड़ा है। इसके सिद्धान्तों को परिमार्जित स्वरूप प्रदान करने में आधुनिक समाज वैज्ञानिक **मिशेल फूको** (1977), **पिअरे बोद्यू** (1977) और **एन्थनी गिड्डिन्स** (1984) ने भी योगदान किया है जिन्होंने समाज में शक्ति की संरचना पर प्रकाश डाला है।

वर्तमान मैं, राजनीतिक मानवशास्त्र दो भिन्न धाराओं की उपज है। प्रथम धारा अमरीकी सांस्कृतिक मानवशास्त्रियों की है जिसमें तुलनात्मक और ऐतिहासिक प्रश्न खड़े किये गये हैं, जैसे राजनीतिक व्यवस्थाओं का उद्भव क्यों और कैसे हुआ। दूसरी धारा ब्रिटिश सामाजिक मानवशास्त्रियों की है। इन मानवशास्त्रियों की अधिक रुचि यह जानने में रही है कि विभिन्न समाजों में राजनीति का क्या स्वरूप रहा है तथा इनमें व्यक्तियों की क्या भूमिकाएं हैं।

राज्य का उद्भव कैसे हुआ, यह प्रश्न शुरू से ही उन मानवशास्त्रियों को कचोटता रहा है जो समाज के भिन्न स्वरूपों के उद्भव की खोज में संलग्न रहे हैं। कई दशाब्दियों तक उद्विकासवादी विचारधारा वाले मानवशास्त्री (पुरातत्वशास्त्रियों सहित) समाजों को भिन्न श्रेणियों, जैसे क़बीले, सामन्ती व्यवस्था, जनजातियां और राज्यों में वर्गीकृत करते रहे हैं। इन अध्ययनों में संघर्ष और युद्ध की भूमिका पर भी थोड़ी बहुत चर्चाएं हुई हैं, किन्तु राज्यों के संगठन में इनकी भूमिकाओं को जो आज महत्ता दी गई है, वह शुरुआती अध्ययनों में अपेक्षाकृत नगण्य रही है। आधुनिक विश्व में "हिंसा" पर जो नये रूप में प्रकाश डाला गया है, उसने राजनीतिक मानवशास्त्र को एक नया आकार और स्वरूप प्रदान किया है।

राजनीतिक मानवशास्त्र की एक धारा जो हाल के वर्षों में खूब फली-फूली है और जिसकी शुरुआत मानवशास्त्रीय क्षेत्र-कार्य के आधार पर हुई है, उसका प्रणयन **मेयर फोर्ट्स और इवान्स प्रिचार्ड** (1940) द्वारा अफ्रीकी समाजों के अध्ययन द्वारा हुआ है। इन लेखक द्वयों ने अपने क्षेत्र-कार्य के आधार पर समाजों को दो वर्गों में विभाजित किया है, "आदिम राज्य" जिनमें सरकार जैसी संस्थाएं विद्यमान थीं तथा "राज्य विहीन समाज" अर्थात् ऐसे समाज जिनमें राज्य सम्बन्धी कोई संस्थाएं (जैसे सरकार) नहीं थी। यद्यपि "उपनिवेशवाद" सम्बन्धी विचारों ने इस प्रकार के अध्ययनों पर प्रश्न चिन्ह खड़े किये हैं, तथापि ऐसे अध्ययनों ने मानवशास्त्र के क्षेत्र में कई नये आयामों को जन्म दिया है। इसमें से कुछ अध्ययन संघर्ष

और संघर्ष-समाधान जैसे विषयों को लेकर हुए हैं। मैनचेस्टर सम्प्रदाय के **मैक्स ग्लकमैन** और उनके शिष्यों ने अन्तर-सामाजिक तनाव और परिवर्तन पर कुछ अध्ययन किये हैं। उन्होंने इसी आधार पर "कानून के मानवशास्त्र" को जन्म दिया है जो पहले राजनीतिक मानवशास्त्र का ही एक अंग था। राजनीतिक मानवशास्त्र के क्षेत्र में हुए अध्ययनों ने कई नये तथ्यों पर प्रकाश डाला है, उदाहरणार्थ, बाहर से पूर्णतः गैर राजनीतिक दिखने वाली घटनाएं और संगठन किस प्रकार प्रच्छन्न रूप में राजनीतिक अर्थ लिये होती हैं। यही नहीं, इस क्षेत्र में किये गये मानवशास्त्रीय अध्ययनों ने इस तथ्य को भी उजागर किया है कि राजनीति जीवन के सभी अंगों, यहां तक कि अनुष्ठानों में भी, घुलीमिली होती हैं।

राजनीतिक मानवशास्त्र की सीमाएं अफ्रीका और मैनचेस्टर सम्प्रदाय की सीमाओं को लांघ कर धीरे-धीरे काफी व्यापक होती गईं हैं। उदाहरणार्थ, सन् 1954 में **एडमंड लीच** ने बर्मा (अब म्यांमार) के कचिन लोगों का अध्ययन कर ऐसी राजनीतिक व्यवस्थाओं पर प्रकाश डाला है जो पद-श्रेणीबद्ध और समतावादी सामाजिक संगठन (गमसा और गुमलाओ) के बीच झूलती रहती है। बाद में इसी प्रकार के अध्ययन भारत में **एफ. जी. बैली** (1960) और **फ्रेडरिक बार्थ** (1959) ने स्वात पठानों पर किया।

सन् 1960 और 1970 के बीच प्रभावशाली (अगुआ) व्यक्तियों के ताने-बाने की भूमिका, संरक्षक-संरक्षित संबंध, कृषक वर्ग तथा समाज का श्रेष्ठि वर्ग (अभिजन) जैसे विषय शोध के केन्द्र बन गये। खेल-सिद्धान्त से उधार लेकर राजनीतिक मानवशास्त्रियों ने प्रस्थिति, सम्मान और शक्ति के लिये होने वाली प्रतिस्पर्धा और द्वन्द्व का विश्लेषण भी किया है। सन् 1980 के दशक में राजनीतिक अर्थव्यवस्था और "विश्व-व्यवस्था" सिद्धान्त के विकास ने राजनीतिक मानवशास्त्रियों के लिये वैश्विक संदर्भ में राजनीतिक रूपान्तरण और वर्ग सम्बन्धों के तुलनात्मक अध्ययनों के नये द्वार खोले हैं।

anthropology, psychological — मनोवैज्ञानिक मानवशास्त्र

मनोवैज्ञानिक मानवशास्त्र में मानवीय अनुभव, व्यवहार, तथ्यों और शिल्पतथ्यों का तुलनात्मक अध्ययन सामाजिक-सांस्कृतिक और मनोवैज्ञानिक, बहुधा मनोगतिकी के परिप्रेक्ष्य से किया जाता है। इसका उद्‌भव बीसवीं सदी के प्रारंभिक वर्षों में हमारी साझा मानवता को समझने के दृष्टिकोण के प्रयासों से हुआ है। इन प्रयासों के प्रमुख सूत्रकार **फ्रैंज बोऑस** तथा उनके शिष्य **एडवर्ड सपिर, रुथ बेनेडिक्ट, माग्रेट मीड, मेलविल हर्सकोविट्स** थे। मनोवैज्ञानिक मानवशास्त्र में एक ओर वैज्ञानिक प्रत्यक्षवाद तो दूसरी ओर व्याख्यात्मक मानवतावाद दोनों परिप्रेक्ष्यों का प्रयोग हुआ है। जहां वैज्ञानिक प्रत्यक्षवाद वस्तुपरकता और वैज्ञानिक पद्धति पर जोर देता है, वहां व्याख्यात्मक मानवतावाद क्षेत्र-कार्य और लेखन-कार्य दोनों में व्यक्तिपरकता की भूमिका को रेखांकित करता है।

ऐतिहासिक दृष्टि से, मनोवैज्ञानिक मानवशास्त्र ने इस प्रकार के उपागमों के प्रति आलोचनात्मक रुख अपनाया है जिनमें विश्लेषण के एक स्तर (जैसे सांस्कृतिक विश्लेषण) को विश्लेषण के दूसरे स्तर (जैसे मनोवैज्ञानिक विश्लेषण) की कीमत पर तरजीह दी गई है। उदाहरणार्थ, **सपिर** ने **अल्फ्रेड क्रोबर** (1917) द्वारा प्रणीत संस्कृति के "अधिसावयवी"

(स्यूपरऑर्गेनिक) मॉडल, जो सांस्कृतिक अतिनिर्धारणवाद का समर्थन करता है, की कटु आलोचना की है। **सपिर** (1917) ने कहा है कि मानवशास्त्र 'सामाजिक' और 'सांस्कृतिक' कहे जाने वाले प्रतिमानों के विश्लेषण का वैयक्तिक यथार्थताओं के संदर्भ में परीक्षण किये जाने के अपने दायित्व से पीछे नहीं हट सकता और हम संस्कृति, समाज और इतिहास की गतिकी को तब तक ठीक प्रकार से नहीं समझ सकते, जब तक मानव प्राणियों के वास्तविक संबंधों को हम जल्दी अथवा देरी से समझ न लें। अतः मनोवैज्ञानिक मानवशास्त्र में व्यक्ति को संस्कृति के निर्माण का एक सक्रिय अभिकर्ता मानकर इसके अध्ययन को रेखांकित किया गया है।

प्रारंभिक कुछ आधुनिक मानवशास्त्री **सिगमंड फ्रायड** जैसे मनोवैज्ञानिकों के सिद्धान्तों को संस्कृति के विश्लेषण में प्रयोग करने के प्रति सशंकित रहे हैं। यद्यपि फ्रायड तथा प्रारंभिक फ्रायडवादियों ने संस्कृति और मानस के संबंधों के खोज के प्रति अपनी रुचि प्रदर्शित की है। **फ्रायड** ने अपने अनेक लेखनों, विशेषतः "टोटेम एण्ड टेबू" (1918) में **राबर्टसन स्मिथ** (1889), **अट्किनसन** (1903), और **डार्विन** (1871) के साथ-साथ **लेमार्कवादी** जीवशास्त्र से प्रभावित होकर संस्कृति के उद्भव और उसकी प्रकृति के प्रश्नों पर सोच विचार किया है। **मेलिनोस्की** ने अपने जनजातीय अध्ययनों के आधार पर फ्रायड के "इंडिपस ग्रंथी" की उपस्थिति को नकारा है। उन्होंने कहा है कि "इडिपस ग्रंथी" को सर्वव्यापक नहीं माना जा सकता। उन्होंने अपनी इस धारणा को मातृवंशीय ट्रोब्रिएंड द्वीपवासियों के अध्ययन द्वारा सिद्ध करने का प्रयास किया है। **मेलिनोस्की** ने कहा कि इस द्वीप के लड़कों में अपने पिता के प्रति विद्वेषात्मक रुख नहीं पाया गया है। यही नहीं, वहां के लड़कों में अपनी मां के प्रति ऐन्द्रियक कामुक विचार भी नहीं पाये गये, जैसा कि फ्रायड की "इडिपस ग्रंथी" की धारणा के अनुसार माना जाता है। इसके विपरीत, इन द्वीपों के लड़कों में अपनी मां के भाई, अर्थात् मामा के प्रति विद्वेषात्मक रूख और अपनी बहिनों के प्रति काल्पनिक कामुक धारणाएं पाई गई हैं। फ्रायडवादियों, जैसे **गेज़ा रोहीम** (1950) ने मेलिनोस्की के इस विश्लेषण को स्वीकार नहीं किया है।

समाजीकरण, बालकगण और संस्कृति मनोवैज्ञानिक मानवशास्त्र के एक लम्बे समय से अध्ययन-अनुसंधान के प्रमुख विषय रहे हैं। यूरोपीय मनोविश्लेषण और अमरीकी व्यवहारवादी मनोविज्ञान दोनों में ही प्रारंभिक वर्षो के समाजीकरण को बाल्यावस्था के ही नहीं, अपितु उसके वयस्क जीवन को भी समझने के लिये महत्वपूर्ण माना है। अतः समाजीकरण सम्बन्धी अध्ययन मनोवैज्ञानिक मानवशास्त्र ही नहीं, अपितु अन्य विषयों के भी केन्द्रीय विषय बन गये। यह सही है कि भिन्न विषयों में समाजीकरण से सम्बन्धित भिन्न शब्दावली का प्रयोग हुआ है, जैसे "आवेग" (इम्पल्स) नियंत्रण का मनोविश्लेषण में, "भूमिका प्रशिक्षण" का समाजशास्त्र में और "सहसंस्कृतिकरण" (एन्कल्चरेशन) का मानवशास्त्र में प्रयोग किया गया है।

मनोविश्लेषक मनोचिकित्सक **अब्राम कार्डिनर** ने **राल्फलिंटन, कोरा डू बाईस,** और **रूथ बुन्जल** जैसे मानवशास्त्रियों के साथ मिलकर अन्तरानुशासन अध्ययन के प्रयास किये हैं। इन विद्वानों ने अन्तर-सांस्कृतिक अध्ययनों द्वारा मनोविश्लेषण सिद्धान्त के मूल तत्वों को

"सांस्कृतिक सापेक्षवाद" की मानवशास्त्रीय धारणा के साथ मिलाने का प्रयास किया है। **कार्डिनर** ने अपने मनोविश्लेषण विचारधारा के आधार पर यह प्रतिपादित किया है कि "बाल्यावस्था के अनुभव वयस्क व्यक्तित्व संरचना तथा प्रकार्य को गहरे रूप में प्रभावित करते हैं।" किन्तु, नृजातिलेखन के दस्तावेजों के द्वारा यह स्पष्ट हुआ है कि प्रारंभिक बाल्यावस्था के अनुभवों में एक संस्कृति से दूसरी संस्कृति में काफी भिन्नता पाई गई है। **कार्डिनर** ने अपनी पुस्तक "व्यक्ति तथा उसका समाज" (1939) में समाजीकरण की प्रक्रिया से सम्बन्धित अनेक अवधारणाओं का विकास किया है, उनमें से एक प्रमुख अवधारणा "प्राथमिक संस्थाओं" की है। प्राथमिक संस्थाओं के अन्तर्गत कार्डिनर ने पारिवारिक संगठन, अन्तः समूह रचना, मूलभूत अनुशासन, खिलाना-पिलाना, दूध-छुड़ाना, बालकगणों की संस्थागत देखरेख अथवा उपेक्षा, गुदा प्रशिक्षण तथा यौन भावना सम्बन्धी निषेध, जीवन निर्वाही तौर-तरीकों आदि को सम्मिलित किया है। **कार्डिनर** कहते है कि ये प्राथमिक संस्थाएं समूह की मूलभूत व्यक्तित्व संरचना को आकार प्रदान करती हैं और बदले में मूलभूत व्यक्तित्व संरचना किसी भी संस्कृति की "द्वितीयक संस्थाओं" जैसे लोकवार्त्ता, धर्म, अनुष्ठान, और निषेध व्यवस्था आदि की रचना करती हैं। 'संस्कृति और व्यक्तित्व' विषय के क्षेत्र में कार्डिनर के अलावा **बेट्रिस एवं जॉन व्हाटिंग** (1975), **व्हाटिंग एवं चाइल्ड** (1953), तथा **रॉबर्ट ए. लेवाइन** (1982) आदि ने भी योगदान किया है।

कुछ उत्तर-आधुनिक आलोचकों ने मनोवैज्ञानिक मानवशास्त्रियों के प्रति कुछ आपत्तियां दर्ज की हैं। उनकी सबसे बड़ी आपत्ति यह रही है कि मानवशास्त्रियों के अन्य संस्कृतियों के अध्ययन पश्चिमी चशमे की नजर से ग्रस्त हैं और बहुधा उन्होंने सामाजिक समस्याओं का मनोवैज्ञानीकरण कर घटनाओं की अपनी ढंग से व्याख्या की है। उदाहरणार्थ, **गन्नाथ ओबेस्केरे** ने अभी हाल ही यह बात कही है कि मनोवैज्ञानिक मानवशास्त्रियों में 'प्रतीकात्मक रूपों को मनोव्याधिकी के मॉडल या उपमा के आधार पर विश्लेषण' करने की प्रवृत्ति रही है। यही नहीं, उन्होंने संस्कृति के व्याधिकीय मॉडल का प्रयोग किया है। इस प्रकार के विश्लेषण के द्वारा उन्होंने सांस्कृतिक रचनाओं, जैसे अनुष्ठानों की "प्रगतिशील" (अथवा परिवर्तनकारी) संम्भाव्य शक्ति को उजागर करने के स्थान पर उनकी पतनकारी (अथवा व्याधिकीय) शक्ति को अधिक महत्व दिया है।

मनोवैज्ञानिक मानवशास्त्र और "मुख्य धारा" सांस्कृतिक मानवशास्त्र के आपसी संबंध प्रारंभ से ही तनावपूर्ण रहे हैं। यह विरोधाभास ही है कि सन् 1990 के दशक में, संभवतः पहले से अधिक, सम्पूर्ण सांस्कृतिक मानवशास्त्र में उन विषयों की खोज होती रही है जो पहले मनोवैज्ञानिक मानवशास्त्रियों की दो पीढ़ियों तक उनके शोध विषय थे। उदाहरणार्थ, संस्कृति में 'स्व' और 'व्यक्तित्व', 'उद्वेग' अथवा 'मनोभाव', 'काव्यात्मकता', लिंग, प्रजातिकता, आयु आदि की "सांस्कृतिक रचना" आदि के अध्ययन के साथ-साथ क्षेत्र-कार्य और लेखन में व्यक्तिपरकता और परावर्तकता की समस्याओं का अध्ययन सांस्कृतिक मानवशास्त्र में काफी समय तक किया जाता रहा है। ये तो कुछ उदाहरण हैं जो यह बताते हैं कि किस प्रकार सामान्य रूप में मानवशास्त्री और विशेष रूप में मनोवैज्ञानिक मानवशास्त्री एक लम्बे समय से मनोवैज्ञानिक घटनाओं को अपना विषय मान कर अध्ययन में रुचि लेते रहे हैं।

anthropology, racial – प्रजाति मानवशास्त्र

मानवशास्त्र की एक शाखा जिसमें मानव जाति के विभिन्न प्रकारों, उनके उद्भव तथा अन्तः संबंधों का अध्ययन किया जाता है, प्रजाति मानवशास्त्र के नाम से जानी जाती है।

anthropology, relevant – प्रासंगिक मानवशास्त्र

आजकल मानवशास्त्र की प्रासंगिकता, विशेषतः आधुनिक मानवीय सामाजिक समस्याओं के समाधान में इसकी भूमिका को लेकर मानवशास्त्र के क्षेत्र में एक बहस छिड़ी हुई है। यही नहीं, इसी संदर्भ में मानवशास्त्रीय शोध कार्य, सिद्धान्त और पद्धतियों (विशेषतः सहभागिक अवलोकन में सूचक-मध्यस्थ की भूमिका) को लेकर भी इस प्रकार के प्रश्न खड़े किये गये हैं कि वे कहां तक उपयुक्त, सार्थक और प्रासंगिक हैं। वास्तव में, इस प्रकार के प्रश्न मानवशास्त्र तक ही सीमित नहीं हैं, अपितु ये प्रश्न "व्यावहारिक बनाम आधारभूत शोध" के नाम से अन्य सामाजिक विज्ञानों में भी उठाये गये हैं। सभी सामाजिक विज्ञानों में आजकल यह महसूस किया जाने लगा है कि अध्यापन की भांति अन्वेषण कार्य भी वर्तमान आवश्यक मानवीय समस्याओं के संदर्भ में प्रासंगिक होना चाहिये। वर्तमान में, हिंसा और आतंकवाद जैसी बढ़ती हुई सामाजिक समस्याओं ने, जो कि मानवीय क्रियाओं की ही उपज हैं, सभी सामाजिक विज्ञानों में इन समस्याओं की उन स्थितियों को ढूंढने के लिये अधिक दबाव डाला है जिनके कारण ये समस्याएं उत्पन्न होती हैं। एक बार जब हमें ऐसी स्थितियों के बारे में जानकारी मिल जाती है, तब हम उन स्थितियों को बदलने का प्रयास कर अपनी समस्याओं का समाधान कर सकते हैं।

सामाजिक विज्ञानों, विशेषतः मानवशास्त्र की प्रासंगिकता और उसकी महत्ता का प्रश्न तब अधिक महत्वपूर्ण बन जाता है, जब हम आज भी यह मानने को तैयार नहीं हैं कि मानवीय व्यवहार की वस्तुपरक व्याख्या संभव है। यह बात इस तथ्य से उजागर होती है कि आज भी मानवीय व्यवहार की व्याख्या में ज्योतिष्य की लोकप्रियता बढ़ती जा रही है। यह विश्वास कि मानवीय व्यवहार की वैज्ञानिक आधार पर व्याख्या असंभव है, इसका मुख्य कारण यह हो सकता है कि या तो हमारे कार्यकलाप और विश्वास अत्यधिक व्यक्तिवादी और पेचीदा हैं या हम यह सोचते हैं कि मानवीय प्राणी को केवल लोकोत्तर संदर्भ में ही समझा जा सकता है, ये दोनों ही विचार आत्म-तुष्टिदायक मात्र हैं। मानवशास्त्र के ज्ञान ने इन दोनों ही भ्रांतियों का निराकरण करने का प्रयास किया है। मानवशास्त्र का ज्ञान हमें यह बताने में सक्षम है कि दूसरे व्यक्ति भौतिक और सांस्कृतिक रूप में हमसे क्यों भिन्न हैं। यही नहीं, यह ज्ञान हमें अधिक सहिष्णु बनाने में भी सहायक हो सकता है।

भारत के संदर्भ में भारत के ही एक वरिष्ठ मानव वैज्ञानिक **प्रो. एस. सी. दूबे** (1978) ने बहुत पहले लिखा था कि "गरीबी, शोषण और जनसंख्या की वृद्धि जैसे मामलों पर मानवशास्त्र का काम करने का ढंग अत्यंत ढीला-ढाला है। क्रियात्मक नीति की दृष्टि से मानवशास्त्र छुट-पुट सुधारों और छोटे-मोटे परिवर्तनों के साथ यथास्थितिवादी रहा है। आमूल परिवर्तन की बात बहुत कम लोग ही करते हैं।"

anthropology, social – सामाजिक मानवशास्त्र
भौतिक मानवशास्त्र और सांस्कृतिक मानवशास्त्र के अतिरिक्त सामान्य मानवशास्त्र की एक अन्य प्रमुख शाखा "सामाजिक मानवशास्त्र" के नाम से जानी जाती है जिसमें मानव के सामाजिक पक्ष, अर्थात् सामाजिक संरचना के तत्वों के अध्ययन पर बल दिया जाता है। भिन्न प्रकार के मानव समाजों का तुलनात्मक अध्ययन करते हुए मानव समाज की मूल प्रकृति की खोज इस विषय का प्रमुख उद्देश्य है। इसमें आदिम समाजों, वन्य कबीलों तथा गैरसाक्षर समाजों के अध्ययन पर विशेष बल दिया जाता है। कुछेक मानवशास्त्रियों (**रैडक्लिफ ब्राउन, इवान्स प्रिचार्ड** आदि) ने सामाजिक मानवशास्त्र को समाजशास्त्र की एक शाखा माना है, जबकि **मरडॉक** जैसे विद्वान ने इसे सांस्कृतिक मानवशास्त्र की एक शाखा कहा है।

सामाजिक मानवशास्त्र और समाजशास्त्र का सम्बन्ध अत्यन्त घनिष्ठ रहा है। कई मामलों में दोनों में अन्तर करना कठिन है। प्रारंभ में, सामाजिक मानवशास्त्र का विषय क्षेत्र"आदिम" कहे जाने वाले लोगों के इतिहास-विहीन समाजों तक सीमित था और समाजशास्त्र का क्षेत्र आधुनिक तथाकथित सभ्य समाजों तक। दोनों की अध्ययन पद्धतियों और अध्ययन के दृष्टिकोण में भी अन्तर था, किन्तु अब क्षेत्र, पद्धतियों और दृष्टिकोण का यह अन्तर धीरे-धीरे पटता जा रहा है और दोनों क्षेत्र के वैज्ञानिक अब एक-दूसरे के क्षेत्र में प्रवेश कर रहे हैं।

"सामाजिक मानवशास्त्र" की संज्ञा का सर्वप्रथम प्रयोग ब्रिटेन में और बाद में कुछ अंशों में उत्तरी अमेरिका में किया गया। यूरोपीय देशों में इसके लिये 'नृजाति-विज्ञान' (ऍथ्नॉलाजि) या 'समाजशास्त्र' (सोसियॉलाजि) शब्दावली का प्रयोग किया जाता रहा है। सामाजिक मानवशास्त्र के ब्रिटिश अध्येताओं ने संस्कृति की अपेक्षा समाज, सामाजिक सरंचना और सामाजिक सम्बन्धों की प्रकृति के अध्ययन को इस विषय की प्रमुख विषय-वस्तु माना है। उनकी रुचि किसी समाज के विद्यमान रीति-रिवाजों और नियमों जैसे विषयों के अध्ययन तक ही सीमित नहीं रही है। वे आजकल यह भी जानने का प्रयास करते हैं कि कौन से रीति-रिवाजों और नियमों का किस सीमा तक पालन किया जा रहा है, उनके उल्लंघन की सज़ा क्या है, इनमें से किनका पालन सर्वाधिक किया जाता है और ऐसा क्यों ? इन सब घटनाओं का सम्बन्ध वर्ग, जाति, प्रजाति, धर्म, नातेदारी, आयु के तत्वों से किस प्रकार है, आदि विषय आधुनिक सामाजिक मानवशास्त्रियों के अध्ययन के विषय बन गये हैं।

anthropology, social and cultural – सामाजिक एवं सांस्कृतिक मानवशास्त्र
सामाजिक और सांस्कृतिक मानवशास्त्र मूल रूप में भौतिक मानवशास्त्र की भांति सामान्य मानवशास्त्र की अन्य प्रमुख शाखाएं हैं जिनका विवेचन इसी कोश में यथा स्थान अलग-अलग किया गया है। इस अनुभाग में इन दोनों विषयों के बारे में जो विवाद बना हुआ है, उसका संक्षिप्त विवेचन दिया जा रहा है।

सामाजिक मानवशास्त्र और सांस्कृतिक मानवशास्त्र दोनों एक ही हैं, या इन दोनों में भिन्नता है, इस सम्बन्ध में एक लम्बे अर्से से विवाद चला आ रहा है। कई स्थानों पर इन दोनों में कोई भेद नहीं किया जाता और इन दोनों शब्दों को एक दूसरे के स्थान पर

पर्यायवाची शब्दों के रूप में प्रयोग किया जाता है। ऐसे स्थानों पर इनमें से किसी एक ही शब्द का प्रयोग कर दोनों को उसी के अन्तर्गत पढ़ाया जाता है।

लगभग एक सी विषयवस्तु के अध्ययन के लिये ब्रिटेन में "सामाजिक मानवशास्त्र" का, अमेरिका में "सांस्कृतिक मानवशास्त्र" का और यूरोप के अन्य देशों में "नृजातिशास्त्र" (ऍथ्नॉलजि) शब्दों के प्रयोग की परम्परा सी बन गई है। भारत में ब्रिटेन का अनुकरण करते हुए लगभग सभी विश्वविद्यालयों में "सामाजिक मानवशास्त्र" नाम से यह विषय पढ़ाया जाता है।

किन्तु इन दोनों विषयों में अन्तर अवश्य है। यह अन्तर इनकी विषय-वस्तु, अध्ययन के दृष्टिकोण और इनके उद्‌गम इतिहास में स्पष्ट रूप से झलकता है। किन्तु इन दोनों को पूर्णतः एक दूसरे से पृथक् या असम्बद्ध बौद्धिक परम्पराएं माना जाना सर्वथा कठिन है। वास्तव में, दोनों में भेद का आधार दो भिन्न पद (शब्द) हैं, ये शब्द हैं, "समाज" और "संस्कृति"। इन शब्दों के प्रयोग की शुरुआत लगभग सन् 1930 में हुई, किन्तु **फ्रेंज बोऑस** (1858-1942) ने अमेरिका में किये गये अपने अध्ययनों (1890) में इस विभेद को अधिक मुखर बना दिया और इसी अवधि में **आर. आर. मैरिट** (1866-1943), **सैलिगमैन** (1873-1940), **डब्ल्यू. एच. आर. रीवर्स** (1864-1922) और **अल्फ्रेड हेड्डन** (1855-1940) ने इंग्लैण्ड में मानवशास्त्र को एक नई दिशा प्रदान की।

आजकल परिप्रेक्ष्यों में विभाजन के आधार पर इन दोनों पदों (टर्म्स) में अन्तर नहीं किया जाता है और कुछेक मानवशास्त्रियों ने तो इस अन्तर को ही अस्वीकार कर दिया है। फिर भी कुछेक के लिये आज भी यह अन्तर महत्वपूर्ण है। ऐसे व्यक्ति "सांस्कृतिक मानवशास्त्र" पद का प्रयोग ऐसे समष्टिमूलक नृजातीय लेखनों के लिये करते हैं, जिनमें संस्कृति को केन्द्र में रखकर व्यक्तिगत अनुभव को ढालने में उसके प्रभाव का आकलन किया जाता है या फिर ऐसे अध्ययनों के लिये किया जाता है जिनका उद्देश्य व्यक्तियों की प्रथाओं, संस्थाओं और ज्ञान का सम्पूर्ण चित्र प्रस्तुत करना होता है। सांस्कृतिक मानवशास्त्र के इस दृष्टिकोण से भिन्न "सामाजिक मानवशास्त्र" का पद ऐसे मानवशास्त्रीय अध्ययनों के लिये किया जाता है जिनमें सामाजिक सम्बन्धों के किसी विशिष्ट रूप, जैसे घरेलू जीवन, अर्थव्यवस्था, कानून, राजनीति या धर्म आदि का अध्ययन किया जाता है, तथा सामाजिक जीवन के संगठनात्मक स्वरूप के विश्लेषण को वरीयता प्रदान की जाती है। इन अध्ययनों में मुख्यतः सामाजिक वैज्ञानिक मुद्दों को प्राथमिकता और सांस्कृतिक घटनाओं को द्वितीय स्थान दिया जाता है।

सांस्कृतिक और सामाजिक मानवशास्त्र में भले ही अन्तर तनिक सा हो, किन्तु आज भी अमेरिका में "सांस्कृतिक मानवशास्त्र" और ब्रिटेन तथा राष्ट्रमंडलीय देशों में "सामाजिक मानवशास्त्र" की परम्पराएं ही अधिक प्रभावी हैं। ब्रिटिश मानवशास्त्री **एडवर्ड बर्नेट टायलर** (1832-1917) को सांस्कृतिक मानवशास्त्र का और अमरीकी मानवशास्त्री **लेविस हेनरी मॉर्गन** (1818-1881) को ब्रिटेन के सामाजिक मानवशास्त्र का अग्रदूत माना जाता है। इसके विपरीत, **ब्रानिस्ला मेलिनोस्की** (1884-1942) ने इस प्रकार के सरल वर्गीकरण को अस्वीकार

किया है। ब्रिटेन में सन् 1907 में सर्वप्रथम लिवरपूल विश्वविद्यालय में **सर जेम्स जार्ज फ्रेज़र** (1854-1941) को सामाजिक मानवशास्त्र की प्रथम पीठ पर सम्मानित आचार्य के रूप में नियुक्त किया गया और उन्होंने सन् 1908 में अपने उद्घाटन भाषण में "सामाजिक मानवशास्त्र को समाजशास्त्र की एक ऐसी शाखा के रूप मे परिभाषित किया जो आदिवासियों का अध्ययन करती है।" सन् 1920 के बाद **ए. आर. रेडक्लिफ ब्राउन** (1881-1955) के सानिध्य में सामाजिक मानवशास्त्र का द्रुत गति से विकास हुआ। उन्होंने नृजातिशास्त्र (ऍथ्नॉलजि) को "संस्कृति के इतिहास की पुनर्रचना का एक प्रयास और सामाजिक मानवशास्त्र को उन सामान्य नियमों की खोज का प्रयास बताया जो संस्कृति में अन्तर्निहित है।" सांस्कृतिक मानवशास्त्र, जिसके प्रणेता **एफ. बोऑस** रहे हैं तथा जिसका प्रस्फुटन अमेरिका में अधिक हुआ है, के कार्यक्षेत्र के बारे में निरन्तर स्पष्टता बनी रही है। स्वयं बोऑस ने अपने अध्ययनों के लिये "सांस्कृतिक मानवशास्त्र" के नामकरण (लेबल) के स्थान पर केवल "मानवशास्त्र" के नामकरण को ही पसंद किया है। फिर भी, सन् 1930 तक अमरीकी मानवशास्त्रियों ने, जिनका अध्ययन संस्कृति पर केन्द्रित था तथा जो बोऑस के शिक्षण-प्रशिक्षण से प्रभावित थे, उन्होंने अपने आपको सांस्कृतिक मानवशास्त्री ही कहलाना अधिक पसंद किया है।

सामाजिक और सांस्कृतिक मानवशास्त्र में जो कुछ भी अन्तर है, क्या यह अन्तर मात्र शैली अथवा शैक्षणिक परम्परा का है, या दोनों में किन्हीं ठोस मुद्दों को लेकर दार्शनिक-वैचारिक आधार पर अन्तर है। वास्तव में, अमरीकी मानवशास्त्री बोऑस की परम्परानुसार सांस्कृतिक मानवशास्त्र का उद्देश्य सम्पूर्ण मानवीय सांस्कृतिक जीवन को खगोलना है, जबकि सामाजिक मानवशास्त्र मानवीय समाजों के संगठनात्मक आधारों की खोजबीन करता है। यह बात अलग है कि अपने-अपने उद्देश्यों के प्रति समर्पित होते हुए भी कुछ सांस्कृतिक मानवशास्त्री यदाकदा सामाजिक मानवशास्त्र के क्षेत्र में घुस कर सामाजिक ढाँचे का और सामाजिक मानवशास्त्री सांस्कृतिक जीवन का अध्ययन अनुसंधान करते देखे जाते हैं। जो भी अन्तर हो, एक का दृष्टिकोण मूलतः संश्लेषणात्मक है, तो दूसरे का विश्लेषणात्मक और आगमनात्मक है।

सामाजिक और सांस्कृतिक मानवशास्त्र का यह अन्तर अभी भी विद्यमान है, किन्तु अन्तर की इस धारा में अब वह तीखापन नहीं है जो पिछली मध्य शताब्दी में था। इस तीखेपन में कमी का एक कारण **लेवी स्ट्रॉस** (1908-) का यह उद्बोधन है कि "सांस्कृतिक और सामाजिक मानवशास्त्र" दोनों ही नृजातिशास्त्र (ऍथ्नॉलजि) के हिस्से हैं और दोनों में अन्तर करना वास्तव में अत्यन्त कठिन है। किन्तु, **एडमंड लीच** (1910-89) ने लेवी स्ट्रॉस के फ्रेंच संरचनावाद से अपनी असहमति प्रकट करते हुए कहा है कि इससे "अटलांटिक सागर की चौड़ाई में" कोई अन्तर आने वाला नहीं है, अर्थात् दोनों में अन्तर आज भी विद्यमान है। बीसवीं शताब्दी के मध्य काल में विकसित कई नये सिद्धान्तों परिप्रेक्ष्यों एवं उपागमों, जैसे मार्क्सवाद तथा अन्य ऐतिहासिक भौतिकवादी उपागम, महिलावादी सिद्धान्त, लक्षण विज्ञान, उग्र इतिहासवाद, तथा अनुचिन्तनात्मक आन्दोलन एवं उत्तर-आधुनिकतावादी नृजातिविज्ञान आदि ने सामाजिक एवं सांस्कृतिक मानवशास्त्र के सम्बन्धों में अधिक जटिलताएं पैदा कर दी

हैं। आज भी मानवशास्त्र की दोनों शाखाओं का मानवीय घटनाओं के अध्ययन का दृष्टिकोण भिन्न बना हुआ है। यही नहीं, अधिकांश मानवशास्त्रीय शोध अध्ययनों पर दोनों में से किसी एक परम्परा की स्पष्ट छाप देखी जा सकती है।

anthropology, symbolic – प्रतीकात्मक (सांकेतिक) मानवशास्त्र

प्रतीकात्मक मानवशास्त्र का प्रमुख अध्ययन क्षेत्र मिथकों और अनुष्ठानों/कर्मकाण्डों की संकेतात्मकता के पीछे छिपे उन देशज अर्थों को ढूंढना है जो इन मिथकों और अनुष्ठानों के प्रयोग करने वाले इनके बारे में लगाते हैं। प्रतीकात्मक मानवशास्त्रियों की रुचि सांस्कृतिक लक्षणों के संकेतात्मक अर्थ जानने में होती है कि व्यक्ति किस प्रकार अनेक प्रकार की प्रथाओं और सांस्कृतिक वस्तुओं (धार्मिक अनुष्ठानों से लेकर राजनीतिक व्यवहार और कला से लेकर खेल की वस्तुओं तक) का अर्थ लगाते हैं। मानवशास्त्र की इस शाखा का उद्‌भव एक बौद्धिक आन्दोलन और एक मानवशास्त्रीय पद्धति दोनों के रूप में सन् 1970 और 1980 के बीच हुआ है।

प्रतीकवाद की व्याख्या कोई नई क्रिया नहीं है। वास्तव में, यह उतनी ही पुरानी है जितना कि साहित्य। मानवशास्त्र के क्षेत्र में इसकी शुरुआत उन्नीसवीं शताब्दी के उत्तरार्ध में मानवशास्त्रियों की प्रथम पीढ़ी द्वारा की गई थी। उदाहरणार्थ, **एडवर्ड बर्नेट टायलर** (1871) ने मानव के मानसिक विकास के उद्‌भव के चरणों सम्बन्धी अपनी योजना के लिये तथाकथित "आदिम धर्म" का ही प्रयोग किया है।

आधुनिक शोध मानकों के अनुसार टायलर की व्याख्या को एक सीधी-सादी और नृजातिकेन्द्रित ही माना जाता है। उनकी व्याख्याओं में स्पष्ट रूप में तार्किकता की कमी झलकती है। उनका शोध-क्षेत्र काफी सीमित था। उन्होंने दूसरी संस्कृतियों से तथ्यों को जुटाने का कोई गंभीर प्रयास नहीं किया। यही कारण है कि अध्ययन के उनके तरीकों को व्यंगात्मक और अपमानजनक अर्थों में एक ओर "बौद्धिकतावादी" तो दूसरी ओर "सुस्पष्ट" कहा गया है।

बीसवीं शताब्दी के मध्य में प्रकार्यवाद के विकास के साथ प्रतीकवाद में लोगों की पुनः रुचि पैदा हुई। व्याख्याओं के नये रूपांकन (पैराडाइम) में धर्म के स्थान पर नातेदारी और राजनीति को आधार बनाया गया। बीसवीं शताब्दी के प्रकार्यवादियों, प्रमुखतः **रेडक्लिफ ब्राउन** ने टायलर जैसे उद्‌विकासवादियों की न केवल छिछलेदारी की, अपितु प्रकार्यवाद के संदर्भ में प्रतीकवाद की नये ढंग से व्याख्या की। किन्तु, **फ्रायड** की मनोविश्लेषणात्मक व्याख्या ने संस्कृति विशेष के संदर्भ में की गई व्याख्याओं को गहरा नुकसान पहुंचाया। फिर भी, एक दृष्टि से प्रकार्यवाद को यह श्रेय जाता है कि इस वैचारिक दृष्टि ने अपने समष्टिवादी रूख के कारण प्रतीकवादी मानवशास्त्र के लिये नये पथ का निर्माण किया। जहां उन्नीसवीं शताब्दी के उद्‌विकासवादी मानवशास्त्रियों ने प्रथाओं की व्याख्या उनके सांस्कृतिक संदर्भ से काट कर की, वहां प्रकार्यवादियों ने प्रथाओं को सम्पूर्ण सामाजिक ढांचे के संदर्भ में उनके प्रकार्यों के रूप में देखा है। प्रकार्यवादियों ने अपनी प्रतीकात्मक व्याख्याओं में नृजातिकेन्द्रितता का प्रतिकार किया और इस प्रकार प्रकार्यवाद और प्रतीकवादी मानवशास्त्र

एक दूसरे के नजदीक आ गये।

इस क्षेत्र में पहले **मैक्स ग्लकमैन** (1954) और बाद में उनके शिष्य **विक्टर टर्नर** ने कार्य किया। टर्नर की बहु पठित पुस्तक "प्रतीकों का जंगल" (1967) इस संबंध में विशेष उल्लेखनीय है। प्रतीकवाद की ब्रिटिश परम्परा धीरे-धीरे इस काल के प्रमुख उपागम "संरचनावाद", जिसके प्रमुख हस्ताक्षर **लेवी स्ट्रॉस** रहे हैं, में घुलमिल गई।

anthropology, synthetic – संलिष्ट मानवशास्त्र

संलिष्ट मानवशास्त्र एक ऐसा उपागम है जो मानवशास्त्र की विभिन्न शाखाओं यथा भौतिक मानवशास्त्र, सैद्धान्तिक मानवशास्त्र, भाषाविज्ञान, पुरातत्वशास्त्र तथा अन्य सांस्कृतिक एवं ऐतिहासिक विज्ञानों का समाकलन करने का प्रयास करता है। इस मानवशास्त्र का विकास पिछले कुछ दशकों में ही हुआ है।

anthropology, theological – धर्मशास्त्रीय मानवशास्त्र

व्यवस्थित मानवशास्त्र के दृष्टिकोण से मानव की प्रकृति एवं विशेषताओं का अध्ययन धर्मशास्त्रीय मानवशास्त्र कहलाता है। इसमें मानव की रचना तथा उसकी आत्मा और शरीर के बीच संबंध जैसे विषयों का अध्ययन किया जाता है। इसका प्रचलन अधिकांशतः यूरोपीय देशों में है।

anthropology, theoretical – सैद्धांतिक मानवशास्त्र

सामाजिक मानवशास्त्र की वह शाखा सैद्धान्तिक मानवशास्त्र के नाम से जानी जाती है जिसके अन्तर्गत अवधारणाओं, सिद्धान्तों और उपागमों का समीक्षात्मक अध्ययन किया जाता है। इस शाखा में तथ्यों के स्थान पर तर्क को अधिक महत्व दिया जाता है।

anthropology, urban – नगरीय मानवशास्त्र

नगरीय मानवशास्त्र नगर के सामाजिक संगठन का अध्ययन करता है। इसमें नगरों की विशिष्ट जीवन-शैली, सामाजिक सम्बन्धों के स्वरूप और सामाजिक जीवन के प्रतिमानों की खोजबीन के साथ-साथ इनके भिन्न सांस्कृतिक और ऐतिहासिक संदर्भों की तुलना की जाती है। इसका उद्भव सन् 1950 और 1960 के बीच सामाजिक-सांस्कृतिक मानवशास्त्र के एक पृथक् उप विभाग के रूप में हुआ। "नगरवाद" और "नगरीकरण" के पूर्ववर्ती अध्ययनों के विपरीत, नगरीय मानवशास्त्र ने नगरीय जनसमुदायों के अपने अध्ययनों में मानवशास्त्रीय अवधारणाओं और क्षेत्र-कार्य विधियों का प्रयोग किया है। नगरीय मानवशास्त्रियों ने किसी नगर के लघु सामाजिक विश्व के सामाजिक संगठन का विश्लेषण करते समय वहां के सामाजिक जीवन को वृहत् संस्थात्मक शक्ति के ढाँचे में देखने-समझने का प्रयास किया है। इसमें से कुछ अध्ययन प्रादेशिक क्षेत्र विशेष को लेकर किये गये हैं, जैसे पड़ौसपन, सामाजिक तानाबाना आदि। नगरों का सामाजिक तानाबाना बहुधा किसी क्षेत्र विशेष तक सीमित नहीं होता, अपितु इसका विस्तार ग्रामीण क्षेत्रों तक होता है।

नगरीय मानवशास्त्र में सामाजिक समस्याओं, जैसे अपराध, सामाजिक विघटन, गरीबी,

घरविहीनता, अस्थिरता आदि का भी अध्ययन किया जाता है। ये समस्याएं बड़े शहरों की विशेषताएं हैं। इस प्रकार के अध्ययनों में नगर के विभिन्न समूहों, जैसे गिरोहों, नातेदारी तंत्र, गैर-ईसाई ग्रामीणों, घरहीन नशेखोरों तथा अपराधियों एवं वेश्याओं के सामाजिक संगठन और सांस्कृतिक परिपाटियों की जांच-पड़ताल की जाती है। इन अध्ययनों में बहुधा नौकरशाही नियमाचार, नगरीय पुनर्निर्माण, नगरीय राजनीति, जन कल्याण सम्बन्धी प्रशासन, तथा ऐसी आर्थिक दशाओं को भी सम्मिलित किया जाता है जो स्थानिक समुदाय को आकार प्रदान करती हैं। इनके अलावा सामाजिक नियंत्रण की औपचारिक संस्थाओं एवं व्यवस्थाओं, जैसे पुलिस, न्यायालय और कारागृहों के बारे में भी शोध की जाती है। यद्यपि नगरीय मानवशास्त्र एक तुलनात्मक विषय है, तथापि इस प्रकार की अधिकांश शोध **माईकेल डी. यंग** और **विलमोट** (1951) तथा **लीबाऊ** (1967), **लेम्फीयर** (1987) द्वारा अमेरिका और ग्रेट ब्रिटेन में की गई हैं। कुछेक इस प्रकार के अध्ययन भारत में (**लिंच**, 1969), दक्षिणी अफ्रीका (**फिलिप मेयर**, 1961), जापान (**बेस्टॉर**, 1983) तथा विश्व के कई अन्य भागों में भी हुए हैं। कुछ मानवशास्त्रियों ने विकासशील देशों में नगरीय कार्य क्षेत्रों में कार्य की बदलती हुई प्रकृति, आर्थिक विकास के परिणामस्वरूप तृतीय विश्व के देशों में प्रादेशिक नगरों की कीमत पर महानगरों का अव्यवस्थित एवं अनुपातहीन विकास जैसे विषयों का भी अन्वेषण किया है।

नगरीय मानवशास्त्रियों ने ग्रामीण किसानों का नगरों की ओर प्रव्रजन पर भी बहुत काम किया है। इस प्रकार की शोध के तथ्यों ने इस बहुप्रचलित धारणा को चुनौती दी है कि जैसे ही ग्रामीण प्रवासी नगरों में रहने लगते हैं, उनके सामाजिक जीवन और सांस्कृतिक जीवन में विघटन उत्पन्न हो जाता है। इस प्रकार का तर्क मुख्यतः नगरवाद के इस सिद्धान्त के पक्ष में दिया जाता है जो नगरवाद को एक जीवन-शैली के रूप में परिभाषित करता है। सन् 1960 और 1970 के बीच नगरों में भीड़भाड़ पैदा करने वाले नगरीय प्रवासियों के अध्ययनों ने यह उजागर किया है कि इन प्रवासियों ने कोई अराजकता पैदा नहीं की है, अपितु नगरों में एक नये प्रकार की सामाजिक व्यवस्था, योजना और संस्थात्मक ढांचे का उद्‌भव हो रहा है।

नगरीय मानवशास्त्र ने हमेशा नगरीय गरीबों की समस्याओं, दुविधाओं और कठिनाइयों को उजागर किया है। **ऑस्कर लेविस** (1966) ने अपने एक विवादास्पद अध्ययन में "गरीबी की संस्कृति" की बात कही है। उन्होंने बताया कि **मैक्सिको, प्यूरटो रीको,** और **न्यूयॉर्क** के अनेक नगरीय क्षेत्रों में गरीब व्यक्तियों के समूहों में एक विशिष्ट, किन्तु समान प्रकार की जीवन-शैली का उद्‌भव हुआ है, जिसे ही **लेविस** ने "गरीबी की संस्कृति" के नाम से सम्बोधित किया है। यह सही है कि इस अवधारणा की कटु आलोचना हुई है, तथापि इस अवधारणा ने वृहद् औद्योगिक नगरों के छोर पर बसे उप नगरों के जीवन के सामाजिक प्रभावों के अध्ययनों को प्रेरित किया है। अभी हाल किये गये कुछ अध्ययनों में बदलती हुई राजनीतिक अर्थव्यवस्था और वैश्वीकरण के प्रभावों को भी टटोला गया है। यही नहीं, कुछ नगरीय अध्ययनों में वास्तुकला के प्रारूप और नगरीय नियोजन का सामाजिक जीवन पर क्या प्रभाव पड़ता है तथा किस प्रकार ये अपराधी व्यवहार को जन्म देते हैं, जैसे विषयों की भी पड़ताल की गई है।

विभेदीकरण और बहिष्करण के रूपों में जाति-प्रजाति, नृजातिक समूह, वर्ग और लिंग भी नगरीय मानवशास्त्र के प्रमुख विषय रहे हैं। कुछ अध्ययनों में इस तथ्य की भी पड़ताल की गई है कि किस प्रकार जाति-प्रजाति और नृजातिकता प्रवसन और बसावट के रूपों, नौकरी के अवसरों, स्वैच्छिक समितियों, सामुदायिक संस्थाओं, कार्य और अवकाश की सुविधाओं तथा नातेदारी सम्बन्धों को बनाये रखने को प्रभावित करती हैं। जिस प्रकार यूरोपीय और अमरीकी नगरों में नृजातिकता के आधार पर नृजातिक बस्तियों का उद्‌भव हुआ है या नृजातिक समूहों का किसी स्थान विशेष पर समूहीकरण हुआ है, उसी प्रकार भारत में भी नगरीय क्षेत्रों में जातीय समूहों के आधार पर बस्तियां बनी हैं। अतः जिस नगरीय मानवशास्त्र का विकास प्रारंभ में नगरवाद के सिद्धान्तों से अभिप्रेरित था, आजकल इसमें स्वयं नगर की अपेक्षा नगर में रहने वाले व्यक्तियों के सामाजिक जीवन की पड़ताल की जाती है।

anthropology, urgent – अत्यावश्यक (त्वरित) मानवशास्त्र

आधुनिक मानवीय समस्याओं के संदर्भ में पिछले कुछ वर्षों में मानवशास्त्र के क्षेत्र में विभिन्न नामों से अनेक उपागमों/परिप्रेक्ष्यों का विकास हुआ है, उनमें से "अत्यावश्यक या त्वरित मानवशास्त्र" भी एक है। मानवशास्त्र का यह उपागम समाज में व्याप्त ऐसी समस्याओं पर ध्यान आकर्षित करता है जिन के त्वरित समाधान की अत्यावश्यकता है। गरीबी, शोषण, हिंसा, आतंकवाद, जातिवाद (भारत के संदर्भ में), प्रजातिवाद, सम्प्रदायवाद, दमन, जनसंख्या विस्फोट, प्रदूषण, परिस्थितिकीय असन्तुलन, वि-वन्यीकरण, जनजातीयता क्षय, हताशा-निराशा आदि ऐसी ही कुछ समस्याएं हैं जिन्होंने मानव जाति के अस्तित्व को चुनौती दे रखी है और जिनके समाधान पर अतिशीघ्र ध्यान दिया जाना आवश्यक है। इन समस्याओं के त्वरित समाधान के सम्बन्ध में चेतावनी देते हुए **बैरीमेन** ने लिखा है, 'मानवीय दृष्टि से उच्च प्राथमिकता अत्यावश्यक शोध-विषयों को दी जानी चाहिये। यदि ऐसा नहीं किया गया तो हम अपने सामाजिक दायित्वों से ही च्युत नहीं होंगे, अपितु जनता के साथ-साथ हमारे विज्ञान को भी इसके परिणाम भुगतने होंगे।'

भारत में स्वतंत्रता के बाद यह अनुभव किया गया कि आदिवासियों की कुछ ऐसी विशिष्ट समस्याएं हैं जिन पर शीघ्रातिशीघ्र ध्यान दिये जाने की आवश्यकता है। इस विषय को लेकर सन् (1956) में एक संगोष्ठी का भी आयोजन किया गया था जिसकी रिपार्ट पुस्तकाकार रूप में बाद में छपी है।

anthropoology, visual – दृश्यगत (चाक्षुष) मानवशास्त्र

विभिन्न समुदायों और परिवेशों में संस्कृति, विशेषतः भौतिक संस्कृति और मानवीय व्यवहार के दृश्यगत और बोधात्मक (प्रत्यक्ष ज्ञानात्मक) अध्ययन को चाक्षुष मानवशास्त्र कहते हैं। जब से मानवशास्त्र का उद्‌भव हुआ है, मानवशास्त्री शोध के एक अंग के रूप में चाक्षुष और बोधात्मक क्षमताओं को प्रेक्षणात्मक (अवलोकनात्मक) क्षेत्र-कार्य हेतु एक मूलभूत योग्यता के रूप में स्वीकार किया है। मानवशास्त्र के एक व्यवस्थित उपक्षेत्र के रूप में, चाक्षुष मानवशास्त्र में सन् 1960 से इसके सिद्धान्त और प्रयोग के साथ-साथ अध्यापन और शोध करने हेतु

संसाधनों की उपलब्धता के संदर्भ में तीव्र गति से विस्तार हो रहा है। आजकल उन्नत संचार तकनीकों के कारण मानवशास्त्रीय शोधकर्त्ताओं और फिल्म तथा वीडियो बनाने वालों के लिये यह संभव हो गया है कि वे अपने दृश्यगत और बौद्धिक अनुभवों से विश्वव्यापी फैले हुए अपने दर्शकों तथा श्रोताओं को अवगत करा सकें।

एक "नृजातिक" फिल्म कैसी होनी चाहिये, इसकी क्या पूर्वावश्यकताएं हैं, इन प्रश्नों के बारे में मानवशास्त्रियों में बड़ी व्यथा है। ये ऐसे बहस के मुद्दे हैं जिन पर अभी पूर्ण सहमति नहीं हो पाई है। इस बहस ने ऐसे फिल्मकारों को अवश्य एक संदेश दिया है कि वे सामाजिक जीवन और व्यवहार के चित्रण करने वाली अधिक सटीक एवं तथ्यपरक फिल्म तैयार करें। हस्तक्षेप, व्याख्या, व्यक्तिपरकता, और पद-प्रस्थिति की समस्याओं के होते हुए भी आजकल फिल्म, वीडियो और टेलीविजन की अन्तर-सांस्कृतिक रूप में लोगों को अधिक सूचना प्रदान करने में महत्वपूर्ण भूमिका हो गई है।

सन् 1895 में जब से **फैलिक्स रेग्नॉल्ट** ने पेरिस की एक वुलऑफ महिला पर क्रमिक चार लघु फिल्में बनाई, तब से चाक्षुष मानवशास्त्र में फिल्म के मूलभूत विषयों के बारे में सोच-विचार चल रहा है। ये विषय हैं : उद्देश्य, विषय के बारे में ज्ञान की गहराई, विषय के साथ सम्बन्ध की प्रकृति, अभिव्यक्ति की तकनीकें और व्यूह रचना, जैसे कथानक, विषय-वस्तु (प्रसंग) सम्पादन, अन्तरशीर्षक, वृतान्त, आवाज, संवाद, उप शीर्षक, शैली, कलात्मक और सौन्दर्यपरक संवेदनशीलता, तथा यथातथ्यता और फिल्म सत्य। आजकल कुछ अन्य बातों पर भी संवाद चल रहा है, जैसे लिंग, लेखन अधिकार, देशज मीडिया, सहयोग के प्रति आभार प्रदर्शन और शक्ति-राजनीति। स्वरूप और विषयवस्तु, विमर्श और प्रतिनिधान, विषय और वस्तु के रूप में किसी भी अन्य माध्यम अथवा कला के रूप से अधिक फिल्म और वीडियो वास्तविक विश्व के अनुभव पर निर्भर करते हैं। किन्तु मानवशास्त्र को यदि जीवित रहना है तो उसे दृश्यगत माध्यम और लिखित माध्यम के बीच उचित तालमेल बिठाना होगा। लिखित माध्यम की पूर्ण अवहेलना से मानवशास्त्र को क्षति होने की संभावना उत्पन्न हो सकती है।

anthropology, history of – मानवशास्त्र का इतिहास

विभिन्न समाजों और संस्कृतियों को जानने की जिज्ञासा ने आधुनिक मानवशास्त्र को जन्म दिया है। यह जिज्ञासा पर्यटकों, व्यापारियों, प्रशासकों, अन्वेषकों और मिशिनरियों के वृतान्तों से लगभग पन्द्रहवीं शताब्दी के उत्तरार्द्ध में उत्पन्न हुई, किन्तु एक व्यवस्थित स्वतंत्र बौद्धिक विषय के रूप में इसका जन्म उन्नीसवीं शताब्दी के मध्य में तब हुआ जब फ्रांस, इंग्लैण्ड, जर्मनी और अमेरिका में विद्वत समितियों की स्थापना हुई। इसके पूर्व यह विषय सामान्यतः भूगोल अथवा इतिहास का एक अंग माना जाता था। उन्नीसवीं शताब्दी के पूर्वार्द्ध में प्राकृतिक विज्ञानों का विकास आरम्भ हुआ। प्राणी जगत् के अन्य सदस्यों के साथ मानव जाति के भिन्न-भिन्न समूहों के वैज्ञानिक वर्गीकरण के प्रथम प्रयास इस काल में हुए। मनुष्य को प्रकृति का अंग मान कर उसका अध्ययन करने के इन प्रारंभिक प्रयासों द्वारा मानवशास्त्र (मानव विज्ञान) का जन्म हुआ।

कतिपय प्रारम्भिक अध्येताओं का अनुमान था कि मानव समूहों की भाषा तथा संस्कृति उनके प्रजातीय गुणों पर आश्रित होती है। किन्तु, विषय के वैज्ञानिक अध्ययन से धीरे-धीरे यह स्पष्ट होता गया कि प्रजातीय गुणों तथा भाषा एवं संस्कृति में इस प्रकार का कोई सम्बन्ध नहीं है। इस स्थिति के मान्य होने पर मानव का अध्ययन अनेक शाखाओं और उप-शाखाओं में बंट गया। प्रारंभ में, विशाल प्राणी-वर्ग के असंख्य प्राणियों में से केवल मनुष्य के उद्‌भव तथा उसकी शारीरिक विशेषताओं का अध्ययन "शारीरिक मानवशास्त्र" के रूप में एक स्वतंत्र दिशा में विकसित हुआ। इस अध्ययन का दृष्टिकोण तथा इसकी पद्धति दोनों पूर्णतः प्राकृतिक विज्ञान की अन्य शाखाओं, विशेष कर प्राणीशास्त्र की प्रवृतियों से प्रभावित थी। किन्तु मानव के व्यवहार का अध्ययन, खासकर उसके जटिल सामाजिक सम्बन्धों के विश्लेषण के लिये प्राकृतिक विज्ञान की अध्ययन-विधियां अनुपयुक्त थी। अतः इस दिशा में मानव विज्ञान ने इतिहास और समाज-विज्ञान की अध्ययन-शैली एव पद्धति को अपनाया। अमेरिका और इंग्लैण्ड को छोड़ कर यूरोप के अन्य देशों ने संस्कृति के विकास के अध्ययन के लिये इतिहास की शोध-प्रणाली का प्रयोग किया, किन्तु इंग्लैण्ड में इसके लिये समाजशास्त्रीय प्रणाली को ही अधिक वरीयता दी गई। ब्रिटेन में **रेडक्लिफ ब्राउन और बी. मेलिनोस्की** के सानिध्य में इसका विकास "सामाजिक मानावशास्त्र" के रूप में, अमेरिका में **एफ. बोऑस, रूथ बेनेडिक्ट** और **माग्रेट मीड** के नेतृत्व में "सांस्कृतिक मानवशास्त्र" और यूरोप में "ऍथ्नॉलॉजि" के साझा शीर्षक के अन्तर्गत भूगोल, ऐतिहासिक और लोक ज्ञान का अध्ययन किया गया। भारत में शुरुआती दौर में मानवशास्त्र का अध्ययन ब्रिटेन की सामाजिक मानवशास्त्र की परम्परा से ही अधिक प्रभावित रहा है।

anthropology of the body – देह का मानवशास्त्र

मानवीय शरीर के अलंकरण का अध्ययन देह का मानवशास्त्र कहलाता है। किस प्रकार अलंकरण के द्वारा मानवीय शरीर को एक सांस्कृतिक अभिव्यक्ति दी जाती है, अलंकरण के लिये किन-किन वस्तुओं (पोशाक, गहने, केश की शैली आदि) तथा विधियों (शरीर को गोदना या रंगना आदि) का प्रयोग किया जाता है, ये विषय ही देह के मानवशास्त्र के अध्ययन के प्रमुख विषय है। जहां आधुनिक समाजों में देह अलंकरण को फैशन का प्रतीक और उसकी अभिव्यक्ति मानी जाती है, वहां सरल आदिवासी समाजों में यह बहुधा पवित्रता की धारणा और सामाजिक प्रतीकवाद को उजागर करती है। देह अलंकरण समूह की सदस्यता, प्रस्थिति और भूमिका-परिवर्तन का प्रतीकीकरण करता है।

anthropology of globalization – वैश्वीकरण का मानवशास्त्र

आजकल वैश्वीकरण का विषय सर्वाधिक चर्चा का एक अकादमिक विषय बन गया है जिस पर कई ज्ञान की शाखाओं में समाजशास्त्र और अर्थशास्त्र से लेकर मीडिया और साहित्यिक परिचर्चाओं में भी सोच-विचार किया जा रहा है। इस विषय पर मानवशास्त्र का अपना परिप्रेक्ष्य है। मानवशास्त्र में सर्वाधिक सोच-विचार 'वैश्विक' और 'स्थानिक' विषयों को लेकर है, अर्थात् किस प्रकार वैश्वीकरण की प्रक्रियाओं को विशिष्ट समाजों की यथार्थताओं के संदर्भ में तथा इनकी संचित ऐतिहासिक, सांस्कृतिक तथा जीवन-शैली के साथ तालमेल

बिठाना चाहिये। दूसरे शब्दों में वैश्वीकरण का मानवशास्त्र वैश्वीकरण की स्थानपरक और आनुमानिक प्रकृति से संबंधित है। इसमें पूंजी, व्यक्तियों, माल, भावनाओं और विचार-धाराओं का किस रूप में विश्व में बहाव हो रहा है, मात्र इन्हीं विषयों की रूपरेखा नहीं तैयार की जा रही है, अपितु उन व्यक्तियों के अनुभवों पर भी सोच-विचार किया जा रहा है जो किन्हीं विशिष्ट क्षेत्रों में रह रहे हैं और उनके रोज़मर्रा के जीवन पर विश्वव्यापी सामाजिक प्रक्रियाओं के प्रभाव का अध्ययन भी किया जा रहा है। दूसरे विषयों में मानव के रोज़मर्रा के जीवन के इस मुद्दे को बहुधा अनदेखा कर दिया जाता है कि व्यक्ति किस प्रकार वैश्वीकरण की प्रक्रियाओं के साथ तालमेल बिठाते हैं। अतः वैश्वीकरण के मानवशास्त्र का प्रमुख कार्य उन वृहद् स्तरीय प्रक्रियाओं को उजागर करना है जिनके द्वारा विश्व उत्तरोत्तर अन्तर्संबंधित होता जा रहा है और साथ ही यह भी स्पष्ट करना है कि किस प्रकार व्यक्ति इन प्रक्रियाओं के प्रति अपने विशिष्ट सांस्कृतिक तरीकों से प्रतिक्रिया करते हैं।

anthropology of play – खेल का मानवशास्त्र

खेल-व्यवहार स्तनधारी जीवों और मानव प्राणियों में समान रूप में पाया गया है। वानर जातियों के खेल बहुत कुछ रूप में मानवीय बालकों के खेलों से मिलते-जुलते देखे गये हैं। खेल किसे कहा जाये, इसकी क्या परिभाषा है, इसके बारे में मानवशास्त्रियों में काफी अस्पष्टता है क्योंकि खेल-व्यवहार और अन्य प्रकार के व्यवहार, जैसे मैथुनिक क्रियाएं, प्रभुत्वता और अन्वेषण के बीच सीमा-विभाजन करना बड़ा कठिन है। बालकों के खेल-व्यवहार की बहुधा वयस्क जीवन के अनुकरण और तैयारी के रूप में व्याख्या की गई है और इसे समाजीकरण की प्रक्रिया के साथ जुड़े हुए रूप में देखा गया है। खेल-व्यवहार के तुलनात्मक अध्ययनों में खेल को अभिव्यंजनात्मक क्रियाओं के रूप में प्रस्तुत कर इनके आधार पर सांस्कृतिक प्रतिमानों के मॉडल्स तैयार किये गये हैं। **व्हाटिंग और चाइल्ड** के 'छह संस्कृतियों' के अध्ययन में खेल को भूमिका-सीख की प्रक्रिया मान कर खेल तथा प्रभुत्वता और पोषण जैसी व्यवहारपरक आकांक्षाओं के बीच के संबंधों का अध्ययन किया गया है।

मानवशास्त्र में खेलों के महत्ता द्विवर्ती रही है। मनोवैज्ञानिक मानवशास्त्र और प्रसारवादी सिद्धान्त के क्षेत्र में खेलों का अध्ययन कुछ विशिष्ट प्रकार की प्राक्कल्पनाओं के परीक्षण करने अथवा जन्म देने के लिये किया गया है। दूसरी ओर, खेलों का प्रयोग ऐसे पेराडाइम अथवा सैद्धान्तिक मॉडल्स के स्त्रोत के रूप में किया गया है जिन्हें व्यवहार के अन्य क्षेत्रों तथा सामाजिक, सांस्कृतिक संगठन की व्याख्या के लिये काम में लाया गया है।

anthropology of reproduction – प्रजनन का मानवशास्त्र

प्रसव और बालक जन्म के साथ जुड़ी अनेक क्रियाओं और रिवाजों के अध्ययन ने सन् 1980 के आसपास मानवशास्त्र के क्षेत्र में ज्ञान की एक विशिष्ट विधा को जन्म दिया, जो आजकल "प्रजनन के मानवशास्त्र" के नाम से जानी जाती है। ज्ञान की इस शाखा में प्रजनन प्रक्रिया के समस्त पक्षों का विभिन्न संस्कृतियों के संदर्भ में अध्ययन किया जाता है। आदिवासीय संस्कृतियों में प्रजनन प्रक्रिया कैसे सम्पन्न की जाती है तथा सम्पन्न की जाती रही है, के साथ-साथ इसमें आधुनिक समाजों में प्रजनन प्रक्रिया से जुड़ी नई-नई तकनीकों का भी

अध्ययन किया जाता है। इन नवीन प्रजनन तकनीकों में कई नवीन विधियों को सम्मिलित किया गया है, जैसे वीट्रो निषेचन (वीट्रो फर्टिलाइजेशन), कृत्रिम गर्भाधान, प्रतिनिधिक प्रजनन या किराये की कोख (सरगेसी) के साथ-साथ निदान सम्बन्धी तकनीकें, जैसे अल्ट्रासाउन्ड, अम्निओसेन्टसिस आदि। निदान सम्बन्धी इन नवीन तकनीकों द्वारा जन्म के पूर्व ही लिंग और आनुवंशिक विकृतियों को मालूम किया जा सकता है। आजकल प्रजनन के क्षेत्र में नित नये अनुसंधानों एवं तकनीकों ने मानव संस्कृति और सभ्यता के समक्ष कई नैतिक और सामाजिक समस्याएं एवं असमंजस्य उत्पन्न कर दिये हैं जिसके कारण नातेदारी, उत्तराधिकार, स्त्रियों के शरीर पर स्वयं स्त्रियों के नियंत्रण का अधिकार तथा प्रजनन सम्बन्धी कानून जैसे अनेक विषयों पर पुनर्विचार की आवश्यकता को तीव्रता से महसूस किया जा रहा है। भारत में पुरुष बालक की चाह में बढ़ते हुए गर्भपातों ने जहां एक ओर स्त्री शिशु हत्या की नैतिक समस्या को जन्म दिया है, वहां गर्भपात की समस्या ने कई राज्यों में स्त्री-पुरुष के जनसंख्या के अनुपात को गड़बड़ा दिया है।

anthropomancy – मानवबलि
भविष्योक्ति के लिये मानव की अंतड़ियों का प्रयोग मानवबलि कहलाता है। इस उद्देश्य के लिये जिन मानवों का बलिदान किया जाता है, वे सामान्यतः बच्चे और कुंवारे होते हैं।

anthropometer – मानवमापक यंत्र
एक ऐसा उपकरण जिसका प्रयोग देह-मापन में किया जाता है, उसे मानक मापक यंत्र कहते हैं। इसके द्वारा शरीर के व्यास और विभिन्न ऊंचाइयों को मापा जाता है। सामान्यतः, यह दो मीटर लम्बी एक ठोस छड़ होती है जो खाली ट्यूबों से इस प्रकार बनाई जाती है कि वे एक दूसरे में ठीक प्रकार से बैठ जाती हैं। प्रत्येक ट्यूब में शून्य से 2000 मिलीमीटर के क्रमिक अंक लिखे होते हैं।

anthropometry – मानवमिति
शारीरिक मानवशास्त्र की एक शाखा जिसमें मानव के शारीरिक लक्षणों की माप-जोख की जाती है, मानवमिति कहलाती है। इसमें मानव शरीर के विभिन्न अंगों यथा खोपड़ी, ललाट, नाक, कान, कद, सीना, हाथ-पैरों की माप की जाती है। इसके अतिरिक्त, इसमें शरीर के रंग, बालों की बनावट, आँखों के रंग आदि का भी पता लगाया जाता है। इस माप-जोख के आधार पर ही सम्पूर्ण मानव जाति को कुछ प्रजातिक समूहों में विभाजित किया जाना संभव हो पाया है। मानव के उद्विकास सम्बन्धी अध्ययनों में मानवमिति की महत्वपूर्ण भूमिका रही है।

गौरतलब है कि जब अस्थि विशेषज्ञ कंकाल की अस्थि आदि बातों का अध्ययन करते हैं, तब इसके लिये बहुधा "अस्थिमिति" (ऑस्टिऑमेट्री) शब्द का प्रयोग किया जाता है।

anthropometry, social – सामाजिक मानवमिति
सामाजिक घटना का परिमाणात्मक और तुलनात्मक अध्ययन करने वाली मानवशास्त्र की शाखा सामाजिक मानवमिति कहलाती है।

anthropomorphism – मानवत्वारोपण/नृरूपता

मानवीय गुणों को ऐसी वस्तुओं, पदार्थों अथवा पशुओं में आरोपित करने की प्रवृत्ति जो वास्तव में मानवीय नहीं हैं, मानवत्वारोपण या नृरूपता कहलाती है। यह प्रवृत्ति प्रारंभ में अनेक धर्मों में विद्यमान थी। संभवतः यह प्रवृत्ति प्रकृति पूजा का विशेष अंग रही है। नृरूपता को एक दूसरे रूप में भी देखा गया है। मानवशास्त्र/समाजशास्त्र में मानवीय समाज के बारे में जो जैविक या सावयविक उपमा का प्रयोग किया गया है, वह भी एक दृष्टि से मानवत्वारोपण का ही एक अच्छा उदाहरण है। अन्य सावयवों में मानवीय गुणों के आरोपण के पीछे संभवतः यह कारण रहा होगा कि हम यह मानते हैं कि अन्य जीव भी कई रूप में हमारे जैसे ही हैं।

antigen – प्रतिजन (एन्टिजैन)

प्रतिजन वह पदार्थ है जो रक्त में प्रविष्टि के उपरान्त प्रतिरक्षी पदार्थ का उत्पादन करता है। यह पदार्थ कोशिकाओं की सतह पर बड़े-बड़े अणुओं के रूप में होता है। इसी पदार्थ के आधार पर एक व्यक्ति को दूसरे व्यक्ति से अलग किया जाता है। चार प्रमुख रक्त समूहों के अतिरिक्त, एम. एन. और आर. एच. प्रकारों के एन्टिजैन्स की खोज हुई है।

anti-semitism – सामीवाद विरोध

यहूदियों के प्रति कई रूप में अभिव्यक्त तीव्र घ्रणा सामीवाद विरोध कहलाता है। इसका सर्वप्रथम उल्लेख हमें छठी शताब्दी (उत्तरार्द्ध) ई.पू. की "इस्तर की बाइबिल की किताब" में मिलता है जिसमें प्रशा में हमन ने आसुरस राजा से कहा था कि "यह लिखा जाये कि कुछ व्यक्तियों को समाप्त कर दिया जाये।" **रेनन** ने यह टिप्पणी की है कि "सामीवाद-विरोध की हर समय और हर स्थान पर पुनरावृत्ति होती रही है।"

सामान्यतः सामीवाद-विरोध को इस आधार पर उचित ठहराया गया है कि यहूदी लोग एक अलग प्रकार के ऐसे लोग हैं जो आत्मसात नहीं कर सकते क्योंकि उनका धर्म, संस्कृति, सामाजिक और राजनीतिक प्रस्थिति भिन्न प्रकार की है। सामीवाद-विरोध के अन्य कई सिद्धान्त प्रस्तुत किये गये हैं। आजकल सामीवाद-विरोध की 'अतार्किक मनोभावी उद्वेगों' के आधार पर व्याख्या की जा रही है।

ape – वानर/वनमानुष

एक वृहत् विकसित पशु वर्ग के एन्थ्रॉपायड को वानर या वनमानुष की संज्ञा दी गई है। इसमें चिम्पांजी, गोरिल्ला, गिब्बन और गुटान, सिवांमग जैसे पशु वर्ग को सम्मिलित किया गया है। वानरों को प्राचीन विश्व के बन्दरों से उनकी संरचनात्मक विशेषताओं जैसे दंतावली, अस्थि-पंजर के स्वरूप और माप तथा पूंछ विहीनता के आधार पर अलग किया जाता है। वानर जाति में होमोनॉइड, जिसमें मानव प्राणी को सम्मिलित किया जाता है, को भी इसमें समावेश किया गया है। ऐसा माना जाता है कि वानरों का उद्‌भव मध्य जीवी युग में हुआ था। बन्दरों से वानर और मानव दोनों ही निम्न आधार पर भिन्न होते हैं :

(1) गिब्बनों और सिवांमग के अलावा सामान्यतः वानर और मानवों का शरीर आकार बड़ा होता है, (2) इनके पूंछ नहीं होती, (3) इनका धड़ छोटा होता है, (4) कंधों के जोड़ों की स्थिति और पेशी-विन्यास में फर्क होता है, (5) इनके व्यवहार में जटिलता होती है, (6) इनका मस्तिष्क अधिक जटिल और इनमें उन्नत संज्ञान क्षमताएं होती हैं, (7) इनमें शिशु विकास हेतु आश्रित रहने की कालावधि अधिक होती है।

aparthied – प्रजाति-पार्थक्य/रंगभेद

प्रजातीय आधार पर अलग-थलग शोषण एवं घोर दमन की शताब्दियों पुरानी व्यवस्था को प्रजाति-पार्थक्य या रंगभेद का नाम दिया गया है। इसका व्यापक प्रयोग गोरी जातियों द्वारा काली जातियों (गैर यूरोपीय) के प्रति दक्षिण अफ्रीका में हुआ है। पश्चिमी देशों तथा अमेरिका में भी अभी कुछ समय पूर्व तक काले-गोरे की रंगभेद नीति के आधार पर राजनीतिक-आर्थिक भेदभाव, दमन और उत्पीड़न एवं पृथक्करण विद्यमान था। सन् 1994 के बहु प्रजातिक राष्ट्रीय चुनावों द्वारा अधिकारिक तौर पर दक्षिणी अफ्रीका में अब इसे समाप्त कर दिया गया है। प्रजाति-पार्थक्य बहुत कुछ रूप में भारत की जाति-व्यवस्था से मिलती-जुलती एक व्यवस्था है।

aparthied, petty – छुटपुट प्रजाति पार्थक्य या रंगभेद

शौचालयों, उद्यानों, कुओं, परिवहन और सिनेमाघरों, होटलों जैसी छोटी-छोटी सुविधाओं का रंगभेद के आधार पर कालों और गोरों के दो समूहों के लिये अलग-अलग कर देने की नीति को छुटपुट प्रजाति पार्थक्य कहते हैं।

Apidium – एपीडियम

मिस्र के फायूम क्षेत्र में पाये गये पैरापिथेसिडों को एपीडियम कहा जाता है।

Appolonian – देवधर्मी संस्कृति

देवधर्मी संस्कृति (अपोलोनियन) एक विशिष्ट प्रकार के सांस्कृतिक संरूप का संकेत देती है जिसकी प्रमुख विशेषताएं अन्तर्मुखता, संयम, सदाचार, सुव्यवस्था, गंभीरता तथा धार्मिक अनुष्ठानों का पालना आदि है। ये विशेषताएं जिस संस्कृति में पाई जाती हैं तथा इन पर जोर दिया जाता है, **रूथ बेनेडिक्ट** ने ऐसी संस्कृति को अपोलोनियन (देवधर्मी) संस्कृति कहा है। न्यू मैक्सिको के प्युबलों तथा जूनी लोगों में बेनेडिक्ट ने इस प्रकार की संस्कृति के साक्ष्य पाये हैं।

इस अवधारणा को विकसित करने का श्रेय दार्शनिक **नित्से** और इतिहासकार **स्पैंगलर** को है, किन्तु मानवशास्त्र में इस अवधारणा को व्यापक रूप में बेनेडिक्ट ने ही प्रयोग किया है।

apotropaic imagery – ओझाई प्रतिमावली

अनेक आदिम संस्कृतियों में यह विश्वास किया जाता है कि समान प्रतिरूप में मूल वस्तु की

शक्ति निहित होती है। अतः ऐसे लोग दानवों के अनिष्टकारी प्रभावों को दूर करने के लिये जिन प्रतीकात्मक प्रतिरूपों का प्रयोग करते हैं, उन्हें 'ओझाई प्रतिमावली' कहते हैं।

archaeological culture – पुरातात्विक संस्कृति

अनेक घटनास्थलों से मिली वस्तुओं के समान संकलनों का एक साथ समूहीकरण करने की विधा पुरातात्विक संस्कृति कहलाती है।

archaeology – पुरातत्वशास्त्र

पुरातत्व या पुरातत्वशास्त्र मानवशास्त्र की एक प्रमुख शाखा है, यद्यपि आजकल इसका स्वतंत्र रूप से भी अध्ययन किया जाने लगा है। इसके अन्तर्गत मानव और उसके पुरातन समाजों तथा संस्कृतियों की उत्पत्ति, उद्‌भव, विकास और पतन का पुरावशेष साक्ष्यों के आधार पर अध्ययन किया जाता है। एक औपचारिक विषय के रूप में पुरातत्वशास्त्र का विषय अकादमिक (शैक्षणिक) मानवशास्त्र से भी पुराना है और इसका स्वयं का अपना एक इतिहास है।

शाब्दिक अर्थ के रूप में "आर्किऑलॉजि" शब्द की रचना ग्रीक भाषा के शब्द "आकियाज़" अर्थात् "पुरातन" और "लाज़ि" अर्थात् "अध्ययन" या "विज्ञान" के दो शब्दों के मेल से हुई है। जिसका सामान्य अर्थ होता है, "पुरातन का अध्ययन" या "पुरातन का विज्ञान"। इसमें पुरातात्विक सामग्री अर्थात् भौतिक अवशेषों (अस्थि-पंजर, कंकाल) के साथ-साथ सांस्कृतिक अवशेषों (शिल्प तथ्यों, भौतिक-संस्कृतिक तथ्यों जैसे उपकरण, कला संरचनाएं) का प्रयोग किया जाता है। इन अवशेषों को खोजने के लिये जो खुदाइयाँ की जाती हैं, उसी को पुरातत्वशास्त्र या पुरातत्वविज्ञान कहते हैं। पुरातत्वशास्त्र के आधार पर ही मानव की पूर्व शारीरिक रचना के क्रमिक विकास और उसकी अवस्थाओं (प्रस्तर युग, ताम्र युग और लौह युग) का अनुमान किया जाता है। पुरातत्वशास्त्रियों के खोज के प्रमुख प्रश्न हैं : उपकरण निर्माता के रूप में मानव का आविर्भाव सर्वप्रथम कहाँ, कब और कैसे हुआ ? मानव ने नगरों में रहना कब, कहाँ और क्यों शुरू किया ? आदि।

आधुनिक साक्ष्यों के आधार पर यह कहा जाता है कि पुरातत्व की शुरुआत तब हुई जब सर्वप्रथम मान्यता प्राप्त शिल्पतथ्यों की खोज हुई। ऐसी संभावना व्यक्त की जाती है कि यह खोज पूर्वी अफ्रीका में लगभग 25 लाख वर्षों पूर्व हुई थी जो आज तक किसी न किसी रूप में चली आ रही है। 'कल हमने जो कुछ कूड़ेदान या कूड़े कचरे के ढेर में फैंका था, वह आज पुरातात्विक सामग्री का एक हिस्सा बन चुका है, चाहे वह कितना ही बेकार, जीर्णशीर्ण, बदबूदार या बुरा दिखने वाला ही क्यों न था।' ऐसा माना जाता है कि आधुनिक पुरातत्व का विकास यूरोप में मध्यकालीन पुराकथाओं के साथ-साथ क्लासिकल पुराकालीन कला कृतियों, स्मारकों और भवनों के अध्ययनों के विश्लेषण से हुआ है। प्रारंभ में इस शब्द का प्रयोग ऐसी पुरातन संस्कृतियों और सभ्यताओं के अध्ययन तक सीमित रखा गया जिनमें किसी न किसी रूप में लेखन कार्य विद्यमान था। यूरोपीय अकादमिक क्षेत्रों में इस शब्द का प्रयोग

यथावत् प्रचलन में है और जिन प्राचीन संस्कृतियों में कोई लिखित भाषा नहीं थी, उनके अध्ययन के लिये "प्रागैतहासिक" (प्रीहिस्टॅरी) शब्द का प्रयोग किया जाता है। इस प्रकार प्रागैतिहासिक के अन्तर्गत पुरापाषाणी (पेलियोलिथिक), मध्यपाषाणी (मेसोलिथिक), नवप्रस्तर (नियोलिथिक) और प्रारंभिक धातु-युग संस्कृतियों को सम्मिलित किया जाता है, जबकि मिस्त्र, मेसोपोटामिया तथा ग्रीस एवं रोम के क्लासिकल युग की संस्कृतियों तथा उनके लिखित दस्तावेजों सहित को "पुरातत्वशास्त्र" का क्षेत्र माना जाता है। वास्तव में, जिन संस्कृतियों को पुरातत्व का क्षेत्र माना गया है, उनके बारे में लिखित दस्तावेजों की अपेक्षा भौतिक अवशेषों, स्मारकों, भवनों तथा शिल्प तथ्यों पर अधिक बल दिया गया है।

पुरातत्वशास्त्र में "वैज्ञानिक" और "मानवतावादी" दोनों उपागमों का प्रयोग किया गया है। सौलहवीं शताब्दी के यूरोपीय पुरातत्वी लेखनों में मानवतावादी परम्परा का भारी प्रभुत्व रहा है। इसके बाद पुनर्जागरण काल के अधिक तर्कसम्मत दर्शन ने इसका स्थान ले लिया, जैसा कि हमें सत्रहवीं शताब्दी की पुरातात्विक खोजों से पता चलता है। अठारवीं शताब्दी के स्वच्छन्दतावादी आंदोलन ने पुनः मानवतावादी परिप्रेक्ष्य की ओर झुकाव पैदा कर दिया जैसा कि हमें *रूसो की "कुलीन असभ्य" (नोबल सैविज) की अवधारणा* से प्रकट होता है। बाद में प्रारंभिक अर्द्ध उन्नीसवीं शताब्दी के उत्तरी यूरोप, फ्रांस और ब्रिटेन में ऐसे वैज्ञानिक पुरातत्वशास्त्र का उद्‌भव हुआ जिसमें **डार्विन** की उद्‌विकासीय विचारधारा और नूतन भूगर्भ युग के मानव के अवशेषों को स्वीकारिता प्रदान की गई। फिर भी भाषाशास्त्र और इतिहास के कुछ क्षेत्रों में आज भी मानवतावादी पुरातत्वशास्त्र की विशेषताएँ विद्यमान हैं। आजकल पुरातत्वशास्त्र में दोनों परम्पराएँ विद्यमान हैं जिसका कारण है "सादृश्यताएँ" जिसके आधार पर पुरातात्विक खोजों की व्याख्या की जाती है।

"सादृश्यता" पुरातत्वशास्त्र का एक महत्वपूर्ण सिद्धान्त है जिसमें वर्तमान सादृश्यताओं के आधार पर पुरातन को समझा जाता है। इन सादृश्ताओं को दो भागों में विभाजित किया जा सकता है, सामान्य और विशिष्ट। सामान्य वर्ग की सादृश्यताएॅ जीवन के सामान्य अनुभव और ज्ञान पर आधारित होती हैं। सामान्य सादृश्यताओं में सबसे बड़ी समस्या व्याख्या की है। सामान्य सादृश्यताओं की अपेक्षा विशिष्ट सादृश्यताओं के आधार पर एक पुरातत्वशास्त्री पेचीदा पुरातन मानवीय सामाजिक और सांस्कृतिक व्यवहार की अधिक सक्षमता से व्याख्या कर सकता है। उदाहरणार्थ एक पुरातत्व वैज्ञानिक 'इन्का' सभ्यता की कुछ विशेषताओं (सड़कें, किलेबन्दी, भण्डारगृह आदि) का रोमन सभ्यता के साथ तुलना कर के (यद्यपि इन दोनों में कोई समानता नहीं है) यह अनुमान लगा सकता है कि कुछ विशिष्ट प्रकार की राजनीतिक व्यवस्था के द्वारा एक विशिष्ट प्रकार के व्यवहार का जन्म होता है।

archaeology, biblical — बाइबल संबंधी पुरातत्व

बाइबल में किये गये वर्णन के आधार पर जीवन और समय-काल की पुनर्रचना को बाइबल संबंधी पुरातत्व के नाम से जाना जाता है। नवीन पुरातत्वी खोजों ने बाइबल में वर्णित घटनाओं की विश्वसनीयता की पुष्टि की है। इसके आसपास के क्षेत्र के साहित्य ने भी बाइबल पर काफी प्रकाश डाला है।

archaeology, classical – शास्त्रीय (क्लासिकल) पुरातत्व
पुरातन मेडिटेरेनीयन क्षेत्र, विशेषतः ग्रीक और रोमन सभ्यताओं के पुरातत्वी अध्ययन को शास्त्रीय (क्लासिकल) पुरातत्व कहा जाता है।

archaeology, critical – आलोचनात्मक पुरातत्वशास्त्र
नवीन अथवा प्रक्रियात्मक पुरातत्वशास्त्र के प्रतिक्रिया स्वरूप उत्पन्न पुरातत्वशास्त्र के एक सर्वथा नये रूप को "आलोचनात्मक पुरातत्वशास्त्र" का नाम दिया गया है। "प्रक्रियात्मक पुरातत्वशास्त्र" के बारे में एक महत्वपूर्ण प्रश्न यह उठाया गया है कि क्या सामान्य तुलनात्मक सादृश्यताओं के आधार पर पुरातन संस्कृतियों को ठीक प्रकार से समझा जा सकता है ? इस प्रश्न ने ही प्रक्रियात्मक पुरातत्वशास्त्र के प्रति एक विरोधी आंदोलन को जन्म दिया जो "उत्तर-प्रक्रियात्मकतावाद" के नाम से जाना जाता है। इसी से जुड़ी एक विचारधारा को "आलोचनात्मक पुरातत्वशास्त्र" कहा जाता है। आलोचनात्मक पुरातत्वशास्त्र का मुख्यतः संबंध विचारधारा से है। आलोचनात्मक पुरातत्वशास्त्री सांस्कृतिक विकास और परिवर्तन में विचारधारा को एक अत्यंत प्रभावकारी सामाजिक शक्ति मानते हैं। वे मानते हैं कि विचारधारा न केवल किसी समाज के सामाजिक, आर्थिक और राजनीतिक विभाजनों को प्रभावित करती है अपितु इसकी एक रचनात्मक भूमिका भी है। यह सांस्कृतिक परिवर्तन को निर्देशित करने के साथ-साथ उसका निर्धारण भी करती है। अतः इसकी अवहेलना किये जाने का तात्पर्य है कि हम प्रक्रिया की ठीक प्रकार से पूर्णतः व्याख्या नहीं कर सकते। आलोचनात्मक पुरातत्वशास्त्रियों ने "लिंग अभिनति" के प्रश्न को भी उठाया है। उन्होंने कहा है कि पुरातत्व सामग्री के विश्लेषण में स्त्रियों की अवहेलना कर समाजों के बारे में पुरुष परिप्रेक्ष्य के आधार पर निष्कर्ष निकालने की प्रवृत्ति का तात्पर्य वास्तविकता से मुख मोड़ना है।

archaeology, dirt – धूल-पुरातत्व
वास्तविक रूप में खुदाई द्वारा किये गये पुरातत्व को धूल-पुरातत्व का नाम दिया गया है। ऐसा माना जाता है कि अमेरिका में इस प्रकार की पुरातत्वी खुदाई सर्वप्रथम 1784 में **थॉमस जैफरसन** द्वारा की गई थी।

archaeology, ethno – नृजातीय पुरातत्वशास्त्र
वर्तमान समाजों द्वारा किस प्रकार कला-कृतियों और संरचनाओं का प्रयोग उन स्थानों पर किया जाता है जहाँ वे रहते हैं तथा किस प्रकार ये वस्तुएं पुरातत्वी सामग्री का हिस्सा बन जाती हैं, इन बातों का अध्ययन नृजातीय पुरातत्व कहलाता है। इस संदर्भ में, पुरातत्वशास्त्री यह अध्ययन कर रहे हैं कि वर्तमान रसद खोजी लोग पारम्परिक आश्रयों का निर्माण किस प्रकार करते हैं, इसमें किस प्रकार की सामग्री का प्रयोग किया जाता है और इस सामग्री का प्रयोग निर्माण में कैसे किया जाता है।

archaeology, feminist – महिलावादी पुरातत्वशास्त्र

यह एक ऐसा शोध उपागम है जिसमें मुख्यतः इसका अन्वेषण किया जाता है कि पुरातत्वी दस्तावेजों से महिलाओं के योगदान की किस प्रकार जानबूझकर अवहेलना की गई, क्योंकि उनके बारे में दस्तावेजों में कोई उल्लेख नहीं मिलता है। इसके साथ ही इस उपागम द्वारा यह प्रयास किया जाता है कि मानव के पुरातन इतिहास में स्त्रियों द्वारा किये गये कार्यों का उल्लेख किया जाये। महिलावादी पुरातत्वशास्त्री लिंग-भूमिकाओं का जैवकीय आधार पर निर्धारण को अस्वीकार करते हैं। इनका मत है कि समाज में कार्यों के बंटवारे के निर्धारण के लिये सांस्कृतिक और ऐतिहासिक शक्तियाँ उत्तरदायी होती हैं। यही नहीं, दीर्घकाल में कार्यों के बंटवारे में भी परिवर्तन आ जाता है। महिलावादी पुरातत्वशास्त्री इस प्रकार के पारम्परिक पुरातत्वी अनुमानों को भी अस्वीकार करते हैं कि मानवीय अनुकूलनों की मानवीय संबंधों (विशेषतः स्त्रियों-पुरुषों के संबंधों) पर बिना विचार किये जलवायु, पारिस्थितिकी और प्रौद्योगिकी के व्यापक संदर्भ में व्याख्या की जा सकती है। इस प्रकार के विचार **जैनेट स्पेक्टर** और **रिता राइट** जैसे महिलावादी पुरातत्वशास्त्रियों द्वारा प्रकट किये गये हैं।

archaeology, field – क्षेत्र-पुरातत्व

पृथ्वी के धरातल पर दिखाई देने वाले पुरातन के अवशेषों अथवा मिट्टी के विरंगीकरण, फसल में वृद्धि तथा चकमक, बर्तनों के टुकड़ों के अवशेषों के परीक्षण एवं अध्ययन को क्षेत्र-पुरातत्व कहते हैं। पुरातत्व की इस विधा में खुदाई नहीं की जाती है, अपितु पृथ्वी के ऊपर ही पुरातन के जो कुछ अवशेष पाये जाते हैं, उनका अध्ययन-परीक्षण किया जाता है। इस शब्द की रचना सन् 1915 में **विलियम फ्रीमैन** ने की थी। इस विधि को **रॉय** ने अपनी एक पुस्तक "द मिलिटरी ऐन्टिक्विटीज़ ऑफ द रोमन इन ब्रिटेन" (1793) में मान्यता दी है।

archaeology, historical – ऐतिहासिक पुरातत्व

ऐतिहासिक पुरातत्व का सम्बन्ध उस काल से है जिसका लिखित लेखाजोखा उपलब्ध है। पुरातत्व की यह विशिष्ट शाखा ऐसे अर्वाचीन (आधुनिक) लोगों और उनके समाजों का अध्ययन करती है जिन्होंने लिखित दस्तावेज छोड़े हैं तथा जिनके बारे में पुरातात्विक सामग्री और ऐतिहासिक सूचनाएँ प्रलेखों, कागजातों आदि के रूप में उपलब्ध हैं। इसमें उन जटिल सभ्यताओं के साक्ष्यों का मूल्यांकन किया जाता है जिनके द्वारा लिखित प्रमाणों की रचना की गई है। अपने अध्ययन के लिये पुरातत्व की यह शाखा पुरातत्वशास्त्रियों और इतिहासवेत्ताओं दोनों की पद्धतियों का प्रयोग करती है।

archaeology, prehistoric – प्रागैतिहासिक पुरातत्व

पुरातत्वशास्त्र की वह शाखा प्रागैतिहासिक पुरातत्व के नाम से जानी जाती है जिसमें पृथ्वी के गर्भ में विलीन अतीत का अध्ययन किया जाता है। यह लेखन के आविष्कार के पूर्व के काल से सम्बन्धित है, अर्थात् जिस काल का लिखित इतिहास अथवा दस्तावेज उपलब्ध नहीं है। मानव के सांस्कृतिक विकास की क्रमिक अवस्थाओं को निश्चित करने में भूगर्भ में समाये हुए

अवशेष महत्वपूर्ण भूमिका अदा करते हैं। बहुधा प्रगैतिहासिक पुरातत्व का प्रयोग नवपाषाण युग और पुरापाषाण युग के भंडारों के लिये किया जाता है।

आजकल पुरातत्व स्वयं एक स्वतंत्र विषय है, किन्तु इसकी प्रागैतिहासिक सामग्री के ठीक प्रकार से मूल्यांकन के लिये यह आवश्यक माना जाता है कि इसका मानवविज्ञान के माध्यम से आकलन और विश्लेषण कर उसके सांस्कृतिक अर्थ को समझने का यत्न किया जाये।

archaeology, protohistoric – आद्य ऐतिहासिक पुरातत्व
ऐसी संस्कृतियों का अध्ययन जिनका जन्म इतिहास की शुरुआत के साथ हुआ, उसे आद्य-ऐतिहासिक पुरातत्व कहा जाता है।

archaeology, new or processual – नवीन अथवा प्रक्रियात्मक पुरातत्वशास्त्र
पारम्परिक पुरातत्वशास्त्र की व्याख्या की समस्या ने तथाकथित "नवीन" अथवा "प्रक्रियात्मक" पुरातत्वशास्त्र को जन्म दिया है जिसके प्रमुख प्रवक्ता एक अमेरिकी विद्वान **लेविस आर. बिनफोर्ड** (1968) रहे हैं। इस "नवीन पुरातत्वशास्त्र" के लक्ष्य तथा विधियों का उद्‌भव 1940 से ही शुरू हो गया था। ये लक्ष्य एवं विधियां इस प्रकार हैं:

(1) पुरातत्वशास्त्र में पुनः सांस्कृतिक उद्‌विकास का विकास,
(2) सांस्कृतिक भिन्नताओं तथा इसके व्यवस्थित संगठन हेतु प्रणाली सिद्धान्त का प्रयोग,
(3) पारिस्थितिक-व्यवस्था प्रधान परिप्रेक्ष्य जो संस्कृतियों और उनके पर्यावरण के बीच सम्बन्धों पर बल देता है,
(4) प्रादेशिक अधिवास प्रतिमानों और प्रणालियों को बढ़ावा देना,
(5) सांस्कृतिक विविधताओं के मापने के लिये ऐसी सांख्यिकीय एवं प्रतिदर्श विधियों का प्रयोग जिनके आधार पर सामान्यीकरण निकाले जा सकें,
(6) एक ऐसे सामान्य "वैज्ञानिक" उपागम का प्रयोग जिसमें प्राक्कल्पनाओं, समस्या निर्माण तथा शोध की व्यूह रचना की जाती है,
(7) प्राक्कल्पना परीक्षण (विशेष रूप में निगमनात्मक स्वरूप के प्रयोग द्वारा),
(8) प्रत्यक्षात्मक दर्शन का समर्थन,
(9) सामग्री विश्लेषण हेतु प्राकृतिक और भौतिक विज्ञानों द्वारा उपलब्ध कराई गई नवीन वैज्ञानिक तकनीकों, विधियों और कम्प्यूटर आदि का प्रयोग।

संक्षेप में, नवीन पुरातत्वशास्त्र "मानवतावादी परम्परा" से विपरीत "वैज्ञानिक" परम्परा का समर्थन करता है। सभी प्रकार के पुरातत्वशास्त्र की भांति, इस नवीन/प्रक्रियात्मक पुरातत्वशास्त्र की शुरुआत भी सादृश्यताओं पर आधारित तर्कों से ही हुई है; फिर भी, इसमें सादृश्यताओं को अधिक महत्व नहीं दिया जाता। नवीन पुरातत्वशास्त्र विशिष्ट ऐतिहासिक सादृश्यताओं की अपेक्षा ऐसी सामान्य तुलनात्मक सादृश्यताओं का प्रयोग करता है जिसमें एक व्यवस्थित विश्लेषण के ढ़ाँचे का प्रयोग किया जाता है। यह विश्लेषण का ढ़ाँचा

पुरातत्वशास्त्रियों को अधिक अच्छे ढंग से प्रक्रिया को समझने का अवसर देता है ताकि संस्कृति परिवर्तन के नियमों की रचना की जा सके।

architecture – वास्तुकला/स्थापत्यकला

कला और विज्ञान की वह शाखा वास्तुकला या स्थापत्यकला के नाम से जानी जाती हैं जो भवन निर्माण के साथ-साथ मूल योजना के मूर्तीकरण, वास्तविक-निर्माण कार्य और सजावट से जुड़ी हुई है। इसकी शुरुआत 4000 ई.पू. के मिस्रवादियों के साथ मानी जाती है। मानवशास्त्रियों के लिये वास्तुकला का अध्ययन अत्यंत महत्वपूर्ण है क्यों कि इसके द्वारा किसी समूह अथवा क्षेत्र की जीवन-शैली और संस्कृति का अनुमान लगाया जा सकता है।

स्थापत्यकला सामान्यतः जटिल समाजों की एक विशेषता है। आजकल इसमें "इमारती स्वरूप या निर्मित संरचनाएं" (बिल्ट फार्म) और "निर्मित पर्यावरण" (बिल्ट इन्वाइरनमेंट) शब्दों का प्रयोग किया जा रहा है जो अधिक व्यापक शब्द हैं। ये शब्द सार्वभौमिक रूप में एवं अवास्तविक रचनाओं सहित मानव-निर्मित सभी प्रकार के आश्रयों/आवासों के लिये किये जाते हैं। इन शब्दों के प्रयोग ने वास्तुकला के वर्गीकरण सम्बंधी इस विवाद को समाप्त कर दिया है जिसमें स्थापत्यों के लिये आदिम, पारम्परिक, देशज और लोक जैसी शब्दावली का प्रयोग किया जाता था। मानवशास्त्री बहुधा ऐसी निर्मित रचनाओं का अध्ययन करते हैं जो निवासगृह होते हैं, किन्तु साथ-साथ वे मंदिरों, सभागृहों, स्त्री एवं पुरुषों के घर, जानवरों के बाड़े, भण्डारण स्थान तथा मृतक स्थलों (श्मशान) का भी अध्ययन करते हैं।

निर्मित रचनाएं सामाजिक, राजनीतिक, मनोवैज्ञानिक और यहाँ तक कि ब्रह्मांडीय सिद्धान्तों की प्रतीकात्मक अभिव्यक्तियाँ होती हैं। घर, मंदिर, तथा सार्वजनिक स्थान संरचनात्मक सादृश्यताओं, प्रजननीय क्षमताओं, तथा उपमाओं के भौतिक स्वरूपों को प्रकट करते हैं। 'संरचनावादियों' के अनुसार, स्थापत्य स्वरूप सामाजिक और सांकेतिक संरचनाओं की पुनरावृत्ति करते हैं। इस प्रकार की अचेतन मानसिक संरचनाओं की अभिव्यक्ति स्वरूपात्मक रेखागणित में भी होती है। प्रारंभिक मानवशास्त्रियों ने निर्मित संरचनाओं को सामाजिक जीवन तथा संस्कृति का एक सार्वभौमिक तत्व माना है, किन्तु इनका वर्णन प्रजातीय लेखनों में निश्चेष्ठ रूप में किया गया है। **हेनरी मॉर्गन** (1881) ने घरों के स्वरूपों को घरेलू सामाजिक संगठन के साक्ष्य के रूप में प्रयोग किया है। उनका अनुमान है कि घरों में वृहत् खुली सामूहिक जगह (चौक) सहकारी या घरेलू समूहों की विद्यमानता को प्रकट करती है।

Armenoid – अर्मीनॉयड

पूर्वी एशिया माइनर और कॉकेशस क्षेत्रों के एक काल्पनिक नृजातीय काकेशॉयड प्रजाति के उपभाग को अर्मीनॉयड कहा गया है। अर्मीनॉयड लोगों की लम्बी उन्नत नाक और ऊंचा सिर होता है।

art – कला

रेखा, आकृति, रंग, ताल शब्द आदि के रूप में मानव प्रवृत्तियों की बाह्य अभिव्यक्ति को कला कहते हैं। वस्तुओं, निवासगृहों और यहाँ तक कि मानवीय शरीर के सौन्दर्यात्मक अलंकरण

के अर्थ में कला सभी छोटी-मोटी, सरल-जटिल संस्कृतियों में पाई गई है। प्रत्येक संस्कृति की अपनी एक विशिष्ट कला की शैली होती है। कला के संदर्भ में शैली से तात्पर्य कला के विभिन्न घटक तत्वों और उनके आपसी सम्बन्धों से है। **फ्रैंज बोऑस**, जिन्होंने उत्तरी-पूर्वी समुद्री तट के लोगों का अध्ययन किया, उनका शैली से तात्पर्य कला के माध्यम, उपकरणों और सांस्कृतिक रूप में परिभाषित उपकरणों के प्रयोग के गति-संचलन के बीच अन्तर्क्रिया से है। शैली एक संस्तरणात्मक (पदसौपानिक) अवधारणा है। हम किसी व्यक्ति विशेष या किसी नगर, जैसे देहली/आगरा या किसी एक समाज की कला शैली के बारे में बातचीत कर सकते हैं।

अनेक मानवशास्त्रियों ने उन लोगों की कला शैली की चर्चा की है जिनका अध्ययन उन्होंने किया है। यही नहीं, उन्होंने कला और भाषा के बीच सादृश्यता की बात कही है। **फोर्ज** (1970, 1973) ने कला के तत्वों के सम्मिश्रण सम्बन्धी नियमों के बारे में कहा है कि ये नियम भाषा के वाक्य-रचना के नियमों से मिलते-जुलते हैं। **लेवी स्ट्रास** ने कला के अर्थ को समझने के लिये **संरचनावादी परिप्रेक्ष्य** का प्रयोग किया है। इस परिप्रेक्ष्य के अनुसार किसी तत्व या वस्तु का अर्थ तब उजागर होता है जब उस तत्व अथवा वस्तु को सम्पूर्ण संरचना के साथ उसके सम्बन्धों के संदर्भ में देखा जाता है। **प्रो. लीच** ने बताया है कि कला का प्रकार्य किसी समाज की सीमाओं का अतिक्रमण कर नैतिक सिद्धान्तों का प्रदर्शन करना है। कला अस्पष्ट सांस्कृतिक सीमाओं को भी लांघ जाती है, अर्थात् जो निषेधित है, उसके बारे में वास्तविक जीवन में शाब्दिक अभिव्यक्ति कठिन होती है, किन्तु यह कार्य कला आसानी से कर देती है। लीच ने यह भी कहा है कि जो वस्तुएँ आन्तरिक रूप से अनेकार्थक होती हैं, वे पवित्र होती हैं, अतः उन्हें सौन्दर्यात्मक दृष्टि से अति महत्व दिया जाता है। **रोज़मेन** और **रूबेल** (1990) ने **क्वाकिउटल** कला के अध्ययन द्वारा यह प्रदर्शित किया है कि वहां गर्मी को लौकिक और सर्दी को पवित्र मौसम माना जाता है और उसी के अनुसार संस्कारों के अवसर पर भिन्न कला शैली का प्रदर्शन किया जाता है और भिन्न प्रकार के ही मुखौटों का प्रयोग किया जाता है। **लेवी स्ट्रॉस** की पुस्तक "असभ्य मस्तिष्क" (1966) में इस सिद्धान्त की स्थापना की गई है कि वर्गीकरण की प्रणालियों की रचना करना मानव की एक प्रकृति है। कला वर्गीकरण की सांस्कृतिक प्रणाली के द्वार खोलती है।

Arunta — अरूँटा

अरूण्टा मध्य ऑस्ट्रेलिया की एक जनजाति है। इस जनजाति के लोगों के घुंघराले बाल, लम्बा सिर और छोटा भाल होता है। प्रसिद्ध समाजशास्त्री **दुर्खाइम** ने धर्म संबंधी अपने अध्ययन में इस जनजाति के धार्मिक विश्वासों और कर्मकाण्डों पर न केवल प्रकाश डाला है, अपितु धर्म की उत्पत्ति संबंधी अपने सिद्धान्त का प्रतिपादन भी इस जनजाति के तथ्यों के उदाहरणों के आधार पर किया है। इसे 'अरन्डा' भी कहा गया है।

Asiatic mode of production — एशियाई उत्पादन प्रणाली

कार्ल मार्क्स के लेखनों में 'उत्पादन की एशियाई प्रणाली' वाक्यांश का प्रयोग एक ऐसी

आत्म-निर्भर ग्रामीण अर्थव्यवस्था के लिये किया गया है जिसमें कम से कम श्रम-विभाजन होता है तथा जहां की उत्पादन प्रणाली पारम्परिक तरीकों पर आधारित होती है। इस प्रकार की व्यवस्था में केन्द्रीकृत राज्य की नौकरशाही और सैनिक बल होता है जिसका नियंत्रण अधिशेष (सरप्लस) प्राप्त करने वाले शासक अभिजनों के पास होता है। यह समुदाय आधारित उत्पादन व्यवस्था का एक ऐसा रूप है जिसमें भूस्वामित्व सामुदायिक होता है और राज्य शक्ति की उपस्थिति की अभिव्यक्ति इन समुदायों की वास्तविक अथवा काल्पनिक एकता द्वारा होती है। यह राज्य शक्ति आवश्यक आर्थिक संसाधनों के प्रयोग को नियंत्रित करती है तथा समुदाय के उत्पादन एवं श्रम के कुछ भाग का प्रत्यक्ष उपभोग करती है। इस प्रकार की उत्पादन प्रणाली आदिम समुदायों की एक विशेषता रही है।

एशियाई (एशियाटिक) उत्पादन प्रणाली की विशिष्टता तीन तत्वों के अभाव को प्रकट करती है। ये तत्व हैं, निजी सम्पत्ति का अभाव, नगरीकरण का अभाव, और बुर्जुआओं का अभाव। **कार्ल मार्क्स** का यह मत रहा है कि एशियाई समाजों में ये तीनों ही तत्व नहीं रहे हैं तथा इन समाजों में भूस्वामित्व का रूप सामुदायिक था और यही कारण है कि एशिया में पूंजीवाद का जन्म नहीं हो पाया और इसका जन्म पश्चिमी यूरोप में हुआ।

इन विचारों की कटु आलोचना हुई है। आलोचकों ने कहा है कि कार्ल मार्क्स का मत न केवल यूरोप केन्द्रित था, अपितु दुराग्रही एवं तथ्य रहित है। मार्क्स का मत एशिया की 'अपरिवर्तनशीलता' की धारणा को प्रकट करता है जिसकी पुष्टि न तो पुरातत्वी सामग्री और न ही इसके इतिहास द्वारा होती है।

assimilation – सात्मीकरण

एक संस्कृति द्वारा अपने से भिन्न दूसरी संस्कृति को अपने में घुला-मिला लेने की प्रक्रिया सात्मीकरण या आत्मसातकरण कहलाती है। सामान्यतः यह प्रक्रिया पर-संस्कृतिकरण का परिणाम होती है जिसमें छोटे या अधिनस्थ समूह बड़े और प्रभु समूहों में घुलमिल जाते हैं। दीर्घकाल में इस प्रक्रिया में प्रभु संस्कृति के इतिहास, स्मृतियों, परम्पराओं, भावनाओं एवं दृष्टिकोणों को कमजोर समूह द्वारा इस प्रकार अपना लिया जाता है जैसे वे उन्हीं की संस्कृति के अंग हों। इस प्रक्रिया के फलस्वरूप कभी-कभी धीरे-धीरे अधीनस्थ संस्कृति के पृथक आस्तित्व का लोप हो जाता है।

सात्मीकरण की प्रक्रिया विशेषतः ऐसे अप्रवासी, बाहरी और अधिनस्थ समूहों में देखी जाती है जो प्रभुत्वशाली एवं आतिथिक (होस्ट) समूह में धीरे-धीरे पूर्णतः सांस्कृतिक रूप में घुलमिल जाते हैं। सात्मीकरण का विचार इस धारणा से भिन्न है कि नया समूह आतिथिक (मेजबान) एवं वर्चस्व प्रधान समूहों के मूल्यों को प्रभावित कर सकता है या बहुल समाज में साथ-साथ रह सकते हैं। आधुनिक मानवशास्त्र में इस प्रक्रिया पर गंभीर सोच-विचार हो रहा है।

assimilation, behavioural – व्यवहारात्मक सात्मीकरण

जब बाहर से आने वाला समूह आतिथिक (मेजबान) समूह में अपने अस्तित्व को पूर्णतः

विलीन कर मेहमानदार समूह की संस्कृति और इतिहास को अपना लेता है, तब इसे व्यवहारात्मक (व्यवहारपरक) सात्मीकरण कहते हैं।

assimilation, structural – संरचनात्मक सात्मीकरण

संरचनात्मक सात्मीकरण से तात्पर्य एक ऐसी विधि से है जिसके द्वारा बाहर से आने वाले समूह का सम्पूर्ण समाज के व्यावसायिक एवं सामाजिक समूहीकरण में बराबर का वितरण होता है। विचारकों का मत है कि स्थानिक-निवास की पृथकता और नगरीय आवासीय सात्मीकरण के स्तर में विपरीत सम्बन्ध होता है।

association – समिति

सामान्य रूप में, समिति से तात्पर्य एक ऐसे संगठित समूह से है जिसकी रचना किन्हीं विशिष्ठ उद्देश्यों या हितों की पूर्ति हेतु विचार-विमर्श पूर्वक (जानबूझकर) की जाती है। ऐसी समितियाँ सनातन नहीं होती, अपितु उद्दश्यों की पूर्ति के साथ ही प्रायः समाप्त हो जाती हैं। मानवशास्त्रीय अर्थ में, समिति एक ऐसा संगठित समूह है जो नातेदारी अथवा प्रादेशिकता मात्र पर आधारित नहीं होता है। पारम्परिक एवं आदिम सरल समाजों में विशेष हितों पर आधारित ऐसे संगठन बहुत कम पाये गये हैं। ऐसे संगठन आधुनिक औद्योगिक समाजों की ही विशेषता रहे हैं।

समितियों सम्बन्धी धारणाओं में विभिन्न संस्कृति में काफी विभिन्नताएँ पाई गई हैं, मानवशास्त्रियों ने इनकी तीन प्रमुख विशेषताओं को महत्व दिया है:

(i) **संगठित समूह**—एक निश्चित स्वरूप, बहुधा इनका कोई नाम, इनके सदस्यों में आपस में जुड़े रहने का एक सामान्य भाव, तथा इनका कोई संगठनकर्ता अथवा अगुआ होता है। घर परिवार, कुल समूह, चर्च, परिषदें, निगम, क्लब, संघ तथा राष्ट्र-राज्य समितियों के कुछ उदाहरण हैं।

(ii) **तन्त्र (व्यवस्था)** —इसमें अन्तर्पारस्परिक सम्बन्धों का एक तानाबाना होता है।

(iii) **श्रेणी**—सीमाबद्ध अथवा असीमाबद्ध संस्तरित समूह, सामान्य हित अथवा प्रयोजन, जैसे स्त्रियाँ, बंटाईदार, अप्रवासी आदि।

सामाजिक संगठन के अध्ययनकर्ता मानवशास्त्रियों ने उपरोक्त विशेषताओं के अतिरिक्त कई अन्य विशेषताएँ बताई हैं, जैसे ऐच्छिकता, केन्द्रीकरण की मात्रा, स्वायतत्ता, सम्पत्ति की साझेदारी, औपचारिक कार्यप्रणाली, एकजुटता का भाव, नामकरण आदि-आदि। समितियाँ एकिक या बहुउद्देश्यी, समतावादी या संस्तरित, औपचारिक या अनौपचारिक किसी प्रकार की हो सकती हैं।

सामाजिक उद्‌विकास और आधुनिकीकरण के अनेक सिद्धान्तकारों जैसे **सर हेनरी मेन** (1861), **लेविस हेनरी मॉर्गन** (1877), **इमाइल दुर्खाइम** (1933), **फर्डिनन्ड टॉनीज़** (1957) तथा **टालकट पार्सन्स** (1966) ने बताया है कि धीरे-धीरे प्रदत्त प्रस्थिति (जैसे वंश समूह) वाली समितियों का स्थान अनुबंध और स्वैच्छिकता पर आधारित समितियाँ (निगम, कम्पनी, प्रादेशिक संघ, राज्य आदि) लेती जा रही हैं।

associative – साहचर्य
भाषा अथवा सांकेतिक व्यवस्था के संदर्भ में आजकल जिसे प्रतिमानात्मक सम्बन्ध (पैराडिगमैटिक रिलेशन) कहा जाता है, **फर्डिनन्ड डी सासूरे** ने इसके लिये साहचर्य शब्द का प्रयोग किया है।

atom of kinship – नातेदारी का अणु
लेवी-स्ट्रास ने नाभिक परिवार के रूढ़िगत सिद्धान्तों और 'मातुलेय प्रथा' के विपरीत नातेदारी का जो प्रतिरूप (मॉडल) प्रस्तुत किया है, उसे 'नातेदारी का अणु' का नाम दिया गया है। **लेवी-स्ट्रास** (1963) ने कहा है कि पिता/पुत्र और मामा/भानजा के संबंधों को एक विरोधी जोड़ों के रूप में देखा जाना ही पर्याप्त नहीं है, अपितु इन संबंधों को भाई/बहिन, पति/पत्नी, पिता/बहिन और मामा/भानजे के संबंधों की समूची व्यवस्था में देखा जाना आवश्यक है।संबंधों के ये चार समूहों में दो सकारात्मक और दो नकारात्मक समूह हैं, जैसे पति/पत्नी, मामा/भानजा, भाई/बहिन, पिता/पुत्र नातेदारी की प्राथमिक इकाई का यह मॉडल "विवाह गठबंधन सिद्धान्त" में एक महत्वपूर्ण स्थान रखता है क्यों कि इस मॉडल ने नाभिक परिवार के रूढ़िगत समरक्तता के मॉडल के सामने चुनौती उपस्थित की है। इस बारे में यह कहा गया है कि विवाह संबंधों को नातेदारी के अणु में सम्मिलित किया जाना चाहिये तथा मातुलेय प्रथा की वैवाहिक बंधनों के रूप में व्याख्या की जानी चाहिये। आलोचकों ने इस मॉडल की रचना को आनुभविक तथ्यों के आधार पर चुनौती दी है और इसे सार्वभौमिक आधार पर नातेदारी व्यवस्थाओं की मूलभूत संरचना मानने से भी इन्कार किया है। आलोचकों का कहना है कि विभिन्न नातेदारी व्यवस्थाओं में नातेदारी के अणु का रूप भी भिन्न हो सकता है और किसी सामान्यीकरण पर पहुँचने के पूर्व अधिक आनुभविक शोध की आवश्यकता है।

augury – शकुन-विचार
भविष्यगत अथवा आकस्मिक घटनाओं के बारे में शुभ-अशुभ, शकुन-अपशकुन संबंधी (दैविक) भविष्योक्तियाँ शकुन-विचार कहलाता है। मानव इतिहास के सभी कालों के साक्ष्य बताते हैं कि शकुन सम्बन्धी विचार सभी कालों और संसार के सभी भागों में किसी न किसी रूप में होते रहे हैं। शकुन-विचार का आधार या माध्यम सामान्यतः कोई प्राकृतिक घटना होती है, जैसे बिल्ली का रास्ता काट जाना, कुत्ते का रोना आदि आदि। ये माध्यम अलग-अलग स्थानों पर भिन्न-भिन्न होते हैं। मानवशास्त्रियों ने शकुन-विचार संबंधी अनेक घटनाओं का अपने अध्ययनों में उल्लेख किया है। शकुन विचार के क्या कारण रहे हैं, इसका विश्लेषण मनोविज्ञान से लेकर प्रकार्यात्मक एवं पारिस्थितिकीय कई आधारों पर किया गया है।

Aurignacian culture – औरिग्नेशी सस्कृति
उत्तर पुरापाषाण काल के एक भाग को 'औरिग्नेशी युग' के नाम से जाना जाता है। औरिग्नेशी संस्कृति का नामकरण फ्रांस के पायरेनीस जिले के 'ला औरिग्नेक' स्थान के आधार पर हुआ है जहाँ पर सर्वप्रथम इस युग के अवशेष मिले हैं। इस युग में फ्रांस और

मध्य यूरोप के पहाड़ी भागों की गुफाओं में निवास करने वाले लोगों की जीवन-शैली को औरिग्नेशी संस्कृति का नाम दिया गया है। यह संस्कृति जर्मनी, इटली, चैकोस्लोवाकिया, ऑस्ट्रिया, हंगरी, रूमानिया, बुल्गेरिया, क्रीमिया, टर्की तथा इज़राइल तक फैली हुई थी। गुफाओं की दीवारों पर भालू और अन्य पशुओं के उत्कीर्णित चित्र और लाल एवं काले रंग से निर्मित पार्श्व चित्र प्राप्त हुए हैं। औरिग्नेशी संस्कृति काल से संबंधित स्थलों पर खुरचनी, सूजे, उत्कीर्णिक और चाकू फलक जैसे उपकरण मिले हैं। औरिग्नेशी संस्कृति के तीन प्रमुख चरण हैं, (1) ऐरिगार्डियन स्तर, (2)वास्तविक औरिग्नेशी स्तर, और (3) ग्रेवेशियन स्तर। औरिग्नेशी काल के मानव को होमो सेपिअन्स (मेधावी मानव) का प्रतिनिधि माना जाता है।

Australoid – ऑस्ट्रेलॉयड

इस प्रजाति के लोग ऑस्ट्रेलियावासी हैं। ऑस्ट्रेलायड कही जानी वाली प्रजाति के लोगों के त्वचा के रंग को छोड़ कर इनकी बहुत सी विशेषताएँ काकेशॉयड प्रजाति के लोगों से मिलती-जुलती हैं। इस प्रजाति की प्रमुख विशेषताएँ—लम्बा सिर, सामान्य कद, काले या भूरे एवं लहरदार बाल, नाक चौड़ा, मोटे होठ और चाकलेटी त्वचा आदि हैं। इस प्रजाति के लोग भारत के दक्षिणी भाग में भी पाये जाते हैं।

Australopithecus – ऑस्ट्रेलोपिथेकस

मानव के समकक्ष अधिवानर के पाये गये एक जीवाश्म को ऑस्ट्रेलोपिथेकस का नाम दिया गया है। ऐसा माना जाता है कि इस प्रकार का अधिवानर दक्षिणी अफ्रीका में अति नूतन भूतत्व युग में पाया जाता था। ऑस्ट्रेलोपिथेकस श्रेणी में मानव से मिलते-जुलते कई रूपों को, जिनमें पिग्मियों से लेकर दानवाकार मानव के समकक्ष स्वरूपों को सम्मिलित किया जाता है। इस प्रकार के अधिवानर का प्रथम जीवाश्म **डार्ट** ने सन् 1925 में बेछुआनालैंड में पाया जिसे उन्होंने 'ऑस्ट्रेलोपिथेकस' अथवा दक्षिणी वानर नाम दिया। **ब्रूम** ने सन् 1936 के बाद इस प्रकार के जीवाश्मों के जोहान्सबर्ग के 40 मील के आसपास के क्षेत्रों से अनेक नमूने इकट्ठे किये। उन्होंने इसे दो शाखाओं में बाँटा—पागन्थ्रोपस और पलिसिअन्थ्रोपस। ऐसा माना जाता है कि मानव समकक्ष अधि वानर की यह जाति 'ऑस्ट्रेलोपिथेकस' 1,000,000 वर्ष पुरानी है। अधिवानर के दांत आधुनिक मानवों के समान, गोलाकार मस्तिष्क का कर्पर और खोपड़ी का घनत्व 450 सी.सी. और वज़न 50 और 70 पौंड और औसत कद 5 फीट था और यह दो पैरों पर चलने वाला होमोनिड था।

ऑस्ट्रेलोपिथेकस की कूल्हे की हड्डी और ऊरु-अस्थि (फीमर) भी मानव समान थी, जबकि टकनों की हड्डी में मानव और वानर दोनों के लक्षण पाये गये हैं। सामान्य रूप में उसके अंगों में मानव के अंगों से काफी समानता पाई गई जिससे मालुम पड़ता है कि वह खड़ा होता था और मानव की तरह दो पैरों पर चलता था। मानवीय अंगों में समानता होते हुए भी इसका मस्तिष्क छोटा था।

इस विषय पर अभी विवाद है कि क्या उन्हें 'होमीनीडे' माना जाये अथवा 'पोगींडे'।

Australopithecus boisei — ऑस्ट्रेलोपिथेकस बोइसी
ऑस्ट्रेलोपिथेकस की एक अफ्रीकी जाति जो ऑस्ट्रेलोपिथेकस रोबस्टस से मिलती-जुलती है, ऑस्ट्रेलोपिथेकस बोइसी के नाम से जानी जाती है।

Australopithecus robustus — ऑस्ट्रेलोपिथेकस रोबस्टस
अफ्रीकी ऑस्ट्रेलोपिथेकस से मिलता-जुलता, किन्तु शरीर के वजन में 100 से 150 पौंड उससे बड़े होमोनिड जीवाश्म को ऑस्ट्रेलोपिथेकस रोबस्टस कहा गया है। यह 'पैरान्थ्रोपस' के नाम से भी जाना जाता है।

authority — सत्ता
किन्हीं सामाजिक स्थितियों में दूसरे व्यक्तियों की क्रियाओं अथवा निर्णयों के नियंत्रण के अधिकार के सामाजिक गुण को सत्ता कहते हैं। यह शक्ति (पॉवर) की अवधारणा से भिन्न है। मूलत: यह एक सामाजिक प्रघटना है जो समूह के द्वारा किसी एक व्यक्ति में निहित होती है। **दुरखाईम** ने सत्ता को सामूहिक चेतना की अभिव्यक्ति के रूप में देखा है। **वेबर** ने इसके तीन रूप बताये हैं: पारम्परिक, तार्किक-कानूनी और करिश्माई सत्ता। वेबर के इन तीन रूपों पर 'राजनीतिक मानवशास्त्र' में काफी चर्चा हुई है और कहा गया है कि सरल एवं पारम्परिक समाजों के अध्ययन में वेबर की सत्ता की योजना का यथावत प्रयोग ठीक प्रकार से नहीं किया जा सकता, अत: इसमें आवश्यक संशोधन की ज़रूरत है।

autosomes — अलिंग गुणसूत्र
समान माप के गुणसूत्र का एक जोड़ा अलिंग गुणसूत्र कहलाता है। ये न 'एक्स' होते हैं और न ही 'वाई'। अत: ये लिंग का निर्धारण नहीं करते हैं। मानव के 24 गुणसूत्रों में से 23 अलिंग गुणसूत्र होते हैं। इसके लिये 'युक्रोसॉम' शब्द का भी प्रयोग किया जाता है। संक्षेप में, लिंग गुणसूत्रों के अलावा सभी गुणसूत्रों को अलिंग गुणसूत्र कहा जाता है।

avoidance relationship — परिहार सम्बन्ध
नातेदारी व्यवहार की एक प्रथा परिहार सम्बन्ध के नाम से जानी जाती है जिसके अनुसार परिवार तथा परिवार के अतिरिक्त कुछ विशिष्ट व्यक्तियों के साथ सम्बन्धों में विमुखता बरतने, सम्बन्धों को टालने अथवा उनसे सामाजिक दूरी बनाये रखने पर बल दिया जाता है। कई समाज अपने कतिपय सदस्यों को आपस में मुक्त हेल-मेल, या मेलजोल बढ़ाने की स्वीकृति नहीं देते। ऐसे समाजों में व्यक्तियों को अपने कुछ विशिष्ट सम्बन्धियों को आपस में स्पर्श करने, बातचीत करने, साथ-साथ भोजनादि करने, एक दूसरे को देखने और यहाँ तक कि नाम लेना भी वर्जित होता है। इस सम्बन्ध में उन्हें समाज द्वारा आरोपित निषेधों का पालन करना जरूरी होता है।

परिवार सम्बन्धी इन निषेधों तथा नातेदारों की कोटियों में भिन्नता पाई गई है। बहुधा इस प्रकार के सम्बन्ध वैवाहिक सम्बन्धियों के बीच पाये गये हैं, जैसे भारत की कुछ जनजातियों तथा अन्य समुदायों में जेठ-बहू, श्वसुर-दामाद, सास-दामाद के मध्य इस प्रकार के

निषिद्ध व्यवहार देखने को मिलते हैं। कुछ समाजों में इस प्रकार के परिहार सम्बन्ध रक्त सम्बन्धियों में भी पाये गये हैं, जैसे ट्रोब्रिएण्ड द्वीपवासियों में भाई-बहिन के बीच ऐसे सम्बन्ध मिलते हैं। इस प्रकार के निषेधित व्यवहार की व्याख्या कई रूपों में की गई है, किन्तु एक बात स्पष्ट है कि व्यवहार के एक रूप में परिहार सम्बन्धों द्वारा एक दूसरे के प्रति सम्मान प्रकट किया जाता है। इस प्रकार के व्यवहार की उत्पत्ति के लिये कुछेक विद्वानों ने 'निकटाभिगमन निषेध' की प्रथा को एक कारण के रूप में माना है।

avoidance, name – नाम पुकारने संबंधी परिहार
कुछ समाजों में कुछ विशिष्ट वर्ग के व्यक्तियों के जैसे मरे हुए व्यक्तियों अथवा वैवाहिक सम्बन्धियों के नाम लेने को वर्जित किया गया है।

avunculate – मातुलेय
मातुलेय एक ऐसी संस्था या प्रथा है जिसके अनुसार माँ के भाई, अर्थात् मामा को अपनी बहिन के बच्चों पर प्राथमिक अधिकार होता है। यही नहीं, इस प्रथा के अनुसार भानजा ही मामा की सम्पत्ति का उत्तराधिकारी होता है। यह प्रथा/संस्था सामान्यतः मातृवंशीय व्यवस्थाओं में पाई गई है जहाँ पिता का संबंध अपने पुत्रों के साथ आधिपत्य का होने की अपेक्षा मात्र औपचारिकता का होता है, अर्थात् ऐसी व्यवस्थाओं में पिता को बालक के पिता की अपेक्षा माँ के पति के रूप में अधिक देखा जाता है। ऐसी स्थिति में मामा के पास ही पिता के अधिकार होते हैं जो कि उसे अन्य व्यवस्थाओं से प्राप्त होते हैं क्योंकि भानजों के पास मामा ही सबसे नजदीकी प्रभावी पुरुष होता है। मातुलेय की प्रथा बहुधा मातुल निवास स्थान के नियम से जुड़ी पाई गई है।

avunculocal = residence, avunculocal

Azilian culture – आज़ीलियाई (अज़ीली) संस्कृति
फ्रांस में प्राप्त पूर्व मध्य पाषाण संस्कृति से सम्बन्धित विकृत मग्दालीनी प्रकार के प्रस्तर तथा अस्थि उपकरण, विशेषतः रेखाओं, बिंदुओं तथा ज्यामितिक आकृतियों से चित्रित बटिकाश्म और चपटे अस्थि हारूपन वाली विशेषताओं युक्त संस्कृति को आज़ीलियाई या अज़ीली संस्कृति कहा गया है। यह संस्कृति मग्दालीन प्रकार की संस्कृति जितनी परिष्कृत नहीं थी।

B

backward classes — पिछड़ा वर्ग

भारतीय समाज के संदर्भ में उन दलित एवं वंचित वर्गों (जातियों) को पिछड़ा वर्ग माना गया है जिनकी सामाजिक-आर्थिक स्थिति इतनी कमज़ोर, दयनीय एवं दीनहीन होती है कि वे अपने जीवन की न्यूनतम आवश्यकताओं (रोटी, कपड़ा और मकान) की पूर्ति करने में भी अक्षम होते हैं तथा जिनके लिये सरकारी और गैर-सरकारी स्तर पर सुधार किये जाने की आवश्यकता महसूस की जाती है। ऐसे वर्ग प्रमुखतः तीन हैं : (i) तथाकथित आदिवासी समूह, (ii) हिन्दू जातीय समाज के वे समूह जिन्हें अस्पृश्य और बहिष्कृत माना जाता था। इन दोनों समूहों के कुछ चुने हुए समूहों को आजकल क्रमशः "अनुसूचित जातियां" तथा "अनुसूचित जनजातियां" के नाम से जाना जाता है, (iii) इन समूहों के अतिरिक्त हिन्दू जाति व्यवस्था में कुछ ऐसी जातियां भी हैं जिन्हें अति निम्न एवं कमजोर माना गया है और जो सामाजिक, आर्थिक एवं शैक्षणिक दृष्टि से समाज के सम्पन्न वर्गों की तुलना में काफी कमज़ोर और निम्न स्तर पर हैं, उन्हें भारतीय संविधान में "पिछड़ा वर्ग" के नाम से संबोधित किया गया है। इनका निर्धारण जातीय आधार पर हो अथवा सामाजिक-शैक्षणिक आर्थिक दृष्टि से हो, अभी यह विषय अनिर्णित है और इसके बारे में प्रचुर मतभेद हैं।

balanced neighbourhood — संतुलित पड़ोस (बस्तियां)

एक ऐसी आवासी बस्ती जिसमें समाज के सभी स्तरों के समूह रहते हैं, संतुलित पड़ोस या बस्तियां कहलाती है। ऐसी बस्तियां सामान्यतः स्वतः नहीं पनपती हैं, अपितु इनके लिये पूर्व नियोजन कर उन्हें बसाया जाता है ताकि सामाजिक पृथक्करण की प्रक्रियाओं का प्रतिकार किया जा सके। इस प्रकार की संतुलित आवासन बस्तियों का सबसे बड़ा लाभ निम्नवर्गीय तबकों को होता है। इन बस्तियों के माध्यम से निम्न वर्ग के लोग उच्च वर्ग के सम्पर्क और संसर्ग में आते हैं जिसके कारण उनमें उच्च आकांक्षाओं का संचार होता है, उनमें भी पढ़ने-लिखने की प्रवृत्ति और कुछ बनने का भाव जागृत होता है। यही नहीं, ये बस्तियां एक क्षेत्र में स्थायित्व पैदा कर "आक्रमण और अतिक्रमण" की प्रक्रियाओं पर अंकुश लगाती हैं। संतुलित पड़ोस (बस्तियों) के नियोजन की आलोचना भी की गई है। आलोचकों का मत है कि इसमें "सामुदायिकता" का भाव तब समाप्त हो जाता है जब इसके सदस्यों की पृष्ठभूमि अलग-अलग होती है। अलग-अलग पृष्ठभूमि के कारण निरन्तर अन्तर्क्रिया और

मिलनसारिता का विकास नहीं हो पाता है। परिणामतः ऐसी बस्तियों में बहुधा गैर-बराबर लोगों के बीच संघर्ष उत्पन्न हो जाता है। यही नहीं, मुक्त आवासन बाज़ार में संतुलित बस्तियों को बनाये रखना मुश्किल होता है। कुछेक का कहना है कि संतुलित पड़ोस या बस्तियों का विचार समाज के बहुत पुराने दृष्टिकोण पर आधारित है।

ballad – लोक गाथा

किसी जाति अथवा देश के नायकों के शौर्य, युद्ध, प्रेम आदि के विस्तृत गद्य-पद्यमय वर्णन को "बैलेड" या लोक गाथा कहते हैं। ये अनेक पूर्वग संस्कृतियों में विशिष्ट अवसरों यथा संस्कारों, रस्मों अथवा तीज-त्योहारों पर सुनाई जाती थीं। इसमें लोक-गीत और लोक-कथा दोनों के तत्व सम्मिलित होते हैं। इसकी अभिव्यक्ति लोक भाषा के माध्यम से संगीत एवं लयबद्ध रूप में कथावस्तु के रूप में होती है।

band – बैन्ड/वृन्द

एक क्षेत्र-विशेष में रहने वाला सम्मिलित परिवारों का एक ऐसा मानव समुदाय जो संख्या की दृष्टि से कबीले या जनजाति से छोटा होता है, बैन्ड या वृन्द के नाम से जाना जाता है। यह मानव समुदाय का प्राथमिक रूप है जो बहुधा यायावर (घुमक्कड़) या अर्ध यायावर जीवन व्यतीत करता हुआ आमने-सामने के प्रत्यक्ष सम्बन्धों से बंधा होता है। इनका सामाजिक संगठन अपेक्षाकृत सरल और सामाजिक नियंत्रण का रूप अनौपचारिक होता है। प्रत्येक बैन्ड या वृन्द की अपनी संस्कृति और मुखिया होता है। ऐसे समूहों में अधिकांशतः जीवन निर्वाहमूलक अर्थव्यवस्था (आखेट और खाद्य संग्रहण) पाई गई है।

सामाजिक समूह का यह प्रारम्भिक रूप अधिकांशतः शिकार करने वाले या खाद्य संग्राहक (रसद खोजी समूह) ऐसे लोगों में पाया गया है जिनकी प्रौद्योगिकी अत्यंत पिछड़े हुए प्रकार की थी। औसतन एक बैन्ड में 50 से 150 व्यक्ति हुआ करते थे। इनका आन्तरिक ढांचा अत्यंत सरल होता था। एक आदिवासी समूह (जनजाति) में कई बैन्ड होते थे। बैन्डों में आयु और लिंग के आधार पर श्रम विभाजन पाया गया है। इनमें अत्यधिक समतावादी सामाजिक संबंधों का रूप देखने में आया है।

band societies – वृन्द (मंडली) समाज

जीवन-यापन के साधनों अथवा रसद की खोज़ (शिकार अथवा खाद्य पदार्थों के संग्रहण अथवा पशुओं के लिये चारे की व्यवस्था) अथवा तलाश में नातेदारी आधार पर बने इधर-उधर घूमने वाले छोटे-छोटे समूहों को वृन्द समाज (खानाबदोश समूह) कहा जाता है। **जूलियन स्टीवर्ड** (1930) की उद्‌विकासीय योजना में ऐसे समूह प्राथमिक स्तरीय सामाजिक संगठन के रूप को प्रकट करते हैं। ये खानाबदोश समूह (घुमक्कड़ समूह), मुखिया आधारित समूहों और राज्यों से भिन्न होते हैं। मानवशास्त्रीय साहित्य में, इन वृन्द (खानाबदोश) समूहों को कृषि के आविष्कार के पूर्व के परिवारों से बड़े समूह के रूप में मानवीय इतिहास की एक मूलभूत इकाई माना गया है। इस प्रकार के वृन्दों की प्रमुख विशेषताएं हैं—लघु आकार (सामान्यतः 50 से 150 व्यक्तियों से निर्मित), घुमक्कड़ी जीवन (साल में दो-तीन या अधिक

बार घूमना) और सामुदायिक आधार पर भू-लगान देना। अधिकांशतः (सभी नहीं), ऐसे वृन्द राजनीतिक रूप में समतावादी होते हैं, जिनमें कोई औपचारिक मुखिया या सरदार नहीं होता और लगभग सभी वृन्दों में शामनवादी उपचार प्रवृत्ति के आधार पर धार्मिक आस्थाएं पाई गई हैं। कुछ ऐसे भी तत्व हैं जिनके आधार पर वृन्दों में काफी भिन्नताएं देखी गई हैं। जहां बुशमैन और पिग्मियों में लिंग के आधार पर काफी समानता होती है, वहां आस्ट्रेलिया के आदिवासियों और एस्किमों लोगों में यह समानता बहुत कम देखी गई है। अधिकांश वृन्द लड़ाई-झगड़ों से ग्रस्त पाये गये हैं, इनमें बहुत कम शांति होती है। इनका सामाजिक-आर्थिक जीवन अत्यन्त अनिश्चित होता है। इनमें व्यक्तिगत या निजी सम्पत्ति की कोई धारणा नहीं होती है। भारत के कादर और चेंचू नामक जनजातियों में इसी प्रकार के वृन्द-समाज पाये गये हैं।

barbarian/barbarism – बर्बर/बर्बरता

प्राकृतावस्था और सभ्यावस्था के बीच की सांस्कृतिक विकास की ऐसी अवस्था (चरण) को इंगित करने के लिये बर्बर या बर्बरता शब्द का प्रयोग किया गया है जिसमें कृषि का आद्य स्वरूप और पशुचारण की आर्थिक अवस्था मिलती है, किन्तु इस अवस्था में लिखित भाषा का नितांत अभाव था। बर्बर अवस्था के चार प्रमुख लक्षण बताये गये हैं, यथा जानवरों को पालतू बनाना, अनाज की खोज, स्थापत्य में पत्थर का प्रयोग तथा कच्चे लोहे को पिघलाने की विधि का आविष्कार।

एल. एच. मॉर्गन (एन्श्न्ट सोसाइटी, 1877) पहले व्यक्ति थे जिन्होंने मानव समाज के क्रमिक विकास (उद्विकासीय सिद्धान्त) का आरेखण करते हुए संस्कृति की इस विशेष अवस्था के लिये "बर्बरता" शब्द प्रयोग किया है। मॉर्गन ने कहा है कि हमारे पास विश्वास करने योग्य अनेक साक्ष्य हैं जो यह प्रकट करते हैं कि मानव जाति की सभी जनजातियों में बर्बरता की शुरुआत जंगलीपन (सेवेजरी) के बाद में हुई और बर्बरता के बाद में सभ्यावस्था का जन्म हुआ।

अनेक लेखकों ने मॉर्गन की सभ्यता के विकास की इस योजना को यथावत स्वीकारा है। कुछेक विद्वानों ने इसमें कुछ संशोधन सुझाये हैं। **गुर्डोन चाइल्ड** (सोशल इवोल्यूशन, 1951) ने खाद्य उत्पादन की तकनीक को जंगलीपन से बर्बरता की ओर जाने का प्रतीक माना है। वास्तव में, मानवीय समाज के इतिहास को तीन स्तरों — जंगली, बर्बर तथा सभ्य में विभाजित करने की मॉर्गन की योजना को इतनी सरलता से स्वीकार किया जाना कठिन है।

barter – अदला-बदली

अदला-बदली एक ही समय पर एक साथ होने वाला एक ऐसा आर्थिक विनिमय है जिसमें एक प्रकार के माल (वस्तुएं) अथवा सेवा का, मुद्रा और यहां तक कि उसकी अवधारणा का बिना प्रयोग किये, दूसरे प्रकार के माल अथवा सेवा से विनिमय (अदला-बदली) किया जाता है। अदला-बदली उपहार विनिमय से भिन्न होता है। इसके सम्बन्धों में आभार-प्रदर्शन जैसी कोई चीज़ नहीं होती, अर्थात् इसमें दो जोड़ीदारों से यह आशा नहीं की जाती कि वे दूसरी

बार अदला-बदली विनिमय में भी उन्हीं व्यक्तियों के साथ अदला-बदली करें, यद्यपि वे ऐसा करने के लिये स्वतंत्र होते हैं। अदला-बदली वस्तु-विनिमय (बाज़ार विनिमय) से भी भिन्न होता है क्योंकि इसमें किसी वस्तु का मूल्य नहीं आंका जाता, इसमें मुद्रा जैसी कोई चीज़ होती ही नहीं है जिसके द्वारा मूल्य आंका जाता है। वास्तव में, अदला-बदली में ऐसी कोई मध्यस्थ वस्तुओं का प्रयोग नहीं किया जाता जिसके द्वारा विनिमय की जाने वाली दोनों वस्तुओं या सेवाओं का मूल्यांकन किया जा सके या उनके मूल्य को अभिव्यक्त अथवा अवधारणीकरण किया जा सके।

अदला-बदली की व्यवस्था सार्वभौमिक है। लगभग सभी स्थानों पर, सभी समाजों में, चाहे वे अत्यन्त असभ्य, आदिवासीय समाज रहे हों, या मुद्रा आधारित आधुनिक बाज़ार व्यवस्था वाले समाज हों, यह व्यवस्था किसी न किसी रूप में पाई गई है। सार्वभौमिक होते हुए भी, इस व्यवस्था के बारे में पर्याप्त व्यवस्थित जानकारी का अभाव है। यही नहीं, इस पद का प्रयोग कई अर्थों में किया गया है।

barter, dumb – मूक अदला-बदली

अदला-बदली या वस्तु-विनिमय के अनेक रोचक रूप आदिम समाजों में देखने को मिले हैं, इनमें से एक रूप "मूक अदला-बदली प्रथा" का है। मूक अदला-बदली प्रथा के अन्तर्गत न तो वस्तुओं का मोल-भाव किया जाता है और न ही अदला-बदली करते समय दोनों साझेदार एक दूसरे को देखते हैं। इसमें मुद्रा या विनिमय के किसी अन्य माध्यम का भी प्रयोग नहीं किया जाता है। यह प्रथा शत्रु-समूहों में प्रचलित है जो आपस में बातचीत तो नहीं करते, किन्तु जीवन-निर्वाह के लिये वे एक-दूसरे के साथ आवश्यक वस्तुओं का विनिमय करते देखे गये हैं। शत्रुता के भाव को वे आर्थिक मामलों से दूर रखते हैं। मलाया के पिग्मी सेमंग और सकाई जनजातियों में मूक अदला-बदली देखी गई है। सामान्य तौर पर, इन जनजातियों में आपसी वैमनस्य भाव विद्यमान है।

base/infrastructure – आधार/अधो संरचना

"आधार" या "अधो संरचना" मार्क्सवादी मानवशास्त्र की एक प्रमुख अवधारणा है जिसका तात्पर्य सामाजिक रचना (समाज) के ऐसे भौतिक तत्वों से है जो उत्पादन से निकट से जुड़े होते हैं और जो समाज की अधिसंरचना या विचारात्मक पक्ष को प्रभावित करते हैं। इनमें जीवनयापन की प्रौद्योगिकी, अधिवास (बस्तियों) का स्वरूप तथा विनिमय सम्बन्ध आदि आते हैं। **कार्ल मार्क्स** के अनुसार, समाज का सम्पूर्ण ढांचा, जिसे सामाजिक संरचना कहा जाता है, दो भागों में विभाजित होता है। इस सामाजिक संरचना के ऊपरी भाग को उन्होंने "अधि संरचना" और निचले या बुनियादी भाग को "आधार" या "अधो संरचना" कहा है। मार्क्स का समस्त दर्शन उत्पादन-प्रणाली, उत्पादन-शक्ति और उत्पादन-संबंधों के इर्द-गिर्द घूमता है। उत्पादन-शक्ति और उत्पादन-संबंधों के योग से निर्मित समाज की आर्थिक संरचना को ही मार्क्स ने आधार या अधोसंरचना कहा है।

सांस्कृतिक पारिस्थितिकविज्ञ **जूलिअन स्टीवर्ड** ने मार्क्सवादी "आधार" की अवधारणा

के लिये "सांस्कृतिक बीजकोष" शब्द का प्रयोग किया है। सांस्कृतिक बीजकोष से उनका तात्पर्य पर्यावरण के दोहन से है जिस पर सांस्कृतिक उद्‌विकास होता है।

basic needs – मूलभूत आवश्यकताएं

मेलिनोवस्की के सिद्धान्त के अनुसार मानव की सात प्रमुख जैवकीय आवश्यकताएं हैं जिनकी संतुष्टि उनके साथ जुड़ी हुई सात अनुरूप सांस्कृतिक प्रतिक्रियाओं द्वारा की जाती है। ये आवश्यकताएं एवं प्रतिक्रियाएं इस प्रकार हैं :

	मूलभूत आवश्यकताएं	सांस्कृतिक प्रतिक्रियाएं
1.	उपापचय	भोजन
2.	प्रजनन	नातेदारी
3.	शारीरिक सुख	आश्रय
4.	सुरक्षा	बचाव
5.	संचलन	गतिविधि
6.	विकास	प्रशिक्षण
7.	आरोग्यता	स्वास्थ्य विज्ञान

basic personality – मूलभूत व्यक्तित्व

संस्कृति और व्यक्तित्व के आपसी संबंधों के अपने अध्ययन के संदर्भ में मानवशास्त्री **राल्फ लिंटन** और मनोविश्लेषक **अब्राम कार्डिनर** ने सन् 1930 और 1940 के बीच मूलभूत व्यक्तित्व, प्राथमिक संस्थाएं और द्वितीयक संस्थाएं जैसी अनेक अवधारणाएं विकसित की हैं। **कार्डिनर** ने कहा है कि प्रत्येक संस्कृति में एक मूलभूत व्यक्तित्व होता है जिसकी रचना साझा सांस्कृतिक अनुभवों के आधार पर होती है। मूलभूत व्यक्तित्व साझा सांस्कृतिक लक्षणों अथवा विशेषताओं का एक समुच्चय है जो किसी समाज के अधिकांश व्यक्तियों में पाया जाता है। साझा सांस्कृतिक अनुभवों या लक्षणों की रचना समाज की प्राथमिक संस्थाओं द्वारा होती है। इन संस्थाओं का सम्बन्ध जीवन-निर्वाह के प्रथानुगत तरीकों, परिवार की प्रथानुगत आधार पर रचना और बालक के लालन-पालन की प्रथाओं से होता है। प्राथमिक संस्थाओं के आधार पर निर्मित मूलभूत व्यक्तित्व संस्कृति के अन्य पक्षों को जन्म देता है, जिन्हें द्वितीयक संस्थाएं कहा जाता है। ये संस्थाएं मूलभूत व्यक्तित्व की जरूरतों और तनावों की तुष्टि और समाधान करती हैं। इन संस्थाओं में अनुष्ठान, धर्म, लोकगाथा आदि को सम्मिलित किया जाता है। इन्हें द्वितीयक इसलिये माना जाता है क्योंकि ये मूलभूत व्यक्तित्व की उपज होती हैं।

इस मूलभूत व्यक्तित्व के विचार को ही अलग-अलग मनोवैज्ञानिक मानवशास्त्रियों ने 'रूपात्मक व्यक्तित्व' (मोडल पर्सनॅलिटी) या राष्ट्रीय चरित्र के नाम से पुकारा है। मोडल पर्सनॅलिटी (रूपात्मक व्यक्तित्व) और बेसिक पर्सनॅलिटी (मूलभूत व्यक्तित्व) में विशेष अन्तर नहीं है, फिर भी मोडल व्यक्तित्व के निर्धारण के लिये व्यक्तित्व परीक्षणों का प्रयोग किया जाता है। इन परीक्षणों के आधार पर जिन व्यक्तित्व लक्षणों की आवृत्ति अधिकतम होती है,

उसे ही मोडल व्यक्तित्व की संज्ञा दी जाती है। अतः मोडल व्यक्तित्व के निर्धारण में सांख्यिकीय विधियों (बहुलक) का प्रयोग किया जाता है। (देखिये — रूपात्मक (मोडल) व्यक्तित्व और राष्ट्रीय चरित्र)।

Beaker/Danubian culture – बीकर/डेन्यूबी संस्कृति
मध्य यूरोप के प्रागैतिहासिक बीकरजनों के पूर्व की कांस्ययुगीन संस्कृति को बीकर या डेन्यूबी संस्कृति कहा गया है। मिट्टी से बने पात्र या घंटाकार बीकर अथवा मृदभांड चषक इस संस्कृति की प्रमुख विशेषता रही हैं। इन्हें वे अपने मृतकों के साथ गोल स्तूपों में दफनाते थे।

behaviour – व्यवहार
किसी परिस्थिति विशेष में अवयव की सम्पूर्ण प्रतिक्रिया या प्रत्युत्तर व्यवहार का परिचायक है। इसमें न केवल उसकी शारीरिक प्रतिक्रियाएं तथा चाल-ढाल अपितु शाब्दिक कथन तथा व्यक्तिनिष्ठ अनुभवों को भी सम्मिलित किया जाता है। कुछेक लेखकों ने व्यवहार और क्रिया की अवधारणाओं का प्रयोग समानार्थक अथवा एक दूसरे के स्थान पर स्थानापन्न के रूप में किया है, किन्तु दोनों को एक ही समझना भूल है। व्यवहार की अवधारणा क्रिया से अधिक व्यापक है। व्यवहार शब्द का प्रयोग एक व्यक्ति जो कुछ करता है, कहता है, सोचता है या अनुभव करता है, इन सभी के लिये किया जाता है, चाहे ये सभी एक व्यक्ति के लिये अर्थपूर्ण तथा उद्देश्यपूर्ण हों अथवा न हों।

behavioural model – व्यवहारवादी प्रतिरूप (मॉडल)
एक ऐसा प्रतिरूप जो "आर्थिक मानव" की अवधारणा पर आधारित होने की अपेक्षा मानवीय प्रकृति की विशिष्टताओं को समुचित महत्व देता है।

behaviourism – व्यवहारवाद
व्यवहारवाद एक ऐसा दृष्टिकोण है जिसमें यह माना जाता है, कि व्यक्ति की क्रियाएं किसी प्रेरक (स्टिम्युली) के प्रत्युत्तर स्वरूप उत्पन्न होती है। निरन्तर प्रत्युत्तर के फलस्वरूप, व्यक्ति किसी निश्चित प्रेरक के समान सही प्रत्युत्तर देना सीख जाता है। इसका सर्वाधिक पुराना उदाहरण **आइ. पी. पवलोव** के प्रयोगात्मक शोध का है, जो उन्होंने कुत्तों पर किया था।

इस मनोवैज्ञानिक सिद्धान्त/उपागम का जन्म बीसवीं शताब्दी के प्रारम्भ में तत्कालीन प्रचलित "अन्तर्निरीक्षणवाद" के विरोध में हुआ है। अन्तर्निरीक्षणवाद आत्म-निरीक्षण के प्रयोग द्वारा चेतना के अध्ययन को अपना केन्द्र बनाता है। व्यवहारवाद ने "चेतना" या "मन" जैसी अवधारणाओं को पूर्णतः नकार दिया है। यह अवलोकनीय व्यवहार के अध्ययन पर बल देता है। व्यवहारवाद के जन्मदाता **जे.वी. वाटसन** द्वारा प्रवर्तित मनोविज्ञान के इस परिप्रेक्ष्य में मनोविज्ञान को उद्दीपकों और प्रतिक्रियाओं के अध्ययन तक ही सीमित कर दिया है और व्यवहार को समझने के लिये इसमें अनुभव, चेतना और अंतर्निरीक्षण द्वारा प्राप्त सामग्री को कोई स्थान नहीं दिया जाता क्योंकि इनका प्रेक्षण नहीं किया जा सकता है। उनके अनुसार ऐसे ज्ञान को विज्ञान की श्रेणी में नहीं रखा जा सकता जिसे इन्द्रियों के माध्यम से देख-परख

(प्रेक्षण और परीक्षण) नहीं सकते हैं। हम व्यक्ति के "मन" को नहीं देख सकते, किन्तु उसके व्यवहार को अवश्य देख सकते हैं।

समाज वैज्ञानिकों द्वारा व्यवहारवाद को व्यापक रूप में अस्वीकार कर दिया गया है क्यों कि यह मानव व्यवहार की अति सरलीकृत व्याख्या करता है। इस "उद्दीपक-प्रत्युत्तर मॉडल" में प्रेरक और उसके प्रत्युत्तर के बीच में मानसिक प्रक्रियाओं, अर्थात् अनुभव को कोई स्थान नहीं दिया गया है। यही नहीं, इसमें मानवीय व्यवहार के उन सभी पहलुओं की भी उपेक्षा की गई है, जिनको प्रत्यक्ष रूप से आसानी से देखा नहीं जा सकता है।

belief — विश्वास

किसी प्रस्ताव अथवा विचार को सत्य मानना विश्वास का द्योतक है। सामान्यतः यह स्वीकृति बौद्धिक होती है, किन्तु कभी-कभी यह उद्वेगों द्वारा भी प्रेरित हो सकती है। विश्वास व्यक्ति में एक ऐसी मानसिक दशा का निर्माण करते हैं जो उसकी स्वैच्छिक क्रिया के जनक का कार्य करती है। विश्वास कई प्रकार के हो सकते हैं, यथा वैज्ञानिक विश्वास, धार्मिक विश्वास, अंधविश्वास या सनकपन पर आधारित विश्वास, आदि। विश्वास और विश्वास-व्यवस्था शब्दों का धर्म के मानवशास्त्र के क्षेत्र में काफी प्रयोग हुआ है, किन्तु शायद ही इन्हें कहीं ठीक ढ़ंग से परिभाषित किया गया है।

berdache — विलिंगी आचरणकर्ता

ऐसा व्यक्ति जो दूसरे लिंग की वेशभूषा धारण कर वैसा ही आचरण करता है, उसे विलिंगी आचरणकर्ता कहते हैं। यह घटना उत्तरी अमेरिका के इंडियन समूहों में देखने को मिली है जहां पुरुष किसी स्त्री का और स्त्री किसी पुरुष का वेश धारण कर उसी प्रकार के आचरण के साथ-साथ जीवनयापन के तौर-तरीके अपनाते हैं। अधिकांशतः देहिक रूप में पुरुष होने वाले व्यक्ति ही स्त्री वेशभूषा को अपना कर स्त्रियों जैसा व्यवहार करते पाये गये हैं। इन समाजों में ऐसे व्यक्तियों की बहुधा सांस्कारिक दृष्टि से उच्च प्रस्थिति होती है।

Bergmann's rule — बर्गमेन का नियम

बर्गमेन की एक भविष्योक्ति जिसके अनुसार, यह माना जाता है कि (1) ठंडी जलवायु से अनुकूलित पशुओं के बड़े और अधिक सुदृढ़ शरीर होंगे ताकि वे उष्मा का संरक्षण कर सकें, तथा (2) गर्म जलवायु से अनुकूलित पशुओं के शरीर छोटे अथवा लम्बे होंगे ताकि वे उष्मा को निकाल सकें। यह भविष्योक्ति 'बर्गमेन का नियम' कहलाती है।

beweddung — बिवेडुंग (कन्या विक्रय)

पूर्व मध्य युग में ट्यूटोनिक लोगों की एक प्रथा "बिवेडुंग" नाम से जानी जाती है जिसमें भावी पति तथा कन्या के पिता आपस में एक अनुबन्ध करते हैं जिसके अनुसार वधू के बदले बहुमूल्य वस्तुएं प्रदान की जाती हैं। पति की मृत्यु हो जाने पर ये वस्तुएं पत्नी के भरण-पोषण में काम आती हैं।

bifurcate merging – द्विभाजी विलय

एक ही सेक्स (लिंग वर्ग) और पीढ़ी के भिन्नशाखायी तथा स्वशाखायी सम्बन्धियों के पहचान की विधि द्विभाजी विलय कहलाती है। द्विभाजी विलय में समान लिंग और पीढ़ी के व्यक्तियों को एक ही नातेदारी संज्ञा (शब्द) से संबोधित किया जाता है, जैसे पिता, चाचा, ताऊ को एक ही संज्ञा दी जाती है। इसी प्रकार, माँ और मौसी के लिये भी केवल एक ही शब्द प्रयुक्त होता है। मां का भाई और पिता की बहिन चूंकि समान लिंग के नहीं हैं, अतः इनके लिये पृथक् संबोधनों का प्रयोग किया जाता है।

bigamy/bigamous – द्विविवाह प्रथा/द्विविवाही

जब एक ही समय में किसी पुरुष के दो पत्नियां होती हैं या किसी स्त्री के दो पति होते हैं, तब विवाह की इस प्रथा को द्विविवाही कहते हैं और ऐसे पुरुष को द्विविवाही कहते हैं।

big-man – प्रभावशाली व्यक्ति (शिखर पुरुष)

मेलेनेशिया के एक मिश्रित शब्द "बिकपेला" से मानवशास्त्र में "बिग-मैन" शब्द का प्रयोग शुरू हुआ है। बिकपेला का अर्थ होता है, बड़ा साथी; अर्थात् ऐसा व्यक्ति जो समुदाय में महत्वपूर्ण, प्रभावशाली और सुप्रसिद्ध होता है। सामान्यतः मेलेनेशियाई समाज में इस शब्द का प्रयोग वयस्क व्यक्तियों, गांव के मुखिया अथवा ऐसे व्यक्ति के लिये किया जाता है जिसके पास सत्ता होती है तथा जिसका समाज में प्रभाव होता है। मानवशास्त्र में"बिग-मैन" शब्द का आजकल प्रयोग सामाजिक-राजनीतिक प्रकार के एक रूप में मानवीय सामाजिक उद्विकास की प्राथमिक अवस्था के लिये किया जाने लगा है जिससे बाद में मुखिया या सरदार की संस्था का उद्भव हुआ है।

एक प्ररूपीय प्रतीक के रूप में, "प्रभावशाली व्यक्ति" किसी छोटे समूह (गुट) का ऐसा नेता होता है जिसकी पद-स्थिति और प्रभाव का आधार पैतृकता न होकर उसके द्वारा अर्जित कुछ गुण होते हैं। ये गुण ही उसे समूह में प्रभावशाली व्यक्ति की स्थिति प्रदान करते हैं। उसका पद उसकी इस योग्यता पर निर्भर करता है कि वह किस सीमा तक अपनी व्यक्तिगत प्रतिष्ठा और समाज का सम्मान बनाये रखने में सफल रहता है। सामान्यतः यह समूह का एक ऐसा व्यक्ति होता है जिसका समूह की संस्कृति के अनुसार लोगों के साथ अच्छा व्यवहार होता है, वह शिकार तथा अन्य पुरुष कार्यों (खेती करना, जानवरों को पालना आदि) में निपुण होता है। कुछेक मानवशास्त्रियों ने अर्जित गुणों के आधार पर ही "प्रभावशाली व्यक्ति" और "सरदार" या "मुखिया" जिनकी प्रस्थिति सामान्यतः आनुवंशिक होती है, की संस्थाओं में भेद किया है।

biocultural – जैव-सांस्कृतिक

जैव-सांस्कृतिक एक ऐसी अवधारणा है जो इस विचार से जुड़ी हुई है कि जीवशास्त्र ने संस्कृति को संभव बनाया है और संस्कृति ने जीवशास्त्र को प्रभावित किया है, अर्थात् दोनों एक दूसरे से पोषित और पल्लवित हैं।

biological continuum – जैवकीय सततता

जब किसी घटना की अभिव्यक्तियां एक दूसरी श्रेणी के रूप में इस प्रकार से निरंतरता लिये होती हैं कि अलग स्पष्ट कोटियां नज़र नहीं आतीं, तब इस स्थिति को सततता या सांतत्यता कहा जाता है। रंग एक इसी प्रकार की एक घटना है। जैवकीय सततता इस तथ्य का संकेत देती है कि जीव साझा पूर्वजों द्वारा जुड़े हुए हैं तथा एक जीव प्रजाति में जो व्यवहार और लक्षण मिलते हैं, वे दूसरी प्रजातियों में कुछ भिन्न मात्रा में मिलते हैं।

biological determinism – जैवकीय निर्धारणवाद

यह धारणा कि सभी घटनाएं, जिसमें व्यवहार के विभिन्न पक्ष भी आते हैं (जैसे बुद्धिमत्ता, मूल्य, नैतिकता आदि), जैवकीय (आनुवंशिक) कारकों द्वारा निर्धारित होते हैं, जैवकीय निर्धारणवाद कहलाती है। यह जीवोपयोगितावाद का ही एक रूप है।

biologism – जीवोपयोगितावाद

मानवीय व्यवहार और अनुभव के अध्ययन में जीव विज्ञान की अध्ययन प्रणालियों का यह मान कर उपयोग करना कि ये प्रणालियां हरेक दृष्टि से पूर्ण हैं और इनके आधार पर हम समस्त मनोवैज्ञानिक तथ्यों का भली-भांति अध्ययन कर सकते हैं, जीवोपयोगितावाद कहलाता है। यह एक ऐसा सैद्धान्तिक उपागम है जिसमें सामाजिक-सांस्कृतिक घटनाओं की जीवशास्त्रीय अर्थ में व्याख्या की जाती है। बीसवीं सदी में जीवोपयोगितावादी निर्धारणवाद ने बहुत कुछ रूप में **डार्विन** के उद्‌विकास और प्राकृतिक प्रवरण के सिद्धान्तों का सहारा लेकर इसी आधार पर सामाजिक एवं सांस्कृतिक घटनाओं की व्याख्या की है।

biotic community – जीव समुदाय

संबद्ध जीवों में परस्पर सम्बन्धों की प्रणालियाँ एवं संरूप बनाने की एक प्रवृत्ति होती है। ये संरूप अपने जैसे अन्य संरूपों से पूर्णतया स्वतंत्र होते हैं। उदाहरणार्थ, किसी एक वन या एक तालाब के जीवों का परस्पर सम्बन्ध दूसरे वन या तालाब के वैसे ही जीवों के पारस्परिक सम्बन्धों से भिन्न होता है। इस प्रकार के परस्पर रूप में संबद्ध जीवों को "जीव समुदाय" कहते हैं। ये मानव समुदाय से भिन्न होते हैं।

black power – अश्वेत शक्ति

अश्वेत अमरीकियों (क़ाले लोग) द्वारा आर्थिक, राजनीतिक एवं सामाजिक जीवन में पूर्ण समानता प्राप्त करने हेतु किया गया आंदोलन अश्वेत शक्ति के नाम से जाना जाता है। यह शब्द अमेरिका में सन् 1960 के आसपास नागरिक अधिकारों के संदर्भ में प्रचलन में आया था।

blood – रक्त

जीवशास्त्रीय दृष्टि से रक्त एक शारीरिक द्रव्य/भौतिक तत्व है, किन्तु मानवशास्त्रीय दृष्टि से रक्त मात्र एक भौतिक पदार्थ ही नहीं है, अपितु इसके सीरम का वैज्ञानिक दृष्टि से कहीं

अधिक सांस्कृतिक महत्व है। रक्त "मात्र रक्त" ही नहीं है अपितु सांसारिक जीवन में इसका अनेक विषयों से घनिष्ट एवं प्रभावक सम्बन्ध है और यह सम्बन्ध अलग-अलग संस्कृतियों में बदलता रहता है। कई नातेदारी संबंधों का आधार रक्त है। वास्तविक रक्त संबंधों (सहोदर, माता-पिता आदि) के समान कल्पित रक्त संबंधों और कृत्रिम मानव निर्मित रक्त सम्बन्धों (गोद लेने की प्रथा, कई स्थानों पर दो या अधिक व्यक्तियों के कुछ रक्त को निकाल और उसे मिश्रित कर दोनों को पिला कर रक्त सम्बन्धी बनाने की प्रथा) का प्रचलन व्यापक रूप में पाया गया है।

कई स्थानों पर रक्त का प्रयोग धर्म और जादू-टोने (बलिदान और बलि) की क्रियाओं के लिये किया जाता है। मध्य एवं पूर्वी अफ्रीका में रक्त चूसने सम्बन्धी अफवाहें विद्यमान रही हैं। भारत में ही पशु और मानव बलि की प्रथा रक्त का जादू-टोने में प्रयोग का एक अच्छा उदाहरण है। कई धर्मों में वास्तविक बलि के स्थान पर सांकेतिक रूप में रक्त के स्थान पर किसी अन्य वस्तु (लाल शराब) को देवी-देवता को अर्पित किया जाता है। रक्त का प्रयोग कैसे किया जाये, इस संबंध में भी कड़े धार्मिक नियम हैं। ईसाई और मुसलमान उस जानवर के गोश्त को ही खाना अपना धर्म समझते हैं जिसे मारते समय प्रार्थना की गई हो और जिसका रक्त न बहा हो।

कई समाजों में रक्त और वीर्य के लिये एक ही शब्दावली का प्रयोग किया जाता है और दोनों को समान महत्व दिया जाता है। जमेका में यह माना जाता है कि स्त्री-पुरुष दोनों में सफेद रक्त (वीर्य) और लाल रक्त होता है। समागम के समय दोनों का सफेद रक्त (वीर्य और रज) निकलता है और इसी के कारण गर्भाधान होता है। मेलेनिशिया के कई समाजों में यह माना जाता है कि गर्भस्थ शिशु को रक्त केवल माँ से और हड्डियां पूर्णतः पिता से मिलती हैं।

रक्त के बारे में उत्तरी अमेरिका में कई लोकप्रिय विचार हाल के वर्षों में उजागर हुए हैं। ऐसे विचार अन्यत्र भी देखे गये हैं। चूंकि ये विचार (लोक) जीवशास्त्र के माध्यम से प्रचारित हैं, अतः इन्हें यहां अन्य संस्कृतियों की अपेक्षा "वास्तविक" होने की अधिक विश्वसनीयता प्राप्त है, जबकि अन्य संस्कृतियों में ऐसे विचारों का मात्र "सांकेतिक" महत्व है। उदाहरणार्थ, अमरीकियों की यह धारणा कि केवल रक्त सम्बन्ध ही वास्तविक होते हैं (जो कि वस्तुतः अभिसूचक जैव-उत्पत्तिमूलक सम्बन्ध होते हैं), अतः वे ही स्थाई होते हैं, अर्थात् एक स्त्री के एक भूतपूर्व पति तो हो सकता है, किन्तु एक स्त्री एक भूतपूर्व माँ नहीं हो सकती। इसी धारणा के आधार पर अमेरिका में गोद लेने की प्रथा के स्थान पर सन्तान्हीन दम्पत्ति नवीन वैज्ञानिक तरीकों के प्रयोग द्वारा गर्भाधान की कोशिश अधिक करते हैं, या "किराये की कोख" की विधि का प्रयोग करते हैं, ताकि इस प्रकार की विधियों द्वारा बालक के साथ रक्तिक सम्बन्ध स्थापित हो सके। अन्य समाजों में जहां नातेदारी सम्बन्ध खुले तौर पर सामाजिक रूप में स्वीकार किये जाते हैं, वहां इस प्रकार के रक्त सम्बन्धों को वास्तव में प्रतीकात्मक महत्व प्राप्त होता है।

रक्त की प्रकृति संबंधी विचारों ने कई दुष्परिणाम उत्पन्न किये हैं। मध्यकालीन यूरोप

में, ईसाइयों द्वारा यहूदियों की बड़ी तादाद में इसलिये हत्या कर दी गई, क्यों कि ईसाईयों का यह आरोप था कि यहूदी लोग 'मत्जोस' (एक खाद्य वस्तु) के बनाने में ईसाई बालकों के रक्त का प्रयोग करते हैं। भारत और कई देशों में खून के आधार पर पारिवारिक झगड़ों का एक लम्बा इतिहास रहा है। हिटलर के समय काल में जर्मनी में "शुद्ध आर्य रक्त" के विचार ने ही जर्मन जाति की "प्रजाति की शुद्धता" के विचार को जन्म दिया था। प्राचीन युगोस्लाविया में भी रक्त को प्रजातिक शुद्धता का आधार माना गया है।

कई स्थानों पर रक्त और रक्त-सम्बन्धित बीमारियों के साथ कुछ विशिष्ट सांस्कृतिक धारणाएं जुड़ी पाई गई हैं। उदाहरणार्थ, कनाडा के ओजीवा लोगों में उच्च रक्त चाप के कारणों के बारे में, वेल्स में ऋतुस्राव काल में कम रक्त की अपेक्षा अधिक रक्तस्राव के महत्व और हैती में दुग्धपान कराने वाली माँ के दूध के खराब हो जाने के बारे में कई किंवदंतियां प्रचलित हैं। जापान में, शरीर के चार द्रव्यों, जिन्हें कई बीमारियों की रोग मुक्ति का आधार माना जाता है, को नियंत्रित करने में रक्त की भूमिका के बारे में एक बहु-प्रचारित पौराणिक धारणा विद्यमान है। एच. आई. वी. रोगाणु युक्त रक्त चढ़ाने के कारण उत्पन्न एड्स की बीमारी के बारे में भी कुछ सांस्कृतिक व्याख्याएं सामने आई हैं।

राजनीतिक दृष्टि से उपनिवेशवादी शासन को एक कहावत के रूप में रक्त चूसने वाला माना जाता है। सांकेतिक दृष्टि से रक्त की हानि एक समस्या हो सकती है जबकि चिकित्सकीय दृष्टि से यह कोई समस्या न हो। उदाहरणार्थ, चिकित्सकीय दृष्टि से एक व्यक्ति अपना रक्त दूसरे व्यक्ति को देकर भी जीवित रहता है। अपराधशास्त्रीय दृष्टि से भी रक्त का अपना महत्व है। तंजानियां के कगुरु लोगों में किसी झगड़े (मारपीट) के कारण यदि किसी व्यक्ति का रक्त निकलता है, चाहे चोट बहुत छोटी ही क्यों न हो, तब अपराधी पर उस व्यक्ति से अधिक जुर्माना किया जाता है जिसके मारने से रक्त की हानि नहीं हुई हो।

blood brotherhood – रक्तिक भ्रातृत्व (भाईचारा)

दो या दो से अधिक व्यक्तियों के बीच जन्मजात भाई का संबंध न होने पर भी प्रतीकात्मक रूप में रक्त की अदला-बदली द्वारा विश्वास और सहयोग के घनिष्ठ बंधन की स्थापना रक्तिक भ्रातृत्व (भाईचारा) कहलाता है। ऐसे व्यक्ति एक दूसरे के प्रति सगे भाइयों जैसी निष्ठा रखते हैं। रक्त बंधुत्व (नातेदारी) का एक कारक है। इसी कारण रक्त का मिश्रण किया जाता है। रक्त के आधार पर बने इस प्रकार के समझौते के लिये कुछ शारीरिक क्रियाओं द्वारा कुछ कर्मकाण्डों का निष्पादन किया जाता है, जैसे एक-दूसरे के घावों को रगड़ना या एक-दूसरे के रक्त के कुछ अंश सम्मिश्रण कर पीना (प्रत्यक्ष पीना या भोजन या किसी पेय में मिला कर पीना)। कुछ मानवशास्त्रियों ने "रक्तिक भ्रातृत्व" के स्थान पर "शारीरिक तत्व सहोदरीकरण" शब्द को अधिक उपयुक्त और व्यापक माना है क्योंकि ऐसे बन्धनों में स्त्रियां या मिश्रित लिंग के व्यक्ति (स्त्री और पुरुष) भी हो सकते हैं तथा जिस शारीरिक तत्व का उपयोग या प्रयोग किया जाता है, जरूरी नहीं है कि वह रक्त ही हो। इस प्रकार की प्रथा पूर्वी और पश्चिमी केन्द्रीय अफ्रीका में देखने को मिली है। यह प्रथा अफ्रीकी और अरब देशों तक ही सीमित है। ई. पू. पाँचवीं सदी में हेरोडोट्स काल में सीथियनों में भी इस प्रथा का उल्लेख मिला है।

'साझा-तत्व सहोदरीकरण' की प्रक्रिया सामान्यतः जैविक सहोदरीकरण का ठीक प्रकार से प्रतिनिधित्व नहीं करती। जो व्यक्ति इस प्रथा का पालन करते हैं, उनमें यह देखा गया है कि वे रक्तिक-सहोदरीकरण को जैविक सहोदरीकरण से अधिक घनिष्ठ बंधन मानते हैं जो उन पर अधिक आपसी दायित्व डालती है। जहां रक्तिक सहोदरों में आपसी सम्बन्ध सामान्यतः समानता लिये होते हैं, वहां जैविक सहोदरों में यह समानता देखने को नहीं मिलती। जहां साझा-तत्व सहोदरीकरण की प्रथा अधिकांशतः नातेदारी सम्बन्धों की पूरक होती हैं, वहां कई जगह पर यह "वास्तविक" नातेदारी के अतिरिक्त या उसे मज़बूती प्रदान करने वाली होती है।

रक्तिक सहोदरीकरण की प्रथा रक्त-सहोदरों के निकट सम्बन्धियों को वरीयता, तो कहीं-कहीं इन सम्बन्धों पर प्रतिबंध लगाती है। भारत में ममेरा-फूफेरा या चचेरा-मौसेरा विवाह का प्रचलन (कुछेक समाजों में) इसका उदाहरण है।

रक्तिक भाईचारा प्रथा के कई रूप अलग-अलग जगह देखे गये हैं। इस प्रथा के प्रमुख कारण शांति स्थापना, युद्ध और झगड़ों के लिए मित्रता स्थापना, यात्रा के समय सुरक्षा प्रदान करना, व्यापारिक साझेदारी के लिये विश्वास को मजबूत करने तथा कई अन्य कारणों के लिये संभवतः इसका प्रचलन हुआ है और अभी भी कई समाजों में यह प्रथा विद्यमान है। कभी-कभी मानवीय शारीरिक तत्वों के साझा करने के स्थान पर पशुओं की बलि दी जाती है। इस प्रकार के प्रतिनिधिक तत्वों का प्रयोग हम विशेष रूप में ईसाई समाज में देख सकते हैं जिनमें सांस्कारिक दृष्टि से रोटी और शराब को प्रतीकात्मक रूप में शरीर और रक्त माना जाता है।

blood pacts or blood covenants – रक्त समझौते या संविदाएं

दो या अधिक व्यक्तियों द्वारा ली गई शपथ जो सामान्यतः मृत्यु के दुख के कारण पारस्परिक निष्ठा की सौगन्ध लेते हैं, रक्त समझौते कहलाते हैं। इन्हें रक्त समझौता इसलिये कहा जाता है क्योंकि इसमें शपथ लेने वाले व्यक्ति शपथ लेते समय अपने-अपने शरीर पर कहीं भी चीरा लगा कर रक्त की अदला-बदली करते हैं। यद्यपि यह प्रथा संसार के सभी भागों में पाई गई है, किन्तु मानवशास्त्रियों की शोध के अनुसार, इसके अत्यधिक प्रकरण अफ्रीका के आदिवासियों में देखने को मिले हैं। अफ्रीका में, रक्त साझेदार शरीर पर चीरा लगाते समय पारस्परिक निष्ठा और सहयोग की सौगन्ध खाते हैं या प्रार्थना करते हैं। यही नहीं, कहीं-कहीं वे एक-दूसरे के रक्त को चाटते भी हैं। यदि कोई व्यक्ति इस प्रकार के समझौतों को तोड़ता है या पूरा नहीं करता है, तब यह माना जाता है कि साझेदार का रक्त स्वतः ही इसका बदला ले लेगा। आजकल कुछ क्षेत्रों में एच. आई. वी. के संक्रमण के भय के कारण रक्त समझौतों से जुड़ी हुई सांस्कारिक क्रियाओं में परिवर्तन आने लगा है।

body decoration – देह अलंकरण

संसार के कई भागों में मानव शरीर को अनेकानेक रूप में सजाने की प्रथा प्रचलित है। देह अलंकरण में एक विशिष्ट प्रकार की कला की आवश्यकता होती है। न्यूगिनी के कुछ लोगों में कला के इस रूप का काफी विकास देखने को मिला है। इन समाजों में, देह अलंकरण कुछ

विशिष्ट त्योहारों, पर्वों, धार्मिक उत्सवों पर किया जाता है। ऐसा देखा गया है कि इस देह अलंकरण के पीछे कुछ सामाजिक एवं धार्मिक मूल्य कार्य करते हैं। यही नहीं, ये अलंकरण अपने गोत्र के पूर्वजों की आत्माओं के साथ सम्बन्धों को प्रतिबिम्बित करते हैं। अलग-अलग जनजातियों में शरीर की सजावट के लिये अलग-अलग प्रकार के रंगों, वस्तुओं (पंखों, सीपों, मणियों, पेड़-पत्तियों) आदि का प्रयोग किया जाता है जो स्वास्थ्य और शौर्य का प्रतीकात्मक रूप में प्रदर्शन करते हैं। देह अलंकरण के द्वारा जनजातियों के सौन्दर्यात्मक आवेग भी प्रकट होते हैं।

देह अलंकरण में शरीर के विभिन्न भागों को गुदवाना भी शामिल है। यह कई जनजातियों में पाया गया है। देह अलंकरण और गुदवाना देह की सजावट या प्रदर्शन के उद्देश्य मात्र से ही प्रेरित नहीं होते, इनके सामाजिक मन्तव्य भी होते हैं। कई स्थानों पर गुदवाने के पीछे सामाजिक परिपक्वता, पौरुष-प्रदर्शन और सामाजिक प्रजनन की भावना निहित होती है।

bonded labour – बन्धुआ मजदूर

समाज के ऐसे वर्ग को बंधुआ मजदूर कहा जाता है जो धनाभाव की स्थिति में अपनी आवश्यकताओं की पूर्ति (जीवनयापन) के लिये समाज के सम्पन्न एवं धनाड्य वर्ग के पास स्वयं को गिरवी रखकर ऋण लेते हैं और अपना गुजर-बसर करते हैं। ये मजदूर जब तक इस ऋण को चुका नहीं देते तब तक वे ऋण लिये हुये व्यक्ति के बन्धनों से मुक्त नहीं हो पाते हैं। कभी-कभी यह बन्धन पीढ़ी-दर-पीढ़ी चलता रहता है।

bongaism – बोंगावाद

जीवात्मवाद (ऐनिमेटिज्म) का एक विशिष्ट रूप भारत की कुछ जनजातियों में (मुंडा, हो तथा छोटा नागपुर के कुछ अन्य आदिवासी समूहों में) "बोंगावाद" के नाम से जाना जाता है जिसके अनुसार यह विश्वास किया जाता है कि पारब्रह्म स्वरूप एक अलौकिक, अज्ञेय एवं निर्वैयक्तिक शक्ति है जो वस्तुओं के गुणों अथवा विशेषताओं के रूप में समस्त संसार के अवयवों में विद्यमान है। इस परम बलशाली शक्ति को ये आदिवासी समूह "बोंगा" कहते हैं। इस बोंगा नामक शक्ति में विश्वास के आधार पर जिन धार्मिक आस्थाओं और संस्कारों एवं कृत्यों का जन्म हुआ, उसे ही बोंगावाद कहते हैं। ऐसा माना जाता है कि बोंगा एक अनुभवातीत अप्राकृतिक सत्ता है जो सृष्टि की समस्त शक्तियों का मूल कारण है।

book of the dead – प्रेत-पुस्तक

प्राचीन मिस्र के शिलालेखों के एक संग्रह को प्रेत-पुस्तक का नाम दिया गया है। इस पुस्तक में उस काल के जादू-टोने, अनुष्ठान, संस्कार एवं मिथक-विश्वासों आदि का वर्णन किया गया है। इसके मूल उद्धरण मकबरों, स्मारकों और भोज पत्रों पर उत्कीर्ण पाये गये हैं। इनमें सबसे प्राचीन उद्धरण उनास, पेपी और मेरेनरा के पिरेमिडों के कक्षों की दीवारों पर उत्कीर्ण हैं। मूल प्रेत-पुस्तक में मिस्रवासियों के मृतकों को अलंकृत करने की रीति-विधि से सम्बन्धित 200 अध्याय दिये गये हैं। इस प्रकार की प्रेत-पुस्तक तिब्बत में भी पाई गई है।

Book of the World – विश्व-पुस्तक

मिंग साम्राज्य के अन्तर्गत तृतीय बादशाह **युंग-लो** के निर्देशन में जो विशाल साहित्यिक योजना की शुरुआत की गई थी और जिसके निष्कर्षों को पुस्तकाकार रूप प्रदान किया गया था, वही बाद में विश्व-पुस्तक के रूप में प्रख्यात हुई। यह पुस्तक ज्ञान का एक विश्व कोश था जिसमें 22,877 पूर्ण खंड हैं। इस पुस्तक को पूरा करने में दो साल लगे थे और इस योजना को साकार करने में ढेर सारे कार्यकर्त्ताओं ने अपना योगदान किया था।

botanomancy – वनस्पति-प्रक्ख्यापन

पेड़ों की पत्तियों द्वारा भविष्य कथन को वनस्पति-प्रक्ख्यापन कहा गया है। इसकी एक विधि में सर्वप्रथम बहुधा पत्तियों पर संदेश लिखे जाते हैं और उन्हें हवा में उड़ने के लिये रख दिया जाता है। जो पत्ती रह जाती है उससे उत्तर निकाला जाता है। दूसरी विधि में पत्तियों को अग्नि में डाल कर या हाथ में मसल कर कुचलते हैं। इस क्रिया में ये पत्तियां किस प्रकार चटकती या चरमराती हैं, इसके अध्ययन द्वारा भविष्योक्ति की जाती है।

bourgeois – बुर्जुआ

"बुअरज़वा" फ्रेंच भाषा का एक मध्यकालीन शब्द है जिसका प्रयोग फ्रांस के मध्यम वर्ग के नागरिकों के लिये किया जाता था। ऐसी व्यक्तियों को एक ओर किसानों से तो दूसरी ओर समाज के संभ्रांत वर्ग से अलग किया जाता था। यह **कार्ल मार्क्स** के समाजशास्त्र का एक प्रमुख शब्द है जिसका प्रयोग सर्वहारा वर्ग (श्रमिकजनों) से अलग धनिक वर्ग को इंगित करने के लिये किया गया है। मार्क्स के अनुसार इन दोनों वर्गों (बुर्जुआ और सर्वहारा) में निरंतर विरोधी संबंध रहे हैं जिनका अंत बुर्जुआओं की समाप्ति और सर्वहारा वर्ग की प्रशस्ति (जीत) में होगा। मार्क्स ने इस शब्द को एक रंगीन जामा पहिना दिया अन्यथा इस शब्द का प्रयोग सामान्यतः मध्यम वर्ग अथवा गैर समाजवादी राजनीतिक दल तथा पूँजीवादी समाज को इंगित करने के लिये जाता रहा है।

brachycephalic – प्रथु कपालिक

प्रथु कपालिक, अर्थात् चौड़े सिर की अवधारणा का प्रयोग भौतिक मानवशास्त्रियों द्वारा शरीर रचना संबंधी लक्षणों के माप में किया गया है। जब सिर की चौड़ाई उसकी लम्बाई के अनुपात में अधिक होती है, तब उसे प्रथु कपाल या चौड़ा सिर कहते हैं। इस प्रकार के सिर की शीर्ष देशना 80 प्रतिशत से अधिक होती है। अल्पाइन, आर्मीनॉयड तथा डिनारी प्रजातियों के सदस्यों के सिर इसी श्रेणी में आते हैं।

brachycephalization – पृथुकपालीकरण

पृथुकपालीकरण एक प्रक्रिया है जिसके द्वारा एक जनसमुदाय का अधिकाधिक पृथकपालीकरण होता जाता है। इस प्रक्रिया में कद में बिना बढ़ोतरी हुए सिर के आकार में वृद्धि होती जाती है। ऐसा माना जाता है कि ऐतिहासिक यूरोप में जो पृथुकपालीकरण हुआ उसका प्रमुख कारक एशियाई गोल सिरों का निरन्तर उद्‌भव तथा उनका प्रारंभिक यूरोपीय

कपाल वालों के साथ मिश्रण था। प्रारंभिक मानव लम्बे सिर वाला था और उसका उत्परिवर्तन पृथुकपालकरण की दिशा में हुआ। इस प्रकार के उत्परिवर्तन संभवतः स्वतंत्र होते थे तथा उनमें पुनरावृत्ति होती रहती थी।

bride service — सेवा विवाह

जनजातीय विवाह का एक रूप जिसमें व्यक्ति को अपने लिये पत्नी प्राप्त करने के लिये वधू मूल्य न चुका पाने के बदले में अपने भावी सास-श्वसुर के यहाँ कामकाज करके उनकी सेवा करनी पड़ती है। इस प्रकार के विवाह भारत की जनजातियों (गोंड, बैगा, बिरहोर आदि) तथा अन्यत्र भी देखने को मिले हैं। ये सेवाएं विवाह पूर्व या बाद में भिन्न अवधी के लिये वधु के परिवार को वर द्वारा देनी होती हैं।

brideweaith or brideprice — वधू-धन अथवा वधू-मूल्य

विवाह हेतु वर पक्ष की ओर से उपहार स्वरूप (भेंट) वधू पक्ष को दिया जाने वाला धन-धान्य या वस्तुएं वधू-धन या वधू-मूल्य कहलाता है। विभिन्न जनजातियों में विवाह के कई रूप पाये गये हैं। कई स्थानों पर विवाह में वधू प्राप्ति के लिये कुछ मूल्य चुकाना पड़ता है। यह मूल्य सजीव अथवा निर्जीव वस्तुओं के रूप में होता है। इस प्रकार के विवाहों में लड़के वालों की ओर से सांकेतिक रूप में महत्वपूर्ण धन-सम्पदा लड़की वालों को लड़की की क्षतिपूर्ती के रूप में दी जाती है। इसका निर्धारण विवाह के पूर्व कर लिया जाता है। इस प्रकार के विवाह को मानवशास्त्रियों ने "क्रय-विवाह" का नाम भी दिया है। क्रय-विवाह का अर्थ सदैव यह नहीं होता कि वधू कोई व्यापार की वस्तु है। कई समाजों में यह मूल्य मात्र दिखावे (प्रतीकात्मक महत्व) का होता है। "वधू-मूल्य" या विवाह की अदायगी (मैरिज पैमेन्ट) जैसे शब्द बहुधा असमंजस पैदा करते हैं। इन शब्दों से 'खरीद-फरोक्त' या किसी बाज़ार-सिद्धान्त का आभास होता है जो कि वास्तव में विवाह के मामले में नहीं होता। ये पद (टर्म्स) विवाह से जुड़े कई मुख्य मसलों को समझने में अपर्याप्त हैं। उदाहरणार्थ, वधू-धन दम्पत्ति के बीच सम्बन्धों को प्रगाढ़ बनाने, सन्तानों को वैधता प्रदान करने, सम्पत्ति के पुनर्वितरण या संचित करने के साथ-साथ सामाजिक पहचान देने और अधिकार-कर्त्तव्यों के निर्धारण में सहायता करता है।

वधू-धन की प्रथा अफ्रीका के कई भागों में, भूमध्यसागरीय क्षेत्र, पूर्वी एवं दक्षिणी एशिया तथा अन्यत्र व्यापक रूप में प्रचलित है। अलग-अलग स्थानों पर इसके अलग-अलग रूप-स्वरूप एवं उद्देश्य पाये गये हैं। इसका उद्देश्य मात्र वैवाहिक सम्बन्धों की स्थापना ही नहीं है अपितु इसके पीछे भावी आकांक्षाओं के प्रति सुरक्षा का भाव भी रहता है। "लोबोला" की प्रथा इसका एक प्रत्यक्ष उदाहरण है। दक्षिण अफ्रीका की थोंगा जनजाति में वधू-मूल्य के रूप में जानवर देने का प्रचलन है, इसे ही वे "लोबोला" कहते हैं। वर के पिता के अतिरिक्त उसके सगे-सम्बन्धियों से भी यह आशा की जाती है कि वे "लोबोला" देने के लिये पशुओं को एकत्र करने में सहायता करें। यही लोबोला पत्नी के भाई के विवाह के लिये या पत्नी के सगे-सम्बन्धियों के विवाह में सहायता के रूप में दे दिया जाता है। इस प्रकार "लोबोला" की

प्रथा एक जोड़ने वाली कड़ी है। इसके द्वारा न केवल वैवाहिक दम्पत्ति, अपितु समूचे परिवार और अन्य सगे-सम्बन्धी निकटता के सम्बन्ध-क्षेत्र में आ जाते हैं।

आज़कल गिरिजाघरों के मिशनरियों ने अफ्रीका तथा अन्यत्र वधू-धन की प्रथा का विरोध कर इसे एक पापपूर्ण प्रथा कहा है। इसी प्रकार, यूरोप और एशिया के कई देशों की लौकिक सरकारों ने भी इसे फिजूलखर्ची कह कर इस पर प्रहार किया है। आधुनिक नगरीय एवं शिक्षित युवाओं ने भी इस प्रथा के प्रति रोष प्रकट किया है और माना है कि यह प्रथा स्त्रियों को दासी के रूप में परिणित करती है। आर्थिक एवं अन्य परिवर्तनों के कारण वधू मूल्य में भी वृद्धि हुई है जिसके फलस्वरूप युवाओं को वधू-मूल्य चुकाना भारी हो गया है, परिणामतः कई विवाह स्थगित करने पड़ जाते हैं या युवा युवतियों को अविवाहित रहने के लिये मजबूर रहना पड़ता है। इन सभी परिवर्तनों के बावजूद यह प्रथा समय के साथ अनुकूलन कर किसी न किसी रूप में अभी भी बनी हुई है।

brotherhood – भ्रातृत्व (भाईचारा)

स्नेह और सेवा का एक घनिष्ट संबंध जिसकी उत्पत्ति एक साझा समाज में नातेदारी अथवा सदस्यता के आधार पर होती है, भ्रातृत्व या भाईचारा कहलाती है। इसमें सभी सदस्यों की समूह के दायित्वों और लाभों में समान प्रस्थिति और बराबर की हिस्सेदारी होती है। समूह में होने वाले विभिन्न समारोह एवं अनुष्ठान भ्रातृत्व भाव को जागृत करने और प्रगाढ़ बनाने में महत्वपूर्ण भूमिका अदा करते हैं।

Bronze age – कांस्य युग

सांस्कृतिक इतिहास की उस कालावधि को कांस्य युग कहा गया है जो प्राचीन विश्व के अन्तर्गत बेबीलोनिया में 3500 से 2500 ई.पू. आरंभ हुआ था और जिसकी विशेषता कांस्य तथा कांस्य कृतियों का उत्पादन और प्रयोग था। इस युग की जीवन-शैली को "कांस्य संस्कृति" कहा गया है।

Bunter epoch – बन्टर युग

यूरोपीय ट्राइऐसिक के निम्नतम विभाग अथवा उससे सम्बन्धित भूवैज्ञानिक कालावधि को "बन्टर युग" के नाम से जाना जाता है।

Bushmen Hottentot – बुशमेन-हॉटेनटॉट

दक्षिणी अफ्रीका में कालाहारी रेगिस्तान तथा आसपास के प्रदेशों में नाटे कद के पिग्मी जाति के लोग बुशमेन-हॉटेनटॉट कहलाते हैं। इनके जीवनयापन का मुख्य साधन खाद्य संग्रह रहा है। इनके प्रमुख शारीरिक लक्षण में त्वचा का रंग मंगोल प्रजाति का सा पीला या पीला-भूरा रंग होता है। इनकी आँखें भी मंगोल जैसी अधखुली और कुछ तिरछी सी होती हैं। इनका औसत कद 5 फीट तक होता है। हॉटेनटॉट की लम्बाई बुशमेन से अधिक होती है। बुशमेन के सिर के बाल चक्कदार और हॉटेनटॉट के कुँचित होते हैं। इनका भाल सकड़ा, नाक चौड़ी

तथा पतले होट होते हैं। ऐसा अनुमान है कि इस प्रजाति की उत्पत्ति नीग्रो और मंगोल प्रजातियों के सम्मिश्रण से हुई है।

burial, secondary – द्वितीयक शवाधान
कुछ समाजों में देखा गया है कि शव को दो बार दफन करते हैं। प्रथम अस्थाई दफन जिसमें मृतक शरीर को सड़ने के लिये छोड़ दिया जाता है। तत्पश्चात् कुछ दिनों के बाद द्वितीय बार अन्तिम रूप से मृतक की हड्डियों को दफन किया जाता है। दफन करने के लिये बहुधा हड्डियों को किसी पिटारे में अथवा खाल में लपेट कर रखा जाता है।

burial, tree – वृक्ष-शवाधान
कुछ समाजों में शवाधान के रूप में मृतक के शरीर को किसी वृक्ष के खाली तने अथवा वृक्ष की डालों पर बनाये गये मंच पर रखने की प्रथा है। इस प्रकार का वृक्ष शवाधान उत्तरी अमेरिका की इंडियन जनजातियों में सामान्य रूप में प्रचलित था। मृतक के शरीर को इस प्रकार मांसाहारी पक्षियों के भक्षण करने अथवा प्राकृतिक रूप में नष्ट होने के लिये रख दिया जाता था।

byssus – ममी-कफन (बिसस)
प्राचीन मिस्त्र का एक वस्त्र जिसका प्रयोग मृतक के कफन के रूप में किया जाता था। प्राचीन मिस्त्र में मृतक की ममी तैयार करने की प्रथा प्रचलित थी। इस प्रक्रम में शव को सबसे अन्त में जिस वस्त्र में लपेटा जाता था, उसे ममी-कफन कहा गया है।

C

Caboclo – कबोक्लो

क्बोक्लो ग्रामीण ब्राजिल का एक सम्प्रदाय है जो भारतीय और अफ्रीकी देवताओं की पूजा करता है। इस सम्प्रदाय की कुल-परम्परा मिश्रित है, अर्थात् ये श्वेतों, भारतीयों और नीग्रो तीनों लोगों की सन्तान हैं। यह पंथ नीग्रो लोगों में गैर ईसाई अमरीकी धर्म को प्रकट करता है।

cacique – कसीक

वेस्ट इंडीज़ और मध्य तथा दक्षिणी अमेरिका में ग्राम या कबीले के मुखिया के लिये उन स्थानों पर 'कसीक' शब्द का प्रयोग किया जाता था, जहां स्पेनी संस्कृति का प्रभुत्व रहा है। बाद में इस शब्द का प्रयोग सम्पूर्ण लातिनी अमेरिका में किया जाने लगा था।

Cambrian period – केम्ब्रियन काल

पुराजीवी महाकल्प के प्रारंभिक भूवैज्ञानिक कल्प तथा पुराजीवी शैल के निम्नतम समूह के जमाव, जैसे कि बालुकाश्म, संगुटिकाश्म, शैल, चूनाश्म से सम्बन्धित काल को केम्ब्रियन काल कहा जाता है। इस सुदीर्घ कालावधि की जलवायु में एकरूपता नहीं मिलती। इस काल में पादप जीवाश्म कम मिलते हैं, किन्तु कशेरुकी जीवों के अतिरिक्त अन्य सभी वृहद् जीव पाये जाते हैं।

camp circle – शिविर वृत

उत्तरी अमरीका के मैदानी भाग की इंडियन नामक जनजाति में भिन्न सामाजिक समूहों के एक ऐसे संगठित परिमंडल को 'शिविर वृत' कहा जाता है जिन्हें सामूहिक आखेट के लिये, विशेषकर जंगली भैंसे के आखेट के लिये संगठित किया जाता है। इन परिमंडलों का स्वरूप राजनीतिक अथवा नातेदारी आधार पर निर्धारित किया जाता था।

cannibalism – नरभक्षिता

मानव के माँस को भोजन अथवा सांस्कारिक अनुष्ठानों के उद्देश्यों हेतु प्रयोग अथवा उपभोग को नरभक्षिता की संज्ञा दी गई है। यह प्रथा अति प्राचीन है। इसका जिक्र गैर पश्चिमी समाजों के साहित्य में हुआ है। पश्चिमी संस्कृति में इस प्रथा का उल्लेख प्रलेखित इतिहास के प्रारंभिक वर्षों में मिलता है। ई.पू. पाँचवीं शताब्दी में, इतिहास और नृजातीय लेखन के

पिता **हिरोडाट्स** ने लिखा है कि ग्रीक सभ्यता के पूर्वी किनारे पर रहने वाले सीथियनों के पड़ौसी "नर-भक्षी" थे। इसी प्रकार, पूर्व-ईसाई आइरिश, स्कॉट तथा अन्य लोगों में भी यह प्रथा देखी गई है। रोमन लोगों ने पूर्व-ईसाइयों पर यह आरोप लगाया है कि उनमें मानव मांस का भक्षण होता था।

पन्द्रहवीं शताब्दी में जब यूरोप के लोगों ने नवीन खोज हेतु विदेशों की यात्रा करना प्रारंभ किया, तब उन्होंने प्राचीन साहित्य में वर्णित नरभक्षिता की प्रथा को वास्तविक रूप में कई आदिवासी समूहों में विद्यमान पाया। यह प्रथा प्रमुख रूप में करीब, अजेटक के साथ-साथ उत्तरी एवं दक्षिणी अमेरिका के कई लोगों में पाई गई है। बाद के अध्ययनों से पता चला है कि यह प्रथा अफ्रीका के लोगों, प्रशान्त सागरीय क्षेत्र, हवाई द्वीप समूह, आस्ट्रेलिया के मूल निवासियों, न्यूजीलैंड के माओरी लोगों तथा न्यूगिनी के पठारी भागों में विद्यमान रही है।

नरभक्षण सम्बन्धी प्राचीन तथा आधुनिक सभी साक्ष्य इस तथ्य की पुष्टि करते हैं कि "दूसरों" को नरभक्षी माने जाने का विश्वास किसी न किसी रूप मौज़ूद रहा है। इस तथ्य के उद्‌गम का क्या कारण रहा है, अभी तक इस बारे में निश्चित तौर पर कुछ नहीं कहा गया है। किन्तु इस बारे में एक तथ्य अवश्य उभर कर आया है कि यह प्रथा व्यापक रूप में प्रचलित नहीं थी तथा स्वयं को जीवित रखने के लिए ही संभवतः उन्होंने कठिन परिस्थितियों में "दूसरों" को मार कर उसका भक्षण करना एक अपवाद के रूप प्रयोग किया होगा। भूख के अतिरिक्त प्रतिशोध, धर्म, संतानीय निष्ठा और न्याय जैसे कारण भी नरभक्षिता के लिये उत्तरदायी रहे हो सकते हैं। नरभक्षियों द्वारा बहुधा कुत्तों को खाते हुए भी देखा गया है।

cannibalism, burial – शव-भक्षण

किसी मृतक के मांस को खाना शव-भक्षण कहलाता है। बहुधा यह मृतक की आत्मा के हिस्से को प्राप्त करने के लिये किया जाता है, जैसा कि आस्ट्रेलिया के पूर्वी अर्नहेमलैंड के लिवरपुल नदी के व्यक्तियों में प्रचलित है।

cannibalism, endo – अन्तःनरभक्षण

जब नरभक्षण का शिकार व्यक्ति उसी जनजाति का सदस्य होता है जो उसे खाते हैं, तब यह प्रथा अन्तः नरभक्षण कहलाती है।

cannibalism, famine – अकाल नरभक्षण

एक प्रथा अथवा किसी अनुष्ठान के रिवाज़ की अपेक्षा जब मानव के माँस को भुखमरी की अवस्था में मात्र जीवित रहने के उद्देश्य से खाया जाता है, तब यह अकाल नरभक्षण कहलाता है। इस प्रकार का नरभक्षण एस्किमों लोगों में आम बात है।

cannibalism, gastronomic – आहारात्मक नरभक्षण

जब मानव माँस का भक्षण किसी आनुष्ठानिक रिवाज़ के वशीभूत न किया जाकर उत्तम

आहार अथवा अच्छा स्वाद लेने के लिये किया जाता है, तब यह आहारात्मक नरभक्षण कहलाता है।

cannibalism, revenge – प्रतिशोधात्मक नरभक्षण

प्रतिशोध की भावनावश जब मानव का माँस खाया जाता है, जैसा कि आस्ट्रेलिया के नगरिगो लोगों में पाया गया है, तब यह प्रतिशोधात्मक नरभक्षण कहलाता है।

capitalism – पूंजीवाद

पूंजीवाद आर्थिक जीवन को संगठित करने का एक तरीका है, यह मानवीय इतिहास का एक युग अथवा एक कालावधि है, अथवा यह सामाजिक एवं सांस्कृतिक व्यवस्था का एक विशिष्ट रूप है। मोटे रूप में, पूंजीवाद दो बातों का संकेत देता है; (1) यह एक ऐसी आर्थिक व्यवस्था है जो मांग-पूर्ति-कीमत की कार्यविधि, जिसे 'बाज़ार' कहते हैं, द्वारा संचालित होती है, (2) यह एक ऐसी जीवन-शैली को प्रदर्शित करता है जो बाज़ार के फलस्वरूप और बाज़ार की सेवा हेतु उत्पन्न होती है। पूंजीवाद की धारणा का प्रयोग सामान्यतः एक ऐसी आर्थिक व्यवस्था के लिए किया गया है, जिसमें आर्थिक जीवन का अधिकांश भाग, विशेषतः उत्पादित वस्तुओं का स्वामित्व अथवा विनियोजन, निजी तौर पर आर्थिक प्रतिस्पर्धा की प्रक्रिया और लाभ की इच्छा द्वारा संचालित होता है। मार्क्सवादी मुहावरे में, यह एक ऐसी व्यवस्था है जिसमें एक वर्ग अर्थात् पूंजीपति (बुर्जुआ) के पास उत्पादन के साधन का स्वामित्व होता है, और दूसरे वर्ग, अर्थात् कामगार (सर्वहारा) के पास मात्र श्रम होता है जिसे वे बाजार में बेचते हैं। मार्क्सवाद के अनुसार पूंजीवादी इस श्रम का कम मूल्य आंक कर श्रमिक का शोषण करते हैं।

पूंजीवाद के अध्येता आर्थिक जीवन के संगठन के एक तरीके के रूप में सामान्यतः मानव इतिहास के संदर्भ में इसके विकास की व्याख्या करते हैं। इसके विपरीत, वे सिद्धान्तकार जो इसके विकास को महत्वपूर्ण नहीं मानते, वे इसे परिभाषित करना भी आवश्यक नहीं मानते। उदाहरणार्थ, नव-परम्परावादी वस्तुओं और सेवाओं के विनिमय तथा इस विनिमय की क्रियाओं में अधिकाधिक लाभ प्राप्त करने के प्रति व्यक्तियों की तत्परता को पूंजीवाद की प्रमुख आधारशिला मानते हैं। इनके अनुसार इस प्रकार की विनिमय क्रियाएं बाजार में होती हैं। ऐतिहासिक परिप्रेक्ष्य के अनुसरणकर्ता सिद्धान्तकार, विशेष रूप में मानवशास्त्रीय विचारकों में प्रमुख रूप में **कार्ल पोलनयी** (1944) यह मानते हैं कि बाज़ार व्यवस्था तथा सम्बन्धों का ऐसा जाल सार्वभौमिक नहीं है। यही नहीं, अधिकांश मानवीय इतिहास में सामाजिक और आर्थिक जीवन का संगठन और समन्वय अन्य आधारों पर हुआ है। पोलनयी का कहना है कि बाज़ारों का उद्‌भव "काल्पनिक" वस्तुओं—भूमि, श्रम और पूंजी की रचना पर निर्भर करता है। आर्थिक संगठन के पूर्ववर्ती तरीके गैर व्यापाराना हस्तान्तरण और संगठन के विभिन्न सिद्धान्तों, जैसे मकान का मालिकानापन, परस्परता और पुनर्वितरण पर आधारित थे। यद्यपि पोलनयी स्वयं कोई मानवशास्त्री नहीं थे, किन्तु उन्होंने मानवशास्त्रियों की कई पीढ़ियों को प्रभावित किया है और उन्हें पूंजीवादी व्यवस्था के पूर्व के

आर्थिक जीवन को संगठित करने के तरीकों की खोज के लिये प्रेरित किया है। पोलनयी के अध्ययनों में "पारस्परिकता" और "पुनर्वितरण" की अवधारणाएं छाई रही हैं। उनके विचार आर्थिक और सामाजिक विचारधारा की पुरातन परम्परा से प्रभावित रहे हैं, जिनमें मुख्यतः **कार्ल बूचर, वार्नर सोमवार्ट और मैक्स वेबर** थे।

मार्क्स का अधिकांश आर्थिक विश्लेषण विशेषतः पूंजीवाद के अन्तर्गत शोषण का विश्लेषण उत्पादन की विधा और वेतन सम्बन्धों पर केन्द्रित रहा है और इसी के आधार पर उन्होंने पूंजीवाद और आर्थिक व्यवस्था के अन्य रूपों में भेद किया है। पोलनयी ने भी मार्क्स की भांति पूंजीवाद के अपने विश्लेषण को श्रम-शक्ति पर केन्द्रित किया है, किन्तु उनका विश्लेषण मार्क्स से इस आधार पर भिन्न है कि जहां मार्क्स ने श्रम-शक्ति का प्रयोग 'पूर्व निर्मित' के अर्थ में किया है, वहां पोलनयी यह मानते हैं कि यह शक्ति पूर्व निर्मित नहीं है, अपितु ऐतिहासिक विधा में इसका निर्माण होता है। **वेबर** ने भी स्वतन्त्र श्रम को पूंजीवाद की एक स्पष्ट विशेषता माना है, किन्तु उन्होंने अन्य कई विशेषताओं में से इसे एक विशेषता माना है। उन्होंने पूंजीवाद की अन्य विशेषताओं में तार्किकीकरण के विकास सहित विवेकसम्मत लेखे-जोखे की विधा के उद्‌भव और प्रभावकता पर मुख्य रूप में बल दिया है। तार्किकीकरण और विवेकसम्मत लेखे-जोखे की विधा एक विशिष्ट प्रकार के संस्थात्मक संकुल (काम्पलैक्स) के उद्‌भव तथा अग्रांकित विशेषताओं पर निर्भर करती है : (1) उत्पादन के सभी साधनों को 'बेचान की वस्तु' मानना, (2) स्वतंत्र बाज़ार व्यवस्था, (3) यंत्रीकरण सहित तर्क आधारित तकनीक, (4) सुविचारित कानून, (5) स्वतंत्र श्रम, तथा (6) आर्थिक जीवन का व्यापारीकरण।

पूंजीवाद सम्बन्धी अधिकांश मानवशास्त्रीय अध्ययन सामाजिक और सांस्कृतिक प्रक्रियाओं, सम्बन्धों और पूर्ववर्ती ऐसे गैर पूंजीवादी समाजों में पूंजीवाद के विकास से जुड़ी समस्याओं पर केन्द्रित रहा है, जहां सामुदायिक मूल्य हावी रहे हैं।

carbon dating (C^{14}) (radio carbon dating) — कार्बन तिथि-निर्धारण

पुरातत्वी सामग्री के काल-खंड के निर्धारण के लिये कार्बन के रेडियो एक्टिव आइसोटॉप का प्रयोग किया जाता है। काल-खंड के विश्लेषण की यह विधि ही कार्बन तिथि निर्धारण (C^{14}) कहलाती है। यह विधि विशेषकर उन पदार्थों के तिथि-निर्धारण के लिये उपयोगी है जो पिछले 20,000 से 30,000 वर्ष पुराने हैं। इस विधि में यह आवश्यक है कि परीक्षण में अपरिवर्तित कार्बनिक पदार्थ का ही प्रयोग किया जाये।

cargo cult — जहाजी/पोतभार पंथ (कार्गो कल्ट)

'कार्गो कल्ट' ऐसे धार्मिक आन्दोलन या अभियान हैं जिनकी उत्पत्ति पश्चिमी समाज के सांस्कृतिक हमलों और सामाजिक सम्पर्क के परिणामस्वरूप कुछ आदिवासी समाजों में हुई। ऐसे आन्दोलनों का उद्देश्य विशिष्ट धार्मिक विश्वासों और अनुष्ठानों के माध्यम से ऐसी भौतिक वस्तुओं (जैसे बन्दूकें, हवाई जहाज, व्यापारिक वस्तुऐं आदि) को जुटाना होता है जिन पर विदेशियों का अधिकार होता है। मेलेनेशिया इस प्रकार के 'कल्ट' का एक प्रमुख स्थान रहा है जहां इसकी शुरुआत उन्नीसवीं शताब्दी के प्रारंभ में तब हुई जब यूरोपीय शक्तियों ने

यहां उपनिवेशवादी प्रभुत्व को जमाने का प्रयास किया। पश्चिमी वस्तुओं को प्राप्त करने के लिए यहां के आदिवासी लोगों ने अनुष्ठानों का सहारा लेकर अनेक ढंग से विश्वास और आस्थाओं को व्यक्त किया।

इस प्रकार की प्रघटना के लिये कुछ मानवशास्त्रियों ने "कार्गो कल्ट" के स्थान पर "संकट पंथ" या "पुनर्जीवन पंथ" जैसे अधिक व्यापक शब्दों का प्रयोग का सुझाव दिया है।

cargo system – पोतभार व्यवस्था

पोतभार व्यवस्था एक प्रकार का श्रेणीबद्ध अनुष्ठान का एक समूह है जो आधे अमेरिका के किसान समुदायों में पाया गया है। इसमें पद रोमन कैथॉलिक चर्च के सन्तों से सम्बद्ध होते हैं। प्रत्येक वयस्क व्यक्ति को अपने जीवन काल में प्रत्येक पद पर काम करना पड़ता है। जैसे-जैसे व्यक्ति पदों की इस व्यवस्था में ऊंचे पदों पर पहुंचता है उसकी प्रतिष्ठा बढ़ती जाती है और साथ ही वह विशाल माल असबाब का मालिक हो जाता है। पोतभार की यह व्यवस्था परिवारों द्वारा अधिक माल (वस्तुएं) एकत्रित करने पर नियन्त्रण लगाती है।

case study method – एकल/वैयक्तिक अध्ययन विधि

सामाजिक शोध की एक विधि जिसमें किसी एक व्यक्ति, एक घटना, एक संस्था अथवा एक समूह का एकल रूप में सर्वांगीण अध्ययन किया जाता है। इस विधि में परानुभूति, अन्तर्निरीक्षण और अन्तर्ज्ञान के प्रयोग द्वारा सम्बन्धों और अर्थों को जानने का प्रयास किया जाता है। वास्तव में, यह शोध-विधि की अपेक्षा अध्ययन-विश्लेषण का एक उपागम है जो अध्ययन की एक सामाजिक इकाई को उसकी समग्रता में देखने पर बल देता है। इस उपागम का प्रयोग सामाजिक विज्ञानों के अतिरिक्त कानून, चिकित्सा, व्यापार, जनसंचार के साधनों, जनमत, प्रशासन आदि के क्षेत्रों में भी किया गया है। इसमें सर्वेक्षण-शोध के विपरीत गुणात्मक विश्लेषण पर जोर दिया जाता है। यह उपागम इस पूर्वानुमान पर आधारित है कि अध्ययन की जाने वाली इकाई (केस) अन्य प्रकार की इकाइयों (केसों) से भिन्न एवं विशिष्ट है या दूसरों से मिलती-जुलती है। अतः इस केस के अध्ययन द्वारा दूसरे केसों की जानकारी भी स्वतः प्राप्त हो जाती है। यह विधि बहुत से विशिष्ट एवं सूक्ष्म विवरणों के गहन विश्लेषण का अवसर प्रदान करती है जो अन्य विधियों से प्रायः छूट जाते हैं।

case-study, extended – विस्तारित वैयक्तिक अध्ययन विधि

किसी नृजातीय लेख अथवा पुस्तक में किसी सामान्य बिन्दु पर विशेष बल देने के लिये जब इसे अधिक विस्तार में प्रस्तुत किया जाता है, तब इसे विस्तारित वैयक्तिक अध्ययन कहते हैं। मानवशस्त्र में विस्तारित वैयक्तिक अध्ययन विधिक सम्बन्धी अध्ययनों से आया है। इस प्रकार के अध्ययन ब्रिटेन के मैनचेस्टर सम्प्रदाय की विशेषता रही है।

caste – जाति

जाति भारतीय सामाजिक व्यवस्था की एक अन्यतम विशेषता है जिसकी परिभाषा के बारे में कोई निश्चितता नहीं है। इसे कई रूप में परिभाषित किया गया है। एक इकाई के रूप में,

"जाति एक बन्द श्रेणीबद्ध प्रस्थिति समूह है।" **आंद्रे बेतेइ** ने इसी विचार को मध्यस्थ रखते हुए जाति की परिभाषा इस प्रकार की है,"एक जाति व्यक्तियों का एक छोटा और विशेष नाम वाला एक ऐसा समूह है जिसमें सजातीय विवाह, आनुवंशिक सदस्यता और एक विशेष प्रकार की जीवन-शैली की विशेषता होती है तथा जो परम्परा से चले आ रहे एक विशिष्ट व्यवसाय को करता है और जिसे पवित्रता और अपवित्रता की अवधारणाओं पर आधारित श्रेणीबद्ध व्यवस्था में न्यूनाधिक रूप में एक विशिष्ट सांस्कारिक प्रस्थिति प्राप्त होती है।" एक व्यवस्था के रूप में, जाति अन्तर्सम्बन्धित प्रस्थितियों और विभिन्न जातियों के बीच अनेकों प्रतिबन्धों द्वारा निर्मित प्रतिमानित अन्तर्क्रियाओं का एक समूह है।

जाति की सभी प्रमुख परिभाषाओं को दो पारस्परिक एकान्तिक समूह में रखा जा सकता है। प्रथम समूह 'संरचात्मक-प्रकार्यात्मक' प्रकार की परिभाषाओं का है जो जाति को एक ऐसी श्रेणी अथवा वर्ग के रूप में परिभाषित करता है जिसकी तुलना विश्व के अन्य स्थानों पर पाये जाने वाले संस्तरणात्मक संगठनों से की जा सकती है। इस संदर्भ में **गेराल्ड बैरिमैन** (1968) की परिभाषा दृष्टव्य है, "जाति व्यवस्था एक ऐसे बहुल समाज से मिलती-जुलती है जिसके पृथक् खंड सभी शीर्ष रूप में श्रेणीबद्ध होते हैं।" अतः भारतीय जाति व्यवस्था अन्य स्थानों की सामाजिक संरचनाओं के समान है जिसमें अनुक्रम जन्म पर आधारित होता है, जैसे अमेरिकी प्रजातिक अनुक्रम व्यवस्था। जाति का इस अर्थ में प्रयोग काफी विवादास्पद रहा है। भारतीय महाद्वीप के बाहर के समुदायों, विशेषकर दक्षिणी अफ्रीका तथा अन्य देशों में प्रजातीय आधार पर अपनाई गई पार्थक्य नीति को जाति की विचारधारा के साथ जोड़ने को तर्कसंगत नहीं कहा जा सकता।

दूसरा समूह भारतीय जाति व्यवस्था को विलक्षण, आत्मनिर्भर और एक समग्र प्रतीकात्मक विश्व मानता है जिसकी तुलना विश्व की अन्य संस्तरणात्मक व्यवस्थाओं से संभव नहीं है। इस विचारधारा के समर्थक विद्वानों ने **बूगल** (1971) के जाति सम्बन्धी इस मत से सहमति प्रकट की है, "जाति की आत्मा तीन प्रमुख प्रवृत्तियों को प्रकट करती है—नफरत या विकर्षण (रिपॅल्शॅन), पदानुक्रम (हाइअराकी) और आनुवंशिक विशेषीकरण। इन विशेषताओं के महत्व और क्रम के बारे में जाति विश्लेषक विद्वानों में थोड़ा मतभेद है। इस प्रतीकात्मक सम्प्रदाय के सर्वाधिक जाने माने विद्वान प्रवक्ता **ड्यूमा** हैं जिन्होंने जाति का अपना समस्त विश्लेषण 'पदानुक्रम और विकर्षण के आधार पर किया है। उन्होंने अपनी पुस्तक 'होमोहाइअरकस' (1970) में जाति के अपने विश्लेषण में पदानुक्रम व्यवस्था के प्रत्येक स्तर पर जाति पदों की कठोरता (ब्राह्मण तथा बहिंदलित जातियां) को उजागर करते हुए सत्ता के वर्गों और प्रस्थिति की श्रेणियों के बीच हिन्दू विचारधारा में जो उग्र विरोध है, उसे भी रेखांकित किया है। ड्यूमा के विचारों के ठीक विपरीत **लीच** (1960) ने जाति की विशेषताओं में आनुवंशिक विशेषीकरण को प्रथम स्थान दिया है। लीच के अनुसार, "प्रत्येक जाति के, न कि केवल उच्च अभिजन वर्ग के, कुछ विशिष्ट विशेषाधिकार होते हैं और यही जाति का सार-तत्व है।" **मैक्किम मेरियट और इन्डेन** (1974) ने ब्रिटेनिका विश्वकोश में इससे थोड़ा भिन्न दृष्टिकोण प्रस्तुत किया है। उन्होंने इसे 'देशी एकवाद' कहा है जो इस

धारणा पर आधारित है कि 'एक जाति समाज में सभी लोग प्रजनन समूहों अथवा वर्गों में वर्गीकृत किये जाते हैं, इनमें से प्रत्येक की अपनी विशिष्टताऐं होती हैं।' इस सिद्धान्त के अनुसार इन विशेषताओं का निर्माण विभिन्न लेन-देन, विशेषतः भोजन के विनिमय के द्वारा होता है।

जाति की परिभाषा किसी भी रूप में की गई हो, इसकी प्रमुख विशेषताएं ये रही हैं : अन्तर्विवाह, परम्परागत पेशा, खान-पान और सामाजिक व्यवहार सम्बन्धी कुछ निषेध एवं प्रतिबंध, पदानुक्रम व्यवस्था, आनुवंशिक आधार पर पद निर्धारण तथा पवित्रता एवं अपवित्रता की धारणा आदि। आधुनिक परिवर्तन की लहर ने जाति को भी अछूता नहीं छोड़ा है। इसके रूप-स्वरूप में काफी परिवर्तन आया है। अन्तर्जातीय सम्बन्ध, खान-पान, पवित्रता-अपवित्रता की भावना और परम्परागत पेशे सम्बन्धी कठोरताओं में ढीलापन उजागर हुआ है, किन्तु अन्तर्विवाह की इसकी विशेषता, जो कि जाति को जीवित रखे हुए है, में बहुत कम परिवर्तन हुआ है। आधुनिक प्रजातांत्रिक राजनीति ने जाति के चेहरे में न केवल फेर-बदल किया है, अपितु जातिगत राजनीति, जातिगत दलबन्दी, जातिगत संघर्ष और आरक्षण जैसे नये मुद्दों को इसके साथ जोड़ दिया है।

caste, dominant = dominant caste

caste, scheduled = scheduled caste

caste societies – जाति समाज

ऐसे समाजों को जाति समाज कहा जाता है जिनमें व्यक्तियों के समूह कुछ विशिष्ट व्यवसायों में लगे होते हैं। इन समूह की कुछ विशिष्ट विशेषताएं होती हैं जिनके आधार पर ये समूह ऊंच-नीच के क्रम में संस्तरित होते हैं। ये अनुक्रम स्पष्टतया प्रत्येक जाति के द्वारा किये जाने वाले कार्य (व्यवसाय) से जुड़ी अपवित्रता की मात्रा और समूह की अन्य विशेषताओं पर आधारित होते हैं। जाति संस्तरण में प्रत्येक व्यक्ति की स्थिति को आध्यात्मिक (पूर्वजन्म) उपलब्धियों का पुरस्कार और दंड माना जाता है।

भारत जाति समाज का सर्व प्रसिद्ध (संभवतः अकेला) एक उदाहरण है। भारत में जातियां चार वर्णों में बंटी हुई हैं। ये वर्ण हैं, ब्राह्मण (पुजारी, पंडित), क्षत्रिय (सैनिक एवं शासक), वैश्य (व्यापारी) और शूद्र (सेवाधारी)। ब्राह्मण, क्षत्रिय और वैश्य जातियां "द्विज" कहलाती हैं, जबकि शूद्रों को "एकज जन्मा" कहा जाता है। इस चातुर्वर्ण्य के भी नीचे एक अन्य जाति की कल्पना की गई है, जिसे 'अस्पृश्य जाति' कहा जाता है। (गांधी जी द्वारा इन्हें 'हरिजन' का नाम दिया गया है) आजकल ये जातियों अपने आपको "दलित" अथवा "दमित" कहती हैं। ये जातियां सर्वाधिक अपवित्र एवं निकृष्ठ व्यवसायों में संलग्न हैं। इस प्रकार की भारत की पौराणिक मूल वर्ण व्यवस्था कालान्तर में कई जातियों, उप जातियों और उप जातियों की भी अनेकानेक उप-उपजातियों में विभाजित होती चली गई हैं। इन जातियों/उपजातियों में अपने पद एवं प्रतिष्ठा में अग्रसर होने हेतु निरन्तर होड़ लगी रहती है। वे अपने पद-प्रतिष्ठा को ऊंचा उठाने हेतु उच्च जाति समूह की जीवन-शैली, आचार-विचारों

का अनुकरण करते हैं। अनुकरण की इस प्रक्रिया को ही **श्रीनिवास** ने "संस्कृतिकरण" का नाम दिया है। इस प्रक्रिया के अनुसार आर्थिक रूप से सफल निम्न जाति कम अपवित्र प्रकार के व्यवसाय और आदतों (जीवन-शैली) को अपना कर जाति समाज में अपनी उच्च जाति प्रस्थिति की बात करती है।

caste system – जाति व्यवस्था

कठोर रूप में संस्तरित (पद सौपानिक), वंशागत, अंतर्विवाही तथा कभी-कभी विशिष्ट व्यावसायिक समूहों में समाज का विभाजन जाति व्यवस्था कहलाता है। इस प्रकार के समूहों को जाति कहते हैं। समाज के विभिन्न विभाजनों का अधिक्रम पवित्रता और अपवित्रता की धारणा पर आधारित होता है। किसी जाति का अपना कोई पृथक् अस्तित्व नहीं होता। उसकी स्थिति अन्य सभी जातियों के संदर्भ में ही जानी जा सकती है जिसके सदस्य आर्थिक, राजनीतिक और आनुष्ठानिक गठबंधन में घनिष्ट रूप में संबद्ध रहते हैं। जाति व्यवस्था की कार्य-विधि इन्हीं पारस्परिक गठबंधनों द्वारा समझी जा सकती है। प्रायः इस व्यवस्था में सामाजिक गतिशीलता नहीं होती। इस व्यवस्था के निर्मायक प्रत्येक स्तृत (स्ट्रटा), अर्थात् जाति समूह के भोजन, विवाह, पूजा तथा पवित्रता-प्रदूषण (अपवित्रता) सम्बन्धी विशिष्ट नियम और संस्कार होते हैं जो उसे अन्य जातियों और उपजातियों से अलग करते हैं।

catastrophism – उत्क्रांतिवाद

एक ऐसी धारणा जिसके अनुसार यह माना जाता है कि पृथ्वी के भूगर्भीय धरातल की रचना महाप्रलय की घटनाओं द्वारा हुई है, उत्क्रांतिवाद कहलाता है। इस दृष्टिकोण को **लेमार्क** के दृष्टिकोण के विरोध में **कूविअर** ने प्रतिपादित किया था। उत्क्रांतिवाद की धारणा इस बात पर बल देती है कि बाढ़ या भूकम्प जैसी प्राकृतिक विपदाओं के कारण कई जीव-जातियां (स्पीशीज़) विलुप्त हो जाती हैं और इनका स्थान दूसरी स्पीशीज़ के द्वारा ले लिया जाता है।

cattle complex – पशु संकुल

"कैटल कॉम्पलेक्स" शब्द की रचना **मैलविले हर्सकोविट्स** (1926) ने पूर्वी और दक्षिणी अफ्रीका के पशुचारी (चरागाही) समाजों में पाये गये कुछ विश्वासों को अभिव्यक्त करने के लिये की थी। उन्होंने बताया कि इन समाजों में पशुओं का स्वामित्व बड़ा महत्व रखता है। पशुओं के मालिकों को समाज में उच्च प्रतिष्ठा हासिल होती है। "**हर्सकोविट्स** के अनुसार, "संकुल" से तात्पर्य यहां लक्षणों के एक समूह से है, न कि किन्हीं मानसिक प्रवृत्तियों अथवा किसी ग्रंथि से है जैसा कि मनोविज्ञान में इस शब्द का अर्थ लगाया जाता है।" इस संकुल की तीन विशेषताएं होती हैं :

1. मवेशी पशुओं को आर्थिक उद्देश्य की अपेक्षा सामाजिक दृष्टि से सम्पदा के रूप में मूल्यवान माना जाता है। इनका सामाजिक सम्बन्धों की स्थापना के अवसर पर ही (जैसे विवाह) विनिमय किया जाता है। विवाह में इनका प्रयोग वधू-मूल्य चुकाने के लिये किया जाता है।

2. मवेशी पशुओं को कुछ विशिष्ट सांस्कारिक अवसरों को छोड़कर मात्र माँस के लिये नहीं मारा जाता है।
3. मवेशी के मालिक का अपने मवेशियों के साथ अत्यन्त घनिष्ठ एवं व्यक्तिगत, यहां तक कि भावात्मक लगाव होता है।

वास्तव में, पशु-संकुल उन समाजों में अधिकतर पाया गया है जहां कृषि अविश्वनीय जीवनयापन का एक तरीका होता है। अतः ऐसे समाजों में लोग अपने जीवनयापन के लिये मवेशियों पर ही निर्भर करते हैं। अतः मवेशियों के सम्बन्ध में कुछ सांस्कृतिक विश्वासों का जन्म स्वाभाविक रूप में हो जाता है। भारत में टोडा जनजाति की "भैंस संस्कृति'' इसका एक उदाहरण है जहां भैसों की पूजा की जाती है।

Caucasoid – काकेशॉयड

एक प्रजातिक समूह जो भूमध्य सागर के आसपास बसता है और जिसे 'यूरोपॉयड' भी कहा जाता है। सर्वसाधारण की भाषा में इसे गोरी या श्वेत प्रजाति भी कहा जाता है इसकी कुछ विशेषताएं हैं : हल्के रंग से लेकर गहरा भूरा त्वचा का रंग, मध्यम से लम्बे कद के लोग, सकड़ी से मध्यम आकार की चौड़ी नाक, हल्के नीले रंग से लेकर गहरा बादामी आंखों का रंग, सिर के सीधे केश से लेकर घुंघराले केश। राख जैसी सफेदी से लेकर काले रंग के सिर के केश, शरीर पर पर्याप्त बाल आदि। इस प्रजाति के अन्तर्गत उप-प्रजातियों के बारे में मानवशास्त्रियों में मतभेद हैं। फिर भी इसकी प्रमुख उप-प्रजातियां हैं — अल्पाइन, नार्डिक, दिनारिक और भूमध्यसागरीय। इनमें 'बी' रक्त समूह की अपेक्षा 'ए' रक्त समूह अधिक मिलता है।

cell – कोशिका

किसी भी जीव (मानव सहित) शरीर की रचना के सबसे छोटे अंश/तत्व को कोशिका या कोष्ट कहते हैं। ये कोशिकाएं असंख्य होती हैं जिनसे मिलकर सम्पूर्ण जीव-शरीर की रचना होती है। ये सभी कोशिकाएं एक दूसरे से संबंधित तथा एक दूसरे पर निर्भर होती हैं। पेड़ों या पशुओं की सभी जीवन क्रियाएं कोशिकाओं द्वारा संचालित होती है, जैसे आनुवंशिक पदार्थ का प्रजनन, प्रोटीन निर्माण में योगदान, ऊर्जा-स्थानान्तरण की क्रिया, रासायनिक ऊर्जा का परिवर्तन आदि। अतः कोशिका ही जीव की प्राथमिक रचना है। जैविक रचना व कार्य की विभिन्नताओं के अनुसार कोशिकाएं अपने को विशेष कार्यों हेतु परिवर्तित कर लेती हैं। कोशिकाएं ही मेटाबोलिज्म की इकाइयां होती हैं क्योंकि इन्हीं में आनुवंशिक पदार्थ होता है।

कोशिकाएं तीन प्रकार की होती हैं : (1) ग्राहक कोशिका या ज्ञानेन्द्रियां, (2) स्नायु कोशिका या स्नायु मंडल, (3) मांसपेशीय कोशिका या कर्मेन्द्रियां।

प्रत्येक कोशिका की रचना के दो खण्ड या भाग हैं। कोशिका के बीच का भाग नाभिक या केन्द्रिक (न्यूक्लिअस) कहलाता है और इस नाभिक के चारों ओर फैला हुआ पदार्थ कोशिका द्रव्य (साइटोप्लाज्म) कहलाता है।

cell, germ – **बीजाणु कोशिका**

बीजाणु कोशिका वह प्रजनन कोशिका है जो कायिक कोशिकाओं के बिना भी अपनी निरंतरता बनाये रखती है। इन बीजाणु कोशिकाओं में उत्परिवर्तन हो सकता है और ये नवीन स्पीशीज़ की रचना कर सकती हैं।

cells, stem – **स्टेम कोशिकाएं**

अभी हाल पिछले वर्ष (9 अगस्त 2001) जीवविज्ञान के क्षेत्र में एक महान् उपलब्धि प्राप्त हुई है। यह उपलब्धि 'स्टैम' कोशिकाओं की खोज की है। इस खोज के द्वारा भले ही मृत शरीर को पुनर्जीवित न किया जा सके, तथापि जीवनकाल में ही शरीर के भीतर 220 प्रकार के तंतुओं में से किन्हीं तंतुओं के रोगी अथवा मृत हो जाने पर उन्हें पुनः स्वस्थ करने तथा उनका नये सिरे से उगाने या प्रजनन करने की एक निश्चित तकनीक की खोज ने मानव जीवन में एक नई आशा का संचार किया है।

स्टेम कोशिकाएं मानव भ्रूण से प्राप्त वे कोशिकाएं हैं जिनसे भ्रूण में शरीर के विभिन्न अंगों का विकास उसके ब्लू प्रिंट के अनुसार होता है। ये वह मूल सामग्री है जिससे शरीर के किसी भी अंग का निर्माण हो सकता है। इन कोशिकाओं का स्वभाव है कि ये प्रयोगशाला में भ्रूण से अलग कर दिये जाने पर असंख्य स्टेम कोशिकाओं को उत्पन्न करती रहती हैं। परीक्षणों से सिद्ध हो गया है कि इनको रोगी जिगर में इंजक्शन द्वारा पहुँचा दिए जाने पर ये जिगर की नई कोशिकाओं का निर्माण कर देती है, अर्थात् एक प्रकार से नया जिगर ही तैयार हो जाता है। इसी प्रकार गठियाग्रस्त अंगों में से नए कार्टिलेज (झिल्ली) तैयार कर देते हैं। इनकी सहायता से नई त्वचा, हृदय की मांसपेशियां, नाड़ियां, पैनक्रियाज (आमाशय) और मस्तिष्क के समूचे नाड़ी संस्थान की पुनर्रचना के प्रयोग सफल रहे हैं, जिनसे अलझाइमर और पार्किन्सन जैसे रोगों पर पूरी तरह काबू पाने में सफलता मिली है। सार रूप में, स्टेम कोशिकाएं बहुकर्मी होती हैं, वे जिस अंग में पहुँचाई जाती हैं, उसी अंग के अनुरूप कोशिकाओं और तंतुओं का निर्माण शुरू कर देती है।

इन कोशिकाओं के बारे में उन देशों में, जैसे अमेरिका में, नैतिक द्वंद्व बना हुआ है जहां गर्भपात अभी तक अवैधानिक है। वहां नैतिक स्तर पर गर्भपात और भ्रूण से प्राप्त होने वाली स्टेम कोशिकाओं का नैतिक स्तर पर विरोध किया जा रहा है। विरोधियों का कहना है कि प्रत्येक भ्रूण को जीवित रहने का अधिकार है, अतः उसकी कोशिकाएं निकाल कर उसकी हत्या नहीं की जानी चाहिये। वास्तव में, यह विरोध एक भ्रांति पर आधारित है। स्टेम कोशिकाएं गर्भपात से प्राप्त भ्रूण से नहीं ली जाती हैं। प्रयोगशालाओं में परखनली में पुंसन क्रिया द्वारा विकसित चार दिन के भ्रूण ही इस प्रयोग के लिये इस्तेमाल किये जाते हैं। ध्यान रहे, भारत में इस प्रकार की कोई नैतिक उलझन नहीं है। यहां गर्भपात को वैधानिक दर्जा प्राप्त है।

census – **जनसंख्या**

किसी सरकारी इकाई (राष्ट्र/राज्य) के लोगों की समुचित सांख्यिकी और जानकारियों सहित सरकारी आधार पर गणना को जनसंख्या कहते हैं। ऐसा विदित हुआ है कि 1250 ई. पू. के

आसपास मिस्र में जीवन संबंधी आंकड़े (जन्म-मरण के आंकड़े) एकत्रण करने की व्यवस्था विद्यमान थी। इसी प्रकार ई. पू. छठी शताब्दी के करीब रोमन नागरिकों को बच्चों के जन्म की सूचना प्रशासन को तीस दिनों में देनी आवश्यक थी। पुरातन संस्कृतियों में इस प्रकार के दस्तावेज़ सैनिक अथवा राजस्व की दृष्टि से रखे जाते थे। पीरू के इन्का लोगों में चुटकुलों के रूप में इस प्रकार की सूचनाएं रखी जाती थीं, क्यों कि उनमें लिखित अक्षरों का अभाव था।

cephalic index – शीर्ष देशना

सिर को मापने के लिये जिस विधि का प्रयोग किया जाता है, उसे शीर्ष देशना या कापालिक परिमिति कहते हैं। इस विधि में सिर की चौड़ाई को 100 से गुणा करके तथा लम्बाई से भाग देने से जो प्रतिशत निकलता है, उसे शीर्ष देशना कहा जाता है।

celtic race – केल्ट प्रजाति

एक काकेशियाई उप-प्रजाति, जिसके लोगों के नेत्र हल्के रंग के, बाल भूरे तथा लाल और शीर्ष लम्बा होता है, केल्ट प्रजाति के नाम से जानी जाती है। इस प्रजाति के लोग अधिकांशतः आयरलैंड में पाये जाते हैं।

Cenomanian epoch – सनोमेनी युग

अल्बीय और ट्यूरोनी युग के बीच के यूरोपीय उच्च क्रिटेशस का काल विभाजन सनोमेनी युग के नाम से जाना जाता है।

Cenozoic (Kainozoic) era – सीनोजोइक (कैनोजोइक) युग

भूवैज्ञानिक इतिहास का एक महान् काल विभाजन जो तृतीय काल के आरम्भ से लेकर वर्तमान काल तक फैला हुआ है, सीनोजोइक युग के नाम से जाना जाता है। इसे नूतन जीव महाकल्प भी कहते हैं। स्तनधारी जीवों, पक्षियों और वनस्पतियों का विकास तथा अकशेरुकी जीवों में थोड़ा-बहुत परिवर्तन इस काल की प्रमुख विशेषताएं रही हैं।

centaur – नराश्व/किन्नर

एक पौरणिक जीव जो आंशिक रूप से अश्व जैसा और आंशिक रूप से मानव जैसा था, उसे नराश्व या किन्नर कहा गया है। नराश्वों का प्रयोग युद्ध अथवा श्रृंगारिक प्रसंगों में किया गया है जो शताब्दियों से कलात्मक चित्रों के अंग रहे हैं। आठवीं शताब्दी ई. पू. में नाराश्व का अगला भाग मानव के शरीर जैसा और पीछे के पैर अश्व जैसे बनाकर चित्रित किया गया है। समय बीतने के साथ उसे भी कमर तक मानव जैसा प्रदर्शित किया जाने लगा।

centralized systems – केन्द्रीकृत व्यवस्थाएं

केन्द्रीकृत व्यवस्थाएँ जटिल विशाल समाजों में केन्द्रीय पिण्ड के आसपास बनी हुई ऐसी वाहनियाँ होती हैं जिनके द्वारा माल, भौतिक वस्तुओं, सूचनाओं, निर्णयों और शक्ति का

आवागमन होता है। इन व्यवस्थाओं की संरचना इस प्रकार की होती है कि कुछ व्यक्ति अथवा समूहों के पास अपनी केन्द्रीकृत स्थिति के कारण सत्ता पर पकड़ होती है। इस प्रकार की केन्द्रीकृत व्यवस्थाओं के रूप-स्वरूप, संगठनात्मक और संस्थात्मक ढाँचे में अन्तर होता है।

centre and periphery – केन्द्र और परिधि

मार्क्सवादी मानवशास्त्र/समाजशास्त्र में "केन्द्र" और "परिधि" की दो जुड़वाँ अवधारणाओं का प्रयोग हुआ है। आर्थिक दृष्टि से जो स्थान वर्चस्व प्रधान और प्रभुत्वपूर्ण होता है, उसे केन्द्र माना गया है। यह स्थान भौगोलिक दृष्टि से केन्द्रीय नहीं होता। दूसरे शब्दों में, केन्द्र एक ऐसा स्थान होता है जो जहाँ से शक्ति का प्रयोग किया जाता है, जैसे राष्ट्रीय राजधानी। केन्द्र से विपरीत, ऐसे स्थान 'परिधि' माने जाते हैं जो आर्थिक दृष्टि से कमजोर और दूसरों पर आश्रित होते हैं। ये ऐसे स्थान होते हैं जहाँ पर केन्द्र के निर्णयों का प्रभाव पड़ता है, जैसे ग्रामीण क्षेत्र जहाँ कृषक से कृषक पुनर्वितरण के लिये उत्पादन करते हैं या केन्द्र से व्यापार करते हैं।

इम्मानुएल वालर्स्टीन (1974-89) के 'विश्व व्यवस्था सिद्धान्त' के अनुसार, एक उपनिवेशी शक्ति को 'केन्द्र' और इसके उपनिवेशों को 'परिधि' माना गया है। वालर्स्टीन के अनुसार 15वीं शताब्दी के अन्त से केन्द्र-परिधि के आर्थिक संबंध वैश्विक स्तर पर एक प्रमुख विशेषता बन गये हैं।

ceremony – संस्कार/अनुष्ठान/कर्मकांड

व्यवहार का एक औपचारिक, सुव्यवस्थित क्रम जो प्रतीकात्मक रूप से किसी घटना, अवसर या विश्वास के महत्व को प्रदर्शित करता है, संस्कार या अनुष्ठान अथवा कर्मकाण्ड के नाम से जाना जाता है। अनुष्ठान प्रायः सामूहिक उत्सव के रूप में मनाये जाते हैं और जिस घटना विशेष के लिये अनुष्ठानों का आयोजन किया जाता है, उससे संबद्ध पवित्रता और विशेष अर्थ का पालन उसमें भाग लेने वाले सभी सहभागी व्यक्ति करते हैं। इस प्रकार के संस्कार समारोह समूह की एकता को सुदृढ़ करते हैं।

Chalcolithic age – ताम्रपाषाण युग

लगभग 4500-3000 ई. पू. का संक्रांति काल जिसमें तांबे का प्रथम बार प्रयोग किया गया, ताम्रपाषाण युग के नाम से जाना जाता है। इस युग से दक्षिण-पूर्वी यूरोप तथा उत्तरी अफ्रीका से भारत तक के देशों के विकास का अनुमान किया जाता है। इसी युग में फरटाइल क्रिसेंट में विशेष चित्रित मृद्‌भाण्डों (मिट्टी के बर्तन) के निर्माण के साक्ष्य मिले हैं। संभवतः तभी पहली बार सार्वजनिक बड़ी इमारतों को निर्माण हुआ है। लगभग 3500 ई. पू. में पहली बार लिपि का आविष्कार हुआ तथा मंदिरों का प्रभाव फैला था।

change – परिवर्तन

जब किसी वस्तु अथवा वस्तुओं की व्यवस्था के किसी भाग अथवा अंग की विद्यमान स्थिति

में इस प्रकार का अन्तर आता है कि उस व्यवस्था का संरचनात्मक ढाँचा ही बदल जाता है, तब इसे परिवर्तन कहा जाता है। परिवर्तन से तात्पर्य किसी वस्तु अथवा घटना में समय के अन्तराल के साथ होने वाले अन्तर से ही नहीं है, अपितु इसमें गति, संशोधन तथा रूपान्तरण का भाव भी सम्मिलित होता है।

change, culture – संस्कृति परिवर्तन
संस्कृति के विभिन्न अंगों, भागों, उपभागों में होने वाले बदलाव को संस्कृति परिवर्तन कहते हैं। इसमें पर-संस्कृतिग्रहण, सात्मीकरण और प्रसार की प्रक्रियाएं आती हैं। सांस्कृतिक गतिकी के क्षेत्र में बहुधा संस्कृति के समय आयाम का अध्ययन किया जाता है। प्रारंभिक उन्नीसवीं शताब्दी के संस्कृति परिवर्तन के अध्ययनों में उद्विकासीय उपागम छाया रहा है। बीसवीं शताब्दी के करीब प्रसारवादी उपागम पर बल दिया गया। सन् 1920 के दशक में प्रकार्यवादी उपागम महत्वपूर्ण बन गया और सन् 1930 के दशक से सांस्कृतिक परिवर्तन में संरूपण और मनोगतिकी उपागमों का प्रयोग किया जाने लगा।

change, evolutionary – उद्विकासीय परिवर्तन
अनुकूलन की एक निश्चित एवं सतत प्रक्रिया जिसमें उत्तरोत्तर विभिन्नता बढ़ने के साथ-साथ प्रकार्यों में भी परिवर्तन होता जाता है, उद्विकासीय परिवर्तन कहलाता है। (देखिये उद्विकासवाद)

charisma – करिश्मा
एक आध्यात्मिक या ईश्वरीय देन। इस शब्द का एक लम्बे काल तक धर्मशास्त्रीय साहित्य (मुख्यतः ईसाई धर्मशास्त्र) में प्रयोग होता रहा है। चर्च साहित्य में इसका प्रयोग 'ईश्वर के चमत्कारिक उपहार अथवा कृपा' के अर्थ में किया गया है जिसके आधार पर जीसस (ईसा मसीह) की पवित्रता को उसके शिष्यों के समक्ष प्रमाणित किया गया था। समाजशास्त्र के क्षेत्र में इस पद (टर्म) का सर्वप्रथम प्रयोग **मैक्स वेबर** (1968) ने सत्ता के अपने विश्लेषण में ऐसे व्यक्तियों के लिये किया है जो असाधारण योग्यता, लावण्य, प्रतिभा और शक्ति सम्पन्न होते हैं। ये अद्भुत विशेषताएँ ही करिश्माई व्यक्तियों के प्रभाव का आधार होती हैं। ऐसे व्यक्ति दूसरे साधारण व्यक्तियों द्वारा महामानव या दैविक शक्ति सम्पन्न व्यक्ति माने जाते हैं। अतः समाज में इन्हें शासक, नेता, मुखिया, पीर-पैगम्बर के रूप में अगुआ माना जाता है।

वेबर ने ईसाई धर्म सिद्धान्तों के दायरे को बढ़ा कर सभी प्रकार की ऐसी सत्ता के लिये इस शब्द का प्रयोग किया है जो अधिमानवीय विलक्षण चारित्रिक विशेषताओं से सम्पन्न होती हैं। ये चारित्रिक विशेषताएँ अनुयाईयों द्वारा अपने नेता में आरोपित की जाती हैं। इस आधार पर वेबर ने कई चरित्रों को करिश्माई कहा है, जैसे उन्मत्त व्यक्ति, राजनीतिक जनोत्तेजक या क्रांतिकारी, डाकू, शूरवीर योद्धा, पुनरुद्धारक विद्रोही, मसीहा, देवदूत आदि। इन सभी लोगों को समाजशास्त्रीय दृष्टि से एक समान वर्ग/कोटि में रखा जाता है क्योंकि इन लोगों का आव्हान व्यक्तिगत, भावनात्मक और दबावमूलक होता है।

वेबर ने करिश्माई सत्ता के अलावा दो अन्य प्रकार की सत्ताओं—तार्किक-कानूनी और पारम्परिक सत्ता की भी चर्चा की है। करिश्माई नेता के अनुसरणकर्ता उसके आदेशों या सुझावों का पालन इसलिये नहीं करते कि उनमें कोई अर्थ (तार्किकता) होता है, या इसलिये नहीं करते कि परम्परानुसार ऐसा करना आवश्यक होता है, अपितु वे पालन इसलिये करते हैं कि अन्तर्मन से वे करिश्माई व्यक्ति के करिश्माई गुणों से प्रभावित होते हैं और उसके आदेश के अधिकार को स्वीकार करते हैं। वेबर ने बताया कि जीसस के ये शब्द कि "यह लिखा हुआ है ...... किन्तु मैं तुम्हें ऐसा कहता हूँ", करिश्माई सत्ता की मूल आत्मा को अभिव्यक्त करने में सक्षम हैं। यही कारण है कि करिश्माई सत्ता में कोई निश्चित नियम नहीं होते हैं और न ही किसी प्रकार का आर्थिक या नौकरशाही संगठन होता है। इसमें केवल सृजनात्मकता, भावनात्मकता, निवेदन, अदम्य आशा और उत्साह के अलावा तीव्र आदर्शवाद होता है। वेबर के अनुसार, यह सत्ता सामाजिक परिवर्तन का भी स्त्रोत है। पुराने आदेशों को उलटना और नये आदेशों को पारित करवाना करिश्माई नेतृत्व से ही संभव है।

Chatelperronian culture – शैतलपिरोनी संस्कृति

उत्तर-पुरापाषाण युग की एक प्रारंभिक संस्कृति जिसकी प्रमुख विशिष्टताएँ फिल्ट (चकमक), विखंडन प्रविधि और फलक उपकरण थीं, शैतलपिरोनी संस्कृति के नाम से जानी जाती है। इस संस्कृति में फलक उपकरण की एक धार सीधी और तेज तथा दूसरी वक्र और भौतरी हुआ करती थी।

chief – प्रधान/सरदार

मुखिया-अधिकृत क्षेत्र में नेता पद पर आसीन व्यक्ति प्रधान/सरदार कहलाता है। यह व्यक्ति अपने समुदाय की राजनीतिक इकाई की ओर से सत्ता का प्रयोग करता है। ऐसे व्यक्ति आर्थिक, राजनीतिक, धार्मिक और सेना के मामलों में नेतृत्व करते हैं। बहुधा नेता की यह भूमिका स्थाई और आनुवंशिक होती है। किसी एक व्यक्ति में समाज की समस्त सामाजिक शक्तियां प्रधान की शक्तियों के रूप में समन्वित एवं एकीभूत होती हैं। इस शक्ति का आधारभूत स्त्रोत आर्थिक होता है। प्रधान का प्रमुख कार्य पुनर्वितरण, युद्ध और धार्मिक विचारों की रक्षा करना है।·मानवशास्त्रियों ने प्रधान की संस्था को सामाजिक उद्‌विकास के क्रम में एक मध्यम स्तरीय श्रेणीबद्ध समाज के रूप में माना है।

अपनी शक्ति को बनाये रखने के लिये प्रधान समय-समय पर शारीरिक धमकी या भय का प्रयोग करते रहते हैं। ये लोग बहुधा योद्धा अभिजन होते हैं। आदि-समाजों में प्रधान की स्थिति बहुत ऊँची होती है और इन्हें अनेक विशेषाधिकार प्राप्त होते हैं। **कारनेरियो** (1983) के अनुसार, मुखियागिरी (सरदार) में जन्मजात रूप में योद्धापन होता है। युद्ध के द्वारा एक ओर ये लोग अपने क्षेत्र का विस्तार करते हैं, तो दूसरी ओर ये अपने अधीन लोगों को डरा कर अपने आदेशों के पालन करने के लिये बाध्य करते हैं। प्रधानों के लिये युद्ध शक्ति का एक स्त्रोत होता है। शक्ति के इस स्त्रोत के साथ एक अन्य स्त्रोत प्रधान की

विचारधारा होती है। भौतिकवादी विचारधारा का स्वामित्व और नियंत्रण राजनीतिक सत्ता का एक स्त्रोत बन जाता है।

chiefdom – प्रधानत्व
सामाजिक संगठन के एक ऐसे रूप को 'प्रधानत्व' कहा गया है जिसमें मुखिया (प्रधान) और उसके नजदीकी नाते-रिश्तेदारों को समाज के अन्य व्यक्तियों से अलग माना जाता है। इन लोगों को धन-सम्पदा, शक्ति और सम्मान संबंधी विशिष्ट सुविधाएं प्राप्त होती हैं। राजनीतिक दृष्टि से, प्रधान का एक विशिष्ट राजक्षेत्र होता है। यह एकाधिक समुदायों को नियंत्रित करता है। प्रधान वंशानुगत हो भी सकता है और नहीं भी।

childbirth – सन्तानजन्म/प्रसव
सन्तान जन्म या प्रसव स्त्रियां के साथ जुड़ी एक ऐसी क्रिया है जिसमें वे अपने गर्भाशय की मांसपेशियों से धक्का लगाकर बालक को गर्भ के आन्तरिक संसार से समाज और संस्कृति के वृहत् संसार में पदार्पण कराती हैं। इस क्रिया में उन्हें असहनीय प्रसव वेदना को सहना पड़ता है। यद्यपि प्रसव की यह क्रिया एक सार्वभौमिक घटना है, किन्तु यह क्रिया कहां और कैसे होगी तथा इस क्रिया में कौन व्यक्ति साथ होंगे (सहयोग करेंगे), इन सब बातों का निर्धारण सांस्कृतिक आधार पर होता है।

मानव के अतिरिक्त अन्य स्तन्यों की सन्तानें प्रसव के तत्काल बाद मां की पीठ पर चढ़ सकती हैं और लिपट सकती हैं, किन्तु मानव बालक, अपने विकासात्मक चक्र में पहले पैदा होते हुए भी अपने बड़े मस्तिष्क के कारण, जन्म के समय अपेक्षाकृत असहाय होते हैं और उन्हें तत्काल पालन-पोषण की आवश्यकता होती है। इन्हीं कारकों ने जन्म की उत्पत्ति को एक अत्यन्त सामाजिक प्रक्रिया बना दिया प्रतीत होता है। इसी के साथ धात्री (दाई) के काम की शुरुआत हुई होगी। मानव बालक के जन्म के समय अन्य स्त्रियों का साथ होना, विशेषतः प्रसूति-ज्ञान में विशेषज्ञ महिला (दाई) के उपस्थित होने से प्रसूति प्रक्रिया के सफल होने के अवसर बढ़ जाते हैं। यह विशेषज्ञ महिला न केवल प्रसूति कर्म में सहयोग करती है, अपितु प्रसूति कर्म के बाद उत्पन्न होने वाली जटिलताओं के निवारण में भी सहायता करती है।

सभी संस्कृतियों में जीवन-पथ के संस्कारों में जन्म को भी एक संस्कार माना गया है और इसके साथ घनिष्ठ सांस्कृतिक आस्थाएं जुड़ी पाई गई हैं। जन्म सम्बन्धी रिवाज़ किसी भी संस्कृति के मूल मूल्यों की आत्मा को प्रकट करते हैं और इनके पालनकर्त्ताओं को बताते हैं कि उनकी संस्कृति का विश्व को देखने का क्या नज़रिया है तथा इसमें स्त्रियों का क्या स्थान है। उदाहरणार्थ, बंग्लादेश के अति पितृप्रधान इस्लामिक समाज में प्रसव/सन्तानजन्म को (रजस्राव की भांति) अत्यधिक अपवित्र कर्म माना जाता है और यही धारणा भारत के हिन्दुओं में भी प्रचलित है। हिन्दुओं में सन्तानोत्पत्ति के समय सन्तान को जन्म देने वाली स्त्री और उसके वस्त्रों आदि को कुछ निश्चित अवधि तक छूना भी अपवित्र माना जाता है। प्रसवकाल में प्रसविता के साथ कैसा व्यवहार किया जाता है, यह भी अलग-अलग संस्कृतियों में भिन्न है। पोलिनेशिया में, जहां स्त्री के प्रजनन को अच्छा माना जाता है, वहां स्त्री को

सम्मानित करने के लिये आनुष्ठानिक उत्सव मनाया जाता है। भारत के हिन्दुओं में भी पुसंवन संस्कार इस धारणा का द्योतक है। प्रसविता के प्रति विशिष्ट प्रकार का लाड़-प्यार प्रदर्शित किया जाता है। पारम्परिक और आदिवासीय समाजों में बच्चे के जन्म के समय दाई या इसी प्रकार की हुनरवान स्त्रियां होती हैं जो बच्चे के जन्म में सहयोग करती हैं। आजकल आधुनिक समाजों में यह क्रिया आधुनिक चिकित्सालयों में विज्ञान और प्रौद्योगिकी की सहायता से कुशल एवं निपुण डाक्टर एवं नर्स आदि सम्पन्न करते हैं।

children – बालकगण

बालकगण भी मानवशास्त्रियों की आंखों से नहीं चूके हैं। उन्होंने बालकों पर भी कई अध्ययन किये हैं। उनके अध्ययनों के प्रमुख उद्देश्य : (1) समाज में बालकों का स्थान, (2) बालकों के बारे में सांस्कृतिक धारणाऐं, (3) बालकों का विकास तथा सांस्कृतिक संदर्भ में उनका समाजीकरण, और (4) बाल कल्याण तथा उनकी उत्तरजीविता जानना रहा है। ये उद्देश्य पारस्परिक रूप में एकान्तिक नहीं हैं, अपितु आपस में जुड़े हुए हैं। बालकगण किसी भी सामाजिक-आर्थिक व्यवस्था के हिस्से होते हैं। उनका जैवकीय और मनोवैज्ञानिक विकास तथा सांस्कृतिक शिक्षा सब कुछ सामाजिक-आर्थिक व्यवस्था पर निर्भर करती है।

बालकों के मानवशास्त्रीय अध्ययन में **मारग्रेट मीड** (1930) अग्रणी रही हैं। उन्होंने बालकों के विकास में संस्कृति की भूमिका का अध्ययन किया है। सांस्कृतिक संचरण में रुचि होते हुए भी, मीड ने बालकों को वयस्क व्यक्तियों के संदर्भ में नहीं देखा। उन्होंने बालकों को समाजीकरण की प्रक्रिया का निष्क्रिय घटक नहीं माना। उन्होंने कहा है कि "बालकगण अपने ही विश्व में रहते हैं। उनका यह विश्व कई आधारों पर वयस्क जीवन से भिन्न होता है।" उन्होंने बताया कि कई बार देखा गया है कि जो मनोवैज्ञानिक प्रक्रियाएं सार्वभौमिक नजर आती हैं, वे कुछ मामलों में किसी संस्कृति विशेष की उपज होती हैं। आजकल मीड के सिद्धान्तों को नये साक्ष्यों के संदर्भ में चुनौती दी जा रही है, फिर भी जो मुद्दे मीड ने अपने अध्ययनों में उठाये हैं, वे आज भी महत्वपूर्ण बने हुए हैं और मानवशास्त्री बालकों के विकास के सार्वभौमिकतावादी प्रतिरूपों (मॉडल्स) की सत्यता की खोजबीन कर रहे हैं। ऐसा माना जाता है कि मां-बाप के अपने बालकों के प्रति जो लक्ष्य होते हैं, वे सार्वभौमिक हैं, फिर भी बालकों के विकास की प्रक्रिया की रचना में वयस्क व्यक्तियों की भूमिका सम्बन्धी भिन्न धारणाऐं होती हैं। कुछ संस्कृतियों में वयस्क व्यक्ति बालक के विकास में कम से कम हस्तक्षेप करना पसंद करते हैं, तो कुछ संस्कृतियों में वयस्क व्यक्ति बालक के विकास की प्रक्रिया में अधिकाधिक हस्तक्षेप करते हैं। समाजीकरण की प्रक्रिया में बालक मात्र एक निष्क्रिय व्यक्ति नहीं होता। बहुधा बालक समाजीकरण के दौरान अपने माता-पिता की बातों को मानने से इन्कार कर देते हैं या मानने से नानुच करते हैं। यह सही है कि समाजीकरण और सांस्कृतिक संचरण में मातापिता, स्कूल, टीवी, हास्य (कॉमिक) किताबों, विडियो खेल तथा कई अन्य सांस्कृतिक मीडिया के साधनों की प्रमुख भूमिकाएं होती हैं, फिर भी बच्चे इन साधनों द्वारा संचरित ज्ञान को यथावत स्वीकार नहीं करते। वे समाजीकरण की प्रक्रिया में कई

अवरोध उत्पन्न करते हैं, सांस्कृतिक ज्ञान को अपने ढंग से स्वीकार करते हैं, और अपने लिये नये मूल्यों और समझ के रूपों का विकास करते हैं। इस संदर्भ में उल्लेखनीय है कि भारत के ग्रामीण क्षेत्रों की स्कूलों में पढ़ने वाले बालकों में जाति के विषय में स्वतः भेदभाव उत्पन्न हो जाता है।

मानवशास्त्र के क्षेत्र में बालकों के अनेक अध्ययन उनके "नैसर्गिक परिवेश" में किये गये हैं। मानवशास्त्र के संस्कृति और व्यक्तित्व सम्प्रदाय ने यह विश्वास व्यक्त किया है कि बालक प्रशिक्षण की विशिष्ट प्रविधियों का वयस्क व्यक्तित्व पर काफी प्रभाव पड़ता है और इसके द्वारा व्यक्तित्व सम्बन्धी सांस्कृतिक भिन्नताओं को स्पष्ट किया जा सकता है। इस क्षेत्र में **इर्क इर्कसन** (1963) का अध्ययन उल्लेखनीय है, जिसमें बचपन और वयस्क चरित्र को जोड़ने का प्रयत्न किया गया है।

Chimpanzee – चिपांजी

चिपांजी एन्थ्रॉपायड जाति का एक वानर है जो मानव से काफी मिलता-जुलता होता है। चिंपांजी अधिकांश समय धरती पर गुजारते हैं, किन्तु वे पेड़ों की शाखाओं को भी रहने के लिये प्रयोग करते हैं। इनका औसत वजन लगभग 110 पौंड होता है और औसत कद 5 फीट से कम होता है। इनकी बनावट बहुत कुछ नाटे कद के मानव से मिलती-जुलती है।

chromosomes – गुणसूत्र (क्रोमॅसोम्स)

जीवों की प्रत्येक कोशिका के केन्द्रक (न्यूक्लियस) में पाये जाने वाले रस्सेनुमा पिंडों को गुणसूत्र (क्रोमॅसोम्स) कहते हैं। ये मानवीय अंडाणु और शुक्राणु में पाये जाने वाले, अति सूक्ष्म 24 तंतुक (फिलमॅन्ट) होते हैं, जो आनुवंशिक विशेषताओं को इस प्रकार संचरित करते हैं ताकि निषेचित अंडाणु में 48 गुणसूत्र (क्रोमोसोम्स) हो जाते हैं। प्रत्येक गुणसूत्र में 'जीन्स' होते हैं जिनमें पैतृक विशेषताएं निहित होती हैं। इन जीन्स के द्वारा ही पैतृक विशेषताएं दर पीढ़ी हस्तान्तरित होती हैं। गुणसूत्र का रूप लड़ी नुमा माला के दानों की भांति होता है। ये कोशिका की उन सभी क्रियाओं को नियंत्रित करते हैं जिन पर इनकी रचना एवं क्रियाएं निर्भर करती हैं। संक्षेप में, गुणसूत्र आनुवंशिकता (मानसिक और शारीरिक विशेषताएं) का भौतिक आधार होते हैं।

chromosomes, sex – लिंग गुणसूत्र

लिंग गुणसूत्र विशिष्ट जीनों के वाहक होते हैं जिनके द्वारा किसी जीव का लिंग निर्धारण होता है। सामान्य रूप से ये दो विभिन्न प्रकार के लिंग गुणसूत्र ('एक्स' व 'वाई') होते हैं जो अर्द्धसूत्री विभाजन में समजात युग्म बनाते हैं। लिंग गुणसूत्र अलिंग गुणसूत्रों से सर्वदा भिन्न होते हैं। जब किसी जीव में एक ही प्रकार के दो लिंग गुणसूत्र उपस्थित होते हैं, तब उसे 'समयुग्मकी' कहते हैं और दो प्रकार के गुणसूत्र उपस्थित रहने पर उस जीव को "विषमयुग्मकी" कहते हैं।

chronology – कालानुक्रम/तैथिकी

पुरातात्विक स्थलों या संस्कृति के प्रागैतिहासिक कालों का वर्गीकरण जिसमें उनके स्तर-विन्यास, प्ररूप वर्गीकरण अथवा वास्तविक तिथि का निर्धारण किया गया होता है, कालानुक्रम या तैथिकी कहलाता है।

chronometric dating method – कालमापन तिथि विधि

जीवाश्मों के काल-खंड निर्धारण की एक विधि कालमापन तिथि विधि कहलाती है। इसमें वास्तविक जमा सामग्री या उसके नमूनों का मापन किया जाता है। यह निरपेक्ष तिथि निर्धारण विधि के नाम से भी जानी जाती है।

cicisbeism – उपपति प्रथा

समाज सम्मत एक ऐसी प्रथा जिसके अनुसार विवाहिता स्त्री को पति के अतिरिक्त कोई प्रेमी रखने की अनुमति होती है, उपपति प्रथा कहलाती है। प्रेमी व्यक्ति विवाहिता का स्थाई पति नहीं होता है।

circumcision – ख़तना/सुन्नत

शब्दानुवाद के रूप में "सॅ.क़म्सिशज़न" का अर्थ 'चारों ओर से काटना' होता है। कुछ धार्मिक समुदायों, विशेषतः मुसलमानों और यहूदियों में पुरुष खतना की प्रथा प्रचलित है जिसके अनुसार शिश्न के अग्रभाग, मुण्ड पर चढ़ी हुई चमड़ी को काट दिया जाता है और मुण्ड को उघाड़ा कर दिया जाता है। मुसलमान और यहूदी लोग, सामान्यतः पुरुष ख़तना को एक धार्मिक रिवाज़ मानते हैं और ख़तना के दिन को उत्सव के रूप में मनाते हैं। यहूदियों में बालक के जन्म के आठवें दिन एक अनुष्ठान के रूप में ख़तना किया जाता है जिसे ये लोग "ब्रिथ मिलह" कहते हैं। कभी-कभी यह बाद में बाल्यावस्था में अथवा धर्म परिवर्तन के समय किया जाता है। उत्तरी अमेरिका के कई लोग और यूरोप और अफ्रीका के कुछ लोग, जो न तो मुसलमान हैं और न ही यहूदी भी एक परम्परा के रूप में अपने पुरुष बालकों का ख़तना करते देखे गये हैं। खतना की प्रथा को ये लोग स्वास्थ्य एवं स्वच्छता की दृष्टि से अच्छा और फायदेमन्द मानते हैं। किन्तु आधुनिक चिकित्सा विज्ञान इस बात का अनुमोदन करने के स्थान पर इसे एक जोखिम भरा कृत्य मानता है।

कुछ अफ्रीकी और आस्ट्रेलियाई आदिवासियों की संस्कृति में पुरुष शिश्न की शल्य चिकित्सा को जीवन-पथ के संस्कार का एक हिस्सा माना जाता है जिसे वे लोग पुरुषत्व प्राप्ति का प्रतीक मानते हैं। शिश्न की यह शल्य चिकित्सा ख़तना से भिन्न होती है। इसमें शिश्न के नीचे वाले भाग में लम्बवत् चीरा लगाकर शिश्न को चौड़ा किया जाता है। अलग-अलग भागों में शिश्न की यह शल्य चिकित्सा अलग-अलग रूप लिये देखी गई है।

विश्व के कई भागों में, जैसे अफ्रीका के पश्चिमी, उत्तरी-पूर्वी और सहारा क्षेत्र स्त्री ख़तना, जो नाममात्र की होती है, की प्रथा भी पाई गई है। "स्त्री-ख़तना" शब्द वहां कई प्रकार से महिला जनन अंगों की शल्य चिकित्सा के लिये प्रयोग किया जाता है। कई स्थानों पर (जैसे सूडान के अरबों में) यह शल्य चिकित्सा जीवन-पथ के संस्कार के रूप में विवाह के पूर्व

युवा लड़कियों में की जाती है। स्त्री-खतना प्रथा के अनुसार स्त्री के भग-शिश्न के ऊपरी भाग को या फिर कभी-कभी पूरा काट दिया जाता है। कहीं-कहीं इसमें स्त्री की योनि के अन्य बाहरी भागों को काटने और उन्हें आपस में जोड़ने की प्रथा भी पाई गई है। इस शल्य चिकित्सा में स्वास्थ्य सम्बन्धी बड़े खतरे रहते हैं। कभी-कभी इसमें अत्यधिक दर्द के अलावा रक्तस्राव और मौत होने का भय बना रहता है।

स्त्री-ख़तना का क्या औचित्य है, इस मामले में अलग-अलग संस्कृतियों में भिन्नता देखी गई है। यह रिवाज़ किसी एक ही धार्मिक परम्परा से सम्बद्ध हो, ऐसी बात नहीं है। उदाहरणार्थ अफ्रीका में, मुसलमानों, ईसाइयों और यहूदियों के अलावा यह रिवाज़ अफ्रीकी धार्मिक परम्पराओं को मानने वाले समुदायों में भी पाई गई है। बहुत से मुसलमान इस प्रथा को मुस्लिम धर्म के विरुद्ध मानते हैं और वे इसका पालन नहीं करते, फिर भी अफ्रीका के उत्तरी-पूर्वी इलाकों में कुछ मुसलमान इसका थोड़ा-बहुत पालन करते हैं। कुछेक संस्कृतियों में इस रिवाज़ की व्याख्या कौमार्य की सुरक्षा, सौन्दर्य, (सांस्कृतिक सौन्दर्य प्रतिमानों के साथ अनुरूपता), स्वच्छता, पवित्रता (तुहर), लिंग पहचान (पुरुष भाग को हटाना), और पुरुष कामुक सुख में वृद्धि के रूप में की गई है।

city — नगर

लुई विर्थ के अनुसार, "सामाजिक रूप में विषमतायुक्त व्यक्तियों की अपेक्षाकृत एक बड़ी, घनी और स्थाई अधिवास या आबादी को नगर कहते हैं।" सामान्यतः नगर की परिभाषा भौतिक आवास, जनसंख्या के घनत्व, और जीवन-शैली आदि के आधार पर कई रूप में की गई है। 'एक नगर अत्यधिक वृहद् आकार तथा जनसंख्यात्मक घनत्व वाला एक ऐसा समुदाय है जिसके निवासी विविध एवं गैर-कृषिहर विशिष्ट कार्यों में लगे होते हैं तथा जिनकी एक विशिष्ट जीवन-शैली होती है जो उसे ग्रामीण समुदाय की जीवन-शैली से अलग करती है।'

ऐतिहासिक तथ्यों के आधार पर यह माना जाता है कि संभवतः प्रथम नगर **उर्क** था जो मेसोपोटामिया में 3500 ई. पू. सुमेर सभ्यता की एक बस्ती के रूप में पाया गया था। चीन के नगरों का उद्‌भव 2000 ई. पू. और यूरोप के नगरों का उद्‌भव 850 ई. पू. माना जाता है। प्रारंभिक नगर कच्चे माल और भोज्य पदार्थों का अन्य पदार्थों और सेवाओं के साथ विनिमय द्वारा अपने आप को बनाये रखते थे। प्रारंभिक अध्ययनों में, "सिटि" शब्द का प्रयोग ऐसे यूरोपीय कस्बों के लिये किया गया है जो "बिसप-क्षेत्र" हुआ करते थे तथा जहां मुख्य गिरजाघर होता था। किन्तु बाद में और आज भी इस शब्द का प्रयोग एक ऐसे बड़े नगरीय क्षेत्र के लिये किया जाने लगा जहां अत्यन्त विशिष्ट वस्तुएं तथा सेवाएं उपलब्ध होती हैं।

civil society — नागरिक समाज

उन्नीसवीं शताब्दी में सरकार अथवा राज्य के लिये पर्यायवाची के रूप में "नागरिक समाज" शब्द का प्रयोग किया जाता था। आजकल इस शब्द का प्रयोग राज्य-विरोधी समूहों या कभी-कभी राज्य के विपरीत "समाज" के लिये किया जाता है। **कार्ल मार्क्स** ने नागरिक समाज के संबोध (अवधारणा) का प्रयोग एक ऐसे विकृत पूंजीवादी समाज के लिये किया है

जिसमें चरम व्यक्तिवादिता तथा भौतिकवादी प्रतिस्पर्धा (प्रत्येक की प्रत्येक से) होती है। इस विकृत पूंजीवादी समाज के फलस्वरूप उत्पन्न संघर्ष और दुर्गति को रोकने एवं नियंत्रित करने के लिये ही आधुनिक राज्य की आवश्यकता हुई।

civilization – सभ्यता

सभ्यता से तात्पर्य उस समूची यंत्र-पद्धति (प्रौद्योगिकी) और उसके संगठन से है जिसकी मानव ने अपने जीवन की दशाओं पर नियंत्रण प्राप्त करने के उद्देश्य से रचना की है। सभ्यता संस्कृति की उन्नत अवस्था है जिसमें कलाओं एवं विज्ञान के साथ-साथ राजनीतिक जीवन भी काफी विकसित होता है। **वी. गॉरडॉन चाइल्ड** के अनुसार, सभ्यता की प्रमुख विशेषताएं उसकी आन्तरिक सामाजिक श्रेणीबद्धता, विशेषीकरण, नगर और विशाल जनसंख्या तथा गणित एवं लेखन में वृद्धि है। **प्रो. ऑगबर्न** ने संस्कृति के भौतिक और अभौतिक पक्षों में भेद किया है और भौतिक पक्ष को सभ्यता तथा अभौतिक पक्ष को संस्कृति कहा है।

civilization, primary/indigenous – प्राथमिक/देशज सभ्यता

रेडफील्ड एवं सिंगर (1954) ने लोक समाज और लघु समुदाय के अपने अध्ययन में दो प्रकार की सभ्यताओं, यथा प्राथमिक/देशज सभ्यता और द्वितीयक सभ्यता के विचारों (अवधारणाओं) को प्रणीत किया है। इन दोनों सभ्यताओं को एक दूसरे से विपरीत मानते हुए प्राथमिक सभ्यता को लोक/कृषक समाजों के साथ और द्वितीयक सभ्यता को आधुनिक नगरीय समाजों या नगरवाद के साथ जोड़ा है। रेडफील्ड के विचारों का अनुसरण करते हुए **मैक्किम मैरियट** ने अपने एक लेख "लिटिल कॅम्यूनिटीज़ इन एन इन्डिजॅनस सिवॅलाइजेशन" (1955) में प्राथमिक सभ्यता को इन शब्दों में परिभाषित किया है, "एक प्राथमिक अथवा देशज (इन्डिजॅनस) सभ्यता वह है जिसका विकास ऋजुविकास की प्रक्रिया के माध्यम से स्वयं की लोक संस्कृति से होता है। यह प्रक्रिया एक सीधी रेखा में देशज विकास के रूप में होती है।" प्राथमिक सभ्यता के लोग द्वितीयक सभ्यता (नगरीय समुदाय) के तौर-तरीकों को हीन और नैतिक दृष्टि से भ्रष्ट मानते हैं।

civilization, secondary – द्वितीयक सभ्यता

रेडफील्ड एवं सिंगर (1954) ने लोक समाजों के अपने विश्लेषण में आधुनिक नगरीय समाज या पश्चिमी प्रकार के नगरवाद को इंगित करने के लिये द्वितीयक सभ्यता शब्द (अवधारणा) का प्रयोग किया है। इस सभ्यता को उन्होंने लोक समाजों की पुरातन प्राथमिक या देशज सभ्यता से विपरीत माना है। रेडफील्ड के अनुसार द्वितीयक सभ्यता उत्पत्ति और विकास की दृष्टि से विषमतामूलक होती है और इसकी अन्तर्वस्तु का निर्माण विदेशी वस्तुओं (ऐसी वस्तुएं जिन्हें विदेशी माना जाता है) से होती है। द्वितीयक सभ्यताओं में नगरीय तौर-तरीकों को बहुधा लोक रीतियों से भिन्न (विदेशी) माना जाता है। यही नहीं, इन तौर-तरीकों को बहुधा प्रभाव की दृष्टि से लोक रीतियों से श्रेष्ठ माना जाता है।

civilizational regions – सभ्यतापरक प्रदेश

'सभ्यतापरक प्रदेश' की अवधारणा को एक भारतीय मानवशास्त्री **माखन झा** ने अपने एक अध्ययन 'सिविलाइजेशन एण्ड कॉम्प्लेक्स सोसाइटीज़ ऑफ साउथ एशिया' में विकसित किया है। उन्होंने इसे परिभाषित करते हुए लिखा है कि "एक सभ्यतापरक प्रदेश समान विचारों, क्रियाओं, प्रथाओं तथा मान्यताओं के आधार पर पृथक्-पृथक् चरित्रों वाली जातियों, समुदायों एवं समुदायों द्वारा निर्मित स्थानीय संस्कृतियों एवं इतिहासों के योग की एक पारिस्थितिकीय व्यवस्था है जो भाषाई क्षेत्र के रूप में अपनत्व की तीव्र घनिष्ठ भावना से बंधा होता है।" झा के अनुसार दक्षिण एशियाई सभ्यताओं की जटिलताओं के अध्ययन में यह प्रादेशिक दृष्टिकोण काफी हितकर हो सकता है। उन्होंने अपने विचारों की पुष्टि और अपनी इस अवधारणा का परीक्षण जनकपुर (नेपाल) और रतनपुर (म.प्र.) के मिथिला और महाकौशल क्षेत्रों के अध्ययन द्वारा किया है। उन्होंने बताया कि ये दो भिन्न सभ्यतापरक क्षेत्र हैं। इन दोनों ही क्षेत्रों के लोगों की धार्मिक जरूरतों की पूर्ति आसपास के धार्मिक परिसरों द्वारा की जाती है। आधुनिकीकरण की प्रक्रियाओं के उपरान्त भी ये दोनों क्षेत्र दीर्घ (महत्) परम्परा की निरन्तरता और एक विशिष्ट प्रकार की स्थाई जीवन-शैली को प्रकट करते हैं।

cladistics – क्लेडिस्टिक्स

जैविक सावयवों के वर्गीकरण की एक विधि क्लेडिस्टिक्स कहलाती है। यह विधि मात्र उद्‌विकासीय सम्बद्धता पर आधारित है।

clan – गोत्र/कुल

अंग्रेजी के "क्लैन" शब्द के लिए हिन्दी भाषा में "गोत्र" या "कुल" शब्दों का प्रयोग कई वंशजों के एक ऐसे व्यापक एकरेखीय वंश समूह के लिये किया जाता है जिसके सदस्य स्वयं को किसी वास्तविक अथवा मिथकीय या कल्पित पूर्वज की सन्तान मानते हैं। यह पूर्वज किसी पुरावृत पर आधारित मानव, पशु, पौधा, अथवा कोई निर्जीव पदार्थ भी हो सकता है। गोत्र समूह बहुधा बहिर्विवाही होते हैं। यह एक रक्तमूलक समूह होता है, किन्तु इसके सदस्य संयुक्त आवासी नहीं होते हैं। किसी स्थान विशेष पर केन्द्रित गोत्र के लोग कभी-कभी प्रादेशिक राजनीतिक इकाई का रूप ग्रहण कर लेते हैं। मानवशास्त्र की कुछ ऑग्ल भाषा की पुस्तकों में 'क्लैन' के स्थान पर 'सिब' शब्द का प्रयोग किया गया है। गोत्र और वंश समूह (लाइनॅज) में अन्तर होता है क्योंकि वंश समूह किसी वास्तविक मानव पूर्वज से जुड़ा होता है जिसे बताया जा सकता है। वास्तव में, गोत्र कई वंश समूहों का एक व्यापक रूप है।

clan-avuncu – मातुल गोत्र

जी. पी. मरडॉक के अनुसार, एक ऐसा समूह जिसमें मातृवंश से सम्बन्धित वे सभी पुरुष सम्मिलित होते हैं जिनका आपस में मामा-भांजे अथवा सगे भाइयों का रिश्ता हो, मातुल-गोत्र के नाम से जाना जाता है। इसमें उनकी पत्नियां तथा विवाहित संतान भी सम्मिलित होते हैं जो निश्चित रूप में किसी दूसरे कुल के सदस्य होते हैं। मां और बच्चे पिता के गोत्र के नहीं

माने जाते क्योंकि ये समाज मातृवंशी होने के काण माँ के गोत्र के ही सदस्य होते हैं।

clan, complex – जटिल गोत्र
मूल पूर्वज के साथ व्यक्ति की निकटता की मात्रा के आधार पर आन्तरिक संस्तरण प्रदर्शित करने वाला समूह जटिल गोत्र कहलाता है। यह आन्तरिक संस्तरण गोत्र की उपयोगिता को प्रदर्शित करता है।

clan, equlitarian – समतावादी गोत्र
समतावादी गोत्र उसे कहते हैं जिसके सभी सदस्यों को समान अधिकार प्राप्त होते हैं, तथा सभी सदस्यों को इसके लाभों का उपयोग करने के समान अवसर होते हैं।

clan, matri – मातृक गोत्र
मातृवंशीय वंश सिद्धान्त पर निर्मित गोत्र-समूह को मातृक गोत्र कहते हैं। यह एक ऐसा स्वजन-समूह होता है जिसके सदस्य अपना वंश स्त्री पूर्वजा के द्वारा खोजते हैं।

clan, patri – पितृक गोत्र
पितृवंशीय वंश सिद्धान्त पर संगठित गोत्र-समूह को 'पितृक गोत्र' कहते हैं।

clan, totemic – टोटेमी कुल/गोत्र
ऐसे कुल या गोत्र जिनका समान टोटेम अथवा गणचिन्ह होता है, टोटेमी कुल या गोत्र कहलाते हैं। एक टोटेमी कुल के लोगों में परस्पर एकता, सहयोग तथा भावनात्मक सम्बन्ध होते हैं। ये लोग एक ही गणचिन्ह की पूजा करते हैं तथा जन्म, मृत्यु आदि विशेष संस्कारों में सभी भाग लेते हैं। बहिर्विवाह इनका प्रमुख लक्षण है।

class – वर्ग
वर्ग एक ऐसा सामाजिक समूह है जिसे सामाजिक-आर्थिक स्तर और जीवन-शैली के आधार पर दूसरे समूह से अलग किया जाता है। आयु, व्यवसाय और पैदाइश जैसी विशेषताओं को भी वर्गों में अन्तर बताने के लिये प्रयोग किया जाता रहा है। प्रारंभिक समुदायों में आधुनिक अर्थ वाले आर्थिक आधार पर निर्मित वर्ग नहीं थे और जो वर्ग थे वे काफी स्थाई थे। प्रारंभिक समाजों में जो धनाड्य व्यक्ति होते थे, उन्हें उनकी धनाड्यता उनके पैतृक प्रस्थिति के कारण प्राप्त हुआ करती थी। बहुधा, प्रारंभिक समाजों में एक व्यक्ति का जिस वर्ग में जन्म होता था, उसी में वह मरता था। अधिकांश प्रारंभिक समाजों में आयु को सम्पदा की अपेक्षा संस्तरण के एक मापदंड के रूप में प्रयोग किया जाता था।

कार्ल मार्क्स ने आर्थिक आधार (उत्पादन के साधनों के स्वामित्व) पर वर्ग को परिभाषित किया है और दो प्रमुख वर्ग बताये हैं : बुर्जुआ (पूंजीपति) वर्ग और सर्वहारा (कामगार) वर्ग। इसके विपरीत, **मैक्स वेबर** का वर्ग का विश्लेषण बाजार सम्बन्धों पर आधारित है और इस आधार पर उन्होंने सम्पत्ति वर्ग, अर्जनशील वर्ग और सामाजिक वर्ग बताये हैं।

classification – वर्गीकरण

वस्तुओं को वैचारिक दृष्टि से अलग-अलग जमाने, व्यवस्थित करने या समूहीकरण करने की प्रक्रिया वर्गीकरण कहलाती है। वर्गीकरण, विज्ञान की विधा का एक मूलभूत चरण है जिसका प्रयोग सभी विज्ञानों में किया जाता है। मानवशास्त्र विभिन्न संस्कृतियों में वर्गीकरणों की योजनाओं का तुलनात्मक अध्ययन करता है। उदाहरणार्थ, नातेदारी, रंग, जीवित वस्तुएं, प्रजाति, रोग, मूर्तिका, ईन्धन, उपकरण, स्वचालित वाहन और समय आदि के वर्गीकरण को लेकर मानवशास्त्रियों ने विभिन्न संस्कृतियों के कई अध्ययन कर उनकी तुलनाएं की हैं। मानवशास्त्र में वर्गीकरण के विचार का उद्भव सर्वप्रथम नातेदारी के **एच. एल. मॉर्गन** (1871) के अध्ययन से हुआ है। मॉर्गन ने नातेदारी शब्दावली का विभाजन (वर्गीकरण) दो वर्गों में किया है : (1) वर्गात्मक नातेदारी शब्दावली और (2) व्यक्तिकात्मक नातेदारी शब्दावली। बाद में, **क्रोबर** ने इस वर्गीकरण में लिंग, पीढ़ी, समवाहिकता, और समरेखीय आदि मानदंडों को भी सम्मिलित किया है।

इसी प्रकार रंगों का वर्गीकरण भी हमें सभी संस्कृतियों में देखने को मिलता है। सभी संस्कृतियों (आधुनिक और आदिवासी) में मोटे रूप में तीन मूलभूत रंगों - काला, सफेद और लाल की पहचान की गई है। कोई संस्कृति जितनी अधिक जटिल होगी, उतने ही अधिक मूलभूत रंगों के नाम उसके शब्दकोश में होंगे। इसी प्रकार पशु-पक्षियों, पेड़-पौधों का वर्गीकरण किया गया है। पशुओं में भी चौपाये, रेंगने वाले, स्तनधारी, थलचर, नभचर, जलचर जैसी अनेक कोटियों का अलग-अलग संस्कृतियों में प्रयोग किया गया है।

कुछ मानव वैज्ञानिकों ने प्रजाति वर्गीकरण का अध्ययन कर बताया कि इस सम्बन्ध में अलग-अलग संस्कृतियों में भिन्न धारणाएं पाई गई हैं। सामान्यतः रंग के आधार पर सम्पूर्ण मानव जाति को काले, पीले और सफेद रंगों में वर्गीकृत किया जाता है, किन्तु ब्राजिल जैसे छोटे से देश में 492 प्रजाति-रंगों की कल्पना की गई है। पिछली शताब्दी में वर्गीकरण संरचनात्मक और संज्ञानात्मक मानवशास्त्र का एक प्रिय विषय रहा है। **दुखाईम और मॉस** ने मिलकर 'आदिवासी वर्गीकरण' नाम से एक अग्रणी अध्ययन सन् 1903 में किया है। अभी हाल के वर्षों में **लेवी स्ट्रास** ने भी इस विषय में रुचि प्रदर्शित की है और उन्होंने इसके अध्ययन में भाषाई मॉडल्स का प्रयोग किया है।

clone – अनुकृति (क्लोन)

"क्लोन" शब्द का प्रयोग दो अर्थों में किया गया है। प्रथम अर्थ में, इसका प्रयोग जीवों के एक ऐसे समूह के लिये किया जाता है जिनका जन्म गुण सूत्रों के बिना पुनर्संगठन के सूत्री-विभाजन (मायटिक डिविज़न) द्वारा एक सामान्य पूर्वज से होता है। इस प्रक्रिया को 'पूर्वजक' कहते हैं।

दूसरे और अत्याधुनिक अर्थ में "क्लोन" शब्द का प्रयोग 'अनुकृति' के अर्थ में किया गया है। इस अर्थ में एक क्लोन (प्रतिकृति) एक ऐसा जीवन है जो अकेले माता या पिता से गैर-मैथुनिक तरीके से उत्पन्न जीव न केवल शारीरिक, अपितु आनुवंशिक रूप में भी वह अपने

माता या पिता के पूरी तरह से समरूप होता है। इसके विपरीत, मैथुनिक प्रजनन प्रक्रिया से उत्पन्न संतान माँ और बाप दोनों के आधे-आधे आनुवंशिक लक्षण प्राप्त करती है। क्लोनिंग विधि से प्राप्त जीव उत्पाद मूल जीव की प्रतिलिपि होता है। इसे ही आजकल क्लोन (अनुकृति) कहा गया है।

cloning – अनुकृति-रचना (क्लोनिंग)

सामान्य प्रजनन प्रक्रिया में शुक्राणु और अंडाणु दोनों के संयोजन या मेल से संतान का जन्म होता है। प्रजनन का यह नैसर्गिक और पारम्परिक तरीका मानव और पशुओं में अनादिकाल से चला आ रहा है। आजकल इस तरीके के स्थान पर प्रजनन के जिस नये तरीके की खोज की गई है, उसे "क्लोनिंग" (अनुकृति-रचना) का नाम दिया गया है। इस नये तरीके में शुक्राणु और अंडाणु दोनों की जरूरत नहीं पड़ती। इसमें जिस जीवन का क्लोन तैयार करना होता है, उसके किसी अंग से शल्य चिकित्सा द्वारा केन्द्रक सहित एक कोशिका ले ली जाती है। किसी भी कोशिका (सैल) की केन्द्रक (न्यूक्लिअॅस) में वंशाणुओं (जीन्स) और (वर्णसूत्रों (क्रोमोसोम्स) का भण्डार होता है, अतः इसमें कोशिका की सभी आनुवंशिक सूचनाएं उपस्थित होती हैं। कोशिका के इस केन्द्रक को बाद में यंत्रों की सहायता से अलग करके उसी जीव जाति के किसी अन्य जीव के अनिषेचित अंडे से मिलन कराया जाता है जिसके डी.एन.ए. को भी पहले निकाल लिया जाता है। इस प्रकार तैयार 'परखनली भ्रूण' को उसी जीव जाति के किसी जीव के गर्भाशय में स्थापित कर दिया जाता है। एक निश्चित गर्भावधि के बाद जब इस 'सोरोगेट जीव' से जिस जीव का जन्म होता है, उसे ही क्लोन या प्रतिकृति कहा गया है। क्लोनिंग की इस नयी तकनीक की यह विशेषता है कि इसमें प्रकृति द्वारा नैसर्गिक प्रजनन के निरूपित तरीके को मनचाहे ढंग से बदल दिया जाता है।

क्लोनिंग की यह तकनीक जो 'जिनेटिक इंजीनियरिंग' का महत्वपूर्ण हिस्सा है, वस्तुतः पौधों पर परीक्षण के साथ शुरू की गई थी और इसके द्वारा उपजाऊ एवं रोग निरोधी फसलें पैदा कर विश्व के खाद्यान्न संकट को दूर करने का प्रयास किया गया। इस विधि द्वारा एक उद्यानविज्ञ या बागबान किसी एक पेड़ की टहनी से एक पूरे नये पेड़ को जन्म दे देता है। वास्तव में, "क्लोन" शब्द की उत्पत्ति ही ग्रीक शब्द से हुई है जिसका अर्थ ही "टहनी" होता है। पशुओं पर इसका प्रयोग सन् 1950 के दशक से शुरू हो गया था किन्तु यह विधि अधिक चर्चा का विषय तब बनी जब स्कॉटलेण्ड के वैज्ञानिक **इयान विलमुट** ने सन् 1997 में डॉली नामक एक भेड़ पर किये गये अपने सफल प्रयोग से क्लोन तैयार कर इसकी सविस्तार जानकारी 'नेचर' नामक पत्रिका में दी।

क्लोनिंग की इस विधि का प्रयोग यदि मानव जाति पर किया जाता है, तब स्वाभाविक रूप में कई अनुत्तरित प्रश्नों का जन्म होगा। सर्व प्रथम, इस प्रक्रिया का सर्वाधिक विवादास्पद पहलु यह है कि जनन की यह प्रक्रिया एकलिंगी है जिससे मानव और प्रकृति में टकराव की स्थिति पैदा हो गई है। जब कभी इस विधि को मानव पर लागू किया गया, तब एकलिंगी जनन की इस प्रक्रिया से मनचाहे मानव प्रयोगशालाओं में उत्पन्न होने लगेंगे। क्लोन की यह

विधि अभी पूरी तरह परिपक्व नहीं हुई है, अतः इस प्रक्रिया में पूरी आशंका है कि इच्छित और सर्वगुण सम्पन्न क्लोन की जगह यदि विकलांग मानव क्लोन बनने लगे, तब क्या होगा? इस स्थिति से एक नैतिक बहस के शुरू होने से इन्कार नहीं किया जा सकता। यही नहीं, इससे जुड़ी विवाह, परिवार और नातेदारी जैसी मूलभूत सामाजिक धारणाओं का अस्तित्व संकट में पड़ सकता है। मानव का प्रयोगशालाओं में पैदा होने पर क्या मानव-जीवन का कोई अर्थ शेष रहेगा, यह एक विचारणीय प्रश्न है। 'क्लोनिंग' की अवधारणा न केवल नैतिक दृष्टि से, बल्कि कानूनी और धार्मिक मान्यताओं के भी विपरीत है। इससे मानव-जीवन में ऐसी जटिलता पैदा होने का भय है जिन पर नियंत्रण पाना अत्यंत दुष्कर हो सकता है। क्लोनिंग की इस विधि पर उत्पन्न हुई प्रतिक्रियाओं पर अपने विचार व्यक्त करते हुए स्वयं इवान विल्मुट भी दिग्भ्रमित दिखाई देते हैं जब वे यह कहते हैं कि 'इंसान का क्लोन बनाना अमानवीय होगा।'

Cochise culture – कोचिस संस्कृति

अमेरिका का दक्षिण-पूर्वी अरिज़ोना प्रदेश तथा निकटवर्ती न्यू मैक्सिको की प्रागैतिहासिक संस्कृति कोचिस संस्कृति के नाम से जानी जाती है। इस संस्कृति की प्रमुख विशेषताएं चपटी पेषणी की बहुलता तथा प्राथमिक अवस्था में रक्षात्मक शस्त्रों का अभाव रहा है। बाद में इस संस्कृति में बीज संग्रहण से आखेट अर्थव्यवस्था में परिवर्तन होने के प्रमाण मिलते हैं।

cognates/cognative kin – समस्त्रोतीय स्वजन

एक ही पूर्वज या पूर्वजा के वंशज समस्त्रोतीय स्वजन या सपिंड कहलाते हैं। ये स्वजन जातक व्यक्ति (ईगो) से समोद्भव बन्धनों (कॉन्सेनग्विनल टाइस) के आधार पर माता अथवा पिता दोनों में से किसी एक ओर से जुड़े होते हैं। यदि यह समान पूर्वज पुरुष हो, तब इन वंशजों को पितृरेखीय स्वजन और यदि स्त्री हो, तब इनको मातृरेखीय स्वजन कहते हैं। कुछ मानवशास्त्रियों ने 'कॉग्नेट' शब्द के स्थान पर पर्यायवाची रूप में 'इनैट' शब्द का भी प्रयोग किया है।

'cold' societies – 'ठंडे' समाज

लेवी स्ट्रास की शब्दावली में ऐसे समाज 'ठंडे' समाज हैं जो मुख्यतः स्थिर हैं, जिनमें कोई परिवर्तन नहीं होते। 'ठंडे' समाजों की रुचि इतिहास की अपेक्षा मिथकों में अधिक होती है।

co-lineal relative – सहवंशी संबंधी

'जातक' (ईगो) का भाई या बहन या जातक की पंक्ति के वंशज का कोई भाई या बहन सहवंशी संबंधी कहलाते हैं।

(यहां तथा इस कोश में अन्य स्थानों पर 'जातक' शब्द का प्रयोग अंग्रेजी के 'ईगो' शब्द के लिए किया गया है। शोध शब्दावली में 'ईगो' शब्द का प्रयोग उस व्यक्ति के लिये किया जाता है जिसका अध्ययन किया जा रहा है या जो अध्ययन का केन्द्र है।)

collaterals – **समवर्ती/समवाहिक नातेदार**

ऐसे रक्त सम्बन्धी जो अगली पीढ़ी से वंशानुक्रम के आधार पर प्रत्यक्ष रूप में नहीं जुड़े होते हैं, समवर्ती या समवाहिक नातेदार कहलाते हैं। समवर्ती सम्बन्धी एक ही पीढ़ी के हो सकते हैं। ऐसे सम्बन्धी 'जातक' की वंश की पंक्ति में नहीं होते, जैसे चचेरे, फुफेरे, ममेरे, मौसेरे भाई-बहिन।

collecting economy – **संग्रहण अर्थव्यवस्था**

ऐसा माना जाता है कि संस्कृति के प्रारंभिक चरणों में कृषि कार्य किये जाने के पूर्व मानव इधर-उधर घूम कर (घूमंतू जीवन) वन्य खाद्य पदार्थ —कंद, मूल, फल, फूल एकत्रित कर अपना जीवन-निर्वाह किया करता था, यहीं संग्रहण अर्थव्यवस्था के नाम से जानी जाती है।

collective conscience/consciousness – **सामूहिक विवेक/चेतना**

सामूहिक विवेक या सामूहिक चेतना **दुर्खाइम** की एक प्रमुख अवधारणा है जिसका प्रयोग उन्होंने एक ऐसी सामूहिक समझ या बोध के लिये किया है जिसमें किसी समाज के सदस्य साझेदार होते हैं। किसी समाज के औसत सदस्यों के सामान्य विश्वासों, भावनाओं और मान्यताओं की समष्टि द्वारा निर्मित सुगठित व्यवस्था को दुर्खाइम ने सामूहिक विवेक या सामूहिक चेतना कहा है। इसका अनुभव हमें तब होता है जब किसी व्यक्ति के अनैतिक या दुष्ट कार्य द्वारा सामूहिक चेतना को ठेस पहुंचती है और समाज उस व्यक्ति को दंडित करने के रूप में अपनी प्रतिक्रिया प्रकट करता है। सामूहिक चेतना सभी समाजों में समान नहीं होती। स्वयं दुर्खाइम ने यांत्रिक और सावयविक एकता द्वारा गठित आधुनिक और आदिवासी समाजों में इसके भिन्न रूपों का वर्णन-विश्लेषण किया है।

collective representation – **सामूहिक प्रतिनिधान/कल्पन**

सामूहिक प्रतिनिधान/कल्पन दुर्खाइमवादी समाजशास्त्र की एक प्रमुख अवधारणा है। सामूहिक प्रतिनिधान से तात्पर्य समाज द्वारा मान्य ऐसे विचारों, धारणाओं, भावनाओं और प्रतीकों से है जो सामूहिक रूप से समस्त समूह (समाज) का प्रतिनिधित्व करते हैं। इनका निर्माण सामाजिक अन्तर्क्रियाओं के फलस्वरूप व्यक्तिगत चेतना के पारस्परिक प्रभावों द्वारा होता है और ये ही बाद में सामाजिक प्रतीकों का रूप धारण कर लेते हैं। राष्ट्रीय ध्वज सामूहिक प्रतिनिधान का एक श्रेष्ठ उदाहरण है जो समूह विशेष, अर्थात् किसी राष्ट्र की सामूहिक भावनाओं का प्रतिनिधित्व करता है।

सामूहिक प्रतिनिधान सामूहिक चेतना की एक स्थिति है जिसकी प्रकृति वैयक्तिक चेतना की स्थिति से भिन्न होती है। सामाजिक प्रतिनिधान इस तथ्य को उजागर करते हैं कि वास्तव में सामाजिक जीवन प्रतीकों द्वारा निर्मित है। दुर्खाइम ने सामूहिक प्रतिनिधान की स्वतंत्र यथार्थता को महत्व दिया है।

collectivism – **सामूहिकतावाद**

"सामूहिकतावाद" की अवधारणा का प्रयोग अनेक अर्थ एवं संदर्भ में किया गया है। अत्यन्त

सरल अर्थ में, सामूहिकतावाद से तात्पर्य किसी भी ऐसे राजनीतिक या सामाजिक-आर्थिक सिद्धान्त या विधि से है जो उत्पादन और वितरण के साधनों पर सामुदायिक या राजकीय स्वामित्व या नियंत्रण को प्राथमिकता देती है। पूर्ववर्ती सोवियत संघ में बड़े-बड़े कृषि फार्म का संगठन-संचालन सामूहिकतावाद के सिद्धान्त पर आधारित था। यह सिद्धान्त सामाजिक संगठन के व्यक्तिवादी सिद्धान्त के पूर्णतः विपरीत है।

colonialism – उपनिवेशवाद

उपनिवेशवाद से तात्पर्य किसी प्रभुसत्ता-सम्पन्न शक्ति द्वारा किसी मातहत एवं विदेशी व्यक्तियों, जो शासक वर्ग से अलग होते हैं, पर एक लम्बे समय तक शासन की स्थापना करने और शासन करने से है। यह शब्द एक ऐसी सामाजिक व्यवस्था का संकेत देता है जिसमें एक समाज दूसरे समाज पर राजनीतिक विजय द्वारा सांस्कृतिक प्रभुत्व सहित बलात् सामाजिक परिवर्तन को लादता है।

उपनिवेशवाद साम्राज्यवाद का ही एक भिन्न रूप है। साम्राज्यवाद में राज्यों के बीच असमान प्रादेशिक सम्बन्ध होते हैं जो शासक और शासित सम्बन्धों पर आधारित होते हैं। इसका सम्बन्ध एक विशिष्ट प्रकार के ऐसे औद्योगिक पूंजीवाद से होता है जिसमें वित्तीय एकाधिकार के साथ-साथ पूंजी का एक-दूसरे राष्ट्रों में प्रवाह होता है। प्रादेशिक विस्तार के रूप में, उपनिवेशवाद विकासशील वैश्विक पूंजीवादी व्यवस्था में असमान विकास के एक रूप के साथ-साथ बदलते हुए अन्तर्राष्ट्रीय श्रम-विभाजन को प्रकट करता है।

उपनिवेशवाद के युग की शुरूआत अफ्रीका, एशिया और नव विश्व के भागों में यूरोपीय राज्यों के विस्तार से पन्द्रहवीं शताब्दी में हुई है। एक उभरती हुई वैश्विक व्यवस्था के रूप में इसका जन्म यूरोपीय सामन्तवाद की जमीन से 16वीं शताब्दी में हुआ जो तीन शताब्दियों तक चलता रहा। अठारहवीं शताब्दी में, इंग्लैण्ड, फ्रांस और जर्मनी में औद्योगिक पूंजीवाद के द्रुत विकास के कारण इसमें थोड़ा विघटन उत्पन्न हुआ। इसके बाद, उपनिवेशवाद के दूसरे चरण की शुरूआत हुई जो अधिक समय तक नहीं चला। इसकी जड़ें विस्तारवादी विश्व व्यवस्था में गड़ी थीं। सन् 1820 और प्रथम विश्व युद्ध के बीच आधुनिक उपनिवेशी व्यवस्था का विकास हुआ जिसमें नई प्रौद्योगिकी, संचार वाहन और व्यावहारिक विज्ञान की सहायता से नवीन प्रकार की राजनीतिक और सैनिक सत्ता द्वारा सम्पूर्ण विश्व व्यापार, वित्त और समुद्री परिवहन पर आधिपत्य जमा लिया गया। सन् 1870 और 1918 के बीच उपनिवेशवादी विस्तार 2,40000 वर्ग मील प्रति वर्ष की गति से होता रहा। उपनिवेशवादी देशों की सूची बाद में काफी लम्बी हो गई और इनमें बेलजियम, इटली, अमेरिका और जापान के नाम भी जुड़ गये।

विश्व युद्धों के तत्काल बाद उपनिवेशवादी शासन के अंत की शुरूआत हो गई यद्यपि श्वेत उपनिवेशवादी किसी भी प्रकार के देशी शासन के पक्ष में नहीं थे। कई स्थानों पर उपनिवेशवादी काफी विरोध के बाद स्वतः स्वतंत्रता देने को तैयार हो गये, तो कई स्थानों पर उन्हें मूल निवासियों के कोप भाजन बन कर भागना पड़ा। वि-उपनिवेशीकरण के बाद विकासशील देशों में सामान्यतः एक विचार यह बना हुआ है कि वि-उपनिवेशीकरण के कारण

अर्थपूर्ण आर्थिक अथवा राजनीतिक स्वतंत्रता की स्थापना नहीं हो पाई है और आज भी तथाकथित स्वतंत्र राष्ट्र साम्राज्यवादी देशों के किसी न किसी प्रकार के चंगुल में फंसे हुए हैं।

मानवशास्त्र उपनिवेशवाद से अछूता नहीं रहा है। मानवशास्त्र उपनिवेशवाद के इतिहास और शासक के तौर-तरीकों से दो रूप में जुड़ा हुआ है। एक तरफ उपनिवेशी शासकों ने अपने हित-साधनों के लिये मानवशास्त्रियों को उपनिवेशी क्षेत्रों में नियुक्त किया, दूसरी ओर उन्नीसवीं और बीसवीं शताब्दी के आधुनिकतावादी प्रयोजना में प्रजाति और प्रजातियों के विज्ञान के विकास में यूरोपीय (उपनिवेशवादी) और अ-यूरोपीय (शासित) देश साथ-साथ सहभागिता कर रहे थे। इस प्रकार के तनाव और असमंजस पूर्ण वातावण में उपनिवेशवादी देशों में मानवशास्त्रियों को काम करने में काफी कठिनाइयों का सामना करना पड़ा है। उपनिवेशवाद के प्रति मानवशास्त्रियों का क्या दृष्टिकोण रहा है, इस बारे में अनेक मत मतान्तर हैं। आजकल मानवशास्त्रियों द्वारा पुनः उपनिवेशवाद पर सोच-विचार किया जा रहा है। इस संबंध में **कूपर और स्टोलर** की पुस्तक "साम्राज्य के तनाव" (टेन्शन्स ऑफ एम्पाइर, 1989) दृष्टव्य है जिसमें उपनिवेशी शासन के विरोधाभास, अव्यवस्था और अपूर्णता के साथ-साथ '*उपनिवेशवादी चेतना की द्वन्द्वात्मकता*' का विश्लेषण किया गया है।

colonisation — उपनिवेशीकरण/उपनिवेशन

उपनिवेशीकरण या उपनिवेशन, उपनिवेशनवाद से जुड़ी एक अवधारणा है जो भौतिक रूप से व्यक्तियों द्वारा (स्थाई रूप में) बसने की एक ऐसी प्रक्रिया का संकेत देती है जिसमें बसने वाले व्यक्ति मुख्य साम्राज्य के केन्द्र से दूर जाकर उपनिवेशी बस्तियों में जाकर रहने लगते हैं, जैसे अंग्रेजों का भारत आकर बसना।

colonisation, neo — नव उपनिवेशीकरण

राजनैतिक प्रभुसत्ता प्राप्त करने के उपरान्त भी पुराने उपनिवेशों को अपने पुराने उपनिवेशी शासकों द्वारा गहरे सामाजिक-आर्थिक बन्धनों के आधार पर फंसाये रखने की प्रवृत्ति को नव उपनिवेशन या नव उपनिवेशीकरण कहते हैं। आजकल इसका प्रसार विकसित राष्ट्रों द्वारा भूमंडलीकरण, बाज़ारवाद और उपभोक्तावाद के माध्यम से पुराने उपनिवेश देशों के साथ-साथ कमज़ोर देशों में धड़ल्ले से किया जा रहा है।

colour bar — रंग-भेद/वर्ण-भेद

चमड़ी के रंग के आधार पर सामाजिक, आर्थिक् और राजनीतिक भेदभाव बरतना रंग-भेद या वर्ण-भेद कहलाता है। कई समाजों में (अफ्रीका, अमेरिका, यूरोप के देशों में) काले-गोरों में भेदभाव किया जाता है। गोरों द्वारा काले लोगों को कई कार्यों के करने की अनुमति नहीं दी जाती है और उनके साथ कठोरता का व्यवहार किया जाता है। काले लोगों के लिये कुछ व्यवसाय निषिद्ध होते हैं। कई स्थानों पर सामाजिक भेदभाव के रूप में इन्हें होटलों, सार्वजनिक उद्यानों, सामाजिक समारोहों एवं उत्सवों में भाग लेने से रोका जाता है।

सिद्धान्ततः रंगभेद की रीति-नीति का व्यवहार श्वेत और अश्वेत दोनों ही वर्गों के लोग एक दूसरे के विरुद्ध कर सकते हैं।

Combe-capalle culture – कोम्बे-कपेली संस्कृति

ओरिग्नेशी संस्कृति से सम्बन्धित फ्रांस में कोम्बे-कपेली के शैलाश्रयों से प्राप्त मानव की जीवन-शैली को कोम्बे-कपेली संस्कृति कहा गया है।

commodities – पण्य पदार्थ (उपयोगी वस्तुएं)

अरस्तु पहले व्यक्ति थे जिन्होंने अपनी कृति 'राजनीति' में पण्य पदार्थों (उपयोगी वस्तुओं) पर सोच-विचार किया है और किसी विशिष्ट वस्तु के उपयोग मूल्य और विनिमय मूल्य में अन्तर किया है। इसी अन्तर के आधार पर बाद में **कार्ल मार्क्स** ने अर्थ व्यवस्थाओं को दो रूपों में विभाजित किया : (1) उपयोग हेतु उत्पादन पर आधारित अर्थ व्यवस्था, और (2) विनिमय हेतु उत्पादन पर आधारित अर्थ व्यवस्था।

उपयोग हेतु उत्पादन की अर्थव्यवस्थाओं में समाज के सदस्य वस्तुओं का उत्पादन अपनी आवश्यकताओं, अपने परिवार वालों की आवश्कताओं की पूर्ति के लिये उत्पादन करते हैं। इस प्रकार की व्यवस्थाओं में उत्पादन से उपभोग के रास्ते में विनिमय, अर्थात् बाजार में वस्तुओं का बेचान और खरीद बीच में नहीं आता है। ऐसी व्यवस्थाओं में माल और सेवाओं का जो उत्पादन होता है, वह प्रयोग या उपयोग मूल्य कहलाता है। अरस्तु के समय के समाजों की भांति, पूर्व-पूंजीवादी कृषक समाजों में विलासी उपभोग, राजनीतिक व्यवस्था के प्रबंध, सार्वजनिक स्मारकों और धार्मिक स्थानों, या मात्र दिखावटी प्रदर्शन हेतु धन-सम्पदा की अलग से व्यवस्था कर दी जाती थी।

विनिमय के लिये उत्पादन वाली अर्थव्यवस्था में, इसके विपरीत, माल और सेवाओं का उत्पादन एक अव्यक्तिगत बाजार के लिये किया जाता है, अतः वे पण्य पदार्थ कहलाते हैं। पण्य पदार्थों की एक विशिष्ट विशेषता यह होती है कि इनके उपयोग मूल्य और विनिमय मूल्य दोनों होते हैं। उपयोग मूल्य वस्तु में अन्तर्निहित होता है जो इसकी उपयोगिता को प्रकट करता है। इसी के द्वारा हमें वस्तु के उपभोग के उपरान्त संतुष्टि मिलती है। विनिमय के द्वारा हम समाज में वस्तु की उपयोगिता को दूसरे को हस्तान्तरित कर देते हैं और इसके विनिमय में प्राप्त वस्तु की उपयोगिता का लाभ हम प्राप्त करते हैं।

पण्य पदार्थों के इस प्रकार के अन्तर ने ही मानवशास्त्रियों को "वस्तु विनिमय" और "उपहार विनिमय" में भेद करने के लिये प्रेरित किया है। मानवशास्त्री **ग्रेगॉरी** (1982) ने इस विषय पर विस्तार से लिखा है। उन्होंने लिखा है कि वस्तु विनिमय से तात्पर्य हस्तान्तरीय वस्तुओं का ऐसे व्यक्तियों के बीच होने वाले विनिमय से है जो पारस्परिक निर्भरता की स्थिति में होते हैं जो विनिमय की जाने वाली वस्तुओं के बीच परिमाणात्मक सम्बन्ध स्थापित करते हैं। इसके विपरीत, उपहार विनिमय से तात्पर्य अहस्तान्तरणीय वस्तुओं का ऐसे व्यक्तियों के बीच होने वाले विनिमय से है जो पारस्परिक निर्भरता की स्थिति में होते हैं और जो विनिमय में भाग लेने वालों के बीच गुणात्मक सम्बन्धों का निर्माण करते हैं।

common descent – साझा वंश

डार्विनवादी आंदोलन का यह सर्वप्रथम सिद्धान्त है कि सभी जीवित स्पीशीज़ का अवश्य

कोई एक सामान्य पूर्वज रहा है। यह सिद्धान्त **लेमार्क** के इस विचार से काफी भिन्न है कि स्पीशीज में अपने मूल लक्षणों को खोये बिना परिवर्तन हो सकता है।

communal feast – सहभोज

सामुदायिक भोज जिसका एक विशिष्ट प्रतीकात्मक अर्थ तथा विशेष सांस्कारिक स्वरूप होता है, सहभोज कहलाता है। ये भोज व्यक्ति के जीवन की महत्वपूर्ण घटनाओं जैसे जन्म, विवाह, मृत्यु आदि के अवसरों पर आयोजित किये जाते हैं। भारतीय संदर्भ में जातीय आधार पर आयोजित भोज भी इसी श्रेणी में आते हैं।

communication – सम्प्रेषण/संचार

ऐसा व्यवहार जो जीवों में सूचना के संचरण को उत्पन्न करता है और जिसका उद्देश्य इस प्रक्रिया में सहभागी सभी व्यक्तियों के व्यवहार में परिवर्तन करना होता है। सम्प्रेषण या संचार समस्त जीवन का मूलाधार है और यह सभी ऐसे जीवनधारी वस्तुओं के लिये आवश्यक है जिनका जीवन किसी सामाजिक परिवेश में संचालित होता है।

मानवशास्त्रियों ने एक लम्बे समय पूर्व से सम्प्रेषण क्षमताओं और इसके तरीकों की जटिलताओं को पहचान कर यह बात स्थापित की है कि मानवीय प्राणियों और जीवन के अन्य स्वरूपों में अन्तर का यह (संचार व्यवस्था) सबसे बड़ा मापदण्ड है, अर्थात् जहां मानव प्राणी में सूचनाओं के सम्प्रेषण और संचार की क्षमता होती है, वहां अन्य जीवों में यह क्षमता इतनी विकसित नहीं होती है। संचार/सम्प्रेषण के लिये मानव प्राणी के पास उसकी भाषा है, (यह मानव की अन्यतम विशेषता है, जो उसे अन्य प्राणियों से अलग करती है), जब कि अन्य प्राणियों के पास भाषा के रूप में कोई जटिल संचार व्यवस्था नहीं होती।

मानवशास्त्रियों ने विभिन्न संस्कृतियों से संचार की जटिलताओं सम्बन्धी तथ्य एकत्रित करने का प्रयास किया है। इस सम्बन्ध मे **बुहलर/जेकबसन** का "संचार का नृजातिलेखन" का मॉडल उल्लेखनीय है। आजकल मानवशास्त्री संचार के ऐसे मॉडल्स की खोज में लगे हुए हैं जो मानव की सृजनात्मकता को प्रतिबिम्बित करने के साथ-साथ सभी संचार प्रक्रियाओं में अन्तर्निहित अनिश्चयात्मकता को भी प्रकट कर सके। **फ्रैडरिक** ने इस संदर्भ में कहा है कि कविता सभी मानवीय सम्प्रेषण का सर्वाधिक स्वाभाविक रूप है और इसकी अभिव्यक्ति अनेक ढंग से की जा सकती है।

संचार के तत्व

ऑग्ल भाषा में "SPEAKING' में प्रयोग किये गये प्रत्येक वर्णमाला शब्द के आधार पर :

एस स्थिति (परिवेश, दृश्य)
पी सहभागी व्यक्ति (वक्ता या प्रेषक, भाषणकर्त्ता, श्रोता, प्राप्त कर्त्ता, प्रेषिती)
इ लक्ष्य (उद्देश्य - निष्कर्ष, उद्देश्य-लक्ष्य)
ए क्रिया का क्रम (संदेश का स्वरूप, संदेश की अन्तर्वस्तु)
के मूलाधार (सम्प्रेशन का स्वर, ढंग और भाव)

आई साधन के रूप (वक्तव्य का रूप, वक्तव्य के माध्यम)
एन मानदंड (अन्तर्क्रिया के मानदंड, व्याख्या के मानदंड)
जी जनक (संचार के संस्कृति सम्मत रूप)

communism – साम्यवाद
साम्यवाद सामाजिक दर्शन अथवा सामाजिक संगठन की एक ऐसी व्यवस्था का परिचायक शब्द है जिसमें आर्थिक सेवाओं तथा उत्पादन के भौतिक साधनों पर जन-स्वामित्व के सिद्धान्त को स्वीकार किया गया है। इस सामाजिक दर्शन में क्रमिक विकास में विश्वास नहीं किया जाता और परिवर्तन के लिये आंदोलनात्मक तरीकों, बल-प्रयोग एवं हिंसात्मक साधनों को उचित माना जाता है। **कार्ल मार्क्स** के विचार आधुनिक साम्यवाद की केन्द्रीय धुरी रहे हैं।

communism, primitive – आदिम साम्यवाद
सामाजिक-आर्थिक व्यवस्था का एक रूप जिसमें उत्पादन के सभी संसाधनों पर समुदाय का अधिकार होता है तथा उत्पादित वस्तुओं का समान रूप में वितरण किया जाता है, आदिम साम्यवाद कहलाता है। आदिम साम्यवाद प्रारंभिक ईसाई मठवाद का एक आदर्श रहा है।

communism, sexual – मैथुनिक साम्यवाद
ऐसा माना जाता है कि मानव के उद्विकास की प्रारंभिक अवस्था में स्वच्छन्द यौनाचार था। यौन संबंधों को नियमित एवं नियंत्रित करने वाली कोई संस्था नहीं थी। इस अवस्था को ही "मैथुनिक साम्यवाद" का नाम दिया गया है। ऐसे समाजों के बहुत कम साक्ष्य मिले हैं।

communitas – समुदाय भाव
विक्टर टर्नर (1969) ने जीवन-पथ के संस्कार और अनुष्ठान कार्यों, विशेषतः तीर्थ यात्राओं के समय सहयात्रियों के बीच जो सखापन का भाव उत्पन्न होता है, उसके लिये "कॅम्यूनिटाज़" शब्द का प्रयोग किया है। उन्होंने बताया कि तीर्थयात्रा के समय तीर्थयात्री सामान्यतः सामाजिक श्रेणीबद्धता के भाव को तिरोहित कर देते हैं और आपस में जुड़े होने के भाव को प्रश्रय देते हैं, यही समुदाय भाव है।

community – समुदाय
व्यक्तियों (अथवा परिवारों) के एक ऐसे संकलन अथवा संग्रह को समुदाय (लोक अर्थ में बिरादरी) कहते हैं जिसके सदस्य अपनी प्रतिदिन की क्रियाओं के सम्पादन हेतु एक सामान्य भूभाग को अन्तर्निर्भर सहयोगियों के रूप में प्रयोग करते हैं तथा जिनमें "हम भावना" प्रबल रूप में विद्यमान होती है। एक समुदाय के लोगों के बीच बहुधा आमने-सामने के संबंध होते हैं तथा ये लोग एक सामाजिक संरचना के रूप में आपस में संगठित होते हैं और एक समूह के नाते अपनी अनन्य और पृथक् स्थिति के प्रति जागरूक होते हैं।

जर्मन समाज वैज्ञानिक **एफ. टॉनिज** ने समुदाय (गैमिनशेफ्ट) और समाज (गैसिलशेफ्ट)

को सामाजिक सहचारिता के दो विरोधाभासी रूप बताये हैं। उन्होंने समुदाय की अवधारणा में साझा संस्कृति, सहभागिक अनुभव तथा घनिष्ट अन्तर्निभरता पर आधारित लगाव की भावना तथा पारस्परिक प्रतिबद्धता को सम्मिलित किया है।

आजकल इस शब्द का प्रयोग कहीं-कहीं 'समाज' के स्थान पर किया जाने लगा है क्योंकि इस शब्द (समाज) को समुदाय की अपेक्षा अधिक निरापद माना जाता है। कुछेक उत्तर-आधुनिकतावादी विचारकों ने समाज के अस्तित्व को चुनौती दी है। वे मानते हैं कि समाज जैसी कोई चीज ही नहीं है। इसी आधार पर समुदाय की परिभाषा इस प्रकार की गई है कि 'यह व्यक्तियों का एक ऐसा समूह है जिनके कुछ साझा सामान्य मूल्य और सहभागी अनुभव होते हैं।'

community development – सामुदायिक विकास
किसी समुदाय के सर्वांगीण विकास हेतु समुदाय की अन्तर्निहित क्षमता, शक्ति तथा उपलब्ध साधनों द्वारा समुदाय के सदस्यों द्वारा किये गये सामूहिक प्रयासों को सामुदायिक विकास कहते हैं।

भारतीय संदर्भ में, सामुदायिक विकास एक ऐसा कार्यक्रम है जिसमें किसी समुदाय के सदस्य अपनी आवश्यकताओं एवं समस्याओं का स्वयं निर्धारण कर सरकारी एवं गैर सरकारी सहायता लेते हुए उनके निदान एवं समाधान के लिए प्रयत्नशील रहते हैं। भारत में इस प्रकार के कार्यक्रम की शुरूआत सन् 1952 में 'सामुदायिक विकास योजना' के नाम से हुई थी।

community organization – सामुदायिक संगठन
सामुदायिक संगठन की अवधारणा को दो रूपों में देखा जा सकता है। प्रथम अर्थ में, समुदाय के प्रमुख समूहों के बीच जो परस्पर सम्बन्धों का संरूप (प्रतिमान) होता है, उसे सामुदायिक संगठन कहते हैं। द्वितीय अर्थ में, समुदाय का कार्यात्मक संगठन, अर्थात् वह रूप जिसमें वह अपने सदस्यों की आवश्यकताओं की पूर्ति के लिए संगठित होता है, सामुदायिक संगठन कहलाता है।

compadrazgo – धर्म माता-पिता की प्रथा
स्पेन, दक्षिण अमेरिका तथा फिलीपिन्स के रोमन कैथॉलिक सम्प्रदाय में पाई गई धर्म के माता-पिता बनाने की सांस्कृतिक नातेदारी के एक रूप को 'कॅम्परजो' कहते हैं। इस प्रथा की उत्पत्ति स्पेन में हुई बताते हैं और बाद में यह विश्व के अन्य क्षेत्रों में फैल गई। यह प्रथा धर्म-माता-पिता और उनकी सन्तानों के वास्तविक माता-पिता के बीच पारस्परिक दायित्वों और स्नेह के स्थाई सम्बन्ध स्थापित करती है।

comparative method – तुलनात्मक विधि
सामाजिक विज्ञानों में तुलनात्मक विधि को प्राकृतिक विज्ञानों की प्रयोगात्मक विधि के सदृश्य माना जाता है। प्राकृतिक विज्ञानों की प्रायोगिक पद्धति की भांति सामाजिक विज्ञानों में सामान्यीकरणों की खोज घटनाओं की तुलना द्वारा की जाती है। इस विधि को विभिन्न

समाजों (संस्कृतियों) की तुलना करने अथवा एक ही समाज के विभिन्न भागों (समूहों) की तुलना करने हेतु प्रयोग किया जाता है। तुलना का उद्देश्य विभिन्न समाजों की सामाजिक संरचना तथा संस्कृति में पाई जाने वाली समानताओं एवं भिन्नताओं (परिवर्तन एवं विकास) का स्पष्टीकरण कर ऐसे सामान्य सिद्धान्तों की खोज करना है जो सभी समाजों पर समान रूप में लागू होते हों। विभिन्नताओं में अत्यन्त सूक्ष्म अन्तर्निहित ऐसे सूत्र हो सकते हैं जो सांस्कृतिक समरूपता के विचार को पोषित करते हों। सामाजिक व्यवस्थाएं कैसे बदलती हैं, कैसे विकसित होती हैं, जैसे प्रश्नों के उत्तर खोजने में तुलनात्मक परिप्रेक्ष्य काफी उपयोगी सिद्ध हुआ है।

मानवशास्त्र में तुलनात्मक विधि का प्रयोग अन्तर-सांस्कृतिक (क्रास कल्चरल) और जनजातीय समाजों के अध्ययन में काफी किया गया है। तुलनात्मक विधि में विभिन्न प्रकार के समाजों से सम्बन्धित नृजातिक तथ्यों को संकलित किया जाता है और संकलित तथ्यों के आधार पर उद्‌विकासीय वर्गीकरण की रचना करने का प्रयास किया जाता है। उन्नीसवीं शताब्दी के उद्‌विकासवादी मानवशास्त्रियों ने अपनी उद्‌विकासीय योजनाओं की रचना के लिये इस विधि का काफी प्रयोग किया है। संभवतः **मॉर्गन** की 'रक्त एवं विवाह संबंधी व्याख्या' (1870), और 'प्राचीन समाज' (1877), **हैनरी मैन** की 'प्राचीन कानून', (1861), **टायलर** की 'आदिम संस्कृति' (1871), **मेरट** की 'प्रारंभिक धर्म' (1909) जैसे मानवशास्त्रीय लेखनों ने अन्तर-सांस्कृतिक अध्ययनों की नींव रखी है। इसी श्रृंखला में **जी.पी. मर्डक** (1937) की 'मानव संबंधों के क्षेत्रीय फाइल' को अन्तर-सांस्कृतिक तुलनात्मक अध्ययनों का एक मील का पत्थर माना जा सकता है। इस प्रकार के अध्ययनों की बोआॅसवादी परम्परा के मानवशास्त्रियों ने आलोचना भी खूब की है। आधुनिक आलोचकों में **रॉबर्ट निस्बेट** का नाम विशेष उल्लेखनीय है जिसने बोआॅस की भांति तुलनात्मक विधि की कटु आलोचना की है। किन्तु **मार्विन हैरिस** (1979), **रॉबर्ट करनेरो** (1970), और **इल्मैन सर्विस** (1962) जैसे विद्वान भी हैं जिन्होंने तुलनात्मक विधि का बचाव भी किया है। हैरिस ने स्वीकार किया है कि इस विधि की कुछ कमजोरियां अवश्य हैं, किन्तु सिद्धान्ततः यह विधि ठीक है। उन्होंने यहां तक कहा है कि जब इस विधि का प्रयोग उद्‌विकासवादी जीवशास्त्रियों और खगोलशास्त्रियों ने भी किया है, तब सामाजिक विज्ञान में इसके प्रयोग के बारे में नकारात्मक दृष्टि (निषेध) क्यों?

complex society – जटिल समाज

जटिल समाज सामाजिक उद्‌विकास की प्ररूपीय (वर्गीकरण की) एक श्रेणी है। उन समाजों को जटिल समाज कहा जाता है जो काफी बड़े, विभेदीकृत और विशिष्टिकृत होते हैं तथा जिनमें सामाजिक संस्तरण (स्तरीकरण) का कोई न कोई रूप विद्यमान होता है। ऐसे समाज विशाल प्रादेशिक राज्यों, राज्य व्यवस्थाओं अथवा सामन्ती व्यवस्थाओं के रूप में राजनीतिक रूप में संगठित होते हैं।

जब जटिल समाजों की बात की जाती है तब स्वाभाविक रूप में इनसे ठीक विपरीत सरल समाजों का चित्र उभर कर सामने आ जाता है। ऐसा माना जाता है (उद्‌विकासवाद के

अनुसार) कि प्रारंभ में सभी समाज छोटे और सरल थे और बाद में इनमें विकास होते हुए ये बड़े, अधिक बड़े, जटिल और जटिलतर बनते गये। सरल समाज छोटे और खण्डीय प्रकृति लिये हुए होते हैं। वे परिवार और स्थानीय समूह के आधार पर संगठित होते हैं। आर्थिक दृष्टि से इन समाजों का उत्पादन का ढंग घरेलू होता है, तथा परिवार सामाजिक अर्थव्यवस्था की एक सबसे छोटी इकाई होती है जिसमें आयु और लिंग के आधार पर आधारभूत श्रम-विभाजन होता है। ये परिवार ही बहुधा स्थानीय समूहों, छोटी-मोटी राजनीतिक इकाई के रूप में संगठित होते हैं जो अपने क्षेत्र की सीमाओं की रक्षा करते हैं। स्थानीय समूह परिवार, नातेदारी, मित्रता, आयु, लिंग के आधार पर सामाजिक विभाजनों में संगठित होते हैं। ऐसे समाजों में अधिकांशतः प्रदत्त प्रस्थितियां होती हैं। किन्तु कुछेक प्रस्थितियां व्यक्तिगत विशेषताओं और योग्यताओं के आधार पर अर्जित प्रकार की भी होती हैं।

अधिकांश जटिल समाजों का ढांचा, विशेषतः परिवारों और समुदायों में, सरल समाजों जैसा ही (अपरिवर्तित) होता है। अधिकांश रोजमर्रा के कार्यकलापों का संगठन नातेदारी, मित्रता और सरल श्रम-विभाजन के आधार पर होता है। किन्तु, बढ़ती हुई प्रादेशिक राजनीतिक इकाइयों के कारण नई संगठनात्मक संस्थाओं का उदय हो रहा है जो प्रशासन, युद्ध, और धर्म के विशिष्ट कार्यकलापों पर नियंत्रण रखती हैं। इन नवीन संस्थाओं के साथ नई पद-प्रस्थितियों का उदय हुआ है जिनके क्षेत्र विशेष में विशिष्ट दायित्व और अधिकार होते हैं। इन संस्थाओं और इनके साथ जुड़ी प्रस्थितियों की वास्तविक विशेषताओं और इनके आपसी संबंधों में काफी भिन्नताएं होती हैं।

जटिल समाजों में बहुधा दुहरी अर्थव्यवस्था होती है। आधुनिक राष्ट्र-राज्य के विपरीत पारम्परिक जटिल समाजों की जीवन-निर्वाही अर्थव्यवस्था अभी भी आत्मनिर्भर घरेलू इकाई तथा स्थानीय समुदाय को महत्व देती है। भोजन और दस्तकारी के उत्पादन के क्षेत्र में आर्थिक विशिष्टिकरण बहुत सीमित होता है। उदाहरणार्थ, 'इन्का' साम्राज्यों में किसी भी प्रकार की बाज़ार व्यवस्था के बिना घर-परिवार की इकाई और समुदाय की आत्मनिर्भरता को बनाये रखने में रुचि थी। उत्तरोत्तर बढ़ता हुआ संस्थात्मक विभेदीकरण उत्तरोत्तर स्तरीकरण को बढ़ावा देता है। नवीन संस्थात्मक ढांचे में पद-प्रस्थिति सामाजिक अर्थव्यवस्था में भिन्न अधिकारों का निर्धारण करती हैं।

उद्‌विकासवादियों द्वारा सरल और जटिल समाजों तथा इसी प्रकार की सामाजिक उद्‌विकास की कई अन्य मानवशास्त्रीय योजनाओं (**चाइल्ड** (1936), **सर्विस** (1962) **साहलिन्स** (1963), **फ्रेड** (1967), **अर्ले** (1978) और **जॉनसन एवं अर्ले** 1987) को आजकल नकार दिया गया है। इस सम्बन्ध में एक अत्यन्त महत्वपूर्ण प्रश्न यह उठाया गया है कि क्या यह विभाजन पूर्ण रूपान्तरण को प्रकट करता है या यह एक क्रमिक संक्रमण मात्र है। अधिकांश विद्वान अब यह अनुभव करने लगे हैं कि इस प्रकार के प्ररूपों में वर्गीकरण निरर्थक है और इसके स्थान पर परिवर्तन और रूपान्तरण की प्रक्रियाओं का अध्ययन किया जाना चाहिये। यही नहीं, सरल से जटिल की ओर परिवर्तन सम्बन्धी उद्‌विकासवादी एकरेखिक सिद्धान्तों को भी अब धीरे-धीरे त्यागा जा रहा है।

complex structures – जटिल संरचनाएं

लेवी स्ट्रास ने 'कॉम्प्लेक्स स्ट्रक्चर्स' की अवधारणा का प्रयोग 'एलिमेन्टरी स्ट्रक्चर्स' के विपरीत अर्थों में किया है। जटिल संरचनाओं से लेवी स्ट्रास का तात्पर्य उन नातेदारी व्यवस्थाओं से रहा है जो ऐसे नियमों पर आधारित होती हैं जिनके अनुसार एक व्यक्ति विवाह नहीं कर सकता, अर्थात् ऐसे नियम जो एक व्यक्ति को निकट सम्बन्धियों के साथ विवाह करने की अनुमति नहीं देते हैं।

componential analysis – घटक विश्लेषण

घटक विश्लेषण सांस्कृतिक मानवशास्त्र की एक पद्धति अथवा परिप्रेक्ष्य है जिसके द्वारा सांस्कृतिक कोटियों के आपसी संबंधों को इन कोटियों की एक व्यवस्था के अंगों के रूप में विश्लेषण किया जाता है; उदाहरणार्थ, किसी विशिष्ट भाषा में रंग की अवधारणाओं की व्यवस्था का विश्लेषण करना घटक विश्लेषण कहलाता है।

conceptual approach – संप्रत्यात्मक (वैचारिक) उपागम

ज्ञान-विज्ञान की किसी भी शाखा के अध्ययन की वह विधि या दृष्टिकोण जिसमें उसकी मूल संकल्पनाओं के स्पष्टीकरण को विशेष महत्व दिया जाता है, संप्रत्यात्मक या वैचारिक उपागम कहलाती है। विश्लेषण की इस विधि में मूल संकल्पनाओं का प्रयोग आधार सामग्री की व्याख्या के साधन के रूप में किया जाता है। इस दृष्टि से यह उपागम ऐतिहासिक तथा समस्या प्रधान उपागमों से भिन्न है।

concubinage – उपपत्नी प्रथा/रखैल प्रथा

रखैल अथवा उपपत्नी शब्द का प्रयोग ऐसी स्त्रियों के लिये किया जाता है जो किसी पुरुष की विवाहिता पत्नी तो नहीं होती, किन्तु जिनके साथ उस व्यक्ति के विवाहिता पत्नी की भांति सहवास के सम्बन्ध होते हैं, किन्तु ऐसी स्त्री की सन्तानों को सामान्यतः पुरुष की सम्पत्ति में विवाहिता स्त्री (पत्नी) की सन्तानों के बराबर के अधिकार प्राप्त नहीं होते हैं। ऐसी स्त्रियां (रखैल) वैधानिक पत्नी या पत्नियों के स्थान पर या उनके साथ-साथ घर में रहती हैं। इस प्रकार की पत्नी (रखैल) तथा उनकी सन्तानों के घर-परिवार में अधिकार एवं प्रस्थिति विभिन्न समाजों में अलग-अलग देखने को मिली हैं।

रखैल प्रथा बहुपत्नी विवाह समाजों में देखने को मिली है, जहां एकाधिक पत्नियां रखने की स्वीकृति होती है, किन्तु सभी पत्नियों के पति के साथ तथा परिवार के अन्य सदस्यों के साथ सम्बन्धों में अन्तर होता है। सभी पत्नियों के अधिकार एवं कर्त्तव्य भी समान नहीं होते हैं। जो मुख्य पत्नी (पटरानी) होती है, परिवार और समाज में उसकी प्रस्थिति अन्य पत्नियों की अपेक्षा ऊंची होती है।

conflict – संघर्ष/द्वन्द्व

जब दो या दो से अधिक व्यक्ति अथवा समूह अपने उद्देश्यों एवं हितों की पूर्ति के लिये बल-प्रयोग और हिंसा का प्रयोग करते हैं, तब इसे संघर्ष कहते हैं। प्रतिस्पर्धा और संघर्ष में

अन्तर है। प्रतिस्पर्धा में उद्देश्यों या हितों की पूर्ति के लिये शांतिपूर्ण तरीकों का प्रयोग किया जाता है। प्रतिस्पर्धा में उत्तेजना का केन्द्र हित या साधन (वस्तुएँ) होता है, जब कि संघर्ष में यह केन्द्र स्वयं प्रतिद्वन्द्वी होते हैं।

मैक्स वेबर के अनुसार, "एक ऐसे सामाजिक संबंध को संघर्ष कहा जा सकता है जिसमें कर्त्ता की स्वयं की इच्छा की पूर्ति के लिये कोई क्रिया दूसरे व्यक्ति अथवा व्यक्तियों का विरोध करते हुए की जाती है।"

conflict resolution – संघर्ष उपशमन (समाधान)

संघर्ष उपशमन मानवशास्त्रियों के अध्ययन का अपेक्षाकृत एक नया क्षेत्र है, जिसका अध्ययन कानून के मानवशास्त्र में किया जाता है। इस क्षेत्र में मानवशास्त्री उन सामाजिक प्रक्रियाओं का अध्ययन करते हैं जिनके द्वारा संघर्ष का समाधान किया जाता है। मानवशास्त्रियों का विचार है कि विवाद का समाधान इस बात पर निर्भर करता है कि विवाद से सम्बन्धित व्यक्ति सामाजिक सम्बन्धों के सन्दर्भ में विवाद को किस रूप में देखते हैं, विवाद की जड़ें सामाजिक सम्बन्धों में कहां तक गई हुई हैं। **मैक्स ग्लुकमैन** (1955) ने अपने एक अध्ययन के आधार पर इस तथ्य को स्पष्ट किया कि जब विवाद से सम्बन्धित व्यक्ति एक दूसरे के साथ अपने सम्बन्धों को बनाये रखने में अधिक रुचि और इच्छा रखते हैं, और विवाद को टालना चाहते हैं तब ऐसी स्थिति में समझौते और सौहार्दपूर्ण समाधान की अधिक संभावना रहती है और वे अधिकाधिक इसके लिये प्रयत्नशील रहते हैं। संघर्ष उपशमन के इस मॉडल के अनुसार यह भविष्योक्ति की गई है कि "जब संघर्षरत या विवादी व्यक्तियों में सामाजिक सम्बन्ध बहुरूपीय होते हैं और उनमें सततता होती है तब ऐसे व्यक्ति संघर्ष समाधान के लिए मैत्रीपूर्ण तरीकों का प्रयोग करते हैं जिसकी परिणति समझौते में होती है, किन्तु जब सामाजिक सम्बन्धों की प्रकृति छिछली और क्षणिक होने के साथ-साथ मात्रा में बहुत कम होती है, तब संघर्षरत व्यक्ति ऐसे कानूनी तरीकों को अपनाने में अधिक रुचि रखते हैं, जिनकी परिणति हार-जीत में होती हो।"

connubium – वैवाहिकता

मानवशास्त्रीय साहित्य में, 'कन्यूबिअम्' शब्द का प्रयोग विवाह के एक ऐसे रूप के लिये किया गया है जिसमें एक समूह (कोटि) विशेष के सदस्यों को स्त्रियों के किसी पूर्व निर्धारित समूह (कोटि) में से ही पत्नी के चयन करने का अधिकार होता है। इस आधार पर वंश-समूहों के मध्य निर्मित सम्बन्ध चिरकालिक वैवाहिक बंधनों को जन्म देते हैं। विवाह की इस प्रकार की प्रतिबंधित व्यवस्थाएं ऐसी मुक्त व्यवस्थाओं से भिन्न होती हैं जिनमें सिद्धान्ततः जीवन-साथी चुनाव का दायरा काफी व्यापक होता है। इस अवधारणा का प्रयोग **दुर्खाइम** और **मॉस** की कृतियों में देखने को मिलता है।

रोमन सिविल कानून में कुछ समूहों के बीच इस प्रकार के विवाह की अनिवार्यता प्रकट की गई है। इस कानून के अन्तर्गत उन समूहों का उल्लेख किया गया है जिनके बीच विवाह सम्बन्ध हो सकते हैं। विवाह की इस प्रथा की अनेक प्रकार से व्याख्याएं की गई हैं।

निकटाभिगमन निषेध, राजनीतिक गठबंधनों की रचना, तथा समूहों की सांकेतिक सीमाओं को परिभाषित करने के प्रयास आदि इन व्याख्याओं के कुछ उदाहरण हैं।

consanguinity – समरक्तता

ऐसे जैवकीय सम्बन्धों को समरक्तता या सगोत्रता कहते हैं जो सामान्यतः समान रक्त अथवा एक ही वास्तविक अथवा कल्पित वंश परम्परा (जिनके सहपूर्वज आपस में सम्बन्धित होते हैं) के आधार पर बने होते हैं। ये सम्बन्ध जन्म के आधार पर बने होते हैं और वैवाहिक सम्बन्धों (पति-पत्नी के संबंध) से भिन्न होते हैं। यह समरक्तता या तो एकरेखीय होती है जिममें एक व्यक्ति दूसरे का प्रत्यक्ष पूर्वज होता है, या फिर स्वशाखीय होती है जिनका पूर्वज कोई साझा व्यक्ति होता है, किन्तु इसमें व्यक्तियों का परस्पर सम्बन्ध एकरेखीय नहीं होता है।

conservative – रूढ़िवादी

"कॅन्सरवॅटिव" (रूढ़िवादी) शब्द का प्रयोग पहली बार अमेरिका में प्रथम विश्व युद्ध के तुरन्त बाद उस समय किया गया जब **चार्ल्स डार्विन** के उद्‌विकासवादी सिद्धान्त की शिक्षा दी जाने लगी थी। इस सिद्धान्त से सृष्टि की उत्पत्ति के बारे में पवित्र धर्मग्रन्थ बाइबिल के उपदेशों का खंडन होता है। अतः अनेक ईसाइयों में इसके प्रति रोष उत्पन्न हो गया। इन लोगों में जो कट्टरपंथी थे, उन्होंने बाइबिल की पंक्तियों का उद्धरण देकर यह बताया कि ईश्वर ने किस प्रकार छह दिन में सृष्टि की रचना की और सातवें दिन विश्राम किया। उद्‌विकासवादी लोगों ने ऐसे ईसाइयों को कट्टरपंथी और रूढ़िवादी ईसाई कहा। अतः एक रूढ़िवादी वह व्यक्ति होता है जो किसी भी तर्क का उत्तर देने के लिये पवित्र धर्मग्रंथों पर निर्भर करके उन्हें उद्धृत करता है।

conspicuous consumption – दर्शकीय उपभोग

प्रस्थिति की उच्चता को प्रकट करने के एक साधन के रूप में बहुमूल्य वस्तुओं, धन-सम्पदा अथवा कीमती सेवाओं का जो सार्वजनिक प्रदर्शन किया जाता है, उसे प्रसिद्ध समाज वैज्ञानिक **थर्स्टन वेबलन** (1899) की शब्दावली में "दर्शकीय उपभोग" कहा गया है। इस प्रकार के प्रदर्शन का प्रमुख उद्देश्य उच्च जीवन स्तर का प्रदर्शन करना है। वेबलन ने इस शब्दावली का प्रयोग मुख्यतः उन्नीसवीं शताब्दी के उत्तरार्ध के अमरीकी धनाड्‌यों की जीवन-शैली और उनके विशिष्ट व्यवहार की व्याख्या के लिये किया था। इस शब्दावली का प्रयोग अन्य समाजों के विशिष्ट व्यक्तियों के व्यवहारों की व्याख्या के लिये भी किया जा सकता है। कई आदिम समाजों में भी अपने वैभव के प्रदर्शन के कई भिन्न रूप पाये गये हैं। उत्तरी अमेरिका की एक जनजाति क्वाकिउटल में "पॉटलेच" नामक एक प्रथा पाई गई है जिसके अनुसार समाज में उच्च प्रस्थिति प्राप्त करने अथवा उसे बनाये रखने के उद्देश्य से सम्पत्ति को अत्यन्त उदारतापूर्वक बांटा अथवा नष्ट किया जाता है। इसके लिये वहां बड़े-बड़े भोज का आयोजन किया जाता है। इन भोजों में खूब खिलाने-पिलाने के अतिरिक्त बहुत सी कीमती वस्तुएं बांटी जाती हैं। कभी-कभी अकारण ही सम्पत्ति के कुछ भाग को नष्ट कर अपने वैभव का प्रदर्शन

किया जाता है। आदिवासियों की यह प्रथा "पोटलेच" प्रत्यक्ष/अप्रत्यक्ष तौर पर दर्शकीय उपभोग का ही एक उदाहरण है।

cooking, cuisine – पाकक्रिया/पाक-प्रणाली

मानवशास्त्रियों की रुचि भोजन बनाने, पकाने की विधियों के अध्ययन में भी रही है। ऐसी संभावना व्यक्त की जाती रही है कि आदि मानव कन्द, मूल, फल और अन्य वनस्पतियों का प्रयोग उनके प्राकृतिक रूप में, अर्थात् कच्चे रूप में ही करता था और माँस भी कच्चे रूप में खाता था, किन्तु जब से उसे अग्नि की जानकारी मिली, उसके बाद से उसने अपने भोज्य पदार्थों को पकाना शुरू किया होगा। पकाने से तात्पर्य ही कच्ची भोज्य सामग्री को ऊष्मा (गर्मी) देकर भोजन तैयार करने से है और इसका प्रयोग सभी मानव समाजों में किया जाता है। उन्नीसवीं शताब्दी के मानवशास्त्रियों ने भोजन से जुड़े निषेधों, टोटम क्रियाओं, बलि, प्रभु-भोज प्रथा (प्रसाद वितरण) तथा उपभोग की प्रक्रिया के धार्मिक पहलुओं आदि का अध्ययन किया है। बीसवीं शताब्दी में प्रकार्यवादियों ने शोध की इस परम्परा को जारी रखा और उन्होंने इन रिवाजों को सामाजिक सम्बन्धों की संरचनाओं तथा उत्पादन और प्रजनन की प्रक्रियाओं से जोड़ने का प्रयत्न किया जैसा कि हम **आद्रे रिचार्ड** (1939) के एक अध्ययन "दक्षिणी रोडेशिया में भूमि, श्रम और भोजन" में देखते हैं। **लेवी स्ट्रास** (1963) ने पाकक्रिया का संरचनात्मक विश्लेषण कर बताया कि कच्चे भोजन को पकाये हुए भोजन में बदलने के लिये जब से अग्नि का प्रयोग किया गया होगा, और इसी प्रकार काम भावना (सैक्स) पर अंकुश लगाने के लिये 'निकटाभिगमन निषेध' का जन्म हुआ होगा, तभी से मानवता की शुरूआत हुई होगी। **मेरी डगलस** (1971) ने भोजन के गूढ अर्थों को जानने के लिये एक प्रकार के सांस्कृतिक विश्लेषण का प्रयोग किया है। बाद के मानवशास्त्रियों ने भोजन बनाने की विधियों, तौर-तरीकों का अध्ययन किया है। समाजशास्त्रियों ने वर्ग आधार पर भोजन का अध्ययन कर बताया कि समाज के उच्च वर्ग का भोजन निम्न वर्ग से कई मामलों में (बनाने, भोज्य पदार्थों के प्रयोग करने, परोसने तथा खाने) भिन्न होता है। जहां उच्च वर्ग द्वारा खाने के बारे में "टेबल मैनर्स" पर ध्यान दिया जाता है, वहां निम्न वर्ग का इस शिष्टाचार से कोई लेना-देना नहीं होता है। आजकल भोजन पकाने, परोसने, खाने आदि के लिये पाककला की पुस्तकों का चलन बढ़ता जा रहा है।

corporate kin groups – संघीय सगोत्री समूह

संघीय सगोत्री समूह नातेदारी पर आधारित ऐसे सामाजिक समूह होते हैं जिनका साझा सम्पत्ति तथा अधिकारों पर नियंत्रण होता है। इनका अस्तित्व कानून सम्मत होता है तथा इनकी अपने सदस्यों पर विधिक सत्ता होती है।

cosmology – विश्वोत्पत्ति विज्ञान (सृष्टिशास्त्र)

सृष्टि की रचना कैसे हुई, इस सम्बन्ध में अनेक धारणाएं हैं। ये धारणाएं अधिकांशतः किसी न किसी धर्म से जुड़ी हुई हैं। विश्वोत्पत्ति विज्ञान या सृष्टिशास्त्र में इन्हीं धारणाओं का

अध्ययन-विश्लेषण किया जाता है। मोटे रूप में, इसमें दो बातों को सम्मिलित किया गया है। प्रथम, विश्व के अस्तित्व की सामान्य योजना में मानव प्राणी की स्थिति सम्बन्धी धारणाएं; द्वितीय, वे कौन सी शक्तियां हैं जो इन धारणाओं को जन्म देने और निर्मित करने के लिये उत्तरदायी हैं। इन शक्तियों में ऐसी अति सांसारिक (दैविक) तथा विश्वव्यापी ब्रह्माण्डीय प्रक्रियाओं को सम्मिलित किया जाता है जो मानवीय जीवन के अनुभवों को ढालने में महत्वपूर्ण भूमिका अदा करती हैं। विश्वोत्पत्ति सम्बन्धी धारणाओं की जड़ें सामान्यतः धार्मिक विश्वासों और सांस्कारिक कर्मकाण्डों में गड़ी होती हैं। किन्तु इनका सम्बन्ध लौकिक औद्योगिक तथा वैज्ञानिक/प्रौद्योगिक यथार्थताओं से भी होता है। ये धारणाएं सभी मानव प्राणी के रोज़मर्रा की क्रियाओं और विचारधाराओं को प्रभावित करती हैं।

सृष्टि की उत्पत्ति सम्बन्धी ये धारणाएं सृजनात्मक और विध्वंशात्मक दोनों प्रकार की शक्तियों से सम्बन्धित होती हैं जो इस विश्व में मानव अस्तित्व को प्रभावित करती हैं। मानव अपने परिवेश के साथ किस प्रकार तालमेल बिठाता है, इसे समझने के लिये इन धारणाओं को समझना आवश्यक है। व्यक्ति अपने सामाजिक और भौतिक पर्यावरण से जुड़ी वस्तुओं/तत्वों के बारे में कुछ विचार बनाता है, उन्हें महत्व प्रदान करता है। ये विचार या महत्व सृष्टि उत्पत्ति की धारणाओं से निकट से जुड़े होते हैं। उदाहरणार्थ, आस्ट्रेलिया के आदिवासियों के जीवन से सम्बन्धित पर्यावरण, कर्मकाण्ड और सामाजिक सम्बन्धों के सभी पक्षों की जड़ें मिथकीय तथा सांस्कारिक रिवाजों में गड़ी हुई हैं। ये धारणाएं एक ऐसी विशिष्ट स्थान-समय की दृष्टि को उद्घाटित करती हैं जो मानव प्राणी का ब्रह्मांडीय प्रक्रियाओं से घनिष्ट रूप से जुड़े होने को प्रकट करती हैं।

दुर्खाइम का अनुसरण करते हुए **मेरी डगलस** ने सृष्टि उत्पत्तिशास्त्र के स्वरूपों और सामाजिक एवं राजनीतिक समूहों के संगठन के बीच जुड़ाव पर प्रकाश डाला है। उन्होंने बताया है कि ऐसे समाज जिनमें राजनीतिक सत्ता के प्रति कठोर भावनाएं और सामाजिक समूहों के बीच तीव्र सीमा विभाजन होता है, उनमें सृष्टि उत्पत्ति की ऐसी धारणाएं होती हैं जो विध्वंशात्मक और अनिष्टकारी शक्ति की शक्तिशाली विचारों को अभिव्यक्त करती हैं। जादू-टोना सम्बन्धी विश्वास और कर्मकाण्ड उन समाजों में अधिक प्रचलित पाये गये हैं जिनमें अत्यधिक संस्तरण होता है, इसके विपरीत भूत-प्रेतों में विश्वास समतावादी समाजों का अधिक लक्षण है।

डगलस के विचारों की आलोचना हुई है और कहा गया है कि सृष्टिशास्त्र और समाज के रूपों में सम्बन्ध स्थापित करना अत्यंत कठिन है। अकेले एशिया में ही अलग-अलग समाजों में एक सी सृष्टिशास्त्र सम्बन्धी धारणाएं पाई गई हैं।

आधुनिक मानवशास्त्र में सृष्टिशास्त्र का अध्ययन ज्ञान के एक प्रमुख स्वरूप के रूप में किया गया है। इसे सामान्य ज्ञान, अधिकांशतः पश्चिमी तर्कवाद के मानदंडों के परे सामाजिक और राजनीतिक रचनाओं की गतिकी को समझने के तरीकों के रूप में निरूपित किया गया है। इस दृष्टि से **लेवी स्ट्रॉस** की चिरस्थाई कृति "मिथकशास्त्र" (1969-81) अत्यन्त महत्वपूर्ण

है। इस पुस्तक में स्ट्रॉस ने मिथकों का व्यवस्थित ढंग से विश्लेषण की गहनता को प्रकट किया है जिसके द्वारा विभिन्न प्रकार के लोगों के ज्ञान को समझा जा सकता है। इसमें संदेह नहीं है कि स्ट्रास के विचारों की इस बात को लेकर आलोचना हुई है कि वे पश्चिमी द्विचरवाद (ड्यूअलिज़्म) और प्रसिद्ध दार्शनिक **कांत** के पारलौकिक तर्क से अपने आपको मुक्त नहीं कर पाये हैं, फिर भी स्ट्रास ने कई स्थानों पर पश्चिमी अवधारणाओं की अवहेलना की है।

courtship — प्रणय-याचन

अविवाहित लड़के-लड़की का विवाह के पूर्व एक-दूसरे से मिलना-जुलना और प्रणय-निवेदन करना प्रणय-याचन कहलाता है। पश्चिमी देशों और अमेरिका में यह विवाह-प्रक्रिया का एक सामान्य के साथ-साथ मान्य तरीका है, जबकि भारत में साधारणतः इस तरीके को अभी सामाजिक मान्यता नहीं मिली है। प्रणय-याचन की यह प्रथा कुछ भिन्न रूप में विश्व की कई आदिवासी जातियों में भी पाई गई है। "कोर्टशिप" शब्द का उद्‌भव पश्चिमी यूरोप के मध्यकालीन दरबारों में होने वाले दरबारी प्रेम-प्रसंगों से हुआ बताया जाता है।

cousins — चचेरे, मौसेरे, फुफेरे, ममेरे भाई-बहिन

जातक (ईगो) के माता-पिता के सहोदर भाई-बहिन के बच्चों (सन्तानों) को 'कज़न्स' कहते हैं। हिन्दी भाषा में इसके लिये अलग-अलग शब्दों यथा चचेरा भाई-बहिन, मौसेरा भाई-बहिन, ममेरा भाई-बहिन, और फुफेरा भाई-बहिन शब्दों का प्रयोग किया जाता है।

couvade — सहप्रसविता

विश्व की विभिन्न आदिम जातियों में प्रचलित एक प्रथा सहप्रसविता के नाम से जानी जाती है जिसमें पत्नी के प्रसवकाल के दौरान पति को उन सभी निषेधों एवं क्रियाओं का पालन करना होता है जिनका पालन उसकी पत्नी प्रसवावस्था में करती है। पति को एकान्त में रहना पड़ता है तथा सन्तानोत्पत्ति के समय पत्नि को होने वाले कष्टों एवं व्यवहार का पति को खाट पर लेट कर नकल करने के साथ-साथ भोजन सम्बन्धी निषेधों का पालन भी करना पड़ता है। यही नहीं, इसके बाद भी उसे अपनी पत्नी की भांति व्रत, उपवास आदि सभी अनुष्ठानों का भी प्रतिपालन करना होता है। भारत में यह प्रथा टोडा और खासी नामक जनजातियों में देखी गई है।

co-wife — सह-पत्नी

सह-पत्नी उस स्त्री को कहते हैं जो बहुपत्नी विवाह प्रथा के अन्तर्गत एकाधिक स्त्रियों सहित एक पति के साथ सहभागिक होती है।

Creswellian culture — क्रैसवेली संस्कृति

ब्रिटेन में क्रैसवेल क्रैग में पाई गई उत्तर पुरापाषाण काल की संस्कृति को क्रैसवेली संस्कृति कहा गया है। इस संस्कृति के प्रमुख उपकरण समलंब, कुंठित फलक तथा इकधार फलक हैं।

crime – अपराध

ऐसा व्यवहार जिसके लिये किसी प्रकार के दंड का विधान होता है और यह दंड अकेले पीड़ित व्यक्ति की अपेक्षा सम्पूर्ण समुदाय की स्वीकृति या अनुमोदन द्वारा दिया जाता है। इस अर्थ में, एक ऐसे समाज में अपराध का कोई अस्तित्व नहीं होता जिनमें केवल कुल-वैर होते हैं या सुधार के कोई अन्य निजी तरीके होते हैं।

आदिम समाजों में आधुनिक समाजों की भांति अपराध और टॉर्ट में विशेष अन्तर नहीं किया जाता था। अपराध को ऐसा घातक कार्य माना जाता है जो समूह (राज्य/समाज) के हितों के नुकसान पहुंचाने वाला होता है, जब कि टार्ट एक व्यक्ति के व्यक्तिगत हितों के विरुद्ध किये गये कार्य को कहते हैं।

cross-cousins – विलिंग या वक्रीय सहोदरज (ममेरे-फुफेरे भाई-बहिन)

विपरीत लिंग के सहोदरों की सन्तान विलिंग या वक्रीय सहोदरज या ममेरे-फुफेरे भाई-बहिन कहलाते हैं। एक व्यक्ति की मां के भाई (मामा) की सन्तान (मातृवंशीय विलिंग सहोदरज) और पिता की बहिन (भूआ) की सन्तान (पितृवंशीय विलिंग सहोदरज) दोनों इसी कोटि में आते हैं। कुछ समाज व्यवस्थाओं में, मातृवंशीय और पितृवंशीय सहोदरजों के लिये एक ही अवधारणा 'द्विपक्षी विलिंग सहोदरज' (बाइलेटरल क्रास कज़िन्स) का प्रयोग 'समानान्तर सहोदरजों' के विपरीत किया जाता है।

मानवशास्त्रीय एवं समाजशास्त्रीय साहित्य में इस अवधारणा का प्रयोग वैवाहिक सम्बन्धों में वरीयता की धारणा को स्पष्ट करने के संदर्भ में किया गया है। जब विपरीत लिंगी सहोदरों की संतानों में विवाह होता है, तो इसे 'वक्रीय सहोदरज विवाह' (ममेरा विवाह) कहते हैं, अर्थात् जब एक व्यक्ति अपने मामा की लड़की से विवाह करता है, तब इसे "मातृपक्षीय वक्रीय सहोदरज विवाह" कहते हैं। किन्तु यदि व्यक्ति अपनी भूआ की लड़की से विवाह करता है, तो इसे "पितृपक्षीय वक्रीय सहोदरज विवाह" (फूफेरा विवाह) कहते हैं। "क्रॉस कज़िन" शब्द का सर्वप्रथम प्रयोग **ई. बी. टायलर** ने किया है।

cross-cultural analysis – अन्तर-सांस्कृतिक विश्लेषण

"अन्तर-सांस्कृतिक अध्ययनों" के संकुचित रूप को ही अन्तर-सांस्कृतिक विश्लेषण का नाम दिया गया है। यह अध्ययन की एक "पूर्णसांस्कृतिक" (हॉल कल्चरल) विधि है जिसमें विश्वव्यापी दस या अधिक समाजों का व्यवस्थित विश्लेषण किया जाता है। "गॉल्टन समस्या" के कारण जब अन्तर-सांस्कृतिक शोध पर पूर्ण विराम लग गया तब व्यवस्थित पूर्णसांस्कृतिक शोध को नये रूप में बढ़ावा मिला और पद्धतिशास्त्र सम्बन्धी समस्या का निदान किया जाने लगा। सन् 1930 के आसपास **जी. पी. मर्डक** के प्रयासों से अन्तर-सांस्कृतिक शोध अपने नये रूपाकार में पुनः की जाने लगी। मर्डक ने अपनी शोध में विविध प्रतिचयन विधियों के साथ-साथ सांख्यिकीय विश्लेषणों का भी प्रयोग किया। सन् 1970 के दशक से शोधकर्त्ताओं ने "गाल्टन समस्या", प्रादेशिक भिन्नता और समूह महत्ता को नियंत्रित करने हेतु अत्यधिक परिष्कृत सांख्यिकीय विधियों का प्रयोग करना प्रारंभ किया।

अन्तर-सांस्कृतिक विश्लेषण में दो प्रकार के प्रतिदर्श (सेम्पल) का प्रयोग किया जाता है : 'सतत-क्षेत्र प्रतिदर्श' और 'विश्वव्यापी प्रतिदर्श'। सतत-क्षेत्र प्रतिदर्श समाजों के ऐसे प्रादेशिक तुलनात्मक अध्ययनों का प्रयोग करता है जो भाषाई आधार पर सम्बन्धित हो सकते हैं और एक एकल विश्व क्षेत्र के परे प्रसार की प्रक्रिया पर केन्द्रित किया जाता है। द्वितीय प्रतिदर्श विधि, अर्थात् विश्वव्यापी प्रतिदर्श में उन समाजों को छोड़ दिया जाता है जो ऐतिहासिक या भाषाई आधार पर सह-सम्बन्धित होते हैं। इसके लिये विश्वव्यापी पूर्णसांस्कृतिक प्रतिदर्श का प्रयोग किया जाता है। दोनों ही प्रकार की शोध को वैध माना जाता है।

cross-cultural index – अन्तर-सांस्कृतिक सूचकांक

अमेरिका में समस्त विश्व की संस्कृतियों के बारे में सूचनाओं को एकत्र कर उन्हें "मानव सम्बन्ध क्षेत्र फाइल" में संग्रहीत किया गया है। इस केन्द्रीय संग्रहालय अथवा संचिका को ही 'अंतः (अन्तर) सांस्कृतिक सूचकांक' के नाम से जाना जाता है इस संचिका में भिन्न संस्कृतियों और विषयों के बारे में ढेर सारी सामग्री एकत्रित की गई है जो मूल स्त्रोतों अथवा क्षेत्र-अध्ययनों द्वारा प्राप्त की गई है। इस समस्त संग्रहीत सामग्री को किसी संस्कृति विशेष के अनुसार व्यवस्थित एवं वर्गीकृत की गई है।

cross-cultural studies – अन्तर-सांस्कृतिक अध्ययन

दो या दो से अधिक समाजों के तुलनात्मक अध्ययनों को अन्तर-सांस्कृतिक अध्ययन कहा जाता है। ये अध्ययन अत्यन्त व्यवस्थित (नियोजित) या अनियोजित प्रकार के ढीले-ढाले हो सकते हैं। **हेरोडोटस** को पहला अन्तर-सांस्कृतिक शोधकर्त्ता माना जाता है। उन्होंने ग्रीक विश्व की सीमाओं से लगती हुई कई संस्कृतियों का अध्ययन कर उनकी तुलना की और कई गैर ग्रीक समाजों को हेरोडोटस ने बर्बर और असभ्य कहा। उन्नीसवीं शताब्दी में सामाजिक उद्विकासीय सिद्धान्त के लक्ष्यों को पूरा करने के लिये अनेक संस्कृतियों का अध्ययन कर उद्विकासीय चरणों की स्थापना की गई, जैसा कि हमें **हेनरी मॉर्गन** की पुस्तक "प्राचीन समाज" (1877) में देखने को मिलता है। इस प्रकार के अध्ययन वैज्ञानिक कसौटी पर खरे नहीं उतरे, क्योंकि इनमें समाजों का चयन मनमाने ढंग से किया गया और तथ्यों के संकलन के लिये भी व्यवस्थित वैज्ञानिक विधियों का प्रयोग नहीं किया गया।

एडवर्ड बी. टायलर (1889) ने सर्वप्रथम वास्तविक एवं सही पार-सांस्कृतिक अध्ययन किये और निवास के प्रतिमान और वंश की अन्य सामाजिक विशेषताओं के साथ तुलना की। किन्तु **फ्रांसिस गाल्टन** ने इस अध्ययन के बारे में अपनी प्रतिक्रिया व्यक्त करते हुए कहा कि ऐसा प्रतीत होता है कि टायलर द्वारा अध्ययन किये गये समाजों का साझा इतिहास है, वे स्वतन्त्र प्रकरण नहीं हैं। उनका यह तर्क बाद में *"गाल्टन समस्या"* के नाम से जाना जाता है। इस तर्क ने व्यवस्थित पार-सांस्कृतिक शोध के समक्ष गंभीर समस्या उत्पन्न कर दी जिसके कारण ऐसी शोध आधी शताब्दी से भी अधिक अवधि तक किया जाना लगभग बंद हो गया। सन् 1930 में **जी. पी. मर्डक** ने पुनः इस प्रकार की शोध की शुरूआत की और उन्होंने

"तथ्य-बैंक" के रूप में "ह्यूमन रिलेशन्स एरिया फाइल्स" संस्थान (एच. आर. ए. एफ.) की स्थापना की। यह संस्थान महाविद्यालयों, विश्वविद्यालयों और अन्य संस्थाओं का एक संघ है। इस संस्थान का कार्यालय आजकल येल विश्वविद्यालय, न्यू हेवन के प्रांगण में स्थित है। एच. आर. ए. एफ. एक अलाभकर पुरालेख संग्रहालय है। यह प्रतिदर्श, तथ्य समूह या कोई विधि नहीं है। इसमें विश्वव्यापी लगभग 350 मानवीय समाजों के संकलित और संकेतित किये गये नृजातीय तथ्यों का भण्डार है। इस संस्थान में प्रत्येक समाज की एक फाइल है जिसमें उक्त समाज की सभी प्रासंगिक नृजातीय सामग्री का संकलन बड़े व्यवस्थित ढंग से किया गया है। इसके अतिरिक्त सामग्री का संकलन 700 विभिन्न विषयों के आधार पर भी यहां उपलब्ध है। संसार की 300 से भी अधिक संस्थाएं इस संस्थान से किसी न किसी रूप में जुड़ी हुई हैं।

cults — पंथ/सम्प्रदाय/उपासना

अंग्रेजी के शब्द "कल्ट" के लिये हिन्दी में 'पंथ', 'सम्प्रदाय', 'मत' के साथ 'उपासना पद्धति' शब्दों का प्रयोग किया गया है। जब कि ये सभी शब्द भिन्न संदर्भ में अलग-अलग अर्थ रखते हैं। किन्तु कई बार इन्हें पर्यायवाची मानकर एक दूसरे के स्थानापन्न के रूप में प्रयोग करने की प्रवृत्ति पाई गई है। यही नहीं, मानवशास्त्र और समाजशास्त्र में भी इन्हें भिन्न अर्थों में प्रयोग किया गया है। समाजशास्त्रीय अर्थ में, एक सम्प्रदाय धार्मिक रूप से सक्रिय व्यक्तियों का एक ऐसा समूह होता है जिनके विश्वास विशिष्ट रूप में रहस्यमय, व्यक्तिवादी और समन्वयपरक होते हैं। सामान्यतः ऐसे समूह के सदस्य किसी अ-शास्त्रसम्मत धर्म का पालन करते हैं तथा वे किसी एक सिद्धान्त अथवा किसी व्यक्ति विशेष पर केन्द्रित होते हैं। बहुधा ऐसे समूहों का उद्देश्य रोग मुक्ति या मोक्ष प्राप्ति होता है तथा ये समूह किसी उन्मादी, मसीहाई नेता की छवि से अभिभूत होते हैं। **जी. नेलसन** (1969) ने सम्प्रदाय को परिभाषित करते हुए इसके संगठनात्मक स्वरूप को रेखांकित करते हुए कहा है कि "सम्प्रदाय एक ऐसा समूह होता है जिसका संगठन अत्यन्त सरल होता है जिसमें न कोई प्रशासनतंत्र (नौकरशाही) होता है और न ही पुरोहिताई की कोई परम्परा होती है। यह मात्र एक ऐसा संगठन होता है जिसमें एक नेता और उसके निष्ठावान अनुयाई होते हैं।" किन्तु, कभी-कभी कुछ समूहों, जिन्हें सम्प्रदाय के रूप में माना जाता है, का संगठन काफी जटिल भी देखा गया है। सम्प्रदाय की समाजशास्त्रीय व्याख्या का आधार प्रमुखतः "सापेक्षिक वंचन" की धारणा रही है जो यह स्पष्ट करती है कि सम्प्रदाय, पंथ और इसी प्रकार के अन्य सीमान्त समूहों की सदस्यता सापेक्षिक आर्थिक, सामाजिक, मनोवैज्ञानिक तथा अन्य प्रकार की वंचनाओं का परिणाम होती है।

मानवशास्त्रियों ने 'पंथ' शब्द का प्रयोग किसी स्थानीय देवी-देवता या अलौकिक शक्ति से सम्बन्धित एक समूह के रीति-रिवाजों, धार्मिक कर्मकाण्डों (पूजा पद्धति) और विश्वासों के एक पुंज के संदर्भ में किया है। नृजातिशास्त्रियों ने पंथ की इसी धारणा को मध्यस्थ रखते हुए अनेक स्थानों के पंथों का अध्ययन कर इनकी दो प्रमुख विशेषताएं बताई हैं, यथा सांकेतिक रचनात्मकता और रोगोपचार। प्रसिद्ध समाज वैज्ञानिक **दुर्खाइम** ने पंथ के संस्कार-समारोहों के समय-समय पर आयोजित किये जाने पर बल दिया है। उनके अनुसार,

पंथ एक सांकेतिक प्रस्तुतीकरण है और साथ ही यह मानवों और देवताओं की वृद्धि में सहायता करता है। यह आनुष्ठानिक क्रियाएं मात्र नहीं है, अपितु अनुष्ठानों से जुड़े मिथकों और विश्वासों को भी प्रकट करता है।

cult object – उपासना वस्तु
श्रद्धा, भक्ति या कर्मकांडी तथा प्रतीकात्मक मूल्य की ऐसी वस्तु जिसका प्रयोग धार्मिक अनुष्ठान में किया जाता है, उपासना वस्तु कहलाती है।

cult of the dead – मृतकोपासना
मृतकोपासना से तात्पर्य ऐसी आनुष्ठानिक रीतियों से है जो मृतकों की प्रेतात्माओं के प्रसादन अथवा परिहार से सम्बद्ध होती हैं।

cultural anthropology = anthropology, cultural

cultural change – सांस्कृतिक परिवर्तन
किसी भी संस्कृति के लक्षणों/विशेषकों या संस्कृति संकुल में होने वाले बदलाव, संशोधन, या परिवर्द्धन को सांस्कृतिक परिवर्तन कहते हैं। यह परिवर्तन नवप्रवर्तन, आविष्कार, खोज, दूसरे समाजों के साथ सम्पर्क या अन्य कारणों से हो सकता है। मानवशास्त्रियों ने संस्कृति परिवर्तन सम्बन्धी कई सिद्धान्तों का प्रतिपादन किया है, जिनमें प्रमुख उद्‌विकासवाद (**ई.बी. टायलर** (1881), **लेविस हेनरी मॉर्गन** (1877), **हैड्डन लेवी ब्रुहल** और **स्पेन्सर** आदि), प्रसारवाद (**ग्रेबनर, एंकरमैन, स्मिथ, इलियट** एवं **पैरी**), प्रकार्यवाद (**रेडक्लिफ ब्राउन** और **मेलिनोस्की**), परसंस्कृतिग्रहण (**रेडफील्ड, लिंटन, हर्सकोविट्स**), सांस्कृतिक पारिस्थितिकी (**जुलियन स्टीवार्ड** (1955)) आदि हैं। सन् 1970 के दशक में सांस्कृतिक परिवर्तन सम्बन्धी विचारों में एक महत्वपूर्ण परिवर्तन आया। इस दशक के बाद से संस्कृति के स्थानीय (देशी) परिवर्तन की समस्या के अध्ययन से ध्यान हट कर समस्त विश्व में हो रहे आर्थिक एवं राजनीतिक विकास के द्वारा संस्कृति में हो रहे परिवर्तनों पर ध्यान केन्द्रित किया। इस सम्बन्ध में **इम्मानुएल वालेंस्टीन** (1974) का 'विश्व-व्यवस्था सिद्धान्त' विशेष उल्लेखनीय है। इसी प्रकार, सन् 1982 में **ऐरिक वूल्फ** और अन्य लोगों ने यह विचार प्रस्तुत किया कि समस्त विश्व में स्थानीय, देशी संस्कृति में हो रहे परिवर्तन को यूरोपीय लोगों के साथ अनेक शताब्दियों से संघर्ष और उनके प्रभुत्व के संदर्भ में देखा जाना चाहिए। परिणामतः गैर पश्चिमी समाजों में सांस्कृतिक परिवर्तन को पश्चिमी संस्कृति के पाँव पसारने के दृष्टिकोण से देखा जा रहा है।

यह सही है कि संस्कृति परिवर्तन सम्बन्धी सभी मानवशास्त्रीय शोध "विश्व-व्यवस्था सिद्धान्त" से अनुप्राणित नहीं हैं, किन्तु फिर भी लगभग सभी इस प्रकार की शोधों पर "वैश्विक समाज" के विचार का भारी प्रभाव पड़ा है। आज समस्त विश्व को आर्थिक, राजनीतिक, सामाजिक और सांस्कृतिक दृष्टि से अधिकाधिक रूप में एक एकीकृत इकाई माना जाने लगा है।

cultural convergence – सांस्कृतिक अभिसरण

परिवर्तन की वह प्रक्रिया सांस्कृतिक अभिसरण के नाम से जानी जाती है जिसमें भौगोलिक रूप में पृथक् उन लोगों के विषमजातीय संस्कृति लक्षण समय बीतने के साथ-साथ अधिकाधिक समान होते जाते हैं। यह प्रक्रिया तब तक चलती रहती है जब तक ये संस्कृतियां लगभग एक दूसरे के समान नहीं हो जातीं। इस प्रक्रिया में ऐतिहासिक कारकों, जैसे परसंस्कृतिग्रहण अथवा विसरण (प्रसार) का कोई योगदान नहीं होता है।

cultural determinism – सांस्कृतिक निर्धारणवाद

संस्कृति के बारे में यह धारणा या विचार कि मानव की विश्वदृष्टि का नियमन जीवशास्त्र की अपेक्षा संस्कृति से होता है, सांस्कृतिक निर्धारणवाद कहलाता है। यह दृष्टिकोण इस बात पर बल देता है कि समस्त सामाजिक घटनाएं, (मानव का व्यक्तित्व एवं व्यवहार सहित) संस्कृति की उपज हैं। दूसरे शब्दों में, संस्कृति मानवीय व्यवहार के सभी पक्षों पर एक निश्चित प्रभाव डालती है जिसके कारण ही वे अस्तित्व में आते हैं। संस्कृति ही संस्कृति को निर्धारित करती है और संस्कृति ही मानव व्यवहार को निर्धारित करती है। संस्कृति निर्धारणवादी (**क्रोबर वी.जी. चाइल्ड** और **लेस्ली व्हाइट** आदि) संस्कृति की सत्ता को व्यक्तियों के अस्तित्व से स्वतंत्र मानते हैं। **ई. बी. टायलर** के अनुसार, "व्यक्ति संस्कृति को समाज के एक सदस्य के रूप में ग्रहण करता है," किन्तु संस्कृति निर्धारणवादी टायलर के संस्कृति के सामाजिक रचना सम्बन्धी इस मत को स्वीकार नहीं करते और कहते हैं कि संस्कृति अन्य सभी वस्तुओं की रचियता है, किन्तु स्वयं संस्कृति की रचना विकास और संचालन के अपने नियम से होती है। मानव शरीरशास्त्र, मानव मनोविज्ञान और मानव समाज ये तीनों ही संस्कृति की वास्तविकता की व्याख्या करने में असमर्थ हैं। इसी धारणा के आधार पर **ए.एल. क्रोबर** ने संस्कृति को '*पराजैविक*' कहा है। वास्तव में, यह दृष्टिकोण पराजैविक ही नहीं, परामानसिक और परासामाजिक भी है। आजकल संस्कृति निर्धारणवाद के प्रमुख प्रवक्ता **लेस्ले व्हाइट** हैं। सांस्कृतिक निर्धारणवाद की धारणा अत्यन्त विवादास्पद रही है। यह धारणा एक ओर सांस्कृतिक भ्रान्ति (फैलॅसि) को जन्म देती है जो संस्कृति को ही सब कुछ मान कर मानव की भूमिका की अवहेलना करती है, दूसरी ओर यह जीवशास्त्रीय भ्रांति को जन्म देकर संस्कृति को सावयविक कारकों का परिणाम मानती है। (देखिये - संस्कृतिशास्त्र)

cultural drift – सांस्कृतिक प्रवाह

संस्कृति व्यवस्था में होने वाले आंतरिक परिवर्तन को सांस्कृतिक प्रवाह कहते हैं। **हर्सकोविट्स** के अनुसार, प्रवाह सांस्कृतिक परिवर्तन की एक मुख्य प्रक्रिया है। यह प्रक्रिया छोटी-छोटी विभिन्नताओं के संचयन का परिणाम होती है। इसका सम्पूर्ण प्रभाव एक विशिष्ट कालावधि में ऐसा परिवर्तन लाता है जिसका आभास हमें नित्य प्रति के जीवन में मालूम नहीं होता। यह परिवर्तन की दिशा को भी अभिव्यक्त करता है।

cultural imperialism – सांस्कृतिक साम्राज्यवाद

दूसरी संस्कृतियों की कीमत पर किसी संस्कृति विशेष का तीव्र गति से प्रसार या प्रगति अथवा इस संस्कृति द्वारा दूसरी संस्कृतियों पर छा जाना या इस प्रकार आरोपित करना कि दूसरी संस्कृतियों में संशोधन हो जाये, अथवा उनका स्थान ले ले या उन्हें नष्ट कर देने की प्रक्रिया सांस्कृतिक साम्राज्यवाद कहलाती है। बहुधा इस प्रकार के सांस्कृतिक साम्राज्यवाद का कारण भिन्न आर्थिक अथवा राजनीतिक प्रभावों का होना है। उदाहरणार्थ, टी.वी. पर दिखाये जाने वाले पेप्सी, कोक और इसी प्रकार के अन्य विज्ञापनों द्वारा भारत में तीव्र गति से पश्चिम की खुली संस्कृति का प्रचार-प्रसार हो रहा है जो अप्रत्यक्ष तौर पर सांस्कृतिक साम्राज्यवाद को ही परिलक्षित करता है।

cultural inertia – सांस्कृतिक जड़ता

सांस्कृतिक जड़ता की धारणा उस स्थिति को इंगित करती है जिसमें संस्कृति-तत्व तथा संस्कृति संकुल अपनी उपयोगिता समाप्त होने के पश्चात् भी विद्यमान रहते हैं।

cultural island – सांस्कृतिक द्वीप

सांस्कृतिक द्वीप उस स्थानीय सांस्कृतिक क्षेत्र को इंगित करता है जिसमें प्रचलित सांस्कृतिक गुण आसपास के क्षेत्रों में प्रचलित गुणों की तुलना में अनन्य होते हैं।

cultural lag – सांस्कृतिक विलम्बना

संस्कृति के विभिन्न पक्षों में परिवर्तन समान गति से नहीं होता। कुछ पक्ष परिवर्तन के दौर में आगे निकल जाते हैं, तो कुछ पीछे रह जाते हैं। परिवर्तन से उत्पन्न इस स्थिति को इंगित करने के लिये ही सन् 1922 में प्रसिद्ध समाजशास्त्री **ऑगबर्न** ने अपनी पुस्तक 'सोशल चेंज' में "कल्चरल लैग" की अवधारणा का प्रयोग किया। ऑगबर्न ने इसे स्पष्ट करते हुए संस्कृति के दो पक्षों की चर्चा की है, यथा भौतिक और अभौतिक संस्कृति। ऑगबर्न के अनुसार संस्कृति के इन दोनों पक्षों में समान गति से परिवर्तन नहीं होता है। संस्कृति के भौतिक पक्ष, जिसे सामान्यतः 'सभ्यता' कहा जाता है, में अभौतिक पक्ष, अर्थात् मूल्यों, विश्वासों, आदतों, परम्पराओं आदि की अपेक्षा तीव्र गति से परिवर्तन होता है। परिणामतः परिवर्तन की दौड़ में संस्कृति का अभौतिक पक्ष, भौतिक पक्ष से पिछड़ जाता है। इन दोनों संस्कृतियों के बीच उत्पन्न इस पिछड़न की स्थिति को ही प्रो. ऑगबर्न ने 'सांस्कृतिक विलम्बना' या 'सांस्कृतिक पिछड़न' कहा है। यह अवधारणा इस तथ्य पर प्रकाश डालती है कि एक समाज में तकनीकी विकास की अपेक्षा नैतिक एवं कानूनी संस्थाओं में परिवर्तन मंद गति से होता है। उदाहरणार्थ, पश्चिम में हुए अधिकांशतः नये आविष्कारों (तकनीकी और मशीनों आदि) को तो भारतीयों ने अपना लिया है, किन्तु पश्चिम के उन्मुक्त स्त्री-पुरुष सम्बन्धों को अभी भी भारतवासी गलत मानते हैं और उन पर अंगुलियां उठाते हैं।

cultural marginal/lateral area – सांस्कृतिक सीमान्त/पार्श्विक क्षेत्र

दो संस्कृति क्षेत्रों के सन्निकट का वह क्षेत्र जिसमें दोनों संस्कृतियों का मिश्रित रूप मिलता है,

उसे सांस्कृतिक सीमान्त या पार्श्विक क्षेत्र कहते हैं।

cultural materialism – सांस्कृतिक भौतिकवाद

सांस्कृतिक भौतिकवाद सामाजिक-सांस्कृतिक मानवशास्त्र का एक प्रमुख सैद्धान्तिक उपागम है जिसके प्रमुख प्रणेता **मार्विन हैरिस** (1968, 1979) रहे हैं, यद्यपि इस दृष्टिकोण का समर्थन कई अन्य मानवशास्त्रियों और यहां तक कि कुछेक समाजशास्त्रियों ने भी किया है। यह उपागम मार्क्सवादी ऐतिहासिक भौतिकवाद, पारिस्थितिकीय मानवशास्त्र और सामाजिक उद्‌विकासवाद के एक प्रकार के समन्वित रूप को प्रस्तुत करता है। इसका उद्‌भव 1950 और 1970 के दशकों के बीच में हुआ, किन्तु मानवशास्त्र में अब इसका प्रभाव धीरे-धीरे घटता जा रहा है।

सांस्कृतिक भौतिकवाद एक ऐसा परिप्रेक्ष्य या उपागम है जो संस्कृति के विभिन्न पक्षों, जैसे धार्मिक विश्वास आदि की व्याख्या प्राकृतिक अथवा भौतिक दशाओं (विशेषतः भूगोल, जलवायु, जनसंख्या) के संदर्भ में करता है। **हैरिस** के अनुसार, भौतिक शक्तिओं और संस्कृति के पक्षों के बीच एक प्रत्यक्ष कारणात्मक सम्बन्ध है। दूसरे शब्दों में, संस्कृति के विभिन्न पक्ष भौतिक दशाओं के साथ अनुकूलन की उपज हैं। पारिस्थितिकीय अवरोध का अन्य सभी अवरोधों (धार्मिक निषेधों, सामाजिक नियंत्रण आदि) से अधिक महत्व होता है। इस परिप्रेक्ष्य के आधार पर युद्ध और पुरुष प्रभुत्व की प्रवृति से लेकर नरभक्षण और यहूदियों और मुसलमानों में सूअर के मांस के निषेध जैसी अनेक सामाजिक घटनाओं की व्याख्या की गई है। हिन्दुओं में गाय को एक पवित्र पशु मानकर सभी पशुओं में इसे उच्च प्रस्थिति प्रदान करने की व्याख्या भी **हैरिस** ने भौगोलिक दशाओं के साथ अनुकूलन के आधार पर की है। उन्होंने कहा कि हिन्दुओं द्वारा दुधारु पशुओं को न खाने संबंधी निषेधों के पीछे खेती में इनकी उपयोगिता है।

मार्विन हैरिस के अनुसार, "समान पर्यावरण में समान तकनीकों के प्रयोग से उत्पादन और वितरण में श्रम का समान प्रबन्धन होता है; परिणामस्वरूप ऐसे समान सामाजिक समूहों की रचना होती है जो अपनी गतिविधियों को न्यायोचित ठहराने व उनमें तालमेल बिठाने हेतु मूल्यों और धारणाओं की एक समान प्रणाली को जन्म देते हैं।" सांस्कृतिक भौतिकवादी उन तथ्यों के अध्ययन पर बल देते हैं जिनसे मानव को अपने अस्तित्व के लिये संघर्ष करना पड़ता है। **हैरिस** ने कहा है कि सांस्कृतिक परम्पराओं की एक श्रंखला हेतु पारिस्थितिकी अनुकूलन के रूप में छिपी हुई तार्किकता मानव विसंगतियों को संस्कृति का जामा पहना देती है। भारत में गाय पालना, न्युगिनी में सूअर पालना, क्वाकिउटुल लोगों में पोटलेच प्रथा आदि पारिस्थितिकी अनुकूलन के ही उदाहरण है।

सांस्कृतिक भौतिकवाद के अनुसार यह माना जाता है कि सभी मानव समाजों की रचना तीन भागों से हुई है : अधो संरचना, संरचना और अधिसंरचना। **हैरिस** ने इसे "सार्वभौमिक प्रतिमान" की संज्ञा दी है। अधोसंरचना में मानवीय अनुकूलन और अतिजीवन के लिये आवश्यक प्राकृतिक और सांस्कृतिक तत्व आते हैं। इसके दो उपभाग हैं —उत्पादन के ढंग और प्रजनन के ढ़ंग। संरचना में घरेलू और राजनीतिक अर्थव्यवस्था को सम्मिलित

किया जाता है; और अन्तिम, अधिसंरचना में साझा संज्ञानात्मक और विचारात्मक प्रतिमानों के साथ-साथ व्यवहारात्मक प्रतिमान जैसे धर्म, विज्ञान, कला, संगीत, नृत्य, साहित्य, खेलकूद, और अनुष्ठान आते हैं।

सांस्कृतिक भौतिकवाद मूल रूप में इस विचार पर आधारित है कि मानव व्यक्ति लाभ-हानि और कीमत का विचार करते हैं और वे इस प्रकार की तार्किक क्रिया को चुनते हैं जिसमें उनका कम से कम समय और ऊर्जा खर्च हो और उस क्रिया से उन्हें अधिकाधिक स्वास्थ्य-लाभ और भौतिक सुख मिले। साथ ही, उनकी रुचि अपनी धन-सम्पदा को एक पीढ़ी से दूसरी पीढ़ी को हस्तान्तरण करने तथा इसी प्रकार के अन्य हितों में होती है। प्रारंभ में, **हैरिस** ने अपने विश्लेषण में प्रकार्यवादी परिप्रेक्ष्य का प्रयोग किया, किन्तु बाद में (1970 के दशक के मध्य में) वे अपने विश्लेषण में अधिकाधिक व्यक्तिवादी हो गये।

सैद्धान्तिक भौतिकवाद का एक रूप होने के कारण सांस्कृतिक भौतिकवाद ने मार्क्सवादी ऐतिहासिक भौतिकवाद से काफी कुछ लिया है। जहां एक ओर सांस्कृतिक भौतिकवाद ने ऐतिहासिक भौतिकवाद के कुछ मूल अनुमान को तो छोड़ दिया, वहां दूसरी ओर इसकी भौतिकवादी धारणा को सांस्कृतिक पारिस्थितिकी और सामाजिक उद्‌विकासवाद के साथ जोड़ कर इसे नया रूप प्रदान किया है। सांस्कृतिक पारिस्थितिकी भौतिक पर्यावरण की प्रभावक भूमिका पर बल देती है और सामाजिक उद्‌विकासवाद अनुकूलनशील सामाजिक-सांस्कृतिक प्रतिमानों के सांस्कृतिक चयन को महत्व देता है। फिर भी सांस्कृतिक और ऐतिहासिक भौतिकवाद में कई मुद्दों पर खासा अन्तर है। सांस्कृतिक भौतिकवाद मार्क्सवादी ऐतिहासिक भौतिकवाद की अपेक्षा भौतिक पर्यावरण पर अधिक महत्व देता है। दूसरा, सांस्कृतिक भौतिकवाद जनसंख्या वृद्धि और जनसंख्या दबाव पर अधिक महत्व देता है जो ऐतिहासिक भौतिकवाद की धारणा से पूर्णतः भिन्न है। **मार्क्स** ने माल्थस के इस सिद्धान्त से पूर्णतः असहमति प्रकट की है कि गरीबी का मुख्य एवं प्राथमिक कारण जनाधिक्यता है। आज तक भी मार्क्सवादी सामाजिक जीवन में जनसंख्या वृद्धि और जनसंख्या दबाव की महत्वपूर्ण भूमिका को स्वीकार करने से कतराते हैं। तीसरा अन्तर उत्पादन के सम्बन्धों या उत्पादन की शक्तियों पर स्वामित्व के रूपों को लेकर है। मार्क्स इन्हें आर्थिक आधार का मूल हिस्सा मानता है। इसके विपरीत, हैरिस ने इन्हें संरचना के राजनीतिक-आर्थिक तत्वों में रखा है और कहा है कि यह देखा जाना महत्वपूर्ण है कि आर्थिक स्वामित्व के स्वरूप किस प्रकार उत्पादन और प्रजनन के ढंगों को निर्मित करते हैं। सांस्कृतिक भौतिकवाद और ऐतिहासिक भौतिकवाद में यह अन्तर होते हुए भी निश्चित तौर पर यह नहीं कहा जा सकता कि हैरिस अपने विचारों पर पूर्णतः दृढ़ रहे हैं। आधुनिक पूंजीवाद के अपने विश्लेषण में हैरिस कई मामलों में मूल मार्क्सवाद के निकट पहुंच गये हैं। हैरिस ने ऐतिहासिक भौतिकवाद के द्वन्द्वात्मक तत्व को पूर्णतः नकारा है। उन्होंने इस सम्बन्ध में यहां तक कहा है कि "हीगल मार्क्स और एंजिल्स की पीठ पर एक बन्दर है।" हैरिस के अनुसार, द्वन्द्वात्मकता "विरल दार्शनिक मूर्खता" के अतिरिक्त कुछ नहीं है। द्वन्द्वात्मकता की प्रमुख कमजोरी इसके कार्यात्मक सिद्धान्त का अभाव है। चूंकि द्वन्द्वात्मकता के सिद्धान्त की वैज्ञानिक वैधता संदिग्ध

है, अतः हैरिस ने इसे त्याग ने पर बल दिया है।

सांस्कृतिक भौतिकवाद के प्रणेता स्वयं हैरिस ने अपने इस उपागम का प्रयोग कई क्षेत्रों में किया है, जिनका उल्लेख हम ऊपर कर चुके हैं, किन्तु कई अन्य मानवशास्त्रियों ने भी इस विचारधारा का प्रयोग अपने अध्ययनों में किया है। उदाहरणार्थ, **एम.के. मार्टिन और बारबारा वूरहीज़** (1975) ने लिंग का सांस्कृतिक भौतिकवादी विश्लेषण किया है। **मार्क कोहेन** (1977) ने इसका प्रयोग कृषि के उद्‌भव में और **रॉबर्ट कारनैरो** (1970) ने राज्य के उद्‌भव में किया है।

cultural oscillation – सांस्कृतिक दौलनीकरण

भारतीय जनजातियों पर हिंदुत्व और ईसाई प्रभावों के अपने अध्ययन में **प्रो. के.एन. सहाय** ने कई अवधारणाओं, जैसे दौलनीकरण, संवीक्षण, संयोजन, देशीकरण और पश्चनति जैसी अनेक सांस्कृतिक प्रक्रियाओं का प्रयोग किया है। उन्होंने सांस्कृतिक दौलनीकरण को परिभाषित करते हुए लिखा है कि 'यह एक ऐसी प्रक्रिया है जिसमें दो भिन्न परम्पराओं से जुड़े हुए आदर्शों एवं मूल्यों के दो आवश्यक रूप से विरोधी वर्गों के बीच एक तरह का अस्थाई संबंध है।'

cultural pluralism – सांस्कृतिक बहुलवाद

एक ऐसा समाज जो सांस्कृतिक रूप से विषमांगिक हो, जिसमें एकाधिक संस्कृतियों के लोग रहते हैं और उनके द्वारा सहअस्तित्व का समर्थन किया जाता है, यह स्थिति सांस्कृतिक बहुलवाद/बहुवाद के नाम से जानी जाती है। ऐसे समाज में बहुसंख्यक सजातीय समूह और अल्पसंख्यक समूह अपना-अपना पृथक सांस्कृतिक अस्तित्व बनाए रखते हैं। यह एक ऐसा समाज होता है जिसमें विभिन्न जीवन-शैली और विचारधारा के लोग साथ-साथ आपस में सामाजिक और राजनीतिक अन्तर्क्रिया करते हैं। आदर्शतः ऐसे समाज में दूसरे लोगों की सांस्कृतिक परम्पराओं को सम्मान देते हुए कठमुल्लापन या कट्टरवादिता, पूर्वग्रह और जाति-प्रजातिवाद, सम्प्रदायवाद या धर्मवाद की भावनाओं को अस्वीकार किया जाता है।

cultural processes – सांस्कृतिक प्रक्रियाएं

सांस्कृतिक मानवशास्त्र के विषय-क्षेत्र को भारतीय संदर्भ में परिसीमित करते हुए भारतीय मानवशास्त्री **एल.के महापात्रा** (1972) ने अपने एक लेख में सांस्कृतिक प्रक्रियाओं के अध्ययन को निम्न चार श्रेणियों में विभाजित किया है :

(1) **विकास की प्रक्रियाएं** : आविष्कार, प्रतिमान-रचना, एकीकरण, सार्वभौमीकरण, संकुचितीकरण और समन्वय।

(2) **संचरण (प्रसारण) की प्रक्रियाएं** : नवाचार, प्रसार, सहसंस्कृतिकरण और समाजीकरण।

(3) **परिवर्तन की प्रक्रियाएं** : उद्‌विकास, अनुकूलन, सांस्कृतिक प्रवाह (ड्रिफ्ट), पुनर्व्याख्या, समन्वयन, सात्मीकरण, परसंस्कृतिग्रहण, आधुनिकीकरण, संस्कृतिकरण, पश्चिमीकरण, जनजातीयकरण, ब्राह्मणीकरण, कुलीनीकरण, हिन्दुईकरण आदि।

(4) **सांस्कृतिक सम्पर्क की समस्याएं** : नवाचारों को स्वीकार और अस्वीकार करना, सांस्कृतिक अवरोध, पुनरूत्थान और पुनर्जीवन।

इन सभी प्रक्रियाओं का इस कोश में यथास्थान वर्णन एवं विश्लेषण किया गया है।

cultural relativism — सांस्कृतिक सापेक्षवाद

मानवशास्त्र में अनेक परिप्रेक्ष्यों का प्रयोग हुआ है, जैसे वर्णनात्मक सापेक्षवाद, ज्ञानमीमांसीय सापेक्षवाद, आदर्शात्मक अथवा नैतिक सापेक्षवाद और सांस्कृतिक सापेक्षवाद। सांस्कृतिक सापेक्षवाद को कई रूप में परिभाषित किया गया है। एक परिभाषा के अनुसार, 'सांस्कृतिक सापेक्षवाद से तात्पर्य किसी दूसरी संस्कृति का अत्यधिक सहानुभूतिपूर्वक अपने ही संदर्भ में इस प्रकार अध्ययन करना है ताकि संस्कृति एक सुसम्बद्ध एवं अर्थपूर्ण जीवन की शैली नज़र आये।' (**गीनवुड एवं स्टिनी**, 1977) इस अवधारणा के अनुसार व्यवहार के मानकों को अपनी सांस्कृतिक परम्परा के सापेक्ष माना जाता है। दूसरे शब्दों में, 'किसी संस्कृति के मूल्यों को उस संस्कृति से सम्बद्ध लोगों के जीवन के प्रति उनके विचारों और दृष्टिकोणों के आधार पर ही समझा और मूल्याकंन किया जाना सांस्कृतिक सापेक्षवाद है।' एक संस्कृति दूसरी संस्कृति की दृष्टि से बुरी मानी जा सकती है, किन्तु जिस समाज या समुदाय की वह संस्कृति है, उसके लिये वही संस्कृति अच्छी और हितकर है। किसी एक संस्कृति का मूल्यांकन किसी अन्य संस्कृति के मापदंडों के अनुसार नहीं किया जा सकता है। अतः संस्कृति की श्रेष्ठता एक सापेक्षवादी दृष्टिकोण है।

सांस्कृतिक सापेक्षवाद इस बात पर बल देता है कि अवधारणाएं सामजिक रूप में निर्मित होती हैं। क्या अच्छा है, नैतिक रूप से क्या सही है, ज्ञान क्या है, यथार्थ क्या है, जैसी मौलिक धारणाओं के बारे में भी संस्कृतियों में भिन्नता होती है। अधिकांश समाज सापेक्षवादी हैं और अपने समाज को दूसरे समाजों की अपेक्षा श्रेष्ठ मानते हैं। यही विचार दीर्घावधि में "जातिकेन्द्रितता" की धारणा को जन्म देता है। अतः यह दृष्टिकोण अध्ययन में मूल्य निरपेक्ष दृष्टि को अपनाने पर बल देता है।

पीटर विंच ने कहा है कि यर्थाथता का भाव सामाजिक रूप से निर्मित होता है और यह एक समाज के विद्यमान ज्ञान पर आधारित होता है। अतः सापेक्षतावादियों ने प्रकार्यवाद, मार्क्सवाद या फ्रायडवादी मनोविश्लेषण जैसे महत् सिद्धान्तों के तार्किक एवं सार्वभौमिक आधारों को अस्वीकार किया है।

सांस्कृतिक सापेक्षवाद इस विचार को प्रकट करता है कि दूसरे लोगों के विश्वासों और धार्मिक क्रियाओं को उस संस्कृति के संदर्भ में ही भली-भांति समझा जा सकता है जिसमें वे पाये जाते हैं। वास्तव में, यह अमरीकी सांस्कृतिक मानवशास्त्र के इस विचार से जुड़ा हुआ है कि मानवीय व्यवहार का निर्धारण सांस्कृतिक आधार पर होता है। कुछेक विचारक यह भी मानते हैं कि सभी मानदंड उस संस्कृति के लिये विशिष्ट होते हैं जिसमें उनकी रचना हुई है, अतः निर्णय की प्रक्रिया के सार्वभौमिक मानक नहीं होते हैं।

बीसवीं सदी में अमरीकी मानवशास्त्र में सांस्कृतिक सापेक्षवाद की विचारधारा प्रमुख रूप से **फ्रैंज बोऑस** और उनके शिष्यों, प्रमुख रूप से **रूथ बेनेडिक्ट, माग्रेट मीड, मेलविले**

हर्सकोविट्स के नाम के साथ जुड़ी हुई है जिन्होंने सामाजिक उद्विकासवादी परिप्रेक्ष्य की कटु आलोचना की है। इन लोगों ने संस्कृति की श्रेष्ठता संबंधी धारणा पर तीखा प्रहार किया है, और प्रजाति समूह और संस्कृति की श्रेष्ठता के बीच के संबंधों को पूरी ताकत से नकारा है। उन्नीसवीं शताब्दी के मानवशास्त्री "सामाजिक डार्विनवाद" से प्रभावित होने के कारण संस्कृति की श्रेष्ठता की भावना से ग्रस्त थे। इसी ने बाद में "प्रजातिवाद" के सिद्धान्त को जन्म दिया सांस्कृतिक सापेक्षवाद का विचार उन लोगों के विचारों से भिन्न है जो "मानवीय सार्वभौमिकताओं" की खोज में लगे हुए हैं। सांस्कृतिक सापेक्षवादी मानवशास्त्र को एक विज्ञान की अपेक्षा एक कला मानने में अधिक विश्वास करते हैं और वे सामाजिक क्रियाशीलता के स्पष्टीकरण की अपेक्षा सांकेतिक अर्थों का विश्लेषण करने में अधिक विश्वास करते हैं। **क्लिफोर्ड ग्रीज** (1984) इस धारणा के सर्वाधिक प्रभावशाली प्रवक्ता हैं।

संक्षेप में, यह सिद्धान्त सभी संस्कृतियों को समान स्तर (न श्रेष्ठ और न निम्न) का मान कर उन्हीं के मूल्यों, विश्वासों व परम्पराओं के आधार पर संस्कृति के अध्ययन पर बल देता है। यह दृष्टिकोण निष्पक्ष है और जो वैज्ञानिक विधि की एक परम आवश्यकता है। किन्तु, सांस्कृतिक सापेक्षवाद के सिद्धान्त की भी अपनी समस्याएं हैं। निष्पक्ष दृष्टिकोण अपनाये जाने के कारण यह समझा जा सकता है कि आदिवासियों में प्रचलित नर-बलि, शिशु हत्या, जादू-टोना और तंत्र-मंत्र जैसी परम्पराओं को मानवशास्त्री अपनी स्वीकृति देते हैं। किन्तु, यथार्थ में यह सही नहीं है। अपने किन्हीं सांस्कृतिक मूल्यों के आधार पर निर्णय न देना या उनकी अवहेलना करने का तात्पर्य यह कतई नहीं है कि मानवशास्त्री इन परम्पराओं या क्रियाओं का समर्थन करते हैं। मानवशास्त्रियों के एक समूह का विचार है कि हमें ऐसी असमंजसपूर्ण स्थिति में निष्पक्ष दृष्टिकोण त्याग कर इस प्रकार की बर्बर परम्पराओं के प्रति अपना विरोध अवश्य प्रकट करना चाहिये।

cultural revolution — सांस्कृतिक क्रांति

सांस्कृतिक क्रांति से तात्पर्य चेतना में क्रांति से है जो बहुधा सामाजिक क्रांति के साथ-साथ चलती है। इस पद (टर्म) का बहुधा प्रयोग सन् 1967-68 में चीन में हुए आंदोलन की प्रक्रिया के वर्णन-विश्लेषण के संदर्भ में किया जाता है। चीन में हुए इस आंदोलन का प्रमुख लक्ष्य वैचारिक और व्यक्तिपरक रूपान्तरण लाना था जो एक समाजवादी समाज के विकास के लिये आवश्यक होता है। सांस्कृतिक क्रांति का विचार मार्क्सवादी सिद्धान्त और इसकी मूलभूत धारणाओं को चुनौती देता है जिसके अनुसार यह माना जाता है कि अधोसंरचना ही अधिसंरचना का निर्धारण करती है, न कि अधिसंरचना द्वारा अधोसंरचना का निर्धारण होता है।

cultural selection — सांस्कृतिक प्रवरण

प्राकृतिक प्रकरण की उपमा का प्रयोग करते हुए कुछेक मानवशास्त्रियों ने सांस्कृतिक प्रवरण की बात कही है। प्राकृतिक प्रवरण में वे जीव-जातियां बच जाती हैं जिनमें अनुकूलनपरक शक्तिशाली लक्षण होते हैं। ऐसी जीव-जातियां अपने शक्तिशाली लक्षणों के कारण जीवित रहने में सफल हो जाती है और एक विशिष्ट पर्यावरण में उनकी संख्या में बढ़ोत्तरी होती है।

इसी विचार को आधार बनाते हुए यह कहा गया है कि इसी प्रकार सांस्कृतिक प्रवरण की भी एक प्रक्रिया होती है। इस प्रक्रिया के दो रूप हैं। प्रथम रूप संस्कृतियों अथवा सांस्कृतिक लक्षणों के प्राकृतिक प्रवरण का है। इसके अनुसार, सांस्कृतिक उद्‌विकास में वे संस्कृतियां अथवा सांस्कृतिक लक्षण बच जाते और कार्यशील रहते हैं जिनमें अनुकूलन करने की शक्ति अधिक होती है। इसके विपरीत, वे संस्कृतियां अथवा सांस्कृतिक लक्षण नष्ट हो जाते हैं जिनमें अनुकूलन करने की क्षमता कम होती है। दूसरी प्रक्रिया के अनुसार यह माना जाता है कि सांस्कृतिक परिवेश व्यक्तिगत व्यक्तित्व के लक्षणों, व्यवहारों अथवा प्रवृतियों के चयन का नियंत्रण करता है। कई भौतिक मानवशास्त्रियों और सामाजिक-जीवशास्त्रियों ने कहा है कि सांस्कृतिक परिवेश ने मानव के जननिक उद्‌विकास, कुछेक लक्षणों के चयन और कुछेक के निरसन में महत्वपूर्ण भूमिका अदा की है।

cultural stratification – सांस्कृतिक स्तरविन्यास (संस्तरण)

पुरातन भारतीय सभ्यता के अध्ययन के संदर्भ में **मैक्किम मेरिअट** (1955) ने सांस्कृतिक स्तरविन्यास की अवधारणा को प्रस्तुत करते हुए कहा है कि "सांस्कृतिक स्तरविन्यास (संस्तरण) से तात्पर्य ऐसे श्रृंखलाबद्ध मोटे-मोटे अन्तरों से है जो एक ओर अधिक प्रामाणिक और व्यापक रूप में फैली हुई सांस्कृतिक परम्पराओं अथवा उन परम्पराओं जिनका संवर्धन श्रेष्ठिजनों द्वारा किया गया है तथा जिन्हें शिक्षा के माध्यम, विशेषतः संस्कृत के संचार साधनों द्वारा बनाये रखा गया है तथा दूसरी ओर उन लोकप्रिय और सांस्कृतिक परम्पराओं से है जिनका प्रवर्धन निम्न श्रेणी के अशिक्षित व्यक्तियों द्वारा किया गया है तथा जिनके प्रसार के माध्यम केवल स्थानीय अपरिष्कृत भाषा के संचार साधन रहे हैं।" भारतीय पुरातन सभ्यता के ये दो चरम स्तर ही "महत् (महान्) परम्परा" और "लघु परम्परा दो" विरोधाभास को प्रकट करते हैं।

cultural substitution – सांस्कृतिक प्रतिस्थापन

सांस्कृतिक प्रतिस्थापन एक ऐसी प्रक्रिया है जिसके द्वारा एक सांस्कृतिक तत्व किसी दूसरे सांस्कृतिक तत्व का स्थान पूरी तरह अथवा आंशिक रूप से ले लेता है।

cultural survival – सांस्कृतिक अवशेष

सांस्कृतिक अवशेष की अवधारणा (सिद्धान्त) का मानवशास्त्र में प्रतिपादन **एडवर्ड टायलर** (1871) ने अपने उद्‌विकासीय सिद्धान्त के संदर्भ में किया है। इस सिद्धान्त के अनुसार यह माना जाता है कि कुछ प्रथाएं, रीतिरिवाज, विचार और प्रक्रियाएं आदि लोगों के अभ्यास एवं प्रशिक्षण के परिणामस्वरूप निरन्तर चलते रहते हैं, यहां तक कि समाज की स्थिति में परिवर्तन होने के बाद नई स्थिति में इनकी उपयोगिता समाप्त होने के उपरान्त भी प्रचलित रहते हैं। ये तत्व पुरानी संस्कृति के प्रमाण स्वरूप नई संस्कृति में "अवशेष" के रूप में जीवित रहते हैं। इस सिद्धान्त की बाद में **मेलिनोस्की** ने अपने प्रकार्यवादी सिद्धान्त के संदर्भ काफी आलोचना की है।

cultural taxonomy – सांस्कृतिक वर्गिकी

सांस्कृतिक उद्‌विकास के अपने विश्लेषण में **जुलियन स्टीवर्ड** द्वारा प्रयोग की गई अवधारणा "सांस्कृतिक वर्गिकी" संस्कृतियों को पहचानने और वर्गीकरण की प्रक्रिया को इंगित करती है। सांस्कृतिक अध्ययनों के कुछ शब्द (टर्म्स) सम्पूर्ण संस्कृति या संस्कृति के उपादानों को इंगित करते हैं, जिन्हें अन्तर-सांस्कृतिक रूप में प्रयोग किया जा सकता है; उदाहरणार्थ, मैदानी सभ्यता, पूर्वी-अफ्रीकी सभ्यता ऐसे ही कुछ शब्द हैं जिनके द्वारा विशिष्ट पद्धतियों और जटिलताओं के रूप में निश्चित सांस्कृतिक क्षेत्रों को स्वतंत्र रूप में प्रदर्शित किया जाता रहा है। स्टीवर्ड ने यह भी लिखा है कि सांस्कृतिक वर्गीकी सापेक्षवाद के साथ भी संबंध को प्रकट करती है। व्यावहारिक रूप से वर्गीकरण की समस्त पद्धतियां मूल रूप से सांस्कृतिक क्षेत्र की अवधारणा से व्युत्पन्न एक विशिष्ट तत्व को इंगित करती हैं।

cultural variation – सांस्कृतिक विविधता

सांस्कृतिक विविधता एक ऐसी स्थिति की द्योतक है जो मानव समुदायों में भिन्न-भिन्न सांस्कृतिक विधा, तत्व, संकुल और प्रतिमान आदि का संकेत देती है।

culture – संस्कृति

"संस्कृति" मानवशास्त्र की एक अत्यंत महत्वपूर्ण अवधारणा है जिसका प्रयोग भिन्न-भिन्न कालों एवं संदर्भों में भिन्न-भिन्न अर्थों में हुआ है। इस अवधारणा को अनेक दृष्टिकोणों से परिभााषेत किया गया है, यथा ऐतिहासिक, दार्शनिक, साहित्यिक, मनोवैज्ञानिक, समाजशास्त्रीय और मानवशास्त्रीय दृष्टिकोण, आदि से। साधारण अर्थों में, संस्कृति शब्द का प्रयोग "सुसंस्कृत" अथवा "संस्कार" के अर्थ में किया जाता है। साहित्यिक, नीतिशास्त्र, दार्शनिक एवं ऐतिहासिक अर्थों में संस्कृति शब्द का प्रयोग सौन्दर्य चेतना, बौद्धिक उत्कर्ष, नैतिकता, मधुरता, शिक्षण-प्रशिक्षण से प्राप्त सामाजिक शिष्टता तथा कुछ अन्य विशिष्ट लक्षणों को इंगित करने के लिये किया गया है। इन सभी धारणाओं में प्रत्यक्ष-परोक्ष रूप में मूल्यांकन अर्थात् अच्छे-बुरे का भाव निहित है। *समाज विज्ञानों, विशेषतः मानवविज्ञान में जीवन-विधियों का तुलनात्मक दृष्टि से गुणात्मक मूल्यांकन नहीं किया जाता। मानवशास्त्र में अधिकांशतः मानवीय जीवन के तथ्यों को मूल्य-विहीन संदर्भ में ग्रहण किया जाता है।* इन विज्ञानों की वैज्ञानिक दृष्टि विशेष विकास अथवा सुसंस्कार के अलावा प्रतिदिन के सामान्य व्यवहार-प्रकारों को भी संस्कृति का अविभाज्य अंग मानती है।

संस्कृति के पर्यायवाची अंग्रेजी शब्द "कल्चर" का प्रयोग कुछ लेखकों ने आदिम/आद्य लिपिहीन समाजों की जीवन-शैली के अर्थ में किया है। ऐसे लेखक "संस्कृति" और "सभ्यता" में अन्तर मानते हैं। उनके मतानुसार विकसित सभ्यताओं को संस्कृति की सीमित परिधि में रखना अनुचित है। किन्तु यह दृष्टिकोण त्रुटिपूर्ण है। संसार की विकसित और महान सभ्यताएं संस्कृति के मात्र एक रूप का प्रतिनिधित्व करती हैं, किन्तु अन्डमान द्वीप के आदिवासियों को, जिनकी भौतिक संस्कृति अत्यधिक अल्पविकसित है, किसी तरह भी

संस्कृति विहीन नहीं कहा जा सकता है। अनेक समाज-वैज्ञानिकों के मतानुसार "संस्कृति" हमें मानवीय उद्देश्यों की समष्टि को कहना चाहिये और "सभ्यता" मानवीय साधनों की समष्टि को। इसी तरह कुछ समाज-वैज्ञानिकों का मत है कि "संस्कृति" मानव के आन्तरिक गुणों की द्योतक है और "सभ्यता" से मानव के बाह्य निर्माण-कार्य का बोध होता है।

मानवविज्ञान ने संस्कृति को काव्य, साहित्य, नीतिशास्त्र आदि के धरातल से उठा कर विज्ञान के मूल्य-तटस्थ धरातल पर प्रतिष्ठित कर इसे एक अलग अर्थ और संदर्भ दिया है। मानवविज्ञान की वैज्ञानिक दृष्टि संस्कृति की व्याख्या "पर्यावरण के मानव निर्मित भाग" **(हर्सकोविट्स)** के रूप में करती है। *संस्कृति हमारे रहन-सहन तथा सोचने-समझने की शैली, हमारे प्रतिदिन की बातचीत में, कला, साहित्य, धर्म, मनोरंजन तथा आमोद-प्रमोद में हमारे स्वभाव की अभिव्यक्ति है। यह उन सभी सीखे हुए व्यवहार-प्रतिमानों की समग्रता को परिलक्षित किये जाने वाला एक सामूहिक शब्द है जो सामाजिक रूप में अर्जित तथा सामाजिक रूप में ही हस्तान्तरित किये जाते हैं।* इसका संचरण औपचारिक अथवा अनौपचारिक सीखने अथवा प्रशिक्षण की प्रक्रियाओं द्वारा होता है। इसका निर्धारण प्राणीशास्त्रीय ढंग से नहीं होता है। इसकी अनेक परिभाषाएं दी गई हैं। यहां हम कतिपय सुप्रसिद्ध मानवशास्त्रियों की परिभाषाओं को उद्धृत करेंगे। **ई.बी.टायलर** के अनुसार, "संस्कृति वह जटिल सम्पूर्णता है जिसमें ज्ञान, विश्वास, कलाएं, नैतिकता, विधि, प्रथाएं और वे सभी योग्यताएं एवं क्षमताएं सम्मिलित की जाती हैं जिन्हें समाज के एक सदस्य के रूप में मानव अर्जित करता है।"

बी. मेलिनास्की के शब्दों में, "संस्कृति एक ऐसी समाकलित समग्रता है जिसमें मानव निर्मित उपकरण, उपभोक्ता वस्तुएं, विविध सामाजिक समूहों के संविधानिक अधिकारपत्र (चार्टर), मानवीय विचार तथा शिल्प, विश्वास एवं रीतिरिवाज सम्मिलित होते हैं।" **राल्फ लिंटन** ने लिखा है कि "किसी समाज की सम्पूर्ण जीवन-शैली को संस्कृति को कहते हैं। इसमें जीवन-शैली के उन भागों मात्र को ही सम्मिलित नहीं किया जाता जिन्हें उच्च अथवा अधिक वांछनीय माना जाता है।"

culture, autonomous – स्वायत्त संस्कृति

विश्व में कुछ जनजाति समूह ऐसे पाये गये हैं जो अपने आप में संतुष्ट एवं आत्मनिर्भर है। उन्हें बाह्य संसार से कोई लेना-देना नहीं है। उनके जीवन की आवश्यकताएं अत्यंत सीमित एवं कम हैं। ऐसे आदिवासी समूहों की संस्कृति के लिये ही **रॉबर्ट रेडफील्ड** (1956) ने "स्वशासित या स्वायत्त संस्कृति" शब्द का प्रयोग किया है। रेडफील्ड ने इस प्रकार की संस्कृति का एक उदाहरण अंडमान द्वीप समूहों की एक जनजाति "जरना" का दिया है। उन्होंने बताया कि यह आदिम समूह अभी तक बाह्य संसार के सम्पर्क में नहीं आया तथा यह पूर्णतः आत्मनिर्भर है।

culture, biological basis of – संस्कृति के जैविक आधार

संस्कृति मानव प्राणी की एक अन्यतम विशेषता है। यह मानव प्राणी में ही पाई जाती है और

यही मानव प्राणी तथा अन्य प्रणियों के बीच सबसे बड़ा अन्तर है। संस्कृति मानव प्राणी की ही धरोअर होने के पीछे मानव प्राणी की कुछ जैविक विशेषताएं हैं जिनके कारण मानव संस्कृति का निर्माण कर पाया। इन जैविक तथ्यों में मुख्य ये हैं: (1) मेधावी मस्तिष्क, (2) मानव के सीधे खड़े होने की क्षमता, (3) स्वतंत्रतापूर्वक घुमाये जाने वाले हाथ तथा अंगूठे के पकड़ने की विशेष क्षमता, (4) त्रिविमदर्शी तीक्ष्ण एवं केन्द्रित की जाने वाली उसकी चक्षु दृष्टि, (5) द्विपद गतिशीलता, (6) भाषा एवं प्रतीकों के माध्यम से विचारों के आदान-प्रदान की क्षमता।

culture, contra – प्रतिरोधी संस्कृति
प्रतिरोधी संस्कृति एक प्रकार की उप-संस्कृति है जो मुख्य संस्कृति, जिसका कि वह एक उपभाग है, के कुछ महत्वपूर्ण लक्षणों को अस्वीकार या उनका विरोध करती है। कभी-कभी समाज के कुछेक सदस्य अपनी संस्कृति के सामान्य मानदंडों, नैतिक मूल्यों, आदर्शों की अवहेलना या उल्लघंन करने लगते हैं, यह स्थिति प्रतिरोधी संस्कृति को प्रकट करती है।

culture, explicit/overt – प्रकट/सुस्पष्ट संस्कृति
संस्कृति का विश्लेषण करते हुए **क्लाइड क्लूखोन** (1949) ने संस्कृति के दो पक्ष बताये हैं, यथा प्रकट और अप्रकट। संस्कृति के वे पक्ष प्रकट माने जाते हैं जिनके बारे में एक समाज के सदस्यों को पूर्ण रूप से जानकारी होती है। ये ऐसे तथ्य होते हैं जो प्रत्यक्ष रूप से देखे जा सकते हैं। इसके अन्तर्गत उचित-अनुचित व्यवहार के विशिष्ट प्रतिमान, प्रौद्योगिकी तथा संस्कृति के अन्य समस्त सुपरिचित मानक सम्मिलित होते हैं। सहज रूप से पहचाने जाने की इन तत्वों की प्रमुख विशेषता है। (देखिये - अप्रकट संस्कृति)

culture, immaterial/non-material – अभौतिक संस्कृति
सम्पूर्ण संस्कृति का वह भाग जो मूर्त तथा भौतिक तत्व से रहित होता है, उसे अभौतिक अथवा अपार्थिव संस्कृति कहते हैं। इसमें ज्ञान-विज्ञान, रीति-रिवाज, प्रविधियां, परम्पराएं, विश्वास, आस्थाएं एवं आदतें आदि सम्मिलित किये जाते हैं। इस संस्कृति का जन्म भौतिक संस्कृति से पहले होता है। संस्कृति के भौतिक तथा अभौतिक पक्षों का सर्व प्रथम उल्लेख **प्रो. विलियम ऑगबर्न** ने अपनी पुस्तक "सोश्यल चेंज" में किया है।

culture, implicit/covert – अप्रकट/अस्पष्ट संस्कृति
संस्कृति के ऐसे तत्व, जिन्हें अनुभूत अथवा अभिगृहित किया जा सकता है, अप्रकट संस्कृति के नाम से जाने जाते हैं। ये मानव व्यवहार और विचारों में अंतर्निहित रहते हैं। इनका विश्लेषण केवल प्रशिक्षित एवं अनुभवी व्यक्ति ही कर सकते हैं। साधारणजन इन्हें जान नहीं पाते और न ही वे इनके प्रति जागरूक होते हैं। बहुधा उसी संस्कृति के व्यक्ति भी इन्हें पहिचान नहीं पाते। चूंकि इन अवधारणाओं को वे पूर्ण रूप से ग्रहण कर चुके होते हैं, अतः उन्हें इनका बोध नहीं होता। दूसरी संस्कृति के लोग ही इन्हें समझ सकते हैं।

culture, material – भौतिक संस्कृति

संस्कृति का वह पक्ष जो पार्थिव वस्तुओं, शिल्प तथ्यों या ऐसी वस्तुओं से निर्मित होता है जिन्हें अभौतिक संस्कृति कोई अर्थ एवं महत्व प्रदान करती है, भौतिक या पार्थिव संस्कृति के नाम से जाता जाता है। संस्कृति के इस पक्ष को प्रायः "सभ्यता" कहा जाता है। मानव ने अपनी सुख-सुविधा, आवश्यकताओं की पूर्ति और प्रकृति से अपनी आत्म-रक्षा हेतु जिन वस्तुओं का सृजन किया है, वे सभी उपादान इस संस्कृति के अंग हैं, जैसे मकान, अस्त्र-शस्त्र, वस्त्र, आभूषण, कल-कारखाने, पेन-पेन्सिल, आदि-आदि।

culture, personal – व्यक्तिगत संस्कृति

किसी व्यक्ति विशेष का संस्कृति के बारे में जो निजी दृष्टिकोण होता है, उसे व्यक्तिगत संस्कृति कहा गया है। आधुनिक मानवशास्त्रियों द्वारा व्यक्तिगत संस्कृति को महत्व दिया जा रहा है क्यों कि प्रारंभिक प्रकार्यवादियों द्वारा मूल्यों की एकमत्यता और विश्वासों एवं ज्ञान की एकता के बारे में जो विचार प्रकट किये गये, उन्हें पूर्णतः सही नहीं माना जा सकता। आजकल मानवशास्त्री यह मानने लगे हैं कि संस्कृति (मूल्य, विश्वास आदि) के बारे में हर व्यक्ति का अपना नज़रिया होता है, अतः किसी समूह की संस्कृति को पूर्णतः एक समान संस्कृति न मान कर अलग-अलग व्यक्तियों की संस्कृति के अपने-अपने संस्करणों का अध्ययन किया जाना चाहिये। संस्कृति के इन भिन्न व्यक्तिगत संस्करणों का विकास अन्तर्क्रिया और समझौतों के आधार पर होता है।

culture, superorganic – अधिसावयवी संस्कृति

संस्कृति की कई अन्य विशेषताओं के अतिरिक्त इसकी यह भी एक प्रमुख विशेषता है कि यह अधिवैयक्तिक ही नहीं, अधिसावयवी भी होती है। इस विचार को मानवशास्त्र में प्रचारित करने वाले **ए.एल.क्रोबर** (1917) हैं। किन्तु अधिसावयवी की अवधारणा को सर्वप्रथम सन् 1886-87 में **लिप्पर्ट** ने प्रस्तुत किया था। यही नहीं, क्रोबर के पहले **हरबर्ट स्पेन्सर** ने भी अपने लेखनों में इस अवधारणा का प्रयोग किया है, किन्तु मानवशास्त्र में संस्कृति के सुस्पष्ट विश्लेषण के लिये विस्तृत रूप में क्रोबर ने ही इस अवधारणा का अपने लेखनों में प्रयोग किया है। अपने विचारों को स्पष्ट करते हुए उन्होंने लिखा है कि अधिसावयवी से तात्पर्य यह नहीं है कि यह अ-सावयवी या सावयवी प्रभाव से विमुक्त है और न ही इसका तात्पर्य यह है कि संस्कृति सावयवी जीवन से परे है जैसा कि आध्यात्मशास्त्री "आत्मा" को मानते हैं। "अधिसावयवी" से तात्पर्य केवल यह है कि यह सावयवी तो है ही, किन्तु यह सावयवी से कुछ अधिक है। इस विचार को अधिक स्पष्ट करते हुए क्रोबर ने लिखा है कि "संस्कृति अन्य सभी वस्तुओं की आधात्री है और स्वयं संस्कृति का विकास एवं परिचालन भी अपने ही नियमों द्वारा होता है।" अतः मानव की शरीर क्रिया, मानव का मनोविज्ञान और मानव समाज ये तीनों ही संस्कृति की व्याख्या करने में असमर्थ हैं। इसी आधार पर संस्कृति को अधिसावयिक या पराजैविक कहा गया है।

culture absorption — संस्कृति अंतर्लयन

पर-संस्कृतिग्रहण की प्रक्रिया में उन्नत एवं बहुसंख्यक संस्कृतियों द्वारा अन्य कम उन्नत एवं अल्पसंख्यक (लघु) संस्कृतियों के तत्वों अथवा व्यक्तियों को पूर्णतः घुलामिला लेने की प्रक्रिया संस्कृति अंतर्लयन के नाम से जानी जाती है।

culture accumulation — संस्कृति संचयन

सांस्कृतिक विशेषकों या लक्षणों, जैसे विचारों, भावों, हस्तकृतियों, अथवा प्रविधियों के समुच्चन या एकत्रीकरण की प्रक्रिया को सांस्कृतिक संचयन कहते हैं।

culture adhesion — संस्कृति संसक्ति

ई. बी. टायलर द्वारा प्रतिपादित एक सिद्धान्त जो संस्कृति की इस विशेषता पर प्रकाश डालता है कि संस्कृति प्रसार की स्थिति में संस्कृति विशेषकों (लक्षणों) में परस्पर सम्बद्ध रहने की प्रवृत्ति होती है जिससे संस्कृति संकुल के एक विशेषक के उपस्थित होने पर अन्य विशेषक स्वतः ही उपस्थित हो जाते हैं। सरल अर्थ में, 'संसक्ति' से तात्पर्य चिपके होने से है, अर्थात् कुछ संस्कृति विशेषक ऐसे होते हैं कि यदि कहीं एक विशेषक उपस्थित है, तो उससे संबंधित दूसरा विशेषक स्वतः अवश्य उपस्थित हो जायेगा। उनकी यह संगति उनके प्रकार्यात्मक अन्तर्परस्परिक संबंधों की संभावनाओं को प्रकट करती है।

culture area — संस्कृति-क्षेत्र

संस्कृति-क्षेत्र से तात्पर्य एक ऐसे भौगोलिक प्रदेश से है जहाँ के निवासियों की जीवन-शैली में बहुत कुछ समानता होती है तथा जिसमें कुछ समान संस्कृति तत्वों (विशेषतः भौतिक) का एक समूह पाया जाता है। बहुधा समान तत्वों के इस समूह को 'संस्कृति संकुल' कहा जाता है। उक्त भौगोलिक प्रदेश में निवास करने वाले अधिकांश समाज इस संस्कृति संकुल को अपनाते हैं। संस्कृति-क्षेत्र का विचार सर्वप्रथम सन् 1895 में **ओटिश मेशन** ने विकसित किया। बाद में इस अवधारणा का प्रयोग 'प्रसारवादियों' द्वारा किया गया है जो यह मानते हैं कि इस प्रकार के क्षेत्र ऐसे नवाचारों के स्त्रोत का कार्य करते हैं जो पड़ौसी समूहों से लिये गये होते हैं। संस्कृति-क्षेत्र की विचारणा का जर्मनी संस्करण थोड़ा इससे भिन्न है जो इसे 'संस्कृति चक्र' (जर्मनी भाषा में इसे 'कल्टर क्रीज़' कहते हैं) के नाम से पुकारते हैं। **डब्ल्यू. स्मिद** के अनुसार संस्कृति चक्र से तात्पर्य संस्कृति तत्वों के सम्पूर्ण समूह से है जो संस्कृति की सभी आवश्यकताओं की पूर्ति करते हैं और संकुल का निर्माण कर एक विशिष्ट भौगोलिक क्षेत्र का निर्माण करते हैं। कतिपय संस्कृति तत्व या संस्कृति संकुल एक विशेष भौगोलिक क्षेत्र में फैल कर एक 'संस्कृति क्षेत्र' का निर्माण करते हैं। इस प्रकार यह क्षेत्र बाहर के क्षेत्रों की संस्कृतियों से स्वतः पृथक हो जाता है।

संस्कृति-क्षेत्रों का निर्माण भोजन के स्त्रोतों के आधार पर होता है। **विसलर, क्रोबर** आदि मानवशास्त्रियों ने अमेरिका के आदिवासी क्षेत्रों को स्वतंत्र संस्कृति क्षेत्रों में विभाजित करने का प्रयास किया है। **विसलर** ने भोजन स्त्रोतों और संस्कृति संकुल के आधार पर आठ

नवीन विश्व क्षेत्र बताये हैं, जैसे अफ्रीका का 'पशु संकुल क्षेत्र' और मैदानी भागों के इंडियनों का 'घोड़ा संकुल क्षेत्र'। सम्पूर्ण अमेरिका को नौ प्रमुख सांस्कृतिक क्षेत्रों में विभाजित किया गया है। इनमें उत्तरी हिम प्रदेश के एस्किमों समूहों का अपना एक अलग संस्कृति क्षेत्र है। इस क्षेत्र के सभी समूहों में कतिपय संस्कृतिक समानताएं हैं जिनके आधार पर उक्त क्षेत्र को एक विशिष्ट संस्कृति क्षेत्र माना गया है। **हर्सकोविट्स** ने इसी प्रकार के संस्कृति क्षेत्रों का विभाजन अफ्रीका का किया है।

संस्कृति क्षेत्र का यह विचार प्रसारवाद के जन्म के अवसान और प्रकार्यवाद के जन्म के साथ ही समाप्त हो गया। आलोचकों, ने कहा है किसी संस्कृति को जानने के लिये संस्कृति तत्वों और संस्कृति संकुल की पहचान का तरीका बड़ा अस्पष्ट है और स्वतंत्र नवाचार भी बहुत कुछ रूप में इधर-उधर से लेने से मिलता-जुलता है क्योंकि समान परिवेश के साथ सांस्कृतिक अनुकूलन भी समान परिणामों को जन्म दे सकता है। इस दृष्टिकोण के आधार पर ही **जुलियन स्टीवर्ड** ने 'सांस्कृतिक क्रोड़' (कल्चरल कोर) की अवधारणा को विकसित किया जिसके आधार पर 'पारिस्थितिकी मानवशास्त्र' के विद्यार्थियों ने विश्व के बड़े क्षेत्रों में सांस्कृतिक तत्वों के कुछ समूहों की निरन्तरता की वैकल्पिक प्रणाली को खोजने का प्रयास किया है। प्रकार्यवादी मानवशास्त्रियों **(रेडक्लिफ ब्राउन, मेलिनोस्की** आदि) ने बाह्य समानताओं के उथले अध्ययन (संस्कृति के बाह्य स्वरूप और उपकरणों की तुलना) की अपेक्षा संस्कृतियों की संरचना, उनके विभिन्न पक्षों के पारस्परिक सम्बन्धों तथा संपूर्ण संस्कृति के जीवन और कार्यों में उसके विभिन्न तत्वों के योगदान (प्रकार्य) के अध्ययन को रेखांकित किया है। उनके मतानुसार, संस्कृति केवल संस्कृति तत्वों (लक्षणों) अथवा संस्कृति संकुलों का संकलन मात्र नहीं है, अपितु यह एक जीवित प्राणीशास्त्रीय रचना के समान होती है। अतः इसके वर्तमान गठन और विभिन्न अंगों का अध्ययन आवश्यक है।

culture area, marginal – सीमांत संस्कृति-क्षेत्र

किसी संस्कृति-क्षेत्र के केन्द्र में संस्कृति तत्वों में जितनी समानता पाई जाती है उतनी समानता संस्कृति-क्षेत्र की परिधि पर दृष्टिगोचर नहीं होती। परिधि पर निवास करने वाले समुदायों में पास वाले क्षेत्र के संस्कृति तत्व (लक्षण) भी मौजूद हो सकते हैं, अतः इस क्षेत्र को सीमांत संस्कृति-क्षेत्र कहा जाता है।

culture bearer – संस्कृति वाहक

'संस्कृति वाहक' की अवधारणा का प्रयोग अधिकांशतः अमरीकी मानवशास्त्र में हुआ है। इसका विशेषतः प्रयोग प्रव्रजन की प्रक्रियाओं और नवीन सांस्कृतिक रूपों के उद्‌भव में किया गया है। ऐसा माना जाता है कि कुछ सांस्कृतिक लक्षणों अथवा लक्षणों के संकुलों के वाहक व्यक्ति अथवा समूह होते है जो दूसरे प्रदेशों में प्रवसन करते समय अपने साथ ले जाते हैं।

culture centre – संस्कृति केन्द्र

वह स्थान विशेष जहाँ पर किसी संस्कृति क्षेत्र के विशिष्ट संस्कृति तत्व अथवा संस्कृति संकुल सबसे अधिक मात्रा में पाये जाते हैं, संस्कृति केन्द्र के नाम से जाना जाता है।

culture circle – संस्कृति चक्र

वह भौगोलिक क्षेत्र जहाँ संबंधित संस्कृति लक्षणों (विशेषकों) का एक समुच्चय पाया जाता है 'संस्कृति चक्र' कहलाता है। संस्कृति चक्र का विचार जर्मन-ऑस्ट्रियन प्रसारवादी मानवशास्त्रियों (**ग्रेबनर, एंकरमैन, स्मिद, इलियट** एवं **पैरी**) द्वारा प्रस्तुत किया गया है। उनके अनुसार, ये चक्र पूर्ववर्ती चक्रों के ऊपर निरंतर फैलते हुए बढ़ते रहते हैं। प्रसारवादियों के अनुसार, संस्कृति का विकास सांस्कृतिक तत्वों/लक्षणों के एक संस्कृति से दूसरा संस्कृति में फैलने के द्वारा होता है। यह फैलाव एक घेरे या चक्र के रूप में होता है जिसमें उत्तरोत्तर वृद्धि द्वारा नवीन बड़े घेरों की रचना होती जाती है।

culture complex – संस्कृति संकुल

किसी संस्कृति या संस्कृति क्षेत्र के अन्तर्गत प्रकार्यात्मक रूप में समाकलित एवं संरूपित संस्कृति विशेषकों अथवा लक्षणों के समुच्चय को संस्कृति संकुल कहते हैं। यह समुच्चय संस्कृति के किसी एक प्रमुख तत्व के साथ इस प्रकार अर्थपूर्ण ढंग से गुंथा होता है कि वह एक अन्तर्संबंधित समष्टि को एक साकार रूप प्रदान करता है। किसी धार्मिक पर्व से संबंधित कर्मकाण्ड, पूजा-पद्धति, पूजा-वस्तुएं, मंत्रोच्चारण, विश्वास, नियमाचार आदि से मिलकर उस धार्मिक पर्व के संस्कृति संकुल की रचना होती है।

culture configuration – संस्कृति-संरूप

रूथ बेनेडिक्ट ने अपनी बहु प्रसिद्ध कृति "संस्कृति के प्रतिमान" (1934) में संस्कृति के रूप-स्वरूप और आकृति-रचना के विश्लेषण के संदर्भ में संस्कृति के संरूप की बात कही है। उन्होंने संस्कृतियों को मानवीय व्यक्तित्वों की भाँति माना है, अर्थात् प्रत्येक संस्कृति की एक सुसम्बद्ध, जटिल और विलक्षण सत्ता होती है जो अत्यंत प्रतिमानित आन्तरिक सम्बन्धों द्वारा बंधी होती है। यह सत्ता महत्ता के बहुस्तरों को जन्म देती है। महत्ता के इन बहुस्तरों के आधार पर ही मानवशास्त्री संस्कृति के संरूप तथा इस संस्कृति में रहने वाले व्यक्तियों के व्यक्तित्वों की रचना करता है।

बेनेडिक्ट के अनुसार, भिन्न-भिन्न प्रतिमानों के मिलने से एक ऐसा विशाल प्रतिमान उभर कर आता है जो किसी संस्कृति के जीवन का एक मात्र स्त्रोत होता है। इस विशाल अथवा परम प्रतिमान को ही संस्कृति संरूप या समाकृति कहते हैं। इस संरूप में पेड़ के तने में शाखाओं के समाहित हो जाने की भाँति संस्कृति के छोटे-छोटे प्रतिमान एकीभूत हो जाते हैं। संस्कृति का यह संरूप सम्पूर्ण संस्कृति की जीवन-शैली का प्रतिनिधित्व करता है। भिन्न-भिन्न प्रतिमानों से संस्कृति की जिस समाकृति की रचना होती है, वह संस्कृति में विद्यमान सभी तरह की विचारधाराओं के समन्वय को प्रकट करती है।

संस्कृति संरूप की अवधारणा संस्कृति को एक समष्टि के रूप में देखती है जिसके अंग एक दूसरे से इस प्रकार गुंथे होते हैं कि एक भाग का परिवर्तन दूसरे भाग को प्रभावित किये बिना नहीं रहता है। संरूप का निर्माण करने वाले सांस्कृतिक तत्व एक दूसरे से अनुप्राणित होते रहते हैं।

culture conflict – संस्कृति संघर्ष
विभिन्न संस्कृतियों के अपूर्ण अथवा अपर्याप्त आत्मसात्मीकरण के कारण उत्पन्न व्यवहार के स्वरूपों तथा मूल्यों के द्वंद्व को संस्कृति संघर्ष कहते हैं।

culture construct – संस्कृति अभिकल्प
किसी संस्कृति के बारे में उसका एक अमूर्त विवरण अथवा व्याख्या जो कि उसके वास्तविक जीवन के यथार्थ पर आधारित होती है, संस्कृति अभिकल्प कहलाती है। **लिंटन** (1945) ने लिखा है कि व्यक्तियों की जीवन-शैली एक तथ्य है और एक मानवशास्त्री उस जीवन-शैली का अध्ययन करके जो कुछ उसके बारे में लिखता है, वह एक दूसरा तथ्य है। जीवन-शैली एक यथार्थ है और उसका विवरण अथवा उसकी व्याख्या इस यथार्थ का अमूर्तिकरण है। जीवन-शैली संस्कृति है और इस जीवन-शैली का विवरण संस्कृति अभिकल्प है। आदिवासीय जीवन का आँखों देखा हाल संस्कृति है, किन्तु जब कलमबद्ध करके इसे एक रूपाकार दिया जाता है, तब यह संस्कृति अभिकल्प का रूप धारण कर लेता है।

culture core – संस्कृति क्रोड़ (सारभाग)
'संस्कृति क्रोड़' (सारभाग) की अवधारणा का प्रयोग **जूलियन स्टीवर्ड** ने सांस्कृतिक पारिस्थितिकी के संदर्भ में संस्कृति के उन पक्षों को इंगित करने के लिये किया है जिन पर पारिस्थितिकीय प्रभाव पड़ने की अधिक संभावना रहती है, जैसे जीवन-निर्वाह, प्रवसन का रूप आदि।

culture diffusion – संस्कृति प्रसार
संस्कृति प्रसार परिवर्तन की एक प्रक्रिया है जिसके द्वारा संस्कृति-लक्षण, संस्कृति-संकुल अथवा संस्कृति-प्रतिमान (संरूप) अपने मूल स्थान से दूसरे स्थानों तथा क्षेत्रों में प्रवास अथवा पारस्परिक लेन-देन द्वारा फैलते हैं।

culture genius – संस्कृति की आत्मा
एक संस्कृति में सभी जीवन-शैलियों के बीच एक प्रकार की सुसंगति होती है। यह सुसंगति **रूथ बेनेडिक्ट** के अनुसार उस मुख्य प्रवृत्ति, धारा या रुझान से पैदा होती है जो प्रत्येक संस्कृति के सभी पक्षों में देखी जा सकती है। इस मुख्य प्रवृत्ति, रुझान अथवा धारा को ही रूथ बेनेडिक्ट ने 'संस्कृति की आत्मा' (जीनस) कहा है। संस्कृति की यह आत्मा ही संस्कृति को समाकलित या एकजुट कर उसे एक विशिष्ट रूप प्रदान करती है।

बेनेडिक्ट के अनुसार, संस्कृति की इस आत्मा के दो मोटे रूप होते हैं जो संस्कृति प्रतिमान को जीवन प्रदान करते हैं: देवधर्मी (अपोलोनियन) और दानवधर्मी (डायोनीशियन)। प्राचीन ग्रीकवासी 'अपोलो' शब्द का प्रयोग अपने पूज्य और कृपालु सूर्य देवता के लिये तथा 'डायोनीशियन' शब्द राक्षसी वृत्ति वाले देवता के लिये करते थे। अपोलोनियन या देवधर्मी आत्मा, शांति एवं सतोगुणी संस्कृति की परिचायक है और जिस संस्कृति का एकीकरण इस आत्मा (गुणों) के आधार पर होता है, उसके सभी पक्षों में यह प्रतिबिम्बित होती है। इसके

विपरीत, डायेनीशियस आत्मा अशांति, हिंसा एवं क्रूर प्रवृत्ति या रजोगुणी संस्कृति का प्रतिनिधित्व करती है। जिस संस्कृति के समाकलन (एकजुटता) का आधार डायोनीशियस रहा है, उसके सभी पक्षों में इसके लक्षणों को किसी न किसी रूप में देखा जा सकता है। बेनेडिक्ट ने इस सम्बन्ध में तीन आदिवासी जनजातियों के उदाहरण दिये हैं। अमेरिका के उत्तरी पूर्वी तटवासी डोबू और क्वाकिउट्ल लोगों में डायोनीसियस तथा न्यू मेक्सिको के जूनी प्यूबलो लोगों की संस्कृति में अपोलोनियन आत्मा के लक्षणों को उन्होंने मुख्य रूप में पाया है।

culture hero – संस्कृति नायक/शूरवीर

संस्कृति नायक भिन्न रूपों में निरूपित एक कल्पित आकृति है। यह किसी पशु, पक्षी, मानव, अथवा यक्ष की आकृति हो सकती है जिसमें किसी स्थान विशेष के जन समुदाय ने उन सभी विशेषताओं को आरोपित कर दिया हो जो उस संस्कृति के लिये आवश्यक है।

मिथक और लोकगाथा के अध्ययनों में यह पाया गया है कि संस्कृति वीर य संस्कृति नायक सामान्य रूप का एक ऐसा चरित्र होता है जो किसी समाज अथवा नृजातिक समूह के सदस्यों का प्रतिनिधित्व करता है। मिथकों और गाथाओं के माध्यम से वह समूह की कुछ विशेषताओं और इसकी जीवन-शैली को निर्मित करता है। मिथकों में उसे देवों और आत्माओं से लड़ते हुए, कठिन परीक्षाओं से गुजरते हुए तथा कई प्रकार की प्रतिस्पर्धाओं को सहते हुए तथा अपने समूह के लिये कई वस्तुओं और सुविधाओं को प्राप्त करने वाले के रूप में चित्रित किया जाता है। संस्कृति नायक अलौकिक एवं मिथकीय पुरातन और माननीय समाज के रोज़मर्रा के जीवन के बीच मध्यस्थ का कार्य करता है।

culture morphology – संस्कृति रूपविज्ञान

एक सम्प्रदाय जिसके साथ **फ्रोबिनस, स्पेंग्लर** और **जेनसेन** जैसे जर्मन विद्वानों का नाम जुड़ा हुआ है। यह सम्प्रदाय ही अमेरिका में 'सांस्कृतिक इतिहास' के विकास के साथ जुड़ गया। इस सम्प्रदाय ने मूल्यों और विश्व-दृष्टि के द्वारा सांस्कृतिक समाकलन की अवधारणा की व्याख्या की है। उदाहरणार्थ, जेनसेन ने आद्य आखेटकों की विश्वदृष्टि की खेतहरों की विश्वदृष्टि से तुलना की है। उन्होंने कहा है कि प्राचीन विश्वदृष्टि के तत्वों का हस्तान्तरण प्रवसन और प्रसार की प्रक्रियाओं द्वारा हुआ है जिसके द्वारा बौद्धिक संस्कृति की तहें बनती चली गई।

culture parallelism – संस्कृति समांतरवाद

संस्कृति समांतरवाद एक सिद्धान्त है जो इस तथ्य पर बल देता है कि सभी संस्कृतियों का विकास बहुधा एक ही दिशा में होता है। इस परिकल्पना के अनुसार यह माना जाता है कि पूर्णतः पृथक् संस्कृतियों में भी समान अथवा समरूप आविष्कारों अथवा सांस्कृतिक रस्मों का स्वतंत्र रूप से जन्म हो सकता है।

culture pattern – संस्कृति प्रतिमान

संस्कृति तत्वों (लक्षणों) और संस्कृति संकुलों की सुगठित योजना द्वारा जिस जीवन-शैली के संरूप की रचना होती है, उसे संस्कृति प्रतिमान कहते हैं। संस्कृति प्रतिमान की धारणा

सर्वप्रथम **रूथ बेनेडिक्ट** ने प्रस्तुत की। बेनेडिक्ट के अनुसार संस्कृति का एकीकृत स्वरूप एक स्थाई अथवा अर्द्धस्थाई जीवन-शैली को प्रकट करता है जिसकी रचना संस्कृति की अंतर्वस्तु, अर्थात् संस्कृति के तत्वों और संकुलों के संयोजन से होती है। इस दृष्टि से प्रत्येक समाज का अपना एक विशिष्ठ संस्कृति प्रतिमान होता है जो उसे अन्य संस्कृतियों से पृथक् करता है। **हर्सकोविट्स** ने इस संरूप को संस्कृति लक्षणों का रूपांकन (डिसाइन) कहा है।

culture shock – संस्कृति आघात

जब व्यक्ति किसी अनजान समाज में रहते हैं, तब कभी-कभी उनमें आसपास की घटनाओं को देखकर, जिन्हें वे समझ नहीं पाते हैं, आतंक और भय से मिश्रित जो भावना उत्पन्न होती है, उसे संस्कृति आघात कहते हैं।

culture strain – संस्कृति तनाव

परसंस्कृतिग्रहण की प्रक्रिया में असंतुलन के कारण उत्पन्न हुई अस्थिरता तथा अशांति की स्थिति को संस्कृति तनाव के नाम से जाना जाता है। यह स्थिति नई संस्कृति को स्वीकार अथवा अस्वीकार करने की इच्छा के बीच द्वंद्व का परिणाम होती है।

culture themes – संस्कृति मान्यताएं

मौरिस ओपलर ने **रूथ बेनेडिक्ट** के संस्कृति-प्रतिमान, संस्कृति-संरूप और संस्कृति आत्मा सम्बन्धी संस्कृति के गठन सम्बन्धी विचारों में परिमार्जन कर 'संस्कृति की मान्यताओं' (थीम्स) सम्बन्धी दृष्टिकोण प्रस्तुत किया है। संस्कृति की मान्यताएं वे प्रेरक तत्व हैं जो किसी समाज में विभिन्न प्रकार के व्यवहारों के मूल में निहित रहती हैं तथा जो व्यवहार नियंत्रण के साथ कतिपय प्रकार के व्यवहारों को प्रेरित करती हैं। ये समाज-घोषित हो सकती हैं या मौन रूप से स्वीकृत भी हो सकती हैं। ये प्रेरक तत्व संस्कृति के विभिन्न पक्षों को एक सूत्र में पिरोने का कार्य करते हैं। इन प्रेरक तत्वों को ही ओपलर ने 'मान्यताएं' (थीम्स) कहा है। ओपलर की यह धारणा बेनेडिक्ट की 'संस्कृति की आत्मा' सम्बन्धी विचारों को स्वीकार नहीं करती है। ओपलर ने बेनेडिक्ट की संस्कृति के दो प्रेरकों की धारणा (अपोलोनियन और डायोनीशियन) को अस्वीकार किया है और कहा है कि व्यक्ति के व्यवहार को प्रभावित एवं संचालित करने वाले केवल दो ही नहीं, कई प्रेरक कारक हो सकते हैं। ओपलर ने चिरकाहुआ इण्डियन समूह (अपाचे लोग) के अपने अध्ययन में इस प्रकार की अनेक प्रेरक मान्यताओं का उल्लेख किया है।

इस संदर्भ में, **ओपलर** और उनके भारतीय सहयोगी **रुद्रदत्त सिंह** ने भारतीय संस्कृति की कुछ महत्वपूर्ण मान्यताओं की एक सूची तैयार की है। उनके अनुसार भारतीय संस्कृति की प्रमुख प्रेरक मान्यताएं ये हैं—

(1) अस्तित्व चक्रिक है, (2) जीवन में सामंजस्य आवश्यक है, (3) संस्तरण समाज की संरचना का अनिवार्य अंग है, (4) विभाजन जीवन की संरचना का एक अनिवार्य तत्व है, (5) अनुभवातीत पक्षों का अपना महत्व है, (6) प्रज्ञावाद सूक्ष्म जगत् की उपलब्धियों के लिये

आवश्यक है, (7) शुचिता और अशुचिता की धारणा जीवन के आवश्यक अंग है, (8) अहिंसा का मार्ग अधिक उचित है, (10) समाज में पुरुष प्रधान होता है और (11) परिवार समाज की महत्वपूर्ण इकाई है।

culture trait – संस्कृति लक्षण/विशेषक/तत्व

किसी संस्कृति की सबसे छोटी एवं सरलतम ऐसी पहिचानयुक्त प्रकार्यात्मक इकाई जिसके पुनर्विभाजन पर वह इकाई निरर्थक हो जाती है, संस्कृति लक्षण, संस्कृति विशेषक या संस्कृति तत्व के नाम से जानी जाती है। ये लक्षण/विशेषक भौतिक अथवा अभौतिक दोनों प्रकार के हो सकते हैं। टेबल-कुर्सी, पेन-पेन्सिल, घड़ी भौतिक लक्षणों के उदाहरण हैं जबकि कोई प्रथा (हिन्दुओं में तोरण प्रथा, ईसाईयों की अंगूठी की अदला-बदली की प्रथा) संस्कार, परम्परा आदि अभौतिक संस्कृति लक्षण हैं।

culture type – संस्कृति प्ररूप

सांस्कृतिक विशेषताओं एवं मूल्य-प्रत्ययों के एक ऐसे योग को संस्कृति प्ररूप कहा गया है जो एक निश्चित समय या स्थान पर मान्य होता है।

culture universals – संस्कृति सामान्यक

ऐसे विशेषक (ट्रेट्स) जो लगभग सभी संस्कृतियों में पाये जाते हैं, संस्कृति सामान्यक कहलाते हैं। उदाहरणार्थ, भाषा एक सामान्यक है, जबकि लेखन सामान्यक नहीं है। **मर्डक** ने संस्कृति के कतिपय ऐसे सर्वमान्य सामान्यकों की एक सूचि दी है जो संसार के प्रत्येक मानव समूह के जीवन में पाये गये हैं, जैसे नृत्य, लोकगीत, जादू-टोना, धर्म, खेलकूद, विवाह की रीतियाँ आदि। इनके वास्तविक स्वरूपों में अलग- अलग समाजों में भिन्नता हो सकती है। 'संस्कृति सामान्यक' शब्द का प्रयोग जब संस्कृति विशेष के संदर्भ में किया जाता है तब उन विचारों, आदतों तथा संवेगों को संस्कृति सामान्यक कहा जाता है जो किसी समाज के समस्त समझदार एवं वयस्क व्यक्तियों में व्यापक रूप में पाये जाते हैं।

संस्कृति सामान्यकों की उपस्थिति अथवा अनुपस्थिति तथा उनका रूप-स्वरूप सांस्कृतिक उद्विकासवाद और प्रसारवाद संबंधी प्रारंभिक मानवशास्त्रीय बहसों का एक मुद्दा रहा है। आज भी सामान्यकों की प्रकृति तथा उनकी यथार्थता बहस के मुद्दे बने हुए हैं। उदाहरणार्थ आज भी इस विषय पर बहस जारी है कि क्या पुरुष प्रभुत्व सभी संस्कृति में पाया जाता है अथवा नहीं।

culture and personality – संस्कृति और व्यक्तित्व

'संस्कृति और व्यक्तित्व' एक ऐसा विषय है जिसमें मुख्यतः दो विज्ञान यथा मानवशास्त्र और मनोविज्ञान (मनोचिकित्सा) एक दूसरे के नजदीक आते हैं। जहाँ संस्कृति का विषय मानवशास्त्र से जुड़ा हुआ है, जहाँ व्यक्तित्व का अध्ययन मूल रूप से मनोविज्ञान में किया जाता है। इन दोनों विषयों के कारण दो विज्ञानों (मानवशास्त्र एवं मनोविज्ञान) को सन् 1928 से 1965 के बीच एक दूसरे के निकट आने का अवसर मिला। बाद में सन् 1960 में ये विषय मानवशास्त्र में 'मनोवैज्ञानिक मानवशास्त्र' के नाम से और सन् 1990 के दशक से

शैक्षिक मनोविज्ञान के क्षेत्र में ये "सांस्कृतिक मनोविज्ञान" के रूप में जाने जाते हैं।

संस्कृति और व्यक्तित्व एक ऐसा विषय रहा है जिसने मानवशास्त्रियों, मनोचिकित्सकों और मनोवैज्ञानिकों को एक मंच पर लाने में महती भूमिका अदा की है। इस विषय के प्रवर्तकों में सुप्रसिद्ध मानवशास्त्री **मारग्रेट मीड, रूथ बेनेडिक्ट और एडवर्ड सपिर** रहे हैं। ये तीनों ही अग्रणी मानवशास्त्री **फ्रैंज बोऑस** के शिष्य रहे हैं। **मीड** के अनुसार, संस्कृति व्यक्तिगत मनोवैज्ञानिक विकास में महत्ती भूमिका अदा करती है। **बेनेडिक्ट** ने कहा है कि संस्कृति विशिष्ट संस्कृतियों के विशिष्ट भावनात्मक प्रतिमानों को ढालती है और **सपिर** कहते हैं कि किसी विशिष्ट समाज के व्यक्ति संस्कृति को एक अलग ढंग से सीखते हैं।

सांस्कृतिक प्रभाव व्यक्तित्व के निर्माण की दिशा निर्धारित करता है। मनोविश्लेषण के आधुनिक सिद्धान्तों से प्रभावित व्यक्तित्व और संस्कृति के अध्येताओं का यह मत है कि मानव शिशु को जीवन के प्रथम वर्षों में जो संस्कृति जनित व्यवहार मिलता है, वह बड़े सशक्त ढंग से बालक की मनोवृत्तियों और मूलभूत दृष्टिकोण का निर्माण करता है। अलग-अलग संस्कृतियों में शिशु की शारीरिक आवश्यकताओं जैसे खाद्य और पेयों की उपलब्धि, मलमूत्र त्याग की सुविधाएं और मानसिक आवश्यकताएँ जैसे स्नेह, देखरेख मनोरंजन, प्रशंसा आदि की पूर्ति अलग-अलग ढंग से की जाती है। इसी कारण भिन्न-भिन्न संस्कृतियों में भिन्न प्रकार के व्यक्तित्वों का निर्माण होता है।

संस्कृति का प्रभाव शिशु-पालन की रीतियों तक ही सीमित नहीं है। प्रत्येक संस्कृति की अपनी प्रशैक्षणिक संस्थाएं और क्रियाएं होती हैं जो संस्कृति के मानदण्डों (नॉर्म्स) का सात्मीकरण करने में मदद करती हैं जिसके कारण व्यक्तित्व विकास में सहज ही एकरूपता आ जाना सम्भव है। ये सामाजिक सांस्कृतिक कारक व्यक्तित्व के विकास के सामूहिक कारक होते हैं। किन्तु एक ही संस्कृति में भिन्न-भिन्न प्रकार के व्यक्तित्व भी देखे जाते हैं। इस व्यक्तित्व वैभिन्यता के लिये भी कतिपय सांस्कृतिक कारक उत्तरदायी होते हैं। भिन्न सामाजिक स्थितियों एवं कार्यों के संदर्भ में सांस्कृतिक मानदण्ड भी भिन्न होते हैं। अतः एक ही संस्कृति के अन्तर्गत भिन्न-भिन्न प्रकार के व्यक्तित्वों का विकास हो सकता है। अंत में **रूथ बेनेडिक्ट** और उनके अनुसरणकर्ताओं ने 'संस्कृति और व्यक्तित्व' परिप्रेक्ष्य के द्वारा व्यक्तियों के व्यक्तित्व की अपेक्षा सम्पूर्ण संस्कृति के 'व्यक्तित्व' पर बल दिया है।

culture of poverty — दरिद्रता की संस्कृति

समस्त विश्व के गरीब लोगों की कुछ विशिष्ट सांस्कृतिक विशेषताओं को प्रकट करने के लिये 'दरिद्रता की संस्कृति' शब्द का प्रयोग किया गया है। इस शब्द/पद का सर्वप्रथम प्रयोग **ऑस्कर लेविस** (1966) ने मैक्सिको, प्युरिटो रिको तथा न्यूयॉर्क सिटी के गरीब समुदायों के अपने अध्ययनों में किया है। लेविस ने कहा है कि गरीबी की उत्पत्ति पूँजीवादी राजनीतिक अर्थव्यवस्था से होती है और इसका प्रतिबिम्ब हम पश्चिमी समाजों में (भारत में भी) असमान नौकरी के पदों और अवसरों में स्पष्टतः देख सकते हैं। उन्होंने बताया कि गरीब व्यक्ति गरीबी के साथ दरिद्रता की संस्कृति के द्वारा अनुकूलन करता है जो एक पीढ़ी से दूसरी पीढ़ी को हस्तान्तरित होती रहती है। हस्तान्तरित किये जाने वाले प्रमुख तत्वों में गरीब व्यक्तियों

का वर्तमान अनुस्थापन और जीवन के प्रति दृष्टिकोण, भविष्य के लिये किसी योजना बनाने की असफलता तथा स्त्री-मुखिया केन्द्रित परिवारों की अधिकता आदि हैं। लेविस ने कहा कि संस्कृति के ये तत्व बहुत छोटी अवस्था में सीख लिये जाते हैं जो गरीब व्यक्तियों की शीर्ष गतिशीलता में बाधा उत्पन्न करते हैं।

गरीबी की समस्या के समाधान हेतु लेविस की दरिद्रता की संस्कृति की धारणा का प्रयोग अमेरिका तथा अन्यत्र कई स्थानों पर किया गया है। हार्वर्ड समाजशास्त्री **डेनियल पैट्रिक मोयनिहान** (1967) ने अफ्रीकी-अमेरिकियों की गरीबी के अपने अध्ययन में इस तथ्य को रेखांकित किया है कि काले लोगों के परिवारों में गरीबी की समस्या का मूल कारण स्त्री मुखिया केन्द्रित परिवार हैं। ऐसे परिवारों में जिन बालकों का पालन-पोषण होता है, उनमें किसी न किसी प्रकार की व्यवहारात्मक समस्याएं पैदा होने की संभावनाएं होती हैं, ऐसे बालक स्कूल नहीं जाते, बीच में ही पढ़ना छोड़ देते हैं और बाद में इन्हीं समस्याओं की पुनरावृत्ति अगली पीढ़ी में होती है।

इस अवधारणा की कई आधारों पर आलोचना भी हुई है, किन्तु फिर भी समाजशास्त्रीय और मानवशास्त्रीय साहित्य में इसकी महत्ता या प्रयोग में कोई कमी नहीं आई है। मानवशास्त्रीय साहित्य में 1970 के दशक में इसका खूब प्रयोग हुआ है। फिर भी, गरीबी के साथ अनुकूलन, गरीबी में समाजीकरण, और गरीबों के अलग मूल्य संबंधी प्रश्न इस अवधारणा की सार्थकता को आज भी चुनौती देते रहते हैं। दरिद्रता की संस्कृति की अवधारणा की इन कमजोरियों के कारण 1980 के दशक में 'अधःवर्ग' (अन्डरक्लास) की अवधारणा का प्रयोग किया गया और अधःवर्ग की भी कुछ व्यवहारात्मक विशेषताएं बताई गईं। किन्तु समाज विश्लेषकों ने दरिद्रता की संस्कृति की अवधारणा की भाँति ही अधःवर्ग की अवधारणा को भी अस्वीकार कर दिया।

culturological – संस्कृतिशास्त्रपरक

जब मानव व्यवहार की व्याख्या संस्कृति को एक स्वतः पूर्ण प्रक्रिया मानकर की जाती है, तब व्याख्या का यह रूप संस्कृतिशास्त्रपरक कहलाता है।

culturologist – संस्कृतिशास्त्री

संस्कृति विषयक विज्ञान का एक ऐसा विशेषज्ञ जो संस्कृति को केन्द्र में रख कर संस्कृति के आधार पर ही मानव व्यवहार की व्याख्या करता है, संस्कृतिशास्त्री कहलाता है।

culturology – संस्कृतिशास्त्र

सांस्कृतिक घटनाओं को अपने आप वैज्ञानिक रूप में अध्ययन एवं व्याख्या किये जाने की विधा को संस्कृतिशास्त्र कहते हैं। इस अवधारणा का सर्वप्रथम प्रयोग जर्मनी के रसायनशास्त्री एवं दार्शनिक **डब्ल्यू. ओस्तवल्डे** ने सन् 1909 में किया था। ओस्तवल्डे ने संस्कृतिशास्त्र और समाजशास्त्र में अन्तर बताया है। उन्होंने कहा कि सामाजिक और सांस्कृतिक शब्द पर्यायवाची नहीं हैं। समाजशास्त्र का पद बहुत विस्तृत है क्योंकि इसका केन्द्र बिन्दु सामाजिक अन्तक्रियाएं हैं।

अमरीकी वैज्ञानिक **लेस्ले ए. व्हाइट** ने ओस्तवर्ड के प्रयोग से स्वतंत्र रूप में इस पद का आविष्कार कर मानवशास्त्र में इसका प्रयोग सन् 1939 में किया। व्हाइट ने इसे **ई. बी. टायलर** के अर्थों में प्रयोग करते हुए कहा कि संस्कृतिशास्त्र संस्कृति का विज्ञान है। संस्कृति स्वयं में पूर्ण एवं स्वतः निर्धारित एक प्रक्रिया है तथा संस्कृति विशेषक, जैसे प्रौद्योगिकी, विचारधारा तथा संस्थाएं पूर्ववर्ती एवं सहवर्ती सांस्कृतिक तत्वों की उपज है। जलवायु परिवेश, मानव का शारीरिक स्वरूप जैसी घटनाएं उसके उद्देश्यों, अभिलाषाओं आदि की अपेक्षा स्वतंत्र रूप में विकसित होते हैं।

custom – प्रथा

लोकरीति अथवा सामाजिक व्यवहार का वह स्वरूप जो सुदीर्घ काल से पीढ़ी-दर-पीढ़ी चला आ रहा है तथा जो परंपरा बन कर एक समाज में पूरी तरह स्थापित हो गया है और जिसे औपचारिक सामाजिक मान्यता मिल गई है, प्रथा के नाम से जाना जाता है। प्रथा के पीछे राज्य की भयमूलक शक्ति कार्यरत नहीं होती। जनरीतियों की अपेक्षा प्रथाएं अधिक स्थाई एवं कठोर होती हैं। इनका पालन करना आवश्यक माना जाता है।

customary law – प्रथानुगत कानून

जनरीतियों और पूर्ण विकसित औपचारिक कानूनों के बीच की अवस्था को प्रथानुगत कानून कहा गया है। आधुनिक जटिल कानूनों का विकास इन्हीं प्रथानुगत कानूनों से हुआ है। ऐसे कानूनों की रक्षा के लिये कोई विधान सभा अथवा न्यायालय नहीं होते। ऐसे कानून उन समाजों की विशेषता रहे हैं जिनमें राजनीतिक व्यवस्था का आधुनिक विकसित एवं विशेषीकरण युक्त रूप नहीं पाया गया है। ऐसे समाजों में न्याय का ढांचा भी अधिक सरकारी और आधुनिक दफ्तरशाहीयुक्त नहीं होता तथा व्यक्तियों के एक छोटे से विशिष्ट समूह (मुखियाओं का समूह) को आधुनिक न्यायाधीशों जैसे अधिकार प्राप्त होते हैं।

अफ्रीका के होटनटोट लोगों में (एक आदिम समाज) में न पुलिस है और न ही कोई विधान सभा, किन्तु फिर भी उनमें कानून का एक व्यवस्थित रूप देखने को मिला है। इस समुदाय में बुजुर्ग लोगों की एक समिति पाई गई है जो हत्या, व्यभिचार, निकटाभिगमन जैसे मामलों पर विचार करती है। ऐसे कार्यों में लिप्त व्यक्ति को पकड़ कर इस समिति के सामने पेश किया जाता है। अपराधी व्यक्ति से प्रश्न उत्तर किये जाते हैं और गवाहों को पेश किया जाता है। **किंग्सले डेविस** ने लिखा है कि यद्यपि होटनटोट लोगों में कोई कानूनी समिति अथवा संविधान नहीं होता, तथापि वहां का प्रत्येक व्यक्ति एक सिपाही की भांति भूमिका निभाता है।

cytoplasm – कोशिका द्रव्य

नाभिका (केन्द्रक) के अतिरिक्त, एक कोष्ट में पाये जाने वाले तत्व को कोशिका-द्रव्य कहते हैं। यह द्रव्य एक असंगठित रूप में पाया जाने वाला सांद्र घोल होता है जिसमें विभिन्न एन्जाइम्स व रसायनिक उपापचीय पदार्थ विद्यमान होते हैं। इसका प्रमुख कार्य उपापचीय क्रियाओं के सम्पादन में सहायता करना व कोशिकीय गतिविधियों के लिये रसायनिक वातावरण उपलब्ध कराना होता है।

D

dakhma — **दाखमा**
भारत के पारसियों के अंत्येष्टि स्थल को 'दाखमा' कहते हैं। दाखमा एक ऊंची गोल मीनार होती है जिसके अंदर मध्य भाग में एक जंगला लगा रहता है। इस जंगले पर मानव-शवों को मांसभक्षी पक्षियों के द्वारा खाने के लिये रख दिया जाता है। मांस रहित अस्थियां धीरे-धीरे जंगले की नीचे गिरती रहती हैं। इसे "खामोशी की मीनार" भी कहते हैं।

dance — **नृत्य**
समय और स्थान विशेष के अन्तर्गत मानवीय शरीर के सृजनात्मक उपयोग को नृत्य कहते हैं। इसमें अंग-संचालन और अर्थ, संस्कृति विशेष की प्रणाली से प्रभावित होता है। मानवशास्त्रियों ने विभिन्न संस्कृतियों में नृत्य की सांकेतिक और भावात्मक प्रकृति का अध्ययन और विश्लेषण किया है। मानवीय नृत्य की यह विशिष्टता ही मानव जाति को अन्य प्राणियों के नृत्य तुल्य व्यवहार से भिन्न करती है। स्थूल रूप में, नृत्य सम्बन्धी शोध मानवीय संचलन के मानवशास्त्र का एक भाग है जिसमें सम्प्रेषण के एक रूप में क्रियाओं के संकेतों और संरचित संचलन व्यवस्थाओं का अध्ययन किया जाता है।

प्रारंभिक नृत्य के मानवशास्त्र पर जर्मनी के 'सांस्कृतिक क्षेत्र' सिद्धान्त का काफी प्रभाव पड़ा है। ब्रिटेन में प्रकार्यवादी मानवशास्त्रियों ने (**रेडक्लिफ ब्राउन**) नृत्य को सामुदायिक भावना को प्रगाढ़ बनाने के साधन के रूप में देखा है अथवा इसे एक ऐसी विधा भी माना है जिसके द्वारा व्यक्ति अपने व्यक्तिगत और सामाजिक संघर्ष और तनावों से मुक्त होता है जैसा कि **इवान्स प्रिचार्ड** मानते हैं। ञानवशास्त्रियों ने इसके अतिरिक्त भी नृत्य के कई अन्य संभावित प्रकार्यों पर प्रकाश डाला है। सन् 1960 के दशक का मानवशास्त्रीय साहित्य एक सामाजिक संस्था के रूप में नृत्य के विवेचन से भरा पड़ा है। अमेरिका में, **फ्रैंज बोआस** की सुपुत्री **फ्रँाजिस्का** ने सन् 1940 में न्यूयार्क के अपने नृत्य स्टूडियो में एक सेमीनार आयोजित कर नृत्य के अध्ययनों को मानवशास्त्र के अधिक निकट लाने का प्रयास किया है। सन् 1960 में **गरट्रूड कुर्थ** ने नृत्य के 'मानव जीवन में महत्व' पर प्रकाश डाला है। कुछेक शोधार्थियों ने भाषाशास्त्र और नृजातिविज्ञान के परिप्रेक्ष्य से भी नृत्य का अध्ययन किया है।

आजकल नृत्य सम्बन्धी मानवशास्त्रीय शोधों में लिंग और नृत्य संचालन की विधियों की गवेषणाओं पर जोर दिया जा रहा है।

dance, ritual – नृत्य कल्प

सामूहिक आशाओं, भय, सुख-दुःख तथा अन्य किसी भी महत्वपूर्ण घटना को लयबद्ध भाव-भंगिमाओं द्वारा प्रदर्शन नृत्य कल्प कहलाता है।

dance, war – युद्ध नृत्य

प्रतीकात्मक रूप में युद्ध को प्रदर्शन करने वाले नृत्य को युद्ध-नृत्य कहा जाता है। कई जनजातियों में इस प्रकार के नृत्य युद्ध की तैयारी अथवा विजयोत्सव मनाने के लिये किये जाते हैं।

Darwinism – डार्विनवाद

लेमार्क के विचारों के विपरीत *प्राकृतिक प्रवरण* के द्वारा उद्‌विकास की धारणा में विश्वास डार्विनवाद कहलाता है। उद्‌विकास सम्बन्धी अपने सिद्धान्त का प्रतिपादन **चार्ल्स डार्विन** ने अपने दो ग्रंथों - "नैसर्गिक जातियों का उद्‌भव" (ऑरिजिन ऑफ स्पिसीज़, 1859) और "मानव के वंशज" (डिसेन्ट ऑफ मैन, 1871) में किया। इस सिद्धान्त के मूल संस्करण के अनुसार यह माना जाता है कि चूंकि प्रजनन दर प्रतिस्थापन दर से ऊंची रहते हुए भी जनसंख्या की मात्रा स्थिर रहती है, अतः इस प्रक्रिया में कोई न कोई ऐसी व्यवस्थित चयन की विधि कार्यरत होती है जिसके द्वारा कुछ व्यक्ति मर जाते हैं तथा कुछ जिन्दा रहते हैं। इस कार्यविधि को ही डार्विन ने "प्राकृतिक प्रवरण" का नाम दिया जिसके द्वारा वे प्राणी जो पर्यावरण के साथ ठीक प्रकार से सामंजस्य बिठा लेते हैं, वे तो बच जाते हैं, जबकि अन्य मर जाते हैं जो पर्यावरण के साथ अनुकूलन नहीं कर पाते हैं। एक लम्बी अवधि में इस प्रक्रिया के द्वारा विभिन्न प्राणी जातियों की रचना हुई। लगभग तीस वर्षों बाद जब व्यक्तिगत गुणसूत्र (जीन) के बारे में खोज हुई, तब आनुवंशिकता की वास्तविक कार्यविधि का पता चला और इसी के आधार पर नव-डार्विनवाद का जन्म हुआ। कालान्तर में इसी सिद्धान्त का प्रयोग समाजों के ऐतिहासिक विकास की व्याख्या में किया गया। **हरबर्ट स्पेन्सर** ने इसी सिद्धान्त का सर्वप्रथम समाजों के विकास में प्रयोग कर "सामाजिक उद्‌विकासवाद" की आधार शिला रखी। बाद में, समाज पर लिखने वाले अनेक लेखकों ने स्पेन्सर के विचारों से प्रभावित होकर डार्विन के 'वैज्ञानिक' सिद्धान्त को अपने लेखनों में अपना लिया।

Darwinism, neo – नव डार्विनवाद

नव डार्विनवाद अपने आप में कोई पृथक विचारधारा नहीं है, अपितु यह परिप्रक्ष्यों का एक व्यापक समूह है जिसमें दो मूलभूत और सर्वथा भिन्न वैचारिक सम्प्रदाय सम्मिलित हैं। ये दो सम्प्रदाय हैं, (1) सामाजिक-जीवशास्त्र, और (2) 'क्रांतिवादी' विचारणा जो संकुचित उद्‌विकासवाद से विपरीत है। सामाजिक-जीवशास्त्र की परम्परा का वास्तव में, जीवशास्त्र से अनवरत संबंध है। इसके विपरीत, 'क्रांतिवादी' विचारणा की परम्परा उन्नीसवीं शताब्दी के

उत्पत्ति संबंधी खोज पर केन्द्रित है। यही नहीं, इस परम्परा के विचारकों ने टोटमवाद और आदिम कामाचार (यौन स्वच्छंदता) जैसे उन्नीसवीं शताब्दी के विषयों पर पुनर्विचार करने में अपनी रुचि प्रदर्शित की है।

सामाजिक-जैविकी (जीवशास्त्र) **ई. डब्ल्यू. विलसन** की देन है। उन्होंने सन् 1975 में 'सोसिऑबायलॉजी' नाम से एक पुस्तक लिखी जिसमें उन्होंने मानवीय समाज और संस्कृति को मानव प्राणी की पशु प्रवृति से ही जुड़ा माना है। विलसन ने कहा कि डार्विनवादी सिद्धान्त के प्रयोग द्वारा संस्कृति की व्याख्या उतनी ही आसानी से की जा सकती है, जिस प्रकार दीमकों, मेंडकों, या सियारों के सामाजिक जीवन की व्याख्या की जाती है। मानवशास्त्रीय तथ्यों के विश्लेषण के आधार पर विलसन ने मानवीय युद्ध पर समूह चयन का प्रभाव, राजनीतिक संगठन के विकास पर लैंगिक चयन का प्रभाव, उपकरण प्रयोग की विशिष्ट अभिव्यक्ति के रूप में कला, सम्प्रेषण की उत्पत्ति के रूप में आनुष्ठानिक संगीत और यहां तक की अपने वाहकाणुओं के हस्तान्तरण की इच्छा के विस्तार के रूप में नैतिकता को स्पष्ट किया है। विलसन के सामाजिक जैविकी अभियान का प्रभाव मानवशास्त्री **रॉबिन फॉक्स** पर स्पष्ट रूप में देखा जा सकता है। उन्होंने भी विलसन के इस मत को स्वीकार किया है कि मानव समाज का आधार पशु सामाजिकता है। फॉक्स (1975) ने बताया कि मानवीय नातेदारी व्यवस्थाओं के कुछ पक्ष गैर-मानवीय पशु तुल्य वानरों में मिले हैं। कुछ वानरों की प्रजातियों में 'वंश व्यवस्था' भी पाई बताई गई है। फॉक्स की इस धारणा ने **लेवी-स्ट्रास** की इस विचारणा पर प्रहार किया है कि पशुओं और मानवों की अन्तर रेखा 'निकटाभिगमन निषेध' की प्रथा है। स्ट्रास के अनुसार, केवल मानव ही निषेधों का पालन करने में सक्षम प्राणी हैं। निकटाभिगमन निषेध मानवीय प्रकृति का हिस्सा है जो संसार के सभी समाजों में विद्यमान है, किन्तु संस्कृति की भिन्नता के कारण इसे अलग-अलग जगह भिन्न रूप में परिभाषित किया गया है। कहीं पर विलिंग सहोदरजों में लैंगिक संबंधों की अनुमति है, तो कहीं पर ये संबंध निषेधित हैं।

विलसन के सामाजिक जैविकी के विचारों की कटु आलोचना हुई है। **मार्विन हैरिस** और **मार्शल साहलिन्स** जैसे दो दिग्गज अमरीकी मानवशास्त्रियों ने सामाजिक जैविकी के विचार पर कड़ा प्रहार किया है। हैरिस ने सामाजिक जैविकी को जैवकीय लघुकरणवाद (निर्धारणवाद) कहा है। उनके अनुसार, संस्कृति वाहकाणुओं (जीन्स) से स्वतंत्र होती है। साहलिन्स ने अपनी पुस्तक 'द यूज एंड अब्यूज़ ऑफ बायलॉजी' (1977) में लिखा है कि आक्रमण और युद्ध, कामात्मकता और विलिंग सहोदरज विवाह, तथा सामाजिक प्रकार्यात्मक 'पारस्परिक परार्थवाद' और औपचारिकता युक्त उपहार विनिमय में भारी अन्तर होता है।

नव डार्विनवाद की दूसरी परम्परा "क्रांतिवादी विचारधारा" अठारवीं शताब्दी के अनेक विचारकों की विशेषता रही है। इसे हम **मॉर्गन, मार्क्स, एवं एंजिल्स, फ्रायड** के सिद्धान्त और **लेवी-स्ट्रास** के निकटाभिगमन निषेध संबंधी संस्कृति की उत्पत्ति से जुड़े विचारों में देखते हैं। इसी प्रकार, **लेज़ली व्हाइट** का "वानर क्रान्ति" संबंधी विचार भी इसी की पुष्टि करता है। यंह परम्परा धीमी गति से होने वाले उद्विकास के स्थान पर तात्कालिक तीव्र परिवर्तन पर बल देती है। आजकल इसमें सांकेतिक संस्कृति की उत्पत्ति जिसे "संस्कृतिपरक उत्पत्ति"

(क्ल्चरो-जेनिसिस्) भी कहा जाता है, पर जोर देती है। इस परम्परा का एक बिगड़ा हुआ रूप एक ब्रिटिश मानवशास्त्री **क्रिस नाइट** (1991) ने प्रस्तुत करते हुए कहा है कि सांकेतिक संस्कृति की शुरुआत देहपरस्त आधुनिक स्त्रियों के द्वारा हुई है जो यौन संबंधों के बदले में भोजन मांगती हैं।

dating – काल-निर्धारण

लोगों, घटनाक्रमों एवं अवशेषों के समय एवं काल को जानने के वैज्ञानिक प्रयासों को काल-निर्धारण कहते हैं। सामान्यतः शोधकर्त्ता काल-निर्धारण के लिये दो प्रकार की विधियों का प्रयोग करते हैं : (1) सापेक्ष काल-निर्धारण और (2) निरपेक्ष काल-निर्धारण।

dating, absolute – निरपेक्ष काल-निर्धारण विधि

वर्षों की इकाई के रूप में बताये गये समय या तिथि को निरपेक्ष या कालानुक्रमिक काल-निर्धारण कहते हैं। इन तिथियों को निश्चित माना जाता है, यद्यपि यह सर्वथा निश्चित न होकर बताये गये समय से कुछ पहले या बाद की भी हो सकती हैं। निरपेक्ष कालानुक्रम सूर्य वर्षों पर आधारित होता है तथा इसका उल्लेख "वर्तमान से पूर्व वर्ष" (बी. पी) और शताब्दियों के माध्यम से होता है। यहां वर्तमान का तात्पर्य अध्ययन के समय से है। इसके अतिरिक्त "ईसा पूर्व" (बी. सी) और "ईसा बाद" (ए.डी) वर्षों के माध्यम से भी कालक्रम का उल्लेख किया जाता है।

निरपेक्ष काल-निर्धारण की सबसे प्रचलित व महत्वपूर्ण तकनीक "रेडियो कार्बन काल-निर्धारण" विधि है।

dating, cross – काल प्रतिनिर्धारण विधि

ऐसी सांस्कृतिक घटनाओं, जो आपस में एक दूसरे से संबंधित नहीं हैं, की सापेक्षिक आयु को मालुम करने की प्रक्रिया को काल प्रतिनिर्धारण कहते हैं। पुरातात्विक रूप में जो वस्तुएं भिन्न अर्धवृतों में मिली हैं, उनकी सापेक्षिक आयु का निर्धारण इसी प्रक्रिया द्वारा होता है।

dating, dendochronology – वृक्ष कालानुक्रमिक काल-निर्धारण विधि

वृक्ष कालानुक्रमिक निरपेक्ष काल-निर्धारण की एक तकनीक है जिसमें किसी पेड़ के तने में पाये गये घेरों (वृतों) की संख्या के आधार पर उसकी कालानुक्रमिक आयु का निर्धारण किया जाता है। पेड़ों के तने का प्रत्येक घेरा एक वर्ष को दर्शाता है। किसी भी वृक्ष के इन घेरों की गणना करके वृक्ष की आयु का पता लगाया जा सकता है। काल निर्धारण की इस विधि का विकास **ए. ई. डगलस** द्वारा उत्तरी अमेरिका के दक्षिणी-पश्चिमी क्षेत्र के प्यूबलो इंडियन लोगों के निवास-स्थलों के अध्ययन के दौरान किया गया है।

इस विधि द्वारा ईसा पूर्व प्रथम सदी तक के वृक्षों की आयु का अनुमान लगाया जा सकता है। कुछ वृक्षों में विभिन्न आकार-प्रकार के कई हजार वर्षों तक के घेरे मिले हैं। इस तकनीक का प्रयोग केवल लकड़ी की वस्तुओं पर ही हो सकता है। यही नहीं, यह तकनीक

ऐसे क्षेत्रों के वृक्षों के काल-निर्धारण में ही उपयोगी सिद्ध हुई है, जहां पर बड़े-बड़े 'ब्रिस्टलकोन चीड़' या सीकोइस जैसे लम्बी आयु के पेड़ मिलते हों।

dating, direct – प्रत्यक्ष काल-निर्धारण विधि

स्वयं वस्तु के अध्ययन द्वारा जब किसी वस्तु विशेष की आयु (वर्षों) की गणना की प्रक्रिया को प्रत्यक्ष काल-निर्धारण कहते हैं।

dating, fluorine – फ्लोरीन काल-निर्धारण विधि

अस्थियों और दांतों में फ्लोरीन के जमाव की मात्रा के आधार पर जो तुलनात्मक आयु की गणना की जाती है, उसे फ्लोरीन काल निर्धारण विधि कहते हैं। यह विधि इस मान्यता पर आधारित है कि अस्थियों और दांतों में जमी फ्लोरीन की मात्रा का सीधा अनुपात जीवाश्मों की आयु से होता है। प्राचीनतम जीवाश्मों में फ्लोरीन की मात्रा सर्वाधिक और सबसे बाद के जीवाश्मों में सबसे कम होती है। इस विधि की खोज दो फ्रांसीसी रसायनशास्त्रियों द्वारा सन् 1806 में की गई थी।

dating, indirect – अप्रत्यक्ष काल-निर्धारण विधि

किसी वस्तु की आयु के निर्धारण के लिये जब उस वस्तु से जुड़ी किसी अन्य वस्तु, जिसकी आयु का अनुमान करना संभव है, का प्रयोग किया जाता है, तब इसे अप्रत्यक्ष काल-निर्धारण कहते हैं।

dating, polen/polynology – पराग काल-निर्धारण विधि

पराग काल-निर्धारण विधि के अन्तर्गत पराग-जीवाश्मों के अध्ययन के आधार पर सांस्कृतिक अवशेषों व अन्य साक्ष्यों को तत्कालीन जलवायु की विभिन्न स्थितियों के साथ जोड़ कर उनका काल क्रम निर्धारण किया जाता है। फूलों वाले विभिन्न पौधों से निकले कणों को पराग कहते हैं। किसी भी भूगर्भीय स्तरीकृत पर्तों से प्राप्त पराग कणों से उस समय की वनस्पति का पता चलता है। प्राप्त पराग कणों के आधार पर किसी भी सम्बंधित स्थल के काल की गणना की जा सकती है।

dating, potassium-argon – पोटेशियम-अरगॉन काल-निर्धारण विधि

पुरातत्वशास्त्र और पुरा-मानवशास्त्र की कालक्रमिक काल-निर्धारण की एक निरपेक्ष विधि 'पोटेशियम-अरगॉन विश्लेषण' के नाम से जानी जाती है। इस विधि में मानव अवशेषों से जुड़े ज्वालामुखी के ढेरों के अरगॉन की रेडियोधर्मी पोटेशियम के अनुपात की माप की जाती है। इसका आधार पोटेशियम^{40} (के^{40}) का अरगॉन^{40} (ए^{40}) में परिवर्तित होना है। इस विधि की मान्यता है कि किसी ज्वालामुखी के फटने से अत्यधिक तापमान के कारण रेडियोधर्मी पोटेशियम का एक निश्चत दर से क्षय होता है तथा यह पोटेशियम अरगॉन में परिवर्तित हो जाता है। भूगर्भीय स्तरों तथा लगभग पांच लाख वर्ष तक की प्रारंभिक मानवीय गतिविधियों के काल-निर्धारण में इस विधि का प्रयोग किया जा सकता है। सांख्यिकीय

त्रुटियों के कारण इस विधि (तकनीक) को पूर्णतः सटीक विधि नहीं माना जाता है, फिर भी यह तकनीक मानव के उद्भव संबंधी काल-निर्धारण में अत्यंत उपयोगी सिद्ध हुई है।

dating, radioactive – रेडियोधर्मी काल-निर्धारण विधि
रेडियोधर्मी सामग्री के कई टुकड़ों में विघटन की स्थिर दर के विश्लेषण द्वारा चट्टानों और अन्य वस्तुओं की आयु की गणना की विधि रेडियोधर्मी काल-निर्धारण कहलाती है।

dating, radiocarbon – रेडियोकार्बन काल-निर्धारण विधि
पुरातात्विक नमूनों पर रेडियोधर्मी कार्बन (सी^{14}) के विश्लेषण द्वारा वस्तुओं या घटनाक्रमों की आयु की गणना की विधि रेडियोकार्बन काल-निर्धारण कहलाती है। इस विधि का प्रयोग उन वस्तुओं या सामग्री की आयु-गणना में अधिक उपयोगी सिद्ध हुआ है जो पिछले 20,000 से 50,000 वर्ष पुराने रहे हैं। इस विधि में यह आवश्यक है कि परीक्षण में अपरिवर्तित कार्बनिक पदार्थ का ही प्रयोग किया जाये।

इस विधि (सी^{14}) की खोज सन् 1949 में भौतिकशास्त्री **जे. आर. आर्नोल्ड तथा डब्ल्यू. एफ. लिब्बी** द्वारा की गई थी। यह विधि इस सिद्धान्त पर आधारित है कि सभी प्राणधारी जीव रेडियोधर्मी कार्बन का अवशोषण करते हैं तथा मृत्यु के समय यह अवशोषण प्रक्रिया समाप्त हो जाती है। मृत्यु या नष्ट होने के साथ ही सी^{14} का क्षरण होने लगता है। किसी प्राप्त जैविक अवशेष में सी^{14} अणुओं की मात्रा के विश्लेषण के आधार पर उसकी आयु की गणना की जाती है। यह पहली ऐसी सटीक विधि पाई गई जिसके द्वारा ऐसी पुरातात्विक सामग्री का काल-निर्धारण संभव हो सका जिसके बारे में पहले कोई जानकारी उपलब्ध नहीं थी। प्रारंभ में इस विधि के प्रयोग के प्रति पुरातत्वविदों का काफी रुझान रहा, किन्तु जैसे-जैसे इसकी कमियां एवं सीमाएं उजागर हुई, इसके प्रति उत्पन्न हुए उत्साह में कमी आ गई। बाद में कुछ वैज्ञानिकों ने इसमें सुधार कर कई अन्य विधियों का प्रयोग किया है।

dating, relative – सापेक्षकाल-निर्धारण
जव घटनाक्रम या वस्तुओं के समय का अनुमान अप्रत्यक्ष रूप में लगाया जाता है, तब इसे सापेक्ष काल-निर्धारण कहते हैं। इस विधि में सभी पुरातात्विक अवशेषों को समय या तिथियों के क्रम में रख कर उनका तुलनात्मक अध्ययन किया जाता है। इस विधि में किसी वस्तु की आयु का निर्धारण उसी वस्तु के आधार पर न करके किसी अन्य वस्तु, जो उससे जुड़ी होती है तथा जिसकी आयु की गणना करना संभव होता है, के आधार पर किया जाता है। अतः इसे सापेक्ष काल-निर्धरण या अप्रत्यक्ष काल-निर्धारण विधि कहते हैं। इसमें "स्ट्रैटीग्राफी" विधि सर्वाधिक विश्वसनीय सिद्ध हुई है। पुरातत्वशास्त्र और पुरामानवशास्त्र में इस विधि के अनुसार किसी घटना, वस्तु अथवा जीवाश्म के कालक्रम का निर्धारण करते समय किसी अन्य वस्तु के संदर्भ में उससे पहले या बाद का बताया जाता है।

dating, stratigraphy – स्तरक्रम काल-निर्धारण विधि
पुरातात्विक मापन की एक तकनीक के रूप में स्तरक्रम काल-निर्धारण विधि का प्रयोग

अठारवीं शताब्दी में भूगर्भशास्त्रियों द्वारा भूमिखंडों एवं शिलाओं की रचना पर्तों के अध्ययन द्वारा किया गया। 'अधिस्थापन के नियम' (लॉ ऑफ सुपर पोजीशन) के अनुसार यह माना जाता है कि जमी पर्तों में नीचे की पर्त उससे ऊपर की पर्त से पहले की मानी जाती है। यह सिद्धान्त उन स्थितियों में पूर्णतः युक्तिसंगत होता है जहां पर पर्तें विवर्तनिक उथल-पुथल से सर्वथा अप्रभावित रही हों। पुरानी पर्तों को बाद की पर्तों से पहले बनी मानी जाती है। अतः सबसे नीचे जमी पर्त में प्राचीनतम तथा सबसे ऊपर की पर्त में सबसे बाद के साक्ष्य उपस्थित माने जाते हैं।

dating sequence – अनुक्रम काल-निर्धारण

फिलन्डर्स पीट्री द्वारा विकसित काल-निर्धारण की एक विधि जिसके द्वारा पुरातत्वीय अवशेषों का सापेक्ष कालानुक्रम ज्ञात किया जाता है। पीट्री ने सर्वप्रथम जो मृद्‌भांड खोजे, उनके हत्थे लहरदार थे। बाद में खोजे गये उसी आकृति के मृद्‌भांडों के हत्थे कम लहरदार पाये गये। उन्होंने इन मृद्‌भांडों के साथ प्राप्त वस्तुओं को काल-क्रमानुसार जमाया। मृद्‌भांडों की निरपेक्ष तिथि न जानते हुए भी पिट्री ने उनके प्रयोग के काल को 70 भागों में विभाजित किया। मृद्‌भांडों के प्रत्येक रूप की तिथि (अनुक्रम तिथि) एस.डी. 30 से 100 तक निर्धारित की। बाद में ज्ञात हुआ कि (एस.डी.) अनु. तिथि. 79 वंशगत काल के लगभग प्रारंभ 3200 ई.पू. का है तथा पीट्री ने इसके आधार पर यह अनुमान लगाया कि एस.डी. अनुक्रम काल 30 अथवा जहां से श्रेणी आरंभ होती है, लगभग 4800 ई.पू. की है। अभी के कार्बन 14 के परीक्षणों ने इन कालों की तिथि में कुछ कम कर दी है।

dead, abode of the – मृतक-निवास

जिस स्थान पर मृतक रहते माने जाते हैं, उसे मृतक निवास कहा गया है। यह मृतक-निवास सागर, आकाश या धरती तल हो सकता है। वहां मृतकों का कोई शासक हो सकता है। ऐसा माना जाता है कि जीवित रहते हुए भी मृतक-निवास देखने के लिये वहां की यात्रा की जा सकती है, जैसा कि पौराणिक चरित्रों ऑडिसियस, ऑरफियस और एनिअस ने की थी।

dead, cult of the – पितर उपासना/पंथ

मृतकों से सहायता प्राप्त करने अथवा उन्हें सुख प्रदान करने के लिये कई आदिवासी समूहों में कुछ आनुष्ठानिक क्रियाकलाप किये जाते हैं, इन्हें ही पितर उपासना कहते हैं। इस प्रकार के पंथ पोलिनेशिया तथा अन्यत्र पाये गये हैं।

dead, disposal of the – अंत्येष्टि क्रिया

मृतक के शरीर का क्या किया जाये, उसके अंत्येष्टि की क्रिया की अलग-अलग विधियां प्रचलित पाई गई हैं। संभवतः अंत्येष्टि क्रिया का सबसे पहला रूप यह रहा होगा कि जहां मृतक मरा है, उसे वहीं यथावत् छोड़ दिया गया हो। बाद में शायद मृतक को गाड़ने का विचार आया हो। इसके बाद आंशिक गाड़ने और आंशिक जलाने का विचार उत्पन्न हुआ हो सकता और अंतिम रूप में पूर्ण दाह-संस्कार शुरू हुआ होगा। शनैः शनैः दाह-संस्कार का

तरीका पुराना पड़ गया और गाड़ने दफनाने का विचार ही पुनः मानव समाज में व्यापक रूप में प्रचलित हो गया प्रतीत होता है। कहीं-कहीं (पार्सियों में) मृतक शरीर को किसी ऊंचे प्लेटफार्म पर पशु-पक्षियों के भक्षण करने के लिये रख दिये जाने की प्रथा भी प्रचलित पाई गई है। मिश्र में मृतक के संलेपन और अधिकांश प्राचीन विश्व में मृतक के भस्मीकरण की प्रथा भी पाई गई है। ईसाई धर्म में मृतक के शरीर को जलाना या किसी रूप में नष्ट करना इसलिये मना किया गया है कि अंतिम निर्णय के दिन (कयामत) मृतक-तत्व को पुनर्जीवित किया जाता है।

death – मृत्यु

एक जैवकीय घटना के रूप में, मानवीय नश्वरता का अध्ययन भौतिक मानवशास्त्र और जनांकिकी के क्षेत्रों में किया जाता है। किन्तु इसके सांस्कृतिक प्रसंग के साथ-साथ प्रतिअर्न्तदर्शी पक्ष भी हैं। अतः इस विषय का अध्ययन सामाजिक और सांस्कृतिक मानवशास्त्र के अलावा पुरातत्वशास्त्र में भी किया जाता है।

मृत्यु एक सार्वभैमिक घटना है जिस पर साहित्य के क्षेत्र में बहुत कुछ लिखा गया है, कवियों ने इस पर अनेक बहुविध कविताएं लिखी हैं। बहुधा यह माना जाता है कि मृत्यु के बारे में सभी जगह एक सा सोच है, वास्तव में ऐसा नहीं है। किस व्यक्ति को मृतक कहा जाये, इस विषय पर वैज्ञानिकों (चिकित्सकीय) की अपनी धारणा है, किन्तु मृत्यु के साथ सामाजिक धारणाएं भी जुड़ी हुई हैं। **डेविड सुडनो** (1967) ने लॉस ऐंजिल्स के बड़े अस्पताल के अपने अध्ययन द्वारा यह प्रदर्शित किया कि अस्पताल में लाये जाने वाले सभी मरे हुए व्यक्तियों को तत्काल मृतक घोषित नहीं किया जाता, अपितु यह मृतक के अच्छे-बुरे कपड़ों पर निर्भर करता है। यदि मृतक ने अच्छे कपड़े पहन रखे हैं जो उसे किसी उच्च सम्मानित व्यक्ति का दर्जा देता हो तो मृत्यु सम्बंधी घोषणा थोड़े समय के लिये टाल दी जाती है। मानवशास्त्रियों ने बताया है कि मृत्यु के अवसर पर क्या-क्या होता है तथा मृत्यु क्या है, अलग-अलग संस्कृतियों में इन प्रश्नों के बारे में अलग-अलग धारणाएं हैं। यह बहुत कुछ इस बात पर निर्भर करता है कि किसी संस्कृति विशेष में जीवन को किस रूप देखा जाता है तथा रूग्नता (बीमारी) के बारे में वहां क्या विचारधारा है। उदाहरणार्थ, पश्चिमी चिकित्सा पद्धति में शरीर को एक मशीन और मृत्यु को इसका अन्तिम दुष्प्रकार्य माना जाता है। बोर्नियो में जीवन, बीमारी, और मृत्यु तीनों को शरीर और आत्मा के सम्बन्धों के रूप में देखा जाता है।

death dance – मृत्यु नृत्य

मृत आत्मा की शांति व तुष्टि के लिये किये जाने वाले नृत्य को मृत्यु नृत्य की संज्ञा दी गई है। कई आदिवासी समाजों में मृत्यु उपरान्त इस प्रकार के नृत्यों का आयोजन किया जाता है।

death rituals – मृतक संस्कार (कर्मकाण्ड)

इसमें कोई सन्देह नहीं है कि मृत्यु के अवसर अत्यन्त प्रबल उद्वेगों और भावनाओं का उद्रेक

होता है। इन भावनाओं की अभिव्यक्ति का स्वरूप क्या होगा, यह स्थान विशेष की संस्कृति पर निर्भर करता है। सामान्यतः यह माना जाता रहा है कि भावनाएं (उद्वेग) मृतक विधि-विधानों के स्रोत हैं, अर्थात मृतक संस्कारों का जन्म भावनाओं से होता है, किन्तु प्रसिद्ध समाजशास्त्री **इमाइल दुर्खाइम** (1915) ने अपनी पुस्तक "धार्मिक जीवन के प्रारंभिक रूप" में इस सामान्य प्रचलित मनोवैज्ञानिक व्याख्या को नकारते हुए कहा है कि 'मानसिक दशाएं कभी भी सांस्कृतिक रिवाज़ों को जन्म नहीं दे सकती।' उनकी इस धारणा ने आधुनिक सामाजिक मानवशास्त्र के उद्‌भव में महत्ती भूमिका अदा की है। उन्होंने इस प्रकार के मनोअवव्याख्यावाद (निर्धारणवाद) की कटु आलोचना की है। दुर्खाइम ने कहा है कि हर समय जब जरूरत पड़ती है, तब हम नये कर्मकान्डों (विधि विधानों) का आविष्कार नहीं करते, अपितु हम उन्हीं कर्मकाण्डों, रिवाज़ों को अपना लेते हैं जो हमारी संस्कृति में उस समय उपलब्ध होते हैं। ये कर्मकाण्ड (रिवाज़) हमारे व्यक्तिगत अस्तित्व के पहले से चले आ रहे हैं और इनका अपना इतिहास है, जो हमारे व्यक्तिगत अनुभव से भिन्न होता है।

नृजातीय लेखनों से प्रकट हुआ है कि मृतक संस्कार के ढेर सारे प्रकार हैं। ये मृतक संस्कार एक दिन से लेकर कुछ जनजातियों में सालों तक चलते रहते हैं। इन मृतक संस्कारों में उपवास करना, दावत देना, संयम का पालन करना, पीना-पिलाना आदि कई क्रियाएं सम्मिलित हो सकती हैं। मृतक शरीर को जलाया जायेगा, गाड़ा जायेगा या घर में ही रखा जायेगा या सुरक्षित रखा जायेगा, या भोजन के रूप में कच्चा या पका कर खाया जायेगा या सड़ने के लिये डाल दिया जायेगा या जानवरों के खाने के लिये किसी स्थान विशेष पर रख दिया जायेगा, ये तथा कई अन्य तरीके हैं, जिनके द्वारा मृतक का अन्तिम संस्कार किया जाता है। विभिन्न मृतक संस्कारों के साथ भिन्न अर्थ जुड़े हुए हैं, जैसा कि हम हिन्दू, मुसलमान और ईसाइयों में देखते हैं। मानवशास्त्रियों ने मृतक संस्कारों की राजनीतिक महत्ता का भी उल्लेख किया है। मृतक संस्कार व्यक्तियों को संगठित करते हैं तथा अपने नेताओं को वैध करार करते हैं। राजा-महाराजा के मृतक संस्कारों का रूप सामान्यजन से भिन्न होता है।

deconstruction/deconstructionism — विखंडन/विखंडनवाद

'विखंडन' साहित्यिक विश्लेषण की एक विधि के लिये **जॉक् देरिदा** द्वारा प्रयुक्त एक शब्द है जिसका मन्तव्य किसी ग्रंथ या पाठ (टेक्स्ट) के अन्तनिर्हित अर्थ और विचारों को उजागर करना है। सन् 1960 के दशक में **मार्टिन हाइडेगर** के अध्ययन से ज्ञान के क्षेत्र में देरिदा द्वारा जिस आंदोलन की शुरुआत हुई, उसे विखंडनवाद के नाम से जाना जाता है। विखण्डनवाद के नाम से जाना जाता है! विखण्डनवाद एक दार्शनिक सिद्धान्त की अपेक्षा ग्रंथ अथवा पाठ पढ़ने की एक शैली है। इसमें यह माना जाता है कि जब पाठक पाठ पढ़ता है तब वह ठीक लेखक वाली पाठ (रचना) के निर्माण की प्रक्रिया से गुजरता है। इसलिये इस प्रक्रिया में जो पाठ निर्मित होता है, वह निश्चित रूप से उस पाठ से भिन्न होता है, जिसे लेखक ने लिखा था। अतः यदि कोई पाठक किसी पाठ के मन्तव्य को पूरी तरह जानने की बात करता है या सोचता है तो यह सब व्यर्थ है, क्योंकि बहुत से पाठों के आधार पर निर्मित किसी "पाठ" का अर्थ हमारे नियंत्रण से बाहर होता है। इसलिये प्रत्येक पाठक किसी पाठ को पढ़ने की प्रक्रिया

में एक दूसरा पाठ निर्मित कर बैठता है। इस तर्क के अनुसारु नृजातिक लेखन भी बहुत से पाठों की एक श्रृंखला है जिसमें बहुत से पाठ दूसरे बहुत से पाठों के साथ प्रतिच्छेद करते हुए और अधिक पाठों को निर्मित करते हैं।

deculturation – विसंस्कृतिकरण/विसंस्करण

पर-संस्कृतिग्रहण की प्रक्रिया में किसी भी आदिम जाति अथवा व्यक्ति का अपने मूल सांस्कृतिक लक्षणों से वंचित होने को विसंस्कृतिकरण कहते हैं। समूह स्तर पर, जब एक समूह अपनी संस्कृति को पूर्णतः खो देता है या भुला देता है, तब इसे विसंस्कृतिकरण कहते हैं। व्यक्तिगत स्तर पर, विसंस्कृतिकरण से तात्पर्य व्यक्तियों द्वारा आत्मीकृत सांस्कृतिक तत्वों का एक-एक करके छोड़ते जाने से है। ऐसा अधिकांशतः असामान्य स्थितियों में ही होता है।

deijfication – देवत्वारोपण/देवत्व प्राप्ति

व्यक्ति अथवा पदार्थ को देवतुल्य बनाने की क्रिया अथवा देवतुल्य हो जाने को देवत्वारोपण कहा गया है। इसे देवतामय अथवा देवता में अंतर्निहित हो जाने की प्रक्रिया के रूप में भी देखा जाता है।

demography – जनांनकिकी

मानव जनसंख्या की विशिष्टताओं का सांख्यिकी अध्ययन जनांकिकी या जनसांख्यिकी कहलाता है। इसमें जनसंख्या में वृद्धि और गिरावट के कारणों और परिणामों के साथ-साथ इसके सामाजिक तथा आर्थिक दशाओं के प्रभावों का अध्ययन किया जाता है। जनसंख्या का आकार, आयु संरचना, लिंग अनुपात, घनत्व, वृद्धि दर, जन्म और मृत्यु दर, प्रवसन तथा वह गति जो इन विशेषताओं को उत्पन्न करती है, आदि सभी जनानंकिकी की केन्द्रीय अवधारणाएं हैं। इन सभी की अभिव्यक्ति संख्याओं में होती है। अतः यह शास्त्र अत्यधिक संख्यात्मक विश्लेषण पर निर्भर करता है। इसके अध्ययन की अपनी विशिष्ट पद्धतियां हैं।

"डेमोग्राफी" शब्द का सर्वप्रथम प्रयोग फ्रांस के विद्वान **ए.गुईलर्ड** ने किया था। उनके अनुसार, "जनांकिकी मानव प्राणी का प्राकृतिक और सामाजिक इतिहास है . . . . इसके अन्तर्गत जनसंख्याओं का गणितीय अध्ययन, उनमें उत्पन्न होने वाले सामान्य परिवर्तन तथा उनकी भौतिक, नगरीय, बौद्धिक एवं नैतिक संरचनाओं का अध्ययन किया जाता है।" कभी-कभी 'डेमोग्राफी' शब्द का प्रयोग जीव वैज्ञानिकों द्वारा पशु-जनगणना के लिये भी किया जाता है।

demographic transition – जनांनकिकी परिवर्तन

किसी जनसंख्या के जनानंकिकी चित्र की अवधि में बदलाव को जनानंकिकी परिवर्तन कहते हैं। जनानंकिकी चित्र में बदलाव से तात्पर्य उच्च जन्म दर, उच्च शिशु मृत्यु दर तथा निम्न जीवन प्रत्याशा से निम्न जन्म दर, निम्न शिशु मृत्यु और दीर्घ जीवन प्रत्याशा (लम्बी आयु) में परिवर्तन से है। आधुनिकीकरण सिद्धान्त के अनुसार यह माना जाता है कि यह परिवर्तन पूर्व आधुनिक से औद्योगिक अर्थव्यवस्था के बदलाव के साथ जुड़ा हुआ है।

demonism – पिशाचवाद

प्रेतात्माओं के अस्तित्व में विश्वास तथा इन्हें वश में रखने के लिये अथवा इनके उपशमन के लिये किया गया जादू-टोना, पूजा-पाठ तथा अनुष्ठानों का सम्पादन पिशाचवाद कहलाता है। ऐसा माना जाता है कि प्रेतात्माएं विभिन्न प्रकार के कल्पित रूपों जैसे - पिशाच, जिन, डाइन, वनस्पति और पशु प्रेतों तथा अन्य छोटे-छोटे देवी-देवताओं के रूप में रहती हैं। ये परोपकारी और अपकारी दोनों ही प्रकार की होती हैं।

denomination – सम्प्रदाय

एक ही नाम से ज्ञात व्यक्तियों के वर्ग अथवा समाज, विशेषकर धार्मिक समूह अथवा एक ही मत में विश्वास रखने वाले समुदाय को सम्प्रदाय कहते हैं।

deoxyribonuclic acid (DNA) – डिऑक्सीराइबोन्युक्लिक अम्ल (डी.एन.ए)

डी.एन.ए. गुणसूत्रों (क्रोमोसोम्स) में पाया जाने वाला एक ऐमीना अम्ल है जिसमें आनुवंशिकी सूचनाओं के संकेत निहित होते हैं। गुणसूत्रों के वाहकाणुओं (जीन्स) में निहित इन संकेत सूचनाओं के द्वारा ही एक कोशिका के अन्य संरचनात्मक भागों और रासायनिक रचना का निर्माण होता है। यह गुणसूत्रों का मुख्य अंगक है जो प्रत्येक कोशिका के संरचनात्मक एवं क्रियाशील रूप को निर्धारित करता है।

डी.एन.ए. संबंधी अभी कुछ वर्षों पूर्व हुई कई अत्याधुनिक उन्नत शोध से ज्ञात हुआ है कि प्रत्येक जीवित जीव की आनुवंशिकता का नियंत्रण एवं निर्धारण इसी रासायनिक तत्व डी.एन.ए. से होता है। डी.एन.ए. की संरचना और इसकी क्रियाशीलता संबंधी शोधों ने मानवीय विकास और आनुवंशिकी को समझने में भारी सहायता की है। सन् 1951 में सर्वप्रथम जीवशास्त्री **जेम्स वाटसन** ने ब्रिटिश रसायनशास्त्री **फ्रांसिस क्रिक** के साथ मिल कर डी.एन.ए. की संरचना और इसके प्रकारों को उजागर किया था। डी.एन.ए. संबंधी हुई बाद की शोधों ने यह स्पष्ट किया है कि डी.एन.ए. किस प्रकार जिनेटिक कोड में निहित अनुदेशों के अनुसार जीव की संरचना को निर्देशित करता है। (देखिये - आर.एन.ए.)

dependency theory – पराश्रितता-सिद्धान्त

पूंजीवादी देशों के सम्पर्क में आने के बाद औपनिवेशक, नव-औपनिवेशिक या उत्तर-औपनिवेशक गरीब देशों (तृतीय विश्व के गैर औद्योगिक देश) में विकास की गति क्यों धीमी रही या बिल्कुल विकास नहीं हो पाया तथा इन देशों में विकास कैसे हो, या कैसे किया जाये, इस संबंध में अनेक सिद्धान्त विकसित हुए हैं। पराश्रितता सिद्धान्त इन्हीं सभी घटनाओं की व्याख्या करता है तथा विकसित देशों पर आश्रितता के दोष का आरोपण करता है। यह माना जाता है कि तृतीय विश्व के देशों में हो रहे आर्थिक विकास को तब तक भली-भांति नहीं समझा जा सकता, जब तक इन देशों और निहित स्वार्थी औद्योगिक देशों के बीच जो आश्रितता के सम्बन्ध हैं, उन्हें ठीक प्रकार से समझा नहीं जाता। पराश्रितता सिद्धान्त एक ऐसी अवधारणा है जो तृतीय विश्व (गैर औद्योगिक) के देशों में औद्योगिक देशों द्वारा भारी निवेश के बाद भी आर्थिक विकास की असफलता के कारणों की व्याख्या करता है। यह सिद्धान्त

आर्थिक विकास के पारम्परिक सिद्धान्तों का विरोध करता है और इस बात पर बल देता है कि तृतीय विश्व के देशों के विकास में अवरोध के आन्तरिक कारक नहीं हैं, अपितु इसका मुख्य कारण पश्चिमी शक्तियों के साथ उनके आश्रितता के संबंध हैं।

उपनिवेश बसाने वाले सम्पन्न देश अपने औपनिवेशी या अपने अधीन राज्यों/देशों का कई प्रकार से शोषण कर अपने देश का विकास करते हैं और पूंजी का संग्रह करते हैं। अधीन राज्यों से जो पूंजी एकत्रित की जाती है, उससे अधीन राज्यों का स्थानीय विकास बाधित होता है और कभी-कभी तो पहले हुआ विकास भी नष्ट हो जाता है। अतः "आधुनिकीकरण सिद्धान्त" के दावों के विपरीत विकास के अभाव का कारण स्थानिक असफलता नहीं है, अपितु यह हानिकर असंतुलित विदेशी सम्बन्धों का परिणाम होता है। अर्थशास्त्री **आन्द्रे गुण्डर फ्रैंक** (1969) ने इस प्रक्रिया को "अविकसित का विकास" कहा है। इन अधीन राज्यों में जो कुछ थोड़ा-बहुत विकास होता है, उसमें भी आश्रितता के सम्बन्ध के कारण विकृति उत्पन्न हो जाती है। फ्रैंक कहते हैं कि पूंजीवाद सुविचारित रूप में उन पूर्ववर्ती समृद्ध क्षेत्रों में अविकास को जन्म देता है जो क्षेत्र उसके अधिकार में होते हैं। उनके अनुसार, पराश्रितता के संबंध जो एक "अविकसित" देश को "विकसित" देश के साथ जोड़ते हैं, वे अविकसित देश में भी मौजूद होते हैं, अर्थात् किसी अविकसित देश के आर्थिक और राजनीतिक दृष्टि से शक्तिशाली क्षेत्र उसी देश के कम शक्तिशाली क्षेत्रों पर आधिपत्य जमाये रखते हैं। यह सिद्धान्त इस तथ्य को उजागर करता है कि स्वतंत्र पूंजीवादी देशों की सफलता उन "आश्रित" उपनिवेशों या राष्ट्रों की असफलता पर निर्भर करती है जिनकी अर्थव्यवस्था में विकृति का कारण आधिपत्य जमाने वाले बाहरी पूंजीवादियों की जरूरतों को पूरा करना होता है। सम्पन्न देश औद्योगीकरण और आधुनिकीकरण की प्रक्रियाओं को अपने अधीन देशों में इस प्रकार प्रचालित करते हैं कि जिससे उनके लाभ में दिन-दूनी और रात-चौगुनी वृद्धि होती रहे और बहुधा अपने हितार्थ वे अधीन देशों की स्वायत्तता को भी नष्ट कर देते हैं। उदाहरणार्थ, सम्पन्न देश इन देशों में जिस परिष्कृत एवं उन्नत तकनीक का प्रयोग करते हैं, उस पर अपना पूर्ण नियंत्रण रखते हैं। इसके लिये वे विशिष्ट कुशलताओं वाले पदों पर अपना एकाधिकार जमाये रखते हैं। यही "आश्रित विकास" कहलाता है। आश्रितता सामान्यतः आन्तरिक स्तरीकरण में वृद्धि करती है जो अन्ततः बहुधा सामाजिक और राजनीतिक असंतोष को जन्म देती है।

द्वितीय विश्व युद्ध के बाद की दशाब्दियों में औद्योगिक पूंजीवादी देशों, जैसे ब्रिटेन और अमेरिका में अधिकांश रूप में यह स्वीकार किया गया कि तृतीय विश्व के आर्थिक विकास की कुंजी आधुनिकीकरण, अर्थात प्रौद्योगिकी, औपचारिक शिक्षा और मूल्यों (दीर्घ आयोजन और मुक्त बाजार व्यवस्था) के सृजन और प्रयोग में है। पराश्रितता का सिद्धान्त आधुनिकीकरण द्वारा छुटपुट सफलता की तीव्र प्रतिक्रिया का परिणाम है। इस सिद्धान्त का मुख्य तर्क यह है कि विश्व आर्थिक व्यवस्था सत्ता और संसाधनों के वितरण के मामले में अत्यधिक असमान है, अतः यह स्थिति अधिकांश राष्ट्रों की औद्योगिक शक्तिओं के विकास को मुख्य रूप में इसलिये अवरुद्ध करती है क्योंकि सम्पन्न देश अपने अनवरत प्रभुत्व को जमाये रखने के लिये इन देशों में अपनी शर्तों पर प्रौद्योगिकी और इसी प्रकार के अन्य निवेश

थोपते रहते हैं। उदाहरण के तौर पर जब बहुराष्ट्रीय कम्पनियां इन देशों में नये कल-कारखाने स्थापित करती हैं, तब वे बड़े नियोजित ढंग से इन प्रतिष्ठानों के लाभ को इन देशों में पुनः निवेश करने के स्थान पर अपने देश में ले जाते हैं। इसी प्रकार, कृषि के क्षेत्र में भी ये सम्पन्न देश ऐसी जीवन-निर्वाही वस्तुओं, जो स्थानीय समुदाय के भरणपोषण के लिये आवश्यक होती हैं, के स्थान पर निर्यात की जाने वाली नकद फसल (चाय, कॉफी, फल, शक्कर आदि) के उत्पादन पर जोर देते हैं ताकि उत्पादनकर्त्ता देशों को अपने भरणपोषण की आवश्यक वस्तुओं के लिये सम्पन्न और समृद्ध देशों पर आश्रित रहना पड़े और वे इन वस्तुओं को सम्पन्न देशों से खरीद करने के लिये हर समय मज़बूर बने रहें।

पराश्रितता सिद्धान्त की बौद्धिक जड़ें बहुत गहरी हैं। लेटिन अमेरिका में पराश्रितता सिद्धान्तकारों को "डेपेन्डिस्टाज़" कहा जाता है। अंग्रेजी भाषा-भाषी देशों में इसने कई अतिरिक्त रूप ग्रहण कर लिये हैं, जिनमें बहुधा विदेश नीति की कड़ी आलोचना की जाती है। वास्तव में, यह सिद्धान्त "विश्व-व्यवस्था सिद्धान्त" (वार्लेस्टीन) का वंशागत बौद्धिक पूर्वज है।

desanskritization = sanskritization, de

descent – वंशक्रम

वंशक्रम या वंशानुक्रम शब्द का प्रयोग एक व्यक्ति तथा उसके पूर्वजों के बीच पाये जाने वाले मान्य सामाजिक सम्बन्धों की अभिव्यक्ति के लिये किया जाता है। इसके द्वारा पिछली पीढ़ी से लेकर बाद की पीढ़ी के नातेदारी सम्बन्धों की गणना की जाती है ताकि सामाजिक सम्बन्धों की कतार को आगे से आगे बढ़ाया जा सके। बहुधा इसकी अभिव्यक्ति जैवकीय मुहावरे में होने के उपरान्त भी इसका विस्तृत प्रयोग विभिन्न प्रकार के सांस्कृतिक अनुक्रमण को इंगित करता है। वंशक्रम सम्बन्धों का जैविक रूप में निर्धारण आवश्यक नहीं है, किन्तु इसे सामाजिक मान्यता प्राप्त होना आवश्यक है। इसका आधार वास्तविक जैविक सम्बन्ध या कभी-कभी काल्पनिक जैविक सम्बन्ध (गोद की प्रथा) भी हो सकते हैं। वंशक्रम के आधार पर एक व्यक्ति का दूसरे से (पूर्वज व्यक्ति) जुड़े होने को "वंशज" (डिसेन्डेन्ट) कहते हैं। वंशानुक्रम एक पीढ़ी से दूसरी पीढ़ी का सीधी उर्ध्वाकार रेखा में जुड़ना प्रदशित करता है।

वंशक्रम के कई रूप प्रचलित हैं, जैसे एक पक्षीय, द्विपक्षीय, उभयपक्षीय, संदिग्ध पक्षीय वंशानुक्रम आदि।

descent, alternate – वैकल्पिक या वक्र वंशक्रम

एक ऐसी व्यवस्था जिसमें पुरुष से उसकी पुत्रियों को और स्त्री से उसके पुत्रों को वंश समूह की सदस्यता प्राप्त होती है, तब इसे वैकल्पिक या वक्र वंशानुक्रम कहते हैं। इस प्रकार की वंशानुक्रम व्यवस्था बहुत कम पाई गई है।

descent, ambilineal/ambilateral – संदिग्ध वंशक्रम

उभयवाही वंशक्रम व्यवस्था का एक रूप जिसमें स्त्री और पुरुष दोनों में से किसी एक पूर्वज

के आधार पर वंश निर्धारण की छूट दी जाती है, तब इसे संदिग्ध वंशक्रम कहते हैं। वंशक्रम की इस व्यवस्था में एक व्यक्ति को अपने माता-पिता या दोनों में से किसी एक के नातेदार समूह के साथ अपने को जोड़ने की स्वतंत्रता होती है। परिणामतः ऐसी व्यवस्था में वंश-समूहों में स्त्री और पुरुष दोनों की वंशावली की कड़ियां होती हैं।

descent, bilateral – उभयवाही/उभयपक्षीय वंशक्रम
उभयवाही या उभयपक्षीय वंशक्रम व्यवस्था एक पक्षीय या एक रेखीय वंशक्रम व्यवस्था के ठीक विपरीत है। इस व्यवस्था में एक व्यक्ति अपने सम्बन्धी समूह अथवा स्वजनों की गणना बिना किसी एक पक्ष में अन्तर करते हुए माता और पिता दोनों की ओर से करता है, अतः इसे उभयवाही या उभयपक्षीय वंशक्रम व्यवस्था कहते हैं।

अधिकांश समाजों, जिसमें पश्चिमी और अमरीकी समाज भी सम्मिलित हैं, में एक रेखीय या एकवंशीय (पितृवंशीय, मातृवंशीय या संदिग्ध वंशीय) वंशक्रम व्यवस्थाएं नहीं हैं, अर्थात् नाते-रिस्तेदारों का एक ऐसा समूह जो अपने आपको किसी एक सर्वमान्य पूर्वज के वंशज मानते हैं। ऐसे समाजों को उभयपक्षीय समाज कहा जाता है। ऐसे समाजों में एक व्यक्ति के माता और पिता दोनों ओर के नातेदार बराबर का महत्व रखते हैं या कोई महत्व नहीं रखते हैं। ऐसे उभयपक्षीय समाजों में वंश-गणना के लिये किसी सर्वमान्य पूर्वज का प्रयोग नहीं किया जाता है तथा ऐसे समाजों में वंश-गणना का रूप लम्बवत् (वर्टिकल) न होकर समतलीय (हॉरिजॉन्टल) होता है, अर्थात सर्वमान्य पूर्वज की ओर उर्ध्वाकार बढ़ने के स्थान पर निकट सम्बन्धियों से दूर के सम्बन्धियों की ओर जाने का होता है। उभयवाही वंशक्रम व्यवस्था में व्यक्ति के सहवंशी (नातेदार) जातक-केन्द्रित (ईगा-सेन्ट्रिक) होते हैं। किसी भी उभयपक्षीय समाज में न्यूनतम सहवंशियों (नातेदारों) में माता-पिता, दादा-दादी, चाचा-चाची, ताऊ-ताई और प्रथम चचेरे भाई-बहिनों को सम्मिलित किया जाता है।

descent, cognatic – समस्त्रोतीय वंशक्रम
समस्त्रोतोय वंशक्रम व्यवस्था में किसी पूर्वज के सभी वंशजों को सम्मिलित किया जाता है जो माता या पिता दोनों में से किसी एक ओर से जुड़े होते हैं। समस्त्रोतीय आधार पर जुड़े समस्त नातेदार (स्वजन) समूह "समस्त्रोतीय कुल" (कॉग्नेटिक स्टाक) कहलाता है। कभी-कभी द्विपक्षीय (बाइलेटरल) के स्थान पर पर्यायवाची के रूप में भी 'कॉग्नेटिक' शब्द का प्रयोग कर लिया जाता है।

descent, double – द्विवंश वंशक्रम
अधिकांश समाजों में वंशक्रम के तीन नियमों - पितृवंशीय, मातृवंशीय या संदिग्ध पक्षीय में से किसी एक नियम का प्रयोग देखने को मिलता है, किन्तु कभी-कभी दो नियमों को एक साथ प्रयोग भी किया जाता देखा गया है। ऐसी व्यवस्था में एक व्यक्ति को नाते-रिस्तेदारों के विभिन्न समूहों से विभिन्न प्रयोजनों के लिये जोड़ा जाता है। अतः जब वंशक्रम के दो नियमों का एक ही समय में एक साथ प्रयोग किया जाता है, तब ऐसे समाजों की वंशक्रम व्यवस्था को द्विवंशक्रम या दोहरा वंशक्रम कहते हैं। उदाहरणार्थ, जब पितृवंशीय और

मातृवंशीय दोनों वंशक्रम व्यवस्थाओं को एक साथ प्रयुक्त किया जाता है, अर्थात् वंशक्रम की गणना मां और पिता दोनों की ओर से की जाती है, तब ऐसी व्यवस्था द्विवंश या दोहरा वंशक्रम कहलाती है। ऐसी व्यवस्था में एक व्यक्ति एक ही समय में पिता के पैतृक समूह और माता के मातृक समूह से सम्बद्ध रहता है, किन्तु पिता के मातृक और माता के पैतृक समूह से उसका कोई नाता-रिस्ता नहीं होता है। इस प्रकार वह एक ओर से अपने दादा और दूसरी ओर से अपनी नानी से सम्बद्ध रहता है।

द्विवंश व्यवस्था में एक व्यक्ति कुछ प्रयोजनों के लिये मातृवंशीय नातेदारों के समूह से तो कुछ अन्य प्रयोजनों के लिये पितृवंशीय नातेदार समूह से जुड़ा रहता है। इसमें व्यक्ति को एक वंश से (एक ओर से) चल-सम्पत्ति, तो दूसरे वंश से (दूसरी ओर से) अचल सम्पत्ति विरासत में मिलती है। अतः ऐसे समाजों में एक ही समय में वंशक्रम के दो नियम काम करते हैं जिसमें प्रत्येक व्यक्ति एक ओर के लिंग द्वारा जुड़ा होता है। अलग-अलग समाजों में यह युग्म-संयोजन भिन्न हो सकता है। कहीं पर मातृवंशीय और पितृवंशीय तो कहीं पर मातृवंशीय और संदिग्ध पक्षीय समूह या पितृवंशीय और संदिग्ध पक्षीय समूहों का युग्म-संयोजन हो सकता है।

descent, matrilineal – मातृवंशीय वंशक्रम

जब वंश का निर्धारण माँ के परिवार से होता है, तब इसे मातृवंशीय या मातृपक्षीय वंशक्रम कहते हैं। वंशक्रम के इस नियम के अनुसार पिता की ओर से सम्बन्धित सभी रक्त सम्बन्धियों को छोड़ दिया जाता है और एक बालक को उसकी मां की ओर के सम्बंधियों के समूह से जोड़ दिया जाता है। एक सर्वमान्य स्त्री पूर्वजा के सभी वंशज "सहोदर बन्धु" (यूटरिन किन) कहलाते हैं।

मातृवंशीय वंशक्रम और मातृसत्तात्मक व्यवस्था को पर्यायवाची समझने की प्रायः भूल की जाती है। प्रारंभिक विद्वानों जैसे **बेकाफेन** ने भी यह भूल की है। यह आवश्यक नहीं है कि मातृवंशीय वंशानुक्रम वाले समूहों में, मातृसत्तात्मकता भी हो। मातृवंशीय समूहों में यद्यपि वंशक्रम की सदस्यता स्त्रियों के माध्यम से निश्चित होती हैं, तथापि सामाजिक नियंत्रण, भूमि एवं अन्य सम्पत्ति के बारे में निर्णय लेने की शक्ति प्रायः पुरुषों के हाथ में होती है।

descent, parallel – समानान्तर वंशक्रम

एक ऐसी व्यवस्था जिसमें वंशक्रम का निर्धारण लिंग के अनुसार होता है, तब यह समानान्तर वंशक्रम के नाम से जानी जाती है। इस व्यवस्था में वंशक्रम की सदस्यता पुरुष द्वारा पुत्रों को और महिलाओं द्वारा पुत्रियों को मिलती है। वंशक्रम का यह एक दुर्लभ रूप है।

descent, patrilineal – पितृवंशीय वंशक्रम

एकपक्षीय या एकरेखीय वंशक्रम का वह रूप पितृवंशी वंशक्रम के नाम से जाना जाता है जिसमें वंशक्रम का निर्धारण पिता से होता है। इस नियमानुसार एक व्यक्ति को मां के वंश-समूह से अलग करके केवल उसके पिता के रक्त सम्बन्धियों के समूह से सम्बद्ध कर दिया जाता है। एक सर्वमान्य पुरुष पूर्वज के सभी वंशज पितृबंधु (एग्नेट्स) कहलाते हैं।

descent, unilineal/unilatral – **एकान्वयिक वंशानुक्रम/एकपक्षीय वंशक्रम**
वंशानुक्रम की एक पद्धति जिसमें व्यक्ति को मातृ-कुल अथवा पितृ-कुल दोनों में से किसी एक ही के साथ सम्बद्ध किया माना जाता है और उसी के अनुरूप उसे अधिकार प्राप्त होते हैं। इस व्यवस्था में दो वंशक्रम रेखाओं में से किसी एक रेखा की पूर्णतः अवहेलना या अनदेखा कर दिया जाता है, अतः इसे एकपक्षीय या एकान्वयिक वंशानुक्रम कहते हैं। कुल व गोत्र एकपक्षीय वंशानुक्रम नियम पर आधारित समूह होते हैं। इस नियम के अनुसार, माँ के वंश आधार पर वंशक्रम का निर्धारण मातृवंशीय और पिता के वंश के आधार पर पितृवंशीय कहलाता है।

descent, uterine = matrilineal descent

descent groups – **वंश समूह**
पूर्वजों एवं वंशजों से निर्मित समूह को वंशक्रम समूह कहते हैं। ऐसे समूहों की सदस्यता का निर्णय वंशक्रम नियम के मापदंड के आधार पर होता है, अर्थात् इन समूहों में नातेदारी समूहों की सीमाओं का निर्धारण और सदस्यता की परिभाषा मुख्यतः सदस्यों के सर्वमान्य पूर्वज के आधार पर की जाती है। ये समूह एकपक्षीय (मातृवंशीय, पितृवंशीय या संदिग्ध पक्षीय) या अ-एकपक्षीय (द्विपक्षीय) या उभयपक्षीय वंश पर आधारित नातेदारी प्रणालियां हो सकती हैं।

decent theory – **वंशक्रम सिद्धान्त**
वंशक्रम सिद्धान्त नातेदारी और सामाजिक संगठन के विश्लेषण का एक सिद्धान्त है जो ऐसे समाजों जहां राजनीतिक संगठन अधिकांशतः एकपक्षीय नातेदारी समूहों द्वारा निर्मित होता है, उनमें रक्त-सम्बन्धों के बंधनों पर आधारित सामाजिक सम्बन्धों की केन्द्रीय भूमिका को रेखांकित करता है। ऐसे समाजों में समूह की सदस्यता और सम्पत्ति के अधिकार दोनों ही माँ (मातृवंशीय समाज) अथवा पिता (पितृवंशीय समाज) की ओर से मिलते हैं। यह सिद्धान्त इस विचार पर आधारित है कि नातेदारी व्यवस्था इस कारण चलती है कि ताकि वंश समूह एक लम्बी अवधि तक राजनीतिक सत्ता में बना रहे, अतः वंश-सम्पर्कों के आधार पर वंश-समूहों में ही सम्बन्ध स्थापित हों और उन्हें बनाये रखा जाना चाहिये। वैवाहिक बंधन सिद्धान्त (अलाएन्स थिअॅरि) के विपरीत इस सिद्धान्त में रक्त सम्बन्धों पर आधारित माता-पिता और संतान तथा सहोदर (भाई-बहिन) सम्बन्धों को महत्व दिया जाता है। प्रकार्यवादियों के अनुसार नातेदारी व्यवस्थाओं का प्रमुख प्रकार्य समाज में दायित्वों और अधिकारों (वंशक्रम एवं उत्तराधिकार) का सुचारू रूप से प्रबन्ध करना है।

वंशक्रम सिद्धान्त, या “कुल सिद्धान्त” (लिनएज थिअरि) का अधिकांशतः विकास ब्रिटिश मानवशास्त्रयों (**इवान्स प्रिचार्ड, मेयर फोर्ट्स और रेडक्लिफ ब्राउन**) द्वारा किया गया है जिनमें से अधिकांश ने (रेडक्लिफ ब्राउन को छोड़कर) कुछ अफ्रीकी समाजों का अध्ययन-विश्लेषण किया है। इस सिद्धान्त की उत्पत्ति हमें इवान्स प्रिचार्ड (1940) के नूअर जाति के प्रसिद्ध नृजातीय अध्ययन और मेयर फोर्ट्स (1945) के तालेन्सी समाज के अध्ययन के अतिरिक्त इसी प्रकार के कई अन्य अफ्रीकी “राज्यविहीन” समाजों के अध्ययनों में देखने

को मिलती है। द्वितीय विश्व युद्ध की कई दशाब्दियों बाद तक ब्रिटिश सामाजिक मानवशास्त्री वंशक्रम सिद्धान्त के इस मॉडल के आधार पर शोध-कार्य करते रहे हैं। बाद में इन मानवशास्त्रियों ने अफ्रीका के सहारा प्रदेश के अतिरिक्त कुछ अन्य समाजों, जैसे चीन (**फ्रीडमैन,** 1958) को भी अपने अध्ययन का क्षेत्र बनाया।

वंशक्रम सिद्धान्त मुख्यतः 'खण्डात्मक वंश' परम्परा पर आधारित है जिसमें दल (खण्ड) वंशावली बन्धनों के आधार पर बंटे और जुड़े होते हैं। किन्तु एकपक्षीय वंश परम्परा की स्पष्ट रेखाएं द्विधाराई स्वजनों की उपस्थिति से बहुधा धुंधला जाती है जो कि अपने वंश समूह के सदस्य नहीं होते हैं, किन्तु जिनके साथ घनिष्ठ सम्बन्ध होते हैं। इसका सबसे बढ़िया उदाहरण पितृवंशीय व्यवस्था में बहुधा माँ के भाई का दिया जाता है। इन तथ्यों ने ही मेयर फोर्ट्स को नातेदारी पर आधारित सम्बन्धों और वंशक्रम के आधार पर बने सम्बन्धों के बीच अन्तर प्रदर्शित करने के लिये प्रेरित किया और इसी के आधार पर उन्होंने "पूरक प्रशाखन" (कॉम्प्लिमोटरी फिलिएशॅन) की अवधारणा की रचना की जो सपिन्डों को एक दूसरे से बांधती है। फोर्ट्स के अनुसार नातेदारी की प्रकृति व्यक्तिगत, निजी और पारिवारिकता की होती है, जबकि वंशक्रम सार्वजनिक, राजनीतिक और विधिक प्रकृति लिये होता है।

वंशक्रम सिद्धान्त की अनेक लोगों द्वारा कई ढंग से आलोचना की गई है। वैवाहिक गठबंधन सिद्धान्त (अलाएंस थिअरि) के प्रतिपादकों और समर्थकों ने यह दावा किया है कि अनेक समाजों में सामाजिक संगठन को समझने के लिये वंशक्रम सम्बन्धों की अपेक्षा विवाह-सम्बन्ध अधिक महत्वपूर्ण होते हैं। **लेवी स्ट्रास** के फ्रांसीसी तथा अन्य स्थान के शिष्यों ने प्रमुख रूप से वंशक्रम सिद्धान्त की आलोचना की है। अमेरिका में नातेदारी अध्ययन की समानान्तर परम्परा का अनुसरण करने वाले अनेक मानवशास्त्रियों ने इस तथ्य को लेकर वंशक्रम सिद्धान्त की आलोचना की है कि यह सिद्धान्त कुछ सीमित एकपक्षीय वंश परम्परा वाले अफ्रीकी समाजों के अध्ययन पर आधारित है, अतः अभी व्यापक क्षेत्र में इसका परीक्षण किया जाना शेष है। **गुडएनफ** (1970) ने तो यहां तक कहा है कि वंशक्रम की अवधारणा एक सीमित, किन्तु बहुअर्थी है।

desacralization — अपवित्रीकरण

पवित्रता की मात्रा में कमी अथवा प्रदूषित होने या लौकिकीकरण की ओर बढ़ने को अपवित्रीकरण की प्रक्रिया कहा जाता है।

detriabalization = tribalization, de

development — विकास

विकास परिवर्तन की एक प्रक्रिया है जिसके द्वारा एक देश के अधिकाधिक नागरिक उच्च भौतिक रहन-सहन के स्तर, स्वस्थ एवं दीर्घ जीवन और अधिक शिक्षा का भोग करते हैं, तथा उन्हें अपने रहन-सहन के तौर-तरीकों पर अत्यधिक नियंत्रण के साथ-साथ इस सम्बन्ध में उन्हें चयन की सुविधा भी प्राप्त होती है। दूसरे शब्दों में, सामाजिक व्यवस्था, सामाजिक संरचना, संस्थाओं और सेवाओं की निरन्तरता बढ़ती हुई ऐसी क्षमता को विकास कहते हैं जिसमें

संसाधनों का उपयोग इस प्रकार किया जाता है ताकि जीवन-स्तर में अनुकूल अपेक्षित परिवर्तन किया जा सके। यह परिवर्तन समाज के सभी वर्गों, मानव समूहों के जीवन में स्पष्ट नजर आता है।

वस्तुतः सभी सरकारें और नेतागण विकास के प्रति प्रतिबद्ध होने की बात करते हैं। किन्तु नेताओं, नीति निर्माताओं और बुद्धिजनों में विकास के तकनीकी, आर्थिक और राजनीतिक अवरोधों की सापेक्षिक महत्ता के मुद्दे को लेकर मतभेद हैं, परिणातः इसे प्राप्त करने की वरीयताओं के बारे में भी इन लोगों में एकमत्यता नहीं है। मानवशास्त्र में इन विषयों पर विचार-विमर्श तो हुआ है, फिर भी मुख्य मुद्दों और लक्ष्यों की सामान्यतः अनदेखी की गई है। सामान्यतः विकास के पश्चिमी मॉडल को हर स्थान पर लागू करने का प्रयास किया गया है। यह मॉडल (आधुनिकीकरण सिद्धान्त) इस बात पर बल देता है कि पश्चिमी विश्वासों और संस्थाओं के अपनाने के द्वारा ही दूसरे समाजों का विकास संभव है। इस मॉडल को विकसित करने, प्रचार-प्रसार करने और लागू करने में अर्थशास्त्रियों की मुख्य भूमिका रही है। मानवशास्त्रियों/समाजशास्त्रियों की सरकार द्वारा प्रवर्तित विकास योजनाओं के प्रति शुरू से ही द्वैधवृत्ति रही है। कुछेक मानवशास्त्रियों/समाजशास्त्रियों ने इस प्रकार की योजनाओं (सामुदायिक विकास योजना) की कमियों एवं त्रुटियों को भी उजागर किया है, जैसा कि भारत में **डॉ.श्यामाचरण दुबे** (भारत के बदलते हुए गाँव, 1958) के शोध-कार्यों से प्रकट होता है। **आरन्सबर्ग** (1964), **गुडइनेफ** (1963), **एम. मीड.** (1953) और **स्पाइसर** (1952) जैसे लब्ध-प्रतिष्ठित विद्वानों ने सामुदायिक विकास के दिशा-निर्देशों के बारे में लिखा है। यही नहीं, कई मानवशास्त्रियों/समाजशास्त्रियों को इस प्रकार की योजनाओं से सम्बद्ध भी किया गया है। मानववैज्ञानिकों और समाजशास्त्रियों ने सामान्यतः विकास के मानवतावादी लक्ष्यों के प्रति तो सहमति प्रकट की है, किन्तु इन योजनाओं में नृजातीय झुकाव के प्रति अपना रोष प्रदर्शित करते हुए कहा है कि तृतीय विश्व के देशों में विकास की ये योजनाएं अमरीकी और पश्चिमी राजनीतिक एवं व्यापारिक हितों में रंगी हुई पाई गई हैं। ऐसे मानवशास्त्रियों/समाजशास्त्रियों जिनका मार्क्सवादी और पराश्रित सिद्धान्त वाला परिप्रेक्ष्य रहा है, उन्होंने पूंजीवाद और पश्चिमी विकास की पहल को अल्प विकास के निदान की अपेक्षा उसका कारण माना है।

विकासात्मक योजना के क्षेत्र में समाजशास्त्रियों/मानवशास्त्रियों ने भारी योगदान किया है। यही कारण है कि आजकल कई शैक्षणिक विभागों और संस्थानों में 'विकास के समाजशास्त्र' का अध्ययन-अध्यापन किया जाने लगा है, किन्तु कुछेक समाजशास्त्रियों/मानवशास्त्रियों ने इस कदम को मात्र अवसरवादी करार करते हुए इसे सिद्धान्त विहीनता से भरा कार्य कहा है।

development cycle – विकास चक्र

चक्रीय परिवर्तन सामान्यतः वृद्धि, ह्रास (पतन) और पुनरुत्थान के पुनरावर्तक एवं नियमित क्रम को प्रकट करता है। विकास की अवधारणा जीवन चक्र की जैवकीय उपमा के रूप में व्यक्तियों की अपेक्षा समूहों पर लागू होती है। सभी समाजों में कुछ समूहों को रचना की

स्थाई इकाइयां और कुछ को स्वल्पायु घटक माना जाता है। पारिवारिक समूह समाज की एक ऐसी ही स्वल्पायु इकाई है जिस पर विकास चक्र की अवधारणा लागू होती है। पारिवारिक समूह की रचना सामान्यतः विवाह द्वारा होती है। बच्चों के जन्म तथा अन्य आश्रितों के आ जाने से इस समूह में वृद्धि होती जाती है। धीरे-धीरे बच्चों के विवाह और वयस्कों एवं वृद्धों की मृत्यु द्वारा इस समूह में टूटन उत्पन्न हो जाती है और ये समूह बिखरने लगते हैं। सभी समाजों में विकास और पतन के इस प्रत्याशित प्रतिमान का यह सिलसिला चलता रहता है। बहुधा सभी संस्कृतियों में इस जीवन-चक्र को संस्कारों द्वारा कुछ पड़ावों में चिन्हित करने के साक्ष्य पाये गये हैं। **जैक गुडी** और **मेयर फोर्टस** जैसे ब्रिटिश मानवशास्त्रियों ने स्वल्पायु समूहों के घरेलू क्षेत्र और स्थाई समूहों के राजनीतिक-विधिक क्षेत्र में अन्तर प्रदर्शित किया है और बताया कि पारिवारिक समूहों के विकास चक्र का नियमन स्थाई संरचनाओं द्वारा होता है।

deviance – विपथगमन/विचलन

विपथगमन या विचलन (बद्चलन) अनुपालन (सद्चलन) का बिल्कुल उल्टा है। विपथगमन (बद्चलन) एक ऐसा व्यवहार है जिसे किसी समाज के व्यक्ति गलत, अनुचित, अनैतिक, अप्रिय या अशांत मानते हैं तथा जिसके रोकने के लिये समाज में कुछ विशिष्ट सामाजिक नियंत्रण के उपाय मौजूद होते हैं। विचलन मर्यादाहीन व्यवहार की एक सामान्य कोटि को इंगित करता है जिसमें अपराध, विद्रोह, मनोव्याधिकी तथा सामाजिक प्रथाओं के साधारण उल्लंघन को सम्मिलित किया जाता है। क्या सद्चलन है और क्या बद्चलन ? इसका विचार एक संस्कृति से दूसरी संस्कृति तथा एक ही संस्कृति में अलग-अलग समय में बदलता रहता है। विचलन के अध्ययन के बारे में एक मानवशास्त्री का प्रमुख कार्य एक विशिष्ट समुदाय के संदर्भ में सद्चलन और बद्चलन में अन्तर करना तथा ऐसे सामाजिक सिद्धान्तों और सांस्कृतिक प्रतिरूपों (मॉडल्स) को विकसित करना है जो ऐसे निर्णयों को जन्म देते हैं। अपराध विपथगामी (बद्चलन) क्रियाएं हैं जो किसी विशिष्ट समुदाय के कानूनों का हनन करती हैं। ऐसी क्रियाओं के कानूनी उपचार के रूप में उस समुदाय में दंड या क्षतिपूर्ति का प्रावधान होता है। कानून का मानवशास्त्र विशिष्ट संस्कृतियों के संदर्भ में अपराध और उन तरीकों की व्याख्या करता है जिनके आधार पर विशिष्ट समाजों में अपराधों का निर्णय और उनका निदान किया जाता है। इसी प्रकार, मनोव्याधिकी के बारे में भी भिन्न समाजों में भिन्न धारणाएं हैं। चिकित्सा मानवशास्त्र या मनोचिकित्सा मानवशास्त्र का यह कार्य है कि वह भिन्न संस्कृतियों में मानसिक बीमारी के बारे में प्रचलित धारणाओं की व्याख्या करे। यह संभव है कि किसी एक संस्कृति में जिन क्रियाओं को मानदंडों के अनुरूप व्यवहार माना जाता है, दूसरी संस्कृति में उन्हीं क्रियाओं की व्याख्या मानसिक बीमारी के लक्षण के रूप में की जाती हो। उदाहरणार्थ, होपी जनजाति में एक स्त्री द्वारा अपने मृतक पति से बातचीत करने के प्रयास की घटना को एक अमरीकी मनोचिकित्सक द्वारा किसी मानसिक बीमारी के लक्षण के रूप में देखा जा सकता है। यही बात विद्रोही व्यवहार के बारे में कही जा सकती है।

यद्यपि परिभाषा के अनुसार विचलन/विपथगमन को अनुपालन (सद्चलन) का उल्टा

व्यवहार माना जाता है, तथापि विपथगमन व्यवहार को मानदंडात्मक व्यवस्था से आन्तरिक रूप में जुड़े हुए या सम्बन्धित व्यवहार के रूप में देखा जा सकता है, जैसा कि हमें अपराध की **दुर्खाइम** द्वारा की गई व्याख्या में देखने को मिलता है। दुर्खाइमवादी परिप्रेक्ष्य के अनुसार अपराध की घटना एक बुरे कृत्य का प्रतीक है जिसकी समाज द्वारा निन्दा की जाती है और साथ ही इसके लिये दंड का प्रावधान किया जाता है। अपराध के प्रति समाज की यह प्रतिक्रिया समाज की संगठित नैतिकता को प्रदर्शित करती है । फ्रायडवादी दृष्टिकोण के अनुसार, विचलन की घटना अनुपालकों की दमित और अचेतन इच्छाओं या स्वप्नलोक को प्रकट करने वाली हो सकती है जो कलंकित श्रेणी के व्यक्ति पर दोषारोपण कर उन्हें स्वयं अपने खतरनाक उद्वेगों से छुटकारा देती हों, निष्कर्षतः उनके नैतिक बोध को बल मिलता है। एक अवधारणा के रूप में विचलन या विपथगमन **रेडक्लिफ ब्राउन** और **टालकट पार्सन्स** जैसे संरचनात्मक-प्रकार्यवादियों के लिये अधिक महत्वपूर्ण रहा है। सन् 1960 के बाद विचलन पर मानवशास्त्र की अपेक्षा समाजशास्त्र के क्षेत्र में अधिक कार्य हुआ है।

dialectical approach – द्वन्द्वात्मक उपागम

मानवीय घटनाओं के क्या कारण हैं, इस सम्बन्ध में द्वन्द्वात्मक उपागम इस तथ्य पर बल देता है कि कारण और प्रभाव का एक तानाबाना होता है जिसमें विभिन्न कारण और प्रभाव एक दूसरे को प्रभावित करते रहते हैं। इस दृष्टि से जीवशास्त्र और संस्कृति दोनों को न तो एक दूसरे से अलग किया जा सकता है, न ही वे एक दूसरे के विरोधी और वैकल्पिक हैं, अपितु वे एक दूसरे के पूरक हैं। इस उपागम के प्रणेता **लेवोटिन, रोज़ और कामिआ** ने कहा है कि जीव के व्यवहार सम्बन्धी सभी कारक एक साथ सामाजिक और जैविक, रसायनिक और भौतिक होते हैं।

dialectical materialism – द्वन्द्वात्मक भौतिकवाद

द्वन्द्वात्मक भौतिकवाद इतिहास का एक दर्शन और एक विधि है जिसके साथ **कार्ल मार्क्स** का नाम जुड़ा हुआ है। इसमें प्रसिद्ध दार्शनिक **हीगल** की द्वन्द्वात्मकता की धारणा को भौतिकवादी परिप्रेक्ष्य के साथ जोड़ा गया है जो सृजनात्मकता और मानवीय श्रम की महत्ता एवं उसके परिवर्तनशील चरित्र पर ज़ोर देती है। द्वन्द्वात्मक भौतिकवाद की धारणा इस बात पर बल देती है, कि सभी भौतिक घटनाओं और प्रक्रियाओं का निर्धारण द्वन्द्वात्मकता के नियम द्वारा होता है। अतः प्राकृतिक के साथ-साथ सामाजिक एवं ऐतिहासिक घटनाओं की द्वन्द्वात्मक व्याख्या की जानी चाहिये।

द्वन्द्वात्मक की विचारणा का प्रथम मुख्य तत्व इससे जुड़ी "**सम्पूर्णता**" की धारणा है जिसे बहुधा साधारण समष्टिवाद के साथ भ्रांति से प्रयोग कर लिया जाता है। यद्यपि सम्पूर्णता की धारणा सम्पूर्ण को प्रकट करती है, किन्तु इसका जोर मूलतः "सम्बन्धात्मक है, अर्थात् इसमें इकाइयों को महत्व न देकर उनके आपसी संबंधों को महत्व दिया जाता है और शुरूआत संबंधों से कर के वस्तुओं को स्वयं वस्तुओं के रूप में ही देखा जाता है। दूसरे शब्दों में वस्तुओं को अपने आप में समझा जाता है। द्वितीय, द्वन्द्वात्मक विचारणा प्रक्रिया पर बल देती

है। इसमें सम्बन्धों का स्थिर विश्लेषण नहीं किया जाता है, अर्थात् वस्तुओं को समयबद्ध बंधे-बंधाये सम्बन्धों के रूप में न देखकर वस्तुओं को रचना-प्रक्रिया के संदर्भ में देखा जाता है। तृतीय, द्वन्द्वात्मक विचारणा अन्तर्विरोध (वाद-प्रतिवाद) पर बल देती है और इसे सम्पूर्णता और प्रक्रिया के संदर्भ में ही देखा जाना चाहिए। इसके अनुसार यह माना जाता है कि प्रत्येक वस्तु में पारस्परिक रूप में विरोधी तत्व विद्यमान होते हैं।

dialects – बोलियां

एक भाषा की विविधताओं को बोली कहते हैं। पारम्परिक रूप से, इस पद (टर्म) का प्रयोग भाषा की प्रादेशिक विविधताओं (प्रादेशिक बोलियों) के लिये किया जाता था, किन्तु आजकल इस पद का प्रयोग विशिष्ट सामाजिक समूहों (सामाजिक बोलियाँ) की विविधताओं के लिए किया जाता है। भाषा और बोली में अन्तर है। एक प्रदेश विशेष की भाषा एक ही हो सकती है, किन्तु बोलियां कई हो सकती हैं। इन दोनों में अन्तर करना, दोनों में विभाजन की रेखा खींचना एक कठिन कार्य है। सामान्य चलन के अनुसार, भाषा को मनोवैज्ञानिक और सामाजिक (राजनीतिक सहित) कारकों के आधार पर पहचाना और एक दूसरे से अलग किया जाता है। भाषाशास्त्र के परे, बोली से तात्पर्य विशिष्ट रूप में भाषा के निम्न स्तरीय और अमानक रूप से लिया जाता है, किन्तु, संरचनात्मक रूप में, एक मानक भाषा सामान्यतः कई बोलियों में से एक बोली होती है।

diet – आहार

प्रथानुगत भोजन का वह समूह आहार कहलाता है जो किसी संस्कृति में रोज़ाना बनाया और उपभोग किया जाता है। आहार लेने और पकाये जाने के सम्बन्ध में हर संस्कृति में कुछ नियम एवं निषेध जुड़े हुए हैं जो इस बात का निर्देशन करते हैं कि किस सामग्री को भोजन के रूप में प्रयोग कर खाया जा सकता है, तथा किन विशिष्ट श्रेणियों के व्यक्तियों (बालक, वयस्क, वृद्ध) अथवा समूहों द्वारा कोई भोज्य पदार्थ कितनी बार और किस प्रकार खाया जाना चाहिये। यही ध्यान में रखकर मानवशास्त्रियों ने विभिन्न संस्कृतियों में प्रचलित आहार-चलनों का अध्ययन किया है।

सभी मानव समाजों में आहार केवल जैवकीय जीवन को बनाये रखने के लिये ही नहीं लिया जाता, अपितु इसका प्रयोग सामाजिक सम्बन्धों की अभिव्यक्ति और सांस्कृतिक प्रतीकवाद के प्रकटीकरण के एक साधन के रूप में भी किया जाता है। उदाहरणार्थ, उपभोग प्रतिमानों में जो व्यक्तिगत, पारिवारिक या सामुदायिक आधार पर अन्तर देखने को मिलता है, वह अत्यधिक घनिष्ठ समूहों के भीतर उनके सामाजिक स्थान का संकेत देता है। आहार सामाजिक और सांस्कृतिक बदलाव के साक्ष्य प्रस्तुत करते हैं कि किस प्रकार किसी क्षेत्र विशेष के मानव समूह ने अपने पारम्परिक आहार प्रतिमान को त्याग कर वैश्विक आहार की प्रवृत्तियों तथा उससे जुड़ी जीवन-शैली को अपना लिया है। ये सभी विषय मानवशास्त्रीय भोजन व्यवस्था के विश्लेषण के अंग रहे हैं। यही नहीं, मानवशास्त्रियों ने इन सभी विषयों का भोजन के उत्पादन, वितरण, उपभोग तथा इनके परिणामों की जटिल व्यवस्था के साथ सम्बन्धों का भी अध्ययन किया है।

diffusion – प्रसार

एक संस्कृति से दूसरी संस्कृति में तत्वों/लक्षणों का संचरण प्रसार कहलाता है। ये तत्व अथवा लक्षण किसी प्रभावक माध्यम द्वारा एक स्थान से दूसरे स्थान जाते हैं। तत्वों के संचरण में विभिन्न प्रकार के अवरोध आ सकते हैं। संचरण के दौरान इनकी रूप-आकृति, गुण-संख्या में बदलाव आ सकता है। यह पर-संस्कृतिगृहण की एक प्रक्रिया है, किन्तु इसमें व्यक्तियों में घनिष्ठ सम्पर्क का अभाव होता है जो कि पर-संस्कृतिकरण की प्रक्रिया की एक विशेषता है।

प्रसार के साथ एक अन्य अवधारणा का विकास **ए. एल. क्रोबर** ने,किया है जो "**प्रेरक-प्रसार**" के नाम से जानी जाती है। प्रेरक-प्रसार से तात्पर्य किसी सामाजिक अथवा सांस्कृतिक अवरोध के परे संचरित ऐसे तत्व के पुनः आविष्कार करने से है ताकि वह तत्व प्राप्त करता संस्कृति के मूल्यों के अनुरूप ढाला जा सके। मानवशास्त्र, समाजशास्त्र, तथा भूगोल के क्षेत्रों में आजकल प्रसार सम्बन्धी जो शोध की जा रही हैं, वे मुख्यतः प्रसार के प्रतिमानों पर केन्द्रित हैं।

diffusionism – प्रसारवाद

संस्कृति-विकास एवं वृद्धि की व्याख्या करने वाला वह सिद्धान्त प्रसारवाद के नाम से जाना जाता है जिसके अनुसार संस्कृति के लक्षणों का प्रसार एक संस्कृति से दूसरी संस्कृति में होता है। इस सिद्धान्त के मूल प्रतिपादक **रेट्ज़ेल** थे। इस सिद्धान्त का उद्‌भव अठारहवीं और उन्नीसवीं शताब्दी में मूलतः उद्‌विकासवाद की प्रतिक्रिया स्वरूप हुआ। प्रसारवादी मानते हैं कि विभिन्न संस्कृतियों में समान तत्वों की विद्यमानता का कारण स्वतंत्र रूप से आविष्कार न होकर प्रसार की प्रक्रिया है। पारस्परिक लेन-देन के कारण रीति-रिवाजों, प्रथाओं, धर्म, कला तथा भौतिक वस्तुओं आदि का एक समाज से दूसरे समाज में प्रसार होता रहता है। अतः एक स्थान पर आविष्कृत सांस्कृतिक एवं सामाजिक तत्व/लक्षण जब दूसरे स्थान पर फैलते हैं, तब इसे ही प्रसारवाद की प्रक्रिया के नाम से जाना जाता है।

प्रसारवाद के दो प्रमुख रूप उभर कर आये हैं। प्रथम, **जर्मन प्रसारवाद** जिसके समर्थक विद्वान **ग्रेबनर, एंकरमेन** तथा **स्मिद** आदि रहे हैं। ये विद्वान यह मानते हैं कि संस्कृति-संकुल विभिन्न कालों में संसार के विभिन्न भागों में विकसित होकर बाद में अन्य भागों में प्रसारित हुए हैं। इसके विपरीत, द्वितीय सिद्धान्त के प्रतिपादक विद्वान यह मानते हैं कि संस्कृति का उद्‌भव किसी एक स्थान से हुआ और बाद में वहां से प्रसार द्वारा उसका फैलाव हुआ। इस विचार के प्रतिपादक अंग्रेज विद्वान **इलियट एवं पैरी** थे जिनकी मान्यता है कि मिस्र ही वह स्थल है जहां से संस्कृति का विश्वव्यापी प्रसार हुआ। उनके अनुसार संसार की समस्त संस्कृतियों के आवश्यक लक्षण केवल मिस्र की नील नदी की घाटी से ही प्रसारित हुए हैं। अपने इस विचार की पुष्टि के लिये मानवशास्त्रियों ने माया संस्कृति के मंदिरों और मिस्र के पिरामिडों में पाई गई समानता को उदाहरण के रूप में प्रस्तुत किया है।

रॉबर्ट लॉवी जैसे प्रसारवादियों ने संस्कृतियों के उधार लिये गये लक्षणों को चप्पाकारी कहा है जिसमें संस्कृति के उत्कृष्ट लक्षण केन्द्र से बाहर चले जाते हैं।

diglossia – डाईग्लोशिया

यह भाषाशास्त्र अथवा सामाजिक-भाषाशास्त्र की एक अवधारणा है जो ऐसे समाजों को परिलक्षित करती है जिनमें एक ही भाषा के दो विशिष्ट रूपों का दो भिन्न-भिन्न क्षेत्रों में प्रयोग किया जाता है, सामान्यतः एक लेखन के उद्देश्य से और दूसरे रूप का मौखिक वार्तालाप के उद्देश्य से प्रयोग किया जाता है। भाषाई संरचना के स्तर पर इन दोनों रूपों में काफी अन्तर है। (डाईग्लोशिया) की अवधारणा का सर्वप्रथम प्रयोग सन् 1880 के दशक में ग्रीस में इसी प्रकार की भाषाई रूपों के लिये किया गया था।

discourse – संवाद/विमर्श

"डिस्कर्ष" एक जटिल अवधारणा है। यह किसी विषय के सम्बन्ध में व्यक्तियों के बोलने/बातचीत करने या लिखने के तरीकों को इंगित करती है जिनका किसी सामाजिक परिवेश में एक निश्चित रूप-स्वरूप होता है। दूसरे शब्दों में, सामाजिक विनिमय की पारम्परिक सामान्य स्थितियों में बोलने या बातचीत करने को संवाद या विमर्श कहते हैं। 'विमर्श के पांच प्रमुख तत्व हैं; नियमितता, प्रथानुगतता, विविधता, औचित्यता और संदर्भ। भाषाविज्ञान की भांति इस अवधारणा का प्रयोग एक छोटे वाक्य से लेकर बड़े भाषण की इकाइयों के अर्थ में किया जाता है।'

यह अवधारणा **लुडविग विट्गेन्स्टाइन** की दार्शनिक अवधारणा "भाषा-खेल" से मिलती-जुलती है। भाषा-खेल रोज़मर्रा के सामाजिक सम्बन्धों और व्यवहारों में गड़े हुए वाणी-निर्माण को सम्प्रेषित करने का एक प्रयास है। दर्शनशास्त्र के अलावा, विमर्श की अवधारणा को **गारफिंकल, एडमंड हस्सरल** और **अल्फ्रेड शूज़** के नृजातिशास्त्र एवं प्रघटनाशास्त्र ने भी प्रभावित किया है। इन विद्वानों ने बताया है कि किस प्रकार रोज़मर्रा के वार्तालाप को वार्ताकारों की साझा पृष्ठभूमि की अपेक्षाओं के माध्यम से समझ लिया जाता है। विमर्श-विश्लेषण को अभी हाल फ्रांसीसी दार्शनिक **मिशेल (माइकेल) फूको** तथा अन्य उत्तर-संरचनावादियों ने भी प्रभावित किया है। अपनी पुस्तक "ज्ञान के पुरातत्वशास्त्र" (1972) में फूको ने 'असंगत घटनाओं का शुद्ध वर्णन' का विचार प्रस्तुत किया है। उन्होंने कहा है कि सम्प्रेषण, ज्ञान और शक्ति में घनिष्ठ सम्बन्ध है। विमर्श या संवाद सामाजिक जीवन और विनिमय का एक मुख्य निर्धारक तत्व है। विशिष्ट सांस्कृतिक विमर्श में विश्व को जानने के प्रथानुगत तरीके तथा शक्ति-सम्बन्धों का ताना-बाना दोनों सम्मिलित होते हैं। विमर्श के लिए कुछ दशाएं तथा तरीके होते हैं, जो व्यक्तियों के सम्प्रेषण के साथ-साथ उनकी जानकारी को प्रभावित करते हैं।

discourse theory – संवाद/विमर्श सिद्धान्त

मानवशास्त्र में प्रारंभ से ही क्षेत्र-कार्य विधि और सिद्धान्त की एक लम्बी परम्परा रही है, किन्तु सन् 1980 के दशक में यह माना जाने लगा कि क्षेत्र-कार्य के साथ-साथ मानवशास्त्रियों को अपने स्वयं द्वारा लिखित ग्रंथों पर भी चिन्तन-मनन करना चाहिये। यह विधा अनुचिन्तन, परावर्तकता, संवाद/विमर्श और कभी-कभी शक्ति की अवधारणाओं ओर आकर्षित करती है

तथा "शास्त्रीय ग्रंथों" सहित पूर्ववर्ती नृजातीयलेखनों को आलोचनात्मक दृष्टि से अध्ययन के लिये प्रेरित करती है। यही नहीं, यह अनुचिन्तनात्मक दृष्टि ऐसे "सरकारी" और लोकप्रिय लेखनों (दस्तावेज़ों) पर भी पुनर्विचार के लिये प्रोत्साहित करती है जिन्हें क्षेत्र-कार्य के दौरान मानवशास्त्रियों ने प्रयोग किया था। ये लेखन आधुनिक जापान की जन संस्कृति से लेकर पेलेस्टाइन इन्तिफदा की ग्रैफ़ीटी से भी सम्बन्धित हो सकते हैं। *नव सांस्कृतिक मानवशास्त्र* ने यथार्थवादी ग्रन्थ-रचना योजनाओं, प्रत्यक्षवादी ज्ञानमीमांसाओं और प्रकार्यवादी सत्तामीमांसाओं की कटु आलोचना की है। यह एक ऐसे उपकरण के रूप में भाषा के सामान्य ज्ञान की दृष्टि को चुनौती देता है जो पूर्वनिर्मित स्वाभाविक एवं सामाजिक यथार्थ मात्र को ही प्रकट करता है। भाषा के सामान्य ज्ञान की दृष्टि "अनुभव की तात्कालिकता" का ही सम्प्रेषण कर पाती है। यदि भाषा के इस सामान्य ज्ञान की दृष्टि को त्रुटिपूर्ण सिद्ध कर दिया जाये, तब वस्तुपरकता, मूल्य-मुक्त विज्ञान और 'पारदर्शक लेखन' की पारम्परिक धारणाओं का ठहर पाना मुश्किल होगा। संवाद-विमर्श सिद्धान्त का उद्देश्य इन पारम्परिक धारणाओं का ही खंडन करना है।

संवाद-विमर्श सिद्धान्त के कई रूप विकसित हुए हैं जो भिन्न विश्लेषणात्मक परिप्रेक्ष्यों को प्रस्तुत करते हैं : (1) बोली जाने वाली भाषा का पारम्परिक सामाजिक भाषागत विश्लेषण, (2) अत्यधिक आमूल परिवर्तनवादी सामाजिक-भाषाशास्त्रियों की वे कृतियां जो भाषा और शक्ति के प्रश्नों को प्रमुखता देती हैं, (3) **मिखाइल बख़तीन** का द्वितार्किक संवाद-विमर्श सिद्धान्त, (4) **मिशेल (माइकल) फूको** के संवाद-विमर्श, "सत्य", शक्ति, व्यक्तिपरकता सम्बन्धी आलोचनात्मक विचार। सन् 1980 के दशक से बख़तीनवादी और फूकोवादी परिप्रेक्ष्यों ने आधुनिक सांस्कृतिक मानवशास्त्र को, विशेषतः अमेरिका में, खूब प्रभावित किया है। नव सांस्कृतिक मानवशास्त्र ग्रन्थ-अनुशीलन, संवाद-विमर्श और, पारम्परिक नृजातिकलेखन की सत्ता से विचलन पर जोर देता है।

बख़तीनवादी संवाद-विमर्श सिद्धान्त

यथार्थवादी उपन्यास की भांति, यथार्थवादी नृजातिलेखन के "लेखक" या वृत्तान्तकार की भी अविवाद्य स्थिति होती है। नृजातिलेखक का 'सूचनावाहक' या पाठक की अपेक्षा अधिक व्यापक एवं विशिष्ट दृष्टिकोण होता है। यथार्थवादी नृजाति लेखन में सर्वज्ञ एवं सर्वशक्तिमान लेखक की एकल आवाज ही महत्वपूर्ण होती है। नृजातिलेखक दूसरे के लेखनों/आवाजों का हवाला तो देता है, किन्तु दूसरों की ये आवाजें उसकी आवाज को दबा नहीं पाती और न ही चुनौती दे पाती हैं।

बख़तीन ने नृजाति लेखन के इस दृष्टिकोण को चुनौती दी है। बख़तीन के अनुसार, ग्रन्थ-लेखन हर समय बहुलवादी होता है। बख़तीन ने कहा है कि द्वितर्क की प्रक्रियाएं एकलतर्क और यहां तक कि यथार्थ लेखन में भी प्रवेश कर जाती हैं। सूक्ष्म विश्लेषण यह बता सकता है कि बहुविध आवाजों में अभिव्यक्ति के लिये प्रतिस्पर्धा होती है। बख़तीन के द्वितर्की परिप्रेक्ष्य ने कई विषयों को प्रभावित किया है। सांस्कृतिक मानवशास्त्र में इस परिप्रेक्ष्य ने क्षेत्र-कार्य और नृजाति लेखन रचना दोनों में अनुचिन्तनात्मक दृष्टि को प्रेरित किया है। नव

संस्कृतिवाद नृजातिलेखक, यहां तक कि स्वयं को भी परिदृश्य से हटाना चाहता है ताकि नृजातिलेखक द्वारा "दूसरों" का प्रतिनिधित्व किये जाने की प्रवृति को चुनौती दी जा सके।

फूकोवादी संवाद-विमर्श सिद्धान्त

नव सांस्कृतिक मानवशास्त्र के अनुसार अन्य लेखनों की भांति समस्त नृजातिलेखन की रचना एक अन्तर्लेखन स्थिति में की जाती है। इसे ही **मिशेल फूको** का संवाद-विमर्श सिद्धान्त एक "विमर्श क्षेत्र" (डिस्कर्सिव फील्ड) कहता है। जहां एक ओर परम्परागत नृजातिलेखन में अन्य मानवशास्त्रियों के वृतान्तों की अवहेलना की जाती थी या उन्हें भुला दिया जाता था, वहां नव सांस्कृतिक मानवशास्त्र इन्हें न केवल पर्याप्त महत्व देता है, अपितु कभी-कभी तो शोध-कार्य या लेखन की शुरूआत ही इन वृतान्तों के आधार पर की जाती है। फूको के संवाद-विमर्श सिद्धान्त के अन्तर्गत प्रतिस्पर्धी वृतान्तों को किसी ऐसे विमर्श-क्षेत्र में रखा जाता है जिसकी रचना शक्ति-सम्बन्धों द्वारा हुई होती है, तत्पश्चात् भाषा और शक्ति के बीच के सम्बन्धों पर प्रकाश डाला जाता है। शक्ति के रूप में नृजातिलेखन के विचार को पचाना, भाषा के रूप में नृजातिलेखन की दृष्टि को पचाने से सरल होता है। नव सांस्कृतिक मानवशास्त्र में फूको का सिद्धान्त भाषा और ग्रन्थ लेखन के साथ-साथ शक्ति, विषयपरकता तथा शरीर पर बल देता है और बहुधा उपनिवेशवाद और मानवशास्त्र के आपसी सम्बन्धों जैसे व्यापक एवं महत्वपूर्ण प्रश्नों को उठता है।

मानवशास्त्र में फूकोवादी संवाद-विमर्श सिद्धान्त नृजातिलेखन के तरीकों, विषय-क्षेत्र के साथ-साथ शक्ति के व्यापक सम्बन्धों पर जोर देता है। यह सिद्धान्त उपनिवेशवाद के मातहत बने शक्ति सम्बन्धों को चुनौती देते हुए मानवशास्त्र की संस्थागत भूमिका को भी रेखांकित करता है। यही नहीं, संवाद-विमर्श के रूप में यह सिद्धान्त मानवशास्त्रीय वृतान्तों का विश्लेषण कर लोगों के ध्यान को इस ओर आकर्षित करता है कि किस प्रकार ज्ञान और प्रतिनिधान (प्रतीक), अर्थात् "दूसरों" का चरित्र-चित्रण, की रचना की जाती है, या संस्थाओं और समाज में शक्ति-सम्बन्धों के निर्माण में सहायता की जाती है। संवाद-विमर्श की फूकोवादी धारणा शक्ति, शरीर के अनुशासन और व्यक्तिपरकता के दृष्टिकोण से घनिष्ठ रूप में जुड़ी हुई है। अभी हाल में प्रकाशित हुई मानवशास्त्रीय कृतियां, जैसे शरीर के प्रेक्षण सम्बन्धी **टी. टर्नर** (1955) का अध्ययन, साम्प्रदायिक हिंसा पर **ए. फील्डमैन** (1991) का अध्ययन, शैक्षिक संस्थाओं का **ब्रेनीज़** (1994) का अध्ययन और प्रजातिवाद सम्बन्धी **जी. जोर्डन** (1997) के अध्ययन आदि इस तथ्य के साक्ष्य हैं कि फूकोवादी विमर्श सिद्धान्त ने मानवशास्त्र को भी काफी प्रभावित किया है। **सन्ग्रेन** (1955) जैसे ऐसे भी कुछ मानवशास्त्री हैं जो फूकोवादी परिप्रेक्ष्य के प्रभाव से अछूते रहे हैं।

disease – रोग/बीमारी

एक व्यक्ति अथवा समूह का किसी रोगजनक कारक से ग्रसित होकर शारीरिक क्रिया अथवा संक्रमण के बाह्य, वस्तुपरक निदानात्मक असामान्यता के लक्षणों के प्रकटीकरण को रोग की संज्ञा दी गई है। इसमें अंगों अथवा अंग-व्यवस्थाओं में उत्पन्न ऐसी प्रेक्षणीय, जैविक तथा रोगकारक असमान्यताओं को सम्मिलित किया जाता है जिन्हें सांस्कृतिक रूप में स्वीकार

किया गया हो सकता है, अथवा स्वीकार न भी किया गया हो। रोग अथवा बीमारी जैव-चिकित्सा की एक मूलभूत अवधारणा है। इसका कई रूप में वर्गीकरण किया गया है।

रोग (डिज़ीज़) और अस्वस्थता (इलनैस) में अन्तर है। अस्वस्थता रुग्ण अथवा सामाजिक रूप में अस्तव्यस्त स्थिति का अपने बारे में व्यक्ति का बोध अथवा अनुभव है, अर्थात् व्यक्ति यह समझता है कि मैं बीमार/रोगग्रस्त हूं, प्रतिदिन काम करने योग्य नहीं हूँ। यह स्थिति व्यक्ति की अस्वस्थता की परिचायक है। रोग या बीमारी एक जैवकीय तथ्य है, जबकि अस्वस्थता बहुत कुछ रूप में एक सामाजिक-सांस्कृतिक रचना (व्याख्या) है जिसमें रोग का भाव छिपा होता है।

मानवशास्त्रीय दृष्टि से, बीमारियों की मानवीय जीवशास्त्र और सांस्कृतिक व्यवस्थाओं के उद्‌भव में महत्वपूर्ण भूमिका रही है। उदाहरणार्थ, संक्रामक बीमारियां जीवन के अस्तित्व को चुनौतियां प्रस्तुत करती हैं। अतः वे जैवकीय एवं सांस्कृतिक अनुकूलन हेतु चयन के अभिकर्त्ता के रूप में कार्य करती हैं। बीमारियों के अध्ययन का सांस्कृतिक-पारिस्थितिकीय उपागम इस बात पर बल देता है कि पर्यावरण तथा इससे जुड़ा स्वास्थ्य को खतरे का भाव बहुत कुछ रूप में संस्कृति के कारण उत्पन्न होता है। संस्कृति बीमारी के सामाजिक-महामारी वितरण का दो रूपों में निर्धारण करती है : (1) सूक्ष्म समाजशास्त्रीय दृष्टि से, संस्कृति व्यक्तिगत व्यवहारों (जैसे - आहार, प्रदूषित पानी पीना, लैंगिक रिवाज, आदि) का निर्धारण करती है जिसके कारण कुछ लोग बीमारियों से ग्रसित हो सकते हैं, (2) वृहत समाजशास्त्रीय दृष्टिकोण के अनुसार, राजनीतिक-आर्थिक शक्तियां तथा सांस्कृतिक रिवाज़ ऐसे हो सकते हैं जो व्यक्तियों को अपने पर्यावरण के साथ इस प्रकार के व्यवहार करने के लिये बाध्य करें जो स्वास्थ्य को प्रभावित करते हों। ये रिवाज़ बीमारियों को बढ़ा कर या बीमारियों से रक्षा करके स्वास्थ्य को प्रभावित करते हैं। उदाहरणार्थ, बड़े-बड़े बांधों के निर्माण के कारण कई स्थानों पर मलेरिया तथा इसी प्रकार की अन्य बीमारियों में बढ़ोत्तरी हुई है।

disintegration — विघटन/विखंडन

किसी भी इकाई का उसके निर्मायक भागों में बंट जाने अथवा किसी संगठनात्मक एकता के टूट जाने की प्रक्रिया को विघटन या विखंडन कहते हैं। इस प्रकार के विघटन में संरचना एवं प्रकार्य, संगठन तथा एकात्मकता का ह्रास होता है। विघटन किसी व्यक्ति, समूह, संस्था अथवा सम्पूर्ण राष्ट्र में उत्पन्न हो सकता है। विघटन की प्रक्रिया में इकाई पूर्णतया लुप्त (समाप्त) हो जाती है। ध्यान रहे, विघटन पूर्णतः विच्छिन्न हो जाने या समापन हो जाने के पूर्व की स्थिति का द्योतक शब्द है।

disorganization — विसंगठन

किसी सुसंगत व्यवस्था अथवा प्रकार्यात्मक योजना के विघटित हो जाने अथवा टूटने की प्रक्रिया विसंगठन कहलाती है। विसंगठन की स्थिति अव्यवस्था तथा दुष्क्रियाशीलता की दशा को प्रकट करती है जिसके कारण समन्वय तथा समाकलन (एकता) का लोप हो जाता है

या उसमें कमी आ जाती है। यह स्थिति व्यक्ति, समूह अथवा सामाजिक वर्ग किसी में भी उत्पन्न हो सकती है।

divination – दैवी शक्ति आह्वान

दैवी शक्ति आह्वान अनुष्ठान प्रयोग की एक प्रक्रिया है, जिसके द्वारा ऐसी रहस्यमयी वस्तुओं/घटनाओं का उद्‌घाटन किया जाता है जो सामान्यजन के बोध के परे होती हैं, जैसे भविष्यगत घटनाओं के बारे में जानकारी देना, रूग्नता के स्त्रोतों को बताना, भूत-प्रेतों की जानकारी देना आदि। वास्तव में, इसमें वे सभी तौर-तरीके सम्मिलित किये जाते हैं जो अन्वेषण के शुद्ध (वैज्ञानिक) तरीकों से नहीं खोजे जा सकते हैं। दैवी शक्ति आह्वान का प्रयोग सभी समाजों में देखने को मिला है। इसके रूप-प्रकारों में काफी भिन्नता देखी गई है। इसमें देववाणियों और शकुन विचार को भी सम्मिलित किया जाता है।

दैवी शक्ति आह्वान के उद्देश्यों में संस्कृति विशेष के प्रयोजनों के अनुसार भिन्नता होती है। उदाहरणार्थ, कई अफ्रीकी संस्कृतियों में जहां टोनागिरी सामाजिक सम्बन्धों का एक महत्वपूर्ण आधार-कारक है, वहां दैवी शक्ति आह्वान का प्रयोग मुख्यतः डायनों (भूत-प्रेत) की क्रियाओं को जानने और उनके भविष्यगत कार्यों के बारे में बताने के लिये किया जाता है। अजेन्डों लोगों में यदि कोई व्यक्ति बीमार हो जाता है या किसी दुर्भाग्य का शिकार हो जाता है, तब वहां डायनों की क्रियाओं पर नियंत्रण पाने के लिए ऐसी दैवी शक्ति का प्रयोग किया जाता है। दैवी शक्ति के आह्वान करने वाले व्यक्ति ओझा या शगुनिया कहलाते हैं। ये व्यक्ति किसी व्यक्ति पर आई विपत्ति या बीमारी को दूर करने के लिये सार्वजनिक रूप में दैवी शक्ति का आह्वान करते हैं तथा दोषी व्यक्ति को सजा सुनाते हैं। शिकार करने वाले समाजों में दैवी शक्ति का प्रयोग शिकार प्राप्त करने के लिये किया जाता है। कृषिहर समाजों में इसका प्रयोग वर्षा करवाने के लिये, अधिक वर्षा और तूफान को रोकने के लिये, कृषि को कीट-पतगों से बचाने के लिए किया जाता है। बीमार को ठीक करने के लिये ओझा लोग दैवीशक्ति का प्रयोग कर यह बताते हैं कि बीमारी का क्या कारण है, उन्होंने किस अनुष्ठान का पालन नहीं किया जिसके कारण यह बीमारी आई है, आदि। यदि बीमारी का कारण कोई भूत-प्रेत-चुड़ैल जैसी कोई शक्ति है तब ओझा लोग बीमार व्यक्ति को इस अनिष्टकारी शक्ति से मुक्त करवाने का प्रयास करते हैं। इसके लिये कई प्रकार के धार्मिक और अर्द्ध धार्मिक कृत्य सम्पन्न किये जाते हैं।

फ्रेजर और **टायलर** जैसे प्रारंभिक मानवशास्त्रियों ने इस प्रकार की दैवी शक्ति के प्रमुखतः बौद्धिक पक्ष का अध्ययन किया है, जबकि बाद के लेखकों की अधिक रुचि ऐसी दैवी शक्ति के सामाजिक और सांकेतिक प्रकार्यों को जानने में रही है। उन्होंने बताया है कि दैवी शक्ति आह्वान की विधा सामाजिक तनावों को दूर करती है तथा सामाजिक विभाजन और दूरियों को पाटती है।

division of labour – श्रम-विभाजन

श्रम-विभाजन एक ऐसे विचार को परिलक्षित करता है जिसके अनुसार कार्य को समाज के

सदस्यों में बाँट दिया जाता है। यह मानवीय समाजों की एक सार्वभौमिक विशेषता रही है जिसके द्वारा विभिन्न प्रकार के कार्यों को पारस्परिकता अथवा विशिष्टता के आधार पर भिन्न प्रकार के लोगों के वर्गों में बाँट दिया जाता था। यह अवधारणा बहुत पुरानी है। सामाजिक विज्ञानों में इसका सर्वप्रथम व्यवस्थित विवेचन हमें ख़्यात अर्थशास्त्री **एडम स्मिथ** की कृतियों में देखने को मिलता है। बाद में, प्रसिद्ध समाजशास्त्री **इमाइल दुर्खाइम** ने इस विषय पर एक पूरी पुस्तक (समाज में श्रम-विभाजन, 1933) ही लिखी है। दुर्खाइम के अनुसार, सामाजिक जीवन मानवीय ऊर्जा की रचना है और इसके संचालन के लिए यह आवश्यक है कि व्यक्तियों को जीवन-निर्वाह के कार्यों और ईश्वर से सम्पर्क बनाये रखने के कार्यों में व्यवस्था बनाये रखने हेतु अपना-अपना हिस्सा (कार्य) पूरा करना चाहिए। समस्त कार्य की रचना किन छोटे-छोटे कार्यों से होती है, उनकी प्रकृति क्या है, इन्हें किस तरीके से बांटा और समन्वित किया जाता है, ये विषय ही श्रम-विभाजन के शोध-क्षेत्र की रचना करते हैं।

मार्क्स और **दुर्खाइम** सहित उन्नीसवीं सदी के सिद्धान्तकारों ने कहा है कि श्रम-विभाजन के कुछ पक्ष सार्वभौमिक हैं तथा इनका निर्धारण मानवीय प्रकृति के आधार पर होता है। लिंग और आयु के आधार पर कार्यों का वितरण और समन्वय लगभग सभी समाजों में पाया गया है। खाना बनाना, बच्चों का पालन-पोषण करना, बीमार की देखरेख करना, घर के भीतर के अन्य कार्यों को करना आदि सामान्यतः महिलाओं के कार्य रहे हैं। घर से बाहर के कार्यों को निपटाना, जीवन-निर्वाह के साधनों को जुटाना, तथा सुरक्षा आदि मुख्यतः पुरुषों के कार्य रहे हैं। इसी प्रकार, युवा पीढ़ी सैन्य और जीवन-यापन सम्बन्धी कार्यों में और वृद्ध पीढ़ी समाज के संगठन और दार्शनिक कार्यों में संलग्न रहती आई है। किन्तु आधुनिक समाजों में श्रम-विभाजन के इस प्रारंभिक स्वरूप में बदलाव आ रहा है। दुर्खाइम के श्रम-विभाजन सम्बन्धी अध्ययन में इस प्रकार की सामान्य बातों का जिक्र नहीं किया गया है। उन्होंने बताया कि श्रम-विभाजन और समन्वय के दो मोटे रूप हैं। जहां प्रौद्योगिकी सरल होती है, वहां समाज की इकाइयों के कार्य एक दूसरे से मिलते-जुलते हैं या उनमें पुनरावृत्ति होती है और केवल सांस्कृतिक जीवन में विशुद्ध सम्पूरकता होती है। दुर्खाइम ने आस्ट्रेलिया के आदिवासियों का अध्ययन कर इस प्रकार के समाजों की विशेषता के लिये "यांत्रिक एकजुटता" के पद का प्रयोग किया है। इसके विपरीत, जहां प्रौद्योगिकी जटिल होती है, वहां इकाइयां अलग-अलग कार्य सम्पन्न करती हैं। किन्तु वे अत्यधिक रूप में एक दूसरे पर निर्भर रहती है, इस प्रकार के श्रम-विभाजन के लिये उन्होंने "सावयविक एकजुटता" पद का प्रयोग किया है और आधुनिक औद्योगिक समाजों को इसका उदाहरण बताया है।

मानवशास्त्र के क्षेत्र में ढेर सारे नृजातिलेखन की सामग्री ने अब दुर्खाइम जैसी सरल कोटियों (यांत्रिक और सावयविक एकजुटता) तथा सिद्धान्तों को त्याग दिया गया है, किन्तु श्रम-विभाजन की अवधारणा को नहीं त्यागा है और नवीन शोध-सामग्री के आधार पर इस विषय पर नये सिरे से काम हो रहा है। 'मानवीय सम्बन्धों के क्षेत्रीय अध्ययनों' पर आधारित विभिन्न सांस्कृतिक अध्ययनों द्वारा उपलब्ध सामग्री द्वारा विशिष्ट श्रम विभाजन को सामाजिक जीवन के अन्य पक्षों के साथ जोड़ने का प्रयास किया गया है। इस शोध-सामग्री के आधार

पर "विश्वव्यापी" (यूनिवर्सल) कोटियों की खोजबीन कर यह प्रस्थापित किया गया है कि घर से बाहर के कार्य, जैसे बड़े-बड़े जानवरों के शिकार पुरुष करते हैं, तथा घर के भीतरी कार्य जैसे रोजमर्रा का भोजन बनाना स्त्रियां करती हैं, किन्तु इन कार्यों में भी प्रादेशिक भिन्नताएं देखी गई हैं।

सन् 1960 और 1970 के दशकों में दो नवीन सैद्धान्तिक धाराओं का विकास हुआ है। ये नवीन धाराएं हैं—नव मार्क्सवाद और महिलावाद। इन धाराओं ने श्रम-विभाजन पर पुनः सोचने और विवेचन करने में रुचि जाग्रत की है। नवीन सैद्धान्तिक धाराओं का वैचारिक केन्द्र अब 'विभाजन' नहीं है जो प्रारंभिक चिन्तकों का था, अर्थात् सम्पूर्ण रूप में समाज में श्रम का रूप। आजकल श्रम-विभाजन पर लिंग और आयु (पीढ़ी) के आयामों के आधार पर सोच-विचार किया जा रहा है जिसे पहले मानव की मूल प्रकृति समझ कर छोड़ दिया जाता था। **क्लाड मैलासॉक्स** जैसे नव मार्क्सवादी सिद्धान्तकार ने बताया है कि श्रम सम्बन्धों में ही अधिशेष के विनियोग (हड़पने) का भाव छिपा है और यही मार्क्सवादी विश्लेषण के लिये महत्वपूर्ण है। पुरुष और वरिष्ठजन, स्त्रियों और कनिष्टजनों द्वारा किये गये कार्यों के मूल्यों को हड़प जाते हैं। महिलावादियों ने इस विश्लेषण से भी दो कदम आगे बढ़ कर कहा कि कार्य सम्बन्धी विचार, अर्थात् लिंग के आधार पर कार्यों का निर्धारण और इनकी पुरस्कार की शर्तें नैसर्गिक नहीं हैं, अपितु इनकी रचना संस्कृति के आधार पर होती है, ये सांस्कृतिक रचनाएं हैं। इस नवीन धारणा के आधार पर आजकल "यौन (सैक्स) आधार पर श्रम-विभाजन" के स्थान पर "लिंग (जेन्डर) आधार पर श्रम-विभाजन" की नई शब्दावली का प्रयोग किया जा रहा है। महिलावादी सिद्धान्त ने ऐसे सैद्धान्तिक ढांचे पर ही प्रहार किया जिसमें लिंग (जेन्डर) को यौन (सैक्स) के रूप गलत रूप में पढ़ा और समझा जाता रहा है। **शोकम** (1975) ने अपनी शोध के आधार पर यह विवेचना की है कि किस प्रकार शिकार करने वाली और कन्दमूल एकत्रित करने वाली जनजातियों को मानवशास्त्रीय साहित्य में शिकारी के रूप में पुरुष पर केन्द्रित किया गया है। जबकि पोषण-आहार सम्बन्धी अध्ययन यह बताते हैं कि संग्राहक के रूप में स्त्रियां ही अधिकाधिक भोज्य सामग्री उपलब्ध करवाने वाली होती हैं। श्रम-विभाजन सम्बन्धी सभी आधुनिक अध्ययन अब लिंग (जेन्डर) को केन्द्र में रखकर किये जा रहे हैं।

divorce — विवाह-विच्छेद/तलाक़

तलाक अथवा विवाह-विच्छेद वैवाहिक सम्बन्धों की अधिकारिक (कानूनी) समाप्ति है जो दम्पत्ति को वैवाहिक अधिकारों और दायित्वों से मुक्त करती है। कुछ समाजों में (आधुनिक) तलाक का एक निश्चित वैधानिक तरीका है, जब कि अन्य समाजों (पारम्परिक/ जनजातीय) में मात्र अनौपचारिक रूप में विवाह-विच्छेद हो जाता है। ऐसे समाजों में जिनमें तलाक लेने वाले व्यक्ति रहते हैं, उन्हें व्यक्तियों और समुदायों की केवल सामाजिक स्वीकृति की आवश्यकता होती है। मानवशास्त्रियों की दृष्टि से विवाह-विच्छेद एक अत्यंत जटिल प्रथा है क्योंकि इसके तत्व (जिसके आधार पर विच्छेद होता है) अस्पष्ट एवं अनिश्चित हैं। इस जटिलता का प्रमुख

कारण यह है कि विवाह क्या है, अथवा विवाह के कौन से तत्व हैं, कई जनजातीय समाजों में इस बारे में ही काफी अस्पष्टता है, अतः विवाह-विच्छेद की समस्या अधिक जटिल हो जाती है। ऐसे समाजों में विवाह-विच्छेद के रूप, विवाह के रूपों के साथ निकटता से जुड़े हुए हैं।

कई समाजों में विवाह के समय दहेज अथवा वधु मूल्य/वधु धन का लेन-देन होता है। ऐसे लेन-देन में दीर्घ अथवा अल्पकालिक उपहारों का आदान-प्रदान किया जाता है। कभी-कभी इसमें भूमि, पशु-धन, अथवा अन्य बहुमूल्य वस्तुओं का दम्पत्ति और उनके परिवारों (भविष्यगत विवाह सम्बन्धियों) को हस्तान्तरण किया जाता है। ऐसे लेन-देन के मामलों में विवाह-विच्छेद, विशेषतः जहां कहीं बच्चे भी होते हैं, का परिणाम व्यापक होता है। इसमें न केवल दम्पत्ति, अपितु कई सम्बन्धीगण भी प्रभावित होते हैं। विवाह-विच्छेद के मामले विस्तारित (संयुक्त परिवार) पारिवारिक संगठनों के टूटन में सहायक होते हैं। यही नहीं, विवाह-विच्छेद सामाजिक-राजनीतिक गठबन्धनों और सांस्कारिक विनिमय के लिये भी खतरा उत्पन्न कर सकते हैं। यही कारण है कि विवाह सम्बन्धी लेन-देन की ऐसी व्यवस्थाएं विवाह-विच्छेद पर बहुधा प्रति दबाव का काम करती हैं।

विवाह-विच्छेद सम्बन्धी पाबंदियां और वैवाहिक-तनावों के समाधान सम्बन्धी तरीके अलग-अलग संस्कृति में अलग-अलग हैं और ये विद्यमान सांस्कृतिक प्रथाओं, धार्मिक निर्देशों और कानूनों द्वारा नियमित और नियंत्रित होते हैं। सभी पारिवारिक व्यवस्थाओं में बचाव के कुछ ऐसे तरीके पाये गये हैं जो व्यक्तियों के विवाह-विच्छेद के दबाव को झेलने में मदद करते हैं। अनेक आधुनिक (औद्योगिक) समाजों में विवाह-विच्छेद के प्रति बदलते दृष्टिकोण के बावजूद भी, कई समाजों में विवाह-विच्छेद को अच्छा नहीं माना जाता है और इसे हेय दृष्टिकोण से देखा जाता है। यही नहीं, इसके साथ नैतिक द्वैधवृत्ति (असमंजस) जुड़ी पाई गई है। यही कारण है कि विभिन्न समाजों में, विवाह-विच्छेद को नियंत्रित करने, रोकने और इसका प्रबन्धन करने हेतु विस्तृत सांस्कृतिक तरीके, सामाजिक और कानूनी संस्थाओं का विकास हुआ है।

तलाक़, वैवाहिक विघटन का एक प्रचलित रूप है, किन्तु इसके कई अन्य रूप भी हैं। पति-पत्नी का भौतिक पार्थक्य (अलग-अलग रहना), विवाह को अवैध करार करना, परित्याग या परित्यक्तता अवस्था आदि तलाक के कुछ अन्य रूप हैं जो वैवाहिक विघटन को प्रकट करते हैं। कई समाजों में वैवाहिक विघटन के इन रूपों में अन्तर पूर्णतः स्पष्ट नहीं है। कहीं-कहीं ये एक दूसरे से मिलते-जुलते, तो कहीं ये आपस में टकराते हैं।

समूह की स्वीकृति द्वारा वैवाहिक बंधनों की समाप्ति संभवतः उतनी ही पुरानी है जितनी कि स्वयं विवाह की संस्था। अधिकांश आदिवासी समाजों में कुछेक परिस्थितियों में वैवाहिक बंधनों के समापन को स्वीकृत किया गया है, यद्यपि समापन सम्बन्धी प्रथाओं, नियमाचारों और तौर-तरीकों में अवश्य भिन्नता देखी गई है।

तलाक़ के क्या कारण हैं ? वे कौन सी परिस्थितियां हैं जो वैवाहिक साथियों को विवाह-विच्छेद के लिये बाध्य करती हैं, इस सम्बन्ध में अलग-अलग समाजों और भिन्न ऐतिहासिक कालों में काफी भिन्नता देखी गई है। अफ्रीका के कुछ समाजों में एक पुरुष

अपनी पत्नी को मात्र इस बात पर तलाक दे सकता है कि वह उसके कपड़े सीना नहीं जानती। ग्यारहवीं शताब्दी तक यहूदी कानून के अनुसार एक पति को मात्र अपनी प्रसन्नता के लिये पत्नी को छोड़ने का अधिकार था, जबकि पत्नी द्वारा पति को छोड़ने का (किन्हीं भी परिस्थितियों में) कोई अधिकार नहीं था, किन्तु आधुनिक इज़राइल में पारस्परिक सहमति के आधार पर अब पति और पत्नी दोनों को तलाक लेने-देने का अधिकार प्राप्त है। भारत में भी प्राचीन काल में पत्नी द्वारा पति को तलाक देने का अधिकार नहीं था किन्तु पति अवश्य प्राचीन धर्म संहिताओं में (विशेषतः मनुस्मृति के अनुसार) उल्लिखित परिस्थितियों के आधार पर विवाह-विच्छेद की आकांक्षा कर सकता था।

विवाह क्यों टूटते हैं, वैवाहिक तनाव के क्या कारण हैं जिनकी परिणति तलाक में होती है, इस सम्बन्ध में विभिन्न संस्कृतियों के अध्ययन कुछ सर्वव्यापक कारणों को इंगित करते हैं जो संस्कृतियों की सीमाओं को लांघ कर पूर्व औद्योगिक और उत्तर-औद्योगिक लौकिक सभी समाजों में पाये गये । प्रजनन की दृष्टि से डार्विन के विवाह के सिद्धान्त का प्रयोग करते हुए **बैज़िंग** (1989) ने तलाक के ऐसे 9 कारक बताये हैं जो विश्व के सभी समाजों में न्यूनाधिक मात्रा में देखने को मिलते हैं। इन कारकों में सर्वाधिक महत्वपूर्ण कारक विश्वासघात, विशेषरूप से पत्नी द्वारा विश्वासघात बताया है। सामाजिक-जैवकीय मॉडल का अनुसरण करते हुए, बैज़िंग ने कहा कि दोहरे मानदण्ड का कारण भिन्न प्रजनन के तरीके हैं। आधुनिक औद्योगीकरण और नगरीकरण के कारण नैतिक मूल्यों और सांस्कृतिक दृष्टिकोण में आये परिवर्तनों ने वैश्विक आधार पर विवाह (विवाह-विच्छेद) और नातेदारी संबंधों को प्रभावित किया है।

dominant caste – प्रभु/प्रबल जाति

प्रभु जाति या प्रबल जाति की संकल्पना के साथ **एम. एन. श्रीनिवास** का नाम जुड़ा हुआ है जिन्होंने इसे मैसूर के एक गांव रामपुरा के सामाजिक व्यवस्था के अपने अध्ययन के दौरान विकसित किया था। यहां उल्लेखनीय है कि 'प्रभुत्वता' या 'प्रबलता' की संकल्पना का सर्वप्रथम प्रयोग सामाजिक विज्ञानों में अफ्रीकी राजनीतिक व्यवस्था के विश्लेषण में हुआ है। श्रीनिवास ने सर्वप्रथम सन् 1955 में इस अवधारणा को इन शब्दों में परिभाषित किया है, "एक जाति को तब "प्रभु" या "प्रबल" कहा जा सकता है जब अन्य जातियों की अपेक्षा वह संख्या में अधिक होती है, तथा वह आर्थिक और राजनीतिक शक्ति में भी प्रबल होती है। एक बड़ा तथा शक्तिशाली ऐसा जाति समूह आसानी से प्रबल हो सकता है यदि स्थानीय जाति संस्तरण में उसकी स्थिति अत्यधिक निम्न नहीं होती है।" इस परिभाषा में श्रीनिवास ने प्रभु जाति की तीन प्रमुख विशेषताओं को सम्मिलित किया है, यथा संख्या में अधिकता, आर्थिक और राजनीतिक शक्ति में प्रबलता, और जाति संस्तरण में अपेक्षाकृत उच्च स्थिति। इस परिभाषा को लेकर भारतीय एवं विदेशी मानवशास्त्रियों ने भारतीय गांवों के अपने अध्ययनों के आधार पर कई टीका-टिप्पणियां की हैं। इन टीका-टिप्पणियों के संदर्भ में श्रीनिवास ने सन् 1955 में प्रस्तावित अपनी परिभाषा में संशोधन करते हुए सन् 1966 में लिखा है कि, "एक जाति के प्रबल होने के लिये उसके पास स्थानीय रूप में उपलब्ध खेती

योग्य भूमि का एक बड़ा भाग होना चाहिये, संख्या की दृष्टि से वह बड़ी होनी चाहिये, तथा स्थानीय (जातीय) संस्तरण में उसका उच्च स्थान होना चाहिये।"

किसी जाति को प्रभु जाति बनाने में पहले क्षेत्र-विशेष में उसकी संख्या की दृष्टि से अधिक होना अधिक महत्वपूर्ण नहीं था, किन्तु वयस्क मताधिकार और आरक्षण की विधा ने अब जाति की संख्यात्मक ताकत को महत्ता प्रदान कर दी है। बदलते हुए सामाजिक परिवेश और अन्तर्जातीय सम्बन्धों को ध्यान में रखते हुए श्रीनिवास ने प्रभु जाति को पुनः इन शब्दों में परिभाषित किया है, "उस जाति को प्रभु या प्रबल जाति कहा जा सकता है जो किसी गांव अथवा विशेष में आर्थिक एवं राजनीतिक दृष्टि से महत्वपूर्ण प्रभाव डालती है। इस जाति का पारम्परिक एवं प्रथानुगत जातीय श्रेणी में उच्च स्थान होना आवश्यक नहीं है। वास्तव में, किसी जाति की जनसंख्या की ताकत, शिक्षा तथा उसकी सांस्कारिक प्रस्थिति जैसे कुछ ऐसे कारक हैं जो किसी जाति को किसी गाँव विशेष में अथवा ग्रामीण भारत के किसी क्षेत्र में उसे प्रभु जाति का दर्जा देते हैं।" निस्संदेह, आधुनिक परिवर्तनकारी शक्तियों, जैसे प्रजातंत्रात्मक विकेन्द्रीकरण, आधुनिकीकरण, वैश्वीकरण आदि ने भारतीय गांव के ढांचे में काफी फेर-बदल किया है जिसने श्रीनिवास की प्रभु जाति की धारणा को भी प्रभावित किया है।

domestic cycle – गृह-चक्र

गृह समूह किसी भी समाज की सर्वाधिक महत्वपूर्ण इकाई होता है। गृह-चक्र का विचार इसी से जुड़ा हुआ है। "डॅमेस्टिक" शब्द लैटिन भाषा "डॉमॅस" से बना है जिसका अर्थ 'घर' से है, एक ऐसी इकाई जिसमें पीढ़ियां निरन्तर जन्म लेती हैं, बड़ी होकर वयस्कावस्था तक पहुंचती हैं। धीरे-धीरे इस पीढ़ी का स्थान उनके बच्चे ले लेते हैं। जितना ही यह समूह छोटा होता है, उतनी ही स्पष्टता से इसका चक्रिक प्रतिमान मानवीय जीवन चक्र से जुड़ा होता है। नाभिक (एकाकी) परिवारों में केवल दो पीढ़ियां होती हैं। इनका जन्म विवाह के आधार पर और इसकी बढ़ोत्तरी बच्चों के जन्म द्वारा होती है। इन बच्चों के विवाह द्वारा इनका आकार घट जाता है और दम्पत्ति में से किसी एक की मृत्यु के उपरान्त एक सामाजिक समूह के रूप में यह इकाई विलुप्त हो जाती है। विस्तारित (संयुक्त) परिवारों के चक्र का रूप जटिल होता है। इन परिवारों में विवाहित सन्तानें तब तक घर में रहती हैं जब तक पूर्णतः सम्पत्ति का विभाजन नहीं हो जाता है। बहुधा यह इकाई (संयुक्त परिवार) वरिष्ठ पीढ़ी की मृत्यु के उपरान्त भी बनी रहती है। वृहत् नातेदारी समूह के विकास और पतन का चक्र स्पष्ट नहीं होता क्योंकि ऐसे समूह के सदस्य निरंतर बदलते रहते हैं।

dormitory – युवागृह

आदिवासी समाजों में कुछ ऐसी अनौपचारिक समितियां अथवा संगठन पाये गये हैं जिनका कार्य अपने समाज के युवक-युवतियों को समाज की संस्कृति में शिक्षित-दीक्षित करना, उनके लिये वैवाहिक जीवन की आवश्यक पृष्ठभूमि तैयार करना तथा उन्हें अपने भावी जीवन के सभी पक्षों की छोटी-मोटी जानकारी देना है। इन संगठन या समितियों को ही युवागृह कहा जाता है।

अलग-अलग जनजातियों में इन्हें अपनी स्थानीय भाषा में भिन्न नामों से पुकारा जाता है। भारत के मुड़िया एवं गोड़ों में इन्हें घोटुल, उरावों में धुमकुरिया, नागाओं में मौरुंग व किचुकी के नाम से जाना जाता है। युवागृह सामान्यतः अविवाहित युवाओं के मिलन-स्थल हैं जहां वे सम्मिलित रूप में अथवा अलग-अलग रूप में नित्य सांयकाल के समय एकत्रित होकर आमोद-प्रमोद की क्रियाओं का आनन्द लेते हैं और रात्रि में वहीं विश्राम करते हैं। कुछ जनजातियों में पुरुष और स्त्रियों के अलग-अलग युवागृह होते हैं, तो कहीं ये संयुक्त होते हैं। युवागृह सामान्यतः विशेष रूप से बनाई गई झोंपड़ी या अन्य आश्रय स्थल में संचालित होते हैं। यह झोंपड़ी बहुधा गांव के बाहर, जंगल के बीच बनाई जाती है।

dreams – स्वप्न

कई संस्कृतियों में स्वप्नों और उनकी व्याख्याओं की महत्वपूर्ण भूमिका देखी गई है और बहुधा इन्हें अलौकिक अथवा धार्मिक घटनाओं के साथ जोड़ा जाता है। हर संस्कृति में स्वप्नों की व्याख्या का एक मानक तरीका होता है; किन्तु इस तरीके को कितनी महत्ता दी जाती है, यह संस्कृति से संस्कृति में बदलता रहा है। कुछ संस्कृतियों में स्वप्नों को भविष्यगत सूचनाओं, अलौकिक और आत्माओं के संसार की सूचनाओं का एक महत्वपूर्ण स्रोत माना जाता है। इन्हें साधारण चेतना से ऊपर के सत्य को उजागर करने का एक तरीका भी माना जाता है। इस प्रकार स्वप्नों का एक प्रमुख प्रकार्य भविष्योक्ति या उद्‌घाटन करना है। इन्हें अलौकिक अथवा आत्माओं के संसार से सम्पर्क साधने या उनसे सम्प्रेषण करने के साधन के रूप में भी देखा जाता है। शामनवादी धर्मों में स्वप्नों को आध्यात्मिक प्रभाव और सूचनाओं के स्रोतों के रूप में बहुधा विशेष महत्व दिया जाता है। आधुनिक पश्चिमी संस्कृति में स्वप्नों की व्याख्या बहुधा मनोवैज्ञानिक अथवा मनोविश्लेषणात्मक आधार पर की जाती है जिसमें स्वप्नों को हमारे आंतरिक या व्यक्तिपरक संसार और इसकी गत्यात्मकता को उजागर करने के एक साधन के रूप में देखा जाता है। गैर-पश्चिमी संस्कृतियों के मूल निवासी लोगों के स्वप्न संबंधी सिद्धान्तों के निष्कर्ष भी बहुत-कुछ रूप में पश्चिमी समाजों के सिद्धान्तों से मिलते-जुलते हैं, किन्तु आदिवासियों ने इनकी अभिव्यक्ति अलौकिक और आध्यात्मिक विश्व के माध्यम से की है, जिसका अस्तित्व ये व्यक्ति से बाहर का मानते है।

drinking – मद्यसेवन

अधिकांश मानव समूहों में किसी न किसी प्रकार के देशी मद्य के सेवन का प्रचलन पाया गया है जिसका प्रयोग वे अधिकांशतः कुछ सामाजिक एवं सांस्कारिक अवसरों पर करते हैं। किसी समूह के द्वारा मद्यपान तथा कई ऐसे पदार्थों (नशीली दवाओं) के सेवन जो अचेतना की अवस्था को उत्पन्न करते हैं और जिन्हें समाज द्वारा (कुछ सांस्कृतिक स्थितियों में सेवन की स्वीकृति दी जाती है, को उस समूह के सम्पूर्ण उपभोग की वस्तुओं के संदर्भ में देखा जाना चाहिये। विभिन्न सामाजिक स्थितियों और समारोहों के समय अलग-अलग प्रकार के नशीले पदार्थों के प्रयोग की प्रथा के पीछे बहुधा एक सुस्पष्ट प्रतीकवादी व्यवस्था कार्य करती देखी गई है जिनका मानवशास्त्रियों ने अध्ययन किया है। उदाहरणार्थ, अमेजन प्रदेश के कई मूल

निवासी समूहों द्वारा सामुदायिक कार्यों के समय वहां की पारम्परिक 'मनीओक' बीयर का पीना ठीक समझा जाता है। वहां यह पेय सामाजिकता, परिवार भावना और सामुदायिक जीवन के साथ जुड़ा पाया गया है। इसके विपरीत, 'अगुआरदिन्ते' नामक शराब जो उन्हें गैर-देशी लोगों द्वारा दी जाती है, को वे लोग समाज-विरोधी अथवा सामाजिकताहीन कार्यों के अवसरों पर पीना ठीक समझते हैं। वे इसका सेवन बहुधा लड़ाई-झगड़े के समय करते हैं। वह नशीला पेय उनके आक्रामक व्यवहार से जुड़ा हुआ है। विभ्रांति पैदा करने वाले नशीले पदार्थों को वे लोग सामान्यतः शामनात्मक व्यवहार अथवा धार्मिक अवसरों के लिये सुरक्षित रखते हैं और इन पदार्थों का प्रयोग शामनवादी आत्माओं के साथ सम्पर्क करने और उनसे सम्प्रेषण के लिये ही किया जाता है।

शराब अथवा अन्य नशीले पेयों का सेवन अलग-अलग संस्कृतियों में भिन्न पाया गया है। कुछ संस्कृतियों में इनका प्रयोग धार्मिक उद्देश्यों के लिये हो सकता है और इन पदार्थों का प्रयोग किन्हीं पवित्र और सांस्कारिक अवसरों के साथ जुड़ा हो सकता है। कुछ अन्य संस्कृतियों में इनका प्रयोग सामाजिक और मनोरंजनात्मक उद्देश्यों के लिये हो सकता है। इन सबसे भिन्न मद्यपान का सामाजिक प्रयोग कभी समाज-विरोधी प्रयोग में बदल सकता है।

drugs – संवेदनमन्दक औषधियां

"ड्रग" का साधारण अर्थ औषधियों या मादक द्रव्यों से है। ये ऐसे रासायनिक द्रव्य या पदार्थ होते हैं, जो व्यक्ति के शारीरिक और/या मानसिक दशा में परिवर्तन उत्पन्न करते हैं। ये परिवर्तन चिकित्सा (नैदानिक दृष्टि से) के उद्देश्यों से वांछित हो सकते है या इनका प्रयोग सामाजिक और/या मनोरंजन कार्यों का एक भाग हो सकता है। सामाजिक विज्ञानों में इस शब्द का प्रयोग ऐसी संवेदनमन्दक औषधियों या मादक द्रव्यों के अर्थ में किया गया है जो मस्तिष्क की आन्तरिक (कॉःटिकल) चेतना को प्रभावित कर मानसिक क्रिया में रूपान्तरण कर देती है। प्रमुख रूप से चार प्रकार के संवेदनमन्दक मादक द्रव्य होते हैं : (1) **उपशापक द्रव्य** - ये अचैतन्यता लाने वाले, मद्यसार (मदिरा) और शामक मादक द्रव्य होते हैं। शामक पदार्थ या अवसादक पदार्थ केन्द्रीय स्नायुमंडल को क्षीण करते हैं, नींद लाते हैं और शांतिकारक प्रभाव डालते हैं, (2) **मनो-अनुवर्तनी द्रव्य** - ये ऐसे पदार्थ होते हैं जो उत्तेजना पैदा करके केन्द्रीय स्नायुमण्डल को क्रियाशील बनाते हैं, थकान, आलस्य और निष्क्रियता को दूर करते हैं तथा सतर्कता में वृद्धि करते हैं। इन पदार्थों में कोका, धतूरा, हशिश, मारिजुआना, गांजा, अफीम, मॉर्फिन तथा हेरोइन आते हैं, (3) **विभ्रम पैदा करने वाले पौधे**– जैसे पेयोट, सिन्थेटिक पदार्थ, एल. एस. डी. आदि। ये पदार्थ आनन्द, सामर्थ्य, हिम्मत और श्रेष्ठता की अनुभूति कराते हैं, संकोचों को दूर करते हैं और सुझाव ग्रहणशीलता में वृद्धि करते हैं, (4) **भ्रमोत्पादक द्रव्य** - ये पदार्थ अनुभूति में विकृति पैदा करते हैं तथा स्वप्निल आकृतियां पैदा करते हैं।

संवेदनमन्दक द्रव्यों की कई क्षेत्रों में बड़ी उपयोगिता है, जैसे - (1) दर्द और बीमारी के उपचार में एक चिकित्सकीय साधन के रूप में इनका प्रयोग, (2) जिन क्रियाओं में धैर्य

और शारीरिक शक्ति की आवश्यकता होती है, उनमें इन द्रव्यों, विशेषरूप में, सुख-भ्रान्तिमूलक संवेदनमन्दक दवाओं का प्रयोग, (3) श्रमिकों को आकर्षित करने हेतु एक प्रलोभन या प्रेरणा के रूप में प्रयोग; (4) प्यार-मोहब्बत दर्शाने और उसके जादू को फैलाने के शुरूआती दौर में इन दवाओं का एक प्रधान तत्व के रूप में प्रयोग; (5) एक काल्पनिक कामोत्तेजक द्रव्य के रूप में प्रयोग; (6) अत्यधिक गरिष्ठ भोजन से अधिकाधिक आहार उपयोगिता प्राप्त करने के साधन के रूप में प्रयोग; (7) कई स्थानों पर धार्मिक उत्सवों या धार्मिक अनुष्ठानों में इन द्रव्यों का एक आवश्यक वस्तु के रूप में प्रयोग; (8) चेतना की एक परिवर्तित स्थिति को प्राप्त करने के एक तरीके के रूप में इनका प्रयोग; (9) रोज़मर्रा के सामान्य जीवन से "थोड़े समय" के लिये राहत के रूप में इन द्रव्यों का प्रयोग; (10) सामाजिक घनिष्ठता को विकसित करने, बढ़ाने और बनाये रखने के एक साधन के रूप में इनका प्रयोग; (11) नवीन उभरती हुई आर्थिक व्यवस्था में व्यापारिक सम्बन्धों की स्थापना करने, विस्तार करने के एक अत्यंत मुख्य साधन के रूप में इनका प्रयोग; (12) एक नकद पैदावार जो थोड़े समय में व्यक्ति को मालामाल कर देती है।

संभवतः पारलौकिक या धार्मिक अनुभव की इच्छा कुछ ऐसे पेड़-पौधों के बागवानी की एक महत्वपूर्ण प्रेरणा रही होगी। समाधि की स्थिति को उच्च महत्व की माने जाने के कारण भी ऐसे पौधों की खेती को प्रोत्साहित किया हो सकता है जो विभ्रम की स्थिति पैदा करने में सहायक होते हैं। **ला बरर** (1938) ने बताया है कि धर्म के एक रूप, जिसे "शामनवाद" कहा जाता है, में अलौकिक विश्व के साथ संवाद-सम्प्रेषण करने के लिये विभ्रम पैदा करने वाले पौधों का प्रयोग किया जाता रहा है। आधुनिक विश्व में भी कुछ लोग इसी प्रकार के अनुभवों से प्रेरित हो मादक द्रव्यों का प्रयोग करते हैं। आदिवासी समाजों में विभ्रम पैदा करने वाले पौधों का प्रयोग सीमित मात्रा में समाज के ऐसे कुछ लोगों द्वारा ही किया जाता था जिन्हें समाज द्वारा इसके प्रयोग की स्वीकृति प्राप्त होती थी। आज की भांति आदिवासी समाज में आमजन व्यक्तिगत सुख या आनन्द के लिये ऐसे पदार्थों का प्रयोग नहीं करता था।

यदि संवेदनशामक दवाओं/द्रव्यों के इतिहास पर दृष्टिपात करें तो यह स्पष्ट विदित होगा कि मानव अनादिकाल से कड़ी मेहनत (श्रम) से राहत पाने के लिये ऐसे पदार्थों का प्रयोग करता रहा है जो उसकी थकान और नीरसता को दूर कर सके। कुछेक पदार्थ ऐसे भी हैं जो न केवल थकान और नीरसता को दूर करते हैं या कम करते हैं, अपितु अधिक श्रम करने और उनकी उत्पादकता में वृद्धि करने में सहायक भी होते हैं। आजकल खेलकूद प्रतियोगिताओं में भाग लेने वाले व्यक्ति भी अपनी शक्ति में वृद्धि करने के लिये ऐसे मादक पदार्थों का प्रयोग करते हुए पकड़े गये हैं।

आधुनिक समाजों में संवेदनमन्दक औषधियों के प्रयोग के परिवर्तनशील प्रतिमानों के फलस्वरूप उत्पन्न हानिकर प्रभावों ने 'औषधियों के दुरुपयोग' (ड्रग अब्यूज), 'औषधियों की व्यसनता' (ड्रग अडिक्शॅन) और 'औषधियों पर निर्भरता' (ड्रग डिपेन्डन्स) की समस्याओं का जन्म दिया है।कुछेक मानवशास्त्रियों ने इन नशीले पदार्थों के सेवन करने वाले व्यक्तियों की **उपसंस्कृ**तियों का अध्ययन कर यह बताया है कि ऐसे व्यक्ति अपने व्यवहार को किस प्रकार

परिभाषित करते हैं, किस प्रकार उसकी व्याख्या करते है, और किस प्रकार वे इन पदार्थों के प्रभावों के बचने के रास्ते निकालते हैं।

dual organisation – द्वैध संगठन

जब किसी आदिवासी जाति के सभी गोत्र मिलकर दो बराबर के भागों में बंट जाते हैं, तब इस नवीन सामाजिक संरचना को द्वैध या द्विदल संगठन कहते हैं। इसमें प्रत्येक आधा भाग अर्धांश (मॉइटी) के नाम से जाना जाता है। ये अर्धांश समूह सामान्यतः बहिर्विवाही होते हैं, किन्तु इसके कुछ अपवाद भी हैं। अर्धांशों के सदस्यों के परस्पर सम्बन्ध निकट सहयोग से लेकर अव्यक्त विद्वेष के भी हो सकते हैं। भारत की कई जनजातियों में द्विदल संगठन पाया गया है। दक्षिण में नीलगिरी पर्वत की निवासी टोडा नामक जनजाति अंतर्विवाही है जो 'तेविलिओल' और 'तारथारोल' नामक दो अर्धांश समूहों में बंटी हुई है। आसाम की गारो जनजाति 'मारक' और 'संगमा' नामक दो भ्रातृदलों में बंटी हैं। इसी प्रकार, कूकी जनजाति में 'लोनटे' और 'कोल्हन' नामक अर्धांश पाये गये है। इस प्रकार के संगठन आस्ट्रेलिया, उत्तरी और दक्षिणी अमेरिका, अफ्रीका तथा दक्षिणी-पूर्वी एशिया के आदिवासियों में देखने को मिले हैं।

द्वैध संगठन वाले समाजों में प्रत्येक व्यक्ति को किसी एक अर्धांश से सम्बन्ध बनाये रखना पड़ता है और सम्पूर्ण समाज का जीवन अर्धांशों के बीच होने वाली अन्तर्क्रिया पर निर्भर करता है। बहुधा, व्यक्ति दूसरे अर्धांश में (बहिर्विवाह) विवाह करते हैं। इस प्रकार सम्पूर्ण समाज विवाह-बन्धनों (अलाअन्स) से बंधे होते हैं। आधुनिक मानवशास्त्रियों का मत है कि अर्धांशों में आपस में विवाह द्विदल संगठन का सार-तत्व नहीं है, अपितु यह मात्र उसका एक लक्षण है।

द्विदल संगठन का सम्बन्ध जहां एक ओर अर्धांशों या द्विआधारी संस्थाओं से है, वहां ये संगठन सृष्टिशास्त्र (प्रतिमुख की पूरकता) और सामाजिक सिद्धान्त से भी सम्बन्धित हैं। इस प्रकार के संगठनों का फैलाव काफी व्यापक है क्योंकि सभी मानवीय समाजों में मानव अनुभवों में किसी न किसी प्रकार की द्वैधता की कल्पना की गई है, जैसे जीवन और मृत्यु, स्त्री और पुरुष, रात और दिन, आदि। भावनाओं से भरे ये ऐसे विरोधाभास हैं कि जिन पर मानव अनन्त काल से सोचता-विचारता चला आ रहा है। द्वैध विचारणा इस बात पर बल देती है कि ये विरोधाभास विश्व का भंजन नहीं करते और न ही मानव जाति को नष्ट करते हैं, अपितु ये सृष्टि की रचना की योजना के अंग हैं और उसमें सामन्जस्य पैदा करते हैं। संघर्ष भी इसी प्रकार मानव जीवन का एक अपरिहार्य हिस्सा है। विरोधी शक्तियों में निरन्तर सन्तुलन बनाये रख कर द्वैधता युक्त सामाजिक संस्थाएं सामाजिक व्यवस्था की समस्या का समाधान प्रस्तुत करती हैं। अतः सामाजिक संतुलन और सांसारिक सामन्जस्य ऐसे दो प्रमुख तत्व हैं जिनके कारण कई समाजों में द्वैध संगठन का अस्तित्व कायम है। (देखिये - मॉइटी)

dualism – द्वैतवाद/द्वयात्मकता

द्वयात्मकता या द्वैतवाद एक दार्शनिक दृष्टिकोण है जिसके अनुसार यह माना जाता है कि मानवीय प्रकृति अथवा सामान्यतः यथार्थता दो पूर्णतः भिन्न तत्वों या सार-तत्वों से निर्मित है।

उदाहरणार्थ, अनेक उत्तरी अमरीकी व्यक्ति यह मानते हैं कि मानवीय प्रकृति के दो हिस्से हैं जिन्हें कई बार मन और पदार्थ, आत्मा और शरीर या देह और जीवात्मा के नाम से पुकारा जाता है। इसकी जड़ें पश्चिमी विचारधारा में गहरी गई हुई हैं। संभवतः इस विवाद के समाधान खोजने का सबसे पुराना प्रयास हमें पुरातन ग्रीक दार्शनिक **प्लेटो** की कृतियों में देखने को मिलता है। प्लेटो ने समस्त यथार्थता को मन (मस्तिष्क) और पदार्थ में विभाजित किया है। देह और आत्मा के बीच संघर्ष वाले सांसारिक जीवन के दृष्टिकोण को कभी-कभी "संघर्ष द्वैतवाद" कहा जाता है। भारतीय दर्शन (हिन्दू, बौद्ध और जैन) में भी द्वैतवाद पर काफी सोच-विचार हुआ है।

dowry – दहेज

दहेज वह धन, संपत्ति अथवा उपहार है जो विवाह के निमित्त (विवाह के पूर्व अथवा बाद में) वधू पक्ष (वधू के पिता अथवा उसके परिवार के सदस्यों या अन्य व्यक्तियों) की ओर से वर पक्ष (वर या उसके परिवार के सदस्यों) को दिये जाते हैं। विवाह के अवसर पर भेंट (उपहार) देने की प्रथा एक सार्वभौमिक घटना है। हिन्दू धर्मशास्त्रियों में भी विवाह के अवसर पर माता-पिता द्वारा पुत्री को भेंट देने का उल्लेख मिलता है। संभवतः इस भेंट की शुरूआत का कारण माता-पिता का अपनी सन्तान के प्रति स्नेह एवं मोह रहा होगा। यह प्रथा जिसमें पहले स्वेच्छा का भाव निहित था, कालान्तर में एक रूढ़ि, एक बाध्यता बन कर सामाजिक एवं पारिवारिक प्रस्थिति के साथ जुड़ गई। इस सहसम्बन्ध ने प्रतिस्पर्धा की भावना को जन्म देकर प्रदर्शन की प्रवृत्ति को उभारने में सहायक सिद्ध हुई है। परिणामतः प्रतिस्पर्धा एवं प्रदर्शन की भावना ने अब इस प्रथा को एक सामाजिक बुराई और एक आर्थिक कठिनाई में परिणित कर अन्य समस्याओं के साथ दहेज-आत्महत्याओं की विकराल समस्या को जन्म दिया है।

dynastic incest – राजवंशागत निकटाभिगमन

कुछ राजवंशों में निकट संबंधियों के बीच विवाह करने की प्रथा पाई गई है, इस प्रथा को ही राजवंशागत निकटाभिगमन कहा गया है। इस प्रकार के विवाह सामान्यतः अगम्यगमन की परिधि में आते हैं तथा सामाजिक रूप से निषिद्ध होते हैं। यह प्रथा मिस्र के राजघरानों में तथा पीरू के इन्का लोगों में पाई गई है। प्राचीन काल में मिस्र के सम्राट अपनी सगी अथवा सौतेली बहिनों के साथ विवाह कर लेते थे। इस प्रथा का प्रमुख उद्देश्य रक्त की शुद्धता को बनाये रखना हो सकता है।

E

early bronze age – पूर्व कांस्य युग

मिस्र और मैसोपोटामिया में 3000 से 2000 ई.पू. के बीच के सांस्कृतिक इतिहास काल को, जिसके मध्य संगठित राज्य सर्वप्रथम स्थापित हुए थे, पूर्व कांस्य युग के नाम से जाना जाता है। यहां से ऐतिहासिक काल की शुरुआत होती है। मिस्र के पिरामिड इसी समय की कृति बताई गई हैं। इस कालावधि का नाम यद्यपि कांस्य युग है, किन्तु ऐसा माना जाता है कि इस समय के लोग कांस्य से अपरिचित थे।

ecological competition – पारिस्थितिकीय प्रतिस्पर्धा

इस अवधारणा को जैवकीय विज्ञानों से लिया गया है जो सामाजिक समूहों के बीच होने वाली अन्तर्क्रिया की उस प्रक्रिया को इंगित करती है जिसके द्वारा प्रत्येक सामाजिक समूह जीवन की जरूरतों की सीमित आपूर्ति को, जैसे निवास स्थान, प्राप्त करने का प्रयत्न करते हैं।

ecological concentration – पारिस्थितिक संकेंद्रण

एक क्षेत्र में आवास के आधार पर वितरित जनसंख्या की सघनता को पारिस्थितिक संकेंद्रण कहते हैं। किसी भी स्थल पर अधिक मात्रा में संकेंद्रण (केंद्रीकरण) से यह प्रकट होता है कि वहां आवासों की संख्या अत्यधिक है।

ecological distance – पारिस्थितिक दूरी

दूरी मापने की एक विशेष विधि जिसमें स्थानीय अंतर को मील अथवा किलोमीटर में माप कर वहां तक जाने में लगे समय और आर्थिक लागत के योग द्वारा मापा जाता है।

ecological gradient – पारिस्थितिक प्रवणता

पारिस्थितिक दूरी के साथ-साथ एक पारिस्थितिक परिवर्त्य की वृद्धि अथवा ह्रास की दर को पारिस्थितिक प्रवणता कहते हैं। इसमें एक वक्र होता है जो पारिस्थितिक प्रवणता की वृद्धि तथा ह्रास की दर को निरूपित करता है।

ecological interaction – पारिस्थितिक अन्तर्क्रिया

पारस्परिक रूपांन्तरण की वह प्रक्रिया पारिस्थितिक अन्तर्क्रिया कहलाती है जिसमें प्रतियोगी तथा सहयोगी दोनों पक्ष सम्मिलित होते हैं। इसके द्वारा व्यक्ति अथवा समूह एक दूसरे को

अप्रत्यक्ष तथा अवैयक्तिक रूप में और कुछ सीमा तक पर्यावरण के संभरण साधनों को प्रभावित करते हैं जिन पर दूसरे लोग निर्भर करते हैं।

ecological mobility — पारिस्थितिक गतिशीलता

किसी पारिस्थितिक स्थिति में परिवर्तन की क्षमता, परिवर्तन की मात्रा और परिवर्तन की गति को इंगित करने वाली प्रक्रिया पारिस्थितिक गतिशीलता कहलाती है।

ecological symbiosis — पारिस्थितिक सहजीवन

दो भिन्न सावयवों (जीवों) का घनिष्ठ संगति में एक दूसरे के साथ रहने अथवा भिन्न प्रजातियों के सावयवों का एक ही परिवेश में साथ-साथ रहने की प्रक्रिया पारिस्थितिक सहजीवन कहलाती है। यह जीवों के परस्पर अन्तर्क्रिया के फलस्वरूप उत्पन्न होता है और सहअस्तित्व को प्रकट करता है। यह ऐसा अवैयक्तिक सम्बन्ध है जो एक ही क्षेत्र के निवासियों के बीच इसलिये उत्पन्न होता है क्योंकि ये एक ही पर्यावरण के सीमित साधनों पर निर्भर करते हैं। इस प्रकार का सम्बन्ध प्रकार्यात्मक श्रंखला में विभिन्न निवासियों (जीवों) की स्थिति के परिणामस्वरूप स्थापित होता है।

ecology — पारिस्थितिकी

मानव तथा उसके पर्यावरण अथवा सावयव (जीव) और उनके प्राकृतिक वास के बीच पाये जाने वाले पारस्परिक सम्बन्धों के अध्ययन को पारिस्थितिकी या परिस्थितिक विज्ञान कहते हैं। इसमें उन अन्तर्क्रियाओं का वैज्ञानिक अध्ययन किया जाता है जो सावयवों (जीवों) के प्रादेशिक वितरण और प्रचुरता को निर्धारित करते हैं। "ईकॉलजि" शब्द का सर्वप्रथम वैज्ञानिक रूप में प्रयोग सन् 1869 में एक जर्मन जीवविज्ञानी **हैकेल** ने वनस्पतिशास्त्र में किया था। पारिस्थितिकी के विकास में **डार्विन** के नैसर्गिक जातियों (स्पीसीज) के उद्‌विकास के सिद्धान्त, विशेषतः उनकी "प्राकृतिक प्रवरण" (नेचॅरल सिलेक्शन) की अवधारणा ने महत्वपूर्ण भूमिका अदा की है।

पारिस्थितिकी मूलतः जीवशास्त्र की एक शाखा है जिसमें वनस्पति और जीवों का उनकी प्राकृतिक अवस्था तथा उनकी पर्यावरण के साथ अन्तर्निभरता के संदर्भ में अध्ययन किया जाता है। पेड़-पौधे एक दूसरे के संग रहते हैं, अतः उनका अध्ययन सहजीवियों के रूप में किया जाता है। यही बात पशुओं और मानव प्राणी पर भी लागू होती है।

पारिस्थितिकीय परिप्रेक्ष्य ने जीव विज्ञानों के परे भी काफी प्रभाव डाला है। उदाहरणार्थ, चिकित्सकीय महामारी विज्ञान, वास्तुशास्त्र और अभिकल्पन का मनोविज्ञान, मानव भूगोल, समाजशास्त्र के कई क्षेत्रों (मानवीय पारिस्थितिकी, नगरीय पारिस्थितिकी) पर इसके प्रभाव को देखा जा सकता है।

ecology, behavioral — व्यवहारात्मक पारिस्थितिकी

व्यवहार और पर्यावरण के बीच के सम्बन्धों को अध्ययन करने वाली पारिस्थितिक विज्ञान की शाखा को व्यवहारात्मक पारिस्थितिकी कहते हैं।

ecology, cultural – सांस्कृतिक पारिस्थितिकी

किसी संस्कृति, स्थानीय पर्यावरण एवं जलवायु के अध्ययन को सांस्कृतिक पारिस्थितिकी कहते हैं। ऐसा माना जाता है कि प्रायः सांस्कृतिक प्रतिमानों की रचना किन्हीं पर्यावरणीय दशाओं का परिणाम होती हैं। सांस्कृतिक पारिस्थितिकी में इन पर्यावरणीय दशाओं की ही खोजबीन की जाती है जो संस्कृति को प्रभावित करती हैं। दूसरे शब्दों में, कोई सांस्कृतिक परम्परा किन पर्यावरणीय दशाओं का परिणाम है, इसका अध्ययन ही सांस्कृतिक पारिस्थितिकी की प्रमुख विषय-वस्तु है। इस क्षेत्र में शुरूआती अग्रणी कार्य **जूलिन स्टीवर्ड** (1955) ने किया है जिसे बाद में **रॉय रेप्पापोर्ट** (1968) और **मर्विन हैरिस,** (1979) आदि ने आगे बढ़ाया है। स्टीवर्ड के अनुसार, "सामाजिक-सांस्कृतिक प्रणाली का एक बड़ा भाग पारिस्थितिकी अनुकूलन से प्रभावित होकर श्रम-विभाजन, स्थानीय समूहों के आकार और स्थाईत्व, उनके विभाजन तथा आवास के नियम एवं स्थितियों जैसे तथ्यों पर प्रभाव डालता है।" **मैगर्स** (1971) ने लिखा है, "मानव एक पशु है, अतः अन्य पशुओं की भांति उसे भी जीवित रहने के लिये अपने पर्यावरण के अनुसार ढलना पड़ता है, किन्तु उसके ढलने का यह कार्य संस्कृति के माध्यम से होता है। फिर भी, यह प्रक्रिया मूलतः प्रकृति के जैविक अनुकूलन पर ही आधारित है।"

ecology, ethno – नृजातिक पारिस्थितिकी

नृजातिक पारिस्थितिकी में स्थानीय (लोक) पर्यावरणीय ज्ञान, विश्वास, मूल्यों और अभिवृतियों को क्रियाओं सहित पर्यावरणीय विचारों के साथ जोड़ कर इनके समंजनात्मक और कुसमंजनात्मक परिणामों का अध्ययन किया जाता है। व्यावहारिक रूप में, अधिकांशतः नृजातिक पारिस्थितिकी में पशुओं और पौधों की विभिन्न जातियों के स्थानीय (लोक) नामों और उनके प्रयोगों के बारे में जानकारी एकत्रित की जाती है। नृजातिक पारिस्थितिकी का ज्ञान नृजातिक-विकास में भारी सहायता करता है।

ecology, human – मानवीय पारिस्थितिकी

मानवीय पारिस्थितिकी, सामान्य पारिस्थितिकी की एक शाखा है जो मानवीय सावयव, सामाजिक समूहों तथा उनके पर्यावरण के साथ सम्बन्धों का अध्ययन करती है। ज्ञान की इस शाखा में मानवीय संस्थानों और मानवीय व्यवहार पर काल और स्थान की दृष्टि से पड़ने वाले पर्यावरण के चयनात्मक, वितरणात्मक एवं समायोजनात्मक शक्तिओं के प्रभावों का अध्ययन किया जाता है।

मानव-समुदायों के उदय और विकास में पारिस्थितिकी की अत्यंत महत्वपूर्ण भूमिका रही है। भूमि की बनावट, परिवहन के साधन, उद्योग-धन्धों के रूप तथा समस्त आर्थिक व्यवस्था समुदाय की सामाजिक व्यवस्था को प्रभावित और उसके विकास की सीमा को निर्धारित करती है।

ecology, radical – आमूल परिवर्तनवादी पारिस्थितिकी

आमूल परिवर्तनवादी पारिस्थितिकी पर्यावरणीय पारिस्थितिकी का ही एक अंग है जिसमें

विशेषतः पर्यावरणीय समस्याओं जैसे संसाधनों में कमी, बढ़ता हुआ प्रदूषण, पौधों और पशुओं की जातियों का समापन, उष्णकटिबन्धी जंगलों का विनाश आदि के संकट से जनित मानव अधिकारों के दुरुपयोग सहित विभिन्न प्रकार की हिंसा का अध्ययन किया जाता है। ज्ञान की यह शाखा मानवशास्त्र के भी परे विभिन्न पारिस्थितिकीय उपागमों को एक समन्वित रूप में प्रस्तुत करती है। आमूल परिवर्तनवादी पारिस्थितिकी के दृष्टिकोण को संक्षेप में प्रस्तुत करते हुए **केरोलिन मर्चेंट** (1992) ने लिखा है, "आमूल परिवर्तनवादी पारिस्थितिकी ने मानव के इस भ्रम को तोड़ा है कि व्यक्ति मन चाहे रूप में प्रकृति के दोहन करने तथा समाज में दूसरों की कीमत पर आगे बढ़ने के लिये स्वतंत्र है। इसने प्रकृति और दूसरे मानवों के प्रति हमारे दायित्वों के बारे में एक नई चेतना उत्पन्न की है। यह प्रकृति के पोषण और व्यक्तिओं के पोषण दोनों की एक नई नैतिकता पर जोर देती है। यह नवीन सामाजिक दृष्टि और नवीन नैतिकता के अनुरूप विश्व में परिवर्तन करने हेतु हमें सशक्त बनाती है।"

दक्षिण अमेरिका के अमेजन जैसे राज्यों के सीमान्त प्रदेशों में देशज समाजों का शोषण एवं विनाश ने न केवल पारिस्थितिकी को नष्ट किया है, अपितु इसने वहां के मूलनिवासियों के संहार के साथ-साथ मोटे रूप में नरसंहार करने में भी कोई कोरकसर नहीं छोड़ी है। भारत में नर्बदा बचाओ आन्दोलन और उत्तर प्रदेश में बाबा आम्टे का 'चिपको' आन्दोलन इसी प्रकार की घटनाओं का परिणाम है। इन आन्दोलनों ने जहां एक ओर पर्यावरण के विनाश और इससे उत्पन्न समस्याओं को उजागर किया है, वहां दूसरी ओर इन आन्दोलनों ने मानव अधिकार की समस्या को भी रेखांकित किया है।

आमूल परिवर्तनवादी पारिस्थितिकी का एक घटक पारिस्थितिकी-नारीवाद भी है जो स्त्रियों पर पुरुषों के प्रभुत्व को प्रकृति पर मानवीय प्रभुत्व की धारणा से जुड़ा हुआ मानता है। इस सम्बन्ध में पारिस्थितिकी-नारीवादियों का कहना है कि एक अच्छे पारिस्थितिकीय सम्पन्न समाज बनाने के लिये स्त्री-पुरुष सम्बन्धों के साथ-साथ मानव-पर्यावरण सम्बन्धों में भी बदलाव लाया जाना आवश्यक है। पारिस्थतिकीय मानवशास्त्र के साथ-साथ पर्यावरण विकास में स्त्रियों की भूमिका की घोर अवहेलना की गई है।

ecology, social – सामाजिक पारिस्थितिकी

पारिस्थितिकी विज्ञान की एक शाखा जिसमें मानवीय आवास के क्षेत्रों की स्थानीय प्रकार्यात्मक संरचना, सामाजिक एवं सांस्कृतिक लक्षणों एवं संकुलों के स्थानिक वितरण तथा सामाजिक एवं पारिस्थितिकीय प्रक्रियाओं की पारस्परिक अन्तर्क्रियाओं के फलस्वरूप उत्पन्न होने वाली घटनाओं की उत्पत्ति एवं परिवर्तन का अध्ययन किया जाता है, सामाजिक पारिस्थितिकी के नाम से जानी जाती है। ज्ञान की इस शाखा में मुख्यतः पर्यावरण और सामाजिक व्यवहार के आधार पर बने सम्बन्धों के प्रतिमानों की खोज करने का प्रयास किया जाता है।

ecology, spiritual – आध्यात्मिक पारिस्थितिकी

पिछले कुछ वर्षों में एक अन्तर्विषयी क्षेत्र में आध्यात्मिक पारिस्थितिकी (पारिस्थितिकी

धर्मशास्त्र) का उद्भव हुआ है। इस सम्बन्ध में **रप्पापोर्ट** (1979) ने बाली देश में मंदिर के पुजारी की खेत-सिंचाई में उसकी भूमिका का अध्ययन किया है। इसी प्रकार, **आर. नेल्सन** (1983) ने अमरीकी मूलनिवासियों द्वारा जंगल उपयोग पर कार्य किया है। इस प्रकार के अध्ययनों द्वारा एक बात उभर कर आई है कि पर्यावरण और सामाजिक विनाश का गहन एवं मूल कारण पश्चिमी विश्व-दृष्टि और इससे जुड़े मूल्य एवं अभिवृतियां हैं जिसमें भौतिकतावाद और उपभोक्तावाद की धारणाएं भी सम्मिलित हैं। जब ये व्यवहार को प्रभावित करते हैं, तब इसके कुसमंजनकारी परिणाम सामने आते हैं। यह विश्व-दृष्टि आज केवल पश्चिमी देशों तक ही सीमित नहीं रही है। उपनिवेशवाद की शुरुआत के साथ यह विश्व के प्रत्येक भाग में फैल गई और बाद में इसे अधिक फैलाने में औद्योगीकरण, आधुनिकीकरण तथा वैश्वीकरण जैसी कई अन्य शक्तियों ने महत्वपूर्ण भूमिका अदा की है। इस विश्व-दृष्टि ने ही घुमावदार पारिस्थितिकीय और सामाजिक असन्तुलन पैदा किया है।

पर्यावरण संकट को दूर करने में धर्म की भूमिका अत्यन्त महत्वपूर्ण है। यह सभी संस्कृतियों में पाया जाने वाला सार्वभौमिक तत्व है (मानव को आध्यात्मिक पशु-प्राणी माना गया है), प्रकृति में मानव का क्या स्थान है जैसे प्रश्नों पर इसमें विचार किया जाता है, जीवन के प्रति आदर जैसे मूल्यों को यह प्रोत्साहित करता है और यह एक ऐसा शक्तिशाली आवेग या भावावेश है जो आस्थावान व्यक्तियों को संवेगात्मक के साथ-साथ बौद्धिक दोनों रूप में प्रेरित कर सकता है। अतः विश्व के तथाकथित बड़े धर्मो (हिन्दू, बौद्ध, ईसाई, इस्लाम, और यहूदी) के एक सम्मेलन के नेताओं ने "विश्व वन्यजीवन कोष" की स्थापना की है। इस संगठन का एक प्रमुख कार्य यह है कि वे अपने-अपने धर्मों के सिद्धान्तों में से ऐसे उपयुक्त तत्वों की खोज करें जो उन्हें मानने वालों में पर्यावरणात्मक नैतिकता सम्बन्धी चेतना उत्पन्न कर सके। किन्तु एक खुशहाल और समृद्ध समाज के निर्माण में धर्म की इस भूमिका में धार्मिक आदर्शों और वास्तविक व्यवहार में असंगति एक बहुत बड़ी अड़चन बनी हुई है। पर्यावरणीय विज्ञानों तथा सम्पूर्ण विश्व में इनके प्रयोग के प्रति आधुनिक पारिस्थितिकी मानवशास्त्र एक अत्यंत महती भूमिका अदा कर सकता है।

ecology, urban — नगरीय पारिस्थितिकी

किसी नगर में व्यक्तियों एवं संस्थाओं के स्थानिक वितरण के रूपों की रचना करने वाली प्रक्रियाओं का अध्ययन करने वाली ज्ञान की शाखा नगरीय पारिस्थितिकी के नाम से जानी जाती है।

economic determinism — आर्थिक निर्धारणवाद (नियतिवाद)

एक परिप्रेक्ष्य, एक विचारधारा जिसके अनुसार यह माना जाता है कि मानव की समस्त सामाजिक क्रियाएं और सामाजिक परिवर्तन आर्थिक कारक द्वारा प्रबल रूप में (या मुख्य रूप में) प्रभावित एवं संचालित होती है। इस विचारधारा के साथ प्रमुख रूप से **कार्ल-मार्क्स** का नाम जुड़ा हुआ है जिन्होंने आर्थिक कारक के रूप में उत्पादन की विधि और साधनों के

साथ-साथ उत्पादन के संबंधों को सामाजिक एंव सांस्कृतिक व्यवस्था को प्रभावित करने वाला प्रबल कारक (एक मात्र कारक) माना है। मानवशास्त्रियों ने मार्क्स की इस धारणा को लेकर आदिम अर्थव्यवस्थाओं की खोजबीन और समीक्षा की है।

economy – अर्थव्यवस्था

सामान्यतः जब कभी हम अर्थशास्त्र की बात करते हैं, तब हमारा ध्यान तत्काल उन क्रियाओं और वस्तुओं पर जाता है जिनका संबंध रुपये-पैसे या मुद्रा से होता है। हम वस्तुओं और सेवाओं की कीमत आंकते हैं। किन्तु कई ऐसे समाज हैं (जिनकी जानकारी मानवशास्त्र में है) जहां मुद्रा या आधुनिक कारखाने के मजदूर जैसी कोई चीज नहीं है। फिर भी, सभी समाजों में किसी न किसी प्रकार की आर्थिक व्यवस्था अवश्य पाई गई है, चाहे उन समाजों में मुद्रा का प्रयोग होता हो, अथवा न होता हो। सभी समाजों में ऐसी प्रथाएं पाई गई हैं जो यह बताती हैं कि प्राकृतिक संसाधनों का प्रयोग कैसे किया जाये। ऐसे समाजों में इन संसाधनों को श्रम द्वारा आवश्यकताओं और वांछित वस्तुओं और सेवाओं में बदलने और रूपान्तरण करने के प्रथानुगत तरीके हैं। यही नहीं, इनमें वस्तुओं और सेवाओं के वितरण (और संभवतः विनिमय) की प्रथाएं भी विद्यमान पाई गई हैं। अतः अर्थव्यवस्था से तात्पर्य उन तरीकों से है जिनके द्वारा मानव प्राणी तथा सामाजिक समूह अपनी भौतिक आवश्यकताओं की पूर्ति के लिये सीमित साधनों, तकनीकों और कार्यों का आवंटन और संगठन करते हैं।

ecosystem – पारिस्थितिक व्यवस्था

सामाजिक एवं प्राकृतिक पर्यावरण युक्त व्यवस्था को पारिस्थितिक विज्ञान और पारिस्थितिकीय मानवशास्त्र में पारिस्थितिक व्यवस्था कहते हैं।

ecriture feminine (women's writing) – महिला-लेखन

"ऍक्रिचर फेमिनिन" की रचना **लूसी इरिगरे** (1985) ने स्त्री की सांकेतिक अभिव्यक्ति की धारणा को सम्प्रेषित करने हेतु की है जो वर्तमान भाषाई संरचनाओं में बने हुए वर्चस्व का खंडन करती है। यह वर्चस्व न केवल पुरुषवादी है, अपितु सकारात्मक रूप में लिंग केन्द्रित और पितृसत्तात्मक भी है जो स्त्री अभिव्यक्ति को विशेष रूप में खामोश करता है।

महिला-लेखन का विचार **सासोर, फ्रायड, लेकन** और **दरिदा** के लेखनों पर आधारित है, किन्तु इस धारणा के आत्म-तत्व की रचना **नीत्से** के लेखनों से हुई है।

education – शिक्षा

एक सामान्य पद के रूप में शिक्षा से तात्पर्य उन सामाजिक प्रक्रियाओं से है जो मानव समुदाय में सीखने को सरल बनाती है। शिक्षा मानव समाजों में सार्वभौमिक है। यह सामाजिक जीवन की निरन्तरता के लिये जितनी आवश्यक है, उतनी ही यह जैवकीय प्रजनन, आर्थिक जीवन-निर्वाह, सांकेतिक सम्प्रेषण तथा सामाजिक नियंत्रण के लिये भी जरूरी है। सांस्कृतिक सहभागिता के लिये यह आवश्यक है कि समाज का प्रत्येक किशोर-युवा शिक्षित

हो। शिक्षा से मिलती-जुलती दो अन्य अवधारणाओं, यथा समाजीकरण और सहसंस्कृतिकरण (एन्कल्चरेशन) का भी प्रयोग किया जाता है। समाजीकरण सामाजिक सहभागिता के लिये तैयार होने पर बल देती है, जब कि सहसंस्कृतिकरण से तात्पर्य सांस्कृतिक मॉडलों को अपनाने से है।

प्राणियों में मानव प्राणी की सन्तान की कुछ अद्वितीय विशेषताएं हैं। मानव बालक को एक लम्बे समय तक अन्य प्राणियों की अपेक्षा अपने पालन-पोषण के लिये दूसरों पर निर्भर रहना पड़ता है। यही नहीं, उन्हें वयस्क सामाजिक जीवन में भाग लेने के लिये अन्य मानव प्राणियों के संसर्ग में रह कर सीखना पड़ता है। मानव समुदायों की भी यह एक विशेषता है कि वे मानव संतानों को सीखने के लिये संस्कृति निर्मित सामाजिक अन्तर्क्रिया का एक वातावरण उपलब्ध करवाते हैं।

विभिन्न संस्कृतियों में शैक्षणिक प्रतिमान, जैसे संस्थात्मक विशेषीकरण, सीखने की विधियां, धर्म और अर्थव्यवस्था जैसी संस्थाओं के वितरण आदि में भिन्नता देखने को मिलती हैं।

egalitarian societies – समतावादी समाज

समतावादी समाज ऐसे समाज होते हैं जिनमें पद, प्रस्थिति और सम्पदा के आधार पर तीक्ष्ण भेद या विभाजन नहीं होता है।

egalitarianism – समतावाद

यह विश्वास कि एक समाज के सभी सदस्यों के आंतरिक मूल्य समान होते हैं और उन्हें अपने समाज में समान अधिकार तथा विशेषाधिकार प्राप्त हो सकते हैं, समतावाद कहलाता है।

ego – जातक (ईगो)

सामान्य रूप में, "ईगो" शब्द का प्रयोग मनोविज्ञान के "स्व" अथवा "अहम्" के अर्थ में किया जाता है, किन्तु मानवशास्त्रीय शोध विधा के संदर्भ में "ईगो" शब्द का प्रयोग उस व्यक्ति के लिये किया जाता है जिसका अध्ययन किया जा रहा है या जिससे अध्ययन की शुरुआत की जाती है। हिन्दी में हम "ईगो" के लिये इस कोश में "जातक" या "लक्ष्य" शब्द का प्रयोग करेंगे। मानवशास्त्र में इसका प्रयोग अधिकांशतः नातेदारी के चित्रण में उस व्यक्ति के लिये किया जाता है जो नातेदारी व्यवस्था के केन्द्र में होता है। सभी नातेदारी प्रणालियां जातक-केन्द्रित होती हैं क्योंकि किसी व्यक्ति विशेष के कुछ विशिष्ट व्यक्तिगत नातेदार होते हैं। ध्यान रहे, लैटिन भाषा में अंग्रेजी के "आई" के लिये "ईगो" शब्द को प्रयोग होता है।

ego generation – जातक-पीढ़ी

नातेदारी प्रणाली के अध्ययनों में जिस व्यक्ति को केन्द्र व्यक्ति मान कर अध्ययन किया जाता है, वह केन्द्र व्यक्ति (जातक) जिस पीढ़ी में आता है, उसे जातक की पीढ़ी करते हैं।

eidolism – प्रेतवाद

देहयुक्त आत्माओं अथवा भूतप्रेतों में विश्वास प्रेतवाद कहलाता है। मानव धर्मों के मूल में यह विश्वास प्रधान रहा है।

eidos – सम्मूर्तता (ईडॉज़)

"ईडॉज़" और "ईथॉज़" ग्रीक भाषा के शब्द है जिनका सर्वप्रथम प्रयोग **बेट्सन** (1936) ने संस्कृति के अपने विश्लेषण में किया है। उन्होंने बताया संस्कृति की रचना इन दोनों से मिलकर होती है। बेट्सन ने ईडॉज़ शब्द का प्रयोग "स्वरूप" अथवा "संरचना" के अर्थ में किया है। उन्होंने संस्कृति के बाह्य रूपांकन को ईडॉज कहा है, अर्थात् बाहर से संस्कृति कैसी नजर आती है। संस्कृति सुस्पष्ट मूल तत्वों से निर्मित एक तानाबाना है। इस तानेबाने का समन्वित एवं समंजस्यपूर्ण बाहरी रूप ही उसकी 'सम्मूर्तता' (ईडॉज) को प्रकट करता है।

ईडॉज और ईथॉज दोनों शब्दों का प्रयोग बेट्सन ने अपनी पुस्तक 'नावेन' (1936) में न्यूगिनी की एक जनजाति की संस्कृति के विश्लेषण में किया है। ये दोनों अवधारणाएं जुड़ी हुई हैं। ईडॉज जहां संस्कृति के बाह्य रूप को प्रकट करती है, वहां ईथॉज संस्कृति के आन्तरिक मूलभाव को प्रतिबिम्बित करने वाली एक अवधारणा है।

eight class system – अष्टवर्ग व्यवस्था

आस्ट्रेलिया की कुछ जनजातियों में पाई गई नातेदारी प्रणाली अष्टवर्ग व्यवस्था के नाम से प्रसिद्ध है। ये जनजातियां स्थानीय समूह या झुंड में रहती हैं। प्रत्येक समूह मातृवंशीय एवं पितृवंशीय नातेदारी-वर्ग के सम्मिश्रण द्वारा संगठित होता है। इनमें मातृ-अर्धांश (मॉइटी) और बहिर्विवाही पितृवंश दोनों ही पाये गये हैं। इस प्रकार की प्रणाली में प्रत्येक व्यक्ति विभिन्न नातेदारी वर्गों से सम्बन्धित हो जाता है, किन्तु वह विवाह केवल किसी एक विशिष्ट वर्ग में ही कर सकता है। इस प्रकार, इन समाजों में विभिन्न नातेदारी-व्यवस्थाएं एवं वैवाहिक नियम दो, चार या आठ नातेदारी व्यवस्थाओं को जन्म देते हैं।

elders – वरिष्ठजन

वरिष्ठजन वे व्यक्ति होते हैं जो एक जनजाति, समुदाय या किसी अन्य संगठन में पद में ऊंचे और वृद्ध होते हैं। जब मानवों का विभाजन और वर्गीकरण किया जाता है, तब सभी समाजों में आयु एक ऐसी शारीरिक विशेषता है जिसे आसानी से मालुम किया जा सकता है। यह जरूरी नहीं है कि आयु बढ़ने के साथ-साथ स्वतः ही ज्ञान, उपलब्धि या अनुभव में वृद्धि होती जाती है, फिर भी आयु कठिन रूप से मापी जाने वाली व्यक्तिगत विशेषताओं में से व्यापक रूप से स्वीकृत एक सरल मापदंड है। यही कारण है वरिष्ठ व्यक्तियों को सामान्यतः आदर और सम्मान देने के लिये प्रथानुगत कुछ समारोह भी आयोजित किये जाते हैं। कई आधुनिक राज्यों ने अपने वरिष्ठ नागरिकों के प्रति सम्मान प्रकट करने के लिये उन्हें कुछ विशिष्ट सुख-सुविधाएं प्रदान की हैं। कई संस्थाएं वरिष्ठ व्यक्तियों को अपने संगठन में परामर्शदाता के रूप में नियुक्त करती हैं ताकि वे अपने लम्बे अनुभव का लाभ उनको दे सकें।

आधुनिक औद्योगिक समाजों में वरिष्ठ जनों को अनुभव के भंडार होने का वह महत्व नहीं दिया जाता जो कभी उन्हें परम्परागत समाज में दिया जाता था। प्रौद्यागिकी तथा अन्य क्षेत्रों में नित नये अनुसंधानों ने परम्परागत ज्ञान को पुराना और निरर्थक बना दिया है। ऐसी दशा में वरिष्ठ जनों की प्रकार्यात्मक उपयोगिता घट गई है। आजकल यह माना जाता है कि अत्यानवीनता हमेशा बेहतर होती है।

elementargedanken – प्रारम्भिक विचार

"एलिमेन्टरगेटन्केन" यह एक जर्मन शब्द (अवधारणा) है जो 'प्रारंभिक विचारों' के अर्थ में प्रयुक्त किया जाता है। प्रारंभिक विचारों से यहां तात्पर्य उन विश्वासों और संस्कृति के उन पक्षों से है जो समस्त मानव प्राणियों में अपनी बस्ती के लोगों द्वारा साझा रूप में माने जाते थे।

elementary structures – प्रारंभिक संरचनाएं

"एलिमेन्टरि स्ट्रक्चर्स" शब्द का प्रयोग **लेवी स्ट्रास** ने उन नातेदारी व्यवस्थाओं के लिये किया है जिनमें विवाह की कोटियां पूर्व निर्धारित होती हैं, अर्थात् व्यक्तियों को नातेदारी के कुछ निर्धारित समूह में ही विवाह करना आवश्यक होता है, जैसे विलिंग सहोदरजों (ममेरे-फूफ़ेरे भाई बहिन) की कोटि में विवाह-संबंध स्थापित करना। यह अवधारणा (प्रारंभिक संरचना) "जटिल संरचनाओं" के विपरीत है।

elite – अभिजन/संभ्रांतजन

समाज में सबसे अधिक प्रभावशाली तथा प्रतिष्ठा सम्पन्न व्यक्तियों को अभिजन या संभ्रांतजन कहा जाता है। ऐसे व्यक्ति किसी विशिष्ट सामाजिक गतिविधि के क्षेत्र में अपनी उच्चतम योग्यता के कारण समाज में अग्रणी माने जाते हैं। इस कारण अलग-अलग क्षेत्रों—राजनैतिक, व्यापारिक, कलात्मक, शैक्षणिक, वैज्ञानिक तथा धार्मिक आदि सभी क्षेत्रों में संभ्रांत व्यक्ति होते हैं। संभ्रांत वर्ग के सदस्य अपने-अपने क्षेत्रों में समाज के मूल्यों तथा अभिवृत्तियों के निर्धारण में विशेष भूमिका निभाते हैं। ये व्यक्ति मूल्यों के सर्वाधिक निर्माता, संरक्षक तथा नियंत्रक होते हैं।

'ऐलीट' शब्द का प्रयोग सत्रहवीं शताब्दी में किसी विशेष वस्तु की श्रेष्ठता को प्रकट करने के लिये किया जाता था। बाद में इस शब्द का प्रयोग समाज के श्रेष्ठ व्यक्तियों के लिये किया जाने लगा।

elopement = marriage by elopement

emic and etic – स्वानिमी (देशज) और परनिमी (सार्वभौमिक)

"ऍमिक" और ऍटिक" शब्दों का प्रयोग सन् 1954 में भाषाशास्त्री **कैनथ पाइक** ने दो भाषाई शब्दों "फोनेमिक" और "फोनेटिक" की उपमा के आधार पर सांस्कृतिक प्रतीकों को समझाने की दृष्टि से किया था। जब सांस्कृतिक प्रतीकों को देशज या अंतरंगी (नेटिव) दृष्टिकोण से देखा-परखा जाता है या जब किसी संस्कृति विशेष की विचार व्यवस्था को देशज अर्थों में

परिभाषित किया जाता है, तब इसके लिये "स्वानिमी" या "ऍमिक" शब्द या पद का प्रयोग किया जाता है और जब किसी घटना या सांस्कृतिक प्रतीकों की व्याख्या पर-संस्कृति वाले व्यक्ति के दृष्टिकोण से की जाती है, तब इसके लिये "परनिमी" या "एटिक" शब्दावली का प्रयोग किया जाता है। "ऍटिक" दृष्टिकोण में अध्ययन की कोटियों को सार्वभौमिक माना जाता है जो बाहरी अध्ययन कर्त्ता के वस्तुपरक बोध पर आधारित होती हैं।

अध्ययन के " ऍमिक" और "ऍटिक" दोनों दृष्टिकोण एक दूसरे से विपरीत हैं। "ऍमिक" देशज कोटियों को इंगित करता है, जब कि "ऍटिक" सार्वभौमिक कोटियों का प्रयोग करता है।

emotions – संवेग

मानवीय मस्तिष्क और शरीर की उन प्रक्रियाओं को संवेग कहते हैं जो विचारों और अन्तर्क्रियाओं पर बाध्यकारी प्रभाव डालती हैं। क्रोध, भय, शोक, वात्सल्य, प्रेम, आश्चर्य आदि संवेग के ही उदाहरण हैं। संवेग की अवस्था में व्यक्ति अत्यधिक उत्तेजित हो जाता है जिसके कारण व्यक्ति की चेतन अनुभूति, व्यवहार और अन्तरावयवों में एक प्रकार की हलचल पैदा हो जाती है।

संवेग लगभग हमेशा हमारे सामाजिक और प्रतिदिन की अन्तर्पारस्परिक यथार्थताओं में सन्निहित होते हैं। ये हमारी सांस्कृतिक समझ और सामाजिक संस्थाओं को रूपाकार देने के साथ-साथ उनसे निर्मित भी होते हैं। "प्रकृति" से संबंध होने के कारण संवेग का विषय एक लम्बी अवधि तक मानवशास्त्रियों के शोध का भी केन्द्र रहा है। बहुधा प्रकृति के पूर्वसांस्कृतिक क्षेत्र से जुड़े होने के कारण संवेगों को संस्कृति के विरोधी के रूप में देखा गया है और यही दृष्टिकोण मानवशास्त्रीय गवेषणाओं का आधार बनी है। प्रकृति बनाम संस्कृति और संवेग बनाम विवेक (रीजॅन) विषयों को लेकर कई क्षेत्रों में वैज्ञानिक शोध की गई हैं और की जा रही हैं।

संवेग संबन्धी सांस्कृतिक सिद्धान्त इस बात को नकारता है कि मूलभूत संवेग अटल और अपरिवर्तनीय के साथ-साथ मानव अनुभव के आधारभूत तत्व होते हैं। इसके विपरीत, सांस्कृतिक सिद्धान्त के अनुसार यह माना जाता है कि संवेग, कुछ सीमा तक, हमेशा संस्कृति द्वारा निर्मित होते हैं। मानवशास्त्रियों ने एक लम्बे समय से विभिन्न संस्कृतियों में संवेगात्मक जीवन की विविधताओं को उजागर किया है। इसी आधार पर **ग्रेगर बेटसन** (1936) तथा अन्य मानव वैज्ञानिकों ने " ईथॉज" (लोक-चरित्र) की अवधारणा को विकसित कर बताया कि किस प्रकार सम्पूर्ण समाज में संवेगों का भिन्न रूपाकार होता है। इसी प्रकार, **रूथ बेनेडिक्ट** (1934) ने अपनी पुस्तक "संस्कृति के प्रतिमान" में संस्कृति के "कन्फिग्युरेशॅन" अर्थात् संरूप या आकृति की बात कही है। ये दोनों ही अवधारणाएं इस तथ्य को उजागर करती हैं कि संस्कृतियां मानव प्रकृति सम्बन्धी कच्ची सामग्री को चुनिन्दा रूप में रूपान्तरित कर देती है। सन् 1940 और 1950 के दशकों में 'संस्कृति और व्यक्तित्व' के सिद्धान्तकारों ने संवेगों को ऐसी सार्वभौमिक मनोजैवकीय प्रक्रियाएं माना है जो सामूहिक संस्कृति के व्यक्त स्वरूपों पर आधारित होते हैं।

empirical research – आनुभविक शोध/अनुसंधान
अनुभव, प्रेक्षण (अवलोकन) अथवा प्रयोग पर आधारित गवेषणा को आनुभविक शोध अथवा अनुसंधान कहते हैं। इस प्रकार की गवेषणा से प्राप्त तथ्यों का परीक्षण ज्ञानेंद्रियों द्वारा किया जा सकता है। "आनुभविक" का सामान्य अर्थ ऐसे प्रमाणों से है जो विश्वसनीय है तथा कोरी कल्पना और नैतिक बोध की भावना से अप्रभावित है।

empiricism – अनुभववाद
एक सिद्धान्त जिसके अनुसार यह जाना जाता है कि ज्ञान विवेकसम्मत तार्किकता की अपेक्षा अनुभव द्वारा प्राप्त किया जा सकता है और ऐसे ज्ञान का माध्यम इन्द्रियां होती हैं। ऐसा ज्ञान अन्तःप्रज्ञा पर आधारित ज्ञान से भिन्न होता है। यह तार्किक ज्ञान से भी भिन्न होता है क्यों कि तार्किक ज्ञान किसी सामान्य दार्शनिक सिद्धान्त से निष्कर्षित निगमनात्मक विधि पर आधारित होता है।

सामाजिक विज्ञानों में, अनुभववाद का अर्थ ऐसे सिद्धान्तों और प्रतिरूपों (मॉडल्स) से है जो घटना के स्तर पर ही व्यवहार, सामाजिक संगठन आदि में पाई जाने वाली नियमितताओं की व्याख्या करते हैं। इसी आधार पर, ब्रिटिश मानवशास्त्र को बहुधा अपने अनुस्थापन की दृष्टि से अनुभववादी कहा जाता है।

enates – मातृवंशज
मातृवंशज ऐसे मातृवंशीय स्वजन होते हैं जो एक व्यक्ति की माँ की ओर से उससे जुड़े होते हैं।

enculturation – सहसंस्कृतिकरण/सहसंस्कृतिग्रहण
सहसंस्कृतिकरण या सहसंस्कृतिग्रहण से तात्पर्य एक ऐसी प्रक्रिया से है जिसके द्वारा एक व्यक्ति अपनी संस्कृति के तत्वों को अपनाता है, या वह अपने समूह की संस्कृति के अनुसार अपने आपको ढालता है। यह एक ऐसी प्रक्रिया है जिसके द्वारा एक व्यक्ति मानसिक प्रतिनिधानों (विश्वास, ज्ञान आदि) तथा व्यवहार के प्रतिमानों को सीखता है जो उसे एक संस्कृति के सदस्य के रूप में अपना कार्य करने योग्य बनाती है।

मूलतः यह एक मानसिक प्रक्रिया है। इसके माध्यम द्वारा आत्मीकृत तत्वों की अभिव्यक्ति आन्तरिक भी हो सकती है और बाह्य भी। समाजशास्त्र समाज के संदर्भ में जिस प्रक्रिया को 'समाजीकरण' कहता है, मानवशास्त्र संस्कृति के संदर्भ में उसे ही 'सहसंस्कृतिकरण' कहता है । दोनों ही एक ही प्रकार की मानसिक-शैक्षणिक सीख की प्रक्रियाएं हैं। समाजीकरण में सीखने की औपचारिक विधि अर्थात् पाठशालाई शिक्षण-प्रशिक्षण भी शामिल होता है, जब कि सहसंस्कृतिकरण की प्रक्रिया सामान्यतः बाल्यावस्था के अनौपचारिक सीख तक सीमित है। वास्तव में, अमेरिका के मानवशास्त्रियों ने भूमिकाओं को सीखने और व्यक्तित्व के विकास की प्रक्रिया के लिये समाजीकरण शब्द के विकल्प में सहसंस्कृतिकरण (एन्कल्चरेशन) शब्द का प्रयोग किया है। सीखने की इन प्रक्रियाओं द्वारा एक व्यक्ति सामाजिक और सांस्कृतिक दोनों ही प्रकार का प्राणी बनता है।

कुछ मानवशास्त्रियों का मत है कि नवजात शिशु की कोई संस्कृति नहीं होती। इस स्थिति को ही प्रसिद्ध प्रारंभिक मानवशास्त्री **मेलिनोस्की** ने 'संस्कृति के शून्य का बिन्दु कहा है।' मानव बालक को समाज में रहने के लिये अपने समाज/समुदाय और परिवार के तौर-तरीके सीखने पड़ते हैं। अपने समुदाय और परिवार की संस्कृति सीखने की इस प्रक्रिया को ही मानवशास्त्रियों ने सहसंस्कृतिकरण का नाम दिया है। संस्कृति के स्तर पर व्यापक समाजीकरण की प्रक्रिया की ही यह एक पूरक प्रक्रिया है। वास्तव में, इस अवधारणा का प्रयोग मानवशास्त्रियों द्वारा किसी संस्कृति के मूल निवासियों के संदर्भ में किया गया है कि वे किस प्रकार अपनी संस्कृति के अनुसार अपने आप को ढालते हैं तथा प्रस्थिति एवं भूमिकाओं से संबंधित कार्यों को करना सीखते हैं। दूसरे शब्दों में, यह संस्कृति के सहवरण की प्रक्रिया है।

मार्ग्रेट मीड ने सहसंस्कृतिकरण और समाजीकरण में भेद प्रदर्शित करते हुए लिखा है कि जहां समाजीकरण सीखने की एक सार्वभौमिक प्रक्रिया है, वहां सहसंस्कृतिकरण नवागन्तुक व्यक्ति द्वारा किसी विशिष्ट संस्कृति के समूह में प्रवेश पाने तथा उसके साथ सामंजस्य बनाने हेतु सीखने की वास्तविक प्रक्रिया है।

endogamy – अन्तः विवाह

विवाह का एक ऐसा नियम जिसके अनुसार एक व्यक्ति को अपने नातेदारी समूह, सामाजिक समूह या अन्य कोई परिभाषित कोटि (वर्ग, धर्म, इलाका, जाति, प्रजाति या जनजाति) में ही विवाह करने के लिये बाध्य किया जाता है, अन्तः विवाह/अन्तर्विवाह कहते हैं। भारत में जातियां अन्तर्विवाही समूह हैं और दो जातियों के बीच अर्थात् अन्तर्जातीय विवाह कठोर रूप में वर्जित है। सभी मानव समाजों में ऐसे सामाजिक नियम प्रचलित हैं जो यह बताते हैं कि एक व्यक्ति किस समूह से वैवाहिक जीवन-साथी का चुनाव कर सकता है और किससे नहीं।

enzyme – एन्जाइम

प्रोटीनों के सर्वाधिक विशिष्ट समूह को एन्जाइम कहते हैं जो शरीर की रासायनिक क्रियाओं को प्रेरित और संचालित करते हैं। जीवित पदार्थों में एंजाइम की अभिक्रिया का अत्यधिक महत्व है क्योंकि कोई भी अभिक्रिया एंजाइम की अनुपस्थिति में नहीं होती है। जीवाणुओं और कीटाणुओं के प्रकोप तथा अन्य विधि से जीवित पदार्थों में कुछ ऐसे योगिक का निर्माण होता है जो एंजाइम की क्रिया में बाधा डालते हैं।

एंजाइम का प्रयोग उद्योग और औषधि विज्ञान दोनों में किया जाता है। पाचन-शक्ति को बढ़ाने के लिये इनका प्रयोग (डायस्टेस और पेप्सिन) किया जाता है।

Eolithic age – उप-पाषाण काल

उप-पाषाण काल एक ऐसा अनुमानिक युग है जिसमें संभवतः पाषाण के उपकरण बनाना प्रारंम्भ हुआ था। मानव के आदि पूर्वजों ने संभवतः किसी शक्ल-सूरत के पत्थरों, छड़ियों और कदाचित बड़ी-बड़ी हड्डियों को जहां-तहां से उठाकर उन्हें इस्तेमाल करना शुरू किया

होगा। इस युग के उपकरणों की पहचान करना वस्तुतः असंभव है। उप-पाषाण कालीन उपकरण विश्व के अनेक भागों से प्राप्त हुए हैं।

epidemic – महामारी

महामारी से तात्पर्य किसी रोग की दर से है जो अप्रत्याशित रूप में एकदम काफी ऊंची चली जाती है और अपेक्षाकृत बहुत कम समय में काफी लोगों को प्रभावित करती है। महामारी एक सापेक्षिक अवधारणा है। किसी बीमारी के कुछ निरपेक्ष प्रकरणों की संख्या को भी महामारी कहा जा सकता है, यदि उस बीमारी के प्रकरण सामान्यतः बहुत कम हुआ करते हैं। इसके विपरीत, एक बीमारी (जैसे मलेरिया) को स्थानिक मारी माना जाता है यदि वह किसी जन समुदाय में सतत् विद्यमान रहती है, किन्तु उसका संख्या-स्तर बहुत कम या संयत रहता है। इसके विपरीत, कुछ विश्वव्यापी महामारियों को विस्तृत क्षेत्रीय माना जाता है, जैसे सन् 1918 में फैली इनफ्लुएनजा या आजकल फैली एड्स की बिमारी महामारी की श्रेणी में आती हैं।

मानवशास्त्र की दृष्टि से महामारी बीमारी इसलिये महत्वपूर्ण है क्योंकि मानवीय व्यवहार महामारी के कारणों और परिणामों दोनों को प्रभावित करता है। जिन मानवशास्त्रियों ने महामारियों के कारणों की खोज करने में रुचि प्रदर्शित की है, सामान्यतः उन्होंने अपने अध्ययन में पारिस्थितिकीय परिप्रेक्ष्य का प्रयोग किया है। महामारी के परिणामों सम्बन्धी खोज में सामान्यतः सामाजिक प्रक्रियाओं, जैसे कलंक पर जनांनकिकी संघात या प्रभावों का अध्ययन किया जाता है। कोई भी बीमारी कैसे पैदा होती है, इसमें स्वयं व्यक्ति, पर्यावरण तथा रोगकारकों के बीच होने वाली गत्यात्मक अन्तर्क्रियाओं की महत्वपूर्ण भूमिका होती है। अतः किसी भी बीमारी के वितरण और उसकी प्रचण्डता को जानने के लिये मानवीय व्यवहार, संस्कृति और पारिस्थितिकी का अध्ययन आवश्यक होता है। कई मानवशास्त्रियों, जैसे **नील** (1958) ने महामारी बीमारी के परिणामों का अध्ययन किया है। महामारी के दौरान अत्यधिक ऊंची मृत्यु दर का कारण सामाजिक विफलता, जैसे सहायताहीनता का भाव, अपर्याप्त चिकित्सकीय व्यवस्था या अतिन्यून भोजन आदि हो सकती है। जनजातीय समाज में महामारी के प्रकोप के आनुवंशिक कारणों के अलावा कुछ अन्य कारण महत्वपूर्ण हो सकते हैं। महामारी के प्रति सामाजिक प्रतिक्रिया, जैसे बीमार व्यक्ति को अलग रखना, मृतक का अतिशीघ्र दाहसंस्कार आदि महामारी के फैलने या दूर करने में सहायक सिद्ध हो सकता है।

Epipalaeolithic culture – अनुपुरापाषाणकालीन संस्कृति

वे संस्कृतियां जो प्रौद्योगिकीय दृष्टि से पूरा-स्तर परम्परा की रही हैं, किन्तु जो पूर्व उत्तर हिमावर्ती काल में विद्यमान थीं, अनुपुरापाषाणकालीन संस्कृति के नाम से जानी जाती हैं।

epistemology – ज्ञानमीमांसा

ज्ञानमीमांसा ज्ञान का सिद्धान्त है। यह दर्शनशास्त्र की एक शाखा है जिसमें ज्ञान के उद्‌भव, आकार-प्रकार, विधि आदि का अध्ययन-अनुसंधान किया जाता है। ज्ञान की क्या प्रकृति है, ज्ञान कैसे उत्पन्न होता है, उसके क्या आधार है, व्यक्ति को ज्ञान कैसे मिलता है, इन सभी

प्रश्नों की खोज व्यापक रूप में ज्ञानमीमांसा के विषय हैं। ज्ञानमीमांसा की सीमा वैज्ञानिक विधियों से प्राप्त ज्ञान तक ही सीमित नहीं है, अपितु इसका प्रयोग सभी प्रकार के ज्ञान और ज्ञान प्राप्ति की विधियों (जैसे, अन्तः-प्रज्ञा या अन्तर्बोध) के लिये किया जाता है।

essentialism – तत्ववाद

एक दार्शनिक धारणा या सिद्धान्त, जिसके साथ प्रख्यात पश्चिमी दार्शनिक **प्लेटो** का नाम जुड़ा हुआ है, के अनुसार यह माना जाता है कि विचार और स्वरूप स्थिर हैं। ये अटल विचार और स्वरूप बिना किसी परिवर्तन के अपनी पूर्णता में अनन्तकाल से उपस्थित हैं। इस नश्वर विश्व में वास्तविक वस्तुओं, जैसे कुर्सियों, टेबलों, भैंसों आदि को उनके आदर्श स्वरूप, जो उनके वर्ग को परिभाषित करता है, की मात्र एक अपूर्ण भौतिक अनुभूति के रूप में देखा जाता है। **मायर** ने स्पष्ट किया है कि "प्रत्येक जीव-जाति (स्पीशी) अपने अपरिवर्तनीय सत्व को प्रकट करती है और अन्य सभी जीव-जातियों से एक तीव्र असततता द्वारा पृथक की जाती है। तत्ववाद यह मानता है कि निर्जीव के साथ-साथ जैविक प्रकृति एक सीमित मात्रा में अपरिवर्तनीय व्यापकता/सर्वत्रतता का प्रतिबिम्ब है - - - - - सभी वस्तुएं उस स्पीशी से जुड़ी होती हैं जो समान सत्व में साझीदार होती है।" प्लेटो और मायर के इन तत्ववादी विचारों का अनुसरण प्रसिद्ध प्रारंभिक भौतिक मानवशास्त्री एवं जीवशास्त्री **लिन्नइयस** (1707-1778) ने जीवों की उत्पत्ति के अपने सिद्धान्त में किया है।

ethical dualism – नैतिक द्वैत

किसी समाज में जब एक आचार-संहिता उस समाज के सदस्यों के पारस्परिक सम्बन्धों को और दूसरी आचार-संहिता बाहरी लोगों के सम्बन्धों को नियंत्रित करती है, तब इस स्थिति/व्यवस्था को नैतिक द्वैत कहते हैं।

ethnicity / ethnic groups – नृजातिकता या नृजातिक समूह

नृजातिकता या नृजाति समूह शब्दों का प्रयोग मानवशास्त्र में सामान्यतः ऐसे व्यक्तियों के लिये किया जाता है जो किसी एक समाज/समुदाय से सम्बन्धित होते हैं तथा जिनकी एक समान संस्कृति, विशेषतः एक समान भाषा होती है जो पीढ़ी दर पीढ़ी बिना किसी परिवर्तन के हस्तान्तरित होती रहती है। ऐसे समूह साझा सांस्कृतिक परम्पराओं तथा एकता की भावना से प्रेरित होते हैं जो बड़े समाज के उपसमूह की तरह होता है। इन समूह की कुछ विशिष्ट सांस्कृतिक विशेषताएं होती हैं जो इन्हें समाज के अन्य समूहों से अलग करती हैं। ऐसे समूह की अपनी भाषा के साथ-साथ अपना धर्म और कुछ विशिष्ट रीति-रिवाज भी हो सकते हैं। इनकी सबसे विशेषता इनमें परस्पर अपनत्व एकजुटता की भावना का होना है।

इन शब्दों (टर्म्स) का प्रयोग द्वितीय महायुद्ध के तत्काल बाद "जनजाति" (ट्राइब) और "नस्ल" (रेस) जैसे पुराने शब्दों के स्थान पर किया जाने लगा था। कभी-कभी आज भी "नस्ल" और "नृजातिकता" को एक ही समझ लिया जाता है, किन्तु ये दो भिन्न अवधारणाएं हैं। "नृजातिकता" शब्द की रचना, वास्तव में, "नस्ल" शब्द के विरोध में हुई है। नस्ल (प्रजाति) की पहचान के लिये नस्लीय लक्षणों (प्राणीशास्त्रीय लक्षणों, जैसे रंग-रूप, कद,

हाथ-पैर, सीने, सिर आदि की माप आदि) का प्रयोग किया जाता है, जब कि नृजातिकता की पहचान के लिये नस्लीय लक्षणों के साथ-साथ सांस्कृतिक विशेषताओं, जैसे धर्म, भाषा, राजनीति का रूप आदि को भी ध्यान में रखा जाता है। नृजातिक समूहों और सामाजिक वर्गों में भी अन्तर है।

वास्तव में, जब से "नृजातिक समूह" की अवधारणा के प्रयोग की शुरुआत हुई तभी से ऐसे समूहों के साथ सामाजिक संरचना और संस्कृति सम्बन्धी जो सीमाएं खींची गई, उनकी आलोचना हुई हैं। इस संबंध में **ई. आर.लीच** की पुस्तक "उच्च प्रदेश बर्मा की राजनीतिक व्यवस्थाएं" (1954) ने सर्वप्रथम नृजातिकता की धारणा को चुनौती दी। बाद में, **फ्रैडरिक बार्थ** की पुस्तक "नृजातिक समूह एवं सीमाएं" में (1969) मानवशास्त्र में पुनः नृजातिकता को परिभाषित किया गया। उन्होंने सर्व प्रथम नृजातिकता से जुड़े इस पूर्ववर्ती विचारों का खंडन किया कि नृजातिकता को सांस्कृतिक लक्षणों की कुछ इकाइयों, जो कि उसके सदस्य प्रयोग करते हैं, द्वारा परिभाषित किया जा सकता है। उन्होंने इसके स्थान पर एक नृजातिक समूह की सीमाओं की रचना का आधार "आत्म-प्रदत्त" सांस्कृतिक लक्षणों को बताया जिसके द्वारा व्यक्ति अपनी अलग पहचान गढ़ते हैं। इन सांस्कृतिक लक्षणों में उन्होंने वेशभूषा, भाषा, मकान का स्वरूप, सामान्य जीवन-शैली को सम्मिलित किया है। ये लक्षण उनकी विशिष्टता के बाहरी प्रतीक होते हैं। वास्तव में, नृजातिक समूह की अवधारणा में सामाजिक एवं सांस्कृतिक दोनों मापदंडों को सम्मिलित किया जाता है जिनके आधार पर नृजातिक समूहों की पहचान की जाती है।

ethnobotany – लोकवनस्पतिशास्त्र (नृजाति वनस्पतिशास्त्र)
पेड़-पौधों के ज्ञान की देशी प्रणाली के अध्ययन को लोक-वनस्पतिशास्त्र कहते हैं। यह बहु-अनुशासनीय क्षेत्र है जिसमें वनस्पतिशास्त्रियों और मानवशास्त्रियों ने मुख्य भूमिका अदा की है। ऐतिहासिक दृष्टि से, वनस्पतिशास्त्रियों के अध्ययन का दृष्टिकोण उपयोगितावादी रहा है; उन्होंने अपने तथ्यों का व्यवस्थापन वैज्ञानिक वर्गीकरण के सिद्धान्तों के अनुसार किया है। इसके विपरीत, मानवशास्त्रियों ने आदिवासियों के दृष्टिकोण तथा जगत् के व्यवस्थापन के लिये उन्हीं के नियमों और वर्गीकरण का प्रयोग किया है। मानवशास्त्रीय शोध में पेड़-पौधों के वर्गीकरण पर विशेष ध्यान दिया गया है, अर्थात् व्यक्ति किस प्रकार पेड़-पौधों का भोजन, दवा अथवा वस्तुओं को बनाने के लिये प्रयोग करते हैं। यही नहीं, उन्होंने पेड़-पौधों की प्रतीकात्मक महत्ता, विशेषतः धार्मिक विश्वासों में महत्ता को भी जानने का प्रयास किया है। मानवशास्त्रियों ने पाया है कि पेड़-पौधों के वैज्ञानिक वर्गीकरण और लोक वर्गीकरण में अन्तर है।

किसी संस्कृति में पेड़-पौधों की प्रतीकात्मक महत्ता का पता लोगों के विश्वासों द्वारा चलता है कि व्यक्ति उनके बारे में क्या सोचते हैं, सम्प्रेषण के एक रूप में उनका प्रयोग कैसे किया जाता है और धार्मिक विश्वास और कर्मकाण्ड में उनकी क्या भूमिका है। बहुधा कुछ पेड़-पौधों के बारे में यह माना जाता है कि इनमें कुछ शक्तियां या आत्माएं होती हैं। ऐसे पेड़-पौधों का प्रयोग चिकित्सकीय उद्देश्यों के लिये किया जाता है। कई धर्मों में कुछ

पेड़-पौधों को पवित्र माना जाता है, जैसे हिन्दू धर्म में तुलसी, पीपल, बड़, कल्पवृक्ष आदि। पेड़-पौधे मानव संस्कृति में इस प्रकार गूंथे हुए हैं कि वे बहुधा विशिष्ट भावनाओं के सम्प्रेषण में मदद करते हैं, जैसे फूलों की माला, गजरा या हार आदि का प्रयोग। आजकल अनेक पेड़-पौधों पर उनकी चिकित्सकीय, विशेषतः उनकी संवेदनहीन बनाने की शक्ति की उपयोगिता का अध्ययन किया जा रहा है।

वर्गीकरण का विषय मानवशास्त्र की शुरुआत से ही एक मुख्य विषय रहा है और इसमें पेड़-पौधों और पशुओं का वर्गीकरण विशेष रूप में महत्वपूर्ण रहा है क्योंकि लगभग सभी संस्कृतियों में इनका विशाल भण्डार रहा है। प्रारंभिक सिद्धान्तकारों ने वर्गीकरण प्रणालियों को "आदिवासीय" विचारधारा को समझने के एक तरीके के रूप में प्रयोग किया है, जैसा कि हम **दुर्खाइम और मॉस** की पुस्तक "आदिवासीय वर्गीकरण" में देखते हैं, किन्तु बाद के लेखकों ने वर्गीकरण का प्रयोग मानवीय बोध कीं गवेषणा के एक साधन के रूप में किया है। इसी के आधार पर "**संज्ञानात्मक मानवशास्त्र**" का जन्म हुआ है।

ethnocentrism – स्वजातिवाद/नस्लवाद (नृजाति केन्द्रवाद)

स्वजातिवाद एक ऐसी संवेगात्मक मनोवृति है जिसके अनुसार व्यक्ति अपने समूह, जाति, प्रजाति, समाज अथवा संस्कृति को अन्य प्रजातिक अथवा सांस्कृतिक समूहों की अपेक्षा श्रेष्ठ समझा है तथा दूसरों के प्रति घ्रणा, संदेह, अरुचि, उपेक्षा जैसे मनोभावों को प्रदर्शित करता है। स्वजातिवाद से ग्रस्त व्यक्ति में अपने मूल्यों के अनुसार संदर्भित घटनाओं एवं वस्तुओं के मूल्यांकन की प्रवृति होती है। ऐसा व्यक्ति अपनी संस्कृति के चश्मे से दूसरे लोगों की संस्कृति को देखता है। इस प्रवृति के कारण वह दूसरों की संस्कृति के अच्छे तत्वों और गुणों की प्रशंसा करने में असफल ही नहीं रहता अपितु उनकी खामियों को गिनाता भी है। इस अवधारणा का सर्वप्रथम प्रयोग प्रसिद्ध समाज वैज्ञानिक **डब्ल्यू.जी. समनर** (1906) ने अन्तः समूह और बाह्य समूह की विशेषताओं के संदर्भ में, विशेषतः पक्षपातपूर्ण मनोवृतियों को उजागर करने के लिये किया था।

सभी संस्कृतियां तथा व्यक्ति कुछ सीमा तक स्वजातिवादी प्रवृति से ग्रस्त हैं। मानवशास्त्रियों ने "द्वितीयक स्वजातिवाद" की भी चर्चा की है। द्वितीयक स्वजातिवाद में एक प्रेक्षक दूसरे स्थानों के व्यवहारों और विश्वासों को देखने के लिये ग्रहण की गई संस्कृति के पक्षपातों का एक चश्में के रूप में बिना सोचे-समझे प्रयोग करता है। इस प्रकार के लक्षण हम धर्म बदले हुए लोगों और दूसरी संस्कृति के विद्वानों में बहुधा देखते हैं।

ethnocide – नृसंहार

नृसंहार से तात्पर्य विनष्टि के ऐसे सचेतन प्रयासों से है जिसमें व्यक्तियों की संस्कृति अथवा उनकी जीवन-शैली को पूर्णतः समाप्त करने का प्रयास किया जाता है। अपने चरम रूप में, यह जाति संहार, एक जाति विशेष के सभी व्यक्तियों का भौतिक रूप में उन्मूलन का रूप धारण कर लेता है। नृसंहार राजनीतिक सत्ता के प्रयोग पर निर्भर करता है जिसके द्वारा अपेक्षाकृत शक्तिहीन व्यक्तियों को अपनी संस्कृति छोड़ने के लिये बाध्य किया जाता है।

अतः यह औपनिवेशी शासन की अथवा अन्य ऐसी स्थितियों की विशेषता है जहां दबाव और भय का प्रयोग किया जा सकता है। सन् 1492 के बाद जब से यूरोपीय लोगों ने दोनों अमेरिकाओं में घुसपैठ शुरू की, तब से वहां बड़े योजनाबद्ध तरीकों से बड़े पैमाने पर वहां के मूलनिवासों को खत्म करने का सिलसिला प्रारंभ हो गया। इसके लिये यूरोपवासियों ने कई तरीके अपनाये, जैसे उनके धर्म, भाषा, समुदाय और अन्ततः उनकी संस्कृति को समूल नष्ट करने का प्रयास किया। उन्नीसवीं शताब्दी में अमेरिका के मूलनिवासियों जो कि "इन्डियन्स" के नाम से जाने जाते हैं, वहां के स्वतंत्र राज्यों ने उनकी जीवन-शैली (इन्डियननैस) को पूर्णतः तहस-नहस करने के लिये उन्हें अपनी संस्कृति को छोड़ने और मुख्यधारा (यूरोपीय संस्कृति) में घुलने-मिलने के लिये बाध्य किया गया। संसार के अन्य भागों में भी इसी प्रकार की नीतियों को अपनाया गया, किन्तु सन् 1970 के दशक से मूलनिवासियों के अधिकारों के विश्वव्यापी आंदोलनों ने इस प्रकार की नीति का कड़ा विरोध किया।

नृसंहार का प्रयोग कभी-कभी प्रजातीय या धार्मिक और भाषाई अल्पसंख्यकों के लिये भी किया जाता है जिनके साथ भेदभाव के व्यवहार का प्रयोग कर उन्हें अपनी भाषा और संस्कृति को त्यागने के लिये विवश किया जाता है। इस अवधारणा का प्रयोग कई अन्य अर्थों में भी किया गया है।

ethnodevelopment – नृजातिक-विकास

इस अवधारणा का प्रयोग मुख्यतः लेटिन अमेरिका के आलोचनात्मक मानवशास्त्र में हुआ है। नृजातिक-विकास से तात्पर्य नृजातिक समूहों द्वारा अपनी आवश्यकताओं और आकांक्षाओं के अनुरूप अपनी विकास की योजनाओं के बनाने और उन्हें क्रियान्वित करने की प्रक्रिया में भाग लेने से है। इस प्रकार की योजनाएं नृजातिक समूहों के लिये दूसरों के द्वारा नहीं, अपितु उनके स्वयं के द्वारा बनाई जाती हैं। इस प्रकार की योजनाओं का आधार उनकी स्वयं की संस्कृति होता है। अतः नृजातिक-विकास का रूप नृजाति-संहारात्मक विकास से विपरीत होता है। नृजाति-संहारात्मक विकास की योजनाएं समाज के प्रभु वर्ग या सभ्रांत लोगों द्वारा स्थानीय समुदायों पर लादी जाती है। इस प्रकार के विकास में नृजातिक पारिस्थितिकी के ज्ञान का समुचित प्रयोग किया जाता है।

ethnogenesis – नृकुल (नृजाति) उत्पत्ति

जब एक जनजाति दूसरी संस्कृति और भाषा के सम्पर्क में आती है, तब इस जनजाति के कुछ लोग अपनी जीवन-शैली और संस्कृति में परिवर्तन कर लेते हैं, परिणामतः इसमें टूटन उत्पन्न हो जाती है और बिखरने लगती है। कालान्तर में इसी प्रकार की अन्य जनजातियों के छिटके और अलग हुए लोग मिल कर एक अन्य समुदाय बना लेते हैं और इस प्रकार एक नया नृजातिक समूह का निर्माण हो जाता है। नृकुल नव-निर्माण की यह प्रक्रिया ही नृजाति उत्पत्ति कहलाती है।

ethnographic analogy – नृजातिलेखन साम्यानुमान

साम्यानुमान तर्क-वितर्क का एक रूप है जिसमें यदि दो वस्तुएं या घटनाएं कुछ लक्षणों के आधार पर एक दूसरे से मिलती-जुलती प्रतीत होती हैं तो उन्हें अन्य लक्षणों में भी एक दूसरे से मिलती-जुलती माना जाता है। नृजातिलेखन साम्यानुमान में, नृजातिवर्णन और किसी पुरातात्विक वस्तु अथवा घटना के बीच सादृश्यता को टटोल कर समानान्तर तत्व की खोज की जाती है। नृजातिलेखन साम्यानुमान की वैज्ञानिक पुरातत्वशास्त्र में बहुत कम भूमिका है, किन्तु पुनर्रचनात्मक दृष्टिकोण में इसकी मुख्य भूमिका होती है। इसी के आधार पर पुरातात्विक दस्तावेजों की रचना की जाती है। साम्यानुमानिक तर्कों का परीक्षण नहीं किया जा सकता, अतः आजकल इतिहासकार नृजातिलेखन साम्यानुमानों की असंतोषजनक प्रकृति को स्वीकार करने लगे हैं।

ethnographic poetics – नृजातिलेखिक काव्यात्मकता

भाषिक मानवशास्त्रियों ने अभी हाल 'नृजातिलेखिक काव्यात्मकता' के एक नये उपक्षेत्र की खोज की है जिसमें उन्होंने विभिन्न संस्कृतियों में काव्यमय भाषा और उसके निष्पादन के अध्ययन पर बल दिया है। **फ्रैडरिक** (1991) ने जोरदार शब्दों में यह दावा दिया है कि "भाषा, चाहे व्यक्तिगत या सार्वभौमिक स्तर पर ही क्यों न हो, उसकी प्रकृति जन्मजात रूप में अत्यंत व्यापक एवं शक्तिशाली रूप में काव्यमयी होती हैं।" भाषा (और संस्कृति) हमारी कल्पना को प्रभावित करती है, किन्तु व्यक्तिगत वक्ता की कल्पना, विशेषकर काव्यमय व्यक्ति की कल्पना अपेक्षाकृत स्वेच्छाचारी होती है। परिणामतः वह सांस्कृतिक और भाषिक सामग्री का पुनर्संयोजन और नवप्रवर्तन करने में सक्षम होती है। **विक्टर टर्नर** ने कहा है कि सौंन्दर्यात्मक (काव्यात्मक) अभिव्यक्ति की तुलना व्यक्तियों की आदतों की अपेक्षा संस्कार, नाटक, किस्से-कहानी, गाथागीत, महाकाव्य और 'आपेरा' द्वारा की जाती है।

ethnographic present – नृजातिलेखिक वर्तमान

मानवशास्त्र में किसी संस्कृति के बारे में वर्तमान में लिखने की परिपाटी चाहे वह संस्कृति कितनी ही पुरातन क्यों न रही हो, को 'नृजातिलेखिक वर्तमान' कहा जाता है। यह परिपाटी अमरीकी मानवशास्त्र में अधिक प्रचलित रही है। यहां के लेखकों ने अमेरिका के मूलनिवासियों के ऐसे समूहों, जिनका ऐतिहासिक दृष्टि से अब कोई नामोनिशान नहीं है, के वर्णन-विश्लेषण के लिये साक्षात्कारों और दस्तावेजों का प्रयोग किया है।

ethnography – नृजातिलेखन / नृजाति वर्णन

शाब्दिक रूप में, "एथ्नॉग्रफि" का तात्पर्य "लोगों के बारे में लिखना" है। इस शब्द का प्रयोग मानवशास्त्रीय क्षेत्र-कार्य के लिये भी किया गया है। आजकल किसी समाज की संस्कृति का ब्योरेवार व्यवस्थित वर्णन करने की विधा को नृजातिलेखन कहा जाता है। अनेक प्रारंभिक मानवशास्त्रियों की पारम्परिक समाजों में रुचि ने उनके जीवन-शैली के अध्ययन और आलेखन की शुरुआत की। ये आलेखन बाद में विभिन्न समूहों की तुलना

करने में बड़े लाभप्रद सिद्ध हुए। इन अध्ययनों में किसी आदिवासी समूह के धर्म, संस्कार, कर्मकांड, मिथक, प्रयोग किये जाने वाले प्रतीक, जीवन-निर्वाह की विधियां, प्रौद्योगिकी, लिंग आधारित भूमिकाएं, बालकों के पालन-पोषण के तरीके, भोजन सम्बन्धी आदतें, निषेध, चिकित्सकीय विधियां, जादू-टोना, नातेदारी आदि विषयों का सविस्तार वर्णन किया जाता था। बाद में विभिन्न आदिवासी समूहों के इन नृजातिक लेखेजोखों के आधार पर विभिन्न संस्कृतियों की तुलनाएं की गई। इन तुलनात्मक अध्ययनों को ही नृजातिशास्त्र कहा गया है।

नृजातिलेखन और नृजातिशास्त्र दो भिन्न अवधारणाएं हैं, किन्तु मानवशास्त्रीय लेखन में बहुधा इन्हें एक ही मान लिया जाता है, क्योंकि ऐतिहासिक दृष्टि से इनमें निकट का तथा एक जटिल सम्बन्ध है। जहां एकाधिक समुदायों का मात्र वर्णन होता है, वहां प्रजातिशास्त्र (नृजातिशास्त्र) में नृजातिलेखनों द्वारा उपलब्ध कराई गई सामग्री के आधार पर संस्कृतियों की तुलना कर सिद्धान्तों की रचना करने का प्रयास किया जाता है।

ऐसा माना जाता है कि "एथ्नॉलॅजि" और "एथ्नॉग्रफि" शब्दों का प्रयोग अठारवीं शताब्दी के बाद के वर्षों में हुआ है। ऐसा कहा जाता है कि इन शब्दों का प्रयोग संभवतः सर्वप्रथम जर्मनी के इतिहासकार **अगस्त लुडव्रिग स्क्लोजर** (1771) ने अपनी सुविधानुसार एक दूसरे के स्थान पर किया। बाद में, यूरोपीय विद्वानों ने जल्दी ही इन अवधारणाओं को अपने विचारों की अभिव्यक्ति के लिये अपना लिया, किन्तु मानव विज्ञानों के लम्बे दो सौ वर्षों के इतिहास में इन अवधारणाओं के अर्थों में कई बार परिवर्तन आया है। सन् 1813 में **जैम्स प्रिचार्ड** ने "नृजातिशास्त्र" (एथ्नॉलॅजि) को परिभाषित करते हुए कहा है कि "नृजातिशास्त्र का उद्देश्य मानव की जनजातियों और नस्लों के इतिहास को अति दूरस्थ काल से जानना, उनके आपसी सम्बन्धों को मालुम करना और उनकी उत्पत्ति के सम्बन्ध में निश्चित अथवा संभावित निष्कर्षों तक पहुंचना है।"

ethnography, auto — आत्म-नृजातिलेखन

अपने ही समाज के किसी सदस्य द्वारा उसकी सामाजिक-सांस्कृतिक व्यवस्था के मानवशास्त्रीय अध्ययन की प्रक्रिया को आत्म-नृजातिलेखन कहा जाता है। अमेरिका में आजकल इस प्रकार के अध्ययन काफी होने लगे हैं और इसमें पेशेवर और व्यक्तिगत दोनों आधार पर आलोचनात्मक मूल्यांकन किया जाता है। इस प्रकार की शोध-प्रक्रिया की कुछ समस्याएं हैं। एक नागरिक या एक राजनीतिक कर्त्ता के रूप में उसकी संलग्नता और एक मानवशास्त्री के रूप में उसकी व्यावसायिक संलग्नता के बीच क्या संबंध हो, यह एक विचारणीय प्रश्न है। अमेरिका के समाज और संस्कृति से जुड़े होने के कारण शोधकर्त्ता को अपनी पूर्ववर्ती धारणाओं और पूर्वाग्रहों पर पुनर्विचार करना आवश्यक होता है। वास्तव में यह सभी जानते हैं कि अमेरिका में विविध प्रकार की कई सामाजिक-सांस्कृतिक व्यवस्थाएं और उपव्यवस्थाएं हैं जिनके भीतर घुसकर जानकारी लेना और उनका विश्लेषण करना एक मानवशास्त्री के लिये उतना ही कठिन है जितना कि किसी जनजातीय समाज का अध्ययन करना है। इस प्रकार के आत्म-नृजातिलेखनों के लिये यह आवश्यक माना गया है कि

अध्ययन के निष्कर्षों में प्रत्यक्ष-अप्रत्यक्ष रूप में निहित राजनीतिक-वैचारिक आधारों की आलोचनात्मक समीक्षा की जाये।

ethnography, new — नव नृजातिलेखन

नव नृजातिलेखन संस्कृति के वर्णन-विश्लेषण का एक विशिष्ट उपागम है जो ज्ञान के समूह और संस्कृतिबद्ध नियमों पर जोर देता है तथा वाग्य (बोली) समुदाय हेतु उपयुक्त व्यवहार को प्रभावित करता है। इस अवधारणा (नव नृजातिलेखन) का प्रयोग सन् 1960 के दशक के प्रारंभिक वर्षों में तब किया गया जब संज्ञानात्मक मानवशास्त्र के एक समूह **कोन्कलिन** (1964), **फ्रेंक** (1964), **स्टुटवेन्ट** (1964) और **गुडएनफ** (1967) ने इस बात पर बल दिया कि "ज्ञान के ऐसे समूह की अन्तर्वस्तु के वर्णन करने का तात्पर्य समुदाय की संस्कृति का वर्णन करना है।" संस्कृतियों के वर्णन-विश्लेषण में भाषिक पैनापन लाने के नव नृजातिलेखन प्रयासों पर **कैनथ पाइक** (1954) जैसे संरचनावादी भाषाशास्त्रियों का प्रभाव पड़ा है। नव नृजातिलेखकों से यह आशा की जाती है कि वे अपनी मेज़बान संस्कृति का इतनी पूर्ण निष्ठा से वर्णन करें कि मूल निवासी यह मानने लगें कि इसमें उनकी स्वयं की संस्कृति के अंतरंग तत्व मौजूद हैं। अध्ययन का यह दृष्टिकोण नृजातिलेखक के यूरोपीय-अमरीकी प्रजातिकेन्द्रितता की धारणा को तोड़ेगा और यह "अन्य" संस्कृतियों को देशज लोगों की दृष्टि से देखने का यत्न करेगा।

संस्कृति को ज्ञान व्यवस्थाओं के रूप में संज्ञानात्मक दृष्टि से परिभाषित करते हुए नव नृजातिलेखकगणों ने नये प्रकार की अध्ययन की विधियों को विकसित किया है जो "नृजातिविज्ञान" (एथनॉसाइन्स) के नाम से जानी जाती है। नृजातिविज्ञान ने नृजातिवनस्पतिशास्त्र और नृजातिकीटविज्ञान जैसे विषयों की भांति संस्कृति में ऐसे विशिष्ट विषयों के प्रलेखन पर जोर दिया है। इस प्रकार के प्रलेखन का प्रमुख उद्देश्य उन विधियों और विषयों का अपने लेखन में स्पष्ट रूप में वर्णन करना है ताकि नृजातिलेखन संबंधी वर्णन को अन्य शोधकर्त्ताओं द्वारा दोहराया जा सके।

ethnology — नृजातिशास्त्र

"एथ्नॉलॅजि" शब्द की रचना ग्रीक भाषा के शब्दों 'एथ्नॉज' और 'लॉजि' के मेल से हुई है। 'एथ्नॉज़' का अर्थ है "नृकुल" और 'लॉजि' का अर्थ 'अध्ययन' या विज्ञान से है। अतः "नृकुल का अध्ययन" ही नृजातिशास्त्र या नृजातिविज्ञान है। भिन्न मानव समूहों की अलग-अलग सांस्कृतिक विशेषताएं हैं। नृजातिशास्त्र का प्रमुख कार्य भिन्न मानव संस्कृतियों की तुलना कर उनकी भिन्नताओं और उनके कारणों को जानना, प्रजातिक एवं सांस्कृतिक तत्वों के आधार पर मानव समुदायों का वर्गीकरण करना तथा प्रव्रजन, मिश्रण एवं सांस्कृतिक प्रसार के कारण उत्पन्न हुए इनके वर्तमान और प्राचीन वितरण की व्याख्या करना है। संक्षेप में, नृजाति समूहों के सांस्कृतिक तत्वों का तुलनात्मक रूप में अध्ययन करने वाली सांस्कृतिक मानवशास्त्र की इस शाखा को नृजातिशास्त्र/नृजातिविज्ञान कहते हैं।

नृजातिशास्त्र को कई बार सामाजिक-सांस्कृतिक मानवशास्त्र का पर्याय या समानार्थक

भी मान लिया जाता है। सन् 1870 के दशक के पूर्व ब्रिटेन में "एथ्नॉलॅजि" शब्द ही सामान्य रूप में प्रचलित था, किन्तु बाद में इस शब्द का प्रयोग यूरोप और कुछ सीमा तथा उत्तरी अमेरिका में भी किया जाने लगा। ज्ञातव्य है कि नृजातिशास्त्र और नृजाति इतिहास दोनों आपस में जुड़ी हुई अवधारणाएं हैं और दोनों की ही जड़ें इतिहास में गड़ी हुई हैं।

ethnomathematics – नृजातिकगणित

किसी विशिष्ट सामाजिक-सांस्कृतिक संदर्भ में अंकों की प्रणालियों और गणितीय परिचालनों के अध्ययन को नृजातिकगणित कहते हैं। इस प्रकार की गवेषणा के दो मुख्य रूप हैं: अंकों की आनुष्ठानिक तथा प्रतीकात्मक महत्ता की खोज इस प्रकार की गवेषणा का प्रथम रूप है तथा दूसरे रूप में गणितीय परिचालनों की जटिलता और समूह के तकनीकी विकास के स्तर और रूप के बीच के संबंधों की खोज की जाती है।

ethnomethodology – नृजातिपद्धति (लोक पद्धति)

सामाजिक विज्ञानों, विशेषतः समाजशास्त्र में अभी कुछ वर्षों पूर्व उद्‌भूत अध्ययन-अनुसंधान का एक परिप्रेक्ष्य, या एक उपागम जो रोज़मर्रा की अन्तर्क्रियाओं और प्रतिदिन के यथार्थ की संरचना को संचालित करने वाले नियमाचारों की खोज पर बल देता है जिनके द्वारा व्यक्ति सामाजिक स्थितियों को परिभाषित एवं विश्लेषित करते हैं, नृजातिपद्धति के नाम से जाना जाता है। नृजातिपद्धति के प्रयोगकर्त्ता विद्वानों की रुचि संकेतात्मक अभिव्यक्तियों (जैसे आज, कल, हम, वह, अब, यहां आदि-आदि) और वाक्याशों के अर्थ जानने में होती है। नृजातिपद्धति सामाजिक अभिनेताओं (कर्त्ताओं) के लक्ष्यों को प्रमुखता देती है और यह उन प्रक्रियाओं का अध्ययन करती है जिनके द्वारा कर्त्तागण अपने लक्ष्यों को निर्मित, परिभाषित और प्राप्त करते हैं। अध्ययन के उद्देश्य से नृजातिपद्धति ने मानवशास्त्र, समाजशास्त्र और भाषाविज्ञान (भाषाई विश्लेषण) तीनों विषयों से बहुत कुछ लिया है। इस उपागम/परिप्रेक्ष्य के प्रवर्तक विद्वान **हेरोल्ड गारफिंकल** (1967) रहे हैं।

ethnomusicology – नृजातिक (लोक) संगीतशास्त्र

संगीत का मानवशास्त्रीय दृष्टिकोण से अध्ययन को नृजातिक या लोक संगीतशास्त्र कहते हैं। इसमें संगीत का अध्ययन किसी संस्कृति की एक विशिष्ट घटना तथा मानवीय सामाजिक व्यवहार के एक सार्वभौमिक पक्ष के रूप में किया जाता है। कभी-कभी इसका वर्गीकरण "गैर-पश्चिमी संगीतशास्त्र" या "लोक संगीत" के रूप में भी किया जाता है। आधुनिक नृजातिक-संगीतशास्त्र को सैद्धान्तिक एवं पद्धतिशास्त्रीय दृष्टि से सांस्कृतिक मानवशास्त्र की एक विशिष्ट शाखा उसी रूप में माना जाता है, जैसे नृजातिक-वनस्पतिशास्त्र, नृजातिक-कवित्त या नृजातिक-अर्थविज्ञान को माना जाता है। इसमें संगीतमय आवाज की ध्वनिक विशेषताओं, संगीत की रचना करने में निहित कायिक एवं संज्ञानात्मक प्रक्रियाओं, संगीत के वाद्य-यंत्रों की भौतिक रचना, संगीतज्ञों की सामाजिक प्रस्थिति, संगीत शैली और व्यक्तित्व के सम्बन्धों तथा इसके ध्वन्यालेखन उद्योग की आर्थिक संरचना आदि का अध्ययन किया जाता है। सैद्धान्तिक

दृष्टि से, नृजातिक (लोक) संगीतशास्त्र के अध्ययन के मुख्य प्रश्न हैं : क्या ऐसी साझी संज्ञानात्मक संरचनाएं हैं जो सभी समाजों में संगीत की रचना और बोध का आधार हैं? संगीत किस प्रकार व्यक्तित्व और भावनाओं से जुड़ा हुआ है? संगीत और अन्य प्रकार की अभिव्यक्ति के रूपों, जैसे भाषा, नृत्य के बीच क्या सम्बन्ध है? संगीत के प्रतिमानों और सामाजिक संगठन के बीच क्या सम्बन्ध हैं? संक्षेप में, नृजातिक (लोक) संगीतशास्त्र में गैर-पश्चिमी संदर्भों में संगीत की प्रणालियों की पार-सांस्कृतिक तुलना और संगीत तथा सामाजिक-सांस्कृतिक कारकों के संबंधों का अध्ययन किया जाता है।

इतिहास के एक लम्बे काल से लोक संगीतशास्त्र के क्षेत्र में एक द्वन्द्वात्मक तनाव की स्थिति बनी रही है, अर्थात क्या संगीत को "देशज" (एमिक) संदर्भ में अध्ययन किया जाना चाहिये या विभिन्न संस्कृतियों के संदर्भ में संगीत की पारस्परिक तुलना की जानी चाहिये। अठारहवीं शताब्दी के **जीन जैक्स रूसो** (1768) ने अमेरिकी इन्डियन, चीनी, परसियन और स्विस गीतों का तुलनात्मक अध्ययन कर यह कहा था कि मानवीव हृदय पर ध्वनियों का जो गहरा प्रभाव पड़ता है, उसका आधार ध्वनि के भौतिक नियम नहीं है, जैसा कि सामान्यतः माना जाता है, अपितु संस्कृति की स्मरणात्मक संकेत की विशिष्टता के रूप में संगीत की भूमिका है। द्वितीय विश्व युद्ध के समय से अनेक लोक संगीतशास्त्रियों ने विभिन्न सांस्कृतिक तुलनाओं के स्थान पर संगीत के क्षेत्र में नृजातीय शोध लेखन कार्य पर ध्यान केन्द्रित किया है। उनके अध्ययन के प्रमुख विषय ये रहे हैं : उपचार प्रक्रिया में संगीत की भूमिका, संगीत और संगीतज्ञों का देशज वर्गीकरण, वाद्ययंत्रों की सांस्कृतिक भूमिका, संगीतज्ञों के सामाजिक संगठन, भाषा और संगीत के बीच अन्तर्क्रिया, संगीत सम्बन्धी सौन्दर्यशास्त्र, मूल्यों और सामाजिक शक्ति के सम्बन्ध आदि। आजकल "लोक संगीत" के क्षेत्र में लोकप्रिय संगीत को भी सम्मिलित कर उसका अध्ययन किया जा रहा है। लोक संगीतशास्त्र की आधुनिक प्रवृतियां भाषाई मॉडल्स और विधियों से काफी प्रभावित रही हैं।

ethnopharmacology — नृजातिक (लोक) औषधशास्त्र

नृजातिक (लोक) औषधशास्त्र ज्ञान की वह शाखा है जिसमें देशज एवं लोकप्रिय संस्कृति में प्रयोग किये जाने वाले चिकित्सकीय पेड़-पौधों का वर्गीकरण तथा उनके उपयोग का अध्ययन किया जाता है। इसमें लोक-वनस्पतिशास्त्र और लोक-चिकित्साशास्त्र दोनों का प्रयोग किया जाता है।

ethnophilosophy — नृजातिक (लोक) दर्शनशास्त्र

नृजातिक या लोक दर्शनशास्त्र को देशज दर्शनशास्त्रीय धारणाओं के साथ-साथ मानवशास्त्रीय कार्यों के दार्शनिक निहितार्थों के अध्ययन के रूप में परिभाषित किया गया है। **डूप्रे** ने इसके तीन प्रमुख उद्देश्य बताये हैं: प्रथम, आधुनिक मानवशास्त्र में कई ऐसे मुद्दे हैं जिनके बारे में भारी मतभेद है। इनको सुलझाने और स्पष्टीकरण हेतु इन मुद्दों से संबंधित दर्शनशास्त्रीय निहितार्थों का प्रयोग किया जा सकता है। द्वितीय, सांस्कृतिक मानवशास्त्र दर्शनशास्त्र को ऐसे महत्वपूर्ण तथ्य प्रदान करता है जिनके द्वारा दर्शनशास्त्री अपनी अवधारणाओं को स्पष्ट कर

सकते है तथा यथार्थ को ठीक प्रकार से समझ सकते हैं। तृतीय, मानवशास्त्र की वैचारिक जड़ों का दर्शनशास्त्रीय अथवा आलोचनात्मक अध्ययन अपने आप में अध्ययन का एक विशाल क्षेत्र है।

ethnopsychiatry – नृजातिक (लोक) मनोचिकित्सा

पार-सांस्कृतिक परिप्रेक्ष्य में मानसिक रूग्नता का अध्ययन नृजातिक या लोक मनोचिकित्सा के नाम से जाना जाता है। इसमें विभिन्न सांस्कृतिक परिवेशों के संदर्भ में मानसिक रूप से बीमार व्यक्तियों की परिभाषा, वर्गीकरण और उपचार का अध्ययन किया जाता है। मानवशास्त्रियों में कुछ मानसिक बीमारियों की सर्वव्यापकता के मुद्दे को लेकर भारी मतभेद है। यही नहीं, मानसिक बीमारी की परिभाषा तथा इसके लक्षणों के निर्धारण में सांस्कृतिक कारकों की भूमिका को लेकर भी मानवशास्त्री बंटे हुए हैं। इस क्षेत्र में **ए.एफ.सी. वैलेस** ने अध्ययन कर इस सिद्धान्त का प्रतिपादन किया है कि 'किसी संस्कृति विशेष में व्याप्त किसी मानसिक बीमारी का कारण किन्हीं जैवपोषक तत्वों की कमी हो सकती है।'

ethnopsychology – नृजातिक (लोक) मनोविज्ञान

विभिन्न नृजातिक समूहों, विशेषतः अशिक्षित एवं अल्पविकसित जन-समूहों के मनो-व्यवहारों के अध्ययन को नृजातिक मनोविज्ञान के नाम से जाना जाता है। इसमें मनोवैज्ञानिक संरचना और गतिशास्त्र के देशज सिद्धान्तों का अध्ययन किया जाता है। यह नृजाति (लोक) विज्ञान का सीधा और अत्याधुनिक वंशज है और अपने पूर्वज की भांति यह भी सामान्यतः देशज कोटियों के भाषाई विस्तृत विश्लेषण पर आधारित है ताकि इसके द्वारा यह खोज की जा सके कि "किसी समूह के व्यक्ति इसी प्रकार क्यों सोचते हैं।" फिर भी दोनों में अन्तर है। नृजाति मनोविज्ञान विशेषज्ञ मुख्यतः स्वाभाविक संवादों और वृतान्तों को अपना अध्ययन का केन्द्र बनाते हैं। नृजाति मनोविज्ञान का आधार **रूथ बेनेडिक्ट** और **माग्रेट मीड** का बोऑसवादी मानवशास्त्र के साथ-साथ **क्लीफोर्ड ग्रीज** का व्याख्यात्मक मानवशास्त्र रहा है। **रॉबर्ट लेवी** (1984) ने भी इस क्षेत्र में कार्य कर चिन्तन की देशज कोटियों को मालुम करने का प्रयास किया है।

नृजाति या लोक मनोविज्ञान सम्बन्धी सभी अध्ययनों के दो आधार रहे हैं : प्रथम, शोधकर्त्ताओं ने देशज वृतान्तों और संवादों से जो कुछ सामग्री अत्यधिक परिश्रम से संकलित की है, वह मात्र टुकड़ों-टुकड़ों में बंटा हुआ विराधाभासी लोकज्ञान नहीं है, अपितु वह अत्यंत गूढ़, सुसम्बद्ध और एक व्यवस्थित प्रतिमान है जिसे क्षेत्र शोधकर्त्ता निश्चत रूप में एक आकार प्रदान कर सकता है। द्वितीय, इस प्रकार की सामग्री के आधार पर निर्मित सांस्कृतिक प्रतिरूप (मॉडल्स) "महत्वपूर्ण बोध" का कार्य करते हैं जो एक विशिष्ट सांस्कृतिक जगत् में पथ-प्रदर्शन, अनुस्थापन और क्रिया को निर्देशित करने के साथ-साथ सामान्य ज्ञान और अनुभव की रचना और नियंत्रण भी करते हैं।

ethnos – संजाति-समूह (नृजाति समूह)

राष्ट्रीयता एवं प्रजाति भावना से आबद्ध लोगों के समूह को संजाति-समूह करते हैं। इस प्रकार

के बन्धनों को समूह के सदस्यों द्वारा अनजाने में स्वीकार कर लिये जाते हैं। इस शब्द की उत्पत्ति ग्रीक से हुई है जिसका अर्थ ग्रीक लोगों के अतिरिक्त कोई जनजाति, जनसमूह या राष्ट्र होता है।

ethnoscience – नृजाति (लोक) विज्ञान

शुद्ध शाब्दिक अर्थ में, देशज व्यक्तियों (मूल निवासियों) की वैज्ञानिक सोच या धारणाओं को नृजाति या लोक विज्ञान कहते हैं। इसमें सामान्यतः विभिन्न समाजों द्वारा प्रयोग की जाने वाली वर्गीकरण की प्रणालियों का अध्ययन किया जाता है। यह नृजातिलेखन की पद्धतियों का एक समूह है जिनका प्रयोग किसी समुदाय विशेष की ज्ञान व्यवस्थाओं का देशज परिप्रेक्ष्य से प्रलेखन किया जाता है। इसका सर्वप्रथम प्रयोग सन् 1960 के दशक में संज्ञानात्मक मानवशास्त्रियों के द्वारा किया गया। सन् 1972 में **वर्नर** ने इसके बारे में लिखा है कि नृजातिविज्ञान ज्ञान अथवा वर्णनात्मक ज्ञानमीमांसा का नृजातिलेखन तथा नृजातिशास्त्र दोनों ही है। उन्होंने नृजातिलेखनात्मक नृजातिविज्ञान और नृजातिशास्त्रीय नृजातिविज्ञान में भेद किया है। नृजातिलेखन नृजातिविज्ञान में **वर्नर** ने भाषा के माध्यम से प्राप्त सांस्कृतिक ज्ञान, जैसे सांस्कृतिक क्षेत्रों के लिये वर्गीकरण व्यवस्थाओं (नृजातिवनस्पतिशास्त्र या नृजातिशरीरशास्त्र की भांति) को सम्मिलित किया है, जब कि नृजातिशास्त्रीय नृजातिविज्ञान में ज्ञान के सार्वभौमिक नियमों के प्रतिपादन सम्बन्धी तुलनात्मक अध्ययन आते हैं। नृजातिविज्ञान सांस्कृतिक व्यवहार का देशज परिप्रेक्ष्य के अनुसार व्याख्या के एक साधन के रूप में सांस्कृतिक ज्ञान पर केन्द्रित करता है। "नृजातिविज्ञान" का प्रयोग आजकल "नव नृजातिलेखन" के स्थानापन्न के रूप में भी किया जा रहा है। नव नृजातिलेखन से तात्पर्य नृजातिलेखन सम्बन्धी विधियों के एक समूह से है।

नृजातिविज्ञान की जड़ें **फ्रेंज़ बोऑस, मेलिनोस्की** और **बैंजामिन वोर्फ** की कृतियों में गड़ी हुई हैं। इन मानवशास्त्रियों ने अंतरंगी परिप्रेक्ष्य से संस्कृति को समझने और भाषा, संस्कृति और संज्ञान के बीच आपसी सम्बन्धों को जानने का प्रयास किया है। नृजातिविज्ञान पर संरचनात्मक भाषाशास्त्रियों का भी प्रभाव पड़ा है। उदाहरणार्थ, **कैनथ पाइक** (1954) ने इस क्षेत्र में "एमिक" और "एटिक" शब्दों को गढ़ा। 'एमिक संस्कृति' अंतरंगी या देशज दृष्टिकोण को और 'एटिक संस्कृति' बाहरी व्यक्ति के दृष्टिकोण को प्रकट करती है। अभी हाल **नोम चोमस्की** (1965) ने नृजातिविज्ञान को अपनी "रूपान्तरणात्मक व्याकरण" से प्रभावित किया है।

ethnozoology – नृजाति (लोक) जन्तुविज्ञान

समाज द्वारा प्राणियों के मान्य वर्गीकृत कोटियों के अध्ययन को नृजाति जन्तुविज्ञान या नृजाति प्राणीविज्ञान कहते हैं। वर्गीकरण का अध्ययन करते समय मानवशास्त्रयों ने वर्गीकरण के आधार-लक्षणों पर बल दिया है। उन्होंने गणचिन्हवाद (टोटॅमिज़्म) के माध्यम से मानवों और पशुओं के बीच के विशिष्ट सम्बन्धों को स्पष्ट किया है। एकरेखीय उद्विकासवादियों ने गणचिन्ह स्तर को प्रथम स्तर मानते हुए स्वयं मानव के विकास को पशुओं से माना है। बाद

में **दुर्खाइम** (1915) ने कहा है कि ये दोनों आपस में गुंथे हुए हैं। **बोऑस** (1914), **रीवर्स** (1914), **फ्रायड** (1918), **मेलिनोस्की** (1948), और **रेडक्लिफ ब्राउन** (1930) ने भी आनुभविक तथा प्रकार्यात्मक आधार पर आदिवासियों में गणचिन्ह की धारणा की उपस्थिति को स्वीकार किया है। बाद में, **क्लॉड लेवी स्ट्रास** (1963) ने गणचिन्हवाद को एक सार्वभौमिक मानवीय चिन्तन प्रक्रिया माना है।

आधुनिक वर्गीकरण योजना को तीन प्रमुख आधार पर विभाजित किया जा सकता है: (1) प्रकृतिवादी, (2) आदर्शवादी, (3) रचनावादी।

ethology – जीव-पारिस्थितिकी

"इथॉलजि" शब्द का सर्वप्रथम प्रयोग **जे. एस. मिल** ने अपनी पुस्तक "ए सिस्टम ऑफ लॉजिक" (1843) में 'आचारशास्त्र' के अर्थ में किया है जिसे उन्होंने 'चरित्र का विज्ञान' कहा है। किन्तु, आजकल इस शब्द का प्रयोग जीव-पारिस्थितिकी और पशुओं के मूलप्रवृत्यात्मक व्यवहार के अध्ययन के लिये अधिक किया जाता है। जीव व्यवहार के वैज्ञानिक अध्ययन तथा उसकी व्याख्या को जीव-पारिस्थितिकी कहते हैं। इसमें जीवविज्ञान के चार प्रश्नों का उत्तर दिया जाता है: यन्त्र-रचना, जातिवृत, व्यक्तिवृत और प्रकार्य। इसकी उत्पत्ति **डार्विन** के "मानव और पशुओं में मनोभावों की अभिव्यक्ति" (1872) की कृति में देखी जा सकती है। इसका प्रमुखतः विकास सन् 1930 के दशक में अमरीकी व्यवहारवाद की प्रतिक्रिया स्वरूप यूरोप में हुआ है। अमरीकी व्यवहारवाद उस समय अध्ययन-अनुसंधान का एक प्रमुख परिप्रेक्ष्य हुआ करता था। प्रथम जीव-पारिस्थितिकीशास्त्री मुख्यतः प्राणीशास्त्र में दीक्षित थे। **बर्गहार्ट** (1973) ने व्यवहार के अध्ययन सम्बन्धी पांच लक्षण बताये हैं:

(1) अर्थपूर्ण व्यवहार प्रतिमानों का पारिस्थितिकीय अध्ययन,
(2) वर्णनात्मक अध्ययनों में आधार,
(3) बहु जीव जातियों के व्यवहारों की तुलना,
(4) निकट रूप से सम्बन्धित जीव जातियों के समान व्यवहारों की तुलना, और
(5) पालतू जानवरों के एकान्तिक प्रयोग के प्रति घ्रणा।

'इथॉलॅजि' और इससे मिलते-जुलते सहोदर विषय "व्यवहारात्मक पारिस्थितिकी" (सामाजिक जीवशास्त्र) में प्रमुखतः प्राक्कल्पनाओं के स्त्रोतों के आधार पर अन्तर प्रकट किया जाता है। इथॉलॅजि प्रमुखतः एक आगमनात्मक विषय है। इसमें किसी व्यवहार के प्रकार्य सम्बन्धी प्राक्कल्पनाओं का आधार पशु का बहुधा उसके नैसर्गिक संदर्भ में किया गया उसका सतर्कतापूर्ण प्रेक्षण होता है। इसके विपरीत, व्यवहारात्मक पारिस्थितिकी का परिप्रेक्ष्य अधिकांशतः निगमनात्मक होता है। व्यवहारात्मक पारिस्थितिकी का मुख्य सम्बन्ध व्यवहार के प्रकार्यात्मक पहलुओं से होता है।

मानवशास्त्र में इथॉलॅजि का सर्वाधिक प्रभाव गैर मानवीय नरवानरगणों के प्रारंभिक क्षेत्रीय अध्ययनों तथा चरागाही मानव समूहों के.अध्ययनों पर देखा जा सकता है। आधुनिक

अधिकांश जीव पारिस्थितिकीय मानव संबंधी क्षेत्र-कार्य व्यवहारात्मक पारिस्थितिकी के संदर्भ में किये जा रहे हैं, जैसे व्यवहार के प्रकार्यात्मक पक्षों का अध्ययन। प्रारंभिक जीव पारिस्थितिकीय शोध में पशुओं के मूलप्रवृतिमूलक और अनुकूलनपरक व्यवहारों के साथ-साथ मूलप्रवृतियों के आधार पर औपचारिक सीखने का अध्ययन किया गया है। इस प्रकार के अध्ययनों ने मानवीय व्यक्तित्व और संस्कृति की रचना में मूलप्रवृतिमूलक और अनुकूलनपरक व्यवहारों की महत्ता को उजागर किया है। इस क्षेत्र के कुछ अग्रणी अध्ययन **कोनार्ड लोरेंज़** (1966) और **निकोलस टिलबर्गन** (1972) द्वारा किये गये हैं।

ethos – लोक चरित्र (ईथॉज़)

"ईथॉज़" ग्रीक भाषा का एक शब्द है जिसका प्रयोग **बेट्सन** (1936) ने अपनी पुस्तक 'नावेन' में संस्कृति के आन्तरिक स्वरूप (चरित्र) को प्रकट करने के लिये किया है। किसी एक संस्कृति, उप-संस्कृति अथवा किसी घटना से संबंधित उन प्रथाओं, परम्पराओं, भावनाओं, विचारों तथा सामूहिक उद्वेगों को बेट्सन ने ईथॉज़ (लोकचरित्र या लोकस्वभाव) कहा है, जिन्हें सांस्कृतिक मानदंडों के अनुसार परिभाषित किया जाता है तथा जो उसे एक विशिष्ट रूप-स्वरूप प्रदान करते हैं। अधिक सुनिश्चित रूप में, ईथॉज़ संस्कृति की आत्मा अथवा उसके विशिष्ट चरित्र का एक प्रतीक शब्द है जो उसके गुण-धर्म, मान्यताओं और रुचियों को प्रदर्शित करता है। किसी भी संस्कृति की अपनी विशिष्ट पहचान उसके ईथॉज़ द्वारा ही बनती है। ईथॉज़ संस्कृति के भावात्मक पक्ष को उजागर करता है।

ईथॉज़ और ईडॉज़ दोनों शब्द आपस में जुड़े हुए हैं। बेट्सन ने बाद में इन शब्दों का प्रयोग राष्ट्रीय चरित्र के अपने बहु प्रसिद्ध अध्ययन में किया है जहां स्पष्ट तौर पर उन्होंने यह प्रदर्शत किया है कि ईथॉज की अन्तर-सांस्कृतिक परिभाषा एक संस्कृति की दूसरी संस्कृति के ईडॉज के बीच के संबंधों पर निर्भर करती है। ईथॉज़ किसी संस्कृति की जीवन-शैली की सम्पूर्णता का परिचायक शब्द (अवधारणा) है जो एक समूह को दूसरे समूह से, विशेषतः उनके मूल्यों के अन्तर को प्रदर्शित करता है। हमारे रोज़मर्रा के कार्यकलापों के सम्पादन में इनकी महत्ती भूमिका होती है। ये समाज विशेष के विचारों, विश्वासों, रीति-रिवाजों तथा कार्यकलापों में अन्तर्निहित होने के साथ-साथ उन्हें प्रेरित भी करते हैं। (देखिये-ईडॉज़)

Eskimo (or lineal) kinship systems – एस्किमों (अथवा रेखीय) नातेदारी प्रणालियाँ

एस्किमों नातेदारी प्रणालियां जिन्हें रेखीय नातेदारी प्रणालियां भी कहा जाता है, में इस प्रकार की नातेदारी शब्दावली का प्रयोग किया जाता है जिसमें नाभिक परिवार के सदस्यों को पीढ़ी और लिंग के आधार पर अलग-अलग प्रदर्शित किया जाता है, जब कि परिवार के बाहर के सदस्यों को मोटे रूप में एक समूह में रख दिया जाता है। इस प्रणाली में, नाभिक परिवार के सदस्यों के लिये जो शब्द-संज्ञाएं प्रयोग की जाती हैं, उनका प्रयोग अन्य कोटि के स्वजनों के लिये प्रयोग नहीं किया जाता है। उदाहरणार्थ 'कॅजॅन्स' (चचेरा, फुफेरा, ममेरा, मौसेरा भाई-बहिन) में अलग प्रकार के रूप में भेद नहीं किया जाता। अंग्रेजी भाषा व्यवस्था में

स्वजन संज्ञाओं का रूप एस्किमों नातेदारी व्यवस्था से मिलता-जुलता है। एस्किमों व्यवस्था विशिष्ट रूप में सपिंड वंशानुक्रम से जुड़ी हुई है।

esprit general – सामान्य विचार (आत्मा)

किसी संस्कृति की मूल आत्मा या मूलभूत सार को इंगित करने के लिये फ्रांसीसी विद्वान **मोन्टेस्क्यू** ने 'एसप्रीट जेनॅरल' शब्द का प्रयोग किया है।

esprit humain – मानवीय आत्मा

फ्रांसीसी विद्वान **लेवी स्ट्रॉस** ने सम्पूर्ण मानवता की मानसिक एकता अथवा सामूहिक अचेतनता की भावना को इंगित करने के लिये इस शब्द का प्रयोग किया है। उन्होंने अपने लेखनों में इसका प्रयोग विचारों की एक ऐसी संरचना के लिये किया है जो मानवता में सर्वव्यापक है।

eugenics – सुजननिकी/सुजननविज्ञान

अत्यंत विवादास्पद अवधारणा "यूजेनिक" की रचना **फ्रांसिस गाल्टन** (1883) ने मानव जाति में जनन की दृष्टि से सुधार लाने के उद्देश्य से की थी। इसे परिभाषित करते हुए उन्होंने लिखा है कि "यह मानव जाति में सुधार का विज्ञान है जो न केवल विवेकपूर्ण समागम (मैथुन) के प्रश्न पर निर्भर करता है, अपितु यह उन सभी प्रभावों पर भी ध्यान देता है जो अधिक उपयुक्त प्रजातियों अथवा रक्त धाराओं को बनाये रखने में कम उपयुक्त की अपेक्षा त्वरित रूप में सहायक होते हैं।" यूजेनिक शब्द की उत्पत्ति ग्रीक शब्द "यूजेन्स" से हुई है जिसका अर्थ होता है, "जन्म से उत्तम"। आजकल नस्लवाद की तरह इस अवधारणा को भी भ्रामक माना जाता है। वास्तव में, इसके सही अर्थों के बारे में काफी मतभेद हैं।

यह सिद्धान्त मानवीय वंशानुक्रम के सिद्धान्तों पर आधारित है जिसमें प्रजनन की दृष्टि से मानव जाति के सुधार और उन्नयन पर बल दिया जाता है। सुजनन का मुख्य उद्देश्य मानव जाति में उन गुणों की वृद्धि करना है जो समाज के लिये वांछनीय और उपयोगी समझे जाते हैं।

विख्यात ब्रिटिश परिवारों के अध्ययनों के आधार पर **गाल्टन** ने यह निष्कर्ष प्रस्तुत किया था कि वास्तविक रूप में सभी मानसिक और नैतिक लक्षण माता-पिता से उनकी सन्ताओं को हस्तान्तरित किये जाते हैं तथा सबसे योग्य व्यक्ति कम से कम सन्तान पैदा करते हैं। इस विनाशकारी प्रवृति को रोकने के लिये पशुओं के पैदा करने की आधुनिक विधियों का मानव जाति में भी प्रयोग करने का सुझाव दिया गया। वास्तव में, यह सुझाव देने वाला गाल्टन पहिला व्यक्ति नहीं था कि मानव जाति में सुधार लाने के लिये लैंगिक समागम (विवाह) को नियंत्रित किया जाना चाहिये। **प्लेटो** की पुस्तक "रिपब्लिक" में इस प्रकार का विचार निहित है जिसने बाद के शासकों को इसकी प्रेरणा दी है कि समाज के कौन से व्यक्ति कितनी संतान रखने के योग्य हैं, किन्तु गाल्टन के प्रस्ताव को इस दृष्टि से सर्व प्रथम कहा जा सकता है कि इसने एक सामाजिक आन्दोलन की चेतना प्रदान की। अलग-अलग देशों में

इस आन्दोलन ने एक अलग स्वरूप ग्रहण किया है। धर्म, वैज्ञानिक दृष्टिकोण और प्रजाति मिश्रण की मात्रा के विचार ने इस आन्दोलन को प्रभावित किया। किसी स्थान पर इस आन्दोलन के प्रति आशावान दृष्टिकोण प्रदर्शित किया गया तो कहीं-कहीं इस आन्दोलन के प्रति अत्यन्त रूखी एवं कठोर भावना प्रकट की गई। अमेरिका में 1890 और 1920 में "गाल्टन की जिनेटिक नीति" का एक आन्दोलन के रूप में काफी प्रभाव पड़ा, वहां यह 'सामाजिक डार्विनवाद' के साथ जुड़ गया। इस नीति के अनुसार, सकारात्मक साधनों (जैसे प्रबुद्ध माता-पिता को आर्थिक मदद देना) और नकारात्मक साधनों (जैसे निम्न श्रेणी के कमजोर बुद्धि के माता-पिता पर प्रजनन हेतु प्रतिबंध या अंकुश लगाना) के द्वारा मानवीय जनसंख्या में सुधार लाना संभव माना गया। बीसवीं शताब्दी की पहली कुछ दशाब्दियों में इस नीति को काफी समर्थन मिला। सन् 1910 के आसपास 'अच्छी सन्तान पैदा करना' सभी व्यक्तियों के सोच-विचार का विषय बन गया। कालेज, हाई स्कूल की पाठ्य पुस्तकों, लोक-प्रिय पत्र-पत्रिकाओं, धार्मिक स्थान (चर्च) और यहां तक फिल्मों का भी यह एक रुचिकर विषय बन गया। इस नीति का विरोध करने वालों ने भी इसे पूरी तरह खारिज (अस्वीकार) नहीं किया। किन्तु, ऐसे माहोल में भी, **फ्रैंज बोऑस** जैसे विद्वान मानवशास्त्री ने इस नीति के प्रति अपनी संदेहात्मक किन्तु सीमित प्रतिक्रिया प्रकट की।

आजकल ससुप्रजनन की नीति कहीं भी चलन में नहीं है, और न ही इसे ठीक माना जाता है, किन्तु 'प्रकृति बनाम पोषण' वाले पुराने मूल मुद्दे अभी भी किसी न किसी रूप में जीवित हैं। सुप्रजनन की धारणा के प्रति जो परिवर्तन आया है, उसके लिये अनेक नवीन सामाजिक प्रवृतियां उत्तरदायी हैं, जैसे महिला आंदोलन का उदय, व्यक्तिगत अधिकारों को मान्यता देना, निजता की भावना और प्रजनन स्वतंत्रता सम्बन्धी अनेक कानून आदि। सन् साठ के आसपास 'प्रजनन स्वायत्तता' के नये विचार के विकास के कारण सुप्रजनन का विचार अच्छाई के स्थान पर बुराई का सूचक बन गया।

evolution – उद्विकास

एक समय-सापेक्ष क्रमिक प्रक्रिया जो सतत तथा सामान्यतः संचयी और विकासोन्मुख (सरल से जटिल की ओर) होती है, उद्विकास कहलाती है। यह परिवर्तन की ऐसी प्रक्रिया है जिसमें प्रत्येक परवर्ती अवस्था का पूर्ववर्ती अवस्था से आवश्यक सम्बन्ध होता है। वृद्धि, विकास और निरंतरता इस प्रक्रिया की तीन प्रमुख विशेषताएं हैं। उद्विकास की धारणा प्रगति से भिन्न है। प्रगति में मूल्य एवं अच्छाई का भाव निहित होता है, जब कि उद्विकास एक मूल्य-तटस्थ धारणा है।

इस अवधारणा का सर्वप्रथम प्रयोग प्रसिद्ध वैज्ञानिक **चार्ल्स डार्विन** ने सन् 1859 ने जीवशास्त्र के क्षेत्र में जीवों के विकास को समझाने हेतु अपनी पुस्तक "ऑरिजिन ऑफ स्पिसीज़" में किया था। सामाजिक विज्ञानों के क्षेत्र में समाज के विकास को स्पष्ट करने के लिये इस अवधारणा के प्रथम प्रयोगकर्त्ता **हरबर्ट स्पेन्सर** थे जिन्होंने उद्विकास की व्याख्या करते हुए लिखा है, "उद्विकास पदार्थ का एकीकरण और गति का अपव्यय है। इस प्रक्रिया में पदार्थ एक अनिश्चित एवं असम्बद्ध समानता से निश्चत एवं सुसम्बद्ध वैभिन्नयता की ओर

अग्रसर होता है. . . . इसमें किसी वस्तु की अन्तर्निहित विशेषताएं अपने आपको धीरे-धीरे प्रकट एवं प्रस्फुटित करती हैं।"

evolution, biocultural – जैवसांस्कृतिक उद्‌विकास
यह अवधारणा मानवीय जीवशास्त्र और संस्कृति की पारस्परिक अन्तर्क्रिया के फलस्वरूप उत्पन्न उद्‌विकास की प्रक्रिया को रेखांकित करती है, अर्थात् जहां जीवशास्त्र ने संस्कृति के उद्‌भव की संभावनाएं पैदा की है, वहां संस्कृति ने जैविक उद्‌विकास की दिशा को बाद में प्रभावित किया है। ऐसा कहा जाता है कि संस्कृति और जीवशास्त्र में जिस प्रकार दीर्घ अवधि में अन्तर्क्रिया हुई, मानव प्राणी उसी जैवसांस्कृतिक उद्‌विकास का परिणाम है। इस दृष्टि से, जैवकीय सावयवों में मानव प्राणी अनुपम है। उसकी कुछ ऐसी शारीरिक एवं मानसिक विशेषताएं हैं जो अन्य जीवों में देखने को नहीं मिलती हैं और इन विशिष्टताओं के कारण ही मानव को संस्कृति के निर्माता होने का गौरव प्राप्त है। मानव की इस संस्कृति ने ही कई भिन्न प्रकार की जानलेवा बीमारियों, जैसे 'एड्स' को जन्म दिया है।

evolution, biological – जैवकीय उद्‌विकास
किसी जनसंख्या की आनुवंशिक संरचना में एक पीढ़ी से दूसरी पीढ़ी में होने वाले परिवर्तन को जैवकीय उद्‌विकास कहते हैं। यह सतत चलने वाली एक जैवकीय प्रक्रिया है। इसे दो प्रकार से परिभाषित किया जा सकता है : प्रथमतः, यह जनसंख्या में होने वाला एक आनुवंशिक फेरबदल है। इसे सूक्ष्म उद्‌विकास कहते हैं। द्वितीयतः, यह एक ऐसा आनुवंशिक परिवर्तन है जिसके कारण किसी नवीन प्राणी जाति का आविर्भाव होता है। इस प्रक्रिया को कभी-कभी वृहत् उद्‌विकास या 'जातिउद्‌भवन' (स्पीशिएशॅन) कहते हैं।

evolution, cultural – सांस्कृतिक उद्‌विकास
संस्कृति पर उद्‌विकास के सामान्य सिद्धान्त को लागू किये जाने की प्रक्रिया सांस्कृतिक उद्‌विकास कहलाती है। इसमें सांस्कृतिक घटनाओं में एक स्तर (अवस्था) से दूसरे स्तर में व्यवस्थित परिवर्तन होते हैं। उन्नीसवीं शताब्दी के उत्तरार्ध में संस्कृति उद्‌विकास को ही विकास की संज्ञा दी गई। इस मत को आज भी माना जातां है।

evolution, divergent – अपसारी उद्‌विकास
संस्कृति वृद्धि का वह सिद्धान्त जिसके अनुसार परिवर्तन (विकास) को एकरेखीय न मान कर विभिन्न दिशाओं में होने वाला माना जाता है, अपसारी उद्‌विकास के नाम से जाता जाता है। इस सिद्धान्त के अनुसार यह माना गया है कि संस्कृति का विकास भिन्न-भिन्न क्षेत्रों में सांस्कृतिक विशेषकों (तत्वों) में निरंतर रूपांतरण एवं संशोधन द्वारा भिन्न-भिन्न रूप में होता है और विकास के रूप को संपूर्ण के योग द्वारा आंका जाता है। ध्यान रहे, संस्कृति के उद्‌विकास की प्रवृति जैव विकास की भांति प्रतिस्थापी की न होकर संचयन की होती है।

evolution, macro – बृहत् उद्‌विकास
उद्‌विकासीय अध्ययन का एक उप-क्षेत्र जिसमें दीर्घ अवधि में होने वाले परिवर्तनों का

अध्ययन किया जाता है, बृहत् उद्विकास कहलाता है। इसमें मुख्यतः नवीन प्राणी जातियों की उत्पत्ति तथा भूगर्भीय समय के लाखों वर्षों और स्थान में उत्पन्न हुई विभिन्नताओं का अध्ययन किया जाता है। बृहत उद्विकासीय घटनाएं जिनकी अवधि अनेक पीढ़ियां लम्बी होती हैं और जिनका विकास और क्षय अनेक भिन्न पारिस्थितिकीय परिवेशों में होता है, उनकी माप भूगर्भीय समय में की जाती है। इस प्रकार के उद्विकासीय परिवर्तनों का ज्ञान जीवाश्मीय आधार पर ही हो पाता है।

evolution, micro – सूक्ष्म उद्विकास

उद्विकासीय अध्ययनों का एक उप-क्षेत्र जिसमें लघु-अवधि में हुए उद्विकासीय परिवर्तनों का अध्ययन किया जाता है, सूक्ष्म उद्विकास कहलाता है। इसमें प्राणी की किसी जाति विशेष (स्पीशीज) में सापेक्षिक रूप में कुछ पीढ़ियों में पारिस्थितिकीय समय में हुए परिवर्तनों का अध्ययन किया जाता है। इस प्रकार के परिवर्तन किसी जीव-जाति की कुछ पीढ़ियों की अवधि में ही घटित हो जाते हैं और इन्हें आसानी से उस जाति की आबादी में देखा जा सकता है।

evolution, mosaic – पच्चीकृत (मोजेइक) उद्विकास

उद्विकास की गति एक सी नहीं होती। एक प्रकार्यात्मक व्यवस्था में उद्विकास की गति दूसरी प्रकार्यात्मक व्यवस्था से भिन्न होती है। उद्विकास की गति की इस भिन्नता को ही पच्चीकृत या मौजेइक उद्विकास कहा गया है। उदाहरणार्थ, गति-व्यवस्था तथा तंत्रिका व्यवस्था (मुख्यतः मस्तिष्क की), इन सभी में विकास की गति काफी भिन्न रही है।

evolution, multilinear – बहुरेखीय उद्विकास

एकरेखीय और सार्वभौमिक उद्विकास के सिद्धान्तों की कई आधार पर आलोचनाएं हुई हैं। एकरेखीय सिद्धान्त न परीक्षणीय है और न ही यह सार्वभौमिक है। सार्वभौमिक उद्विकास का सिद्धान्त अस्पष्ट है। इन दोनों सिद्धान्तों के स्थान पर बहुरेखीय सिद्धान्त का प्रतिपादन **जुलियन एच. स्टीवार्ड** और **जी.पी. मर्डक** के द्वारा किया गया। इस सिद्धान्त के अनुसार यह माना जाता है कि विश्व के भिन्न प्रदेशों में उद्विकास का क्रम भिन्न रहा है। ये उद्विकास के क्रम (अवस्थाएं) पारिस्थितिकीय दशाओं द्वारा प्रभावित एवं नियंत्रित होते हैं। इस प्रकार बहुरेखीय उद्विकासवाद का सांस्कृतिक पारिस्थितिकी के साथ घनिष्ट संबंध है।

evolution, parallel – समांतर उद्विकास

सामाजिक-सांस्कृतिक उद्विकास का एक रूप समांतर उद्विकास के नाम से जाना जाता है जिसमें दो या अधिक समूहों में एक जैसे लक्षण स्वतंत्र रूप से विकसित होने की परिकल्पना की गई है। समांतर उद्विकास का यह सिद्धान्त इस बात पर बल देता है कि प्रत्येक समाज का सामाजिक-सांस्कृतिक विकास दूसरे समाजों के एक जैसे रूप में होता है।

evolution, social – सामाजिक उद्विकास

सामाजिक विज्ञानों के इतिहास में सामाजिक उद्विकास एक सर्वाधिक महत्वपूर्ण अवधारणा

रही है। 19वीं शताब्दी में समाजशास्त्र और सामाजिक मानवशास्त्र दोनों विषयों में प्रारंभिक सरल रूप से आज के जटिल रूप में मानवीय समाज के उद्विकास का विषय छाया रहा है। किन्तु आजकल इसका अध्ययन अन्य अनेक विषयों में से एक सामान्य विषय के रूप में ही किया जाता है। अधिकांश प्रारंभिक उद्विकासवादियों का सामाजिक उद्विकास से तात्पर्य 'ऐसे सामाजिक परिवर्तनों से था जो एक दिशा में क्रमिक रूप से सरलता से जटिलता के ओर एकरेखिक रूप में होते हैं।' साथ ही, सामान्यतः यह माना जाता रहा है कि ये परिवर्तन न केवल परिमाणात्मक होते हैं, अपितु ये समाज के रूप-आकार (गुणात्मक परिवर्तन) में भी फेरबदलाव लाते हैं। उद्विकासवादियों की यह मान्यता रही है कि सभी समाज और संस्कृतियों का विकास एक निश्चत क्रम एवं चरणों में होता है। विकास का यह क्रम चिरन्तन काल से सरलता से जटिलता, समानता से विभिन्नता और अनिश्चितता से निश्चितता की ओर चलता आ रहा है। यह भी माना गया है कि प्राणी के विकास की भांति समाज, संस्कृति और सामाजिक संस्थाओं का भी विकास विभिन्न स्तरों में हुआ है।

उद्विकासीय सिद्धान्तों का आगमन 19वीं शताब्दी के उत्तरार्ध के पचास वर्षों में पूरे जोशखरोश के साथ हुआ था। इस काल में उद्विकास की धारणा का प्रयोग विभिन्न सामाजिक-सांस्कृतिक घटनाओं की व्याख्या हेतु किया गया। उदाहरणार्थ, **मॉर्गन** ने विवाह और परिवार, **टायलर** ने धर्म, **कोंत** ने दर्शन, **हैड्डन** ने कला, **लैवी ब्रुहल** ने तर्क, **स्पेंन्सर** ने सभ्यता के विकास को समझाने में उद्विकास के सिद्धान्त का प्रयोग किया है। यहां तक की आधुनिक साम्यवाद के प्रवर्तक विद्वान **मार्क्स और एंजिल्स** भी सामाजिक उद्विकास की धारणा से उछूते नहीं रहे हैं और उन्होंने भी जहां-तहां अपनी आर्थिक व्याख्याओं में इस सिद्धान्त का प्रयोग किया है।

हरबर्ट स्पेन्सर (1876) ने उद्विकास के जिस सामान्य नियम का प्रतिपादन किया, वह इस तथ्य पर बल देता है कि सभी समाजों में परिवर्तन असम्बद्ध समरूपता से सम्बद्ध विषमरूपता के रूप में होता है, अर्थात् घटनाओं में निरंतर समानता से उत्तरोत्तर विभिन्नता की ओर बढ़ने की प्रवृति होती है। स्पेन्सर ने मानवीय समाज के चार प्रकार के उद्विकासीय रूपों का चरित्र-चित्रण किया है; (1) सरल, (2) मिश्रित (कम्पाउण्ड), (3) दूहरा मिश्रित, और तीहरा मिश्रित। स्पेन्सर ने समाजों के अपने विश्लेषण में सैनिक-औद्योगिक प्रकारावली को विकसित किया है। सैनिक प्रकार के समाजों में व्यक्ति की सम्पूर्ण सामाजिक समूह के प्रति आधीन होने की प्रवृति होती है, जबकि औद्योगिक समाज में व्यक्ति को काफी स्वतंत्रता प्राप्त होती है। स्पेन्सर के अनुसार, उद्विकासीय परिवर्तन सैनिक समाजों (आदिवासीय समाजों) से औद्योगिक (आधुनिक) समाजों की ओर होता है।

मॉर्गन ने अपनी पुस्तक "प्राचीन समाज" (1877) में उद्विकास की एक भिन्न अवधारणा प्रस्तुत की है। उन्होंने समस्त मानव इतिहास को तीन प्रमुख "प्रजातिक कालों" यथा जंगली अवस्था, बर्बर अवस्था और सभ्यावस्था में विभाजित किया है। मॉर्गन ने सरकार, परिवार और सम्पत्ति के उद्विकासीय चरणों को भी इंगित किया है। **एडवर्ड टायलर** (1871) ने उद्विकासीय अनुक्रमों के संदर्भ में अपनी बहुप्रसिद्ध "अवशेष" (सरवाइवल्स) की

अवधारणा का भी उल्लेख किया है। टायलर ने यह माना है कि संस्कृति के आधुनिक स्तर का उद्‌भव प्रारंभिक स्तरों से हुआ है। टायलर ने अपने उद्‌विकासीय विचारों में मानव के सामाजिक जीवन के मानसिक एवं वैचारिक पक्ष (विशेषतः धर्म) पर भी प्रकाश डाला है। **मार्क्स एवं एंजिल्स** ने स्पेन्सर, टायलर, मॉर्गन से पूर्णतः भिन्न विश्व इतिहास में उत्पादन के ढंग के उद्‌विकास को खगोलने का प्रयास किया है। अपनी पुस्तक "जर्मन विचारधारा" (1947) में उन्होंने उत्पादन के ढंग के आधार पर चार प्रकार के समाजों की चर्चा की है : आदिम साम्यवाद, दासता, सामन्तवाद और पूंजीवादी समाज।

सामाजिक उद्‌विकासवाद के "स्वर्णयुग" की समाप्ति सन् 1890 के दशक में शुरू हो गई। इस काल में और बाद में उद्‌विकासवादी सिद्धान्तों के प्रति तीव्र प्रतिक्रिया उत्पन्न हुई। मानवशास्त्र में इस प्रकार की प्रतिक्रियाओं की शुरुआत **फ्रैंज बोऑस** और उनके शिष्यों द्वारा की गई। आलोचना के चार प्रमुख मुद्दे थे; (1) प्रामाणिक विधियां का अभाव, (2) कमजोर तुलनाएं, (3) एकरैखिक विकास की धारणा, और (4) प्रसार की प्रक्रिया की सर्वथा उपेक्षा। उद्‌विकासवाद को निर्बल बनाने में ब्रिटिश मानवशास्त्रियों, विशेषतः **रेडक्लिफ ब्राउन** और **मेलिनोस्की** के प्रकार्यवाद ने भी बीसवीं शताब्दी के प्रारंभ में महत्ती भूमिका अदा की है। इन मानवशास्त्रियों ने न केवल उद्‌विकास की धारणा पर प्रहार किया, अपितु टायलर तथा अन्य की "अवशेष" सम्बन्धी विचारों का भी पुरजोर खण्डन किया। प्रकार्यवादियों ने किसी प्रथा, संस्कार अथवा संस्थागत व्यवहार को "अवशेष" मानने से इन्कार कर दिया और इसके स्थान पर उसके अस्तित्व के लिये उसके प्रकार्यों की भूमिका पर बल दिया है। सन् 1960 और 1970 के बीच समाज वैज्ञानिकों में उद्‌विकास की एक नई लहर ने पुनः रुचि पैदा की। परिणामतः उद्‌विकासवाद पर एक नये सिरे से सोच-विचार प्रारंभ हुआ जिसने बाद में नव उद्‌विकासवाद को जन्म दिया है।

उद्‌विकास के प्रति वर्तमान में मिश्रित प्रतिक्रिया है। आजकल ऐतिहासिक परिवर्तन सम्बन्धी सिद्धान्तों के प्रति तीव्र प्रतिक्रिया प्रकट की जा रही है और यह कहा जा रहा है कि कुछ निश्चित ऐतिहासिक स्थितियों के बारे में ही सीमित सैद्धान्तीकरण किया जाना चाहिये। उद्‌विकासवाद की अपनी आन्तरिक कमजोरियों के बावजूद भी यह कहा जा सकता है कि सामाजिक विकास तथा जैवकीय उद्‌विकास के बीच की उपमा ने इस विषय को आज तक जीवन्त बनाये रखा है। उद्‌विकासवाद की तीव्र आलोचनाओं के उपरान्त भी अनेक समाज वैज्ञानिक आज भी उद्‌विकासीय प्रकार की शोध एवं विश्लेषण कर रहे हैं। विशेष रूप में मानवशास्त्र और इसकी उपशाखा पुरातत्वशास्त्र में उद्‌विकासीय शोध जारी है। आधुनिक उद्‌विकासवादियों ने उन्नीसवीं सदी के उद्‌विकासवादियों से भिन्न एकरैखिक विकास के स्थान पर ऐतिहासिक विविधता और प्रसार पर बल दिया है। इस सम्बन्ध में **मार्विन हैरिस** की शब्दावली "समानान्तर", "अभिसरण" और "अपसरण" उल्लेखनीय हैं। हैरिस के अनुसार, विभिन्न समाज न केवल समानान्तर पथों का अनुसरण करते हैं, अपितु उनके अभिसरण के प्रारंभिक बिन्दु भी भिन्न होते हैं और इन समान प्रारंभिक बिन्दुओं से अलग-अलग रास्ते (अपसरण) निकलते हैं।

आधुनिक उद्‌विकासीय सिद्धान्तों में "अनुकूलन" (ऐडप्टेशन) और "प्रगति" दोनों ही अवधारणाओं को सम्मिलित कर लिया गया है (पार्सन्स, 1966, 1971)। **पार्सन्स** के अनुसार, "सामाजिक उद्‌विकास एक ऐसी प्रक्रिया है जिसके द्वारा समाजों का "अनुकूलित अश्रेणीकरण" होता है, अर्थात् उनके कार्यों के स्तर में सुधार होता है।" **हैरिस** ने, किन्तु पार्सन्स के इस विचार की समीक्षा करते हुए कहा है कि नवीन व्यवस्थाएं पुरानी व्यवस्थाओं के साथ अनुकूलन करके अनिवार्यतः उच्च स्तर की ही हों, यह आवश्यक नहीं है। नवीन व्यवस्थाएं बदली हुई परिस्थितियों के प्रति प्रत्युत्तर को प्रकट करती हैं, अतः उन्हें सीमित अर्थ में ही अनुकूलित कहा जा सकता है। "अनुकूलन" की भांति "प्रगति" को भी आधुनिक उद्‌विकासवाद में काफी महत्व दिया गया है। सभी उद्‌विकासवादी यह स्वीकार करते हैं कि मानव में उत्तरोत्तर सुधार होता है और सामाजिक उद्‌विकास के साथ सामाजिक प्रकार्यों की प्रभावकता में भी वृद्धि होती है। फिर भी, यह आवश्यक नहीं है कि उद्‌विकासवादी और प्रगतिवादी दोनों दृष्टिकोणों में कोई आन्तरिक संगति हो।

evolution, transformational – रूपान्तरकारी उद्‌विकास
समान रूप में बदलने वाले पर्यावरण तथा अनिवार्यतावादी स्पीशीज़ की धारणा को मानते हुए, **लेमार्क** ने यह विचार व्यक्त किया है कि एक जीव-जाति (स्पीशी) का प्रत्येक सदस्य समान रूप से अपने आप में रूपान्तरण कर लेता है ताकि वह पर्यावरण में हुए सामान्य अनुभूत परिवर्तनों के साथ अनुकूलन कर सके। यह अनुकूलन वह दो रूप में करता है, (1) उपयोग और अनुपयोग के नियम के अनुसार, और (2) अर्जित लक्षणों के वंशागति के नियमानुसार। इस अवधारणा को **लेमार्कवादी उद्‌विकास** के नाम से भी जाता जाता है।

evolution, unilinear – एकरेखीय उद्‌विकास
सामाजिक-सांस्कृतिक विकास का एक सिद्धान्त जिसके अनुसार यह माना जाता है कि सभी मानव प्राणी तथा उनका समाज उद्‌विकास की समान अवस्थाओं (स्तरों) से गुजरते हैं चाहे उनका पर्यावरण अथवा विशिष्ट ऐतिहासिक दशाएं कुछ भी क्यों न रही हों। यह सिद्धान्त इस अनुमान पर आधारित है कि विश्व में सभी जगह घटनाएं एक ढंग से घटती हैं और परिवर्तित होती हैं, किन्तु समय में भिन्नता हो सकती है। इस सिद्धान्त के प्रमुख प्रतिपादक **एडवर्ड टायलर** रहे हैं।

evolution, universal – सार्वभौमिक उद्‌विकास
सामाजिक-सांस्कृतिक उद्‌विकास का एक सिद्धान्त जो इस तथ्य पर बल देता है कि उद्‌विकास के विशिष्ट एकरेखीय अवस्थाओं के स्थान पर सभी स्थान पर उद्‌विकास के मोटे रूप में समान अवस्थाएं रही हैं। इस सार्वभौमिक उद्‌विकासवाद के सिद्धान्त का जन्म उन्नीसवीं शताब्दी में एकरेखीय उद्‌विकासवादी सिद्धान्त के दृष्टिकोण में परिवर्तन के फलस्वरूप हुआ। इसी के आधार पर **मॉर्गन** ने संस्कृति के उद्‌विकास के तीन प्रमुख स्तर बताये हैं; यथा जंगली अवस्था, बर्बर अवस्था और सभ्यता। इस सिद्धान्त के अन्य प्रतिपादक एवं अनुसरणकर्त्ता **फ्रेज़र, बी.गॉर्डन चाइल्ड** तथा **लेज़ली व्हाइट** रहे हैं।

evolution, variational – भिन्नतामूलक उद्विकास
डार्विनवादी उद्विकास के प्राकृतिक प्रवरण के सिद्धान्त के अनुसार यह माना जाता है कि जीवन का मूलाधार समानता नहीं, अपितु विभिन्नता है। यह सिद्धान्त **लेमार्क** के रूपान्तरणकारी उद्विकास के सिद्धान्त के विपरीत है। **अर्नेस्ट मायर** के अनुसार भिन्नतामूलक उद्विकास जनसंख्या की विचारणा पर आधारित है। डार्विन के सिद्धान्त के अनुसार यह माना जाता है कि एक जीव प्रजाति के भिन्न सदस्य पर्यावरण की चुनौतियों का भिन्न रूप में मुकाबला करते हैं; जो सदस्य पर्यावरण से मुकाबला करने में सफल रहते हैं, वे जीवित रहते हैं और प्रजनन द्वारा अधिक संतान पैदा करते हैं जो अपने माता-पिता के उन आनुवंशिक गुणों को प्राप्त करते हैं जिनसे जीवित रहने में वे सफल हुए हैं।

evolutionary medicine – उद्विकासीय चिकित्साशास्त्र
अभी हाल के वर्षों में जैविक मानवशास्त्र के दो नये क्षेत्रों, यथा उद्विकासीय चिकित्साशास्त्र और उद्विकासीय मनोविज्ञान का विकास हुआ है। इन विषयों के बारे में बौद्धिक पत्रिकाओं और जन संचार के माध्यमों द्वारा चर्चाएं शुरू हुई हैं। उद्विकासीय चिकित्साशास्त्र में पुनर्रचित मानवीय उद्विकासीय विरासत और औद्योगीकृत अथवा नगरीकृत जीवन के बीच की असंगति और इस असंगति के कारण उत्पन्न शरीर और मस्तिष्क की व्याधियों का अध्ययन किया जाता है।

evolutionary psychology – उद्विकासीय मनोविज्ञान
उद्विकासीय मनोविज्ञान जैविक मानवशास्त्र का एक उपक्षेत्र है। इसमें प्राकृतिक प्रवरण के आधार पर निर्मित संज्ञानात्मक मापांकों का प्रयोग कर लघु स्तरीय समाजों में रहने वाले घुमक्कड़ी लोगों की कुछ विशिष्ट प्रकार की समस्याओं का उद्विकासीय संदर्भ में अध्ययन किया जाता है।

evolutionism – उद्विकासवाद
उद्विकासवाद या उद्विकासीय सिद्धान्त एक ऐसा परिप्रेक्ष्य है जो अधिकाधिक सुधार और बेहतर स्थिति के लिये सरलता से जटिलता की ओर होने वाले क्रमिक एवं निरंतर परिवर्तन पर बल देता है। यह परिप्रेक्ष्य विश्व में सांस्कृतिक अथवा सामाजिक परिवर्तन में प्रसार अथवा प्रवसन की भूमिका की अपेक्षा उद्विकास की भूमिका को अधिक महत्व देता है।

उन्नीसवीं शताब्दी में, उद्विकासवाद जैवकीय उपमा पर आधारित एक प्रमुख विचारधारा थी, किन्तु इसकी प्रकृति डार्विन के निर्धारणवादी सिद्धान्त से भिन्न थी। **डार्विन** (1859) के उद्विकास के सामान्य सिद्धान्त के अनुसार यह माना जाता है कि नैसर्गिक प्राणी जातियों (स्पीशीज) में भिन्नता और "प्राकृतिक प्रवरण" (नैचॅरल सिलेक्शन) जिस प्रक्रिया द्वारा होता है, वह मूलतः प्रगतिशील नहीं है। किन्तु विक्टोरिया काल के सामाजिक वैज्ञानिकों ने इस बात को स्वीकार नहीं किया है। इनके उद्विकासीय सिद्धान्त द्वारा यह माना गया कि मानवीय समाजों में परिष्करण और सुधार अवश्यमभावी है, परिवर्तन बेहतर स्थिति के लिये होता है जो मानव समाज को उच्च सभ्यता और नैतिक विकास की ओर अग्रसर करता है।

उन्नीसवीं शताब्दी में समाज और राजनीतिक जीवन सम्बन्धी उपागमों में ये विचार केन्द्रीय महत्व के रहे हैं। समाजशास्त्र और मानवशास्त्र के क्षेत्र में उद्‌विकासीय सिद्धान्त की शुरुआत **हरबर्ट स्पेन्सर** के लेखनों से हुई जो बाद में **मॉर्गन, टायलर, हैड्डन, लैवी ब्रुहल जैसे मानवशास्त्रियों से होती हुई कार्ल मार्क्स और फ्रैडरिक एंजिल्स** तक जा पहुंची। यहां एक बात विशेष उल्लेखनीय है कि इस सिद्धान्त ने रूढ़िवादी और प्रगतिवादी दोनों प्रकार के समाज वैज्ञानिकों को प्रभावित कर यह सिद्ध कर दिया है कि पश्चिमी विचारधारा में उद्‌विकासवाद को कितना सांस्कृतिक महत्व दिया गया है। (देखिये- उद्‌विकास, सामाजिक उद्‌विकास)

टायलर, मॉर्गन तथा उन्नीसवीं सदी के अन्य उद्‌विकासवादियों के सिद्धान्तों को आजकल अधिकांशतः अस्वीकार कर दिया गया है, क्योंकि उनके सिद्धान्त सांस्कृतिक भिन्नताओं की व्याख्याएं करने में अक्षम रहे हैं। उदाहरणार्थ ये लोग उन कारकों को स्पष्ट नहीं कर पाये हैं जिन के कारण कुछ समाज आज भी "उच्च जंगलीपन" की अवस्था में हैं, जब कि अन्य समाज "सभ्यावस्था" में पहुंच गये हैं। इन उद्‌विकासवादियों द्वारा "मानव प्राणी की मानसिक एकता" (टायलर) या "विचारों के जीवाणु" (जर्म्स ऑफ थॉट) संबंधी जो धारणाएं समानान्तर उद्‌विकास को प्रदर्शित करने के लिये प्रणीत की गई, वे सांस्कृतिक विभिन्नताओं के कारणों को बताने में असफल रही हैं। यही नहीं, ये सिद्धान्त यह बताने में भी असफल रहे हैं कि क्यों कुछ सभ्यताएं खूब फली-फूली और कुछ का पतन हुआ और कुछ पूर्णतः विलुप्त हो गई। ऐसी सभ्यताएं जो उन्नति की राह पर चली, वे भी विकास की सभी अवस्थाओं से क्यों नहीं गुजरी।

मानवशास्त्र में आजकल सिद्धान्त और पद्धतिशास्त्र की दृष्टि से जैवकीय विज्ञानों से लिये गये अधिक परिपक्व उद्‌विकासीय सिद्धान्त का प्रयोग होने लगा है। उद्‌विकासीय सिद्धान्त जहां एक ओर नये-नये विचारों के जन्म में सहायक हैं, वहां यह सिद्धान्त शारीरिक और व्यवहारजन्य प्रेक्षणों की व्याख्या को सीमित भी करता है। उदाहरणार्थ, प्रारंभिक भौतिक मानवशास्त्रियों ने मानवता की एक स्व-स्पष्ट विशेषता के रूप में बाह्य शारीरिक लक्षणों के आधार पर प्रजातियों में भेद किया है। उन्होंने प्रजातिक विभेद के अपने आनुमानिक सिद्धान्तों की पुष्टि के लिये शारीरिक लक्षणों के अगणित माप एकत्रित किये हैं। इसके विपरीत, आधुनिक उद्‌विकासीय सिद्धान्त ने, कुछ रोचक भौगोलिक भिन्नताओं के अतिरिक्त, मानवीय प्रजातियों में इस प्रकार के कोई स्पष्ट भेद-सूचक शारीरिक लक्षणों की पुष्टि नहीं की है। यही नहीं, आधुनिक उद्‌विकासीय सिद्धान्त इस प्रकार के अन्तरों की कोई उद्‌विकासीय महत्ता भी नहीं बता पाया है। आधुनिक जैवकीय मानवशास्त्री व्यक्तिगत गुणसूत्र (जीन) के स्तर पर भिन्नता की खोज करते हैं और यह मानते हैं कि सामूहिक आधार पर यह अन्तर आंशिक और संशोधित रूप लिये होता है और बहुधा यह अन्तर अस्पष्ट और अप्रकट होता है।

evolutionism, neo – नव उद्‌विकासवाद

प्रसारवादियों (बोऑस सम्प्रदाय) और प्रकार्यवादियों द्वारा उद्‌विकासवाद की कड़ी आलोचनाओं के कारण उन्नीसवी शताब्दी में उद्‌विकासवादी विचार ठंडा पड़ गया, किन्तु

पूर्णतः विलुप्त नहीं हुआ। बीसवी सदी के विकासवादियों ने अपने अनुसंधानों एवं संस्कृति के उद्भव के नये सैद्धान्तिक परिप्रेक्ष्यों के प्रकाश में इसमें संशोधन किया है। इन लोगों ने सांस्कृतिक विकास के अध्ययनों पर नवीन प्रकाश डाला। सन् 1930 के आसपास इस सिद्धान्त का नव उद्विकासवाद के नये चोले में पुनर्उत्थान हुआ जिसने "बोऑस के ऐतिहासिक-विशिष्टतावाद" पर **टायलर और मॉर्गन** के समर्थक प्रमुख विद्वान **लेज़ली व्हाइट** और **स्टीवर्ड** ने प्रत्याघात किया। वास्तव में, **व्हाइट और जुलियन स्टीवर्ड** की विचारधारा ही नव उद्विकासवाद के नाम से जानी जाती है। व्हाइट ने कहा कि प्रत्येक संस्कृति तीन आधारभूत संघटकों से बनती है, यथा (1) प्रौद्योगिक-आर्थिक, (2) सामाजिक और (3) सैद्धान्तिक (वैचारिक - भावनात्मक)। उन्होंने प्रौद्योगिक-आर्थिक पहलू को किसी संस्कृति के सदस्यों द्वारा अपने पर्यावरण के प्रति व्यवहार के रूप में परिभाषित किया। यही पहलू बाद में संस्कृति के सामाजिक एवं सैद्धान्तक पहलुओं को निर्धारित करता है। प्रौद्योगिकी को उसने ऊर्जा की मात्रा एवं उसके कुशल प्रयोग का निर्धारक तत्व माना है, अतः सांस्कृतिक विकास में इसकी प्रमुख भूमिका है। व्हाइट का संस्कृति विकास का समस्त विश्लेषण तकनीकी विकास और वैज्ञानिक संदर्भ में किया गया है। उनके विचारानुसार संस्कृति के विकास का सीधा संबंध तकनीकी (प्रौद्योगिक) प्रगति से है।

जुलियन स्टीवर्ड ने व्हाइट के सिद्धान्त को थोड़ा भिन्न रूप में प्रस्तुत किया। उन्होंने व्हाइट के विपरीत संस्कृतियों के विकास स्तर के अध्ययन पर जोर दिया है। उन्होंने कहा कि सांस्कृतिक नियमितताओं या नियमों की खोज के द्वारा सांस्कृतिक विकास को विस्तार से परिभाषित किया जा सकता है। स्टीवर्ड ने संस्कृति उद्विकासवादी धारा के तीन रूप बताये; यथा (1) एकरैखिक उद्विकास—उन्नीसवीं शताब्दी के उद्विकासवादी, मुख्य रूप में **मॉर्गन एवं टायलर** इसी श्रेणी में आते हैं। इन लोगों ने संस्कृति-विकास के विश्व व्यापी स्तरों की खोजबीन की, (2) सार्वभौमिक विकास—सार्वभौमिक विकासवादियों, जिसमें प्रमुखतः **लेज़ली व्हाइट** आते हैं, ने एकरैखिक विकास को परिष्कृत रूप में रखा है और उन्होंने संस्कृतियों के स्थान पर एक संस्कृति (विशिष्ट संस्कृति) को अपने अध्ययन का क्षेत्र बनाया; (3) बहुरैखिक विकास —उपरोक्त दोनों से भिन्न संस्कृति-विकास का यह दृष्टिकोण बहुरेखीय विकास की धारा को उजागर करता है, अर्थात् अलग-अलग स्थान पर विकास का क्रम भिन्न रहा है। इस धारा के समर्थक विद्वान स्वयं **स्टीवर्ड** रहे हैं। स्टीवर्ड के अनुसार, सभी संस्कृतियां समान अवस्थाओं (स्तरों) से नहीं गुजरती हैं।

exchange — विनिमय

सामान्यतः जब कभी हम विनिमय की बात करते हैं, तब हमारे मस्तिष्क में तत्काल "बाजार विनिमय" या "व्यापारिक विनिमय" की बात उभर कर आती है, और हम वस्तु-विनिमय की बात सोचते हैं। किन्तु, विनिमय का दायरा मात्र वस्तु-विनिमय तक ही सीमित नहीं है, अपितु विनिमय की क्रिया सामाजिक संबंधों को भी प्रभावित करती है और इसे हम उदाहरण के तौर पर उपहार विनिमय और विनिमय-विवाह के रूप में भी देख सकते हैं। वस्तुतः विनिमय एक लाभ-केन्द्रित दृष्टिकोण है जिसमें सामाजिक क्रिया को इस प्रकार नियोजित अथवा संयोजित

किया जाता है ताकि अन्तर्क्रिया में सहभागी दोनों पक्षों को पुरस्कारों के विनिमय द्वारा अधिकाधिक लाभ प्राप्त हो। पुरस्कार, लागत, अपेक्षाएं और उपलब्ध विकल्प के आपसी संबंध ही विनिमय संबंधों के मूलाधार हैं।

विनिमय की अवधारणा "पारस्परिकता" और "संचारण" या "सम्प्रेषण" से निकटता से जुड़ी हुई है। यह व्यक्तियों के बीच सम्बन्धों को बनाने और उन्हें बनाये रखने को अभिव्यक्त करने वाली एक अवधारणा है। सामाजिक संबंधों के अस्तित्व के लिये किसी न किसी वस्तु का विनिमय आवश्यक है। यह विनिमय शब्दों का (भाषा) हो सकता है, किसी वस्तु का आर्थिक या/और सांस्कारिक विनिमय हो सकता है या फिर पति या पत्नी का हो सकता है। विनिमय प्रत्यक्ष या अप्रत्यक्ष, समान या असमान, बराबरी या गैर बराबरी वालों के बीच हो सकता है। विनिमय का विषय मानवशास्त्र के अध्ययन का एक केन्द्रीय विषय रहा है।

exchange, direct – सीधा (प्रत्यक्ष) विनिमय

नातेदारी समूहों में वैवाहिक विनिमय का एक रूप जिसमें स्त्रियों का विनिमय एक दिशा में होता है, सीधा विनिमय कहलाता है। इस प्रकार की विनिमय प्रणाली में पुरुष अपनी बहिनों का विनिमय एक दूसरे के साथ करते हैं, जिसे साधारण भाषा में 'आटा-साटा' कहा जाता है। दूसरे शब्दों में इसमें एक वर्ग की स्त्रियों के साथ विवाह किया जाता है जिसमें मां के भाई (मामा) की पुत्रियां सम्मिलित होती हैं। इस अवधारणा का प्रयोग **लेवी स्ट्रास** ने नातेदारी सम्बन्धों के अपने विश्लेषण में किया है।

exchange, direct delayed – विलम्बित सीधा विनिमय

नातेदारी समूहों के बीच वैवाहिक विनिमय का एक रूप विलम्बित सीधे (प्रत्यक्ष) विनिमय के नाम से जाना जाता है जिसमें एक पीढ़ी में स्त्रियों का विनिमय एक दिशा में तो दूसरी अगली पीढ़ी में यह विपरीत दिशा में होता है। इस प्रकार का विनिमय पुरुषों द्वारा पिता की बहिन (बूआ) की पुत्री के साथ विवाह का स्वाभाविक परिणाम होता है। इस अवधारणा का प्रयोग **लेवी स्ट्रास** ने किया है।

exchange, generalized or indirect – सामान्यीकृत अथवा अप्रत्यक्ष विनिमय

वैवाहिक विनिमय प्रथा के संदर्भ में **लेवी स्ट्रास** ने नातेदारी समूहों के बीच होने वाले उन विनिमय विवाहों को सामान्यीकृत अथवा अप्रत्यक्ष विनिमय कहा है जिसमें स्त्रियों का विनिमय केवल एक तरफा होता है, अर्थात ऐसा विनिमय जिसमें पिता की भांति पुत्र भी उसी नातेदारी समूह में विवाह करता है जिसमें पिता ने किया था, किन्तु पुत्री उस समूह में विवाह नहीं कर सकती। इस प्रकार के विवाह में पुरुष को अपनी मां के भाई (मामा) की पुत्री के साथ विवाह करना आवश्यक होता है। सरल अर्थों में, इस प्रकार की विवाह विनिमय प्रणाली में एक नातेदारी समूह के पुरुष किसी अन्य नातेदारी समूह से पत्नियां तो लेते हैं, किन्तु किसी अन्य समूह को पत्नियां देते हैं। दूसरे शब्दों में, इसमें पत्नियां देने वाला समूह ही पत्नियां लेने वाला समूह नहीं हो सकता है।

ex-criminal tribes – भूतपूर्व-अपराधी जनजातियां

भूतपूर्व-अपराधी जनजातियां वे जनजातियां हैं जिन्हें अंग्रेजों की शासन-व्यवस्था में विभिन्न प्रांतीय सरकारों द्वारा समय-समय पर पारित किये गये अधिनियामों के द्वारा अपराधी घोषित कर सुरक्षा की दृष्टि से जिन पर विशेष नज़र रखी जाती थी तथा साथ ही इन पर कई प्रतिबंध लगाये गये थे। इसी प्रकार का एक केन्द्रीय कानून 'अपराधी जनजातियां अधिनियम' (1933) पारित कर इन जनजातियों की सूची तैयार की गई। अलग-अलग राज्यों में ये जनजातियां अलग-अलग थीं। इनमें कुछ जनजातियां फिरन्दरी या खानाबदोश थी तथा कुछ स्थाई रूप में गांवों में बसी हुई थीं। बंजारा, सांसी, कंजर, नट आदि इस प्रकार की कुछ अपराधी जनजातियां थी। इनमें से कुछ को बाद में (स्वतंत्रता के उपरान्त) अनुसूचित जातियों और जनजातियों की सूची में सम्मिलित कर इनके सुधार और कल्याण पर विशेष ध्यान दिया गया और इनके स्थाई आवास, शिक्षा, रोजगार, स्वास्थ्य आदि संबंधी कई योजनाएं चलाई गईं। स्वतन्त्रता के बाद, भारत सरकार द्वारा सन् 1949 में नियुक्त कमेटी की सिफारिशों के आधार पर अपराधी जनजातियों से संबंधित सभी राज्यों तथा सन् 1933 के केन्द्रीय अधिनियम सहित सभी कानून को सन् 1952 में रद्द कर दिया गया तथा उसके स्थान पर "अभ्यस्त अपराधी और आवारागर्दी कानून" पारित किया गया।

ये अपराधी जनजातियां सामान्य आदिवासी जनजातियों से कई मामलों में भिन्न रही हैं। भिन्नता का प्रमुख आधार जीविकोपार्जन के रूप में इनका अपराध का पेशा था जिसे वे अपने परिवार के सदस्यों को बचपन से सिखाते थे। ऐसे समूह के सदस्यों का जन्मानुगत पेशा अपराध करना रहा है। जहां तक सामाजिक संगठन का प्रश्न है, अन्य जनजातियों और भूतपूर्व-अपराधी जनजातियों में अनेक समानताएं रही हैं। इन समूहों की जनजातीयता उन्हीं विशेषताओं पर निर्भर करती थी, जिन पर अन्य समूहों की जनजातीयता होती है। इनकी अपनी एक विशिष्ट भाषा और पंचायत के रूप में एक राजनीतिक संगठन होता था तथा प्रत्येक भूतपूर्व-अपराधी जनजाति का एक विशेष भौगोलिक क्षेत्र होता था जिसमें वे निवास करते और विवाह और नातेदारी के सम्बन्ध बनाते थे।

कुछ लोगों ने इनके अपराधत्व की व्याख्या "जन्मजात अपराधी" के जैविक सिद्धान्त पर की है, तो कुछेक ने इसे सीखा हुआ व्यवहार बता कर इनके अपराधत्व को सामाजिक-मनोवैज्ञानिक आधार पर विश्लेषित किया है।

exogamy – बहिर्विवाह

किसी विशिष्ट सामाजिक समूह (परिवार, गोत्र, प्रजाति आदि) अथवा किसी कोटि से बाहर विवाह करने हेतु व्यक्तियों के लिये बने नियम, प्रथा, चलन अथवा वरीयता को बर्हिविवाह कहते हैं। यह अन्तर्विवाह की प्रथा के ठीक विपरीत चलन है। भारत के हिन्दुओं में इस नियम के अनुसार एक व्यक्ति को अपने वंश अथवा गोत्र-समूह के बाहर विवाह करना पड़ता है। अपने गोत्र-समूह में विवाह करना निषिद्ध एवं अनुचित माना जाता है।

बहिर्विवाह के नियम विनिमय विवाह अथवा विवाह गठबंधन की एक अनिवार्य विशेषता को इंगित करते हैं। बहिर्विवाह और 'निकटाभिगमन निषेध' के आपसी सम्बन्धों के

बारे में मानव वैज्ञानिकों में कुछ मतभेद हैं। जहां **लेवी स्ट्रास** ने इन नियमों को समाज की आवश्यकताओं की पूर्ति हेतु जीवन-साथी के विनिमय को पूरक अभिव्यक्ति के रूप में देखा है, वहां अन्य विद्वानों ने इन दोनों के बीच किसी भी प्रकार के सम्बन्धों को अस्वीकारते हुए कहा है कि जहां बहिर्विवाह की प्रकृति निर्देशात्मकता लिये हुए है, वहां निकटाभिगमन निषेध वर्जना को प्रकट करता है। **फ्रेज़र** के अनुसार, बहिर्विवाह का उद्‌गम टोटेमवाद के कारण हुआ है। "एक्सॉगमि" शब्द की रचना **जे. एफ. मेक्लेनन** ने की है।

exogamy, local – स्थानिक बहिर्विवाह

किसी क्षेत्र विशेष से बाहर विवाह करने की प्रथा स्थानिक बहिर्विवाह कहलाती है।

exploitation – शोषण

सामान्यतः और अधिकांशतः गैर तकनीकी अर्थ में, शोषण से तात्पर्य "सुविधा प्राप्त करना" या "अनौचित्य रूप में लाभ प्राप्त करना" अथवा "अपने स्वार्थहित हेतु किसी व्यक्ति का प्रयोग करना" आदि से है। किन्तु **कार्ल मार्क्स** के लेखनों के बाद इस शब्द का प्रयोग अधिक विशिष्ट एवं तकनीकी अर्थ में किया जाने लगा है। मार्क्स के अनुसार, 'शोषण' तब उत्पन्न होता है जब व्यक्तियों के एक वर्ग अथवा श्रेणी को जितना आर्थिक मूल्य (अधिशेष मूल्य) वे पैदा करते हैं, उससे बहुत कम उन्हें अपने सामान्य जीवन-स्तर को बनाये रखने के लिये मजदूरी अथवा वेतन के रूप में वापिस मिलता है।" इस 'अधिशेष मूल्य' को पूंजीवादी उद्योगपति अपना लाभ मान कर हड़प जाता है। मार्क्स ने शोषण की इस धारणा को अधिकांशतः आधुनिक औद्योगिक समाज की विशेषता माना है। **डाल्टन** (1974, 1977) जैसे आलोचकों के अनुसार यह अवधारणा (शोषण) विवेचनात्मक होने की अपेक्षा मूल्यांकनात्मक और आदर्शात्मक अधिक है। शोषण मात्र आर्थिक ही नहीं होता। इसके कई रूप होते हैं, जैसे यौन शोषण, सामाजिक या मानसिक शोषण आदि।

extended family = family, extended

F

fact – तथ्य

घटनाओं के संबंध में एक ऐसे कथन को तथ्य कहते हैं जिसकी प्रामाणिकता की पुष्टि आनुभविक आधार पर की जा सकती है। वैज्ञानिक तथ्य और सामान्य तथ्यों में अन्तर होता है। वैज्ञानिक तथ्य प्रेक्षण-परीक्षण की उपज होते हैं।

fact, social – सामाजिक तथ्य

"सामाजिक तथ्य" की अवधारणा के साथ मुख्यतः समाज वैज्ञानिक **एमिल दुर्खाइम** का नाम जुड़ा हुआ। उनके अनुसार, "एक सामाजिक तथ्य व्यवहार (सोचने-समझने, अनुभव करने या क्रिया सम्पादित करने) का एक भाग है जो प्रेक्षक की दृष्टि से वस्तुपरक होता है तथा जिसकी प्रकृति बाध्यतामूलक होती है।" सरल शब्दों में, एक सामाजिक तथ्य एक ऐसा मानवीय व्यवहार अथवा कार्यकलाप है जिसे देखा-परखा जा सकता है तथा जो व्यक्तियों को एक विशेष रूप में क्रिया करने के बाध्य करता है। कानून, प्रथा, परम्परा सामाजिक तथ्यों के ही उदाहरण हैं।

familism – परिवारवाद/कुटुंबवाद

सामाजिक संगठन का एक ऐसा स्वरूप जिसमें परिवार तथा पारिवारिक एकता, परम्परा एवं सामाजिक प्रस्थिति को समाज में व्यक्तिगत अधिकारों तथा अभिरुचियों की अपेक्षा अधिक महत्व दिया जाता है, परिवारवाद कहलाता है। परिवारवाद व्यक्ति में पारिवारिक लगाव की एक अति तीव्र भावना, निष्ठा, परिवारिक सदस्यों के बीच पारस्परिक सहयोग तथा एक इकाई के रूप में परिवार को बनाये रखने की चेतना उत्पन्न करता है।

familism, amoral – गैर-नैतिक परिवारवाद

गैर-नैतिक परिवारवाद **एडवर्ड बेनफील्ड** (1958) द्वारा निर्मित एक अवधारणा है जिसकी रचना उन्होंने दक्षिणी इटली के कृषक समुदाय के व्यवहारों के अपने अध्ययन में की है। इसे परिभाषित करते हुए उन्होंने लिखा है कि 'गैर-नैतिक परिवारवाद एक ऐसा विश्वास है कि प्रत्येक व्यक्ति को भौतिक सुख-सुविधा अधिकाधिक जुटानी चाहिये। यह नाभिक परिवार के लाभों पर केन्द्रित एक विचार है जिसमें प्रत्येक व्यक्ति व्यक्तिगत लाभों को जुटाने में लगा रहता है।' बेनफील्ड का यह विचार **क्लॉखॉन** के 'परिवारवादी व्यक्तिवाद' से मिलता-जुलता है जो

उन्होंने नवाहो लोगों के दर्शन और मूल्यों की एक विशेषता बताई है। बेनफील्ड के मॉडल के अनुसार यह माना जाता है कि परिवार के बाहर सामाजिक जीवन में नैतिक नियंत्रणों का अभाव या शिथिलता होती है।

family – परिवार

साधारणतः प्रत्येक विवाहित दम्पत्ति को "परिवार" (या फैमिली) की संज्ञा दी जाती है, किन्तु मानवशास्त्र में "परिवार" शब्द का प्रयोग इस बहुप्रचलित अर्थ से भिन्न रूप में किया जाता है। यूरोप और अमेरिका के प्रारंभिक मानवशास्त्रियों ने "परिवार" शब्द की व्याख्या बड़े सीधे-सादे ढंग से की है। **मेलवेले हर्सकोविट्स** ने इस बारे में लिखा है कि "मूल परिवार की रचना के अनेक रूप नहीं हैं। एक पुरुष एक स्त्री के साथ रह सकता है या वह कई स्त्रियों के साथ रह सकता है या एक स्त्री के अनेक पति हो सकते हैं।" इसी प्रकार **जार्ज पीटर मुरडॉक** ने परिवार को इन शब्दों में परिभाषित किया है, "परिवार एक ऐसा समूह है जिसकी साझा निवास, आर्थिक सहयोग और प्रजनन की विशेषताएं होती हैं। इसमें दोनों लिंगों के वयस्क व्यक्ति होते हैं और कम से कम दो व्यक्तियों के बीच सामाजिक स्वीकृत लैंगिक सम्बन्ध होते हैं और लैंगिक सहवास करने वाले वयस्क व्यक्तियों के स्वयं के या दत्तक एक या अधिक बच्चे होते हैं।" **क्लाड लेवी स्ट्रास** जैसे विवादास्पद फ्रांसीसी मानवशास्त्री, जिन्होंने "व्यक्तिकात्मक नातेदारी प्रणाली" पर जोर दिया है, उन्होंने भी न्यूनाधिक रूप में परिवार की उपर्युक्त परिभाषा को स्वीकार करते हुए इसे सामाजिक जीवन की रचना में केन्द्रीय महत्व दिया है। इसके विपरीत, आज मानवशास्त्रियों में "परिवार" के अर्थ के बारे में बहुत कम मतैक्यता है और इस बारे में तो मतैक्यता और भी कम है कि परिवारिक जीवन के बारे में कैसे सामान्य सिद्धान्तों की रचना की जाये।

मुरडॉक ने विश्व के विभिन्न स्थानों के 250 प्रतिनिधिक मानवीय समाजों के अध्ययन के बाद परिवार की परिभाषा के बारे में व्याप्त असमंजस की स्थिति को स्पष्ट करते हुए लिखा है कि मानवीय पारिवारिक संगठन का मूल ढांचा "नाभिक परिवार" (न्यूक्लिअर फैमिली) का है जिसमें "एक विवाहित पुरुष और स्त्री अपनी सन्तानों सहित रहते हैं। यह संभव हो सकता है कि कुछ व्यक्तिगत प्रकरणों में इस दम्पति के साथ एक या अधिक व्यक्ति साथ रहते हों।. . . . किन्तु, इस धरती के अधिकांश लोगों में नाभिक परिवार, अणु में परमाणु की भांति, एक वृहद् समूह के रूप में संयुक्त होते हैं।"

इस प्रकार की परिभाषाएं उस कालावधि से सम्बन्धित हैं जब मानवशास्त्रियों ने मानवशास्त्र को एक विज्ञान के रूप में प्रस्थापित किया था। किन्तु, आधुनिक परिवारों, विशेषतः यूरोप और अमेरिका के परिवारों ने मुरडॉक के इस तथ्य को झुटला दिया है कि नाभिक परिवार परमाणु की भांति समाज की निर्मायक ईंटें हैं। इस बात की पुष्टि इस तथ्य से होती है कि अब "घर" (हाउसहोल्ड) और "परिवार" (फैमिली) को एक ही समझने की भूल नहीं की जानी चहिये। दोनों में पर्याप्त अन्तर हैं। "परिवार" का तात्पर्य नातेदारी इकाई से है, जब कि "घर" का अर्थ साझा निवासस्थान से है। किन्तु **डेविड स्नाइडर** (1968,84) ने अमेरिकी नातेदारी के अपने अध्ययन के आधार पर इस प्रचलित कहावत का खंडन किया है

कि "पानी की अपेक्षा रक्त गाड़ा होता है," या "पारिवारिक नातेदारी का आधार जीवशास्त्र है।" स्नाइडर ने कहा कि जीवविज्ञान को नातेदारी का अधार इसलिये नहीं माना जा सकता क्योंकि यह जरूरी नहीं है कि मैथुनिक-प्रजनन सम्बन्ध व्यक्तियों के बीच सामाजिक सम्बन्ध भी पैदा करते हों या बच्चा पैदा करने की क्रिया माँ और बालक के बीच सम्बन्ध स्थापित करती हो, तथा आनुवंशिक बंधनों से जुड़े सामाजिक एवं सांस्कृतिक गुणों के परे भी कोई निश्चित अर्थ या विशेषताएं होती हैं। इन तथ्यों के अतिरिक्त, आधुनिक सन्तानहीन दम्पत्ति या विवाहहीन परिवारों के प्रचलन ने भी इस पुराने मिथक को तोड़ा है कि परिवारों में दम्पत्ति के साथ सन्तान का होना आवश्यक है। आजकल कुछ नये प्रकार के परिवारों की रचना मात्र दत्तक सन्तान द्वारा या कृत्रिम गर्भाधान द्वारा उत्पन्न सन्तान द्वारा होने लगी है। यही नहीं, पश्चिम और अमेरिका में एकल माँ/बाप या समलिंगियों द्वारा परिवार की रचना अब एक साधारण बात होती जा रही है। परिवार की पारम्परिक परिभाषा ऐसे नवीन तथ्यों के संदर्भ में धराशायी होती जा रही है, जैसे क्या "पोष्य-परिवारों" (फॉस्टर फैमिली) को परिवार की परिभाषा में सम्मिलित किया जाये? क्या "निकटाभिगमन"के तथ्य को नजरअन्दाज किया जाये? क्या गुलामों, नौकरों तथा उपपत्नियों और रखैलों को परिवार में सम्मिलत किया जाये? क्या नाभिक परिवार में मृतक, अर्थात् परिवार के पूर्वजों को कोई स्थान है? आदि-आदि। सार-संक्षेप में यह कहा जा सकता है कि अब परिवार के कई नये रूप उभर कर सामने आ रहे हैं, जिनके बारे में पहले कोई कल्पना भी संभव नहीं थी। फिर भी यह कहा जा सकता है कि परिवार सम्बन्धी ऊपर उठाये गये प्रश्न परिवार की आदर्श स्थिति से विचलन अवश्य हैं या ये प्रश्न परिवार का नये रूपों में विस्तार को प्रकट करते हैं। इस दृष्टि से "पोष्य परिवारों" या "समलैंगिक मैथुनिक परिवारों" को वास्तविक परिवार का मात्र काल्पनिक विस्तार मानना ही अधिक उचित प्रतीत होता है।

परिवार के रूप-स्वरूप (सरंचना) और प्रकार्यों में आये बदलाव के उपरान्त भी विश्व के अधिकांश समाजों में परिवार का पारम्परिक रूप आज भी जीवित है। पारम्परिक रूप में, 'परिवार एक ऐसा सामाजिक समूह है जिसकी प्राथमिक विशेषताएं साझा निवास, आर्थिक सहयोग, सन्तानोत्पत्ति, सहसंस्कृतिकरण और समाजीकरण है। इसकी रचना या तो जैवकीय आधार पर बने माँ-बालक युग्म द्वारा या सामाजिक आधार पर निर्मित माता-पिता-संतान के त्रयी बन्धनों के आधार पर होती है।' *एक जैवकीय इकाई के रूप में*, एक परिवार ऐसा समूह है जिसमें स्त्री एवं पुरुष को यौन सम्बन्धों की स्थापना एवं संतान पैदा करने के लिये समाज की स्वीकृति प्राप्त होती है। *एक सामाजिक इकाई के रूप में,* परिवार स्त्री-पुरुष का एक समूह है जो विवाह या रक्त या गोद के सम्बन्धों के आधार पर निर्मित होता है। इन परिभाषाओं के आधार पर परिवार के अनेक रूप-स्वरूप पाये गये हैं, जिनमें मूल अथवा जैविक परिवार, संयुक्त परिवार और विस्तारित परिवार प्रमुख हैं।

family, ambilocal = residence, ambilocal

family, atomistic – आणविक परिवार

प्रो. ज़िमरमैन (1947) ने सबसे छोटे एक ऐसे परिवार को आणविक अथवा लघु परिवार की

संज्ञा दी है जो पति-पत्नी तथा उनकी अविवाहित संतानों द्वारा बना होता है। ऐसे परिवारों में परिवार के सामूहिक हितों की अपेक्षा व्यक्तिगत हितों और कल्याण को अधिक महत्व दिया जाता है तथा इनमें परम्परागत लोकाचारों का महत्व कम होता है और परिवार के प्रत्येक सदस्य की स्वेच्छा ही महत्वपूर्ण होती है।

family, autonomic – स्वायत्तामूलक परिवार
एक ऐसा परिवार जिसमें पति व पत्नी दोनों को पारिवारिक मामलों में अलग-अलग रूप में बराबर संख्या में निर्णय लेने का अधिकार होता है। यह "समतावादी" आधुनिक परिवार का ही एक रूप है।

family, avanculocal – मातुलस्थानीय परिवार
विवाह के बाद दम्पत्ति पति के मामा के साथ या उनके सानिध्य में रहते हैं, तब ऐसा परिवार मातुलस्थानीय परिवार कहलाता है। परिवार का यह रूप अत्यन्त सीमित मात्रा में कुछ आदिवासी समाजों में पाया गया है।

family, bilateral – उभयवाही परिवार
एक ऐसा परिवार जिसमें सन्तान का माता-पिता के दोनों के सम्बन्धियों के साथ समान रूप से सम्बन्ध रहता है, उभयवाही परिवार कहलाता है। ऐसे परिवारों में वंशानुगत सम्बन्धों (मातृ या पितृवंश) को अलक्षित कर सभी निकट सम्बन्धियों पर व्यक्ति आश्रित रहता है। उभयवाही परिवार में एक व्यक्ति अपने दादा-दादी, और नाना-नानी चारों सम्बन्धियों से समान रूप में सम्बन्ध रहता है।

family, biolocal – उभयस्थानीय परिवार
कुछ समाजों में नव दम्पति को पति अथवा पत्नी में से किसी एक के परिवार के साथ रहने की छूट दी जाती है। वे दोनों में से किसी एक के माता-पिता के साथ रह सकते हैं। पारिवारिक संगठन की यह व्यवस्था उभयस्थानीय परिवार के नाम से जानी जाती है। यह मातृ-पितृस्थानीय परिवार से मिलता-जुलता है।

family, biological – जैविक परिवार
ऐसा परिवार जिसमें पति-पत्नी और उनके बच्चे (अपने या गोद लिये) रहते हैं, जैविक परिवार कहलाता है। इस प्रकार के जैविक परिवार को ही छोटा परिवार, दाम्पत्यमूलक परिवार, मूल परिवार या नाभिक परिवार भी कहते हैं।

family, companionship – साहचर्य परिवार
बर्गेस एवं लॉक ने दो प्रकार के परिवार का वर्णन-विश्लेषण किया है : संस्थागत परिवार और साहचर्य परिवार। उन्होंने एक ऐसे परिवार को साहचर्य परिवार कहा है जिसमें दाम्पत्य प्रेम और आम सहमति की प्रधानता होती है। ये परिवार संस्थागत परिवारों से पूर्णतः उलटे होते

हैं। इस प्रकार के परिवारों की मुख्य विशेषता विवाहित युग्म का साहचर्यात्मक जीवन बिताने की कामना होती है। वे स्थाई वैवाहिक बंधनों की अपेक्षा परिवर्तनशील मैत्रीवत् सम्बन्धों में आबद्ध रहना अधिक पसंद करते हैं। बर्गेस के अनुसार अमेरिकी (और पश्चिमी) परिवार संस्थात्मक परिवारों से साहचर्य परिवारों में तीव्रता से बदलते जा रहे हैं।

family, composite – सम्मिश्रित परिवार

दो या अधिक मूल परिवारों से निर्मित एक ऐसा परिवार जिसका निवास एक ही स्थान पर एकल रूप में होता है, सम्मिश्रित परिवार कहलाता है। इसमें विस्तृत परिवार अथवा बहुपत्निक एवं बहुपतिक परिवार सम्मिलित होते हैं। यह यौगिक परिवार से मिलता-जुलता है।

family, compound – यौगिक परिवार

बहुविवाह के आधार पर बने परिवार को यौगिक परिवार कहा गया है। इसमें दो या दो से अधिक केन्द्रीय (मूल) परिवार किसी एक सामान्य निवास स्थान (घर) में साथ-साथ रहते हैं। यह परिवार साझा पति या पत्नी के द्वारा जुड़ा होता है। बहुधा बहुपत्नी विवाह की प्रणाली में जोड़ने वाला यह व्यक्ति प।त होता है।

family, conjugal – दाम्पतिक या दांपत्यमूलक परिवार

ऐसा परिवार जिसमें रक्त सम्बन्धों की अपेक्षा पति-पत्नी के सम्बन्धों को अधिक महत्व एवं प्राथमिकता दी जाती है, दाम्पत्यमूलक परिवार के नाम से जाना जाता है। विवाह के आधार पर निर्मित इस प्रकार के परिवार की रचना पति-पत्नी तथा उनकी अविवाहित आश्रित संतानों द्वारा होती है। यदि इनके साथ अन्य सम्बन्धी (दम्पति के माता-पिता या भाई-बहिन आदि) भी रहते हैं तो उनकी स्थिति किनारे की, अर्थात् महत्वहीन होती है। ऐसे परिवार में पति-पत्नी एवं बच्चों के सम्बन्ध प्रकार्यात्मक रूप में प्राथमिक होते हैं तथा अन्य व्यक्ति उनके मात्र सहयोगी या गौण होते हैं। इसे लघु या जैविक परिवार भी कहते हैं। अधिसंख्य पश्चिमी परिवारों का रूप स्वतंत्र एकाकी दाम्पतिक परिवार का ही है।

family, consanguineous – समरक्त परिवार

परिवार संगठन का एक रूप जो जैविक परिवार (पति-पत्नी और सन्तान) तक सीमित नहीं होता अपितु उसमें बहुत से रक्त संबंधियों का भी समावेश होता है, समरक्त परिवार कहलाता है। इस प्रकार के परिवार में पति-पत्नी के वैवाहिक सम्बन्धों की अपेक्षा माता-पिता एवं संतान, भाई-बहिन के रिस्तों को अधिक महत्व दिया जाता है। इनमें रक्त सम्बन्धियों की स्थिति केन्द्रीय और पति-पत्नी की स्थिति घेरे के किनारे की अर्थात् गौण होती है। समरक्त परिवार में बहुधा दो या तीन पीढ़ियों के सदस्य सम्मिलित होते हैं। भारतीय संयुक्त परिवार समरक्त परिवार का ही एक उदाहरण है।

family, domestic – गृहस्थ परिवार

ज़िमरमैन ने उन परिवारों को गृहस्थ परिवार कहा है जिनमें धरोअरधारी और आणविक

परिवार दोनों की कुछ-कुछ विशेषताएं पाई जाती हैं। ऐसे परिवार औपचारिकता और व्यक्तिवाद दोनों के बीच संतुलन बनाये रखते हैं।

family, double descent – द्विनामी (वंश) परिवार

कुछ आदिवासी समाजों में ऐसा देखा गया है कि उनमें व्यक्ति दोनों प्रकार के परिवार (पैतृक या मातृक) के सदस्यों के कतिपय विशिष्ट समूह से सम्बद्ध रहता है। ऐसे समाजों में पैतृक और मातृक दोनों वंश नाम परम्पराएं साथ-साथ चलती हैं। इस प्रकार की परिवार व्यवस्था को "द्विनामी वंश परिवार" के नाम से जाना जाता है। ऐसे पैतृक समाजों में कोई भी व्यक्ति केवल अपने पिता और दादा से सम्बद्ध रहता है, तो मातृक समाज में अपनी माता और नानी से।

family, duolocal – द्विस्थानीय परिवार

ऐसे परिवार द्विस्थानीय कहलाते हैं जिनमें विवाह के बाद भी पति-पत्नी साथ-साथ नहीं रहते हैं, अपितु वे अलग-अलग उन्हीं परिवारों में रहते हैं जिनमें उनका जन्म हुआ है। भारत में लक्षद्वीप और केरल के कुछ भागों में परिवार का यह रूप देखने में आया है। ऐसे परिवारों में पति केवल रात बिताने के लिये अपनी पत्नी के घर जाता है, किन्तु दिन के समय जीविकोपार्जन करने के लिये पुनः अपने जन्म के परिवार में लौट आता है।

family, elementry – प्राथमिक परिवार

पति, पत्नी और उनकी संतान से निर्मित परिवार को प्राथमिक परिवार का नाम दिया गया है। इस प्रकार के परिवारों को एकल, आणविक और नाभिक परिवार भी कहा जाता है। लगभग एक ही प्रकार के परिवारों के लिये भिन्न शब्दों का प्रयोग भिन्न मानवशास्त्रियों ने भिन्न संदर्भ, किन्तु मिलते-जुलते अर्थों में किया है।

family, extended – विस्तारित परिवार

दो या दो से अधिक नाभिक परिवारों द्वारा निर्मित एक घर एवं अकेली आर्थिक इकाई को विस्तारित परिवार कहते हैं। विवाह होने के बाद जब परिवार के सदस्य अलग-अलग परिवारों (नाभिक परिवार) में विभाजित हो जाते हैं, किन्तु कुछ सामाजिक संस्थाओं या प्रथाओं के आधार पर उनमें आपसी सम्बन्ध बने रहते हैं, तब ऐसे परिवार-समूह को विस्तारित परिवार की संज्ञा दी गई है। यह एक ऐसा परिवार-संकुल है जो वंशानुक्रम के आधार पर आपस में सम्बद्ध होते हुए भी भिन्न-भिन्न परिवार-इकाइयों में बंटा होता है। सामान्यतः इस परिवार-समूह में दो या दो से अधिक पीढ़ियां एक साझा घरेलू समूह के रूप में साथ-साथ रहती है तथा यह एक लिंग अर्थात् पति अथवा पत्नी की ओर की सभी विवाहित संतानों, उनके जीवन-साथी तथा परिवारों द्वारा बना होता है। उदाहरणार्थ, एक विस्तारित परिवार में दादा, दादी, उनके विवाहित लड़के (मातृवंशीय परिवार में विवाहित लड़कियां) उनकी अविवाहित संतानें, उनके जीवन-साथी तथा संतानें सम्मिलित होती हैं।

माता-पिता की मृत्यु के बाद यह परिवार "समवाहिक" (कॉलेटरल) विस्तारित समूह का

रूप धारण कर लेता है, यदि सहोदर और उनकी सन्तानें साथ-साथ रहती हैं।

family, extended biolocal – उभयस्थानिक विस्तारित परिवार

जब विवाह के पश्चात् पुत्र अथवा पुत्री अपने मूल परिवार में ही रहते हैं, तब इस प्रकार के उभयस्थानिक परिवार का जन्म होता है। इस प्रकार के बंधन सूत्र पिता तथा पुत्र अथवा माँ और पुत्री के बीच होता है।

family, fissioned – विखंडित परिवार

डा. राम आहुजा ने पैतृक परिवार से अलग हुए ऐसे परिवार को विखंडित परिवार की संज्ञा दी है जो संरचना और कार्यों की दृष्टि से एकल परिवार की भांति होते हैं।

family, institutional – संस्थात्मक परिवार

ई. डब्ल्यू. बर्गेस द्वारा इंगित परिवार का एक ऐसा रूप जिसमें सदस्यों का व्यवहार लोकाचारों एवं जनरीतियों द्वारा नियंत्रित होता है, संस्थात्मक परिवार कहते हैं।

family, joint – संयुक्त परिवार

विस्तारित परिवार के एक ऐसे विशिष्ट रूप को संयुक्त परिवार कहा गया है जो विशेषतः भारत के हिन्दू समुदाय में पाया गया है। संयुक्त परिवार को कई ढ़ंग से परिभाषित किया गया है। समाजशास्त्रीय दृष्टि से, "संयुक्त परिवार एक ऐसी गृहस्थी है जिसमें नाभिक परिवारों की अपेक्षा अधिक पीढ़ियों (सामान्यतः तीन या तीन से अधिक पीढ़ियां) के सदस्य साथ-साथ रहते हैं और जिसके सदस्य सम्पत्ति, आय, पारस्परिक अधिकार एवं कर्त्तव्यों के बंधनों में एक दूसरे से आबद्ध रहते हैं।" **प्रो. आई. पी. देसाई** ने इन विशेषताओं युक्त परिवार को "पारम्परिक संयुक्त परिवार" की संज्ञा दी है। इसके अतिरिक्त, प्रो. देसाई ने दो अन्य प्रकार के संयुक्त परिवार बताये हैं। उन्होंने ऐसे परिवारों को "प्रकार्यात्मक संयुक्त परिवार" की संज्ञा दी है जिसमें नातेदारी संबंधों पर दो परिवार अलग-अलग रहते हैं, किन्तु वे एक ही व्यक्ति के अधीन कार्य करते हैं। इसके अतिरिक्त, ऐसे परिवार "सीमान्त संयुक्त परिवार" हैं जिसमें दो पीढ़ियों के सदस्य साथ-साथ रहते हैं।

औद्योगीकरण, शहरीकरण, व्यक्तिवादिता, भौगोलिक गतिशीलता, शिक्षा तथा मीडिया और पश्चिम के प्रभाव के फलस्वरूप अब पारम्परिक संयुक्त परिवार टूटने लगे हैं, उनका रूप परिवर्तन हो रहा है, किन्तु भारतीय संस्कारों के प्रभाव के फलस्वरूप अभी संयुक्त परिवार की भावना सर्वथा समाप्त नहीं हुई है। जीवन-पथ के संस्कारों यथा जन्म, परण (विवाह) एवं मरण तथा होली-दिवाली जैसे बड़े पर्व-त्यौहारों पर आज भी संयुक्त परिवार के सदस्य एक स्थान पर एकत्रित होते हैं, यद्यपि उनमें सहयोग, त्याग एवं उत्सर्ग की भावना पहले जैसी दृष्टिगोचर नहीं होती।

आधुनिक परिवर्तन की शक्तियों के फलस्वरूप संयुक्त परिवार के कई रूप उभर कर आये हैं, जैसे (1) पति-पत्नि, उनकी अविवाहित संतान तथा उनका विवाहित पुत्र अपनी

संतानों सहित, (2) पति-पत्नी, उनकी अविवाहित संतान तथा पति के माता-पिता, अविवाहित भाई-बहिन सहित, (3) पति-पत्नी, पति के माता-पिता, विवाहित युग्म की अविवाहित संतान तथा विवाहित पुत्र व उनकी संतान, (4) कई भाई अपनी-अपनी पत्नियों व संतान सहित, (5) कई भाई अपनी पत्नियों, संतान व माता पिता सहित। संक्षेप में, संयुक्त परिवार का विस्तार अब समरेखीय (उदग्र) और क्षैतिज (भिन्न शाखाई) दोनों रूप में हो रहा है।

family, maternal – मातृक परिवार
पारिवारिक संगठन का एक ऐसा रूप "मातृक परिवार" के नाम से जाना जाता है जिसमें परिवार की सत्ता की औपचारिक मालकिन माँ अथवा स्त्री-मुखिया होती है तथा जिसमें पुरुष कुछ सीमा तक पत्नी के सम्बन्धियों के मातहत होते हैं। मातृसत्तात्मक परिवारों की भांति मातृक परिवारों में भी वंश-गणना स्त्री (माँ) के कुल एवं गोत्र के आधार पर की जाती है। यह संभव है कि ऐसे परिवारों में सत्ता का उपयोग स्त्रियों के माध्यम से पुरुष करते हों। कुछ समाजों में ये अधिकार वास्तविक, तो कुछ में नाम मात्र के होते हैं।

family, matriarchal – मातृतंत्रात्मक/मातृतंत्रीय परिवार
परिवार का यह रूप ऊपर वर्णित "मातृक परिवार" से मिलता-जुलता है। ऐसे परिवारों में माँ परिवार की औपचारिक और व्यावहारिक दोनों दृष्टि से प्रधान होती है और परिवार में उसकी सत्ता को प्रधानता दी जाती है। सिद्धान्ततः मातृतंत्रीय परिवार समरक्तता के आधार पर गठित होते हैं जो मातृवंशीयता तथा मातृस्थानीयता के नियम का पालन करते हैं। परिवार की देखरेख वृद्धा स्त्री, जैसे नानी द्वारा होती है। ऐसे परिवारों में शक्तियों (अधिकार एवं नियंत्रण) का केन्द्रीयकरण स्त्री वर्ग में होता है।

family, matricentric / matrifocal – मातृकेन्द्रित परिवार
एक ऐसा परिवार जिसमें मां की स्थिति केन्द्रीय (महत्वपूर्ण) और पिता की स्थिति गौण होती है, मातृकेन्द्रित परिवार के नाम से जाना जाता है। कई मातृवंशीय व्यवस्थाओं में यह देखने को मिला है कि जहां पत्नी विवाह के उपरान्त भी अपने ही रक्त संबंधियों के साथ रहती है, वहां पति का अपनी पत्नी के साथ स्थाई संबंध नहीं होता। पत्नी के परिवार में उसकी स्थिति एक आगन्तुक अथवा एक सम्मानित अतिथि की भांति होती है। अतः ऐसे परिवार में पति के अधिकांश समय बाहर रहने के कारण घर-परिवार सम्बन्धी सभी निर्णय पत्नी द्वारा लिये जाते हैं, अतः वह परिवार की केन्द्र बन जाती है।

family, matrilineal – मातृवंशीय/मातृमार्गीय परिवार
परिवार का एक रूप जिसमें वंश का निर्धारण मां (स्त्री पूर्वजा) की ओर से किया जाता है, अर्थात् वंश-नाम मातृपक्ष से चलता है, मातृवंशीय या मातृमार्गीय परिवार कहलाता है। मातृवंशीय परिवार में एक व्यक्ति अपने मातृकुल से सम्बद्ध रहता है। मातृवंशीयता को मातृतंत्रीयता के साथ मिलाने की भूल नहीं की जानी चाहिये जिसमें सत्ता-अधिकार स्त्रियों के हाथों में होती है।

family, matrilocal – मातृस्थानीय परिवार
जब विवाहित दम्पति पत्नी के "स्वजनों" के साथ अथवा उनके समीप रहते हैं, तब ऐसे परिवार को मातृस्थानीय परिवार कहते हैं। इस प्रकार के परिवारों में समाज के नियमानुसार पति को अपने माता-पिता का घर छोड़ना पड़ता है और पत्नी के सम्बन्धियों के साथ रहना पड़ता है।

भारत के पूर्वी प्रदेश में निवास करने वाली खासी और गारो जनजातियों और दक्षिण भारत के केरल प्रदेश में निवास करने वाले नायर समाज में मातृस्थानीय एवं मातृवंशीय परिवार पाये गये हैं। इन समाजों में बच्चे अपने परिवार का नाम अपनी माता से गृहण करते हैं, न कि पिता से।

family, matri-patrilocal – मातृ-पितृस्थानीय परिवार
पितृस्थानीय परिवार के ही एक भिन्न रूप को **प्रो. मर्डक** ने "मातृ-पितृस्थानीय परिवार" कहा है। निवास के इस नियम के अनुसार, नवदम्पति कुछ समय के लिये वधू के परिवार (माता-पिता) और तदुपरान्त स्थाई रूप से पति के माता-पिता के साथ रहने के लिये चले जाते हैं। यह उभयविवाही परिवार (बाइलोकल फैमिली) से मिलता-जुलता है।

family, matripotestal – मातृसत्तात्मक परिवार
एक ऐसा परिवार जिसमें परिवार की सत्ता का नियंत्रण घर की वयोवृद्ध स्त्री के हाथ में होता है, मातृसत्तात्मक परिवार कहलाता है। इसे मातृतंत्रीय परिवार के नाम से भी जाना जाता है।

family, matronymic – मातृनामी परिवार
परिवार का एक रूप जिसमें बच्चों का नामकरण माँ के वंश के आधार पर किया जाता है, मातृनामी परिवार कहलाता है। मातृनामी परिवार में व्यक्ति मातृकुल से सम्बद्ध रहता है। इस प्रकार के परिवार एकवाही वंश के रूप हैं।

family, monogamous – एकविवाही परिवार
एकविवाही परिवार एक स्त्री और एक पुरुष के विवाह के उपरान्त बनता है। सामान्यतः एकविवाही परिवार में एक जीवन-साथी के जीवित रहते हुए दूसरा विवाह नहीं किया जा सकता। एक पति, उसकी पत्नी और उनके बच्चे मिल कर इस प्रकार के परिवार की रचना करते हैं।

family, neolocal – नवस्थानीय परिवार
जब विवाहित दम्पति न पति के स्वजनों के साथ और न ही पत्नी के परिवार वालों के साथ रहे, वरन् नया घर बसा कर रहते हैं, तब इसे नवस्थानीय परिवार कहते हैं। आधुनिक समाजों में निवास की दृष्टि से परिवार का यही रूप सर्वाधिक प्रचलित है।

family, nuclear – नाभिक परिवार
पारिवारिक संगठन की ऐसी आधारभूत इकाई जिसकी रचना विवाहित दम्पति तथा उनकी

आश्रित सन्तानों द्वारा होती है, उसे नाभिक परिवार कहते हैं। नाभिक परिवारों की स्थिति विस्तारित परिवारों के बीच की होने के कारण ही इन्हें नाभिक परिवार कहा गया है। विस्तारित परिवार का विकास नाभिक परिवार से ही होता है। इस प्रकार के परिवारों के लिये "दाम्पत्यमूलक परिवार" शब्द का भी प्रयोग किया जाता है।

जी. पी. मरडॉक ने ऐसे परिवारों को "सार्वभौमिक मानव समूह" कहा है और इन्हें मानव जाति के अतिजीवन और सामाजिक निरंतरता के लिये आवश्यक बताया है।

family, paternal – पैतृक परिवार

जब परिवार की सत्ता परिवार के किसी पुरुष-मुखिया के हाथ में होती है, तब इसे पैतृक परिवार कहते हैं। ऐसे परिवारों में सत्ता का मालिक सामान्यतः परिवार का कोई ज्येष्ठ पुरुष होता है। पैतृक परिवारों में वंश-गणना भी पुरुष के कुल से होती है।

family, patriarchal – पित्रतंत्रात्मक/पितृतंत्रीय परिवार

परिवार का वह रूप जिसमें पारिवारिक शक्तियों (अधिकार एवं नियंत्रण) का केन्द्रीयकरण परिवार के सबसे ज्येष्ठ पुरुष-मुखिया के हाथ में होता है, पितृतंत्रीय परिवार के नाम से जाना जाता है। इसे "पैतृक परिवार" भी कहा गया है। ऐसे पारिवारिक संगठन में पत्नी अथवा पत्नियों और बच्चों की स्थिति कानूनन रूप में आश्रितता की होती है तथा वंशक्रम एवं उत्तराधिकार का निर्धारण पुरुष के द्वारा होता है।

मानवशास्त्रियों के मतानुसार इस प्रकार के परिवार का उदय निजी सम्पत्ति की धारणा के विकास तथा पुरुषों द्वारा उत्पादन के प्रमुख कार्यों के सम्पादन किये जाने के साथ ही हो गया होगा। आधुनिक समाजों में परिवार का यही रूप विद्यमान है। यही नहीं, मातृतंत्रीय कहे जाने वाले समाज भी अब धीरे-धीरे पितृतंत्रीय समाजों में परिणित होते जा रहे हैं, किन्तु आजकल आधुनिक कानूनों द्वारा पुरुष (पिता/पति) के अधिकारों में कई कटोतियां कर दी गई हैं।

family, patricentric – पितृकेन्द्रित परिवार

मातृकेन्द्रित परिवार से ठीक विपरीत एक ऐसा परिवार का रूप जिसमें घर के कामकाज, सत्ता और नियंत्रण आदि की दृष्टि से पुरुष (पिता/पति) की केन्द्रीय स्थिति होती है, पितृकेन्द्रित परिवार कहलाता है।

family, patrilineal – पितृवंशीय परिवार

जब वंश का निर्धारण पिता की ओर से होता है, अर्थात जहां वंश-नाम पितृपक्ष की ओर से चलता है, तो इसे पितृवंशीय परिवार कहते हैं।

family, patrilocal – पितृस्थानीय परिवार

जब विवाह के बाद स्त्री (पत्नी) अपने पति के पितृ परिवार के साथ रहने लगती है, तब निवासस्थान की दृष्टि से यह पितृस्थानीय परिवार कहलाता है। इसी परिवार में उसके बच्चों का जन्म तथा पालन पोषण होता है।

family, patripotestal – पितृसत्तात्मक परिवार

पितृतंत्रीय परिवार को ही एक अन्य नाम पितृसत्तात्मक परिवार के नाम से जाना जाता है। ऐसे परिवारों में सत्ता का नियंत्रण पुरुष (पिता, पितामह) के हाथ में होता है।

family, patronymic – पितृनामी परिवार

ऐसे परिवार पितृनामी परिवार कहलाते हैं जिसमें व्यक्ति अपने पितृकुल से सम्बद्ध रहता है तथा संतान अपना उपनाम अपने पिता के वंश (पैतृक पूर्वज) से ग्रहण करती है।

family, polygamous – बहुविवाही परिवार

जब कोई स्त्री एक से अधिक पुरुषों से या कोई पुरुष एक से अधिक स्त्रियों से विवाह कर घर बसाता है, तब इस प्रकार के विवाह के आधार पर बहुविवाही परिवार का निर्माण होता है। इस परिवार में दो या अधिक मूल (नाभिक) परिवार सम्मिलित होते हैं। इसके दो रूप हैं : बहुपत्नी परिवार और बहुपति परिवार उदाहरणार्थ, बहुपत्नी विवाह के अंतर्गत एक पुरुष अनेक मूल परिवारों में पिता और पति की भूमिका अदा करता है और इससे बृहत् परिवार का रूप निर्मित होता है। इसी प्रकार, जब एक स्त्री का एकाधिक पुरुषों के साथ विवाह द्वारा जिस परिवार की रचना होती है, तब यह बहुपतित्व परिवार कहलाता है।

भारत में खासा, टोडा, बैगा, तथा मध्य प्रदेश की कुछ अन्य जनजातियों में ऐसे परिवारों का प्रचलन पाया गया है।

family, polygynous – बहुपत्नी परिवार

परिवार का एक रूप जिसमें एक ही समय में एक पुरुष की दो या अधिक पत्नियां होती हैं। ऐसे परिवार की रचना बहुपत्नी विवाह प्रथा पर आधारित होती है।

family, post-modern – उत्तर-आधुनिक परिवार

पश्चिमी समाजों के परिवारों में तीन प्रमुख प्रवृतियां उभर रहीं हैं : प्रथम, किशोर और युवाओं पर दिन-प्रतिदिन माता-पिता की अपेक्षा संगी-साथियों का उत्तरोत्तर बढ़ता प्रभाव; द्वितीय, वैवाहिक अस्थिरता; तृतीय, स्त्रियों द्वारा घर रूपी घोंसले से बाहर आना। परिवार के इस रूप को ही सन् 1975 में **शोरटर** ने "उत्तर-आधुनिक परिवार" का नाम दिया है।

family, stem – स्तम्भ परिवार

ब्रिटिश समाजशास्त्री **लीप्ले** ने अपने सर्वेक्षणों के आधार पर चार प्रकार के परिवारों का विश्लेषण किया है। ये परिवार हैं : पितृसत्तात्मक, अस्थाई, विशिष्ठ रूपक और स्तम्भ परिवार। लीप्ले के अनुसार, स्तम्भ परिवार ऐसे नाभिकीय परिवार होते हैं जिनके साथ एक या अधिक संबंधी जुड़े होते हैं और उनका अपना नाभिकीय परिवार नहीं होता। सामान्य रूप में, विवाहित युग्म, उनकी सन्तान तथा माता-पिता में से कोई एक वृद्ध व्यक्ति उनके साथ रहता है। इस प्रकार के परिवार स्थाई नहीं होते, अपितु ये तो गार्हस्थ चक्र की एक बीच की अवस्था को प्रकट करने वाले परिवार होते हैं।

family, symmetrical – प्रतिशम परिवार

पति एवं पत्नी के युग्म से निर्मित एक ऐसा नाभिक परिवार जो अपने सम्बन्धियों से किसी प्रकार की सहायता प्राप्त नहीं करता और न ही किसी सहायता की आशा करता है। ऐसा परिवार पूर्णतः आत्मनिर्भर, संतुलित एवं स्वशासित परिवार होता है। इस अवधारणा का प्रयोग **यंग एवं विमलोट** ने अपने एक सर्वेक्षण में किया था। उनके अनुसार, ऐसे परिवारों में पति-पत्नी दोनों की वैवाहिक भूमिकाएं अधिकाधिक समान होती हैं, घरेलू श्रम-विभाजन पूर्णतः निश्चित नहीं होता, किन्तु सामाजिक जीवन और सामाजिक पहिचान की दृष्टि से समाज में घर-परिवार का केन्द्रीय महत्व होता है।

family, syncratic – समन्वयवादी परिवार

एक ऐसा परिवार जिसमें पति-पत्नी मिलजुल कर अधिकांश निर्णय लेते हैं, समन्वयवादी परिवार कहलाता है।

family, trusteeship – धरोअरधारी परिवार

कार्ल ज़िमरमैन ने एक ऐसे परिवार को धरोअरधारी परिवार कहा है जिसमें सम्पूर्ण परिवार के कल्याण की बलवेदी पर व्यक्तिगत स्वार्थों एवं हितों को न्यौछावर कर दिया जाता है। ऐसे परिवारों में परिवार के मानदंडों का पालन करना अनिवार्य होता है।

family of orientation – जनक परिवार

वह परिवार जिसमें व्यक्ति जन्म लेता है तथा जिसमें उसका समाजीकरण एवं संस्कृतिकरण होता है, जनक परिवार कहलाता है। सामान्यतः व्यक्ति के संस्कारों और मनोवृतियों का बीजारोपण इसी परिवार में होता है।

family of procreation – जनन परिवार

वह परिवार जिसकी रचना व्यक्ति के विवाहोपरांत होती है, जिसमें वह सन्तानोत्पत्ति एवं उनका पालन-पाषण करता है, जनन परिवार कहलाता है।

feminism – महिलावाद

महिलावाद एक ऐसा विचार है जो पुरुष और स्त्री के बीच असमानता को अस्वीकार करता है और नारी के बौद्धिक एवं व्यावहारिक रूप में उसके सशक्तिकरण पर बल देता है। एक आन्दोलन के रूप में महिलावाद की शुरुआत पिछली शताब्दी के अन्तिम दशकों में पुरुष प्रभुत्व के विरोध में हुई। महिलावाद की धारणा की उत्पत्ति मूलतः पितृसत्तात्मकता, अर्थात् पुरुष-प्रभुत्वता या केन्द्रितता की प्रतिक्रिया के फलस्वरूप हुई है। मानवशास्त्र में **मैलासोक्स** (1972, 81) के लेखनों से महिलावाद संबंधी बहस की शुरुआत मानी जाती है। किन्तु महिलावादियों ने उन पर बड़े आरोप जड़े हैं क्योंकि उनके विश्लेषणों में "स्त्रियां" प्रत्यक्ष नहीं, परोक्ष रूप में ही दिखाई देती हैं। जहां कहीं, उनकी प्रत्यक्ष उपस्थिति दर्ज भी की गई है, वहां उन्होंने नातेदारी के घेरे से बाहर रख कर उनका विश्लेषण किया है। उन्होंने एक "स्त्री" की "पत्नी" और "सास" की भूमिकाओं में भेद किया है। यही नहीं, उन्होंने जैवकीय प्रजनन की

विधा को सामाजिक प्रजनन की विधा में घुलामिला दिया है।

महिलावादी समीक्षकों के अध्ययन के दो प्रमुख मुद्दे रहे हैं। उन्होंने एक ओर विशिष्ट समाजों में लैंगिक संबंधों का तो दूसरी ओर सामान्य रूप में मानव समाजों में एक संरचनात्मक सिद्धान्त के रूप में लिंग (जेन्डर) की धारणा का अध्ययन किया है। **हेनरिटा मूर** (1988) ने महिलावादी मानवशास्त्र के अपने सिंहावलोकन में एक बड़ी महत्वपूर्ण बात कही है। उन्होंने लिखा है कि नृजातिक अध्ययनों में स्त्रियों के प्रति की गई उपेक्षा ने संभवतः महिलावादी मानवशास्त्र को प्रेरित किया हो सकता है, किन्तु मुख्य मुद्दा तो स्त्रियों के चित्रण के स्वरूप का है। इन्हें सामाजिक जीवन के केन्द्रीय (मुख्य) अभिनेता के रूप में देखा जाने की अपेक्षा एक लम्बे समय तक स्त्रियों को "गूंगे-बहरे", अपवित्र, वैवाहिक विनिमय की वस्तु, और इसी प्रकार के कई अन्य रूपों में चित्रित किया जाता रहा है।

बीसवीं शताब्दी के प्रारंभ से यद्यपि महिला मानवशास्त्रियों ने नृजातिक अध्ययनों में भाग लेना शुरू कर दिया था, किन्तु प्रारंभिक अधिकांश वर्षों में मानवशास्त्रीय क्षेत्र-कार्यों में पुरुष शोधकर्ता के सहयोगी के रूप में उनका दर्जा दूसरा था। किन्तु धीरे-धीरे इस विषय में समाज में स्त्रियों की महत्ता के अहसास की शुरुआत तब हुई जब अधिकाधिक महिला मानवशास्त्रियों ने नृजातीय क्षेत्र-कार्यों में अपनी उपस्थिति दर्ज की और उन्होंने जीवन-निर्वाह की क्रियाओं और आनुष्ठानिक कार्यकलापों में स्त्री भूमिकाओं का चित्रण किया। सन् 1970 के आसपास व्यापक रूप से यह स्वीकार किया जाने लगा कि सामाजिक शोध-अध्ययन पुरुष अभिनतियों (पूर्वाग्रहों) से ग्रस्त है। यह तथ्य विशेष रूप में पश्चिमी संस्कृति संबंधी अध्ययनों में अधिक मुखर होकर उभरा है। महिला मानवशास्त्रियों ने पुरुष अभिनति के इन विभिन्न रूपों को तोड़ना शुरू किया और इस प्रकार, महिलावादी मानवशास्त्र का विकास "स्त्रियों के मानवशास्त्र" से प्रांरभ हुआ। अतः "महिलावादी मानवशास्त्र" और "स्त्रियों के मानवशास्त्र" में महत्वपूर्ण अन्तर लैंगिक संबंधों की धारणा का है। महिलावादी मानवशास्त्र का केन्द्र स्त्रियों की क्रियाओं का अध्ययन मात्र रहा है। **एच. एल. मूर** (1988) ने इस बात को बड़े शक्तिशाली शब्दों में इस प्रकार प्रस्तुत किया है, कि "किस प्रकार संस्कृति के द्वारा लिंग (जेन्डर) की अनुभूति होती है और इसे रूपाकार दिया जाता है, को जानने की अपेक्षा महिलावादी मानवशास्त्र ऐसे प्रश्नों के अन्वेषण पर बल देता है कि किस प्रकार अर्थव्यवस्था, नातेदारी और अनुष्ठान का लिंग (जेन्डर) के माध्यम से अहसास होता है और उसे रूपाकार दिया जाता है।"

महिलावादी मानवशास्त्र के प्रारंभिक विकास के प्रमुख व्यक्ति **एडविन अर्डनर** (1975) एक पुरूष ही थे। उन्होंने लिखा है कि प्रभुत्वशाली समूहों का ही समाज में अभिव्यक्ति पर नियंत्रण होता है, अतः "गूंगे समूह" अपेक्षाकृत मौन रहते हैं। किसी भी समाज में स्त्रियों का ही ऐसा सर्वाधिक महत्वपूर्ण समूह होता है जो संख्यात्मक रूप में भी बड़ा होता है। शाब्दिक रूप में स्त्रियां जहां भी मुखरित होती हैं, वहां भी उनकी अभिव्यक्ति इस दृष्टि से नियंत्रित होती है कि वे उसी "भाषा" का प्रयोग नहीं करती हैं जो प्रभुत्वशाली समूह (अर्थात् पुरुष) करता है। वास्तव में, स्त्रियों और पुरुषों की भिन्न विश्व-दृष्टियां होती हैं। **अर्डनर** ने स्पष्ट रूप

में इस बात का संकेत दिया है कि मानवशास्त्र पुरुष वर्चस्व का विषय रहा है, क्योंकि इसमें या तो सभी मानवशास्त्री पुरुष हैं और यदि इसमें कुछ स्त्री-मानवशास्त्री हैं भी, तो वे भी पुरुष-अभिनति से ग्रस्त विषय में दीक्षित हैं जो पुरुष संस्कृति की एक उपज है।

लिंग (जेंडर) के विषय को लेकर मानवशास्त्र में जो लेखन हुआ है, उसमें प्रमुख दो परिप्रेक्ष्यों का प्रयोग हुआ है; (1) संकेतात्मक रचना के रूप में लिंग, और (2) सामाजिक संबंधों की एक गुत्थी के रूप में लिंग। पहले परिप्रेक्ष्य के साथ एडविन अर्डनर (1989) और शैरी ओर्टनर (1974) का नाम जुड़ा हुआ है। **शैरी आर्टनर** के अनुसार "जो संबंध प्रकृति का संस्कृति के साथ है, वही संबंध स्त्री का पुरुष के साथ है।" स्त्री प्रकृति को और पुरुष संस्कृति को प्रतिबिम्बित करता है। यह एक जैविक तथ्य है कि पुरुष नहीं, स्त्रियां ही जन्म देती हैं और पालन-पोषण करती हैं। उनकी यह भूमिका प्रकृति का प्रतिनिधित्व करती है। **ओर्टनर** के लेखन ने महिलावादी मानवशास्त्र में एक बहस की शुरुआत की है जिसे कुछ अन्य मानवशास्त्रियों ने अपने नृजातिक तथ्यों के आधार पर अस्वीकार किया है। दूसरे परिप्रेक्ष्य "सामाजिक संबंधों की गुत्थी के रूप में लिंग"के साथ **कोलेयर और रोसल्डो** के नाम जुड़े हुए हैं। इस परिप्रेक्ष्य में सांस्कृतिक की अपेक्षा सामाजिक पर अधिक बल दिया गया है और समतावादी तथा पुरुष-वर्चस्व वाले समाजों के बीच सीमांकन किया गया है। रोसल्डो का विचार है कि स्त्रियों की अधीनस्थता एक सार्वभौमिक तथ्य है। इसका प्रमुख कारण उनका प्रकृति की अपेक्षा घरेलू क्षेत्र से जुड़ाव रहा है। पुरुष वर्चस्वता एक सार्वभौमिक तथ्य है, इस विचार के स्पष्टीकरण के अनेकों प्रयास हुए हैं। इस संबंध में कुछेक विचारकों का कहना है कि प्रारंभ में स्त्री और पुरुष में न केवल समानता थी, अपितु किसी प्रकार का लैंगिक भेद-भाव नहीं था और द्विलैंगिता एक सर्वमान्य तथ्य था। प्रारंभिक अन्तर का आधार "स्त्री" और "पुरुष" के संवर्गों की अपेक्षा "खाद्य संकलनकर्त्ता" और "बालक पोषणकर्त्ता" के संवर्गों के बीच था। किन्तु, जैसे-जैसे व्यक्तियों को स्त्रियों की प्रजनन और बालकों के पालन-पोषण की गुह्य विशेषताओं का ज्ञान हुआ, स्त्रियों को एक अलग संवर्ग का दर्जा दिया जाने लगा और यहीं से विषम लैंगिकता, लैंगिक ईर्ष्या, और लैंगिक नियंत्रण की शुरुआत हुई, और अन्ततः पुरुष वर्चस्व की स्थापना हुई।

fanaticism — धर्मांधता/मतांधता

किसी विषय, भावना या विचारधारा के प्रति इतना अत्यधिक लगाव, उत्साह या उसके पक्ष में पूर्णतः अनियंत्रित एवं असंयत व्यवहार या दृष्टिकोण जो सभी प्रकार के तर्क तथा विवेक की सीमाओं को उल्लंघन करता हो, धर्मांधता/मतांधता का परिचायक है। इस प्रकार के दृष्टिकोण या व्यवहार में कट्टरता और दुराग्रह का भाव निहित होता है।

feral child/man — वन्य बालक/मनुष्य

वन्य मनुष्य या बालक उन्हें कहते हैं, जिन्हें किन्हीं कारणों से जन्म से ही मानव संसर्ग नहीं मिल पाया और जिनका पालन-पोषण मानव-समाज से बाहर जंगली पशुओं द्वारा किया गया होता है। ऐसे बालकों या मनुष्यों का मानवीय शरीर तो होता है, किन्तु इनमें सामान्यतः

मानवोचित गुणों और सहज मानवीय व्यवहार का अभाव देखा गया है। ऐसे मनुष्य/बालक अपनी "नैसर्गिक अवस्था" में मानवों द्वारा समाजीकरण से वंचित पाये गये हैं।

fertility rites – गर्भाधान (उर्वरता) संस्कार

गर्भाधान संस्कार संबंधी धार्मिक कृत्य अनेक समाजों में जीवन-पथ के संस्कार के एक अंग के रूप में सम्पन्न किये जाते हैं। आस्ट्रेलिया और अमेजन नदी के मुहाने पर निवास करने वाले आदिवासियों में स्वास्थ्य एवं प्रजनन से संबंधित रजःस्त्राव (महावारी) से जुड़े कुछ धार्मिक कर्मकाण्ड पाये गये हैं। **डायने बैल** (1983) ने आस्ट्रेलिया की आदिवासी स्त्रियों के प्रेम, प्रजनन, जमीन और व्यक्तियों के स्वास्थ्य संबंधी कर्मकाण्डों का विश्लेषण किया है। भारत के हिन्दुओं और सूडान की मुसलमान महिलाओं की कामात्मकता और कलुषितता (अपवित्रता) संबंधी कर्मकांडों का विवरण अनेक पुस्तकों में दिया गया है।

fetish – देवक/दैवी (फीटिश)

ऐसा कोई भी पदार्थ अथवा वस्तु जो किसी आनुष्ठानिक शक्ति से सम्पन्न मानी जाती है या जिसमें प्रेतात्माओं का वास माना जाता है, उसे देवक/दैवी (फीटिश) कहा जाता है। बहुधा इस प्रकार की दैविक वस्तु के साथ कुछ निषेध जुड़े होते हैं और उसकी पूजा-आराधना की जाती है। ऐसा विश्वास किया जाता है कि इस प्रकार की वस्तु रखने वाले को कुछ भौतिक लाभ प्राप्त होते हैं।

fetishism – जड़पूजा

एक ऐसा धार्मिक विश्वास जिसके अनुसार यह माना जाता है कि जड़ एवं भौतिक पदार्थों में अलौकिक शक्ति की प्रतिष्ठा अथवा जीव आत्माओं का वास होता है, जड़पूजा कहलाता है। जब ऐसी वस्तुओं/पदार्थों को आनुष्ठानिक महत्व देकर पूजा जाता है, तब ऐसी वस्तुओं को, "फीटिश" और इससे जुड़े देवक संबंधी विश्वास को "फीटिशवाद" कहा जाता है।

fieldnotes – क्षेत्र-टिप्पणियाँ

शब्दार्थ रूप में, उन विवरणों को क्षेत्र-टिप्पणियां कहा जाता है जो कि शोधकर्त्ता क्षेत्रकार्य के दौरान नोट करता है। यह सही है कि मनोवैज्ञानिक और समाजशास्त्री (पारिस्थितिक वैज्ञानिक भी) भी क्षेत्र-टिप्पणियों का प्रयोग करते हैं, तथापि मानवशास्त्री ही ऐसे वैज्ञानिक हैं जिन्होंने इन्हें सर्वाधिक अर्थ और महत्व प्रदान किया है। मानवशास्त्री **रोगर सन्जेक** (1990) ने चार प्रकार की टिप्पणियां बताई हैं : (1) "कामचलाऊ टिप्पणियाँ" जो तत्काल किसी घटना के दौरान लिखी जाती हैं, (2) "यथोचित टिप्पणियाँ" जो घटना के बाद में सविस्तार विवरण सहित लिखी जाती हैं, (3) "प्रधान टिप्पणियाँ" जो याददास्तों और विचार-विमर्श के आधार पर लिखी जाती हैं; (4) "संचिका (फाइल) टिप्पणियाँ" जो उपरोक्त रूप में लिखी गई टिप्पणियों में संशोधन/परिवर्द्धन करके क्षेत्र-कार्य के बाद लिखी जाती हैं।

प्रयोगशालाई टिप्पणी-पुस्तिकाओं की भांति क्षेत्र-टिप्पणियाँ का कोई मानक रूप-स्वरूप नहीं है। इसका रूप-स्वरूप बहुत कुछ रूप में स्वयं मानवशास्त्री की प्रकृति-वैशिष्टयता,

अध्ययन क्षेत्र की प्रकृति, शोध की प्रकृति, गोपनीयता के प्रकरण और अध्ययन किये जाने वाले बहुसंख्य व्यक्तियों की प्रकृति एवं संस्कृति पर निर्भर करता है। अतः मानवशास्त्र में निश्चित निर्देशों का पालन करते हुए क्षेत्र-टिप्पणियाँ लिखना एक अत्यंत दुष्कर कार्य है।

fieldwork – क्षेत्र-कार्य

किसी क्षेत्र विशेष के लोगों के बीच की गई गहन एवं दीर्घावधि मानवशास्त्रीय/समाजशास्त्रीय गवेषणा को शोध शब्दावली में क्षेत्र-कार्य कहा जाता है। पुरातत्वशास्त्री भी क्षेत्र-कार्य करते हैं, किन्तु उनका अधिकांश शोध-कार्य जीवित व्यक्तियों के बीच नहीं होता है। मानवशास्त्रीय और समाजशास्त्रीय दोनों की क्षेत्र-कार्य पद्धति में थोड़ा अन्तर है। समाजशास्त्र के क्षेत्र में क्षेत्र-कार्य पद्धति अधिक महत्ता प्राप्त विधि नहीं है। इसे "गुणात्मक समाजशास्त्र" कहा जाता है, जो "परिमाणात्मक समाजशास्त्र" अर्थात् "सर्वेक्षण शोध" से भिन्न है। मानवशास्त्र के क्षेत्र में "क्षेत्र-कार्य पद्धति" अत्यधिक महत्वपूर्ण विधि है। इसमें अधिकांशतः "सहभागिक अवलोकन" विधि का प्रयोग किया जाता है। यही नहीं, मानवशास्त्रीय क्षेत्र-कार्य का चरित्र कई मामलों में, जैसे अमूर्तीकरण की विधा और अवधारणाओं की रचना करना आदि में अन्य क्षेत्र-शोध से भिन्न होता है। इस अन्तर का कारण मानवशास्त्र का इतिहास, इसकी ज्ञानमीमांसा और इसकी शोध-परिपाटियां हैं।

मानवशास्त्रीय क्षेत्र-कार्य का क्या रूप-स्वरूप होना चाहिये, इसमें आजकल काफी अन्तर आ गया है। जहां पहले सहभागिक अवलोकन के आधार पर अक्षरशः नृजातीय लेखन पर जोर दिया जाता था, वहां आजकल मानवशास्त्र में परिमाणात्मक सर्वेक्षण तथा अन्य पद्धतियों का भी प्रयोग किया जाने लगा है।

filiation – वंशजत्वता

वंशजत्वता (वंशत्व संबंध स्थापन) एक ऐसी प्रक्रिया है जिसके द्वारा व्यक्तियों को अपने माता-पिता के साथ सामाजिक रूप से जोड़ा जाता है। यह प्रक्रिया माता-पिता और सन्तान संबंधों और इन बन्धनों पर आधारित जुड़े कानूनी अधिकारों दोनों को स्थापित करती है।

filiation, complemantary – अनुपूरक वंशजत्वता

अनुपूरक वंशजत्वता एक ऐसी प्रक्रिया है जिसके द्वारा एकरेखीय वंश प्रणाली में बच्चों को ऐसे माता-पिता के साथ जोड़ा जाता है जो उनके वंश के नहीं हैं। अतः एक मातृवंशीय प्रणाली में, अनुपूरक वंशजत्व के द्वारा बालक और उसके पिता तथा पिता के नातेदारों के बीच स्नेह और दायित्व के बंधनों की रचना की जाती है। इसी प्रकार, पितृवंशीय प्रणाली में, बालक को मां के रिस्तेदार, विशेषतः मां के भाई (मामा) के साथ जोड़ा जाता है।

fire worship – अग्नि पूजा

अनेक आद्य समाजों में अग्नि को पवित्र एवं पूज्य मान कर उसकी पूजा की जाती थी। बहुदेववादी समाज अग्नि के विभिन्न रूपों में देवत्व की प्रतिष्ठा कर उसकी पूजा-अराधना

करते पाये गये हैं। कुछ समूह (जैसे पारसी समुदाय) घर में अग्नि को सदैव प्रज्वलित रखते हैं और देवालयों में उसकी पूजा की जाती है। अग्नि का प्रयोग आहुति, प्राक्ख्यापन और अग्नि परीक्षा के लिये व्यापक रूप से किया जाता रहा है। भारत के हिन्दुओं में अग्नि को एक देवता स्वरूप मान कर उसकी आज भी पूजा की जाती है।

fishing – मछुवाही/माहीगिरी

सभी जातियों की मछलियों और शंखमीन को पकड़ने या मारने की विधा मछुवाही या माहीगिरी कहलाती है। मानवशास्त्रियों ने मछली पकड़ने की विधा के प्रारंभिक रूप से लेकर आधुनिक स्वरूप, तकनीक, इससे जुड़े धार्मिक एवं जादुई विश्वासों, कर्मकाण्डों, इसमें प्रयोग किये जाने वाले उपकरणों (कांटा, जाल, मत्स्य-शल्कन) के साथ-साथ इसकी आर्थिक-सामाजिक उपयोगिता पर ढेर सारा लिखा है। माहीगिरी आखेट द्वारा जीवन-निर्वाह की अर्थव्यवस्था का एक प्रमुख आद्य रूप रहा है।

folk – लोक/जन

ऐसा समरूप/सजातीय समूह (जनवृंद) जिसकी कुछ निश्चित सांस्कृतिक विशिष्टताएं होती हैं और जो अपनी सभ्यता, रीतिरिवाज, कला, शिल्प, दंतकथाओं, परम्पराओं और आस्थाओं आदि को दर-पीढ़ी हस्तान्तरण द्वारा एक लम्बी अवधि तक बनाये रखता है, लोक या जन कहलाता है। "लोक" शब्द में गांव, कस्बे, नगर अथवा किसी क्षेत्र विशेष के सभी ऐसे व्यक्तियों को सम्मिलित किया जाता है जिनमें सामान्य सांस्कृतिक विरासत की चेतना होती है तथा जिनमें कुछ स्थाई लक्षण होते हैं, जिनका व्यावहारिक ज्ञान लिखित धर्मग्रन्थों पर आधारित न होकर मौखिक परम्परा पर आधारित होता है। ऐसे व्यक्तियों की जीवन-शैली तथाकथित सभ्य व्यक्तियों की अपेक्षा अत्यधिक पारम्परिक, सरल, स्वाभाविक, कम नियोजित एवं न्यूनतम विशेषीकृत होती है।

"फोक" शब्द की उत्पति एंग्लो सेक्शन शब्द "फ्लोर" से हुई है। यह शब्द असंस्कृत तथा अशिक्षित समुदाय अथवा समाज का भी द्योतक है। ऐसा समाज अभिजात्य परम्परा, संस्कार, शास्त्रीय एवं पांडित्य चेतना अथवा अहंकार से मुक्त माना जाता है तथा अकृत्रिम और नैसर्गिक जीवन जीने में विश्वास करता है।

folk art – लोककला

किसी लोक जनवृन्द की ऐसी पारम्परिक अनामिक कला जो सामुदायिक जीवन को अभिव्यक्त करती है, लोककला कहलाती है। लोक कला शास्त्रीय, पौराणिक या आत्मचेतनात्मक सर्वदेशीय अभिव्यक्ति से भिन्न होती है।

folk belief – लोकविश्वास

विश्व की उत्पत्ति अथवा मानवीय संबंधों, संस्थाओं या वस्तुओं की उत्पत्ति संबंधी काल्पनिक विचारों को लोकविश्वास कहते हैं। लोकविश्वासों में लोक जीवन की भौतिक एवं धार्मिक चेतना का मूल स्त्रोत निहित होता है। लोक-विश्वास और दन्त कथाओं में दृश्य एवं अदृश्य

जगत् के प्रति जन-साधारण का दृष्टिकोण प्रतिबिम्बित होता है।

संस्कृति के एकीकरण में लोक-विश्वास महत्वपूर्ण भूमिका निभाते हैं। इनके अध्ययन द्वारा हमें संस्कृतियों के जीवन-दर्शन, मानव के मानव के साथ, मानव के प्रकृति के साथ और मानव के अदृश्य जगत् के साथ संबंधों का ज्ञान होता है। मानव जीवन पर इनका व्यापक प्रभाव पड़ता है। समाजशास्त्री और मानवशास्त्री लोक-विश्वासों का संस्कृति के एकीकरण, समाजीकरण और सामाजिक नियंत्रण के क्षेत्र में इनकी भूमिका का अध्ययन करते हैं।

folk culture – लोक संस्कृति

अत्यन्त छोटे, सुसंगठित, सजातीय एवं लगभग आत्म निर्भर जन (लोक) समुदाय जिसमें प्रत्यक्ष अंतर्वैयक्तिक संबंध होते हैं, उनकी सामान्य जीवन-शैली को लोक संस्कृति कहते हैं। इस अवधारणा का सर्वप्रथम प्रयोग **प्रो. रेडफील्ड** (1930) ने मेक्सिको के युकातन लोगों के अपने अध्ययन में किया है जिसमें उन्होंने लोक संस्कृति को नगरीय जीवन के प्रतिकूल एक विशिष्ट संस्कृति के रूप में प्रदर्शित किया है। बहुधा इस संस्कृति को एक ओर औद्योगिक समाजों की संस्कृति से तो दूसरी ओर सरल या जनजातीय समाजों की संस्कृति से अलग प्रदर्शित किया जाता है। सामान्यतः इसे ऐसे पूर्व औद्योगिक समाजों की संस्कृति के रूप में निरुपित किया जाता है जिनकी प्रौद्योगिकी एवं अर्थव्यवस्था सरल होती है तथा जिनमें श्रम-विभाजन केवल लिंग और आयु के आधार पर होता है। ऐसे समाजों में मानवीय संबंधों का आधार मुख्यतः नातेदारी या बंधुत्व होता है तथा जिनमें भावनाओं और सामाजिक स्वीकृति की अभिव्यक्ति धर्म के माध्यम से होती है।

folk culture, amorphous – आकारहीन लोक संस्कृति

ग्राम्य और नगरीय जीवन के मध्य की वह स्थिति "आकारहीन लोक-संस्कृति" के नाम से जानी जाती है जिसमें लोक संस्कृति एक ओर गांव की माटी और वहां की उपासना पद्धति से जुड़ी होती है, तो दूसरी ओर वह नगरीयता के नवीन पथ की ओर उन्मुख हो उधर अग्रसर होती है। प्राचीन युग में मैसोपोटामिया और मिस्त्र में ऐसी ही संस्कृति विद्यमान थी जिसने आगे चल कर विश्व की महान् सभ्यताओं को जन्म दिया। इस संस्कृति की विशेषता उस समय की लेखन कला, नगर और राजनीतिक संगठन में प्रकट हुई है।

folk dance – लोकनृत्य

धार्मिक कर्मकाण्ड के रूप में प्रारंभ नृत्यों को लोक-नृत्य की संज्ञा दी गई है। ऐसे नृत्य आगे चल कर देश-विशेष की विशिष्टता बन जाते हैं। पीढ़ी-दर-पीढ़ी हस्तान्तरण की प्रक्रिया में इनमें निखार आने के साथ-साथ धीरे-धीरे ये धर्मनिरपेक्ष (लौकिक) रूप ग्रहण करते जाते हैं।

folk literature – लोकसाहित्य

समस्त मौखिक (बोली) और भाषागत (अलिखित) अभिव्यक्ति को लोकसाहित्य कहा जाता है। यह अभिव्यक्ति किसी व्यक्ति विशेष की नहीं होती, अपितु यह श्रुति होती है जों जनमानस की सहज और स्वाभाविक अभिव्यक्ति होती है। यह पीढ़ी-दर-पीढ़ी चलती रहती

है। इसके द्वारा परम्परागत विश्वासों, आचार-विचारों, प्रथाओं, लोक जीवन के सुख और दुख तथा अतीत और वर्तमान को सुरक्षित रखा जाता है।

लोकसाहित्य लोक-वार्ता का ही एक अंग है। लोक-गीत, लोक-गाथा, लोक-कथा, गीत-कथाएं, लोकोक्तियां, पहेलियां, लोक-नृत्य, मिथक, लोक-विश्वास इसी के विभिन्न रूप हैं।

folklore – लोकवार्ता/लोकज्ञान

असंस्कृत, निरक्षर, पूर्वआधुनिक तथा विशेषतः आदिम एवं कृषक समाजों से जुड़ी ऐसी सांस्कृतिक सामग्री, जिसका प्रसारण और संरक्षण मौखिक रूप में और गैर-संस्थात्मक संचार के साधनों और पारम्परिक रूप में हुआ होता है, उसे लोक-वार्ता या लोकज्ञान कहते हैं। ऐसी सामग्री का हस्तान्तरण और प्रामाणिकता का परीक्षण व्यावहारिकता या तार्किकता की अपेक्षा मुख्यतः इसकी लम्बी अवधि से निरंतरता पर निर्भर करता है। इसमें अलिखित साहित्य और पारम्परिक जनश्रुतियां सम्मिलित की जाती हैं जिनकी अभिव्यक्ति कथाओं, मंत्रोच्चार, लोकोक्तियों, कहावतों, पहेलियों, गीतों और प्रार्थनाओं आदि में होती है।

"फोकलॉर" शब्द की रचना सन् 1846 में एक ब्रिटिश पुराविद् **विलियम जॉन थॉमस** द्वारा की गई थी। यह शब्द 1787 में जर्मन भाषा में प्रयोग किये गये शब्द "वॉककुंदे" का अंग्रेजी समानार्थक शब्द है। लोकवार्ता एक संज्ञानात्मक शब्द है जिसमें कृत्रिमता विहीन जन-समूह के समग्र संचित ज्ञान-भंडार जैसे रीति-रिवाज, लोक-विश्वास, लोक-परम्परा, लोक कथा, लोक-गीत, लोक-नृत्य, पौराणिक गाथाएं, अंधविश्वास, उत्सव-रीतियां, परम्परागत खेल, कला-कौशल, जादू-टोने की क्रियाओं को सम्मिलत किया जाता है। यह आदिम मानव की मनोवैज्ञानिक अभिव्यक्ति है, वह चाहे दर्शन, धर्म, विज्ञान अथवा औषध के क्षेत्र में हुई हो, चाहे सामाजिक संगठन या अनुष्ठानों या फिर इतिहास, काव्य और साहित्य के क्षेत्र में हुई हो। इसमें वे समस्त लोक-संस्कृति के तत्व आ जाते हैं जो "जन" से सम्बन्धित रखते हैं।

folk society – लोक समाज

एक ऐसा समाज जो अपेक्षाकृत छोटा, पृथक्कृत, निरक्षर, अप्रबुद्ध, समरूप तथा समूह-एकता के प्रगाढ़ भाव से ओत-प्रोत होता है, लोक समाज कहलाता है। (**रेडफील्ड**, 1930) ऐसे समाज की सांस्कृतिक परम्पराएं एक जैसी होती हैं और यह लौकिक या धर्मनिरपेक्ष न होकर एक धर्मोन्मुख समाज होता है। ऐसे समाजों में "आधुनिक" नगरीय-औद्योगिक समाजों की आर्थिक या सामाजिक-सांस्कृतिक विशेषताएं नहीं होती। ऐसे समाज स्वतः विकसित होते हैं तथा इनकी मौलिक, स्वाभाविक एवं निश्चित प्रकृति होती है। ऐसे समाज में व्यवहार का रूप पारम्परिक, स्वतः स्फूर्त, अतार्किक और व्यक्तिगत होता है। बौद्धिक लक्ष्यों की प्राप्ति के लिये ऐसे समाजों में प्रयोग-परीक्षण, या तार्किक चिन्तन की प्रवृति का अभाव होता है। मानवीय सम्बन्धों का आधार ऐसे समाजों में मुख्यतः नातेदारी होता है और कार्यकलापों के लिये पारिवारिक समूह एक इकाई का काम करता है; बाजार अर्थव्यवस्था की अपेक्षा ऐसे

समाजों में प्रस्थिति पर आधारित अर्थव्यवस्था होती है। सामान्यतः इस शब्द (लोक समाज) का प्रयोग एक आदर्श प्ररूप (आइडियल टाइप) के रूप में आदिवासी/कृषक समाजों के लिये किया जाता है।

folk song – **लोकगीत**

रागात्मक प्रवृति लिये लयबद्ध स्वतःस्फूर्त गिने-चुने शब्दों में आबद्ध रचना को लोकगीत कहते हैं। ये आदिम अवस्था में जीने वाले व्यक्तियों के संगीतमय प्राकृतिक काव्य होते हैं। सभी लोकगीत कविता की कोटि में नहीं आते। वे मूलतः "गीत" होते हैं, अतः गेय होना उनका प्रमुख गुण हैं। अपेक्षाकृत विकसित एवं सुसंस्कृत समूहों के अधिकांश गीतों में न्यूनाधिक रूप में कवित्त भाव साधारणतः मिलता ही है, किन्तु पूर्वग संस्कृतिओं के निम्न धरातल पर जीवनयापन करने वाले अनेक आदिवासी समूहों के गीतों के संबंध में ऐसा कहना कठिन है। हैदराबाद के पास निवास करने वाली चेंचू जनजाति के अध्ययन में **क्रिस्टॉफ फॉन फ्यूरर-हैमण्डार्फ** ने बतलाया है कि इन लोगों के गीत प्रायः अस्पष्ट उद्‌गार लिये होते हैं। उनमें काव्यात्मक अभिव्यक्ति का प्रायः अभाव होता है। आसाम की कोन्यक नागा जनजाति के गीत सांस्कृतिक दृष्टि से महत्वपूर्ण होते हुए भी कवित्त की दृष्टि से उल्लेखनीय नहीं हैं। यही बात छत्तीसगढ़ की कमार जनजाति के लोकगीतों के बारे में कही जा सकती है। किन्तु अनेक भारतीय जनजातियों के लोकगीत कवित्त की दृष्टि से समृद्ध पाये गये हैं जैसा की छोटा नागपुर की सन्थाल जनजाति के गीतों में कवित्त भाव पाया गया है।

गठन एवं शैली की दृष्टि से लोक-गीतों का वर्गीकरण सामान्य गीत, नृत्य गीत, गीत-कथा और लोक-गाथा में किया गया है।

folktale – **लोककथा**

तात्कालिक घटनाओं तथा अनुभवों का वार्तालाप-शैली में निकट-यथार्थ वर्णन करने वाली ऐसी कथाएं जो अपनी कथा-वस्तु तथा कथन की कलात्मक शैली के कारण एक विशिष्ट साहित्यिक सौन्दर्य प्राप्त कर लेती हैं, उन्हें लोककथा कहते हैं। ये कथाएं गद्यात्मक या पद्यबद्ध हो सकती हैं। इनका रूप लोक-गाथा (बैलेड) या दंतकथा (लीजेंड) का हो सकता है। पूर्वग मानव ने अपने जीवन तथा अनुभूतियों का चित्रण कथाओं में किया है, दर्शन या सिद्धान्त में नहीं।

सुप्रसिद्ध अमरीकी मानवशास्त्री **फ्रैंज बोऑस** ने "चिनुक टेक्स्ट्स" नामक अपनी पुस्तक में प्रशान्त सागर के उत्तर-पूर्व में बसने वाले एक आद्य समूह की लोककथाओं मात्र के अध्ययन द्वारा उस जनजाति के सामाजिक संगठन, धार्मिक विश्वास, अर्थ-व्यवस्था, निर्माण-कला तथा भौतिक संस्कृति के अन्य पक्षों का विस्तृत वर्णन-विश्लेषण किया है।

folk-urban continuum – **लोक-नगरीय नैरन्तर्य (सततता)**

रॉबर्ट रेडफील्ड (1941) द्वारा विकसित लोक-नगरीय नैरन्तर्य की यह अवधारणा ग्रामीण से नगरीय समाजों की ओर होने वाले परिवर्तन को दर्शाती है। उन्होंने इसका प्रयोग विभिन्न समुदायों और ऐतिहासिक प्रक्रियाओं के वर्गीकरण हेतु किया है। उन्होंने मैक्सिको के युकातन

प्रायद्वीप के अपने अध्ययन के आधार पर यह प्रतिपादित किया कि यदि एक व्यक्ति लोक (ग्रामीण) समुदाय से नगरीय समुदाय की ओर बढ़ता चले तो उसे बढ़ता हुआ समूह-आकार, पृथक्करण, वैयक्तिकता, लौकिकीकरण और साथ ही अव्यवस्था दिखाई देगी। यह अवधारणा **सोरोकिन** की ग्रामीण-नगरीय भेद की अवधारणा से सर्वथा भिन्न है। रेडफील्ड ने "लोक" और "नगरीय" प्रत्ययों का प्रयोग एक-दूसरे से सर्वथा विपरीत दो भिन्न धारणाओं के रूप में प्रयोग करते हुए "लोक-नगरीय नैरन्तर्य" को गाँवों से नगर की ओर संक्रमण की एक प्रक्रिया के रूप में प्रदर्शित किया है। इस अवधारणा के अनुसार "लोक" और "नगर" को ऐसे दो छोर के समाजों या ध्रुवी समाजों के रूप में स्वीकार नहीं किया जाता जिनका आपस में कोई सम्बन्ध न हो या जिनमें एक समाज की विशेषताएं दूसरे समाज में पूर्णतः विलीन हो जाती हों। इस अवधारणा के समर्थक विद्वान् यह मानते हैं कि ग्राम और नगर का भेद बहुत कुछ रूप में सापेक्षिक है। दोनों की विशेषताएं किसी न किसी रूप में न्यूनाधिक मात्रा में एक-दूसरे में पाई जाती हैं। अतः ग्रामवासियों और नगरवासियों के बीच सामाजिक संरचना, मूल्य व्यवस्था, धर्म तथा मनोवृति आदि की दृष्टि से निरन्तरता विद्यमान होती है। दोनों समूह परस्पर रूप में पूर्णतः अलग-थलग न होकर एक दूसरे से आबद्ध रहते हैं।

रेडफील्ड ने इस मॉडल का उदाहरण मैक्सिको के युकातन प्रदेश के अपने अध्ययन द्वारा दिया है। उन्होंने सततता के एक छोर पर मरिडा नामक "आधुनिक नगर" को और दूसरे छोर पर एक छोटे से "पारम्परिक" देशज गांव को रखा है। ये दोनों समुदाय सर्वाधिक विकसित और सबसे कम विकसित समुदायों का प्रतिनिधित्व करते हैं। इन दोनों की तुलना करते समय रेडफील्ड ने उनमें प्रयोग की जाने वाली प्रौद्योगिकी, सामाजिक संगठन और विश्व-दृष्टि को तुलना का आधार बनाया है। इन दोनों समुदायों के बीच रेडफील्ड ने दो अन्य समुदायों यथा (1) नगर से निकट रूप में जुड़े हुए व्यापारिक ग्रामीण "कस्बे" और (2) "पारम्परिक" एवं "आधुनिक" विशेषताओं से युक्त कृषक समुदायों की कल्पना की है। ये कृषक समुदाय अधिकांश रूप में एक गांव का नजारा प्रस्तुत करते हैं। रेडफील्ड ने नगर से लोक (गांव) की ओर प्रसारित होने वाले सामाजिक स्वरूपों, प्रौद्योगिकी और विचारों के माध्यम से आधुनिकीकरण की क्रमिक प्रक्रिया का भी विश्लेषण किया है।

folkways — जनरीतियाँ

किसी समाज के समाजोनुमादित एवं सीखे हुए सामान्य स्वीकृत व्यवहार की विधियों को जनरीति या लोकरीति कहते हैं। ऐसा व्यवहार किसी जन समुदाय में सामान्य रूप में प्रचलित होता है। समाजशास्त्रीय साहित्य में "फोकवेज़"शब्द के प्रवर्तक विद्वान **डब्ल्यू. जी.समनर** रहे हैं जिन्होंने इसी नाम से सन् 1906 में एक पुस्तक लिखी है।

जनरीतियां ऐसे मानदंड (नार्म्स) हैं जो व्यक्ति को यह बताने की अपेक्षा कि उसके लिये क्या आवश्यक है, यह बताते हैं कि उसे क्या करना चाहिये। इनके तोड़ने या पालन न करने पर व्यक्ति का समाज से बहिष्कार नहीं किया जाता और न ही उसे कठोर दण्ड दिया जाता है। अकेले व्यक्ति के संदर्भ में ऐसे व्यवहार आदतें कहलाती हैं, किन्तु ये व्यक्तिगत आदतें ही जब किसी छोटे-मोटे समूह द्वारा अपना ली जाती है, तब ये जनरीतियां/प्रथा बन

जाती हैं। सड़क के बांई ओर चलना, माता-पिता या गुरुजनों को प्रणाम करना, किसी उत्सव में भाग लेते समय समयोचित वेशभूषा धारण करना जनरीतियों के ही कुछ उदाहरण हैं।

folsom culture – फॉलसम संस्कृति

उत्तरी अमेरिका की प्रागैतिहासिक आखेट संस्कृति जिसका क्षेत्र उत्तर में कनाडा से लेकर दक्षिण में न्यू मैक्सिको तक तथा पूर्व में रॉकी पर्वत मालाओं से लेकर पश्चिमी सीमा तक फैला हुआ था, उसे "फॉलसम संस्कृति" के नाम से जाना जाता है। इस संस्कृति की प्रमुख विशेषता चकमक की नुकीली पत्राकार वेधनी रही है।

food systems – भोजन व्यवस्थाएं

भोजन व्यवस्थाओं के अन्तर्गत भोजन को प्राप्त या एकत्रित करने से लेकर इसके उपभोग करने से संबंधित सभी पहलुओं का वर्णन-विश्लेषण किया जाता है, अर्थात् इसमें भोजन उत्पादन और विपणन की पारिस्थितिकी, भोजन वर्गीकरण और भोजन वितरण सम्बन्धी सामाजिक नियम, भोजन प्रयोग के विशिष्ट प्रतिमानों के पोषक और स्वास्थ्य सम्बन्धी परिणाम (विशेष रूप में भोजन सहभागिता सम्बन्धी प्रतिमान) तथा भोजन उत्पादन तथा उपभोग की व्यूह-रचना आदि विषयों को सम्मिलित किया जाता है। भोजन व्यवस्थाएं संस्कृति द्वारा पोषित आहार के स्वरूप का निर्माण करती हैं ताकि समाज और व्यक्तिगण अनिवार्य आहार की ज़रूरतों की पूर्ति हेतु भोजन की सही मात्रा और मिश्रण को प्राप्त कर सकें। भोजन व्यवस्थाओं सम्बन्धी विषयों का अध्ययन मानवशास्त्र की विभिन्न शाखाओं, जैसे पुरातत्वशास्त्र, भाषाई मानवशास्त्र तथा सांस्कृतिक भौतिकतावाद में अध्ययन किया जाता है। संक्षेप में, मानवशास्त्र में भोजन का अध्ययन आहार (डाइट), पोषक-तत्व और इनके संस्कृति के साथ संबंधों की दृष्टि से महत्वपूर्ण है।

food taboos – भोजन सम्बन्धी निषेध (वर्जनाएं)

सांस्कृतिक रूप से जिन भोज्य पदार्थों को पवित्र माना जाता है या जिनका कोई सामाजिक महत्व है, को जानबूझकर न खाना, यद्यपि जिन्हें खाया जा सकता है, भोजन सम्बन्धी निषेध कहलाते हैं। प्रारंभिक मानवशास्त्रियों ने **फ्रेज़र** (1910) के "टोटम एवं टेबू"पर किये गये शोध कार्य से प्रेरित होकर इस विषय पर कार्य किया है। **फ्रायड** (1918) ने इस बारे में कहा है कि भोजन और लैंगिक समागम संबंधी निषेधों में रहस्यात्मकता और पवित्रता की शक्ति, शुभ और अशुभ (नुकसान) की क्षमता तथा वांछनीयता और सुलभता की समान विशेषताएं विद्यमान रहती हैं। **दुर्खाइम** (1915) और **रेडक्लिफ ब्राउन** (1939) दोनों ने निषेधों की व्याख्या सामाजिक और मनोवैज्ञानिक प्रकार्यात्मक बन्धनों के आधार पर की है। सहभोजिता सहभागी पहचान की रचना करती है, अर्थात, "आप जो खाते हैं (या नहीं खाते हैं) वही आप हैं" की धारणा को प्रकट करती है। **लेवी स्ट्रास** (1936) ने "टोटम-टेबू" में सामाजिक-सरंचनात्मक सिद्धान्त की खोज की है। **लीच** (1964) और **ताम्बीह** (1969) ने इस बारे में एक सिद्धान्त को प्रतिपादित करते हुए लिखा है कि "पशुओं के बारे में सोचना शुभ है और उन्हें निषेधित करना भी शुभ है।"

foragers – खाद्य संग्राहक समूह

ऐसे मानव समूहों को खाद्य संग्राहकों या रसद खोजियों की श्रेणी में रखा गया है जो न खेती करते हैं और न ही किसी प्रकार का पशुपालन। ऐसे समूह अपने भोजन की आवश्यकता की पूर्ति कन्द, मूल एवं फलों के एकत्रण, अथवा जानवरों के शिकार या मछुवाही क्रियाओं (मछली मारना) द्वारा करते पाये गये हैं। ऐसे मानव समूहों के पास कुत्ते के अतिरिक्त कोई पालतू जानवर नहीं होता है। इन समूहों के सामाजिक-राजनीतिक संगठन में विविधता देखने को मिली है। ये समूह 25-50 लोगों के अर्द्ध घुमक्कड़ दलों में संगठित होते हैं, किन्तु ऐसे अधिकांश लोग श्रेणीबद्ध समाजों में रहते हैं जिनमें एक केन्द्रीय नेता या मुखिया होता है। खेती करने के प्रारंभ के दस हजार से पन्द्रह हजार वर्षों पूर्व खाद्य संग्रहण मानवी जीवनयापन का एक सार्वभौमिक तरीका था। यहां तक कि पांच सौ वर्षों पूर्व तक, विश्व निवासियों की एक तिहाई आबादी शिकार और भोज्य पदार्थ संग्रहण में संलग्न थी। आजकल जीवन-निर्वाह के एक रूप में खाद्य संग्रहण का यह तरीका बहुत दूर-दूर की छितरी हुई जनसंख्या में ही देखने को मिलता है। पिछले पचास वर्षों में खाद्य संग्रहण की प्रकृति में तीव्रता से गिरावट आई है। सन् 1960 तक जो लोग खाद्य संग्राहक और घुमक्कड़ थे, उन्होंने भी अब स्थाई जीवन जीना शुरू कर दिया है। यही नहीं इन लोगों ने अब राष्ट्रीय राजनीति और विश्व बाजार व्यवस्था को भी अपना लिया है। आजकल ऐसे लोग अधिकांशतः उत्तरी और दक्षिणी अमेरिका, अफ्रीका, दक्षिण और दक्षिणी-पूर्वी एशिया, रूस और आस्ट्रेलिया के कुछ भागों में ही पाये जाते हैं।

forces of production = production, forces of

Frankfurt school – फ्रैंकफर्ट सम्प्रदाय

सन् 1923 में पश्चिमी जर्मनी के फ्रैंकफर्ट विश्वविद्यालय के अन्तर्गत एक सामाजिक अनुसंधान संस्थान की स्थापना हुई थी। इस संस्थान ने सामाजिक जीवन के क्षेत्र में शोधकार्य के जिस वैचारिक प्रतिरूप (मॉडल) और रूपाकंन (डिज़ाइन) का प्रतिपादन किया, वही बाद में "फ्रैंकफर्ट सम्प्रदाय"के नाम से ख्यात हुआ। यह सम्प्रदाय प्रमुख रूप से मार्क्सवादी चिन्तन से प्रभावित रहा है जो मार्क्सवादी विचारधारा के आधार पर तत्कालीन विश्व के बदलते हुए परिवेश की व्याख्या को प्रमुखता देता है। जर्मनी में हिटलर के उत्कर्ष के बाद इस संस्थान की गतिविधियों को प्रतिबंधित कर दिया गया, अतः सन् 1933 में इस संस्थान को कोलम्बिया विश्वविद्यालय (अमेरिका) में स्थानान्तरित होना पड़ा। किन्तु, द्वितीय युद्ध में हिटलर के पतन के बाद सन्-1949 में इस संस्थान को पुनः फ्रैंकफर्ट में स्थापित किया गया।

फ्रैंकफर्ट सम्प्रदाय का प्रमुख योगदान 'आलोचनात्मक सिद्धान्त' (क्रिटिकल थिअॅरि) के क्षेत्र में रहा है जिसमें मार्क्सवाद को एक नया रूप दिया गया है जो "नव मार्क्सवाद" के नाम से जाना जाता है। नव मार्क्सवादी मार्क्स के ऐतिहासिक विश्लेषण के तो पक्षधर हैं, किन्तु वे मार्क्स के इतिहास के सिद्धान्त, आर्थिक मूल्य और उत्पादन प्रक्रिया की आलोचना करते हैं। वे इन्हें मार्क्सवाद के प्रमुख घटक नहीं मानते। नव मार्क्सवादियों के अनुसार मार्क्सवाद की सार्थकता "चेतना के आलोचनात्मक विश्लेषण" में निहित है और इसके लिये वे "मिथ्या

चेतना" (ऐलिवेटेड कॉन्शसनेस) की पुनर्व्याख्या की बात करते हैं। आलोचनात्मक सिद्धान्त के समर्थक विद्वान यह स्वीकार करते हैं कि सामाजिक विश्लेषण का उद्देश्य चेतना की व्याख्या करना है और यह स्पष्ट करना है कि किन-किन उत्पादन-संबंधों के द्वारा किस-किस प्रकार की सामाजिक व्यवस्थाएं जन्म लेती हैं और उनकी नैतिक प्रकृति क्या है।

इस सम्प्रदाय के अग्रणी व्यक्तियों में **टी. डब्ल्यू एडोर्नो, वाल्टर बैंजामिन, एरिक फ्रॉम, हरबर्ट मारकूज़, मक्स होरखीमर** का नाम विशेष उल्लेखनीय है। वर्तमान में **युर्गेन हेबरमॉ** इस सम्प्रदाय के उत्तराधिकारी हैं। हेबरमॉ ने इस सम्प्रदाय के प्रारंभिक विचारकों, यथा एडोर्नो और होरखीमर से थोड़े हट कर अलग विचार रखे हैं। फ्रैंकफर्ट सम्प्रदाय के विद्वानों ने समाज के भौतिकतावादी मॉडल के साथ सांस्कृतिक और मनोवैज्ञानिक आयाम को भी जोड़ा है, (फ्रॉम) और एक "एफ-माप" को विकसित किया। "एफ-माप" सत्तावाद के माप का एक मनोवैज्ञानिक परीक्षण है। बाद के लेखनों में जनपुंज संस्कृति (मॉस कल्चर) के विरोधाभासों की सूक्ष्म समीक्षा की गई है और आधुनिक कला के आत्म-विनाशात्मक सौन्दर्य और कामोत्तेजना की उन्मुक्तकारी संभावनाओं पर आधारित स्वेच्छाचारी "नकारात्मक द्वन्द्व" (मार्कूज, 1968) को विकसित करने का प्रयत्न किया गया है। चूंकि यह प्रत्यक्षवाद और साधनात्मक तर्क का विरोधी रहा है, अतः फ्रैंकफर्ट सम्प्रदाय को बहुधा रूमानी (स्वच्छन्दतावादी) उत्तर-आधुनिकतावाद का पूर्वगामी माना जाता है। इस सम्प्रदाय के अध्ययन के प्रमुख विषय ज्ञानमीमांसा, मार्क्सवाद और संस्कृति रहे हैं, किन्तु इस सम्प्रदाय के आधुनिक विद्वानों ने अमेरिका में प्रजातिवाद और पूर्वाग्रह जैसे विषयों पर भी महत्वपूर्ण आनुभविक अध्ययन किये हैं।

function – प्रकार्य

"प्रकार्य" एक ऐसा पद (शब्द) है जिसका प्रयोग किसी प्रथा या सामाजिक संस्था के प्रयोजन बताने या एक सामाजिक व्यवस्था में अन्य प्रथाओं या सामाजिक संस्थाओं के साथ इसके सम्बन्ध इंगित करने के लिये किया जाता है। प्रांरभिक विचारकों ने प्रकार्य को सामान्यतः सकारात्मक अर्थ में ही परिभाषित किया है। उनके अनुसार, किसी संरचना के किसी भाग (इकाई) द्वारा अथवा उसके निर्मायक भागों के अनुकूलन अथवा समायोजन हेतु किया गया योगदान उस भाग का प्रकार्य है। आजकल इसे अधिक स्पष्ट एवं तटस्थ अर्थ में परिभाषित किया जाता है। आजकल किसी क्रिया के परिणामों को प्रकार्य की संज्ञा दी जाती है, चाहे वे परिणाम वांछित अथवा मान्य हों अथवा न हों।

समाज विज्ञानों में "सामाजिक प्रकार्य" की अवधारणा का शुरुआती व्यवस्थित रूप में प्रयोग हम प्रसिद्ध फ्रांसीसी समाजशास्त्री **दुर्खाइम** (1895) की कृतियों में देखते हैं, यद्यपि प्रकार्य शब्द का प्रयोग इसके पूर्व **हर्बर्ट स्पेन्सर** की कृतियों में भी हुआ है। दुर्खाइम से प्रभावित होकर मानवशास्त्र में इस अवधारणा का प्रयोग **रेडक्लिफ ब्राऊन** और **मेलिनोस्की** जैसे प्रारंभिक मानवशास्त्रियों ने आदिवासियों के अपने अध्ययनों में किया है। दुर्खाइम से लेकर आज तक इस अवधारणा के अर्थ एवं प्रयोग में काफी संशोधन, परिवर्तन एवं परिवर्द्धन हुआ है, किन्तु इसकी मूलधारणा में विशेष फेर-बदल नहीं हुआ है।

functionlism – प्रकार्यवाद

प्रकार्यवाद सावयविक सादृश्यता पर आधारित एक सिद्धान्त, एक परिप्रेक्ष्य या एक उपागम है जो प्रथाओं या सामाजिक संस्थाओं के प्रकार्यों (प्रयोजनों) के अध्ययन पर जोर देता है। यह सिद्धान्त इस मौलिक प्रश्न पर आधारित है कि किस प्रकार कोई संस्था अथवा विश्वास दूसरी संस्थाओं या विश्वासों से पारस्परिक में जुड़े होते हैं और किस सीमा तक यह सम्पूर्ण सामाजिक-सांस्कृतिक व्यवस्था अथवा उसके किसी भाग को बनाये रखने में अपना योगदान करते हैं। समाज की आवश्यकताएं क्या हैं, इन आवश्यकताओं की पूर्ति कैसे होती है, और इन आवश्यकताओं की पूर्ति में किसी संस्था, प्रथा अथवा क्रिया का क्या योगदान है, अर्थात् वे समाज की जरूरतों की कैसे पूर्ति करती हैं, इन प्रश्नों के उत्तर ही प्रकार्यवाद की आधारशिला है। यह परिप्रेक्ष्य उद्‌विकासवाद से भिन्न है। जहां उद्‌विकासवाद किसी संस्था या प्रथा के उद्‌गम के जानने पर बल देता है, प्रकार्यवाद उसके प्रकार्यों को खोजने पर जोर देता है। प्रकार्यवादी मानते हैं कि प्रथाओं का उद्‌गम कुछ भी रहा हो, वे तब तक जीवित रहती हैं, जब तक वे समाज में कुछ न कुछ अपनी महत्वपूर्ण भूमिका (प्रकार्य) अदा करती रहती हैं, अर्थात समाज में संतुलन बनाये रखने में वे अपना योगदान करती रहती हैं।

प्रकार्यवाद की व्याख्या सामान्यतः चार रूपों में की गई है; (1) सामाजिक विज्ञानों और मानविकी के क्षेत्र में मानवशास्त्र की एक विशिष्ट नृजातीय लेखन पद्धति के रूप में, (2) मानवशास्त्र के ऐतिहासिक सम्प्रदाय के रूप में जो "ब्रिटिश सामाजिक मानवशास्त्र" के रूप में जाना जाता है, (3) समाजशास्त्र, मनोविज्ञान और मानवशास्त्र में समन्वय स्थापित करने वाले एक सम्प्रदाय के रूप में, और (4) एंग्लो-अमरीकी विश्लेषणात्मक दर्शन के अन्तर्गत सामाजिक विज्ञानों के एक दर्शन के रूप में।

प्रकार्यवाद का जन्म सन् 1920 में उन्नीसवीं सदी के मानवशास्त्रीय उद्‌विकासवाद और प्रसारवाद की प्रतिक्रिया स्वरूप हुआ है जिनमें संदर्भहीन और बाह्य समानताओं पर आधारित तुलनाओं पर जोर दिया जाता था। प्रकार्यवाद में भी पद्धतिशास्त्रीय दृष्टि से निष्कर्षों हेतु तुलनाओं का प्रयोग किया जाता है, किन्तु उद्‌विकासवादियों और प्रसारवादियों की अपेक्षा प्रकार्यवादियों की तुलनात्मक पद्धति अत्यधिक परिष्कृत होती है। प्रांरभिक प्रकार्यवाद जो ब्रिटिश मानवशास्त्र की देन माना जाता है और जिसके प्रमुख प्रणेता **रेडक्लफ ब्राऊन** (जिन्हें संरचनात्मक-प्रकार्यवादी माना जाता है) और **मेलिनोस्की** (जिन्हें शुद्ध प्रकार्यवादी माना जाता है) रहे हैं, **दुर्खाइम** के समाजशास्त्रीय सिद्धान्त से प्रेरित रहे हैं जिन्होंने व्यक्ति की प्रेरणाओं तथा उद्देश्यों की अपेक्षा समाज और सामाजिक तथ्यों को अधिक महत्व दिया है। वास्तव में, ब्राऊन और मेलिनोस्की के परिप्रेक्ष्यों को इंगित करने के लिये ही मानवशास्त्र में "प्रकार्यवाद" शब्द के प्रयोग का चलन प्रारंभ हुआ।

functionalism, philosophical – दर्शनशास्त्रीय प्रकार्यवाद

दर्शनशास्त्रियों ने प्रकार्यवादी विश्लेषण के विभिन्न रूपों (गणितीय, जैवकीय, उद्देश्यपरक, संत्रातिकी) की तार्किक प्रस्थिति के साथ-साथ कारणात्मक और ऐतिहासिक व्याख्याओं के तरीकों के साथ उनके सम्बन्धों का विश्लेषण किया है। पद्धतिशास्त्रीय दृष्टि से **अब्रल**

(1950) तथा अन्य लोगों ने इस सम्बन्ध में बताया है कि प्रकार्यवाद को मात्र मानवीय जरूरतों की सूची और उन विभिन्न प्रकार्यात्मक समानार्थी संस्थाओं तक सीमित नहीं किया जा सकता जिनके द्वारा इन आवश्यकताओं की तुष्टि होती है क्योंकि न तो इन आवश्यकताओं को और न हीं संभावित प्रकार्यात्मक समानार्थी तत्वों की परिभाषा को परिमित किया जा सकता है। इसी प्रकार, **ब्लेक एवं डेविस** (1964) ने व्यवहारपरक नियमितताओं से उत्पन्न होने वाले मानदंडों और मूल्यों की चक्रिक प्रवृति पर प्रकाश डालते हुए कहा है कि व्यवहारपरक नियमितताएं ही मानदंडों और मूल्यों का निर्धारण करती हैं। एक मानवशास्त्रीय-दर्शनशास्त्री के रूप में **अरनेस्ट गैलनर** (1959, 1970) ने लिखा है कि मानवशास्त्र के क्षेत्र में प्रकार्यवाद को समाज के एक सिद्धान्त की अपेक्षा मुख्यतः एक पद्धतिशास्त्रीय उपकरण के रूप में ही देखा जाना चाहिये। **मेलिनोस्की** के कुछ विद्यार्थियों ने प्रकार्यवादी पद्धतियों का नृजातीय शोध के क्षेत्र में बड़ी कुशलता से प्रयोग किया है।

G

gemeinschaft – गैमिनशैफ्ट

"गैमिनशैफ्ट" जर्मन भाषा का शब्द है जिसका प्रयोग अंग्रेजी के "कॅम्यूनिटी" शब्द के मिलते-जुलते अर्थ एवं संदर्भ में किया जाता है। इस शब्द (अवधारणा) का प्रयोग सन् 1887 में प्रसिद्ध समाजशास्त्री **एफ. टॉनिज़** ने अपनी कृति "गैमेनशैफ्ट एण्ड गैसिलशेफ्ट" में किया है जो बाद में समाजशास्त्र में व्यापक रूप में प्रयोग किया जाने लगा। गैमिनशैफ्ट एक ऐसे समूह का बोध देता है जो घनिष्टता एवं स्थाईत्व की विशेषताओं पर आधारित सामाजिक सम्बन्धों के ताने-बाने द्वारा गठित होता है। गैमिनशैफ्ट की विशेषताओं वाला समूह अपेक्षाकृत समरूप/समजातीय (होमोजीनिअस) होता है। इन विशेषताओं से युक्त समूह के सदस्य जीवन में उत्पन्न होने वाले सुखों और दुखों को मिलजुल कर हंसी-खुशी से बांट लेते हैं। हिन्दी भाषा में गैमिनशैफ्ट के लिये समानार्थक शब्दों "समाज" और "समुदाय" दोनों का प्रयोग किया गया है। (देखिये—गैसिलशैफ्ट)

gender – लिंग

सामाजिक विज्ञानों, विशेषतः समाजशास्त्र और मानवशास्त्र के क्षेत्र में लिंग (जेन्डर) से तात्पर्य सामाजिक सांस्कृतिक रूप में निर्धारित उन व्यवहारों और अर्थों से है जिसके आधार पर सभी मानव समाजों में स्त्री और पुरुष में भेद किया जाता है, जैसे यौन आधारित भूमिकाएं। अधिकांश विद्वान इस मत को मान कर चलते हैं कि लैंगिक व्यवहार की रचना ऐतिहासिक शक्तियों के आधार पर होती है, अतः इसमें जीवशास्त्र का कोई लेना-देना या हस्तक्षेप नहीं है। आधुनिक मानवशास्त्र में "सेक्स" के स्थान पर "जेन्डर" शब्द का प्रयोग ही किया जा रहा है। अभी कुछ दिनों से तो जेन्डर शब्द का प्रयोग पुरुषों और स्त्रियों के बीच पाये जाने वाले सामाजिक, सांस्कृतिक और मनोवैज्ञानिक अन्तरों के प्रतिमानों के लिये बहुतायत से किया जाने लगा है।

पिछले कुछ वर्षों से सामाजिक विज्ञानों में लिंग के सामाजिक पक्ष को उसके जैवकीय पक्ष से अलग कर "जेन्डर" के रूप में उसे समझने और अध्ययन करने की एक नई शुरुआत हुई है। **अन्न ओकले** (सेक्स, जैन्डर एण्ड सोसाइटी, 1972) जिन्हें समाजशास्त्र में "सेक्स" शब्द का नया अर्थ और महत्व प्रदान करने का श्रेय प्राप्त है, के अनुसार "सेक्स" का तात्पर्य पुरुषों एवं स्त्रियों का जैवकीय आधार पर विभाजन है तथा "जेन्डर" का अर्थ स्त्रीत्व एवं

पुरुषत्व के रूप में समानान्तर और सामाजिक-सांस्कृतिक रूप में असमान विभाजन से है। अतः जेन्डर की अवधारणा स्त्रियों और पुरुषों के बीच सामाजिक रूप में निर्मित भिन्नता के पहलुओं पर ध्यान आकर्षित करती है। किन्तु आजकल जेन्डर का प्रयोग व्यक्तिगत पहचान और व्यक्तित्व को इंगित करने के लिये ही नहीं किया जाता, अपितु प्रतीकात्मक स्तर पर इसका प्रयोग सांस्कृतिक आदर्शों तथा पुरुषत्व एवं स्त्रीत्व संबंधी रूढ़िवादी धारणाओं तथा संरचनात्मक अर्थों में, संस्थाओं और संगठनों में लैंगिक श्रम-विभाजन के रूप में भी किया जाता है।

मानवशास्त्र में लैंगिक अध्ययनों की विषय-वस्तु और क्षेत्र काफी व्यापक रहा है। इसमें यौन आधारित व्यवहार के कुछ रूपों के उद्‌भव और विकास से लेकर यौन आधारित संस्तरण के उद्‌गम और अर्थ और लिंग पहचान की समस्यात्मक प्रकृति जैसे विषयों को सम्मिलित किया गया है। लिंग आधार पर श्रम-विभाजन का क्या रूप रहा है और इसके क्या कारण हैं, इस सम्बन्ध में तीन प्रमुख सिद्धान्त उभर कर आये हैं; (1) **ताकत सिद्धान्त**—इस सिद्धान्त के अनुसार यह माना जाता है कि किसी भी समाज में पुरुषों की औसत संख्या स्त्रियों से अधिक होती है, अतः यह स्वाभाविक है कि पुरुषों को वे कार्य करना चाहिये जिनमें अधिक शक्ति/ताकत की जरूरत पड़ती है। (2) **बालक पालन-पोषण संगति सिद्धान्त**—यह सिद्धान्त यह मानता है कि स्त्रियों में उन कार्यों के करने की अधिक प्रवृति होती है जो बालकों के पालन-पोषण के साथ मेल खाते हों, अर्थात् जिन्हें बीच में छोड़ कर तत्काल पुनः किये जा सकते हों, जैसे भोजन तैयार करना, पानी लाना, भोजन को सुरक्षित रखना, इंधन के लिये लकड़ियों को एकत्रित करना आदि। इसके विपरीत, पुरुष अधिकांशतः उन कार्यों को करते हैं जो खतरनाक होने के साथ-साथ जिनमें बहुधा अधिक ऊर्जा की जरूरत पड़ती है, जैसे एक बड़े क्षेत्र में शिकार करना, मछली पकड़ना, खेती के लिये भूमि को तैयार करना आदि। (3) **आर्थिक- मेहनत सिद्धान्त**— यह सिद्धान्त इस बात पर बल देता है कि स्त्री-पुरुषों के कार्य इस ढ़ंग से विभाजित किये जाते हैं ताकि लैंगिक विशिष्टीकरण द्वारा कुल उत्पादन को बढ़ाया जा सके तथा कुछ विशिष्ट क्रियाएं समाज की आर्थिक संरचना पर आधारित हों।

तीनों ही सिद्धान्तों की अपनी-अपनी कमियां हैं। ताकत या बल सिद्धान्त पुरुष द्वारा कठिन कार्य करने की प्रवृति को तो स्पष्ट करता है, किन्तु इस तथ्य की सफल व्याख्या नहीं कर पाता कि क्यों कुछ समाजों में पुरुष केवल शहद एकत्रित करने या बालकों के लालन-पालन जैसे छोटे-मोटे कार्य करते हैं और स्त्रियां शिकार करती हैं। इसी प्रकार आर्थिक-मेहनत सिद्धान्त यह तो स्पष्ट करता है कि श्रम-विभाजन क्यों है, किन्तु यह नहीं बता पाता कि भूमिकाओं का विभाजन कैसे होता है या इनका निर्धारण कैसे होता है।

मानवशास्त्र में लिंग आधार पर श्रम-विभाजन का एक सर्वाधिक अध्ययन का विषय जीवन-निर्वाही व्यवस्था के रूप और स्त्री एवं पुरुष के श्रम प्रयासों की मात्रा के बीच विभिन्न संस्कृतियों में सम्बन्धों की जांच-पड़ताल करना रहा है। इन अध्ययनों के आधार पर बताया गया कि जैसे-जैसे गहन खेती का प्रचलन बढ़ा, पुरुषों के श्रम में भी वृद्धि होती गई। बागवानी समाजों में खेतीहर समाजों की अपेक्षा स्त्रियों का योगदान अधिक होता है। इन

समाजों में स्त्रियों के अधिक बच्चे होते हैं। उनका अधिक समय बालकों के लालन-पालन पर खर्च होता है।

श्रम-विभाजन से जुड़े हुए एक अन्य विषय, यथा यौन आधार पर संस्तरण और लिंग असमानता पर भी काफी शोध-कार्य हुआ है। स्वायत्तता, प्रभुता, तथा सापेक्षिक सामाजिक प्रस्थिति जैसी अवधारणाओं की माप के बारे में एकमत्यता न होने के कारण लैंगिक असमानता की भिन्न-भिन्न व्याख्याएं की गई हैं। बालकों के पालन-पोषण और राजनीतिक नेतृत्व के बीच सम्बन्धों को लेकर भी पड़ताल की गई है। **लेवलीन** (1992) ने अपने अध्ययन के आधार पर निष्कर्ष रूप में यह कहा है कि जब कभी जननक्षमता को अधिक महत्व नहीं दिया जाता है, तब स्त्रियां बहुधा बच्चे पैदा करने के भार से मुक्त होती हैं। यह स्थिति उन्हें सामुदायिक कार्यों में भाग लेने के लिये अधिक प्रेरित करती है। किन्तु, इस प्रकार के नवीन अवसरों के अपने दुष्परिणाम हैं। **छलिगल** (1972) ने बताया कि "एक क्षेत्र में सफलता और व्यक्तिगत तुष्टि प्राप्त स्त्रियों को दूसरे क्षेत्र में कई बार मुंह की खानी पड़ती है।" उन्होंने यह भी कहा है कि स्त्रियों की प्रस्थिति निर्धारण में सर्वाधिक महत्वपूर्ण तथ्य संस्कृति की वंश प्रणाली नहीं होती अपितु घरेलू समूह के संगठन का रूप स्त्रियों की प्रस्थिति निर्धारण में महत्वपूर्ण भूमिका अदा करता है। कुछ लोगों ने प्रस्थिति निर्धारण में घरेलू समूह सिद्धान्त की आलोचना की है। **एम. रॉस** (1981) ने इस सिद्धान्त के स्थान पर पितृवंशीयता और पितृस्थानीय निवास स्थान को महिलाओं की पराधीनता का कारण माना है।

मानवशास्त्रियों ने पुरुष प्रभुत्व को मानव इतिहास में सापेक्षिक रूप से एक नवीन घटना माना है। उन्होंने यह स्वीकार किया है कि कन्द-मूल एकत्रित करने वाले फिरन्दरी मानव समूहों में पश्चिमी सम्पर्क से पूर्व यौन आधार पर समानता पाई गई है। स्त्रियों की पराधीनता की स्थिति का जन्म राज्यों के उदय के साथ हुआ प्रतीत होता है। राज्यों की स्थापना ने नातेदारी पर आधारित सहयोगी समूहों को नष्ट कर दिया हो सकता है। वास्तव में, विभिन्न संस्कृतियों में स्त्रियों की असमानता सम्बन्धी अध्ययनों से यह प्रकट होता है कि स्त्रियों की पराधीन प्रस्थिति का कोई एक कारण नहीं, अपितु अलग-अलग स्थानों पर भिन्न कारण रहे हैं। सांस्कृतिक-प्रतीकवादी मानवशास्त्रियों ने इस असमानता को पुरुष की संस्कृतिपरक प्रकृति और स्त्रियों की प्रकृतिपरक प्रवृति के साथ जोड़ा है।

सामाजिक-जैवकीय प्रतिरूप पर आधारित लिंग (जेन्डर) सम्बन्धी अभी हाल के अध्ययनों ने जन्मजात व्यवहार सम्बन्धी अन्तर के आधार पर स्त्री-पुरुष के व्यवहार की शैली और रूपों की व्याख्या की है। इन अध्ययनों ने समस्या को सुलझाने के स्थान पर समस्या को अधिक उलझा दिया है। इन अध्ययनों के आधार पर यह कहा गया है कि पुरुषों में "टेस्टोस्टरोन" नामक हार्मोन के कारण उनमें स्त्रियों से अधिक आक्रामकता होती है। किन्तु इस निष्कर्ष को कठिनतः ही पूर्णतः सही कहा जा सकता है कि पुरुष हमेशा आक्रामक होते हैं और स्त्रियां हमेशा पीड़ित और सहिष्णु होती हैं। कई समाजों में इस निष्कर्ष के पूर्णतः विपरीत साक्ष्य मिले हैं। सन् 1975 में अमेरिका में हुए एक सर्वेक्षण से यह तथ्य उभर कर आया है कि "पुरुषों के विरुद्ध हिंसा में स्त्रियां उतनी ही लिप्त पाई गई हैं, जितनी की स्त्रियों

के विरुद्ध हिंसा में पुरुष पाये गये थे।"

लिंग सम्बन्धी मानवशास्त्रियों के अध्ययनों के बारे में एक तथ्य स्पष्ट रूप में उभर कर आया है कि इन अध्ययनों की प्रकृति स्त्रियोन्मुखी रही है, अर्थात् इस प्रकार के अध्ययन अधिकांशतः महिलाओं द्वारा किये गये हैं और इनके पाठकगण भी स्त्रियां ही अधिक रही हैं। इसमें संदेह नहीं है कि लिंग-असमानता सम्बन्धी अध्ययनों की शुरुआत सर्वप्रथम स्त्रियों से ही हुई है और उन्होंने ही पूर्वस्थापित सिद्धान्तों का खण्डन-मण्डन किया है। किन्तु, इस प्रकार के अध्ययनों का एक अप्रत्याशित परिणाम यह हुआ कि इनमें एक लिंग, अर्थात् स्त्री, को महत्ता देकर दूसरे लिंग, अर्थात् पुरुष की पूर्णतः अवहेलना की गई है, या उन्हें न के बराबर महत्ता दी गई है।

gene – वंशाणु/वंशसूत्र/वाहकाणु (जीन)

प्रत्येक गुणसूत्र (क्रोमॉसोम) के साथ माला के दानों की भांति जुड़े तत्व वाहकाणु या जीन कहलाते हैं। इन्हीं वाहकाणुओं का परस्पर प्रभाव ही शारीरिक एवं बौद्धिक विशेषताओं को उत्पन्न करता है। ये वाहकाणु सदैव अपरिवर्तित होते हैं और कभी एक दूसरे के साथ मिश्रित नहीं होते हैं। ये दो प्रकार के होते हैं : प्रबल (डॉमिनॅन्ट) वाहकाणु और अप्रबल या गौण (रिसेसिव) वाहकाणु। प्रबल वाहकाणु (जीन) मनुष्य की शारीरिक एवं बौद्धिक विशेषताओं का निर्धारण करते हैं, जब कि गौण वाहकाणु शरीर में मौजूद रहते हुए भी अपना प्रभाव नहीं दिखा पाते, किन्तु अगली पीढ़ी में ये अप्रबल या गौण वाहकाणु प्रबल बन कर मानव जीवन पर अपना प्रभाव अंकित कर सकते हैं। संक्षेप में, वाहकाणु ही आनुवंशिकता की प्राथमिक इकाई है जो मानव के विशिष्ट व्यक्त लक्षणों के विकास का नियंत्रण करती है। डी.एन.ए. के खोज के बाद "जीन" शब्द का प्रयोग डी. एन. ए. अणु के उस भाग के लिये किया जाता है जो एक विशिष्ट व्यक्त लक्षण (फीनोटाइपिक) की आनुवंशिक सूचना का वाहक होता है।

gene flow – जीन-प्रवाह

जब कभी दूसरी जाति के लोगों का किसी जनसंख्या में बाहर से आव्रजन के कारण अचानक विस्तार होने से वंशसूत्रों (जीन) का विनिमय होता है, तब इस घटना को जीन-प्रवाह कहते हैं।

gene frequencies – जीन-आवृतियां

जीन-समुच्चय में किसी विशिष्ट वंशसूत्रों (अर्थात् एलीलों) के भिन्न रूपों की उत्पत्ति को जीन-आवृतियां कहा जाता है।

gene-pool – जीन-समुच्चय

किसी जीन जाति (स्पीशी) के सभी सदस्यों के शरीरों में पाये जाने वाले सभी वंशसूत्र जीन-समुच्चय का निर्माण करते हैं।

genealogical grid – वंशावलिक ग्रिड

किसी समाज या संस्कृति में नाते-रिस्तेदारों का वर्गीकरण कैसे किया जाता है, इसका कोई

महत्व नहीं होता है। वास्तव में, सभी नातेदारी व्यवस्थाओं का आधार प्रस्थितियों का वह समूह होता है जिसे वंशावलिक ग्रिड कहते हैं।

genealogical method – वंशावलिक विधि

किसी भी छोटे समूह या समुदाय के सभी सदस्यों की वंशक्रम सम्बन्धित जानकारी एकत्रित करने की विधि वंशावलिक विधि कहलाती है। इस विधि में प्रायः वंश-वृक्ष के माध्यम से कई पीढ़ियों से सम्बन्धित विवाह, परिवार, सम्पत्ति, उत्तराधिकार और नातेदारी संबंधों के बारे में आवश्यक तथ्यों का एकत्रण किया जाता है। नातेदारी का विषय सामाजिक मानवशास्त्र का एक महत्वपूर्ण एवं अभिन्न अंग है जिसका सबसे उपयोगी अध्ययन वंशावली विधि द्वारा ही किया जाता है। वंशक्रमों के अध्ययन द्वारा सामाजिक संगठन के रूपों का भी पता लगाया जा सकता है।

genealogy – वंशावली

वंश संबंधों के आधार पर नातेदारों की "एक परिवार वृक्ष" के रूप में सूची बनाने को वंशावली का नाम दिया गया है। वंशावलियों को बनाने, उन्हें सहेज के रखने और सुनाने के द्वारा बहुधा वैधकरण और एकता स्थापित करने के महत्वपूर्ण सामाजिक प्रकार्य की पूर्ति होती है।

generation – पीढ़ी

पीढ़ी एक ऐसा पद (टर्म) है जिसे जैवकीय अर्थों में तो आसानी से कुछ निश्चित शब्दों में परिभाषित किया जा सकता है, किन्तु सामाजिक विज्ञानों (मानवशास्त्र/ समाजशास्त्र) में इस शब्द का स्पष्ट अर्थ बताना थोड़ा कठिन है। जैवकीय अर्थों में पीढ़ी का अर्थ एक साझा पूर्वज से जन्में सहबंधुओं (नातेदारों) के एक समान वंश से है। वंशावलिक अर्थ में, एक पीढ़ी व्यक्तियों का एक ऐसा समूह है जो किसी वास्तविक अथवा काल्पनिक साझा पूर्वज से समान दूरी के आधार पर एकरेखीय वंशजों के रूप में आपस में जुड़ा होता है। लगभग एक ही समय पर जन्में और जीवनयापन करने वाले लोग एक पीढ़ी की रचना करते हैं। हर समाज में हमेशा जन्म लेने वालों की सततता बनी रहती है, अर्थात् समाज में निरंतर जन्म होते रहते हैं। अतः एक पीढ़ी और अगली पीढ़ी के बीच विभाजन की निश्चित रेखा खींचना एक कठिन कार्य है।

generational kinship – पीढ़ीगत नातेदारी

नातेदारी शब्दावली की एक प्रणाली को पीढ़ीगत नातेदारी कहा जाता है जिसमें नातेदारों को मुख्यतः पीढ़ी के आधार पर वर्गीकृत किया जाता है।

genetics – आनुवंशिकी

जीवविज्ञान की वह शाखा आनुवंशिकी कहलाती है जिसमें जैवकीय विशेषताओं के संचरण की प्रक्रिया का अध्ययन किया जाता है। इसमें "जीन" की संरचना और क्रिया तथा

माता-पिता से संतान को हस्तान्तरित होने वाले लक्षणों के प्रतिमानों का अध्ययन किया जाता है। आनुवंशिक प्रणाली उद्विकासीय परिवर्तन का मूलाधार है।

"जिनेटिक" शब्द की रचना सन् 1908 में ब्रिटिश वैज्ञानिक **विलियम बैट्समॅन** ने मेन्डलवादी सिद्धान्तों पर आधारित नये विज्ञान के लिये की थी। उन्होंने इस संदर्भ में **"होमाजाइगस"** (समयुग्मन) और **"हेटॅरोजाइमस"** (विषमयुग्मन) शब्दों की रचना की है।

genetics, human – मानवीय आनुवंशिकी

शारीरिक मानवशास्त्र की एक शाखा मानव आनुवंशिकी के नाम से जानी जाती है जिसमें मानव की पैतृकता और उत्परिवर्तन (म्यूटेशन), अर्थात वाहकाणुओं (जीन्स) में आकस्मिक परिवर्तन के साथ-साथ प्राकृतिक प्रवरण (नेचुरल सिलेक्शॅन) और शारीरिक अनुकूलन जैसी प्रक्रियाओं का अध्ययन किया जाता है।

genetic change – आनुवंशिक परिवर्तन

तकनीकी वस्तुओं और प्रक्रियाओं का विकास कैसे हुआ, यह समस्या पुरातत्वविदों तथा आदिवासीय संस्कृति के शोधकर्त्ताओं की प्रारंभ से ही रही है। इसी प्रकार, सामाजिक संस्थाओं के विकास क्रम को जानने में मानवशास्त्रियों एवं समाजशास्त्रियों ने काफी रुचि प्रदर्शित की है। इन सभी जिज्ञासाओं के पीछे मूल प्रेरणा मानव के उद्विकास और परिवर्तन के क्रमिक विकास के चरणों को जानने की रही है।

genetic drift – जननिक-प्रवाह

प्रजातियों की रचना कैसे होती है या प्रजातियों में भिन्नता के क्या कारण है, इस बारे में कई धारणाएं प्रचलित हैं। इन धारणाओं में एक धारणा जननिक-प्रवाह कहलाती है। जब एक प्रजातिक समूह का कोई समूह किसी नये क्षेत्र में जाकर बस जाता है और अपने पूर्वज-समूह से पूर्णतः कट जाता है। बाद में इस समूह का भी कोई समूह किसी अन्य क्षेत्र में जा कर बस जाता है और इस समूह के अपने मूल समूह से सम्पर्क-सूत्र टूट जाते हैं, तब संभव है कि आगे वाली पीढ़ियों में प्रथम मूल समूह के सभी विशिष्ट वाहकाणु (जीन्स) लुप्त हो जायें या दब जाये और बिखरे हुए समूहों में नवीन जननिक प्रवाह पैदा हो जाये। इस प्रकार के जननिक प्रवाह के फलस्वरूप एक नई प्रजाति विकसित हो जाती है। वास्तव में, मूल समूह से पृथक हो जाने या दूर जाने से मूल समूह के वाहकाणुओं का प्रभाव धीरे-धीरे घटता जाता है क्योंकि हर नई पीढ़ी में नये वाहकाणुओं का आयात होता रहता है।

विशाल जनसंख्या समूह से किसी छोटे जनसमूह (समुदाय) का उत्प्रवास, या किसी घोर विनाश अथवा महामारी के परिणामस्वरूप जनसंख्या के आकार में यकायक कमी के कारण एक पीढ़ी से दूसरी पीढ़ी में वंशसूत्रों (जीन) में हुए संयोगिक (आकस्मिक) परिवर्तन को जननिक-प्रवाह कहते हैं। मानव इतिहास में जननिक-प्रवाह के हुए असंख्य उदाहरणों में से एक प्रसिद्ध उदाहरण 19 वीं शताब्दी के ब्रिटिश सैनिकों का है जो एटलान्ट प्रशान्त सागर के ट्रिस्टा द कुन्हा द्वीप में जा कर बस गये थे।

genetic engineering – आनुवंशिक कारीगरी (इंजीनियरी)

पिछली शताब्दी में प्रयोगशालायी निषेचन, तत्पश्चात् भ्रूण के प्रत्यारोपण तथा उसके सफल परिणामों की जैवकीय तकनीक ने मानव तथा गैर मानवों के आनुवंशिक क्षेत्र में एक क्रांति उत्पन्न कर कई जैवकीय, नैतिक, सामाजिक और राजनीतिक प्रश्नों को जन्म दिया है। पिछली शताब्दी (बीसवीं) के अन्तिम दशक में जैविक क्षेत्र में हुए उपरोक्त वर्णित खोजों के अतिरिक्त अनुकृति रचना (क्लोनिंग) और "स्टेम सेल" संबंधी नवीनतम जानकारी ने तो आनुवंशिक क्षेत्र में तहलका मचा दिया है। अनुकृति-रचना (क्लोनिंग) एक आनुवंशिक कारीगरी की एक नवीनतम विधि है जिसके द्वारा एक अकेले जीव की कोशिकीय ऊतकों के द्वारा एक दम समान प्रजनन किया जाता है। इस विधि में पारम्परिक प्रजनन विधि की भांति नर और मादा के अंडे और शुक्राणु की जरूरत नहीं होती है। इस विधि का सफलतम प्रयोग मेंडकों, भेड़ों और खरगोशों पर किया जा चुका है और मानवों पर भी इस प्रकार के प्रयोग की प्रगति संतोषजनक प्रदर्शित की जा रही है। यही नहीं, आनुवंशिक कारीगरी के क्षेत्र में, गैर मानवों में एक प्रकार के जीनों (वंशसूत्रों) के स्थान पर दूसरे प्रकार के जीनों का प्रतिस्थापन सफलतापूर्वक किया जा रहा है। बहुत जल्दी ही, आनुवंशिक कारीगरी के द्वारा मानवों की कुछ विकृतियों और बीमारियों के दोषपूर्ण जीनों को हटा कर उन्हें दूर किया जा सकेगा। कुछेक क्षेत्रों में तो इस क्षेत्र में भी सफलता हासिल हो चुकी है और प्रयोगशालाओं में मानव के विभिन्न अंगों का उत्पादन किया जाने लगा है। यही नहीं, मानव के शरीर में पशुओं के अंगों के प्रत्यारोपण के परीक्षण में भी मानव ने बहुत सीमा तक सफलता अर्जित कर ली है।

मानव जीवन को अधिकाधिक सुखद एवं बेहतर बनाने की दृष्टि से आनुवंशिक क्षेत्र में जो नये-नये आविष्कार, खोजें की जा रही हैं, उन्हें ही आनुवंशिक कारीगरी का नाम दिया गया है। अभी तक जीव जगत् (जन्म और मृत्यु) को ईश्वरीय क्षेत्र माना जाता था, और इसमें मानव हस्तक्षेप न्यूनतम था, किन्तु डार्विन के उद्विकासीय सिद्धान्त के बाद विशेषतः उन्नीसवीं-बीसवीं शताब्दी में जैविक क्षेत्र में हुई नई-नई खोजों ने आनुवंशिकी के क्षेत्र में भी क्रांति उत्पन्न की दी है। अब यह माना जाने लगा है कि मानव अपनी इच्छानुरूप जीवों और वनस्पति को आकार-प्रकार देने में सक्षम है और इसी सोच के आधार पर आनुवंशिक क्षेत्र की दिशा के निर्धारण का नियंता बनने के प्रयास में मानव सक्रिय हो गया है।

genetic group – आनुवंशिक या जननिक समूह

ऐसे व्यक्तियों का समूह जो किसी न किसी रूप में सामान्य वंशानुक्रम से सम्बन्धित होता है, आनुवंशिक या जननिक समूह कहलाता है। ऐसे समूह में किसी भी बाहरी व्यक्ति को जो विवाह, दत्तकता अथवा अन्य किसी रीति से लाया गया है, सम्मिलित नहीं किया जाता है।

genetrix – जननी

बालक/बालिका को वास्तविक रूप में जन्म देने वाली स्त्री अर्थात माँ को मानवशास्त्रीय नातेदारी शब्दावली में जननी कहा गया है। कई समाजों में माता (मेटर) तथा जननी में भेद

किया गया है। माँ या माता शब्द का प्रयोग कहीं-कहीं पालन-पोषण करने वाली स्त्री के लिये भी किया जाता है।

genitor – जन्मदाता पिता/जनक
बालक के जैविक पिता को जनक कहा जाता है। यह शब्द (टर्म) सामाजिक रूप से मान्य पिता से भिन्न है जिसके लिये अंग्रेजी में "पेटर" (पोषणकर्ता पिता) शब्द का प्रयोग किया जाता है। ऐसे समाजों में जहां नैसर्गिक बालकों की प्रस्थिति दत्तक बालकों की प्रस्थिति से वैधानिक रूप में समान होती है, वहां दत्तक पिता को दत्तक बालक पर पूर्ण सामाजिक पितृत्व प्राप्त होता है। इन समाजों में वास्तविक जैविक पिता (जनक) उस बालक पर समस्त अधिकार खो देता है। कई समाजों में जैसे अफ्रीका और आस्ट्रेलिया में जनक एवं पोषणकर्ता पिता में अन्तर किया जाता है। दत्तकता की प्रथा के कारण जन्मदाता पिता (जनक) और सामाजिक पिता (दत्तक पिता) में अन्तर होता है।

genocide – जाति संहार/जनसंहार
संयुक्त राष्ट्र ने जाति या जन संहार को परिभाषित करते हुए लिखा है कि जन संहार ऐसी संकल्पित एवं व्यवस्थित क्रियाएं हैं जो किसी राष्ट्रीय, प्रजातीय, नृजातिक, धार्मिक (सांस्कृतिक) समूह को समूल या उसके किसी आंशिक भाग को नष्ट करने या उन्मूलन करने के उद्देश्य से की जाती हैं। इस परिभाषा की एक बड़ी कमजोरी यह है कि इसमें "उद्देश्य" पर जोर दिया गया है जो कि कभी-कभी प्रत्यक्ष तौर पर उन्मूलन क्रिया से स्पष्ट नहीं हो पाता है, जैसे यूक्रेन, इन्डोनेशिया, और कम्बोडिया में अपने राजनैतिक प्रतिद्वन्दियों को राज्य द्वारा बड़े स्तर पर मौत के घाट उतार दिया गया। कुछ विद्वानों ने "समूह के आंशिक भाग" के उन्मूलन पर भी आपत्ति प्रकट करते हुए कहा है कि सही रूप में जनसंहार सम्पूर्ण समूह के नष्ट करने को परिलक्षित करता है न कि मात्र उसके आंशिक भाग को।

द्वितीय युद्ध के दौरान नाज़ी जर्मनी द्वारा यहूदियों, जिप्सियों तथा अन्य समूहों का व्यवस्थित रूप में एक बढ़ी मात्रा में जनसंहार की कार्यवाही ने समस्त विश्व को हिला दिया था जिसके कारण संयुक्त राष्ट्र संघ ने अपने प्रथम अधिवेशन में ही सर्वसम्मति से इस प्रकार के जनसंहार को अंतराष्ट्रीय कानून के तहत अपराध घोषित कर उसके लिये दंड की घोषणा की। कई राष्ट्रों ने जनसंहार के इस कानून पर तत्काल हस्ताक्षर नहीं किये और कुछेक राष्ट्रों ने आज तक इस पर हस्ताक्षर नहीं किये हैं।

जनसंहार को रोकना और इस अपराधकर्म को करने वालों को दंड देना अत्यंत कठिन कार्य है, क्योंकि यह मुद्दा निरपवाद रूप में राष्ट्रीय और अन्तर्राष्ट्रीय राजनीति से जुड़ा हुआ है। पूर्वी पाकिस्तान (आजकल बंगलादेश) जब 1971 में पाकिस्तान से अलग हुआ, उसके पहले पाकिस्तानी फौज ने एक अनुमान के अनुसार तीस लाख बंगलादेशियों को मौत के घाट उतार दिया था। यह मुद्दा कई बार संयुक्त राष्ट्र संघ के समक्ष लाया गया, किन्तु इस पर आज तक कोई निर्णय नहीं हो पाया क्योंकि जहां एक ओर भारत और रूस बंगलादेश के पक्ष में थे,

वहीं संयुक्त राष्ट्र संघ का झुकाव उस समय पाकिस्तान की ओर था। इसी प्रकार के कई अन्य उदाहरण हैं जिसमें यू. एन. ओ. ऐसे मामलों में कोई निर्णायक कदम नहीं उठा पाया।

genome – जीनोम

एक व्यक्ति (या एक स्पीशी) के पूरे आनुवंशिक साजोसामान को जीनोम कहते हैं। ऐसा अनुमान है कि मानव प्राणियों में, प्रत्येक व्यक्ति में लगभग तीन अरब (बिल्यन) न्यूक्लियोटाइड उसके डी. एन. ए. में होते हैं।

genotype – जीनप्ररूप (जीनोटाइप)

जैविक दृष्टि से किसी सजातीय प्राणी-समूह के सदस्यों के ऐसे सामान्य विशेषक (लक्षण) जिनके आधार पर उन्हें एक सुनिश्चित प्राणी-संवर्ग में रखा जा सकता है, जीन प्ररूप कहलाते हैं। ये ऐसे आनुवंशिक कारक होते हैं जो जीव विकास को प्रभावित करते हैं। ये विशेषक समूह किसी व्यक्ति द्वारा एक संतति से दूसरी संतति में संचरित (हस्तान्तरित) होते हैं।

जीनप्ररूप एक व्यक्ति की आनुवंशिक रचना होती है। इस शब्द का प्रयोग किसी जीव की सम्पूर्ण आनुवंशिक रचना के लिये या विशिष्ट विस्थल के युग्मविकल्पियों (एलीलों) के लिये किया जा सकता है।

gens – जैन्स

रोमन समाज में पितृवंशीय आधार पर निर्मित एक वंशमूल के परिवारों के समूह के लिये "जैन्स" शब्द का प्रयोग किया गया है। ऐसे समूह के सभी सदस्य एक ही उपनाम का प्रयोग करते थे। यह समूह अपनी उत्पत्ति एक सामान्य पूर्वज से मानता था। यह समूह एकान्वयिक और बहिर्विवाही होता था।

आजकल इस शब्द का प्रयोग नहीं किया जाता और इसके स्थान पर अग्रेजी में "क्लैन" शब्द का और हिन्दी में "गौत्र" शब्द का प्रयोग किया जाता है। जैन्स शब्द का प्रयोग प्रारंभिक मानवशास्त्री **लेविस हेनरी मॉर्गन** और उनके अनुसरणकर्त्ताओं की कृतियों में देखने को मिलता है।

genus – जीनस (वंश)

लिन्ननवादी वर्गीकरण नियम के अनुसार एक अवस्था जीनस (वंश) कहलाती है जिसमें भिन्न जीव जातियों (स्पीशीज़) को एक दूसरे की समानताओं के आधार पर एक समूह में रखा जाता है।

geographic determinism – भौगोलिक निर्धारणवाद

भौगालिक निर्धारणवाद एक विचार या धारणा है जो इस बात पर बल देती है कि भूगोल समाज और व्यक्ति की प्रकृति और संस्कृति का निर्धारण करता है। इस विचार के समर्थक भूगोलवादी सामाजिक जीवन का मुख्य निर्धारक तत्व भौगोलिक पर्यावरण को मानते हैं। मानव की समृद्धि, उसका स्वास्थ्य, जनसंख्या का वितरण, मानव के शारीरिक लक्षण, बलिष्ठता,

कद, कार्यकुशलता और शक्ति, सामाजिक प्रथाएं एवं सामाजिक संगठन, धर्म और दर्शन आदि सभी का निर्धारण भौगोलिक पर्यावरण (जलवायु, पृथ्वी का धरातल, अक्षांश, देशान्तर, जल, मैदान, खानिज पदार्थ, पशु-पक्षी, पौधे तथा पृथ्वी की समस्त प्राकृतिक शक्तियां आदि) द्वारा अनिवार्यतः होता है। इस विचार के समर्थक विद्वानों में प्रमुखतः फ्रांस के **ली प्ले**, जर्मनी के **फ्रैडरिक रेट्ज़ल**, इंग्लैण्ड के **एच. टी. बकल**, अमेरिका के **एच. डब्ल्यू. ओडम**, **मिस सेम्पल**, **ई. जी. डेक्सटर** और **ई. हंटिंग्टन** आदि विद्वान रहे हैं।

भौगोलिक निर्धारणवाद की धारणा बहुत पुरानी है जो "क्लिमता" के रूप में विश्व के पौराणिक ग्रीक विभाजन में पाई गई है। "क्लिमता" से तात्पर्य ज्यामितीय (रेखागणितीय) आधार पर बने ऐसे क्षेत्रों से है जिनमें भौगोलिक एवं चारित्रिक दोनों लक्षणों का समावेश होता है। यह दृष्टिकोण सम्पूर्ण अठारवीं शताब्दी में भी अधिकांश रूप में छाया रहा है जब यूरोपीय लेखकों ने यह लिखा कि नवीन विश्व की अनिष्टकारी जलवायु के कारण ही पुरातन विश्व की अपेक्षा जैविक जीवन की उत्पत्ति मात्रा और ताकत दोनों ह। रूप में कमजोर हुई है। अभी-अभी कुछ वर्षों पूर्व **फ्रैडरिक रेट्ज़ल** (1844-1904) ने भौगोलिक निर्धारणवाद को सामाजिक डार्विनवाद का जामा पहना कर राष्ट्रों की कल्पना जीवों के रूप में करते हुए इन्हें प्रादेशिक मूलप्रवृतियों और चालक शक्ति सम्पन्न बताया है। उन्होंने इस सम्बन्ध में "लैबिनस्ट्राम" शब्द की रचना की। लैबिनस्ट्राम एक ऐसे नियम का संकेत देता है जिसके अनुसार राज्यों में विस्तार होता है। यह विस्तार जनसंख्या वृद्धि या संसाधनों के आधार के खत्म हो जाने के कारण हो सकता है।

कार्ल हाउशोफर के नेतृत्व में बाद की पीढ़ी के जर्मन भौगोलिक-राजनीतिक सिद्धान्तकारों ने **हिटलर** के विचारों के अनुसार लैबिनस्ट्राम के नियम को प्रादेशिक निर्देशकों में बदल दिया। **पॉल विडाल डी ला ब्लाचे** (1845-1918) तथा उनके साथियों ने भौगोलिक निर्धारणवाद के एक अत्यधिक लचीले स्वरूप को प्रस्तुत किया जो "संभाव्यवाद" (पॉसिबलिज़्म) के नाम से जाना जाता है। "संभाव्यवाद" का विचार "पेस" की अवधारणा पर आधारित है जिसका तात्पर्य ऐसे प्राकृतिक सूक्ष्म क्षेत्र से है जिसकी संस्कृति अपने पर्यावरण के अनुरूप ढली होती है और इसे इस परिप्रेक्ष्य में समझा जा सकता है।

फ्रैज़ बोऑस जो मूल रूप में एक भूगोलवेत्ता के रूप में दीक्षित थे, ने अमेरिकी मानवशास्त्र की नींव ही भौगोलिक निर्धारणवाद की अस्वीकृति पर रखी। उन्होंने भौगोलिक निर्धारणवाद की एकल कारण वाली व्याख्यात्मक योजनाओं की कटु आलोचना की है।

बोऑस के एक पटुशिष्य **ए. एल. क्रोबर** ने इस संदर्भ में कहा है कि "एक व्यवसाय के रूप में, भूगोल या भौतिक पर्यावरण सभ्यता द्वारा प्रयोग की गई भौतिक सामग्री है, यह सभ्यता को निर्धारित या उसकी व्याख्या करने वाला कोई कारक नहीं है।"

geographic envioronment — भौगोलिक पर्यावरण

वे प्राकृतिक घटनाएं या शक्तियां जो जीव के भौतिक और सामाजिक जीवन के उद्भव और विकास को प्रभावित करती हैं, उन्हें भौगोलिक पर्यावरण के नाम से जाना जाता है। इन

घटनाओं में जलवायु, तापक्रम, ऋतुएं, धूप, वर्षा, बाढ़, सूखा, भूकम्प, खनिज पदार्थ, ऊंचाई, अक्षांश, देशान्तर आदि सम्मिलित किये जाते हैं।

एक लम्बी अवधि से मानव जीवन को प्रभावित करने वाले कारक संबंधी "आनुवंशिकता बनाम पर्यावरण" विवाद चला आ रहा है कि इनमें से कौन सा कारक मानव जीवन को अधिक प्रभावित करता है, तभी से मानव जीवन पर भौगोलिक पर्यावरण के प्रभाव को आंकने का प्रयास किया जा रहा है।

gerontocracy – वृद्धतंत्र

प्रशासन का एक रूप जिसमें राजनीतिक सत्ता समाज के वृद्ध जनों में निहित होती है, वृद्धतंत्र कहलाता है। ऐसा माना जाता है कि शासन की शुरुआत वृद्धतंत्र से ही हुई है, अर्थात् वृद्धतंत्र शासन के उद्‌विकासीय क्रम का प्रारंभिक चरण रहा है जब समाज के वयोवृद्ध व्यक्तियों के हाथ में समाज की बागडोर थी। किसी सीमा तक वृद्धों द्वारा शासन की प्रवृति कुछ बदले हुए रूप में आज भी जीवित है।

gerontology – जराविज्ञान

बूढ़े होने की प्रक्रिया, वृद्धावस्था और वयोवृद्धों की समस्याओं के अध्ययन करने वाली ज्ञान की शाखा को जराविज्ञान कहा गया है। पश्चिमी देशों में इस विज्ञान का जन्म सन् 1960 के आसपास हुआ है। जब वृद्धजनों की समस्याओं और उनके निदान-समाधान पर व्यवस्थित रूप में ध्यान दिया जाने लगा और सामाजिक नीति की योजनाओं में समाज के इस उपेक्षित वर्ग के लोगों की कल्याण सम्बन्धी जरूरतों को भी सम्मिलित किया गया। अभी पिछले कुछ वर्षों में जराविज्ञान को सन् 1970 के सांस्कृतिक आंदोलनों द्वारा और अमेरिका के "ग्रे पेन्थर्स" नामक वृद्धजनों के राजनीतिक संगठन ने काफी प्रभावित किया है।

gesellschaft – गैसिलशैफ्ट

"गैसिलशैफ्ट" जर्मन भाषा का एक शब्द है जिसे अंग्रजी भाषा में कुछ विशिष्ट अर्थ एवं संदर्भ में यथावत प्रयोग किया जाता है। इस शब्द का प्रयोग सामान्यतः "गैमिनशैफ्ट" के ठीक विपरीत अर्थों में किया गया है। प्रसिद्ध जर्मन समाजशास्त्री **एफ. टॉनिज़** ने इस शब्द का प्रयोग विवेकपूर्ण संकल्पना पर आधारित एक ऐसे समूह के लिये किया है जिसके सदस्यों के कुछ विशिष्ट लक्ष्य एवं उद्देश्य होते हैं तथा जिसकी प्रकृति अवैयक्तिक, अनुबंधात्मक और स्वार्थपरक होती है। इस प्रकार के समूह की कुछ अन्य विशेषताएं उनकी आंशिकता, उपयोगिता और वैशिष्टयता होती है। अंग्रेजी भाषा में इस अर्थ को संदर्भित करने के लिये "असोसिएशन" और हिन्दी में "समिति" या "संघ" शब्द का प्रयोग किया जाता है।

gift exchange – उपहार विनिमय

विनिमय की प्रथा किसी न किसी रूप में सभी प्राचीन, अर्वाचीन और आदिवासीय समाजों में पाई गई है। इस सम्बन्ध में प्रख्यात अर्थशास्त्री **एडम स्मिथ** का यह कथन समीचीन है कि मानव प्राणियों में "लेन-देन, अदला-बदली और विनिमय" की एक नैसर्गिक प्रवृति होती है।

लोग भौतिक वस्तुओं की अदला-बदली करते हैं, वे सेवाओं का विनिमय करते हैं; यही नहीं, लोग व्यक्तियों का विनिमय करते हैं जैसा कि हम कई समाजों की विवाह प्रथाओं में देखते हैं।

मानवशास्त्रियों ने मानव समाजों में होने वाले विनिमय के रूपों के बीच भेद किया है। यह भेद विनिमय के दौरान उत्पन्न होने वाली सामाजिकता/मिलनसारिता की मात्रा पर आधारित है। भेद के एक सिरे पर उन विनिमय के रूपों को सम्मिलित किया गया है जिनमें विनिमय की जाने वाली वस्तुओं के प्रासंगिक आर्थिक मूल्य को विनिमय की क्रिया में भाग लेने वाले व्यक्तियों के सामाजिक सम्बन्धों की अपेक्षा कम महत्व दिया जाता है। ऐसे विनिमयों का मुख्य उद्देश्य व्यक्तियों अथवा समूहों के बीच सामाजिक बन्धनों की रचना करना अथवा उन्हें मजबूत करना होता है। **मार्सल मॉस** और बाद में उनके अनुसरणकर्ता मानवशास्त्रियों ने इस प्रकार के विनिमयों को "उपहार विनिमय" कहा है। आदिम समाजों के उदाहरणों द्वारा मॉस ने अपने लेख "द गिफ्ट" (1925) में यह बताने का प्रयास किया है कि सभी प्रकार के विनिमय का आधार आर्थिक नहीं होता है। आदिम समाजों में विभिन्न अवसरों पर पारस्परिक भेंट लेने-देने की प्रथा प्रचलित है, उसे आर्थिक लेन-देन की अपेक्षा एक सामाजिक तथ्य समझा जाना चाहिये। मॉस ने लिखा है कि उपहार विनिमय में देने वाले का व्यक्तित्व भी साथ होता है तथा उपहार-विनिमय का मुख्य प्रकार्य सामाजिक एकता में वृद्धि करना है। उन्होंने आगे कहा कि उपहार-विनिमय की क्रिया बाहर से हमें "स्वैच्छिक" और "स्वाभाविक" नजर आती है; किन्तु वास्तव में, इसमें "दायित्व बोध" का भाव निहित होता है। यह तथ्य जहां एक ओर उत्तरी-पूर्वी किनारे के आदिवासियों की **पोटलेच** प्रथा में दृष्टिगोचर हुआ है, वहां दूसरी ओर आधुनिक समाजों में जन्म दिन, विवाह और वार-त्योहारों के अवसरों पर मित्रों और सम्बन्धियों को दिये जाने वाले उपहारों में प्रकट होता है। उपहार विनिमय की सर्वव्यापकता मॉस के अनुसार, आभार के भाव को प्रतिबिम्बित करती है जो कि सभी संस्कृतियों में इतनी गहरी समाई हुई है कि इसे मानवीय मस्तिष्क की प्रकृति की देन कहा जा सकता है। "आभार बाध्यता" से मॉस का तात्पर्य देने के दायित्व के साथ-साथ जो कुछ व्यक्ति ने प्राप्त किया है उसके बदले में देने के दायित्व से है। अतः उपहार-दायित्व में तीन क्रियाएं सम्मिलित होती हैं: देना, लेना और वापिस लौटाना।

हालांकि उपहार विनिमय का मुख्य उद्देश्य सामाजिक सम्बन्धों की रचना करना या बनाये रखना होता है, तथापि इसका तात्पर्य यह नहीं है कि जिस उपहार का विनिमय किया गया है उसके प्रासंगिक आर्थिक मूल्य का भाव पूर्णतः गौण रहता है। अभी हाल कुल लेखकों, जैसे **हम्फ्रे और हूज-जॉन्स** (1992) ने मॉस के विपरीत उपहार विनिमय में आर्थिक सोच-विचार की भावना को निहित माना है। उन्होंने कहा कि आर्थिक गणना की यह भावना पारम्परिक और औद्योगिक दोनों ही समाजों में परोक्ष रूप में विद्यमान पाई गई है। जब हम कोई उपहार अपने किसी मित्र अथवा सम्बन्धी को किसी अवसर पर देते हैं, तब हम यह आशा करते हैं कि ऐसे ही किसी अवसर पर वह भी लगभग उसी किस्म और मूल्य का उपहार हमें दे। यदि ऐसा नहीं होता है तब कभी-कभी रिस्तों में तनाव-खिंचाव आ जाता है। वास्तव में, हम यह मानते हैं कि इस प्रकार के उपहारों के लेन-देन में उपहार की कीमत महत्व

नहीं रखती, फिर भी इसमें जो परोक्ष विचार निहित होता है, वह पूर्णतः गौण नहीं होता।

यहां एक बात ध्यान देने योग्य है कि उपहार विनिमय एकता स्थापित करने का कार्य तभी भली-भांति सम्पन्न करता है जब कि यह लेन-देन न्यूनाधिक मात्रा में बराबर के लोगों के बीच होता है। किन्तु जब यह विनिमय छोटे-बड़ों अर्थात् भिन्न प्रस्थिति वाले लोगों के बीच होता है, तब इसकी प्रकृति और प्रकार्य दोनों अलग हो जाते हैं। अपने से निम्न प्रस्थिति वाले को दिया गया उपहार दान अथवा अभिजातीय उपकार और इसके विपरीत, अपने से ऊंचे व्यक्ति को दिया गया उपहार प्रशस्तिगत भेंट या कर (टैक्स) का रूप धारण कर लेता है। ऐसे उपहारों का उद्देश्य सामाजिक सम्बन्धों को मजबूत बनाने की अपेक्षा सौपानिक सम्बन्धों की परिपुष्टि करना होता है।

इस प्रकार के उपहार विनिमय के अतिरिक्त ऐसे विनिमय भी होते हैं जिसमें अति न्यून मात्रा में मिलनसारिता और अत्यधिक मात्रा में निर्वैयक्तिकता होती है, जैसा कि हम बाज़ार में वस्तु के खरीद-बेचान के समय वस्तु लेने और उसके बदले उसकी कीमत अदा करने के समय देखते हैं। इस प्रकार के विनिमय "पण्य विनिमय" कहलाते हैं। निष्कर्षतः यह कहा जाता है कि आधुनिक औद्योगिक समाजों में पण्य (कमॉडिटी) विनिमय की और छोटे परम्परागत समाजों में उपहार-विनिमय की प्रधानता होती है।

glacial epoch – हिमनद-युग

उत्तरी और दक्षिणी गोलार्ध में प्राक्कैम्ब्रियन से आगे के वैज्ञानिक काल के भाग को हिमनद-युग के नाम से जाना जाता है। इस भाग में पृथ्वी का इतना बड़ा भाग हिमनदियों द्वारा आच्छादित था जितना अब नहीं है।

God's Truth – ईश्वरीय सत्य

भाषाविज्ञान और संज्ञानात्मक मानवशास्त्र का एक परिप्रेक्ष्य "ईश्वरीय सत्य" के नाम से जाना जाता है। यह परिप्रेक्ष्य इस बात पर बल देता है कि देशज कोटियों के समूह का अच्छा विश्लेषण वास्तविक मनोवैज्ञानिक यथार्थ को प्रकट करता है।

Golden Stool – स्वर्ण मंडित स्टूल

अफ्रीका के पश्चिमी तट (घाना) पर निवास करने वाली एक अशांति नामक जनजाति में यह देखा गया है कि इस जनजाति का मुखिया जनजातीय मसलों का समाधान और उनके सम्बन्ध में निर्णय करते समय एक ऐसे स्टूल पर बैठता है जो आंशिक रूप में स्वर्ण-मंडित होता है। इस स्टूल के बारे में यह विश्वास प्रचलित है कि यह ईश्वर प्रदत्त है और इस पर बैठ कर जो निर्णय लिये जाते हैं, वे सही और पवित्र होते हैं। अतः यह स्टूल पवित्रता और सत्ता का सामूहिक प्रतीक है।

government – सरकार

सामाजिक व्यवस्था को बनाये रखने के लिये नियमों की व्यवस्था को मोटे रूप में सरकार कहते हैं। ये नियम व्यक्त अथवा अव्यक्त, लिखित रूप में व्यवस्थित अथवा मात्र मौखिक

विवरण हो सकते हैं। सरकार को एक अन्य रूप में एक ऐसी समिति के रूप में भी परिभाषित किया गया है जो कानून नामक संस्थात्मक क्रिया को सम्पादित करती है। इस समिति की रचना पूरे समाज अथवा इसके किन्हीं प्रतिनिधियों द्वारा होती है जिसका कार्य कानून बनाना, कानून लागू करना तथा न्याय की व्यवस्था करना होता है।

मानवशास्त्र में सरकार के बारे में एक लम्बे समय से यह वाद-विवाद का विषय रहा है कि क्या सरकार के लिये ऐसी वास्तविक संस्थाओं का होना आवश्यक है जिनके पास नियमों को लागू करने की शक्ति हो, अथवा क्या यह ऐसे समाजों में हो सकती है जिसमें सत्ता के विशिष्ट केन्द्र हों। इस विवाद में कई लोगों ने सरकार और राज्य को आपस में मिला कर समस्या को अधिक उलझा दिया है।

उन्नीसवीं शताब्दी के **सर हेनरी मेन** (1861) और **लेविस हेनरी मॉर्गन** (1877) जैसे सिद्धान्तकारों के अनुसार, साझा सम्पत्ति वाले सरल (आदिवासी) समाजों में जहां सम्बन्ध नातेदारी पर आधारित और प्रस्थिति निर्मित होते थे, वहां सरकार जैसी संस्थाएं नहीं थी। सरकार जैसी संस्थाओं का जन्म व्यक्तिगत सम्पत्ति वाले ऐसे जटिल (आधुनिक) समाजों में हुआ है जहां व्यवस्था का रूप अनुबंधात्मक प्रकृति का और शासन प्रादेशिक आधार पर होता है। ब्रिटिश प्रकार्यवादी मानवशास्त्रियों, जैसे **मेयर फोर्ट्स** और **ईवान्स प्रिचार्ड** ने अपने पूर्ववर्तियों के उपरोक्त उद्‌विकासीय सिद्धान्त की कई बातों को अस्वीकर किया है। अपने विचारों की पुष्टि के लिये उन्होंने अफ्रीका के समाजों को दो रूपों में विभक्त किया है : केन्द्रित और अकेन्द्रित। केन्द्रित समाजों में "केन्द्रित सत्ता", प्रशासन की कार्य-प्रणाली और न्यायिक संस्थाएं, संक्षेप में, सरकार होती है। ऐसे समाजों में धन-सम्पदा, विशेषाधिकार, और प्रस्थिति के आधार पर विभेद होते हैं। दूसरे प्रकार के अकेन्द्रित समाजों में ऐसे समाज आते हैं जिनमें सत्ता, प्रशासन की कार्य-प्रणाली, और निर्मित न्यायिक संस्थाओं का अभाव होता है, अर्थात् जिनमें सरकार नहीं होती तथा जहां पद, प्रस्थिति और सम्पदा में तीव्र भेद नहीं होता है। इस अन्तर का यह तात्पर्य नहीं है कि अकेन्द्रित समाजों में राजनीति का अभाव था। बाद के शोधकर्त्ताओं ने फोर्ट्स और प्रिचार्ड के निष्कर्षों को भी चुनौती देते हुए कहा है कि इन लोगों ने सरकार और राज्य को आपस में घुला-मिला दिया है। फोर्ट्स और प्रिचार्ड के राज्यविहिन समाज वाले नूअर और तालेंसी जनजातियों पर किया गया स्वयं का शोध कार्य यह प्रकट करता है कि ऐसे समाजों जिनमें नौकरशाही नहीं होती, वे भी अपने समाज के कार्यों को भली-भांति सम्पादित करने और नियमन करने में पूर्ण सक्षम होते हैं। अतः ऐसे समाजों में राज्य का तो अभाव होता है, किन्तु सरकार का नहीं।

लूसी मेयर ने फोर्ट्स और प्रिचार्ड के निष्कर्षों पर आपत्ति प्रकट करते हुए कहा है कि इन लेखक द्वयों ने समाजों का एक भ्रामक द्विभाजन तो प्रस्तुत किया है, किन्तु उन्होंने इस मूल प्रश्न की अवहेलना की है कि सरकार के क्या कार्य हैं? इस प्रश्न का उत्तर देते हुए **लूसी मेयर** लिखती हैं, "यह (सरकार) शत्रुओं सहित अथवा शत्रुओं रहित अराजकता (कानूनहीनता) की स्थिति से राजनीतिक समुदाय के सदस्यों की रक्षा करती है तथा यह उन मुद्दों पर सम्पूर्ण समुदाय के लिये निर्णय लेती है जो मुदे सबसे जुड़े होते हैं और जिनके लिये सबको मिलजुल कर काम करना पड़ता है।" मेयर ने इस विचार को पूरी तरह नकार दिया है कि कोई समाज

ऐसा भी हो सकता है जिसमें सरकार न हो। सर्वाधिक "आदिम" कहे जाने वाले समाजों में भी किसी न किसी प्रकार की सरकार पाई गई है। यह सरकार अत्यन्त छोटे रूप की होती है जिसकी उत्पत्ति समुदाय के लघु स्वरूप, मान्य नेतृत्व के पदों और अस्थाईत्व के अभाव अथवा नेताओं द्वारा अपनी सत्ता के निरन्तर एवं समान रूप में प्रयोग किये जाने की अयोग्यता के होने के बावजूद होती है। अपने विचारों की पुष्टि के लिये घुम्मकड़ी नूअर जनजाति को एक ऐसे समाज के एक उत्कृष्ठ उदाहरण के रूप में उन्होंने चुना जिसमें अत्यन्त लघु प्रकार की सरकार पाई गई है। जहां ईवान्स प्रिचार्ड, जिन्होंने इसी जनजाति का लम्बा अध्ययन किया है, ने नूअर जनजाति में सरकार का अभाव बताया है, वहां मेयर ने प्रिचार्ड के नृतत्वी तथ्यों को नकारते हुए यह प्रदर्शित किया है कि नूअर लोगों में सरकार का रूप विद्यमान है। प्रिचार्ड के ही नृतत्वी तथ्यों का प्रयोग करते हुए लूसी मेयर कहतीं हैं कि चूंकि गल्तियों का सुधार करने के लिये नूअर लोगों में स्पष्ट साझा नियमों की व्यवस्था होती है, तथा ऐसे मान्य अगुआ (नेता) लोग भी होते हैं जिन्हें समाज द्वारा सम्मान प्राप्त होता है, चाहे उनके आदेशों का पालन किया जाना संभव न हो, अतः यह तथ्य उनमें सरकार की विधमानता की पुष्टि करता है।

इस समस्त बहस की एक बड़ी समस्या यह रही है कि इसमें यह स्पष्ट नहीं किया गया कि वे कौन से नियम हैं जो एक व्यक्ति पर लागू होते हैं तथा सरकारों की वैधता के क्या आधार हैं। उदाहरणार्थ, **एडमन्ड लीच** के अनुसार (1954) उत्तरी बर्मा (अब म्यांमार) के नीची भूमि वाले शान लोगों का संस्तरित समाज है जिसमें निश्चित सामाजिक भूमिकाएं होती हैं। इसके विपरीत, पड़ोसी उच्च भूमि वाले कचिन लोगों के गांवों में पद सौपानिकता के साथ-साथ समतावादी व्यवस्था भी देखी गई है जिनमें प्रत्येक गाँव में भिन्न प्रकार की नियमों की व्यवस्था है। एक कचिन व्यक्ति के लिये यह तथ्य महत्व नहीं रखता कि सरकार क्या है या सरकार किन लोगों द्वारा बनी हुई है। उनके लिये सरकार इस बात पर निर्भर करती है कि किसी निश्चित समय पर सम्पूर्ण व्यवस्था में व्यक्ति का स्थान क्या है।

उपर्युक्त बहस के निष्कर्ष के तौर पर यह कहा जा सकता है कि आजकल मानवशास्त्रियों ने इस बात को स्वीकार कर लिया है कि राज्य व्यवस्थाओं में औपचारिक सरकार की संस्थाएं कठिनतः ही इतनी स्पष्ट और निश्चित होती हैं जैसा कि उनके पूर्ववर्तियों ने मान लिया था, अतः इस समस्त मुद्दे पर, नूअर लोगों के उदाहरण को नजरअंदाज करते हुए खुले दिमाग से पुनर्विचार की आवश्यकता है।

Gravettian culture – ग्रेवेती संस्कृति

यूरोप की औरिग्नेशी संस्कृति के बाद पुरा-पाषाणकालीन विस्तृत संस्कृति, जिसका नाम फ्रांस के ला ग्रेवेत स्थल के नाम पर पड़ा, ग्रेवेती संस्कृति के नाम से जानी जाती है। इस संस्कृति की विशिष्टता इसमें पाये गये एक उपकरण से प्रकट होती है। यह उपकरण सीधे कुंठित पृष्ठ वाला संकुचित फलक है।

Great chain of being – प्राणियों की महान् श्रंखला

"प्राणियों की महान् श्रंखला" की अवधारणा प्राकृतिक विश्व की व्याख्या का एक विशद् एवं

व्यापक तरीका है जो अरस्तुवादी सिद्धान्तों पर आधारित है और जिसका प्रयोग उस मध्य युग में किया गया जिसमें प्रत्येक प्रकार के जीवित जीव को प्रत्येक दूसरे प्रकार के जीव से विशाल ईश्वरीय निर्मित श्रंखला के रूप में जोड़ दिया जाता था। इस श्रंखला में प्रत्येक जीव अपने से पहले प्रकार के जीव से और अपने से बाद वाले जीव से थोड़े-बहुत अन्तर के आधार पर भिन्नता रखता था। इस विधि के अनुसार यह माना जाता था कि समस्त ब्रह्माण्ड की रचना विशाल या अनन्त कड़ियों द्वारा हुई है जिसमें प्रत्येक कड़ी अपने से पहले वाली से और अपने से बाद वाली से भिन्नता रखती है। यह विधि तीन सिद्धान्तों पर आधारित है : (1) निरंतरता, (2) बाहुल्यता और (3) एकरैखिक अनुक्रम (सोपान)। अतः जब एकरैखिक अनुक्रम की धारणा को निरन्तरता और बाहुल्यता की धारणाओं से जोड़ दिया जाता है, तब "प्राणियों की महान् श्रंखला" की अवधारणा विकसित हो जाती है।

सोलहवीं, सत्रहवीं और अठाहरवीं शताब्दियों में उद्विकासवादी सिद्धान्त के पहले यह माना जाता था कि विश्व की रचना ईश्वर द्वारा की गई है। इस रचना में उसने सर्वप्रथम मनुष्य को बनाया, उसके बाद पशु और पशुओं के बाद पेड़-पौधों की संस्तरणात्मक सत्ताओं के रूप में रचना की। यह दृष्टिकोण प्राणी जातियों की स्थिरता की अवधारणा पर आधारित था। डार्विनवादी उद्विकासवादी सिद्धान्त ने इस धारणा का खंडन-मंडन कर प्राणियों के विकास का एक नया सिद्धान्त प्रस्तुत किया। ऐसा माना जाता है कि उद्विकास का आधुनिक विचार प्राणियों की महान् श्रंखता के विचार का ही विस्तृत रूप है।

great tradition = tradition, great

green revolution — हरित क्रांति

सन् 1960 के दशक में कृषि सम्बन्धी उत्पादन हेतु जननिक/आनुवंशकी (जिनेटिक) विज्ञान के प्रयोग की महत्वपूर्ण शुरुआत को हरित क्रांति की संज्ञा दी गई है। इस प्रयोग द्वारा गेंहू और चावल की संकरित (मिश्रित) बौनी किस्मों को प्रथम बार पैदा किया गया। इस संकरित किस्म के लिये अत्यधिक उर्वरकों (खाद) की आवश्यकता होती है जिसके कारण पुराने बीजों से उत्पन्न पैदावार की अपेक्षा इसके प्रयोग से दो से तीन गुणी अधिक पैदावार होती है। भूमि की प्रति इकाई पैदावर और सम्भावित खेतिहर आय की नाटकीय वृद्धि ने इन नई किस्मों को वास्तव में क्रांतिकारी बना दिया। उच्च पैदावार की किस्मों की शुरुआती सफलता ने समस्त विश्व में जगह-जगह ढेर सारी कृषि शोध संस्थाओं की स्थापना में योगदान किया जिन्होंने विशिष्ट प्रादेशिक फसलों पर शोध को केन्द्रित किया।

फसलों की पैदावार में वृद्धि की स्पष्ट सफलता और जुताई में नये आविष्कारों के प्रयोग के बावजूद, हरित क्रांति का शुरुआती उत्साह अब मन्द पड़ता जा रहा है। इसके कई कारण हैं जिसमें सर्वाधिक प्रमुख कारण इस क्रांति के बहुधा सामाजिक और पर्यावरण सम्बन्धी प्रभाव हैं। ऐतिहासिक दृष्टि से यदि हम देखें तो सभी स्थानों पर खेती का समस्त कार्य मानवीय और पशुओं के श्रम से किया जाता था, और स्थानीय बोये हुए बीजों तथा स्थानीय खाद और उर्वरकों का प्रयोग किया जाता था। फसल के चक्र, अन्तर, फसल पैदा

करने की तकनीक आदि भूमि की उर्वरता को बनाये रखने में सहायक थी। बीसवीं सदी में खेती का यह तरीका नये संकर बीजों, मशीनों, रासायनिक खाद एवं उर्वरकों कीट नाशकों के प्रयोग द्वारा टूट गया और कृषक लोगों को विशिष्ट फसलों के बोने के लिये प्रोत्साहित किया गया। इस नये तरीके से खेती ने समाज में सामाजिक असमानता को अधिक बढ़ा दिया। छोटे-छोटे किसान या तो दिवालिये हो गये या वे हासिये पर चले गये। बड़े किसान या भूस्वामी अधिक मालामाल हो गये क्यों कि वे ही इस हरित क्रांति का लाभ उठाने में सक्षम थे।

group – समूह
दो या दो से अधिक व्यक्तियों की उस रचना को समूह करते हैं, जिनके बीच सामाजिक-मनोवैज्ञानिक अंतर्क्रिया का एक संस्थापित प्रतिमान होता है तथा जिसे समूह के सदस्यों द्वारा और सामान्यतः दूसरों द्वारा भी अपने विशिष्ट सामूहिक व्यवहार के कारण एक सत्ता के रूप में स्वीकार किया जाता है। समूह रचना के लिये व्यक्तियों का किसी स्थान विशेष पर एकत्रित होना आवश्यक नहीं है।

group, consanguine – समरक्त समूह
एक ऐसा सामाजिक समूह जिसकी रचना रक्त सम्बन्धों के आधार पर होती है, समरक्त समूह कहलाता है। ये रक्त सम्बन्ध वास्तविक या कल्पित अथवा मानित भी हो सकते हैं। इसमें सभी सम्बन्धी नातेदारी सूत्र द्वारा बंधे होते हैं।

group, natal – जन्म समूह
उस सामाजिक समूह को जन्म समूह कहा जाता है जिसमें व्यक्ति का जन्म होता है। बहुधा यह एक नातेदारी समूह होता है।

group dynamics – समूह गतिकी (गतिशास्त्र)
किसी समूह के एक भाग में परिवर्तनों के फलस्वरूप सम्पूर्ण समूह में होने वाले समायोजनात्मक परिवर्तनों के तरीकों के अध्ययन को समूह गतिकी कहते हैं। सामान्यतः इस अवधारणा का प्रयोग लघु समूहों में होने वाले परिवर्तनों के अध्ययन के संदर्भ में ही किया जाता है क्यों कि लघु समूहों का अध्ययन अपेक्षाकृत सरलता से किया जा सकता है।

समूह गतिकी (गतिशास्त्र) के अन्तर्गत मुख्यतः तीन प्रकार के अध्ययन किये जाते हैं; (1) समूह की संरचना और क्रियाशीलता का अध्ययन, (2) एक समूह और दूसरे समूह के पारस्परिक सम्बन्धों में होने वाले परिवर्तनों का अध्ययन, (3) लघु समूहों में व्यवहार के मनोवैज्ञानिक पक्षों का अध्ययन।

लघु समूहों के एकीकरण, सम्प्रेषण, समूह का व्यक्ति के संज्ञान पर प्रभाव, समूह नैतिकता तथा नेतृत्व की समस्याओं के साथ-साथ विभिन्न समूहों के बीच समायोजन, तनाव, संघर्ष, प्रतिद्वन्द्विता तथा एकता के बदलते प्रतिमान जैसे विषय समूह गतिकी के अध्ययनों के प्रमुख क्षेत्र रहे हैं। लघु समूहों का अध्ययन यद्यपि **सी. एच. कूले** और **जार्ज सिमेल** द्वारा

बहुत पहले प्रारंभ किया गया है, तथापि इस प्रकार के अध्ययनों में तीव्र गति से प्रगति द्वितीय विश्व युद्ध के दौरान और बाद में हुई।

group marriage – समूह विवाह

प्रारंभिक उद्‌विकासवादी नातेदारी सिद्धान्तकारों ने समूह विवाह को आदिवासीय विवाह का एक ऐसा रूप में माना है जिसमें पुरुषों का एक समूह स्त्रियों के एक समूह से आपस में एक साथ संयुक्त रूप में विवाह करता है, संयुक्त रूप में प्रजनन कर उनका पालन-पोषण करता है। इस प्रकार के विवाह में समूह के समस्त पुरुष समूह की समस्त स्त्रियों के समान रूप में पति होते हैं। यह अवधारणा आदिम कामाचार (यौन साम्यवाद) से जुड़ी हुई है। इस प्रकार के विवाह का विचार **एल. एच. मॉर्गन** और **फ्रेडरिक एंजिल्स** की कृतियों में देखने को मिलता है। मॉर्गन के अनुसार वर्गीकृत नातेदारी व्यवस्थाएं इस प्रकार के विवाह का साक्ष्य हो सकती हैं जिनमें सम्बन्धियों के एक समूह को एक ही संज्ञा से संबोधित किया जाता है। उनके अनुसार विवाह का यह संभवतः प्रारंभिक रूप रहा हो सकता है।

group solidarity – समूह एकजुटता

किसी समय-विशेष पर समूह के सदस्यों में सामाजिक बंधनों, आकर्षणों अथवा शक्तियों के फलस्वरूप उत्पन्न सामूहिक व्यवहार के एकीकरण की आपसी क्रिया में अभिव्यक्ति को ही समूह एकजुटता कहते हैं।

Gumsa and Gamlao – गुम्सा और गम्लाओ

बर्मा (अब म्यांमार) की उच्चभूमि के "कचिन" लोगों में पाये गये सामाजिक एवं राजनीतिक संगठन के आदर्श-प्ररूपीय स्वरूप की श्रेणी को "गम्सा" और "गम्लाओ" कहा जाता है। "गम्लाओ" समतावादी और नेतृत्वहीन समाज का प्रतीक है, जब कि "गुम्सा" समाजों में श्रेणीबद्ध वंश और वंशागत मुखिया होते हैं। इसके विपरीत, इनके पड़ोसी निचीभूमि वाले "शान" लोगों में पैतृक राजाशाही वाली पदसौपानिक व्यवस्था पाई गई है। इस व्यवस्था का अध्ययन सर्वप्रथम **एडमंड लीच** ने किया है जिसमें उन्होंने "गुम्सा" व्यवस्था को "गम्लाओ" और "शान आदर्शों" के बीच की स्थिति बताया है।

H

habitus — हैबिट्स

"हैबिट्स" फ्रैंच भाषा का एक शब्द है जिसका प्रयोग फ्रांसीसी विद्वान **पीयरे बोद्यू** ने व्यक्तियों की एक ऐसी प्रवृति के लिये किया है जिसके द्वारा वे सामूहिक रूप में अन्य वस्तुओं के अतिरिक्त भौतिक परिवेश की दशाओं का निर्माण करते हैं जो बाद में स्मृतियां बन कर क्रियाकलापों के माध्यम से बालकों और वयस्कों का समाजीकरण करती हैं।

Hawaiian kinship system — हवाई लोगों की नातेदारी प्रणाली

हवाई नातेदारी प्रणाली के अनुसार नातेदारी संज्ञाओं को जातक (ईगो) को ध्यान में रखते हुए मुख्यतः पीढ़ी के आधार पर वर्गीकृत किया जाता है। उदाहरणार्थ, पिता की पीढ़ी के सभी पुरुषों को पिता की तरह एक ही संज्ञा से सम्बोधित किया जाता है और इसी प्रकार सभी चचेरे-मौसरे और ममेरे भाई-बहिनों को "भाई" और "बहिन" कहा जाता है। हवाई नातेदारी शब्दावली "वर्गीकृत नातेदारी व्यवस्था" का ही एक रूप है जो बहुधा संदिग्ध वंशक्रम या संदिग्ध निवासस्थान से जुड़ी पाई गई है।

head-hunting — नरमुंड आखेट

शत्रु/शत्रुओं का शीर्ष उच्छेदन कर उन्हें एकत्रित करने या उन्हें प्रदर्शन करने की प्रथा को नरमुंड आखेट कहा गया है। इस प्रथा का प्रमुख आधार धार्मिक और सामाजिक है। इसमें देवताओं को प्रसन्न करने के लिये धार्मिक अनुष्ठानों के सम्पन्न करने हेतु तथा समाज में वयस्कता, पुरुषत्व के प्रतीक अथवा प्रतिष्ठा के प्रदर्शन के लिये प्रतिपक्षी लोगों (शत्रुओं) के शीश को काट कर विजयोपहार के रूप में मुंडो का संग्रहण किया जाता है। यह प्रथा नरबलि, नरभक्षण एवं उर्वरता-कल्प से सम्बद्ध पाई गई है।

विश्व के कई प्रदेशों यथा उत्तरी और दक्षिणी अमेरिका, दक्षिणी तथा पश्चिमी अफ्रीका, एशिया और यूरोप के कई देशों के साथ-साथ भारत के उत्तरी-पूर्वी अंचल की नागा जनजातियों में यह प्रथा देखी गई है, किन्तु शीश काटने के उद्देश्यों और बाद में उन कटे शीशों के प्रयोग के बारे में भिन्नता पाई गई है।

कई स्थानों पर इसे शौर्य का प्रतीक और कहीं पर इसे दुख और अपमान के "बोझ" को कम करने या मुक्ति पाने के रूप में देखा जाता है। पापुआ न्यू गुईना के लोग अपने निजी नामों के भंडार में वृद्धि करने हेतु शीशों को एकत्रित करते हैं, जब कि बोर्नियो में नये

कटे शीश त्योहारों पर मुख्य आकर्षण का केन्द्र होते हैं जो सम्पूर्ण समाज में जन जीवन का संचार करने में सहायक माने जाते हैं। अलग-अलग स्थानों पर नरमुण्ड के साथ भिन्न विश्वासों और रिवाजों के जुड़े होने के कारण इस प्रथा की कोई एक सार्वभौमिक व्याख्या करना कठिन है। इस सम्बन्ध में एक बहु प्रचलित व्यापक सिद्धान्त एक प्रकार के अटूट "आत्म-तत्व" का है जो लोगों की एक मान्यता के अनुसार सिर में अवस्थित होता है। ऐसा माना जाता है कि शीशों को एकत्रित किये जाने से इस अटूट "आत्म-तत्व" को प्राप्त किया जा सकता है, जो प्रजनन और कृषि की उर्वरा शक्ति में वृद्धि करता है। इस प्रथा की पारिस्थितिकीय व्याख्या के रूप यह कहा गया है कि नरमुण्ड आखेट जनसंख्या के घनत्व के अंतरालन का कार्य करता है। नवीनतम व्याख्याएं इस बात पर बल देती हैं कि शीर्ष उच्छेदन की प्रथा बलि-प्रथा से मिलती-जुलती हिंसा का ही एक छोटा-मोटा रूप है।

heir-loom – कुलागत संपत्ति

सम्पत्ति का वह भाग जो किसी कानून, विशेष प्रथा, वसीयत अथवा समझौते के अनुसार उत्तराधिकार का अभिन्न अंग माना जाता है, कुलागत सम्पत्ति कहा जाता है। इसे उत्तराधिकार के साथ प्राप्त किया जाता है।

heliocentric theory – सौरकेन्द्रित सिद्धान्त

सौरकेंद्रितता का शाब्दिक अर्थ है "सूर्य का केन्द्र में होना"। यह सिद्धान्त बीसवीं शताब्दी के प्रारंभिक वर्षों के अतिवादी प्रसारवादियों के दृष्टिकोण को प्रदर्शित करता है जिसके अनुसार यह माना जाता है कि सूर्य की पूजा करने वाले प्राचीन मिश्रवासी मानव संस्कृति के महान् आविष्कारक रहे हैं और बहुत सी विकसित संस्कृतियों का आधार सौर-पाषण तत्व हैं जिनका प्रसार मिश्र से हुआ है। इस सिद्धान्त का प्रतिपादन **जी. इलियट स्मिद्** और **डब्ल्यू. जे. पैरी** ने किया था। अब यह सिद्धान्त सर्वमान्य नहीं है।

hereditarianism – आनुवंशिकतावाद

आनुवंशिकतावाद एक धारणा, एक विचारधारा है जिसके अनुसार यह माना जाता है कि व्यवहार का निर्धारण प्राणी की आनुवंशिकता मात्र से होता है, अर्थात् आनुवंशिकता ही एक मात्र या प्रधान प्रभावी कारक है जो प्राणी के व्यवहार का निर्धारण करती है। यह विचारधारा परीक्षणों की कसौटी पर खरी नहीं उतरी है।

heredity – आनुवंशिकता

माता-पिता से संतति को मिलने वाले वे सम्पूर्ण जैविक प्रभाव या गुण जो प्राणी को अपने पर्यावरण को अपने विशिष्ट ढंग से उपयोग करने में मदद करते हैं या पर्यावरण से उसके समायोजन के विशेष तौर-तरीकों को निर्धारित और प्रभावित करते हैं, आनुवंशिकता या पैतृकता कहलाते हैं। आनुवंशिकता के गुणों का संतति को संचरण "जीन्स" के द्वारा होता है, जिसकी खोज **जी. जे. मेण्डल** (1865) ने की थी। उन्होंने अपने इस सिद्धान्त में बताया कि आनुवंशिकता के प्रत्येक लक्षण की ये इकाइयां (जीन्स) जोड़े के रूप में होती हैं जो कि संतान

को माता और पिता प्रत्येक से जीन्स का एक-एक जोड़ा मिलता है।

heterogenesis – विषमजनन

प्रजनन प्रक्रिया का एक रूप विषमजनन के नाम से जाना जाता है जिसमें विद्यमान माता-पिता की संतति उन दशाओं से सर्वथा अलग दशाओं से गुजरती है जिनमें से कभी उनके माता-पिता स्वयं गुजरे थे और जो दशाएं भावी माता-पिताओं की श्रृंखला में फिर कभी नहीं प्रकट होती हैं।

heterozygote – विषमयुग्मज

मिश्रित आनुवंशिकता वाला जीव विषमयुग्मज कहलाता है जिसमें माता-पिता दोनों ही से प्राप्त प्रभावी और अप्रभावी दोनों ही प्रकार के वंशसूत्रों (जीन्स) का जोड़ा होता है और जिससे उसमें किसी विशेषक (लक्षण) से संबंधित दो विपरीत मेंडलीय विशेषताएं होती हैं। जब किसी लक्षण के दोनों वंशसूत्रों (जीन्स) में भिन्नता होती है, तब इसे उस लक्षण के संदर्भ में विषमयुग्मज कहते हैं।

historical linguistics – ऐतिहासिक भाषाशास्त्र

एक लम्बी अवधि में भाषाओं में कैसे परिवर्तन होता है, जैसा कि हम सभी जीवित भाषाओं में देखते हैं, यही विषय ऐतिहासिक भाषाशास्त्र के अध्ययन का प्रमुख केन्द्र है। भाषा परिवर्तन का वैज्ञानिक अध्ययन उन्नीसवीं शताब्दी में प्रारंभ हुआ था। बीसवीं शताब्दी के द्वितीय अर्द्ध में जनन भाषाशास्त्र ने भाषाशास्त्र में होने वाले परिवर्तनों के अमूर्त प्रतिमानों की खोज को प्रोत्साहित किया। इसी अवधि में भाषा परिवर्तन में सामाजिक कारकों की भूमिका को रेखांकित किया गया। **थोमसन एवं कुफमैन** ने भाषा परिवर्तन के सामाजिक आधारों की खोज सम्बन्धी महत्वपूर्ण कार्य किया है और उन्होंने भाषा के शब्दों के उधार लेने की प्रवृति का विश्लेषण किया है। अभी तक भाषा परिवर्तन के कारणों सम्बन्धी किसी सामान्य सिद्धान्त की रचना नहीं हो पाई है।

historical method – ऐतिहासिक विधि

अनुसंधान की एक विधि जिसमें ऐतिहासिक दस्तावेजों तथा अन्य लिखित अथवा पुरातात्विक स्त्रोतों का प्रयोग शोध की अपरिष्कृत सामग्री के रूप में किया जाता है, ऐतिहासिक विधि कहलाती है। यह विधि एक ओर विकास के जैविक सिद्धान्त से, तो दूसरी ओर इतिहास के दर्शन से प्रभावित है। प्रारंभिक मानवशास्त्रियों, जैसे **हेनरी मेन, मॉर्गन, एडवर्ड टायलर, मैक्लेनन, लेवी ब्रुहल, और वेस्टरमार्क** आदि ने अपने अध्ययनों में इस विधि का जहां-तहां प्रयोग किया है।

इस विधि में संकलित सामग्री के आधार पर सैद्धान्तिक एवं तुलनात्मक विश्लेषण कर सामान्यीकरण निकाले जाते हैं। मानवशास्त्र में इस विधि के प्रयोग द्वारा सामाजिक संस्थाओं, समाजों और सभ्यताओं की उत्पत्ति, विकास और रूपान्तरण का काल-क्रमानुसार अध्ययन किया गया है।

historical particularism — ऐतिहासिक अनन्यता (विशिष्टतावाद)

ऐतिहासिक अनन्यता **फ्रैंज बोऑस** से जुड़ी एक विचारधारा है जो संस्कृति के अध्ययन में भावलेखात्मकता के स्थान पर विधिपरक दृष्टि पर जोर देती है। बोऑस ने कहा है कि चूंकि प्रत्येक संस्कृति अपने आप में अनुपम है, अतः उसका अध्ययन उसकी अनुपमता के संदर्भ में ही किया जाना चाहिये। प्रत्येक संस्कृति का अपना इतिहास है, अपना रास्ता रहा है, अतः उसका अध्ययन उस ऐतिहासिक रास्ते की विशिष्टताओं के दृष्टिकोण से ही संभव है। सामाजिक संगठन और परिवर्तन के कोई निश्चित "नियम" नहीं है, अतः समाज या उसके ऐतिहासिक विकास के सामान्य सिद्धान्तों की रचना करना कठिन है। संस्कृतियों का आपस में निरन्तर घुलन-मिलन होता रहा है और प्रत्येक संस्कृति ने आपस में एक दूसरे से बहुत कुछ लिया-दिया है। प्रत्येक संस्कृति भिन्न-भिन्न टुकड़ों-टुकड़ों से बनी एक खूबसूरत रजाई की भांति है।

बोऑस तथा उनके समर्थक विद्वान उद्विकासीय सिद्धान्तों के कटु आलोचक रहे हैं। उन्होंने कहा कि सभी उद्विकासीय सिद्धान्त तुलनात्मक अध्ययन विधि पर आधारित रहे हैं जो कि एक अव्यवस्थित एवं अविश्वसनीय विधि है। बोऑस के प्रभाव के फलस्वरूप ही उद्विकासीय सिद्धान्त पर चालीस वर्षों तक धुंधलका छाया रहा। यही नहीं, इस अवधि में "उद्विकास" एक घ्रणित शब्द बन गया। बोऑसवादी विचारधारा के प्रभुत्व के कारण सन् 1890 और 1930 के बीच मानवशास्त्र ने वैज्ञानिक स्वरूप के स्थान पर मानविकी का स्वरूप ग्रहण कर लिया।

historicism — ऐतिहासिकतावाद

अध्ययन-अनुसंधान का एक उपागम/विधि जो समाज अथवा संस्कृति के ऐतिहासिक या "डाइक्रॉनिक" पक्षों पर बल देता है। इस परिप्रेक्ष्य के अनुसार यह माना जाता है कि समाज अथवा संस्कृति के किसी भी पक्ष को उसके ऐतिहासिक काल के संदर्भ में समझा जा सकता है। इस दृष्टि से इतिहास घटनाओं का वर्णन मात्र नहीं है, अपितु इसके द्वारा घटनाओं की व्याख्या भी की जा सकती है। "हिस्टोरिसिज़्म" शब्द (अवधारणा) इतिहास के इसी अर्थ पर बल देते हुए इतिहास को एक व्याख्यात्मक सिद्धान्त के रूप में प्रतिष्ठित करता है।

एक अन्य अर्थ में, ऐतिहासिकतावाद से तात्पर्य यह माना जाता है कि इतिहास की व्याख्या उन निश्चित नियमों और सिद्धान्तों के संदर्भ में की जा सकती है जो सामाजिक परिवर्तन की व्याख्या करते हैं।

history and anthropology — इतिहास और मानवशास्त्र

एक लम्बी अवधि से इतिहास और मानवशास्त्र का संबंध बड़ा जटिल एवं विवादास्पद रहा है। एक दृष्टि से दोनों का विकास स्वतंत्र रहा है और दोनों का आपस में कोई संबंध नहीं है। किन्तु दूसरी दृष्टि से यदि हम देखें तो मानवशास्त्र का इतिहास के साथ किसी न किसी रूप में संवाद होता रहा है। पश्चिम में, मानवशास्त्रीय और ऐतिहासिक विचारधारा अति प्राचीन रही है, किन्तु एक विषय के रूप में मानवशास्त्र और इतिहास का विकास अपेक्षाकृत नया है।

इतिहास की जड़ें मानवशास्त्र की अपेक्षा पुरानी हैं और गहराई तक गई हुई हैं, किन्तु दोनों ही विज्ञान न्यूनाधिक रूप में अपनी बौद्धिक परम्परा के रूप में प्रारंभिक उन्नीसवीं शताब्दी के विचारकों, जैसे **हेरोडोट्स, मोन्टेस्क, विको, कन्डोरक्ट** और **कॉम्त** को अपना पूर्वज मानते हैं। सन् 1800 के करीब दोनों विषय अलग-अलग हो गये और 1800-1850 के बीच "नृजतिविज्ञान" (ऍथनोलॉजी) के रूप में मानवशास्त्र की शुरुआत हुई और इसी काल में एक व्यावसायिक विषय के रूप में इतिहास ने एक नया रूप ग्रहण कर लिया। इस द्विभाजन के बाद आगे के 100 वर्षों में दोनों विषयों की सीमाएं इतनी सुस्पष्ट और सुनिश्चित हो गईं कि एक दूसरे के क्षेत्र में घुसना कठिन हो गया, किन्तु बीसवीं शताब्दी पुनः इन दोनों विज्ञानों को एक-दूसरे के नजदीक ले आई और दोनों ने आपसी सद्भाव और लेन-देन को प्रोत्साहित किया। अब यह माना जाने लगा है कि यदि हम इतिहास को पुरातन में बीती घटनाओं (साथ ही साथ वर्तमान में पुरातन का प्रतीक) का विषय मानते हैं, तब मानवशास्त्र के उद्देश्य को भी एक दृष्टि से ऐतिहासिक कहना उचित होगा क्योंकि इसमें उद्विकास, प्रसार, सामाजिक परिवर्तन, पर-संस्कृतिग्रहण, नृजाति इतिहास और कोरे इतिहास का अध्ययन किया जाता है।

hocus-pocus – होकॅस-पोकॅस (छल-कपट)

मानवशास्त्रीय भाषाशास्त्र और संज्ञानात्मक मानवशास्त्र का वह दृष्टिकोण "होकॅस-पोकॅस" अर्थात् छल-कपट के नाम से जाना जाता है जिसके अनुसार यह माना जाता है कि देशज कोटियों के समूह का एक अच्छा विश्लेषण वह है, जो तथ्यों का सही लेखा-जोखा तो प्रस्तुत करता है, किन्तु जो सूचनादाताओं की "वास्तविक" (भ्रामक) मनोवैज्ञानिक यथार्थता को भी प्रकट करता ही हो, यह आवश्यक नहीं है।

holism/holistic approach – समष्टिवाद/समग्रतावादी उपागम

समष्टिवाद या समष्टिवादी उपागम मानवशास्त्र का एक मूलभूत सिद्धान्त है जिसके अनुसार यह माना जाता है कि वस्तुओं/घटनाओं के आपसी संबंधों और उनकी अन्तर्निभरता को समझने के लिये उन्हें हर संभव बृहद् दायरे या विशाल संदर्भ में देखा जाना चाहिये। यह दृष्टिकोण भौतिकतावाद और आदर्शवाद के संकुचित एवं द्वैधवादी परिप्रेक्ष्यों को नकारता है तथा इस तथ्य पर बल देता है कि किसी भी घटना/वस्तु का अध्ययन उसकी सम्पूर्णता में किया जाना चाहिये। पूर्ण के ज्ञान द्वारा ही किसी तत्व अथवा घटना के यथार्थ को ठीक प्रकार से जाना जा सकता है।

सामाजिक विज्ञानों में समाज के अध्ययन में इस परिप्रेक्ष्य का प्रयोग किया गया है जो मूल रूप में जीवविज्ञान के सावयववादी सिद्धान्त पर आधारित है। समग्रतावादी या समष्टिवादी परिप्रेक्ष्य या उपागम मानव जीवन के विभिन्न पक्षों यथा मनोवैज्ञानिक, आर्थिक, राजनीतिक, सामाजिक आदि को एक समष्टि के विभिन्न अंग मानकर उनका अलग-अलग अध्ययन करने की अपेक्षा सभी को परस्पर निर्भर अंग मान कर एक सम्पूर्णता में अध्ययन करने पर बल देता है। मानव जीवन के ये पक्ष अलग-अलग होते हुए भी एक दूसरे से आबद्ध और सम्बद्ध हैं, एक दूसरे को प्रभावित करते हैं तथा एक दूसरे से प्रभावित होते हैं।

मानवशास्त्र के शुरुआती दौर में एक ही मानवशास्त्री द्वारा मानव जीवन के सभी पक्षों

पर एक साथ शोध करने व उन्हें समझने की परम्परा थी, किन्तु अब इस परम्परा का निर्वहन किन्हीं कारणों से कठिन होने के कारण मानवशास्त्री अब किसी समाज या समुदाय के जीवन से संबंधित किसी एक विशिष्ट पक्ष का अध्ययन कर रहे हैं। मानवशास्त्र में इस परिप्रेक्ष्य की जड़ें हम **रेडक्लिफ ब्राउन** के संरचनात्मक प्रकार्यात्मक उपागम में देख सकते हैं। अभी हाल इस परिप्रेक्ष्य को **लेवी स्ट्रास** ने नया रूप-स्वरूप प्रदान किया है।

Holocene epoch – नूतनतम युग (होलीसीन युग)
लगभग 25000 वर्ष पूर्व का सबसे बाद का प्राणी काल जिसमें मेधावी मानव (होमोसेपिएन्स) का विकास हुआ माना जाता है, नूतनतम युग (होलीसीन युग) के नाम से जाना जाता है।

homicide – नरहत्या/मानवहत्या
बड़े साधारण अर्थों में, मानव प्राणी को मारना नरहत्या या मानवहत्या कहलाता है। मृत्यु का कारण कोई एक हो, यह आवश्यक नहीं है। इसी प्रकार दुर्घटना वाली मृत्युओं के बारे में भी भिन्नता होती है। इस प्रकार की मृत्युओं में कोई व्यक्ति नैतिक और आकस्मिक दृष्टि से कितना उत्तरदायी होता है, इस मामले में भी काफी भिन्नता होती है। मृत्यु के कारणों की व्याख्या कई रूप में की जाती है। कई बार, मृत्यु के लिये जादू-टोने को उत्तरदायी माना जाता है। सामान्यतः नरहत्या के परिभाषात्मक मानदण्डों में विद्वेषी या वैरपूर्ण इरादे को सम्मिलित किया जाता है, किन्तु अनेक मानवशास्त्रियों ने "आदिवासी" विधिक व्यवस्था में "इरादे" को महत्व नहीं देने की बात कही है, किन्तु कुछेक विद्वानों ने इरादे की अवहेलना करने के तथ्य से अपनी असहमति प्रकट करते हुये कहा है कि मानवहत्या ऐसे अन्तर्पारस्परिक प्रहार या क्रियाएं हैं जो किसी दूसरे व्यक्ति को हानि पहुंचाने की दृष्टि से उसके प्रति की गई होती हैं।

मानवहत्या की दर में समय और स्थान के अनुसार काफी अन्तर पाया गया है। संयुक्त राष्ट्र जनांकिकी वार्षिकी में बताया गया है कि सन् 1985 में ग्वेटमाला, वेन्जुएला, ब्राजिल तथा अमेरिका में प्रति व्यक्ति मानवहत्या दर सर्वाधिक थी, जब कि इंग्लैण्ड, वेल्स, आइसलैंड, ग्रीस तथा जापान में सबसे कम मानवहत्या दर पाई गई। लिंग के हिसाब से स्त्रियों की अपेक्षा पुरुषों में इस प्रकार की हत्याएं अधिक होती हैं। इनमें मारने वाले भी पुरुष और हत्या के शिकार भी पुरुष ही अधिक पाये गये।

hominid – प्राक्मनुष्य (होमीनिड)
मानव और उससे प्रत्यक्ष वंशागत पूर्वजों से बने प्राक्मनुष्याभ (होमीनॉइड) के समूह को प्राक्मनुष्य या (होमीनिड) कहते हैं। इसमें कम से कम दो वंशों, यथा होमो और आस्ट्रेलोपिथेकस को सम्मिलित किया जाता है।

उच्च स्तन्यों (प्राइमेट्स) के उद्विकास में सर्वाधिक उन्नत स्तर के द्विपादी (दो पैरों पर चलने वाले) होमिनिडों में मानव परिवार जिससे हम संबंधित है और मानव से मिलते-जुलते मानव जीवों (वानरों) को सम्मिलित किया जाता है, जो लुप्त हो चुके हैं या लुप्त होने की राह में हैं। इनकी सर्वाधिक विशेषता उनका दो पैरों पर चलना रहा है। आधुनिक चिम्पांजियों को इनका प्रारंभिक पूर्वज माना जाता है।

होमीनिड जाति के जीव का मध्यनूतन युग (मायोसीन) के अन्त और दस तथा पांच माया के बीच अतिनूतन युग (प्लायोसीन) के शुरुआत में सर्वप्रथम अफ्रीका में आविर्भाव हुआ माना जाता है। इन होमिनिडों को सामान्यतः मध्य वानर जाति (आस्ट्रेलोपिथेकस) के वंश का माना जाता है और इन्हें बहुधा प्रथम आस्ट्रेलोपिथिसिनी कहा जाता है।

hominoid – प्राक्मनुष्याभ (होमीनॉइड)
नराभों (ऐंथ्रोपॉइड) की अपेक्षा उच्च स्तन्यों (प्राइमेट्स) के उद्‌विकास के अधिक उन्नत स्तर के जीवों को प्राक्मनुष्याभ (होमीनॉइड) कहा गया है। इनमें वानर और मानवों को सम्मिलित किया जाता है।

hominoidea – प्राक्मनुष्याभ प्राणीजात (होमीनाइडिया)
वानरों और मनुष्यों सहित नराभों (ऐंथ्रोपाइड) के उच्च परिवार के लिये प्राक्मनुष्याभ प्राणीजात (होमीनाइडिया) शब्द का प्रयोग किया जाता है।

homo – मानव प्रजाति (होमो वर्ग)
उस समूह को मानव प्रजाति या होमोवर्ग कहा गया है जिससे आधुनिक मानव प्राणी तथा उसके पूर्वज संबंधित हैं।

homo erectus – होमो-इरेक्टस
प्रारंभिक मनुष्यों की एक जाति होमो-इरेक्टस के नाम से जानी जाती है जो अफ्रीका, यूरोप और एशिया में 15 लाख (1.5 मिल्यॅन) वर्षों पूर्व (1.8 माया और 4 माया के बीच) रहती थी। इस मानव जाति का मस्तिष्क काफी बड़ा था, जिसका कपालीय आकार 1000 सी.सी. माना जाता है। यह होमीनिडों की एक बलवान जाति थी। इसका सर्व प्रथम आविर्भाव अफ्रीका में हुआ माना जाता है, किन्तु नवीन जावा मानव के बारे में यह माना जाता है कि होमो-इरेक्टस का आविर्भाव अफ्रीका के बहुत पहले एशिया में हो गया था। इस मानव जाति की एश्यूलियन संस्कृति थी और यह भी माना जाता है कि इस मानव जाति द्वारा ही सर्व प्रथम आग का प्रयोग किया गया था।

homo habilis – होमो-हेबिलिस
बड़े मस्तिष्क और दुबले-पतले होमीनिडों (वनमानुष) की उस जाति को होमो-हेबिलिस कहा जाता है जो बीस लाख (दो मिल्यॅन) वर्षों पूर्व की मानी जाती है। होमो-हेबिलिस का कापालीय आकार 600 से 800 सी.सी माना गया है। इस मानव जाति के अस्थि अवशेष तंजानिया के ओल्डवाई जार्ज स्थान पर पाये गये हैं। इसे आस्ट्रेलोपिथिसिनी पूर्वजों की प्रथम होमीनाइन (होमोवर्ग) जाति माना जाता है। आद्य मानव की यह जाति वर्तमान वानरों से इस आधार पर भिन्न थी कि इसमें किसी न किसी प्रकार की भाषागत क्षमताओं के साथ वाणी का भी कोई रूप विद्यमान था। ऐसा माना जाता है कि यह उपकरण निर्माता प्राणी था। इसकी खोज **लुई लेकी** ने सन् 1963 में की और इसे होमो-हेबिलिस का नाम दिया।

अभी हाल जोहानस्बर्ग (अफ्रीका) के निकट स्टर्कफोंटीन गुफाओं में लगभग 18 लाख

साल पुराने मानव रक्त का जो सबूत मिला है, उसके बारे में वैज्ञानिकों का मानना है कि यह डी. एन. ए. मनुष्य के सीधे पूर्वज परन्थ्रोपस रोबस्टस या होमो हेबिलिस का है। दक्षिण अफ्रीका के विट्स यूनिवर्सिटी के **बोनी विलयमसन** ने कहा है कि हमें जो डी. एन. ए. मिला है, वह चिपांजी और मनुष्य के विकास के मध्य के प्राणी होमीनिड का लगता है।

homoplasy – समविकास
"होमो" का अर्थ "सम" या "सदृश" तथा "प्लैसी" का अर्थ "विकास" से है। जीवों के विभिन्न समूहों में समान विशेषताओं/लक्षणों के पृथक उद्विकासीय परिवर्तन को समविकास कहा गया है।

homo sapiens – मेधावी (प्राज्ञ) मानव (होमो सेपिएन्स)
जीवशास्त्र ने प्राणी जगत् के सबसे उन्नत और सुविकसित पशु-सदस्य को मेधावी-मानव (होमो-सेपिएन्स) की संज्ञा दी है। यह उच्च स्तन्यों (प्राइमेट्स) की एक जाति (स्पीशी) है जिसके अन्तर्गत आधुनिक और कुछ सीमा तक पुरातन मानव प्राणी को भी सम्मिलित किया जाता है। होमो सेपिएन्स जाति के आविर्भाव के प्रारंभिक साक्ष्य 5,00,000 और 2,00,000 वर्षों के पूर्व में देखने में आये हैं। यह लाखों जातियों में से एक है जिसे अपेक्षाकृत एक नई जाति माना जाता है।

homo sapien's sapiens – होमो सेपिएन्स के सेपिएन्स
अविवाद्य आधुनिक मानवों के जो साक्ष्य लगभग चार लाख वर्ष के पाये गये हैं, उन्हें होमो सेपिएन्स के सेपिएन्स माना जाता है।

homosexuality – समलिंग कामात्मकता
समलिंगकामात्मक व्यवहार संभवतः सभी स्थानों पर विद्यमान है, किन्तु व्यक्तियों को उनके कामात्मक व्यवहार या अभिरुचि के आधार पर परिभाषित करने की प्रवृति सभी व्यक्तियों के लिये सार्वभौमिक नहीं है। इसी प्रकार, आधुनिक उत्तरी यूरोप और अमेरिका में प्रचलित इस धारणा को सार्वभौमिक रूप में सही नहीं माना जाता कि प्रत्येक वह व्यक्ति जो समलिंगी व्यवहार में लिप्त होता है, एक "समलिंगी" होता है या कुछ अनुपम लक्षणों युक्त एक विशिष्ठ "प्राणी" होता है। समलिंगी व्यवहार के कई रूप हैं। बहुधा लिंग के आधार पर और आयु के आधार पर विभिन्न प्रकार के सम्बन्ध देखे गये हैं। उद्योग प्रधान नगरीय पश्चिमी-अमरीकी समाजों में आजकल समलिंगी सम्बन्धों पर निर्मित तथा कथित समतावादी "प्रफुल्ल" संगठनों की भरमार हो गई है। इस प्रकार के संगठनों की प्रमुख विशेषता इनकी एक विशिष्ट "समूह चेतना" है जो एक अलग प्रकार की उपसंस्कृति में झलकती है और जो समतावादी लैंगिक भूमिकाओं पर आधारित होती है।

homozygote – समयुग्मज
जब किसी जीन के किसी एक लक्षण के दो वंशसूत्र (जीन्स) समान होते हैं, तब यह जीव उस

लक्षण के संदर्भ में समयुग्मज कहलाता है। दूसरे शब्दों में, विषमयुग्मज के विपरीत विशुद्ध आनुवंशिकता वाला जीव जिससे समान आनुवंशिक कारकों वाले युग्मक उत्पन्न होते हैं, समयुग्मज कहलाता है।

honour – सम्मान

सम्मान आदर का एक रूप जो एक व्यक्ति के रूप में व्यक्तियों को उनकी उत्कृष्ठता, महत्व अथवा योग्यता के कारण दिया जाता है। यह एक विश्वव्यापी घटना है जो सभी मानवीय समाजों में किसी न किसी रूप में विद्यमान रही है, किन्तु सम्मान को परिभाषित करने वाले सांस्कृतिक मानदंडों और उनके ढांचों तथा किन चीजों को कितना महत्व दिया जाये, इन विषयों में काफी अन्तर है।

मानवशास्त्र के क्षेत्र में सम्मान के विषय को लेकर काफी शोध-कार्य हुआ है। अधिकांशतः इस प्रकार की शोध भूमध्यसागरीय क्षेत्र में की गई हैं। उदाहरणार्थ, ग्रीस के पहाड़ों के एक गड़ेरिया समुदाय में अन्तपार्रस्परिक सम्बन्ध काफी प्रतिस्पर्धात्मक होते हैं। उनमें सम्मान सम्बन्धी धारणा को काफी महत्व दिया जाता है क्योंकि एक व्यक्ति के सम्मान को निरंतर बेइज्जती या आतिथ्य-सत्कार के दूसरे रूपों से चुनौतियां दी जाती रहती हैं। पुरुष के लिये सम्मान का सबसे बड़ा आधार उसका पौरुष है, अर्थात् परिवार के सम्मान की रक्षा करने की उसकी योग्यता है जब कभी इसे चुनौती दी जाती है। इसके विपरीत, स्त्रियों के सम्मान का मुख्य आधार उसकी लज्जा, विशेषतः यौनिक लज्जा की भावना है। एक स्त्री से यह आशा की जाती है कि वह ऐसी भद्र पौशाक पहने जिससे उसके कामुक अंगों का प्रदर्शन न हो। यही नहीं, उसे अपने पति के साथ व्यवहार में भी शालीनता बर्तनी चाहिये। पुरुष की पौरुषकता ऐसी होनी चाहिये कि वह महिलाओं के शील की रक्षा कर सके। इसके विपरीत, स्त्रियों की लज्जा द्वारा पुरुषों की प्रतिष्ठा को आंच नहीं आनी चाहिये। आदर और सम्मान सम्बन्धी यही धारणा पूर्वी और उत्तरी अफ्रीका की बद्दू जनजाति में देखने को मिलती है।

ट्रोब्रिएंड द्वीपवासियों में सम्मान का रूप उपर्युक्त धारणा से पूर्णतः भिन्न देखने को मिला है जैसा कि **मेलिनोस्की** ने अपने अध्ययन में प्रदर्शित किया है। इन द्वीपवासियों में येम नामक फल की खेती, इसके रख-रखाव तथा इसके लेन-देन की क्रियाओं के साथ सम्मान का प्रतिमान जुड़ा पाया गया है। **मैक्स वेबर** ने आधुनिक जटिल समाजों के अपने विश्लेषण में वर्ग और प्रस्थिति समूहों में अन्तर बताया है। उन्होंने कहा है कि वर्गों का आधार आर्थिक शक्ति और अवसरों के वितरण की असमानता होती है। इसके विपरीत, प्रस्थिति समूहों के अन्तर का आधार उन्हें प्राप्त सामाजिक सम्मान और प्रतिष्ठता की भिन्नता होती है। वेबर के अनुसार, प्रस्थिति समूहों को उनकी भिन्न जीवन-शैली के आधार पर पहचाना जा सकता है। जितना ही कोई प्रस्थिति समूह ऊंचा होगा, उतनी ही भिन्न एवं विशिष्ट उसकी जीवन-शैली होगी।

horde – झुंड/ओर्दु

समाज व्यवस्था के एक ऐसे प्राथमिक रूप को झुंड या ओर्दु कहा गया है जिसमें

यायावर/घुमक्कड़ लोगों का एक समूह विशिष्ट निर्धारित क्षेत्रों में आखेट करने या अपने पालतू पशुओं का चराने इधर-उधर जाते रहते थे।

hormones – हार्मोन्स

ऐसे पदार्थ/द्रव्य (बहुधा प्रोटीन्स) को हार्मोन्स कहते हैं जो विशिष्ट कोशिकाओं द्वारा उत्पन्न किये जाते हैं और जो शरीर के दूसरे निश्चित भागों में स्त्रावित होते हैं जहां वे रासायनिक क्रियाओं को प्रभावित करते हैं तथा विभिन्न कोशिकीय क्रियाओं को नियंत्रित करते हैं। हार्मोन्स उत्प्रेरक के रूप में कार्य करते हैं तथा उपापचयी प्रक्रियाओं को प्रभावित करते हैं। ये एन्जाइमों से मिलते-जुलते होते हैं, किन्तु फिर भी ये उनसे कई आधार पर भिन्न होते हैं।

'hot' societies – "गरम" समाज

लेवी स्ट्रॉस ने ऐसे समाजों को "हॉट" (गरम) समाजों की संज्ञा दी है जो अनिवार्यतः गतिशील हैं। "गरम" समाजों की रुचि मिथकों की अपेक्षा इतिहास में होती है।

human behavioral biology – मानवीय व्यवहारात्मक जीवविज्ञान

जैविक मानवशास्त्र का एक पक्ष मानवीय व्यवहारात्मक जीवविज्ञान के नाम से जाता है जिसका विकास अभी-अभी हुआ है, किन्तु इसके बारे में अनेक भ्रंतियां फैली हुई हैं। मानवीय व्यवहारात्मक जीवविज्ञान का एक निर्देशक सिद्धान्त यह है कि मानव पर भी वे सभी जैविकी सिद्धान्त लागू होते हैं जो अन्य उच्च स्तन्यों, स्तनधारी जीवों और जानवरों पर सामान्यतः लागू होते हैं। यदि कोई मानवीय अपवाद है तो उसे सिद्ध किया जाना चाहिये। इसी प्रकार मानव व्यवहार के बारे में नव-डार्विनवादी उद्‌विकासवादी प्राक्कल्पनाओं को अन्य वैज्ञानिक प्राक्कल्पनाओं की भांति पूरे विश्लेषणात्मक पैनेपन से परीक्षण किया जाना चाहिये।

Human Genome Project – मानवीय जीनोम योजना (एच.जी.पी.)

होमो सेपिएन्स के सम्पूर्ण जननिक साजो-सामान की रूपरेखा को तैयार करने (तथा अन्ततः अनुक्रम निर्धारण) हेतु जो बहुराष्ट्रीय प्रयास किये जा रहे हैं, वे "मानवीय जीनोम योजना" के नाम से जाने जाते हैं।

human palaeontology – मानवीय जीवाश्म-विज्ञान

मानवीय जीवाश्म-विज्ञान शारीरिक मानवशास्त्र की एक प्रमुख शाखा है जिसमें प्रस्तरीकृत मानवीय जीवाश्मों (अस्थि-पंजर) और उनके अवशेषों का अध्ययन किया जाता है। इस प्रकार के अध्ययनों का प्रमुख उद्देश्य यह मालुम करना है कि मानवीय शारीरिक ढांचे में पशुओं के शारीरिक ढांचे से कब, कैसे और कहां परिवर्तन हुए। इस प्रकार के अस्थि-पंजरों के अध्ययन-विश्लेषण द्वारा ही मानव के पूर्व मानवीय (पशुवत) स्वरूप (वानर और बंदर के रूप में), मानव के प्रारंभिक मानवीय स्वरूप और बाद में आये निरंतर शारीरिक बदलाव को ज्ञात करने का प्रयास किया जाता है।

human rights – मानवाधिकार

ऐसे अधिकारों को मानवाधिकार कहा गया है जिनका प्रत्येक व्यक्ति स्वाभाविक रूप में मात्र मानव होने के कारण हकदार है। ये अधिकार उसके जीवित और स्वस्थ रहने तथा संतुष्टि प्राप्त करने के लिये अत्यावश्यक हैं। यही नहीं, न केवल प्रत्येक मानव प्राणी का इन अनिवार्य अधिकारों पर अधिकार या हक है, ये ही सामान्य रूप में नैतिकता और न्याय की दृष्टि से मानव अधिकार हैं। अधिकारों के कई भिन्न प्रकार हैं, किन्तु मानवाधिकार ही सर्वाधिक मूलभूत, सार्वभौमिक, और अहस्तान्तरीय हैं। सभी सरकारों से आशा की जाती है कि वे इन अधिकारों में बढ़ोत्तरी करें और साथ ही इनकी रक्षा करें।

सभी व्यक्तियों के लिये सार्वभौमिक अधिकार सम्बन्धी विचारों का उदय यूरोप में प्रबोधनकाल में हुआ। द्वितीय महायुद्ध काल में नाज़ियों द्वारा जातिसंहार तथा अन्य विभीषिकाओं एवं भयावह स्थितियों ने समस्त विश्व में मानव अधिकारों के प्रति चेतना उत्पन्न कर अन्तर्राष्ट्रीय आधार पर इस विषय पर सोच-विचार को प्रेरित किया। इस विषय को लेकर अन्तर्राष्ट्रीय स्तर पर कई सम्मेलन आयोजित किये गये जिनमें संयुक्त राष्ट्र संघ द्वारा प्रायोजित "मानवीय अधिकारों का अन्तर्राष्ट्रीय विधेयक" और "मानवीय अधिकारों का सार्वभौमिक घोषणा-पत्र" प्रमुख है। सामान्य रूप में मानव-अधिकारों से सम्बन्धित सभी सम्मेलनों में निम्न अधिकारों की सिफारिश की गई है: मानव जीवन की स्वाधीनता और सुरक्षा की गारंटी, प्रत्येक व्यक्ति को विचार, अनुभूति और धर्म की स्वतंत्रता का अधिकार, बिना भेदभाव के जीविका के पेशे चुनने का अधिकार, शिक्षा पाने का अधिकार, सम्पत्ति रखने का अधिकार आदि।

सामान्यत: प्रारंभिक मानवशास्त्रियों द्वारा मानव अधिकारों पर सतही तौर पर ही विचार-विमर्श किया गया है। इसके कई कारण हैं। मानवशास्त्र का विकास उपनिवेशवाद के साथ हुआ और उपनिवेशवाद की तो नींव ही मानव अधिकारों के हनन और उल्लंघन पर लगी है; मानव अधिकार अधिकांशत: सरकारी और कानूनी मसले होते हैं, वैज्ञानिकों से यह आशा की जाती है कि वे तटस्थ रहें और वस्तुनिष्ठता का पालन करें, और चूंकि मानव अधिकार राजनीतिक दृष्टि से संवेदनशील विषय होते हैं, अत: ऐसे मसलों में भाग लेने से स्वयं मानवशास्त्री, सूचनादाताओं और मेज़बान देश को खतरा उत्पन्न हो सकता है। यही नहीं, विदेश में मानवशास्त्री के इस प्रकार के कार्यकलाप भविष्य में सामाजिक शोध को नुकसान पहुंचा सकते हैं। फिर भी, प्रसिद्ध मानवशास्त्री **फ्रैंज बोऑस** के समय से मानवशास्त्रियों ने समय-समय पर मानव अधिकारों में रुचि प्रदर्शित की है। उन्होंने अपनी विशेज्ञता के अधार पर कई स्थानों पर न्यायालयों में पैतृक भूमि और देशज समाजों के संसाधनों संबंधी अधिकारों के बारे में साक्ष्य प्रस्तुत किये हैं। अभी हाल के दशकों में मानवशास्त्रियों ने मानव अधिकारों पर काफी ध्यान दिया है जैसा कि इस विषय पर प्रकाशित मानवशास्त्रीय साहित्य से प्रकट होता है।

मानव अधिकार के बारे में मानवशास्त्र की सैद्धान्तिक और व्यवहारात्मक दोनों स्तरों पर उपयोगिता है। मानव अधिकारों का निर्धारण मानव प्रकृति के सिद्धान्त के आधार पर किया जाता है और मानवशास्त्री इस विधा में विभिन्न सांस्कृतिक तुलनाओं और विभिन्न

मानव जातियों के अपने ज्ञान द्वारा योगदान कर सकते हैं। फिर भी, सार्वभौमिक मानवीय अधिकारों को सर्वाधिक चुनौती "सांस्कृतिक सापेक्षवाद" के सिद्धान्त द्वारा मिली है, जिसका विकास **फ्रैंज़ बोऑस** और अन्य मानवशास्त्रियों ने किया है और दूसरे मानवशास्त्रियों ने इस सिद्धान्त की कटु आलोचना भी की है। सांस्कृतिक सापेक्षवाद की आड़ में कई देश मानव अधिकारों के दोषी पाये गये हैं। प्रत्येक संस्कृति की नैतिकता सम्बन्धी अपनी धारणाएं होती हैं, किन्तु उन्हें अपनी सीमाओं के परे दूसरे समूहों पर आसानी से लागू नहीं किया जा सकता है, उन्हें सार्वभौमिक मान कर समस्त मानव समुदाय पर लागू किया जाना कठिन है। ऐसी दशा में, मानवशास्त्री मानव अधिकारों के सम्बन्ध में सांस्कृतिक विभिन्नताओं के बारे में समझ पैदा करने, मध्यस्तता करने की संभावनाओं की खोजबीन कर सकते हैं और "सार्वभौमिकता बनाम सापेक्षिता" के मूलभूत सार्वभौमिक मसले को सुलझाने में अपना योगदान कर सकते हैं।

hunger – भूख/क्षुधा

भूख से तात्पर्य ऐसे आहार के उपभोग से है जो अच्छे स्वास्थ्य तथा सामान्य क्रियाकलाप, वृद्धि और विकास को बनाये रखने में अपर्याप्त हो। व्यक्तिपरक दृष्टि से, भूख भोजन की जरूरत और इच्छा को तो रेखांकित करती ही है, किन्तु अपर्याप्त भोजन के कारण भूख बेचैनी, चिड़चिड़ाहट, कमजोरी और आलसीपन को भी जन्म देती है। वस्तुपरक दृष्टि से, भूख की माप जीवन और अच्छे स्वास्थ्य को बनाये रखने के लिये आवश्यक कैलोरियों और पोषक तत्वों के आधार पर की जाती है। सामाजिक-सांस्कृतिक मानवशास्त्रियों ने भूख का विश्लेषण पारिस्थितिकी और भोजन व्यवस्थाओं की राजनीति के संदर्भ के साथ-साथ कुपोषण के प्रकार्यात्मक परिणामों के संदर्भ में भी किया है। जैवकीय मानवशास्त्रियों ने मानवीय शारीरिक वृद्धि प्रतिमानों, भार-परिवर्तनों तथा आहार और स्वास्थ्य के तरीकों से जुड़ी ऊर्जा की कमियों का अध्ययन किया है।

भूख तीन भिन्न किंतु आपस में जुड़ी घटनाओं के कारण उत्पन्न होती है : (1) *भोजन की कमी*, (2) *भोजन-गरीबी*, और (3) *भोजन-वंचना*। वर्तमान में विश्व स्तर पर कोई भोजन की कमी नहीं है, क्योंकि 19वीं शताब्दी के प्रारम्भिक वर्षों से, कम से कम, प्रौद्योगिकी के प्रयोग के कारण समस्त मानव समुदाय को खिलाने लायक पर्याप्त भोजन के उत्पादन में कुशलता प्राप्त हो गई है, फिर भी विश्व के अनुमानतः एक अरब के तीन-चौथाई लोगों को पोषक तत्वों से पूर्ण पर्याप्त भोजन नहीं मिल पाता है। *भोजन की कमी* का सबसे बड़ा रूप अकाल है जिसका का कारण विकट मौसम, राजनीतिक एवं अन्य सामाजिक-आर्थिक दशाएं हैं जो किसी देश या सम्पूर्ण क्षेत्र को प्रभावित करती हैं। एशिया और अफ्रीका में अधिकांश अकाल के प्राकृतिक कारण—अनावृष्टि, अतिवृष्टि, भूकम्प, भूचाल आदि रहे हैं। *भोजन-गरीबी* तब उत्पन्न होती है जब लोग इसलिये भूखे रहते हैं क्यों कि उनके पास भोजन को प्राप्त करने के पर्याप्त संसाधन नहीं होते जबकि प्रदेश में भोज्य पदार्थों की कोई कमी नहीं होती है। वास्तव में, यह स्थिति सामाजिक समस्या की अपेक्षा घर-परिवार की होती है। कई बार इस स्थिति को उत्पन्न करने में सरकार की नीतियां भी उत्तरदायी होती हैं। जब सरकारें

जीवन-निर्वाह के लिये आवश्यक फसलों के स्थान पर नकद फसलों और पशुधन में वृद्धि को प्रोत्साहित करती है, तब घर-परिवार के लिये आवश्यक भोज्य पदार्थों की कमी हो जाती है। एशिया में, "हरित क्रांति" खेतीइर प्रौद्योगिकी ने जहां एक ओर भोज्य पदार्थों के उत्पादन में तो वृद्धि कर दी, किन्तु इसी स्थिति ने गरीब को अधिक गरीब बना दिया क्योंकि छोटे किसानों के पास मंहगे नये बीजों और खाद को खरीदने की क्षमता नहीं थी। कुछ मानवशास्त्रियों ने तो यहां तक कहा है कि अत्यधिक भोजन-गरीबी तो पूंजीवाद के विस्तार का एक अपरिहार्य परिणाम है। *भोजन-वंचना* की स्थिति व्यक्तिगत स्तर पर तब पैदा होती है जब घर-परिवार में भोजन का वितरण असमान तौर पर होता है। यह स्थिति शक्ति-भिन्नता या उपभोग संबंधी सांस्कृतिक प्रतिबन्धों के कारण उत्पन्न होती है जो व्यक्तियों को पर्याप्त मात्रा में कैलोरी, प्रोटीन, विटामिन्स और खनिज-तत्व लेने में बाधा उत्पन्न करती हैं। भूख के उपरोक्त वर्णित तीनों कारण आपस में सह सम्बन्धित हैं, और इनके समाधान न किये जाने के कारण ये व्यक्तियों के लिये मानव अधिकारों की एक समस्या उत्पन्न कर देते हैं।

hypergamy – अनुलोम विवाह

विवाह की एक ऐसी सामाजिक प्रथा जिसमें स्त्री का विवाह उच्च सामाजिक प्रस्थिति के पुरुष से होता है। ऐसे विवाह में पुरुष की प्रस्थिति स्त्री से ऊंची होती है। भारत के संदर्भ में, उच्च वर्ण (जाति) या कुल के पुरुष का विवाह जब निम्न वर्ण (जाति) या कुल की स्त्री से होता है तब इसे अनुलोम विवाह कहते हैं। हिन्दू जाति प्रथा के अनुसार पुरुष के लिये अपने से निम्न जाति अथवा कुल की स्त्री से विवाह करना ही शास्त्र सम्मत माना गया है। इस नियम के अनुसार एक ब्राह्मण अपनी जाति की कन्या के अतिरिक्त क्षत्रिय, वैश्य या शूद्र कन्या से विवाह कर सकता है।

hypogamy – प्रतिलोम विवाह

यह विवाह अनुलोम विवाह का ठीक विपरीत स्वरूप है। इस प्रकार के विवाह में पुरुष की प्रस्थिति स्त्री से निम्न होती है, अर्थात् पुरुष निम्न प्रस्थिति का और स्त्री उच्च प्रस्थिति की होती है। भारतीय संदर्भ में, जब लड़की का विवाह अपने से निम्न वर्ण (जाति) या कुल में किया जाता है, अर्थात् पत्नि अपने पति से उच्च वर्ण (जाति) या कुल की होती है, तब ऐसे विवाह को प्रतिलोम विवाह कहा जाता है। हिन्दू जाति प्रथा के अन्तर्गत किसी शूद्र पुरुष द्वारा ब्राह्मण, क्षत्रिय या वैश्य कन्या से किया गया विवाह इस श्रेणी में आता है। इस प्रकार का विवाह समाजोनुमोदित और शास्त्र सम्मत नहीं है।

hypothesis – प्राक्कल्पना/उपकल्पना

किसी घटना की एक अन्तरिम या कामचलाऊ (प्रविज़नॅल) व्याख्या को प्राक्कल्पना या उपकल्पना कहते हैं। दूसरे शब्दों में, प्राक्कल्पना किसी घटना के बारे में एक ऐसा अस्थाई अनुमान है जिसकी परीक्षा किया जाना शेष है। इसकी सत्यता के परीक्षण (सत्यापन) के लिये साक्ष्यों का होना आवश्यक है।

I

ideal type – आदर्श प्ररूप

आदर्श प्ररूप किसी घटना, वस्तु अथवा वर्ग-विशेष की समस्त आवश्यक विशेषताओं के सम्पूर्ण अथवा लगभग सम्पूर्ण रूप में चित्रण की एक विधि है। ये सभी विशेषताएं यथार्थ रूप में किसी एक वास्तविक घटना में उपस्थित ही हों, आवश्यक नहीं है। इस अवधारणा का सर्वप्रथम प्रयोग **मैक्स वेबर** ने प्रोटेस्टेन्ट धर्म और पूंजीवाद के आपसी सम्बन्धों के विश्लेषण संबंधी अपने अध्ययन में किया था। बाद में उन्होंने ही इसका प्रयोग तार्किक व्यवहार (नौकरशाही) के विश्लेषण में भी किया है।

idealism – आदर्शवाद/आध्यात्मवाद

आदर्शवाद या आध्यात्मवाद एक दार्शनिक दृष्टिकोण है जिसकी जड़ें **प्लेटो** की कृतियों में गड़ी हुई हैं। इस दृष्टिकोण के अनुसार यह माना जाता है कि मस्तिष्क द्वारा उत्पन्न विचार ही मानवीय प्रकृति का सार-तत्व है। मानवीय प्रकृति के प्लेटोवादी और ईसाईवादी सिद्धान्त यह मानते है कि यद्यपि मानवीय प्राणी भौतिक शरीर लिये हुए है, तथापि उसकी वास्तविक प्रकृति भौतिक नहीं, आध्यात्मिक है और मन या आत्मा के सम्पूर्ण विकास में शरीर एक भौतिक बाधा का कार्य करता है। जीवन के प्रति इस दृष्टिकोण को ही आदर्शवाद कहा गया है।

एक अन्य रूप में, आदर्शवाद को भौतिकवाद से ठीक विपरीत एक ऐसी दार्शनिक प्रवृति के रूप में निरूपित किया गया है जो इस बात पर बल देती है कि मानसिक घटनाएं या "विचार" ही भौतिक यथार्थ, मानव के अस्तित्व, सामाजिक एवं ऐतिहासिक घटनाओं की रचना और निर्धारण करते हैं। सामाजिक विज्ञानों में, इस सिद्धान्त का प्रयोग मोटे रूप में ऐसे सिद्धान्तों के लिये किया गया है जो सामाजिक-सांस्कृतिक अथवा ऐतिहासिक संरचनाओं और प्रक्रियाओं की व्याख्या में मानसिक या अभौतिक घटनाओं को प्रधानता देते हैं।

ideology – विचारधारा

शाब्दिक अर्थ के रूप में, विचारधारा से तात्पर्य विचारों का अध्ययन है। सामान्यतः इसका प्रयोग मूल्यों की एक व्यवस्था के रूप में किया जाता है, जैसे मार्क्सवादी या कुछ उत्तर-आधुनिक विचारधाराएं हैं जो एक समूह के स्थान पर दूसरे समूह को सत्ता-शक्ति देने को उचित ठहराती है। प्रसिद्ध दार्शनिक **कोल्कॉवस्की** (1979) के अनुसार, "यह धारणाओं का एक योग है जिसके द्वारा एक सामाजिक समूह (जैसे, एक सामाजिक वर्ग) उन मूल्यों को महत्व

देता है जिनके द्वारा इस समूह की गूढ़ चेतना और क्रिया की अभिव्यक्ति होती है- - - - विचाराधारा का प्रमुख सामाजिक कार्य मूल्यों में विश्वास पैदा करना है जो कि समूह की उपयोगी क्रिया के लिये आवश्यक है।"

igloo – इग्लू (एस्किमो हिमकुटीर)

उत्तरी अमेरिका (एलास्का, ग्रीनलैंड) तथा कनाडा के एस्किमो लोगों के हिमकुटीरों को इग्लू कहा जाता है। एस्किमो भाषा में "इग्लू" का अर्थ किसी भी पशु अथवा मानव के आश्रय स्थल से है। ये इग्लू बहुधा गोल एवं गुंबदाकार होते हैं जिनके प्रवेश द्वार इतने छोटे होते हैं कि इनमें घुटनों के बल रेंग कर अन्दर जाना पड़ता है।

illness – अस्वस्थता

अस्वस्थता से तात्पर्य बीमारी अथवा रोगग्रस्तता के बारे में व्यक्ति के बोध अथवा उसकी मानसिकता से है, अर्थात् व्यक्ति यह सोचता है कि मैं बीमार हूं या रोगग्रस्त हूँ और रोज़मर्रा के काम करने के योग्य नहीं हूँ। चिकित्सा मानवशास्त्र में बीमारी (डिज़ीज) और अस्वस्थता (इलनैस) में अन्तर किया गया है। रोग या बीमारी (डिज़ीज) किसी व्यक्ति का विषाणु द्वारा संक्रमित होने या शारीरिक क्रियाविधि में कोई असामान्यता उत्पन्न होने का बाहरी, "वस्तुपरक" नैदानिक (क्लिनीकल) लक्षण है। अतः बीमारी को एक जैवकीय घटना माना जाता है, जबकि अस्वस्थता में मनोवैज्ञानिक एवं सामाजिक-सांस्कृतिक आयामों को सम्मिलित किया जाता है। किसी भी जनसंख्या में बीमारी और अस्वस्थता की स्थिति बराबर-बराबर की हो, यह आवश्यक नहीं है। कई व्यक्ति जो उच्च रक्तचाप से पीड़ित होते हैं, अपने आपको बीमार नहीं समझते, जबकि बहुत से व्यक्ति जो डाक्टर के पास जाते हैं, उनकी बीमारी का कोई बाह्य लक्षण नहीं होता, किन्तु फिर भी वे अपने आपको बीमार कहते और समझते हैं।

बीमारी और अस्वस्थता के विषय एक महत्वपूर्ण प्रश्न खड़ा करते हैं कि आखिर आरोग्यता या स्वस्थता किसे कहा जाये? इस प्रश्न का उत्तर देना सरल नहीं है। "विश्व स्वास्थ्य संगठन" ने स्पष्ट किया है कि आरोग्यता का तात्पर्य मात्र बीमारी की अनुपस्थिति नहीं है, अपितु यह शारीरिक, सामाजिक, मनोवैज्ञानिक रूप में स्वस्थता की स्थिति है। अतः आरोग्यता और अस्वस्थता के "सामान्यता" संबंधी विचार सांस्कृतिक धारणा पर आधारित होते हैं।

illom – ईलोम

दक्षिण भारत के पितृवंशीय नम्बूद्रियों में पाई जाने वाली पारिवारिक संरचना "ईलोम" के नाम से जानी जाती है। यह पारिवारिक संरचना उसी क्षेत्र (मालाबार) के नायर लोगों की मातृवंशीय परिवार व्यवस्था से पूर्णतः भिन्न है जो "तरवड़" के नाम से जानी जाती है। "ईलोम" भारत के हिन्दुओं के संयुक्त परिवार का ही एक विशिष्ट रूप है। इसकी विशिष्टता परिवार की (ईलोम) सम्पत्ति की अविभाजनीयता है जो इसे भारत के अन्य संयुक्त परिवार के रूपों से अलग करती है। सम्पत्ति की संयुक्तता को बनाये रखने और इलोम को चलाये रखने

के लिये सामान्यतः परिवार का ज्येष्ठ लड़का ही अपनी जाति की अर्थात् नम्बूद्री लड़की से विवाह करता है और परिवार की निरंतरता को बनाये रखता है। यदि ज्येष्ठ लड़के के कोई संतान नहीं होती है, तब उससे छोटा लड़का जाति में ही विवाह करके सन्तानोत्पत्ति कर परिवार की निरंतरता को बनाये रखता है। ध्यान रहे, परिवार के अन्य लड़कों के विवाह के लिये कोई प्रतिबंध तो नहीं होता, किन्तु सामान्यतः वे अपनी ही जाति (नम्बूद्रियों में) में विवाह नहीं करते हैं। परिवार के अन्य लड़के (ज्येष्ठ पुत्र के अतिरिक्त) नायर स्त्रियों के साथ विवाह जैसे रिश्ते स्थापित करते हैं।

inbreeding – अन्तःप्रजनन

जैवकीय दृष्टि से एक ही जाति अथवा समूह के अन्तर्गत विवाह करने की प्रक्रिया अन्तःप्रजनन कहलाती है। यह एक ऐसी प्रक्रिया है जिसके द्वारा एक समूह अथवा संस्था नवीन जैवकीय एवं मनोवैज्ञानिक तत्वों अथवा नवीन व्यक्तियों के अभाव के कारण गतिहीन अथवा पतनोन्मुख बन जाती है।

incantation – अभिचार

कोई विशेष प्रभावकारी शक्ति प्राप्त करने या/तथा किसी कार्य को प्रभावकारी रूप देने हेतु किन्ही विशेष शब्दों/वाक्यांशों (मंत्र) के उच्चारण या गान को अभिचार कहते हैं। ऐसा विश्वास किया जाता है कि मंत्रों के शब्दों में जादुई शक्ति होती है जिससे वांछित अभिचार पूर्ण होता है तथा इच्छित परिणाम प्राप्त किये जा सकते हैं। बहुधा सम्मोहन अथवा भूत-प्रेत को दूर करने के लिये अभिचार और मंत्रों का प्रयोग किया जाता है।

incest – निकटाभिगमन

अति निकट रूप में रक्त सबंधों द्वारा जुड़े विषम लिंगियों के बीच स्थापित यौन सम्बन्धों को निकटाभिगमन या अगम्यागमन कहते हैं। पिता-पुत्री, माता-पुत्र अथवा सहोदर भाई-बहिन के बीच यौन सम्बन्ध निकटाभिगमन की श्रेणी में आते हैं। रक्त सम्बन्धों की सीमाओं का निर्धारण स्थान विशेष के कानून या सामाजिक प्रथाओं द्वारा होता है।

कहीं-कहीं निकटाभिगमन को रक्त-सम्बन्धों के सीमित दायरे तक ही सीमित नहीं रखा गया है। ऐसे समाजों में, ऐसे स्त्री-पुरुष के बीच यौन अथवा वैवाहिक सम्बन्ध जिनमें वास्तविक, काल्पनिक अथवा कृत्रिम नातेदारी सम्बन्ध होते हैं, को भी निकटाभिगमन कहा गया है।

incest taboo – निकटाभिगमन निषेध

अति निकट के नातेदारों के बीच यौन सम्बन्धों और विवाह सम्बन्धों को वर्जित किया जाना निकटाभिगमन निषेध कहलाता है। इस प्रकार का निषेध लगभग सार्वभौमिक है। सभी मानव समाजों में ऐसे कुछ नियम हैं जो व्यक्तियों को नातेदारों की एक विशिष्ट श्रेणियों के बीच यौन और/या विवाह सम्बन्धों की स्वीकृति नहीं देते हैं। सामान्यतः व्यक्तियों की ये श्रेणियां रक्त सम्बन्धों की निकटता पर आधारित हैं, जैसे पिता-पुत्री, माता-पुत्री अथवा सहोदर

भाई-बहिन आदि। निकटाभिगमन निषेध का दायरा हमेशा रक्त सम्बन्धों द्वारा ही निर्धारित होता हो, ऐसी बात नहीं है। ऐसे भी कुछ समाज हैं जहां लैंगिक सम्बन्ध ऐसे कुछ व्यक्तियों (स्त्री-पुरुष) के बीच भी वर्जित किये गये हैं जो रक्त सम्बन्धों द्वारा नहीं जुड़े होते हैं।

कतिपय समाजों (प्राचीन मिस्र का राजघराना और पेरु प्रदेश के इन्का निवासियों में) को छोड़ कर इस प्रकार के यौन सम्बन्धों को सर्वत्र घ्रणास्पद माना गया है। इन निषेधों के क्या कारण रहे हैं, इसकी व्याख्या जैवकीय, मनोवैज्ञानिक, मानवशास्त्रीय एवं समाजशास्त्रीय आधार पर अनेक विद्वानों, जैसे **टायलर, वेस्टरमार्क, मॉर्गन, फ्रायड, फ्रेजर, दुर्खाइम, बेन्डा, सेलिगमैन, ब्रिफ्फाल्ट, लेवी स्ट्रास** और यहां तक की **कार्ल मार्क्स** द्वारा कई रूपों में की गई है।

inductive method – आगमन विधि

तर्कशास्त्र की एक पद्धति जिसमें अवलोकन-प्रेक्षण के आधार पर परिणाम निकाले जाते हैं, आगमन विधि कहलाती है। इस विधि की अन्वेषण की प्रक्रिया विशिष्ट से सामान्य की ओर चलती है। **न्यूटन** ने पेड़ से सेव को गिरते हुए देख कर ही तो "गुरुत्वाकर्षण शक्ति के नियम" की रचना की थी। राम, मोहन, गांधी, महमूद, ईसा सभी मरे हैं, अतः 'मानव मरणधर्मा है', यह आगमन विधि का ही एक अत्यंत सरल एवं बोधगम्य उदाहरण है।

industrial society – औद्योगिक समाज

औद्योगिक समाज से तात्पर्य एक ऐसी सामाजिक व्यवस्था से है जिसमें उत्पादन की विधि के रूप में शक्ति द्वारा संचालित मशीनों का प्रयोग किया जाता है और जिसमें उद्योगवाद की सभी विशेषताएं पाई जाती हैं। औद्योगिक समाज की अपनी आर्थिक संरचना पर आधारित कुछ ऐसी सामान्य विशेषताएं हैं, जो विभिन्न संस्कृतियों में समान रूप में पाई गई हैं, यधपि कोई "विशिष्ट" प्रकार के औद्योगिक समाज नहीं हैं। ये सामान्य विशेषताएं इस प्रकार हैं :

(1) कृषि और विनिर्माण क्षेत्रों में यंत्रीकरण, (2) कारखाना व्यवस्था जो मानव और पशु से अधिक परिष्कृत ऊर्जा पर आधारित होती है, (3) स्वचालित एवं अत्यधिक गतिशाली मशीनों और कम्प्यूटरों का प्रयोग, (4) श्रम-विभाजन एवं विशेषीकरण (5) द्रुतगामी संचार के साधनों एवं परिवहन के उन्नत एवं परिष्कृत रूपों का प्रयोग, (6) भूमण्डलीय आधार पर बृहत् बाजार प्रणाली, (7) शहरीकरण और नगर आधारित समाज का विकास, (8) प्रव्रजन (गांव से कस्बे और शहर से बड़े शहरों की ओर), (9) उपभोग की आदतों में परिवर्तन एवं परिष्करण, (10) उद्योगवाद से जुड़े सामाजिक-मानसिक लक्षण, जैसे अजानपन, निर्वैयक्तिकता, प्राथमिक संबंधों और प्रत्यक्ष-प्राथमिक नियंत्रणों में शिथिलता, द्वितीयक समूहों की उत्तरोत्तर बढ़ती भूमिका आदि, को बढ़ावा, (11) विकसित **समय** व्यवस्थापन द्वारा भविष्यगत योजनाओं और समन्वय का प्रयोग।

अब धीरे-धीरे औद्योगिक और गैर-औद्योगिक समाजों की सीमा रेखाएं पटती जा रही हैं और इनमें अन्तर करना मुश्किल हो गया है। इसका प्रमुख कारण "वैश्विक अर्थव्यवस्था" है जिसने सभी देशों और समाजों को एक तानेबाने में गूंथ दिया है। तथापि, जैसे-जैसे विश्व

अर्थव्यवस्था में तीव्रता आयेगी, गरीब और अमीर समाजों का अन्तर बढ़ता जायेगा। सूचना और जनसंचार क्रांति ने सभी समाजों के नागरिकों में चेतना की एक नई लहर को जन्म दिया है।

अप्पलबॉम (1992) ने बताया है कि भविष्य में औद्योगिक समाजों में उत्पादन कार्यों या किसी भी प्रकार के अन्य कार्यों में लगे लोगों की संख्या का अनुपात घटता जायेगा और विलास के क्षेत्र में लोगों की संख्या बढ़ती जायेगी। **जिन्जबर्ग और वोज्ट** (1981) के अनुसार, वर्तमान और भविष्यगत औद्योगिक समाज स्वास्थ्य रक्षा से लेकर मनोरंजन और स्व-चालित क्रियाओं से लेकर शैक्षणिक और बौद्धिक क्रियाकलाप सम्बन्धी सभी प्रकार की सेवाएं प्रदान करेंगे। किन्तु इन समाजों में नगरों की भीड़-भाड़, प्रदूषण, सड़कों में जाम, अपराध, सरकार और निगमों में भ्रष्टाचार, मानव अधिकारों का हनन, शोषण, बेरोजगारी और युद्ध जैसी प्रमुख समस्याओं की अवहेलना किया जाना और उन्हें रोक पाना कठिन होगा।

industrialization — औद्योगीकरण

औद्योगीकरण से तात्पर्य एक ऐसी प्रक्रिया से है जिसमें वस्तुओं का उत्पादन हस्त-उपकरणों (हाथ से) के स्थान पर निर्जीव शक्ति द्वारा संचालित मशीनों के द्वारा किया जाता है। शक्ति संचालित मशीनों का प्रयोग न केवल कारखानों, अपितु यातायात, संचार, परिवहन और यहां तक की खेती से जुड़ी सभी क्रियाओं में किया जाता है।

पूर्वग औद्योगिक समाजों की तुलना में औद्योगीकरण ने विशाल आधार पर श्रम-विभाजन, विशेषीकरण, पूंजी के मालिकों, प्रबंधकों और कामगारों के बीच नवीन उत्पादन सम्बन्ध, नगरीकरण तथा उद्योग एवं जनसंख्या के भौगोलिक केन्द्रीकरण तथा व्यावसायिक संरचना में परिवर्तन किये हैं। इस प्रक्रिया ने कई दुष्परिणामों को भी जन्म दिया है।

infanticide — शिशुहत्या

शिशुहत्या शब्द का प्रयोग अलग-अलग विषयों में भिन्न ढंग और अर्थ में किया गया है, तथापि इसका सामान्य अर्थ किसी बालक-बालिका का जन्मते ही वध करने या मारने से है। सीमित कानूनी अर्थों में, जन्म के समय मानव बालक या बालिका को अपनी मां द्वारा मारने को शिशुहत्या करते हैं। विस्तृत अर्थों में, व्यवहारपरक जीवशास्त्र के संदर्भ में, इस शब्द का प्रयोग किसी भी जीव की उन सभी क्रियाओं या निष्क्रियता के लिये किया जाता है जिसके कारण अपनी ही जाति के पीड़ित सदस्य की किसी भी स्तर पर प्रजनन परिपक्वता के पूर्व मृत्यु हो जाती है। अपराधशास्त्रीय अध्ययनों में, इस शब्द को उन हत्याओं तक सीमित किया गया है जो पीड़ित के जीवन के पहले वर्ष में की गई होती हैं और यह जरूरी नहीं है कि ये हत्याएं माता-पिता द्वारा ही की गई हों।

मां द्वारा शिशुहत्या किये जाने को सभी जगह अपराध के रूप में नहीं देखा जाता। इस प्रकार की हत्याओं का सार्वभौमिक रूप में अपराधीकरण नहीं देखने को मिलता। कई पारम्परिक राज्यहीन समाजों में किन्हीं परिस्थितियों में शिशुहत्या को कई मामलों के समाधान की दृष्टि से एक उपयुक्त साधन/विधि के रूप में देखा गया है। **डले एवं विलसन** (1984) ने

अपने द्वारा संकलित आंकड़ों के आधार पर यह प्रदर्शित किया कि विश्वव्यापी संभावनायुक्त सेम्पल के आधार पर 60 समाजों में शिशुहत्या पाई गई है अथवा इसे वैध माना जाता है। शिशुहत्या के प्रमुख कारणों में माता-पिता की आर्थिक कमजोरी और सहायता का अभाव, बीमारी, अकाल, जुड़वां बालकों का होना, कम अन्तराल में अधिक बच्चों के होने से भरण-पोषण की समस्या आदि हैं। अन्य कारणों में बच्चे की बीमारी, मानसिक-शारीरिक विकृति अथवा अवांछित मातृत्व, धार्मिक प्रथा, अंधविश्वास तथा स्त्री बालक के प्रति उदासीनता अथवा चाहत की कमी भी कई समाजों में शिशुहत्या के कारणों में से रहे हैं।

कई समाजों में मादा (नारी)—वरणात्मक शिशुहत्या (मादा शिशुहत्या के प्रति झुकाव) अधिक पाई गई है, यद्यपि यह विषय विवादास्पद है। शिशुहत्या सम्बन्धी अध्ययन बताते हैं कि जटिल समाजों में, शिशुहत्या की प्रथा प्रस्थिति निर्धारित है, अर्थात् इन समाजों में उच्च वर्ग के लोगों में बालिका की अपेक्षा बालक को अधिक तरजीह दी जाती है, बालक के पालन-पोषण, शिक्षा-दीक्षा पर अधिक ध्यान दिया जाता है और अधिक खर्च किया जाता है, जब कि बालिका के प्रति उदासीनता बरती जाती है। ठीक इसके विपरीत, निम्न वर्ग के लोग बालिका पर अधिक ध्यान देते हैं। आजकल तथाकथित शिक्षित एवं सभ्य समाजों में उन्नत वैज्ञानिक उपकरणों की सहायता से मादा भ्रूण हत्या का प्रचलन, विशेषतः उच्च वर्ग में अधिकाधिक बढ़ता जा रहा है। आधुनिक समाजों में अवांछित गर्भ को रोकने के लिये गर्भ निरोध साधनों और गर्भपात का सहारा लिया जा रहा है। कई समाजों में अधिक बच्चों वाली माताओं के भार को कम करने के लिये कई संस्थाओं के माध्यम से "गोद लेने-देने" का प्रचलन बढ़ता जा रहा है।

infibulation – परिच्छेदन

परिच्छेदन, नारी खतना या जननेंद्रियच्छेद का एक रूप है। इसमें शल्यचिकित्सा द्वारा योनि-ओष्ठय (होंठ) को हटा दिया जाता है और कभी-कभी इसे हटाकर योनि के प्रवेश द्वार को सकड़ा करने के लिये इसकी सिलाई कर दी जाती है। यह प्रथा उत्तरी-पूर्वी अफ्रीका के कई समाजों में व्यापक रूप में पाई गई है। इस प्रथा का इन समाजों में "जीवन-पथ के संस्कार" के रूप में कड़ाई से पालन किया जाता है।

informants – सूचक/सूचनादाता

नृजातिलेखक या नृजातिशास्त्री को अपने समाज, समुदाय अथवा कबीले के बारे में जानकारी देने वाला व्यक्ति सामाजिक शोध की भाषा में सूचक/सूचनादाता कहलाता है। ये व्यक्ति उन समाजों या संस्कृति के सदस्य होते हैं जिनका अध्ययन किया जा रहा है। सन् 1960 के दशक तक मानवशास्त्री इन्हें "देशज सूचक" कहा करते थे। कई घटनाओं को मात्र देख कर नहीं जाना जा सकता। उन घटनाओं के क्या मन्तव्य हैं, क्या कारण हैं, आदि बातों को पूर्ण रूप में जानने के लिये, तथा उन घटनाओं की तह में जाने के लिये अध्ययन किये जाने वाले समाज के सदस्यों का "सूचनादाता" के रूप में चयन किया जाता है। नृजातिशास्त्री और सूचनादाता के सम्बन्ध दोस्त-दोस्त, गुरु-शिष्य, मालिक-मातहत, वरिष्ठ-कनिष्ठ साथी,

माता-पिता एवं बालक, चिकित्सक-रोगी आदि कई प्रकार के हो सकते हैं।

सूचक ऐसे व्यक्ति होते हैं जिन्हें अपने समाज की गहरी जानकारी होती है। मानवशास्त्री ऐसे व्यक्तियों को अध्ययन किये जाने वाले समाज/समुदाय के व्यक्तियों की जीवन-शैली आदि के बारे में जानने के लिये सूचक/सूचनादाता के रूप में प्रयोग करते हैं। ऐसे व्यक्ति तथ्यों के स्त्रोत का कार्य करते हैं।

infra-human – अवमानव

मानव उद्विकास की श्रंखला में मानव से पूर्व के समकक्ष प्राणी जो बनावट, गुणों और विशेषताओं में मानव के समान नहीं थे, उन्हें अवमानव कहा गया है।

inheritance – उत्तराधिकार

व्यक्तियों तथा वस्तुओं संबंधी वैधानिक तथा प्रथागत अधिकारों के संचरण को उत्तराधिकार कहते हैं। कुछ समाज वैज्ञानिकों के मतानुसार, उत्तराधिकार से तात्पर्य केवल सम्पत्ति के हस्तान्तरण से ही नहीं है, अपितु इसमें पद, प्रतिष्ठा एवं सामाजिक प्रस्थिति भी सम्मिलित होती है। जब प्रस्थिति का संचरण होता है, तब वस्तुएं तो स्वतः ही उस प्रस्थिति के धारक को मिल जाती हैं। अतः जब हम प्रस्थिति के संचरण की बात करते हैं तब उसमें न केवल सम्पत्ति अपितु मुखिया की प्रस्थिति आदि का उत्तराधिकार भी सम्मिलित होता है। वास्तव में, उत्तराधिकार एक व्यापक अवधारणा है जिसमें सम्पत्ति और पद दोनों के संचरण की प्रक्रिया सम्मिलित होती है। इन दोनों (सम्पत्ति एवं पद) के अलग-अलग संचरण को इंगित करने के लिये "दायाधिकार" तथा "पदाधिकार" की अवधारणाओं का प्रयोग अधिक उपयुक्त होगा। आदिम समाजों में उत्तराधिकार संबंधी तथ्यों की खोज करते समय **डब्ल्यू. एच. आर. रीवर्स** ने बहुत पहले ही वंशानुक्रम (वंश के नियम), दायाधिकार और पदाधिकार की प्रक्रियाओं में स्पष्ट भेद किया है। उन्होंने "दाय" अर्थात सम्पत्ति के हस्तान्तरण के लिये "दायाधिकार" (इनहेरिटेन्स) तथा "पद" या "प्रतिष्ठा" के संचरण के लिये "पदाधिकार" (सक्सेशन) के पदों के प्रयोग का सुझाव दिया है। दायाधिकार के लिये आंग्ल भाषा में कोई अलग शब्द न होने के कारण 'इनहेरिटेंस' शब्द का प्रयोग कर लिया जाता है, जब कि यह पद और सम्पति दोनों के संचरण को अभिव्यक्त करता है। उत्तराधिकार संबंधी प्रमुख नियम हैं—पितृरेखीय, मातृरेखीय, उभयवाही और समस्त्रोतीय तथा ममेरा उत्तराधिकार।

उत्तराधिकार के नियम यह प्रदर्शित करते हैं कि एक व्यक्ति के अपने संबंधियों के प्रति क्या दायित्व हैं। ये नियम एक व्यक्ति की इच्छा को भी प्रकट करते हैं कि वह अपनी सम्पत्ति का निपटारा कैसे करना चाहता है। आधुनिक समाजों की भांति अधिकांश आदिम समाजों में स्वेच्छा के आधार पर (वसीयत के रूप में) सम्पत्ति का हस्तान्तरण नहीं होता था।

सम्पत्ति के संचरण के कई तरीके हैं, किन्तु दायाधिकार को **कॉमन्स** (1924) ने "एक विधिवत सौदा" कहा है। सम्पत्ति किसी को देना, किसी वस्तु के हस्तान्तरण मात्र को इंगित नहीं करता अपितु इसमें वस्तु के अधिकारों को सौंपना भी सम्मिलित होता है। सम्पत्ति के

हस्तान्तरण के मामले में पैतृक सम्पत्ति और स्व-अर्जित सम्पत्ति में भेद किया जाता है। स्व-अर्जित सम्पत्ति के साथ कम दायित्व जुड़े होते हैं। कुछ समाजों में चल और अचल सम्पत्ति (भूमि आदि) के हस्तान्तरण के बारे में भी अलग-अलग नियम हैं। सम्पत्ति के हस्तान्तरण के संबंध में कई स्थानों पर लिंग (पुरुष/स्त्री) का भी ध्यान रखा जाता है। कई समाजों में भिन्न प्रकार की सम्पत्ति भिन्न लिंग के व्यक्तियों में हस्तान्तरित करने के नियम पाये गये हैं।

inheritance, avunculor – ममेरा उत्तराधिकार
जब मामा की मृत्यु के उपरान्त उसकी सम्पत्ति और पद का हस्तान्तरण उसके भानजे को होता है, तब इसे ममेरा उत्तराधिकार कहते हैं।

inheritance, bilateral – उभयवाही उत्तराधिकार
जब वंशक्रम और सम्पति का संचरण स्त्री और पुरुष दोनों के द्वारा होता है, तब इस व्यवस्था को उभयवाही या द्विपक्षीय उत्तराधिकार कहते हैं। इस व्यवस्था में यह संभव हो सकता है कि पितृपक्ष और मातृपक्ष से अलग-अलग प्रकार की सम्पति, अर्थात एक ओर से चल सम्पति तो दूसरी ओर से अचल सम्पति का हस्तान्तरण होता हो।

inheritance, collateral/ lateral – समस्त्रोतीय या सपिन्ड उत्तराधिकार
जब पद एवं सम्पति का हस्तान्तरण पुत्रों को न होकर सहादरों को होता है, तब यह व्यवस्था समस्त्रोतीय या सपिन्ड उत्तराधिकार कहलाती है। संसार के कुछ आदिवासी समाजों, जैसे किकयू एवं काफिर लोगों में यह प्रथा पाई गई है।

inheritance, Darwinian – डार्विनवादी उत्तराधिकार
डार्विन के प्राकृतिक प्रवरण के सिद्धान्त के अनुसार शारीरिक लक्षणों का संचरण डार्विनवादी उत्तराधिकार कहलाता है। डार्विन के दृष्टिकोण से जीव-जातियों के स्वरूप और प्रकार्य में संयोग से जो विभिन्नताएं उत्पन्न हो जाती हैं, वे तभी विद्यमान रहती हैं, यदि वे पर्यावरण के अनुरूप होती हैं। अतः वे विभिन्नताएं जो जीव के अस्तित्व को बनाये रखने के सर्वाधिक अनुरूप होती है, वे बनी रहती हैं।

inheritance, lineal – वंशीय उत्तराधिकार
जब सम्पति का संचरण मृतक के किसी वंशज जैसे पिता से पुत्र को होता है, तब यह वंशीय उत्तराधिकार कहलाता है।

inheritance, matrilineal – मातृवंशीय उत्तराधिकार
जब सम्पत्ति एवं पद दोनों का संचरण संतानों को मातृ-पक्ष के आधार पर होता है, तब इसे मातृवंशीय उत्तराधिकार कहते हैं। यह व्यवस्था मातृवंशीय समाजों की एक मुख्य विशेषता है जहां सम्पति के हस्तान्तरण के दो प्रमुख रूप देखने में आये हैं, यथा मां से पुत्री को और मामा

से भानजे को। जहां परिवार की सम्पत्ति स्त्रियों की समझी जाती है तथा उन्हें सम्पति पर मालिकाना अधिकार प्राप्त होता है, वहां सम्पत्ति का हस्तान्तरण मां से पुत्री को होता देखा गया है। भारत की खासी जनजाति इसका सर्वोत्तम उदाहरण है। कई मातृवंशीय समाजों में उत्तराधिकार की यह प्रक्रिया मामा से भानजे की ओर चलती है। इस संबंध में **पिडिंगटन** ने लिखा है, "मातृवंशीय पदाधिकार का अर्थ, वास्तव में, पद एवं पदवी का संचरण स्त्रियों के माध्यम से पुरुष से पुरुष को होना है।"

inheritance, patrilineal – पितृवंशीय उत्तराधिकार
जब पद एवं साम्पत्तिक अधिकारों के संचरण की प्रक्रिया पुरुष रेखा का अनुसरण करते हुए पिता से पुत्र के रूप में चलती है, तब यह व्यवस्था पितृवंशी उत्तराधिकार कहलाती है।

inheritance, primogeniture = primogeniture

inheritance, ultimogeniture = ultimogeniture

inheritance, unigeniture = unigeniture

initiation – श्रीगणेश/दीक्षा/दीक्षण
शाब्दिक रूप में आरंभ, स्थापना अथवा उद्‌भव होने की क्रिया अथवा प्रक्रिया को श्रीगणेश कहते हैं।

दीक्षा/दीक्षण से तात्पर्य उस अनुष्ठान या कठिन परीक्षा से है जिसके द्वारा आदिम समुदाय में युवक को औपचारिक रूप से एक प्रौढ़ व्यक्ति के रूप में प्रतिष्ठापित किया जाता है।

initiation rites – दीक्षा संस्कार
एक प्रस्थिति से दूसरी प्रस्थिति में प्रवेश से सम्बन्धित आनुष्ठानिक कृत्यों से युक्त समारोह को दीक्षा संस्कार कहते हैं। किसी धर्म-सम्प्रदाय, शिक्षा क्षेत्र अथवा गुप्त समितियों/समाजों के सदस्य बनने के लिये व्यक्ति को कुछ कर्मकाण्डों के अनुपालन के साथ-साथ कुछ नियमों के पालन सम्बन्धी व्रत लेने पड़ते हैं। ये कर्मकाण्ड और व्रत-नियम दीक्षा संस्कार के आवश्यक अंग होते हैं।

institution – संस्था
संस्था शब्द (टर्म) का प्रयोग कई अर्थ और संदर्भ में किया गया है। कहीं कहीं, इसका प्रयोग समूह, समाज और समुदाय शब्दों के स्थानापन्न के रूप में कर लिया जाता है। सामान्यतः इसका प्रयोग किसी संगठन के रूप में, व्यवहार प्रतिमानों के रूप में, तथा कार्यविधि और नियमाचारों की व्यवस्था के रूप में किया जाता है। *समाज वैज्ञानिक अर्थ में, व्यक्तियों एवं समूहों के बीच संबंधों को नियंत्रित करने वाले नियमाचारों तथा कार्यविधियों के स्थाई एवं स्वीकृत प्रतिमान को संस्था कहते हैं।* इस दृष्टि से संस्थाएं एक प्रकार की महाप्रथा (सूपर

कस्टम) होते हैं जिनमें अनेक जनरीतियां, रूढ़ियां और व्यवहार के प्रतिमानों को सम्मिलित किया जाता है जो प्रमुख सामाजिक हितों की रक्षा करते हैं। परिवार, धर्म, राज्य, कानून आदि इसके कुछ प्रमुख उदाहरण हैं।

institutionalization – संस्थानिकरण
शाब्दिक अर्थ में, संस्थागत होने की क्रिया अथवा परिणाम या संस्थापन होने का गुण अथवा अवस्था को संस्थानिकरण कहते हैं। विभिन्न सामाजिक तथा संगठनात्मक परिवेश से संबंधित व्यवहार के नियमों के क्रमिक विकास तथा स्पष्टीकरण की प्रक्रिया को संस्थानिकरण कहा गया है। एक अन्य अर्थ में, संस्थानिकरण शब्द का प्रयोग एक लम्बे समय तक कुछ संस्थाओं, जैसे जेल, मानसिक चिकित्सालय आदि में रहने के कारण व्यक्तियों पर पड़ने वाले प्रतिकूल मनोवैज्ञानिक प्रभावों को दर्शाने के लिये किया जाता है। बहुधा ऐसी संस्थाओं में एक लम्बे काल तक रहने के कारण व्यक्तियों में आलसीपन, निष्क्रियता, पराश्रितता जैसे दुर्गुण उत्पन्न हो जाते हैं। इन प्रभावों को ही कभी-कभी संस्थानिकरण कहा जाता है।

interview method – साक्षात्कार-विधि
सामाजिक शोध में तथ्य-संकलन की उस पद्धति को साक्षात्कार-विधि कहते हैं जिसमें एक व्यक्ति अथवा व्यक्तियों के समूह से शोध संबंधी सूचनाएं एकत्रित करने के लिये नियोजित रूप में वार्तालाप किया जाता है। यह रोज़मर्रा के सामान्य वार्तालाप से भिन्न है क्योंकि इसमें शोध के विशिष्ट प्रयोजन हेतु निश्चित प्रक्रिया तथा तकनीकों का प्रयोग किया जाता है।

साक्षात्कार-विधि के कई रूप हैं, यथा संरचित/असंरचित, निर्देशित/अनिर्देशित औपचारिक/अनौपचारिक तथा संकेन्द्रित साक्षात्कार आदि। इस विधि के कुछ रूपों में साक्षात्कार-अनुसूची तथा साक्षात्कार-प्रदर्शिका का भी प्रयोग किया जाता है।

Ipiutak culture – इपूटॉक संस्कृति
उत्तरी-पश्चिमी एस्किमो की प्राचीन संस्कृति "इपूटॉक संस्कृति" के नाम से जानी जाती है। इस संस्कृति के अनेक नवपाषाण युगीन प्रस्तर तथा उत्कीर्णित अस्थि उपकरण पॉइटहोप तथा अलास्का के समीप प्राप्त हुए हैं। यह संस्कृति संभवतः एस्किमो लोगों की प्रचीनतम संस्कृति है जिसका विकास प्रथम सहस्त्राब्दी के प्रारंभ में हुआ था।

J

jajmani system — यजमानी व्यवस्था

परम्परागत पेशेवर कर्त्तव्यों की एक ऐसी प्रणाली को यजमानी व्यवस्था कहते हैं जिसमें संरक्षक (यजमान) और सेवादारों (कमीन) के बीच अन्तर-पारस्परिक एवं अन्तर-जातीय संबंध होते हैं। इन संबंधों की प्रकृति स्वामी (बॉस) और मातहत (अधीनस्थ) प्रकार की होती है। स्वामी और मातहत की भूमिकाओं और प्रतिमानों के जाल से निर्मित यह सामाजिक परिपाटी कभी किसी भी भारतीय गांव की एक अन्यतम विशेषता रही है। यह व्यवस्था विभिन्न जातियों के पारस्परिक आर्थिक निर्भरता के सम्बन्ध और श्रम-विभाजन पर आधारित थी। सामाजिक परिवर्तन की आधुनिक शक्तियों ने इस पारम्परिक व्यवस्था को लगभग समाप्त कर दिया है या समाप्ति की राह पर है।

joint family = family, joint

joking relationship — परिहास सम्बन्ध

दो सम्बन्धियों के बीच सामाजिक रूप से स्वीकृत अत्यधिक मेलजोल, घनिष्टता एवं उन्मुक्तता प्रकट करने वाले हावभाव, सामाजिक क्रियाएं, शब्दों के आदान-प्रदान आदि को परिहास सम्बन्ध कहते हैं। ये सम्बन्ध एक व्यक्ति को दूसरे व्यक्ति के साथ सामाजिक परिपाटीनुसार संयमित छेड़छाड़, हंसी-मजाक, गाली-गलौज करने की स्वीकृति देते हैं। जब दोनों व्यक्ति एक-दूसरे के साथ हंसी-मजाक या छेड़छाड़ कर सकते हैं, तब ये “प्रतिसम (बराबरी के) परिहास सम्बन्ध” कहलाते हैं, किन्तु जब केवल एक व्यक्ति छेड़छाड़ कर सकता है और दूसरे व्यक्ति को इस छेड़छाड़ को निष्क्रिय होकर सहना पड़ता है, तब इसे “अप्रतिसम (गैर बराबरी के) परिहास सम्बन्ध कहते हैं”। कभी-कभी यह मजाक अश्लील अथवा अपमानजनक भी होती है, पर सामान्यतः इसका बुरा नहीं माना जाता। बहुधा ऐसे संबंध वैवाहिक संबंधियों के बीच ही अधिक प्रचलित हैं। भारत के हिन्दुओं में जीजा-साली, देवर-भाभी, ननद-भौजाई के बीच ऐसे संबंध पाये गये हैं।

junior levirate = levirate, junior

juvenile delinquency = delinquency, juvenile

K

katcina — कचीना

अरिजोना प्रदेश के होपी तथा अन्य प्यूबलो इंडियनों द्वारा धार्मिक अनुष्ठानों में प्रयोग किये जाने वाले मुखौटे, लघुमूर्ति अथवा अन्य वस्तुओं को वहां कचीना कहा जाता है। कचीना धारण करने वाले पुरुष अलौकिक व्यक्तियों का प्रतिनिधित्व करते हैं तथा उन्हें बहुधा मृतात्मा समझा जाता है। ये व्यक्ति मानव के मिथकीय पूर्वज हैं और ऐसा विश्वास किया जाता है कि ये शीतकाल में पृथ्वी पर अवतरित होते हैं तथा शेष समय ये प्रेत लोक में व्यतीत करते हैं। इनका आगमन तथा प्रस्थान विशेष समारोहों का अवसर होता है।

kin — नातेदार/स्वजन

रक्त अथवा विवाह बंधनों द्वारा आबद्ध व्यक्तियों को नातेदार या स्वजन कहा जाता है। अधिकतर नातेदार परिवार के अतिरिक्त रक्तमूलक होते हैं। रक्त संबंधों की मान्यता बहुधा सांस्कृतिक प्रतिमानों द्वारा निर्धारित होती है। यही कारण है कि सम्बन्ध-श्रेणिओं में कुछ व्यक्तियों को स्वजन या नातेदार माना जाता है, जब कि कुछ अन्य सम्बन्धियों को नातेदार की श्रेणी में सम्मिलित नहीं किया जाता है।

kin, collateral — समवर्ती/समवाहिक नातेदार

ऐसे सभी स्वजन जो केन्द्र व्यक्ति या जातक (ईगो) के एकरेखीय सम्बन्धी न होकर उससे वंश के आधार पर जुड़े होते हैं, उन्हें समवर्ती/समवाहिक या समानान्तर नातेदार कहा जाता है। ऐसे व्यक्ति जो मुख्य समूह से प्रशाखा के रूप में अलग हो जाते हैं, अतः इन्हें भिन्नशाखाई स्वजन भी कहते हैं। ऐसे स्वजनों में माता-पिता या दादा-दादी के सहोदरों या उनके वंशज, जैसे चाचा, चचेरे भाई-भतीजे, ताऊ व उसकी सन्तान, मामा आदि आते हैं।

kin, consanguineal — रक्त सम्बन्धी स्वजन

ऐसी सम्बन्धी जो रक्त द्वारा अथवा सहपूर्वज द्वारा आपस में जुड़े होते हैं, रक्त सम्बन्धी स्वजन या नातेदार कहलाते हैं।

kin, lineal — एकरेखीय/समरेखीय नातेदार

ऐसी सभी स्वजन जो केन्द्र व्यक्ति या जातक (ईगो) से वंशानुक्रम आधार पर एक कतार में

जुड़े होते हैं, उन्हें एकरेखीय या समरेखीय नातेदार कहा जाता है। समरेखीय स्वजन एक व्यक्ति के प्रत्यक्ष पूर्वज तथा प्रत्यक्ष वंशज होते हैं, जैसे व्यक्ति के माता-पिता, दादा-दादी, परदादा-परदादी तथा उनकी सन्तानें व पोते-पोतियां अदि।

इस शब्द (लिन्‌ॲल) का प्रयोग माता-पिता से सन्तान की प्रत्यक्ष सीधी रेखा, उत्तराधिकार, अथवा वंशक्रम को इंगित करने के लिए किया जाता है। यह समवर्ती (कॉलैटरॅल) सम्बन्धियों, जैसे मातृक तथा पैतृक पूर्वजों के सहोदरों के वंश से रेखांकन करने से विपरीत नियम है।

kin, primary – प्राथमिक-स्वजन/सम्बन्धी

एक व्यक्ति से प्रत्यक्षतः नातेदारी के आधार पर जुड़े व्यक्ति प्राथमिक स्वजन/सम्बन्धी की श्रेणी में आते हैं। इस प्रकार किसी भी मूल परिवार में आठ प्रकार के प्राथमिक स्वजन हो सकते हैं : पति-पत्नी, पिता-पुत्र, पिता-पुत्री, भाई-बहिन, बहिन-बहिन, भाई-भाई, मां-पुत्र, मां-पुत्री। इनमें पति-पत्नी को छोड़ कर, जो कि विवाह-सम्बन्धी होते हैं, सभी रक्त सम्बन्धी हैं। इन आठों प्रकार के सम्बन्ध श्रंखला में गुंथे हुए लोगों को प्राथमिक-स्वजन कहा जाता है।

kin, secondary – द्वितीयक स्वजन/सम्बन्धी

प्राथमिक स्वजनों के प्राथमिक सम्बन्धी द्वितीयक स्वजनों की श्रेणी में आते हैं, जैसे व्यक्ति का साला, दादा, नाना आदि। प्रसिद्ध मानवशास्त्री **जी. पी. मर्डाक** ने अपनी शोध के आधार पर एक व्यक्ति के लगभग 33 द्वितीयक सम्बन्धियों का उल्लेख किया है।

kin, teritiary – तृतीयक स्वजन/सम्बन्धी

द्वितीयक सम्बन्धियों के प्राथमिक सम्बन्धियों की गणना तृतीयक स्वजनों की श्रेणी में की जाती है। **मर्डाक** के अनुसार एक व्यक्ति के लगभग 151 प्रकार के तृतीयक स्वजन होते हैं।

kin selection – स्वजन प्रवरण

स्वजन प्रवरण की अवधारणा का प्रयोग इस अर्थ में किया गया है कि प्राकृतिक प्रवरण की प्रक्रिया परार्थवादी व्यवहार के लिये वंशसूत्रों (जीन) का संरक्षण करती है, यदि परार्थवादी व्यक्ति अपने निकट स्वजन के लिये अपने आपको बलिदान कर देता है।

kindered – सहवंशी स्वजन

द्विपक्षीय या उभयपक्षीय वंशक्रम पर आधारित निकट के स्वजन सहवंशी स्वजन कहलाते हैं। ये वंशज माता अथवा पिता दोनों की ओर से हो सकते हैं। इसमें पिता के भाई, बहिन व उनकी संतानों के साथ-साथ माता के भाई-बहिन व उनकी संतानें भी एक व्यक्ति के सहवंशी स्वजनों की श्रेणी में आते हैं। जातक (ईगो) केन्द्रित सहवंशी एक व्यक्ति के व्यक्तिगत सहवंशी होते हैं।

सही अर्थ में, सहवंशियों का कोई नातेदारी समूह नहीं होता क्यों कि न तो इस समूह का चरित्र सामूहिकता का भाव लिये होता है और न ही इसकी स्पष्ट सीमाएं होती है।

kinsfolk kin groups – स्वजन समूह

स्वजनता की भावना द्वारा आबद्ध सामाजिक समूह को स्वजन समूह कहते हैं। ये ऐसे सामाजिक समूह होते हैं जिनकी सीमाओं और सदस्यता का निर्धारण मुख्यतः नातेदारी सम्बन्धों के आधार पर होता है, जैसा कि किसी भी समाज में उनके प्रति धारणा होती है।

kinship – नातेदारी/स्वजनता

सामाजिक रूप से मान्यता प्राप्त ऐसे सम्बन्धों को नातेदारी या स्वजनता कहा जाता है जो रक्त, विवाह अथवा दत्तकता के तथ्यों पर आधारित होते हैं। कुछ समाजों में काल्पनिक नातेदारी भी पाई गई है। काल्पनिक नातेदारी के अलग-अलग समाजों में भिन्न स्वरूप हैं। कुछेक मानवशास्त्रियों ने इसकी "जैविक तथ्यों पर आधारित सम्बन्धों की सामाजिक मान्यता के रूप में व्याख्या की है, तो अन्य ने इसे "जैविक संदर्भ में सामाजिक सम्बन्धों की अभिव्यक्ति कहा है।"

नातेदारी प्रजनन क्रिया का एक सामाजिक संगठन है। **डार्विन** के विचारों के साथ ही यह माना जाने लगा था कि नातेदारी न केवल प्रजनन क्रिया है अपितु अन्य सभी प्रकार के क्रियाकलापों के लिये प्रकार्यात्मक रूप में एक पूर्वावश्यकता है। यह भी माना गया कि राजनीतिक संगठन का उदय भी परिवार और नातेदारी संगठन से हुआ है, और आर्थिक संस्थाओं का विकास प्रजनन इकाई और नातेदारी समूहों के आर्थिक क्रियाकलापों से हुआ है। यही नहीं, आज के सामाजिक जीवन के सभी तत्वों का मुख्य आधार भी नातेदारी सम्बन्ध ही हैं।

मैथुनिक क्रियाकलाप को एक अत्यन्त ज़बरदस्त (तीव्र) प्रेरक शक्ति के रूप में माना गया है। उसी के आधार पर सहयोग, सुरक्षा और मातृत्व-पितृत्व के चिरस्थाई रिश्ते पनपते हैं और बनाये रखे जाते हैं। ये रिश्ते जीवित रहने और सफल समाजीकरण के लिये एक पूर्वावश्यकता है, अतः प्रजनन की क्रिया पर सामाजिक नियंत्रण होना आवश्यक है। "निकटाभिगमन निषेध" की प्रथा का जन्म इसी सामाजिक नियंत्रण का परिणाम है। नाभिक परिवार या प्राथमिक परिवार (एक स्त्री और एक पुरुष तथा उनके बच्चे) पारिवारिक संगठन का एक सार्वभौमिक रूप रहा है और इसके बाहर विवाह के लिये दबाव डालने के कारण दो या अधिक परिवार विस्तृत समाज में एक दूसरे से बंधते हैं और यहीं से नातेदारी के सम्बन्धों रक्त और विवाह (विवाह के सम्बन्ध मैथुन पर आधारित होते हैं) के घनिष्ठ रिश्तों की शुरुआत होती है। जीवित रहने तथा अन्य किसी भी कार्य के लिये परिवार की स्थिरता एक पूर्वावश्यकता है, अतः इसे कैसे स्थिर बनाये रखा जाये, यह समस्या अनादि काल से चली आ रही है। प्रारंभ में एक पुरुष, एक स्त्री और उनके बच्चों को एक समूह कहा जाता था, वही बाद में सामाजिक रूप में परिभाषित पति, पत्नी और उनकी सन्तान से बना समूह एक परिवार बन गया और इसे ही कई लोगों ने सामाजिक-सांस्कृतिक विकास का एक निर्णायक प्रथम चरण माना है।

ध्यान रहे, "नातेदारी" और "सहवंशी" (किन्ड्र्ड) की अवधारणाएं "वंश" और "वंश समूह"से भिन्न हैं। "नातेदारी" द्विपक्षीय होती है, जब कि एकरेखीय वंश समूह द्विपक्षीय

आधार पर जुड़े नातेदारों के तानेबाने का एक उपसमूह होता है। "वंश" या "वंश समूह" का निर्माण किसी पूर्वज व्यक्ति के आधार पर होता है।

kinship, affinal – विवाहमूलक नातेदारी/स्वजनता
पति-पत्नी के बीच आपसी तथा एक दूसरे के पक्ष के आधार पर बनने वाले सम्बन्धों को विवाहमूलक नातेदारी या स्वजनता कहते हैं। एक पुरुष का साला (पत्नी का भाई) उसका विवाहमूलक नातेदार है। इसी प्रकार एक स्त्री के पति का भाई या बहिन उस स्त्री के विवाहमूलक नातेदार हैं।

kinship, consanguineous – रक्तमूलक नातेदार/स्वजनता
माता-पिता एवं संतानों के बीच तथा सहोदरों के मध्य पाये जाने वाले सम्बन्धों को रक्त मूलक नातेदारी/स्वजनता कहते हैं। दूसरे शब्दों में, एक ही रक्त (समरक्त) से सम्बन्धित या एक ही वंश के वंशज रक्तमूलक नातेदार की श्रेणी में आते हैं।

kinship, bilateral – द्विपक्षी नातेदारी
ऐसी नातेदारी व्यवस्था जिसमें जातक (ईगो) के नातेदारी सम्बन्धों की गणना माता (मातृपक्षीय) और पिता (पितृपक्षीय) दोनों की ओर से की जाती है, द्विपक्षी नातेदारी कहलाती है। द्विपक्षी नातेदारी के आधार पर ही जातक-केन्द्रित नातेदारों की रचना होती है। "द्विपक्ष" नातेदारी का प्रयोग कभी-कभी ढीले-ढाले अर्थ में सपिन्डों/समस्त्रोतीयों के लिये भी कर लिया जाता है।

नातेदारी के इस रूप में व्यक्ति न्यूनाधिक रूप में समान रूप में अपने पिता और मां के सम्बन्धियों से जुड़ा रहता है। इस व्यवस्था में वंश-समूह नहीं होते हैं।

kinship, fictive – कल्पित नातेदारी
दो या दो से अधिक व्यक्तियों अथवा प्राणियों के बीच सम्बन्धों की पहचान की भावना अथवा धारणा को प्रगाढ़ बनाने के लिये कहीं-कहीं कल्पित सम्बन्धों का सहारा लिया जाता है। इस प्रकार कल्पित संबंधों को कल्पित नातेदारी कहा गया है।

सामान्यतः वंश निर्णय मातृक अथवा पितृक आधार पर होता है। किन्तु कतिपय समाजों में सामाजिक प्रतिष्ठा के लिये पूर्णतः काल्पनिक पूर्वजों के आधार पर वंश-वर्णन के उदाहरण भी देखने में आये हैं। कुछेक अरब समूहों में कुछ ऐसे विशेषज्ञ पाये गये हैं जो किसी व्यक्ति का सम्बन्ध किसी महत्वपूर्ण (प्रख्यात) काल्पनिक पूर्वज से स्थापित कर देते हैं। प्रसिद्ध मानवशास्त्री **क्लॅकहॉन** ने एक ऐसे मनोरंजक विज्ञापन का हवाला देते हुए बताया है कि विज्ञापक ने अमरीकी व्यक्तियों का सम्बन्ध इंग्लैण्ड के नामी वंशों से जोड़ने का आश्वासन दिया है।

kinship system – नातेदारी/बंधुता प्रणाली
जन्म (वंशक्रम) और विवाह के आधार पर निर्मित सम्बन्ध-श्रृंखला और उससे जुड़े व्यवहार प्रतिमानों को नियोजित, संचालित एवं नियंत्रित करने वाली व्यवस्था को नातेदारी अथवा

बंधुता प्रणाली कहते हैं। इस प्रणाली में व्यक्ति एक दूसरे से विवाह के आधार पर या एक सामान्य पूर्वज की संतान (वंशक्रम) होने के कारण जटिल एवं अंतर्ग्रथित बन्धनों द्वारा बंधे होते हैं। यह प्रणाली सम्बद्ध व्यक्तियों की प्रस्थिति एवं भूमिकाओं के आधार पर कर्त्तव्यों एवं अधिकारों को निर्धारित करती है। एक व्यवस्था के रूप में नातेदारी एकजुटता, विश्वास और सहयोग प्रदान करती है जो कि समूह जीवन और सामाजिक-सांस्कृतिक जीवन दोनों के लिए प्रकार्यात्मक दृष्टि से आवश्यक है।

kinship system, bilateral – द्विपक्षी या उभयवाही नातेदारी प्रणाली

नातेदारी व्यवस्था का एक रूप जिसमें एक व्यक्ति माता एवं पिता दोनों के सम्बन्धियों से समान रूप से जुड़ा होता है, द्विपक्षी नातेदारी प्रणाली के नाम से जानी जाती है। इस व्यवस्था के दर्शन हमें अमेरिका में होते हैं जहां नातेदारी प्रणाली मातृवंशीय और पितृवंशीय दोनों ही नहीं है।

kinship systems, elementary – प्रारंभिक नातेदारी प्रणालियाँ

उन नातेदारी व्यवस्थाओं को प्रारंभिक नातेदारी प्रणालियाँ कहा गया है जिनमें समाज के सभी सदस्यों को स्वजन (किन) माना जाता है और उन्हें विवाह योग्य और अ-विवाह योग्य कोटियों में विभाजित किया जाता है। इस विषय पर **क्लाड लेवी स्ट्रास** ने एक सम्पूर्ण पुस्तक "नातेदारी की प्रारंभिक संरचनाएं" लिखी है।

kinship, matrifocal – मातृकेन्द्रित नातेदारी

ऐसी नातेदारी व्यवस्था जिसमें सामाजिक सम्बन्ध और सामाजिक संरचनाएं मां अथवा सामान्यतः स्त्री के ईदगिर्द केन्द्रित रहती है। साधारणतः इस अवधारणा का प्रयोग "मातृकेन्द्रित परिवार" के संदर्भ में किया जाता है जिसका समस्त ढांचा माँ के चहुंओर बना होता है और जिसमें पिता गैरहाजिर होता है या जिसकी ऐसे घर में अपेक्षाकृत सीमित भूमिका होती है।

kinship terms/terminology – नातेदारी संज्ञाएं/शब्दावली

विभिन्न सम्बन्धों या विभिन्न श्रेणी के सम्बन्धों को ज्ञापित करने के लिए जिन शब्दों का प्रयोग किया जाता है, उन्हें नातेदारी संज्ञाएं या नातेदारी शब्दावली कहते हैं। यह शब्दावली वैवाहिक अथवा जनन सम्बन्धों पर आधारित सामाजिक सम्बन्धों का बोध कराती है। कुछ विद्वानों ने नातेदारी शब्दावली को नातेदारी व्यवस्था के समकक्ष या उसका एक प्रमुख तत्व माना है।

संसार में ऐसी कोई भी नातेदारी प्रणाली या स्वजन व्यवस्था नहीं है जिसमें प्रत्येक प्रकार के नातेदारी सम्बन्ध के लिए भिन्न प्रकार की संज्ञाओं का प्रयोग किया जाता हो। बहुधा ऐसा देखा गया है कि एक ही संज्ञा को विभिन्न प्रकार के स्वजनों के वर्गों के लिए प्रयोग किया जाता है। **एल. एच. मॉर्गन** (1871) प्रथम मानवशास्त्री थे जिन्होंने विश्व के कई समाजों (आदिम एवं आधुनिक दोनों) की नातेदारी शब्दावली का सुव्यवस्थित एवं गहन अध्ययन कर उसे *दो मोटे वर्गों यथा व्यक्तिकात्मक (विशिष्ट संज्ञा)* और *वर्गात्मक शब्दावली*

में विभाजित किया। आजकल मॉर्गन के इस विभाजन का बहुत कम प्रयोग किया जाता है। आजकल नातेदारी शब्दावली (व्यवस्था) के विश्लेषण में लिंग, पीढ़ी, समरेखीयता, समवर्तीता, तथा जोड़ने वाले व्यक्ति के लिंग आदि को भी ध्यान में रखा जाता है। इन संज्ञाओं के संगठन के पीछे क्या सांस्कृतिक तर्क रहे हैं, इस विषय ने ही सामाजिक मानवशास्त्र के क्षेत्र में नातेदारी के अध्ययन को प्रथम एवं अत्यंत महत्वपूर्ण स्थान प्रदान किया है।

kinship terms, bifurcate collateral – द्विभाजी समवर्ती नातेदारी शब्दावली
नातेदारी शब्दावली व्यवस्था का एक रूप द्विभाजी समवर्ती/ सहवाहिक कहलाता है जिसमें समवर्ती नातेदारों को समरेखीय नातेदारों और आपस में एक दूसरे से अलग किया जाता है; उदाहरणार्थ, द्विभाजी समवर्ती प्रणाली में पिता, पिता के भाई और मां के भाई के लिए अलग-अलग शब्दों (शब्दावली) का प्रयोग किया जाता है।

kinship terms, bifurcate merging – द्विभाजी विलयी नातेदारी शब्दावली
नातेदारी शब्दावली व्यवस्था का वह रूप द्विभाजी विलयी कहलाता है जिसमें माता-पिता में से किसी एक के तरफ के नातेदारों को समरेखीय नातेदारों के साथ मिला दिया जाता है; उदाहरणार्थ, पिता के भाई का विलय पिता के रूप में ही कर के दोनों के लिए एक ही शब्द (शब्दावली) का प्रयोग किया जाता है, जब कि मां के भाई को किसी अन्य नाम से पुकारा जाता है। इस व्यवस्था का सबसे सुन्दर उदाहरण **मर्डाक** ने ओमाहा और क्रो लोगों की नातेदारी शब्दावली का दिया है।

kinship terms, classificatory – वर्गात्मक नातेदारी शब्दावली
जब अनेक सम्बन्धियों को एक ही वर्ग या श्रेणी में वर्गीकृत कर उन्हें एक ही संज्ञा से सम्बोधित किया जाता है, तब इसे वर्गात्मक नातेदारी शब्दावली कहते हैं। इस व्यवस्था के अनुसार कई स्थानों पर वंशागत और समानान्तर स्वजनों को एक ही संज्ञा-समूह में रखा गया है, जैसे माता और माता की बहिन (मौसी) दोनों के लिए "माँ" या कोई अन्य शब्द का प्रयोग किया जाता है। भारत के सेमी नागाओं में "अजा" संज्ञा का प्रयोग माँ और मौसी और पिता के भाई की पत्नी (चाची/ताई) तीनों के लिए किया जाता है और इसी प्रकार "अपु" शब्द पिता, पिता के भाई और माँ की बहिन के पति (मौसा) तीनों के लिए किया जाता है। आंग्ल भाषा के "अंकल," "आन्ट", "नीज़," "कज़िन", "ग्रेंड-फादर" वर्गात्मक नातेदारी शब्दावली के अच्छे उदाहरण हैं। **मॉर्गन** ने वर्गीकृत नातेदारी शब्दावली के लिए उद्‌विकासीय चरण में समूह विवाह की प्रथा को इसका कारण माना है, किन्तु इसके कई अन्य कारण भी बताये गये हैं।

kinship terms (terminology), Crow – क्रो प्रकार की नातेदारी शब्दावली
इरोक्विस की भांति क्रो लोग नातेदारी शब्दावली का पिता की बहिन (भूआ) की लड़की के लिए उसी शब्द-संज्ञा का प्रयोग करते हैं जिसका पिता की बहिन (भूआ) के लिए प्रयोग किया जाता है। यही नहीं, इन समाजों में जातक (ईगो) अपने पिता के मातृवंशीय नातेदारी समूह के

अनेक सदस्यों के लिए एक ही शब्द-संज्ञा का प्रयोग करता है। क्रो नातेदारी शब्दावली काफी जटिल है क्यों कि इसमें भिन्न पीढ़ियों के सदस्यों के लिए भी एक ही शब्द का प्रयोग किया जाता है। इस प्रकार, इस व्यवस्था में शब्दावली की दृष्टि से एक स्त्री का भाई (मामा) और उसका लड़का (भानजा) समान होते हैं। इसी प्रकार माँ के भाई (मामा) और खुद के भाई के लिए भी एक ही शब्द-संज्ञा का प्रयोग किया जाता है और मामा की सन्तानों और अपने भाई की सन्तानों के लिए भी एक ही शब्द-संज्ञा का प्रयोग होता है।

kinship terms, denotative – विशिष्ट स्वजन सूचक शब्दावली
ऐसे स्वजन सूचक शब्द जो केवल एक स्वजन वर्ग के सम्बन्धियों को संबोधित करने के लिए किये जाते हैं, विशिष्ट स्वजन सूचक शब्दावली कहलाते हैं। यह स्वजन वर्ग लिंग, पीढ़ी, और वंशावलिक सम्बन्धों द्वारा सीमाकिंत होता है और इससे वक्ता के साथ केवल एक ही व्यक्ति के सम्बन्ध का बोध होता है; जैसे मां, पिता, सास, श्वसुर, पति, पत्नी। परन्तु कभी-कभी एक ही शब्द कई व्यक्तियों के लिए भी प्रयुक्त होता है; जैसे भाई, बहिन, पुत्र, पुत्री, जंवाई (जमाता), पुत्रवधु।

kinship terms, descriptive – व्यक्तिकात्मक नातेदारी शब्दावली
जब अलग-अलग सम्बन्धियों के सम्बोधन के लिए विशिष्ट संज्ञा का प्रयोग किया जाता है, तब इस व्यवस्था को व्यक्तिकात्मक नातेदारी शब्दावली कहते हैं। व्यक्तिकात्मक शब्दावली यथार्थ सम्बन्ध सूचक होती है और केवल उन व्यक्तियों के लिए प्रयुक्त की जाती है जिनके संदर्भ या जिनको सम्बोधन करते हुए बात की जाती है। मां (मदर) और पिता (फ़ादर) शब्द व्यक्तिकात्मक नातेदारी सूचक हैं। ये संज्ञाएं व्यक्ति के वास्तविक जनक और जननी के लिए ही प्रयोग की जाती है।

kinship terms, Dravidian – द्रविड़ प्रकार की नातेदारी शब्दावली
द्रविड़ प्रकार की नातेदारी प्रणाली में नातेदारी शब्दावली का प्रयोग इस प्रकार होता है ताकि विलिंग सहोदरजों (ममेरे-फूफेरे भाई-बहिन) एवं अन्य विपरीत लिंगी सम्बन्धियों को समानान्तर या सलिंग सहोदरजों (चचेरे-मौसेरे भाई-बहिन) एवं अन्य सलिंग सम्बन्धियों से अलग किया जा सके। बहुधा यह शब्दावली विलिंग सहोदरज विवाह और द्वि-दल प्रणाली वाली बहिर्विवाही गोत्रार्द्ध (मोइटी) व्यवस्था से जुड़ी पाई गई है। द्रविड़ प्रकार की नातेदारी प्रणाली को बहुधा ईरोक्विश वर्ग में रखा जाता है। यह प्रणाली संसार के कई भागों जैसे दोनों अमेरिकाओं और दक्षिणी प्रशान्त क्षेत्र में भी पाई गई है।

kinship terms, Iroquois – इरोक्विश प्रकार की नातेदारी शब्दावली
इरोक्विश नातेदारी व्यवस्था में समानान्तर सहोदरजों (चचेरे-मौसेरे भाई-बहिन) को विलिंग सहोदरजों (ममेरे-फूफेरे भाई-बहिन) से अन्तर किया जाता है। बहुधा इस व्यवस्था में समानान्तर सहोदरजों को वास्तविक सहोदरजों की श्रेणी में ही रखा जाता है। इरोक्विश लोगों में वर्गीकृत नातेदारी संज्ञाओं (शब्दावली) का प्रयोग किया जाता है जिसके अनुसार समानान्तर

समवर्ती सम्बन्धियों, जैसे माँ की बहिन (मौसी) और पिता के भाई (चाचा-ताऊ) के लिए उन्हीं संज्ञाओं का प्रयोग किया जाता है जो माँ और बाप के लिए की जाती है। इनके बालकों (समानान्तर सहोदरज) के लिए भी वास्तविक सहोदरजों के लिए प्रयोग की गई संज्ञाओं का ही प्रयोग किया जाता है। इसके विपरीत, विलिंग-समवर्ती सम्बन्धियों, जैसे मां के भाई (मामा) और पिता की बहिन (भूआ)के लिए विशिष्ट संज्ञाओं का प्रयोग किया जाता है। इरोक्विश लोगों में बहुधा मातृवंशीय वंश प्रणाली पाई गई है।

kinship terms, Omaha – ओमाहा प्रकार की नातेदारी शब्दावली

ओमाहा प्रकार की नातेदारी प्रणालियों में इस प्रकार की नातेदारी संज्ञाओं (शब्दावलियों) का प्रयोग किया जाता है जिसमें मां की बहिन (मौसी) को मां के साथ, पिता के भाई (चाचा, ताऊ) को पिता के साथ और समानान्तर भाई-बहिनों (चचेरे-ममेरे-फूफेरे भाई बहिन) को सहोदर भाई-बहिनों के साथ विलय कर एक ही संज्ञा का प्रयोग किया जाता है। यही नहीं, इस प्रणाली में मां की तरफ के विभिन्न पीढ़ियों का भी विलय कर दिया जाता है। उदाहरणार्थ इसमें मां के भाई (मामा) और मां के भाई के लड़के के लिए एक ही संज्ञा का प्रयोग किया जाता है। ओमाहा प्रणाली सामान्यतः पितृवंशीय वंश व्यवस्था के साथ जुड़ी पाई गई है। यह व्यवस्था इरोक्विस लोगों में पाई गई है।

kinship terms, Sudanese – सूडानी प्रकार की नातेदारी शब्दावली

उत्तरी अफ्रीका के सूडान क्षेत्र के पितृवंशीय सामाजिक संगठन वाले घुमक्कड़ पशुपालकों में एक विशेष प्रकार की नातेदारी व्यवस्था पाई गई है। सूडान के लोगों में अत्यधिक संख्या में प्राथमिक संज्ञा शब्दों का प्रयोग किया जाता है। वहां सामाजिक रूप में सर्वाधिक महत्वपूर्ण स्वजन श्रेणियों के लिए भिन्न शब्दों का प्रयोग किया जाता है।

kinship terms of address – संबोधन नातेदारी संज्ञाएं

एक व्यक्ति द्वारा अपने किसी स्वजन या सम्बन्धी को पुकारने या संबोधन के लिए जिस शब्द का प्रयोग किया जाता है, उन्हें संबोधन संज्ञाएं कहते हैं। मम्मी, पापा, डेडी, बाबा, इन्हीं संज्ञाओं के कुछ उदाहरण हैं।

kinship terms of reference – संदर्भ नातेदारी संज्ञाएं

संदर्भ संज्ञाएं वे नातेदारी संज्ञाएं हैं जिनका प्रयोग एक व्यक्ति को संदर्भित करने के लिए किया जाता है। ये संबोधन संज्ञाओं से भिन्न होती हैं जिन्हें किसी व्यक्ति को प्रत्यक्ष रूप में संबोधन के लिए प्रयोग किया जाता है। दूसरे शब्दों में, किसी सम्बन्धी के विषय में व्यक्ति से बातचीत करते हुए या उक्त सम्बन्धी के साथ अपना सम्बन्ध जताने के लिए जिस संज्ञा का प्रयोग किया जाता है, उसे संदर्भ-संज्ञा कहते हैं, जैसे चाचा, भतीजा, भतीजी आदि। किन्हीं-किन्हीं स्थितियों में संदर्भ और सम्बोधन-संज्ञा एक भी हो सकती हैं; उदाहरण के लिए "पिता" एक संदर्भ-संज्ञा हो सकती है, जब कि व्यवहार में लोग "बापू" "दादा", डेडी या ऐसे ही अन्य शब्दों का प्रयोग करें, किन्तु "चाचा" शब्द कहीं-कहीं संदर्भ और सम्बोधन दोनों के लिए ही प्रयुक्त होता है। एक नातेदारी व्यवस्था में विभिन्न प्रकार के चचेरे, मौसेरे, ममेरे,

फूफेरे भाई-बहिनों में अन्तर करने के लिए विविध संदर्भ संज्ञाएं हो सकती हैं जिनका प्रयोग ऐसे भाई-बहिनों के प्रत्यक्ष संबोधन में नहीं किया जाता है।

Kshatriyaisation – क्षत्रीयकरण

भारत के एक अग्रणी मानवशास्त्री **एस.के. श्रीवास्तव** ने नैनीताल के आसपास रहने वाली थारू जनजाति (1948-50) के अध्ययन में पाया कि यह जनजाति अपनी उत्पत्ति क्षत्रियों से बताती है और धीरे-धीरे इन लोगों में जाति चेतना उत्पन्न होती जा रही है और क्षत्रियों के रीति-रिवाजों को अपना रही है। थारूओं में परिवर्तन के इस रूप को ही श्रीवास्तव ने क्षत्रीयकरण कहा है।

kula System – कूला-व्यवस्था

उपहार-विनिमय या व्यापार की एक प्रथा "कूला" के नाम से जानी जाती है जिसके अनुसार दो प्रकार की सांस्कृतिक वस्तुएं—लाल सीप के कंठहार और सफेद सीप के कड़ों (कंगन) को एक समुदाय से दूसरे समुदाय को निरन्तर दिये और लिए जाते हैं। एक समुदाय कंठहार देता है, तो दूसरा इसके बदले में कड़े या कंगन देता है। यह लेन-देन (विनिमय) एक विशेष दिशा-क्रम में होता है जिसके कारण यह दो घेरों का रूप धारण कर लेता है। कंठहार का घेरा सदैव घड़ी के कांटे के क्रम में और कंगन का घेरा विपरीत क्रम में चलता है। यह विनिमय अन्तर-जनजातीय और अन्तर-द्वीपीय होता है। बाह्य तौर पर यह विनिमय अर्थहीन-सा प्रतीत होता है, किन्तु इस विनिमय से अन्य कई संबंद्ध बातें इस लेन-देन को अत्यधिक सार्थकता प्रदान करती हैं।

यह प्रथा उत्तर-पश्चिमी मेलेनेशिया के ट्रोब्रिएंड द्वीपवासियों में पाई गई है जिसका विस्तृत अध्ययन एवं विश्लेषण **ब्रानिस्ला मेलिनोस्की** (1922) ने किया है। कूला की यह प्रथा व्यापारिक साझेदारी और सांकेतिक विनिमय की धारणा को प्रकट करती है, अर्थात् कौन व्यक्ति किसके साथ व्यापारिक सम्बन्ध स्थापित कर सकता है। कूला-व्यापार घनिष्ठ रूप से स्थानीय सम्मान व्यवस्था से जुड़ा हुआ है। इसके साथ तथा "गिमवाली" नामक वस्तु-विनिमय की व्यापारिक प्रथा के साथ जादू और मिथकीय संबंधी अनेक प्रथाएं जुड़ी पाई गई हैं। मेलिनोस्की ने इस कूला-प्रथा द्वारा आर्थिक विनिमय और सामाजिक विनिमय के अन्तर को स्पष्ट किया है और बताया है कि प्रत्येक प्रकार के विनिमय के पीछे हमेशा आर्थिक उद्देश्य नहीं होता। कुछ विनिमय शुद्ध रूप में सामाजिक-सांस्कृतिक महत्व के होते हैं।

kulturkreis school – कुल्टरक्रीज़ सम्प्रदाय

"कुल्टरक्रीज़" जर्मन भाषा का एक शब्द है जिसका अर्थ संस्कृति या संस्कृति घेरे से है। संस्कृति का प्रसार (परिवर्तन) कैसे होता है, इस सम्बन्ध में जर्मन-ऑस्ट्रियाई विद्वानों (**ग्रेबनर, फॉय** आदि) ने जिस विचारधारा का प्रतिपादन किया, वही "कुल्टरक्रीज़ सम्प्रदाय" के नाम से जाना जाता है। इस सम्प्रदाय के विचारानुसार, भिन्न-भिन्न स्थानों से सांस्कृतिक तत्वों (लक्षणों) के चक्र अलग-अलग समय पर उठते हैं और इनका प्रसार संसार के अन्य भागों में होता रहता है। इस प्रकार पहले चक्र के किनारे पर दूसरा चक्र और दूसरे के किनारे पर तीसरा संस्कृति चक्र बनता रहता है और यह क्रम निरंतर चलता रहता है।

L

land tenure – भूधारण/भू-अधिकार

भूधारण या भू-अधिकार से तात्पर्य व्यक्तियों का भूमि के साथ सम्बन्ध से है, अर्थात् व्यक्तियों के एक दूसरे के प्रति भूमि के संदर्भ में क्या दायित्व एवं अधिकार बनते हैं, भूधारण कहलाता है। भूधारण का मसला केवल निजी और सार्वजनिक सम्पत्ति जैसे सरल अन्तर तक सीमित नहीं है, यह विषय एक अत्यन्त जटिल मसला रहा है। भूमि सम्बन्धी अधिकार में तीन प्रकार के अधिकार आते हैं : (1) उपयोग के अधिकार (2) हस्तान्तरण के अधिकार और (3) प्रशासन संबंधी अधिकार। ये अधिकार बहुधा विभिन्न प्रकार के समूहों की इकाइयों (व्यक्तियों, परिवारों, वंशों, गांवों, जिलों, राज्यों, निगमों) में बंटे होते हैं। ये समूह किसी विशिष्ट भूमि के टुकड़े के बारे में कई रूप में अपने अधिकारों को प्रकट करते हैं।

भूधारण अधिकार नातेदारी, पद, प्रस्थिति तथा समाजों के ऐसे स्वीकृत व्यवहार से घनिष्ट रूप से जुड़े होते हैं जहां भूधारण अधिकार का निर्धारण धन की अपेक्षा सामाजिक सम्बन्धों द्वारा होता है। इसमें सांकेतिक और धार्मिक तत्व भी विद्यमान हो सकते हैं, विशेषतः जहां समाधि, कब्र, पूर्वज, या पृथ्वी देवी-देवताओं का स्थान या वास होता है, अथवा जहां उत्तराधिकार का नियमन धार्मिक नियमों द्वारा होता है। ध्यान रहे, संसाधनों, सम्पति, काश्तकारी, किरायेदारी, जमींदारी, और खिताब (पदवी) सम्बन्धी यूरोपीय-अमरीकी अवधारणाएं सार्वभौमिक नहीं है और बहुधा दूसरे समाजों के भूधारण और इसके अर्थो सम्बन्धी धारणाओं को ये विकृत करती हैं।

भूधारण की अवधारणाओं का किसी भी समाज के भरण-पोषण के आधार और जनांनकिकी से गहरा सम्बन्ध होता है, उदाहरणार्थ शिकारी और पशुचारी लोग बहुधा भूधारण का अर्थ भूमि प्रयोग समझते हैं, न कि भूमि स्वामित्व। इन लोगों को विश्वव्यापी स्तर पर उन भूमि तक सीमित कर दिया गया है जो कृषि योग्य या पशुपालन योग्य नहीं है। इस स्थिति ने कई स्थानों पर "आदिवासी" लोगों द्वारा अनादिकाल से प्रयोग की जानी वाली भूमि से बेदखल करने की समस्या को उत्पन्न कर दिया है। उन क्षेत्रों में भूधारण एक प्रमुख मुद्दा बन गया है जहां अनेक प्रकार के लोग साथ-साथ रहते हैं। वहां पूर्ववर्ती निवासी और बाद के निवासियों, विजित और विजेता, मूलनिवासी और आव्रजकों के बीच भूधारण एक समस्या बन गई है। यह समस्या तब अधिक पेचीदा रूप धारण कर लेती है जब ज़मीन दुर्लभ हो जाती है।

Lamarckism – लेमार्कवाद

चार्ल्स डार्विन के पहले जीवों के उद्‌विकास की बहस में कई विचारकों, जैसे **बफून, इरास्मस डार्विन, लिन्नयस** और **लेमार्क** आदि ने भाग लिया है। **ज्यां बैप्टाइज़ लेमार्क** (1744-1829) ने इस संबंध में अपने *'अर्जित लक्षणों की विरासत'* के सिद्धान्त को प्रस्तुत किया जो लेमार्कवाद के नाम से जाना जाता है। इस सिद्धान्त के अनुसार यह माना जाता है कि व्यक्ति जिन विशेषताओं को अर्जित करता है, उन्हें अपने वंशजों को संचरित किया जा सकता है और इस प्रकार उपार्जित लक्षणों की विरासत नई जीव जातियों की उत्पत्ति में सहायक होती है।

उद्‌विकास की अपनी प्रक्रिया को स्पष्ट करते हुए लेमार्क ने लिखा है कि वंशक्रम की प्रत्येक रेखा का उद्‌विकास इस प्रकार से होता है कि उसमें अधिकाधिक परिष्कृत जीवों की उत्पत्ति होती है, फिर भी सबसे शुरुआती जीवन के रूपों (जीवों) की स्वतः प्रवर्तित पीढ़ी के द्वारा पुनरुत्पादन निरन्तर होता रहता है। लेमार्क के अनुसार, प्रारंभिक अमीबाओं द्वारा छत्रिक मछली (जेलीफिश) का उद्‌भव हुआ, इन जेलीफिश के द्वारा अन्य मछलियों का और बाद में रेंगने वाले जीवों और इसके बाद में स्तनपायी पशुओं का उद्‌विकास हुआ। किन्तु यह देखने में आया है कि अभी हाल जन्मित अमीबाओं का जेलीफिश और अन्य मछलियों में तो परिवर्तन हुआ है, किन्तु वे अभी तक रेंगने वाले जीवों और स्तनपायी पशुओं में नहीं बदले हैं। इस बारे में लेमार्क ने कहा कि जीवों के अंग में सुधार अथवा विनाश इस बात पर निर्भर करता है कि उनका प्रयोग उनकी पूर्ण क्षमता के अनुरूप किया गया है अथवा नहीं। इसे ही लेमार्क के "प्रयोग-अप्रयोग" के सिद्धान्त के रूप में जाना जाता है।

यदि प्राणियों का एक दूसरे से उद्‌भव होता है, तब उद्‌विकासीय परिवर्तन कैसे होता है? इस प्रश्न का उत्तर देते हुए लेमार्क ने कहा कि वे प्राणी जो अपने जीवन-काल में ऐसी विशिष्टताएं हासिल कर लेते हैं जो उत्तरजीविता में सहायक सिद्ध हुई हों, उन्हें आने वाली पीढ़ी में प्रजनन के द्वारा संचरित किया जा सकता है, परिणामतः आने वाली पीढ़ी की शारीरिक बनावट में अन्तर आ जाता है। उन्होंने इस संदर्भ में जिराफ की लम्बी गर्दन के उदाहरण द्वारा अपने विचार की पुष्टि की है। उन्होंने बताया की ऊँचे पेड़ों की पत्तियों के खाने के प्रयासों में कई पीढ़ियों में जाकर जिराफ की गर्दन लम्बी हो गई।

लेमार्क के 'अर्जित गुणों के हस्तान्तरण' के सिद्धान्त को आजकल त्याग दिया गया है क्यों कि बाद के जीवशास्त्रियों ने जो साक्ष्य एकत्रित किये हैं, उनसे लेमार्क के सिद्धान्त की पुष्टि नहीं होती।

language – भाषा

एडवर्ड सपिर के अनुसार, "भाषा शुद्ध रूप में एक मानवीय और अ-मूलप्रवृत्तिक विधि है जिसके द्वारा मानव प्राणी अपने विचारों, मनोभावनाओं और इच्छाओं को स्वतः उत्पन्न संकेतों की एक व्यवस्था के माध्यम से सम्प्रेषित करते हैं।"

यह मानव जाति की एक अनूठी विशेषता है, यद्यपि कुछ मानवसम प्रजातियों जैसे चिम्पांजियों ने भाषा अर्जन में अत्यधिक प्रगति प्रदर्शित की है जिनके बारे में अनेक भाषाशास्त्री सशंकित थे। सामान्यतः भाषा में मौखिक माध्यम का ही मुख्यतः प्रयोग किया

जाता है, किन्तु इसे "लेखन प्रणालियों" में भी बदला जा सकता है। यही नहीं, इसमें चाक्षुष (चक्षु आधारित) माध्यम के अन्य उपयोग भी संभव है, जैसा कि हम "बधिर प्रतीक भाषाओं"में देखते हैं जो बहरे लोगों के लिए प्रयोग की जाती है। यह "बधिर प्रतीक भाषा" मौखिक भाषा के सभी कार्यों को कुशलता पूर्वक सम्पादित करती है। "भाषा"शब्द का प्रयोग लाक्षणिक रूप में अन्य सम्प्रेषण प्रणालियों के लिए भी किया जाता है, जैसे "संगीत की भाषा" अथवा "इशारे की भाषा"।

मानवीय भाषा को बाहरी प्रेरक के आधार पर अर्जन करना पड़ता है, अर्थात् भाषा जन्मजात नहीं होती जैसा कि हम अन्य प्राणी जातियों में देखते हैं। प्राणियों में सम्प्रेषण प्रणाली जननिक रूप में हस्तान्तरित की जाती है, उदाहरणार्थ मधुमक्खियों का गुंजन-नृत्य। बाहरी प्रेरक के अभाव में मानव बालक किसी भी भाषा को अर्जित नहीं कर सकता है जैसा कि "वन्य बालकों" में पाया गया है। मानवीय भाषा के अर्जन के लिए भाषा के प्रति अन्तर्जात प्रवृति और बालक के परिवेश में बोली जाने वाली भाषा के प्रेरक के बीच अन्तर्क्रिया होना आवश्यक है। बालक वही भाषा अर्जित कर लेता है जो उसके आसपास बोली जाती है चाहे उसके जैविक माता-पिता की भाषा वह रही हो या न रही हो।

मानवीय भाषा के स्वरूप और अर्थ का सम्बन्ध "रूढ़िगत" है, यद्यपि **फर्डिनन्ड डी सासुरे** ने इसे "स्वेच्छाचारी" (आबिट्रॅरि) कहा है ; अर्थात् किसी भाषाई चिन्ह या रूपग्राम के स्वरूप और इसके अर्थ के बीच कोई आवश्यक सम्बन्ध नहीं होता। अत: यही कारण है कि एक ही संबोध जिसे अंग्रेजी में "बर्ड" कहा जाता है, उसे हिन्दी में "चिड़िया", फ्रैंच में "ओसिऊ", रूसी भाषा में "पटिका" और जापानी भाषा में "टोरी" कहा जाता है।

मानवीय भाषा की एक महत्वपूर्ण विशेषता यह है कि भाषाई अभिव्यक्तियां किसी विशिष्ट प्रेरक से प्रत्यक्ष रूप में जुड़ी नहीं होती हैं। यह विशेषता मानवीय भाषा को अधिकांश पशु सम्प्रेषण व्यवस्थाओं से अलग करती है। उदाहरणार्थ, मधुमक्खियां केवल तभी नृत्य करती हैं जब प्रेरक के रूप में उन्होंने कोई समुचित भोजन के स्त्रोत की खोज कर ली हो और इसकी सूचना अपने छत्ते की अन्य सदस्यों को देना चाहती हैं। इसी प्रकार, चिड़ियाएं संभावित खतरे को भांप कर ही खतरे की आवाजें (चहचहाना) करने लगती हैं। मानवीय भाषा का प्रयोग उन विषयों पर चर्चा करने के लिए भी किया जाता है जिनका आसपास के परिवेश से कोई तात्कालिक सम्बन्ध नहीं होता। यही नहीं, इसका प्रयोग कल्पनात्मक विषयों पर चर्चा के लिए भी किया जाता है, जैसे यदि ऐसा हो जाए तो फिर क्या होगा। ऐसी कल्पनात्मक स्थितियां ही वैज्ञानिक विमर्श या खोजबीन का मुख्य आधार रही हैं।

भाषा का वैज्ञानिक अध्ययन भाषाविज्ञान या भाषाशास्त्र कहलाता है। इसके अनेक उपभाग हैं जो भाषा के विभिन्न पक्षों का अध्ययन करते हैं, जैसे ध्वनिशास्त्र, रूपविधान, वाक्य-विन्यास, अर्थविज्ञान, व्यावहारिकता। भाषा और समाज के सम्बन्धों का अध्ययन "सामाजिक-भाषाशास्त्र" तथा भाषा और संज्ञान का अध्ययन "मनोभाषाशास्त्र" में किया जाता है। एक लम्बी अवधि में भाषा में किस प्रकार परिवर्तन होते हैं, इस विषय को लेकर किये गये भाषाई अध्ययन "ऐतिहासिक भाषाविज्ञान" के क्षेत्र में आते हैं।

langue and parole – भाषा और प्रतिश्रुति

भाषा और प्रतिश्रुति में अन्तर है, यद्यपि सामान्य रूप में इन्हें एक ही समझने की भूल की जाती है। यह अन्तर सर्वप्रथम बीसवीं शताब्दी के प्रारंभिक वर्षों में फ्रांसीसी भाषाशास्त्री **फर्डिनन्ड डी सासुरे** (1959) ने प्रदर्शित किया है। सास्युर (सासुरे) के अनुसार, भाषा संरचनायुक्त किन्तु एक अचेतन व्यवस्था है जिसका अस्तित्व व्यक्तिगत वक्ता से स्वतंत्र होता है, जब कि प्रतिश्रुति वाणी (बोली) की दृश्यगत भाषा है।

La Tene Epoch (SUSANTRA) – लातेन युग

यूरोप के सन् 500 ई. पू. से प्रथम ईसवी तक के लोह युग अथवा उससे सम्बन्धित कालावधि को लातेन युग कहा गया है।

law – विधि/कानून

समाज में व्यक्ति के व्यवहार निर्देशन हेतु बनाये गये औपचारिक नियम अथवा अधिनियम जिनका पालन करना उस समाज के सदस्यों के लिए आवश्यक माना जाता है, को कानून या विधि कहते हैं। उक्त समाज प्राकृतिक भी हो सकता है अथवा राजनीतिक प्रशासनिक भी। पहले प्रकार के समाजों में विधि सामान्यतः धर्म पर आधारित होती है और इसे दैवीय अनुज्ञा प्राप्त होती है। दूसरे प्रकार के समाजों में कोई निर्धारित संगठन, परिषद् अथवा संसद विधि का निर्माण करती है। इस कार्य में समाज की प्रचलित रीतियों को ही विधि/कानून का रूप दे दिया जाता है अथवा समाज सुधार के उद्देश्य से भी नये प्रकार के समाजों में कुछ सामान्य विशेषक (लक्षण) होते हैं, जैसे विधि के पालन पर ज़ोर देना, नियमों को मनवाने के लिए व्यवस्था एवं दंड विधान तथा वैधानिक नियमों का अर्थ और आशय बताने और उसको व्यवहार में लाने के लिए निर्धारित न्यायिक पद्धति, आदि।

अतः कानून या विधि की व्याख्या प्राकृतिक और राजनीतिक दो संदर्भों में की जाती है। प्राकृतिक परिप्रेक्ष्य के अनुसार, विश्वसनीय क्रम एवं व्यवस्था से सम्बन्धित कारणात्मक प्रकृति के किसी आनुमानिक कथन को नियम या कानून कहते हैं। इस दृष्टि से प्रकृति के सभी वास्तविक नियम प्रकृति में घटनाओं के घटित होने के तरीकों के सम्बन्ध में किए गए प्रेक्षण के आधार पर निर्मित कथन हैं। राजनीतिक परिप्रेक्ष्य में, व्यवहार सम्बन्धी नियमों के उस समूह को कानून या विधि कहते हैं जिन्हें एक राज्य या समाज अपने सदस्यों या नागरिकों के लिए बाध्यकारी मानते हैं। उन्नीसवीं सदी के विद्वान सामाजिक विकास के सिद्धान्तकारों ने कानून के स्वरूप को सभ्यता का एक मापदंड माना है। उदाहरणार्थ, **सर हेनरी मेन** (1886) ने इस सिद्धान्त की रचना की है कि नातेदारी आधारित कबीलों/समाजों से क्षेत्रीय आधार पर बने समाजों में बदलाव ने कानून में भी समानांतर परिवर्तन किया है और प्रस्थिति आधारित समाज धीरे-धीरे समझौते आधारित समाजों में बदलते गए हैं। यही बात प्रसिद्ध समाजशास्त्री **दुर्खाइम** ने थोड़े भिन्न रूप में कही है। उनके अनुसार, आदिवासी समाज "यांत्रिक एकता" द्वारा बंधे होते हैं। ऐसे समाजों में एकजुटता को बनाये रखने के लिए दमनात्मक और दण्डात्मक नियम (कानून) होते हैं। इसके विपरीत, आधुनिक जटिल समाज "सावयविक

एकता" की भावना पर आधारित होते हैं। इन समाजों के कानून की प्रकृति पुनर्स्थापन और क्षतिपूर्ति (रेस्टिटयूशॅन) की होती है जिनके कार्यान्वयन के लिए विशिष्ट संस्थाओं जैसे न्यायालय, प्राधिकरण के साथ-साथ विशिष्ट अधिकारीगण, जैसे पुलिस, न्यायाधीश आदि की व्यवस्था होती है।

यद्यपि कालान्तर में इन सिद्धान्तों को आनुभविक तथ्यों के आधार पर अस्वीकार कर दिया गया, फिर भी सभ्यता के स्वरूपों के साथ कानून के रूपों को जोड़ने की इस प्रवृति में मानवशास्त्र में बाद में कई अन्य बहसों, जैसे कानून को कैसे परिभाषित किया जाए और क्या सभी समाजों में कानून हैं या रहे हैं, को प्रोत्साहित किया है।

कानून की परिभाषा के सम्बन्ध में बीसवीं सदी के प्रारंभिक वर्षों में दो सम्प्रदायों का जन्म हुआ। एक सम्प्रदाय ने कानून को संस्थाओं के संदर्भ में परिभाषित किया है जिसके अनुसार अनुशास्तियों के माध्यम से कानूनों को लागू किये जाने के लिए सामाजिक-अधिकारिक कार्य प्रणाली का होना आवश्यक माना जाता है। इस परिप्रेक्ष्य के प्रणेता **रेडक्लिफ ब्राउन** रहे हैं। **ब्राउन** ने (1933) "राजनीतिक आधार पर संगठित समाज के व्यवस्थित ढंग से बल प्रयोग द्वारा सामाजिक नियंत्रण" स्थापित करने को कानून कहा है। इस परिभाषा के अनुसार, सभी समाजों में प्रथाएं एवं अनुशास्तियां होती हैं, किन्तु सभी समाजों में कानून हों, यह आवश्यक नहीं है। **ई. ए. हॉबल** (1954) ने कानून की परिभाषा अधिक व्यापक ढंग से की है, किन्तु उनकी परिभाषा में भी संस्थात्मकता का अर्थ निहित है। उनके अनुसार, "सामाजिक रूप में अधिकृत अभिकर्ता द्वारा शारीरिक बल का वैध प्रयोग" कानून कहलाता है। कानून के इस संस्थागत परिप्रेक्ष्य के आलोचनाकारों ने कहा है कि यह दृष्टिकोण पश्चिमी धारणाओं पर आधारित है।

कानून की परिभाषा के दूसरे सम्प्रदाय का नेतृत्व **मेलिनोस्की** (1926) ने किया है। उन्होंने कानून को प्रकार्यात्मक परिप्रेक्ष्य में परिभाषित किया है। मेलिनास्की ने ऐसी कई सामाजिक प्रक्रियाएं बताई हैं जो दबाव और प्रलोभन के द्वारा समाज में व्यवस्था और अनुरूपता उत्पन्न करती हैं। उनके अनुसार, पारस्परिकता का भाव सामाजिक नियंत्रण को बनाये रखने में महत्वपूर्ण भूमिका अदा करता है। यह सामाजिक नियंत्रण का एक आधारभूत साधन है। इस परिभाषा के अनुसार सभी समाजों में कानून हैं। **रेडफील्ड** (1964). और **एस. मूर** (1970) ने इस परिभाषा की आलोचना करते हुए कहा कि कानून को मात्र सामाजिक नियंत्रण के रूप में परिभाषित करना अत्यन्त व्यापक है। इसमें गपशप, बहिष्कार और गन्दे नामों से पुकारना या व्यंगबाणों का प्रयोग जैसी जनप्रथाएं भी सम्मिलित हो जाती हैं, जिन्हें कानूनसम नहीं कहा जा सकता।

law, customary – प्रथानुगत कानून

जनरीतियों और पूर्ण विकसित आधुनिक कानून के बीच की स्थिति को प्रथानुगत कानून कहते हैं। आधुनिक कानूनों का विकास इन्हीं से हुआ है। ऐसे कानूनों की रक्षा के लिए कोई पुलिस, विधान सभा या न्यायालय नहीं होते हैं। ये कानून उन समाजों की विशेषता हैं जिनमें

राजनीतिक व्यवस्था का आधुनिक विकसित एवं विशेषीकृत रूप नहीं पाया जाता है। ऐसे समाजों में न्याय का ढांचा अधिक सरकारी नहीं होता और व्यक्तियों के विशिष्ट समूह (भारतीय संदर्भ में पंच) को न्यायाधीशों के अधिकार प्राप्त होते हैं। उदाहरणार्थ, अफ्रीका के होटनटोट आदिम समाज में न कोई पुलिस की व्यवस्था है और न ही कानूनों की निर्मात्री संस्था विधान सभा वहां पाई गई है, किन्तु फिर भी उनमें कानून का व्यवस्थित रूप देखने को मिला है। इस समाज में बुजुर्ग लोगों की एक समिति होती है जो हत्या, बलात्कार तथा निकटाभिगमन जैसे मामलों पर विचार करती है और अपराध का निर्णय कर अपराधी को दंड देती है। **के.डेविस** ने लिखा है कि यद्यपि होटनटोट लोगों में कोई कानूनी समिति या संविधान नहीं होता है, फिर भी वहां का प्रत्येक व्यक्ति एक सिपाही की भांति अपराध और अपराधी के प्रति जागरुक होता है।

law, primitive – आदिम कानून/विधि

कानून/विधि का वह रूप जो सरल एवं निरक्षर जनजातीय समुदायों में पाया गया है, आदिम कानून/विधि के नाम से जाना जाता है। ऐसे समाजों में आधुनिक समाजों की भांति व्यवहार के नियमों की औपचारिक रूप में रचना नहीं की जाती अपितु उनका रूप प्रथाओं और जनरीतियों का होता है और उन्हें दैवीय माना जाता है। इस व्यवस्था में न्यायिक व्यवस्था या तो होती ही नहीं है अथवा होती है तो केवल अपने प्राथमिक तदर्थ रूप में होती है। ऐसे सरल समाजों में व्यक्ति नियमों का पालन दैवी भय से करते हैं और उसे भंग करने पर स्वयं को दंडित करने के उत्तरदायी माने जाते हैं।

law, private – वैयक्तिक कानून

वैयक्तिक मामलों को निर्देशित करने करने वाली विधि व्यवस्था को वैयक्तिक कानून कहते हैं जो व्यक्तिगत सम्पत्ति, सम्बन्धों तथा लोगों पर लागू होती है, इसके अर्न्तगत लोक विधि वाले मामले नहीं आते हैं।

law, repressive – दमनकारी कानून

एमिल दुर्खाइम ने दो प्रकार की समाज-व्यवस्थाओं—यांत्रिक समाज और सावयविक समाज के आधार पर दो प्रकार के कानूनों यथा दमनकारी और प्रतिकारी (क्षतिपूर्ति) कानून की चर्चा की है। उन्होंने यांत्रिक समाजों के साथ दमनकारी कानूनों को जोड़ा है। दमनकारी कानूनों का उद्देश्य सामूहिक चेतना के विरुद्ध समझे जाने वाले कार्यों को रोकना है। ऐसे कानून अपराध द्वारा की गई क्षति की पूर्ति के लिए नहीं होते, अपितु इनका निर्माण तो समाज में नैतिक संतुलन बनाए रखने तथा अपराधी को पुनः अपराध करने से रोकने और उन्हें भयभीत करने के लिए होते हैं। संक्षेप में, इस प्रकार के कानून व्यक्तिगत इच्छाओं पर अंकुश का कार्य करते हैं।

law, restitutive – प्रतिकारी (क्षतिपूर्ति) कानून

दुर्खाइम की योजनानुसार प्रतिकारी कानून आधुनिक समाजों की विशेषता है, जिन्हें वे

"सावयविक समाज"की श्रेणी में रखते हैं। इस प्रकार के कानून का उद्देश्य व्यक्तिगत इच्छाओं का दमन करना नहीं है, अपितु अपराधी द्वारा की गई अपराधी क्रिया के कारण उत्पन्न क्षति की भरपाई करना है। आधुनिक समाजों में अपराध को समस्त समाज के विरुद्ध कार्य या सामूहिक इच्छा का उल्लंघन न मान कर किसी व्यक्ति विशेष के विरुद्ध किया गया कार्य माना जाता है। अतः अपराधी से क्षतिपूर्ति की आशा की जाती है ताकि सामूहिक इच्छा की पुनर्प्रतिष्ठा की जा सके।

legend – दंतकथा

प्राचीन परंपरा से प्राप्त हुई तथा अतीत से चली आ रही कथा को दंतकथा कहा जाता है। सामान्यतः ऐसी कथा ऐतिहासिक होती है जिसे पूर्णरूप में प्रमाणित किया जा सकता है।

leopard-skin chief – चीताई खाल का मुखिया

सूडान के नूअर लोगों में वह व्यक्ति "चीताई खाल का मुखिया" कहलाता है जिसकी सत्ता राजनीतिक के साथ-साथ धार्मिक भी होती है, तथा जिसके पास विवादों में मध्यस्थता करने की सत्ता होती है अन्यथा ऐसे विवाद खूनी झगड़ों को जन्म दे सकते हैं। "चीताई खाल का मुखिया" ही "चिताई खाल का पुजारी" के नाम से भी जाना जाता है। यह व्यक्ति अपने पद की प्रतिष्ठा के रूप में चीते की खाल को पहनता है। इसकी भूमिका के बारे में विवाद है क्योंकि इसके "नेता" के पद के बारे में थोड़ी असंगति विद्यमान है।

Levalloisian culture – लवाल्वाई संस्कृति

लवाल्वाई संस्कृति एक सांस्कृतिक परम्परा है जिसमें उत्तर ऐश्यूली तथा पूर्व मोस्तारी संस्कृति का मिश्रण होता है तथा जिसकी विशेषता चपटे चकमक अश्मपिंड से शल्कों को उतार कर प्रस्तर उपकरण निर्माण करने की प्रविधि है।

levirate – पतिभ्राता विवाह (लीविरिट)

विवाह का एक नियम जो एक व्यक्ति को मृतक भाई की पत्नी के साथ विवाह करने का अधिकार या स्वीकृति देता है, पतिभ्राता विवाह कहलाता है। बहुधा इस प्रकार के विवाह को पितृवंशीय व्यवस्थाओं में मृतक की वंश रेखा को चलाये रखने का एक तरीका माना जाता है जब मृतक के कोई सन्तान न हो। ऐसे विवाह से उत्पन्न सन्तान सामाजिक रूप में मृतक भाई की मानी जाती है, न कि "जनक" पिता की।

विभिन्न समाजों में इस प्रथा के भिन्न रूप और इसके साथ जुड़े दायित्वों में भिन्नता देखी गई है। यदि विधवा मृतक पति के बड़े भाई के साथ विवाह करती है तो यह "ज्येष्ठ पतिभ्राता विवाह" कहलाता है। इसके विपरीत, विधवा द्वारा पति के छोटे भाई के साथ किया गया विवाह "देवर-भाभी" विवाह कहलाता है। भारतीय संदर्भ में इस प्रकार के विवाह को "नियोग" कहा गया है।

life cycle – जीवन-चक्र

जीवन-चक्र से तात्पर्य उन अवस्थाओं (चरणों) और भूमिकाओं की समय-सारणी से है जिनके रास्ते से एक व्यक्ति को अपने सामान्य मानवीय जीवन में गुजरना पड़ता है। यह मानवीय विकास और परिवर्तन को नियमित करने का सांस्कृतिक तरीका है। जैवकीय जीवन-चक्र में नई अवस्था (चरण) की शुरुआत का आभास व्यक्तिगत सावयव में होने वाले परिवर्तनों से होता है। शरीर में परिवर्तन अगली अवस्था (चरण) में अग्रसर होने की एक कसौटी है, किन्तु मुख्य मापदण्ड तो कर्त्ता द्वारा समाज रूपी रंगमंच पर अभिनीत किये जाने वाले नाटक में कर्त्ता द्वारा नवीन भूमिकाओं के सम्पादित किये जाने की तैयारी है। उदाहरणार्थ, कई समाजों में मात्र यौनिक (काम भावना) रूप में परिपक्वता के आधार पर एक व्यक्ति को विवाह के लिए योग्य नहीं माना जाता जब तक की वह घर-परिवार को चलाने की क्षमता का प्रदर्शन नहीं कर देता है। सांस्कृतिक योजनाएं ही, वास्तव में, एक व्यक्ति को "सामाजिक अभिनेता" बनाती है। अतः मानव के जैवकीय जीवन चक्र और सांस्कृतिक जीवन में अन्तर होता है। सांस्कृतिक समय सारणियाँ भूमिकाओं के क्रम और प्रगति की दरों को स्वाभाविक और वांछित बना कर सामाजिक कार्यकलापों को अधिक सुविधाजनक बना देती हैं। ये समय-सारिणियां व्यक्तियों के रूप में हमारे व्यवहार पर अंकुश लगाती हैं, किन्तु साथ ही ये संसाधन का भी काम करती हैं। जीवन-चक्र की सम्पूर्णता की परिभाषा के बारे में इन सांस्कृतिक समय-साणियों में अन्तर होता है। कई समाजों में इसे परिवर्तन की मात्र छोटी-मोटी वक्र रेखा मानते हैं, तो कहीं पर इसे पूर्णचक्र के रूप में स्वीकार किया गया है। कुछ ऐसे भी समाज हैं जो वर्तमान जीवन को जन्म-पुनर्जन्म के निरन्तर क्रम का मात्र एक पड़ाव मानते हैं। समय-सारणियों में जीवन की परिभाषा के बारे में भेद होता है। अधिकांश समय-सारणियों में एक सामाजिक सत्ता के रूप में एक अवस्था की शुरुआत को जन्म के कुछ पहले से लेकर मृत्यु तक माना जाता है जैसा कि "पालने से लेकर कब्र तक" (क्रेडल टू ग्रेव) के अंग्रेजी के मुहावरे से प्रकट होता है।

मानवशास्त्रियों ने आदिवासियों के सांस्कृतिक जीवन का अध्ययन करते समय जीवन-चक्र की समय-सारणियों का भरपूर प्रयोग किया है। नृतत्वशास्त्रीय लेखनों में स्त्री और पुरुषों, अभिजनों और सामान्यजनों के जीवन-चक्र की समय-सारणियों का लम्बा खाका खींचा गया है जिसके द्वारा मानवीय घटनाओं के समयक्रम का पता चलता है। इस सम्बन्ध में **अर्नोल्ड वॉन गैन्नप** की "द राइट्स ऑफ पैसिज" (1960), **विक्टर टर्नर** की "द रिचुअल प्रोसेस"(1969) पुस्तकें विशेष उल्लेखनीय हैं। सन् 1970 से "जीवन पथ के संस्कारों" के अध्ययनों को संकुचित करार करते हुए इस उपागम को त्याग दिया गया और इसके स्थान पर "जीवन प्रक्रिया अध्ययनों"को प्रोत्साहित किया गया। इस प्रकार के अध्ययनों में सामाजिक और चिकित्सा विज्ञान के विद्वानों ने मिल कर काम किया है। अध्ययन का यह उपागम यह मानता है कि मानव विकास, वृद्धावस्था और स्वास्थ्य अस्थाई एवं अनिश्चित घटनाएं हैं जिनकी व्याख्या क्रमवार स्तरों की किसी एक रेखा के आधार पर नहीं की जा सकती है। बीसवीं शताब्दी के अन्त में मानवशास्त्रियों ने मानवीय व्यक्तिवृत के एक रेखिक विकास के उपागम को त्याग दिया है।

life history – **जीवन इतिहास**

एक अकेले व्यक्ति के जीवनवृतीय (जीवनचरित) अध्ययन को जीवन इतिहास कहते हैं। समाजशास्त्रीय क्षेत्र में प्रयोग की जाने वाली "वैयक्तिक अध्ययन विधि" में जीवन इतिहास का प्रयोग किसी व्यक्ति विशेष के बारे में तथ्यों को जुटाने के लिए किया जाता है। मानवशास्त्र के क्षेत्र में इसका प्रयोग बहुत कम हुआ है। **एडवर्ड सपिर** (1938) ने इसके प्रयोग के बारे में टिप्पणी करते हुए लिखा है कि "मानवशास्त्री जिसे संस्कृति कहते हैं वे बहुधा उन व्यक्तियों के अनुभवों के प्रति न्याय नहीं कर पाते जो वास्तव में सांस्कृतिक जीवन जीते हैं।" इस कथन से स्पष्ट है कि मानवशास्त्री जब किसी संस्कृति का अध्ययन करते हैं, तब वे उस संस्कृति में रहने वाले व्यक्तियों के जीवंत अनुभवों को पर्याप्त महत्व दिये बिना ही उन व्यक्तियों की संस्कृति का खाका खींच देते हैं। अतः मानवशास्त्रियों को संस्कृति का अध्ययन करते समय व्यक्तियों के जीवन-इतिहासों का भी अध्ययन करना चाहिये। जीवन इतिहास वास्तविक व्यक्तियों को संस्कृति के साथ जोड़ने का एक तरीका उपलब्ध करवाता है। इसके द्वारा व्यक्तियों के जीवन के अंतस्थल में पहुंच कर संस्कृति की जड़ों तक पहुंचा जा सकता है। जीवन चरित और आत्मकथाएं सामग्री के ऐसे स्त्रोत हैं जिनके माध्यम से व्यक्ति के अत्यंत गहन एवं प्रत्यक्ष अनुभवों को उनके स्वयं के दृष्टिकोण से जाना जा सकता है।

liminality – **मध्यवर्ती स्थिति**

"लिमिनॅलिटि" की अवधारणा लेटिन शब्द "लाइमेन" से बनी है। लाइमेन का अर्थ देहरी या सीमा से हैं। अत: "लिमिनलिटि" हर प्रकार की अन्तरालीयता, मध्यवर्ती या बीच के भाव को प्रकट करने वाली एक अवधारणा है। इस अवधारणा का मानवशास्त्रीय साहित्य में सर्व प्रथम प्रयोग डच नृतत्वशास्त्री **आर्नोल्ड वॉन गैन्नप** (1960) ने जीवन-पथ के संस्कारों के अपने विश्लेषण में किया और बाद में **विक्टर टर्नर** ने इसे अपने अध्ययनों में आगे विकसित किया। इस अवधारणा का प्रयोग **मैक्स ग्लकमैन, मेरी डगलस और एडमंड लीच** ने भी बाद में कई भिन्न अर्थ और संदर्भ में किया है। मानवशास्त्र में सीमान्तता, परावर्तकता, विद्रोह, निर्वासन, उपाश्रितता, प्रदूषण, सनकपन और विचलन जैसी घटनाओं की व्याख्या के लिए "लिमिनॅलिटि" की अवधारणा का प्रयोग किया गया है। **वॉन गैन्नप** ने अपनी शोध के आधार पर यह प्रस्थापित किया कि जीवन-पथ के संस्कारों संबंधी अनुष्ठानों में एक विश्वव्यापी प्रतिमान देखा जा सकता है जिसमें एक प्रस्थिति से की गई शुरुआत दूसरी स्थिति में आगे बढ़ती जाती है। यह प्रवृति असंबद्ध और आकस्मिक नहीं होती, किन्तु इसमें लिमिनलिटि की मध्यवर्ती स्थिति की आवश्यकता अवश्य होती है। गैन्नप के अनुसार, सभी स्थानों पर जीवन-पथ के संस्कार तीन स्थितियों से गुजरते हैं। ये तीन स्थितियां—पृथक्करण, मध्यवर्ती (लिमिनलिटि) और सम्मिलन की अवस्थाएं होती हैं।

इस अवधारणा का सर्वाधिक प्रयोग **विक्टर टर्नर** (1969, 1974) ने अपनी शोध में किया है। उन्होंने कहा कि मध्यवर्ती (लिमिनल) अवस्था आनुष्ठानिक रूपान्तरणों में मात्र एक धुंधला क्षण नहीं है, अपितु यह विशिष्ट एवं खतरनाक शक्ति की एक अवधि होती है जिसे

सामाजिक व्यवस्था की रक्षा करने के लिए नियंत्रित और व्यवस्थित किया जाना आवश्यक है। किन्तु इस प्रकार के क्षण आनुष्ठानिक प्रक्रिया को पूरा करने और स्वयं संस्कृति को पुनः अनुप्राणित करने दोनों के लिए आवश्यक होते हैं।

मेरी डगलस (1966) और **एडमंड लीच** (1976) जैसे संरचनावादी मानवशास्त्रियों ने भी इस अवधारणा का प्रयोग अपनी-अपनी शोध में किया है। उन्होंने लिमिनलिटि को विरोधी संरचनात्मक पदों के बीच का मध्यवर्ती तत्व माना है जिसे डगलस ने "संदर्भ के बाहर की विषयवस्तु" कहा है। टर्नर की भांति इन सिद्धान्तकारों ने भी लिमिनलिटि को खतरनाक शक्ति का एक स्त्रोत माना है और उन तरीकों का विश्लेषण किया है जिनके द्वारा विभिन्न संस्कृतियां मध्यवर्ती (लिमिनल) स्थितियों को परिभाषित, नियंत्रित अथवा बर्दाश्त करती हैं।

lineage – वंश/कुल

एक ऐसे रक्तमूलक एकपक्षीय वंश समूह को कुल या वंश कहते हैं, जिसके सदस्य किसी ज्ञात पूर्वज अथवा पूर्वजा से अपने पीढ़ीगत सम्बन्धों की खोज करते हैं। कुल/वंश का अधिष्ठाता पूर्वज या पूर्वजा कोई काल्पनिक या मिथकीय अथवा पौराणिक पात्र न होकर पांच या छः पीढ़ी पहले का कोई वास्तविक व्यक्ति होता है। कुल की सदस्यता पूर्णतः रक्त संबंधों पर आधारित होती है।

little community – लघु समुदाय

एक ऐसा समुदाय जो आकार की दृष्टि से छोटा किन्तु सामाजिक जीवन की दृष्टि से विशिष्टता, समरूपता एवं आत्मनिर्भरता की विशेषताएं लिए होता है, लघु समुदाय कहलाता है। इस अवधारण के रचनाकार **रॉबर्ट रेडफील्ड** रहे हैं जिन्होंने कृषक समुदायों के अपने अध्ययन के आधार पर इस अवधारणा को विकसित किया है। रेडफील्ड के अनुसार, विशिष्टता लघु समुदाय का आधार है और यह समान संस्कृति और सामूहिक चेतना में अभिव्यक्त होती है। यह चेतना ही अपने-पराये के बीच में भेद कर अपनों को एक सूत्र में पिरोती है। इसके सदस्यों की भाषा, वेशभूषा, खान-पान, जीवन-शैली और विश्वदृष्टि आदि सभी कुछ में एक प्रकार की सादृश्यता और समानता होती है।

little tradition = tradition, little

lobolo – लॉबोलो

"लॉबोलो" वधु-मूल्य की एक प्रथा है जो विशेषतः आस्ट्रेलिया के आदिवासियों (जैसे बांटू जनजाति) में पाई गई है। इस प्रथा के अनुसार वर पक्ष की ओर से वधु पक्ष को उपहार-विनिमय के रूप में मवेशी, बकरियां, वस्तुएं, कम्बल आदि शुल्क के रूप में भेंट किये जाते हैं। सामान्यतः एक स्त्री को "लॉबोलो" में प्राप्त वस्तुएं उसके भाई के लिए पत्नी प्राप्त करने हेतु काम में आती हैं। अतः एक ओर जहां एक स्त्री के विवाह पर उसके पति से "लॉबोलो" मिलती है, वहां दूसरी ओर उसे अपने भाई के लिए पत्नी प्राप्त करने के लिए "लॉबोलो" देनी पड़ती है। इस प्रकार उपहार-विनिमय का यह क्रम निरन्तर चलता रहता है।

longhouses – लम्बवत् विस्तृत गृह

आदिवासी लोगों में पाये गये आवास के लिए बनाए गये ऐसे सामुदायिक घरों को आंग्ल भाषा में "लॉन्ग हाउसेज़" बड़े घर कहा गया है जिनमें अनेक एकल परिवारों की अपनी-अपनी कोठरी होती है जो लम्बे आकार में (या घेरे के रूप में) आपस में एक दूसरी कोठरी से जुड़ी होती है। विश्व के सभी आदिवासी समुदायों में इसी प्रकार के घर देखे गये हैं। इस प्रकार के घरों की यह विशेषता होती है कि इनमें परिवार और समुदाय के उत्सवों को सम्पन्न करने के लिए अन्दर ही एक बड़ा दालान होता है। ऐसे घर सम्पूर्ण समूह के साथ एकल परिवारों के आर्थिक, सामाजिक और राजनीतिक हितों में सन्तुलन बनाये रखने में बड़ी मदद करते हैं। आधुनिक सभ्यता और राज्यों के हस्तक्षेप के कारण अब इस प्रकार के निवास गृह धीरे-धीरे समाप्त होते जा रहे हैं। भारत के कई गांवों में आज भी ऐसे पुराने घर देखे जा सकते हैं।

lower palaeolithic age – पूर्व पुराप्रस्तर युग

पुराप्रस्तर युग के आरंभ का काल पूर्व पुराप्रस्तर युग कहलाता है। इस काल के अवशेषों में मानव के आद्य काल के ऑस्ट्रेलोपिथिकस तथा होमोइरेक्टस के अस्थिपंजर और क्रोड उपकरण, हस्तकुठार तथा खंडक प्ररूप आदि बहुतायत से मिले हैं।

Ludlovian epoch – लडलोवी युग

यूरोपीय सिल्यूरी प्रविभाग अथवा इससे संबंधित काल खंड लडलोवी युग के नाम से जाना जाता है।

M

Magdalenian culture – मग्दाली संस्कृति

उत्तर-पुरापाषाण काल में अधिकांशतः पश्चिमी यूरोप में जो जीवन-शैली और भौतिक उपकरण पाये गये हैं, उसे मग्दाली संस्कृति का नाम दिया गया है। इस संस्कृति की प्रमुख विशेषता चकमक, अस्थि उपकरण और हाथी दांत की नक्काशी के अतिरिक्त बहुरंगी चित्रकारी रही है जो दक्षिणी फ्रांस तथा उत्तरी स्पेन की गुफाओं में प्राप्त हुई है। इस संस्कृति की एक अन्य विशेषता कंटीले हारपून हैं। मग्दाली संस्कृति को उत्तर-पाषाण काल का चरम बिन्दु माना जाता है। इसका नामकरण फ्रांस के 'ला मदलीन' नामक स्थान के एक शैलाश्रय के नाम पर किया गया है।

magic – जादू

जादू से तात्पर्य ऐसी अलौकिक, अधिदैविक क्रियाओं से है जो साधक लक्ष्यों को प्राप्त करने के लिये की जाती हैं। ये लक्ष्य धन प्राप्त करना, प्रेम में सफलता प्राप्त करना, किसी शत्रु को दण्ड देना या उसका विनाश करना, बीमारी से छुटकारा पाना अथवा किसी मित्र की रक्षा करना आदि कुछ भी हो सकते हैं। इसे कारणात्मक सम्बन्धों (कारण एवं प्रभाव) पर आधारित होना माना जाता है जिन्हें एक तार्किक व्यक्ति अतार्किक मानता है, अर्थात् इसमें ऐसे कारणात्मक सम्बन्धों का दावा किया जाता है जिन्हें प्राकृतिक विश्व में सिद्ध नहीं किया जा सकता। जादुई क्रियाएं इस विश्वास पर आधारित होती हैं कि कुछ ऐसी अलौकिक अथवा अधिदैविक शक्तियां हैं जिन्हें कुछ विशिष्ट सांस्कृतिक कृत्यों या क्रियाविधानों द्वारा बस में करके (नियंत्रण कर) वांछित परिणाम प्राप्त किये जा सकते हैं।

जादू और धर्म में अन्तर है, यद्यपि दोनों में अधिदैविक या अलौकिक शक्ति में विश्वास प्रकट किया जाता है। धर्म में अलौकिक शक्ति से काम लेने के लिये उसके प्रति समर्पण और नत मस्तक होने का भाव निहित होता है जो कि जादू में नहीं होता। धर्म अनुनय-विनय, श्रृद्धा, आराधना, और प्रार्थना पर आधारित है, जबकि जादू में दबाव एवं बाध्यता का समावेश होता है। जादू में अलौकिक शक्ति को वश में करके अपना काम निकलवाने का प्रयास किया जाता है। जादू को आभाषी विज्ञान (अर्द्धविज्ञान) कहा गया है, किन्तु इन दोनों (जादू और विज्ञान) में भी पर्याप्त अन्तर है। जादू की भांति विज्ञान में कार्य-कारण सम्बन्धी विश्वास काल्पनिक तथ्यों पर आधारित नहीं होते हैं। विज्ञान अवलोकन,

प्रयोग-परीक्षण और सत्यापन पर आधारित है, जबकि जादू में परीक्षा-पुनर्परीक्षा, आलोचना-प्रत्यालोचना और निष्कासन की प्रक्रिया की कोई गुंजाइश नहीं होती।

जादुई विश्वासों की व्याख्या के प्रथम प्रयास 19वीं शताब्दी में प्रारम्भ हुए। **ई. बी. टायलर** (1871) ने माना है कि जादू आदिम विज्ञान का एक रूप है जिसका प्रमुख कार्य प्रकृति और उन घटनाओं के कारणों की व्याख्या करना है जिन्हें मानव देखते और अनुभव करते हैं। इस सम्बन्ध में, मानवशास्त्रीय साहित्य में जादू सम्बन्धी दो प्रमुख सिद्धान्त प्रचलित हैं। प्रथम सिद्धान्त इस तथ्य पर बल देता है कि जादू सम्बन्धी क्रियाएं एवं अनुष्ठान इस विश्वास पर आधारित हैं कि यह संसार असत्य और निस्सार है, जबकि दूसरे सिद्धान्त के अनुसार यह माना जाता है कि जादू के प्रयोगकर्त्ताओं का उद्देश्य कोई प्रत्यक्ष भौतिक लाभ प्राप्त करने का नहीं होता, अपितु ये क्रियाऐं कुछ मनोवैज्ञानिक उद्देश्य को लेकर की जाती हैं। प्रथम सिद्धान्त जिसे सामान्यतः "बुद्धिवादी" उपागम कहा गया है, के सर्वप्रथम प्रवर्तक **सर जैम्स फ्रेज़र** रहे हैं। उन्होंने अपनी पुस्तक "गोल्डन बाउ" (1900) में जादू से धर्म, और धर्म से विज्ञान की उद्‌विकासवादी व्याख्या प्रस्तुत की है। उन्होंने कहा कि जादू मानवीय संस्कृति के प्राथमिक चरणों की विशेषता रही है और इसका प्रमुख उद्देश्य विभिन्न मौसमों की निरन्तरता को बनाये रखना था। जादू के प्रयोगकर्त्ताओं को प्रारम्भ में जादू की क्रियाओं में निहित कारण सम्बन्धी सिद्धान्त की बौद्धिक अपर्याप्तताओं (कमजोरियों का) का कोई आभास नहीं था और बाद में जब कारण-प्रभाव के सिद्धान्त का ज्ञान हुआ, तब अलौकिक पूजा के रूप में "धर्म" का उदय और अन्ततः विज्ञान का जन्म हुआ। **मेलिनोस्की** ने अपनी पुस्तक "मैजिक, साइन्स एण्ड रिलिज़न" (1935) में फ्रेज़र और टायलर के "बौद्धिकतावादी" सिद्धान्त (आदिम अथवा त्रुटिपूर्ण विज्ञान) के प्रति अपनी असहमति प्रकट करते हुए ट्रोब्रिएंड द्वीपवासियों के अपने अध्ययन के तथ्यों के आधार पर यह प्रतिपादन किया कि द्वीपवासी यह जानते हुए भी कि सुरक्षा के उनके सभी प्रयासों के बाद भी समुद्री तूफान में उनकी नावें पलट सकती हैं, वे कुछ गीतों को गाना इसलिये नहीं छोड़ते कि वे उन्हें मानसिक संतोष देते हैं। ये गीत उन्हें भावी चिन्ताओं से मुक्त करने तथा जीवन की आशा बंधाने में सहायता करते हैं। यह उपागम मूल रूप में जादू को प्रतीकात्मक महत्व प्रदान करता है, अर्थात् जादू के लिये जादू नहीं किया जाता, अपितु जादू किसी अन्य लक्ष्य (मानसिक और सामाजिक प्रकार्यों की प्राप्ति के लिये किया जाता है।

बाद के मानवशास्त्रीय लेखकों ने भी जादू की व्याख्या सांकेतिक तर्क और अर्थ के आधार पर की है। इस सम्बन्ध में **लेवी ब्रुहल** की पुस्तक "द प्रिमिटिव मेंटलिटी" (1922) भी उल्लेखनीय है। **इवान्स प्रिचार्ड** ने अपने बहु प्रसिद्ध ग्रन्थ "विचक्राफ्ट, ओरेकल एण्ड मैजिक एमोंग द अजेन्डा" (1937) में सूडान के रहने वाले अजेन्डा जनजाति के अध्ययन में बताया कि 'सभी प्रकार की मृत्यु अन्ततः जादू-टोने के कारण होती हैं।' उदाहरणार्थ, जब किसी व्यक्ति की मृत्यु अन्न के कोठार में बैठे रहते हुए कोठार के उस पर गिरने-दबने से होती है, तब भी अजेन्डे लोगों का मानना है कि यह मृत्यु किसी डाइन की टोनागिरी के कारण हुई है।

जादुई टोनागिरी के बारे में अभी भी विवाद जारी है। **होर्टन** (1993) ने फ्रेज़र के

उपागम के पक्ष में और **ताम्बीह** (1984) ने मनोवैज्ञानिक उपागम के पक्ष में अभी हाल अपने विचार व्यक्त किये हैं। जादू सम्बन्धी आधुनिक बहसों में थोड़ा मुद्दों में अवश्य फर्क आया है।

जादू का वर्गीकरण कई रूप में किया गया है। **फ्रेज़र** ने इस सम्बन्ध में दो नियमों की चर्चा की है—'समानता का नियम' और 'सम्पर्क का नियम'। समानता के नियम पर आधारित जादू को "होमियोपैथिक" या "अनुकरणात्मक जादू" और सम्पर्क के नियम पर आधारित जादू को "संक्रामक जादू" कहते हैं। **मेलिनोस्की** ने सफेद जादू और काला जादू बताये हैं। भारतीय मानवशास्त्री **प्रो. श्यामाचरण दुबे** ने "संवर्द्धक जादू" अर्थात् लाभकारी और "विनाशक जादू" अर्थात् हानिकर जादू का वर्णन-विश्लेषण किया है। जादू के इन रूपों का आगे वर्णन किया गया है।

magic, black – काला जादू

ऐसी जादुई क्रियाएं जिनका उद्देश्य किसी को हानि अथवा कष्ट पहुंचाना होता है, काला जादू कहलाती है। तूफान लाने, सम्पत्ति नष्ट करने, बीमार करने, या मृत्यु का आह्वान करने वाली जादुई क्रियाएं काला जादू ही हैं।

magic, contagious – संक्रामक जादू

सहानुभूत जादू का एक रूप संक्रामक जादू कहलाता है, जो "सम्पर्क के नियम" पर आधारित होता है। इसके अनुसार यह माना जाता है कि जो वस्तु किसी भी समय एक बार भी सम्पर्क में रही है, वह सदैव सम्पर्क में रहकर अपनी क्रिया-प्रतिक्रिया करती रहेगी। अतः सम्पर्क में आई हुई किसी वस्तु पर यदि कोई जादूई क्रिया की जाती है, तो उसका प्रभाव उस व्यक्ति पर अवश्य पड़ेगा जिसके सम्पर्क में वह वस्तु कभी थी। उदाहरणार्थ, किसी व्यक्ति को हानि पहुंचाने के उद्देश्य से उसके कटे हुए बालों के माध्यम से उस पर जादूई क्रियाएं सम्पादित की जा सकती हैं।

magic, imitative – अनुकरणात्मक जादू

सहानुभूत जादू का एक अन्य रूप जो इस विश्वास पर आधारित है कि इच्छित परिणाम को लेकर प्रतीकात्मक रूप में की गई जादूई क्रियाएं समान प्रकार का प्रभाव पैदा कर सकती हैं, अर्थात् किसी वस्तु अथवा व्यक्ति पर उसके प्रतीकों के माध्यम से भी जादू किया जा सकता है। इस प्रकार का जादू "समानता के नियम" पर आधारित होता है जिसके अनुसार यह माना जाता है कि "समान क्रियाएं समान प्रभावों" को जन्म देती हैं। उदाहरणार्थ, कुछ भारतीय जनजातियों में यह विश्वास प्रचलित है कि बादलों की गर्जन एवं गड़गड़ाहट जैसी आवाज़ से वर्षा की जा सकती है। इसी प्रकार किसी व्यक्ति को नष्ट करने के उद्देश्य से उसके पुतले, चित्र अथवा मूर्ति को नष्ट कर जादूई क्रिया का प्रचलन कई समाजों में पाया गया है। इसे "होमियोपैथिक जादू" कहते हैं।

magic, mortuary – **शवाधि जादू**
ऐसे जादूई कर्मकाण्ड जिनका उद्देश्य परलोक में मृत व्यक्ति के सौभाग्य को बनाये रखना होता है, को शवाधि जादू कहते हैं। इस प्रकार का जादू प्राचीन मिस्र में कला तथा विज्ञान के रूप में खूब विकसित हुआ।

magic, productive – **उर्वरक/उत्पादक जादू**
जादू का एक रूप जो कृषि, पशुओं, अथवा मानव प्राणियों की उर्वरता को बढ़ाने के लिये किया जाता है, उर्वरक या उत्पादक जादू कहलाता है। इसके लिये "उर्वरता अनुष्ठान" किया जाता है।

magic, sympathetic – **समानुभूतिक जादू**
समानुभूतिक जादू इस सिद्धान्त पर आधारित होता है कि एक वस्तु अपने जैसी दूसरी समान वस्तु को प्रभावित कर सकती है, जैसे पुतला अभिचार।

magic, vengeance – **प्रतिशोध जादू**
प्रतिशोध के अभिप्राय से किया गया अभिचार या टोना प्रतिशोध जादू कहलाता है। इसमें अभिचारक द्वारा शत्रु को हानि पहुंचाने के लिये रोग, कष्ट, तूफान तथा मृत्यु का आह्वान किया जाता है।

magic, white – **सफेद जादू**
ऐसी जादूई क्रियाएं जो नुकसान पहुंचाने के लिये नहीं, अपितु किसी व्यक्ति को लाभ पहुंचाने के लिये सम्पन्न की जाती हैं, सफेद जादू कहलाती हैं। रोग-उपचार, दुर्भाग्य से बचाव, यात्रा में सुरक्षा, किसी अभियान में आशातीत परिणाम की अभिलाषा आदि के लिये की गई जादूई क्रियाएं इसी श्रेणी में आती हैं।

Maglemosian culture – **मैग्लेमोसियन संस्कृति**
उत्तरी यूरोप की प्रथम मध्य पाषाणकालीन संस्कृति जिसकी विशेषताएं अस्थि तथा प्रस्तर उपकरण रहे हैं, मैग्लेमोसियन संस्कृति के नाम से जानी जाती है। इन उपकरणों में सूक्ष्म पाषाण और अस्थि शूलाग्र उपकरण भी सम्मिलित हैं।

mana/manaism – **माना/मानावाद**
मेलिनेशिया तथा पोलिनेशिया में जीवसत्तावादी धर्म का जो रूप पाया गया है, वह "मानावाद" के नाम से जाना जाता है। यहां के लोगों में यह विश्वास है कि सभी सजीव और निर्जीव पदार्थों, देवी-देवताओं, पवित्र वस्तुओं और व्यक्तियों में एक अलौकिक, अवैयक्तिक और उत्प्राकृतिक शक्ति निवास करती है। इस शक्ति को ही इन लोगों ने "माना" का नाम दिया है। "माना" एक ओशेनियाई शब्द है। मेलेनेशिया की भाषा में "माना" शब्द का अर्थ विचित्र, आश्चर्यजनक तथा विलक्षण होता है। यूरोपीय भाषाओं ने भी इस शब्द को अपनी

भाषाओं में यथावत अंगीकार कर लिया है और मध्य 19वीं शताब्दी से इन भाषाओं में इसका प्रयोग हो रहा है। मानावाद के प्रतिपादक **कॉडरिंगटन और मैरिट** रहे हैं जिन्होंने "माना" नामक अलौकिक शक्ति संबंधी विश्वासों, अनुष्ठानों और कर्मकाण्डों के पुंज को मानावाद कहा है।

"माना" की शक्ति के बारे में मेलिनेशिया और पोलिनेशिया के लोगों में विश्वास है कि किसी भी कार्य की सफलता-असफंलता, किसी व्यक्ति अथवा वस्तु में असाधारण गुणों का संचार या व्यक्ति का भाग्योदय आदि इस "माना" की शक्ति पर निर्भर करता है। जब किसी वस्तु अथवा व्यक्ति में कोई विलक्षणता पाई जाती है, तब उस वस्तु अथवा पुरुष को मानायुक्त मान लिया जाता है। इस शक्ति का हस्तान्तरण हो सकता है तथा इसे वंशागत रूप में भी प्राप्त किया जा सकता है।

manitou – मनिटू

अलगानकियाई जनजातियों में (ओझीवा) में प्रचलित यह विश्वास कि आत्माओं, देवताओं और प्राकृतिक वस्तुओं को बल प्रदान करने वाली एक अलौकिक अथवा आध्यात्मिक शक्ति होती है। इस शक्ति को वे "मनिटू" कहते हैं।

MARC – मार्क

भारत के एक अग्रणी मानवशास्त्री **प्रो. डी. एन. मजूमदार** ने भारतीय संस्कृति के विश्लेषण के सन्दर्भ में "मार्क" की अवधारणा प्रस्तुत की है। "मार्क" शब्द अंग्रेजी के चार शब्दों के मेल से बना है, अर्थात् 'एम' से 'मैन' (मानव), 'ए' से 'एरिया' (क्षेत्र), 'आर' से 'रिसॉर्सेज़' (संसाधन या स्रोत) और 'सी' से 'कोऑपरेशन' (सहयोग) से है। उन्होंने बताया कि मानव, क्षेत्र, स्रोत और सहयोग, ये भारतीय संस्कृति के चार स्तंभ हैं। ये चार तथ्य भारत की संस्कृति का निर्माण करते हैं। अतः भारतीय संस्कृति को ठीक प्रकार से समझने के लिये इन चारों तथ्यों की गहराई से खोजबीन करने की जरूरत है। मजूमदार की इस अवधारणा ने भारतीय मानवशास्त्र पर कोई प्रभाव अंकित नहीं किया।

marriage – विवाह

विवाह दो या दो से अधिक विषमलिंगियों (पुरुष एवं स्त्री) के बीच समाजोनुमोदित, औपचारिक एवं अपेक्षाकृत स्थाई लैंगिक सम्बन्धों की एक व्यवस्था एवं नियमाचारों का एक पुंज है जो पारिवारिक जीवन के लिये आवश्यक पारस्परिक दायित्वों एवं अधिकारों द्वारा इन्हें आपस में बांधता है। अति सरल अर्थों में, विवाह पुरुष और स्त्री का मान्यता प्राप्त एक ऐसा सम्बन्ध है जिसमें वे दोनों एक दूसरे को पति और पत्नी के रूप में स्वीकार करते हैं और विवाह के बाद जन्मी उनकी संतानें दोनों की वैध संतान मानी जाती हैं।

चूंकि हर संस्कृति में विवाह को अलग-अलग ढंग से परिभाषित किया गया है, अतः इस संस्था का रूप-स्वरूप भी हर समाज में भिन्न रहा है। विवाह की संस्था समाज में स्वीकृत समागम व्यवस्था, विशेषतः पति-पत्नी के संस्थागत संबंध तथा सन्तान की सामाजिक वैधता

को निर्दिष्ट करती है। यह उन अनुष्ठानों और कर्मकाण्डों को भी निर्देशित करती है जिनके द्वारा इस प्रकार के सम्बन्ध स्थापित होते हैं। जैवकीय दृष्टि से विवाह की संस्था का उद्‌भव मानव की प्रजनन तथा बालकों के पालन-पोषण की मूलभूत आवश्यकताओं को लेकर हुआ प्रतीत होता है। वास्तव में, समागम और मातृत्व-पितृत्व दोनों का संयोग मानवीय विवाह की संस्था का मूलाधार रहा है। यही कारण है कि **वेस्टरमार्क** की यह उक्ति कितनी सही प्रतीत होती है कि "विवाह की जड़ें परिवार में हैं, न कि परिवार की विवाह में।"

एक सामाजिक संस्था के रूप में विवाह और परिवार की प्रकृति, आकार-प्रकार और उद्देश्यों में तीव्र गति से परिवर्तन आ रहा है। विवाह पूर्व और विवाह के अतिरिक्त समागम, समागमहीन विवाह, विवाह रहित सन्तानोत्पादन और लालन-पालन, विवाहित युग्मों के बाहर सन्तानोत्पादन (प्रतिनिधिक मातृत्व), उच्च तलाक की दरें जैसी बढ़ती हुई अनेक घटनाओं ने विवाह की पारम्परिक परिभाषा पर नये सिरे से सोच-विचार की पृष्ठभूमि तैयार कर दी है। यही नहीं अब तो समलिंगियों में (स्त्री-स्त्री में विवाह) भी विवाह होने लगे हैं। कई देशों में इस प्रकार के विवाहों को सरकार तथा समाज द्वारा मान्यता देने के प्रश्न खड़े किये गये हैं। इन आधुनिक परिस्थितियों के कारण विवाह और परिवार का पारम्परिक दृष्टिकोण, अर्थात् विवाह दो विषमलिंगियों को दाम्पत्तिक अधिकार एवं कर्त्तव्यों में आबद्ध कर उन्हें सहवास-समागम और सन्तानोत्पादन की स्वीकृति देता है, धुंधलाता जा रहा है। आज विवाह का रूप मात्र 'सुविधात्मक सम्बन्ध' (अरेंजमेंट) अथवा समझ पर आधारित सम्बन्ध, अर्थात् मात्र "समझौता" बनते जा रहे हैं। ये आधुनिक जीवन की विचक्षणता को प्रकट करते हैं। अभी हाल ही (जुलाई 2001) में एक खबर के अनुसार सन्तानोत्पत्ति के लिये स्त्री-पुरुष के समागम की आवश्यकता (रज और वीर्य) को नकार दिया गया है। सन्तान उत्पन्न करने सम्बन्धी नवीनतम तकनीकी शोधों और, महिलावाद के उग्र ज्वार के कारण स्त्री-पुरुषों के बीच उत्पन्न नये प्रकार के सम्बन्धों के कारण कुछेक विद्वान तो विवाह और परिवार के भविष्य के बारे में निराशावादी दृष्टिकोण प्रस्तुत करने लगे हैं। नवीन उद्‌भूत परिस्थितियों के फलस्वरूप कुछेक व्यक्ति तो यह कहते हुए भी संकोच नहीं करते कि विवाह की आवश्यकता ही क्या है? इस प्रकार के प्रश्नों और निराशावादी दृष्टिकोण के उपरान्त अभी भी वयस्कों की अधिकांश संख्या विवाह को आवश्यक समझती है। विवाह और परिवार की जड़ें मूलतः इन संस्थाओं की भावनात्मक प्रकृति में गड़ी हुई हैं, अतः ये संस्थाएं जीवित हैं और जीवित रहेंगी। इस विचार की पुष्टि उन विवाहों से की जा सकती है जो वृद्धावस्था में किये जाते हैं जब न व्यक्ति समागम के और न ही सन्तानोत्पत्ति के काबिल होता है। अतः अब विवाह का आधार धीरे-धीरे जैवकीय आवश्यकताओं से खिसकता हुआ मनोवैज्ञानिक आवश्यकता बनता जा रहा है।

marriage, alliance — वैवाहिक सम्बन्ध या गठबन्धन

मानवशास्त्र में पिछले कुछ वर्षों से "गठबन्धन" की अवधारणा का प्रयोग एक निश्चित प्रकार के आवृतिमूलक वैवाहिक सम्बन्धों के लिये किया गया है। विवाह द्वारा व्यक्तियों तथा समूहों

को सूत्रों में बांधने-जोड़ने की बात एक लम्बे अर्से से मानवशास्त्री करते चले आ रहे हैं। प्रसिद्ध ब्रिटिश मानवशास्त्री **रेडक्लिफ ब्राउन** ने इस सम्बन्ध में लिखा है कि "विवाह दो परिवारों अथवा रिश्तेदारों के बीच एक गठबन्धन है।" **ड्यूमाँ** ने "वैवाहिक गठबन्धन" की अवधारणा का प्रयोग मुख्यतः कुछ निर्दिष्ट प्रकार के विवाहों (विलिंग सहोदरज या ममेरे-फूफेरे भाई-बहिन विवाह) के लिये किया है। उनके अनुसार "वैवाहिक गठबन्धन" की अवधारणा वृहत् अथवा लघु समूहों के बीच अन्तर्पारस्परिक विवाहों की पुनरावृत्ति की सूचक है।

विवाह का गठबन्धन सिद्धान्त विवाह को एक अनिवार्यता मान कर इसे एक पुरुष (अथवा पुरुषों का एक समूह) और दूसरे के बीच ऐसा सम्बन्ध मानता है जिसमें स्त्रियों को मात्र "उपहार" अथवा "संदेशा" माना जाता है। महिलावादी इस विचार से सहमत नहीं हैं। इस सिद्धान्त में स्त्रियों की निजता को कम महत्व अथवा उसकी अवहेलना या फिर बिल्कुल उसे नकार दिया गया है।

marriage, bilocal = family, bilocal

marriage, cross cousins – विलिंग सहोदरज विवाह

विषमलिंगीय सहोदरों की सन्तानों (ममेरे-फूफेरे भाई-बहिन) के बीच होने वाले विवाह को विलिंग सहोदज विवाह कहते हैं। कुछ समाजों में इस प्रकार के विवाह को अनिवार्य मान कर प्राथमिकता दी जाती है। इस प्रकार के विवाहों के दो प्रमुख रूप प्रचलित हैं। पिता की बहिन (भूआ) के लड़के और माँ के भाई (मामा) की लड़की के बीच विवाह को वरीयता दिये जाने वाले विवाह को "मातृपक्षीय" विलिंग सहोदरज विवाह कहा जाता है। इसके विपरीत, जहां माँ के भाई (मामा) के लड़के और पिता की बहिन (भूआ) की लड़की के बीच विवाह को वरीयता दी जाती है, तब यह "पितृपक्षीय" विलिंग सहोदरज विवाह कहलाता है। संसार की अधिकांश आदिवासीय समाजों में विलिंग सहोदरज विवाह पाये गये हैं। भारत के दक्षिणी क्षेत्र के कुछ समुदायों में इस प्रकार के विवाह का प्रचलन देखा गया है। तेलुगू भाषा में इसे "मेनारिक सम्बन्ध" कहते हैं। वहां मामा की लड़की को विवाह के लिये वरीयता दी जाती है। विलिंग सहोदरज विवाह अन्तर्वैवाहिक इकाइयों के बीच गठबंधन सम्बन्धों का सृजन कर समाज को एक निरन्तरता प्रदान करते हैं।

marriage, dual career – द्वि जीवनवृति विवाह

ऐसे विवाह जिसमें दोनों वैवाहिक साथी किसी व्यावसायिक वृति में संलग्न होते हैं, अर्थात् पति-पत्नी दोनों नौकरी या व्यापार आदि करते हैं। ऐसे विवाह अधिकांशतः पश्चिमी समाजों और अमेरिका में ही अधिक देखे गये हैं। भारत में ऐसे विवाहों की संख्या अभी बहुत कम है। शोध-अध्ययनों से प्रकट हुआ है कि नौकरी-पेशा महिलाएं तथा ऐसी महिलाएं जो कम आय वाले कामों में लगी होती हैं, उन्हें घर और बाहर दोनों ही कार्य-क्षेत्रों के दायित्वों को निभाना पड़ता है और उन्हें अनेक भूमिका-संघर्ष की समस्याओं को झेलना पड़ता है।

marriage, endogamous = endogamy

marriage, exogamous = exogamy

marriage, group – समूह विवाह

जब पुरुषों का एक समूह स्त्रियों के किसी समूह से विवाह करता है तथा समस्त पुरुष समस्त स्त्रियों के सम्बन्ध आपस में समान रूप में पति-पत्नि के होते हैं, तब ऐसे विवाह को समूह विवाह कहा गया है। उद्विकासीय मान्यता के अनुसार इस प्रकार का विवाह संभवतः परिवार और समाज की प्रारंभिक अवस्था में कभी विद्यमान रहा होगा। **एल. एच. मॉर्गन और फ्रेडरिक एंजिल्स** जैसे उद्विकासवादियों ने इस प्रकार के विवाहों को परिवार का मूल और प्रारंभिक स्वरूप माना है किन्तु ऐसे विवाह के मानव समाजों में कहीं कोई साक्ष्य नहीं मिले हैं।

marrige, homosexual – समलैंगिक विवाह

आधुनिक प्रकार के समलैंगिक विवाह (पुरुष-पुरुष के साथ और स्त्री-स्त्री के साथ) आजकल चर्चा का विषय बने हुए हैं, कहीं-कहीं इनका प्रचलन बढ़ता जा रहा है और ऐसे युग्म अपने अधिकारों की मांग करने लगे हैं। मानवशास्त्र के क्षेत्र में हुए अध्ययन बताते हैं कि इस प्रकार के समलैंगिक विवाह कई आदिम जनजातियों में बहुत पहले से ही प्रचलित थे। चेयने इंडियनों और अफ्रीका के अजेन्डे (सूडान) लोगों में पुरुष-पुरुष के बीच इस प्रकार के विवाहों का प्रचलन पाया गया है। चेयने इंडियनों में पुरुषों को द्वितीय पत्नी के रूप में किसी पुरुष को स्त्री वेश में रखने की स्वीकृति दी जाती है। इन विवाहों में अभी तक यह स्पष्ट नहीं हो पाया है कि क्या इन युग्मों के बीच मैथुनिक सम्बन्ध होते हैं। अफ्रीका के अजेन्डे लोगों में यह अवश्य विदित हुआ है कि वहां मैथुनिक जरूरतों को पूरा करने के लिये ऐसे अजेन्डे सैनिक युवा लड़कों से अस्थायी समलैंगिक विवाह करते हैं जो स्त्रियों को पत्नियों के रूप में लाने में असमर्थ होते हैं। कई अफ्रीकी समाजों में स्त्री-स्त्री विवाह भी पाये गये हैं। किन्तु ऐसे युग्मों में मैथुनिक सम्बन्धों के कोई साक्ष्य नहीं मिले हैं। इस प्रकार के स्त्री-स्त्री विवाहों से यह प्रकट होता है कि संभवतः ऐसे विवाहों में एक पति और पिता की वैधानिक भूमिका निभाने के लिये एक स्त्री दूसरी स्त्री से विवाह करती है।

marriage, levirate = levirate

marriage, matrilocal = family, matrilocal

marriage, monogamous = monogamy

marriage, morganatic – मॉर्गेनैटिक विवाह

उच्च प्रस्थिति के पुरुष द्वारा अपने से निम्न प्रस्थिति अथवा हीन वर्ग की स्त्री से विवाह "मॉर्गेनैटिक विवाह" कहलाता है। इस प्रकार के विवाह से उत्पन्न सन्तान वैध तो मानी जाती

है, किन्तु सन्तान और निम्न स्तरीय पत्नी दोनों को पुरुष की सम्पत्ति एवं पद से वंचित रखा जाता है।

भारत की जाति-प्रथा के संदर्भ में उच्च वर्ण के व्यक्ति द्वारा निम्न वर्ण की स्त्री से विवाह को अनुलोम विवाह कहा गया है। धर्मशास्त्रकारों ने इस प्रकार के विवाह की साधारणतः अनुमति नहीं दी है।

marriage, parallel cousins – सलिंग सहोदरज विवाह
एक ही लिंग के सहोदरजों की संतानों (चचेरे-मौसेरे भाई-बहिन) के बीच होने वाले विवाह को सलिंग सहोदरज विवाह कहते हैं। इस प्रकार के विवाह का प्रचलन मुख्यतः अरब निवासियों और मुस्लिम धर्मावलम्बियों (भारत सहित) में पाया गया है।

marriage, patrilocal = family, patrilocal

marriage, polyandrous = polyandry

marriage, polygamous = polygamy

marriage, polygynous = polygyny

marriage, preferential – अधिमान्य विवाह
विवाह की एक प्रथा या नियम जिसके अनुसार जीवन-साथी के चुनाव के लिए किसी एक समूह को वरीयता दी जाती है, तब उसे अधिमान्य विवाह कहते हैं। ऐसे विवाह के दायरे में नियोग विवाह, साली विवाह, सलिंग और विलिंग सहोदरज विवाह आते हैं। प्रायः देखा गया है कि इस नियम के अनुसार किसी व्यक्ति का जीवन-साथी वह व्यक्ति होता है जो पहले से ही उससे नातेदारी द्वारा किसी न किसी रूप में जुड़ा होता है।

marriage, prescriptive – निर्धारित विवाह
लगभग सभी समाजों की विवाह व्यवस्थाओं में यह पाया गया है कि नातेदारी की कुछ श्रेणियाँ (संवर्ग) विवाह सम्बन्धों की दृष्टि से वर्जित होती हैं, अर्थात् उनमें विवाह नहीं किया जा सकता। यही नहीं, विवाह व्यवस्थाएं यह भी निर्धारित करती हैं कि किन नातेदारों के बीच विवाह करना उपयुक्त और उचित होगा।

marriage, sororate = sororate

marriage, valid – वैध/विधिमान्य विवाह
ऐसा विवाह जो समाज के संस्कार अथवा लोक विधि के अनुरूप सम्पन्न किया जाता है एवं कानून द्वारा मान्य होता है, विधिमान्य या वैध विवाह कहलाता है।

marriage by capture – हरण-विवाह
आदिवासी जातियों में जीवन-साथी प्राप्ति के अनेक तरीके हैं, उनमें से एक तरीका स्त्री को

बलात् अपहरण करके उससे विवाह करने का है। यह अपहरण कभी-कभी वास्तविक होता है, किन्तु आजकल लम्बे समय से चली आ रही हरण की प्रथा का मात्र अभिनय किया जाता है और लड़की के परिजनों की विवाह के लिये अनुमति प्राप्त की जाती है। ऐसा माना जाता है कि उद्‌विकासीय स्तर पर जीवन-साथी प्राप्त करने का यह सर्वप्रथम तरीका रहा होगा। यह प्रथा भारत में नागा, हो, भील, गौंड तथा कई अन्य जनजातियों में पाई गई है। भारत में इसके दो रूप देखने को मिले हैं—(1) शारीरिक हरण जो कि अधिकांशतः वास्तविक न होकर अभिनयात्मक होता है, (2) संस्कारात्मक हरण जो एक छोटे-मोटे उत्सव के रूप में होता है।

हरण-विवाहों के प्रचलन का प्रमुख कारण लड़कियों की कमी, वधू-मूल्य तथा अधिक आयु तक विवाह का न होना हो सकता है।

marriage by elopment – सहपलायन विवाह

जनजातीय समाजों में विवाह का एक ऐसा चलन सहपलायन विवाह कहलाता है जिसके अनुसार परस्पर विवाह के इच्छुक पुरुष और स्त्री घर वालों से विवाह की अनुमति न मिल पाने अथवा आवश्यक वधू-मूल्य न चुकाये जाने या सामान्य विवाह में आने वाली किसी अन्य अड़चन के कारण घर से भाग जाते हैं और विवाह रचा लेते हैं। बाद में ऐसे विवाहों को सामाजिक स्वीकृति मिल जाती है। कई स्थानों पर विवाह की मान्यता प्राप्त विधि की तरह यह भी विवाह की एक स्वीकृत प्रथा बन गई है। आस्ट्रेलिया की एकाधिक जनजातियों में सहपलायन जीवन-साथी प्राप्त करने का एक साधारण तरीका है। भारत में बिहार की 'हो' जनजाति में इसे 'राजी-खुशी' विवाह, अर्थात् वर-वधू की सहमति से होने वाला कहा गया है। यह विवाह प्रणय-विवाह का ही एक रूप है।

marriage by exchange – विनिमय विवाह

आदिवासियों में जीवन-साथी प्राप्त करने का एक तरीका जिसके अनुसार दो व्यक्ति आपस में बहिनों अथवा पुत्रियों का विनिमय करते हैं ताकि वे अपने लिये अथवा अपने पुत्र अथवा भाई के लिये पत्नी प्राप्त कर सकें। वास्तव में, विनिमय विवाह वधू-मूल्य से बचने का एक सरल तरीका है, जो कि जनजातीय समाजों में जीवन-साथी प्राप्त करने के लिये आवश्यक है। **हॉबल** ने इस प्रकार के विवाहों पर टिप्पणी करते हुए लिखा है कि "बिना खर्चे के पत्नी प्राप्त करने का यह एक सस्ता साधन है।" इस प्रकार के विवाह का प्रचलन विश्व के अनेक आदिवासी समूहों में पाया गया है। इस आटा-साटा विवाह भी कहते हैं।

marriage by intrusion – हठ विवाह

जब एक विवाहेच्छुक लड़की अपने पसंद के लड़के को जो उससे विवाह करने का इरादा नहीं रखता, हठात् उसे बाध्य करके विवाह करने में सफल हो जाती है, तो इस प्रकार के विवाह को हठ विवाह कहते हैं। इसमें विवाह इच्छुक लड़की ज़बरदस्ती से लड़के के घर में घुस जाती है और तब तक वहां से नहीं हिलती जब तक लड़के के माता-पिता उसे पुत्र-वधु के रूप में स्वीकार नहीं कर लेते हैं। इस प्रकार का विवाह विश्व के कई आदिवासी समूहों में पाया गया

है। भारत में विवाह की यह प्रथा बिरहोर, हो, ओरांव, कमार तथा मुण्डा जनजातियों में पाई गई है। ओरांव इसे "निर्बोलोक" और हो लोग इसे "अनादर" विवाह कहते हैं।

marriage by probation – परिवीक्षा-विवाह

जनजातियों में जीवन-साथी प्राप्त करने का एक रूप परिवीक्षा-विवाह कहलाता है जिसमें विवाह के पूर्व भावी पति-पत्नी को एक-दूसरे के साथ रहने तथा यौन सम्बन्धी अनुभवों को प्राप्त करने की अनुमति होती है। इस प्रकार के विवाहों का मुख्य उद्देश्य एक दूसरे को भली-भाँति समझना तथा आपसी जानकारी जुटाना है ताकि भावी जीवन में सामन्जस्य की कोई कठिनाई उत्पन्न न हो। आदिवासी समूहों में इस प्रकार के विवाह का एक प्रच्छन्न उद्देश्य लड़की की प्रजनन शक्ति का परीक्षण भी है। आदिवासियों में सन्तानों का काफी महत्व है। यह विवाह आधुनिक प्रणय-विवाह का ही एक रूप है।

marriage by purchase – क्रय-विवाह

आदिवासी समूहों में जीवन-साथी प्राप्ति का एक ढंग जिसके अनुसार एक व्यक्ति को पत्नी प्राप्त करने के लिये पत्नी के माता-पिता अथवा परिजनों को वधू-मूल्य चुकाना पड़ता है। यह वधु-मूल्य नकद-राशि, वस्तुओं, पशुओं या किसी अन्य रूप में हो सकता है। वधू-मूल्य ऐसे विवाहों का एक आवश्यक अंग है और इसे चुकाये बिना विवाह नहीं हो सकता। कहीं-कहीं यह वधू-मूल्य वास्तविक तो कहीं मात्र प्रथा के अनुसरण हेतु मात्र दिखावे के रूप में होता है। दक्षिणी अफ्रीका की थोंगा और बाँटू जनजातियों में वधू-मूल्य के रूप में ढोर (पशु) देने की प्रथा है जिसे वे "लाबोला" कहते हैं।

वधू-मूल्य की व्याख्या अलग-अलग ढंग से की गई है। कुछेक मानवशास्त्रियों जैसे **रॉबर्ट लॉवी** ने इसे स्त्रियों की उपयोगिता का प्रतीक माना है, तो अन्य ने इसे स्त्रियों का सम्मान का द्योतक कहा है। किन्तु दोनों ही व्याख्याएं संतोषप्रद नहीं कही जा सकतीं। इस प्रथा में व्यापार की भावना का अर्थ लगाना भी सही नहीं है।

क्रय-विवाह अर्थात् वधू-मूल्य चुका कर विवाह करने की प्रथा विश्व की अनेक जनजातियों में पाई गई है। अफ्रीका की सभी जनजातियों में विवाह की इस प्रथा का प्रचलन देखा गया है। भारत में भी लगभग सभी जनजातियों, विशेषकर संथाल, हो, ओरांव, खरिया, गोंड, नागा, भील और कूकी में यह प्रथा विद्यमान है।

marriage by service – सेवा-विवाह

भावी सास-श्वसुर के घर सेवा कर वधु प्राप्त करना सेवा-विवाह कहलाता है। इस प्रकार के विवाहों के प्रचलन का प्रमुख कारण समाजों में वधू-मूल्य की प्रथा का होना है। वधू-मूल्य की समस्या के निदान के रूप में ही सेवा-विवाह और विनिमय-विवाह का प्रचलन होने की धारणा है। सेवा का रूप अलग-अलग समाजों में भिन्न है। साइबेरिया की चुकची, कोश्यक और युकाधिर आदिवासी समूहों में इस प्रकार का विवाह काफी लोकप्रिय है। भारत में गोंड, बैगा और बिरहोर जनजातियों में सेवा-विवाह के साक्ष्य मिले हैं। गोंड लोग सेवा देने वाले व्यक्ति को "लमनई" और बैगा लोग इसे "लमसेना" के नाम से पुकारते हैं। **मॅरडॉक** ने अपने "विश्व

नृजातिक प्रतिदर्श सर्वेक्षण" में यह बताया है कि यह प्रथा 565 समाजों में से 14% समाजों में पाई गई है।

marriage by trial – परीक्षा-विवाह

कई जनजातियों में यह पाया गया है कि पत्नी प्राप्त करने के पूर्व लड़के को अपने साहस और शौर्य का प्रदर्शन करना होता है। इस प्रकार की प्रदर्शनकारी परीक्षा में यदि व्यक्ति सफल हो जाता है तो उसे वधु प्राप्त करने का अधिकार मिल जाता है। लड़के की परीक्षा लेने के अलग-अलग समाजों में अलग-अलग रूप प्रचलित हैं। भारत में गुजरात के भीलों में "गोल गधेड़ो" की एक प्रथा प्रचलित है जिसके अनुसार होली के अवसर पर किसी वृक्ष अथवा लम्बे खम्बे के सिरे पर गुड़ और नारियल बांध दिया जाता है। इसके चारों ओर विवाह योग्य लड़के-लड़कियों के दो घेरे बनाये जाते हैं। अन्दर का घेरा लड़कियों का और बाहर का घेरा लड़कों का होता है। लड़के अन्दर का लड़कियों का घेरा तोड़कर गुड़ और नारियल लाने का प्रयास करते हैं। लड़कियां उन्हें इस प्रयास के दौरान मारती-कूटती हैं। जो लड़का गुड़-नारियल लाने में सफल हो जाता है, उसे उन लड़कियों में से किसी भी लड़की को पत्नी के रूप में चुनने और विवाह का अधिकार प्राप्त हो जाता है। भारत की एक अन्य जनजाति नागाओं में विवाह योग्य व्यक्ति को नर-मुंड को गले में माला के रूप में धारण कर अपने शौर्य का प्रदर्शन करने की प्रथा प्रचलित है।

marxism – मार्क्सवाद

मानवशास्त्र में 'मार्क्सवाद' शब्द का प्रयोग मुख्यतः मार्क्स की राजनीतिक विचारधारा के रूप में नहीं किया गया है, अपितु मार्क्स द्वारा भौतिक शक्तियों (उत्पादन के साधन) और शक्ति-सम्बन्धों के बीच कल्पित किये गये सम्बन्धों के रूप में देखा गया है तथा इन सम्बन्धों में सैद्धान्तिक रुचि प्रदर्शित की गई है। मार्क्स के अनुसार, मानवीय सम्बन्धों का समस्त विकास उत्पादन क्रिया अर्थात् उत्पादन की प्रणाली से जुड़ा हुआ है, जिसमें आर्थिक व्यवस्था 'आधार' का कार्य करती है तथा अन्य सभी सम्बन्ध, संस्थाएं तथा वैचारिक व्यवस्थाएं "अधि संरचना" का निर्माण कर इस आधार पर निर्मित होती हैं।

उत्पादन के सामाजिक सम्बन्ध पर निर्मित प्रक्रियात्मक सिद्धान्त ही मानवशास्त्रीय मार्क्सवाद का मूलाधार है। फिर भी, मानवशास्त्र में मार्क्सवाद की स्थिति स्पष्ट नहीं है। एक ओर, यह संस्कृति के उद्‌विकासवादी सिद्धान्त से जुड़ा हुआ है, तो दूसरी ओर इसमें प्रसारवाद के तत्व भी मौजूद हैं। स्वयं मार्क्स और बाद के तथाकथित मार्क्सवादियों ने अपने विचारों में प्रचुर मात्रा मे 'उद्‌विकासवाद' का प्रयोग किया है। यही नहीं, प्राचीन और भविष्यगत क्रांतियों की अपनी व्याख्याओं में मार्क्स एवं एंजिल्स ने जहां-तहां 'प्रसारवाद' के तत्वों का कहीं प्रकट रूप में तो कहीं परोक्ष रूप में सहारा लिया है। मार्क्सवादी जड़ें "प्रकार्यवाद" तक फैली पाई गई हैं जिन्हें बाद के मार्क्सवादियों ने नकारा है। किन्तु मार्क्सवादियों का यह विचार कि 'समाज स्व-नियंत्रित ऐसी व्यवस्थाएं होती हैं जिनमें क्रांति के द्वारा रूपान्तरणात्मक परिवर्तन किया जा सकता है,' प्रकार्यवादी धारणा से अनुप्राणित है। कुछ सीमा तक मार्क्सवाद

इस अर्थ में सापेक्षवादी भी है कि जब वह यह कहता है कि विभिन्न उत्पादन के ढंगों (प्रणालियां) की अपनी विचार व्यवस्थाएं होती हैं जिन्हें उनके सन्दर्भ में ही समझा जा सकता है, अर्थात् उन्हें 'मिथ्या चेतना' के सन्दर्भ में समझा जा सकता है। मार्क्सवादी मानवशास्त्र में संरचनावादी तत्व भी विद्यमान हैं। सन् 1960 से 1980 के बीच फ्रांस में कई मार्क्सवादियों ने अपने नातेदारी अध्ययनों में संरचनात्मक तत्वों का प्रयोग किया है। इधर मार्क्सवादी-महिलावादियों ने वर्ग-चेतना को लैंगिक चेतना के समकक्ष स्वीकार कर इन्हें घुला-मिला दिया है। मार्क्सवादियों का उत्तर-आधुनिकतावाद और उत्तर-संरचनावाद के साथ भी सम्बन्ध देखा जा सकता है जब वे शक्ति सम्बन्धों की बात करते हैं।

सन् 1960 के दशक में "मार्क्सवाद" नामक नये सम्प्रदाय का उदय हुआ। इसका अगली दो दशाब्दी तक, विशेषतः फ्रांस में तथा साथ-साथ ब्रिटेन, दक्षिणी अफ्रीका, भारत, नीदरलैंण्ड देशों, स्केडिनेविया, कनाडा, और लेटिन अमेरिका पर काफी प्रभाव पड़ा। किन्तु राजनीतिक कारणों से इसका उत्तरी अमेरिका पर बहुत कम प्रभाव पड़ा। उद्विकासवादी **लेज़ली व्हाइट**, जो कि मार्क्सवादी विचारधारा से प्रभावित रहे हैं, वे भी मार्क्सवादी मुद्दों और बहसों से अधिकतर दूर रहे हैं। पश्चिमी अफ्रीका में लिंग और आयु सम्बन्धी संस्तरण के विषयों का भी रूढ़िवादी मार्क्सवाद के वर्ग संस्तरण के रूप में ही विश्लेषण करने के प्रयास किये गये हैं। इस के अतिरिक्त कई अन्य मुद्दों को नये सिरे से मार्क्सवादी परिप्रेक्ष्य में देखा गया। (देखिये—मार्क्सवादी मानवशास्त्र)

Maryada & Parampara in Indian Civilization — भारतीय सभ्यता में मर्यादा एवं परम्परा

भारतीय सभ्यता में परिवर्तन के अध्ययन के सन्दर्भ में **वैद्यनाथ सरस्वती** ने प्रगति और प्रगतिशील की पश्चिमी अवधारणाओं के उपयोग, औचित्य और उपयुक्तता के बारे में प्रश्न खड़े किये हैं और इनके स्थान पर उन्होंने मर्यादा और परम्परा की दो ब्राह्मणीकृत अवधारणाओं का प्रयोग किया है। वास्तव में, सरस्वती ने भारत में सामाजिक परिवर्तन के अपने विश्लेषण में भारत विद्याशास्त्रीय दृष्टिकोण को अपनाते हुए भारतीय पौराणिक ग्रन्थों को अपना आधार बनाया है। 'मर्यादा' और 'परम्परा' दोनों ही शब्दों का प्रयोग भारतीय प्राचीन ग्रन्थों में प्रचुर मात्रा में हुआ है। 'मर्यादा' की ब्राह्मणपरक अवधारणा 'सीमाओं के नियम' को स्पष्ट करती है। सरस्वती के अनुसार, परम्परा में परिवर्तन को विघटन और विध्वंश के रूप में नहीं माना जाना चाहिए। जिस बिन्दु पर पहुंच कर व्यक्ति सोच-विचार करता है और रुक जाता है तथा जहां परिवर्तन की कोई आवश्यकता महसूस नहीं होती, सरस्वती के अनुसार यही मर्यादा है। अपने दृष्टिकोण के समर्थन के लिये उन्होंने पौराणिक ग्रन्थ रामायण से अनेक उदाहरण दिये हैं।

masculinity — पुरुषत्व

पुरुषत्व की अवधारणा को मर्दानगी, पुरुष पहचान, पुरुष की भूमिकाओं आदि कई रूपों में देखा-समझा गया है। जैसे—(1) वह सब कुछ जो पुरुष सोचते एवं करते हैं, (2) पुरुष होने

के नाते जो कुछ पुरुष सोचते एवं करते हैं, (3) अन्य "कम पुरुषोचित" पुरुष के विपरीत जो कुछ पुरुष सोचते एवं करते हैं, तथा (4) जो कुछ स्त्रियां नहीं हैं, अर्थात् जो कुछ स्त्रियां नहीं सोचती एवं न हीं वे करती हैं, इन विशेषताओं से युक्त पुरुष को "पुरुषत्व" के गुण से नवाजा जाता है।

"पुरुषत्व" की धारणा के बारे में मतभेद होते हुए भी पुरुष की मर्दानगी को लेकर "लिंग-असमानता" का विषय (स्त्री-पुरुष के सम्बन्ध) आजकल विभिन्न क्षेत्रों में सोच-विचार का प्रमुख मुद्दा बना हुआ है। इस विषय से जुड़े कुछ अन्य मुद्दे पितृसत्तात्मकता, शक्ति और सांस्कृतिक परिवर्तन पर भी सोच-विचार चल रहा है। स्त्रियों और पुरुषों की अलग-अलग विशिष्ट विशेषताएं बताई गई हैं। आधुनिक या पश्चिमी समाजों में आक्रामकता, स्वतन्त्रता और सक्रियता जैसे गुणों को पुरुषत्व की निशानी माना जाता है। इन गुणों के बारे में भारी विवाद है। क्या ये वास्तव में लिंग-भेद के वास्तविक गुणों को प्रदर्शित करते हैं, क्या इन गुणों का निर्धारण जैवकीय अथवा सामाजिक रूप में होता है, ये गुण किस प्रकार पुरुष सत्ता को बनाये रखते हैं।

अनेक मानवशास्त्रियों ने पुरुषत्व से सम्बन्धित कई परिपाटियों की कई नामों से अपने लेखनों में चर्चा की है, किन्तु सन् 1980 से ही मानवशास्त्रियों ने व्यवस्थित रूप में पुरुषों को समस्याओं को पैदा करने वाला और समस्याओं को झेलने वाले व्यक्ति के रूप में अध्ययन करना शुरू किया है। पुरुष के रूप में पुरुष के अध्ययन की शुरुआत का आधार नारीवाद की "द्वितीय लहर" और "नारीवादी मानवशास्त्र" रहा है। नारीवादी मानवशास्त्रीय अध्ययनों के प्रकाशन के बाद मानवशास्त्री लिंग (जेन्डर) और कामात्मकता (सेक्स्युऐलिटी) पर अध्ययन करने लगे हैं।

mater — माता

सामाजिक दृष्टि से जिस स्त्री को बालक की माँ माना जाता है, उसे माता कहते हैं। इस दृष्टि से वह स्त्री जिसने वास्तविक रूप में बालक को जन्म दिया हो (जननी), उसकी सामाजिक दृष्टि से भी माँ हो, आवश्यक नही है। अतः माँ और जननी में अन्तर है।

materialism — भौतिकवाद

भौतिकवाद एक दार्शनिक दृष्टिकोण है जिसके अनुसार यह माना जाता है कि इस भौतिक संसार में हमारे भौतिक शरीरों के भौतिक क्रियाकलाप ही मानवीय प्रकृति के मूल तत्व हैं। यह दृष्टिकोण इस बात पर बल देता है कि मानवीय अस्तित्व (जीवन) एक संघर्ष है और इस संघर्ष में हमें अपनी शारीरिक ताकत का भरपूर प्रयोग करना चाहिये। यदि हम आध्यात्मिक मूल्यों को अपनी शारीरिक जरूरतों से अधिक महत्व देते हैं, तब यह हमारी मानवीय प्रकृति से विपरीत होगा। बहुधा यह कहा जाता है कि यदि व्यक्ति की भौतिक आवश्यकताओं की तुष्टि हो जाये तो वह कदापि आध्यात्मिक मुक्ति को प्राप्त करने की बात नहीं करेगा।

भौतिकवाद सम्बन्धी अनेक विविध प्रकार के सामाजिक सिद्धान्त हैं जिनके कुछ महत्वपूर्ण विचारों में समानताएं हैं, जैसे—(1) वास्तविक भौतिक विश्व की अपनी कुछ

विशिष्टताएं हैं जिनका मानवीय व्यवहार पर महत्वपूर्ण प्रभाव पड़ता है, (2) मानवीय व्यवहार प्रकृति का एक भाग है, अतः इसकी प्रकृति को जानने में प्राकृतिक विज्ञानों की विधियों का प्रयोग किया जा सकता है। भौतिकवादी इसे आवश्यक नहीं मानते कि भौतिक यथार्थ, मानसिक अथवा व्यक्तिपरक यथार्थ से "अधिक वास्तविक" है, किन्तु अपने कारणात्मक विश्लेषण की प्रक्रियाओं में वे व्यक्तिनिष्ठ यथार्थ अथवा मन के संसार की अपेक्षा वस्तुपरक भौतिक विश्व को वरीयता देते हैं।

भौतिकवाद का दार्शनिक परिप्रेक्ष्य में प्रयोग बहुत पुराना है। ऐसा माना जाता है कि इसकी जड़ें ई. पू. छठी शताब्दी के प्राचीन ग्रीस के दर्शनशास्त्री **आइऑनिअन** और बाद में रोमन दर्शनशास्त्री **ल्यूक्रेटिस** के विचारों में गड़ी हुई हैं। भौतिकवाद का दर्शनशास्त्रीय दृष्टिकोण इसके पराभौतिक और तात्विक अर्थों को उजागर करता है। पुरातन काल में इसका प्रयोग पदार्थ और आत्मा अथवा मन के बीच उपस्थित विवाद के विवेचन के लिये किया गया है। इस सन्दर्भ में पश्चिमी विचारकों में **देकार्ता और थॉमस हॉब्स** के नाम विशेष उल्लेखनीय हैं। भारतीय मनीषियों ने भी अति प्राचीन काल से पदार्थ और आत्मा के भेद की गुत्थी को सुलझाने का अथक प्रयास किया है। दर्शनशास्त्रीय परिप्रेक्ष्य के अनुसार यह माना जाता है कि जो कुछ विद्यमान है (इन्द्रियगोचर है) वह पदार्थ है, या प्रत्येक वस्तु अपने अस्तित्व के लिये न्यूनाधिक रूप में पदार्थ पर निर्भर करती है और सम्पूर्ण जगत् पदार्थ की ही अभिव्यक्ति है। आधुनिक भौतिकवाद मानव मस्तिष्क को भी पदार्थ द्वारा निर्मित एक रचना मानता है।

सामाजिक विज्ञानों में भौतिकवाद के समस्त सिद्धान्तों के पितामह उन्नीसवीं शताब्दी के सामाजिक विचारक **कार्ल मार्क्स और फ्रेडरिक एंजिल्स** रहे हैं, जिन्होंने "इतिहास की भौतिकवादी व्याख्या" प्रस्तुत की, जो आजकल सामान्यतः "ऐतिहासिक भौतिकवाद" के नाम से जानी जाती है। यद्यपि ऐतिहासिक भौतिकवाद और तात्विक भौतिकवाद में स्पष्ट सहसम्बन्ध है, तथापि तार्किक रूप से दोनों एक दूसरे से पूर्णतः स्वतन्त्र हैं। ऐतिहासिक भौतिकवाद की समस्त विचारणा "उत्पादन की विधि" पर केन्द्रित है (ऐसा विश्वास किया जाता है) जो सभी सांस्कृतिक स्वरूपों, विचार के तौर-तरीकों और राजनीतिक व्यवस्थाओं को निर्धारित करती है। ऐतिहासिक भौतिकवाद, सभी समाजों को "आधार और अधिसंरचना" के दो भागों में बांटता है। आधार के अन्तर्गत आर्थिक उत्पादन के लिये आवश्यक सभी तत्व, जिन्हें मार्क्स "उत्पादन की शक्तियां" कहता है, आ जाते हैं। इन तत्वों में मार्क्स ने उत्पादन की तकनीक के साथ-साथ मानवीय भौतिक पर्यावरण को भी सम्मिलित किया है। जब इन्हें उत्पादन की शक्तियों के स्वामित्व के तरीकों के साथ जोड़ दिया जाता है, जो कि "उत्पादन के सम्बन्धों" के नाम से जाने जाते हैं, तब एक विशिष्ट "उत्पादन की विधि" की रचना हो जाती है। इस उत्पादन की विधि के शीर्ष पर राजनीति और विचारधारा के साथ-साथ समाज की सभी शेष संस्थाओं द्वारा निर्मित अधिसंरचना का निर्माण होता है। मार्क्स एवं एंजिल्स ने आधार और अधिसंरचना के सम्बन्धों को कारण एवं प्रभाव के रूप में व्याख्या करते हुए आधार को अधिसंरचना का सर्वाधिक महत्वपूर्ण निर्धारक तत्व माना है। वे इन दोनों के बीच

पारस्परिक प्रभाव वाले सम्बन्धों के बारे में बहुत सीमा तक मौन रहे हैं और यही विषय बाद में सर्वाधिक बौद्धिक बहस का विषय बना है।

सन् 1845-46 में मार्क्स एवं एंजिल्स ने उत्पादन की विधि की अपनी अवधारणा को इतिहास के पन्नों में खोज कर ऐतिहासिक विकास की चार प्रमुख अवस्थाओं—(1) आदिम साम्यवाद, (2) प्राचीन दास प्रथा, (3) सामन्तवाद, और (4) पूंजीवाद की चर्चा की है। उन्होंने यह भविष्यवाणी की है कि अन्ततः समाजवादी उत्पादन की विधि पूंजीवाद का स्थान ले लेगी। मार्क्स के इस भौतिकवादी दर्शन ने अनेक मानवशास्त्रियों को प्रभावित किया है। इसमें प्रमुख रूप से सांस्कृतिक मानवशास्त्री **लेज़ली व्हाइट** (1943) और पुरातत्वशास्त्री **बी. गॉर्डन चाइल्ड** (1936) भी हैं जिनका आधुनिक मानवशास्त्र पर प्रमुख प्रभाव पड़ा है। ऐतिहासिक भौतिकवाद ने मानवशास्त्र को **मार्विन हैरिस** (1979) के "सांस्कृतिक भौतिकवाद" के माध्यम से भी काफी प्रभावित किया है।

भौतिकवाद के बारे में कोई भी चर्चा तब तक अधूरी ही मानी जायेगी, जब तक इसके विरोधी दर्शन "आदर्शवाद" पर कोई विचार-विमर्श नहीं किया जाता है। सामाजिक विज्ञानों में आदर्शवाद से तात्पर्य उस सिद्धान्त से है जिसके अनुसार यह माना जाता है कि यथार्थ के अधिकांश (यदि समस्त यथार्थ नहीं भी) महत्वपूर्ण पक्षों का जन्म मानवीय मस्तिष्क से होता है। स्वयं समाज की रचना सामाजिक रूप में निर्मित समझौतों के समूहों से हुई है जिनका निर्माण मानवीय मस्तिष्क द्वारा भिन्न काल और स्थानिक परिवेश के आधार पर हुआ है। **जार्ज विल्हेम फ्रेडरिक हीगल** (1770-1831) को सभी आदर्शवादी सिद्धान्तशास्त्रियों का पितामह माना जाता है जिनके अनुसार समाज "निरपेक्ष आत्मा" की एक उपज है। पिछले कुछ वर्षों में समाजशास्त्र और मानवशास्त्र में आदर्शवादी उपागमों का पुनः प्रयोग किया जा रहा है। मानवशास्त्र में इस सम्बन्ध में **क्लॉड लेवी स्ट्रास** के "संरचनावाद" को आदर्शवाद का ही एक रूप माना जाता है। इसमें काफी संशोधन और विस्तार करके इसे "उत्तर-संरचनावाद" और "उत्तर-आधुनिकतावाद" के रूप में आजकल प्रस्तुत किया जा रहा है।

materialism, cultural = cultural materialism

materialism, valgar – अशिष्ट भौतिकवाद

मार्विन हैरिस के सांस्कृतिक भौतिकवाद की आलोचना करते हुए **जोनाथन फ्रीडमैन** (1974) ने इसके प्रति उपेक्षात्मक भाव दर्शाते हुए इसे 'अशिष्ट या गंवारू भौतिकवाद' की संज्ञा दी है। अपनी इस धारणा को स्पष्ट करते हुए उन्होंने कहा है कि सांस्कृतिक भौतिकवाद इस अर्थ में गंवारू या अशिष्ट भौतिकवाद है क्योंकि इसमें आधार को अधिसंरचना से अलग प्रदर्शित नहीं किया गया है, अर्थात् दोनों को एक ही मानकर इन्हें दो भिन्न विधाएं नहीं माना गया है। उनके अनुसार, हैरिस के भौतिकवाद ने संस्कृति को वस्तुतः शुद्ध भौतिक शक्तियों में परिणित कर दिया। फ्रीडमेन ने हैरिस की इस धारणा की भी कटु आलोचना की है कि हिन्दुओं द्वारा दुधारू पशुओं को नहीं मारने और खाने के पीछे धार्मिक निषेध इतना महत्व नहीं रखता जितना कि यह भौतिक आधार कि ये पशु खेती के काम आते हैं, अतः इन्हें संरक्षित रखा जाना चाहिये।

mating – सहवास

कामेच्छा के वशीभूत होकर विषमलिंगियों के बीच जोड़े बनाने की प्रक्रिया सहवास या मैथुन कहलाती है। पशु-पक्षियों में सहवास केवल जैवकीय तृष्णा की तुष्टि के लिये ही होता है, जब कि मानव जाति में सहवास का उद्देश्य मात्र कामेच्छा की पूर्ति ही नहीं होता। सहवास बिना विवाह के भी हो सकता है।

matriarchate/matriarchy – मातृतंत्र (स्त्री-प्रधान व्यवस्था)

उद्विकासवादी विचारकों (प्रमुखतः **ब्रिफॉल्ट** और **बैकोफेन**) के अनुसार यह माना गया है कि आद्य सामाजिक संगठन स्त्री-प्रधान था, अर्थात् समाज में राजनीतिक एवं पारिवारिक सत्ता पर स्त्रियों का नियंत्रण होता था तथा व्यक्तियों और वस्तुओं के प्रति अधिकार एवं कर्त्तव्यों का हस्तान्तरण माँ की रेखा में होता था। ब्रिफॉल्ट ने अपने तीन खण्डीय ग्रंथ "द मदर्स" में लिखा है कि मानव-परिवार का ही नहीं, पशु परिवार का भी आदि रूप मातृतंत्रीय था। इतिहासकार एवं न्यायविद् **जे. जे. बैकोफेन** (1967) तथा जर्मन राजनीतिक अर्थशास्त्री एवं मार्क्स के सहयोगी **फ्रेडरिक एंजिल्स** का भी यही मत रहा है कि मानवीय समाज के विकास के प्रारंभिक चरणों में "मातृ-अधिकार" की प्रणाली एक प्रमुख शुरुआती व्यवस्था रही है और पितृतंत्रीय परिवार व्यवस्था का उदय इसके बाद में हुआ। इस व्यवस्था में मां की सत्ता और हुकूमत तथा दया एवं अहिंसा के आदर्श सामाजिक व्यवस्था के प्रथम आधार थे। बाद में, पितृतंत्र प्रणाली ने प्रारंभिक मातृतंत्र प्रणाली का स्थान लिया है।

अनेक आधुनिक सांस्कृतिक महिलावादियों ने सन् 1970 के दशक की शुरुआत में पश्चिमी विश्व की पितृसत्तात्मक संस्थाओं में संशोधन करने के लिये मातृतंत्रीय समाज को एक मॉडल के रूप में प्रस्तुत किया है।

matrilineage – मातृक वंश समूह

एक ऐसा नातेदारी समूह जिसके सदस्य स्त्री रेखा के अनुसार किसी ज्ञात साझा पूर्वजा से अपने वंश की गणना करते हैं, मातृक वंश समूह कहलाता है।

matrilineal descent = descent, matrilineal

matrilineal dilemma – मातृवंशीय उभयसंकट

मातृवंशीय उभयसंकट (द्विविधा) एक प्रकार का द्वन्द्व अथवा तनाव है जिसे मातृवंशीय वंश प्रणाली में एक पिता को झेलना पड़ता है। इस वंश प्रणाली में एक पिता दो व्यवस्थाओं में फंसा रहता है। एक ओर प्रधान कानूनी दायित्व के अनुसार उसे अपनी बहिन के बच्चों की देख-भाल और सहायता करनी पड़ती है, तो दूसरी ओर उसकी इच्छा अपने बच्चों को सहायता करने की रहती है, किन्तु ये बच्चे उसकी पत्नी के वंश समूह के सदस्य होते हैं। वास्तव में, यह समस्या इस कहावत में बहुत अच्छी प्रकार से मुखरित हुई है—"मैं अपने पुत्र को प्यार करता हूं किन्तु मुझे अपना माल असबाव (सम्पत्ति) मेरे बदमाश भान्जे को देनी पड़ती है।"

matrilocal residence = residence, matrilocal

matri-patrilocal residence = residence, matri-patrilocal

matripotestal — मातृक अधिकार
एक ऐसी सामाजिक व्यवस्था जिसमें परिवार के समस्त अधिकार एवं सत्ता मां तथा मां के रक्त-बन्धुओं में केन्द्रित होती है, मातृक अधिकार के नाम से जानी जाती है।

Maui — माउई
माउई एक महान् पौराणिक पोलिनेशियाई नायक है जिसको समुद्र के तल से द्वीप बनाने, सूर्य की गति को मन्द करने तथा पृथ्वी पर अग्नि लाने का श्रेय दिया जाता है।

means of production = production, means of

mechanical solidarity — यांत्रिक एकता (एकजुटता)
यांत्रिक एकता (एकजुटता) सामाजिक एकजुटता का एक रूप है जो लघु स्तरीय सरल समाजों की एक प्रमुख विशेषता है जिनमें सामूहिक चेतना की शक्ति घनी होती है। ऐसे समाजों में व्यक्ति न्यूनाधिक रूप में यंत्रनुमा कार्य करते रहते हैं और वे एक दूसरे के यांत्रिक उत्पादन होते हैं। इसी आधार पर उनमें जो सम्बद्धता के भाव का उदय होता है, उसे यांत्रिक एकता कहते हैं।

इस अवधारणा को प्रसिद्ध समाजशास्त्री **एमिल दुर्खाइम** ने श्रम-विभाजन के अपने विश्लेषण में विकसित किया है। उन्होंने सामाजिक एकता के दो रूपों यथा सावयविक एकता और यांत्रिक एकता की चर्चा की है। उन्होंने कहा कि अति सरल प्रकार के श्रम विभाजन (लिंग और आयु पर आधारित) वाले समाजों में यांत्रिक एकता (एकजुटता) के तत्व पाये जाते हैं। इन समाजों में बहुत कम विशेषीकरण और कुछ ही सामाजिक भूमिकाएं होती हैं। ऐसे समाजों में व्यक्ति का व्यक्तित्व सामूहिक व्यक्तित्व में इतना घुल-मिल जाता है कि उसके स्वयं के व्यक्तित्व का कोई पृथक् अस्तित्व न के बराबर रह जाता है। वह लोक-प्रथाओं, जनमत, परम्पराओं और धर्म के नियंत्रण में यंत्रवत् कार्य करता चला जाता है। मूल्यों एवं व्यवहार की समरूपता, कठोर सामाजिक नियंत्रण तथा परम्परा एवं नातेदारी के प्रति निष्ठा आदि यांत्रिक एकता के प्रमुख तत्व हैं।

medical systems — चिकित्सा प्रणालियां
सभी संस्कृतियों में पाई गई चिकित्सा प्रणालियों के ज्ञानात्मक और व्यवहारात्मक दोनों पक्षों का अध्ययन मानवशास्त्र की एक शाखा के रूप में "चिकित्सा मानवशास्त्र" में किया जाता है। चिकित्सा व्यवस्था का ज्ञानात्मक पक्ष निदानशास्त्र के सिद्धान्तों और रुग्नावस्था के कारणों, जिसमें बहुधा बीमारी का वर्गीकरण आदि भी आते हैं, के जानने पर बल देता है। रुग्नावस्था के बारे में सांस्कृतिक ज्ञान और इसका विभिन्न प्रकार की निदान और उपचारात्मक व्यवस्था के सम्बन्धों के अध्ययन को "लोक चिकित्सा" कहते हैं। चिकित्सा प्रणालियों के

व्यवहारात्मक तत्वों के अन्तर्गत उपचार करने वाले (चिकित्सक) तथा उनके मरीजों के बीच सांस्कृतिक और आर्थिक संदर्भ में होने वाली सामाजिक अन्तर्क्रियाएं आती हैं। वह सामाजिक तंत्र जिसके द्वारा उन्हें (उपचारकों) प्रशिक्षित किया जाता है, उपचारकों के बीच श्रम-विभाजन, तथा उन संस्थाओं का संगठन जिसके द्वारा किसी जनसमुदाय को सेवाएं दी जाती हैं, ये सभी विषय चिकित्सा प्रणालियों के महत्वपूर्ण अंग हैं।

प्रौद्योगिकीय दृष्टि से सरल समाजों जैसे दल (बैण्ड) और जनजातियों में उपचारकों के रूप में "शामन" लोगों का प्रयोग किया जाता रहा है, तथा इन समाजों में चिकित्सा व्यवस्था स्थानीय धर्म के साथ इस प्रकार गुंथी होती है कि बहुधा इन्हें एक दूसरे से अलग करना मुश्किल होता है। इसके ठीक विपरीत, प्रौद्योगिकीय दृष्टि से जटिल समाजों में, मुख्य चिकित्सा व्यवस्था अधिक लौकिक होती है और साथ ही इन समाजों में अनेक प्रकार की चिकित्सा व्यवस्थाएं साथ-साथ चलती हैं। इस प्रकार की स्थिति को "चिकित्सा बहुवाद" कहा गया है।

सांस्कृतिक दृष्टि से, एक चिकित्सा प्रणाली किसी एक विशिष्ट उपचार परम्परा (आयुर्वेदिक, यूनानी, होम्योपैथिक, चीनी, जीव-चिकित्सा आदि) से सम्बन्धित विचारों का एक संगठित समूह है। चिकित्सा मानवशास्त्री "जीव-चिकित्सा" शब्द का प्रयोग निदान और चिकित्सा की वैज्ञानिक एवं जैविकीय ज्ञान पर आधारित परम्परा के लिये करते हैं जिसके लिये सामान्यतः "ऐलोपैथिक" शब्द का प्रयोग किया जाता है। जीव-चिकित्सा उपचार की अपेक्षाकृत एक नई परम्परा है जो तकनीकी दृष्टि से काफी परिष्कृत और उपचार करने की बहुधा एक सर्वाधिक सफल विधि है। इस विधि (ऐलोपैथिक) के ज्ञान और तकनीक में बहुत तेजी से विस्तार हुआ है और इसे उपचार की अन्य विधियों की अपेक्षा अधिक प्रतिष्ठा प्राप्त है। यही नहीं, इस विधि के व्यावसायीकरण की गति भी तीव्र रही है। वैज्ञानिक चिकित्सा प्रणाली अन्तर्राष्ट्रीय, विश्वव्यापी और प्रभावशाली है, किन्तु यह भी संस्कृति से मुक्त नहीं है। मानवशास्त्रियों ने चिकित्सा की इस पद्धति से जुड़ी सांस्कृतिक एवं ज्ञान मीमांसात्मक धारणाओं का अध्ययन किया है। इन अध्ययनों के द्वारा विदित हुआ है कि कई बीमारियों, जैसे मनोविदलता (स्किड्ज़ोफ्रीन्यॅ), निम्न रक्त चाप सम्बन्धी व्याख्याओं के साथ-साथ शल्य चिकित्सा की शैली आदि के बारे में कई भिन्नताएं पाई गई हैं।

व्यवहारपरक दृष्टिकोण से एक चिकित्सा व्यवस्था को सामाजिक-आर्थिक व्यवस्था के सदृश्य देखा जा सकता है। किसी एक समुदाय या क्षेत्र में चिकित्सा व्यवस्थाओं को देने और वितरण करने में एकाधिक चिकित्सा परम्पराओं का प्रयोग किया जा सकता है। चिकित्सकों को प्रशिक्षित किया जाना चाहिये, मरीजों को समुचित रूप में उनकी सेवाएं लेनी चाहिये, उपचार सम्बन्धी व्यवहारों को एक विशिष्ट रूप में सम्पादित किया जाना चाहिये और चिकित्सकों को उनकी सेवाओं के लिये शुल्क दिया जाना चाहिये, ये सभी बातें एक चिकित्सा-व्यवस्था को सुचारू रूप में चलाये रखने के लिये आवश्यक हैं। आधुनिक राष्ट्र-राज्यों में सामाजिक-राजनीतिक नीतियों और दर्शन में काफी अन्तर पाया जाता है और ये बातें चिकित्सा के व्यवहारात्मक पक्ष और चिकित्सा-सुलभता दोनों को प्रभावित करते हैं।

जब चिकित्सा को एक सांस्कृतिक व्यवस्था के रूप में देखा जाता है, तब यह अन्य प्रणालियों के साथ एक लोक चिकित्सा का रूप धारण कर लेता है, अर्थात् इसकी जड़ें सांस्कृतिक पूर्वाग्रहों और मूल्यों में गड़ी होती हैं। इसमें कोई सन्देह नहीं है कि मरीज और उसके परिवार का चिकित्सक और दवा की ठीक करने की शक्ति के प्रति विश्वास रोगमुक्त करने की प्रक्रिया में महत्वपूर्ण भूमिका अदा करता है। सभी चिकित्सा व्यवस्थाएं इस विश्वास को पैदा करने और बढ़ाने में प्रतीकों का सहारा लेती हैं, और इस प्रकार सभी चिकित्सा पद्धतियां किसी न किसी रूप में प्रतीकात्मक उपचार प्रक्रियाओं का प्रयोग करती हैं।

चिकित्सा मानवशास्त्रियों ने विभिन्न संस्कृतियों में चिकित्सा व्यवस्थाओं के रूपों के बारे में तथ्य एकत्रित किये हैं। उदाहरणार्थ, **जार्ज फोस्टर** (1976) ने "व्यक्तिपरक" और "प्राकृतिकपरक" चिकित्सा व्यवस्थाओं में भेद प्रदर्शित किया है। यह भेद बीमारी के कारणों के मुख्य सिद्धान्त पर आधारित है। व्यक्तिपरक व्यवस्थाओं में, रुग्नता को व्यक्तिगत परिस्थितियों, जैसे जादू-टोना और आत्माओं को प्रतिशोध का फल माना जाता है। प्राकृतिकपरक व्यवस्थाओं में रुग्नता को शरीरशास्त्रीय प्रक्रियाओं में किसी प्रकार के असन्तुलन का परिणाम माना जाता है, जैसे कि त्रिदोषज (वात, पित्त और कफ) आयुर्वेदिक व्यवस्था में बीमारी को किसी एक दोष की अधिकता या कमी का परिणाम माना जाता है।

एक चिकित्सा व्यवस्था को एक सामाजिक व्यवस्था के रूप में भी देखा-समझा जा सकता है। एक सामाजिक व्यवस्था के रूप में इसकी संगठनात्मक भूमिकाओं का एक संस्थात्मक ढांचा होता है जिसकी जड़ें वृहत् सामाजिक व्यवस्था में गड़ी होती हैं। इसमें चिकित्सक और मरीज की दो प्रमुख भूमिकाएं होती हैं। चिकित्सक के रूप में, शामन लोग स्वतंत्र और कुछ सनकी व्यक्ति होते हैं। बहुधा ये लोग किसी बीमारी के निदान के लिये आत्माओं के संसार से सम्प्रेषण करने के लिये भाव-समाधि का प्रयोग करते हैं। अत्यधिक जटिल समाजों में चिकित्सा की भूमिकाएं बहुधा विशिष्टीकृत होती हैं। जैव-चिकित्सा पद्धतियों में अत्यधिक विशिष्टीकरण होता है तथा विशेषज्ञों के सम्मान में संस्तरण होता है। चिकित्सा मानवशास्त्रियों द्वारा व्यावसायीकरण की सामाजिक-राजनीतिक प्रक्रियाओं का भी अध्ययन किया गया है। **लास्ट** (1996) ने इस व्यवसाय के तीन स्तरों की पहचान की है : (1) पारम्परिक जैव-चिकित्सा व्यवसाय जिसे सभी आधुनिक राष्ट्र-राज्य प्रोत्साहित करते हैं, (2) वैकल्पिक चिकित्सा व्यवसाय, जैसे होमियोपैथी, आयुर्वेद, एक्युपंक्चर, यूनानी और पाद-चिकित्सा (किरोपडि) आदि। बहुधा इन व्यवसायों को सरकार द्वारा मान्यता दी गई है और इन व्यवसायों हेतु उपचार की व्यवस्थित विधि की विशिष्ट महाविद्यालयों/संस्थानों में शिक्षा दी जाती है। (3) स्थानीय चिकित्सकों के विभिन्न समूहों का एक सम्मिश्रित रूप तृतीय विश्व के देशों में उभर रहा है जो पारम्परिक चिकित्सा के व्यावसायीकरण से भिन्न है। एक चिकित्सकीय बहुलवादी समाज में विभिन्न व्यवसायों के बीच सम्बन्ध बड़े महत्वपूर्ण होते हैं। किन्तु मरीजों के स्वास्थ्य को बनाये रखने वाला व्यवहार ही समस्त चिकित्सा प्रणाली की धुरी है। समाजशास्त्र के क्षेत्र में, मरीज की भूमिका का एक अच्छा अध्ययन सुप्रसिद्ध समाजशास्त्री **टालकट पार्सन्स** (1951) द्वारा किया गया है।

medicine man – ओझा

परम्परागत समाजों के ऐसे विशिष्ट वर्ग के व्यक्ति जो जादुई अनुष्ठानों अथवा प्रेतात्माओं की सहायता से उपचार करते हैं, तथा समुदाय के सदस्यों द्वारा पूछे गये प्रश्नों का उत्तर देते हैं, उन्हें ओझा कहा जाता है।

meiosis – अर्द्धसूत्रण

एक जैविक प्रक्रिया जिसके द्वारा प्रजनन कोशिकाओं की रचना होती है, अर्द्धसूत्रण कहलाती है। विभाजन की इस प्रक्रिया में, नवनिर्मित कोशिकाओं में गुण-सूत्रों (क्रोमोसोम्स) की संख्या आधी रह जाती है ताकि जब निषेचन होता है तब जीव में गुण-सूत्रों की संख्या दुगुनी होने के बजाय जीव की अपनी जाति के अनुरूप गुण-सूत्रों की संख्या सामान्य हो जाती है।

menstruation – रजःस्त्राव/महावारी

स्त्रियों में अनिषेचित अण्डाणु और रक्त सहित इसके अनुषंगी ऊतकों के समय-समय पर होने वाले स्त्राव को रजःस्त्राव या महावारी कहते हैं। यह एक शारीरिक (जैविक) घटना है जो समस्त विश्व में सन्तानोत्पत्ति की आयु वाली लड़कियों या स्त्रियों से जुड़ी हुई है। रजःस्त्राव की अवधि सम्पूर्ण जीवन में सामान्यतः तीन अथवा चार दशकों की होती है जिसके अन्तर्गत एक स्त्री गर्भ धारण कर सकती है। रजःस्त्राव कुछ दिनों से लेकर एक सप्ताह तक हो सकता है और औसतन प्रत्येक माह में एक बार होता है। सामान्यतः इस जैविक घटना के बारे में यह प्रश्न उठाया जाता है कि इस प्रक्रिया से मानवशास्त्र का क्या लेना-देना है? मानवशास्त्रियों के लिये यह घटना किस प्रकार महत्वपूर्ण और रुचिकर है? विभिन्न संस्कृतियों में महावारी के रक्त और महावारी वाली स्त्रियों के बारे में कई प्रकार के भिन्न विचार—सकारात्मक, नकारात्मक, तटस्थ और द्वैध अर्थ वाले पाये गये हैं। यही नहीं, कई संस्कृतियों में महावारी की अवधि में विशिष्ट प्रकार के व्यवहार को उपयुक्त व्यवहार माना गया है जो कभी-कभी स्त्रियों के साथ-साथ पुरुषों के लिये भी होता है। महावारी की घटना को एक स्त्री प्रकट अथवा अप्रकट रख सकती है। यह इस बात पर निर्भर करता है कि उसके समाज में रजःस्त्राव या महावारी के बारे में किस प्रकार के खतरनाक विचार प्रचलित हैं। एक महावारी ग्रस्त महिला को धार्मिक अनुष्ठानों को सम्पन्न करने या उसमें भाग लेने की मनाई होती है, उस पर लैंगिक समागम का भी प्रतिबंध होता है। कहीं-कहीं ऐसी महिलाओं को आर्थिक क्रियाओं से भी अलग रखा जाता है (जैसा भी भारत की टोडा जनजाति में देखने को मिलता है)। अनेक संस्कृतियों में महावारी के रक्त से जुड़ी भी कई धारणाएं पाई गई हैं, आदि। इन विचार और धारणाओं ने ही महावारी या रजःस्त्राव को मानवशास्त्र के अध्ययन का विषय बनाया है।

रजोधर्म से जुड़ी वर्जनाएं इस विचार का संकेत देती हैं कि महावारी का रक्त विशिष्ट प्रकार का होता है ओर इसमें विलक्षण शक्तियां होती हैं। इन शक्तियों को अच्छा अथवा बुरा समझा जाना लिंग सम्बन्धों से जुड़े हुए स्थानीय विचारों और शक्ति-संरचना पर निर्भर करता है। उदाहरणार्थ, कोट डी आइवॅरे द्वीप के बैंग लोग महावारी के रक्त को उर्वरता का एक प्रतीक मानते हैं और उनका राजनीतिक ढाँचा स्त्रियों और पुरुषों को हर स्तर पर भाग लेने

की आज्ञा देता है। एक बैंग स्त्री को महावारी के समय अपने खेतों में काम करने की मनाई है, किन्तु यह निषेध वहां महिला शोषण का द्योतक नहीं है, अपितु वहां इस मानवीय उर्वरता को जंगल और खेत दोनों प्रकार की प्राकृतिक उर्वरता के साथ-साथ आत्माओं को अधिप्राकृतिक उर्वरता से पृथक् रखने का एक प्रयास माना जाता है। कहीं-कहीं सभी महावारी वाली औरतों को महावारी के दौरान किसी एक ही झोंपड़ी में रहना पड़ता है, अतः वहां औरतें सामान्यतः इस अवधि को आनन्ददायक मानती हैं, क्योंकि इस अवधि में एक ओर तो उन्हें अपने रोजमर्रा के सामान्य कामकाजों से छुट्‌टी मिलती है, तो दूसरी ओर उन्हें दूसरी औरतों के साथ मौजमस्ती करने का अवसर मिलता है। इसके ठीक विपरीत, यहूदी स्त्रियों को पारम्परिक रूप में महावारी के कारण दस दिनों तक अलग रहना पड़ता है और सामान्यतः इस कारण से स्त्रियों को तब तक अपवित्र और यहां तक कि अनैतिक माना जाता है जब तक कि वे "मिकवाह" नामक आनुष्ठानिक स्नान से अपने आपको पवित्र नहीं कर लेती हैं, यद्यपि आजकल कहीं-कहीं इस विधि-विधान में परिवर्तन आ गया है। इसके विपरीत, ताईवान की स्त्रियां मासिक धर्म को अपनी अच्छे सेहत का साधन मानती हैं, जबकि वहां के पुरुष इसे प्रदूषितता का कारण मानते हैं। भारत के हिन्दुओं में भी स्त्रियों के मासिक धर्म अवधि (लगभग तीन दिन) को अपवित्रता का द्योतक माना गया है और सामान्यतः उन्हें रोजमर्रा के नियमित पवित्र कार्यों, जैसे—पूजा करना, भोजन बनाना, पानी भरना आदि से अलग रखा जाता है। शहरों की अपेक्षा ग्रामीण क्षेत्रों में मासिक काल सम्बन्धी इन निषेधों का अभी भी कठोरता से पालन किया जाता है।

मासिक धर्म अवधि का रक्त न केवल जैविक रूप से अपितु सांस्कृतिक दृष्टि से भी विषैले रक्त से भिन्न होता है। इस काल के रक्त में थक्के नहीं होते हैं। सांस्कृतिक दृष्टि से यह माना जाता है कि इस काल के रक्त में विलक्षण शक्ति होती है जिसमें रहस्यात्मक विशेषताएं निहित होती हैं। अतः इस रक्त को गुप्त रूप में फेंक दिया जाना चाहिये। दूसरे व्यक्तियों को इस रक्त को छूने या देखने के लिये भी बहुधा मनाई है और यही कारण है कि इस काल में संभोग भी वर्जित है। चूंकि महावारी के रक्त में कुछ विशिष्ट शक्तियों के होने का अनुमान किया गया है, अतः कहीं-कहीं इस रक्त का कुछ विशिष्ट उद्देश्यों—जैसे जादू-टोनागिरी के लिये प्रयोग किया जाता है। घाना के अशांति लोगों में कन्याओं के कौमार्य (प्रथम मासिक धर्म) का उत्सव के रूप में जश्न मनाने की प्रथा है।

उपरोक्त उदाहरण मासिक धर्म से जुड़े सांस्कृतिक विचारों का उद्‌घाटन करते हैं, किन्तु सभी स्थानों पर मासिक धर्म सम्बन्धी इस प्रकार के निषेध नहीं हैं और न ही किसी प्रकार की वर्जनाएं। बोर्नियों के रूंगस लोगों में मासिक धर्म दोनों लिंगों के व्यक्तियों के लिये कोई महत्व नहीं रखता। किन्तु पश्चिमी देशों में आजकल जो 'पूर्व मासिक धर्म लक्षण' (सिनड्रोम) जैसी मनोवैज्ञानिक बीमारी (पी.एम.एस.) के लक्षण किशोरियों में देखे गये हैं, उससे गैर-औद्योगिक समाजों की किशोरियां अभी तक मुक्त पाई गई हैं।

मासिक धर्म के जीवशास्त्र और मनोविज्ञान में भी विभिन्न संस्कृतियों में बड़ा फर्क है। उदाहरणार्थ, जहां स्त्रियों के गर्भकाल को सीमित करने का कम या बिल्कुल प्रयास नहीं किया

जाता, वहां स्त्रियां बिरले ही महावारी से होती हैं, वहां बहुधा एक लम्बे काल तक स्त्रियां स्तनपान करवाने के कारण कई सालों तक अपने मासिक चक्र को दबा देती हैं। मासिक धर्म के चक्र की लम्बी अवधि भी मासिक काल की आवृत्ति को कम कर सकती है। उदाहरणार्थ न्यूगिनी के गंज लोगों में मासिक धर्म की मध्यक चक्रिक लम्बाई 36 दिनों की है। यही नहीं, गैर पश्चिमी तथा पूर्व औद्योगिक समाजों में महावारी की शुरुआत आधुनिक पश्चिमी देशों की अपेक्षा बहुत देर से होती है, परिणामतः वहां की स्त्रियों के सम्पूर्ण मासिक चक्र की अवधि छोटी हो जाती है। सार रूप में, यह कहा जा सकता है कि मासिक धर्म के वास्तविक जीवशास्त्र और मासिक धर्म की अवधि को जिस प्रकार देखा जाता है और उससे सम्बन्धी अनुभव किये जाते हैं, दोनों में ही विभिन्न संस्कृतियों में काफी विविधता है। वास्तव में, रजःस्त्राव एक जैविक घटना कम है और सांस्कृतिक घटना अधिक, जिसके कारण ही प्रत्येक स्त्री के इस घटना के सम्बन्ध में काफी भिन्न अनुभव होते हैं।

menustration, male – पुरुष आर्त्तव

कुछ समाजों में रक्त को बहाने के लिये पुरुषों के मूत्रमार्ग (युऑरिथर) को काटने की प्रथा पाई गई है, इसे ही पुरुष आर्त्तव कहा गया है। न्युगिनी के कुछ समूहों में यह प्रथा देखी गई है।

merbok – मेरबोक

उत्तरी ऑस्ट्रेलिया में आनुष्ठानिक विनिमय की एक विधि 'मेरबोक' के नाम से जानी जाती है। इस विधि द्वारा विनिमय की गई कुछ वस्तुएं दूर-दूर तक पहुंच जाती हैं। यह विनिमय विशिष्ट बंधु साथियों के बीच होता है। मेरबोक साथी का होना मित्रता का द्योतक है।

mesolithic age – मध्यपाषाण युग

पुरा प्रस्तर युग तथा नव प्रस्तर युग के मध्य का संक्रमण काल मध्य पाषाण युग के नाम से जाना जाता है। इस युग की संस्कृति की प्रमुख विशिष्टता धनुष-बाण का प्रयोग, मृद्भांडों (सिरैमिक्स) का निर्माण तथा पालतू पशु के रूप में कुत्ते का प्रयोग आदि रही है। इस युग के चकमक उद्योगों में सूक्ष्म पाषाण उपकरणों की बहुलता देखी गई है। ऐसा माना जाता है कि विश्व में इस पुरातात्विक काल की शुरुआत 12,000 ई. पू. हुई थी जिस अवधि के पूर्व कृषिहर गाँव पाये गये हैं। ऐसा अनुमान है कि प्रथम महान् हिमयुग की समाप्ति के साथ-साथ पुरापाषाण काल का भी अन्त हो गया। अतः मध्य पाषाण युग लगभग 10 या 12 हजार ई. पू. तक चलता रहा होगा।

mestizo – वर्णशंकर

दोनों अमेरिकाओं (उत्तरी और दक्षिणी अमेरिका) की पूर्व स्पैनिश उपनिवेशी बस्तियों में पाये गये मिश्रित प्रजाति के लोगों के लिये 'मेस्टिजो' शब्द का प्रयोग किया गया है। ऐसे व्यक्तियों के पूर्वज बहुधा मूल निवासी और स्पेन के रहने वाले व्यक्तियों के मिश्रित रक्त वाले लोग थे।

metacommunication – अधिसंचार
मानव की एक ऐसी उच्च विकसित क्षमता को अधिसंचार कहते हैं जिसके द्वारा संचार का सम्प्रेक्षण किया जाता है। इस शब्द (पद) का प्रयोग **बेटसन** ने किया है। इसमें सूचनाओं के ढाँचों के विभिन्न स्वरूपों का प्रयोग किया जाता है जो हमें सूचनाओं के समझने में हमारी सहायता करते हैं।

microlith – सूक्ष्म पाषाण
शाब्दिक अर्थ में, "माइक्रोलिथ" से तात्पर्य छोटे-छोटे पत्थरों से है। तकनीकी दृष्टि से, ऐसे सभी संकड़े और अति छोटे शल्कों को, जिनमें दूसरे दर्जे की शल्कन होती है, सूक्ष्म पाषाण कहा जाता है। सूक्ष्म पाषाण मुख्यतः मध्य पाषाणकालीन उपकरण हैं। ये बहुत छोटे ज्यामितिक भिन्न-भिन्न आकार के (एक से आठ सेन्टीमीटर) होते हैं।

middleman minorities – मध्यस्थ अल्पसंख्यक
मध्यस्थ अल्पसंख्यक ऐसे नृजातिक समूह होते हैं जो देश में शासन करने वाले व्यक्तियों द्वारा आर्थिक अथवा श्रम संरचना की रिक्तियों की पूर्ति करने के लिये भर्ती या नियुक्त किये जाते हैं। समाज में ऐसे समूहों की आर्थिक और सामाजिक स्थिति मध्यवर्तियों की होती है। ध्यान रहे, ऐसे समूह विजय अभियान की अपेक्षा आव्रजन के फलस्वरूप बनते हैं। प्रारंभिक मानवशास्त्र और समाजशास्त्र में ऐसे समूहों को "अछूत" (पैरिअ), अथवा "अतिथि व्यक्ति" (एम. वेबर, 1952) या "बाहरी व्यक्ति" (सिमेल, 1950) कहा गया है। इस घटना के ऐतिहासिक उदाहरणों के रूप में यूरोप में यहूदी और जिप्सी लोग, दक्षिणी-पूर्वी एशिया में चीनी लोग, अमेरिका में चीनी और जापानी लोग, अफ्रीका में भारतीय, पाकिस्तानी और लेबानीज़ लोग बताये जा सकते हैं। यद्यपि इन समूहों में काफी विविधता पाई गई है, तथापि इन लोगों के इतिहास में समानता रही है।

मध्यस्थ अल्पसंख्यकों के सामाजिक गतिशास्त्र पर विचार करने पर हमें मालूम होता है कि इसके लिये आकर्षक और विकर्षण के दोनों कारक कार्य करते हैं। लोग अपने देश/स्थान को छोड़कर दूसरे देश/स्थान तब जाते हैं जब अपने देश की आर्थिक स्थिति खराब हो गई हो, जैसे अकाल अथवा युद्ध या सैनिकों द्वारा या अन्य कारण से उनके क्षेत्र पर अतिक्रमण हो गया हो, अथवा दूसरे देशों से अच्छे आर्थिक जीवन और सहिष्णुता के प्रलोभन दिये जा रहे हों। ऐसी स्थितियां व्यक्तियों को अपने स्थान को छोड़ने के लिये प्रेरित अथवा बाध्य करती हैं।

मध्यस्थ अल्पसंख्यक समूह शुरू में अपने नये निवास स्थान को अस्थाई मानते हैं, किन्तु एक लम्बे अर्से के बाद मेजबान देश में वे स्थाई अल्पसंख्यक बन जाते हैं। ऐसे व्यक्तियों का कभी भी मूल निवासियों के साथ पूर्णतः मेल-मिलाप नहीं हो पाता और वे किसी राष्ट्र में एक अन्य राष्ट्र के रूप में रहते हैं। इन लोगों की संस्कृति और सामाजिक संगठन मूल निवासियों से भिन्न बनी रहती है। शुरू-शुरू में ऐसे व्यक्तियों का उनकी निपुणताओं, सेवाओं और कार्यों के लिये स्वागत होता है, किन्तु बाद में ऐसे व्यक्तियों

(अल्पसंख्यकों) को सामान्यजन और श्रेष्ठिजन दोनों के द्वारा घृणा, दुर्भावना और विद्वेषी दृष्टि से देखा जाता है और इनके लिये मूल निवासियों द्वारा कई कठिनाइयां उत्पन्न कर दी जाती हैं। ये कठिनाइयां या समस्याएं (नागरिकता की समस्या) कोई एक रात में नहीं उत्पन्न होती, अपितु इन्हें उत्पन्न होने में वर्षों लग जाते हैं, कभी-कभी दो-तीन पीढ़ी या शताब्दियों के बाद ऐसी समस्याएं उत्पन्न होती हैं। यह सब कुछ वहां के विशिष्ट ऐतिहासिक सन्दर्भ पर निर्भर करता है।

एक लम्बे अर्से से इस प्रश्न पर गरमागरम बहस चल रही है कि क्या ये मध्यवर्ती अल्पसंख्यक समूह नया ठोर-ठिकाना मिलने के बाद एक स्थाई सामान की भांति सम्मिश्रित समाज में खप सकते हैं। सात्मीकरण की प्रक्रिया पर लिखने वाले मानवशास्त्रियों का कहना है कि यह मात्र समय का प्रश्न है कि यदि विद्वेष और बहिष्कार के ऐतिहासिक प्रतिमान की पुनरावृत्ति होती है, तब जाति संहार होने पर जो भाग्यशाली समूह इससे बच जाते हैं, वे किसी अन्य समाज में अपना ठोर-ठिकाना ढूंढ कर नये सिरे से बसने का प्रयत्न करते हैं।

migration — प्रव्रजन/प्रवसन

किसी एक भौगोलिक/राष्ट्रीय क्षेत्र से दूसरे भौगोलिक/राष्ट्रीय क्षेत्र में अपेक्षाकृत स्थाई गमन की प्रक्रिया प्रव्रजन या प्रवसन कहलाती है। भ्रमण और प्रव्रजन में अन्तर है। भ्रमण पूर्णतः अस्थाई होता है, जबकि प्रव्रजन में स्थायित्व का तत्व विद्यमान होता है। प्रव्रजन मोटे रूप में दो प्रकार का होता है : (1) एक निश्चित प्रदेश या क्षेत्र में एक जगह से दूसरी जगह पर नियमित रूप में निवास स्थान का मौसमी बदलाव। इस प्रकार का प्रवसन सामान्य रूप में घुमक्कड़ लोगों, पशुपालकों, आखेटकों की विशेषता रही है, (2) एक देश अथवा स्थान से दूसरे देश अथवा स्थान पर स्थाई तौर पर बसने के लिये प्रवसन। इस प्रकार का गमन (जाने की प्रक्रिया) "उत्प्रवास" (एमिग्रेशन) कहलाता है। किसी देश में आने की प्रक्रिया को 'आव्रजन' या 'आप्रावास' (इमइग्रेशन) कहते है। सामाजिक विज्ञानों की दृष्टि से 'उत्प्रवास' (एमिग्रेशन) काफी महत्वपूर्ण है और इसका अत्यधिक ऐतिहासिक महत्व है। मानवशास्त्रियों ने उत्प्रवास के आर्थिक, राजनीतिक, सांस्कृतिक और जनसांख्यिक जैसे कई पक्षों पर प्रकाश डाला है।

लोगों का विश्व में हमें जो वर्तमान वितरण का स्वरूप दिखाई देता है, उसमें से अधिकांश पूर्व-ऐतिहासिक और प्राचीन ऐतिहासिक काल का है। ऐसा अनुमान है कि लगभग 10,000 वर्षों पूर्व जब कृषि का विकास हुआ होगा, उसने लोगों को एक स्थान पर स्थाई रूप में बसने की प्रक्रिया को संभव बनाया होगा जो कि पहले आपसी संघर्ष और पर्यावरणात्मक दबावों के कारण इधर-उधर घूमते रहते थे। आधुनिक औद्योगीकरण और नगरीकरण के साथ एक भिन्न प्रकार का प्रव्रजन जुड़ा हुआ है। अठारहवीं और उन्नीसवीं शताब्दी में जब पश्चिमी यूरोप में कारखाना प्रणाली का विकास हुआ, तब नगरों में श्रमिकों की मांग उत्पन्न हुई, इस कारणवश ग्रामीण क्षेत्रों से नगरों में श्रमिक आने लगे। ये श्रमिक कृषक थे जिन्हें श्रम-बचत करने वाले उपकरणों के कृषि में प्रयोग के कारण ग्रामीण क्षेत्रों को छोड़ने के लिये बाध्य होना

पड़ा। ब्रिटेन तथा कुछ अन्य स्थानों पर ऊन और मांस उत्पादन हेतु भेड़ों को पालने के लिये जमीन की आवश्यकता के कारण भी कुछ लोगों को ग्रामीण क्षेत्रों से बेदखल होना पड़ा।

विश्व इतिहास में दो सबसे बड़े प्रव्रजन, जो दोनों अमेरिकाओं (उत्तरी और दक्षिणी) में उन्नीसवीं शताब्दी में हुए, बहुप्रसिद्ध हैं। इन प्रव्रजनों में लाखों लोग अपने-अपने देशों को छोड़ कर अमेरिकाओं को जाने लगे। इन प्रव्रजनों की प्रथम लहर सन् 1840 और 1850 के दशकों के बीच शुरू हुई। इस प्रव्रजन ने कुछ शोधार्थियों को अध्ययन के लिये प्रेरित किया। फलस्वरूप, **थॉमस और नेनकी** का पोलैण्ड के कृषकों का अध्ययन (1918-20) प्रकाशित हुआ। द्वितीय विश्व युद्ध के बाद अनेक मानवशास्त्रियों ने प्रव्रजन अध्ययनों के प्रति अपनी रुचि प्रदर्शित की। किन्तु ये अध्ययन मुख्यतः एक ही देश की सीमा में होने वाले ग्रामीण-नगरीय प्रव्रजन से सम्बन्धित थे। इन अध्ययनों ने "नगरीय मानवशास्त्र" (**ऑस्कर लेविस**, 1952) को जन्म दिया। इन अध्ययनों की जड़ें "आधुनिकीकरण" की अवधारणा में गड़ी हुई थीं जिनके आधार पर यह भविष्योक्ति की गई कि "पारम्परिक" ग्रामीण समुदायों के निरन्तर आधुनिक नगरों के साथ सम्पर्क के कारण ग्रामीण क्षेत्रों में सामाजिक-आर्थिक विकास होगा तथा नगरों में आये व्यक्तियों की जीवन-शैली में भी सुधार आयेगा। आधुनिकीकरण के सिद्धान्त के अनुसार यह माना जाता है कि प्रव्रजन द्वारा नगरों से ग्रामीण क्षेत्रों में आधुनिक सांस्कृतिक, सामाजिक और प्रौद्योगिक लक्षणों (तत्वों) का प्रसार होता है, जिसके फलस्वरूप ग्रामीण-क्षेत्रों का विकास होता है। इस सिद्धान्त के विपरीत, आश्रितता के सिद्धान्त के अनुसार यह माना जाता है कि इस प्रकार के प्रव्रजन और तत्वों के प्रसार द्वारा ग्रामीण क्षेत्रों के विकास की अपेक्षा उनका विनाश अधिक होता है। इस सिद्धान्त की यह मान्यता है कि अविकसित क्षेत्रों में उत्पादन का पूंजीवादी तरीका ही अधिक प्रचलित है, अतः ग्रामीण से नगरीय क्षेत्रों की ओर प्रव्रजन का एक ऐसा साधन है जिसके द्वारा आर्थिक आधिक्य और मानवीय पूंजी दोनों को तृतीय विश्व के देशों के ग्रामीण क्षेत्रों से नगरीय केन्द्रों की ओर भेजा जाता है। इन दोनों सिद्धान्तों को नकारते हुए "सन्धियोजन सिद्धान्त" (आर्टिक्युलेशन थिअॅरी) की यह मान्यता है कि गैर-पूंजीवादी उत्पादन की विधियों को बहुधा प्रव्रजन और अन्य तरीकों से बनाये रखा जाता है और कभी-कभी पूंजीवाद के साथ उन्हें जोड़ दिया जाता है।

अन्तर्राष्ट्रीय प्रव्रजन पर आजकल काफी लम्बी राजनीतिक बहस चल रही है जो बहुधा प्रव्रजन के गतिशास्त्र को धुंधला कर देती है। ग्रामीण-नगरीय प्रव्रजन की आधुनिक शोध में आजकल इस विषय को लेकर शोध की जा रही है कि प्रव्रजित व्यक्ति किस प्रकार आर्थिक, सामाजिक और सांस्कृतिक रूप में नये परिवेश के साथ समायोजन करते हैं। इसके साथ ही आजकल युद्ध, गरीबी, जनसंख्या वृद्धि, अकाल अथवा कोई अन्य प्राकृतिक आपदा, उत्पीड़न, अत्याचार आदि के कारण होने वाले प्रव्रजन के कारण जो शरणार्थियों की समस्याएं उत्पन्न होती हैं, उनका भी अध्ययन किया जा रहा है। राष्ट्र संघ के एक अनुमान के अनुसार लगभग एक हजार करोड़ व्यक्ति ऐसे हैं जो उस देश के बाहर रह रहे हैं जिनमें वे पैदा हुए थे और तीन सौ करोड़ व्यक्ति हर वर्ष ग्रामों से नगरीय क्षेत्रों की ओर जाते हैं।

migration, circulatory – **चक्रीय प्रव्रजन**
अपने ग्रामीण निवास से शहरी निवास पर बार-बार आने-जाने की प्रक्रिया चक्रीय प्रव्रजन कहलाती है। इस प्रकार के प्रव्रजन तब होते हैं जब लोगों का अपने ग्रामीण निवास से किसी कारणवश मोह छूटता नहीं है, या अपने गांव में आने-जाने की कोई बाध्यता बनी रहती है। ऐसे व्यक्ति निरन्तर ग्रामीण निवास पर मंडराते रहते हैं।

migration, step – **क्रमिक प्रव्रजन**
मूल छोटे प्रवास स्थल से बड़े प्रवास स्थलों की ओर कई चरणों में अग्रसर होना क्रमिक प्रव्रजन कहलाता है, जैसे गांव से पहले कस्बा, कस्बे से छोटा नगर, छोटे नगर से बड़े नगर और बड़े नगर से महानगरों की ओर संक्रमण क्रमिक प्रव्रजन का द्योतक है।

migration, translocatory – **स्थानान्तर प्रव्रजन**
अपनी इच्छा से किसी शहरी स्थान पर स्थाई रूप से बस जाने की प्रक्रिया स्थानान्तर प्रव्रजन कहलाती है।

millenarian movements – **सहस्त्राब्दिक आन्दोलन**
आन्दोलनों के कई भिन्न रूप हैं, जो विविध उद्देश्यों से अभिप्रेरित होते हैं। सहस्त्राब्दिक आन्दोलनों के उद्देश्य कुछ अज़ीब से हैं। इस युग की समाप्ति हो गई, या विश्व के विनाश का काल आ गया या इस जीवन का अन्तिम समय आ गया और अब एक नया सवेरा होगा, ऐसे विचार सहस्त्राब्दिक आन्दोलनों के प्रेरणा स्त्रोत विषय रहे हैं। इस प्रकार के आन्दोलनों की एक अभिव्यक्ति यूरोप के ईसाइयत के इतिहास और यहां तक कि यूरोपीय राजनीतिक इतिहास में देखी जा सकती है। **नॉर्मन कोहन** (1970) ने मध्य युग के अनेक धार्मिक सहस्त्राब्दिक आन्दोलनों का वर्णन किया है जिनकी परिणति प्रोटेस्टेन्ट सुधारवाद में हुई। इन आन्दोलनों में अधिकांश का प्रेरणा स्त्रोत **जोछिम के फिऑर** की भविष्यवाणियां रही हैं। उनमें से एक भविष्यवाणी यह भी रही है कि 'एक युग ऐसा भी आयेगा जब समस्त सामाजिक असमानताएं समाप्त हो जायेंगी और साधनहीन (गरीब) व्यक्ति विश्व की समस्त दौलत के मालिक होंगे।' **कोहन** कहते हैं कि **फिऑर** का प्रभाव दूरगामी रहा है क्योंकि यूरोप की अनेक लौकिक-राजनीतिक विचारधाराओं और आन्दोलनों पर धार्मिक सहस्त्राब्दिकता का प्रभाव देखा जा सकता है। इनमें अनेक अराजकतावादी और मार्क्सवादी राजनीतिक आन्दोलन भी सम्मिलित हैं। आधुनिक राष्ट्रवाद के कुछ रूपों, विशेषकर वे रूप जो उपनिवेशवादी और साम्राज्यवादी विस्तार और प्रभुत्व की दशाओं के विरोध में उत्पन्न हुए थे, में सहस्त्राब्दिकता के कुछ लक्षण स्पष्ट रूप में नजर आते हैं।

धार्मिक सहस्त्राब्दिकता के सामाजिक और राजनीतिक आधार अलगाव के तरीकों, सामाजिक और आर्थिक वंचना अथवा राजनीतिक उत्पीड़न से जुड़े पाये गये हैं। **लेन्टरनारी** (1963) ने विश्वव्यापी स्तर पर उपनिवेशों में रहने वाले व्यक्तियों का एक ऐसा उत्कृष्ट सर्वेक्षण प्रस्तुत किया है जिनमें ऐसे सहस्त्राब्दिक आन्दोलनों के विभिन्न रूप पाये गये हैं। मेलेनेशिया का "कार्गो पंथ" आन्दोलन, उत्तरी अमरीकी इंडियन लोगों का "प्रेतात्मा नृत्य"

और "पेयोट पंथ" सहस्त्राब्दिक आन्दोलनों के ऐसे कुछ उदाहरण हैं जिन पर काफी कुछ लिखा गया है। मोटे रूप में, सहस्त्राब्दिकतावाद के प्रेरणा स्त्रोत उग्र सामाजिक, आर्थिक और प्रौद्योगिकीय आधारित हाशियाकरण अथवा नये प्रकार के अनुभव प्रतीत होते हैं। किन्तु इसे उत्पन्न करने में विचारात्मक कारकों की अवहेलना नहीं की जा सकती है। उदाहरणार्थ, ईसाइयत, जैसी कुछ धार्मिक विचारधाराओं में कुछ ऐसे सैद्धान्तिक और वैचारिक तत्व मौजूद हैं जो रोजमर्रा की सहस्त्राब्दिक प्रक्रियाओं को प्रोत्साहित करते हैं। इस अर्थ में ईसाइयों के मिशनरियों का कार्य अप्रत्यक्ष रूप में इस प्रकार के आन्दोलनों को प्रेरित करने का एक उदाहरण बताया जा सकता है। सहस्त्राब्दिक आन्दोलन ऐसे जनसमुदाय द्वारा उत्पन्न किया जाता और अपनाया जाता है जो यह प्रयास करते रहते हैं कि वे जीवन की यथार्थताओं के गतिशास्त्र के साथ तालमेल बिठा सकें और जीवन की दशाओं पर पुनः नियंत्रण स्थापित कर सकें। मानवशास्त्र के क्षेत्र में बुद्धिवादी प्रकृति पर जोर देने वालों ने बहुधा सहस्त्राब्दिकतावाद को मानवीय क्रियाकलापों में, विशेषतः धार्मिक क्रिया को, अतार्किक प्रवृत्ति के एक उदाहरण के रूप में प्रस्तुत किया है।

milpa — मिल्पा

"मिल्पा" स्थानान्तरित कृषि विधि के लिये मैक्सिको तथा मध्य अमेरिका के व्यक्तियों द्वारा प्रयुक्त उनकी भाषा का एक शब्द है जिसका प्रयोग वे पेड़ों को काट कर एवं जला कर कृषि करने की विधि के लिये करते हैं। मूलतः यह शब्द "माया" संस्कृति का है।

miocene period — अल्पनूतन (माइओसीन) काल

22.5 से 5 लाख वर्ष पूर्व के भूगर्भीय युग को अल्प नूतन काल कहा गया है। ऐसा माना जाता है कि इसी काल में "मानव जीव" (होमोनिड) का उदय हुआ होगा।

mitosis — सूत्री विभाजन

प्रत्येक पौधे अथवा पशु में अपनी जाति के अनुसार उपयुक्त संख्या में गुणसूत्र (क्रोमोसोम्स) होते हैं। मानव प्राणी में 23 जोड़े, अर्थात् कुल 46 क्रोमोसोम्स होते हैं जिनके साथ कई गुणा जीन्स (वंशाणु) जुड़े होते हैं। प्रत्येक नवीन शरीर कोशिका, कोशिकीय प्रजनन के दौरान कई गुणसूत्र प्राप्त करती है। सूत्री विभाजन कोशिकीय प्रजनन या विकास की एक प्रक्रिया है जिसमें गुणसूत्रों के जोड़ों की द्विरावृत्ति होती है। कोशिका का विभाजन एक ऐसी प्रक्रिया है जिससे सूत्री कोशिकाएं बनती हैं और प्रत्येक में मूल कोशिका के आधे गुणसूत्र होते हैं।

modal personality — रूपात्मक व्यक्तित्व

लिंटन *के अनुसार, "एक ऐसे व्यक्तित्व संकुल को रूपात्मक व्यक्तित्व कहते हैं जो समाज के अधिकांश सदस्यों में पाया जाता है।"* इसकी उत्पत्ति प्रारंभिक साझा अनुभवों के आधार पर होती है। इस अवधारणा का प्रयोग 'संस्कृति और व्यक्तित्व' सम्प्रदाय के क्षेत्र में समाज में व्यक्तित्व के लक्षणों को अधिक वस्तुपरक ढंग से मापने के उद्देश्य से किया गया है। लिंटन का "रूपात्मक व्यक्तित्व" का विचार मनोविश्लेषक **कार्डिनर** के "मूलभूत व्यक्तित्व" (बेसिक

पर्सनलिटी) से मिलता-जुलता है। *प्रत्येक संस्कृति एक ऐसे आधारभूत व्यक्तित्व की रचना करती है जिसके लक्षणों/विशेषताओं की झलक उस समाज अथवा संस्कृति के अधिकांश सदस्यों में देखने को मिलती है। साझा लक्षणों अथवा विशेषताओं का यह समूह एक विशिष्ट प्रकार के व्यक्तित्व की रचना करता है, इसे ही उक्त समाज विशेष का रूपात्मक व्यक्तित्व कहा जाता है। इस शब्द का सर्व प्रथम प्रयोग* ***कोरा डूबोइस*** *द्वारा किया गया है।*

जब हम आक्रामकता को किसी समाज के रूपात्मक व्यक्तित्व का एक विशिष्ट लक्षण मानते हैं, तब हमारा तात्पर्य यही होता है कि इस लक्षण (आक्रामकता) की उस समाज के सदस्यों में उच्चतम आवृत्ति होती है, अर्थात् उस समाज के अधिकांश सदस्य आक्रामक प्रवृत्ति लिये होते हैं या यह प्रवृत्ति किसी दूसरे समाज के सदस्यों की अपेक्षा इस समाज के लोगों में अधिक मिलती है। व्यक्तित्व के इन साझा लक्षणों की जड़ें बालक के लालन-पालन (समाजीकरण) के तौर-तरीकों में गड़ी होती हैं। (देखिये—मूलभूत व्यन्तित्व और राष्ट्रीय चरित्र)

model – प्रतिरूप (मॉडल)

सामान्यतः किसी विशाल भौतिक वस्तु जैसे भवन, जहाज, कार आदि के विचार को प्रदर्शित करने हेतु उसकी जो लघु आकृति बनाई जाती है, उसके लिये मॉडल शब्द का प्रयोग किया जाता है। इस शब्द का प्रयोग आदर्श विद्यार्थी, आदर्श अध्यापक या आदर्श नेता के अर्थ में भी किया जाता है। किन्तु, सामाजिक विज्ञानों में इस शब्द का प्रयोग इन दोनों ही अर्थ में नहीं किया जाता। *सामाजिक विज्ञानों में, किसी घटना के अन्तर्संबंधित तत्वों (भागों) के आधार पर निर्मित किसी कल्पित स्वरूप के एक सरल एवं वैचारिक रूपांकन को मॉडल कहते हैं।* यह एक ऐसी विधि या तरीका है जिसका प्रयोग यथार्थ की व्याख्या करने अथवा सिद्धान्त की रचना करने हेतु किया जाता है। मॉडल की स्थिति आनुभविक प्रेक्षण (जो वास्तव में दिखाई देता है) और अमूर्त सिद्धान्त के बीच की होती है।

किसी भी सामाजिक घटना की सम्पूर्ण संरचना को देखा जाना कठिन है। उसके प्रेक्षणीय यथार्थ को सरलता से यथावत (ज्यों का त्यों) रूप में प्रकट नहीं किया जा सकता है, किन्तु यथार्थ के मिलते-जुलते रूप को मॉडल के द्वारा सरलता से प्रदर्शित किया जा सकता है। मॉडल किसी घटना से संबंधित सभी परिवर्त्यों (वेरिॲबल) के बीच संबंधों को सरल रूप में प्रदर्शित कर घटना को समझने में हमारी सहायता करता है। बहुधा इसके लिये उपमाओं का प्रयोग किया जाता है।

मानवशास्त्र के क्षेत्र में अनुभवपरक वैज्ञानिकों और संरचनावादी मानवशास्त्रियों में मॉडल की उपयोगिता के विषय पर मतभेद है। **लेवी स्ट्रास** सहित संरचनावादी मानवशास्त्री यह मानते हैं कि अनुभवपरक वैज्ञानिकों ने संरचना की धारणा को गलत समझा है। वे किसी ऐसी सतही घटना को ही मॉडल मानने की भूल कर जाते हैं जिसका आनुभविक प्रेक्षण के आधार पर अमूर्तीकरण किया जा सकता है। लेवी स्ट्रास के अनुसार, संरचना को प्रत्यक्ष रूप में नहीं देखा जा सकता और न ही यह आनुभविक यथार्थ का सरलीकृत मॉडल होती है।

इसकी अपेक्षा मॉडल यथार्थ को निर्देशित करने वाले सिद्धान्तों का एक समूह होता है जो अनुभवपरक यथार्थता के मूल में होते हैं और जिनके कार्य-संचालन को आनुभविक अभिव्यक्ति में देखा जा सकता है।

mode of production = production, mode of

mode of production, domestic – घरेलू उत्पादन की प्रणाली
मार्शल साहलिन्स ने अपनी पुस्तक 'प्रस्तर युगीन अर्थव्यवस्था' (1974) में संरचनात्मक मार्क्सवादियों पर प्रहार करते हुए लिखा है कि इन लोगों ने समाजों के अपने विश्लेषण में संस्कृति को बहुत कम महत्व दिया है। अतः इनके सिद्धान्तों में पूर्ववर्ती पूंजीवादी समाजों की कार्यप्रणाली के विश्लेषण करने की पर्याप्त शक्ति नहीं है। इसी संदर्भ में साहलिन्स ने 'घरेलू उत्पादन-प्रणाली' की एक अवधारणा प्रस्तुत की। घरेलू उत्पादन-प्रणाली से तात्पर्य एक ऐसी व्यवस्था से है जिसके अन्तर्गत घर-परिवार उत्पादन और विनिमय दोनों की एक मुख्य इकाई होता है।

mode of production, dominant – मुख्य उत्पादन की प्रणाली
मार्क्सवादी सिद्धान्त के अनुसार यह माना जाता है कि जहां-कहीं विभिन्न सामाजिक-आर्थिक संरचनाओं के बीच सम्पर्क की संभावनाएं रहती हैं, वहां हम उत्पादन की प्रणालियों में जुड़ाव की स्थिति देख सकते हैं। ऐसी स्थितियों में, मुख्य उत्पादन की प्रणाली वह होती है जो एक सम्पूर्णता के रूण में आर्थिक तंत्र को समाकलित (एकीकृत) करती है और विभिन्न उत्पादन की प्रणालियों को जो स्थानीय स्तर पर इस समाकलन से जुड़ी होती हैं, उन्हें द्वितीयक या अधीनस्थ उत्पादन की प्रणाली माना जाता है।

modernism – आधुनिकतावाद
आधुनिकता, आधुनिकतावाद और आधुनिकीकरण तीन भिन्न अवधारणाएं या संकल्पनाएं हैं। आधुनिकता जहां सोच-विचार के एक विशिष्ट दृष्टिकोण (तार्किक- वैज्ञानिक) का संकेत देती है, वहां आधुनिकतावाद समाज की एक विशिष्ट दशा या स्थिति को प्रदर्शित करने वाली एक विचारणा है। यह एक विशिष्ट प्रकार की जीवन-शैली को इंगित करती है। आधुनिकीकरण आधुनिक बनाने की एक प्रक्रिया है जिसके द्वारा आधुनिकता का प्रसार कर उसे गतिशील बनाया जाता है। अतः *आधुनिकतावाद मानवीय सामाजिक जीवन की संभावनाओं और दिशा का एक विशिष्ट रूप है जो तार्किक और वैज्ञानिक चिन्तन पर बल देता है।*

modernism, post = post modernism

modernization – आधुनिकीकरण
आधुनिकीकरण आर्थिक, सामाजिक, राजनीतिक और सांस्कृतिक विकास और परिवर्तन की एक ऐसी मिली-जुली प्रक्रिया है जो संगठन और उत्पादन के साथ-साथ आस्था व्यवस्थाओं के एक ऐसी स्तर पर पहुंचने के लिये अविकसित समाजों को आशान्वित और प्रयत्नशील

बनाती है, जिस स्तर पर औद्योगिक समाज, मुख्यतः पश्चिमी समाज पहले से ही पहुँच चुके हैं। यह परिवर्तन की एक ऐसी प्रक्रिया है जो एक विशिष्ट वांछित प्रकार की तकनीक और उससे सम्बन्धित सामाजिक संरचना, मूल्य व्यवस्था, प्रेरणाओं और मानदण्डों को इंगित करती है जो पारम्परिकता से भिन्न होते हैं। *इसकी मूल आत्मा तार्किकता (विवेकशीलता), वैज्ञानिक भावना और समुन्नत तकनीक में बसती है।* प्रगति की पश्चिमी धारणा इस बात पर बल देती है कि मानवीय ज्ञान और तार्किकता (विवेक) अज्ञान और मुसीबतों, विशेषतः गरीबी पर उत्तरोत्तर विजय प्राप्त करने का सबसे बड़ा हथियार है तथा इनके द्वारा मानवीय जीवन की दशाओं में सुधार किया जा सकता है। अतः सामान्यतः यह माना गया है कि आधुनिकीकरण एक अपरिहार्य और वैश्विक प्रक्रिया है। द्वितीय युद्ध के बाद जैसे-जैसे एशिया, अफ्रीका और प्रशान्त एवं कैरिब्बीयन सागर के पूर्व उपनिवेशी समाज स्वतंत्र देश बनने लगे, तब इस समस्या पर भारी विचार-विमर्श किया गया कि इन देशों में किस प्रकार और किस मॉडल के आधार पर परिवर्तन किया जाये। दूसरे शब्दों में, इन देशों में आधुनिकीकरण की प्रक्रिया का क्या रूप हो। इस प्रकार की बहस लैटिन अमेरिका में भी हुई क्योंकि यह क्षेत्र भी "अल्पविकसित" था।

सभी समाज विज्ञानों में आधुनिकीकरण सम्बन्धी शोध-अध्ययन हुए हैं। इनमें से कई अध्ययन अपने विषय की सीमाओं के परे जाकर भी किये गये हैं। अध्ययनों के प्रमुख विषय शिक्षा, पारिवारिक संगठन, धर्म, व्यक्तित्व, जन-संचार के साधन, जनसंख्या वृद्धि जैसे अनेक विषयों और आधुनिकीकरण के बीच आपसी सम्बन्धों की खोज को लेकर हुए हैं। अर्थशास्त्रियों ने विकास को मुख्यतः प्रति व्यक्ति उत्पादन में वृद्धि और ऐसे आर्थिक आधिक्य के सृजन के रूप में परिभाषित किया है जिसमें आधुनिक प्रौद्योगिकी का प्रयोग पारम्परिक अर्थव्यवस्था की स्थिर अल्प उत्पादन व्यवस्था को खत्म करने के लिये किया जाता है। अर्थशास्त्री यह भी मानते हैं कि अधिकाधिक उपभोग इस प्रक्रिया का एक आवश्यक अंग है। उपभोग में वृद्धि उत्पादन में वृद्धि को प्रेरित करेगी जिससे आत्म-निर्भर विकास के लक्ष्य को पाया जा सकेगा। समाजशास्त्रियों ने औपचारिक शिक्षा (स्कूली शिक्षा) और जनसंचार के साधनों का पारम्परिक समाज पर पड़ने वाले प्रभावों का अध्ययन किया है, तो दूसरी ओर राजनीतिक वैज्ञानिकों ने नौकरशाही तंत्र और आधुनिक राष्ट्र-राज्यों की संस्थाओं की रचना के साथ-साथ तार्किकता और राष्ट्रीय बुर्जुआ वर्ग के आधुनिकीकरण के प्रभावों का अध्ययन किया है। सुप्रसिद्ध समाजशास्त्री **टालकट पार्सन्स** (1964) ने आधुनिकीकरण के प्रभावों को "उद्‌विकासीय सर्वव्यापकता" की धारणा के चरितार्थ होने में देखा है। *उन्होंने बताया कि घरेलू भूमिकाओं से व्यावसायिक भूमिकाओं में और धर्म से विधिक सिद्धान्तों में पृथक्करण के उदाहरण उद्‌विकासीय सर्वव्यापकता की धारणा की ही पुष्टि करते हैं।* वे यह मानते हैं कि आधुनिकीकरण उद्‌विकासवाद का ही बदला हुआ विस्तारित स्वरूप है।

मानवशास्त्रियों ने आधुनिकीकरण के सिद्धान्त को सामाजिक "उद्‌विकासवाद" और वैश्विक "प्रसारवाद" की पूर्ववर्ती अवधारणाओं पर लौटने की बात कही है। उन्होंने इसकी विवेचना विगत के सन्दर्भ में न करके आज और भविष्य के सन्दर्भ में की है। **जी. फोस्टर** (1962) के अनुसार, मानवशास्त्रियों के लिये आधुनिकीकरण के सन्दर्भ में मुख्य मुद्दा

"आधुनिक" संस्कृति के संस्करण द्वारा "पारम्परिक" संस्कृति का स्थान लिये जाने के अध्ययन-अनुसंधान का है। **बोऑसवादी** मानवशास्त्र में संस्कृतियों को विशिष्ट भौतिक और अभौतिक सांस्कृतिक तत्वों का एक जटिल पुंज माना है और इसी आधार पर गैर-पश्चिमी समाजों में सांस्कृतिक परिवर्तन को "सांस्कृतिक प्रतिमान" (बेनेडिक्ट, 1934) अथवा "सांस्कृतिक संरूपण" (क्रोबर, 1944) के विभिन्न तत्वों को "स्वीकार" अथवा "अस्वीकार" किये जाने के रूप में चित्रण किया गया है। सांस्कृतिक परिवर्तन की इस प्रसारवादी अवधारणा को सर्वप्रथम **रॉबर्ट रेडफील्ड** ने आधुनिकीकरण के अध्ययन को अपने "लोक-नगरीय नैरन्तर्य (सातत्यता)" मॉडल में व्यवस्थित रूप में प्रयोग किया है। किन्तु, आधुनिकता के अबाध विस्तार में उन समाजों और संस्कृतियों ने बाधाएं उत्पन्न कर दीं जिन्होंने आधुनिक तत्वों को अपने समाज अथवा संस्कृति में घुला-मिलाने में प्रतिरोध किया या किसी प्रकार की रुकावट डाली है। आधुनिकीकरण के सिद्धान्त के साथ इन बाधाओं को मालुम करने और इन्हें हटाने के विषय पर व्यावहारिक मानवशास्त्र में तीव्र गति से कार्य किया जा रहा है।

सन् 1960 के दशक में आधुनिकीकरण सिद्धान्त की समीक्षा के फलस्वरूप "*पराश्रितता सिद्धान्त*" का जन्म हुआ और इसने विकसित समाजों से पारम्परिक समाजों में आधुनिकता के सामाजिक एवं सांस्कृतिक तत्वों के प्रसार की धारणा को पलट दिया। सामाजिक एवं सांस्कृतिक तत्वों को प्रमुखता दिये जाने के स्थान पर पराश्रितता सिद्धान्त ने आधुनिक एवं पारम्परिक समाजों के बीच के असमान शक्ति सम्बन्धों को उजागर किया जो कि "उपनिवेशवाद" के रूप में विद्यमान थे। उपनिवेशवाद द्वारा उपनिवेशी देशों ने अपनी-अपनी उपनिवेशी बस्तियों से धन बटोरने और अपने को समृद्ध बनाने का कार्य कर उपनिवेशी बस्तियों को कंगाल बना दिया। दूसरे शब्दों में, इन विकसित देशों ने अविकसित देशों को अपने पर आश्रित करके विकास के नाम पर इनमें "वि-विकास" (विनाश) को जन्म दिया। अतः तृतीय विश्व की गरीबी और पिछड़ापन 'ऐतिहासिक पिछड़न' का परिणाम न होकर "सतही" क्षेत्रों का विश्व पूंजीवादी व्यवस्था में सम्मिलित किये जाने का परिणाम है। इस विश्व पूंजीवादी व्यवस्था ने कुछ क्षेत्रों, जैसे "महानगरों" को अधिकाधिक समृद्ध किया, किन्तु साथ ही इसने परिधि पर बसे समाजों में "वि-विकास" की शुरुआत कर उन्हें अधिक गरीबी और पिछड़ेपन की ओर धकेल दिया। आश्रितता के सिद्धान्त के समर्थक विद्वान आधुनिकतावादियों के प्रगति के मूल विचार से तो सहमत हैं, किन्तु उनके आधुनिकीकरण को उत्तर-पूंजीवादी समाजों में ही पूरा किया जा सकता है।

सन् 1970 के दशक से आधुनिकीकरण की अपरिहार्यता सम्बन्धी आशावाद को उत्तरोत्तर बढ़ती हुई गरीबी के साथ जुड़ी निरन्तर बढ़ती हुई जनसंख्या की वृद्धि ने धूमिल कर दिया, क्योंकि गरीब राष्ट्र अपनी आधारभूत आवश्यकताओं की पूर्ति करने तथा अपने जीवन में गुणात्मक सुधार लाने हेतु उत्पादन और वितरण करने की क्षमता में उतनी वृद्धि नहीं कर पाये जितनी बढ़ती हुई जनसंख्या के लिये आवश्यक थी। इस वैश्विक सन्दर्भ में आधुनिकीकरण सिद्धान्त का सामाजिक-उद्विकासवादी आशावाद चूर-चूर होता जा रहा है। अतः व्यावहारिक मानवशास्त्री अब"**विकास**" की बड़ी-बड़ी बातें करने के स्थान पर "मूलभूत

आवश्यकताओं" और "संपोषित विकास" की बातें करने लगे हैं जैसा कि हम अफ्रीका, दक्षिणी अमेरिका और एशिया के कई देशों में आजकल देख रहे हैं।

moeity – अर्धांश/गोत्रार्द्ध

जब कोई आदिवासी समूह किसी कारणवश दो अर्धांशों (भ्रातृदलों) में बंट जाता है, तब इनमें से प्रत्येक भाग गोत्रार्द्ध या मोइटी कहलाता है। आदिवासी समूह के दो अर्धांशों में बंटने की प्रक्रिया द्वारा उत्पन्न सामाजिक संरचना को "द्वैध" या "द्विदल संगठन" कहा जाता है। इनमें से प्रत्येक अर्धांश में समाज के आधे लोग सम्मिलित होते हैं तथा बहुधा ये अनुष्ठानों में पूरक भूमिकाएं निभाते हैं। प्रत्येक अर्धांश के सदस्यों में परस्पर निकट सहयोग के सम्बन्ध से लेकर प्रच्छन्न विद्वेष के सम्बन्ध भी हो सकते हैं। कभी-कभी इन गोत्रार्द्धों का उद्देश्य विवाह को नियंत्रित करना होता है। साधारणतः ये गोत्रार्द्ध बहिर्विवाही होते हैं, किन्तु कहीं-कहीं ये गोत्रार्द्ध अन्तर्विवाही भी पाये गये हैं। मोइटी की सदस्यता कुछ समाजों में मातृपक्षीय और कुछ में पितृपक्षीय देखी गई है। कभी-कभी इनका कार्य धार्मिक, राजनीतिक, आर्थिक, आनुष्ठानिक अथवा मात्र मनोरंजनात्मक होता है या फिर इनमें से किसी एक कार्यकलाप मात्र तक सीमित रहता है।

आस्ट्रेलिया की कई जनजातियां दो बहिर्विवाही अर्धांशों में बंटी पाई गई हैं। इनमें से कई जनजातियां पितृवंशीय हैं और कुछ प्रदेशों में मातृवंशीय आदिवासी समूह के भी साक्ष्य मिले हैं। भारत में भी इस प्रकार की सामाजिक संरचना (द्विदल संगठन) दक्षिण में नीलगीरि पर्वत के आसपास रहने वाली बहु प्रसिद्ध *टोडा जनजाति* में पाई गई है। यह जनजाति "तेविलिऑल" और "तारथरॉल" नामक दो गोत्रार्द्धों में बंटी हुई है। इसी प्रकार बोंदो जनजाति "ओंताल" और "किल्लों", आसाम की गारो जनजाति "मारक" और "संगमा", कूकी जनजाति "लोनटे" और "कोल्हन" नामक भ्रातृदलों में बंटी हुई हैं। (देखिये—द्विदल संगठन)

molecule – अणु

दो या दो से अधिक परमाणुओं से बनी संरचना को अणु (मोलेक्युल) कहते हैं। अणु दूसरे अणुओं से मिलकर एक अधिक जटिल संरचना के स्वरूप को निर्मित कर सकते हैं।

monandry – एक पतित्व प्रथा

विवाह का वह चलन जिसमें एक स्त्री का एक समय में केवल एक ही पति होता है, एक पतित्व प्रथा के नाम से जाना जाता है।

monarchy – राजतंत्र

राजतंत्र शब्द का प्रयोग दो भिन्न अर्थों में किया गया है प्रथम अर्थ में, इसका प्रयोग सरकार के एक रूप के लिये किया जाता है। इस अर्थ में, राजतंत्र से तात्पर्य सरकार के एक ऐसे रूप से है जिसमें शक्ति का केन्द्रीकरण किसी वंशानुगत शासक परिवार के हाथों में होता है। द्वितीय अर्थ में, इसे एक संस्था माना गया है और संस्था के अर्थ में एक इस प्रकार के वंशानुगत शासक परिवार के अस्तित्व को स्वीकार किया गया है, जिसका इस समाज में

सरकार का रूप पूरी तरह से राजतंत्रीय हो भी सकता है और नहीं भी हो सकता है। राजतंत्रों के उद्‌भव के बारे में कई अनुमानिक धारणाएं हैं। एक अनुमान है कि इसका उद्‌भव आध्यात्मिक और धार्मिक शक्ति तथा राजनीतिक पद के बीच संबंधों के आधार पर हुआ होगा।

अध्ययन बताते हैं कि पारम्परिक अफ्रीकी राज्यों, पोलिनेशिया, दोनों अमेरिकाओं तथा अन्य आदिवासी क्षेत्रों में अधिपति (मुखिया) दैवीय और पवित्र अलौकिक शक्तियों से सम्पन्न होते थे। **लॉवी** (1920) ने दावा किया है कि सरदार, शासन और पुजारी की तीनों शक्तियों का एक ही पद में घाल-मेल ने संभवतः अमेरिका के आदिवायिों की समतावादी राजनीतिक व्यवस्था में राजतंत्रीय व्यवस्था को विकसित किया होगा। इसी प्रकार, **इवान्स प्रिचार्ड** ने शिलुक जनजाति समूह के बारे में लिखा है कि 'शिलुक राजा राज तो करता है, किन्तु वह शासन नहीं करता', वह मात्र एक अलंकारी शीर्ष पुरुष (दिखावटी मुखिया) होता है। इसका कारण उसके पास सरकार की शक्तियों की अपेक्षा मात्र सांस्कारिक शक्तियां ही होती हैं।

money – मुद्रा

सही अर्थों में, मुद्रा एक प्रकार की भौतिक वस्तु है जो एक मात्र या मुख्य रूप में विनिमय के प्रयोजन के लिये उपयोगी होती है और जो इसे प्रयोग करने वाले व्यक्तियों के बीच अनिश्चित काल तक बिना किसी इसके मूल्य में आवश्यक रूप में कमी किये घूमती रहती है। मुद्रा की अनेक रूप-श्रेणियां रही हैं, उदाहरणार्थ—यूरेशिया में सोना और चांदी, पश्चिमी अफ्रीका में लोहे की छड़ें, येप्प में बड़े शैल, पोलिनेशिया में सीप-शंख, भारत में कोड़ियां, मध्य-अमेरिका में नारियल आदि का प्रयोग मुद्रा के रूप में होता था। इस अवधारणा में अब कागज की मुद्रा और विद्युत मुद्रा और जुड़ गई हैं। किन्तु मुद्रा के पौराणिक आर्थिक प्रकार्यों, जैसे धन-सम्पदा के संग्रह, अभिसूचना और विनिमय के एक माध्यम, भुगतान के साधन, एक मानक मूल्य, और लेखा-जोखे की एक इकाई के रूप में औद्योगिक एवं वित्तीय केन्द्रों में इसकी सीमाएं हैं।

सामान्यतः मुद्रा के विषय को हम अर्थशास्त्र और वाणिज्य (वित्तीय अर्थ में) विषयों से जुड़ा पाते हैं, किन्तु बहुत पहले प्रमुख समाजशास्त्री **सिमेल** (1978) और **मैक्स वेबर** (1968) ने भी इसकी समाजशास्त्रीय महत्ता पर प्रकाश डाला है। बहुधा मुद्रा की इन विशेषताओं, जैसे इसकी गणनक्षमता, विभाजनीयता, समरूपता (अथवा एकरूपता), सुवाह्यता, और स्थानापन्नता (मुद्रा के लिये अन्य वस्तुओं और मुद्रा के लिये मुद्रा का प्रयोग) ने समाजशास्त्रियों और मानवशास्त्रियों द्वारा इसके प्रयोग को समाज में बढ़ती हुई तार्किक प्रवृत्ति का एक लक्षण मानने के लिये आकर्षित किया है। अनेक उद्‌विकासीय योजनाओं ने यह प्रदर्शित किया है कि मुद्रा के उपयोगी प्रकार्य इतने हैं कि इसने एक दीर्घ अवधि में धीरे-धीरे विनिमय के अन्य सभी रूपों को चलन से बाहर कर दिया। इनके अतिरिक्त, मुद्रा की कुछ कम महत्वपूर्ण विशेषताएं भी हैं, जैसे—भौतिक उपयोगिता, प्रतियोग क्षमता, और चंचलता। मुद्रा की विभाजनीयता, गुप्तता (छुपाना) और वृहत् विनिमयता की क्षमता लापरवाह (अंधाधुंध) खर्च

की प्रवृत्ति को प्रोत्साहित कर सकती है। नीति परिवर्तन तथा राजनीतिक दशाएं मुद्रा के प्रकायों में कमी ला सकती हैं। वे यह कार्य मुद्रा के बन्द करने और अवमूल्यन के द्वारा करती है जिसके कारण दीर्घ समय में धन को संग्रह करने के रूप में इसकी उपयोगिता घट जाती है। मुद्रास्फीति, मुद्रा को बेकार कर सकती है या इसके आसानी से लाने-ले जाने और गणनक्षमता में कमी ला सकती है। सीमा-नियंत्रण इसकी विनिमयक्षमता और इसकी चलनशीलता में कमी ला देता है। यही नहीं, स्वयं मुद्रा, जब इसे कागज पर छापा जाता है (अर्थात् जब कागज मुद्रा का प्रयोग किया जाता है), तब कई भौतिक जोखिम, जैसे आग लगना, बाढ़ में बह जाना, और कीड़ों द्वारा नुकसान कर दिये जाने की संभावनाएं बढ़ जाती हैं। अतः किसी भी व्यक्ति की चल धन-सम्पदा कुछ चन्द मिनिटों में समाप्त हो सकती है।

"मुद्रा दुधारी तलवार है" और इसी विषय ने सामाजिक सिद्धान्तकारों को आकर्षित किया है। लोग श्रम-विभाजन को बढ़ावा देने में इसका प्रयोग कर सकते हैं और इसके द्वारा उत्पादन और उत्पादकता में बढ़ोत्तरी की जा सकती है, जैसा कि प्रसिद्ध अर्थशास्त्री **एडम स्मिथ** (1776) तथा अर्थव्यवस्था और समाज के अनेक अध्येताओं ने लिखा है। किन्तु, इसी मुद्रा का प्रयोग व्यक्तियों का शोषण करने, गुलाम बनाने और गरीब बनाने के लिये भी किया जा सकता है, जैसा कि **अरस्तु** (350 ई. पू.), **मार्क्स** (1887) और मार्क्सवादियों, आश्रितता सिद्धान्त समर्थक विद्वानों तथा बाद के अनेक राजनीतिक अर्थशास्त्रियों ने इस तथ्य को स्पष्ट किया है। मानवशास्त्रियों ने राजनीतिक दर्शनशास्त्रियों, अर्थशास्त्रियों और समाजशास्त्रियों के कई सिद्धान्तों में सुधार कर उन्हें अपने क्षेत्र में प्रयोग किया है।

लोग मुद्रा में गुणात्मक और परिमाणात्मक दोनों मूल्यों को महसूस करते हैं। मुद्रा का मूल्य कुछ विशिष्ट व्यक्तियों अथवा वृहद सामाजिक प्रक्रियाओं के विश्वास पर आधारित है और इस विश्वास को सामाजिक और राजनीतिक अस्थिरता तोड़ सकती है। परिमाणात्मक रूप में, मुद्रा के सरकारी निश्चित मूल्य और गैर-सरकारी बाजार मूल्य में बहुधा काफी अन्तर होता है जिसके कारण गैर-कानूनी मुद्रा-विनिमय और व्यापार का जन्म होता है। सरकार या किसी भी अन्य संस्थाओं के लिये इस गैर-कानूनी धंधे को रोक पाना कठिन होता है। मुद्रा या अर्ध-मुद्रा के गुणात्मक मूल्य की प्रकृति प्रतीकात्मक, मनोवैज्ञानिक या सौन्दर्यात्मक होती है। मुद्रा का निर्माण प्रतीकों द्वारा होता है और स्वयं मुद्रा एक बहुमुखी प्रतीक है। इसे निष्प्राण और निष्क्रिय अथवा जीवन्त और बढ़ते हुए इस रूप में भी देखा जा सकता है कि जैसे इसमें कोई निहित नैतिक अर्थ नहीं है। इसे सामाजिक रूपान्तरण के एक कारण अथवा प्रभाव दोनों के कई रूप में देखा गया है। कुछ मानवशास्त्रियों के अनुसार मुद्रा का भुगतान एक प्रकार का अनुष्ठान है जिसमें न्यूनतम सांस्कृतिक तत्व निहित होता है। मुद्रा के कई भिन्न रूपों के साथ प्रस्थिति और वर्ग की भावना भी जुड़ी होती है और इसका प्रयोग मानव की आश्रितताओं के निर्माण अथवा उसके नष्ट करने में किया जाता है। मुद्रा को बहुधा शक्ति के रूप में भी देखा है। यह शक्ति मुद्रा संग्रह करने वालों या विनिमय करने वालों के पास अक्सर पाई गई है।

सामान्यतः यह माना गया है कि मुद्रा ने वस्तु-विनिमय को पूर्णतः हटा कर उसका

स्थान ले लिया है, किन्तु यह तथ्य सही नहीं है। वस्तु-विनिमय कभी लुप्त हो जाता है, तो कभी यह अन्य किसी रूप में पुनः उत्पन्न हो जाता है। वास्तव में, इसके रूप-स्वरूप में परिवर्तन होता रहा है। कोई भी समाज हरेक व्यक्ति पर प्रत्येक वस्तु का मुद्रा के मुक्त विनिमय पर रोक नहीं लगाता है, किन्तु इसके साथ ही कोई भी समाज मुद्रा के बेचान और विनिमय को पूर्णतः रोक पाने में सफल होता है। अनेक समाजों में रोकड़ के अलावा ऐसी कई वस्तुऐं हैं जिन्हें गुप्त रूप से बेचा और खरीदा जाता है, वे हैं—जमीन (विशेषकर आनुवंशिक अथवा सामूहिक जमीन), मानवीय शरीर और इसके तरल पदार्थ जैसे रक्त, आत्माओं या देवी-देवताओं से जुड़ी वस्तुएं, तथा धार्मिक, राजनीतिक तथा शैक्षणिक पद और पदवियां आदि। विनिमय-निषेध न केवल विशिष्ट वस्तुओं पर लागू होते हैं, अपितु ये निषेध समाजों में विशिष्ट सम्बन्धों जैसे—माता-पिता और सन्तान, गुरु-शिष्य और साधु-साधु के रिश्तों पर भी लागू होते हैं।

रेमण्ड फर्थ के प्रशान्त क्षेत्र के टिकोपिया द्वीप के अध्ययन का अनुसरण करते हुए नृजातिलेखकों ने कई परिवेशों में विनिमय के क्षेत्रों का वर्णन-विश्लेषण किया है। मुद्रा की विनिमयशीलता और स्थानापन्नशीलता को समाज बहुधा प्रतिबंधों द्वारा सीमित रखते हैं। उदाहरणार्थ—कीनिया के लूओ लोग ऐसी मुद्रा जो विश्वासघात जैसे क्रियाकलापों से प्राप्त की गई होती है, (जिसे वे "कड़वी धनराशि" कहते हैं) उसका प्रयोग वधू-मूल्य के भुगतान में स्वीकार नहीं करते हैं। इस प्रकार के प्रतिबंध मुद्रा में नैतिक और मानदण्डात्मक भावों को समाहित करते हैं ताकि समाज द्वारा अमान्य क्रियाकलापों द्वारा पवित्र, दीर्घजीवी और घनिष्ट पारिवारिक सम्बन्धों में कडुवाहट पैदा न हो। फिर भी, इस प्रकार की धनराशि को बहुधा नैतिक अपवित्रता से पवित्रता में बदला जा सकता है। अनैतिक रूप से अर्जित धनराशि को पवित्र कार्यों, जैसे मंदिर निर्माण, कथा-प्रवचन के लिये मुद्रा का प्रयोग, दान-दक्षिणा आदि इसी तथ्य के कुछ उदाहरण हैं। सभी संस्कृतियों में इस धारणा के बारे में विवाद पाया गया है कि 'धन का अर्जन धन से होता है', या 'धन को धन कमाता है'। कई धर्मों, जैसे मुस्लिम धर्म में उधार दिये गये धन पर ब्याज या सूद लेना ठीक नहीं माना जाता, जब कि अन्य धर्मों में इस प्रकार का कोई प्रतिबंध नहीं है। इससे यह प्रकट होता है कि मुद्रा का अपना सांस्कृतिक मूल्य है।

Mongoloid – मंगोलॉयड

इस प्रजाति के लोग अधिकांशतः उत्तर, मध्य और दक्षिण-पूर्वी एशिया में वास करते हैं। इस प्रजाति की सबसे प्रमुख शारीरिक विशेषता इसके लोगों की अधखुली ऑखें होती हैं। शरीर-रचना में ये लोग साधारणतः नाटे कद के तथा कुछ मोटे होते हैं। इनकी नाक छोटी और चपटी होती है और सिर चौड़ा और माथा सीधा होता है। शरीर की त्वचा का रंग कुछ पीलापन लिये ताम्र-गेहुंआ सा होता है।

भारत में इस प्रजाति की दो प्रमुख शाखाएं हैं—प्राचीन मंगोलॉयड और तिब्बती-मंगोलायड। ये लोग आसाम, पूर्वी सीमान्त प्रान्त, सिक्किम और भूटान में पाये जाते हैं।

monogamy – एकविवाह (एक पत्नित्व)
विवाह एवं परिवार का एक रूप जिसमें एक समय पर एक पुरुष एक स्त्री के साथ ही विवाह कर सकता है। इस प्रकार की व्यवस्था में सिद्धान्ततः जीवनसाथियों की बहुलता समाजोनुमोदित नहीं होती है और एक जीवन-साथी के जीवित रहते हुए दूसरे के साथ विवाह नहीं किया जा सकता है। इसे एक पत्नित्व प्रथा भी कहते हैं।

monogenism – एकवंशीयवाद
एकवंशीयवाद मानवीय प्रजातियों का उत्पत्ति सम्बन्धी एक सिद्धान्त है जिसके अनुसार यह माना जाता है कि समस्त मानव जाति का उद्‌भव 'आदम और ईव' के एक जोड़े से हुआ है, किन्तु इनमें जो अन्तर दिखाई देता है, उसका कारण उनके भिन्न आवास या वासक्षेत्र हैं। इस सिद्धान्त के द्वारा जनसमुदाय में पाई गई दृश्यगत बाह्य (फीनोटाइपिक) विभिन्नताओं की व्याख्या करने का प्रयास किया गया है, किन्तु इसका उद्‌विकासीय परिवर्तन से कोई सम्बन्ध नहीं है।

monotheism – एकेश्वरवाद
एक ईश्वर अथवा एक देवता में विश्वास एकेश्वरवाद है। यह दृष्टिकोण यह मानता है कि ब्रह्माण्ड एक इकाई है, जिसमें एक ईश्वर है जिसने सभी की रचना और व्यवस्था की है। ऐसा माना जाता है कि लगभग 440 ई. पू. काल में इजरायल में द्वितीय ईसाह ने सर्वप्रथम इस धारणा को जन्म दिया था और बाद में यह धारणा धीरे-धीरे पूर्णतः स्थापित होती चली गई। कुछ विद्वानों के अनुसार **फराऊन इखनातून** (1375-1354 ई. पू.) एकेश्वरवादी था और कुछेक का विचार है कि मोज़ेज भी एक एकेश्वरवादी था। किन्तु अधिकांश विद्वान यह मानते हैं कि इखनातून और मोज़ेज दोनों ही एकदेववाद अथवा एकत्ववाद की राह पर थे, अर्थात् वे पूर्णतः एकेश्वरवादी नहीं थे। दोनों ने ही एक ईश्वर की धारणा को मजबूत किया, किन्तु उन्होंने अन्य देवी-देवताओं के अस्तित्व को पूर्णतः नकारा नहीं है।

विश्व के कुछ प्रमुख आधुनिक धर्म इस बात पर बल देते हैं कि ईश्वर केवल एक है और अन्य आध्यात्मिक सत्ताएं या तो मानवीय कल्पना की कपोल-कल्पित कथाएं हैं, या फिर यदि उनका कोई अस्तित्व है तो वे उनकी ईश्वर सदृश्य सत्ता की पूर्व स्थिति से च्युत हो चुके हैं। इस प्रकार की धारणा में विश्वास करने वाले तीन तथाकथित सामी धर्म—ईसाई, इस्लाम, और यहूदी धर्म हैं। फिर भी, "शैतान" जैसी एक ऐसी सत्ता में विश्वास, जो मरणशीलों को नुकसान पहुंचाने की शक्ति रखती है तथा यह शक्ति नकारात्मक लक्षणों से सम्पन्न होती है, धर्म को द्वैतवादी ईशशास्त्र का दर्जा देती है, जिसके अनुसार, "शैतान" की अनिष्टकारी शक्ति ईश्वर की सर्वविद्यमानता और दयालुता की धारणा का विरोध करती और चुनौती देती है।

पूर्व पैगम्बरी यहूदी धर्म अद्वैतवाद के अधिक निकट है क्योंकि इसमें बुराई को एक शक्ति के रूप में ईश्वर के विरोध में महत्ता नहीं दी गई है। ईसाई धर्म ने इस दृष्टिकोण को अस्वीकार किया है और एक मध्यवर्ती अर्द्ध द्वैतवादी ईशशास्त्र (धर्मशास्त्र) को जन्म दिया है जिसके अनुसार ईश्वर की एकत्वता और अच्छाई तो रहती ही है, इसके साथ "शैतान" को भी

अनिष्ट पैदा करने के पूरे अवसर प्रदान किये हैं। कट्टरवादी इस्लाम "शैतान" सम्बन्धी विश्वास, उसकी शक्ति और उसकी किसी भी अभिव्यक्ति को नकारता है, जबकि इस्लाम के अनेक स्थानिक स्वरूप पूर्व-इस्लामी विश्वासों को स्वीकारते हैं जिनमें अनेक प्रकार के अनिष्टकारी दानवों और आत्माओं में विश्वास प्रकट किया गया है, अतः इसमें भी लचीले द्वैतवाद की ओर झुकाव विद्यमान है। कुछ इस्लामी सूफी आन्दोलन इस बात पर बल देते हैं कि चूंकि ईश्वर सभी चीजों के लिये उत्तरदायी है, अतः "बुराई" के अभिकर्त्ता, चाहे वह "शैतान" हो या फिर कोई पिशाच, ईश्वर द्वारा ही स्पष्टतया निर्मित किये गये हैं और वे ईश्वर के ही भाग हैं।

औपचारिक एकेश्वरवाद के अन्तर्गत द्वैतवादी धार्मिक विचारधारा की पूर्ण रूप में अभिव्यक्ति हमें पूर्वी मेनीशियन और ज़रदुश्ती (पारसी धर्म) प्रकार के पंथों में देखने को मिलती है। इन पंथों में यह माना जाता है कि अच्छाई और बुराई, जो कि 'ईश्वर' और "शैतान" के रूप में प्रकट होती है, दो शाश्वत ब्रह्माण्डीय सत्यों के रूप में साथ-साथ चलती हैं जिनके बीच संघर्ष पूर्व निश्चित नहीं होता। इसी प्रकार, दक्षिणी-पश्चिमी फ्रांस के ईसाई कैथर लोगों में भी जिस धर्म के साक्ष्य मिले हैं, वह इस अर्थ में एकेश्वरवादी है कि उनमें ईश्वर की पूजा की जाती है, किन्तु वे यह भी मानते हैं कि इस एक ईश्वर से जो अच्छाई उत्पन्न होती है, उसे "शैतान" की अनिष्टकारी शक्तियों से निरन्तर चुनौतियां मिलती रहती हैं।

धर्म के उद्‌विकासवादी मानव वैज्ञानिकों ने यह माना है कि एकेश्वरवाद का विकास बहुदेववाद (कई देवी-देवताओं और आत्माओं में विश्वास) से और उसके बाद हुआ है। उन्नीसवीं शताब्दी के मानवशास्त्रियों, जैसे **टायलर** ने धार्मिक स्वरूपों के सार्वभौमिक उद्‌विकास के सिद्धान्त को प्रणीत करते हुए कहा है कि धर्म का उद्‌भव आत्मावाद से शुरू होकर पूर्वज पूजा के स्तर से गुजरते हुए बहुदेववाद और अन्त में एकदेववाद तक पहुँचा है। मानवशास्त्र में इस विषय पर विवाद बना हुआ है कि क्या पारम्परिक अथवा छोटे स्तर के समाजों में एकदेववाद रहा है। **स्मिद्** ने (1912) इस धारणा के विपरीत अपने विचार प्रकट करते हुए कहा है कि तकनीकी दृष्टि से अविकसित अनेक लोगों में उच्च देवी-देवताओं की उपस्थिति पाई गई है और इस प्रकार के "आदिम एकेश्वरवाद" ने, वास्तव में, बाद में बहुदेववादी लक्षणों को विकसित किया है।

जब हम हिन्दू धर्म और बौद्ध धर्म पर विचार करते हैं, तब हमें एकेश्वरवाद और बहुदेववाद के बीच का अन्तर इनकी परिभाषाओं की सीमाओं को उजागर करता प्रतीत होता है। हिन्दू धर्म एक सर्वव्यापी ईश्वर और अनेक प्रादेशिक और स्थानिक देवताओं के देवत्वी संस्तरण पर आधारित है। बौद्ध धर्म में महात्मा बुद्ध के उदाहरण का अनुसरण करते हुए उन्हें एक प्रबुद्ध नश्वर व्यक्ति के रूप में स्वीकार किया गया है। अतः बौद्ध धर्म में "उच्च देवता" की कोई धारणा नहीं मिलती। इसमें तथा हिन्दू धर्म दोनों में अद्वैतवादी, देवत्व की सर्वव्यापी धारणा के साथ-साथ "कर्म" के सिद्धान्त में आस्था प्रकट की गई है।

morality — नैतिकता

नैतिकता सामाजिक मानदंडों का ही एक अंग है जो व्यक्तियों के व्यवहार से संबंधित है।

इसकी प्रमुख विशेषता यह है कि इसकी औचित्यता का निर्णय इसके व्यावहारिक परिणामों के संदर्भ में नहीं की जाती, अपितु इसकी आन्तरिक "अच्छाई" अथवा "बुराई" के आधार पर की जाती है। नैतिक व्यवहारों का पालन मात्र इसलिये नहीं किया जाता कि इनका पालन पूर्वज भी करते आये हैं, अपितु इसलिये किया जाता है क्यों कि इसके पीछे न्याय, औचित्य दृढ़ता और पवित्रता का भाव होता है।

धर्म और नैतिकता में घनिष्ट संबंध है। कहीं-कहीं दोनों आपस में इतने घुल-मिल गये हैं कि दोनों को एक दूसरे के पर्याय के रूप में भी प्रयोग कर लिया जाता है। मनुष्य का आचरण क्या हो, इसका निर्णय धर्म और नैतिकता दोनों के आधार पर किया जाता है। प्रायः सभी धर्म ऐसे आचरणों (कुछ अपवादों के अलावा) का प्रतिपादन करते रहे हैं, जो नैतिक दृष्टि से भी उचित होते हैं। एक जन समूह में एक समय जो धार्मिक मान्यताएं होती हैं, वे उसकी उस समय की नैतिक मान्यताओं के प्रतिकूल नहीं होती।

धर्म और नैतिकता में घनिष्टता होते हुए भी इनमें अन्तर है। यह अन्तर उस शक्ति द्वारा प्रकट होता है जिसके द्वारा ये अनुप्राणित होते हैं। धर्म लोकोत्तर सत्ता (ईश्वर, देवी-देवता) से अपनी शक्ति प्राप्त करता है। मानव इस सत्ता के कोप के भय से धार्मिक आचरण करता है। स्वर्ग-नरक, कर्मफल, पुनर्जन्म आदि की हिन्दू धार्मिक धारणाएं व्यक्ति के आचरण निर्धारण में महत्वपूर्ण भूमिका अदा करती है। इसी प्रकार की धारणाएं अन्य धर्मों में भी विद्यमान हैं। धर्म से विपरीत, नैतिक विधान किसी लोकोत्तर सत्ता से शक्ति नहीं प्राप्त करते। नैतिकता के पीछे व्यक्तिगत या सामाजिक लाभ और हानि का भाव जुड़ा होता है। किसी क्रिया का सामाजिक परिणाम का भाव ही नैतिकता का प्रमुख आधार है। धार्मिक विधानों के पीछे पाप-पुण्य का भाव होता है, जबकि नैतिक विधान उचित-अनुचित के भाव पर बल देते हैं। यह सही है कि अधिकांश नैतिक व्यवहारों का आधार धार्मिकता होती है, किन्तु यह आवश्यक नहीं है कि सभी प्रकार के नैतिक व्यवहारों की प्रकृति धार्मिक ही हो, कई नैतिकताएं धर्मनिरपेक्ष भी होती हैं। धार्मिक विधान और नैतिक विधानों में संघर्ष और विरोध भी संभव है।

मानवशास्त्रीय साहित्य धर्म और नैतिकता के विमर्श से भरा पड़ा है। अधिकांश मानवशास्त्रीय तथ्य नैतिक सापेक्षिकता की पुष्टि करते हैं, अर्थात् नैतिक मूल्यों में संस्कृति और ऐतिहासिक दृष्टि से भारी भिन्नता और सापेक्षिकता है। **दुर्खाइम** से लेकर वर्तमान मानवशास्त्रियों तक ने इस तथ्य पर प्रकाश डाला है कि नैतिकता किस प्रकार सामाजिक नियंत्रण और एकजुटता की स्थापना के वाहक के रूप में कार्य करती है।

mores – लोकाचार/रूढ़ियां

ऐसे सामाजिक प्रतिमान जो किसी समाज अथवा समूह के कार्य-व्यवहार करने के नैतिक मानदण्ड प्रस्तुत करते हैं, लोकाचार या रूढ़ियां कहलाते हैं। ये अपरिवर्तनीय होती हैं। इनके उल्लंघन पर कठोर दण्ड की व्यवस्था होती है। ये सामाजिक जीवन के प्रमुख अंग हैं।

mutuation – उत्परिवर्तन

उत्परिवर्तन कुछ लोगों के वंशाणुओं (जीन्स) में होने वाला स्वतःस्फूर्त परिवर्तन है जो नवीन आनुवांशिक प्रभावों को जन्म देता है। **डी. वरीज़** के अनुसार, उद्विकास थोड़े-थोड़े संचयी

परिवर्तनों की अपेक्षा जैसा कि पूर्ववर्ती उद्‌विकासवादी मानते थे, उत्परिवर्तन के द्वारा होता है। तकनीकी दृष्टि से, यह एक वंशाणु (जीन) के डी.एन.ए. कोड अथवा आण्विक संरचना में होने वाला परिवर्तन है। उत्परिवर्तन सिलसिलेवार नहीं होता है और सामान्यतः यह व्यक्ति के लिये नुकसानदायक होता है, क्योंकि इससे किसी जीव के जीन की कोमल संरचना के साथ-साथ जीव और उसके पर्यावरण में असन्तुलन उत्पन्न होने की संभावना रहती है।

myth – मिथक/पौराणिक कथा

किसी संस्कृति अथवा उपसंस्कृति के अन्तर्गत किसी अलौकिक अथवा असाधारण घटना, अधिदैविक व्यक्ति अथवा क्रियाओं का अत्यन्त काल्पनिक एवं प्रतीकात्मक कथा के रूप में किये गये वर्णन को मिथक कहते हैं। इसमें किसी संस्कृति के प्राकृतिक विश्व तथा ऐतिहासिक घटनाओं के बारे में लोकप्रिय विचारों को भी सम्मिलित किया जाता है। संभवतः मिथक प्रारंभिक मानव द्वारा प्राकृतिक घटनाओं की व्याख्या के प्रयासों का एक हिस्सा है। सूर्य, आकाश, ब्रह्माण्ड तथा जीवन के बाद मृत्यु जैसे विषय मिथकों के अथाह स्त्रोत रहे हैं। वास्तव में, मिथक के बारे में यह माना जाता है कि जब किसी समूह में कोई मिथक विद्यमान होता है, तब वह उसे सत्य मानकर उसमें विश्वास करता है। प्रत्येक धार्मिक परम्परा और उनके प्रर्वतकों, जैसे महावीर स्वामी, महात्मा बुद्ध, ईशा मसीह, राम और कृष्ण आदि के जन्म, जीवन-चक्र, क्रियाकलापों और मृत्यु के बारें में कुछ मिथक या पौराणिक कथाएं जुड़ी हुई पाई गई हैं। मिथकों में निहित प्रज्ञा, तत्व-ज्ञान, अन्तःप्रेरणा अथवा व्यावहारिकता का समाज में निरन्तर उल्लेख होता है और उन पर सोच-विचार और चर्चा की जाती है।

लेखन की शुरुआत के पूर्व पुरातन कथाओं का रूप एक ऐसे मौखिक इतिहास का रहा है, जो एक दूसरे को कहने से लेकर पीढ़ी दर पीढ़ी कही और सुनी जाती थी। इस मौखिक इतिहास को सांस्कृतिक पहचान की पवित्र विरासत के रूप में विभिन्न स्मृति-वैज्ञानिक तकनीकों द्वारा बड़ी सावधानीपूर्वक सुरक्षित रखा जाता था। इस प्रकार की दंत कथाओं को तथ्यात्मक रूप में सत्य माना जाता था और इन कथाओं का संस्कृति की संरचना और पर्यावरण की व्याख्याओं पर भारी प्रभाव होता था। मौखिक हस्तान्तरण की प्रक्रिया इस बात पर बल देती है कि कथा सुनने वाले लोग कथा-वाचक की कथाओं को बिना नुक्ताचीनी और आलोचना-प्रत्यालोचना के यथावत स्वीकार कर उसे अंगीकार करें।

लेखन के आविष्कार ने इन दंत कथाओं को लेखनबद्धता की सुविधा प्रदान कर इनके नित नये संस्करण को प्रतिबंधित कर दिया, अन्यथा प्रत्येक कथा-वाचक मूल कथा को अपने ढंग से कहता था और उसमें कुछ जोड़-बाकी कर मूल-कथा में फेर-बदल करता रहता था। लेखनबद्धता की विधा ने मूल संस्करण को याद करने को भी सरल बना दिया, किन्तु साथ ही इस विधा ने मूल कथा पर नये सिरे से सोच-विचार, चिन्तन-मनन को प्रोत्साहित किया। परिणामस्वरूप, मिथकों की नये संदर्भ में नई व्याख्याएं, नई टिप्पणियां प्रकाशित हुईं जिससे जन-मानस में इन मिथकों के बारे में कई शंकाएं उत्पन्न हुई, किन्तु फिर भी पौराणिक कथाओं को पूर्ण रूप से अस्वीकार नहीं किया गया क्योंकि ये मिथक सांस्कृतिक पहचान की धरोहर होते हैं। पुरातन कथाओं में नये अर्थों की खोज कर उन्हें अक्षुण्ण बनाये रखने के प्रयास किये

जाते हैं। लेखन विधा तथा सांस्कृतिक संपर्कों ने विभिन्न मिथकीय परम्पराओं की तुलनाओं को भी आगे बढ़ाया है।

उन्नीसवीं सदी के मानवशास्त्रियों ने मिथकों की उत्पत्ति खोजने का प्रयास किया है। मानवशास्त्रियों ने मिथकों को सामाजिक संस्थाओं और प्रथाओं की अवैज्ञानिक व्याख्याएं माना है। प्रसिद्ध मानवशास्त्री **बी. मॅलिनोस्की** के अनुसार, मिथक सामाजिक व्यवस्थाओं को वैधता प्रदान करते हैं। मिथक की आधुनिक व्याख्याएं **लेवी स्ट्रास** के विचारों से काफी प्रभावित हुई हैं। उन्होंने मिथकों को वैधता प्रदान करने वाली और सामाजिक व्यवस्थाओं की व्याख्या करने वाली संस्थाओं के रूप में स्वीकार किये जाने के प्रति अपनी असहमति प्रकट की है। स्ट्रास ने इन्हें संरचनात्मक भाषाविज्ञान की दृष्टि से संकेतों की एक व्यवस्था माना है। उन्होंने कहा है कि मिथकों का प्रमुख प्रकार्य संज्ञानात्मक है, अर्थात् मस्तिष्क की आधारभूत विचारात्मक श्रेणियों की व्याख्या करना है। लोक-विश्वासों के प्रख्यात अध्येता विद्वान **हैडले** ने कहा है, कि "वस्तुओं की उत्पत्ति की समस्या पर मनुष्य की कल्पना शक्ति ने समय-समय पर जो उत्तर दिये हैं, मिथक उनका प्रतिनिधित्व करते हैं।"

myth, theogonic – देवोत्पत्ति मिथक

वे मिथक जिनमें देवताओं की उत्पत्ति तथा वंशावली के बारे में वर्णन होता है, देवोत्पत्ति मिथक कहलाते हैं।

mythology – पुरावृत्त/मिथकशास्त्र

ज्ञान की वह शाखा मिथकशास्त्र या पुरावृत के नाम से जानी जाती है, जिसमें पौराणिक कथाओं (मिथकों) का व्यवस्थित संकलन, वर्गीकरण और व्याख्या की जाती है। ये पौराणिक कथाएं सृष्टि के आरम्भ, जीवन की उत्पत्ति, समाज व्यवस्था का जन्म तथा अदृश्य जगत् से वर्तमान के पारस्परिक सम्बन्धों के सम्बन्ध में परम्परागत लोक-विश्वासों को अभिव्यक्त करती हैं।

अंग्रेजी का "मिथ" पद प्राचीन ग्रीक शब्दावली "मुथॉज़" से बना है जिसका अर्थ होता है, "कथा"। वास्तव में, जिसे हम "हिस्ट्री" (इतिहास) कहते हैं, वह भी ग्रीक शब्दावली का ही एक शब्द (टर्म) है, जिसे प्रारंभ में घटनाओं के बारे में विभिन्न बयानों और स्पष्टीकरणों का एक अविवेकी (अतार्किक) संग्रह कहा जाता था। इसी प्रकार, "मिथॉलॅजी" (मिथकशास्त्र) पद की रचना ग्रीक शब्द "मुथॉलॅजिया" से हुई है जिसे मूल रूप में "कथा वाचन" के रूप में प्रयोग किया जाता था। आजकल मिथकों के एक ऐसे संगठित समूह को मिथकशास्त्र कहा जाता है जिनके साथ साझा परम्परा और उत्पत्ति का विचार जुड़ा होता है।

मिथकों का वैज्ञानिक अध्ययन 18वीं शताब्दी से किया जा रहा है। **डी. ब्रारोसेज़ और शैलिंग** के बाद **मैक्समूलर** ने मिथकों की दार्शनिक, **युंग और फ्रायड** ने मनोवैज्ञानिक तथा **टायलर, लैंग, फ्रेज़र और मेलिनोस्की, लेवी स्ट्रास** तथा कई अन्य विद्वानों ने मिथकों की मानवशास्त्रीय व्याख्याएं की हैं। मिथक और पुरावृत लगभग सभी धर्मों में पाये गये हैं। इन्हें मानव के प्रमुख प्रारंभिक गुरु माना जाता है। अभी हाल लेवी स्ट्रास (1964-1971) ने मिथकशास्त्र पर चार खंडीय एक भारी भरकम ग्रंथ की रचना की है।

N

narrative — वृत्तान्त

दो या अधिक घटनाओं के अनुक्रमिक (सिलसिलेवार) वर्णन-प्रतिवेदन को वृत्तान्त कहते हैं। इसमें घटनाओं के सामान्य महत्व और कारणात्मक सम्बन्धों को प्रकट किया जाता है। वृत्तान्त शाब्दिक और मौखिक दोनों रूपों में हो सकते हैं। उदाहरणार्थ, नृत्य और स्वांग के भी वृत्तान्त हो सकते हैं, जबकि किसी वाचिक अथवा अवाचिक अनुष्ठान को कण्ठस्थ किया जा सकता है या घटना के अनुक्रमों को दोहराया जा सकता है ताकि किसी सामाजिक व्यवस्था की अन्तर्निहित शक्ति की पुनर्स्थापना की जा सके। प्रख्यात इतिहासकार **हेडन व्हाइट** ने कहा है कि समस्त वृत्तान्त "यथार्थ को नैतिक बनाने हेतु आवेगों (प्रेरणाओं) से घनिष्ट रूप से जुड़े होते हैं, चाहे यह उनका प्रकार्य न भी हो।"

नृजातीय लेखनों का यह एक महत्त्वपूर्ण कार्य है कि उनके द्वारा बाहरी लोगों को घटनाओं की महत्ता को उजागर किया जा सके। इसके लिये वृत्तान्त (वर्णन) के कई भिन्न रूपों, सुव्यक्त अथवा अव्यक्त का प्रयोग किया जाता है। क्षेत्र-कार्य के दौरान जो प्रेक्षण तथा साक्षात्कार किये जाते हैं, उनका आलेखन करते समय घटनाओं के अनुक्रम का ध्यान रखा जाना आवश्यक होता है ताकि उनकी ठीक ढंग से व्याख्या की जा सके। पिछले दशकों में नृजातीय आलेखन की शैली में परिवर्तन आया है। जहां पहले घटनाओं के एक सामान्यीकृत वर्णन को प्रस्तुत करने के प्रति ललक थी, वह अब उपाख्यानात्मक या स्वीकारोत्मक शैली में बदल गई है। इस शैली के अनुसार जो घटनाएँ शोधकर्ता द्वारा देखी गई हैं या उसे किसी ने बताई हैं, उन्हें वह अपने स्वयं के शब्दों में वर्णन करता है या घटना को देखने वाले व्यक्ति के सम्पादित संस्करण को अपनी व्याख्या सहित लिखता है।

nation/nationalism — राष्ट्र/राष्ट्रवाद

एक राष्ट्र, एक ही राजनैतिक व्यवस्था के अन्तर्गत स्वेच्छा से निवास करने या रहने का प्रयत्न करने वालों का एक ऐसा सांस्कृतिक समुदाय है जो समान नैतिक भावनाओं के शक्तिशाली सूत्रों द्वारा बंधा होता है। भौगोलिक और आर्थिक एकता, एक भाषा तथा समान इतिहास एक राष्ट्रीयता की पूर्वावश्यकताएं एवं दशाएं अवश्य हैं, किन्तु राष्ट्र निर्माण के लिये इनसे भी अधिक एक अन्य विशेषता है और वह है राष्ट्र के प्रति गहरी निष्ठा, एक अनन्य वफ़ादारी। वास्तव में, राष्ट्र का निर्माण होता है लोगों की राष्ट्र बनाने की आम नैतिक भावना से। ध्यान

रहे, राष्ट्र निर्माण के लिये समान संस्कृति अथवा समान प्रजातिक उत्पत्ति का होना भी आवश्यक नहीं है।

मानवशास्त्रियों के लिये "राष्ट्र" अध्ययन-अनुसंधान का विषय द्वितीय विश्व के समय तब बना, जब अनेक अमरीकी मानवशास्त्रियों ने लघु स्तर के समाजों के अध्ययन से अपना ध्यान हटा कर स्वतंत्र राज्यों के नागरिकों के अध्ययन पर केन्द्रित किया। इस प्रकार के अध्ययनों की प्रेरणा तब मिली जब अनेक मानवशास्त्रियों से आग्रह किया गया कि वे शत्रु राष्ट्रों के व्यक्तियों के अभिप्रायों और मंतव्यों को जानने में सहायता करें। **रूथ बेनेडिक्ट** ने ऐसा एक प्रयास जापानियों के "राष्ट्रीय चरित्र" के मुख्य लक्षणों को जानने हेतु सन् 1946 में अपने एक अध्ययन द्वारा किया है। "दूरस्थ स्थान" से किसी देश की संस्कृति को जानने का मानवशास्त्रियों का यह एक प्रथम अध्ययन कहा जा सकता है।

युद्ध के समय से "राष्ट्रीय चरित्र" के अध्ययन के जिस परिप्रेक्ष्य का उद्‌भव हुआ, उसने इस तथ्य को उजागर किया कि प्रभुसत्ता-सम्पन्न राजनीतिक राज्य के नागरिकगणों की एक साझा सामाजिक परम्परा होती है। यद्यपि राष्ट्रीय चरित्र के परिप्रेक्ष्य के समर्थक विद्वान जैसे **बेनेडिक्ट, मीड** तथा अन्य व्यक्ति इस तथ्य से परिचित थे कि सांस्कृतिक प्रतिमानों में परिवर्तन हो सकता है, फिर भी वे यह मानते थे कि चूंकि संस्कृतियां सर्वांगपूर्ण होती हैं और वे समाजों की धरोहर होती हैं, अतः एक-दूसरी राष्ट्रीय संस्कृतियों में बिना किसी कठिनाई के भेद किया जा सकता है।

दुर्भाग्यवश, राष्ट्रीय चरित्र के इस उपागम की मानवशास्त्रीय चिन्तन में सन् 1960 के दशक के अन्त तक इतिश्री हो गई, क्योंकि यह उपागम जिन मूल धारणाओं पर आधारित था, वे बाद में आधारभूत रूप में गलत पाई गईं। इस उपागम को पहली चुनौती तब मिली जब नव स्वतंत्र उत्तर-उपनिवेशी राष्ट्रों में "राष्ट्रीय एकता" का अभाव पाया गया। इन "नव राष्ट्रों" में नागरिकगण संस्कृति द्वारा बंधे होने के स्थान पर आपस में बंटे हुए पाये गये। इस संबंध में **क्लिफोर्ड ग्रीज़** (1963) का एक लम्बा लेख, "एकात्मकारी आंदोलन : नये राष्ट्रों में आदिकालीन मनोभाव तथा नागरिक राजनीति" उल्लेखनीय है। सन् 1980 के दशक में सामाजिक विज्ञान सिद्धान्त में यह विचारधारा हावी हो गई कि "राष्ट्रों को मुक्त करवाने की अपेक्षा उनका निर्माण किया जाता है।" इस धारणा के समर्थक विद्वान **गैलनर** (1983), **एन्थोनी स्मिथ** (1986), **रिर्चाड फोक्स** (1990) आदि रहे हैं। प्रत्येक आधुनिक राष्ट्र की सुपरिभाषित तथा अन्तर्राष्ट्रीय रूप में मान्यता प्राप्त प्रादेशिक सीमाएँ होती हैं जिसमें विविध सांस्कृतिक विशेषताओं वाले लोग रहते हैं। राष्ट्रवादी कार्यक्रमों द्वारा राष्ट्र के अधिकांश नागरिकों में "एक राष्ट्रीय समुदाय की कल्पित धारणा" और साझा पुरातन इतिहास को स्मरण करने का प्रयास किया जाता है ताकि सांस्कृतिक विजातीयता पर अंकुश लगाया जा सके। इसके लिए कभी-कभी ऐसी घटनाओं को याद किया जाता है जब राष्ट्रीय स्वतंत्रता प्राप्त करने के लिये या स्वतंत्रता संग्राम आंदोलन के समय सभी ने साथ मिल कर रक्त बहाया था तथा शहीदों को याद किया जाता है। राष्ट्रवाद के इस समस्त कारोबार में मानवशास्त्रियों की रुचि यह जानने में होती है कि किस प्रकार राष्ट्रीय समुदायों के निर्माण पर राष्ट्रीय परम्पराओं के सचेतन (नियोजित) "आविष्कारों" तथा राष्ट्रों द्वारा "शक्ति की तकनीकों" जैसे जनगणनाओं,

अनिवार्य शिक्षा और सरकारी पंचांग के प्रयोग का प्रभाव पड़ा है।

राष्ट्रीय भावनाओं को पैदा या जाग्रत करने के नियोजित प्रयासों ने कई स्थानों, जैसे श्रीलंका और वेन्जुएला में हिंसा को भड़काने का कार्य किया है। इन घटनाओं ने मानवशास्त्रियों के ध्यान को आकर्षित किया है। यद्यपि कमजोर बहुल नृजातिक राष्ट्रों में राष्ट्रीय पहचान का सवाल बहुधा विवादास्पद रहा है, किन्तु यह सवाल उन्हीं की धरोहर हो, ऐसी बात नहीं है। जापान और थाईलैंण्ड, जैसे देशों में भी जिन्हें अधिकांश बाहरी व्यक्ति सांस्कृतिक रूप से समरूप मानंते हैं और जहाँ आधुनिक राज्य का ढांचा पूर्व आधुनिक राज्य की अवस्था से विकसित हुआ है, वहाँ भी राष्ट्रीय पहचान के मुख्य लक्षणों के बारे में विवाद है, यह बात अलग है कि वहाँ इस विवाद ने अभी कोई हिंसक रूप धारण नहीं किया है।

राष्ट्रीय काल्पनिक धारणाओं के बारे में भी शाब्दिक के साथ-साथ कार्यकलापों (आन्दोलनों) के रूप में उन लोगों के द्वारा प्रश्न उठाये गये हैं जो राज्यों और राष्ट्रों के बीच रहते हैं। कई प्रवासी लोग, पूर्व की भाँति, अपने नये निवास की राष्ट्रीय संस्कृति में न तो पूर्णतः घुलमिल पाते हैं और न ही वे अपने देश, जहाँ से वे नये-नये देश में गये थे, की राष्ट्रीय संस्कृति में रचे-बसे होते हैं। ऐसे लोगों की स्थिति त्रिशंकु की होती है। अभी हाल मानवशास्त्रीय शोध ने ऐसे लोगों के अध्ययनों के आधार पर खुलासा करते हुए यह बताया है कि बहुधा इन लोगों की पहचान अस्पष्ट और लचीली होती है।

national character – राष्ट्रीय चरित्र

"राष्ट्रीय चरित्र" की अवधारणा का विकास "अमेरिका के संस्कृति और व्यक्तित्व" सम्प्रदाय (**फ्रैंज बोऑस** के शिष्य गण, जैसे **मार्गेट मीड, रूथ बेनेडिक्ट, एडवर्ड सपिर** आदि) के द्वारा सन् 1928 से 1955 के बीच किया गया है। इस सम्प्रदाय का उद्देश्य तत्कालीन राष्ट्र-राज्यों के नागरिकों की व्यक्तित्व संरचना और मनोवैज्ञानिक प्रतिमानों को उजागर करना था। अमरीकी सांस्कृतिक मानवशास्त्रियों के बहुत पहिले ही इस अवधारणा का प्रयोग राजनीतिक वैज्ञानिकों, प्रमुख रूप से प्रख्यात राजनीतिक विचारक **टॉक्विल्ली** द्वारा राष्ट्रीय भिन्नताओं को प्रदर्शित करने के उद्देश्य से किया गया था। मानवशास्त्रियों ने इस अवधारणा का प्रयोग **अब्राम कार्डिनर** की "मूलभूत व्यक्तित्व संरचना" संबंधी अवधारणा से मिलती-जुलती विचारणा के संदर्भ में किया है। राष्ट्रीय चरित्र संबंधी अनेक शोध अध्ययनों ने आधुनिक राष्ट्रों के आधारभूत वैयक्तिक लक्षणों को उजागर किया है।

व्यक्तित्व की अपेक्षाकृत ऐसी स्थाई विशेषताएं, सांस्कृतिक लक्षण तथा संस्थात्मक संरचनाएं जो यथेष्ट मात्रा में अपने प्रभाव एवं वितरण में विशिष्ट होती हैं तथा जिनके आधार पर एक समाज और दूसरे समाज में भिन्नता प्रदर्शित की जा सकती है, राष्ट्रीय चरित्र की द्योतक हैं। ऐसा माना जाता है कि एक समाज का सांस्कृतिक प्रतिमान एक विशिष्ट प्रकार के व्यक्तित्व को जन्म देता है, जिसे "मूलभूत व्यक्तित्व संरचना" के नाम से जाना जाता है। **मार्विन हैरिस** (1983) ने लिखा है कि जब संदर्भित जनसंख्या को एक राष्ट्र के रूप में संगठित किया जाता है, तब मूलभूत व्यक्तित्व को "राष्ट्रीय चरित्र" की संज्ञा दी जाती है। अक्सर कहा जाता है कि फ्रांस के लोग 'कामुक' (सेक्सी), इटली के 'उन्मुक्त', जापान के 'अनुशासित',

ब्राजिल के 'खुले दिमाग के', और अंग्रेज लोग 'रूखे किन्तु संयमी होते हैं। ये विशेषताएं उनके राष्ट्रीय चरित्र को प्रतिबिम्बित करती हैं।

मानवशास्त्रियों ने राष्ट्रीय चरित्र के विषय को लेकर कई प्रकार अध्ययन किये हैं। **एंथनी वैलेस** (1961) के तथाकथित "सांस्कृतिक निगमनात्मक विधियों" पर आधारित राष्ट्रीय चरित्र अध्ययनों की एक विधि द्वारा समाज के एकल सदस्यों के व्यक्तित्व संरचना को मालूम किया गया। इस प्रकार के अध्ययनों में मनोवैज्ञानिक प्रतिरूपों का उपयोग करते हुए विशाल नृजातिक आंकड़ों को एकत्रित किया गया। इस उपागम द्वारा यह प्रदर्शित किया गया कि शैशव तथा प्रारंभिक बाल्यावस्था के सामान्य साझे अनुभव सांस्कृतिक मूल्यों और धारणाओं को जन्म देते हैं। एक अन्य विधि, जिसे वैलेस ने "संगठनात्मक" कहा है, द्वारा एक निश्चित जनसंख्या के व्यक्तित्वों की व्याख्या सांख्यिकीय आधार पर की गई। इसमें विभिन्न व्यक्तित्व लक्षणों के आवृत्ति वितरणों का प्रयोग किया गया। इस विधि में तथ्यों के संकलन हेतु जीवन इतिहास, नृजातिक अवलोकन विधि, तथा एक राष्ट्रीय समूह के रूपात्मक (मॉडल) व्यक्तित्व को परिभाषित करने हेतु प्रक्षेपण परीक्षणों का प्रयोग किया गया।

राष्ट्रीय चरित्र अध्ययन द्वितीय महायुद्ध काल में प्रमुखता से किये गये। इनमें से **रूथ बेनेडिक्ट** (1946) का जापानियों के राष्ट्रीय चरित्र का अध्ययन और **माग्रेट मीड** (1942) का अमरीकी संस्कृति का विश्लेषण बहुप्रसिद्ध अध्ययन हैं। इस अवधि में जो भी अध्ययन किये गये वे संस्कृतियों को दूर से अध्ययन करने के अच्छे उदाहरण हैं। राष्ट्रीय चरित्र अध्ययनों की तीव्र आलोचना भी हुई है। आलोचना के प्रमुख कारण इनमें मनमाना नृजातिक तथ्यों का प्रयोग, विशाल जनसंख्या के प्रति रूढ़िबद्ध प्रवृत्ति तथा पूरे समाजों पर व्यक्तिगत व्यवहार के मनोवैज्ञानिक प्रतिरूपों (मॉडल्स) के प्रयोग में कठिनाई आदि रहे हैं। चूंकि इन अध्ययनों की शुरुआत विश्व युद्ध के दौरान "शत्रु को जानने" के उद्देश्य से हुई थी, अतः बाद में इन पर लांछन भी लगाये गये। आजकल इस प्रकार के अध्ययन सामाजिक मनोविज्ञान के क्षेत्र में भिन्न उद्देश्यों तथा अलग ढंग से किये जा रहे हैं।

(देखिये - मूलभूत व्यक्ति और मॉडल व्यक्तित्व)

national park policy — राष्ट्रीय उद्यान नीति

भारतीय जनजातियों की समस्याओं के समाधान के संदर्भ में **वी. एल्विन** (1939) ने बैगा जनजाति के अपने अध्ययन के आधार पर इन जनजातियों के लिये एक प्रकार के "राष्ट्रीय उद्यान" की स्थापना की नीति का प्रतिपादन किया था जिनमें इन्हें संरक्षण प्रदान कर इनकी मानसिक उदासीनता और शारीरिक गिरावट को रोका जा सके। उनका विचार था कि इस संरक्षित क्षेत्र (राष्ट्रीय उद्यान) द्वारा मिशनरियों, व्यापारियों, शोषकों आदि के प्रवेश पर अंकुश लगाया जा सकेगा तथा साथ ही इनका बाहरी संसार से कम से कम सम्पर्क होगा। वेरियर एल्विन राष्ट्रीय उद्यान की अपनी इस नीति के द्वारा जनजातियों को भारतीय समाज से पृथक रख कर उन्हें अपने ढंग से जीने के लिये स्वतंत्र रखना चाहते थे। किन्तु, बाद में तत्कालीन भारत के प्रथम प्रधान मंत्री **श्री जवाहर लाल नेहरू** के हस्तक्षेप के बाद एल्विन ने अपने विचारों में संशोधन करते हुए कहा कि "हम जनजातियों को अजायबघर (राष्ट्रीय उद्यान) के

रूप में नहीं रखना चाहते, किन्तु हम यह भी नहीं चाहते कि वे सर्कस के विदूषक बन जायें।" बाद में यही धारणा "नेहरू दृष्टिकोण" के नाम से ख्यात हुई।

nativism – देशजता/देशीयतावाद

परसंस्कृतिकरण के तनावों के फलस्वरूप मूल जनजातीय संस्कृति में पुनरुत्कर्ष की प्रवृत्ति को देशजता या देशीयतावाद कहा गया है। यह प्रवृत्ति उन जनजातीय समाजों में देखी गई है जो बाहरी लोगों के आधिपत्य (उपनिवेशवाद) में रहे हैं और इनसे छुटकारा पाने के लिये उन्होंने आन्दोलनों की राह पकड़ी। (देखिये - देशीयतावादी आंदोलन)।

nativistic movements – देशीयतावादी आंदोलन

"नेटिविस्टिक मूवमैंट" शब्द की रचना **राल्फ लिंटन** (1943) द्वारा अपने इसी नाम के एक लेख में की गई है। "संस्कृतिक सम्पर्क" के फलस्वरूप उत्पन्न हुई स्थितियों के कारण जिन सांस्कृतिक और धार्मिक आंदोलनों का जन्म हुआ, लिंटन ने उन्हें समझने और समझाने के लिये अनेक आदर्श प्ररूपों को विकसित किया है। देशीयतावादी "साहजात्य" आंदोलनों को परिभाषित करते हुए लिंटन ने लिखा है कि "ये समाज के सदस्यों द्वारा किये गये ऐसे नियोजित एवं संगठित प्रयास हैं जिनका उद्देश्य अपनी संस्कृति के चुनिन्दा पक्षों को पुनर्जीवित करना तथा उन्हें बनाये रखना है।" इस आधार पर लिंटन ने दो प्रकार के समाज बताये हैं। कुछ ऐसे समाज होते हैं जिनमें संस्कृतियों का पुनर्निर्माण ऐसी प्रथाओं अथवा चलनों द्वारा किया जाता है जो अचेतन होती हैं (परम्पराओं में गढ़ी प्रथाएँ)। इसके विपरीत, कुछ समाजों में परिवर्तन सचेतन प्रयासों (आजकल इन्हें "आविष्कार" की संज्ञा दी जाती है) द्वारा किया जाता है। इन समाजों में लोग संस्कृति के चुनिन्दा तत्वों/लक्षणों को समाज के अस्तित्व के प्रतीक के रूप में प्रदर्शित कर उनके साथ अपनी पहचान स्थापित करते हैं, उन लक्षणों का बढ़ा-चढ़ा कर गुणगान करते हैं।

लिंटन ने मुख्यतः ऐसे लोगों के आंदोलनों का उल्लेख किया जो यूरोपीय देशों के आधीन अथवा अधिकार क्षेत्र में थे, उदाहरणार्थ उन्नीसवीं शताब्दी के अन्तिम वर्षों में अमेरिका के मैदानी भागों के इन्डियन आदिवासियों के "प्रेत-नृत्य" देशीयतावादी आंदोलन का ही एक रूप था। इसका एक अन्य उदाहरण "कार्गो कल्ट" का है। उन्होंने यह भी लिखा है कि समाज के प्रबल लोगों के देशीयतावादी आंदोलनों का रूप अलग हो सकता है। ऐसे लोगों की संख्या समाज में बहुत कम होती है जिन्हें वे नियंत्रित करते हैं, किन्तु ऐसे लोग सांस्कृतिक रूप से डरे हुए होते हैं।

लिंटन ने अपने लेख में यह भी बताया है कि आजकल "नैटिविस्टिक मूवमैंट" शब्द के स्थान पर या साथ-साथ इस प्रकार की घटना के लिये "मिलिनिऑलिज़्म" (सहस्त्राब्दवाद), "कट्टरवाद", "नृजातिकता" और "संस्कृति की राजनीति" शब्दों का भी प्रयोग किया जा रहा है। वास्तव में, लिंटन के इस लेख ने मानवशास्त्र के क्षेत्र में इस नये विषय पर सोच-विचार को प्रोत्साहित किया है कि किस प्रकार लोग नियोजित रूप में अपनी सांस्कृतिक धरोहर को बनाये रखने, पुनर्जीवित करने अथवा उसे नये रूप में गढ़ने के लिये प्रयत्नशील रहते हैं।

natural disasters – प्राकृतिक विपदाएं

ऐसी आकस्मिक तथा भारी मात्रा में होने वाली विपत्तियों, संकटों, दुर्घटनाओं, जैसे बाढ़, तूफान, सूखा, अथवा आग जिन्हें बहुधा "खुदा का कहर" माना जाता है, को प्राकृतिक विपदाएं कहा जाता है। मानवशास्त्रियों ने इन प्राकृतिक विपदाओं का अध्ययन दो दृष्टिकोण से किया है। प्रारम्भ में मानवशास्त्रियों ने प्राकृतिक विपदाओं का अध्ययन स्थानीय सामाजिक व्यवस्था पर पड़ने वाले प्रभावों के दृष्टिकोण से किया। बाद में उन्होंने इस प्रकार के अध्ययन किये जिनके द्वारा यह पता लगाया जा सके कि सामाजिक व्यवस्थाएं इस प्रकार की विपदाओं से किस प्रकार अनुकूलन करती हैं तथा किस प्रकार सामाजिक व्यवस्थाएं इन आपदाओं से निबटती हैं। आजकल, आपदाओं का अध्ययन स्थानीय समुदायों के परिप्रेक्ष्य से न किया जा कर वृहत सामाजिक व्यवस्थाओं के संदर्भ में किया जाता है, अर्थात् आपदाएं किस प्रकार वृहत सामाजिक व्यवस्थाओं को प्रभावित करती हैं। आजकल यह कहा जाने लगा है कि विपत्तिपूर्ण घटनाओं और सामान्य घटनाओं में जो अन्तर किया जाता है वह वस्तुपरक न होकर व्यक्तिनिष्ठ होता है। यह दृष्टिकोण कुछ सीमा तक इस धारणा पर आधारित है कि आपदाओं के प्रभाव और मात्रा में जो वृद्धि हुई है, इसका कारण समाज में होने वाले परिवर्तन है, न कि पर्यावरण में परिवर्तन।

आपदाओं ने स्थिति को काफी बिगाड़ दिया है क्योंकि विश्व के गरीब लोग ही इन आपदाओं से इसलिये सर्वाधिक प्रभावित होते हैं क्योंकि वे कष्टप्रद सीमान्त परिवेशों में निवास करते हैं। यह दुखद स्थिति प्रकृति की देन नहीं हैं, अपितु यह अल्प अथवा अविकास का प्रसाद है। इस प्रकार के दुखद परिवेशों के कारण होने वाली आकस्मिक जनहानि को प्राकृतिक आपदा के स्थान पर सामाजिक अथवा "राजनीतिक" आपदाएं कहना अधिक उचित है। सामान्य रूप में, राष्ट्रीय सरकारें तथा जनसंचार के साधन (मीडिया) जन और धनहानि की इस प्रकार की घटनाओं को प्रकृति की देन मान कर अपने कारनामों को छुपाने का प्रयास करती हैं, जब कि ये घटनाएं स्पष्ट तौर पर सामाजिक व्यवस्था के कारण उत्पन्न हुई होती हैं जिनके कारण गरीबों को ऐसे परिवेशों में रहने के लिये मजबूर होना पड़ा है।

natural selection – प्राकृतिक प्रवरण

चार्ल्स डार्विन के उद्‌विकास के सिद्धान्त से जुड़ी एक प्रमुख धारणा, एक नियम जो उद्‌विकास की संचालन प्रक्रिया को स्पष्ट करता है, प्राकृतिक प्रकरण के नाम से जाना जाता है। यह प्राणियों के विकास का एक नियम है जो इस तथ्य पर बल देता है कि प्रकृति द्वारा सब प्राणियों का भरण-पोषण न किया जा सकने के कारण प्रकृति उनमें से कुछ का वरण (चुनाव) करती है और बाकी नष्ट हो जाते हैं। दूसरे शब्दों में, पैदा हुए सभी प्राणियों में से प्रकृति उन जीवों का चयन करती है जिनमें प्रबल जीवन-शक्ति होती है और शेष सभी निर्बल प्राणी "प्राकृतिक प्रवरण के नियम" के अनुसार नष्ट हो जाते हैं, मर जाते हैं।

इस सिद्धान्त की दो मान्यताएं हैं —प्रथम, भिन्न स्पीशीज का जन्म उत्परिवर्तन द्वारा होता है, द्वितीय इन भिन्न स्पीशीज में जो तात्कालिक पर्यावरण के साथ सर्वाधिक तालमेल

बिठाने में सफल हो जाती हैं, वे जीवित रहती हैं और अन्य स्पीशीज से अपेक्षाकृत अधिक संतानों को जन्म देती हैं।

क्या यह नियम मानव प्राणी पर भी लागू होता है? इस प्रश्न के उत्तर के बारे में मतभेद हैं। मनुष्य अपने विवेक द्वारा ऐसी परिस्थितियों का सृजन करने में सक्षम है जिनके कारण निर्बलों के लिये भी जीवन-संघर्ष में सफलता प्राप्त करना संभव हो जाता है। किन्तु इस तथ्य को भी पूर्णतः नज़रअन्दाज नहीं किया जा सकता कि शक्तिशाली व्यक्तियों द्वारा निर्बलों को नष्ट करने की बात अनादिकाल से मानव जगत् में चली आ रही है और आंशिक रूप से आज भी विद्यमान है। (देखिये - उद्‌विकासीय सिद्धान्त)

natural theology – प्राकृतिक ईशमीमांसा (धर्मशास्त्र)

एक ऐसे विश्वास को प्राकृतिक ईशमीमांसा कहा गया है जिसमें यह माना जाता है कि ईश्वर के प्रति समझ बाइबिल (धर्मशास्त्रों) के पढ़ने मात्र से विकसित नहीं होती अपितु यह समझ "सृष्टा" द्वारा लिखी गई "प्रकृति की पुस्तक" के अध्ययन से भी उत्पन्न होती है। यह पुस्तक सृजनकर्त्ता (ईश्वर) की सृजन की रूपरेखा को उजागर करती है। उन्नीसवीं सदी में कुछ प्राकृतिक धर्मशास्त्री उत्क्रांतिवादी थे तो अन्य एकरूपतावादी थे।

naturalism – प्रकृतिवाद

प्रकृतिवाद की अवधारणा का प्रयोग एकाधिक अर्थों में किया गया है। पद्धतिविज्ञान के संदर्भ में, प्रकृतिवाद का प्रयोग ऐसी मान्यता के लिये किया गया है जिसके अनुसार यह माना जाता है कि प्राकृतिक एवं सामाजिक दोनों प्रकार के विज्ञानों की पद्धतियाँ समान हैं अथवा समान होनी चाहिये। एक नैतिक सिद्धान्त की दृष्टि से, प्रकृतिवाद से तात्पर्य अच्छे एवं बुरे के ऐसे मूल्यांकन से है जिनकी नीवें प्रशंसनीय अथवा तिरस्कृत वस्तुओं एवं घटनाओं संबंधी तथ्यों पर आधारित होती हैं। मानवशास्त्र एवं समाजशास्त्र में इस अवधारणा का प्रयोग मुख्यतः धर्म की उत्पत्ति के एक सिद्धान्त के रूप में किया गया है। प्रकृतिवाद किसी भी प्रकार की अलौकिक शक्ति की विद्यमानता को नकारता है। इसके अनुसार यह माना जाता है कि धर्म प्राकृतिक शक्तियों एवं घटनाओं की एक उपज है। धर्म की इस धारणा के साथ **मैक्समूलर** का नाम जुड़ा हुआ है जिन्होंने भारतीय एवं यूरोपीय पुराकथाओं के आधार पर अपने प्रकृतिवादी विचारों को प्रस्थापित करने का प्रयास किया है। संस्कृति और भाषाशास्त्र के विद्वान मैक्समूलर के अनुसार धर्म की उत्पत्ति का प्रथम चरण प्रकृति के विभिन्न विधाएं एवं जैसे सूर्य, चन्द्रमा, अग्नि, वायु और यहाँ तक कुछ पेड़-पौधों आदि की अराधना रही है। मिश्र में तथा अन्यत्र हुई खुदाइयों से इस विचार की पुष्टि हुई है।

मैक्समूलर के प्रकृतिवादी धर्म की आलोचना हुई है। ऐसे मानवशास्त्री जो धर्म को एक सामाजिक संस्था मानते हैं **(दुखाईम)** , उन्होंने कहा कि मैक्समूलर के धर्म के सिद्धान्त की सबसे बड़ी दुर्बलता यह है कि उन्होंने अपने सिद्धान्त में धर्म की उत्पत्ति में सामाजिक कारकों को कोई महत्त्व नहीं दिया है।

necromancy – प्रेत-प्राक्ख्यापन/प्रेत-विद्या

जादुई रूप से भविष्य बताने, प्राकृतिक घटनाओं के क्रम को प्रभावित करने अथवा अन्य उद्देश्यों को विशेषकर मृत के साथ सम्पर्क तथा मध्यस्थता स्थापित कर पूरा करने की विधि अथवा कला को प्रेत-विद्या अथवा प्रेत-प्राक्ख्यापन कहा जाता है।

Negroid – नीग्रॉयड

मानव जाति की तीसरी प्रमुख प्रजाति अफ्रीकी नीग्रॉयड है। इस प्रजाति के लोगों की त्वचा का रंग कहीं बहुत काला, और कहीं गाढ़ा बादामी या बादामी काला होता है। इनके केश रूखे, ऊनी और कड़े घुंघराले होते हैं। इनकी नाक बहुत चौड़ी और कान छोटे होते हैं। सिर पर बाल घने किन्तु छोटे होते हैं। इनका कद मध्यम लम्बा होता है। ये लोग प्रधानतः सहारा के दक्षिण में अफ्रीकी प्रदेशों में निवास करते हैं।

neo culturation – नव संस्कृतिकरण

नवीन संस्कृति-तत्वों को सीखने, और उन्हें अपनाने की प्रक्रिया नव संस्कृतिकरण कहलाती है।

neolithic age – नवप्रस्तर/नवपाषण युग

इस युग की शुरुआत 7000 ई.पू. मानी जाती है। मध्यपाषाण तथा ताम्रप्रस्तर युग के पूर्व प्रस्तर युग के अंतिम काल को नव पाषण युग कहा गया है। ऐसा माना जाता है कि इस युग में प्रस्तर, श्रृंग अंग, अस्थि तथा हाथी दांत के उपकरणों पर बलुआ पत्थर से घिसाई कर उन्हें पालिशदार बनाया जाता था। मृदभांड का निर्माण, धनुष-बाण का प्रयोग, पशुपालन, कृषि, पहिये की खोज, कपड़ा बुनना तथा अनेक आर्थिक और प्रौद्योगिक परिवर्तन इसी काल में हुए प्रतीत होते हैं। ऐसा अनुमान है कि इस युग में मानव का भोजन की तलाश में फिरन्दरी जीवन समाप्त हो गया और वह स्थाई तौर पर निश्चित स्थानों पर बस्तियां बना कर रहने लगा होगा और यहीं से संगठित ग्राम्य जीवन और समुदाय भाव का विकास हुआ होगा।

neolocal = residence, neolocal

nephew right – भांजा अधिकार

मातृरेखीय या मातृवंशीय समाजों से जुड़ी एक प्रथा जिसके अनुसार मामा और भांजे के बीच एक विशेष प्रकार के सम्बन्ध होते हैं। ये विशेष सम्बन्ध उत्तराधिकार के नियम में प्रकट होते देखे गये हैं। ऐसे समाजों में व्यक्ति की सम्पत्ति तथा पद का उत्तराधिकारी उसका पुत्र न होकर उसका भांजा (बहिन का लड़का) होता है।

N.G.O. (non-governmental organization) – गैर-सरकारी संगठन

एन.जी.ओ. शब्द का प्रयोग सामान्यतः ऐसे संगठनों के लिये किया जाता है जो स्वायत्ततापूर्ण, गैर-सदस्यता वाले, अपेक्षाकृत स्थाई और संस्थानीकृत, लाभ-निरपेक्ष (किन्तु हमेशा स्वैच्छिक

नही) तथा बिचौलिया प्रकार के होते हैं। ऐसे संगठनों में बहुधा पेशेवर अथवा शिक्षित संभ्रांत लोग कार्य करते हैं। ये संगठन साधारण जनों के जमीनी स्तर के संगठनों के सहायक के रूप में होते हैं।

एनज़ी.ओ. की अवधारणा विकास के एक वैकल्पिक मॉडल को प्रदर्शित करती है और लोकतंत्रीकरण की प्रक्रिया में ये मुख्य भूमिका अदा करते हैं।

noa – नोआ

पोलिनेशियाई धर्म में निषेध मुक्ति की स्थिति को नोआ कहा गया है। नोआ से तात्पर्य ऐसी वस्तु से है जिसमें अलौकिकता नहीं होती है।

noble savage – भद्र जंगली लोग

जब कभी हम आधुनिक सभ्यताओं की जटिलताओं से तंग आ जाते हैं, तब हम उस जीवन-शैली की चाह करने लगते हैं जो "प्रकृति के नजदीक" या हमारी जीवन-शैली की अपेक्षा अत्यंत "सरल" मानी जाती है। सामान्यतः इस प्रकार की "सरल" जीवन-शैली को जंगलों में निवास करने वाले मूल निवासियों की मान कर उन्हें "भद्र जंगली लोग" कहा जाता है। इसमें संदेह नहीं है कि कई अर्थों में उनकी जीवन-शैली हमारी जीवन-शैली से न केवल भिन्न है, अपितु "सरल" और "नैसर्गिक" भी है। किन्तु, एक मानवशास्त्री को न केवल अपनी संस्कृति की मूल्यांकनात्मक तुलना दूसरी संस्कृतियों से करने से बचना चाहिये, अपितु अन्य संस्कृतियों को गौरवान्वित करने या उनका रोमानी चरित्र-चित्रण करने से भी दूर रहना चाहिए।

nomadic population – यायावर जनसमूह

ऐसे जन समूह को घुमक्कड़ या खानाबदोश अथवा यायावर समूह कहते हैं जिसका कोई निश्चित आवास नहीं होता और जो जीवनयापन और भोजन सामग्री के लिये एक स्थान से दूसरे स्थान पर घूमते रहते हैं। ये लोग कठिनतः ही किसी एक स्थान पर जम कर स्थाई रूप में रहते हैं। सभ्यता के विकास के प्राथमिक चरणों में इसी प्रकार के घुमक्कड़ समूहों की कल्पना की गई है जो अपनी जीविका तथा अपने पालतू जानवरों के भरणपोषण के लिये घूमते रहते थे। प्रारंभिक आखेटक और पशुपालक जातियों की जीवन-शैली का यह एक प्रमुख विशेषता थी। भारत में कादर, चेंचू आदि इसी प्रकार के आदिवासी समूह थे।

norm – मानक/मानदण्ड

किसी सामाजिक स्थिति में किसी सामाजिक समूह के सदस्यों से जिस व्यवहार-प्रतिमान की आशा और अपेक्षा की जाती है या जो व्यवहार उनके लिये निर्धारित होता है, उसे मानक या मानदंड कहते हैं। इस प्रकार के व्यवहार-प्रतिमान के पालन के लिये समाज में सकारात्मक और नकारात्मक स्वीकृतियां और दंड-विधान होते हैं। एक अन्य अर्थ में, *मानदण्ड या मानक किसी समाज के ऐसे नियमाचार हैं जो इस बात की व्याख्या करते हैं कि एक व्यक्ति के लिये*

एक स्थिति विशेष में क्या वांछनीय अथवा समाजोनुमोदित व्यवहार है। जनरीतियाँ, प्रथाएं, रूढ़ियां, परिपाटियाँ, लोकाचार, तथा कानून मानदण्डों के ही विभिन्न रूप हैं।

nonverbal communication – अवाचिक सम्प्रेषण

अधिकांश मानवीय सम्प्रेषण की प्रकृति वाचिक (मौखिक) होती है। किन्तु एक लम्बे समय से मानवशास्त्री इस विचार का पोषण करते रहे हैं कि मानव के अधिकांश सम्प्रेषण में अवाचिक (अमौखिक) व्यवहारात्मक प्रक्रियाओं का प्रयोग होता है। इसमें हावभाव, भाव भंगिमा (इशारा) और "देह भाषा" (बॉडी लैंग्विज) से लेकर अन्तर्व्यक्तिगत फ़ासले (दूरियां), प्रतीकों और संकेतों, चिन्हों तथा समय संरचनाओं (अन्तराल) के प्रयोग को सम्मिलित किया जाता है।

अमौखिक (अवाचिक) व्यवहार का वाचिक (शाब्दिक) व्यवहार के साथ अनेक क्रमिक एवं प्रकार्यात्मक संबंध होता है। अमौखिक व्यवहार शब्दों की पुनरावृत्ति कर सकता है, उन्हें स्पष्ट कर सकता है, उनमें वृद्धि कर सकता है, उन पर जोर दे सकता है या फिर उनका खण्डन कर सकता है। यह वाचिक व्यवहार के बारे में पूर्वानुमान कर सकता है, उसके अनुरूप हो सकता है, उसके स्थान पर प्रयोग किया जा सकता है या उसका अनुसरण कर सकता है। इन सभी स्थितियों के बारे में मनुष्यों ने अवाचिक संकेतों की व्याख्या करना प्रथानुगत तरीकों से सीखा है। फिर भी, जिस प्रकार शब्दों को ठीक प्रकार से समझने के लिये उनके संदर्भ को जानना आवश्यक होता है, उसी प्रकार अवाचिक व्यवहार की व्याख्या के लिये सम्प्रेषण विशेष के समस्त संदर्भों की जरूरत होती है।

संभवतः अवाचिक सम्प्रेषण का सर्वाधिक महत्त्वपूर्ण और प्रचलित रूप चेहरे की अभिव्यक्ति (हावभाव) है। मानव प्राणी चेहरे के अनेक प्रकार के हावभावों को समझने और व्याख्या करने की योग्यता रखता है। उद्‌विकासीय संदर्भ में अवाचिक व्यवहार का यह तरीका सम्प्रेषण के रूपों का एक सबसे पुराना रूप रहा हो सकता है। वानर-समूहों के अभी हाल के अध्ययनों से पता चला है कि मुस्कराना अथवा भोहें चढ़ाना, जैसे सामान्य मुखाभाव प्रागैतिहासिक होमोनिड समूह के मानवों में भी निकटता अथवा बैरभाव प्रदर्शित करने के सामान्य हावभाव रहे हैं। आज भी मानव प्राणियों में मुखाकृति के हावभावों को सूचना का एक सर्वाधिक महत्त्वपूर्ण स्त्रोत माना जाता है। शब्द रहित संकेतों (बॉडी लैंग्विज) द्वारा मानव समाजों में बड़े-बड़े संदेशों का विनिमय अनादि काल से होता रहा है। जैसे नीचे देखने से लज्जा, ग्लानि एवं उदासी की लक्षण या भाव प्रकट होते हैं।

हाथों का और शरीर के अन्य अंगों का संचालन भी अवाचिक सम्प्रेषण के मुखाकृति के हावभावों की भांति महत्त्वपूर्ण स्वरूप हैं। उनका सामान्यतः इशारों के रूप में वर्गीकरण किया जाता है। कई इशारे किसी विशिष्ट समाज के सदस्यों को इंगित करने के लिये किये जाते हैं। अपमान, आमंत्रण, आव्हान अथवा बरखास्त और टीका-टिप्पणी करने संबंधी इशारे (हावभाव) सभी मानव समाजों में सार्वभौमिक रूप में पाये गये हैं।

एडवर्ड टी हाल (1959-1966) ने अवाचिक सम्प्रेषण के रूपों में देह-दूरी (या समीपस्थता) और समय-उपयोग (अवधि दर्शन) का अध्ययन कर बताया कि विभिन्न सामाजिक प्रयोजनों के लिये देह-दूरी में महत्त्वपूर्ण सांस्कृतिक भिन्नताएं होती हैं। भारत में

कुछ वर्षों पूर्व तक अछूत जाति के लोग सर्वण हिन्दुओं से बातचीत करते समय या अन्य क्रियाकलापों के समय एक निश्चित दूरी बनाये रखते थे। हाल के अध्ययन के अनुसार अमरीकी लोग सामाजिक बातचीत के दौरान सामान्यतः 18 इंच की दूरी बनाये रखते हैं, जब कि मिश्र के समाज में यह दूरी लगभग 6 इंच मात्र की होती है। हाल बताते हैं कि दूरी की भांति ही सम्प्रेषण के समय-काल में भी भिन्नताएं पाई गई हैं। इसमें रोजमर्रा के जीवन की गतिविधियों, जैसे भोजन का समय, मिलने का समय तथा समयबद्धता संबंधी विचार भी आते हैं। कुछ समाजों में समयनिष्ठता की कमी को बुरा या अपमान माना जाता है जबकि अन्य समाजों में समय पर आवश्यकता से अधिक बल दिये जाने को ठीक नहीं माना जाता या वहाँ इससे लोगों में असुविधा हो जाती है। **एकमैन और फ्रीसेन** (1981) ने अपने एक अध्ययन के आधार पर अवाचिक व्यवहार का एक वर्गीकरण प्रस्तुत किया है, जो इस प्रकार है : (1) प्रतीक या संकेत, (2) उदाहरण प्रस्तुत करने वाले, (3) स्वांग रचना, (4) नियंत्रणकर्त्ता, (5) अनुकूलनकर्त्ता।

nucleus – नाभिक/केन्द्रक

यूकैरियोटिक कोशिकाओं के भीतर पाई जाने वाली एक संरचना नाभिक या केन्द्रक कहलाती है। यह कोशिका का एक अतिस्पष्ट और सर्वाधिक महत्त्वपूर्ण अंगक है। सभी कोशिकीय गतिविधियों का संचालन एवं नियंत्रण इसी के द्वारा होता है। नाभिक में गुण-सूत्र होते हैं जिनमें डी.एन.ए. होता है। डी.एन.ए. की आनुवंशिकता के निर्धारण में महत्त्वपूर्ण भूमिका होती है। भ्रूण के विकास के दौरान यह कोशिकीय विभेदन का नियंत्रण करता है।

nurture – पोषण

सामाजिक पर्यावरण के वे समस्त तत्व जिनका प्रभाव व्यक्ति पर गर्भावस्था से ही पड़ने लगता है, पोषण की श्रेणी में आते हैं। ये तत्व संपूर्ण प्रकृति अथवा आनुवंशिकता के विरुद्ध व्यक्ति के शारीरिक, मानसिक तथा व्यक्तित्व के विकास को प्रभावित करते हैं।

O

objectivity — वस्तुपरकता/वस्तुनिष्ठता

घटनाओं के अध्ययन के दो प्रमुख दृष्टिकोण हैं, व्यक्तिपरक और वस्तुपरक। वस्तुपरक दृष्टिकोण किसी भी घटना के अध्ययन में निष्पक्ष, तटस्थ और अभिनति एवं पूर्वाग्रहों से मुक्त तथ्यों के आधार पर तार्किक निष्कर्षों पर बल देता है।

अध्ययन के इस दृष्टिकोण में भावनाओं और पूर्वधारणाओं का कोई स्थान नहीं होता है। वैज्ञानिक शोध की परम आवश्यकता है कि शोध के निष्कर्ष वस्तुनिष्ठ हों।

observation (method) — अवलोकन/प्रेक्षण (विधि)

किसी घटना अथवा वस्तु को व्यवस्थित (सिलसिलेवार) एवं सूक्ष्म रूप से यथावत देखने-परखने तथा आलेखन की प्रक्रिया अवलोकन या प्रेक्षण (विधि) कहलाती है। इसमें जिव्हा (शब्दों) और कानों की अपेक्षा चक्षुओं के प्रयोग पर अधिक बल दिया जाता है। *यह घटनाओं को भौतिक रूप में देखने के साथ-साथ मानसिक रूप से उनके प्रत्यक्षीकरण की एक विधि है।*

इसके कई प्रकार हैं : नियंत्रित/अनियंत्रित, सहभागिक/असहभागिक अथवा अर्द्ध सहभागिक आदि।

observation, participant — सहभागी प्रेक्षण (अवलोकन)

प्रेक्षण (अवलोकन) की एक विशिष्ट प्रविधि (तकनीक) जिसमें प्रेक्षक (शोधकर्त्ता) प्रेक्ष्य समूह (अध्ययन किये जाने वाला समूह) में रचबस जाता है, उक्त समूह का एक अंतरंग सदस्य बन कर उसकी आभ्यंतरिक संरचना और कार्यकलापों के बारे में व्यापक एवं गहन जानकारी एकत्रित करने का प्रयास करता है। अवलोकन की इस तकनीक की प्रमुख विशेषता यह है कि उक्त समूह/समाज/समुदाय के लोग जैसा करते हैं, शोधकर्त्ता भी उनके साथ मिल कर वैसा ही करने का प्रयास करता है। वह अपने व्यक्तित्व को प्रेक्ष्य समूह के साथ इतना घुलामिला देता है ताकि समूह के व्यक्ति उसे कोई बाहरी व्यक्ति न समझें।

सहभागी प्रेक्षण की यह तकनीक एक लम्बी अवधि तक चलती है। इसमें प्रेक्षणकर्त्ता समुदाय के सदस्यों के साथ घनिष्ट अन्तर्क्रियाएं करता हुआ जितना संभव हो सकता है समुदाय की क्रियाओं में डूब जाता है; उदाहरणार्थ, वह उनके अनुष्ठानों में भाग लेता है, गांव के तालाब या नदी पर उनके साथ नहाता-धोता है, चौपाल पर बैठ कर उनके साथ बातचीत

और चुहल करता है, आदि। क्षेत्र कार्य की यह तकनीक पारम्परिक मानवशास्त्रियों की एक प्रमुख विधि रही है। सहभागिक प्रेक्षण विधि के अनेक गुण हैं : (1) वास्तव में, नृजातीय शोध की यह अकेली विधि है जिसके द्वारा ऐसे व्यक्तियों से जानकारी जुटाई जा सकती है जो कोई लिखित भाषा नहीं बोलते हैं, (2) इस विधि में शोधकर्त्ता हर समय "वहाँ" उपस्थित रहता है जहाँ घटनाएं घटती हैं। परिणामतः वह सब कुछ देखता है कि किस प्रकार किसी घटना की तैयारी की जाती है और बाद में समाप्त किया जाता है, लोग किस प्रकार नियमों का पालन करते हैं या उन्हें तोड़ते हैं, (3) समुदाय में घुलमिल जाने के कारण शोधकर्त्ता की भूमिका घुसपैठ करने वाले और एक अजनबी की कम ही रहती है और वह समुदाय के सदस्यों में अपने प्रति काफी विश्वास और सहिष्णुता उत्पन्न करने में सफल रहता है, (4) हर समय वहां उपस्थित रहने के कारण, शोधकर्त्ता आसानी से व्यक्तियों के प्रथानुगत आदतों और परिप्रेक्ष्यों को देख सकता है तथा उन्हें अनुभव कर सकता है जो अन्य स्थितियों में कई बार संभव नहीं हो पाता है, (5) समुदाय की ही भाषा बोलने के कारण किसी घटना के बारे में लोगों के दृष्टिकोण को समझने में सरलता रहती है।

इस विधि की कुछ कमजोरियाँ (अवगुण) भी हैं : (1) श्रम, समय और धन तीनों ही की इस विधि में भारी मात्रा में आवश्यकता पड़ती है। जब तक शोधकर्त्ता के पास ये तीनों ही तत्व पर्याप्त मात्रा में उपलब्ध नहीं होते तब तक इस विधि का समुचित रूप में प्रयोग करना कठिन होता है, (2) अध्ययन किये जाने वाले समुदाय के व्यक्ति शोधार्थी मानवशास्त्रियों के नजर-चोर (गुप्त), ताक-झांक या सी.आई.डी. की तरह के अप्रकट व्यवहार के प्रति सशंकित हो सकते हैं, कई बार वे उनके ऐसे व्यवहार के प्रति अपनी नाराजगी भी प्रदर्शित कर सकते हैं, (3) कई बार मानवशास्त्रियों की उपस्थिति के प्रति गहरा अहसास अध्ययन किये जाने वाले व्यवहार को प्रभावित कर सकता है, (4) अधिक निकटता पक्षपात को जन्म देती है जिससे वस्तुनिष्ठता में कमी आ सकती है, (5) जो सूचनाएं अजनबी और अपरिचित बन कर प्राप्त की जाती हैं, इस विधि में उसके अवसर कम हो जाते हैं, (6) सहभागिता भूमिका-सामंजस्य की कठिनाई को भी उत्पन्न करती है।

वास्तव में, नृजातिक प्रतिवेदनों के पाठकों को यह विश्वास दिलाना बड़ा मुश्किल होता है कि जो कुछ उन्होंने लिखा है, वह पूर्णतः इसलिये सही है कि क्योंकि वे "वहाँ" उपस्थित थे। यही कारण है कि कई लोगों ने तो इसे अध्ययन की विधि ही मानने से इन्कार कर दिया है। वास्तव में, सहभागी-प्रेक्षण विधि एक विरोधाभास है, क्योंकि एक व्यक्ति जब किसी क्रियाकलाप में संलग्न होता है, तब वह उसका प्रेक्षण कैसे कर सकता है। इस द्विधात्मक स्थिति पर मानवशास्त्रीय साहित्य पर काफी सोच-विचार हुआ है। आदर्शतः इस विधि के शोधकर्ता को एक प्रकार से दो भूमिकाएँ निभानी पड़ती हैं : एक भूमिका सहभागी की और दूसरी भूमिका प्रेक्षक (अवलोकनकर्त्ता) की। उसे इन दोनों भूमिकाओं को आते-जाते बदलना पड़ता है, अर्थात् कभी वह समूह की क्रियाओं में भाग लेता है, तो कभी वह प्रेक्षक बन जाता है। दोनों भूमिकाओं में बड़ी समझ से तालमेल बिठाना शोधकर्त्ता की चतुराई और कुशलता पर निर्भर करता है।

observation, nonparticipant – असहभागिक अवलोकन
सामाजिक अन्वेषण की वह विधि असहभागिक अवलोकन कहलाती है जिसमें शोधकर्ता अध्ययन किये जाने वाले समूह के कार्यकलापों का एक तटस्थ दर्शक के रूप में प्रेक्षण करता है तथा वह सहभागिक अवलोकनकर्त्ता की भांति समूह की क्रियाओं में समूह के एक सक्रिय सदस्य के रूप में भाग नहीं लेता और न ही अपनी पहचान को समूह के अस्तित्व में विलीन करता है। हमारे अधिकांश अवलोकन का रूप असहभागिक प्रकार का ही होता है।

observation, quasi-participant – अर्द्ध सहभागिक अवलोकन
अवलोकन/प्रेक्षण की यह विधि सहभागिक और असहभागिक दोनों विधियों के बीच की है। इसमें दोनों विधियों का मिश्रण होता है, अर्थात् अवलोकनकर्त्ता अध्ययन किये जाने वाले समूह/समुदाय/समाज की कुछ क्रियाओं या कार्यकलापों में भाग लेता है तो कुछ में एक तटस्थ अवलोकनकर्त्ता की भूमिका को अपना लेता है।

oedipus complex – मातृग्रंथी (इडिपस मनोग्रंथी)
मातृग्रंथी या इडिपस मनोग्रंथी प्रसिद्ध मनोविश्लेषक **सिंगमंड फ्रायड** के नाम के साथ जुड़ी एक मनोवैज्ञानिक अवधारणा है। फ्रायड ने एक ऐसी भावनात्मक संघर्ष की स्थिति की कल्पना की है जिसमें बालक या बालिका में विपरीत लिंग के माता-पिता के साथ सम्मोहित प्रेम और समान लिंग के माता-पिता के प्रति घृणा उत्पन्न हो जाती है, अर्थात् पुत्र में अपने पिता के प्रति और पुत्री में अपनी माता के प्रति दमित घृणा तथा पुत्र में अपनी माता के प्रति और पुत्री में अपने पिता के प्रति दमित प्रेम होता है। फ्रायड के अनुसार एक स्वस्थ व्यक्तित्व के विकास के लिये इस स्थिति का सफल समाधान एक पूर्वावश्यकता है। मानवशास्त्रियों ने इडिपस मनोग्रंथी की सार्वभौमिकता की जाँच के लिये कुछ क्षेत्रों से शोध तथ्यों का एकत्रण किया है।

मेलिनोस्की ने ट्रोब्रिएंड द्वीप समूहों, जहाँ मातृवंशीयता पाई गई है, के अपने अध्ययनों द्वारा इस मनोग्रंथी की सार्वभौमिकता को चुनौती दी है। उन्होंने बताया कि इन समाजों में विपरीत लिंग के माता-पिता के साथ वह भावनात्मक जुड़ाव नहीं पाया गया जिसकी कल्पना फ्रायड ने की है। किन्तु इन समाजों में माँ के भाई, अर्थात् मामा के प्रति इडिपस प्रकार की प्रतिक्रिया अवश्य देखने को मिली है। (ध्यान रहे, इन समाजों में भानजे-भानजी के जीवन को आकार देने में मामा की बड़ी भूमिका होती है) इस अध्ययन से यह प्रकट होता है कि फ्रायड की इडिपस मनोग्रंथी का विचार संस्कृति द्वारा निर्धारित होता है। **कार्डिनर** ने कहा है कि इडिपस मनोग्रंथी उन्हीं संस्कृतियों में देखने में आई है जहाँ बाल्यावस्था में लैंगिक लक्ष्यों के पूरे होने में व्यवधान उत्पन्न हुआ है। यही कारण है कि यह मनोग्रंथी ट्रोब्रिएंड और मैक्सिअन संस्कृतियों में देखने को नहीं मिली है।

office – पदानुषंग
राजनीतिक मानवशास्त्र में, किसी राजनीति अथवा प्रशासनिक व्यवस्था में एक औपचारिक रूप में निर्मित पद को पदानुषंद कहा गया है। पदानुषंगों के साथ समानसूचक या सांस्कारिक और

कर्मकाण्डीय विशेषताएं जुड़ी हो भी सकती है, और नहीं भी। पदानुषंग और श्रेणी (पोज़िशन) में अन्तर है। पदानुषंग का एक स्वतंत्र अस्तित्व होता है जो उस व्यक्ति से अलग होता है जो उसको धारण करता है।

olag – ओलाग

बानटोक इगॉरॉट जनजाति में लड़कियों के आवास की अलग व्यवस्था होती है, जिसे वहां ओलाग कहा जाता है। इन आवास-गृहों में लड़कियाँ दो वर्ष की आयु से लेकर विवाह तक रहती है। ओलाग मिट्टी तथा पत्थर का बना छोटा घर होता है जिसकी छत घास से बनी होती है। अन्य आदिवासी समूहों में इस प्रकार के युवागृह कई अन्य नामों से जाने जाते हैं।

Oldowan culture – ओल्डवी संस्कृति

पूर्वी अफ्रीका की पूर्व तथा मध्य अत्यंत नूतन काल की जीवंन-शैली ओल्डवी संस्कृति के नाम से जानी जाती है। अनगढ़ बटिकाश्म खंडक, क्षुरक तथा हस्तकुठार इस संस्कृति की प्रमुख विशेषताएं हैं।

old stone age – पुराप्रस्तर युग

पुराप्रस्तर युग लगभग पूरे अत्यंत नूतन युग के दौरान हिम पर्तों के अपसरण तक (लगभग 8300 ई. पू.) तक रहा है। इसका प्रारम्भ मानव के उद्‌भव तथा अत्यंत प्राचीन उपकरणों के निर्माण के साथ 175,0000 वर्ष पूर्व हुआ था। यह काल पुरापाषण युग (पेलिओलिथिक एज) के नाम से भी जाना जाता है।

Opsimiolithic culture – मध्योत्तर पाषणयुगीन संस्कृति

वह संस्कृति जिसमें नवपाषण युग की मध्यपाषण अर्थव्यवस्था मिलती है, मध्योत्तर पाषणयुगीन संस्कृति के नाम से जानी जाती है। आखेट, मछली पकड़ना तथा खाद्य संग्रहण इस अर्थव्यवस्था की प्रमुख विशेषताएॅ रही हैं। इसमें नव-पाषण संस्कृति से सम्बद्ध कुछ विशेषक जैसे पालिसदार कुठार तथा मृद्‌भांड भी मिले हैं।

oracles – देववाणी/आकाशवाणी

इस प्रकार की युक्तियों अथवा क्रियाविधियों को, जो बहुधा आलौकिक होती हैं, देववाणी कहा जाता है जिनका प्रयोग अज्ञात से संदेश प्राप्त करने या संवाद करने के लिये किया जाता है। किसी विशिष्ट संस्कृति में देववाणियों के स्वरूप और प्रकार्य वहाँ प्रयोग किये जाने वाले अभिचार (जादू-टोना) की प्रकृति और उद्देश्यों पर निर्भर करता है। कुछेक संस्कृतियों में आप्तपुरुष (देववाणी करने वाला व्यक्ति) मानव ही होता है, जब कि अन्य संस्कृतियों में यह आनुष्ठानिक कृत्यों के रूप में होती है।

प्राचीन काल में यूनानी समाज में देववाणियों की भरमार थी। ये देववाणियाँ किसी न किसी देवी-देवता से जुड़ी होती थीं। यूनानी विश्व में इन देववाणियों के लिये एक विस्तृत आनुष्ठानिक कृत्य और एक विशिष्ट पुरोहित होता था जो देवात्माओं या परमेश्वर से अपने

यज़मानों के लिये भविष्य के बारे में संदेश प्राप्त करने का कार्य करता था। इस प्रकार की देववाणियाँ आज भी तिब्बत के लोगों में बहु प्रचलित हैं। वहां देववाणियों का प्रयोग करने वाले लोग भाव-समाधि का प्रयोग करते हैं। जाम्बिया के अजेन्डा लोगों में, जहाँ सभी प्रकार की दुर्घटनाओं और दुर्भाग्य के लिये टोनागिरी को उत्तरदायी माना जाता है, देववाणियाँ यह निर्धारित करती हैं कि क्या किसी नियोजित योजना में किसी भूत-प्रेत के विघ्न डालने की संभावना है और यदि है तो वह कौन सी प्रेत-प्रेतनी (डायन, चुडेल आदि) हैं। भारत के, पौराणिक ग्रंथों और रामायण तथा महाभारत जैसे महाकाव्यों में इस प्रकार की अनेक देववाणियों का उल्लेख मिलता हैं।

oral cultures — मौखिक संस्कृतियाँ

ऐतिहासिक दृष्टि से देखा जाये तो मानवशास्त्री मौखिक संस्कृतियों का ही अध्ययन करते रहे हैं, अर्थात् ऐसे लोगों के अध्ययन में रत रहे हैं जो लेखन की विधा से पूर्णतः अपरिचित थे, जिनमें साक्षरता जैसी कोई चीज नहीं थी। यही कारण है कि प्रख्यात मानववैज्ञानिक **रेडक्लिफ ब्राउन** (1952) ने कहा है कि मानवशास्त्री "आदिम" लोगों के इतिहास का वास्तव में कभी भी अध्ययन नहीं कर सकते क्योंकि उनके पास किसी प्रकार के लिखित दस्तावेज ही नहीं होते। आदिवासियों के अध्ययन का यह दृष्टिकोण कि वे मूलतः निरक्षर होते हैं, उनके पास कोई लिखित सामग्री नहीं होती, काफी विवादास्पद रहा है। संभव है कि यह दृष्टिकोण पुराने मानवशास्त्रियों के अध्ययन के लिये सही हो सकता है, किन्तु आजकल कई आदिवासी समाजों के कुछ व्यक्ति अथवा कहीं-कहीं अधिकांश व्यक्ति पढ़े-लिखे पाये गये हैं। द्वितीय, यदि लेखन का संकुचित अर्थों में प्रयोग करते हैं तब मानव इतिहास में हजारों ऐसी भाषाएँ बोली जाती रही हैं जिन्हें कभी लिखा ही नहीं गया। आज के विश्व में ऐसे किसी इतने अलग-थलग समूह को ढूंढना मुश्किल है जहाँ जनसंचार के आधुनिक साधनों, रेडियो, टेलिविज़न, टेलीफोन आदि का असर न पड़ा हो या जहाँ छपी सामग्री न पहुँची हो। यदि लेखन को किसी भी प्रलेखन की विस्तृत प्रणाली के रूप में परिभाषित किया जाता है, तब **क्लाड लेवी स्ट्रास** जैसे मानवशास्त्रियों के ग्रंथों पर टिप्पणी करते हुए **जॉक दरिदा** ने कहा है कि "कोई भी समूह, चाहे वह "मौखिक" समाज ही क्यों न हो, लेखन रहित नहीं हो सकता है।"

ordeal — अग्निपरीक्षा

आदिवासियों में अपराध-निर्णय से जुड़ी परीक्षण की ऐसी विधि को अग्निपरीक्षा या सत्यपरीक्षा कहा गया है जिसमें दोषी को भयंकर एवं कठिन कार्य करने पड़ते हैं, जैसे चुकची जनजाति में अपराध निर्णय के लिये दोनों पक्षों में मल्लयुद्ध का सहारा लिया जाता है।इफूगो लोगों में वादी और प्रतिवादी दोनों के हाथों पर उबलता हुआ पानी डाला जाता है। आदिम समाजों में अग्निपरीक्षा की इस प्रकार कई रीतियां प्रचलित हैं। इस प्रकार की कठिन परीक्षाओं के अतिरिक्त आदिम जातियों में अपराध-निर्णय के लिये शपथ लेने की विधि का भी प्रयोग किया जाता है।

ऐसा मानते हैं कि यदि व्यक्ति निर्दोष है तो उसे इस प्रकार की अग्निपरीक्षा से कोई हानि या कष्ट नहीं होगा। इस संबंध में यह भी विश्वास प्रचलित है कि अलौकिक शक्तियां विवाद को निबटाने और अभियोग के परीक्षण में निर्दोष व्यक्ति की सहायता करती हैं।

Orenda – ओरेन्डा

इरोक्यूइस जनजाति की एक संकल्पना ओरेण्डा कहलाती है जिसके अनुसार यह माना जाता है कुछ वस्तुओं में अलौकिक तथा निर्वैयक्तिक शक्ति निहित होती है। यह संभवतः अलगनकियाई संकल्पना "मैनिटू" से सम्बन्धित है। यह आदिवासी धर्म जीवसत्तावाद का ही एक रूप है।

organic solidarity – सावयविक एकता (एकजुटता)

यह सामाजिक एकता (एकजुटता) का एक रूप है जो जटिल आधुनिक समाजों में पाई जाती है जहाँ सामूहिक चेतना की शक्ति कमजोर होती है और लोग अपने आर्थिक क्रियाकलापों की अनुपूरकता द्वारा एक दूसरे से जुड़े होते हैं।

सामाजिक एकता (एकजुटता) की धारणा का विस्तृत विवेचन **एमिल दुर्खाइम** (1933) ने अपनी पुस्तक "सोश्यल डिवीजन ऑफ लेबर" में किया है। इसी संदर्भ में उन्होंने सामाजिक एकता के दो रूपों यथा "यांत्रिक एकता" और "सावयविक एकता" पर प्रकाश डाला है। *दुर्खाइम के अनुसार, जब किसी समष्टि के निर्णायक भाग समष्टि से मिलकर भी अपना अलग अस्तित्व बनाये रखते हैं और अपने अस्तित्व को समष्टि में विलय नहीं करते, तब इसे सावयविक एकता की स्थिति कहते हैं।* आधुनिक औद्योगिक समाजों की सामाजिक व्यवस्था सावयविक एकता का ही उदाहरण है जिसमें श्रम-विभाजन एवं विशेषीकरण के आधार पर सभी व्यक्ति अपना अलग-अलग कार्य करते हुए भी कार्यों की अन्तर्निर्भर प्रकृति के कारण एक दूसरे से जुड़े रहते हैं।

organicism – सावयववाद

एक सिद्धान्त या परिप्रेक्ष्य जिसके अनुसार मानव समाज को संरचना और प्रकार्य की दृष्टि से एक जैवकीय सावयव के समान माना गया है। इस दृष्टिकोण के प्रमुख प्रतिपादक प्रारम्भिक समाज वैज्ञानिक **हरबर्ट स्पेन्सर** रहे हैं जिन्होंने समाज को एक जैवकीय सावयव मान कर उसकी तुलना मानव अथवा किसी पशु के अन्तर्निर्भर अंगों द्वारा निर्मित सम्पूर्ण शारीरिक व्यवस्था से की है।

oriental despotism – प्राच्य तानाशाही

प्राच्य निरंकुशता (तानाशाही) शब्द का प्रयोग **कार्ल मार्क्स** के "एशियाई उत्पादन के ढंग" (एशिऐटिक मोड ऑफ प्रॉडक्शन) के राजनैतिक संगठन के रूप लिये किया गया है जिसका परिष्कार बाद में **कार्ल विट्टफोगेल** ने किया। इस प्रकार की व्यवस्था मुख्य रूप में प्राचीन मिस्त्र, मेसोपोटामिया, भारत, चीन तथा अमेरिका के अन्डेन और मैक्सिको क्षेत्र में विद्यमान थी। दोनों विचारकों ने इन समाजों की द्रविक प्रकृति पर प्रकाश डाला है जिसमें श्रम के

सत्तावादी नियंत्रण की जरूरत होती है। **विट्टफोगेल** ने लिखा है कि आदिवासी प्रौद्योगिकीय दशाओं में किसानों को एक-दूसरे के साथ सहयोग कर कार्य करना और किसी निर्देशक सत्ता के अन्तर्गत अपने आपको आधीन करना पड़ता है। प्राचीन सभ्यताओं में प्रति वर्ष बाढ़ का खतरा रहता था। अतः समस्त समुदाय को मिलजुल कर पहले इससे बचाव और बाद में फसल को बचाने का प्रयास करना पड़ता था। इस प्रकार के समाजों में सभी वयस्क पुरुषों के कार्य निश्चित थे, जैसे सिंचाई के लिये नहरों को खोदना, इन्हें बनाये रखना और समय-समय पर इनकी सिंचाई करना पड़ता था।

original affluent society – आद्य समृद्ध समाज

प्रारम्भिक मानवशास्त्रियों का विचार था कि रसद खोजी एवं आखेटक आदिवासी समूह का जीवन अत्यंत कंटकाकीर्ण एवं कठिनाइयों से भरा होता था। उनके अनुसार इन लोगों को अपने को जीवित रखने के लिए सुबह से लेकर सांयकाल के अंधेरे तक काम करना पड़ता था। इस कठोर जीवन में सुस्ताने या आमोद-प्रमोद के लिये (संस्कृति निर्माण) इनके पास कठिनतः ही समय होता था। इस स्थिति का बहुत सुन्दर चित्रण **थोमस हॉब्स** (1651 : XIII) ने अपने लेखनों में किया है। इस स्थिति में नाटकीय ढंग से परिवर्तन हुआ जिसका वर्णन **ली तथा डी वोरे** (1968) ने अपनी पुस्तक "मैन द हन्टर" में किया है। उन्होंने लिखा है कि प्रारम्भिक रसद खोजी एवं शिकारी लोगों से एक नये समाज का जन्म हुआ जिसे **मार्शल साहलिन्स** (1968) ने "ऑरिजनल ऐफलुअन्ट सोसाइटी" (आद्य समृद्ध समाज) कहा है। साहलिन्स के अनुसार, "एक समृद्ध समाज वह है जिसमें व्यक्तियों की जरूरतें आसानी से तुष्ट हो जाती हैं।" आधुनिक औद्योगिक समाजों की अर्थव्यवस्था से भिन्न, जिसमें व्यक्तियों की आवश्यकताएं असीमित रूप में नित्य बढ़ती जाती हैं तथा इन्हें तुष्ट करने के साधन सीमित होते हैं, परिणामतः लोग हर समय अभाव की स्थिति में रहते हैं, शिकारी-रसद खोजी आदिवासी लोगों की आवश्यकताएं सरल एवं सीमित होने के साथ-साथ उनके पास इन्हें तुष्ट करने के पर्याप्त साधन थे। साहलिन्स आगे लिखते हैं कि जिसे हम निम्न कोटि का जीवन-स्तर कहते हैं उसमें रहते हुए भी ये आदिम जातियाँ "भौतिक प्रचुरता" का आनन्द उठाते थे।

ली और साहलिन्स के "समृद्ध समाज" संबंधी विचार के बारे में प्रश्न उठाये गये हैं। यह कहा गया है कि क्या "कार्य", "समृद्धि" और "अवकाश" की अवधारणाओं के अर्थ आदिवासी और औद्योगिक समाजों में समान है। "समृद्ध समाज" के विचार के आलोचकों ने कहा है कि शिशु मृत्यु-दर, बीमारियों की प्रचुरता, पोषण स्तर तथा जीवन-प्रत्याशा (औसत-आयु) संबंधी आंकड़े "समृद्ध समाज" के विचार के खोखलेपन को उजागर करते हैं।

orthogenesis – नियत विकास

नियत विकास की प्रक्रिया को दो दृष्टि से देखा गया है। एक सिद्धान्त के अनुसार यह माना जाता है कि प्रजातियों के जीवद्रव्य की अपनी आंतरिक दशाओं में धीरे-धीरे संशोधन होता रहता है, यह नियत विकास कहलाता है। एक अन्य रूप में, नियत विकास से तात्पर्य निर्धारित क्रम और दिशा में हुए जैविक विकास को नियत विकास की संज्ञा दी गई है। ऐसा माना

जाता है कि जब तक पर्यावरण में तीव्र विरूपताएं उत्पन्न नहीं होती, तब तक विकास सामान्य निर्धारित दिशा में ही एक निश्चित क्रम में होता रहता है।

osteology — **अस्थिविज्ञान**
अस्थि-पंजरों का अध्ययन अस्थिविज्ञान कहलाता है। मानवीय अस्थिविज्ञान बहुधा पुरातन मानव समूहों के कंकालों के अवशेषों के अध्ययन पर केन्द्रित करते है। इसी विधि का प्रयोग पुरा-मानवशास्त्र में आद्य होमीनिडों के अध्ययन में किया जाता है।

ostracism — **निर्वासन/बहिष्कार**
निर्वासन से तात्पर्य कई प्रकार के आदेशों या दंड-विधानों से है। इसमें कुछ व्यक्तियों को स्थान विशेष पर उपस्थित रहने से मना करने से लेकर किसी समूह अथवा देश से निकाले जाने तक की क्रिया सम्मिलित की जाती है। मानव प्राणी बहुधा औपचारिक रूप से जानबूझ कर कुछ ऐसे व्यक्तियों से दूर रहने का प्रयास करते हैं जिन के साथ उनका कोई झगड़ा है। वे यहां तक की ऐसे व्यक्तियों से रोज़मर्रा के जीवन में भी कोई सरोकार रखना पसंद नहीं करते। औपचारिक बहिष्कार सामूहिक निर्णय का परिणाम होता है, जैसे जाति के नियमों के उल्लंघन करने पर जाति द्वारा निकाल दिया जाना या श्रमिक संगठन से किसी श्रमिक को निकाल देना आदि।

सामाजिक और धार्मिक समुदायों और संगठनों द्वारा बहुधा अपने नियमाचारों के पालन करवाने हेतु बहिष्कार की इस दंड-विधि का प्रयोग किया जाता है। भारत में जातियों द्वारा इस अनुशास्ति का प्रयोग एक लम्बी अवधि से किया जाता रहा है। विश्व के कई चर्चों द्वारा अपने अनुयाइयों पर बहिष्कार का भय छाया रहता है। बहिष्कार के कई रूप हैं। कई बार यह बहिष्कार भोजन या व्यापार न करने तक सीमित होता है, तो कभी-कभी बहिष्कृत व्यक्ति से कोई सरोकार नहीं रखा जाता है और अप्रत्यक्ष तौर पर ऐसे व्यक्ति की "सामाजिक मृत्यु" कर दी जाती है।

वर्तमान काल में, बहिष्कार या निर्वासन लघु समुदायों और बृहद् राज्यों दोनों द्वारा प्रयोग किया जाता है। जारशाही रूस और पहले वाले सोवियत रूस के समय में कई व्यक्तियों को देश निष्कासन का दण्ड भोगना पड़ा है। इसी प्रकार, हिटलर के समय में जर्मनी से भी कई व्यक्तियों को देश छोड़ने के लिये बाध्य किया गया था। वास्तव में, निर्वासन या बहिष्कार औपचारिक और अनौपचारिक दोनों ही रूपों में मानवीय समाजों में एक शक्तिशाली अनुशास्ति (दंड-विधि) रही है।

outbreeding — **विजाति/बहिःप्रजनन**
किसी एक जाति अथवा जनजाति के व्यक्ति का किसी दूसरी जाति अथवा जनजाति के व्यक्ति के साथ विवाह कर संतान उत्पन्न करना विजाति प्रजनन या बहिःप्रजनन कहलाता है।

P

palaeoanthropic man – पुरा-मानव
होमो सेपियन जाति (स्पीशीज) के मानव समकक्ष जीव से अधिक प्राचीन मानव रूप जो होमोनिड वर्ग का था और जिसे "लुप्त कड़ी" अर्थात् मानव और प्राइमेट के बीच का प्राणी माना जाता है, पुरा-मानव की श्रेणी में आता है।

palaeoanthropology = anthropology, palaeo

palaeobotany – पुरावनस्पति विज्ञान
पुरामानवशास्त्र की एक शाखा पुरा-वनस्पतिविज्ञान कहलाती है जिसमें जीवाश्म अवशेषों के आधार पर पौधों की प्रकृति और उनके विकास का अध्ययन किया जाता है।

palaeocene – पुरानूतन/पैलियोसीन
उस कालावधि को पुरानूतन या पैलियोसीन के नाम से जाना जाता है जब तृतीय युग का आरम्भ हुआ था जिसमें लीमर प्रकट हुए थे। इसकी कालावधि 650 लाख और 580 लाख वर्ष के बीच की मानी जाती है।

palaeoclimatology – पुराजलवायु विज्ञान
विज्ञान की वह शाखा पुराजलवायु के नाम से जानी जाती है जिसके अन्तर्गत पिछले युगों की जलवायु का अध्ययन किया ‌ ा है। यह मोटे रूप में पुरामानवशास्त्र का ही एक भाग है।

palaeoecology – पुरापारिस्थितिकी
यह पारिस्थितिकी विज्ञान की एक शाखा है जिसके अन्तर्गत प्राचीन पेड़-पौधों, पशुओं तथा तत्कालीन पर्यावरण के अन्तः संबंधों की खोज एवं व्याख्या की जाती है।

palaeolithic age (old stone age) – पुरापाषण युग
प्रारम्भिक मानव के विकास के युग को पुरापाषण काल माना जाता है जो वर्तमान से 5 लाख वर्ष पूर्व प्रारम्भ हुआ और (वर्तमान से) 15 हजार वर्ष पूर्व तक रहा। इसमें मानव की हस्त कृतियाँ, प्रस्तर उपकरण एवं पशुओं की अस्थियाँ पाई गई हैं। इस युग के प्राचीन कला के उत्कृष्ट नमूने गुफाओं में मिले हैं। इस काल में मानव ने अपने औजारों को आकृति देना

प्रारम्भ कर दिया माना जाता है। इस युग की अवधि काफी लम्बी होने के कारण इसे तीन चरणों में विभाजित किया गया है, (1) निम्न पुरापाषण, (2) मध्य पुरापाषाण, (3) उच्च/उत्तर पुरापाषाण काल।

palaeolithic man – पुरापाषणकालीन मानव
पुरापाषण काल का मानव जैसे हाइडलवर्ग, नियंडरथल अथवा क्रोमैनियान मानव इस श्रेणी में आते हैं।

paleozoic era – पुराजीवी महाकल्प
भूवैज्ञानिक इतिहास का एक बड़ा विभाजन जो कैंब्रियन महाकल्प से लेकर पर्मियन महाकल्प के अंत में समाप्त होता है, पुराजीवी महाकल्प अथवा पैलियोज़ोइक युग के नाम से जाना जाता है। इस युग में कीटों आदि के अतिरिक्त अकशेरूकी प्राणियों (मछली और रेंगने वाले जीव) के लगभग सभी वर्गों का विकास चरम बिन्दु पर पहुँच चुका था।

paleozoology – पुरा-प्राणीविज्ञान
जीवाश्म-विज्ञान की एक शाखा जिसके अंतर्गत प्राचीन तथा जीवाश्म पशुओं का अध्ययन किया जाता है, पुराप्राणी विज्ञान या प्राणी-अश्मविज्ञान के नाम से जाना जाता है।

palaeontology – जीवाश्म विज्ञान
पूर्व भूगर्भिक कालों के जीवाश्म अवशेषों के वैज्ञानिक अध्ययन को जीवाश्म विज्ञान कहते हैं। पादप-जीवाश्मों का अध्ययन पुरा-वनस्पति विज्ञान और प्राणी-जीवाश्मों का अध्ययन पुरा-जीवविज्ञान कहलाता है।

paleopathology – पुरा-व्याधिशास्त्र
पुरा-व्याधिशास्त्र अस्थिविज्ञान की एक शाखा है जिसमें मानवीय कंकाल (और कभी-कभी परिरक्षित शव) के अवशेषों के परीक्षण द्वारा रोग और चोट का पता लगाया जाता है।

palynology – परागाणु विज्ञान
पुरातत्वशास्त्र और पुरा-मानवशास्त्र की सापेक्षिक काल निर्धारण की एक विधि परागाणु विज्ञान कहलाती है। इस विधि में जीवाश्म-पराग अथवा परागकणों का अध्ययन कर उसके आधार पर काल निर्धारण किया जाता है। इसके अन्तर्गत मृदा में सुरक्षित परागकण, पराग जीवाश्म और अन्य सूक्ष्म जीवाश्मों का अध्ययन और विश्लेषण किया जाता है।

pangenesis – सर्वजीनता
आनुवंशिकता की व्याख्या के लिये **डार्विन** द्वारा प्रस्तुत एक विचार को सर्वजीनता कहा गया है जिसके अनुसार यह माना जाता है कि शरीर के प्रत्येक अंग और कोशिका से अनेक छोटे-छोटे कण अथवा अंश निकल-निकल कर और अलग होकर जननांगों तक पहुँचते हैं और आने वाली संततियों में उनके माता-पिता के अंगों और कोशिकाओं के समान ही अंग

और कोशिकाओं को पुनः उत्पन्न करते हैं। इस समस्त प्रक्रिया को ही डार्विन ने सर्वजीनता कहा है।

paradigm – विचारांकन (पैराडाइम)

एक संज्ञानात्मक रचना या रूपरेखा जिसके माध्यम से हम किसी घटना की व्याख्या करते हैं, उसे विचारांकन या पैराडाइम कहते हैं। इस शब्द का प्रयोग प्रतिमान, प्रतिरूप (मॉडल), उदाहरण आदि के अर्थ में भी किया गया है। किन्तु इन सभी संकल्पनाओं में भिन्नता है। अन्वेषण-विधा के संदर्भ में किसी विशिष्ट शोध से संबंधित अवधारणाओं, अनुमानों, प्रस्थापनाओं, शोध-विधियों के योजनाबद्ध समुच्चय को विचारांकन (पैराडाइम) की संज्ञा दी गई है।

पैराडाइम हमारे सोच को प्रभावित तथा हमारी विश्व दृष्टि की रचना करते हैं। ये स्थिर एवं स्थाई नहीं होते, अपितु तकनीकी और बौद्धिक नवाचारों के साथ बदल सकते हैं। इस शब्द का प्रयोग **टी. एस. कुहन** द्वारा "वैज्ञानिक क्रांति" (1962) के अपने सिद्धान्त में किया गया है।

parallel cousins – संलिग (समान्तर) भाई-बहिन

समान लिंगियों की संतानें, जैसे दो भाई या दो बहिनों की संतानें सलिंग या समान्तर भाई बहिन कहलाते हैं। इसमें चचेरे-मौसेरे भाई बहिन आते हैं। कई समाजों में ऐसी सन्तानों के बीच विवाह वर्जित है, क्योंकि इन्हें भाई-बहिन माना जाता है, जब कि ऐसे भी समाज है जहाँ इनके बीच विवाह संबंधों को वरीयता दी जाती है। मुस्लिम धर्मावलम्बियों में चचेरा और मौसेरा दोनों प्रकार के विवाह प्रचलित हैं।

parallelism – समानान्तरवाद

पूर्णतः पृथक्कृत एवं विभिन्न संस्कृतियों अथवा प्रदेशों में समान अथवा एक से सांस्कृतिक लक्षणों, स्वरूपों अथवा आविष्कारों के स्वतंत्र विकास को समानान्तरवाद कहा गया है। इस अवधारणा का प्रयोग इस वैचारिक दृष्टिकोण की पुष्टि के लिये किया जाता है कि सभी संस्कृतियां समान विकास की अवस्थाओं से गुजरी हैं। (देखिये - समान्तर उद्विकास)।

parent, natural – नैसर्गिक माता-पिता

नैसर्गिक माता-पिता से तात्पर्य ऐसे व्यक्तियों से है जो बालक को जन्म देने वाले तो होते हैं, किन्तु माता-पिता के सामाजिक दायित्वों (भूमिका) का निर्वाह नहीं करते हैं।

parent, social – सामाजिक माता-पिता

सामाजिक माता-पिता से तात्पर्य ऐसे व्यक्तियों से है जो बालक के जनक और पालक दोनों ही हैं। किन्तु, आजकल इस अवधारणा का प्रयोग ऐसे व्यक्तियों के लिये अधिक किया जाने लगा है जो बच्चों के जन्मदाता तो नहीं हैं किन्तु वे उनके पालक हैं और वे बच्चों का पालन-पोषण कर रहे हैं। दूसरे शब्दों में, जिन बालकों का वे पालन-पोषण कर रहे हैं, उनके साथ उनका जैवकीय संबंध नहीं होता। "सहायक प्रजनन" की शुरुआत के बाद तो इन

अवधारणाओं (नैसर्गिक/सामाजिक माता-पिता) के अर्थ भी बदल गये हैं और एक तीसरी अवधारणा "जैवकीय माता-पिता" का प्रयोग किया जाने लगा है। इस अवधारणा या शब्द का प्रयोग उन व्यक्तियों के लिये किया जाता है जो शुक्राणु या अण्डाणु दान देते हैं, अर्थात बच्चों की किराये की माताओं (सेरोगेट मदर) और जनकों के लिये किया जाता है। परिणामतः, "सामाजिक माता-पिता" की पूर्ववर्ती अवधारणा का प्रयोग जनक और पालक की वास्तविक श्रेणी के लिये नहीं किया जाता, अपितु अब इस शब्द का प्रयोग ऐसे माता-पिता की अवास्तविक श्रेणी के लिये किया जाता है जो प्रजनन करने में सक्षम नहीं होते हैं।

parochialization – संकुचितीकरण

मैक्किम मेरियट ने भारत के किशनगढ़ी नामक गाँव के अपने अध्ययन के आधार पर वृहद् (महान्) और लघु परम्पराओं (रेडफील्ड द्वारा विकसित अवधारणाएं) के बीच होने वाली परस्पर क्रियाओं को स्पष्ट करने के लिये सार्वभौमीकरण और संकुचितीकरण (स्थानीयकरण) की जुड़वां, किन्तु एक दूसरे से विपरीत दो अवधारणाओं का प्रतिपादन किया है। मेरिअट ने सार्वभौमीकरण के ठीक उल्टे रूप में, अर्थात् महान् परम्परा के लघु परम्परा के रूपान्तरण की प्रक्रिया के लिये संकुचितीकरण या स्थानीयकरण शब्दों का प्रयोग किया है। सरल अर्थों में, *यह महान् परम्परा के साहित्यिक और धार्मिक स्वरूपों आदि को स्थानीय बनाने की एक प्रक्रिया है।* यह प्रक्रिया भारत की देशी सभ्यता के अन्तर्गत लघु समुदायों की एक विशिष्ट रचनात्मक क्रियाओं को प्रदर्शित करती है। **मेरिअट** के शब्दों में, "बोधगम्यता के क्षेत्र को सीमित और व्यवस्थित करने, चिन्तनात्मक (वैचारिक) आयामों में कमी लाने के स्थानिक तथा साहित्यिक रूपों को सीमित करने की प्रक्रिया को संकुचितीकरण कहते हैं।" किसी संस्कृतनिष्ठ देवी-देवता या अनुष्ठान (संस्कार) में स्थानीय परिवेश के अनुसार हुआ बदलाव संकुचितीकरण का ही द्योतक है। गोवर्धन पूजा, नवदुर्गा पर्व और इसी प्रकार शुक्राचार में विश्वास संकुचितीकरण के ही उदाहरण हैं। ध्यान रहे, वृहत् परम्परा या सांस्कृतिक रूपों के साथ घुलने-मिलने के परिणामस्वरूप संकीर्ण स्थानीयकरण की प्रक्रिया में परम्पराओं के मूल स्वरूप में बदलाव आ जाता है।

pastoral nomads/nomadic pastrolists – पशुचारी खानाबदोश (घुमक्कड़) / खानाबदोशी पशुचारी

सामान्यतः "पशुचारण" और खानाबदोश (घुमक्कड़) शब्दों का प्रयोग एक दूसरे के स्थान पर अन्तर्बदल के रूप में किया जाता है, तथापि विश्लेषणात्मक दृष्टि से ये दो भिन्न अवधारणाएँ हैं। खानाबदोश शब्द संचलन (घूमने की प्रवृत्ति) को और पशुचारण शब्द जीवनयापन की एक विधि को इंगित करता है। सभी पशुचारी या पशुपालक घुमक्कड़ नहीं होते, जैसे दुग्धशाला वाले कृषक और पशु संवर्धनकर्ता। इसी प्रकार सभी घुमक्कड़, पशुपालक नहीं होते हैं, जैसे आखेट करने वाले या खाद्य संग्रह करने वाले, जिप्सी लोग और प्रवासी खेत मजदूर। अतः पशुचारी खानाबदोश ऐसे व्यक्तियों को कहा जाता है जो पशुओं को चराने का धंधा करते हैं और जो इसे जीवनयापन का एक आदर्श तरीका मानते हैं तथा ऐसे व्यक्तियों के समाजों के सभी व्यक्तियों अथवा कुछ व्यक्तियों द्वारा घूमने-फिरने (घुमक्कड़पन) को एक सामान्य तथा

जीवन की एक स्वाभाविक प्रवृत्ति माना जाता है।

पशुचारक घुमक्कड़पन सामान्यतः वहाँ पाया जाता है जहाँ जलवायु की दशाओं के कारण मौसमी चरागाह होते हैं और जिसके कारण स्थाई रूप में खेती करना संभव नहीं होता है। प्रवास के चक्र और अवधि में अन्तर होता है जो स्थानीय दशाओं पर निर्भर करता है। जब चरागाह और पानी किसी जगह पर समुचित मात्रा में उपलब्ध होता है, तब बहुत कम लोग एक स्थान छोड़ कर दूसरे स्थान पर प्रवास करते हैं। घुमक्कड़ी पशुचारी निरुद्देश्य नहीं घूमते। वे यह जानते हैं कि वे कहाँ और क्यों जा रहे हैं। घुमक्कड़ी लोगों के रहने के स्वरूपों में भिन्नता देखी गई है। कुछ घुमक्कड़ समूह टेन्टों का तो कुछ झोंपड़ियों का प्रयोग करते हैं। इनमें स्त्रियों, पुरुषों और बालकों के कार्य बंटे होते हैं। सामान्यतः इन लोगों में पितृसत्तात्मक प्रणाली के प्रति रूझान देखा गया है।

pastoralist – पशुचारक

वह समुदाय जो जीवनयापन के लिये कृषि की अपेक्षा पशुपालन पर निर्भर करता है, पशुचारक कहलाता है। उद्‌विकासीय योजनानुसार कृषि के पूर्व की अवस्था पशुचारक की थी और बाद में स्थाई जीवनक्रम के साथ कृषि का आरम्भ हुआ।

pater – पालक पिता

जैवकीय पिता (जिसने बालक को जन्म दिया है) से विपरीत बालक के समाज द्वारा स्वीकृत (मान्यता प्राप्त) पिता को पालक पिता कहा जाता है। उदाहरणार्थ, आधुनिक समाज में उस स्त्री के पति को होने वाले बालक का पालक पिता माना जाता है जो कृत्रिम गर्भाधान विधि द्वारा गर्भित हुई है, यद्यपि वह व्यक्ति बालक का जैवकीय पिता (जनक) नहीं है। बहुपतित्व प्रणाली में जनक पिता और पालक पिता (समाजोनुमोदित पिता) में अन्तर हो सकता है। इसी प्रकार, दत्तक प्रणाली में भी जनक और पालक पिता में भेद होता है।

Patjitanian culture – पातिजितान संस्कृति

द्वितीय अंतर्हिमानर्ती काल में जावा की खंडक संस्कृति पातिजितान संस्कृति के नाम से जानी जाती है। यह संभवतः होमोसोलो मानव से पूर्व तथा पिथिकेन्थ्रोपस इरेक्टस के बाद की संस्कृति है।

patriarchate / patriarchy – पितृसत्तात्मकता (पितृतंत्र)

पारिवारिक व्यवस्था की एक ऐसी प्रणाली जिसमें एक वर्ग के रूप में पुरुषों का स्त्रियों पर प्रभुत्व होने के साथ ही दायित्वों एवं कर्त्तव्यों का अवरोहण पिता की ओर से होता है, पितृसत्तात्मकता के नाम से जानी जाती है। उन्नीसवीं शताब्दी के सामाजिक सिद्धान्तकारों ने मातृसत्तात्मकता के विपरीत पितृसत्तात्मकता (पिता अधिकार) की धारणा का विकास इसलिये किया ताकि वे नागरिक समाज के उद्‌विकास की व्याख्या कर सकें। उदाहरणार्थ, जर्मन राजनीतिक अर्थशास्त्री और मार्क्स के निकट सहयोगी **फ्रेडरिक एन्जिल्स** (1902) ने यह प्रतिपादित किया है कि "ग्रीक विरोचित काल" में मातृसत्तात्मकता को पितृसत्तात्मकता के द्वारा

उखाड़ फैंका गया था। आजकल उस उद्‌विकासीय परिप्रेक्ष्य को सामान्यतः स्वीकार नहीं किया जाता जिसमें मातृसत्तात्मकता और पितृसत्तामकता की धारणाओं को कभी विकसित किया गया था।

आजकल पितृसत्तात्मकता को एक ऐसी स्थिति के वर्णन-विश्लेषण के लिये प्रयोग किया जाता है जिसमें किसी समाज में पुरुषों का अधिकांश सामाजिक, राजनीतिक, आर्थिक और सांस्कृतिक सम्मानित संस्थाओं पर मुख्य अधिकार और नियंत्रण होता है। पितृसत्तात्मकता को कभी-कभी पितृवंशीय समाजों के साथ जोड़ा जाता है, किन्तु मानवशास्त्रियों और समाजशास्त्रियों ने अपने अध्ययनों के आधार पर यह प्रदर्शित किया है कि पुरुष प्रभुत्व के लिये पितृवंशीयता का होना आवश्यक नहीं है। सामाजिक सिद्धान्तकार आजकल यह मानने लगे हैं कि तथाकथित पितृसत्तात्मक समाजों में, वास्तव में सामाजिक पहचान के अन्य रूप भी होते हैं, उदाहरणार्थ कमज़ोर प्रजाति, वर्ग और धर्म के पुरुषों की अपेक्षा प्रभुत्वशाली प्रजाति, वर्ग और धर्म की स्त्रियों की प्रस्थिति ऊंची होती है तथा उनके पास शक्ति भी अधिक होती है। पितृतंत्र या पितृसत्तात्मकता के क्या कारण रहे हैं, इस संबंध सामाजिक सिद्धान्तकारों में मतभेद हैं। इसकी (पुरुष प्रभुत्व) अधिकांश व्याख्या जैवकीय आधार पर की गई है, किन्तु स्त्रियों के जनन प्रकार्यों के संदर्भ में अधिकांश समाज वैज्ञानिक पितृतंत्र को प्राकृतिक सम्बन्धों पर आधारित न मान कर सामाजिक संबंधों की उपज मानते हैं। आजकल महिलावाद ने "पितृतंत्र" के पद को पुरुष सत्ता का प्रतीक बना दिया है। (देखिये जेन्डर, फेमिनिस्ट एन्थापॉलाजी)

patrilateral = descent, patrilateral

patrilineal = descent, patrilineal

patrilocal = residence, patrilocal

peace and nonviolence – शांति और अहिंसा

अधिकांश व्यक्ति शांति को मात्र युद्ध और हिंसा की गैरहाज़िरी के रूप में चित्रित करते हैं या फिर इसे हिंसा के अभाव की स्थिति के रूप में परिभाषित करते हैं। यह दृष्टिकोण बहुधा इस विचार से जुड़ा हुआ है कि मानवीय प्रकृति जन्मजात रूप में आक्रामक है। इसके विपरीत, जो लोग शांति को एक सकारात्मक अवधारणा के रूप में देखते हैं, वे उसे "एक ऐसी गतिशील प्रक्रिया के रूप में परिभाषित करते हैं जो आदर्शतः प्रत्यक्ष और अप्रत्यक्ष हिंसा की अनुपस्थिति की सापेक्षिक की स्थिति की ओर अग्रसर करने के साथ-साथ स्वतंत्रता, समानता, आर्थिक और सामाजिक न्याय, सहयोग और सामंजस्य की उपस्थिति को इंगित करती है।" (प्रत्यक्ष हिंसा में युद्ध तथा अप्रत्यक्ष हिंसा में संरचनात्मक हिंसा, जैसे प्रजातिकेन्द्रितता, प्रजातिवाद, जातिवाद, सम्प्रदायवाद और लिंगवाद आते हैं) शांति का यह दृष्टिकोण इस विचार पर बल देता है कि मानवीय प्रकृति मूलतः जन्मजात रूप में सहयोगी, सहिष्णु और परानुभूतिपरक है।

शांति का उपर्युक्त चर्चित प्रथम दृष्टिकोण राजनीतिक दर्शनशास्त्री **थॉमस हॉब्स** (1651) के नाम से जुड़ा है जो यह मानते हैं कि शांति की रक्षा केवल सरकारी नीतियों और

सेना के माध्यम से प्रतिकारात्मक हिंसा के द्वारा ही की जा सकती है और अहिंसा तो मात्र एक संकुचित राजनीतिक दृष्टिकोण और व्यूहरचना है। सामाजिक वैज्ञानिक जो इस दृष्टिकोण का समर्थन करते हैं, वे यह मानते हैं कि अहिंसा और शांति अन्ततः प्राप्त की जा सकती है किन्तु यह सब कुछ आक्रामकता में कमी लाकर ही किया जा सकता है। आक्रामकता में कमी लाने के लिये शोध द्वारा ऐसे पर्याप्त ज्ञान का संचय करना चाहिये जिसके द्वारा नियंत्रण की तकनीकों का विकास किया जा सके। इस प्रकार के अन्वेषण बहुधा हिंसात्मक संघर्ष, मुख्यतः राष्ट्रीय, अन्तर्राष्ट्रीय और वैश्विक स्तर के युद्धों पर किये जाने की आवश्यकता है।

द्वितीय, सकारात्मक दृष्टिकोण शांति को एक सापेक्षिक दशा (स्थिति) मानता है जिसमें ऐसी गतिशील प्रक्रियाएं कार्यरत होती हैं जो जीवन को उत्तरोत्तर बढ़ाने वाली होती हैं। ये प्रक्रियाएँ समाज में जीवित रहने, कल्याण, विकास तथा व्यक्तियों की रचनात्मकता को प्रोत्साहित करती हैं ताकि वे अधिकाधिक भौतिक, सामाजिक-सांस्कृतिक, मानसिक और आध्यात्मिक संभावनाओं को रचनात्मक तरीके से प्राप्त कर सकें। मोटे रूप में, शांति कम से कम पाँच पारस्परिक रूप में अन्तर निर्भर स्तरों पर कार्य करती है : व्यक्तिगत, सामाजिक, राष्ट्रीय, अन्तर्राष्ट्रीय, तथा वैश्विक। सामाजिक विज्ञानों में मानवशास्त्री और समाजशास्त्री सामान्यतः सामाजिक स्तर (सामाजिक समस्याओं) पर अपने अध्ययनों को केन्द्रित करते हैं, जब कि मनोवैज्ञानिक व्यक्तिगत स्तर, और राजनीतिशास्त्री राष्ट्रीय, अन्तर्राष्ट्रीय और वैश्विक स्तरों पर बल देते हैं। वास्तव में, शांति संबंधी अध्ययन आदर्शतः पार-विषयी क्षेत्र-शोध, शिक्षा और क्रिया का विषय है जो सभी स्तरों पर अहिंसा, युद्ध, हिंसा, शांति और सम्बन्धित घटनाओं के सभी पक्षों का अध्ययन करती है।

सकारात्मक दृष्टिकोण के अनुसार अहिंसा/शांति और हिंसा/युद्ध प्रत्येक की अपनी-अपनी विशेषताएँ हैं, और ये न तो एक दूसरे की विरोधी हैं और न ही ये इनके अभाव की स्थिति को परिलक्षित करती हैं। सकारात्मक दृष्टिकोण के समर्थक विद्वान सीधे रूप में अहिंसा और शांति की घटनाओं का अध्ययन करते हैं। इन विद्वानों का मत है कि केवल हिंसा और युद्ध का अध्ययन करना ही पर्याप्त नहीं है। अहिंसा और शांति भी महत्त्वपूर्ण घटनाएँ हैं जिनका प्रलेखन, विश्लेषण, निर्वचन और व्याख्या की जानी चाहिये। यही नहीं, ये विद्वान यह भी कहते हैं कि न केवल हिंसा और युद्ध में कमी लाये जाने की आवश्यकता है, अपितु ऐसे प्रयास भी किये जाने चाहिये जिससे अहिंसा और शांति में अधिकाधिक वृद्धि हो। ऐसे व्यक्तियों की यह सोच भी है कि हिंसा और युद्ध पर केन्द्रित किया जाना न केवल अपूर्ण और निरा संकुचित दृष्टिकोण है, अपितु शांति के कई मुद्दों और समस्याओं से दूर भागना है। शांति के इन मुद्दों में आर्थिक और सामाजिक न्याय और इनके भीतर जो असमानताएं विद्यमान हैं, इन पर ध्यान दिये जाने की जरूरत है।

यह खेद का विषय है कि अभी तक अधिकांश कार्य युद्ध और हिंसा पर ही हुआ है और शांति और अहिंसा के मुद्दों पर सापेक्षिक रूप में बहुत कम ध्यान दिया गया है। **फैब्बरो** (1978), **मोन्टेगू** (1978), **हॉवेल और विल्स** (1989) और **स्पोसेल एवं ग्रेगर** (1994) आदि ने शांति और अहिंसा पर कुछ काम किया है। फैब्बरो के अनुसार, अहिंसक और शांतिपूर्ण समाज ऐसे छोटे और मुक्त समुदाय होते हैं जिनमें आमने-सामने की अन्तरपारस्परिक

अन्तरक्रियाएं होती हैं। इन समतावादी समाजों में सामान्यीकृत पारस्परिकता और सामाजिक नियंत्रण होता है और सामूहिक मतैक्यता, अहिंसक मूल्य और सहसंस्कृतिकरण के माध्यम से निर्णय लिये जाते हैं। ऐसे समाजों में अन्तरसमूह हिंसा अथवा मनमुटाव, आन्तरिक (नागरिक) अथवा बाह्य झगड़े, बाह्य शत्रु-समूहों या राष्ट्रों से धमकियां, सामाजिक स्तरीकरण तथा अन्य प्रकार की संरचनात्मक हिंसा जैसे जादू-टोना और पूर्णकालिक राजनीतिक नेता या केन्द्रिकृत सत्ता, पुलिस तथा सैनिक संगठन नहीं होते हैं। वास्तव में, अहिंसा और शांति के आदर्शों के प्रति प्रतिबद्ध मानवशास्त्रियों से आशा की जाती है कि वे शोध के इस आशा भरे क्षेत्र में पड़ताल का दायित्व निभाएँ।

peasants – किसान/कृषक

किन व्यक्तियों को किसान या कृषक कहा जाये, बड़ी अस्पष्टता है। इस वर्ग में (किसान वर्ग), खेतीहरों (जो खेत जोतने से लेकर समस्त कृषिकर्म खुद करते है) के अतिरिक्त, छोटे-मोटे, भूस्वामियों, जोतदारों, बंटाईदारों और भूमिहीन मजदूरों जैसे अनेक लोगों को ऐतिहासिक और सांस्कृतिक्र संदर्भों में सम्मिलित किया गया है। मार्क्सवादियों ने उत्पादन के ढंग के मापदण्ड का प्रयोग करते हुए ऐसे व्यक्तियों को कृषक कहा है जो ग्रामीण परिवेश में पारिवारिक आधार पर खेती का काम करते हैं, अर्थात् कृषि सम्बन्धित सभी कार्य परिवारजनों के सहयोग से सम्पादित करते हैं। सामाजिक मानवशास्त्रियों ने कृषक या किसान को परिभाषित करते हुए कृषि कर्म के अलावा कृषकों के सांस्कृतिक रीति-रिवाजों, आदतों, मानदण्डों के साथ-साथ उनकी संकुचित दृष्टि एवं परम्पराओं से चिपके रहने की प्रवृत्ति पर भी बल दिया है।

इन दोनों दृष्टिकोणों के मिलेजुले रूप के आधार पर ऐसे लोगों को कृषक या किसान कहा जा सकता है जो अपनी आजीविका और जीवन के गुजर-बसर के लिये खुद भूमि जोतते हैं तथा अपने उपभोग के लिये उत्पादन करते हैं। इन व्यक्तियों का अपनी खेती की जमीन पर स्वामित्व और नियंत्रण होता है, साथ ही इनकी एक प्रकार की पारम्परिक जीवन-शैली होती है। यहाँ इस संदर्भ में एक बात उल्लेखनीय है कि अंग्रेजी में "फार्मर" और "पेजन्ट" दो शब्दों का प्रयोग हुआ है। "फार्मर" शब्द ऐसे व्यक्तियों के लिये प्रयोग किया जाता है जो बड़े किसान हैं जो खुद भूमि नहीं जोतते, किन्तु जोती जाने वाली भूमि पर उनका स्वामित्व और नियंत्रण होता है। ऐसे व्यक्ति भू-स्वामी या जमींदार कहलाते हैं। इसके विपरीत, ऐसे व्यक्ति जो छोटे-छोटे भूमि के मालिक होते हैं, खुद जमीन जोतते और समस्त कृषि-कर्म करते हैं तथा कृषि-कर्म उनके जीवनयापन का मुख्य साधन और धंधा होता है। ऐसे व्यक्ति मुख्यतः उपयोग के लिये उत्पादन करते हैं, न कि बेचान के लिये। इन विशेषताओं युक्त कृषि-कर्म करने वाले व्यक्तियों के लिये "पेजन्ट" शब्द का प्रयोग किया जाता है। इस वर्ग में कभी-कभी ऐसे व्यक्तियों को भी सम्मिलित कर लिया जाता है जिनका भूमि पर स्वामित्व तो नहीं होता, किन्तु वे "बंटाईदार" या "जोतदार" की हैसियत से कृषि कार्य करते हैं। सामान्यतः इन दोनों शब्दों को एक दूसरे के स्थान पर पर्यायवाची के रूप में प्रयोग किया जाता रहा है।

मानवशास्त्रियों ने "कृषक" (पेजन्ट) शब्द को परिभाषित करते हुए निर्विवाद रूप में

कृषकों की आजीविका और कृषकों के घर-परिवार के बीच के सम्बन्धों पर बल दिया है। **अल्फ्रेड क्रोबर** (1923) ने कृषकों को "अंश-समाज" और "अंश-संस्कृति" के रूप में परिभाषित किया है, अर्थात् कृषक लोग समाजों और संस्कृतियों के हिस्से हैं। **रॉबर्ट रेडफील्ड** (1956) ने एक जगह नगरों की महत्ता को कृषक समुदायों के संदर्भ में, तो दूसरी जगह सभ्यताओं की "महत् परम्पराओं" को कृषकों की "लघु परम्पराओं" के संदर्भ में परिभाषित किया है। **एरिक वूल्फ** (1966) ने कहा है कि "कृषक ग्रामीण व्यक्ति होते हैं जो अपने स्वयं के जीवनयापन के लिये उत्पादन करते हैं। निस्संदेह, कृषकों की प्रमुख विशेषताएं घर-परिवार के श्रम-द्वारा घर-परिवार के जीवन-निर्वाह के लिये उत्पादन करना है, अतः वे न्यूनाधिक रूप में आत्मनिर्भर होते हैं, किन्तु ये विशेषताएं नगरीय सभ्यता के उत्पन्न होने के पूर्व कृषकों पर लागू होती थीं। आज के कृषक की आवश्यकताएं मात्र भरण-पोषण तक सीमित नहीं हैं, और न ही वह पूर्णतः आत्म-निर्भर ही कहा जा सकता है। अपनी खेती संबंधी आवश्यकताओं (बीज, उपकरण) और अपने परिवार की अन्य आवश्यकताओं (कपड़े व स्वास्थ्य) के लिये उसे अन्य व्यक्तियों (गाँव के बाहर के लोग) पर निर्भर रहना पड़ता है, अतः वह अब अपने लिये ही नहीं उपजाता अपितु वह इतना उपजाता है कि उसे बेच कर अपनी भरण-पोषण के अतिरिक्त अन्य आवश्यकताओं की पूर्ति कर सके। आधुनिक परिवर्तनों के संदर्भ में जीवन-निर्वाह और घर-परिवार के श्रम के परिप्रेक्ष्य पर आधारित "कृषक" की पुरानी परिभाषाओं को पूर्णतः सटीक नहीं कहा जा सकता है।"

ऐसा माना जाता है कि किसानों का उद्‌भव 5000-6000 वर्ष पूर्व राज्य और नगरीय सभ्यताओं के जन्म के साथ हुआ है। नगरीय समाजों के साथ कृषकों को जोड़ने की बात को स्पष्ट किया जाना आवश्यक है। आधुनिक अत्यधिक औद्योगिक नगरीय समाज में कृषकों (लघु किसान) की जरूरतें बहुत कम होती हैं क्योंकि वे बहुत छोटे स्तर पर उत्पादन करते हैं तथा उनके द्वारा भूमि का उपयोग भी "अनार्थिक" होता है। भोजन न उत्पादन करने वालों की एक विशाल जनसंख्या सहित अत्यधिक औद्योगिक समाज के लिये यंत्रीकृत खेती की आवश्यकता होती है। परिणामतः औद्योगिक समाज में "तथाकथित" कृषक या तो समाप्त हो गये या समाप्ति के हासिये पर हैं। वास्तव में, पूर्व-औद्योगिक नगर और उससे जुड़ा सामाजिक संगठन जिसे कृषक प्रतिनिधित्व करता है, वह ही कृषकों को उत्पन्न करता था और बनाये रखता था, वह अब समाप्त होता जा रहा है।

pemmican – पिमिकन

उत्तरी अमरीकी इंडियनों (अमेरिंडियन) के एक सांद्रित खाद्य पदार्थ को पिमिकन के नाम से जाना जाता है। यह अरना भैंसे का मांस अथवा मृग का मांस होता है। इनके तिक्कों को धूप में सुखा कर, महीन पीस कर तथा पिघली चर्बी में मिलाकर चमड़े की थैलियों में बंद कर रख दिया जाता है।

penates – रोमन कुल देवता/संपत्ति

इस शब्द का प्रयोग दो अर्थों में हुआ है। रोमन कुल देवता जो भंडार का देवता माना जाता

है और जिसकी पूजा घर की देवी तथा गृह देवता के रूप में की जाती है। इसे गृहस्थी की संपत्ति के भण्डार के अर्थ में भी प्रयोग किया गया है।

phallicism – लिंगोपासना

प्रकृति में जनन-सिद्धान्त को आधार मान कर जनन-अंगों की उपासना, विशेषतः शिश्न को प्रतीक मान कर पूजा करने को लिंगोपासना कहा गया है। इस प्रथा के विश्व के अनेक धर्मों में चिन्ह मिले हैं। हिन्दू धर्म में शिवलिंग के रूप में पूजा इसी उपासना का एक सुसंस्कृत रूप है।

phenomenology – प्रघटनाशास्त्र (फ़िनॉमिनॉलॅजी)

प्रघटनाशास्त्र (घटना-क्रिया-विज्ञान) एक दार्शनिक आंदोलन के साथ-साथ एक वैचारिक पद्धति है जिसका प्रमुख उद्देश्य घटना को उसके ठेठ मूल रूप में, अर्थात् जिस रूप में वे सामने दिखाई देती हैं या जिस रूप में वे दृश्य जगत् में विद्यमान हैं, उसी रूप में उनका वर्णन करना अथवा उनके यथार्थ को समझना प्रघटनाशास्त्र है। "घटना" से तात्पर्य उन वस्तुओं/कार्यकलापों से है जो अपने मूल रूप में दिखाई देते हैं। प्रघटनाशास्त्र घटना के बारे में कर्त्ता के ऐसे प्रत्यक्ष अनुभव को जानने पर बल देता है जो पूर्व-मान्यताओं, पूर्वाग्रहों और दार्शनिक बोध से सर्वथा मुक्त और अप्रभावित होता है। वास्तव में, समझने की प्रक्रिया में हमारी पूर्व-धारणाएं सबसे बड़े बाधक तत्व हैं।

सामान्य रूप में हर व्यक्ति घटना को अपने नजरिये से देखता है, उसकी आँखों पर जिस रंग का चश्मा चढ़ा होता है, उसे घटना उसी रंग में रंगी हुई दिखाई देती है और घटना का यथार्थ रंगों में छुप जाता है। प्रघटनाशास्त्र बिना किसी चश्मे के, बिना किसी विशिष्ट नज़रिये के अपने मौलिक रूप में, अर्थात् जैसी घटनाएं वास्तव में हैं, उसी रूप में देखने, समझने और व्याख्या करने पर बल देता है। अतः एक पद्धति के रूप में पद्धतिशास्त्र घटना संबंधी सभी पूर्वधारणाओं के स्थगन, निलम्बन, त्यागने या छोड़ने पर बल देता है। इन पूर्वधारणाओं को छोड़े बिना घटना का यथार्थ सामने नहीं आ पाता। घटना को अपने पूर्व स्वीकृत अर्थों से अलग करने, दूसरे शब्दों में उसे अर्थ विहीन करने की प्रक्रिया ही प्रघटनाशास्त्र है। प्रघटनाशास्त्र का प्रमुख कार्य चेतना की उन क्रियाओं की व्याख्या करना है जिनके द्वारा घटना के अन्तर्निहित अर्थों को उजागर किया जाता है। प्रघटनाशास्त्र की यह मान्यता है कि जो कुछ हमें दिखाई दे रहा है, वह यथार्थ में सत्य नहीं है, क्यों कि दिखाई देने वाला सत्य तो हमें पूर्व अर्थों में रंगा हुआ दिखाई दे रहा है।

एक सामाजिक आंदोलन और विधि के रूप में प्रघटनाशास्त्र ने सामाजिक विज्ञानों और मानवशास्त्र को भी प्रभावित किया है। मानवशास्त्र में विशेषकर वर्गीकरण की योजनाओं और ज्ञान की प्रणालियों पर इसका प्रभाव देखा जा सकता है। इस आंदोलन के आधुनिक प्रमुख प्रतिपादक **एडमंड हस्सर्ल** (1964) रहे है, यद्यपि "फ़िनॉमिनॉलॅजी" शब्द का सर्वप्रथम प्रयोग **हीगल** (1807) ने किया है। हस्सर्ल ने घटनाओं के यथार्थ को जानने के लिये व्यक्तियों की चेतना के अध्ययन पर बल दिया है, अर्थात् व्यक्ति किस प्रकार विश्व और उसमें निहित

वस्तुओं को देखते हैं। अतः प्रघटनाशास्त्र का प्रमुख उद्देश्य चेतना की अमूर्त संरचनाओं और प्रक्रियाओं की खोज करना है। प्रघटनाशास्त्र की एक प्रमुख अवधारणा "अभिप्रेत अर्थ" (इन्टेन्शनॅलिटी) है जो इस तथ्य पर बल देती है कि वस्तु और चेतना, जिसके द्वारा वस्तु की जानकारी होती है, ये दोनों अलग-अलग विभाजनीय घटनाएं नहीं हैं, अपितु इन्हें एक एकल घटना ही समझा जाना चाहिये। अतः चेतना से अलग वस्तु का कोई पृथक अस्तित्व नहीं होता क्यों कि चेतना के द्वारा ही उस वस्तु के अस्तित्व की रचना होती है।

phenotype – व्यक्त रूप (फीनोटाइप)

किसी जीव-समूह के प्रेक्षण-योग्य अथवा पहचाने जाने वाले भौतिक (शारीरिक) लक्षणों या प्रेक्षणीय बाह्य आकृति को दृश्यरूप या व्यक्तरूप कहते हैं।

phonology – स्वर-विज्ञान

स्वर-विज्ञान भाषाशास्त्र की एक शाखा है जिसमें नैसर्गिक भाषाओं की ध्वनि के संगठन का अध्ययन किया जाता है।

photography – छायाचित्रण (फोटोग्राफी)

उन्नीसवीं शताब्दी में मानवशास्त्र के उद्भव के साथ ही छायाचित्रण ने शोध के एक उपकरण के रूप में महत्त्वपूर्ण स्थान बना लिया है। यह भी कहा जा रहा है कि इन दोनों ने इतिहास को जोड़ा है क्यों कि छायाचित्रण ने मानवशास्त्रीय प्रेक्षण को प्रामाणिकता के साथ उसे मूर्त रूप दिया है। बीसवीं शताब्दी में छायाचित्रण के दोहरे लक्ष्य रहे हैं। प्रथम शोध की एक विधि और उपकरण के रूप में और दूसरे कल्पन या प्रदर्शन के संदर्भ में स्वयं छायाचित्रण के उत्पाद (छायाचित्र) का आलोचनात्मक अध्ययन के रूप में।

नृजातीय तथ्यों की रचना (संग्रहण) में छायाचित्रण का प्रयोग पारम्परिक रूप में एक सर्वेक्षण उपकरण या प्रारम्भिक जानकारी के रूप में किया गया है। मानवशास्त्रियों के लिये कैमरा एक चाक्षुष नोटबुक की भांति है जिसके द्वारा वे व्यवस्थित रूप में नृजातिक तथ्यों का छायांकन कर उनका विश्लेषण करते हैं। इसका प्रयोग वे भौतिक संस्कृति की प्रक्रियाओं से लेकर इस प्रकार के व्यवहारों के छायांकन के लिये करते हैं जिनकी शाब्दिक अथवा भौतिक रूप में, जैसे देह अभिव्यंजना, स्थानिक गतिकी या सामाजिक प्रक्रिया की अभिव्यक्ति नहीं हो पाती है। इसका एक बहुत अच्छा उदाहरण संभवतः **बैट्सन और मीड** (1942) का है जिन्होंने बाली द्वीप के लोगों की समाजीकरण की प्रक्रिया का छायांकन किया है। मानवशास्त्र में छायाचित्रण का वृहत् रूप में प्रयोग भौतिक संस्कृति की परम्पराओं, समुदाय के इतिहास, व्यक्तित्व की विशिष्टताओं तथा नृजातिक इतिहास संबंधी छाया-साक्षात्कारों के लिये भी किया गया है।

निस्संदेह, नृजातिक तथ्यों की रचना में छायाचित्रण की महत्त्वपूर्ण भूमिका होती है, किन्तु मानवशास्त्रीय अन्य लेखनों की भांति छायाचित्रण की विधि भी "प्रदर्शन के संकट" (क्राइसिस ऑफ रेप्रिज़ेन्टेशन) का शिकार हुई है। इसकी प्रामाणिकता और विश्वसनीयता के बारे में कई प्रश्न उठाये गये हैं। किन तथ्यों का कब, किस स्थान पर कैसे छायांकन किया

जाना चाहिये, इन प्रश्नों के बारे में मानवशास्त्र में एक लम्बी बहस की जा रही है। यही नहीं, सामाजिक शोध की अन्य विधियों की भांति इस विधि से संबंधित नैतिक उलझनों के बारे में भी प्रश्न खड़े किये गये हैं।

phyletic gradualism – अनुवंशीय आनुक्रमिकता

अनुवंशीय आनुक्रमिकता जैविक परिवर्तन का एक सिद्धान्त है जिसके अनुसार यह माना जाता है कि एक दीर्घ अवधि में एक जीव जाति धीरे-धीरे एक नवीन जीव जाति में अपने आपको बदल लेती है। अतः विभिन्न जीव जातियों की वास्तविक सीमाओं का पता नहीं लगाया जा सकता और इनमें सीमा रेखा मनमाने ढंग से ही खींची जाती है।

pidgin – मिश्रित भाषा

एक ऐसी सरल भाषा जिसका प्रयोग दो या दो से अधिक समूह सम्प्रेषण के एक साधन के रूप में करते हैं। ऐसे समूह के लोगों के पास कोई साझा भाषा या बोली नहीं होती है। यह एक प्रकार की मिश्रित भाषा होती है जिसका विकास स्वतः व्यापारिक लेन-देन के आधार पर हो जाता है। इस भाषा में सहभागिक समूहों की अपनी-अपनी भाषाओं के शब्द भी होते हैं।

pilgrimage – तीर्थयात्रा

तीर्थयात्रा से तात्पर्य इस धरा पर अवस्थित ऐसे भौतिक स्थानों की यात्रा से है जहाँ विशिष्ट आध्यात्मिक/धार्मिक पवित्र शक्ति को विशेष रूप में उपलब्ध हुआ माना जाता है। तीर्थयात्रा की प्राचीन जड़ें विश्व की अनेक धार्मिक परम्पराओं में गहरे रूप में गई हुई हैं। यह आज भी एक अर्थपूर्ण एवं लोकप्रिय आधुनिक अनुष्ठान व्यवहार के रूप में विद्यमान है।

प्रत्येक तीर्थयात्रा का एक अथवा अधिक उद्देश्य होते हैं और उस स्थान तक पहुँचने के लिये आवश्यक प्रयास करने होते हैं। तीर्थ यात्रा के गन्तव्य स्थान सामान्यतः ऐसे पवित्र केन्द्र या प्रदेश होते हैं जिनके साथ गंभीर मिथक तथा इतिहास जुड़े होते हैं, जैसे ईसाई समुदाय के लिये जेरुशलेम, मुसलमानों के लिये मक्का-मदीना, हिन्दुओं के लिये बद्रीनाथ, पुरी, हरिद्वार, अयोध्या आदि की यात्राएं। तीर्थयात्रा संबंधी जितने मानवशास्त्रीय अध्ययन हुए हैं, उनमें तीर्थयात्रा की संरचना और अनुभवों पर प्रकाश डाला गया है। इन तुलनात्मक अध्ययनों द्वारा कुछ ऐसी बातें उजागर हुई हैं जो सभी प्रकार की तीर्थ यात्राओं में समान रूप से पाई गई हैं, जैसे यात्रा संबंधी कठिनाईयां, यात्रा के दौरान के विशिष्ट अनुभव, यात्रा के दौरान अन्य सहयात्रियों के साथ मेल-जोल, दुःख-सुख में हाथ बंटाने का भाव, पवित्र स्थान के प्रति प्रगाढ़ आस्था-भाव आदि। सामान्यतः इस प्रकार की यात्राएं समूह में की जाती हैं जो अस्थाई रूप में एक नवीन प्रकार के सामुदायिक भाव और लगाव को उत्पन्न करती है।

इस क्षेत्र के शोधार्थियों ने मुख्यतः इस प्रकार की यात्राओं के उद्देश्यों का अध्ययन किया है। इसके अतिरिक्त, उन्होंने यात्रा के वरदान, चढ़ावा, क्रियाविधान तथा व्यक्ति और देवत्व के अन्तर्संबंधों को भी अपने अध्ययन का केन्द्र बनाया है। आजकल मानवशास्त्रियों की रुचि जन-संस्कृति के लौकिक क्षेत्रों के अध्ययनों की ओर बढ़ती जा रही है, अतः तीर्थयात्रा

अध्ययनों में पर्यटन को भी सम्मिलित कर लिये जाने से तीर्थयात्रा अध्ययनों को एक नया आयाम मिला है। फिर भी, धर्म के अध्ययन के विद्यार्थी अभी भी पवित्र स्थानों की विरोधाभासी अवधारणा से जूझ रहे हैं। इसकी अभिव्यक्ति हमें **सोलोमन** के एक प्रश्न में देखने को मिलती है जो उस समय उठाया गया जब उसने जेरुसलेम में देवस्थान बनाया था। यह प्रश्न था कि "क्या वास्तव में ईश्वर पृथ्वी पर रहेगा? जरा स्वर्ग की ओर देखो, स्वर्ग और स्वर्गों के स्वर्ग भी जब उसे (ईश्वर) रख नहीं पाये, फिर जिस मकान (देवस्थान) को मैंने बनवाया है वह तो उससे (स्वर्ग) बहुत छोटा है।" यह पहेली, यह पेचिदा प्रश्न आज भी अनेक तीर्थयात्रियों के लिये तीर्थयात्रा सफर के लिये महत्वपूर्ण बना हुआ है।

तीर्थयात्रा संबंधी मानवशास्त्रीय सिद्धान्तों में **विक्टर टर्नर** के विचार आजकल छाये हुए हैं। टर्नर की रुचि तीर्थयात्रा के अध्ययन में **अर्नोल्ड वॉन गैन्नप** के जीवन-पथ के संस्कार के तुलनात्मक अध्ययन से उत्पन्न हुई जिसमें गैन्नप ने पृथक्करण, अन्तराल और सम्मिलन के तीन स्तरों (अवस्थाओं) की बात कही है। टर्नर ने "अन्तराल" (लिमिनॅलिटि) की अवस्था पर अपने अध्ययनों को केन्द्रित किया है। "लिमिनलिटि" की अवस्था पृथक्करण और सम्मिलन के बीच की एक मध्यवर्ती अवस्था है। टर्नर ने बताया कि लिमिनलिटि दो अवस्थाओं के बीच की एक ऐसी अवस्था है जिसमें सामाजिक श्रेणीबद्धताएं और सीमाएं समाप्त हो जाती हैं और सखाभाव के एक आनन्ददायक एवं हितकारी भाव का जन्म होता है। उन्होंने अपने कई लेखों में तीर्थ यात्रा को "दीर्घ अन्तराल के एक स्वैच्छिक अनुभव" को चित्रित किया है जिसे उन्होंने (लिमिनायड) कहा है। क्या वास्तव में तीर्थयात्राएँ सार्वभौमिक रूप में साधारण सामाजिक श्रेणीबद्धताओं को तिरोहित कर देती हैं, और सखाभाव (सामुदायिक भावना) को उत्पन्न करती हैं, इस प्रश्न पर विवाद बना हुआ है। कुछेक विद्वानों ने टर्नर के विश्वव्यापी स्तर पर तीर्थयात्राओं के दौरान सखाभाव के उत्पन्न होने के प्रति संदेह प्रकट किया है, फिर भी उन्होंने इसे एक महत्त्वपूर्ण धारणा स्वीकार किया है।

pirraura – पिराउरा

विपरीत लिंग के संबंधी को कुछ आस्ट्रेलियाई आदिवासी समूहों में 'पिराउरा' कहते हैं। यह व्यक्ति उस समूह के व्यक्ति के साथ बिना विवाह के यौन संबंध रख सकता है जिसमें से वह अपना साथी चुनता है।

place – स्थान

भौतिक रूप में, स्थान से तात्पर्य एक ऐसी भौगोलिक स्थिति अथवा रहवासी जगह से है जहाँ लोग एक लम्बे काल से निवास करते चले आ रहे हैं। नृजाति वैज्ञानिक जिन लोगों का अध्ययन करते हैं, सबसे पहले वे उन लोगों की उस "जगह" का वर्णन करते हैं जहाँ वे निवास करते हैं। किन्तु यही भौतिक जगह तब एक सांस्कृतिक अवधारणा का रूप ग्रहण कर लेती है जब व्यक्ति उसके साथ अपना लगाव प्रकट करते हैं, जब वे उसे कोई अर्थ प्रदान करते हैं।

व्यक्ति और समूह क्यों और कैसे जगहों के प्रति भावनात्मक अर्थ और विचार जोड़ते हैं, और किस प्रकार जगह (स्थान विशेष) ऐसी भावनाओं को उत्पन्न करती है जो पहचान के

भाव तथा जगहों के साथ व्यक्तियों के जुड़ाव को अभिव्यक्त करती है, ये विषय स्थान के प्रति लगाव संबंधी शोध के मुख्य मुद्दे रहे हैं। इस विषय पर प्रघटनाशास्त्रीय अध्ययनों, जैसे **बैचलर्ड** (1964) के अध्ययन ने एक नई दिशा प्रदान की है। इन अध्ययनों में यह पता लगाने का प्रयास किया गया है कि अर्थ कैसे उत्पन्न होते हैं, जीवन-चक्र अथवा ऐतिहासिक कालों में बदलाव के साथ इन अर्थों में कैसे परिवर्तन होता है तथा सामुदायिक अथवा साम्प्रदायिक अनुष्ठानों अथवा व्यक्तिगत जरूरतों के द्वारा किस प्रकार भिन्न रूप में अर्थ प्रदान किये जाते हैं। भिन्न स्थान जैसे तीर्थ स्थान, बाजार, मेले, आदि भिन्न व्यवहार और भावनाओं को जन्म देते हैं या दे सकते हैं।

एक सांस्कृतिक प्रतीक के रूप में स्थान वास्तविक भौतिक जगह की और उसके परे की भावना को प्रकट करती है क्योंकि इसमें विमर्श के द्वारा शक्ति का अवतरण किया गया है, अर्थात् व्यक्ति वास्तविक जगहों का प्रयोग स्वयं का प्रतिनिधित्व करने के लिये करते हैं, किन्तु जगहों की विशेषताएं भी उनके पहचान का हिस्सा बन जाती हैं। किसी जगह के साथ कोई पारलौकिक शक्ति तब जुड़ जाती है जब उस जगह के साथ किसी परम्परागत विचार या मिथक को जोड़ दिया जाता है।

play – खेल-कूद

सामान्यतः खेल-कूद को एक अभिव्यंजनात्मक सांकेतिक क्रियाकलाप, या समाजीकरण की एक क्रिया-विधि अथवा सम्प्रेषण और संचार के रूप में देखा गया है। इसके संबंध में विचार करने का कोई भी नज़रिया रहा हो किन्तु मानवशास्त्रियों के लिये यह विषय (खेलकूद) बड़ा रुचिकर और विविधतापूर्ण रहा है। उन्होंने खेलकूद की प्रकृति और सांस्कृतिक जीवन में इसके महत्त्व का अध्ययन किया है। **ग्रेगरी बैट्सन** (1972) के खेलकूद के प्रभावशाली सिद्धान्त में इसे सम्प्रेषण का एक ऐसा विरोधाभासी स्वरूप माना है जिसमें जिन क्रियाओं को खेल-कूद माना जाता है, उन्हें उसी रूप में नहीं देखा जाता जिस प्रकार उन्हें अन्य रूप में देखा जाता है। उन्होंने इस संदर्भ में खेलकूद में अधिसम्प्रेषण की भूमिका को रेखांकित किया है।

Pleistocene epoch – अत्यंत नूतन युग

प्लाइस्टोसीन युग की शुरुआत कब हुई, इसके बारे में कुछ निश्चित नहीं है। ऐसा अनुमान है कि भू-वैज्ञानिक इतिहास के अंतिम दस लाख वर्षों को अत्यंत नूतन युग (प्लाइस्टोसीन युग) के नाम से जाना जाता है। इसे हिम युग भी कहा जाता है। ऐसा माना जाता है कि यह युग वर्तमान काल से लगभग दस या बारह हजार वर्ष पूर्व समाप्त हुआ होगा या दूसरे शब्दों में यह युग भूगर्भ विज्ञान के होलोसिन युग के ठीक पहले का युग था। इस युग में मानव का विकास का स्तर न्यूनाधिक रूप में आस्ट्रेलोपिथेकस अफ्रिकन्स (झुक कर चलने वाला कपि मानव) का था और बीस लाख वर्ष पूर्व "होमो इरेक्टस" और इसके बाद "होमो सेपियन्स" का विकास हुआ प्रतीत होता है।

Pliocene epoch – अतिनूतन युग

तृतीय युग के अंतिम चरण को अतिनूतन युग कहा जाता है। ऐसा अनुमान है कि यह युग

एक करोड़ बीस लाख वर्ष पूर्व प्रारम्भ हुआ और इसकी अवधि लगभग एक करोड़ दस लाख वर्ष थी। ऐसा माना जाता है कि इस युग में ही आधुनिक प्रकार के कपि, वानर और पुरामानव का उद्‌भव हुआ होगा।

pluralism — बहुलतावाद

सामाजिक और सांस्कृतिक बहुलतावाद एक ऐसी सामान्य अवधारणा है जो एकल सामाजिक-आर्थिक अथवा राजनीतिक इकाई के अन्तर्गत बहु-व्यवस्थाओं अथवा उपव्यवस्थाओं की उपस्थिति को स्वीकारती है। इस आधार पर एक ही राजनीतिक इकाई (राष्ट्र, राज्य) में भाषाई बहुवाद, प्रजातिक बहुवाद, सांस्कृतिक बहुवाद आदि संभव हो सकता है। यह सोचना अथवा मानना एक भूल होगी कि राष्ट्रीय अथवा प्रादेशिक सीमाओं के अन्तर्गत इस प्रकार का बहुलवाद एक असामान्य या अपवादिक घटना है। ऐतिहासिक और नृजातिक दस्तावेज़ इस बात के साक्षी हैं कि बहुलतावाद अपवाद की अपेक्षा एक नियम रहा है। राजनीतिक सिद्धान्त में, बहुवाद या बहुलतावाद शब्द का प्रयोग एक अन्य अर्थ में किया जाता है। इसमें इस शब्द का प्रयोग विभिन्न समूहों या संस्थाओं में राजनीतिक शक्ति अथवा निर्णय-प्रक्रिया के वितरण के लिये किया जाता है।

plural societies — बहुल (बहुलवादी) समाज

ऐसे समाज जो धर्म, भाषा, जाति, प्रजाति, नस्ल की विशेषताओं के आधार पर विभिन्न समूहों अथवा समुदायों में बंटे होते हैं, बहुल (बहुलवादी) समाज कहलाते हैं। वास्तव में, बहुल समाज की ये विशेषताएं बहुधा सभी आधुनिक समाजों में देखने को मिलती हैं, अतः यह अवधारणा कभी-कभी "बहुल सांस्कृतिक समाज" के पर्यायवाची के रूप में भी प्रयोग की जाती है। ध्यान रहे, जब तक ये विशेषताएं किसी समाज में पर्याप्त मात्रा में नहीं मिलती, तब तक ऐसे समाजों को बहुल समाज कहना गलत होगा। कुछेक समाज वैज्ञानिकों ने एक ऐसी विविध नृजातिक जनसंख्या को बहुल समाज कहा है जहाँ एक सहभागी अर्थव्यवस्था और केन्द्रीय राजनीतिक व्यवस्था होती है। यद्यपि कई आधार पर विभिन्न मत रखते हुए भी, वर्तमान में अधिकांश विद्वान **वॉनडेन बर्गे** (1973) की इस परिभाषा से सहमत हैं कि "*बहुल समाज ऐसे समाज हैं जहाँ एकल राजनीतिक व्यवस्था की सीमाओं के भीतर अनेक भिन्न सामाजिक और/या सांस्कृतिक समूह साथ-साथ रहते हैं और एक साझा आर्थिक व्यवस्था में सहभागिता करते हैं जिसके कारण वे पारस्परिक रूप में निर्भर रहते हैं, फिर भी न्यूनाधिक मात्रा में वे निजी स्वायत्तता और सामाजिक जीवन के अन्य क्षेत्रों में अपनी-अपनी विशिष्ट सांस्कृतिक संरचनाएं (पहचान) बनाये रखते हैं।*" बर्गे ने अपनी इस अवधारणा का प्रयोग संयुक्त राज्य अमेरिका पर किया है। उन्होंने इस संबंध में दावा किया है कि यहां नृजातिक समूहों की अपनी-अपनी विशिष्ट एवं दोहरी संस्थाएं तथा मूल्य व्यवस्थाएं हैं, किन्तु आर्थिक और राजनीतिक क्षेत्र में यहां एकल साझा व्यवस्था है। लगभग सभी आधुनिक समाज कुछ सीमा तक विषमतायुक्त हैं, फिर भी यह कहा गया है कि बहुल समाज विजातीयता के अन्य

स्वरूपों से विश्लेषणात्मक दृष्टि से भिन्न होते हैं। इस संदर्भ में भारत बहुल समाज का एक अच्छा उदाहरण है।

मानवशास्त्र तथा अन्य सामाजिक विज्ञानों में बहुल समाज को लेकर कई दृष्टि से अध्ययन किये गये हैं। प्रारम्भ में बहुल समाजों में पाये गये समूहों की सांस्कृतिक विभिन्नताओं को लेकर कुछ अध्ययन किये गये थे। आजकल एक राजनीतिक व्यवस्था में विभिन्न समूहों के बीच संबंधों, विशेषतः एक समूह की प्रभुत्वता को लेकर अध्ययन किये जा रहे हैं। कुछेक मानवशास्त्रियों ने प्रभुत्वता के विचार से जुड़ी बाध्यता की अवधारणा को अपने शोध का विषय बनाया है।

इस अवधारणा का मूलतः प्रयोग अर्थशास्त्री **जे.एस. फर्निवल** द्वारा बर्मा (अब म्यांमार) और इंडोनेशिया (1967) में औपनिवेशी शासन के प्रभावों के अपने अध्ययन में किया था। इसका बाद में प्रयोग **एम.जे. स्मिथ** ने केरिबिअन द्वीप समूहों के अपने अध्ययन में किया है जहां सांस्कृतिक रूप से भिन्न समूह आपस में मिलते-जुलते और साथ-साथ रहते तो हैं, किन्तु वे संयुक्त नहीं हैं। बहुल समाज की यह अवधारणा 'प्रजातिक संबंधों के शिकागो सम्प्रदाय' के विपरीत है। यह सम्प्रदाय अन्तर-नृजातिक सम्पर्कों को प्रतिस्पर्धा, समायोजन और सात्मीकरण के रूप में देखता है और यह मानता है कि सभी नृजातिक समूहों को इन प्रक्रियाओं से गुज़रना आवश्यक होता है। मार्क्सवादी सिद्धान्त की भांति बहुलवादी समाज का मॉडल शिकागो सम्प्रदाय के 'समाकलन के चरणों' के विचार की आलोचना करता है। यह नृजातिक समूहों के बीच सांस्कृतिक भिन्नताओं तथा समाज में संस्थानिकृत प्रजातिवाद की संरचना में बाधा उत्पन्न करता है।

polyandry – बहुपति प्रथा

विवाह का एक प्रकार जिसमें एक स्त्री एक समय में एक से अधिक पुरुषों के साथ विवाह करती है, बहुपति प्रथा के नाम से जाना जाता है। यह प्रथा विश्व के कुछ ही समूहों में देखी गई है। "पत्नी एक और पति अनेक" की यह प्रथा भारत में दक्षिण में नीलगिरी के टोडा, कोटा, कुरूम्बा और इरुला, उत्तर प्रदेश के जौनसार बावर के खस लोगों में, कश्मीर के दरद तथा समीप के तिब्बत और भूटान देशों में भी पाई गई है। यह प्रथा दक्षिण के नायरों में भी देखी गई है। द्रोपदी के साथ पाँच पाण्डवों का विवाह इस प्रथा का एक सुन्दर पौराणिक उदाहरण है। इस प्रथा के कारणों के बारे में मतभेद हैं। नारी शिशु हत्या की प्रथा के कारण पुरुषों की अपेक्षा स्त्रियों की संख्या का कम होना (वेस्टरमार्क), घोर दरिद्रता के कारण कठोर एवं संघर्षमय आर्थिक जीवन (ब्रिफाल्ट) इस प्रथा के प्रमुख कारण बताये गये हैं।

इसके दो प्रमुख रूप हैं, भ्रातृक और अभ्रातृक बहुपति प्रथा।

polyandry, adelplic / fraternal – भ्रातृक बहुपतित्व

बहुपति विवाह का वह रूप भ्रातृक बहुपतित्व के नाम से जाना जाता है जिसमें एक स्त्री से विवाह करने वाले सभी पुरुष आपस में भाई होते हैं। कभी-कभी ये सगे भाई न होकर

सगोत्री भी हो सकते हैं। भारत के देहरादून क्षेत्र के खस लोगों में तथा नीलगिरी पर्वत के टोडाओं में भ्रातृक बहुपतित्व का रूप ही पाया गया है।

polyandry, nonfraternal – अभ्रातृक बहुपतित्व
अभ्रातृक बहुपतित्व में एक स्त्री के सभी पतियों का आपस में भाई होना आवश्यक नहीं होता। कभी-कभी गांव के कुछ व्यक्ति मिल कर एक स्त्री के साथ विवाह कर लेते हैं। इस प्रथा में पति भ्राताओं के अतिरिक्त अन्य लोग भी स्त्री के पति हो सकते हैं।

polydemonism – बहुप्रेतवाद
असुर अथवा पैशाचिक शक्तियों के बाहुल्य में विश्वास तथा उनकी पूजा को बहुप्रेतवाद या बहुभूतवाद कहते हैं। इसमें बहुप्रेतों या बहुदैत्यों की पूजा की जाती है।

polygamy – बहुविवाह प्रथा
विवाह की एक प्रथा जिसमें एक स्त्री या पुरुष एक समय में एक से अधिक विवाह कर सकता है, बहुविवाह के नाम से जानी जाती है। इस प्रथा के तीन रूप हैं: बहुपत्नी प्रथा, बहुपति प्रथा और समूह विवाह।

polygenie – बहुजीनी
वे लक्षण जो दो या दो से अधिक स्थल पर वंशसूत्रों (जीन) से प्रभावित होते हैं, बहुजीनी कहलाते हैं। कद, चमड़ी का रंग तथा आँखों का रंग, इसी प्रकार के लक्षणों के उदाहरण हैं। कई बहुज़ीनी लक्षण पर्यावरण के कारकों से भी प्रभावित होते हैं।

polygenism – बहुद्भववाद
एकवंशीयवाद के विपरीत एक सिद्धान्त बहुद्भववाँद के नाम से जाना जाता है जिसके अनुसार यह माना जाता है कि मानव जाति का उद्भव मात्र आदम और ईव के जोड़े से नहीं हुआ है, अपितु ऐसे अनेक आद्य मानव जोड़े रहे हैं जिनके द्वारा भिन्न मानव समूहों का जन्म हुआ है। अतः मानव जाति को अन्य जीव जातियों से एक अलग जाति (स्पीशी) माना जाता है।

polygyny – बहुपत्नीत्व प्रथा
विवाह का एक रूप बहुपत्नीत्व प्रथा के नाम से जाना जाता है जिसमें एक पुरुष एक समय में एकाधिक स्त्रियों के साथ विवाह करता है तथा एकाधिक पत्नियाँ रख सकता है। इस प्रथा का भारत, मुस्लिम देशों और साधारणतः अन्य पूर्वी देशों में प्रचलन पाया गया है, किन्तु अब आधुनिकता के प्रभाववश बहुपत्नीत्व वाले प्रदेशों में भी धीरे-धीरे एक पत्नीत्व प्रथा का प्रचलन बढ़ता जा रहा है।

polytheism – बहुदेववाद
किसी धर्म में अनेक देवी-देवताओं अथवा आत्माओं की उपस्थिति को स्वीकार कर उनमें

आस्था प्रकट करना तथा उनकी उपासना करना बहुदेववाद कहलाता है। उन्नीसवीं शताब्दी में प्रमुख विचारकों (टायलर 1871, स्पेन्सर 1876) के दो प्रमुख उद्‌विकासीय विचारों ने बहुदेववाद की धारणा को प्रस्थापित करने में मदद की है। प्रथम, प्रागैतिहासिक मानव द्वारा अन्ततोगत्वा भौतिक शरीर और आत्मा के बीच अन्तर स्वीकार किये जाने की घटना ने आत्माओं की बहुलता के विचार में विश्वास को जन्म दिया। आदिम मानव द्वारा जब यह माना जाने लगा कि न केवल मानव, अपितु पशुओं, पेड़-पौधों और निर्जीव वस्तुओं में भी आत्माएँ होती हैं, इस विचार ने ही बहुदेववाद की धारणा के विकास को प्रश्रय दिया। द्वितीय, पूर्वजों की आत्माओं की पूजा को धर्म की उत्पत्ति के रूप में प्रस्तुत किया गया और यह माना गया कि पूर्वजों की प्रेतात्माएं कई बार गणचिन्ह (टोटेम) में भी होती हैं। प्रसिद्ध समाजशास्त्री **दुर्खाइम** के अनुसार गणचिन्हवाद (टोटेमवाद) ही सभी धर्मों की उत्पत्ति का मूल कारण है जो सामूहिक और एकल या व्यक्तिगत गणचिन्हात्मक आत्माओं के आधिक्य को प्रकट करता है। इस विचार के बारे में मतभेद है कि क्या बहुदेववाद के बाद एकदेववाद का जन्म हुआ, यद्यपि **टायलर** और **स्पेन्सर** जैसे अधिकांश उद्‌विकासवादी इस विचार से सहमत हैं।

बहुदेववाद के संदर्भ में एक प्रश्न यह भी खड़ा किया गया कि क्या वास्तव में सभी धर्म कुछ सीमा तक बहुदेववादी नहीं हैं? इस संबंध में दो उत्तर या दो तर्क दिये गये हैं। प्रथम, परमेश्वर या प्रधान देवता जिसकी उपासना की जाती है और जो एक धर्म का प्रतीक है, इसके आधार पर जब धर्म को परिभाषित किया जाता है, तब उस धर्म को एकदेववादी माना जाता है। किन्तु ऐसे धर्मों में दानवों, शैतानों और दुष्टता के अव्यक्तिकरण के साथ-साथ व्यक्तिकरण में भी विश्वास किया जा सकता है। यह सही है कि इन्हें "ईश्वर" के अर्थ में सद् सत्ताएं नहीं माना जाता, किन्तु फिर भी ये आध्यात्मिक सत्ताएं तो होती ही हैं, अतः टायलर की परिभाषा के अनुसार ये भी धार्मिक विश्वास के आधार का हिस्सा हैं।

द्वितीय तर्क यह दिया गया है कि परमेश्वर का स्थान छोटे-मोटे देवताओं अथवा ईश्वर सदृश सत्ताओं की श्रेणीबद्धता में सर्वोपरि होता है। उदाहरणार्थ ईसाई धर्म में यह माना जाता है कि परमेश्वर अपनी इच्छा को "देवदूत" कही जाने वाली आत्माओं के माध्यम से नश्वर लोगों को सम्प्रेषित कर सकते हैं। इसी प्रकार के कुछ विचार यहूदी और इस्लाम जैसे तथाकथित सामीवादी धर्मों में भी विद्यमान पाये गये हैं जब कि इनमें देवताओं (शैतान) के खतरनाक इरादों के बारे में भी जागरूकता प्रकट की गई है।

आजकल अनेक मुसलमानों में इस प्रकार के बहुदेववाद ने उग्र कट्टरवादी इस्लाम को जन्म दिया है जो व्यक्तियों को मृत संतों (यहाँ तक की स्वयं पैगम्बर को भी) को अपव्ययी अनुष्ठानों द्वारा पूजा करने या सम्मानित करने के लिये मना करता है। यही नहीं, इस प्रकार का उग्रवादी इस्लाम लोगों को आत्माओं (जिन्न) की रहस्यवादी शक्तियों से वरदान पाने की आशा से किये गये अनुनय-विनय का भी विरोध करता है, जब कि कुरान में इनके बारे में जिक्र है और कहीं-कहीं इन्हें स्वीकार भी किया गया है।

हिन्दू धर्म स्पष्टतः व्यावहारिक रूप में बहुदेववादी है, यद्यपि सैद्धान्तिक दृष्टि से इसमें एक देववाद को ही प्रश्रय दिया गया है। त्रिदेव - ब्रह्मा, विष्णु और शिव के अलावा अनेक

देवी-देवताओं को "उच्च ईश्वर" की श्रेणी में रखा गया है। इनके अलावा इसमें अनेक प्रादेशिक और स्थानिक देवी-देवताओं की भी पूजा-उपासना की जाती है। बौद्ध धर्म के स्थानिक स्वरूपों में स्थानिक देवताओं की पूजा और इनके प्रति बलिदान का प्रचलन है। यह माना जाता है कि इन स्थानिक देवताओं में रोगमुक्त करने की शक्ति होती है और ये मानव को सौभाग्य प्रदान करते हैं।

अन्त में, अनेक धर्मों में, संभवतः कुछ सीमा तक, सर्वव्यापी और कभी-कभी अनुभवातीत देवत्व की धारणा मौजूद है। **ईवान्स प्रिचार्ड** (1965) ने सूडान की न्यूर आदिवासियों के धर्म के अपने विश्लेषण में इस धारणा की पुष्टि की है। उपरोक्त विश्लेषण के आधार पर निष्कर्षतः यह कहा जा सकता है कि "बहुदेववाद" आध्यात्मिक सत्ताओं के पदसौपान के संदर्भ में देवत्व की विविध धारणाओं के लिये प्रयोग किये जाने वाला एक शब्द है।

pongids – वन मानुष (पॉन्गिड)

पॉन्गिडी परिवार के सदस्य जीव वनमानुष या पॉन्गिड कहलाते हैं। इसमें औरंगुटान, गौरिल्ला, चिम्पान्जी और बोनवोज को सम्मिलित किया जाता है।

positivism – प्रत्यक्षवाद

एक धारणा या एक सिद्धान्त जो इस बात पर बल देता है कि एक ऐसी यथार्थता है जिसका "अस्तित्व बाह्य" होता है और जिसे इन्द्रियों के माध्यम से देखा-परखा जा सकता है। इस यथार्थता को जानने के लिये या इसका अन्वेषण करने के लिये वैज्ञानिक विधियों का एक अत्यंत उपयुक्त एवं उपयोगी समूह है।

इस धारणा/सिद्धान्त के साथ **सेन्ट-साइमन** और समाजशास्त्र के संस्थापक **अगस्त कोंत** का नाम जुड़ा हुआ है। कोंत के विचारानुसार ज्ञान का विकास कुछ चरणों में हुआ है। पहले चरण में ज्ञान का रूप "धर्मशास्त्रीय" था, बाद के चरण में इसने "तत्वशास्त्रीय" रूप धारण कर लिया और अन्तिम तीसरे एवं उच्च चरण में इसका रूप "प्रत्यक्षवादी" हो गया जिसे आजकल "विज्ञान" या "विज्ञानवाद" भी कहा जाता है।

प्रत्यक्षवाद या विज्ञानवाद की आजकल कड़ी आलोचना और छिछलेदारी की जा रही है। सामाजिक यथार्थ को समझने के लिये पिछली शताब्दी के अन्तिम दशकों में कई आत्मपरक शोध विधियों/परिप्रेक्ष्यों का विकास हुआ है, जिसमें प्रघटनावाद, नृजाति पद्धति प्रमुख हैं।

postcolonialism – उत्तर-उपनिवेशवाद

उत्तर-उपनिवेशवाद एक आलोचनात्मक और अन्तर्अनुशासनात्मक परिप्रेक्ष्य है जो उपनिवेशी सत्ता/शक्ति का उपनिवेश की विधा से ग्रस्त लोगों की संस्कृति पर पड़े प्रभावों की खोजबीन करता है। इसमें वर्तमान में उपनिवेशी संबंधों, प्रतीकों, और व्यवहारों की उत्पत्ति का भी अध्ययन किया जाता है। उत्तर-उपनिवेशवाद पर चर्चा की शुरुआत मानविकी के क्षेत्र,

विशेषतः साहित्यिक और सांस्कृतिक अध्ययनों से हुई है जहाँ **एडवर्ड सेड** (1978) की प्राच्यदेशीयता की मौलिक समीक्षा ने इसे प्रणीत किया। इस समीक्षा में उन्होंने मानवतावाद और मानवतावाद विरोध के घनिष्ठ संबंधों पर प्रकाश डाला है। बाद में **दरिदा, फूको (फोकाल्ट)** , और **लेकन** जैसे उत्तर-संवादवादियों ने पश्चिमी मानवतावाद की बखिया उधेड़ी है।

postmodern/postmodernism – उत्तर-आधुनिक/उत्तर-आधुनिकतावाद
आधुनिकता के नकारात्मक पक्ष (इसके घातक परिणामों) के प्रतिफल के रूप में विकसित विचारणा को ही उत्तर-आधुनिकतावाद कहा गया है। इसकी उत्पत्ति आधुनिकतावाद की प्रतिक्रिया के फलस्वरूप हुई है। उत्तर-आधुनिकतावाद की विचारणा आधुनिकतावादी दृष्टि को नकारती है और इस बात पर सर्वाधिक बल देती है कि सत्य, सौन्दर्य और नैतिकता वस्तुपरक यथार्थताएं नहीं हैं और तार्किक एवं वैज्ञानिक विधियों से इनकी खोज संभव नहीं है। प्रबोधकाल की यह विचारणा मात्र छलावा है। औद्योगीकरण को यदि हम आधुनिकता की देन समझते हैं तो इसके दुष्परिणाम, जैसे सभी प्रकार के प्रदूषणों के बारे में उत्पन्न चिन्ता उत्तर-आधुनिकता के विचार को प्रतिबिम्बित करती है। सभी जानते हैं और इस विचार से सहमत हैं कि पिछले कुछ वर्षों में कुछ ऐसा नया हुआ है और कुछ ऐसी अलग प्रकार की घटनाएं पैदा हुई हैं जिनके लिये "आधुनिक" शब्द का प्रयोग नहीं किया जा सकता है। इन नवीन घटनाओं की "आधुनिक" शब्द द्वारा व्याख्या नहीं की जा सकती है और ये नवीन घटनाएँ आधुनिक यथार्थताओं को बदल रही हैं। इस प्रकार की नवीन घटनाओं के लिये ही "उत्तर-आधुनिक" शब्द का प्रयोग किया गया है।

मानवशास्त्र में उत्तर-आधुनिकतावाद से तात्पर्य (1) बीसवीं शताब्दी के उत्तरार्द्ध के ऐसे सामाजिक एवं सांस्कृतिक स्वरूपों के अध्ययन से है जिनकी उत्पत्ति आधुनिकता की प्रक्रियाओं के तीव्रीकरण, उग्रवादिता और रूपान्तरण के फलस्वरूप हुई है, (2) अतः नृजातिक सत्ता और नृजातिक लेखन के स्वरूप और विषय-वस्तु के बीच के संबंधों के ज्ञानमीमांसात्मक आधारों की पुनर्समीक्षा किया जाना आवश्यक माना गया है।

आधुनिकता के सामान्य सिद्धान्तों के विपरीत जिनका संबंध वर्ग-समाज और औद्योगिक प्रक्रियाओं (**मार्क्स**), नौकरशाही, मनोवैज्ञानिक और सांस्कृतिक तार्किकीकरण (**बेबर**), लैंगिक और पारिवारिक संघर्षों द्वारा मानसिक ऊर्जा का दमन और पुनर्निदेशन (**फ्रायड**), विनिमय के संकेतों और प्रतीकों का अमूर्तीकरण (**सिमल, वेबलन और सासुरे**), श्रम-विभाजन के साथ जुड़ी सामूहिक चेतना की पेचीदगियों (**दुर्खाइम**) से रहा है। उत्तर-आधुनिक युग के सामान्य सिद्धान्तों ने "तृतीय औद्योगिक आंदोलन" की प्रक्रियाओं और प्रभावों (विद्युतीय संचार प्रणाली, सिलिकॉन चिप, आणविक जीवशास्त्र) पर जोर देने के साथ-साथ वि-उपनिवेशीकरण और अत्यधिक जनांकिकी बदलाव को रेखांकित किया है। ये पार-राष्ट्रीय अथवा वैश्विक प्रक्रियाएं हैं जो सभी स्थानिक संस्कृतियों में गहन रूप में क्रियाशील हैं। कुछेक ने सूचना प्रौद्योगिकी आंदोलन की महत्ता को उजागर करते हुए कहा है कि यह आंदोलन विश्व के विभिन्न भागों को न केवल प्रतिदिन एक दूसरे को नज़दीक लाता है,

अपितु इसने उत्तर-साक्षरता में तीव्रता उत्पन्न कर इसे अधिक गणितीय एवं ग्राफिक स्वरूप प्रदान किया है। आधुनिकतावादी प्रत्यक्ष प्रायोगिक ज्ञान की विधियों का स्थान आज के उत्तर-आधुनिक युग की अनुरूपण (सिम्यूलेशन) एवं प्रतिरूपण (मॉडलिंग) विधियों ने ले लिया है। (**पोस्टर**, 1990, **बाड्रिलार्ड**, 1994) कुछेक उत्तर-आधुनिकतावादियों ने वि-उपनिवेशीकरण और विचारात्मक युद्ध के परिणामस्वरूप उत्पन्न जनांनकीय बदलाव पर प्रकाश डाला है जिनके कारण देशों की समरसता खत्म होती जा रही है। (**ल्योटार्ड**, 1984) कुछेक सिद्धान्तकारों ने तरल पूंजी संचयन, स्थान और समय के संकुचितीकरण तथा बहुराष्ट्रीय संगठनात्मक स्वरूपों में वृद्धि (**हार्वे** 1989, **जेम्सन**, 1991) पर जोर दिया है। इनके अलावा, कुछेक विद्वानों ने ऐसी पारिस्थितिकीय आपदाओं और औद्योगिक पूंजीवाद की जोखिमों के उत्पन्न होने की ओर ध्यान आकर्षित किया है जिनके कारण एक नवीन राजनीतिक व्यवस्था और सांस्कृतिक परिवेश की आवश्यकता को महसूस किया गया है। इन सभी उत्तर-आधुनिक घटनाओं के कारण केन्द्रिकृत नियंत्रण व्यवस्था को बदलने तथा ज्ञान और श्रम के जटिल श्रम-विभाजन में विभिन्न प्रकार के लोगों को अधिकाधिक लोकतांत्रिक सहभागिता देने के दबाव के साथ-साथ व्यवस्थित रूप में अन्तर्विरोध बढ़ता जाता है। इस नवीन स्थिति को ही "*परावर्तक आधुनिकीकरण*" का नाम दिया गया है जिसकी उत्पत्ति औद्योगिक समाज के अंतर्विरोधों से उसी प्रकार हुई है जिस प्रकार सामन्तवादी समाज के अन्तर्विरोधों से पूंजीवाद की उत्पत्ति हुई है। (**गिड्डेन्स** 1990, **बेक**, 1992)

बीसवीं शताब्दी के उत्तरार्द्ध की उपर्युक्त उल्लिखित दशाओं ने मानवशास्त्र के समक्ष उसके नृजातिक लेखेजोखों के लेखन तथा पद्धति दोनों के बारे में यह चुनौती उत्पन्न कर दी है ताकि उसे अब नये तरीके से सोचना-विचारना और काम करना चाहिये। सन् 1920 से 1950 के दशक तक मानवशास्त्र में संस्कृतियों और समाजों के तुलनात्मक अध्ययन किये जा रहे थे। इन अध्ययनों द्वारा विभिन्न समाजों की सामाजिक व्यवस्थाओं और सांस्कृतिक अवधारणाओं की तुलनात्मक व्याख्याएं की गई। इसी अवधि में मानवशास्त्रियों ने लघु-स्तर के समाजों का भी अध्ययन उनकी सामाजिक प्रक्रियाओं के समझने की दृष्टि से किया। सन् 1986 में **मारकूज़ और फिशर** ने सन् 1980 तक मानवशास्त्र में हुए शोध कार्यों का एक लेखाजोखा प्रस्तुत करते हुए लिखा है कि यद्यपि मानवशास्त्र के लक्ष्य अभी भी अधूरे हैं, तथापि इन्हें प्राप्त करने के लिये अधिक परिष्कृत विधियों के प्रयोग की आवश्यकता है। इसके लिये लेखक द्वयों ने "कथोपकथन उपागमों" (डाइलॉगिक अप्रोच), "अनुवाद" की एक भिन्न संकल्पना तथा शक्ति एवं प्रतिनिधान (प्रतीक) के तानेबाने की अधिक गहन समझ के प्रयोग का सुझाव दिया है। यही नहीं, तुलनात्मक विधि में भी नये प्रौद्योगिकीय परिवर्तनों के संदर्भ में सुधार की आवश्यकता को रेखांकित किया गया है।

potlach – पोटलैच/पोटलाश

पोटलैच या पोटलाश उत्तरी अमेरिका के उत्तरी-पश्चिमी तट के मूल निवासी लोगों (विशेषतः क्वाक्युिट्ल जनजाति) का एक शब्द है जिसका प्रयोग वे "उपहार" के लिये करते हैं। यह शब्द ऐसे प्रतियोगी "उपहार-विनिमय" के लिये प्रयोग किया जाता है जिसमें समाज में उच्च

प्रतिष्ठा की अभिलाषा करने वाला व्यक्ति एक विशाल सहभोज का आयोजन करता है। इस सहभोज में भारी मात्रा में मूल्यवान वस्तुओं को जनजाति के लोगों में बाँटा जाता है, लुटाया जाता है और यहाँ तक की नष्ट भी किया जाता है ताकि भोज देने वाले व्यक्ति की प्रतिष्ठा में वृद्धि हो। इस भोज में वस्तुएं इस आशा से वितरित की जाती हैं कि उससे प्रतिस्पर्धा करने वाला व्यक्ति इससे बड़े भोज-समारोह का आयोजन करे और उससे अधिक वस्तुओं को समाज के व्यक्तियों में बांटे अन्यथा प्रतिस्पर्धी व्यक्ति को शर्मिन्दगी का सामना करना पड़ता है।

poverty — निर्धनता/गरीबी

गरीबी अथवा निर्धनता एक ऐसी स्थिति अथवा दशा है जिसमें सामान्यतः भौतिक, किन्तु कभी-कभी सांस्कृतिक संसाधनों का भी अभाव होता है। निर्धनता को अधिकांश रूप में असमानता पर आधारित सापेक्षिक वंचना के रूप में परिभाषित किया जाता है, अर्थात् समाज के अन्य व्यक्तियों की तुलना में व्यक्तियों अथवा किसी समूह के पास संसाधनों के अभाव या कमी की स्थिति को गरीबी कहा जाता है। किन्तु इसकी परिभाषा निरपेक्ष दृष्टि से भी की गई है। *निरपेक्ष अर्थ में, गरीबी एक ऐसी दशा है जिसमें व्यक्ति के जीवन-निर्वाह के लिये आवश्यक संसाधनों का अभाव अथवा कमी होती है।*

गरीबी को जब सापेक्षिक अर्थ में परिभाषित किया जाता है तब इसे भौतिक धन-सम्पदा के किसी निरपेक्ष मानदण्ड के आधार पर मापा जाना कठिन होता है। उदाहरणार्थ, कालाहारी रेगिस्तानी प्रदेश के बुशमेन अथवा सन लोग आखेटक एवं खाद्य संग्राहकों के रूप में जाने जाते हैं और उनके पास कुछ भौतिक वस्तुएं भी होती हैं, साथ ही कुछ मौसमों में न इनके पास भोजन होता है और न ही पानी, फिर भी मानवशास्त्रियों ने उनकी इस स्थिति को गरीबी नहीं कहा है। कई राज्य-समाजों में उत्पादक किसानों के पास जमीन और घर होते हुए भी उन्हें गरीब माना जाता है क्योंकि वे भारी ऋण से दबे होते हैं, उनके पास पर्याप्त मात्रा में अपने परिवार के लिये पोषक भोजन नहीं होता और न ही आमोद-प्रमोद या आराम करने के लिये उनके पास कोई समय होता है। वे अपने बच्चों के भविष्य को सुरक्षित बनाने के लिये कोई धनराशि अपने जीवन में नहीं जोड़ पाते हैं। इस प्रकार की गरीबी का कारण राज्य में व्याप्त असमानताएं होती हैं। प्रत्येक समाज में एक लम्बी अवधि में भोजन, वस्त्र, मकान और अवकाश के समय संबंधी वास्तविक वंचना को वहाँ की सांस्कृतिक अपेक्षाओं के अनुसार ही मापा जा सकता है।

आधुनिक पूंजीवादी समाजों में गरीबी को बहुधा कानून के आधार पर परिभाषित एवं वर्णित किया गया है और उसी के आधार पर गरीब घरों को पूरक सहायता दी जाती है। (भारत में "गरीबी रेखा के नीचे" के परिवार की संकल्पना का आधार भी यही है) किस व्यक्ति को गरीब माना जाये, यह विषय अत्यन्त विवादास्पद बना हुआ है। **ऑस्कर लेविस** (1966) जैसे कुछ मानवशास्त्रियों ने इस संदर्भ में "*गरीबी की संस्कृति*" की बात कही है। उनके अनुसार, यह एक ऐसी स्थिति है जिसमें गरीबी एक पीढ़ी से दूसरी पीढ़ी को हस्तान्तरित होती रहती है।

आधुनिक वैश्विक अर्थव्यवस्था में गरीबी के कई भिन्न रूप-स्वरूप दिखाई देते हैं, फिर भी गरीबी के इन सभी रूपों में एक महत्त्वपूर्ण तथ्य जो समान रूप से पाया गया है, वह है, बालकों की ऊंची मृत्यु दर और नीची जीवन-प्रत्याशा (औसत आयु)। समाज के अन्य लोगों की तुलना में गरीब व्यक्तियों की ये दो महत्त्वपूर्ण विशेषताएं हैं जो विश्व के सभी देशों में न्यूनाधिक रूप में विद्यमान हैं। वंचना के स्वरूपों में भिन्नता हो सकती है और बीमारियों में भी भिन्नता हो सकती है, फिर भी गरीबी के कुल रूप में प्रभाव, जैसा कि इसे असमानता के रूप में परिभाषित किया गया है, को जन समुदाय के स्वास्थ्य पर स्पष्ट परिणाम के रूप में देखा जा सकता है। अतः यद्यपि गरीबी एक ऐसी सांस्कृतिक धारणा है जो ऐतिहासिक और विभिन्न समाजों में बदलती रहती है, फिर भी यह व्यक्तियों के जीवन-अवसरों को परिभाषित करती है।

power – शक्ति/सत्ता

व्यक्तियों के व्यवहारों को नियमित, नियंत्रित, व्यवस्थित अथवा निर्देशित करने की क्षमता को शक्ति या सत्ता कहते हैं। शक्ति एक प्रकार का प्रभाव है जो बलप्रयोग के भय से अनुप्राणित होता है। दूसरे शब्दों में, यह एक ऐसी क्षमता है जिसके द्वारा एक व्यक्ति दूसरे को अपनी इच्छानुसार ऐसा काम करने के लिये बाध्य कर सकता है जिसे वह नहीं करना चाहता है।

मानवशास्त्रियों ने शक्ति के केन्द्र, गतिशास्त्र और संस्थाओं को लेकर कई अध्ययन किये हैं। उनके शक्ति संबंधी उपागमों और दृष्टिकोणों में भी काफी अन्तर देखा गया है। जहाँ एक ओर उनके विचारों पर **दुर्खाइम, बेवर** और **मार्क्स** जैसे शास्त्रीय विचारकों का प्रभाव पड़ा है, वहां दूसरी ओर **पियर बोरदियू, फूको** और **दरिदा** जैसे आधुनिक उत्तर-संरचनावादी विचारकों ने भी नृजातिलेखन को प्रभावित किया है।

practice theory – व्यवहार सिद्धान्त

इस सिद्धान्त के साथ मुख्यतः **पीयर बोरडियू** (1970, 1990) का नाम जुड़ा हुआ है। सामान्यतः यह स्वीकार किया गया है कि वास्तविक व्यवहार और नियमों एवं मानदण्डों में अन्तर होता है। इसका प्रमुख कारण है कि लोग मानदण्डों का पूरी तरह से पालन नहीं करते हैं। सामान्य भाषा में इसे हम "कथनी और करनी" का अन्तर कह सकते हैं। प्रारम्भिक समाज वैज्ञानिक **दुर्खाइम** और **रेडक्लिफ ब्राउन** के लेखनों में इस पर बहुत कम ध्यान दिया गया है। उन्होंने यह तो कहा है कि सामाजिक नियमाचार और नियम-आधारित संस्थाएं सामाजिक आदेशों के प्रति व्यक्तिगत अनुरूपता और सामाजिक संतुलन दोनों को उत्पन्न करती हैं, किन्तु उन्होंने इस तथ्य की अवहेलना ही की है कि लोग समाज में नियमाचारों का पालन क्यों नहीं करते तथा आदर्श और व्यवहार में अन्तर का क्या कारण है।

बाद के समाज वैज्ञानिकों जैसे **लीच** (1954), **रेमन्ड फर्थ** (1964), **फ्रैडरिक बार्थ** (1969) और **क्लिफोर्ड ग्रीज** (1973) आदि ने इस समस्या पर ध्यान तो दिया है किन्तु बोरडियू (बोद्यू) को उनके वैचारिक प्रतिरूपों में भी कमी नजर आई। उन्होंने कहा कि ये विद्वान एक तरफ विधिक नियमों, मानदण्डों, आदर्शों, तथा मूल्यों के दो स्तरों तथा दूसरी तरफ

प्रयोग, क्रिया, व्यवहार और सांख्यिकी को उपयुक्त रूप में जोड़ने में असफल रहे हैं। स्वयं बोरडियू ने इस समस्या का समाधान अपनी दो अवधारणाओं "डाक्सी" और "हैबिट्स" के द्वारा करने का प्रयास किया है। "डाक्सी" से तात्पर्य समाज के उन मानदण्डों और मूल्यों के पक्षों से है जिनकी न चर्चा की जाती है और न ही उन्हें चुनौती दी जाती है क्योंकि समाजीकरण द्वारा हमारे जीवन में उनकी जड़ें गहरे रूप में जमी हैं और उन्हें यथावत स्वीकार कर लिया जाता है। (शास्त्र-सम्मतता और विचारधारा इसी श्रेणी में आते हैं जिन्हें हम पूर्णतः सही मानते हैं, इसके विपरीत शास्त्रविरूद्धता को हम विचलन मानते हैं)। बोरडियू की दूसरी अवधारणा "हैबिट्स" की है जिसका तात्पर्य व्यवहार के मानदण्डात्मक पक्षों, सामूहिक आदतों अथवा प्रवृत्तियों से है। ये भी समाजीकरण द्वारा अर्जित की जाती हैं, किन्तु इन्हें पूर्णतः अचेतन, अनजाने रूप में ग्रहण करने की अपेक्षा अपरावर्तक रूप में ग्रहण की जाती हैं। बोरडियू ने व्यवहार को आदतों में अन्तर्निहित प्रवृत्तियों पर आधारित माना है।

pragmatics — संकेत-प्रयोग-विज्ञान

संकेत-प्रयोग-विज्ञान प्रयोग किये गये संकेतों से उत्पन्न हुए अर्थ का उनके संदर्भ में अध्ययन करता है। इसकी उत्पत्ति अमरीकी संकेत दार्शनिक **सी.एस.पीयर्स** (1958) के प्रसिद्ध त्रि-परमाणुक (प्रतिमा, निर्देशांक, और संकेत) द्वारा हुई है और इसने मानवशास्त्र तथा ज्ञान की कई अन्य विधाओं को गहरे रूप में प्रभावित किया है। इन तीनों में भी निर्देशांक जो कि संकेत का एक रूप है, उसका उस वस्तु के साथ सहअस्तित्व होता है जिसका वह प्रतिनिधित्व करती है, जैसे आग के साथ धुंआ, सिनेमा में दरवाजे पर लगा 'निकास' का संकेत चिन्ह या एक घंटे के बीतने पर घंटा बजाना आदि। दूसरे शब्दों में, एक निर्देशांक (निर्देशिका) का अर्थ मुख्यतः प्रयोग किये जाने के संदर्भ पर निर्भर करता है। संकेत प्रयोग विश्लेषण का प्रयोग सर्वप्रथम **एमिल बेनवेनीस्टे** (1956) और **रोमन जेकब्सन** (1957) द्वारा संरचनात्मक भाषाशास्त्र के क्षेत्र में किया गया। मानवशास्त्र में इसका प्रयोग सर्वप्रथम **ब्रानिस्ला मेलिनोस्की** ने किया है। अपने एक शुरुआती लेख में उन्होंने कहा है कि भाषाई संकेतों को अन्य शब्दों अथवा विमर्श के संदर्भ में विश्लेषण किया जाने के विपरीत "स्थिति के संदर्भ" में विश्लेषण किया जाना आवश्यक है। पारम्परिक रूप में, संकेतों की व्याख्या भाषाशास्त्रियों और भाषाविदों द्वारा अन्य शब्दों अथवा विमर्श के संदर्भ में की जाती रही है। संदर्भ के अलावा, मेलिनोस्की ने इसके क्रियात्मक प्रकार्य, भावात्मक प्रकार्य तथा प्रायोगिक प्रकार्य बताये हैं। मेलिनोस्की के विचारों को बाद में जेकब्सन ने आगे बढ़ाया और मेलिनोस्की के प्रकार्यों के साथ काव्यात्मक एवं लाक्षणिकता के प्रकार्यों को जोड़ा। जेकब्सन के बाद मानवशास्त्रीय संकेत-प्रयोग विज्ञान में **माइकेल स्लिवर स्टीन** (1976) ने भाषाई निर्देशिका पर कार्य किया और उन्होंने बताया कि भाषाई निर्देशांकों के अर्थ संप्रेषकों के लिंग और सामाजिक प्रस्थिति के आधार पर बदलते रहते हैं।

praxis — क्रियाकलाप (प्रैक्सिस)

'प्रैक्सिस' एक ग्रीक शब्द है जिसका अर्थ 'कार्य करने' अथवा 'क्रिया' से है। मार्क्सवादी

सिद्धान्त में इस शब्द को ज्ञान की खोज के संदर्भ में व्यावहारिक क्रिया के अर्थ में प्रयोग किया गया है। इस प्रकार की व्यावहारिक क्रिया समाज के भौतिक आधार से जुड़ी होती है और इन पर व्यक्तिगत स्तर की अपेक्षा वर्ग स्तर पर विचार किया जाता है। कुछेक समाज वैज्ञानिकों ने इस शब्द का प्रयोग सिद्धान्त और व्यवहार के मिश्रण के अर्थ में किया है, अर्थात् सिद्धान्त का प्रयोग इस प्रकार किया जाये कि वह क्रिया (व्यवहार) को प्रेरित करे।

pre-history – प्राग्-इतिहास (प्रागैतिहास)

सांस्कृतिक मानवशास्त्र की एक शाखा (आजकल अध्ययन-अध्यापन का एक स्वतंत्र विज्ञान) प्राग्-इतिहासिक संस्कृति के जन्म तथा उदयकालीन पक्षों का अध्ययन करती है। इसके अन्तर्गत मानव के उन अन्धकारमय युगों पर उनके भौतिक पक्षों (मानव के यंत्र, उपकरण, अस्त्र-शस्त्र, आभूषण तथा कला के अवशेष आदि) के अध्ययन के माध्यम से प्रकाश डाला जाता है जिसके बारे में कोई लिपिबद्ध (लिखित) प्रमाण उपलब्ध नहीं होता। इसमें भूगर्भशास्त्र की वैज्ञानिक अध्ययन-प्रणाली का प्रयोग कर भौतिक वस्तुओं की आयु का निर्धारण किया जाता है और उसके आधार पर मानवीय संस्कृति के क्रमिक विकास एवं प्रगति के बारे में अवस्थाएं निश्चित की जाती हैं।

प्रागैतिहासिक अध्ययन की सबसे बड़ी कमजोरी यह है कि इसके द्वारा मानव की संस्कृति का एकांगी चित्र (भौतिक पक्ष का अध्ययन) ही मिल पाता है। ऐसे अध्ययनों के आधार पर हम प्राचीन मानव के मनोविचारों के बारे में कुछ भी नहीं जान पाते और न ही उस बीते हुए युग की समाज-व्यवस्था, नियमाचारों, जीवनदृष्टि और विश्वासों आदि पर ही प्रकाश डाल पाते हैं। मानव की संस्कृति के भौतिक पक्ष उसकी जीवन-कथा के कतिपय पहलुओं को ही हमारे सम्मुख उपस्थित करते हैं, किन्तु उसके सम्पूर्ण जीवन की कथा को नहीं।

prejudice – पूर्वाग्रह

व्यक्तियों अथवा समूहों के ऐसे पूर्वनिर्मित नकारात्मक निर्णयों को पूर्वाग्रह करते हैं जो उनके वास्तविक व्यवहार की जानकारी पर आधारित नहीं होते अपितु वे उनकी रूढ़िबद्ध धारणाओं या छवि पर आधारित होते हैं। प्रजाति, नृजातिकता, जाति और लिंग के आधार पर कई पूर्वाग्रह सामान्य रूप में पाये गये हैं। इनके अतिरिक्त भी कई आधार है जिनके संबंध में पूर्वाग्रह प्रचलित हैं। जब पूर्वाग्रहों को क्रियाओं अथवा व्यवहार में परिणित कर दिया जाता है (सामान्य रूप में दृष्टिकोण से विपरीत), तब यह भेदभाव का रूप ग्रहण कर लेता है।

prescription/preference = marriage, prescriptive/preferential

primate – उच्चस्तन्य (स्तनधारी) /जीव

मानव के निकटतम पूर्वजों में जिस वर्ग के प्राणियों (जैसे लेमूर, लोरिसिस, बन्दर, वानर, आदि) को रखा जाता है, उन्हें उच्च स्तन्यधारी जीव कहते हैं। इस वर्ग के जीवों में जितने भी परिवार सम्मिलित किये जाते हैं उन सभी की प्रमुख सामान्य विशेषताएं इस प्रकार हैं, (1) सामान्यतः इनमें दो ही स्तन-ग्रंथियाँ होती हैं जो पेट के ऊपर वक्षस्थल पर होती हैं, (2) मादा एक बार

में एक या कभी-कभी एक से अधिक संतान को जन्म देती है, पर यह संख्या सामान्यतः दो-तीन से अधिक नहीं होती, (3) वस्तुओं की पकड़ के लिये अंगूठे का प्रयोग जो उंगलियों से भिन्न होता है। यह (अंगूठा) उंगलियों की ओर मुड़ सकता है जो इस वर्ग के प्राणियों की उल्लेखनीय विशेषता है। इस विशेषता के कारण ही वे वस्तुओं को हाथ द्वारा मजबूती से पकड़ सकते हैं, (4) उच्च स्तन्यधारी जीवों में कंधे की हड्डी (क्लेविकल, कॉलर बोन) के समुचित विकास के कारण वस्तुओं को मजबूती से पकड़ने में सहायता मिली है, (5) हाथ में कुहनी के नीचे की हड्डियों (रेडियस और अलना) की विशेष बनावट होने के कारण हाथ को किसी भी ओर घुमाया-फिराया जा सकता है, (6) पैरों में पाँच उंगलियां होने और भार वहन करने की शक्ति होने के कारण हाथों को इस कार्य से मुक्ति मिल गई और हाथों और पैरों के कार्यों में स्पष्ट विभाजन हो गया, (7) निम्नतर स्तन्यों की भांति इनमें मुंह के जबाड़े का भाग आगे उभरा हुआ नहीं है, (8) आँखें खोपड़ी के दायें-बायें भाग में न होकर अग्रभाग में स्थित है जिसके कारण समदर्शी दृष्टि (स्टीरिओस्कोपिक विज़न) का विकास हुआ है, (9) इनका मस्तिष्क अन्य स्तन्यों की अपेक्षा बड़ा होता है, (10) इनमें दांतों की संख्या 32 से 36 तक पाई जाती है, (11) इनमें घ्राण शक्ति कमजोर होती है, (12) यौन-क्रिया (सहवास) के लिये इनमें निम्नेत्तर स्तन्यों की भांति कोई मैथुन-काल अथवा जनन-काल निश्चित नहीं होता। वयस्क मादाओं में निश्चित अवधि-अन्तरों में रजस्त्राव होता है।

आजकल उच्चस्तन्य जीवों की चार हजार से भी अधिक जातियाँ हैं जिन्हें तीन प्रमुख उप-समूहों में विभाजित किया जा सकता है :

(1) अंडे देने वाले उच्चस्तन्य जीव

(2) धानीधारी उच्चस्तन्य जीव

(3) नालधारी उच्चस्तन्य जीव।

primate palenontology – उच्चस्तन्य पुरा-जीववृत विज्ञान

ज्ञान की इस शाखा में उच्च स्तन्य जीवाश्म दस्तावेजों का अध्ययन किया जाता है। इस प्रकार का अध्ययन न केवल अ-मानवीय स्तन्यों के अपितु आदि मानव (हेमिनिड्स) के अध्ययन में भी महत्त्वपूर्ण होता है।

primatology – उच्चस्तन्य (स्तनधारी) जीव-विज्ञान

मानव के निकटतम पूर्वजों में जिस वर्ग के जीवों को रखा जाता है, उन्हें उच्चस्तनधारी जीव और इनके अध्ययन की शाखा को उच्चस्तनधारी जीव-विज्ञान कहते हैं। इसमें अ-मानवीय उच्चस्तन्यों की शारीरिक विशेषताओं और उनके व्यवहार का अध्ययन किया जाता है। सन् 1950 के बाद अ-मानवीय पशुओं के अध्ययन में तेजी आई है, क्योंकि इनकी कई जातियों की संख्या दिन-प्रतिदिन घटती जा रही है। जैविक मानवशास्त्र और उच्च स्तरीय स्तनधारी जीव-विज्ञान (प्राइमेटोलॉजी) में काफी साम्यता है। कई स्थानों पर इन दोनों ने एक-दूसरे के क्षेत्र का अतिक्रमण किया है। जैसा नाम से विदित है कि ज्ञान की इस शाखा में उच्च स्तरीय स्तनधारी जीवों का अध्ययन (उन जीवों का जिनकी मादा अंडा नहीं वरन् बच्चा जनती है और

उन्हें अपने स्तनों से दुग्ध पान कराती है) किया जाता है। अधिकांश स्तनधारियों में जटिल सामाजिक व्यवस्थाएं नहीं होती, फिर भी मानव प्राणी सहित अनेक स्तनधारी जीवों में इस प्रकार की व्यवस्थाएं किसी न किसी रूप में देखी गई हैं। उच्च स्तनधारी जीव वैज्ञानिकों का मत है कि ऐसे जीव समूहों में रहते हैं, क्योंकि समूह उन्हें परभक्षण और शिशु-हंताओं से सुरक्षा प्रदान करता है। प्राइमेटोलाजी में स्तनधारियों के समूह व्यवहार और सामाजिक व्यवस्थाओं के अतिरिक्त इन जीवों के संज्ञान, भाषा, शरीर-रचना, शरीर क्रिया प्रणाली, संरक्षण और विकास का भी अध्ययन किया जाता है। इस प्रकार के अध्ययनों द्वारा विदित हुआ है कि उच्च स्तनधारी जीवों में संसाधनों (विशेषतः खाद्य सामग्री) के लिये काफी प्रतिस्पर्धा होती है। यह प्रतिस्पर्धा और समागम से जुड़ा उनका व्यवहार बहुत कुछ रूप में उनके सामाजिक व्यवहार को प्रभावित करता है। विभिन्न प्रजातियों की शारीरिक भोजन सम्बन्धी आदतें और सामाजिक अनुकूलन उनके जातिगत और पारिस्थितिकीय कारकों के आधार पर अलग-अलग हैं।

primitive — आदिम

"आदिम" शब्द का प्रयोग पहले "मूल निवासियों" अथवा निरक्षर जनसमूह के लिये किया जाता था। आजकल इस शब्द का प्रयोग इस तरह नहीं किया जाता क्योंकि इसका अर्थ यह लगाया जाता है कि निरक्षर व्यक्ति पिछड़े हुए होते हैं तथा ये पश्चिमी सभ्यता की शैली पर होने वाले सामाजिक परिवर्तनों में बाधा डालते हैं। यही नहीं, इनके बारे में यह भी माना जाता है कि इनमें कोई सांस्कृतिक उद्‌विकास नहीं हुआ है, और इनकी जीवन-शैली अभी तक हमारे पूर्व-ऐतिहासिक पूर्वजों की भांति बनी हुई है। यह विचार इस अभिव्यक्ति में स्पष्ट झलकता है कि ये "हमारे जीवित पूर्वज" है। "आदिम" शब्द का प्रयोग सामान्यतः साक्षरताहीन संस्कृति का द्योतक है।

"आदिम" शब्द का प्रयोग पूर्वमानव व्यक्तियों जैसे "मेधावी मानव" (होमो सेपियन्स) तथा वानर तुल्य विशेषताओं के लिए भी किया गया है।

primitive man — आदिम मानव

प्रागैतिहासिक मानव अथवा उषाःपाषाण, पुरापाषाण, नवपाषाण तथा कांस्य युग के मानव के लिये सामान्यतः आदिम मानव शब्द का प्रयोग किया गया है।

primitive society — आदिम समाज

आदिम समाज शब्द का प्रयोग साधारणतः सरल प्रौद्योगिकी वाले अति प्राचीन एवं प्रागैतिहासिक समाजों के लिये किया जाता रहा है। ऐसा कोई भी समाज जो इतिहास की शुरुआत, अर्थात् लेखन-कला (लिखित भाषा) के आविष्कार एवं विकास के पूर्व विद्यमान रहा है, उसे आदिम समाज के नाम से सम्बोधित किया गया है।

primitivism — आदिमवाद

सामान्य अर्थ में, सादा, सरल, अकृत्रिम, प्रकृति के निकट जीवन तथा वर्तमान समाज की

अपेक्षा अनौद्योगिक समाज की श्रेष्ठता में विश्वास को आदिमवाद की संज्ञा दी जाती है। इसमें मानवीय विकास की प्रारम्भिक अवस्थाओं को गौरवान्वित किया जाता है। लगभग प्रत्येक युग की अपनी सुखद और मदभरी यादें रही हैं। **अरस्तु, रूसो** और **नीत्से** जैसे अनेक दार्शनिकों ने प्रारम्भिक मानव के सुखी जीवन का भारी गुणगान किया है। मानवशास्त्र के विकास ने निरक्षर मानव की जीवन-शैली के अध्ययन की रुचि में वृद्धि की है। यद्यपि मानवशास्त्रियों ने असभ्य समूहों के जीवन की कठिनाइयों और भीषणताओं को उजागर किया है, तथापि इससे आदिमवाद समर्थकों के जोश में कोई कमी नहीं आई है।

primogeniture – ज्येष्ठाधिकार

उत्तराधिकार का एक नियम जिसके अनुसार माता-पिता की सम्पत्ति का संचरण सबसे वरिष्ठ पुत्र (मातृवंशीय समाजों में वरिष्ठ पुत्री) को होता है, ज्येष्ठाधिकार कहलाता है। इस नियम के अनुसार न केवल सम्पत्ति वरन् मुखिया के पद का संचरण भी परिवार के ज्येष्ठ लड़के-लड़की को होता है।

production – उत्पादन

उत्पादन से तात्पर्य संसाधनों के प्राप्त करने तथा उन्हें हितकर वस्तुओं और क्रियाओं में बदलने की प्रक्रियाओं से है। वस्तुओं में भोजन, आश्रयस्थल (आवास) तथा शिल्प वस्तुओं के साथ-साथ टोटम से लेकर पिरामिड जैसी प्रतीक वस्तुएं सम्मिलित की जाती हैं। सन् 1940 के पहले मानवशास्त्र की पाठ्य सामग्री में भौतिक संस्कृति पर अध्ययन लिखने का जो प्रचलन था, वह उत्पादन से सम्बन्धित वस्तुओं की एक प्रारम्भिक जानकारी देता है।

production, food – भोजन उत्पादन

भोजन उत्पादन की प्रणालियों को बहुधा आखेट (शिकार) और संग्रहण (या चारे की खोज) बागवानी, कृषि और उद्योग में वर्गीकृत किया जाता है। यह विभाजन ऊर्जा की प्राप्ति और ऊर्जा की खपत पर आधारित है। जहाँ शिकार और संग्रहण में ऊर्जा की प्राप्ति और खपत दोनों कम होती हैं, वहाँ उद्योग में दोनों की ही खफत अधिक होती है।

production, forces of – उत्पादन की शक्तियाँ

मार्क्सवादी सिद्धान्त के अनुसार जीवन निर्वाह की विधि, अर्थात् उत्पादन के साधनों के साथ-साथ पर्यावरण को दोहन करने की सामाजिक क्षमता को उत्पादन की शक्तियाँ कहा जाता है। आर्थिक आधार के सामाजिक पक्ष के विपरीत कच्चे माल और प्रौद्योगिकी या उत्पादन के साधन के इन तत्वों का श्रम के साथ आपसी अन्तःक्रिया उत्पादन की शक्तियों की प्रमुख सामग्री है।

production, means of – उत्पादन के साधन

मार्क्सवादी विश्लेषण में "उत्पादन की विधि" से अति निकट से जुड़ी एक अवधारणा उत्पादन के साधन है। इसे दो अर्थों में प्रयोग किया गया है। प्रथम अर्थ में, उत्पादन के लिये कच्चा माल, जमीन, उपकरण तथा उत्पादन करने की जानकारी के साथ-साथ, विशेष रूप में

जीवन-निर्वाह के संदर्भ में किसी भी समाज की प्रौद्योगिक व्यवस्था की समन्वित प्रणाली को उत्पादन के साधन कहते हैं। दूसरे अर्थ में, उत्पादन के साधन से तात्पर्य केवल आर्थिक क्रियाकलापों से है, जैसे खाद्य संग्रहण आखेट, बागवानी, पशुचारण, खेती आदि से है जो कि व्यक्ति अपने जीवन-निर्वाह के लिये प्रयोग में लाते हैं। मार्क्सवादी मानवशास्त्रियों में यह विवाद छाया रहा है कि क्या "रसद खोज" (फॉरिजिंग) उत्पादन की कोई विशिष्ट विधि रही है या रसद खोज को उत्पादन के साधनों के विभिन्न रूपों में एक विधि के रूप में वृहद् उत्पादन की विधियों में सम्मिलित किया गया है जिसमें अन्य उत्पादन की विधियों भी सम्मिलित की जाती हैं और जिनके समान प्रभाव होते हैं।

इस अवधारणा का कुछेक मार्क्सवादी विश्लेषकों ने उत्पादन की शक्तियों का ही एक अंग माना है जब कि अन्य विद्वानों ने इसे सर्वथा एक स्वतंत्र संकल्पना के रूप में विश्लेषित किया है।

production, mode of – उत्पादन-विधि

सामान्य अर्थ में, किसी भी समाज में उपकरणों, वस्तुओं और सेवाओं को जिस संगठित तरीके से प्रयोग किया जाता है, उसे उस समाज की उत्पादन-विधि कहते हैं। उत्पादन-विधियों में निरंतर संशोधन एवं परिवर्तन होता रहता है। अतः आदिम समाजों से लेकर आज के तथाकथित सभ्य समाजों तक अनेक प्रकार की उत्पादन-विधियाँ प्रचलित रही हैं। यही नहीं, भिन्न आदिम समुदायों में भी उत्पादन की भिन्न विधियाँ रही हैं। विभिन्न ऐतिहासिक कालों में भिन्न उत्पादन की प्रणाली के कारण ही भिन्न सामाजिक व्यवस्थाएं रही हैं।

उत्पादन की प्रणाली मार्क्सवादी विश्लेषण की एक प्रमुख एवं केन्द्रीय संकल्पना (अवधारणा) है। देखा जाये तो समस्त मार्क्सवादी सिद्धान्त का मुख्य ढांचा इस एक अवधारणा पर आधारित है। इसे और इसके साथ जुड़ी अन्य अवधारणाओं (उत्पादन के साधन, उत्पादन की शक्तियां और उत्पादन के संबंध) को समझे बिना मार्क्सवाद को समझना कठिन है। यही कारण है कि अनेक मानवशास्त्रियों ने इस अवधारणा का प्रयोग प्रत्यक्ष अथवा परोक्ष रूप से आदिवासियों के अध्ययनों में किया है। इसकी विस्तृत व्याख्या **कार्ल मार्क्स** ने अपने बहु प्रसिद्ध ग्रंथ "पूंजी" (केपिटल) के प्रथम भाग में की है। मार्क्सवादी सिद्धान्त के अनुसार, उत्पादन के साधनों अथवा उत्पादन की शक्तियों (पर्यावरण को दोहन की सामाजिक क्षमता सहित जीवन-निर्वाह की विधि) के साथ उत्पादन के संबंधों (उत्पादन के संगठन के तरीके) के समन्वय को उत्पादन की विधि या प्रणाली कहते हैं।

बैरी हिन्डस और पॉल हिर्स्ट (1973) के अनुसार ''*उत्पादन की विधि उत्पादन के सम्बन्धों और उत्पादन की शक्तियों का एक ऐसा सुस्पष्ट सम्मिश्रण है जिसकी रचना उत्पादन के सम्बन्धों की प्रधानता द्वारा होती है।*" वास्तव में, उत्पादन की विधि को उत्पादन की शक्तियों/साधनों और उत्पादन के सम्बन्धों से स्वतंत्र रूप में परिभाषित करना कठिन है। अतः उत्पादन के साधनों/शक्तियों के साथ-साथ उत्पादन के सम्बन्धों (उत्पादन का संगठन) के समन्वय को उत्पादन की विधि कहते हैं।

उपरोक्त विश्लेषण से यह स्पष्ट है कि उत्पादन-विधि की रचना के दो प्रमुख तत्व हैं : (1) उत्पादन की शक्तियाँ, और (2) उत्पादन के सम्बन्ध। मार्क्स के अनुसार, उत्पादन की शक्तियों के अन्तर्गत उन सभी उपकरणों, तकनीकों, वस्तुओं, पदार्थों (कच्चा माल और भूमि) को सम्मिलित किया गया है जिनका प्रयोग श्रम की प्रक्रिया में किया जाता है। दूसरे शब्दों में, इसमें वे सभी वस्तुएं एवं प्रौद्योगिकी आती है जो उत्पादन प्रक्रिया में मानव और प्रकृति के बीच के सम्बन्धों में मध्यस्थ का कार्य करती है। उत्पादन के संबंध से तात्पर्य मोटे रूप में उत्पादन के संगठन से है, अर्थात् उत्पादन के साधनों के स्वामित्व (सम्पत्ति) और वितरण संबंध हैं जिनके द्वारा श्रम का प्रयोग किया जाता है तथा श्रम की वस्तुओं का विनियोजन किया जाता है।

मार्क्स के अनुसार, सभी सामाजिक व्यवस्थाओं का आधार उत्पादन की प्रणाली है और इस आर्थिक संरचना के आधार पर ही समाज रूपी महल की रचना होती है, अर्थात् समाज रूपी महल के सामाजिक, कानूनी, राजनीतिक, धार्मिक और वैचारिक खंबे आर्थिक संरचना (उत्पादन की विधि) के आधार पर खड़े होते हैं।

मार्क्स के अनुसार उत्पादन की शक्तियों और उत्पादन के संबंधों द्वारा ही समाज की आर्थिक संरचना का निर्माण हाता है। वे यह भी मानते हैं कि इन दोनों के एक दूसरे के साथ गतिशील संबंध होते हैं, अर्थात् इन संबंधों की प्रकृति पूरकता और अनुरूपता (सुसंगतता) की होती है। किन्तु शक्तियों और संबंधों का जन्म भिन्न गतिशास्त्र के कारण भी हो सकता है, परिणामतः दोनों में विरोधाभास भी उत्पन्न हो सकता है जिससे कभी भी पूरकता और अनुरूपता के संबंध टूट सकते हैं और यह स्थिति समाज में आर्थिक और सामाजिक संकट उत्पन्न कर सकती है। मार्क्स की इस अवधारणा (उत्पादन-विधि) को समझने के लिये श्रम के अर्थ और आर्थिक संरचना में इसकी भूमिका को समझना आवश्यक है। मार्क्स ने श्रम को एक विशिष्ट प्रकार की मानवीय क्रिया माना है और भौतिक क्रियाकलापों तथा प्रक्रियाओं के एक वर्ग के रूप में यह मानवों को ऐतिहासिक दृष्टि से परिभाषित करती है और उनमें अन्तर प्रदर्शित करती है। श्रम एक ऐसी रचनात्मक क्रिया है जिसमें मानव ऐतिहासिक संचित ज्ञान, प्रविधियों और प्रौद्योगिकी का प्रयोग करते हुए प्रकृति के साथ अन्तर्क्रिया करता है। इस अन्तर्क्रिया का उद्देश्य एक विशिष्ट, ऐतिहासिक आधार पर निर्मित जीवन-शैली के अन्तर्गत कुछ उपयोगी वस्तुओं का निर्माण किया जा सके। यह एक सामाजिक क्रिया भी है क्योंकि यह सामाजिक संबंधों के एक ऐसे विशिष्ट ताने-बाने के अन्तर्गत सम्पादित की जाती है जिसके द्वारा ज्ञान और तकनीकों का सम्प्रेषण किया जाता है और प्रौद्योगिकी को अर्जित किया जाता है, कार्य को संगठित किया जाता है और श्रम के उत्पादों को बाँटा जाता है। श्रम एक सक्रिय और चेतन प्रक्रिया है जिसके द्वारा श्रमिक और श्रम के उत्पादन का रूपान्तरण किया जाता है। जहाँ श्रम का लक्ष्य जीवनयापन या पूर्व विद्यमान दशाओं का पुनरुत्पादन मात्र होता है, वहाँ श्रम की प्रक्रियाएं विनाशक और सृजनात्मक दोनों प्रकार की होती हैं। अतः व्यक्ति विशिष्ट दशाओं के भीतर और विशिष्ट पदार्थों के साथ कार्य करते हैं, किन्तु उनके कार्य उन दशाओं और पदार्थों और उनके साथ व्यक्तियों के सम्बन्धों को भी अनिवार्यतः बदल देते हैं।

production, relations of – उत्पादन के सम्बन्ध

मोटे रूप में, मार्क्सवादी सिद्धान्त के अनुसार, उत्पादन के संबंध से तात्पर्य उत्पादन के सम्पूर्ण संगठन से है, अर्थात् उत्पादन के साधनों के स्वामित्व (सम्पत्ति) और वितरण संबंध हैं जिनके द्वारा श्रम का प्रयोग किया जाता है तथा श्रम की वस्तुओं का विनियोजन किया जाता है। उत्पादन के सम्बन्ध के अन्तर्गत अधिशेष-श्रम तथा इसी के अनुरूप उत्पादन के साधनों के सामाजिक वितरण के एक निश्चित रूप को सम्मिलित किया जाता है। सभी समाजों में अधिशेष श्रम पाया जाता है, किन्तु भिन्न समाज इसका विनियोजन भिन्न रूप में करते हैं। उदाहरणार्थ, आदिम साम्यवादी और सम्मुन्नत समाजों में अधिशेष-श्रम का सामूहिक रूप से विनियोजन किया जाता है, जबकि सामंती और पूंजीवादी समाजों (सामंती मालिकों और आधुनिक पूंजीपतियों) में गैर-श्रमिकों के वर्गों द्वारा विनियोजन किया जाता है।

profane – अपावन/अपवित्र

सामान्यतः यह शब्द अंग्रेजी के "सेक्रिड" शब्द का विलोम या उल्टा है जिसका अर्थ है अपवित्र, अश्रद्धा, अथवा अपावन या वह सब कुछ जो धर्म के विरुद्ध हो। किन्तु इससे लौकिक, धर्मविहीनता, धर्मनिरपेक्षता अथवा धर्म के परे के अर्थों का भी बोध होता है।

मानवशास्त्र और समाजशास्त्र में इस शब्द को मुख्यतः लौकिक और धर्मेत्तर अर्थ में प्रयोग किया जाता है। इस अर्थ में जो कुछ धर्म से सम्बद्ध नहीं है, उसे इस अवधारणा के अन्तर्गत सम्मिलित किया जाता है।

property – सम्पत्ति

कोई बहुमूल्य अधिकार अथवा स्वार्थ जिसे मुख्यतः सम्पदा का एक तत्व अथवा स्त्रोत समझा जाता है, उसे सम्पत्ति कहा जाता है। सम्पत्ति की धारणा व्यक्ति को किसी वस्तु पर एकान्तिक स्वामित्व का अधिकार देती है। इस अधिकार में वस्तु के भोग करने के साथ-साथ बेचने, उपहार या दान में देने या हस्तान्तरण करने आदि के अधिकार भी सम्मिलित होते हैं। ये अधिकार कानूनी अथवा प्रथानुगत होते हैं। सम्पत्ति में भौतिक एवं अभौतिक, अमूर्त अथवा मूर्त सभी प्रकार के पदार्थ एवं साधन को सम्मिलित किया जाता है। सम्पत्ति के संबंध में समस्त विचार उस समाज के ताने-बाने से जुड़े होते हैं जिसमें वह सम्पत्ति पाई जाती है।

मानवशास्त्रियों के अनुसार, सम्पत्ति से तात्पर्य अन्य विधिक सत्ताओं के विपरीत किसी ऐसी विधिक सत्ता से है जिसके किसी वस्तु पर अधिकार और कर्त्तव्य होते हैं। ये विधिक सत्ताएं कई प्रकार की हो सकती हैं, जैसे व्यक्ति, वंश समूह, परिवार, समुदाय, निगम तथा राष्ट्र आदि। अधिकारों को खेती करने, उपकरणों या पशुओं के प्रयोग करने, उपभोग, आखेट तथा मछली मारने तथा यात्रा करने के उपयोग अधिकारों तथा हस्तान्तरण अधिकारों जैसे किसी को देने, बेचने, उधार देने आदि में उपविभाजित किया जा सकता है। कर्त्तव्य के अन्तर्गत वस्तु को बनाये रखने, संरक्षण करने, कर चुकाने तथा श्रम-सेवाओं को सम्मिलित किया जाता है। "वस्तुएं" जिन्हें सम्पत्ति माना जाता है, इसमें कोई भी पदार्थ, सेवा अथवा क्रिया आती है जिन

पर सम्पत्ति नियम लागू होते हैं। अलग-अलग सम्पत्ति के लिये अलग-अलग नियम हो सकते हैं।

सभी आदिम समाजों में सामुदायिक सम्पत्ति (जैसे तालाब, नदी, चरागाह, शिकार-क्षेत्र आदि) के साथ-साथ व्यक्तिगत या निजी सम्पत्ति (जैसे अस्त्रशस्त्र, तीर-कमान, कपड़े आभूषण आदि) की धारणा पाई गई है। ऐसा माना जाता रहा है कि प्रारम्भिक मानव के पास अधिक भौतिक सम्पत्ति नहीं थी, किन्तु उसके पास ऐसी अभौतिक सम्पत्ति (तंत्र-मंत्र, जादू-टोना, गीत, संगीत आदि) अवश्य थी जिसके द्वारा वह भौतिक वस्तुओं को प्राप्त कर सकता था।

prosimians — प्राक्कपिवानरीय जीव

उच्च स्तन्यों (प्राइमेट्स) के सबसे कम जटिल एवं मिश्रित स्तर के प्राक् (पूर्व) बंदर जाति के जीव जो अन्य जीवित उच्च स्तन्यों से काफी निकटता रखते हैं, प्राक्कपिवानरीय जीव (प्रोसिमिअन्स) कहलाते हैं। ऐसा माना जाता है कि इनका उद्भव स्तनपायी जीव जाति (मैमॅलियन) से हुआ है। ये तीन प्रकार के रहे हैं : लेमूर, लोरिस और टारसियर।

protective discrimination — संरक्षात्मक भेदभाव

समाज के दबे-कुचले, शोषित तथा ऐतिहासिक दृष्टि से, सामाजिक-आर्थिक रूप में कमजोर एवं गिरे हुए समुदायों/समूहों को राज्य की ओर से आरक्षण अथवा किसी अन्य व्यवस्था के रूप में विशेष सुविधाएं देने की नीति संरक्षात्मक भेदभाव कहलाती है। इसके लिये कई शब्दों का प्रयोग हुआ है, यथा रक्षोपाय (सेफ्गार्ड), प्रतिवर्ती भेदभाव (रिवर्स डिस्क्रिम्नेशॅन), रचनात्मक भेदभाव (पॉज़टिव डिस्क्रिम्नेशॅन), अधिमानिक बरताव (प्रेफ़रेन्शल ट्रीटमॅन्ट), आरक्षण (रेज़र्वेशॅन) अथवा सकारात्मक क्रिया (अफर्मॅटिव एक्शन) आदि। भारत में अनुसूचित जनजातियों और जातियों को तथा उत्तरी अमेरिका में अश्वेत लोगों को इस नीति के तहत कई प्रकार की सुविधाएं प्रदान की गई हैं। कई स्थानों पर लिंग (स्त्रियों को) और आयु (बूढ़े लोगों को) के आधार पर भी संरक्षात्मक भेदभाव की नीति अपनाई गई है।

साठ के दशक तक संरक्षात्मक भेदभाव सार्वजनिक बहस का कोई मुद्दा नहीं था। इस मुद्दे पर सत्तर के दशक के मध्य में अखबारों में बहस की शुरुआत हुई। कुछ लोगों का तर्क है कि संरक्षात्मक भेदभाव "अवसर की समानता" और "कानून की समानता" के सिद्धान्तों का हनन करता है। संरक्षात्मक भेदभाव जातिवाद और भाई-भतीजावाद को जन्म देगा और एक धर्मनिरपेक्ष (लौकिक) राज्य में इसका कोई स्थान नहीं होना चाहिये। कई समाज वैज्ञानिकों (ओमन 1968, अनंत 1972, 78, अग्रवाल एवं अशरफ 1976, चिटनिस 1977, सच्चिदानन्द 1977) द्वारा इस विषय को लेकर समाज के कई तबकों को लेकर सर्वेक्षण किये गये। संरक्षात्मक भेदभाव (आरक्षण व्यवस्था) केवल कुछ समस्याओं, विशेषतः आर्थिक समस्याओं का ही समाधान में सहायता करता है, किन्तु अन्य समस्याओं में इसके द्वारा कोई विशेष परिवर्तन नहीं आता। इस विषय पर भारत की संविधान सभा पर भी एक लम्बी बहस हुई थी।

proteins – प्रोटीन
प्रोटीन त्री-आयामी अणु होते हैं जो अन्य अणुओं से बंधने की अपनी क्षमता के द्वारा कई भिन्न कार्य करते हैं। ये कोशिका में पाए जाने वाले सबसे बड़े अणुओं में से होते हैं जो न्यूक्लीक अम्लों के समान कई प्रकार की जटिलता एवं विभिन्नता व्यक्त करते हैं। बहुत सी प्रोटीनें एक प्राणी की कोशिका में एंजाइम की तरह उत्प्रेरक का कार्य करती हैं जो कई कोशिकीय रासायनिक क्रियाओं की गति का निर्धारण करते हैं।

प्रोटीन जीवित संरचनाओं, अर्थात् जीवधारियों को विशिष्ट व्यक्तित्व (पहचान) प्रदान करते हैं, जिसे "जीव-रासायनिक व्यक्तित्व" कहा जाता है। प्रोटीनों की विशिष्टता के कारण ही एक स्पीशीज के जीवों का रक्त दूसरे स्पीशीज के जीवों को नहीं दिया जा सकता है। यही नहीं, एक ही स्पीशीज के विभिन्न जीवों के रक्त-प्रोटीन भी एक समान नहीं होते हैं। प्रोटीन कोशिकाओं तथा उसके अंगकों की बाह्य सीमा बनाते हैं और इस प्रकार वे कोशिका में अन्दर व बाहर जाने वाले पदार्थों पर नियंत्रण रखते हैं। मानव शरीर की माँस-पेशियाँ, नाखून आदि प्रोटीन द्वारा ही निर्मित हैं। ये जीवों में अम्ल-क्षार सन्तुलन को बनाये रखते हैं और जीवों में उनकी अधिकता नहीं होने देते।

proteins synthesis – प्रोटीन संश्लेषण
कार्यात्मक प्रोटीन अणुओं के रूप में एमिनों अम्लों की श्रृंखलाओं के समुच्चय को प्रोटीन संश्लेषण कहते हैं। प्रोटीन संश्लेषण की प्रक्रिया डी.एन.ए. द्वारा संचालित होती है। केन्द्रक में प्रोटीन के निर्माण (संश्लेषण) हेतु समस्त आवश्यक अवयव एवं आनुवांशिक कूट के रूप में सूचनाएं विद्यामान होती हैं।

protohominids – आद्य होमीनिड
प्राक्मनुष्य के वंश के प्रारम्भिक सदस्यों को आद्य होमीनिड माना जाता है। इनका अभी तक कोई मौलिक जीवाश्मीय रिकार्ड उपलब्ध नहीं है। अतः उनकी शारीरिक रचना और व्यवहार के बारे में अनुमानात्मक आधार पर ही लेखा-जोखा तैयार किया गया है।

protoplasm – जीवद्रव्य
जीवन के प्रत्येक रूप का आधार जीवद्रव्य (प्रोटोप्लाज्म) नामक पदार्थ होता है जो एक अत्यंत देहिक-रासायनिक संगठन है। **थॉमस हक्सले** ने सन् 1868 में इस जीवद्रव्य को "जीव का भौतिक आधार बताया है।" सजीवों की समस्त क्रियाएं इस जीवद्रव्य पर ही आधारित होती हैं क्योंकि इसमें वृद्धि एवं विभाजन की क्षमता पायी जाती है। यह उपापचयी क्रियाओं का केन्द्र भी है।

protozoi – प्रोटोज़ोआ
पृथ्वी का प्रथम जीवधारी जीव को प्रोटोज़ोआ के नाम से जाना जाता है जो एक स्वयं पूर्ण कोशाणु (सेल) मात्र से निर्मित बताया जाता है।

psychic unity of mankind — मानव प्राणी की मानसिक एकता
प्रजाति और संस्कृति की विभिन्नताओं के संदर्भ में यह कहा गया है कि सभी स्थानों के मानवों में एक आधारभूत समानता उनकी समान मनोवैज्ञानिक संरचना में देखने को मिलती है चाहे उनकी प्रजाति अथवा संस्कृति कोई भी हो। इस तथ्य को आधुनिक स्वरूप में **ई. बी. टायलर** ने सांस्कृतिक उद्विकास के संदर्भ में प्रस्तुत किया है। मानसिक एकता का यह विचार सामान्यतः सामाजिक और सांस्कृतिक मानवशास्त्र में किसी न किसी रूप में छाया रहा है।

psycholinguistics — मनोभाषाशास्त्र
मनोविज्ञान और भाषाशास्त्र दोनों के मेल से बनी ज्ञान की एक शाखा मनोभाषाशास्त्र के नाम से जानी जाती है। इसमें भाषा के संबंध में अनेक विषयों का अध्ययन किया जाता है, जैसे भाषा कैसे सीखी जाती है, इसे मानवों द्वारा कैसे प्रतीकों में प्रस्तुत किया जाता है तथा इसका परिचालन कैसे होता है, आदि।

सामान्यतः यह माना जाता है कि माता-पिता बालक की भाषा सीखने की विधा को प्रभावित करते हैं। वे इसके लिये बालकों को उदाहरण (बोल कर बताना) देते हैं, बालकों द्वारा बोले गये शब्दों को सुनते हैं, आदि। किन्तु इस संबंध में जो शोध हुई है, उनके अनुसार यह विचार एक भ्रांति है। यह सही है कि माता-पिता लक्ष्य-भाषा का बालक के समक्ष एक सकारात्मक प्रतिरूप रखते हैं, किन्तु वे जो प्रतिरूप (मॉडल) प्रस्तुत करते हैं वह अधूरा होता है, क्योंकि वे शायद ही कभी भाषा के तत्वों के संदर्भ में बालक की भाषा में सुधार करते हैं। भाषा को सीखने और सिखाने में कौन सी मनोवैज्ञानिक प्रक्रियाएं काम करती हैं, इस संबंध में भी भारी शोध हुई है तथा की जा रही है और यही मनोभाषाशास्त्र के अध्ययन के प्रमुख विषय हैं।

puberty dance — यौवनारंभ नृत्य
कई आदिवासी जातियों में युवावस्था के शुभारंभ को उत्सव के रूप में मनाया जाता है और इस अवसर पर तरुण एवं तरुणियों द्वारा अनेक प्रकार के नृत्य किये जाते हैं। ये नृत्य युवक-युवतियों को एक दूसरे के नजदीक आने का अवसर प्रदान करते हैं जो बाद में उन्हें जीवन-साथी चुनने में सहायक सिद्ध होते हैं।

punalua — पुनालुआ
समूह विवाह का एक रूप पुनालुआ के नाम से जाना जाता है जिसमें सभी पति एक ही नातेदारी समूह के तथा सभी पत्नियां दूसरे नातेदारी समूह की होती है। बहुधा पति और पत्नियों के ये समूह भाइयों और बहिनों के होते हैं। **मॉर्गन** ने अपनी उद्विकासीय योजना में इस प्रकार के विवाह को कामाचारी अवस्था के बाद की अवस्था, अर्थात् द्वितीय चरण के रूप में निरूपित किया है। इस प्रकार के समूह विवाह के साक्ष्य हवाई द्वीप में पाये गये हैं।

purdah — परदा
परदा महिलाओं को अलग रखने की एक प्रथा है जिसका प्रयोग भारत में सामान्यतः सभी

जातीय-समाजों में होता रहा है। इस प्रथा की उत्पत्ति के संबंध में मतभेद है। कुछेक विद्वानों का मत है कि यह प्रथा मुसलमानों के साथ भारत में आई और पहले यहाँ परदा-प्रथा नहीं थी। निस्संदेह यह प्रथा कुछ इस्लामी समाजों में आज भी महिलाओं को घर पर रखने या पुरुषों से अलग रखने के लिये किसी न किसी रूप में प्रचलित है।

purity and pollution – शुचिता और अशुचिता

शुचिता और अशुचिता संबंधी विचार विश्वव्यापी हैं, और इनमें कुछ मामलों में काफी कुछ समानताएं भी हैं, फिर भी इनकी मात्रा, प्रयोग, दुराग्रहता, तथा इनके आदेशात्मक विन्यास में एक समूह से दूसरे समूह में अत्यधिक अन्तर पाया गया है। शुचिता की धारणा अशुचिता और प्रदूषण की धारणाओं के विपरीत अशुद्धता संबंधी ऐसे सशक्त विचारों और मनोभावों से अनुप्राणित होती है जिसकी जड़ें सामाजिक संगठन और परिभाषा के उद्देश्यों हेतु शरीर की सुव्यत्रस्था की चिंता में गढ़ी होती हैं। शुचिता और अशुचिता की अवधारणाओं की व्याख्या व्यक्ति अपने शरीर के गन्दे हो जाने की भावना के आधार पर करता है। इसके दो रूप हो सकते हैं : (1) तथाकथित "गन्दे" व्यक्ति या वस्तु से बाहरी शरीर के किसी अंग का छू जाना, (2) किसी "गन्दे" पदार्थ का शरीर के अन्दर मौखिक रूप में प्रवेश कर जाना।

बाहरी अशुचिता या प्रदूषण के साथ भयात्मक प्रतिक्रियाएं (काल्पनिक अथवा वास्तविक) घनिष्ट रूप से जुड़ी पाई गई हैं। सामान्यतः व्यक्ति अशुचि कही जाने वाली वस्तुओं अथवा व्यक्तियों के साथ दुर्गन्ध अथवा मेलेपन के भाव को जोड़ते हैं। ऐसा माना जाता है कि यह स्थिति व्यक्ति के सामाजिक प्रदर्शन, सामाजिक स्वीकार्यता और सामाजिक मूल्य को प्रभावित करती है जिसके कारण ऐसे व्यक्ति को शर्म, उलझन और परेशानी का सामना करना पड़ता है। कई बार इस प्रकार की स्थितियां व्यक्तियों को मुंह छुपाने के लिये बाध्य करती हैं। भारत में "अछूत" कहे जाने वाले लोगों के साथ कुछ इसी प्रकार की स्थिति विद्यमान थी।

आन्तरिक अशुचिता की जड़ें प्रदूषित (अशुचि) पदार्थों के मौखिक रूप से खा जाने के भय में गढ़ी हुई हैं। आन्तरिक अशुचिता सार्वजनिक प्रदर्शन की अपेक्षा शरीर की बनावट से अधिक जुड़ी हुई है और यह व्यक्ति की पहचान और सम्मान के महत्त्वपूर्ण निजी पक्षों को प्रभावित करती है। शरीर संबंधी अशुचिता के विचारों को बहुधा "मन" "आत्मा" और "चरित्र" जैसे स्व के नैतिक दृष्टि से महत्त्वपूर्ण पक्षों की अशुचिता तक विस्तारित किया गया है।

अशुचिता की धारणा मात्र व्यक्तियों अथवा बाह्य पदार्थों तक ही सीमित नहीं है, अपितु स्वयं व्यक्ति से जुड़े ऐसे पदार्थों, जो व्यक्ति के शरीर से अलग करने के पूर्व शरीर के अंग होते हैं, के साथ भी जुड़ी पाई गई है, जैसे हाथ-पैर के नाखून, मुंह की लार, कफ, श्लेष्मा, मल-मूत्र, और मासिक रज-रक्त। इन पदार्थों को नियमित रूप से हम शरीर से अलग करते हैं अथवा स्वतः निकलते हैं, किन्तु अलग करने के बाद ये पदार्थ अशुचिता की श्रेणी में आ जाते हैं। उदाहरणार्थ, जैसे ही हम मुंह से लार निकालते हैं, तुरंत यह एक घृणास्पद "थूक" का रूप

धारण कर लेता है और हम उससे दूरी बरतते हैं। इसी प्रकार, कई अन्य प्रकार की मौखिक प्रदूषितताओं को "भोजन वर्जनाओं" में सम्मिलित किया गया है जिसका सारगर्भित विवेचन **मेरी डगलस** ने अपनी पुस्तक "प्युरिटी एण्ड डेन्जर" (1966) में किया है। हमें क्या खाना चाहिये और क्या नहीं खाना चाहिये, हम किसके साथ बैठ कर भोजन कर सकते हैं, तथा किसके द्वारा बनाया भोजन स्वीकार कर सकते हैं, आदि के बारे में विभिन्न समाजों में अनेक प्रकार की वर्जनाएं पाई गई हैं। न केवल भोजन के संबंध में अपितु यौन-संबंधों, विवाह संबंधों और मैत्री संबंधों के साथ भी वर्जनाएं जुड़ी पाई गई हैं। सार रूप में, अशुचिता सम्बन्धी विचारों की नैतिक व्यवस्था को बनाने में एक महत्त्वपूर्ण भूमिका होती है। ये विचार पूर्णतः निरपेक्ष एकान्तिक सीमाओं और शुचिता के अंशों और वर्गों के सापेक्षिक पदक्रमों दोनों का निर्माण करते हैं। इस प्रकार का सापेक्षिक पदक्रम (न्यूनाधिक में शुचिता) सम्पूर्ण समूह के सामाजिक संबंधों को परिमाणात्मक रूप में विभिन्न रूप से प्रभावित करता है, जैसा कि हम भारत की जाति-व्यवस्था में स्पष्ट रूप में देखते हैं। भारत में जाति-व्यवस्था के एक पक्ष के रूप में शुचिता-अशुचिता की धारणा ने साहचर्य, विवाह, भोजन संबंध, लैंगिक सम्पर्क तथा किसी पवित्र क्षेत्र में प्रवेश करने की क्रिया को प्रभावित किया है। **ड्यूमा** ने स्पष्ट रूप में लिखा है कि "शुचिता/अशुचिता विभिन्न श्रेणीबद्ध व्यवस्थाओं, जैसे जाति का एक अभिन्न अंग है।"

अशुचिता की धारणा लिंग-भेद और शक्ति के साथ भी जुड़ी हुई है। "मासिक धर्म" को लेकर कई समाजों में स्त्रियों के साथ भेदभाव बरता जाता है। इसी प्रकार, बालक के जन्म की समयावधि में स्त्रियों को अशुचिता की श्रेणी में रखकर उन्हें घर-परिवार में अलग रखा जाता है। शक्ति के साथ अशुचिता का विचार उन समाजों में पाया गया है जिनमें उन व्यक्तियों को निम्न एवं गिरा हुआ समझा जाता है, जो हर समय अशुचिता के संसर्ग में रहते हैं और उन व्यक्तियों को ऊंचा समझा जाता है जो पवित्र कही जाने वाली वस्तुओं, पदार्थों के साथ जुड़े होते हैं। भारत में पुजारी तथा अन्य पावन व्यक्तियों (संत, महात्माओं) की समाज में ऊंची प्रस्थिति और प्रदूषित माने जाने वाले व्यक्तियों जैसे स्त्रियों, जादू-टोना करने वाले, तांत्रिक आदि की निम्न अथवा सीमांत प्रस्थिति होती है।

शुचिता के विचार बहुधा धार्मिक विचारों से जुड़े होते हैं और "पवित्रता" के विचार विशेषतः "पवित्र स्थल" और "पवित्र अवस्थाओं" के साथ घुले-मिले होते हैं। इन स्थलों तथा अवस्थाओं के लिये स्पष्ट सीमांकन और संरक्षित सीमाओं का होना आवश्यक होता है जिसमें शक्ति और शुचिता का कोई "अतिप्राकृतिक" सम्मिश्रण कार्यशील रहता है। ये स्थल अथवा अवस्थाएं अशुद्ध व्यक्तियों अथवा पदार्थों से प्रदूषित की जा सकती हैं जिसके कारण उनकी शक्ति और पवित्रता को आँच आने का भय रहता है। जो भी व्यक्ति ऐसे पवित्र स्थलों अथवा अवस्थाओं को प्रदूषित करने के दोषी पाये जाते हैं, उन्हें इस प्रकार के पापों अथवा "अतिक्रमण" के लिए कठोर दण्ड दिया जाता है।

कुछ प्रकार की अशुचिताएं ऐसी होती हैं जिनकी नियमों और वर्जनाओं के पालन द्वारा रोकथाम की जा सकती है। कुछेक ऐसी होती हैं जिनमें शुद्धिकरण के तरीकों द्वारा सुधार

किया जा सकता है। बहुधा इस कार्य के लिये विशिष्ट जनों की सेवाएं ली जाती हैं जो शुद्धिकरण की विधियों के विशेषज्ञ माने जाते हैं। बाहरी अशुचिता को नहाने, धोने, साफ करने से दूर किया जाता है, जब कि आन्तरिक अशुचिता को दूर करने के लिये संयम, उपवास, त्याग तथा कुछ कर्मकांड आदि विधियों का प्रयोग किया जाता है जो व्यक्ति के अन्तर्मन की शुद्धि करती हैं। कुछ गहरी अशुचिताओं के लिये तपस्या या प्रायश्चित जैसे शोधन विधियों का भी प्रयोग किया जाता है। कुछेक व्यक्तिगत अशुचिताएं ऐसी भी मानी गई हैं जिन्हें दूर नहीं किया जा सकता। ऐसी अशुचिताओं को कुछ वर्ग के व्यक्तियों के स्थाई लक्षण या गुण माने गये हैं। यही विचार "जैवकीय तत्व" के विचारों से मूल रूप में जुड़ा हुआ है जिसके आधार पर ही "जातिवाद" और "प्रजातिवाद" की धारणाओं का विकास हुआ है।

Q

qualitative methods – गुणात्मक विधियां

सामाजिक विज्ञानों में गुणात्मक एवं परिमाणात्मक दोनों प्रकार की विधियों एवं तकनीकों का प्रयोग किया जाता है। गुणात्मक विधियां अपरिष्कृत एवं अनगढ़ तथ्यों के विश्लेषण की ऐसी कार्यविधियां या तरीके हैं जिनमें अंकों की अपेक्षा शब्दों अथवा चित्रों को सम्मिलित किया जाता है। ये अपरिष्कृत तथ्य ऐतिहासिक दस्तावेजों के रूप में पहले से विद्यमान हो सकते हैं, अथवा उन्हें साक्षात्कार शोध की प्रक्रिया द्वारा एकत्रित किया जा सकता है। गुणात्मक शोध में तथ्यों के संकलन तथा विश्लेषण की विधियां इतनी मानवीकृत और परिष्कृत नहीं हैं जितनी परिमाणात्मक शोध में प्रयोग की जाती हैं। इन विधियों में मोटे रूप में, सहभागिक अवलोकन और मुक्त साक्षात्कार प्रणाली जैसी अनौपचारिक विधियों का प्रयोग किया जाता है। औपचारिक विधियों में संरचित साक्षात्कार जैसे संलेख विश्लेषण तथा वर्गीकरणों का प्रयोग किया जाता है।

ऐतिहासिक दृष्टि से गुणात्मक विधियों को "व्याख्यात्मक" और परिमाणात्मक विधियों को "विश्लेषणात्मक" माना जाता रहा है। सामाजिक विज्ञानों में गुणात्मक शोध की शुरुआत अन्वेषणकर्त्ताओं के ऐसे यात्रा वृत्तान्तों से हुई है जिसमें मानवशास्त्र के क्षेत्र में बहु प्रसिद्ध सहभागिक अवलोकन विधि और समाजशास्त्र में अनौपचारिक साक्षात्कार विधि का प्रयोग किया गया है। इन विधियों में सामान्य रूप में तथ्य संकलन, क्षेत्र-कार्य, साक्षात्कार की तकनीक, नृजातिकलेखन की विधियों पर ही अधिक ध्यान दिया जाता था और तथ्यों के विश्लेषण को द्वितीयक महत्ता दी जाती थी। किन्तु आजकल गुणात्मक तथ्यों के विश्लेषण पर न केवल अधिक ध्यान दिया जाने लगा है, अपितु विश्लेषण के कई विश्वसनीय तरीकों एवं विधियों को विकसित किया गया है।

गुणात्मक शोध में अधिकांशतः एक प्रकरण (केस) या कुछ प्रकरणों का गहन अध्ययन की विधियों (वैयक्तिक/एकल अध्ययन विधि) द्वारा अध्ययन किया जाता है। किसी एक व्यक्तिगत प्रकरण की तह में जाकर उसको समझना अपने-आप में एक विशिष्ट महत्त्व रखता है। इस प्रकार के सूक्ष्म एवं गहन अध्ययन की विधियों को सामाजिक विज्ञानों में "सामाजिक सूक्ष्मदर्शी" कहा गया है।

एक लम्बे अर्से से यह माना जाता रहा है कि संख्याएं (सांख्यिकी) गलत हो सकती हैं, झूठ बोल सकती हैं, किन्तु सन् 1980 के दशक के उत्तर-आधुनिक आंदोलन के बाद से यह

भी कहा जाने लगा है कि शब्द और चित्र भी झूठे हो सकते हैं, जाली और बनावटी हो सकते हैं और उनका गलत अर्थ लगाया जा सकता है अथवा उनकी भ्रांत व्याख्या की जा सकती है। अतः विश्वसनीयता और प्रामाणिकता हर प्रकार के शोध की एक महत्त्वपूर्ण समस्या है, किन्तु दुर्भाग्यवश गुणात्मक शोध में इन समस्याओं की अवहेलना की गई है या बहुत कम ध्यान दिया गया है। आजकल इन समस्याओं के निदान के रूप में गुणात्मक विश्लेषण हेतु संगणकों (कम्प्युटरों) का प्रयोग किया जा रहा है।

quantitative methods – परिमाणात्मक विधियाँ

परिमाणात्मक विधियाँ ऐसी कार्यविधियां या तरीके हैं जिनका प्रयोग आंकिक या संख्यात्मक तथ्यों में किया जाता है। यद्यपि किसी भी प्रकार के विषयों (अवलोकन, डायरी प्रविष्टि, ऐतिहासिक दस्तावेज, सर्वेक्षण प्रश्न और चित्र सहित) की माप की जा सकती है, तथापि विश्लेषण के पूर्व सभी प्रकार के तथ्यों को संख्यात्मक रूप में परिणित किया जाना आवश्यक है। इस प्रकार के शोध-विश्लेषण में (शोध शब्दावली में) माप के प्रत्येक विशिष्ट रूप को सामान्यतः एक "परिवर्त्य" या "चर" (वेरिअबल) या "विचर" (वेरिइट) कहा जाता है और व्यक्तियों अथवा वस्तुओं को "इकाई" अथवा "विषय" कहा जाता है। यदि प्रत्येक इकाई की एक आधार पर ही माप की जाती है तब इस प्रकार के तथ्य को "इकचरीय" (यूनिवेरिअट) कहते हैं, किन्तु जब एक माप से अधिक आधारों पर माप की जाती है, तब तथ्य "बहुचरीय" (मल्टीवेरिअट) कहलाते हैं। अधिकांश आनुभविक शोध में प्रत्येक इकाई की सामान्यतः एक साथ कई परिवर्त्यों के आधार पर माप की जाती है। किसी भी परिवर्त्य/चर को जो आंकिक मूल्य प्रदान किये जाते हैं, वे या तो गुणात्मक पैमाने (वर्गात्मक, क्रमांकित स्केल) हो सकते हैं, या परिमाणात्मक पैमाने (अन्तर्वर्ती या आनुपातिक स्केल) होते हैं।

मानवशास्त्र में औपचारिक परिमाणात्मक विधियों का प्रयोग लगभग एक सौ वर्षों से अधिक समय से हो रहा है। पिछले पचास वर्षों से मानवशात्र में सांख्यिकी विधियों का प्रयोग अधिकाधिक बढ़ता जा रहा है। इनमें से अधिकांश विधियों, जैसे बहु प्रतिगमन विधि, कारक विश्लेषण, बहु आयामी मापन, वर्गात्मक बहुचरीय विश्लेषण आदि का कई विज्ञानों जैसे अर्थशास्त्र, मनोविज्ञान, समाजशास्त्र आदि से आयात किया गया है।

quasi-caste based society – अर्द्ध जाति आधारित समाज

ऐसे समाज जिनका वर्गीकरण स्पष्टतः जातिमूलक नहीं होता, किन्तु उनमें वर्ण व्यवस्था के लक्षण देखने को मिलते हैं। भारत के ईसाई और मुसलमान समाज इस प्रकार की व्यवस्था के उदाहरण हैं। मुसलमान लोग चार प्रमुख समूहों यथा सैयद, शेख, मुगल और पठान में बंटे हुए हैं।

quaternary period – चतुर्थ काल

वह भू-वैज्ञानिक काल जिसका प्रारम्भ वर्तमान से लगभग दस लाख वर्ष पूर्व हुआ था, चतुर्थ काल के नाम से जाना जाता है। इस युग में अनेक जलवायु परिवर्तन हुए। ऐसा माना जाता है कि मानव तथा अन्य स्तनधारी पशुओं के उद्‌विकास को इसी युग में स्पष्ट दिशा मिली।

questionnaire – प्रश्नतालिका/प्रश्नावली

प्रश्नावली या प्रश्नतालिका एक सूची है जिसमें शोध किये जाने विषय से सम्बन्धित कुछ प्रश्न लिखे होते हैं जिनके प्रत्युत्तर सूचनादाता व्यक्तिगत रूप में सूची में यथा-स्थान स्वयं लिखता है। सामान्यतः इस सूची को सूचनादाता के पास डाक द्वारा भेज दिया जाता है (यदि सूचनादाता अधिक संख्या में और छितरे हुए होते हैं) अथवा व्यक्तिगत रूप में सूचनादाताओं को दे दिया जाता है। साधारणतः शोध के इस उपकरण का प्रयोग साक्षर व्यक्तियों के लिये ही किया जाता है जो प्रश्नों को पढ़ कर प्रत्युत्तर लिखने में सक्षम होते हैं।

questionnaire, closed ended – प्रतिबंधित प्रश्नावली

प्रश्नावली का एक रूप जिसमें प्रश्नों के कुछ निश्चित वैकल्पिक उत्तर प्रश्नों के साथ दिये होते हैं। उत्तरदाता को वैकल्पिक उत्तरों में से किसी एक अथवा अधिक उत्तरों को चुनना होता है। इस प्रकार के प्रश्न हाँ/नां के अत्यांतिक रूप से लेकर बहुवैकल्पिक हो सकते हैं।

questionnaire, open-ended – मुक्त प्रश्नावली

प्रतिबंधित प्रश्नावली के विपरीत मुक्त प्रश्नावली में ऐसे प्रश्नों का प्रयोग किया जाता है जिनके उत्तर देने के लिये सूचनादाता पूर्णतः स्वतंत्र होता है। वह अपनी इच्छानुसार छोटा या बड़ा कैसा भी उत्तर अपनी भाषा-शैली में दे सकता है।

R

race – प्रजाति

पिछली तीन शताब्दियों से प्रजाति विषय पर बहस हो रही है और इसे कई रूप में विश्लेषित एवं परिभाषित किया गया है। इसकी प्राणीशास्त्रीय, भौगोलिक, सामाजिक-राजनीतिक, प्रशासनिक एवं कानूनी तथा एक लचीली लोक अवधारणा के रूप में भी व्याख्या की गई हैं। इस शब्द का सर्वप्रथम प्रयोग आंग्ल भाषा में सोलहवीं शताब्दी में व्यक्तियों के एक ऐसे वर्ग के लिये किया गया जिनकी समान विशेषताओं को किसी साझा पूर्वज के साथ जोड़ा जा सके। लगभग सन् 1800 के आसपास फ्रांसीसी शरीरशास्त्रियों के प्रभाव से इस शब्द का एक स्थाई जीवशास्त्रीय श्रेणी (वर्ग) के अर्थ में प्रयोग किया जाने लगा। सन् 1859 में प्रसिद्ध वैज्ञानिक **चार्ल्स डार्विन** ने अपनी पुस्तक "ऑरिजिन ऑफ स्पीशीज़" में यह प्रतिपादित किया कि प्रकृति में कोई स्थाई वर्ग नहीं है। इसके विपरीत, स्थानीय वर्गों के रूप में भौगोलिक प्रजातियां एवं उप प्रजातियां अवश्य हैं जो पूर्णतः स्थिर एवं एक दूसरे से भिन्न हैं।

प्राणीशास्त्रीय आधार पर, एक प्रजाति भौगोलिक जनसंख्या का एक ऐसा समूह है जिसमें कुछ सामान्य शारीरिक लक्षण तथा आनुवंशिक गुण होते हैं जो उसे दूसरी भौगोलिक जनसंख्या से पृथक् करते हैं। ये शारीरिक लक्षण बहुधा कपाल, नाक, जबाड़ा, होठों के आकार, शरीर की त्वचा, आँख और केश के रंग, केश के प्रकार से सम्बन्धित होते हैं जिन्हें बदला नहीं जा सकता। संक्षेप में, रंग, रूप, आकार तथा अन्य शारीरिक विशेषताओं के आधार पर वर्गीकृत किये गये मानव-जाति के समूहों को प्रजाति कहते हैं। ये प्राणीशास्त्रीय लक्षण एक समूह में दीर्घकाल तक निरन्तर विवाह और प्रजनन द्वारा एक पीढ़ी से दूसरी पीढ़ी में संचरण की प्रक्रिया द्वारा बने रहते हैं। इन पर सामाजिक एवं सांस्कृतिक परिवेश का बहुत कम प्रभाव मन्द गति से पड़ता है। यह (रेस) एक प्राणीशास्त्रीय शब्द (टर्म) है, किन्तु भूल से कभी-कभी इसका प्रयोग राजनीतिक विवादों तथा सामाजिक-सांस्कृतिक अंधविश्वासों एवं संघर्षों के साथ जोड़कर इसे भ्रामक बना दिया गया है जिसके कारण अनेक भ्रांतियों का जन्म हुआ है।

प्राणीशास्त्रीय लक्षणों के आधार पर समस्त मानव जनसंख्या को तीन प्रमुख प्रजातियों, यथा काकेशॉयड (श्वेत), मंगोलॉयड (पीत) और निग्रोऑयड (श्याम) समूहों में वर्गीकृत किया गया है। इनके अतिरिक्त कुछ मिश्रित प्रजातियां भी हैं जैसे मेलानेशियन, माइक्रोनेशियन-पॉलिनेशियन, मध्य अफ्रीकी पिग्मी, सुदूर पूर्व के पिग्मी, आस्ट्रेलॉयड,

बुशमेन-हॉटेनटॉट, ऐनू (जापान), वेड्डायड (श्रीलंका) आदि। विश्व की अधिकांश जनसंख्या मिश्रित प्रजातियों की है और यह भी एक सर्वमान्य तथ्य है कि प्रजाति का मानसिक एवं सांस्कृतिक उपलब्धियों के साथ कोई सरोकार नहीं होता जैसा कि सामान्यतः मान लिया जाता है।

तीव्र विवाद का विषय होने के कारण, प्रजाति की अवधारणा ने शारीरिक और सामाजिक-सांस्कृतिक मानवशास्त्रियों के बीच भी प्राणीशास्त्रीय परिवर्तनों और सामाजिक विभिन्नताओं के मुद्दे पर गरमागरम बहस को जन्म दिया है। पिछली शताब्दी के प्रथम अर्द्धकाल में **फ्रेंज़ बोऑस** तथा उनके कई विद्यार्थियों (**बेनेडिक्ट, हर्सकोविट्स, माग्रेट मीड**) ने प्रजाति, भाषा और संस्कृति सम्बन्धी जैवकीय निर्धारणवाद सम्बन्धी उपागमों पर तीव्र प्रहार किया है। सन् 1960 से मानवशास्त्र में इस अवधारणा की महत्ता कम होती चली गई। शारीरिक (भौतिक) मानवशास्त्रियों की अमरीकी समिति ने यूनेस्को के सन् 1966 के एक महत्वपूर्ण दस्तावेज़ में प्रजाति के जैवकीय पक्ष पर ये विचार प्रस्तावित किये कि "समस्त मानव प्राणियों, जिसकी कोई भी जनसंख्या आनुवंशिक रूप में समरूप नहीं है, का एक साझा वंश है तथा वे समान प्राणी जाति (स्पीशीज़) से सम्बन्धित हैं। अधिकांश भौतिक (शारीरिक) विभिन्नताओं की रचना पोषण, जीवन-शैली, तथा अन्य पर्यावरणजन्य कारकों से होती है और आनुवंशिक आधार वाली भिन्नताओं में औसत आवृत्ति में परिवर्तन आता है।"

एक प्राणीशास्त्रीय अवधारणा के रूप में चाहे प्रजाति की अब वह प्रामाणिकता और महत्ता न रही हो, फिर भी एक सामाजिक घटना के रूप में प्रजाति सामाजिक स्तरीकरण की आज भी एक प्रबल शक्ति बनी हुई है। प्रजाति की अवधारणा का खण्डन किये जाने के बाद भी प्रजातिक असमानता बनी हुई हैं, यह तथ्य प्रजातिवाद की संरचनात्मक शक्ति की प्रबलता की पुष्टि करता है।

race, composite – संश्लिष्ट प्रजाति

वह प्रजाति जो दो या अधिक मुख्य प्रजातियों का एक स्थाई मिश्रण होता है और जिसमें विभिन्न प्रजातिक समूहों के लक्षणों का समन्वय होता है, संश्लिष्ट प्रजाति कहलाती है। ऐसे कुछ भौगोलिक क्षेत्र हैं जिनमें इस प्रकार का मिश्रण स्थाई बन चुका है।

race, genetic theory of – प्रजाति का आनुवंशिक सिद्धान्त

आकृति विज्ञान की अपेक्षा जीन संरचना के आधार पर प्रजातियों का वर्गीकरण का विचार प्रजाति का आनुवंशिक सिद्धान्त के नाम से जाना जाता है। अभी जीन की संरचना के बारे में बहुत कम ज्ञान उपलब्ध है, अतः इस सिद्धान्त की प्रामाणिकता संदिग्ध है।

race, social – सामाजिक प्रजाति

सामाजिक प्रजाति एक ऐसा समूह है जिसकी रचना जैवकीय आधार पर मानी जाती है, किन्तु जिसे, वास्तव में, किसी सामाजिक संदर्भ में ही जाना-पहचाना और परिभाषित किया जाता है। यह परिभाषा वैज्ञानिक मापदंडों के स्थान पर किसी संस्कृति विशेष के संदर्भ में की जाती है। इस शब्द (टर्म) का प्रयोग **जॉन लेचटे** ने किया है।

race antipathy – प्रजाति विरोध

किसी दूसरी प्रजाति के प्रति अलगाव की भावना को प्रजाति विरोध कहते हैं। इस भावना की अभिव्यक्ति सामान्य उपेक्षा भाव से लेकर तीव्र विद्वेष और संघर्ष के रूप में हो सकती है। यह भावना प्रजातिक आधार पर निर्मित दो या दो से अधिक भिन्न व्यक्तियों अथवा समूहों के कारण होती है।

race consciousness – प्रजाति चेतना

अपनी शारीरिक विशेषताओं अथवा भिन्नताओं के आधार पर भिन्न समूहों के मध्य उत्पन्न हुई यह भावना कि उनकी उच्च अथवा निम्न सामाजिक प्रस्थिति का कारण ये भिन्नताएं ही हैं, प्रजाति चेतना की द्योतक हैं। प्रजाति चेतना के आधार पर ही श्वेत प्रजाति (गोरे लोग) के लोग अपने को काली प्रजाति के लोगों से ऊंचा मानते हैं।

race differences – प्रजातीय अन्तर

ऐसे वैयक्तिक अन्तर जो प्रजाति की विशेषताओं के द्योतक होते हैं तथा जो व्यक्तियों को उनके पूर्वजों से पैतृक देन के रूप में प्राप्त होते हैं, प्रजातीय अन्तर कहलाते हैं।

race prejudice – प्रजाति पूर्वाग्रह

दूसरी प्रजाति के लोगों के प्रति बिना किसी वैध आधार के पहले से ही विद्वेष भाव होना प्रजाति पूर्वाग्रह कहलाता है। दक्षिणी अफ्रीका की (पूर्ववर्ती) रंग-भेद नीति इसका एक ज्वलंत उदाहरण है।

race riot – प्रजातीय दंगे

प्रजातीय भेदभाव से प्रेरित घृणाभाव जिससे विभिन्न प्रजातियों के बीच परस्पर संघर्ष एवं विद्वेष उत्पन्न होता है जो कभी-कभी प्रजातीय दंगों/उपद्रवों का रूप ले लेता है। ऐसे संघर्ष बहुधा श्वेत और नीग्रो प्रजाति के बीच पाये गये हैं।

racialism – प्रजातिवाद

प्रजातीय पूर्वाग्रह, अर्थात् दूसरी प्रजाति, वर्ण या अन्य देशीय संस्कृति के प्रति द्वेष एवं घृणा तथा अपनी प्रजाति के प्रति अपरिमित लगाव और अपनेपन की भावना प्रजातिवाद कहलाता जाता है। प्रजातिवाद एक निर्धारणवादी विश्वास व्यवस्था है जो प्रजातीयता को बनाये रखता है।

raciation – प्रजातीकरण

किसी विशिष्ट स्थानीय समूह में जब निरन्तर वरण की प्रक्रिया के परिणामस्वरूप विभिन्नीकरण उत्पन्न हो जाता है, तब इसे प्रजातीकरण कहते हैं। यह प्रक्रिया एक विशिष्ट पारिस्थितिक पर्यावरण में निवास करने और कम-से-कम आंशिक पृथक्करण का परिणाम होती है।

raciology – प्रजाति-विज्ञान

मानवशास्त्र की एक शाखा जिसमें मानव प्रजाति का जैविक दृष्टि से अध्ययन किया जाता है, प्रजाति-विज्ञान कहलाती है। इस शाखा में आनुवांशिकता, प्रजनन, गुण-सूत्र (जीन) विभेद आदि के बारे में खोज की जाती है।

racism – प्रजातीयता

प्रजातीयता एक विश्वास, एक विशिष्ट प्रकार का पूर्वाग्रह या एक धारणा है कि मानव विशिष्ट आनुवंशिक समूहों में बंटे हुए हैं जो सामाजिक व्यवहार और मानसिक क्षमताओं की दृष्टि से अन्तर्जात रूप में विभिन्न हैं और इस आधार पर उन्हें उच्चता और निम्नता की श्रेणी में बांटा जा सकता है। इस धारणा द्वारा यह माना जाता है कि मनोसांस्कृतिक लक्षणों का निर्धारण जैविक आधार पर होता है और एक समूह (प्रजाति) दूसरे समूह (प्रजाति) से शारीरिक और मानसिक गुणों की दृष्टि से श्रेष्ठ होता है।

प्रजाति की अवधारणा की भांति प्रजातीयता की अवधारणा में भी निश्चितता तथा वैज्ञानिक प्रामाणिकता की कमी है। ऐसा माना जाता है कि वर्तमान युग में प्रजातीयता और प्रजातिवाद की धारणा को हिटलर के प्रचार-सहायक जनरल गौविन्यू ने विकसित किया था।

rain maker – वर्षाकारक ओझा

आदिम एवं परम्परागत समाजों में जादुई धर्म का ज्ञाता या अभिचारक जो मंत्र तथा अन्य जादुई कर्मकांडों द्वारा वर्षा का आह्वान करता है, वर्षाकारक ओझा कहलाता है।

ramage – वंशवृक्ष (रैम्एज़)

विश्व में ऐसे समाज भी हैं जहां एकरेखीय वंश व्यवस्था नहीं है। ऐसे समाजों में द्विपक्षीय सामाजिक संगठन के साक्ष्य मिले हैं जिन्हें "रैम्एज" (वंशवृक्ष) कहा गया है। इस प्रकार के संगठित समूहों में वे सभी व्यक्ति आते हैं जो एक ही पूर्वज से किसी पक्ष (मातृ या पितृ पक्ष) से सम्बद्ध होते हैं। इस शब्द का प्रयोग वंश-समूहों के आन्तरिक रूप में संस्तरित व्यवस्था के लिये भी किया गया है। रैम्एज़ माओरी जनजाति (पोलिनेशियाई समाज) में पाये गये हैं, अन्यत्र इनके साक्ष्य बहुत कम देखने में आये हैं।

rank order – कोटि क्रम

मूल्यों, प्राप्तांकों या व्यक्तियों की श्रृंखला को किसी पूर्व निश्चित विशेषता के अनुसार व्यवस्थित करने को कोटि क्रम कहते हैं।

ranked societies – पदसौपानिक समाज

मॉरटोन फ्राइड (1967) ने अपने उद्‌विकासीय वर्गीकरण में पदसौपानिक समाज को एक ऐसा मध्य आकारीय मिश्रित समाज माना है जो "प्रभावशाली व्यक्ति" (बिग मैन) की व्यवस्था और साधारण मुखिया व्यवस्था के समान होता है। पदसौपानिक समाजों का राजनीतिक संगठन क्रमिक प्रस्थितियों वाला होता है जिसमें सामाजिक स्तृतों में अधिक अन्तर नहीं होता। ऐसे

समाजों में महत्वपूर्ण प्रस्थिति वाले कुछ सीमित पद होते हैं और बहुधा ये पद उन सभी व्यक्तियों को नहीं मिले होते हैं जो वास्तव में इन पदों के काबिल और हकदार होते हैं। स्थानिक राजनीति में पारम्परिक अनुष्ठान और राजनीतिक नेता होते हैं जो समुदाय के सभी क्रियाकलापों (समारोहों से लेकर सिंचाई व्यवस्थाओं के निर्माण तक) में समन्वय स्थापित करते हैं।

reaction — प्रतिक्रिया

मनोवैज्ञानिक दृष्टि से, किसी उद्दीपन के प्रति जीव द्वारा की जाने वाली कोई भी क्रिया चाहे वह किसी ग्रंथीय कार्य से सम्बन्धित हो, प्रतिक्रिया कहलाती है। सामाजिक विज्ञानों की दृष्टि से, किसी सामाजिक क्रिया, जो अर्थपूर्ण और बोधगम्य हो, के फलस्वरूप की गई क्रिया को प्रतिक्रिया कहते हैं।

reciprocity — पारस्परिकता

व्यक्तियों अथवा समूहों के बीच सामाजिक सम्बन्धों के अन्तर्गत परस्पर क्रिया और प्रतिक्रिया होती रहती है। इसमें एक व्यक्ति अथवा समूह का व्यवहार दूसरे व्यक्ति अथवा समूह के व्यवहार अथवा प्रतिक्रिया को जन्म देता है। हमारा अधिकांश सामाजिक व्यवहार पारस्परिकता के इस सिद्धान्त द्वारा नियंत्रित और निर्धारित होता है। पारस्परिकता आदान-प्रदान की एक ऐसी स्थिति है जिसके द्वारा समस्त सामाजिक व्यवहार संचालित होता है। अतः सामाजिक व्यवहारों में भाग लेने वाले व्यक्तियों के बीच होने वाली पारस्परिक क्रिया-प्रतिक्रिया को पारस्परिकता कहते हैं। प्रसिद्ध प्रारंभिक मानवशास्त्री **मेलिनोस्की** का समस्त मानवशास्त्र इस पारस्परिकता के सिद्धान्त पर ही आधारित है। उन्होंने कहा है कि सामाजिक सम्बन्धों का विकास सम्बन्धियों के बीच पारस्परिक कर्त्तव्यों, दायित्वों और विशेषाधिकारों के कारण होता है।

पारस्परिकता, किसी अर्थव्यवस्था को संगठित करने का एक सिद्धान्त भी है जिसमें विनिमय या लेन-देन बराबर (न्यूनाधिक रूप में) के लोगों के बीच होता है। इसमें एक लम्बी अवधि में संतुलन बनाये रखने की कठोर प्रवृत्ति होती है तथा दोनों पक्ष विनिमय प्रतिमान से निकलने के लिये स्वतंत्र होते हैं। इस व्यवस्था में मुद्रा और वस्तु की कीमत जैसी कोई चीज नहीं होती है। सभी अर्थव्यवस्थाओं में पारस्परिकता के सिद्धान्त पर आधारित विनिमय होता है, किन्तु कुछ अर्थव्यवस्थाओं, विशेषतः ऐसे समाज जिनमें सामाजिक स्तरीकरण, मुद्रा तथा कीमतें नहीं होती, में ऐसा कुछ नहीं होता है। "पारस्परिकता" की अवधारणा बहुत-कुछ रूप में **कार्ल पोलैनयी** (1957) के नाम के साथ जुड़ी हुई है जिन्होंने ट्रोब्रिएंड द्वीप समूहों पर **मेलिनोस्की** के शोध-अध्ययनों से उधार लिया है। पोलैनयी ने अर्थव्यवस्था को संगठित करने वाले तीन प्रमुख सिद्धान्तों, यथा बाज़ार, पुनर्वितरण और पारस्परिकता में से इसे एक सिद्धान्त माना है। अधिकांश अर्थव्यवस्थाएं, जिनमें पुनर्वितरण और बाज़ार व्यवस्थाओं को अधिक महत्ता प्रदान की जाती है, उनमें भी पारस्परिकता के सिद्धान्त पर आधारित काफी मात्रा में लेन-देन होता है। उदाहरणार्थ, क्रिसमस के त्यौहार पर दिये जाने वाले उपहार यूरोप और

अमेरिका में खुदरे व्यापार का एक प्रमुख आर्थिक चालक है। आजकल पारस्परिकता के क्षेत्र में जो अध्ययन किये जा रहे हैं, उनमें "उपहार-आर्थिकी" पर बहुत ध्यान दिया जा रहा है।

मानवशास्त्र में **मार्शल साहलिन्स** (1972) ने "पारस्परिकता" पर कार्य किया है। उन्होंने व्यक्तियों और समूहों के बीच विनिमय सम्बन्धों के एक समूह के रूप में इसे परिभाषित किया है। उन्होंने तीन प्रकार की पारस्परिकताएं बताई हैं : सामान्यीकृत पारस्परिकता, संतुलित पारस्परिकता और नकारात्मक पारस्परिकता। सामान्यीकृत पारस्परिकता एक परार्थवादी ध्रुव है। यह सहभागिता का एक ऐसा रूप है जिसमें कोई लेखा-जोखा नहीं रखा जाता। आप किसी को कुछ देते हैं, किन्तु बदले में तत्काल आप किसी चीज की आशा नहीं करते। यद्यपि निकट भविष्य या दीर्घकाल में बहुधा कुछ मिलता अवश्य है। उदाहरणार्थ, माता-पिता द्वारा अपने बच्चों के पालन-पोषण, शिक्षा और निवास आदि पर बिना किसी तात्कालिक आशा-अपेक्षा के खर्च करना इसी श्रेणी में आता है। नकारात्मक पारस्परिकता, बुराई का संकेत देती है, अर्थात् बिना लौटाने की आशा से किसी से कुछ लेना। संतुलित पारस्परिकता में हस्तान्तरण (लेन-देन) बराबर का होता है। साहलिन्स की परार्थवादी और नकारात्मक प्रकार की पारस्परिकता पर अंगुलियां उठाई गई हैं कि क्या इन्हें "पारस्परिकता" की श्रेणी में रखा जाये।

re-culturation – पुनर्संस्कृतिकरण

एक संस्कृति के मानदंडों को सात्मीकृत या आत्मीकृत करने के बाद यदि व्यक्ति को अपनी संस्कृति से भिन्न किसी अन्य संस्कृति में नये सिरे से उसके तत्वों को आत्मीकृत करना पड़ता है, तो यह प्रक्रिया पुनर्संस्कृतिकरण कहलाती है। एक देश को छोड़कर भिन्न संस्कृति के दूसरे देश में स्थाई रूप से जा बसने वाले व्यक्तियों को कम से कम आंशिक रूप से पुनर्संस्कृतिकरण की प्रक्रिया से गुजरना पड़ता है।

redistribution – पुनर्वितरण

पुनर्वितरण किसी अर्थव्यवस्था को संगठित करने का एक सिद्धान्त, एक नियम है जिसमें केन्द्रीय नेतृत्व द्वारा सम्पत्ति/मालमत्ता को एकत्रित कर उसे पुनः उन लोगों में (सभी को या कुछ में) बांटा जाता है जिन्होंने उक्त सम्पत्ति का उत्पादन किया है अथवा उक्त सम्पत्ति को सर्वप्रथम दिया है। पुनर्वितरण के लिये किसी औपचारिक राजनीतिक संगठन (जिसमें श्रेणीबद्धता हो) का होना आवश्यक है। इस अवधारणा के साथ **कार्ल पोलैनयी** (1957) का नाम जुड़ा हुआ है।

पुनर्वितरणात्मक अर्थव्यवस्था में केन्द्र मातहत इकाइयों पर राजस्व उगाने के माध्यम से अपना प्रभुत्व बनाये रखता है। यह राजस्व राजनीतिक केन्द्रीय सत्ता की आय का साधन होती है जो पद सौपानिक व्यवस्था को बनाये रखती है। कई अर्थव्यवस्थाओं में, विशेषतः लघु स्तर पर मुखिया या प्रधान शासित व्यवस्थाओं में पुनर्वितरणात्मक सिद्धान्त का बोलबाला पाया गया है। वृहत् स्तर पर, बीसवीं सदी की नियंत्रित अर्थव्यवस्थाओं (मुख्यतः पूर्ववर्ती संयुक्त रूस तथा इसके मातहत राज्यों, साम्यवादी चीन और क्यूबा) में पुनर्वितरण का प्रयोग किया

गया है जहां केन्द्र द्वारा अर्थव्यवस्था के समस्त पक्षों को संगठित किया जाता रहा है। यद्यपि पुनर्वितरण का यह रूप मुख्यतः 'समाजवाद' से जुड़ा हुआ है, फिर भी राजनीतिक केन्द्र वाली प्रत्येक अर्थव्यवस्था में पुनर्वितरण का सिद्धान्त किसी न किसी रूप में कार्यशील रहता है।

reductionism – अवव्याख्यावाद

अवव्याख्यावाद एक ऐसा दार्शनिक दृष्टिकोण है जिसमें सभी प्रमाणों का व्याख्यात्मक सिद्धान्तों के किसी एक समूह के सन्दर्भ में स्पष्टीकरण या लघुकरण किया जाता है। इस अर्थ में, आदर्शवादी भी अवव्याख्यावादी हैं क्योंकि वे कहते हैं कि मानवीय प्रकृति मन अथवा आत्मा के अतिरिक्त कुछ नहीं है। इसी प्रकार, भौतिकवादी भी अवव्याख्यावादी हैं क्योंकि उनके अनुसार मानव प्रकृति जीन या जीवशास्त्र के उत्पाद के अतिरिक्त और कुछ नहीं है।

वास्तव में, अवव्याख्यावाद निर्धारणवाद का एक समानार्थक शब्द है, अतः आदर्शवाद और भौतिकवाद भी निर्धारणवादी सिद्धान्त कहलाते हैं। जिस प्रकार **स्पेन्सर** के विचार जैवकीय निर्धारणवादी कहलाते हैं, उसी प्रकार सांस्कृतिक निर्धारणवाद या पर्यावरणात्मक निर्धारणवाद है। 'नृजातिकेन्द्रितता' का विचार भी अवव्याख्यावाद का एक रूप है।

refugees – शरणार्थी

शरणार्थी ऐसे विस्थापित व्यक्ति होते हैं, जो अपने घर से भाग कर किसी अन्य देश में सुरक्षा प्राप्त करते हैं। राष्ट्र संघ ने मूलतः ऐसे निर्वासित व्यक्तियों को शरणार्थी के रूप में परिभाषित किया है जिन्हें उत्पीड़न का भय होता है यदि उनका देश-प्रत्यावर्तन कर दिया जाता है, किन्तु आजकल इस शब्द का प्रयोग विस्तृत अर्थों में किया जाता है, और शरणार्थी की श्रेणी में उन व्यक्तियों या समूहों को भी सम्मिलित किया जाता है जिन्हें अपना देश या स्थान छोड़ने के लिए बाध्य होना पड़ा हो, या किन्हीं कारणों से विस्थापित हुए हों, या शरण चाहने वाले हों।

प्रारम्भ में मानवशास्त्रियों, विशेषतः प्रकार्यवादी मानवशास्त्रियों ने 'शरणार्थी' के विषय पर कोई ध्यान नहीं दिया, किन्तु बाद में इसे द्रुतगति से होने वाला सामाजिक परिवर्तन मानकर अध्ययन का एक विषय स्वीकार किया गया। प्रारम्भ में, शरणार्थियों को अध्ययन का केन्द्र न बनाकर राज्यों द्वारा समुदायों के आन्तरिक पुनर्स्थापन को अध्ययन का विषय बनाया गया, किन्तु अभी हाल केम्पों में रहने वाले शरणार्थियों की पीड़ाओं के कुछ अध्ययन मानवशास्त्रियों द्वारा किये गये हैं। इसी प्रकार, नगरीय क्षेत्र में शरणार्थियों के बसने के अध्ययन भी किये गये हैं।

reincarnation – पुनर्जन्म

एक धारणा/विश्वास जिसके अनुसार यह माना जाता है कि प्रत्येक जीव में "आत्मा" का निवास होता है और ये आत्माएं पृथ्वी पर नए-नए रूप में जन्म लेती रहती हैं, अर्थात् आत्मा अमर है और शरीर नश्वर। एक शरीर का अंत हो जाने पर आत्मा पुनः जन्म लेती है। इस विश्वास के अनुसार यह माना जाता है कि मृत्यु के समय भौतिक शरीर से आत्मा अपने आपको पृथक् कर लेती है और बाद में नवीन भौतिक शरीर वाले गर्भस्थ भ्रूण में प्रवेश कर

नया जन्म लेती है। यह विश्वास विश्व में व्यापक रूप में विद्यमान है। पुनर्जन्म में विश्वास कुछ धर्मों, विशेषतः भारत मूल के धर्मों जैसे हिन्दू, सिख, जैन और बौद्ध धर्मों में यह उनकी विश्वास प्रणाली का अभिन्न अंग है जबकि अन्य धर्मों ईसाई और मुस्लिम धर्मों में इस विश्वास पर पूर्ण सहमति नहीं है। पुनर्जन्म से जुड़ी अवस्थाओं और प्रक्रियाओं के बारे में भी काफी मत-वैभिन्न्यता है। यही नहीं, मृत्यु और पुनर्जन्म के अन्तराल के बारे में भी मत-मतान्तर हैं।

पाश्चात्य (अटलांटिक सभ्यता) के अनुसार यह माना जाता है कि हम एक बार जन्म लेते हैं और एक बार ही हमारी मृत्यु होती है। इस पाश्चात्य मत के पूर्णतः विपरीत, भारतीय मूल के धर्मों जैसे हिन्दू और बौद्ध मत इस विचार पर बल देता है कि हमने इस जीवन के पूर्व कई बार जन्म लिया है और इसके बाद भी कई बार इस संसार में जन्म लेंगे। आत्मा और शरीर दो अलग-अलग तथ्य हैं। शरीर मरता है, किन्तु आत्मा नहीं और यही एक जीवन से दूसरे जीवन में बार-बार जन्म लेती है, अर्थात् पुनर्जन्म होता है। पुनर्जन्म के सिद्धान्त की सामान्य अवधारणा यह है कि चैतन्य स्वरूप तथा स्मृतियुक्त आत्मा एक शरीर से दूसरे शरीर में अर्थात् एक जीवन से दूसरे जीवन में प्रवेश करती है। पुनर्जन्म का यह विचार कि आत्मा मृतक शरीर से निकल कर जन्म के समय दूसरे शरीर में प्रवेश करती है, अत्यन्त गंभीर वैचारिक समस्याओं से युक्त है। पुनर्जन्म सम्बन्धी धारणा किस प्रकार व्यक्ति के वर्तमान जीवन के व्यवहार और अगले जीवन के परिणामों के बीच के सम्बन्धों को प्रभावित करती है, ये विषय ही सामाजिक विज्ञानों, विशेषतः मानवशास्त्र और समाजशास्त्र के अध्ययन के प्रमुख विषय हैं।

relations of production = production, relations of

relativism — सापेक्षवाद
विश्व को देखने-समझने का एक नज़रिया, एक परिप्रेक्ष्य जो सांस्कृतिक सार्वदेशिकता या सार्वभौमिक मूल्यों के विचार का विरोध करता है, सापेक्षवाद कहलाता है। मानवशास्त्र में, मोटे तौर पर यह "सांस्कृतिक सापेक्षवाद" का पर्यायवाची है जिसमें वर्णनात्मक सापेक्षवाद, ज्ञानमीमांसीय सापेक्षवाद और मानदंडात्मक सापेक्षवाद को सम्मिलित किया जाता है।

relativism, cognative — संज्ञानात्मक सापेक्षवाद
सापेक्षवाद का एक रूप जो यह मानता है कि विश्व सम्बन्धी सभी कथन सांस्कृतिक आधार पर निर्धारित होते हैं।

relativism, cultural = cultural relativism

relativism, descriptive — वर्णनात्मक सापेक्षवाद
सापेक्षवाद का एक रूप जिसके अनुसार यह माना जाता है कि संस्कृति उन तरीकों का नियमन करती है जिनके द्वारा मानव व्यक्ति विश्व को देखते हैं या अनुभव करते हैं। अतः सांस्कृतिक परिवर्तनशीलता भिन्न व्यक्तियों में भिन्न सामाजिक और मनोवैज्ञानक समझ उत्पन्न करती है।

relativism, epistemological – ज्ञानमीमांसीय सापेक्षवाद

सापेक्षवाद का वह रूप ज्ञानमीमांसीय सापेक्षवाद के नाम से जाना जाता है जिसके अनुसार यह माना जाता है कि मानवीय प्रकृति तथा मानवीय मस्तिष्क दोनों में सांस्कृतिक आधार पर परिवर्तन होता है, अतः संस्कृति के सभी सामान्य सिद्धान्त भ्रामक हैं।

relativism, normative – मानदंडात्मक सापेक्षवाद

सापेक्षवाद का वह रूप मानदंडात्मक सापेक्षवाद कहलाता है जिसके अनुसार यह माना जाता है कि कि चूंकि प्रत्येक संस्कृति दूसरी संस्कृति का मूल्यांकन अपने मापदंडों के अनुसार करती है, अतः स्वयं संस्कृतियों का मूल्यांकन करने के लिये कोई सार्वभौमिक मापदंड नहीं हैं। मानदंडपरक सापेक्षवाद के दो रूप हैं : संज्ञानात्मक सापेक्षवाद और नैतिक सापेक्षवाद।

relativism, linguistic – भाषाई सापेक्षवाद

"भाषाई सापेक्षवाद" की अवधारणा का विकास **फ्रैंज़ बोऑस** द्वारा आदिवासी जातियों के अपने अध्ययन में किया गया है। इस अवधारणा के आधार पर यह प्रदर्शित किया गया है कि किसी भी मानवीय भाषा को मानवीय आवश्यकताओं की पूर्ति करने की क्षमता के सन्दर्भ में किसी भी अन्य भाषा से श्रेष्ठ नहीं समझा जा सकता है।

religion – धर्म

अलौकिक अथवा अधिप्राकृतिक सत्ता से जुड़े विश्वासों, मनोवृत्तियों और कर्मकाण्डों के पुंज को धर्म कहते हैं। यह सत्ता कोई शक्ति, ईश्वर, आत्मा, प्रेतात्मा (प्रेत) या कोई दानव भी हो सकती है। समकालीन सभी समाजों में किसी न किस प्रकार के धार्मिक विश्वास और कर्मकाण्ड पाये गये हैं। पुरातत्वशास्त्रियों ने ऐसे साक्ष्य भी एकत्रित किये हैं जो यह बताते हैं कि मेधावी मानव (होमो सपियन्स) जो कम से कम 60,000 वर्ष पूर्व रहते थे, उनमें भी धार्मिक विश्वासों के चिन्ह मिले हैं। धर्म व्यक्ति और उसके पर्यावरण के बीच के सम्बन्धों की धारणा को एक औपचारिक रूप प्रदान करता है उसकी व्याख्या करता है।

अलौकिक के साथ कैसे सम्बन्ध साधा जाये, यह अनादिकाल से एक सार्वभौमिक मुद्दा रहा है। **एन्थोनी वॉलेर्स** (1966) ने अपनी पुस्तक "धर्म : एक मानवशास्त्रीय दृष्टिकोण" में उन बारह धार्मिक क्रियाकलापों का विस्तृत वर्णन-विश्लेषण किया है जिनका प्रयोग समस्त विश्व में किसी न किसी रूप में किया जाता है। ये क्रियाकलाप हैं—प्रार्थना, संगीत, शारीरिक अनुभव, उपदेश, जप (मंत्रोच्चारण), अनुरूपण, वर्जनाएं (निषेध पालन), भोज, बलि/त्याग, समारोह, उत्प्रेरणा और प्रतीकवाद। इन सभी का प्रयोग अलौकिक सत्ता के साथ सम्बन्ध स्थापित करने के लिये किसी न किसी रूप में किया जाता है। धर्म की विशेषताओं के बारे में **साऊथवॉल्ड** (1978) ने लिखा है कि यह संभव है कि किसी एक ईश्वर में विश्वास के प्रति सहमति न हो, फिर भी कुछ विशेषताएं ऐसी हैं जो सभी धर्मों में न्यूनाधिक रूप में पाई गई हैं। ये विशेषताएं हैं : पवित्र और अपवित्र (साधारण) में अन्तर, पुजारीगण, मिथक या पुराणशास्त्र, धार्मिक ग्रंथ, आनुष्ठानिक क्रियाएं, आदेशात्मक नियमाचार (जिन्हें आनुभविक

आधार पर चुनौती नहीं दी जा सकती), नियमाचारों के उल्लंघन पर दंड की व्यवस्था और अलौकिक अनुशास्तियां, और परलोक के अस्तित्व की संभावना। ये विशेषताएं ही किसी अलौकिक सत्ता में विश्वास को धर्म का दर्जा देती हैं। ये विशेषताएं मानवीय विचारों और व्यवहार में सामान्य समानताओं का संकेत देती हैं।

मानवशास्त्र में धर्म सम्बन्धी अध्ययनों की दो प्रमुख परम्पराएं हैं : (1) बुद्धिवादी और (2) प्रतीकवादी। इन दोनों परम्पराओं की अनेक उप-परम्पराएं हैं। उन्नीसवीं शताब्दी के मानवशास्त्रियों, विशेषतः **टायलर** (1871) की धर्म की व्याख्या तात्विक दृष्टिकोण को प्रस्तुत करती है। उन्होंने कहा कि प्रारंभिक धर्म का उद्‌भव ईश्वर तुल्य आत्माओं में व्यक्तियों के विश्वासों द्वारा हुआ है। टायलर की इस धारणा को "बुद्धिवादी" कहा गया है क्योंकि इसमें धर्म को व्याख्या की एक व्यवस्था के रूप में देखा गया है। व्यक्ति आत्माओं अथवा ईश्वर में इसलिये विश्वास करते हैं ताकि वे इनके माध्यम से विश्व की प्राकृतिक घटनाओं और दशाओं की व्याख्या कर सकें। प्रतीकवादी उपागम का जन्म **दुर्खाइम** (1915) की व्याख्याओं से हुआ। उनके अनुसार, धर्म की प्रकृति व्याख्यात्मक नहीं, अपितु यह सामाजिक व्यवस्था के बारे में प्रतीकवादी धारणाओं पर बल देता है, अर्थात् विश्वास, अनुष्ठान और मिथक, आदि अलौकिक सत्ता के प्रति लोगों की धारणाओं को मज़बूत करते हैं, किन्तु यह लोगों के इन प्रयासों को प्रकट नहीं करता कि आखिरकार इस सत्ता का अस्तित्व ही कैसे और कहां से आया। अतः प्रतीकवादियों की समस्या बुद्धिवादियों (तत्वविदों) से भिन्न है। प्रतीकवादियों के अनुसार, धर्म बुद्धिवादी (तात्विक) या आनुभविक प्रश्नों के उत्तर नहीं देता।

टायलर की बुद्धिवादी परिभाषा का जन्म सांस्कृतिक उद्‌विकास और मानव-तर्क के विकास से हुआ है। उन्होंने जादू, धर्म और विज्ञान को मानव बुद्धि की अभिव्यक्ति माना है। यद्यपि यह बुद्धि एक दूसरे से भिन्न होती है, तथापि सभी मानव संस्कृतियों में इसका संभावित अस्तित्व पाया गया है। जादू को अशुद्ध (आभाषी) विज्ञान का एक रूप माना गया है। वैज्ञानिक अनुमानों को आनुभविक परीक्षणों द्वारा सही अथवा गलत सिद्ध किया जा सकता है, जबकि जादू में इसका अभाव होता है। जादू विचारों के साहचर्य द्वारा ऐसी समस्याओं का समाधान करने का प्रयास करता है जिनका एक दूसरे के साथ मात्र तालमेल बैठता दिखाई देता है। टायलर ने इस संबंध में एक ग्रीक धारणा का उदाहरण दिया है। ग्रीक लोग मानते थे कि "सोने का पीलापन पीलिये रोग के पीले को खत्म करता है और रोगी को ठीक कर सकता है।" फिर भी, जादू और विज्ञान में एक समानता है कि दोनों सुव्यवस्थित प्रकृति में एक कारणात्मक सम्बन्ध खोजने का प्रयास करते हैं, किन्तु दोनों ही धर्म से इस मामले में भिन्न हैं कि धर्म इस तथ्य में विश्वास करता है कि इस विश्व को एक अवैयक्तिक शक्ति की अपेक्षा कोई अलौकिक, दैविक शक्ति प्रभावित और चालित करती है। **फ्रेजर** (1890) ने जादू, धर्म और विज्ञान संबंधी टायलर के विचारों और अन्तर को मोटे रूप में स्वीकार किया है, किन्तु उन्होंने इन्हें एक उद्‌विकासीय क्रम के रूप में देखा है। बहुत बाद में, **लेवी स्ट्रास** (1966, 1973, 1978) ने कुछ सीमा तक पुनः टायलर की अंतर्दृष्टि से सहमति प्रकट करते हुए मिथक, कला और प्रथा के अपने ब्यौरेवार विस्तृत विश्लेषण द्वारा यह प्रदर्शित किया है

कि जादू, विज्ञान और धर्म की जड़ें तार्किक वर्गीकरण करने की मानव की अन्तर्निष्ट क्षमता में गड़ी हुई हैं।

दुर्खाइम का धर्म सम्बन्धी प्रमुख अध्ययन "धार्मिक जीवन के प्रारंभिक स्वरूप" (1915) नाम से प्रकाशित हुआ है। उनका यह अध्ययन मुख्य रूप में आस्ट्रेलिया की जनजातियों (विशेषतः अरुण्टा जनजाति) के उनके शोध-कार्य पर आधारित है। दुर्खाइम ने धार्मिक विश्वासों की सत्यता या असत्यता के बारे में कोई बात नहीं कही है, अपितु उनका मत है कि समस्त विश्व और इतिहास के अनेक धर्मों की जड़ें मानव की आवश्यकताओं में गड़ी हुई हैं, अतः इसे मरीचिका या अवास्तविक नहीं माना जा सकता। उन्होंने टायलर की "ईश्वर तुल्य सत्ताओं (अलौकिक शक्ति) में विश्वास" वाली धर्म की तात्विक-बौद्धिक परिभाषा को अपर्याप्त और अपूर्ण माना और उन्होंने कहा कि धर्म की व्याख्या "पवित्र" या "पावन" जैसी व्यापक धारणा के सन्दर्भ में की जानी चाहिये। उनके अनुसार, सभी वस्तुएं जिनका मानव ने वर्गीकरण किया है, वे या तो पवित्र हैं अथवा अपवित्र। दुर्खाइम के अनुसार, "धर्म पवित्र वस्तुओं से सम्बन्धित विश्वास और कर्मकाण्डों की एक संगठित व्यवस्था है जो उन व्यक्तियों को एक एकल सामाजिक-नैतिक समुदाय में बांधता है जो इसका अनुसरण करते हैं।" अतः धर्म का आधार सामाजिक समूह है, न कि मानव का व्यक्तिगत मन या मानस। पवित्र के विचार का ऐसे समूहों, जैसे गोत्र समूहों पर निरन्तर प्रभाव पड़ता रहता है जो किसी एक पशु अथवा वृक्ष के "टोटम" का प्रतीकात्मक रूप है। इसी आधार पर दुर्खाइम ने आस्ट्रेलिया के आदिवासियों के धर्म को "गणचिन्हवाद" (टोटॅमिज्म) कहा है। दुर्खाइम ने कहा है कि टोटॅम भौतिक विश्व की वनस्पति और प्राणियों का प्रतीकीकरण मात्र नहीं है, अपितु वास्तविक रूप में यही समाज है जिसके उपासक सदस्य हैं। चूंकि गणचिन्हवादी सिद्धान्त किसी न किसी रूप में सभी धर्मों में अन्तर्निष्ट है, अतः इसका यही अर्थ है कि ईश्वर की पूजा के रूप में वे व्यक्ति समाज की ही पूजा करते हैं। देवत्व के प्रतीकीकरण में, गणचिन्ह भी समाज का ही प्रतीकीकरण है, अतः दुर्खाइम के अनुसार, "देवत्व (देवता) और समाज समान हैं।"

religion, comparative – तुलनात्मक धर्म

धर्मों का तुलनात्मक अध्ययन प्रमुखतः उन्नीसवीं शताब्दी में प्रारम्भ हुआ। इसमें धर्म के इतिहास और महत्ता की खोज करने के लिये वैज्ञानिक विधि और सामाजिक विज्ञान की तकनीकों एवं उपागमों का प्रयोग किया जाता है।

religion, mystery – रहस्यमयी धर्म

वह धर्म जिसमें व्यक्ति की अपेक्षा उसका समुदाय महत्वपूर्ण होता है, रहस्यमयी धर्म कहलाता है। इस धर्म को सदस्यगण स्वयं की प्रेरणा से ग्रहण करते हैं और वे एक विशिष्ट, बहुधा गोपनीय दीक्षा-प्रक्रिया से गुजरते हैं। ग्रीस में अथेन्स के पास इस प्रकार का एक धर्म था जिसने काफी ख्याति अर्जित की। इसमें इतनी गोपनीयता बर्ती जाती थी कि आज भी इसके बारे में बहुत कम जानकारी उपलब्ध है। गोपनीयता का कारण अज़नबी लोगों को धर्म के

अनुष्ठान-समारोहों से दूर रखना रहा हो, ताकि वे धर्म का प्रतीकात्मक ज्ञान प्राप्त न कर सकें। इसी प्रकार के रहस्यमयी धर्म अन्यत्र भी पाये गये हैं।

religion, sociology of – धर्म का समाजशास्त्र

मानव के धार्मिक व्यवहार के अध्ययन में समाजशास्त्रीय अवधारणाओं और विचारों का प्रयोग धर्म का समाजशास्त्र कहलाता है। यह विभिन्न संस्कृतियों में भिन्न धर्मों के उदय और विकास का अध्ययन करता है, एक संस्कृति के देवी-देवताओं को उसके रोज़मर्रा के जीवन और सामाजिक एवं पर्यावरणात्मक दशाओं के साथ जोड़ता है और विशिष्ट धर्मों और उनके परिवेशों के सहसम्बन्धों को प्रकट करता है, अर्थात् तीव्र प्रतिस्पर्धात्मक संस्कृति में प्रतिस्पर्धात्मक ही देवी-देवता हो सकते हैं।

religion, theories of – धर्म के सिद्धान्त

धर्म की उत्पत्ति और प्रकृति की व्याख्या करने वाले अनेक सिद्धान्त हैं। अनेक मानवशास्त्रियों, मनोवैज्ञानिकों और समाजशास्त्रियों ने धर्म की सार्वभौमिकता सम्बन्धी कई सिद्धान्त प्रतिपादित किये हैं। इनमें **स्पेन्सर** का पूर्वज-पूजा, **टायलर** का आत्मवाद, **मैरेट** का जीवसत्तावाद और **दुर्खाइम** का प्रकार्यवादी सिद्धान्त प्रमुख हैं। ये तथा इनके अतिरिक्त धर्म के अधिकांश सिद्धान्तों को तीन प्रमुख श्रेणियों में विभाजित कर सकते हैं, यथा मनोवैज्ञानिक, समाजशास्त्रीय तथा इन दोनों का मिश्रित रूप।

मनोवैज्ञानिक सिद्धान्त धर्म को चिन्ताओं से मुक्ति दिलाने अथवा कम करने या मानव की बौद्धिक समझ की संज्ञानात्मक आवश्यकता की तुष्टि करने के एक साधन के रूप में चित्रित कर इसकी सर्वव्यापकता की व्याख्या करते हैं। **एडवर्ड टायलर** का आत्मवाद का सिद्धान्त इसी श्रेणी में आता है। उनकी दृष्टि में स्वप्न, मृत्यु और दिव्य दृष्टि के अनुभवों ने सभी वस्तुओं के दोहरे अस्तित्व, अर्थात् एक भौतिक, दृश्यगत शरीर और एक मानसिक, अदृश्य आत्मा के विचार को जन्म दिया। इसी विचार से टायलर के आत्मावाद की उत्पत्ति हुई। कई लोगों ने इस विचार की यह कह कर आलोचना की है कि यह सिद्धान्त अत्यधिक बौद्धिक है और इसमें धर्म के भावात्मक तत्व का अभाव है। **मैरिट** ने टायलर के सिद्धान्त के स्थान पर जीवसत्तावाद (मानावाद) के विचार को रखा। उनके अनुसार, प्रत्येक पदार्थ में, चाहे वह चेतन या जड़ हो, एक अव्यक्तिगत अलौकिक शक्ति होती है, जिसे उन्होंने "माना" कहा है। यह शक्ति ही धर्म के उद्‌भव का कारण रही है।

अधिकांश मनोवैज्ञानिक सिद्धान्तों में धर्म के भावात्मक पक्ष पर जोर दिया गया है। **फ्रायड** ने धर्म की उत्पत्ति को अपनी 'इडिपस मनोग्रंथी' की धारणा से जोड़ा है और धर्म को एक तंत्रिकापरक आवश्यकता कहा है। **मेलिनोस्की** ने फ्रायड के धर्म के नकारात्मक पक्ष के स्थान पर सकारात्मक पक्ष पर प्रकाश डालते हुए कहा कि धर्म के अनेक मनोवैज्ञानिक लाभ हैं। यह उन चिन्ताओं और अनिश्चितताओं की एक प्रतिक्रिया है जो व्यक्तियों को निजी रूप में प्रभावित करती है, और परिणामतः ये सामाजिक समूह में विघटन पैदा करती हैं। इसमें मृत्यु की घटना सबसे प्रमुख विघटक है। किन्तु धर्म, मेलिनोस्की के अनुसार, व्यक्ति में इस

आस्था को बल प्रदान करता है कि मृत्यु न तो यथार्थ है और न ही यह अंतिम है। मानव के व्यक्तित्व में ऐसी शक्तियां मौजूद हैं जो मृत्यु के बाद भी विद्यमान रहती हैं। "**विलियम जैम्स, कार्ल युंग, एरिक फ्रॉम,** तथा **अब्राहम मेस्लॉव** जैसे सिद्धान्तकारों ने धर्म को न केवल इसके सकारात्मक लाभों (चिन्ताओं से मुक्ति देने वाला) के रूप देखा है, अपितु इसके निदानात्मक पक्ष को भी उजागर किया है। **विलियम जैम्स** के अनुसार, धर्म अपने से किसी बड़ी सत्ता के साथ एकाकार होने की भावना उत्पन्न करता है। **कार्ल युंग** ने कहा है कि यह व्यक्ति के आन्तरिक संघर्षों और तनावों के समाधान करने और परिपक्वता प्राप्त करने में सहायता करता है। **ऐरिक फ्रॉम** के अनुसार, धर्म व्यक्तियों को मूल्यों का एक ढाँचा प्रदान करता है और **अब्राहम मेस्लॉव** ने लिखा है कि यह व्यक्तियों में विश्व के बारे में पारलौकिक समझ उत्पन्न करता है। संक्षेप में, सभी मनोवैज्ञानिक सिद्धान्तों का मूल लक्ष्य "उन मनोवैज्ञानिक जरूरतों को पूरा करना है जो सभी व्यक्तियों में सामान्य रूप में पाई जाती है।"

धर्म के समाजशास्त्रीय सिद्धान्त समाज के परावर्तन और सामाजिक दशाओं के रूप में धर्म की सार्वभौमिकता की व्याख्या करते हैं। इन सिद्धान्तों के अनुसार धर्म की उत्पत्ति समाज और समाज की आवश्यकताओं के कारण हुई है। इस सिद्धान्त के प्रमुख प्रणेता प्रसिद्ध समाजशास्त्री **दुर्खाइम** रहे हैं जिन्होंने धर्म के प्रकार्यों पर प्रकाश डाला है। दुर्खाइम के अनुसार, "पवित्र" और "अपवित्र" (साधारण) में जो अन्तर किया जाता है, वह व्यक्ति द्वारा नहीं, समाज द्वारा किया जाता है। यह अन्तर ही दुर्खाइम के अनुसार, धर्म का मूलाधार है। कोई भी वस्तु पत्थर, लकड़ी या प्रतिमा अपने आप में पवित्र या अपवित्र नहीं होती, अपितु समाज ही उस वस्तु में पवित्र/अपवित्र की भावना को आरोपित करता है। वस्तु तो किसी भावना का प्रतीक मात्र है। दुर्खाइम ने अपनी इस धारणा के आधार पर धर्म को एक "सामाजिक तथ्य" माना है, न कि मानसिक तथ्य। दुर्खाइम ने आस्ट्रेलिया की जनजातियों के "गणचिन्ह" सम्बन्धी विश्वासों का उदाहरण देते हुए उन्हें समाज का प्रतीक माना है और इसी आधार पर उन्होंने "गणचिन्हवाद" (टोटॅमवाद) की व्याख्या की है। धर्म की उत्पत्ति की धारणा को रेखांकित करते हुए दुर्खाइम ने कहा है कि "समाज ही वास्तविक देवता है ..... स्वर्ग का साम्राज्य एक महिमामंडित समाज है।"

स्पेन्सर ने धर्म की उत्पत्ति के लिये वर्तमान पीढ़ी का पुरातन पीढ़ी के प्रति आदर-सम्मान की भावना को माना है। इसी भावना ने मानव को पूर्वज-पूजा के लिये प्रेरित किया है। **गाई स्वान्सन** के अनुसार, आत्माओं में विश्वास समाज में "प्रधान समूहों" (परिवार, नातेदारी समूह, समुदाय) के स्वरूपों से उत्पन्न हुआ है।

उपरोक्त मुख्य सिद्धान्तों के अतिरिक्त भी कुछ छोटे-मोटे सिद्धान्त हैं। **हाउर** ने कहा है कि धर्म की उत्पत्ति कुछ व्यक्तियों के कुछ विशिष्ट रहस्यमय अनुभवों से हुई है जो बाद में उन्होंने समुदाय में प्रचारित एवं प्रसारित किये जिसके आधार पर एक धार्मिक सम्प्रदाय का उदय हुआ। **लॉवी** ने धर्म को एक सांस्कृतिक घटना माना है। **फ्रेजर** ने कहा कि धर्म एक प्रकार से आध्यात्मिक या आत्मिक शक्तियों के प्रति भावनात्मक अनुनय-विनय है। **मैक्समूलर** ने धर्म की व्याख्या अपने प्रकृतिवाद के सिद्धान्त के आधार पर की है जो जीवसत्तावाद का ही एक रूप है।

re-localization — पुनः स्थानीकरण

स्थानीय ज्ञान पर आधारित ज्ञान की पुनरर्वोज या आविष्कार तथा उसके बारे में यह दावा कि इसका प्रयोग आर्थिक और सामाजिक विकास, विशेषकर कृषि के क्षेत्र में प्रभावी रूप में किया जा सकता है पुनः-स्थानीकरण कहलाता है।

reproduction — प्रजनन

प्रजनन एक बहु आयामी विषय है। इसमें सम्पर्ण जीवन-चक्र (मुख्यतः महिलाओं के) सम्बन्धित जैवकीय घटनाओं का अध्ययन किया जाता है। इसमें प्रमुखतः रजःस्त्राव (मासिक धर्म), सहवास, गर्भधारण, प्रसव, रजोनिवृत्ति जैसी घटनाओं के साथ-साथ इन घटनाओं के सम्बन्ध में सामाजिक धारणाएं तथा विभिन्न संस्कृतियों में जननक्षमता, जन्म और पालन-पोषण सम्बन्धी विचारों और व्यवहारों को भी सम्मिलित किया जाता है।

पारम्परिक रूप से, प्रजनन सम्बन्धी अध्ययन मानवशास्त्र के दो उप क्षेत्रों यथा जैवकीय मानवशास्त्र और सामाजिक-सांस्कृतिक मानवशास्त्र दोनों में किये जाते रहे हैं। प्रजनन-चक्र से सम्बन्धित शारीरिक एवं हार्मोन तत्वों का अध्ययन पूर्व-औद्योगिक समाजों, प्रमुखतः शिकारी एवं खाद्य-संग्रहाक समाजों में क्षेत्र-कार्य के द्वारा किये गये हैं। आहार, पर्यावरण तथा व्यवहारजन्य कारकों के सन्दर्भ में प्रजनक अंतःस्त्रावीशास्त्र (एन्डोक्रीनोलॉजी) में विभिन्नताओं तथा भौतिकवाद और जनसंख्या पारिस्थितिकी के परिप्रेक्ष्य से जननक्षमता के नियमन का विश्लेषण किया गया है। प्रजनन के जैव-सामाजिक अध्ययनों में पुरुष-स्त्री सहवास व्यवहार, माता-पिता द्वारा संतान की देख-रेख, लिंग-अनुपात में अन्तर, शिशु हत्या की आवृत्ति तथा वानर एवं मानव समाजों में माता-शिशु का संबंध जैसे विषयों के अध्ययन में सामाजिक-जीवशास्त्र तथा उद्‌विकासीय जीवशास्त्र की अवधारणाओं और विधियों का प्रयोग किया गया है।

प्रजनन से जुड़े मानदंडों और व्यवहारों का अध्ययन सांस्कृतिक मानवशास्त्र के विषय रहे हैं। इस क्षेत्र में अध्ययनों की शुरुआत करने में मुख्यतः **मेलिनोस्की** और **मीड** अग्रणी मानवशास्त्री कहे जा सकते हैं। इन अध्ययनों में मुख्य रूप में मैथुनिक व्यवहार को परिभाषित करना, सामाजिक रूप में अनुमोदित स्त्री-पुरुष के जोड़ों से बाहर मैथुन-व्यवहार की अनुज्ञाएं तथा मैथुन व्यवहार और प्रजनन सम्बन्धी विश्वासों जैसे विषयों का अध्ययन किया गया है। यही नहीं, मानवशास्त्रियों ने "रजोधर्म" सम्बन्धी भी अनेक अध्ययन इसलिये किये हैं क्योंकि इसके साथ अनेक वर्जनाएं एवं अनुष्ठान जुड़े पाये गये हैं। (देखिये—मेन्स्ट्रूएशॅन) प्रसव, जन्म, स्तनपान से सम्बन्धित विश्वास एवं व्यवहार का विषय भी कई मानवशास्त्री अध्ययनों के केन्द्र रहे हैं। पारम्परिक एवं जनजातीय अध्ययनों में जन्म-नियन्त्रण एवं बच्चों के जन्म के बीच अन्तराल, संयम, गर्भपात, शिशु हत्या, तथा इन सभी घटनाओं से जुड़े जादुई व्यवहारों का भी अध्ययन किया गया है जिनके द्वारा जनसंख्या नियंत्रण सम्बन्धी विधियों के बारे में इन समाजों के चौंकाने वाले तथ्य सामने आये हैं।

आजकल प्रजनन का अध्ययन मार्क्सवादी और महिलावादी परिप्रेक्ष्यों से भी किया जा रहा है। मार्क्सवादी उत्पादन और प्रजनन विषयों दोनों को ही समाज में संसाधनों के असमान

वितरण की प्रक्रिया से जुड़े हुए पक्ष मानते हैं। महिलावादी मानवशास्त्री परिप्रेक्ष्य ने "मातृत्व" को नारीत्व को परिभाषित करने वाली एक मुख्य विशेषता मानने से इन्कार किया है और उन्होंने प्रजनन व्यवहार के राजनीतिक आयाम की ओर ध्यान आकर्षित कर स्त्रियों के शरीर पर नियंत्रण के प्रश्न को खड़ा किया है। यही नहीं, स्त्रियों के शरीर और प्रजनन क्रियाओं, गर्भ निरोध, प्रसव, शिशु जन्म सम्बन्धी वैज्ञानिक विमर्श की भी महिलावादियों ने जम कर आलोचना की है। इन सबके अतिरिक्त इस क्षेत्र में एक महत्वपूर्ण विकास यह भी देखने को मिला है कि निरी व्यक्तिगत या निजी माने जाने वाली प्रजनन घटना का निर्धारण अब वैश्विक शक्तियों के घेरे में आ गया है।

research – शोध/अनुसंधान

किसी भी क्षेत्र में नवीन ज्ञान की प्राप्ति अथवा विद्यमान ज्ञान में संशोधन, परिवर्द्धन अथवा परिमार्जन के उद्देश्य से किये गये क्रमबद्ध प्रयासों एवं कार्यों को शोध या अनुसंधान कहते हैं। शोध का उद्देश्य किसी समस्या से सम्बन्धित सामान्य सिद्धान्तों की व्यवस्थित खोज भी हो सकता है। सभी गवेषणाओं (प्राकृतिक, सामाजिक, मनोवैज्ञानिक आदि) का प्रत्यक्ष-अप्रत्यक्ष उद्देश्य मानव के ज्ञान में वृद्धि करना है। कुछ शोध जो किसी समस्या के समाधान अथवा मानव जीवन को अधिकाधिक सुखकर और आनन्दप्रद बनाने के उद्देश्य को लेकर की जाती हैं, वे व्यावहारिक या अनुप्रयुक्त शोध के नाम से जानी जाती हैं।

मानवशास्त्र में शोध की कई तकनीकों और विधियों का प्रयोग किया गया है, जैसे नृजातिलेखन, क्षेत्र-कार्य, गैर-ऐतिहासिक नियंत्रित अवलोकन, सहभागिक अवलोकन, अन्तर-सांस्कृतिक शोध, ऐतिहासिक शोध, पुरातत्वी शोध तथा अन्तर-अनुशासन शोध, आदि।

research, action = action research

research, empirical = empirical research

research, evaluative – मूल्यांकनात्मक शोध

किसी विशिष्ट समूह अथवा समुदाय के जीवन में सुधार हेतु बनाये गये कार्यक्रमों अथवा नीतियों की सफलता एवं प्रभावकता को आंकने के उद्देश्य से की गई गवेषणा या जाँच-पड़ताल को मूल्यांकनात्मक शोध कहते हैं। यह क्रियान्मुखी शोध का ही एक रूप है जो किसी सुधार अथवा कल्याण कार्यक्रम के अपेक्षित अथवा अनपेक्षित परिणामों को मालुम करने के लिये की जाती है। भारत में सामुदायिक योजनाओं की सफलता को आंकने हेतु सरकारी और गैर-सरकारी स्तर पर (प्रो. दूबे का 'भारत के बदलते गाँव' का अध्ययन) ऐसी कई गवेषणाएं की गई हैं।

research, experimental – प्रयोगात्मक शोध

शोध का एक रूप जिसमें शोधकर्त्ता एक अथवा अधिक स्वतंत्र परिवर्त्यों (वेरिएबल) को परिचालित अथवा नियंत्रित कर आश्रित परिवर्त्यों पर उनके प्रभावों को आंकता है, प्रयोगात्मक

शोध कहलाती है। इस प्रकार की शोध में अध्ययन की जाने वाली घटना और शोधकर्त्ता दोनों पर या दोनों में से किसी एक पर नियंत्रण स्थापित किया जाता है। सामाजिक विज्ञानों में घटना पर नियंत्रण अथवा नियंत्रित तुलनाएं हर समय संभव नहीं हो पाती हैं, अतः शोधकर्त्ता और शोध-प्रक्रिया को ही नियंत्रित करने का प्रयास किया जाता है।

residence rules – निवास के नियम

विवाह के उपरान्त नव दम्पत्ति कहां रहें, इस सम्बन्ध में अलग-अलग समाजों में भिन्न प्रथाएं पाई गई हैं। नव दम्पत्ति के आवास को निर्धारित करने की ये प्रथाएं ही निवास के नियम कहलाती हैं।

residence, ambilocal – द्वैध स्थानीय निवास

विवाह के उपरान्त जब नव विवाहित दम्पत्ति द्वारा नया घर न बसा कर दोनों में से किसी एक के माता-पिता के साथ रहने की छूट होती है, तब यह द्वैध स्थानीय निवास का नियम कहलाता है।

residence, amitalocal – पितृश्वसा (भूआ) स्थानिक आवास

पैतृक वंशानुक्रम की एक आवास व्यवस्था जिसमें अविवाहित स्त्रियां भुआ के साथ रहती हैं तथा विवाह के पश्चात् पति-पत्नी उनके निवास के आसपास अपना निवास बनाते हैं। यह व्यवस्था पूर्ण रूप में प्राक्कल्पनात्मक है।

residence, avunculocal – मातुल स्थानिक निवास

विवाह के बाद दम्पत्ति के निवास का वह नियम जिसके अनुसार नव दम्पत्ति को पति की माँ के भाई (मामा) के पास रहना होता है, मातुल स्थानिक निवास कहलाता है। सामान्यतः यह नियम मातृवंशीय समाजों में लागू होता है और यह मातुलेय प्रथा से जुड़ा हुआ है। निवास का यह नियम पुरुष वंशज-साथियों को भौगोलिक रूप में केन्द्रित करता है, तथा साथ ही यह नियम मातृवंशीय व्यवस्था में पुरुष-नियंत्रित वंशज धन-सम्पदा की सुरक्षा करता है। **मर्डक** के नृजातिक सर्वेक्षण के अनुसार 4% दम्पत्ति मां के भाई (मामा) के साथ रहते पाये गये हैं।

residence, biolocal – मातृ/पितृस्थानिक निवास

कुछ समाजों में नव विवाहित दम्पत्ति पति अथवा पत्नी के किसी एक के परिवार के साथ रहने के लिये बाध्य नहीं होते, वे दोनों में से किसी एक के साथ या आसपास रह सकते हैं। इस प्रकार के आवास की प्रथा मातृ/पितृस्थानिक निवास या उभयस्थानिक निवास कहलाती है। **मर्डक** के नृजातिक सर्वेक्षण के अनुसार 7% स्त्री या पुरुष दोनों में से कोई अपना घर छोड़ता है और दोनों के माता-पिता में से किसी एक के माता-पिता के साथ रहते पाये गये हैं।

residence, duolocal – द्विस्थानिक निवास

इस प्रथा के अनुसार विवाह के बाद भी पति-पत्नी एक साथ नहीं रहते, अपितु वे

अलग-अलग उन्हीं परिवारों में रहते हैं जहां उनका जन्म हुआ है। आवास की यह व्यवस्था द्विस्थानिक निवास कहलाती है। भारत के केरल के कुछ भागों और लक्षद्वीप में यह प्रथा पाई गई है। पति रात बिताने अपनी पत्नी के घर अवश्य जाता है, किन्तु जीविकोपार्जन के कार्यों के लिये दिन के समय उसे पुनः अपने जन्म के परिवार में लौट आना पड़ता है।

residence, maternal = residence, avunculocal

residence, matrilocal – मातृस्थानिक निवास
विवाह के बाद जब नव दम्पत्ति पत्नी के माता-पिता के साथ रहते हैं, तब यह प्रथा मातृस्थानिक निवास कहलाती है। इस प्रथा के अनुसार पति को अपने जनन परिवार (माता-पिता का घर) को छोड़ कर पत्नी के सम्बन्धियों के साथ रहना पड़ता है, अतः इस प्रकार का परिवार "मातृस्थानिक परिवार" कहलाता है। **मर्डक** के नृजातिक सर्वेक्षण के अनुसार 15% स्त्रियां मातृस्थानिक परिवारों में रहती पाई गई हैं।

residence, neolocal – नवस्थानिक निवास
जब नवविवाहित दम्पत्ति न पति के परिवार के साथ और न पत्नी के परिवार के साथ रहें, वरन् नया घर बसा कर रहते हैं, तब यह प्रथा नवस्थानिक निवास और ऐसे परिवार नव स्थानीय परिवार कहलाते हैं। आधुनिक प्रकार के परिवार इसके उदाहरण हैं।

residence, patrilocal – पितृस्थानिक निवास
विवाह के उपरान्त जब नव दम्पत्ति पति के माता-पिता के साथ रहते हैं, तब यह प्रथा पितृस्थानिक निवास कहलाती है। इस प्रथा के अनुसार पत्नी को अपना जनन परिवार छोड़कर पति के परिवार के साथ रहने के लिये आना पड़ता है। अतः इस प्रकार का परिवार "पितृस्थानीय परिवार" कहलाता है। **मर्डक** के नृजातिक सर्वेक्षण के अनुसार 67% दम्पत्ति पितृस्थानिक परिवारों में रहते पाये गये हैं।

residence, patri-matrilocal = residence, unilocal

residence, unilocal – एकिकस्थानिक निवास
एक प्रथा जो विवाहित युग्म को पति अथवा पत्नी दोनों में से किसी एक के सम्बन्धियों के साथ अथवा उनके आसपास रहने के लिये बाध्य करती है, एकिकस्थानिक निवास कहलाती है। किसी संस्कृति में विवाहित युग्म पति अथवा पत्नि दोनों में से किसके परिवार वालों के साथ रहें, यह वहां की परम्परा-परिपाटी द्वारा निर्धारित होता है। इसे पितृ-मातृ स्थानिक निवास भी कहते हैं।

residence, uxorilocal – पत्नीस्थानिक निवास
नवस्थानिक व्यवस्था का वह रूप पत्नीस्थानिक निवास कहलाता है जिसमें विवाहोपरांत दंपत्ति वधू के परिवार के समीप नया आवास स्थापित करके रहते हैं। आजकल इस पद के स्थान

पर मातृस्थानिक निवास पद का ही अधिक प्रयोग किया जाता है।

residence, virilocal – पतिस्थानिक निवास
नवस्थानिक व्यवस्था का वह रूप पतिस्थानिक निवास के नाम से जाना जाता है जिसमें विवाहोपरांत दम्पत्ति पति के परिवार के समीप नव आवास स्थापित करते और रहते हैं। आजकल इस पद का प्रयोग कम ही किया जाता है और इसके स्थान पर पितृस्थानिक शब्द का ही अधिक प्रयोग किया जाता है।

ribonucleic acid (RNA) – राइबोन्यूक्लिक अम्ल
डी. एन. ए. की संरचना की भांति अणु की एक एकल लड़ी को आर. एन. ए. कहते हैं। यह एक प्रकार का न्यूक्लिक अम्ल है जो मुख्य रूप से कोशिका द्रव्य तथा कुछ मात्रा में केन्द्रक में पाया जाता है। यह प्रोटीन संश्लेषण में महत्वपूर्ण भूमिका अदा करता है। आर. एन. ए. के तीन प्रकार अर्थात् राइबोस शर्करा, फॉस्फेट समूह तथा चार नाइट्रोजन क्षार प्रोटीन संश्लेषण के आवश्यक तत्व हैं।

डी. एन. ए. किस प्रकार जिनेटिक कोड में निहित अनुदेशों के अनुसार जीव की संरचना को निर्देशित करता है, इसकी गुत्थी आर.एन.ए. की खोज द्वारा ही सुलझ पाई है। आर. एन. ए. द्वारा डी. एन. ए. की रूपरेखा (ब्लू प्रिन्ट) की नकल तैयार की जाती है और इसे कोशिका के द्रव्य में अनुदेशों सहित ले जाती है। इन अनुदेशों को बाद में प्रोटीनों के उत्पादनों में बदल दिया जाता है जो कोशिकाओं के निर्माण की आधारभूत इकाई होती हैं। निष्कर्षतः डी. एन. ए. ही जीवन की भाषा या जीवन का मूलभूत तत्व है, जैसा कि **जॉर्ज और मरिमल बीडल** (1966) ने लिखा है, डी. एन. ए. के संकेतकों (कोड) की जानकारी ने हमारे द्वारा प्राप्त की गई इस भाषा को उजागर किया है जो चित्रलिपि की भाषा से कहीं बहुत पुरानी भाषा है। यह एक ऐसी पुरानी भाषा है जितना स्वयं जीवन पुराना है। यह भाषा सभी भाषाओं से सर्वाधिक जीवंत भाषा है। इसके अक्षर अदृश्य हैं और इसके शब्द हमारे शरीर की कोशिकाओं में गहरे पैठे हुए हैं। (देखिये—डी. एन. ए.)

ribosomes – राइबोसोम्स
राइबोसोम्स मुख्यतः न्यूक्लियोप्रोटीन तथा एंजाइमों से बनी ऐसी संरचनाएं होती हैं जो समस्त कोशिकाओं में पाई जाती हैं। ये मुख्यतः प्रोटीन संश्लेषण का कार्य सम्पादन करते हैं, फलस्वरूप इन्हें "कोशिका का इंजिन" भी कहा जाता है। ये अमीनों अम्लों को जोड़ कर पोलीपेप्टाइड श्रृंखला के निर्माण द्वारा प्रोटीन बनाते हैं।

Riss – रिस
यूरोप में तृतीय हिमावर्ती काल जो वर्तमान से सम्भवतः 250,000 से 125,000 वर्ष पूर्व तक रहा है, उसे "रिस" के नाम से जाना जाता है।

rite – सांस्कारिक कृत्य
धार्मिक अथवा जादुई अनुष्ठानों से जुड़े अनेक औपचारिक कर्मकाण्ड जो परम्पराजन्य होते हैं,

सांस्कारिक कृत्य कहलाते हैं। अनुष्ठान अनेक प्रकार के होते हैं जैसे व्यक्ति के जीवन से सम्बन्धित (जन्म, प्रजनन, विवाह, अन्त्येष्टि), वार्षिक पर्व, पेड़-पौधों और पशुओं में वृद्धि, चिकित्सा, यौवनारंभ, पवित्रीकरण, मौसम, अथवा कुछ विशिष्ट घटनाओं जैसे वर्षा के देवता इन्द्र को प्रसन्न करने से सम्बन्धित अनुष्ठान होते हैं।

rites of intensification – भावप्रवणता के अनुष्ठान
ऐसे सामुदायिक अनुष्ठानों को "भावप्रवणता के अनुष्ठान" कहा जाता है जो किसी सामाजिक समूह की मनोभावनाओं तथा समूह की एकजुटता में प्रगाढ़ता उत्पन्न करने का कार्य करते हैं।

rites of passage – जीवन-पथ के अनुष्ठान
जीवन-पथ के अनुष्ठान (संस्कार) वे तरीके हैं जो मानव व्यक्तियों का एक सामाजिक प्रस्थिति से अगली सामाजिक प्रस्थिति में प्रवेश और रूपान्तरण को इंगित करते हैं। ये अनुष्ठान धार्मिक प्रकृति के होते हैं तथा जीवन के उस मोड़ को प्रदर्शित करते हैं जब एक व्यक्ति एक अवस्था से दूसरी अवस्था में प्रवेश करता है। इन सभी अनुष्ठानों में वे सभी निजी उत्सव एवं समारोहों को सम्मिलित किया जाता है जो इन संक्रमणकालीन स्थितियों जैसे जन्म, वयस्कता, विवाह, और मृत्यु की घटनाओं से जुड़े होते हैं। इनमें स्थायी सामूहिक उत्सवों जो ऋतुओं के चक्र का संकेत देते हैं, जैसे होली, दिवाली, बैसाखी और पोंगल (भारत में) और क्रिसमस, ईस्टर (यूरोप में) आदि को भी सम्मिलित किया जाता है। यद्यपि, ये वर्ग परस्पर रूप में एकान्तिक नहीं हैं। उदाहरणार्थ, ऋतुओं से जुड़े उत्सवों के अवसर पर ही सम्पूर्ण समूह एक आयु स्तर से दूसरे आयु स्तर में प्रवेश कर सकता है।

बैलजिआई मानवशास्त्री **वॉन गैन्नप** ने सर्वप्रथम विश्व-स्तर पर अनुष्ठानों और उत्सवों का अध्ययन-विश्लेषण किया और एक पुस्तक "द राइटस ऑफ पैसिज" (1909) नामक प्रख्यात पुस्तक लिखी जो आज भी अपने विषय की एक प्रामाणिक पुस्तक मानी जाती है। गैन्नप ने लिखा है कि "समाज में एक व्यक्ति का मात्र जन्म ही नहीं होता, अपितु जीवन-पथ के अनुष्ठानों द्वारा उसे तराश कर एक सामाजिक व्यक्ति के रूप में उसकी पुनर्रचना की जाती है।" गैन्नप ने इन अनुष्ठानों से जुड़ी तीन अवस्थाओं की चर्चा की है जिनमें व्यक्ति को दीक्षित कर उसे एक सामाजिक पहचान दी जाती है। ये अवस्थाएं हैं : (1) पृथक्करण, (2) त्रिशंकु की संक्रमणकालीन मध्य अवस्था, और (3) समामेलन या सम्मिलन की अवस्था।

पृथकता या पृथक्करण की स्थिति एक व्यक्ति का अपनी पूर्व प्रस्थिति से अलग होने का संकेत देती है। तोड़ना, फाड़ना, काटना, मुंडन, नग्नता आदि इस स्थिति के विशिष्ट प्रतीक हैं। त्रिशंकु अवस्था में एक व्यक्ति अपनी पहली स्थिति से तो कट जाता है, किन्तु उसकी दूसरी स्थिति की शुरुआत होनी बाकी होती है। अन्तराल की यह स्थिति एकान्तता और मायावी उपदेशों की होती है। समामेलन या सम्मिलन की तीसरी अवस्था में नई प्रस्थिति में प्रवेश को प्रतीकात्मक अभिव्यक्ति दी जाती है। इस स्थिति में व्यक्ति का समुदाय के साथ पुनः प्रतीकात्मक जुड़ाव होता है। वॉन गैन्नप ने खतना या सुन्नत (मुसलमानों में प्रचलित) के संस्कार का विश्लेषण करते हुए बताया कि इस संस्कार का मैथुनिकता से कोई लेना-देना नहीं है, किन्तु यह एक सामाजिक आवश्यकता है जिसके कारण प्रतीकात्मक रूप में बालक को

अपने विगत से अलग कर उसे नये रूप में समाज के साथ जोड़ा जाता है। इन तीनों अवस्थाओं की अपनी कुछ निश्चित विशेषताएं हैं जिनमें सभी संस्कृतियों में समानताएं पाई गई हैं। ये समानताएं ये प्रदर्शित करती हैं कि मानवीय वर्गीकरण तथा प्रतीकीकरण का एक सार्वभौमिक समान प्रतिमान है।

मानव की प्रत्येक संस्कृति में व्यक्ति की जीवन-यात्रा के विभिन्न संक्रमण पड़ावों को किसी न किसी प्रकार के संस्कार-समारोहों और उत्सवों के रूप में चिन्हित किया गया है। जन्म, विवाह एवं मृत्यु जीवन-पथ के ये तीन प्रमुख पड़ाव हैं। इनके अतिरिक्त नामकरण, वयःसंधि (किशोरावस्था/युवावस्था), रजोदर्शन आदि भी इस पथ के अन्य प्रमुख पड़ाव या स्थितियां हैं। प्रत्येक स्थिति के बदलाव के साथ ही व्यक्ति की सामाजिक प्रस्थिति और उसके अधिकारों एवं कर्त्तव्यों में मूलभूत परिवर्तन आ जाते हैं। जीवन-पथ के संस्कार और इनसे जुड़े उत्सव, धार्मिक-सामाजिक कर्मकाण्ड एक व्यक्ति को आरम्भ होने वाली नवीन प्रस्थिति के लिये भावनात्मक रूप से तैयार करते हैं और नये दायित्वों एवं अधिकारों के प्रति उसे सचेत करते हैं। प्रायः इन संस्कारों की प्रकृति धार्मिक होती है।

जीवन-पथ के अनुष्ठान की अवधारणा की इसकी अत्यधिक व्यापकता और अस्पष्टता के लिये आलोचना हुई है। इसमें किन संस्कारों को सम्मिलित किया जाये और किसे नहीं, इस बारे में बड़ी अस्पष्टता है। कुछेक लोगों ने मृतक संस्कार का उदाहरण देते हुए यह प्रश्न खड़ा किया है कि यह संस्कार पृथकता या त्रिशंकु स्थिति या समामेलन में से किस स्थिति को दर्शाता है ? इन कमजोरियों के बावजूद इस अवधारणा ने प्रतीकतावादी दृष्टिकोण रखने वाले समाज वैज्ञानिकों जैसे **विक्टर टर्नर** (1967, 1969), **एडमंड लीच** (1976), और **मेरी डगलस** (1966) को प्रभावित किया है।

ritual – अनुष्ठान/कर्मकाण्ड

परम्परानुमोदित अवसरों (विशेष रूप में धार्मिक उपासना) पर सम्पन्न किये जाने वाले संस्कृति सम्मत औपचारिक कार्यकलापों को अनुष्ठान या कर्मकाण्ड कहते हैं। उदाहरणार्थ, किसी देवी-देवता या पूर्वजों की आत्मा की प्रसन्नता लिये चढ़ाई गई बलि, यज्ञ सम्पादन, किसी देवी-देवता की प्रतिमा प्रतिष्ठा या मुसलमानों द्वारा ईद की नवाज़ सम्पादन या ईसाइयों द्वारा चर्च में ईसा मसीह का जन्मोत्सव मनाना आदि से सम्बन्धित सभी क्रियाकलाप अनुष्ठान या कर्मकाण्ड की श्रेणी में रखे जाते हैं। यह एक पुनरावर्तक सामाजिक व्यवहार है जिसमें नृत्य, गीत, मंत्रोच्चारण, भाव भंगिमाओं और किन्हीं वस्तुओं के प्रयोग आदि के रूप में प्रतीकात्मक कार्यकलापों को एक अनुक्रम में सम्पादित किया जाता है। इसे रोज़मर्रा के जीवन के सामाजिक नियमित व्यवहार से अलग रखा जाता है। इस प्रकार के व्यवहार के पीछे एक विशिष्ट प्रकार की विचारधारा जुड़ी हुई होती है जो बहुधा किसी मिथक से अनुप्राणित होती है। इस प्रकार के क्रियाकलापों को सम्पादन करवाने वाले विशिष्ट व्यक्ति, (पुरोहित, पादरी, मुल्ला आदि) होते हैं।

मानवशास्त्री सामान्य रूप में, "रिट्युअल" शब्द का प्रयोग किसी भी ऐसे कार्यकलाप के लिये करते हैं जिसमें अत्यधिक औपचारिकता होती है तथा जिसका गैर उपयोगितावादी

उद्देश्य होता है। इस प्रकार के प्रयोग में न केवल धार्मिक क्रियाकलाप आते हैं, अपितु ऐसी घटनाएं भी आ जाती हैं जिनका धर्म से निकट या दूर का कोई नाता-रिश्ता नहीं होता, जैसे, खेल-कूद, अभिभावन, दीक्षान्त समारोह, सैनिक परेड, त्यौहार आदि। व्यापक रूप में, अनुष्ठान किसी एक विशिष्ट प्रकार की घटनाओं का संकेत नहीं देते, अपितु ये सभी मानवीय क्रियाओं के अभिव्यंजनात्मक पक्ष को प्रकट करते हैं। **लीच** के अनुसार, यदि संस्कार व्यक्तियों के सामाजिक और सांस्कृतिक प्रस्थितियों को प्रकट करते हैं, तब प्रत्येक क्रिया का एक आनुष्ठानिक आयाम होता है। इस अर्थ में, खेतों में पौधरोपण और भोज्य पदार्थों को साफ करने जैसी रोज़मर्रा की सांसारिक क्रियाओं में भी बलि देने या कथावाचन जैसे आनुष्ठानिक तत्व समान रूप में विद्यमान हो सकते हैं।

अनुष्ठान और कर्मकाण्ड प्रारंभ से ही मानवशास्त्रियों के अध्ययन के प्रिय मुख्य विषय रहे हैं क्योंकि ये संस्कृतियों को समझने में बहुमूल्य जानकारियां उपलब्ध कराते हैं। अनुष्ठान, कई मामलों में संस्कृति के मिथकों की व्याख्या करते हैं तथा उन्हें नाटकीय रूप में प्रस्तुत करते हैं। उदाहरणार्थ, बालनियों लोगों में प्रचलित मुर्गों की लड़ाई की घटना न केवल ऐसे सामाजिक समूहों के बारे में जानकारी देती है अपितु यह उन लोगों के समय के सम्बन्ध में, अच्छे-बुरे के बारे में तथा जीवन एवं मृत्यु की धारणाओं पर भी प्रकाश डालती है। यही कारण है कि मानवशास्त्र का सम्पूर्ण इतिहास अनुष्ठानों के अध्ययनों एवं विश्लेषण से पटा पड़ा है।

मानवशास्त्रियों ने अनुष्ठानों को कई रूप में विभाजित किया है। उन्होंने वार्षिक अनुष्ठान, जीवन-चक्र संबंधी अनुष्ठान, लौकिक समारोह, (जैसे भारत में पन्द्रह अगस्त और छब्बीस जनवरी) विद्रोह संबंधी अनुष्ठान, तथा कई अन्य प्रकार के अनुष्ठानों में भेद किया है। अनुष्ठानों का एक बहुप्रसिद्ध रूप संक्रमण के अनुष्ठान, हैं जिन्हें बहुधा जीवन-पथ के संस्कार कहा गया है। ये संस्कार तब सम्पादित किये जाते हैं जब व्यक्ति स्थान, समय और सामाजिक प्रस्थिति की सीमाओं को लांघते है। उदाहरणार्थ, बाल्यावस्था से वयस्कावस्था से संक्रमण की अवस्था में प्रायः दीक्षा अनुष्ठान सम्पादित किया जाता है और इसी प्रकार विवाह, मृत्यु तथा किसी समूह की सदस्यता ग्रहण करने के अवसर पर सभी समाजों में किसी न किसी प्रकार के अनुष्ठान/कर्मकाण्ड सम्पादित करने का प्रचलन पाया गया है। यही नहीं, लगभग सभी समाजों में नये वर्ष को उत्सव के रूप में मनाने तथा ऋतु-परिवर्तन के अवसर पर समारोह आयोजित किये जाते हैं। जीवन-पथ के संस्कारों और अनुष्ठानों के अतिरिक्त सभी संस्कृतियों में रोगमुक्ति सम्बन्धी अनुष्ठान एवं कर्मकाण्ड (मंत्र-तंत्र) पाये गये हैं। इन विषयों के अध्ययन के लिये ही "चिकित्सा मानवशास्त्र" और "मनोवैज्ञानिक मानवशास्त्र" का उद्‌भव हुआ है। इन अध्ययनों द्वारा यह प्रकट हुआ है कि शरीर और मानस (मन) में गहरा सम्बन्ध होता है। इस तथ्य ने न केवल मानवशास्त्रीय सिद्धान्त अपितु आधुनिक चिकित्सा विज्ञान को भी प्रभावित किया है।

अनेक मानवशास्त्रियों ने अनुष्ठान और संस्कारों के प्रकायों का भी अध्ययन किया है, अर्थात् सामाजिक व्यवस्था को बनाये रखने तथा इसकी पुनर्रचना में अनुष्ठानों की भूमिका का विश्लेषण किया गया है। इस प्रकार का अध्ययन करने वाले प्रमुख समाज वैज्ञानिक **दुर्खाइम,**

मेलिनोस्की और रेडक्लिफ ब्राउन रहे हैं। दुर्खाइम के अनुसार, अनुष्ठान ही समाज के वास्तविक आधार हैं; अनुष्ठान के माध्यम से व्यक्ति एक-दूसरे के नजदीक आते हैं। इन अनुष्ठानों द्वारा ही आदिम मानव को समाज में अपनी सदस्यता का आभास हुआ, और इसी के द्वारा उसे "सामूहिक अस्तित्व" (समाज) की अनुभूति हुई जो सामाजिक एकजुटता को बनाये रखती है। मेलिनोस्की और रेडक्लिफ ब्राउन ने समाज के मिथकीय चरित्र में अनुष्ठानों की भूमिका को भी इंगित किया है। अनुष्ठान व्यक्ति को अपनी नवीन भूमिकाओं और नये सम्बन्धों के साथ तालमेल बिठाने में मदद करते हैं। अनुष्ठान मनोवैज्ञानिक स्तर पर व्यक्ति को बीमारी को सहने, खतरों को झेलने तथा अचानक हुए परिवर्तनों के साथ तालमेल बिठाने के लिये तैयार करते हैं। यही नहीं, अनुष्ठान उद्वेगों और मनोभावों की अभिव्यक्ति के अच्छे साधन का काम करते हैं। किन्तु, अनुष्ठान हमेशा प्रकार्यात्मक नहीं होते। अनुष्ठानों द्वारा गरीब, शोषित एवं उत्पीड़ित समूह समाज की यथावादी स्थिति से प्रतीकात्मक रूप में असंतोष जाहिर कर सकते हैं। जैसे-जैसे मानवशास्त्र में शक्ति और सांस्कृतिक परिवर्तन का विषय महत्वपूर्ण बनता जा रहा है, अनुष्ठानों की गहरी रूढ़िवादिता पर संदेह प्रकट किया जा रहा है।

ritual continence – आनुष्ठानिक निग्रह

जादुई, आनुष्ठानिक अथवा जाति (समाज) से सम्बन्धित कारणों से दम्पत्ति द्वारा कामवृति निग्रह, अर्थात् संयम के अनुपालन को आनुष्ठानिक निग्रह कहते हैं। आदिम समाजों में पूजा अनुष्ठान, युद्ध, सामूहिक आखेट, मृत्यु आदि के अवसरों पर निग्रह का प्रावधान किया गया है।

ritual kinship – सांस्कारिक नातेदारी

सांस्कारिक नातेदारी या आध्यात्मिक नातेदारी एक मानवशास्त्रीय अवधारणा है जिसका प्रयोग बपतिस्मा तथा धर्म के माता-पिता के संस्कारों के साथ जुड़े हुए अनुष्ठानों और सम्बन्धों के समुच्चय के लिये किया जाता है। बपतिस्मा के संस्कार और इससे उत्पन्न सामाजिक संबंधों की व्याख्या कई रूप में की गई है। इसकी व्याख्या की एक धारा सांस्कारिक नातेदारी की प्रतीकता पर ज़ोर देती है, तो एक अन्य धारा एकजुटता, पारस्परिक सहायता और संरक्षण के प्रकार्यों को उजागर करती है। कुछेक मानवशास्त्रियों ने व्याख्या की इन दोनों प्रवृतियों का समन्वय किया है।

ritual murder – आनुष्ठानिक बलि

देवी देवताओं के प्रसादन अर्थात् उन्हें प्रसन्न करने के लिये की गई मानव हत्या की प्रथा बलि के नाम से जानी जाती है। भारत तथा अन्यत्र आदिम एवं परम्परात्मक समाजों में यह प्रथा आज भी प्रचलित है और यदाकदा इस प्रकार की बलि की जाती रहती है।

ritual rebellion – सांस्कारिक विद्रोह

सलक्मैन (1963) ने बताया है कि विद्रोह के संस्कारों में भूमिकाओं में उलट-पलट की क्रिया

मनोवैज्ञानिक भावविरेचन की एक कार्यविधि का कार्य करती है जो अन्ततः सामाजिक संगठन को मजबूत बनाती है। राजा के प्रति सांस्कारिक विद्रोह का प्रदर्शन तनावों को दूर करने का कार्य करता है और इस प्रकार राजशाही की संस्था मज़बूत बनती है। संक्षेप में, सांस्कारिक विद्रोह का एक प्रमुख कार्य सामाजिक-मनोवैज्ञानिक तनावों को दूर करना है।

rock shelter – शैलाश्रय

आदिम आवासों का एक रूप जिसमें मानव खड़ी शैल मालाओं के मध्य अथवा नीचे आश्रय लिया करते थे, शैलाश्रय कहलाते हैं। यूरोप में अनेक प्रागैतिहासिक स्थलों से शैलाश्रयों के नीचे उस काल के संस्कृति-अवशेष मिले हैं। आज की अनेक आदिम जनजातियां भी इस प्रकार के आवासों का उपयोग करती पाई गई हैं, जैसे श्रीलंका के वेद्दा और तस्मानिया द्वीप के आदिवासी आदि।

role & role playing – भूमिका और भूमिका निर्वाह

किसी समाज में एक व्यक्ति अथवा संरचना द्वारा सम्पादित किये जाने वाले कार्य अथवा हिस्से को भूमिका कहते हैं। इस अवधारणा का अधिकांश रूप में प्रयोग समाजशास्त्र में हुआ है जहां इसे इस प्रकार से परिभाषित किया गया है, *"किसी विशिष्ट समूह अथवा सामाजिक स्थिति में किसी विशिष्ट पद-प्रस्थिति के साथ जुड़े तथा किन्हीं विशिष्ट दायित्वों और अधिकारों में आबद्ध व्यवहार प्रतिमान को भूमिका कहते हैं।"* भूमिकाओं की जड़ें व्यक्तिगत प्रस्थिति में गड़ी होती हैं जो बहुधा निश्चित एवं निर्धारित (कम से कम विशिष्ट सन्दर्भों में) होती हैं। एक व्यक्ति रोज़मर्रा के आधार पर अपने जीवन काल में जो भूमिकाएं सम्पादित करता है, उनकी संख्या काफी अधिक हो सकती है। **लिंटन** (1936) जिन्होंने सर्वप्रथम समाज विज्ञानों के क्षेत्र में 'रोल' शब्द का प्रयोग किया, उन्होंने लिखा है कि जब व्यक्ति अपनी प्रस्थिति से जुड़े दायित्वों और अधिकारों को स्वीकार कर उन्हें प्रयोग करते हैं, तब वे एक भूमिका का ही सम्पादन कर रहे होते हैं।

सामाजिक विज्ञानों में "भूमिका सिद्धान्त" की शुरुआत **जार्ज हरबर्ट मीड** की प्रख्यात पुस्तक "माइन्ड, सेल्फ एंड सोसाइटी" (1934) के प्रकाशन से हुई। उन्होंने अपनी पुस्तक में भूमिका-निर्वाह और भूमिका-अपेक्षाओं एवं भूमिका-सम्पादन के बीच सम्बन्धों पर गहन शोध की है। जिसे आजकल "सामाजिक" अथवा "सांकेतिक अन्तरक्रियावाद" कहा जाता है, उसमें इन्हीं विषयों का व्यापक रूप में विश्लेषण किया गया है। **इरविंग गौफमैन** जो अभिनयशास्त्र के जनक माने जाते हैं, उन्होंने अपनी पुस्तक "द प्रेजन्टेशन ऑफ सेल्फ इन एवरि डे लाइफ" (1956) में भूमिका-सम्पादन का विशद् विवेचन किया है। बाद में प्रसिद्ध समाजशास्त्री **आर. के. मर्टन** (1976) ने भूमिका-संघर्ष और मनो-सामाजिक तनावों का विश्लेषण करते हुए लिखा है कि सामाजिक स्थितियों में संघर्ष अथवा तनाव तब उत्पन्न होते हैं जब एक व्यक्ति से एक सामाजिक सम्बन्ध के दौरान परस्पर-विरोधी मनोभावों और मूल्यों की एक साथ अपेक्षा की जाती है। सन् 1982 में चिकित्सकों पर किये गये अपने अध्ययन में मर्टन ने यह उद्घाटित किया कि किस प्रकार एक चिकित्सक से एक ओर यह आशा की जाती है कि वह अपने रोगियों के प्रति बेदर्द न हो, किन्तु दूसरी ओर उससे यह भी आशा की जाती है कि वह

रोगियों के प्रति अपने व्यवहार और मनोभाव में भावानात्मक रूप में अनासक्त या निर्लिप्त रहे। मर्टन की भांति ही **विक्टर टर्नर** (1974) ने सामाजिक भूमिकाओं में संघर्ष का विश्लेषण किया है। उन्होंने लिखा है कि "चूंकि संघर्ष समाज के मूलभूत पक्षों को उजागर करता है, जो कि साधारणतः रोज़मर्रा की हमारी अन्तर्क्रियाओं की प्रथाओं और आदतों से प्रभावित होता है, अतः संघर्ष का होना स्वाभाविक है।"

rural community – ग्रामीण समुदाय

प्रत्यक्ष आमने-सामने के संबंधों पर आधारित एक ऐसे समूह को ग्रामीण समुदाय कहते हैं जिसके अधिसंख्य व्यक्ति कृषि अथवा कृषि से जुड़े हुए कार्यों, जैसे पशुपालन आदि में संलग्न होते हैं। इस समूह के सदस्यों के जीवन के आधारभूत मुद्दों, मनोभावों और क्रियाओं के बारे में एक प्रकार का आपसी समझौता होता है जो सामान्यतः किसी गांव अथवा कस्बे पर केन्द्रीभूत होता है।

rural cosmopolitanism – ग्राम्य सर्वदेशीयता

ऑस्कर लेविस (1951) द्वारा प्रतिपादित 'ग्राम्य सर्वदेशीयता' की अवधारणा उनके द्वारा भारत के रानीखेड़ा/रामपुर गाँव और मेक्सिको के टेपोजलान नामक गांव के तुलनात्मक अध्ययन पर आधारित है। ध्यान रहे, टेपोजलान गांव का मूल अध्ययन सर्वप्रथम **रॉबर्ट रेडफील्ड** (1930) द्वारा किया गया था। बाद में इसी गांव का लेविस ने सन् 1951 में पुनर्अध्ययन किया। इन दोनों अध्ययनों के आधार पर लेविस ने यह विचार प्रतिपादित किया कि ग्रामीण जीवन-शैली के अनेक पक्ष विश्वव्यापी हैं और उनमें कई समानताएं देखी जा सकती हैं। भारतीय गांव रानीखेड़ा के अपने अध्ययन द्वारा उन्होंने बताया कि भारतीय गांव बहुल अन्तर-ग्रामीण तानेबाने का इस प्रकार एक हिस्सा होता है कि वह वैवाहिक और वंशानुक्रम सम्बन्धों के आधार पर लगभग चार सौ से अधिक अन्य गांवों से जुड़ा होता है और इस प्रकार एक अकेला गांव एक प्रकार से ग्रामीण सर्वदेशीयता का निर्माण करता है।

rural-urban fringe – ग्रामीण-नगरीय छोर

किसी नगर के ऐसे सीमावर्ती क्षेत्र को "ग्रामीण-नगरीय छोर" कहते हैं जहां की आबादी गांव और नगर की मिश्रित विशेषताओं को प्रदर्शित करती है। ऐसे क्षेत्र के लोगों का मुख्य धन्धा कृषि अथवा कृषि से जुड़े अन्य कार्य, जैसे पशुपालन, मुर्गीपालन आदि होते हैं। ऐसे क्षेत्रों की जीवन-शैली और संस्कृति पर नगरीयता की अपेक्षा ग्रामीणता का प्रभाव अधिक होता है और इन क्षेत्रों में नगरीय सेवाओं (आवागमन के साधन, शिक्षण संस्थाएं, बैंक आदि) की प्रचुरता या उपलब्धि बहुत कम होती है। इस प्रकार के एक गांव का अध्ययन 'छोर का एक गांव' के नाम से **प्रो. डी. एन. मजूमदार** ने सन् 1960 में किया है।

ruuruu – रूरू

सोसाइटी द्वीपों (पोलिनेशिया) में लकड़ी से बने रक्षा-कवच को रूरू कहते हैं। यह शरीर के ऊपरी भाग को ढ़कता है। इस पर कपड़े की मोटी गद्दीदार तहें रस्सी द्वारा बंधी होती हैं।

S

sacrament – संस्कार

धार्मिक कृत्य, समारोह अथवा प्रथा जिन्हें यथार्थ का प्रतीक समझ कर विशेष रूप से पवित्र या पुनीत माना जाता है, संस्कार कहते हैं। मानव की प्रायः प्रत्येक संस्कृति में व्यक्ति की जीवन-यात्रा के विभिन्न संक्रमण कालों को किसी न किसी प्रकार के संस्कार समारोहों से चिन्हित किया गया है। जन्म, विवाह एवं मरण जीवन-पथ की तीन प्रमुख स्थितियाँ हैं और तीनों ही स्थितियों के साथ विश्व की सभी संस्कृतियों में किसी न किसी प्रकार के संस्कार-समारोह जुड़े हुए हैं।

sacramental meal – आनुष्ठानिक भोज

विशेषकर ईसाई धर्म में प्रचलित भोज जो ईश्वर के साथ तादात्म्य का प्रतीक है, आनुष्ठानिक भोज कहलाता है। ऐसा मानते हैं कि इसमें सम्मिलित होने वाले व्यक्ति के शरीर में ईश्वर का प्रभावकारी अंतर्लयन हो जाता है।

sacra publica (sacrament, public) – सार्वजनिक संस्कार

प्राचीन रोम में प्रचलित 'लिबेरालियाँ', अर्थात् सोलह मार्च को आयोजित समारोह। यह समारोह रोम के युवाओं द्वारा वयस्कता प्राप्त करने पर मनाए जाता था। पारिवारिक वेदी तथा सार्वजनिक स्थान पर अनुष्ठान करने के पश्चात् लड़के को रोम के राष्ट्रीय देवता के मंदिर 'कैपिटाल' में ले जाया जाता था।

sacred – पवित्र/धार्मिक

अपने विशद अर्थ में, 'सेक्रिड' (पवित्र या धार्मिक) शब्द से उन सभी वस्तुओं और क्रियाओं इत्यादि का बोध होता है जो किसी भी प्रकार से संरक्षित हों। ये सामान्यतः धार्मिक होती हैं, किन्तु सदैव नहीं। इस अर्थ में यह शब्द आस्था एवं श्रद्धा का बोधक हैं। एक अन्य अर्थ में, पवित्र अथवा धार्मिक से तात्पर्य ऐसी वस्तुओं, घटनाओं और प्राणियों के एक वर्ग से हैं जिन्हें एक संस्कृति में साधारण वास्तविकता से भिन्न रूप में परिभाषित किया जाता है। जब 'पवित्र' या 'धार्मिक' शब्दों का प्रयोग एक विशेषण के रूप में किया जाता है तब यह शब्द भिन्नता के गुण को प्रकट करता है, अर्थात् कोई वस्तु, घटना या प्राणी, साधारण या लौकिक जगत् से पृथक और अधिक महत्त्वपूर्ण है। कई मामलों में यह शब्द अदृश्य अथवा अलौकिक सत्ता के

अस्तित्व के साथ मानव के संबंधों को प्रदर्शित करता है। किसी मंदिर या गिर्जा या पुजारी को इसलिये पवित्र माना जाता है क्योंकि उनका संबंध किसी देवता से होता है। इसी प्रकार किसी वृक्ष या चट्टान को भी इसलिये पवित्र माना जाता है कि उनका संबंध किन्हीं आत्माओं, पूर्वजों, अथवा जादुई शक्तियों से होता है। पवित्र वस्तुएँ धार्मिक और लौकिक दोनों प्रकार के अनुष्ठानों में सामान्य रूप में महत्त्वपूर्ण होती हैं। कुछ संस्कृतियों में, कुछ पवित्र वस्तुओं को (सभी पवित्र वस्तुओं को नहीं) एक विशिष्ट सम्मान, भय और विस्मय की भावना से देखा जाता है।

धर्म के मानवशास्त्र में पवित्रता का अध्ययन एक महत्त्वपूर्ण विषय रहा है। **एमिल दुर्खाइम** (1915) ने सर्वप्रथम धर्म के संदर्भ में पवित्रता की धारणा का विस्तृत वर्णन-विवेचन किया है। दुर्खाइम ने कहा है कि पवित्र वस्तुएँ सामाजिक व्यवस्था की प्रतीक होती हैं। कोई भी वस्तु चाहे वह लकड़ी या पत्थर का टुकड़ा हो या कोई मूर्ति हो, अपने आप में पवित्र नहीं होती। यह तो समाज है जो उसमें पवित्रता की भावना को आरोपित करता है, अतः वह वस्तु समाज का प्रतीक है। पवित्र वस्तु सामाजिक तथ्य का प्रतीकीकरण है जिसे समाज पवित्र मानता है। दुर्खाइम के अनुसार पवित्र क्षेत्र का इस प्रकार का सीमांकन ही सभी धर्मों का मूल है। **मैक्स वेबर** (1946) ने पवित्र की धारणाओं को धर्म के विभिन्न रूपों के साथ जोड़ा है। जहाँ एक ओर 'आदिम' धर्मों में पवित्रता की धारणा को अपने आसपास के जगत् के साथ जोड़ा गया है, वहाँ विश्व धर्मों में (हिन्दू, बौद्ध, ईसाई, मुस्लिम) में इसे कुछ वस्तुओं, देवी-देवताओं, और व्यक्तियों तक ही सीमित रखा गया है।

अभी कुछ वर्षों में, प्रतीकवादी मानवशास्त्रियों ने पवित्र प्रतीकों के अर्थों को खोजने का प्रयास किया है। उदाहरणार्थ **क्लिफोर्ड ग्रीज** (1973) ने कहा है कि पवित्र प्रतीकों में समाज और मूल्यों के जटिल संदेश निहित होते हैं जो विश्व की संस्कृति की परिभाषा को यथार्थ और उचित बनाने में सहायता करते हैं।

भारतीय ग्रंथों के संदर्भ में **प्रो. वैद्यनाथ सरस्वती** ने धार्मिक की अवधारणा पर प्रकाश डालते हुए लिखा है कि 'धार्मिक' की अवधारणा तत्वतः मनुष्य की प्रायः मोक्ष प्राप्त करने हेतु आध्यात्मिक संसार के साथ संवाद करने की इच्छा पर आधारित है। अपने विचारों के स्पष्टीकरण के लिये उन्होंने भारतीय परम्परा के अपने त्री-वर्गी विभाजन यथा मौखिक, ग्रंथीय और लोकोत्तर परम्पराओं का उल्लेख किया है।

sacred complex — धार्मिक संकुल

भारत के धर्म के समाजशास्त्र/मानवशास्त्र के क्षेत्र में **प्रो. एल.पी.विद्यार्थी** द्वारा गया के कस्बाई क्षेत्र के एक अग्रणी अध्ययन ने 'धार्मिक संकुल' की अवधारणा को विकसित किया है। इसी अवधारणा के आधार पर उनकी प्रसिद्ध पुस्तक 'सेक्रिड कॉम्प्लेक्स ऑफ हिंदू गया' (1961) का प्रणयन हुआ। सभ्यता के केन्द्र के रूप में तीर्थस्थलों के अध्ययन का इसे प्रथम मानवशास्त्रीय प्रयास कहा जा सकता है। प्रो. विद्यार्थी ने त्रि-विभाजनीय अन्तर्संबंधित विषयों धार्मिक भूगोल, धार्मिक अभिव्यक्तियों (अनुष्ठान) और धार्मिक विशेषज्ञों को सामूहिक रूप प्रदान करते हुए धार्मिक संकुल की अवधारणा की रचना की है। स्वयं विद्यार्थी ने कहा है कि

सामूहिक रूप से कल्पित इन तीनों अवधारणाओं को धार्मिक संकुल की संज्ञा दी गई है।

धार्मिक संकुल की धारणा को लेकर बाद में **वैद्यनाथ सरस्वती** ने 'द होली सरकिट ऑफ निमसार' (1962) और 'द टेम्पल ऑर्गनाइजेशन इन गोआ' (1962) नामक लेख लिखे। इसी कड़ी में **श्री माखन झा** ने नेपाल के कस्बे जनकपुर का अध्ययन कर 'द सेक्रिड कॉम्प्लेक्स ऑफ जनकपुर' (1971) नामक पुस्तक लिखी। उन्होंने नेपाल के अति पारंपरिक नगर में **रेडफील्ड सिंगर** और **विद्यार्थी** की प्राक्कल्पनाओं परीक्षण किया है। उन्होंने धार्मिक संकुल (परिसर) की अवधारणा को सही मानते हुए इसे सार्वभौमिकता प्रदान की। इस संदर्भ में उन्होंने सिंगर की इस प्राक्कल्पना का भी समर्थन किया कि आदिम सभ्यताओं में सांस्कृतिक निरंतरता अतीत से अत्यधिक सम्बद्ध होती है। जनकपुर के अध्ययन के बाद प्रो. झा ने रतनपुर का अध्ययन कर 'द सेक्रिड कॉम्प्लेक्स ऑफ रतनपुर' (1973) पर लेखन कार्य किया। रतनपुर मध्यभारत का एक प्राचीन हिन्दू राज्य रहा है। इस अध्ययन के निष्कर्ष तौर पर उन्होंने कहा कि भारतीय सभ्यता में विभिन्न धर्मों के विश्वासों एवं मान्यताओं को समन्वय करने की अनुपम क्षमता है। अभी कुछ वर्षों पूर्व सन् 1978 में विद्यार्थी, सरस्वती और झा ने मिलकर काशी के धार्मिक संकुल का अध्ययन किया है। इस अध्ययन ने विद्यार्थी के त्रि-विभाजनीय तत्वों पवित्र भूगोल, धार्मिक अनुष्ठान तथा धार्मिक विशेषज्ञों के विचार की पुष्टि की है।

धार्मिक भूगोल की अवधारणा दीर्घ (महत्) और लघु परम्पराओं की निरंतरता तथा उनके बीच संचालित संयोजन एवं तालमेल को प्रदर्शित करती है। काशी के धार्मिक स्थानों की पारिस्थितिकीय संरचना के विश्लेषण द्वारा एक तथ्य उभर कर आया है कि भारत के तीर्थस्थलों में एक ग्रंथीय एवं संदर्भगत निरंतरता विद्यमान है जो उसे अखिल भारतीय रूप प्रदान करती है। धार्मिक अभिव्यक्तियाँ यथा धार्मिक, तांत्रिक, लोक और पौराणिक अनुष्ठान आदि विभिन्न तत्वों को आपस में जोड़ने का कार्य करती हैं। काशी के अध्ययन में धार्मिक विशेषज्ञों (पंडे, पुजारी) की वृत्ति, सेवाओं, उनकी जीवन-शैली, उनके द्वारा अपनाये गये उपासना के विभिन्न रूपों, विभिन्न साधनों, तरीकों और पद्धतियों पर प्रकाश डालते हुए इनके बहुआयामी चरित्र को उजागर किया गया है।

उपर्युक्त उल्लिखित प्रमुख अनुसंधानों के अतिरिक्त भारत के अन्य धार्मिक स्थलों के संकुलों के अध्ययन के प्रयास भी हुए हैं। इनमें कुछ उल्लेखनीय अध्ययन इस प्रकार हैं : **राजन जिंदल** का राजस्थान के नाथद्वारा का अध्ययन (1972), **महापात्र** का लिंगराज टेम्पल, **मोरब एवं गोस्वामी** का मैसूर का चामुण्डेश्वरी टेम्पल (1975) और **पी. चक्रवर्ती** का पश्चिमी बंगाल का तारकेश्वरी टेम्पल आदि हैं।

धार्मिक संकुल की अवधारणा के अन्तर-प्रादेशिक क्षेत्रों में भी परीक्षण के कुछ छुटपुट प्रयास हुए हैं। इसमें संदेह नहीं है कि विद्यार्थी की धार्मिक संकुल की अवधारणा ने कई मानवशास्त्रियों और समाजशास्त्रियों को धर्म के मानवशास्त्र संबंधी अध्ययनों को प्रेरणा प्रदान की है। उनकी इस अवधारणा का परीक्षण कर उसमें संशोधन करने (महापात्र) और इसे अधिक विस्तृत बनाने के प्रयास भी हुए हैं।

sacred object – पवित्र पदार्थ

धार्मिक कार्यों तथा अन्य अनुष्ठानों में प्रयुक्त वस्तुएँ, देवी-देवताओं की प्रतिमाएँ तथा कला एवं विभिन्न संस्कारों एवं यज्ञ में प्रयुक्त सभी वस्तुएं पवित्र पदार्थों की श्रेणी में आती हैं। पवित्रता सम्बन्धी विचार अलग-अलग संस्कृतियों में भिन्न हैं, अतः पवित्र वस्तुएं एवं पदार्थ भी भिन्न हैं।

sacred-secular continuum – धार्मिक-लौकिक नैरन्तर्य (सततता)

भारतीय सांस्कृतिक परंपरा का विश्लेषण करते हुए **वैद्यनाथ सरस्वती** ने धार्मिक-लौकिक नैरन्तर्य (सततता) के विचार को रखा है। उनके विचारानुसार, धार्मिक और लौकिक एक ही सिक्के के दो पहलू है, ये दो अलग-थलग धारणाएं न होकर एक दूसरे से जुड़ी धारणाएं हैं। मनुष्य की सोच ने इन्हें दो भिन्न धारणाएं बना दिया है। व्यक्ति का दृष्टिकोण इन्हें अलग-अलग रूप-स्वरूप प्रदान कर देता है। अपने विचारों की पुष्टि के लिये उन्होंने भारत की पवित्र नगरी काशी के कुछ धार्मिक अनुष्ठानों (विशेषतः अंत्येष्टि) के उदाहरण भी दिये हैं। उनकी यह अवधारणा प्रसिद्ध समाज वैज्ञानिक **दुर्खाइम** की पवित्र (धार्मिक) और अपवित्र (लौकिक) की द्विभाजी धारणा के विपरीत है।

sacred society – धर्मरूढ़ समाज

ऐसे समाज को धर्मरूढ़ या रूढ़िगत समाज की संज्ञा दी गई है जिसमें परंपराओं के कारण स्थायित्व आ जाता है तथा जहाँ रीतियाँ एवं मान्यताएँ रूढ़ और स्थिर हो जाती हैं। धर्मनिरपेक्ष समाज की अपेक्षा रूढ़िगत समाज में मान्यताएँ तथा सामाजिक संबंध अधिक व्यापक, प्राकृतिक तथा निर्विरोध माने–जाते हैं। प्रायः सभी आदिम तथा परंपरागत समाज धर्मरूढ़ पाये गये हैं।

sacred thread ceremony – यज्ञोपवीत/दीक्षा-संस्कार

भारत में हिन्दुओं के तीन उच्च वर्णों यथा ब्राह्मण, क्षत्रीय एवं वैश्य में प्रचलित एक संस्कार यज्ञोपवीत या दीक्षा-संस्कार के नाम से जाना जाता है जो सामाजिक जीवन में नए जीवन का द्योतक होता है तथा जिसके द्वारा व्यक्ति को धार्मिक कृत्य संपन्न करने की पात्रता प्राप्त होती है और अपने गुरु के पास बैठकर यज्ञ करने का अधिकार मिलता है। वैदिक काल में यह संस्कार आठ वर्ष की आयु में शिक्षा प्राप्त करने के पूर्व दीक्षा-संस्कार के रूप में सम्पादित किया जाता था। इस दीक्षा-संस्कार के बाद ही व्यक्ति की गिनती 'द्विज' में की जाती थी। इस संस्कार में पहना जाने वाले पवित्र सूत के धागे को 'जनेऊ' कहा जाता है। यह धागा सदैव बाएं कंधे के ऊपर से शरीर की दाहिनी ओर पहना जाता है।

sacred tree – पवित्र वृक्ष

आदिम काल से वृक्षों के पूजन की प्रथा चली आ रही है। अलग-अलग समाजों में अलग-अलग वृक्षों को पवित्र की श्रेणी में रखा गया है। हिन्दुओं में पीपल, वट वृक्ष, कल्पवृक्ष, तुलसी आदि को पवित्र वृक्षों की श्रेणी में रखा गया है और इनकी पूजा की जाती है। इन वृक्षों की पवित्रता के बारे में अनेक मिथक जुड़े हुए हैं।

sacrifice – त्याग/बलि/आहुति

सामान्य रूप में, बलि से तात्पर्य किसी धार्मिक संदर्भ में पशुओं को मारने अथवा वस्तुओं को नाश करने या चढ़ावे के रूप में अर्पित करने से है। **हेनरी हूबट और मार्शल मॉस** ने अपने एक विद्वतापूर्ण लेख 'सैकरिफ़ाइस' (1964) के शुरू में 'किसी भी प्रकार का चढ़ावा चाहे कोई वनस्पति ही क्यों न हो' को बलि की संज्ञा दी गई है, किन्तु तत्काल बाद उसी लेख में बलि के 'शिकार' की बात भी कही गई है। संकुचित अर्थों में, कभी-कभी 'रक्त बलि' के मुहावरे का भी प्रयोग किया जाता है। जब कभी इस संदर्भ में वस्तुओं की बात की जाती है तब सामान्यतः इसका अर्थ चढ़ावे से होता है, किन्तु हर समय यह स्पष्ट नहीं हो पाता कि चढ़ावे और बलि में कैसे अन्तर किया जाता है। यही नहीं, जब कभी इस शब्द का प्रयोग त्याग के अर्थ में किया जाता है तब इसमें भौतिक विनाश के अर्थ से दूर का भी कोई नाता-रिश्ता नहीं होता है। कई धर्मों में 'सैकरिफ़ाइस' शब्द का प्रयोग आत्म-त्याग, आत्म-संयम या व्यक्तिगत समर्पण की भावना के अर्थ में किया जाता है।

सभी प्रकार की बलि प्रथाओं की एक विशेषता रही है कि इसमें देवताओं को कोई ऐसी वस्तु चढ़ाई जाती है जिसे समाज के व्यक्ति महत्त्वपूर्ण समझते हैं। इसमें भोजन, पेय पदार्थ (बहुधा शराब), मैथुन, घरेलू वस्तु अथवा किसी पशु या मानव का जीवन भी हो सकता है। नायर लोग जो कि शाकाहारी हैं वे यह समझते हैं कि उनके कुल देवता भी शाकाहारी हैं, अतः वे वनस्पतियों का चढ़ावा अर्पित करते हैं। ईश्वर को प्रसन्न करने के लिये कई बार किसी विशिष्ट भोज्य पदार्थ, पेय पदार्थ, तम्बाकू या मैथुनिक सहवास को छोड़ने जैसे व्यक्तिगत त्याग की श्रेणी में आते हैं। आधुनिक समाजों में धन-सम्पदा का अर्पण त्याग का एक महत्त्वपूर्ण रूप है।

सभी प्रकार की बलि प्रथाओं में जिनके बारे में हमें जानकारी है, मानव जीवन की बलि इसकी चरम अवस्था है। नृजातिलेखन और ऐतिहासिक दस्तावेज मानव बलि के उदाहरणों और प्रकरणों से भरे पड़े हैं। मानव-बलि के क्या कारण हैं? इस प्रश्न का उत्तर ढूंढने के लिए पूर्व-औद्योगिक समाजों के कुछ अध्ययन किये गये हैं। **डीन शील्स** (1980) की एक शोध "मानवीय बलि का एक तुलनात्मक अध्ययन" के अनुसार, 'ऐसे समाजों में मानवीय बलि की प्रथा की संभावना सर्वाधिक होती है, जहाँ के लोग पूर्णकालिक रूप में दस्तकारी में संलग्न होते हैं, गुलाम होते हैं और बेगारी प्रथा से पीड़ित होते हैं। बलि की प्रथा सामाजिक रूप में जिसे महत्त्वपूर्ण माना जाता है, उसको प्रतिबिम्बित करती हैं, अर्थात् वे समाज जो ऊर्जा के लिये मुख्यतः मानवीय श्रम (पशु या मशीनों की अपेक्षा) पर निर्भर करते हैं, उनमें देवताओं को अर्पण करने के लिये मानवीय जीवन को तब सर्वाधिक उपयुक्त माना जा सकता है, जब ऐसे व्यक्ति कुछ सर्वाधिक महत्त्वपूर्ण करना चाहते हों।'

बलि-प्रथा के बारे में नृजातिक अध्ययनों द्वारा पाँच प्रमुख बातें उभर कर आई हैं जो इस प्रथा की संभावित व्याख्याएँ (सिद्धान्त) हो सकती हैं : (1) **सम्प्रेषण - दुर्खाइम** के शिष्यों **हूबर्ट एवं मॉस** (1964) ने बलि को पवित्र और साधारण (अपवित्र) के बीच सम्प्रेषण का एक तरीका बताया है, (2) **प्रतिस्थापन - लेवी स्ट्रास** (1966) ने बलि को मानव और देवता के

बीच संबंध स्थापना का एक साधन बताया है, (3) **सहभोजिता - विलियम रॉबर्टसन स्मिथ** (1889) ने बताया कि सामान्यतः घरेलू पशुओं की बलि दी जाती है और सहभोज के रूप में उसके मांस का भक्षण किया जाता है, (4) **भवशांति - गिराई** (1977) ने कहा कि बलि का मुख्य लक्षण 'हिंसा' है, अर्थात् रक्त बहाने के द्वारा एक समुदाय अपने सदस्यों के बीच के वैर-भाव को बाहर निकालता है, (5) **उपहार - एडवर्ड बर्नेट टायलर** (1871) के अनुसार, 'बलि-अर्पण देवता को एक उपहार है जैसे देवता एक मानव है।' संभवतः बलि का यह सबसे पुराना सिद्धान्त है।

sanskritization — संस्कृतिकरण

भारत में हो रहे सामाजिक परिवर्तन, विशेषतः भारतीय जाति-व्यवस्था में हो रहे परिवर्तन (जाति-गतिशीलता) के संदर्भ में भारत के प्रख्यात समाज वैज्ञानिक **एम.एन.श्रीनिवास** (1952) ने 'संस्कृतिकरण' की अवधारणा को दक्षिण भारत के एक गांव रामपुरा (मैसूर) के अध्ययन के आधार पर विकसित किया है। उनके अनुसार, "*संस्कृतिकरण एक ऐसी प्रक्रिया है जिसके द्वारा एक 'नीची जाति' या 'जनजाति' या कोई अन्य समूह किसी उच्च जाति, विशेषतः द्विज जाति के रीति-रिवाजों, कर्मकाण्डों, विश्वासों और जीवन-शैली को अपना लेता है।*" उन्होंने इसे अधिक स्पष्ट करते हुए आगे लिखा है कि "संस्कृतिकरण का तात्पर्य नवीन रीति-रिवाजों और आदतों को अपनाना मात्र नहीं है, अपितु उन नये-नये विचारों और मूल्यों को अनावृत्त भी करना है जिनकी धार्मिक और लौकिक दोनों प्रकार के संस्कृत साहित्य के विशाल भण्डार में अनेक स्थानों पर चर्चा हुई है। कर्म, धर्म, पाप, माया, संस्कार और मोक्ष जैसे सर्वाधिक सामान्य संस्कृत के धर्म-शास्त्रीय विचार इसके कुछ प्रमुख उदाहरण हैं।"

श्री निवास की इस अवधारणा ने एक लम्बी बहस को जन्म दिया है जिसके फलस्वरूप स्वयं श्रीनिवास ने अपनी अवधारणा में कई बार संशोधन और परिवर्द्धन भी किया है। यह बहस आज भी जारी है।

sanskritization, de — वि-संस्कृतिकरण

'वि-संस्कृतिकरण' की अवधारणा का जन्म **प्रो. एम.एन. श्रीनिवास** की 'संस्कृतिकरण' की अवधारणा के उल्टे अर्थों में हुआ है। इसका प्रयोग **प्रो. डी.एन. मजूमदार** में गाँव के अपने एक अध्ययन में किया है। इसे दो भिन्न अर्थों में प्रयोग किया गया है। प्रथम अर्थ में, जब कभी उच्च जातियाँ संस्कृत ग्रंथों में वर्णित भारतीय संस्कृति के तत्वों को छोड़ कर पाश्चात्य जीवन-शैली को अपनाती हैं, तब इस प्रक्रिया को वि-संस्कृतिकरण कहा गया है। द्वितीय अर्थ में, जब एक उच्च जाति या निम्न जाति या एक जनजाति का व्यक्ति किसी अस्पृश्य जाति की सदस्यता ग्रहण कर लेता है या उच्च जातियों के लोग नीची जातियों की जीवन-शैली, आचार-विचार और कर्मकाण्डों को अपना लेती हैं, तब भी इस प्रक्रिया को वि-संस्कृतिकरण कहा गया है। इस दूसरी स्थिति में, परिवर्तन करने वाले व्यक्ति, परिवार या समूह की सामाजिक प्रस्थिति के साथ-साथ उसकी कर्मकाण्डीय प्रस्थिति भी नीची हो जाती है।

अभी हाल इस संदर्भ में **प्रो. श्याम लाल** ने अपने अध्ययन (1992) में ऊँची जातियों

के निम्नीकरण (डेग्रॅडेशन) के लिये 'अस्पृश्यीकरण' और 'दलितीकरण' शब्दों का प्रयोग किया है। 'अस्पृश्यीकरण' एक ऐसी प्रक्रिया का संकेतक शब्द है जिसके द्वारा 'द्विज' जातियों के व्यक्ति अस्पृश्य कही जाने वाली जातियों की सदस्यता ग्रहण करने के साथ-साथ उनकी जीवन-शैली और कर्मकाण्डों को अपना लेते हैं।

sapiens – सेपिएन्स

विश्व के सभी मनुष्य एक जाति से सम्बन्धित हैं जिसे 'सेपिएन्स' कहा गया है। यह हामो वर्ग की विद्यमान जातियों में से एक है। कई मानव वैज्ञानिक यह भी मानते हैं कि मानव प्राणी का "आधुनिक" जैवकीय रूप एक उपजाति से संबंधित है जिसे होमो सेपिएन्स का सेपिएन्स कहा जाता है। इस जाति ने सदियों पूर्व के उस उपविशिष्ट आद्य मानव का स्थान ले लिया था जिसे भूल से तथाकथित 'निएण्डर्थल मानव' के नाम से जाना जाता रहा है।

sarcophagus – शव-पेटी/ताबूत

प्रस्तर मिट्टी या अन्य पदार्थ की बनी शव-पेटी (ताबूत) जो बहुधा अलंकृत होती है और प्रायः गिरजाघर या तुंब में रखी जाती है। प्राचीन मिश्र की 'ममीयों' को इस प्रकार की अलंकृत पट्टिकाओं में रखकर पिरामिडों में रख दी जाती थी।

sati – सती प्रथा

प्राचीन काल में भारत के हिन्दुओं में प्रचलित पति की चिता में पत्नी द्वारा स्वैच्छिक रूप में आत्म-दाह करने की परिपाटी को सती प्रथा के नाम से जाना जाता है। इस परिपाटी के उद्गम के कारणों के बारे में एकमत्यता नहीं है, किन्तु इसकी उत्पत्ति संभवतः पौराणिक काल में हुई मानी जाती है।

savage – जंगली/वन्य

ऐसे व्यक्ति को जंगली, असभ्य या वन्य कहा जाता है जो आदिम अवस्था में रह रहा है अथवा आदिम समाज का हो। विशेषण के रूप में, यह शब्द आदिम समाज की प्रारंभिक अवस्था को इंगित करता है।

savagery – असभ्यावस्था/प्राकृतावस्था

बहुधा असभ्यावस्था या प्राकृतावस्था शब्द का प्रयोग आदिम अर्थव्यवस्था वाले लोगों के लिये किया गया है। **मॉर्गन** के अनुसार यह मानव के सांस्कृतिक उद्विकास का प्रथम चरण रहा है जिसमें मानव मत्स्य और पशु आखेट अथवा खाद्य संकलन से जीवनयापन करता था और उसके उद्योग-धंधे अत्यंत आदिम, अपरिष्कृत और सरल प्रकार के थे।

scheduled area – अनुसूचित क्षेत्र

भारतीय संदर्भ में, भारतीय संविधान के अध्यादेश 244 के पाँचवें अनुच्छेद द्वारा ऐसे निर्दिष्ट क्षेत्र को अनुसूचित क्षेत्र कहा गया है जिसे प्रशासकीय व्यवस्था एवं विशेष सुविधाएं प्रदान करने के लिये चिन्हित किया गया है।

scheduled caste – अनुसूचित जाति

अनुसूचित जाति एक राजनीति-वैधानिक शब्द है जिसका पहली बार प्रयोग साइमन कमीशन ने भारतीय समाज की वर्ण-व्यवस्था में शूद्र या अछूत कहे जाने वाले जाति समूहों के लिया किया था और बाद में इसे सन् 1935 में 'भारत सरकार अधिनियम' में सम्मिलित कर लिया गया। ये जातीय समूह शताब्दियों से उच्च जातियों के भेद-भाव, शोषण और उत्पीड़न के शिकार थे। इस अधिनियम के पूर्व इन समूहों को 'बाह्य' या 'दलित' माना जाता था। स्वतंत्रता के बाद इन जाति-समूहों के लोगों को संवैधानिक सुरक्षा एवं अन्य विशेष सुविधाएं प्रदान करने के उद्देश्य से इस शब्द (अनुसूचित जाति) को बनाये रखा गया।

अस्पृश्यता को समाप्त करने तथा 'बाह्य' या 'दलित' कहे जाने वाले इन जाति-समूहों के चतुर्मुखी विकास—सामाजिक, आर्थिक, राजनीतिक आदि हेतु स्वतंत्र भारत के संविधान के अनुच्छेद 341 के अन्तर्गत राष्ट्रपति को यह अधिकार दिया गया है कि वह राज्य विशेष के प्रमुख (राज्यपाल) से परामर्श कर एक आदेश जारी करे कि किन समूहों को राज्य के विशेष संदर्भ में अनुसूचित जाति माना जाये। अतः वैधानिक दृष्टि से अनुसूचित जातियाँ वे समूह हैं जिनका नाम एक समय विशेष के लिये "अनुसूचित जाति आदेश" में उल्लेखित किया गया है। परिणामतः भारत के प्रत्येक राज्य में अनुसूचित जातियों की अलग-अलग सूचियां हैं।

scheduled tribe – अनुसूचित जनजाति

स्वतंत्रता के पूर्व "अनुसूचित जनजाति" शब्द की सर्वमान्य और सर्वत्र लागू होने वाली कोई परिभाषा नहीं थी। केवल वर्गीकरण की दृष्टि से ब्रिटिश सरकार ने "जनजाति" शब्द का प्रयोग जंगल में रहने वाले लोगों या पहाड़ी, आदिम या मूलनिवासी शब्दों के साथ किया। इससे उसका तात्पर्य ऐसे लोगों से था जिनका मुख्य धारा संस्कृति से कोई सम्पर्क नहीं था। सर्वप्रथम तत्कालीन भारत सरकार ने सन् 1935 के 'भारत सरकार अधिनियम' में तथाकथित जनजातियों के विकास और सुधार के कुछ प्रावधान किये और जनजातियों के आरक्षण की नीति को अनुसूची में अधिसूचित किया गया। लगभग इसी समय से "अनुसूचित जनजाति" की अवधारणा का आविर्भाव हुआ जिसे बाद में स्वतन्त्र भारत के संविधान में सम्मिलित कर लिया गया। इसी आधार पर भारतीय संविधान के अनुच्छेद 342 के अन्तर्गत निर्दिष्ट आदिवासी समूहों को अनुसूचित जनजातियाँ कहा जाने लगा। सन् 1950 के संविधान के एक आदेश एस. आर. ओ. 510 के द्वारा (आसाम को छोड़ कर) एक सौ साठ आदिवासी समूहों को संविधान की आठवीं अनुसूची में अनुसूचित जनजातियों के रूप में सम्मिलित किया गया। सन् 1971 में इस सूची में 527 जनजातियों के नाम थे। इस प्रकार अनुसूचित जनजातियों के लिये आरक्षण की नीति या 'संरक्षणात्मक भेदभाव की नीति' को सरकार के लिये एक संवैधानिक दायित्व बना दिया गया।

ध्यान रहे, भारत के सभी आदिवासी समूहों को उनकी आदिवासीय उत्पत्ति के उपरान्त भी उन्हें अनुसूचित जनजाति की श्रेणी में सम्मिलित नहीं किया गया है। यही नहीं, एक ही जनजाति को एक स्तर पर अनुसूचित माना गया है, किन्तु विकास के अन्य चरण पर उसे अनुसूचित जनजाति की सूची से निकाल बाहर किया है। अतः अनुसूचित जनजाति के

निर्धारण में उत्पत्ति के अतिरिक्त विकास के स्तर को भी आधार माना गया है।

science – विज्ञान

ज्ञान के उस समूह अथवा भंडार को जिसे आनुभविक प्रेक्षण और परीक्षण द्वारा प्राप्त किया जाता है, विज्ञान कहलाता है। "साइन्स" शब्द की उत्पत्ति लैटिन के "साइअन्टिया" शब्द से हुई है, जिसका अर्थ होता है, "ज्ञान"। यह ऐसा क्रमबद्ध एवं वस्तुनिष्ठ ज्ञान है जिसकी सत्यता की परख इन्द्रियों के माध्यम से की जा सकती है।

scientific method – वैज्ञानिक विधि

ज्ञान प्राप्ति की एक विधि, एक तरीका जिसमें तथ्यों का संकलन, परीक्षण, विश्लेषण कर उनका सत्यापन किया जाता है, वैज्ञानिक विधि कहलाती है। प्राक्कल्पना निर्माण से लेकर सत्यापित तथ्यों के आधार पर सामान्यीकरण (सिद्धान्त) की रचना तक इसमें कई चरणों (प्राक्कल्पना की रचना, तथ्यों का संकलन, वर्गीकरण, सारणीयण, विश्लेषण और सिद्धान्त रचना) का प्रयोग किया जाता है।

scientific excavation – वैज्ञानिक उत्खनन

भूमि की सतह पर अप्रत्याशित रूप में पाये गये जीवाश्म, अस्थियां, उपकरण तथा परागकणों के अवशेष इस तथ्य का संकेत देते हैं कि यहां कोई प्राचीन सभ्यता या संस्कृति भूमि के तलछटों में दबी पड़ी है। इन दबे हुए साक्ष्यों के बारे में पर्याप्त प्रमाण एकत्रित करने के लिए अत्यन्त सावधानीपूर्वक उत्खनन (खुदाई) की आवश्यकता पड़ती है। उत्खनन का कार्य एक लम्बे काल से किया जाता रहा है, किन्तु आजकल इसे वैज्ञानिक आधार पर किया जाता है। सर्वप्रथम उत्खनन किये जाने वाले स्थान का एक मानचित्र बनाया जाता है। तत्पश्चात्, पुरातत्वविज्ञ उत्खनन स्थान की सतह पर एक-एक वर्ग मीटर दूरी के निशान बनाते हैं। इसके बाद, इन चौकोर खानों की खुदाई का कार्य शुरू कर प्रत्येक स्तर का विस्तृत अध्ययन एवं अन्वेषण किया जाता है। इस उत्खनन कार्य के लिये कई उपकरणों, जैसे—गेंती, फावड़ा, करनी, खुरफी, छेनी, हथोड़े आदि का आवश्यकतानुसार प्रयोग किया जाता है। आजकल इस कार्य में कई विद्युत उपकरणों का भी प्रयोग किया जाने लगा है।

seance – आत्मायन

प्रेतात्मा के साथ सम्पर्क स्थापित करने के उद्देश्य से किये गये अनुष्ठान आत्मायन कहलाते हैं। आदिम एवं परम्परागत समाजों में इस प्रकार के अनुष्ठान बहुत प्रचलित हैं जिनमें प्रेत का आह्वान कर ओझा उसके माध्यम से जानकारी प्राप्त करता है अथवा वांछित कार्य सम्पन्न करने का प्रयास करता है।

secret society – गुह्य समाज

ऐसा बंद समाज (संघ) जिसकी सदस्यता प्रायः पुरुषों तक सीमित होती है, और इसे समाज के अन्य सदस्यों से गुप्त अथवा अज्ञात रखा जाता है। इसके कुछ क्रियाकलाप सबके सामने किये जा सकते हैं, किन्तु ऐसी अवस्था में इनमें भाग लेने वाले सदस्यों के चेहरे मुखौटों द्वारा

ढके होते हैं। किन्तु, गुह्य संघ या समाज के अधिकतर क्रियाकलाप कर्मकाण्डी होते हैं जो केवल सदस्यों की उपस्थिति में ही किये जाते हैं। ऐसे समाज (संघ) आदिवासियों और सभ्य लोगों दोनों में पाये गये हैं।

sect – पंथ/सम्प्रदाय

एक धार्मिक "हम-समूह" जिसमें एकान्तिकता, अपेक्षतया मानसिक गतिहीनता (कट्टरता) तथा किसी पंथ विशेष के विचारों के अंध एवं हठधर्मिता पूर्ण अनुसरण की विशेषताएं पाई जाती हैं, सम्प्रदाय या पंथ के नाम से जाना जाता है। एक पंथ के मानने वाले अनुयायी किसी एक धार्मिक सिद्धान्त और प्रथाओं के एक विशेष रूप को मान्यता देते हैं तथा वे किन्हीं विशिष्ट परम्पराओं और संत-महात्माओं के साथ अपने सम्बन्धों के आधार पर अपनी एक अलग एवं विशिष्ट पहचान बना लेते हैं। भारत में लिंगायत, गोरखपंथी, नाथ सम्प्रदाय, राधास्वामी सम्प्रदाय आदि इसके कुछ उदाहरण हैं।

कभी-कभी किसी पंथ का संगठन (जैसे आनन्द मार्गी) राजनीतिक आधार भी लिये होता है, किन्तु दर्शन और विचारों की दृष्टि से इसकी मूल प्रकृति धार्मिक ही होती है।

section systems – अनुभाग व्यवस्थाएं

आस्ट्रेलिया के मूल आदिवासी समूहों से जुड़ा विवाह-विनिमय का एक रूप "अनुभाग व्यवस्थाओं" के नाम से जाना जाता है जिसमें एक समाज ऐसे कई विवाह वर्गों या अनुभागों में बंटा होता है कि जिनमें पत्नियों का एक चक्र के रूप में लेन-देन होता है, अर्थात् जिसमें प्रत्येक समूह एक समूह को पत्नी देता है और दूसरे समूह से पत्नियां लेता है।

segmentary lineage system – खंडात्मक वंश प्रणाली

खंडात्मक वंश प्रणाली एक ऐसा मॉडल है जिसमें एकरेखीय वंश परम्परा का प्रयोग किया जाता है ताकि अशीर्षी (नेतृत्वहीन) या गैर-केन्द्रित संगठित समाजों के समस्थिर संचालन को स्पष्ट किया जा सके। मानवशास्त्र में, इस प्रकार के मॉडल का सर्वाधिक अच्छा उदाहरण **ईवान्स प्रिचार्ड** (1940) की पुस्तक "द न्यूर" में देखने को मिलता है।

जिन समाजों में खंडात्मक वंश प्रणाली होती है, वे कई खण्डों या भागों में विभाजित होते हैं। इन सभी खंडों की संरचना और प्रकार्य समान होते हैं। प्रत्येक स्थानीय खंड में वंशों का एक पदक्रम होता है। वंशों का यह पदक्रम इन खंडों को अधिकाधिक बड़े वंश आधारित समूह में बांध देते हैं। वंश के आधार पर दो समूह जितने ही अधिक निकट होंगे, उतनी ही उनमें अधिक साझा निकटता और सहयोग होगा। जब कभी दो खंडों के सदस्यों के बीच में कोई विवाद उत्पन्न होता है, तब वे विवादित खंडों में से उस खंड के सदस्यों का साथ देते हैं जो वंश के आधार पर उनसे अधिक निकट होते हैं। उत्तरी नाइजीरिया के "टिव" लोगों में इस प्रकार की खंडात्मक व्यवस्था पाई गई है।

semantics – अर्थविज्ञान

अर्थविज्ञान ज्ञान प्राप्ति की एक विधा है जिसमें सामान्य रूप में अर्थ का अध्ययन किया जाता

है। इसका प्रयोग दर्शनशास्त्र, भाषाशास्त्र, और मानवशास्त्र तीनों ज्ञान की शाखाओं में किया जाता है। आजकल "प्रैग्मैटिक्स" (उपयोगितावाद) के अधिक महत्वपूर्ण होने के कारण अर्थविज्ञान का महत्व घट गया है। आजकल अर्थविज्ञान में संदर्भात्मक अर्थ के जानने पर अधिक बल दिया जाता है। मानवशास्त्र में इसका प्रयोग नातेदारी शब्दावली के संदर्भात्मक अर्थों को जानने में किया गया है।

semiotics — लक्षण-विज्ञान

संकेत या संकेत प्रणाली के अध्ययन को लक्षण-विज्ञान कहते हैं। इसका प्रयोग सत्रहवीं शताब्दी में प्रख्यात दर्शनशास्त्री **जॉन लॉक** द्वारा संकेतों/चिन्हों के सामान्य अध्ययन में किया गया था। किन्तु, आधुनिक लक्षण-विज्ञान की स्थापना स्विस भाषाशास्त्री **फर्डिनंड डी सासुरे** तथा अमरीकी उपयोगितावादी दर्शनशास्त्री **चार्ल्स सेन्डर्स पर्स** द्वारा की गई है। सासुरे (1959) ने संकेत तथा उसकी वस्तु के बीच सम्बन्धों को "संकेतक" (सिग्निफायर) और "संकेतिक" (सिग्निफाइड) के रूप में देखा है। उनके अनुसार, सभी भाषाएं संकेतों के रूप में होती हैं। अतः उन्होंने भाषा के अध्ययन की विधियों की स्थापना की है ताकि गैर-भाषाई संकेत व्यवस्थाओं का अध्ययन किया जा सके। सासुरे के संकेतों के सिद्धान्त के अनुसार यह माना जाता है कि समान भाषा के सभी बोलने वालों में भाषाई संकेतों और उनसे सम्बन्धित वस्तुओं के बीच के सम्बन्धों के बारे में एक साझा समझ होती है और यही समझ उन्हें अर्थ-सम्प्रेषण करने में सहायक होती है। सासुरे ने इस साझा समझ की व्यवस्था को ही "लैन्यू" (भाषिक) और भाषा प्रयोग के व्यक्तिगत अन्तर को "पॅरोल" (प्रतिश्रुति) कहा है और इन दोनों के मेल से "लैन्विज" (भाषा) का निर्माण होता है।

मानवशास्त्री **लेज़ली व्हाइट** (1940, 1949) ने मानव प्राणियों को "संकेतपरक पशु" कहा है। दूसरे शोधकर्त्ताओं ने इसी बात को दूसरे ढंग से यह कहा है कि "संकेतों के प्रयोग करने की एक आधारभूत और संभवतः अद्‌भुत मानव की योग्यता है।" मानवशास्त्रियों ने मानव द्वारा संकेतों के प्रयोग में संस्कृति की भूमिका का अध्ययन किया है। संकेतों की व्याख्या संस्कृति के आधार पर की जाती है। चिम्पांजी तथा अन्य उच्च स्तर के वानरों के सम्प्रेषण सम्बन्धी अध्ययनों ने एक लम्बे समय से चली आ रही इस धारणा का खण्डन किया है कि संकेतों का प्रयोग केवल मानव प्राणियों में ही होता है। इस प्रकार के अध्ययनों द्वारा यह दावा किया गया है कि उच्च स्तर के वानरों में भी संकेतों के समझने की क्षमता होती है। कांजी नामक एक चिम्पांजी में यह पाया गया है कि वह बोल तो नहीं सकता, किन्तु वह मानव की बोली को समझना सीख गया। किन्तु, वानरों द्वारा मानव बोली और संकेतों के समझने की योग्यता के बारे में अभी विवाद खत्म नहीं हुआ है। अभी भी इस विचार के बारे में भारी मत वैभिन्यता है कि क्या वानर वास्तव में भाषा का प्रयोग करते हैं या मात्र वे "उद्दीपक-प्रत्युत्तर प्रशिक्षण" मात्र का अभिनय करते हैं।

sept — सेप्ट

"सेप्ट" शब्द का प्रयोग प्राचीन आइरिश गण या कबीले के लिये किया गया है जिसका

अधिष्ठाता कोई पितृसत्ताधारी व्यक्ति होता था। प्राचीन आंग्ल भाषा में इस शब्द का प्रयोग इसी प्रकार के अन्य समूहों के लिये किया गया है, विशेषकर ऐसे समूहों के लिए जो स्थानबद्ध हों और जिनमें वंशानुक्रम पुरुष और स्त्री दोनों शाखाओं से माना जाता है। यह दूसरा अर्थ इसको "सिब" से अलग करता है। आजकल इस शब्द का प्रायः प्रयोग नहीं किया जाता है।

serf – कृषिदास

सामंतशाही व्यवस्था में उस व्यक्ति को कृषिदास कहा गया है जिसके पास कुछ ऐसी जमीन होती है जिसका स्वामी वह नहीं होता, किन्तु उस भूमि के स्वामी के प्रति उस व्यक्ति को कुछ कर्त्तव्यों और सेवाओं का निर्वाह करना पड़ता है, फिर भी वह क्रीत दास (गुलाम) की तरह अपने स्वामी की निजी सम्पत्ति नहीं होता है।

serpent worship – नाग पूजा

नाग पूजा धर्म का एक स्वरूप है जिसमें सांप की उपासना अथवा पूजा की जाती है। प्राचीन समय में इसकी पूजा व्यापक रूप से प्रचलित थी तथा कुछ जनजातियों तथा भारत के कुछ भागों में नागपूजा (नाग पंचमी के दिन) आज भी की जाती है। अफ्रीका की जुलू जनजाति में इन्हें पूर्वजों का अवतार मानते हैं और इन्हें घर में पालते हैं।

sexual dimorphism – लैंगिक द्विरूपता

एक ही जीव-जाति के नर और मादा के शारीरिक लक्षणों के अन्तर को लैंगिक द्विरूपता कहते हैं। उदाहरणार्थ, मानवों में शरीर के आकार की दृष्टि से थोड़ी सी लैंगिक द्विरूपता होती है। इनमें एक ही जनसंख्या में पुरुषों का कद स्त्रियों की अपेक्षा औसतन ऊंचा होता है।

sex – काम-भावना/कामुकता

काम-भावना या मैथुनिक व्यवहार सम्बन्धी मानवशास्त्रीय अध्ययनों में ऐसे जैवकीय, मनोवैज्ञानिक तथा सांस्कृतिक कारकों के बीच होने वाली अन्तर्क्रियाओं का अध्ययन किया जाता है जो समस्त विश्व में लैंगिक आकर्षण, कामोद्दीपन और उचित कामुक व्यवहार को जन्म देते हैं। इस क्षेत्र में मानवशास्त्रियों द्वारा सन् 1950 से विभिन्न समुदायों और संस्कृति में तुलनात्मक अध्ययन किये गये हैं। इन अध्ययनों के प्रमुख निष्कर्ष इस प्रकार हैं : (1) अधिकांश समाजों में एक लम्बे समय तक मैथुनिक क्रिया करने की अपेक्षा पुरुष झटपट मैथुनिक क्रिया निपटाने में रुचि रखते हैं, (2) मैथुनिक शिष्टता एक विश्वव्यापी मानवीय विशेषता है, (3) अधिकांश समाजों में पूर्व वैवाहिक सहवास को उदारता से देखा जाता है, यदि लड़की गर्भवती न हो जाये, (4) अधिकांश समाजों में शारीरिक एवं मौखिक रूप में जननेन्द्रियों से खेलने को चुम्बन की अपेक्षा अधिक पसन्द किया जाता है, (5) बलात्कार उन समाजों में अधिक होते हैं जिनमें अन्तर्पारस्परिक हिंसा और लैंगिक दुराव (पृथकता) अधिक होता है, (6) मानवशास्त्रियों ने बिरले ही इस विषय का अध्ययन किया है कि उम्र में बढ़ोतरी किस सीमा तक मैथुनिक व्यवहार को प्रभावित करती है, (7) वास्तविक व्यवहार बहुत कम ही सार्वजनिक नैतिकता की परिपाटियों के अनुरूप होता है, (8) पुरुष नपुंसकता उन संस्कृतियों

से अधिक जुड़ी पाई गई है जिन समाजों में मैथुनिक क्रिया अत्यधिक प्रतिबंधित है, (9) मानवशास्त्रियों ने इस विषय पर बहुत कम ध्यान दिया है कि मैथुनिक क्रिया किस प्रकार रोज़मर्रा के जीवन को व्यवस्थित करने में एक मुख्य साधन है, (10) अधिकांश समाजों में विवाह-अतिरिक्त लैंगिक सम्बन्धों को अच्छा नहीं माना जाता है और इन्हें कठोर रूप में प्रतिबंधित किया गया है। सेक्स को लेकर बहुत पहले **अल्फ्रेड किन्से** द्वारा किये गये अध्ययन (1948, 53) और भारत में **प्रो. घुर्ये** द्वारा किया गया अध्ययन (1938) इस क्षेत्र के अग्रणी अध्ययन रहे हैं।

shaman – शामन (ओझा)

"शामन" शब्द की उत्पत्ति साइबेरिया की टून्गस जनजाति के शब्द "सामन" से हुई है जिसका अर्थ होता है, "भाव विभोर अवस्था में जानकारी प्राप्त करना।" सामान्य रूप में, शामन (ओझा) शब्द का प्रयोग आदिम समाजों में ऐसे व्यक्तियों के लिये किया जाता है जो अलौकिक शक्ति सम्पन्न जादुई-धार्मिक विशेषज्ञ होते हैं। ऐसा विश्वास किया जाता है कि शामन में अलौकिक शक्ति या प्रेतात्मा का निवास होता है जिसके द्वारा वह रोगों का उपचार तथा जनहित के अन्य कार्य कर सकता है। इन लोगों को "पवित्रता" की धारणा युक्त करिश्माई व्यक्तित्व वाला एक तकनीकी विशेषज्ञ माना जाता है। ऐसे व्यक्ति सामूहिक पूजा और विस्मय को प्रोत्साहित करते हैं। शामन और पुजारी में अन्तर होता है। यह अन्तर ईश्वर संबंधी धारणा पर आधारित है कि ईश्वर किसे कहा जाये, अतः वह कहां रहता है, अन्दर है या बाहर, इन प्रश्नों की व्याख्या के आधार पर यह अन्तर किया जाता है।

आदिवासीय धर्मों, विशेषतः जीववादियों में, धार्मिक अनुष्ठानों को सम्पन्न करवाने के लिये (पुजारियों की भूमिका में) कुछ ऐसे चमत्कारी व्यक्ति होते हैं जिनके विषय में यह विश्वास किया जाता है कि ये व्यक्ति आत्माओं से सम्बन्ध स्थापित कर सकते हैं, उनसे बातचीत कर सकते हैं तथा ये आत्माओं को प्रभावित भी कर सकते हैं, इन्हें ही शामन या ओझा कहा जाता है। ऐसे व्यक्तियों की समाज में एक विशिष्ट प्रस्थिति होती है। ऐसा माना जाता है कि इन लोगों में भटकती हुई आत्माओं को वश में करने की कुछ शक्तियां होती हैं। इन शक्तियों में मुख्य रूप में लोगों के मन-मस्तिष्क को पढ़ने की, दूरस्थ घटना के बारे में जानने की, एक्स-रे जैसी दृष्टि (दिव्य दृष्टि), भविष्योक्ति, बीमारी को ठीक करने (या बीमारी को पैदा करने) की जादुई क्षमता, देह से बाहर घूमने की शक्तियां सम्मिलित की जाती हैं।

shamanism – शामनवाद/शामन कल्प

शामनवाद/शामन कल्प धर्म का एक रूप है जो इस विश्वास पर आधारित है कि पारलौकिक शक्तियां एवं प्रेतात्माएं व्यक्ति विशेष में आ जाती हैं और इस कारण उसकी जादुई क्षमता बढ़ जाती है और ऐसा व्यक्ति भविष्यवाणी, रोग-निदान और उपचार कर सकता है। यही नहीं, ऐसा व्यक्ति इसी प्रकार की अन्य दुर्घटनाओं से अपने समुदाय की रक्षा करने में सक्षम होता है।

एक अन्य अर्थ में, उत्तरी एशिया तथा यूरोप के यूराल-अल्ताइक लोगों का धर्म भी

शामन-कल्प कहलाता है। इन लोगों में यह विश्वास किया जाता है कि देवताओं, पिशाचों तथा पितर आत्माओं का अदृश्य संसार केवल शामन (ओझा) जैसे लोगों के प्रति अनुक्रियाशील होता है।

shifting cultivation (slash and burn) – स्थानान्तरित कृषि

खेती की वह विधि स्थानान्तरित या कर्तन-दहन कृषि कहलाती है जिसमें वृक्षों को काट कर पहले जलाया जाता है और बाद में उनकी राख से भूमि को उर्वर बना कर खेती की जाती है। इस प्रकार की कृषि द्वारा एक स्थान पर कुछ समय तक केवल कुछ ही फसलें पैदा की जाती हैं। सामान्यतः इस प्रकार की कृषि में हल-बैल तथा खाद का उपयोग नहीं किया जाता है। इसे स्थानान्तरित कृषि इसलिये कहते हैं, क्योंकि इस विधि में कृषक दो-तीन फसलों के बाद स्थान बदलते रहते हैं। इस प्रकार की कृषि न्यूगिनी, अफ्रीका, दक्षिणी अमेरिका के कुछ भागों में और भारत की कुछ जनजातियों में अभी भी प्रचलित है। इस प्रकार की कृषि के लिये भारत की जनजातियों में अलग-अलग नामों का प्रयोग किया जाता है, उदाहरणार्थ, नागाओं में "झूम', मरिया में "पेंडा", बैगा में "बेवर" और खोंड में इसे "पौडू" कहते हैं। सांस्कृतिक मानवशास्त्रियों का अनुमान है कि इस प्रकार की कृषि का प्रारंभ नव पाषाण युग में हुआ होगा।

shrine – देव मंदिर/मक़बरा/चैत्य

ऐसे धार्मिक स्थलों को जो किसी दैवी शक्ति अथवा आत्मा को अर्पित होते हैं और जहां उस शक्ति अथवा आत्मा के नाम पर पूजा, बलि जैसे अनुष्ठान किये जाते हैं, देव मंदिर, मक़बरा या चैत्य कहा जाता है। इसी कारण, ऐसे स्थलों को पवित्र माना जाता है। भारत में वैष्णो देवी, ख्वाजा साहब की दरगाह इसी प्रकार के देव-मंदिरों या मक़बरों के उदाहरण हैं।

sib – कुल (सिब)

पारम्परिक अर्थ में, किसी मातृवंशीय अथवा पितृवंशीय सर्वपूर्वज पर आधारित तथा बहुधा एक गणचिन्ह (टोटम) में विश्वास रखने वाले एकरेखीय तथा सामान्यतः बहिर्विवाही समूह को कुल या गण (सिब) कहते हैं। प्रायः इस शब्द का प्रयोग गोत्र (क्लॉन) के पर्यायवाची अर्थ में किया जाता है, किन्तु मुख्यतः इसका प्रयोग भाइयों और बहिनों के एक ऐसे अस्थानिक समूह के लिये किया गया है जो किसी एक वंश परम्परा के सहभागी हैं, चाहे वे कहीं भी रहते हैं। आजकल इस शब्द का प्रयोग पुराना पड़ गया है और इसके स्थान पर "क्लान" शब्द का ही प्रयोग अधिक किया जाता है।

sibling – सहोदर

एक ही माता-पिता की संतानें (भाई-बहिन) सहोदर कहलाती हैं।

sign – संकेत/चिन्ह

अत्यन्त सरल अर्थ में, एक संकेत से तात्पर्य वह सब कुछ है जिसे किसी वस्तु का किसी के लिये प्रतीक के रूप में प्रतिनिधित्व करने वाला माना जाता है। एक संकेत तभी तक संकेत

माना जाता है जब तक वह उस वस्तु से सम्बन्धित होता है जिसका वह प्रतिनिधित्व करता है। अतः संकेत की प्रकृति उसमें निहित किसी मुख्य गुण की अपेक्षा वस्तु के साथ उसके सम्बन्धों से निर्धारित होती है। वस्तु के गुण अपने आप में कोई महत्व नहीं रखते यदि उस वस्तु का संकेत से नाता टूट जाता है। दूसरे शब्दों में, संकेत तथा उस वस्तु के बीच कोई आन्तरिक सम्बन्ध नहीं होता, अपितु इस सम्बन्ध की रचना किसी बाहरी मूल्यांकन कर्त्ता द्वारा की जाती है।

संकेतों में पहचाने जाने की क्षमता होती है। संकेतों के कई रूप हैं, जैसे मूर्त वस्तुएं, गन्ध, तीव्र अनुभूति, लिखित अथवा मौखिक शब्द, ध्वनियां, चित्र, तथा भाव भंगिमाएं जैसी अनेक वस्तुओं का प्रयोग संकेतों के रूप में किया जाता है। इसके विपरीत, जिन वस्तुओं को संकेतों के द्वारा प्रदर्शित किया जाता है, अपनी प्रकृति के अनुसार वे अनन्त हैं, उनकी कोई सीमा नहीं हैं। वे वस्तुएं चट्टान या वृक्ष के रूप में मूर्त हो सकती हैं, एक मनोभाव, एक गणितीय सिद्धान्त, या एक संगीतमय सूक्ति के रूप में पूर्णतः अमूर्त हो सकती है। एक दृष्टि से संकेतों या प्रतीकों की मानवीय अन्तर्क्रिया में अत्यन्त महत्वपूर्ण भूमिका होती है। ये ऐसे उपकरण या साधन हैं जो कर्त्ताओं के विश्व सम्बन्धी अपने निजी अनुभवों, मानसिक कल्पनाओं, और मनोभावों और अन्य आन्तरिक दशाओं को दूसरों को सम्प्रेषित करने तथा मूर्त रूप देने में मदद करते हैं।

विद्यमान संकेत-व्यवस्था में मानवीय भाषा सर्वाधिक जटिल है, यद्यपि भाषा के अतिरिक्त भी मानव कई अन्य संकेतों का प्रयोग करते हैं। स्विस भाषाशास्त्री **फर्डिनंड डी सासुरे** (1959) तथा अमरीकी उपयोगितावादी दार्शनिक **चार्ल्स सेन्डर्स पर्स** (1931-58) को संकेतों के आधुनिक अध्ययन, जिसे आजकल "लक्षण-विज्ञान" कहा जाता है, का जनक माना जाता है। (देखिये—सेमिऑटिक्स)

sin eater – पाप-भक्षक

एक ऐसे व्यक्ति को पाप-भक्षक माना जाता है जिसे मृत व्यक्ति के पापों को अपनाने (हजम करने) के लिये औपचारिक रूप से धन दिया जाता है। प्रतीकात्मक रूप में, ऐसा व्यक्ति शव के समीप रखा भोजन खाता है।

sin offering – पापमोचन बलि

पापों को दूर करने के उद्देश्य से जो बलि दी जाती है, उसे पापमोचन बलि कहते हैं। प्राचीन यहूदियों में इस प्रकार के अनुष्ठान का प्रचलन पाया गया है जिसमें बलि दिये जाने वाले पशु के रक्त से वेदी का लेप किया जाता है। पशु के कुछ चयनित अंगों तथा चर्बी वाले भाग को वहीं जलाया जाता है और शेष भाग को गर्भगृह के बाहर जलाने की प्रथा प्रचलित थी।

sister exchange – बहिन विनिमय

बहिन विनिमय विवाह-विनिमय का एक रूप है जिसमें दो पुरुष या दो भिन्न नातेदारी समूह के सदस्य सगी अथवा वर्गात्मक बहिनों का पत्नियों के रूप में अदला-बदली करते हैं।

slavery – दास प्रथा

मानव प्राणियों के साथ-साथ उनके वंशजों का हरण करके या खरीद कर उन्हें किसी काम के लिये प्रयोग करना या दूसरों को बेचने या अदला-बदली करने की प्रक्रिया दास प्रथा कहलाती है। मानव व्यक्तियों को बेचने-खरीदने का चलन मानव के सभी समाजों में किसी न किसी रूप में पाया गया है। दास-प्रथा का मूलाधार इसमें व्याप्त सम्पत्ति की भावना है, अर्थात् मानव प्राणियों को सम्पत्ति के रूप में प्रयोग कर उन पर स्वामित्व के भाव को जताने से है। यह एक आर्थिक संस्था रही है जिसमें दासों को कोई स्वतन्त्रता प्राप्त नहीं होती थी। पश्चिमी विचारधारा में दास प्रथा को नागरिक स्वतन्त्रता की विरोधात्मक स्थिति माना है। एक स्वतंत्र नागरिक वह होता है जिस पर किसी दूसरे व्यक्ति का स्वामित्व नहीं होता, जिसे बेचा नहीं जा सकता और जो दूसरे के लिये काम (श्रम) अपनी इच्छा और मुआवजे के लिये करता है तथा जिसे बराबर के मौलिक नागरिक अधिकार प्राप्त होते हैं। एक दास को ये सभी चीजें प्राप्त नहीं होती हैं। पश्चिमी विचारधारा की स्वतंत्र नागरिक और दास की यह धारणा सभी जगह लागू नहीं होती है। मानवशास्त्रियों द्वारा किये गये अध्ययनों द्वारा यह प्रकट हुआ है कि दास प्रथा के बारे में कई प्रकार की धारणाएं तथा इसके कई भिन्न रूप विद्यमान हैं। "स्वामित्व" की धारणा अलग-अलग संस्कृतियों में भिन्न पाई गई है।

sledge – स्लेज

उत्तरी ध्रुव प्रदेश के एस्किमों लोगों द्वारा प्रयुक्त वाहन को स्लेज कहा जाता है। इस वाहन/गाड़ी में पहिये नहीं होते, किन्तु तल में पटरियां लगी होती हैं जो इसे जमी बर्फ पर फिसलने में सहायता करती हैं। इस वाहन में कुत्ते अथवा बारहसिंहें जोते जाते हैं और इसका उपयोग सवारी और माल ढोने दोनों के लिये किया जाता है।

social change/social transformation – सामाजिक परिवर्तन/सामाजिक रूपान्तरण

किसी समाज की सामाजिक संरचना (सामाजिक सम्बन्धों का ताना-बाना), संस्थाओं अथवा समाज के अन्य उपादानों में पहले की अपेक्षा अन्तर आ जाने को सामाजिक परिवर्तन कहते हैं। सामाजिक परिवर्तन का विषय मानवशास्त्र का अध्ययन का कभी भी मुख्य विषय नहीं रहा। संस्कृति और समाज के सिद्धान्तों की अधिकांश विवेचनाओं में परिवर्तन के गतिशास्त्र और प्रभावों को जानने के यत्र-तत्र अवश्य प्रयास किये गये हैं। आजकल कुछ समय से परिवर्तन पर एक अनुभाग के रूप में अवश्य ध्यान दिया जा रहा है और किसी भी नृजातिवृत में मुख्य मुद्दे की अपेक्षा एक अंतिम अध्याय के रूप में परिवर्तन पर थोड़ा-बहुत लिख दिया जाता है। मानवशास्त्रियों द्वारा परिवर्तन के विषय के प्रति उदासीनता बरतने और इसकी अवहेलना करने के कई कारण रहे है, इनमें मुख्य कारण मानवशास्त्रियों द्वारा लघु-स्तरीय, गैर-औद्योगिक, "पारम्परिक" एवं "लोक" समाजों पर अपने अध्ययनों को केन्द्रित किये जाने के साथ-साथ मानवशास्त्र में प्रयोग किये जाने वाले प्रमुख पैराडाइम्स, जैसे प्रकार्यवाद, संरचनात्मक-प्रकार्यवाद, और संरचनावाद के विश्लेषण की प्रकृति, और उनका

व्यवस्था-सामंजस्यता, संस्थात्मक समाकलन (एकीकरण) पर अधिक बल दिया जाना तथा साथ ही ऐतिहासिक शक्तियों पर अपेक्षाकृत कम ध्यान दिया जाना रहा है। आजकल अनेक सांस्कृतिक-पारिस्थितिक, सांस्कृतिक-उद्विकासवादी और सांस्कृतिक-भौतिकवादी परिप्रेक्ष्यों में अधिकाधिक परिवर्तन के प्रश्न पर ध्यान दिया जा रहा है। यही नहीं, **मार्क्स** और **वेबर** से प्रभावित मानवशास्त्रियों ने ऐतिहासिक शक्तियों को ध्यान में रखकर परिवर्तन के मुद्दों को अपने अध्ययनों में केन्द्रीय महत्व दिया है। इसके अतिरिक्त, उत्तर-आधुनिकता और विखंडनवादी परिप्रेक्ष्यों ने भी मानवशास्त्रियों को परिवर्तन पर नये सिरे से सोच-विचार के लिये प्रेरित किया है।

मार्क्सवादी तथा अन्य ऐतिहासिक परिप्रेक्ष्यों से प्रभावित एक संरचनात्मक-प्रकार्यवादी मानवशास्त्री **मैक्स ग्लक्मैन** ने कहा है कि परिवर्तन एक स्वाभाविक और निरन्तर होने वाली प्रक्रिया है और इसे अन्य मुद्दों (संस्थागत सम्बन्धों को कैसे बनाये रखा जा सकता है) की अपेक्षा समझना सरल है। फिर भी, उन्होंने पुनरावर्तक परिवर्तन, अर्थात् एक व्यवस्था के भीतर होने वाले परिवर्तन और क्रांतिकारी परिवर्तन, अर्थात् समूची व्यवस्था के परिवर्तन में भेद किया है। पुनरावर्तक परिवर्तन की स्थिति में व्यवस्था की गतिकी में पुनः उसी संस्थागत व्यवस्था को बनाये रखने की प्रवृत्ति होती है, किन्तु क्रांतिकारी परिवर्तन में सम्पूर्ण सांस्कृतिक और सामाजिक व्यवस्था में ही बदलाव आ जाता है। **लीच** (1954) ने भी बर्मा (अब म्यांमार) के राजनीतिक परिवर्तन सम्बन्धी अपने अध्ययन में ग्लक्मैन के विचारों की पुष्टि की है। इन दोनों विद्वानों के साथ "मैनचेस्टर सम्प्रदाय" ने भी उन प्रकार्यवादी उपागमों की आलोचना की है जिनमें परिवर्तन को सामाजिक विघटन और सामाजिक टूटन के रूप में देखा गया है।

कई बार, सामाजिक परिवर्तन और सामाजिक रूपान्तरण (सोश्यल ट्रेन्सफॅर्मेशन) शब्दों को समानार्थक मान कर एक दूसरे के स्थान पर प्रयोग कर लिया जाता है। *सामाजिक परिवर्तन सामाजिक व्यवस्था में होने वाले यत्र-तत्र या छुट-पुट होने वाले परिवर्तनों को इंगित करता है, जब कि सामाजिक रूपान्तरण समूची सामाजिक व्यवस्था के कायापलट, अर्थात् सम्पूर्ण व्यवस्था के परिवर्तन को प्रदर्शित करता है। रूपान्तरण की धारणा प्रायः सम्पूर्ण सांस्कृतिक अथवा संरचनात्मक क्रम-विन्यास के ऐसे पुनर्गठन को इंगित करती है जो पहली अवस्था से भिन्न होते हुए भी उससे मिलती-जुलती या पूर्ववर्ती रूप से सम्बन्ध बनाये रखते हुए सततता को बनाये रखती है।* **लेवी-स्ट्रॉस** (1969-81) ने अमरीकी इन्डियन लोगों के कई प्रकार के मिथकों और सामाजिक स्वरूपों में होने वाले इस प्रकार के रूपान्तरणों का सारगर्भित विवेचन किया है। **मार्शल साहलिन्स** (1985) ने हवाई द्वीप समूहों के ऐतिहासिक परिवर्तन के अपने अध्ययन में संरचनात्मक उपागम का प्रयोग किया है।

सामाजिक परिवर्तन को समझने के लिये "मार्क्सवादी मानवशास्त्र" में कई भिन्न उपागमों (भौतिकवादी और संरचनावादी) का प्रयोग किया गया है। इन उपागमों में विशेषतः औद्योगिक एवं तकनीकी विकास के कारण उत्पन्न होने वाले परिवर्तनों की गतिकी पर विशेष ध्यान दिया गया है। लेकिन, अभी पिछले वर्षों में इन उपागमों की कटु आलोचना इस आधार पर हुई है कि इनमें जरूरत से ज्यादा **अर्थतंत्रवाद** और उत्पादन के ढंग जैसी अवधारणाओं पर

बल दिया गया है।

मानवशास्त्र में अब सामाजिक परिवर्तन के महत् सिद्धान्तों (उद्‌विकासवाद, प्रसारवाद) तथा एकरेखीय सिद्धान्तों से मोह भंग होता जा रहा है और सामाजिक परिवर्तन सम्बन्धी पश्चिमी धारणाओं को भी धीरे-धीरे छोड़ा जा रहा है। आजकल यह अनुभव किया जा रहा है कि सामाजिक परिवर्तन की गति, कारण, प्रभाव आदि में सभी जगह समानता नहीं है, और इसके अनेक ऐतिहासिक और सांस्कृतिक स्वरूप हैं। वैश्वीकरण की विधा ने इस तथ्य पर ध्यान आकर्षित किया है कि कोई भी समुदाय, चाहे वे कितने ही छोटे एवं अलग-थलग क्यों न हों, वे विश्वव्यापी आर्थिक एवं राजनीतिक परिवर्तनों से अछूते नहीं रह सकते। धीरे-धीरे नवीन और अनेकानेक विविध स्वरूपों का निरन्तर उद्‌भव हो रहा है।

social climate -- सामाजिक जलवायु

किसी समाज की जनरीतियां, प्रथाएं, रूढ़ियां, तथा रहन-सहन के अन्य प्रतिमान जिन्हें वस्तुपरक रूप में मापना तो कठिन होता है, किन्तु वे किसी संस्कृति में जीवन-शैली की सामाजिक पृष्ठभूमि का कार्य करते हैं, सामाजिक जलवायु कहलाते हैं।

social control – सामाजिक नियंत्रण

वे सामाजिक नियम एवं मानदंड जो किसी समाज के सदस्यों के विचारों, क्रियाकलापों एवं व्यवहारों को रूढ़िगत अनुशास्तियों (प्रथाएं, परिपाटियां और मूल्य आदि) तथा औपचारिक सामाजिक विन्यासों (विधिक नियम) के लागू किये जाने के द्वारा सीमित करते हैं, नियमित करते हैं या उन पर अंकुश लगाते हैं, को सामाजिक नियंत्रण कहते हैं।

social darwinism – सामाजिक डार्विनवाद

"प्राकृतिक प्रवरण" के द्वारा उद्‌विकास की धारणा में विश्वास डार्विनवाद के नाम से जाना जाता है। **चार्ल्स डार्विन** ने अपने इस सिद्धान्त का प्रतिपादन उद्‌विकास सम्बन्धी अपने दो ग्रंथों—"ऑरिजिन ऑफ स्पिसीज", (1859) तथा "डिसेन्ट ऑफ मैन", (1871) में किया है। इस सिद्धान्त के अनुसार यह माना जाता है कि यदि प्रजनन दर, प्रतिस्थापन दर से ऊंची रहते हुए भी जनसंख्या की मात्रा स्थिर रहती है, तब अवश्य इस प्रक्रिया में कोई ऐसी व्यवस्थित चयन की कार्यप्रणाली निहित है जिसके द्वारा कुछ व्यक्ति नष्ट हो जाते हैं तथा कुछ बच जाते हैं। इस कार्यप्रणाली (प्रक्रिया) को ही "प्राकृतिक प्रवरण" का सिद्धान्त कहा गया है। इस प्रक्रिया के अनुसार, वे प्राणी जो पर्यावरण से भली-भांति समायोजन करने की योग्यता रखते हैं, बच जाते हैं और जो पर्यावरण के साथ अनुकूलन में सक्षम नहीं होते, वे मर जाते हैं।

"सामाजिक डार्विनवाद" का जन्म डार्विन के "प्राकृतिक प्रवरण" के सिद्धान्त के आधार पर ही तब हुआ जब इस सिद्धान्त का प्रयोग सामाजिक घटनाओं की व्याख्या में किया जाने लगा। सामाजिक जीवन की घटनाओं की व्याख्या में इस सिद्धान्त का सर्वप्रथम प्रयोग ब्रिटेन में **हरबर्ट स्पेन्सर** और बाद में अमेरिका में बहुत सीमा तक **लेस्टर वार्ड** और **विलियम ग्राहम समनर** ने लोक प्रतिरूपों के विकास में किया है। यह सिद्धान्त इस तथ्य पर बल देता है कि मानव समाज भी प्राकृतिक जगत् की भांति है जिसमें प्रतिस्पर्द्धा और "योग्यतम (सवोत्तम) की

उत्तरजीविता" का आधिपत्य है। अतः सामाजिक विषमता या असमानता के लिये सामाजिक डार्विनवाद ने अमीर-गरीब के अन्तर का प्रमुख कारण जीने और फलने-फूलने की धनवान व्यक्तियों की "अधिक योग्यता" की प्रवृति को माना है।

सामाजिक डार्विनवाद व्यापक रूप में सामाजिक परिवर्तन के औपचारिक सिद्धान्तों के साथ-साथ उन्नीसवीं-बीसवीं शताब्दी के सामाजिक उद्‌विकासवादी सिद्धान्तों दोनों का संकेत देता है। इस अवधारणा का प्रयोग किसी भी ऐसे सामाजिक सिद्धान्त के लिये भी किया जा सकता है जो सामाजिक प्रगति के लिये प्रतिस्पर्द्धा की आवश्यकता पर बल देता हो। **हरबर्ट स्पेन्सर** द्वारा इस सिद्धान्त का सामाजिक जीवन के क्षेत्र में प्रयोग ने "सामाजिक स्पेन्सरवाद" को जन्म दिया। *स्पेन्सर ने ही इस संदर्भ में बहु प्रसिद्ध उक्ति "योग्यतम की उत्तरजीविता (सरवाइवल ऑफ द फिटेस्ट) की रचना की जिसे भूल से कभी-कभी डार्विन की उक्ति मान लिया जाता है।* मानवशास्त्र में सामाजिक-सांस्कृतिक उद्‌विकास की डार्विन के पहले की सभी धारणाओं को स्पेन्सर के प्रगतिवाद में समाहित कर लिया गया। **हेनरी मेन, जॉन लुब्बाक, लेविस हेनरी मॉर्गन तथा ई. बी. टायलर** जैसे सभी प्रारंभिक मानवशास्त्रियों की उद्‌विकासीय योजनाओं को स्पेन्सरवाद के ही एक अंग के स्वीकार किया गया।

एक राजनीतिक विचारधारा के रूप में सामाजिक डार्विनवाद ने सामाजिक-आर्थिक परिवर्तन की नियोजित प्रक्रियाओं पर सभी सरकारी नियंत्रणों का यह कहते हुए विरोध किया कि ये नियंत्रण प्रतिस्पर्द्धा के "प्राकृतिक" नियम में बाधा उत्पन्न करते हैं। स्पेन्सर के अतिवादी विचारों का स्वयं डार्विन और पक्के डार्विनवादी **टी. एच. हक्सले** ने भी कड़ा विरोध किया है। अमेरिका में, सामाजिक डार्विनवाद को रॉकफैलर और कार्नेजी जैसे उद्योगपतियों की इस विचारधारा से भी जोड़ने का प्रयास किया गया कि व्यापार में सफलता इस तथ्य का साक्ष्य है कि प्रगति के लिये प्रतिस्पर्द्धा अनिवार्य है।

social equilibrium – सामाजिक संतुलन

सामाजिक जीवन में अनेक प्रकार के सामाजिक तत्व उपस्थित रहते हैं। इन तत्वों की बहुलता के बीच पारस्परिक सम्बन्धों में किसी प्रकार का संतुलन समाज में स्थायित्व और सततता बनाये रखने के लिये आवश्यक है। सामाजिक संतुलन की अवधारणा गणित की संतुलन की इस अवधारणा पर आधारित है जिसमें दो विभिन्न प्रकार के वक्र एक दूसरे पर प्रभाव डालते हुए किसी एक बिन्दु पर मिलते हैं, भले ही उनका यह मिलन छोटी अवधि के लिये अथवा दीर्घकालिक हो। इस अवधारणा का प्रयोग मानवशास्त्र के क्षेत्र में मुख्यतः **रेडक्लिफ ब्राउन** द्वारा सामाजिक संरचना के विश्लेषण में किया गया है।

social exchange – सामाजिक विनिमय

जब कभी "विनिमय" शब्द का प्रयोग किया जाता है, तब अधिकांशतः बाजार या व्यापारिक क्षेत्र में होने वाले विनिमय का विचार हमारे मस्तष्क में उभर कर आता है। आर्थिक क्षेत्र में होने वाले विनिमय सम्बन्धों में वस्तुओं अथवा सेवाओं की "कीमत" एक महत्वपूर्ण स्थान रखती है। मानवशास्त्र में (समाजशास्त्र) विनिमय से तात्पर्य सामाजिक अन्तर्क्रियाओं के एक

ऐसे विशिष्ट प्रतिमान से है जिसमें अन्तर्क्रिया में सहभागिक दोनों पक्ष किसी न किसी रूप में न्यूनाधिक मात्रा में लाभान्वित होते हैं। दूसरों को लाभ पहुंचा कर उसके बदले में स्वयं के लाभान्वित होने की आशा ही सामाजिक विनिमय का केन्द्रीय विचार है।

मानवशास्त्र में, **मार्शल मॉस** (1925) के "द गिफ्ट" नामक एक लम्बे लेख ने सामाजिक विनिमय पर सोच-विचार प्रारंभ किया। अपने इस लेख में उन्होंने आदिम समाजों के उदाहरणों द्वारा यह बताने का यत्न किया है कि सभी प्रकार के विनिमयों का आधार आर्थिक नहीं होता। आदिम समाजों में जो विभिन्न अवसरों पर पारस्परिक उपहार के लेन-देन की प्रथा प्रचलित है, उसे आर्थिक लेन-देन की अपेक्षा पूर्णतः एक सामाजिक घटना (तथ्य) समझा जाना चाहिये। गैर-औद्योगिक तथा जनजातीय समाजों के अध्ययनों से यह ज्ञात हुआ है कि इन समाजों में विनिमय विद्यमान रहा है, किन्तु इसमें "दायित्व" का तत्व महत्वपूर्ण था, जबकि आधुनिक अर्थ व्यवस्थाओं का बाजार का लेन-देन चयन के तत्व पर आधारित होता है। "उपहार" का विश्लेषण करते हुए, **मार्शल मॉस** ने बताया कि इसमें विनिमय के सभी पहलू—प्रतीकात्मक, नैतिक, वैधानिक और आर्थिक एक दूसरे के साथ घुले-मिले होते हैं। उन्होंने "उपहार" जैसे विनिमय को मुख्यतः गैर-औद्योगिक और गैर-पश्चिमी समाजों की एक विशेषता बताया है। उन्होंने कहा कि आधुनिक शिक्षण-प्रशिक्षण और औद्योगिक समाजों में विनिमय के इन पहलुओं को पृथक्-पृथक् करने की प्रवृत्ति होती है, विशेषतः इन समाजों में खरीदने-बेचने को "देने" से अलग किया जाता है। मॉस ने "देने" की क्रिया को व्यक्तियों की अपेक्षा समूहों के बीच के सम्बधों के रूप में देखा है। "देने" की क्रिया में बाहरी तौर पर निःस्वार्थ भाव झलकता है। इसमें तीन अन्तर्हित "दायित्व" सम्मिलित होते हैं; यथा, देना, प्राप्त करना और लौटाना (बहुधा कुछ बढ़ा कर)। ये तीनों तत्व सम्बन्धों को बनाये रखने और स्थायित्व प्रदान करने में महत्वपूर्ण भूमिका अदा करते हैं।

मॉस ने जनजातीय समाजों में उपहार लेन-देन समारोहों का, विशेषतः **मेलिनोस्की** (1922) द्वारा वर्णित **कूला-प्रथा** का विस्तृत वर्णन-विश्लेषण कर "पारस्परिकता के सिद्धान्त" का प्रतिपादन किया है। (देखिये—कूला प्रथा) ट्रोबिएण्ड द्वीपवासियों की **कूला प्रथा** और अमरीकी इण्डियन लोगों की **पोटलेच** प्रथा दोनों ही पारस्परिकता के सिद्धान्त की पुष्टि करती हैं। इन समाजों तथा अन्य समाजों में विशुद्ध उपयोगिता पर आधारित विनिमय (आधुनिक विनिमय) का द्वितीयक स्थान था। बाध्यतामूलक उपहार-विनिमयों को प्राथमिकता दी जाती थी। इस प्रकार के विनिमय की अभिव्यक्ति कई रूपों, जैसे आमोद-प्रमोद, अनुष्ठान, शिष्ट व्यवहार, सैनिक सहायता, नृत्य और सामुदायिक भोजों के आयोजनों और प्रदर्शनों में होती थी। उपहार और भुगतान को कभी भी पाने वाले और देने वाले से अलग-थलग नहीं किया जाता था। इन व्यक्तियों के बीच जो आपसी सम्बन्ध और गठबन्धन बनते थे, वे अटूट हुआ करते थे। अतः सामाजिक सम्बन्धों को स्थापित करने का विनिमय एक महत्वपूर्ण साधन था। ऐसा प्रतीत होता है कि इसी आधार पर या इसी के द्वारा ही किसी प्रकार के विनिमय की सामाजिक अर्थव्यवस्था और आर्थिक विनिमय का उद्‌भव हुआ होगा। अभी हाल के वर्षों में पोटलेच पर **हेलन कोड़र** के एक क्षेत्रीय अध्ययन ने सामाजिक विनिमय पर नये ढंग से प्रकाश डाला है।

मॉस के विचारों की नये क्षेत्रीय तथ्यों के सन्दर्भ में आलोचना भी हुई है। नृजातिक तथ्यों द्वारा यह प्रकट हुआ है कि स्तरीकृत समाजों में पारस्परिकता न केवल आवश्यक है, अपितु कई स्थानों पर इसे सकारात्मक रूप में प्रतिबंधित भी किया गया है। उदाहरणार्थ, भारत में एक मातहत व्यक्ति द्वारा अपने से उच्च अधिकारी को उपहार देना ठीक समझा जाता है, जबकि उच्च व्यक्ति (अधिकारी) द्वारा मातहत को उपहार के रूप में कुछ भी लौटाने की आशा नहीं की जाती। यह बात तत्काल लौटाने (प्रत्यक्ष विनिमय) पर ही लागू होती है। उपहार को स्वीकार करने के मामले में धार्मिक दृष्टि से एक समस्या यह आती है कि उपहार के साथ उपहार देने वाले के पाप भी जुड़े होते हैं। उन्हें उपहार प्राप्त करने वाले को हजम करना पड़ता है। हजम करने के लिये उपहार प्राप्त करने वाले को या तो कोई अनुष्ठान करने पड़ते हैं या फिर दूसरे को अधिक मात्रा में उपहार देकर पापों को हस्तान्तरित करना होता है, अन्यथा उसे उपहारों का खामियाजा भुगतने की जोखिम उठानी पड़ सकती है।

उपहार सामाजिक विनिमय का एक प्रत्यक्ष रूप है। किन्तु कई अन्य रूपों में भी जैसे राजनीतिक, सैनिक या आर्थिक सहायता, प्रतिष्ठा, देख-भाल तथा शत्रुता और युद्ध के रूप में सामाजिक विनिमय प्रकट हो सकता है। वृद्ध व्यक्तियों की सेवा-सुश्रूषा भी तो अप्रत्यक्ष रूप में उनके द्वारा अपनी संतानों की बाल्यावस्था में किये गये पालन-पोषण का ही प्रतिदान है। इसके अतिरिक्त, स्त्रियां समूहों के बीच विनिमय का एक अत्यधिक प्रमुख माध्यम रही हैं जिसकी ओर प्रसिद्ध आधुनिक मानवशास्त्री **लेवी स्ट्रास** ने ध्यान आकर्षित किया है। (देखिये—गठबंधन सिद्धान्त, संरचनावाद)।

आधुनिक पश्चिमी औद्योगिक देश, जो बाजार अर्थव्यवस्था पर आधारित हैं, बड़े व्यापारिक घरानों में उपहार लेना और उपहार देना, कम से कम अपने ग्राहकों को क्रिसमस कार्ड देना, व्यापार का एक बड़ा चलन है।

social fact = fact, social

social institution – सामाजिक संस्था

समाज की वह संरचना जो मुख्यतः सुव्यवस्थित एवं सुविचारित विधियों द्वारा मानव की आवश्यकताओं की पूर्ति के लिये संगठित की जाती है, सामाजिक संस्था कहलाती है। इसकी स्थापना सम्पूर्ण समाज (समुदाय) की इच्छा और स्वीकृति से होती है। किसी विशिष्ट संस्था में वहां की परम्पराएं, रूढ़ियां, लोकाचार, लोकविधि, विधान, कार्यकर्त्तागणों के साथ-साथ भौतिक उपकरण (भवन, संचार-साधन, कम्प्युटर आदि) सम्मलित होते हैं। संस्था को कार्य करने की एक विधि के रूप में भी परिभाषित किया जाता है।

social integration – सामाजिक एकीकरण/समाकलन

सामाजिक एकीकरण/समाकलन से तात्पर्य उस सामाजिक स्थिति अथवा दशा से है जिसमें समाज की विभिन्न घटक इकाइयां एक दूसरे पर आश्रित रहती हैं और ये आश्रितता के सम्बन्ध कुछ सीमा तक स्थाई होते हैं। यह स्थिति एक प्रक्रिया और परिणाम दोनों का ही बोध देती है।

एक अन्य रूप में, विभिन्न समूहों, (प्रजातिक, सांस्कृतिक, जातीय समूह) भिन्न वर्गों, तथा अन्य विभिन्न तत्वों के बीच पारस्परिक समायोजन, अधिकाधिक तादात्मीकरण तथा एक संगठित समष्टि में समन्वित होने की प्रक्रिया सामाजिक एकीकरण है। यह मतभेदों के समायोजन की एक ऐसी प्रक्रिया है जो समचेतना के भाव पर आधारित होती है।

social norm = norm

social organization — सामाजिक संगठन

किसी समाज में सम्बन्धों के ताने-बाने, सामाजिक भूमिकाओं और भूमिका श्रृंखलाओं के अंतःसम्बन्धों एवं आयु, लिंग, नातेदारी, आवास, अधिकार तथा प्रस्थिति आदि के आधार पर निर्मित समूहों के संगठन को सामाजिक संगठन की संज्ञा दी गई है। **इलियट एवं मैरिल** ने इसे एक अन्य ढंग से परिभाषित करते हुए लिखा है कि "सामाजिक संगठन वह दशा या स्थिति है जिसमें एक समाज की विभिन्न संस्थाएं अपने पूर्व निश्चित एवं मान्य उद्देश्यों के अनुरूप कार्य कर रही होती हैं।"

रेमंड फर्थ ने सामाजिक संगठन और सामाजिक संरचना के बीच भेद किया है। फर्थ के अनुसार, संस्थागत सम्बन्धों के ताने-बाने को सामाजिक संरचना कहा जाना चाहिये, जबकि सामाजिक संगठन से तात्पर्य उनका गतिशील और वास्तविक सामाजिक सम्बन्धों से है। अतः सामाजिक संगठन सामाजिक प्रक्रिया का बोध देता है जबकि सामाजिक संरचना अपेक्षाकृत स्थाई प्रतिमानित सम्बन्धों को प्रकट करती है।

मोटे-तौर पर, सामाजिक संगठन से तात्पर्य उन बन्धनों से है जो व्यक्तियों को समूहों से जोड़ते हैं। सरल (आदिम) समाजों में, इन सम्बन्धों या बन्धनों में वंश, लिंग, आयु, धर्म, आर्थिक अदला-बदली, तथा वैवाहिक गठबंधन और संस्तरित (आधुनिक) समाजों में, व्यवसाय, प्रजातिक (जातीय) समूह, प्रजाति, और वर्ग को सम्मिलित किया जाता है। मानवशास्त्रियों द्वारा सामाजिक संगठन सम्बन्धी जो अध्ययन किये गये हैं, उनमें प्रमुखतः नातेदारी शब्दावली, वंश तथा गोत्र समूह, विवाह उपरान्त निवास आदि और विपरीत लिंग के सहोदरों की संतानों में विवाह आदि की सामाजिक ताने-बाने की रचना में भूमिका पर ही अधिकांश रूप में बल दिया गया हैं। नातेदारी संरचना के माध्यम से सामाजिक संगठन को जानने का सिलसिला **लेविस हेनरी मॉर्गन** के एक सौ से अधिक समाजों के नातेदारी शब्दावली के विश्लेषण से शुरू हुआ था जिसके आधार पर उन्होंने चिरस्थाई महत्व की अपनी पुस्तक "एन्शॅन्ट सोसाइटी" (1877) लिखी है। विभिन्न समाजों में पाई गई नातेदारी व्यवस्था के ढेर सारे तथ्यों के आधार पर ही उन्होंने अपनी उद्‌विकासीय योजना, अर्थात् निम्न जंगली अवस्था से बर्बर अवस्था से सभ्यावस्था को मूर्त रूप दिया है, मॉर्गन के इस पथ प्रदर्शक अध्ययन ने इंग्लैण्ड में **ई. बी. टायलर** तथा कई अन्य व्यक्तियों को प्रभावित किया। टायलर ने ही "क्रास-कज़िन मैरिज" शब्द का सर्वप्रथम प्रयोग किया। इसी प्रकार, **जॉन फर्गुसन मैक्लेनन** ने "एक्सॉगॅमि" शब्द की रचना कर इसके आधार पर "अपहरण विवाह" और बहुपति विवाह की संभावनाओं पर प्रकाश डाला है।

मॉर्गन, टायलर, हेनरी मेन और मेक्लेनन के विपरीत अमेरिका के बोऑसवादी सम्प्रदाय के मानवशास्त्रियों **अल्फ्रेड क्रोबर** और **रॉबर्ट रीवर्स** ने सामाजिक संगठन के अध्ययन में नातेदारी शब्दावली के अध्ययन के स्थान पर उत्तराधिकार, दायाधिकार तथा आरोपण के साथ-साथ धार्मिक समूहों, आर्थिक गठबंधन तथा गैर नातेदारी आधारित संस्थाओं, जैसे क्लब, मैत्रभाव तथा आयु-समूहों को महत्व दिया है।

social organization of traditions – परम्पराओं का सामाजिक संगठन

प्रसिद्ध मानवशास्त्री **रॉबर्ट रेडफील्ड** को अनेक संकल्पनाओं को जन्म देने का श्रेय जाता है। उन्होंने पुरातन सभ्यताओं के अध्ययन के संदर्भ में "परम्पराओं का सामाजिक संगठन" और "परम्परा की सामाजिक संरचना" के बीच भेद किया है। परम्परा के सामाजिक संगठन को परिभाषित करते हुए उन्होंने लिखा है कि "यह एक ऐसा तरीका है जिसमें परम्परा के संचरण के किसी विशिष्ट मामले में क्रिया के तत्वों को एक साथ प्रस्तुत किया जाता है। यह परम्परा की संरचना को एक विशिष्ट समय और विशिष्ट स्थान पर मूर्त क्रियाकलाप के रूप में अनन्यीकरण है।"

social structure of tradition – परम्परा की सामाजिक संरचना

रेडफील्ड ने परम्परा की सामाजिक संरचना और परम्परा के सामाजिक संगठन में भेद किया है। परम्परा की सामाजिक संरचना को परिभाषित करते हुए उन्होंने लिखा है कि "यह भूमिकाओं और प्रस्थितियों की एक स्थाई महत्वपूर्ण व्यवस्था है जो जातियों और पंथ-सम्प्रदायों जैसे संगठित समूहों या अध्यापकों, मंत्रोच्चारकों, किसी भी प्रकार के आनुष्ठानिक कार्य करवाने वालों में पायी जाती है। ये लोग महत् परम्परा के संवर्धन और परिवर्धन दोनों से किसी न किसी रूप में जुड़े होते हैं।"

social sanction – सामाजिक अनुशास्ति

व्यक्ति अथवा समूह के आचार-व्यवहार के निर्धारण हेतु समाज द्वारा स्थापित मानदंडों एवं व्यक्तियों द्वारा उनका अनुपालन न करने पर समाज स्वीकृत दंड-व्यवस्था को सामाजिक अनुशास्ति कहते हैं। ये समाज के अलिखित कानून (विधि) हैं। अनुशास्तियां उन क्रियाओं की प्रतिक्रियाएं हैं जो एक समूह के सामाजिक मानदंडों का उल्लंघन करती हैं। ये प्रतिक्रियाएं सकारात्मक (पुरस्कार/स्वीकरण) या नकारात्मक (दंड/अस्वीकरण) दोनों में से कोई भी हो सकती हैं। सकारात्मक अनुशास्ति में बहुधा प्रशंसा करना, पदक देना, साधुवाद देना, किसी रूप में सम्मान प्रदर्शित करना सम्मिलित होते हैं। इसके विपरीत, नकारात्मक अनुशास्ति में अस्वीकृति की मात्र एक झलक व्यक्ति के अहं को चोट पहुंचा सकती है। कारावास, देश निकाला, अर्थ-दंड, समुदाय बहिष्करण आदि नकारात्मक अनुशास्तियां, औपचारिक (कानून) और अनौपचारिक (परम्पराएं/प्रथाएं/शाब्दिक कथन) दोनों प्रकार की हो सकती हैं। सामाजिक अनुशास्तियों का प्रमुख कार्य अनुरूपता के लिये पुरस्कार और विचलन के लिये दंड द्वारा सामाजिक नियंत्रण और सामाजिक व्यवस्था बनाये रखना तथा समाज में दरार पड़ने के

उपरान्त उसे पाटना और पुनः एकता स्थापित करना है। मानवशास्त्र में रेडक्लिफ ब्राउन ने सामाजिक अनुशास्ति का विशद् विश्लेषण किया है। उनका विश्लेषण व्यक्तिगत प्रतिक्रिया की अपेक्षा समूह की प्रतिक्रिया पर केन्द्रित है और उन्होंने यह स्वीकार किया है कि समाजों में मानदंडों के बारे में सर्वसम्मति होती है।

social solidarity – सामाजिक एकता (एकजुटता)
किसी समूह की वह स्थिति सामाजिक एकता अथवा एकजुटता कहलाती है जिसमें सामूहिक लक्ष्यों की प्राप्ति के लिये सहयोग, सद्भाव तथा सामूहिक क्रिया का प्रयोग किया जाता है। यह अवधारणा **एमिल दुर्खाइम** द्वारा उनकी पुस्तक "सोशल डिवीजन ऑफ लेबर" (1893) के प्रथम भाग में सामाजिक व्यवस्थाओं के विभिन्न स्वरूपों के विश्लेषण के संदर्भ विकसित की गई है। उन्होंने दो प्रकार की सामाजिक एकता बताई हैं, यथा सावयविक एकता और यांत्रिक एकता। दुर्खाइम के अनुसार, समाज का आधुनिक स्वरूप सावयविक एकता पर आधारित है, जबकि आदिम समाजों का आधार यांत्रिक एकता रहा है। समाज के इन स्वरूपों में निरन्तर परिवर्तन होता रहता है।

social solidarity, mechanical = mechanical solidarity

social solidarity, organic = organic solidarity

social stratification – सामाजिक स्तरीकरण
"सामाजिक स्तरीकरण" एक अत्यन्त व्यापक शब्द है जिसका प्रयोग किसी समाज के एक ऐसे पदानुक्रमिक विभाजन का वर्णन करने के लिये किया जाता है जिसमें इसके सदस्यों को शक्ति, धन-सम्पदा, प्रतिष्ठा, प्रभाव और सुविधाओं आदि की सापेक्षिक भिन्नता के आधार पर श्रेणीबद्ध किया जाता है। *यह एक विशिष्ट प्रकार के सामाजिक विभेदीकरण की एक व्यवस्था है जिसमें श्रेणीबद्धता सामाजिक पदों की ऊंच-नीच पर आधारित होती है।* इसका सर्वाधिक महत्वपूर्ण लक्षण "श्रेणीबद्ध संस्तरण" है। यह संस्तरण असमानता और विषमता को जन्म देता है। जाति-व्यवस्था, वर्ग-व्यवस्था और सम्पत्ति-व्यवस्था सामाजिक स्तरीकरण के प्रमुख रूप हैं।

क्या विश्व के सभी समाजों में स्तरीकरण है, इस प्रश्न के उत्तर के बारे में समाजशास्त्रियों और मानवशास्त्रियों में मतभेद हैं। समाजशास्त्रियों के अनुसार सभी समाजों में स्तरीकरण है, जबकि मानवशास्त्री इस विचार से सहमत नहीं हैं। वास्तव में, इस मतभेद के आधार दोनों विज्ञानों के विद्वानों का "स्तरीकरण" के प्रति उनका भिन्न दृष्टिकोण है। जब समाजशास्त्री "स्तरीकरण की सार्वभौमिकता" की बात करते हैं, तब वे मानते हैं कि सभी समाजों में एक व्यक्ति से दूसरे व्यक्ति में कुछ न कुछ असमानता होती है और यह असमानता हम सरल समाजों से लेकर आधुनिक जटिल समाजों में लिंग, आयु और आय के आधार पर देखते हैं। किन्तु, जब मानवशास्त्री यह कहते हैं कि स्तरीकरण एक सार्वभौमिक तथ्य नहीं है, और समतावादी समाज विद्यमान हैं, तब वे अपने इस विचार की पुष्टि के लिये

कहते हैं कि कुछ समाज ऐसे हैं जिनमें सभी समूहों (जैसे परिवार) को समान अवसर और समान सुविधाएं प्राप्त होती हैं। अपने इस विचार के आधार पर मानवशास्त्रियों ने तीन प्रकार के समाजों की कल्पना की है, समतावादी, श्रेणीबद्ध और वर्ग समाज। समतावादी समाजों में ऐसे कोई विशिष्ट समूह नहीं होते जिन्हें आर्थिक संसाधनों, शक्ति या प्रतिष्ठा पर अधिक अधिकार प्राप्त होता हो। श्रेणीबद्ध समाजों में भी आर्थिक-संसाधनों और शक्ति के प्राप्त करने के अवसरों में असमानता नहीं होती, किन्तु इन समाजों में ऐसे समूह होते हैं जिन्हें समाज में अधिक प्रतिष्ठा प्राप्त होती है। अतः इन समाजों में आंशिक स्तरीकरण होता है। इन दोनों प्रकारों के समाजों के विपरीत, वर्ग आधारित समाजों में आर्थिक ससाधनों, शक्ति और प्रतिष्ठा सम्बन्धी तीनों लाभों में असमानता होती है, अतः स्तरीकरण मुख्यतः वर्ग-समाजों की विशेषता है।

मानवशास्त्रियों का मत है कि सामाजिक स्तरीकरण का प्रादुर्भाव मानव इतिहास में अपेक्षाकृत नया है। उनका यह विचार पुरातात्विक साक्ष्यों के साथ-साथ इस तथ्य पर भी आधारित है कि स्तरीकरण से सम्बन्धित कई अन्य सांस्कृतिक लक्षणों का उद्‌भव भी अपेक्षाकृत अभी हुआ है। कुछ सिद्धान्तकारों का मत है कि सामाजिक स्तरीकरण का विकास उत्पादन में वृद्धि और उत्पादन के आधिक्य के साथ हुआ है। अन्य विद्वानों का कहना है कि स्तरीकरण जनसंख्या से जुड़ा हुआ है, अर्थात् जैसे-जैसे जनसंख्या में वृद्धि होती है, वह श्रेणीबद्ध समाजों को जन्म देती है।

social structure – सामाजिक संरचना

"संरचना" शब्द का प्रयोग सामान्यतः किसी रचना (समाज, समूह, समुदाय) की इकाइयों, अंगों तथा अवयवों के एक ऐसे प्रतिमानित सम्बन्धों के लिये किया जाता है जो अपेक्षाकृत स्थिर एवं स्थाई होते हैं। एक समाज वैज्ञानिक मानव समाज की संरचना को उसके अंगों, अर्थात् सामाजिक संस्थाओं, समूहों, व्यक्तियों की प्रस्थिति और भूमिका सम्बन्धित सामाजिक क्रियाओं तथा इन्हें नियंत्रित एवं नियमित करने वाली मानदंडात्मक व्यवस्था के स्थाई सम्बन्धों में खोजता है। **रेडक्लिफ ब्राउन** के अनुसार, "किसी समाज की सामाजिक संरचना से तात्पर्य विद्यमान सामाजिक सम्बन्धों के सम्पूर्ण ताने-बाने से है। समाज के तत्वों के बीच ये सम्बन्ध विशिष्ट व्यक्तियों के सन्दर्भ में हो सकते हैं या सम्पूर्ण समाज के व्यवस्थित पक्ष के सन्दर्भ में हो सकते हैं। सामाजिक सम्बन्धों की एक समन्वित व्यवस्था के रूप में, सामाजिक संरचना का कार्य स्वयं व्यवस्था की निरन्तरता और स्थाईत्व को बनाये रखना है।

कई बार सामाजिक संरचना और सामाजिक संगठन की अवधारणाओं को समानार्थी मान कर इनका प्रयोग एक दूसरे के स्थान पर कर लिया जाता है, किन्तु वैज्ञानिक दृष्टि से इस प्रकार के प्रयोग गलत हैं। "संगठन" सामाजिक संरचना का गतिशील पक्ष है, अर्थात् सामाजिक संगठन से तात्पर्य उन क्रियाकलापों से है जो सामाजिक संरचना के अंग के रूप में सम्पादित की जाती हैं। सामाजिक संरचना, इसके विपरीत, सामाजिक सम्बन्धों के ताने-बाने को इंगित करती है जो अपेक्षाकृत स्थाई होता है।

social transformation = social change

social survey = survey, social

socialism — समाजवाद

"समाजवाद" शब्द (अवधारणा) का प्रयोग कई अर्थ और सन्दर्भ में किया गया है। मोटे रूप में, इसे तीन दृष्टि से देखा जाता है, (1) उत्पादन को संगठित करने का एक तरीका, (2) आर्थिक इतिहास का एक युग, (3) अनेक और कई प्रकार की भिन्न विचारधाराओं का एक नामकरण (लेबल)। समाजवादी विचारधारा के अनुसार, यह एक ऐसा सामाजिक दर्शन अथवा सामाजिक संगठन का एक रूप है जो उत्पादन के भौतिक साधनों तथा वितरण पर राज्य के स्वामित्व तथा संचालन के सिद्धान्त पर बल देता है। इस विचारधारा का जन्म पूंजीवादी विकास और असमानता के अत्यन्त हानिकर परिणामों पर अंकुश लगाने और सामाजिक एवं राजनीतिक कल्याण और सुधार की योजनाओं को प्रोत्साहित करने के मुख्य उद्देश्य को लेकर उन्नीसवीं शताब्दी में हुआ था। व्यवहार में (यद्यपि हमेशा सिद्धान्त में नही) पूंजीवादी विरोधी और सुधारवादी समाजवाद राज्य की कार्यवाही और संस्थाओं पर केन्द्रित रहता है। सुधारवादी समाजवाद अपने लक्ष्य प्राप्ति के लिये एक ओर बाजार की शक्तियों पर राज्य के अंकुश का प्रयोग करता है, तो दूसरी तरफ अनेक ऐसी संस्थाओं और कार्यक्रमों को जन्म देता है जिसके द्वारा लोगों की माली हालत में सुधार हो। इसके लिये राज्य द्वारा व्यक्तियों और परिवारों को आर्थिक सहायता दी जाती है। उनकी आय में बढ़ोतरी के प्रयास किये जाते हैं।

बाजार की शक्तियों पर राज्य द्वारा नियंत्रण की धारणा सुधारवादी समाजवाद और इसके आलोचकों दोनों का ही केन्द्रीय विचार रहा है। **कार्ल पोलैनयी** (1944) ने कहा है कि पूंजीवाद के सम्पूर्ण इतिहास में बाजार की रचना और नियंत्रण करने में राज्य की महत्वपूर्ण भूमिका रही है और वास्तव में "स्व-नियंत्रित बाज़ार" की धारणा उन्नीसवीं शताब्दी में अपेक्षाकृत अल्पकालिक और मात्र दिखावा रही है। उन्होंने यह भी कहा कि मार्क्सवादी परिप्रेक्ष्य के अनुसार समाजवाद मुख्यतः उत्पादन के नियंत्रण पर बल देता है, न कि राज्य द्वारा बाज़ार पर नियंत्रण बनाये रखना है।

समाजवाद में राज्य का क्या स्वरूप हो, इस बारे में भी विचारकों में मतभेद रहे हैं। कुछ लेखकों ने समाजवाद को एक लोकतंत्रीय व्यवस्था माना है और उन्होंने इसे साम्यवाद से अलग रखने का प्रयास किया है, जबकि कुछ अन्य लेखकों ने समाजवाद को साम्यवाद से घुला-मिला दिया है और इन्हें समानार्थी माना है।

socialization — समाजीकरण

समाजीकरण एक सामाजिक-मनोवैज्ञानिक सीख की एक प्रक्रिया है जिसके द्वारा व्यक्ति समाज का एक सक्रिय सदस्य बनता है तथा संस्कृति का पीढ़ी दर पीढ़ी हस्तान्तरण किया जाता है। यह 'स्व' के विकास की एक ऐसी प्रक्रिया है जो "जैवकीय व्यक्ति" (मानवीय अंग-प्रत्यंग धारी व्यक्ति) को "सामाजिक व्यक्ति" के रूप में परिणित करती है। "सामाजिक व्यक्ति"

बनने के लिये व्यक्ति को समाज के मानदंडों और मूल्यों के आन्तरीकरण के साथ-साथ अपनी सामाजिक भूमिकाओं का सम्पादन करना सीखना पड़ता है और सीखने की इस प्रक्रिया का नाम ही समाजीकरण है। यह अविरल रूप में जीवन-पर्यन्त (शैशवावस्था से मृत्यु तक) चलने वाली प्रक्रिया है जिसमें परिवार, आस-पड़ोस, मित्रगण, समुदाय और शिक्षण संस्थाओं की विशेष भूमिका होती है।

सामान्यतः यह माना जाता है कि समाजीकरण की प्रक्रिया ऊपर से नीचे (माता-पिता और शिक्षकों से बालकों को) की ओर चलती है, किन्तु यह धारणा पूर्णतः सही नहीं है। इस प्रक्रिया की शुरुआत नीचे से, अर्थात् मित्रमंडली में और मित्रमंडली द्वारा भी हो सकती है। अध्ययन बताते हैं कि जिन वयस्क मूल्यों को ऐसे बच्चों और युवाओं पर थोपने का प्रयास किया गया जिन पर किन्हीं अन्य वैकल्पिक मूल्यों का प्रभाव था, उनमें तनाव उत्पन्न होने और विरोधी स्वभाव के भड़कने की घटनाएं उत्पन्न होने की प्रबल संभावनाएं थीं। कुछ समाजों में, जैसा कि पूर्वी अफ्रीका के मसाई लोगों में देखा गया है कि इस प्रकार की संघर्षात्मक स्थिति को "आयु-मण्डली" (एज सेट) द्वारा नियंत्रित किया जाता है। मसाई लोगों में विद्रोही युवाओं (जो 'मोरान' कहलाते हैं) को एक समूह में रखा जाता है और उनसे आशा की जाती है कि जब तक वे बड़े नहीं हो जाते, अर्थात् वयस्क नहीं बन जाते, तब तक वे एक विशिष्ट प्रकार के अनुत्तरदायी व्यवहार में संलिप्त पाये गये हैं। कई अन्य समाजों में भी यह पाया गया है कि बड़े-बूढ़े लोगों का समाजोनुमोदित व्यवहार करने के लिये दबाव दिये जाने के कारण एक ओर किशोरों और युवाओं में, समाजीकरण की संस्थाओं, जैसे परिवार, शिक्षण संस्थाओं के प्रति अलगाव उत्पन्न हो जाता है, तो दूसरी ओर ऐसी अभद्र और गैर-कानूनी मित्र-मण्डलियां पनपती हैं जो वयस्क विश्व के विरोध में उन्हें खड़ा करती हैं। नुक्कड़ के गिरोह इसका सबसे अच्छा उदाहरण प्रस्तुत करते हैं। इन गिरोहों के अधिकांश सदस्य परिवार और विद्यालयों से अलगावित या विमोह से ग्रसित किशोर या युवा होते हैं।

समाजीकरण के क्षेत्र में आजकल कई प्रकार की शोध की जा रही हैं। वयस्क-बालकों के बीच वार्तालाप और भाषा का प्रयोग, भाषाई समाजीकरण, मनोभावों का समाजीकरण, नैतिक समाजीकरण जैसे विषयों ने कई शोधार्थियों को आकृष्ट किया है।

sociation — समाजन (मैत्रीभाव)

समाजन से तात्पर्य व्यक्ति का समाज के साथ जुड़ाव से है। यह वैयक्तिकता (व्यक्तिकरण) के विपरीत एक प्रक्रिया है। जहां वैयक्तिकता व्यक्ति की स्वतंत्रता पर जोर देती है, वहां समाजन की प्रक्रिया व्यक्ति को समाज के साथ जोड़ती है। अन्तर्जातीय सम्बन्धों के अध्ययन के संदर्भ में भारत के एक अग्रणी मानवशास्त्री **बी. के. रॉय बर्मन** ने समाजन (मैत्रीभाव) को लेकर कुछ अवधारणाएं विकसित की हैं जिनमें प्रमुख द्वि-समाजन, परा-समाजन, बहु-समाजन, अधि-समाजन, पुरा-समाजन, नव-समाजन और वि-समाजन की अवधारणाएं हैं।

द्वि-समाजन (बाइ-सोसिएशन) से तात्पर्य एक ऐसी प्रक्रिया से है जिसमें किसी समुदाय को दो भिन्न संदर्भों में दो भिन्न समुदायों के रूप में पहचाना जाता है।

परा-समाजन (ट्रान्ससोसिऐशन)—यह एक समुदाय से दूसरे समुदाय में सजातीय जीवन

के स्थानान्तरण या स्वीकरण की एक प्रक्रिया है। इस प्रक्रिया का प्रमुख आधार राजनीतिक मेल-मिलाप है।

बहु-समाजन (पोलिसोसिएशन)—यह विभिन्न क्षेत्रों में विभिन्न समुदायों को आपस में जोड़ने की एक प्रक्रिया है। इस प्रक्रिया का प्रमुख आधार (प्राथमिकता) परम्परा के उद्‌भव और व्यवसाय की प्रकृति है।

अधि-समाजन (मेटासोसिएशन)—यह कुछ मिथकों अथवा कुछ जीवन-शैलियों या मूल्यों के प्रदर्शन के आधार पर द्विज वर्णों के साथ (विशेषतः क्षत्रिय वर्ण के साथ) किसी अन्य समुदाय की तादात्मीकरण की एक प्रक्रिया है।

पुरा-समाजन (पैलिओसोसिएशन)—यह पौराणिक अतीत में जीवन-शैलियों में समानता की पहचान के आधार पर विभिन्न समुदायों में एकता स्थापित करने की एक प्रक्रिया है।

नव-समाजन (निओसोसिएशन)—यह जाति के कुछ बाह्य प्रकार्यों के आधार पर अन्य समुदायों को उसके साथ जोड़ने की एक प्रक्रिया है।

समाजन (मैत्रीभाव) को दर्शाने वाली इन प्रक्रियाओं के विपरीत एक वि-समाजन (डीसोशिएशन) की प्रक्रिया का भी रॉय बर्मन ने उल्लेख किया है जो समुदायों के बीच उत्पन्न अलगाव को प्रकट करती है।

society – समाज

यह अवधारणा अधिकांशतः समाजशास्त्रियों के लेखनों का विषय रहा है और मानवशास्त्र में इस अवधारणा पर स्वतंत्र विश्लेषण न के बराबर हुआ है। वास्तव में, अभी कुछ समय पूर्व तक, मानव समूहनों (ह्यूमन कॅलेक्टिविटिज़) के लिये मानवशास्त्र और समाजशास्त्र दोनों में दो भिन्न शब्दों (अवधारणाओं) का प्रयोग किया जाता रहा है। समाजशास्त्रियों द्वारा मानव समूहनों को इंगित करने के लिये जहां "समाज" शब्द का प्रयोग किया जाता है, वहां मानवशास्त्रियों ने मानव समुदायों के अपने विश्लेषण में "संस्कृति" शब्द का प्रयोग ही अधिक किया है। इस स्थिति ने दोनों ही विज्ञानों में भारी भ्रान्ति, उलझन और गलतफ़हमी पैदा की है। इस स्थिति को सुलझाने का एक प्रयास दोनों विज्ञानों के तत्कालीन दो दिग्गजों—**प्रो. ए. एल. क्रोबर** और **टालकट पार्सन्स** ने मिलकर एक संक्षिप्त किन्तु सारगर्भित लेख (1958) द्वारा किया गया है। समाजशास्त्रियों द्वारा सांस्कृतिक घटना को समाजों के भीतर होने वाले अभिवर्धनों का एक परिणाम माना जाता है। अतः इनके द्वारा सांस्कृतिक घटनाओं को व्युत्पन्न (डिरिवॅटिव) घटनाओं के रूप में देखा जाता है। मानवशास्त्री, इसके विपरीत, ऐसी घटनाओं को प्राथमिक महत्ता देते हैं जन्हें वे "संस्कृति" के नाम से पुकारते हैं। मानवशास्त्रियों की दृष्टि से, सामाजिक घटनाएं संस्कृति के मात्र एक हिस्से या भाग हैं। क्रोबर और पार्सन्स ने इन दोनों ही अवधारणाओं को पद्धति-शास्त्रीय दृष्टि से एक दूसरे पर कोई प्राथमिकता नहीं दी है, अर्थात् दोनों में से किसी को प्रथम और दूसरी को द्वितीय का दर्ज़ा नहीं दिया है। उन्होंने लिखा है कि इनमें से कौन सी अवधारणा अधिक "महत्वपूर्ण", "सही", या "मूलभूत" है, यह बताने से किसी भी समस्या का समाधान नहीं होता है।

दोनों विज्ञानों के इतिहास साक्षी हैं, कि इन दोनों अवधारणाओं, यथा "समाज" और

"संस्कृति" का बहुधा प्रयोग एक लम्बे समय से अन्तर्बदल समानार्थी के रूप में एक दूसरे के स्थान पर होता रहा है और इस प्रकार के प्रयोग से दोनों ही विज्ञानं को कोई बड़ा भारी नुकसान नहीं हुआ है। मानवशास्त्रियों की प्रवृत्ति अधिकांशतः निरक्षर समाजों के अध्ययन तक सीमित रही है, जबकि समाजशास्त्रियों ने अधिकांशतः अपने अध्ययन का विषय शिक्षित समाजों को बनाया है। फिर भी, जब दोनों विज्ञानों की विषय-वस्तु एक दूसरे के क्षेत्र में अन्तर्भेदन करती है, तब इन दोनों शब्दों को स्पष्ट किया जाना आवश्यक हो जाता है। **क्रोबर एवं पार्सन्स** ने सुझाव दिया है कि "संस्कृति" की अवधारणा का प्रयोग मूल्यों, विचारों तथा अन्य प्रतीकात्मक अर्थ वाले कारकों की विषय-वस्तुओं और प्रतिमानों तक सीमित रखा जाना चाहिये, जबकि "समाज" शब्द का प्रयोग व्यक्तियों और समूह के बीच होने वाली अन्तर्क्रिया की सम्बन्धात्मक व्यवस्थाओं के लिये किया जाना चाहिये।

"समाज" क्या है ? यह एक इसलिये जटिल प्रश्न है कि इसका प्रयोग कई अर्थों और सन्दर्भों में किया गया है। सामान्य रूप में, समाज को व्यक्तियों का एक संकलन, एक संग्रह या एक समूह मान लिया जाता है। समाज वैज्ञानिक व्यक्तियों के एक ऐसे संकलन मात्र को समाज की संज्ञा नहीं देते जिनके बीच किसी प्रकार के संबंध न हों। **मेकाइवर** के अनुसार, "समाज सामाजिक सम्बन्धों का एक तानाबाना है, यह सामाजिक सम्बन्धों की एक ऐसी व्यवस्था है जिसमें तथा जिसके द्वारा हम रहते हैं।" समाज स्त्रियों और पुरुषों की उनकी प्रस्थितियों और भूमिकाओं के आधार पर बने सामाजिक सम्बन्धों की सम्पूर्णता का एक संकेतक शब्द है। ये सम्बन्ध किसी विशिष्ट भौगोलिक क्षेत्र तक सीमित हो सकते हैं या इनका दायरा सम्पूर्ण मानव प्राणियों तक विस्तृत हो सकता है। इसकी प्रमुख विशेषताएं हैं—सामान्य हित, अमूर्तता, पारस्परिक सहयोग, समानता एवं विभिन्नता, सहयोग एवं संघर्ष आदि। **लिंटन** ने व्यक्तियों के एक ऐसे समूह को समाज कहा है जो दीर्घ काल से इस प्रकार साथ-साथ रहते और काम करते चले आ रहे हैं कि उन्होंने अपने आपको एक ऐसी सामाजिक इकाई के रूप में संगठित कर लिया है जिसकी अपनी कुछ विशिष्ट सीमाएं हैं।

मध्यकालीन यूरोपीय लेखनों में राजनीति, राज्य और समाज में स्पष्ट रूप से अन्तर नहीं किया गया है। समाज और राज्य में स्पष्ट भेद सोलहवीं-सत्रहवीं शताब्दियों के उपयोगितावादी लेखको, विशेषतः **हॉब्स** के द्वारा किया गया है। **एडम स्मिथ** (1776) ने भी उपयोगितावादी परम्परा का पालन करते हुए इन दोनों में अन्तर किया है। आधुनिक विचारकों में **हीगल एवं मार्क्स** ने स्पष्ट रूप में राज्य और (नागरिक) समाज में विभाजन रेखा खींची है।

समाजशास्त्र के क्षेत्र में, जर्मन समाजशास्त्री **फर्डिनंड टॉनीज़** (1855-1936) ने "गेमिनशाफ्त" और "गैसेलशाफ्त" (समुदाय और समाज) में अन्तर करते हुए दोनों की अलग-अलग विशेषताएं बताई हैं। गैसेलशाफ्त (समाज) को उन्होंने बाजार और विनिमय पर आधारित ऐसे नगरीय समाजों के रूप मे चित्रित किया है जिनमें व्यक्तियों की शक्ति में वृद्धि के कारण सामुदायिक जुड़ाव खत्म हो जाता है और विनाशात्मक प्रतिस्पर्धा बढ़ जाती है। (देखिये —गेमिनशाफ्त और गैसेलशाफ्त)

sociobiology — सामाजिक जैविकी (जीवशास्त्र)

सामाजिक-जैविकी (जीवशास्त्र) अभी हाल में विकसित एवं सर्वाधिक गलत समझे जाने वाली जैवकीय मानवशास्त्र (मानवीय व्यावहारात्मक जीवशास्त्र) की एक शाखा है। **ई. डब्ल्यू. विल्सन** ने सन् 1975 में सामान्य रूप में पशुओं का और विशेष रूप में, चींटियों तथा मानवों के सामाजिक व्यवहार के अन्तर्निहित आनुवंशिक तथा अन्य कारकों के अध्ययन के लिये "सोसिऑबायलॉजी" शब्द की रचना की थी। उन्होंने इसे परिभाषित करते हुए लिखा है कि "यह समस्त सामाजिक व्यवहार के जैवकीय आधार का एक व्यवस्थित अध्ययन है।'' 1970 के दशक में मानवशास्त्री तथा अन्य उद्‌विकासवादी सिद्धान्तकारों ने "स्वजन चयन सिद्धान्त", "पारस्परिक परार्थवादी सिद्धान्त", तथा "माता-पिता-सन्तान संघर्ष सिद्धान्त" आदि मानव तथा अ-मानव (उच्च स्तन्य) समूहों में प्रयोग करना शुरू कर दिया था। मानवीय व्यवहारात्मक जीवविज्ञान (सामाजिक-जैविकी) का यह प्रमुख निर्देशक सिद्धान्त है कि मानव समूहों पर भी वे जैवकीय सिद्धान्त कार्य करते हैं जो उच्च स्तन्यों, स्तनधारी जीवों तथा पशुओं पर सामान्य रूप में लागू होते हैं। यदि कोई अपवाद है तो उनकी पुष्टि की जानी चाहिये, उन्हें कल्पनात्मक नहीं माना जा सकता। इसी प्रकार, मानवीय व्यवहार के बारे में उद्‌विकासीय (नव-डारविनवादी) प्राक्कल्पनाओं का उसी पैनेपन से परीक्षण किया जाना चाहिये जिस प्रकार किसी भी अन्य वैज्ञानिक प्राक्कलना का परीक्षण किया जाता है।

सामाजिक विज्ञानों के क्षेत्र में मानवशास्त्र ने सामाजिक-जैविक विचारों को अपनाने और उनके मानवीय व्यवहार के अध्ययन में प्रयोग करने में पहल की है। किन्तु **मार्शल साहलिन्स** (1976) जैसे कुछ शीर्षस्थ मानवशास्त्रियों ने इसका विरोध करते हुए कहा है कि संस्कृति ने उद्‌विकासीय अनुकूलनपरक विश्लेषण से मानवीय व्यवहार से मुक्ति दिलाकर ऊंचा उठाया है, फिर भी सामाजिक प्रथाओं और संस्थाओं में जो समाजपरक अन्तर है, वह स्वेच्छाचारी नहीं है। मानवशास्त्र में सामाजिक जैविकी द्वारा प्रेरित शोध मुख्यतः सांस्कृतिक विभिन्नताओं के स्त्रोतों को जानने पर केन्द्रित है।

sociolinguistics — सामाजिक-भाषाशास्त्र

मानवशास्त्रीय भाषाशास्त्र की एक शाखा सामाजिक-भाषाशास्त्र का उद्‌भव सन् 1950 के दशक में हुआ। इसमें भाषाशास्त्र और समाजशास्त्र के दोनों परिप्रेक्ष्यों को सम्मिलित कर समाज में भाषा के स्थान, विशेषतः भाषाई-भिन्नता के सामाजिक सन्दर्भ के अध्ययन पर बल दिया गया। इस विषय का समाजशास्त्र, मानवशास्त्र, सामाजिक मनोविज्ञान और शिक्षा जैसे सामाजिक विज्ञानों से भी घनिष्ठ सम्बन्ध रहा है। इसमें बहुभाषावाद, सामाजिक भाषाविज्ञान, वार्तापरक अन्तर्क्रिया, भाषा के प्रति दृष्टिकोण, भाषा परिवर्तन तथा कई अन्य विषयों का अध्ययन किया जाता है। चूंकि इस विषय का क्षेत्र अत्यन्त व्यापक है, अतः आजकल अध्ययन की दृष्टि से इसे दो भागों में विभाजित कर दिया गया है—सैद्धान्तिक सामाजिक भाषाविज्ञान और व्यावहारिक सामाजिक भाषा-विज्ञान। सैद्धान्तिक सामाजिक भाषाविज्ञान के अन्तर्गत औपचारिक प्रतिरूपों (मॉडल्स) तथा पद्धतियों का वाणी समुदायों और वाणी विविधताओं की

संरचनाओं के विश्लेषण के लिये किया जाता है। व्यावहारिक सामाजिक भाषाविज्ञान में विद्यालयों और न्यायालयों, जैसे सार्वजनिक जीवन के विभिन्न क्षेत्रों में भाषा के प्रयोग की मूलभूत असमानताओं के सामाजिक और राजनीतिक प्रभावों का अध्ययन किया जाता है। इस सम्बन्ध में "सामाजिक-भाषाशास्त्र : भाषा और समाज के विज्ञान की एक अन्तर्राष्ट्रीय पुस्तक" (1987-88) नाम दो खंडीय ग्रन्थ विशेष उल्लेखनीय है जिसका सम्पादन **अम्मॉन** और **डिट्मर** ने किया है। इस ग्रन्थ में इस विषय की लगभग 200 प्रविष्टियां दी गई हैं।

इस विषय को दो अन्य उपभागों में विभाजित किया है : वृहत् सामाजिक-भाषाशास्त्र और सूक्ष्म सामाजिक भाषाशास्त्र। वृहत् सामाजिक-भाषाशास्त्र में समाज से शुरुआत की जाती है और भाषा को समुदायों के संगठन का एक केन्द्रीय कारक मान कर अध्ययन किया जाता है। इस क्षेत्र को कभी-कभी "भाषा का समाजशास्त्र" भी कहा जाता है। सूक्ष्म सामाजिक-भाषाशास्त्र की शुरुआत भाषा से होती है और सामाजिक शक्तियों को प्रमुख कारक मान कर भाषा की संरचना पर इनके प्रभावों को मालूम किया जाता है।

"भाषा" और "बोली" जैसी मूलभूत धारणाएं बुनियादी रूप में सामाजिक हैं, न कि भाषिक या शाब्दिक, क्योंकि ये कई रूप में समाज पर आधारित होती हैं। इस सम्बन्ध में **वेनरिच** का यह बहु उद्धृत कथन दृष्टव्य है, "एक भाषा अपनी एक सेना और नौसेना सहित एक बोली है।" यह कथन एक बोली की अपेक्षा एक भाषा के रूप में भिन्नता को स्वीकार करने में राजनीतिक सत्ता और एक राष्ट्र-राज्य की प्रभुसत्ता के महत्व को रेखांकित करता है। भाषाओं और भाषा विविधताओं में हमेशा प्रतिस्पर्द्धा रहती है और कई बार इनके बीच संघर्ष भी होता है। बहुभाषी समाजों में किसी एक भाषा का चयन भिन्न सामाजिक और राजनैतिक विभाजनों का प्रतीक है।

sociology – समाजशास्त्र

"सोसिअलॉजि" शब्द की रचना उन्नीसवीं शताब्दी में फ्रांसीसी विद्वान **ऑगस्त कोंत (कॉम्ट)** द्वारा की गई थी। उनका विचार था कि प्राकृतिक घटनाओं के वैज्ञानिक अध्ययन के मॉडल पर सामाजिक घटनाओं का भी अध्ययन वैज्ञानिक विधियों द्वारा किया जाना चाहिये। अपने इसी विचार का अनुसरण करते हुए कोंत ने प्राकृतिक विज्ञानों के "भौतिकशास्त्र" के प्रतिरूप के आधार पर "मानव समाजों" की "गतिकी" और "स्थैतिकी" के अध्ययन हेतु सर्वप्रथम "सोश्यल फिजिक्स" (सामाजिक भौतिकी) शब्द को गढ़ा, किन्तु इस शब्द के बारे में भारी विवाद और मत-भ्रांति उत्पन्न हो जाने के कारण बाद में "सोसिअलॉजि" शब्द की रचना की। कोंत के विचारानुसार, समाज के इस नये विज्ञान की प्रकृति भी वस्तुपरक हो ताकि अध्ययन-कर्त्ता की भावनाओं, विचारों और मूल्यों से यह अप्रभावित रहे।

समाजशास्त्र को कई रूप में परिभाषित किया गया है। इसकी ढेर सारी परिभाषाएं उपलब्ध हैं। मोटे रूप में, सामाजिक जीवन और व्यवहार का वैज्ञानिक अध्ययन ही समाजशास्त्र है। यह एक ऐसा समष्टिपरक विज्ञान है जिसमें व्यक्ति और समूह की सामाजिक क्रियाओं और उनके अन्तर-पारस्परिक संबंधों से निर्मित समाज का अध्ययन किया जाता है।

समाजशास्त्र के अध्ययन की वास्तविक एवं स्पष्ट विषय-वस्तु क्या है तथा इसमें तथा

मानवशास्त्र (विशेषतः सामाजिक-सांस्कृतिक मानवशास्त्र) में क्या अन्तर है, इन दोनों विषयों के बारे में भारी मतभेद रहा है और इस पर काफी वाद-विवाद भी हुआ है। समाजशास्त्र की उत्पत्ति के मूल में सामाजिक सुधार, विशेषतः औद्योगीकरण के प्रारंभिक दौर में उत्पन्न सामाजिक समस्याओं, यथा गरीबी, अपराध, गन्दगी, बीमारी, रहन-सहन की नारकीय दशाएं, गन्दी बस्तियां आदि का विचार रहा है और ये समस्यायें मुख्यतः नगरीय क्षेत्रों से सम्बन्धित थीं। अतः प्रारंभ से ही समाजशास्त्रियों के अध्ययन का मुख्य केन्द्र नगरीय समाज और उनसे जुड़े अन्य विषय रहे हैं। यद्यपि अध्ययन के इस प्रारंभिक दृष्टिकोण में अब काफी अन्तर आ गया है, फिर भी, औपचारिक दृष्टि से, समाजशास्त्र में बहुधा आधुनिक तथा तथाकथित विकसित समाजों की संरचनाओं और प्रक्रियाओं का ही अध्ययन किया जाता है; जबकि मानवशास्त्र के अध्ययन का केन्द्र आदिम समाज, जनजातियां, कबीले और राज्यविहीन ऐसे समाज रहे हैं जो आधुनिक विकास की गंगा से अपेक्षाकृत अछूते रहे हैं। दोनों ही विज्ञानों के "पूर्वज" विचारकों में **दुर्खाइम, वेबर, पोलनयी** आदि की गणना की जाती है, फिर भी दोनों के अध्ययन के दृष्टिकोण तथा अध्ययन-पद्धतियों में भिन्नता रही है, किन्तु यह भिन्नता भी अब धीरे-धीरे पटती जा रही है।

समाजशास्त्रीय अध्ययनों के प्रमुख विषय हैं : स्तरीकरण, जाति, वर्ग या व्यवसाय पर आधारित असमानता और विषमता, प्रजाति, नृजातिक समूह, लैंगिक समूह (प्रस्थिति लक्षण), सामाजिक गतिशीलता, औपचारिक समूह (नौकरशाही के विभिन्न रूप), संस्थाएं (परिवार, शिक्षा, धर्म, जेल, न्यायालय आदि), सामाजिक शक्ति के भिन्न रूप, सामाजिक विचलन, नगरीय सामाजिक संरचनाएं, सामूहिक व्यवहार (भीड़ से लेकर सभी प्रकार के संगठित आन्दोलन) तथा सामाजिक परिवर्तन आदि। ग्रामीण समाजशास्त्र के कई विषय समाजशास्त्रियों और सांस्कृतिक मानवशास्त्रियों के साझा विषय रहे हैं।

बीसवीं शताब्दी के प्रारंभ में, द्वितीय महायुद्ध के बाद, समाजशास्त्र, विशेषतः अमरीकी समाजशास्त्र में ज्वार आया और इसका रूप-स्वरूप अधिकाधिक अनुभवपरक और परिमाणात्मक हो गया। किन्तु पिछले कुछ दशकों में इस प्रवृत्ति पर थोड़ा अंकुश लगा है, फिर भी कम्प्यूटर सहित आधुनातन परिष्कृत सांख्यिकीय तकनीकें आधुनिक समाजशास्त्रियों के पद्धतिशास्त्रीय साजो-सामान का प्रमुख हिस्सा बनी हुई हैं। समाजशास्त्र में सहभागिक-अवलोकन विधि के प्रयोग की परम्परा भी रही है। पिछली शताब्दी (बीसवी) के आखिरी दशकों में वैश्विक अन्तर्क्रिया (विश्व-व्यवस्था सिद्धान्त), राज्यों के तुलनात्मक अध्ययनों और ऐतिहासिक समाजशास्त्र के विषयों को लेकर कुछ अध्ययनों की एक अच्छी शुरुआत हुई है। इन अध्ययनों ने अवश्यमेव जहां एक ओर समाजशास्त्र के क्षेत्र को व्यापक बनाया है, वहां समाजशास्त्र के रंग-रूप में भी निखार ला दिया है।

Solutrean culture – सोल्यूत्री संस्कृति

औरिग्नेशी के बाद तथा मग्दालीनी से पूर्व का उत्तर पुरापाषाण काल सोल्यूत्री संस्कृति के नाम से जाना जाता है। सोल्यूत्री संस्कृति का नामकरण पश्चिमी यूरोप के एक स्थान सोल्यूत्र के आधार पर हुआ है। यहां के लोग अपने सुन्दर एवं स्वच्छ उपकरणों के लिये प्रसिद्ध रहे हैं।

इस संस्कृति की प्रमुख विशेषताएं चकमक द्वारा निर्मित लारेल-पत्र और विलोपत्राकार और दोनों ओर से शल्कित प्रस्तर उपकरण हैं। खुरचने वाले चाकू, सुए, सुई एवं अस्थियों के औज़ार इस संस्कृति के कुछ अन्य प्रमुख उपकरण कहे जाते हैं।

somatic cells – कायिक कोशिकाएं

प्रजनन से सम्बन्धित कोशिकाओं के अतिरिक्त शरीर की सभी कोशिकाएं कायिक कोशिकाएं कहलाती हैं।

sorcery – अभिचार/टोना

एक प्रकार की जादुई क्रिया जिसका प्रयोग दैवी प्रकोप से रक्षा तथा रोगों से मुक्ति पाने के लिये किया जाता है, अभिचार या टोना कहलाता है। कभी-कभी इसके द्वारा भविष्योक्ति भी की जाती है। आदिम और परम्परागत समाजों में ऐसे अभिचार सामान्यतः प्रचलित रहे हैं। मध्यकालीन यूरोप में भी इसके साक्ष्य मिले हैं।

"सॉःसॅरि" शब्द का प्रयोग प्रारम्भ में ब्रिटिश मानवशास्त्र में जादुई क्रियाकलापों को डाइन या "जादुगरनियों" के क्रियाकलापों के बीच अन्तर बताने के लिये किया गया है। जो व्यक्ति "जादू" के कार्य करने की इच्छा रखते हैं और जिन्होंने इसका प्रशिक्षण लिया है तथा उनके पास इससे सम्बन्धित आवश्यक साजोसामान और उपकरण हैं, उन्हें "सॉःसॅरर्स" या "जादूगर चिकित्सक" कहा जाता है। "सॉःसॅरि" और "विचक्राफ्ट" दोनों में दुर्भाव और अनिष्टकारी उद्देश्य को लेकर समानता है, किन्तु सॉःसॅरि में सुरक्षा, कल्याण और बीमारी के निदान का भाव भी होता है।

sororal polygyny – स्वसृक बहुपत्नी प्रथा

यह बहुपत्नी प्रथा का एक रूप है जिसमें किसी पुरुष की पत्नियां परस्पर बहिनें होती हैं।

sororate – पत्नि-भगिनी या साली विवाह

विवाह का एक रूप जो एक व्यक्ति को अपनी प्रथम पत्नी की सभी छोटी बहिनों (सालियों), या उनमें से किसी एक के साथ, प्रथम पत्नी के जीवन काल में ही अतिरिक्त पत्नियों के रूप में अथवा प्रथम पत्नी की मृत्यु के उपरान्त उसके स्थान पर विवाह करने की स्वीकृति देता है, पत्नि-भगिनी या साली विवाह कहलाता है। विवाह का यह नियम कहीं पर अनुग्रह के रूप में तो कहीं पर अधिकार के रूप में लागू होता है। पत्नि की बहिनें सहोदर बहिनें ही हों, आवश्यक नहीं है, वे चाचा-ताऊ की लड़कियां (ससुर के परिवार की कुमारियां) भी हो सकती हैं।

यह बहुपत्नीक प्रथा का ही एक रूप है। इसके दो रूप हैं। प्रथम पत्नी की मृत्यु के उपरान्त उसकी बहिन के साथ किया गया विवाह "सीमित साली विवाह" क्हलाता है, किन्तु जब किसी व्यक्ति को परिवार की ज्येष्ठ लड़की के साथ विवाह करने पर उसकी छोटी बहिनों पर भी स्वतः ही वैवाहिक अधिकार प्राप्त हो जाता है, तब इसे असीमित साली विवाह कहते हैं।

soul – **आत्मा/जीवात्मा**
एक विश्वास जिसके आधार पर शरीर का अभौतिक अंश या तत्व जो शरीर में प्राण का संचार कर प्राणी को जीवन प्रदान करता है, आत्मा के नाम से जाना जाता है। "स्पिरिट" और "सोल" दोनों शब्दों का प्रयोग एक ही अर्थ यथा आत्मा या जीवात्मा के लिये किया जाता है, फिर भी "स्पिरिट" शब्द का प्रयोग बहुधा जीवित मानवों के एक अभौतिक तत्व के लिये किया जाता है जिसका मृत्यु के बाद भी अस्तित्व बना रहता है जबकि पूर्वजों की व्याख्या बहुधा "स्पिरिट्स" (जीवात्माओं) के रूप में की जाती है।

soul loss – **गतात्मावाद/जीवात्मा हानि**
रोग का आदिम सिद्धान्त जिसके अनुसार यह माना जाता है कि कोई बीमारी शरीर में से आत्मा के चले जाने के कारण होती है। आत्मा का प्रस्थान अथवा हानि जादुई अथवा अलौकिक कारणों से होती है।

species – **स्पीशीज़ (नैसर्गिक जीव जातियां)**
"स्पीशीज़" जीवों का एक समूह है जो अन्तःप्रजनन द्वारा प्रजनन शक्ति युक्त (उर्वर) संतान को जन्म देते हैं। एक जाति के सदस्य अन्य सभी जातियों के सदस्यों से जननिक आधार पर पृथक् किये जाते हैं, अर्थात् वे दूसरी प्राणी जाति के सदस्यों के साथ समागम कर उर्वर सन्तति उत्पन्न नहीं कर सकते हैं। प्रत्येक प्राणी जाति का प्रकृति में अपना एक विशिष्ट स्थान होता है।

speciation – **जाति-उद्भवन/जाति रचना**
विभिन्न प्राणी जातियों की रचना कैसे हुई, या कैसे होती है, इस सम्बन्ध में **चार्ल्स डार्विन** ने एक सिद्धान्त प्रतिपादित किया है। उनके अनुसार दीर्घकाल में एक जाति (स्पीशी) का दूसरी जाति में उद्भव (फेर-बदलाब) हो जाता है, जिसे उन्होंने जाति-उद्भवन की प्रक्रिया कहा है। जाति-उद्भवन एकाएक या अचानक नहीं होता। यह किसी एक परिवार के इतिहास में हुए कोई एक अथवा दो उत्परिवर्तन का भी परिणाम भी नहीं है। यह किसी एक जाति (स्पीशी) के उप-समूह में भिन्न पर्यावरण के फलस्वरूप उत्पन्न हो सकता है। जब यह उप-समूह किसी नये पर्यावरण के सम्पर्क में आता है, तब इस सम्पर्क के प्रभाव वश उसमें काफी आनुवांशिक परिवर्तन हो जाते हैं जो धीरे-धीरे एक लम्बे काल में एक नवीन विविधता के रूप में परिणित होकर एक नई प्रजाति को जन्म दे देते हैं। डार्विन का यह सिद्धान्त काफी विवादास्पद रहा है।

spell – **मंत्र/जादू-टोना**
कुछ शब्दों के समुच्चय को मंत्र कहते हैं जिनको बोल कर अथवा गा कर धार्मिक या जादुई प्रभाव की रचना की जाती है। ये जादुई अथवा धार्मिक सूक्तियों के रूप में होते हैं।

state – **राज्य**
आधुनिक अर्थों में, समाज का वह पक्ष, अभिकरण अथवा संस्था, राज्य के नाम से जानी जाती

है जिसे किसी निर्दिष्ट भू-क्षेत्र पर शारीरिक शक्ति के प्रयोग का वैधानिक अधिकार प्राप्त होता है। **मैक्स वेबर** ने इसे परिभाषित करते हुए लिखा है कि *राज्य मानव साहचर्य का एक रूप है, जो एक विशिष्ट क्षेत्र में वैधानिक शारीरिक शक्ति के प्रयोग का सफलतापूर्वक दावा करता है।* सामाजिक संगठन के प्रारम्भिक अध्ययन की शुरुआत राज्य के अध्ययन से ही हुई है।

मानवशास्त्रीय अर्थ में, एक ऐसे राजनीतिक अथवा राजकीय समूहन को राज्य कहा गया है जो एक स्वशासित सरल गांव से लेकर राष्ट्र के रूप में जटिलता लिये हो। ऐसा माना जाता है कि आदिम संसार में इसकी बहुधा उत्पत्ति तब हुई होगी जब कई जनजातियां स्वेच्छिक रूप में आपस में मिल गई हों या बलवान समूहों ने कमजोर समूहों को अपने अधीन कर लिया हो। राज्य के उद्भव में संभवतः युद्ध एक प्रमुख कारण रहा होगा। जनजातियों या कबीलों के समूहन के आधार पर बने परिसंघों की अपेक्षा युद्ध के आधार पर जीत कर कब्जे में किये गये क्षेत्रों के आधार पर निर्मित राज्य ही अधिक देखने को मिलते हैं।

आदिम समाजों (जनजातियों) में राज्य थे अथवा नहीं, इस सम्बन्ध में विभिन्न मत हैं। सामान्यतः यह माना जाता है कि सामाजिक स्तरीकरण, राजनीतिक एवं प्रशासनिक संस्थाओं (नौकरशाही) युक्त राज्य आधुनिक जटिल समाजों की ही विशेषताएं रहे हैं और आदिम समाजों में केन्द्रीकृत प्रधान की व्यवस्थाएं ही थीं। अतः अधिकांश आदिम समाजों को राज्य विहीन समाज माना जाता है।

status – प्रस्थिति

किसी समाज अथवा समुदाय में किसी समय विशेष पर व्यक्ति को जो पद, प्रतिष्ठा या सम्मान प्राप्त होता है, वह उसकी प्रस्थिति है। प्रत्येक प्रस्थिति के साथ कुछ अधिकार एवं कर्त्तव्य (भूमिका) जुड़े होते हैं। **लिंटन** (1936) पहले व्यक्ति थे, जिन्होंने सामाजिक विज्ञानों (समाजशास्त्र/मानवशास्त्र) में प्रस्थिति और भूमिका शब्दों को एक निश्चित अर्थ प्रदान कर स्पष्ट शब्दों में परिभाषित किया है। उन्होंने इन्हें परिभाषित करते हुए लिखा है कि "*व्यक्तियों अथवा व्यक्तियों के समूहों के बीच पारस्परिक व्यवहार के प्रतिमानों के आधार पर निर्मित ध्रुवी पदों को प्रस्थितियां कहते हैं। भूमिका प्रस्थिति का गतिशील पक्ष है, अर्थात् उस पद से जुड़े प्रतिमानित प्रत्याशित व्यहार को भूमिका कहते हैं।*" लिंटन ने प्रस्थितियों के दो रूप बताये हैं : प्रदत्त प्रस्थिति और अर्जित प्रस्थिति।

प्रदत्त प्रस्थिति से तात्पर्य ऐसी प्रस्थितियों से हैं जो व्यक्तियों को जन्मजात विभिन्नता और क्षमताओं के होते हुए भी स्वतः मिल जाती हैं। अर्जित प्रस्थितियां वे हैं जो प्रतिस्पर्धा और व्यक्तिगत प्रयासों के आधार पर मिलती हैं। इनके लिये विशिष्ट योग्यताओं की जरूरत होती है।

status, social – सामाजिक प्रस्थिति

सामाजिक प्रस्थिति एक व्यक्ति की अनेक प्रस्थितियों का एक समुच्चय है, जो किसी संस्तरण व्यवस्था में व्यक्ति के अनुक्रम (स्थान) का संकेत देती है। सामाजिक प्रस्थिति में ऊंच-नीच, और पद-क्रम का भाव निहित होता है। मानवशास्त्रियों ने सामाजिक प्रस्थिति को समाज तथा

सामाजिक संरचना की एक इकाई माना है। उनके अनुसार समाज का वैज्ञानिक अध्ययन सामाजिक प्रस्थितियों के अन्तर्सम्बन्धों के अध्ययन द्वारा ही सम्भव है।

"प्रस्थिति" और "भूमिका" की अवधारणाएं संरचनात्मक-प्रकार्यात्मक परिप्रेक्ष्य के केन्द्रीय विषय रहे हैं। संरचनात्मक-प्रकार्यात्मक परिप्रेक्ष्य की आलोचना के साथ इन अवधारणाओं की भी आलोनाएं हुई और कहा गया कि ये अवधारणाएं अत्यधिक अनम्य (कठोर) हैं, जो सामाजिक परिवर्तन की प्रक्रियाओं को समझने में बाधा उत्पन्न करती हैं। इन अवधारणाओं की कमजोरियों और सीमाओं को ताड़ते हुए **रेमंड फर्थ** ने सामाजिक संरचना के स्थान पर "सामाजिक संगठन" की अवधारणा के प्रयोग का सुझाव दिया जिसमें सामाजिक व्यवहार में चयन (वरण) का तत्व मौजूद होता है। प्रस्थिति, भूमिका और सामाजिक संरचना जैसी अत्यधिक औपचारिक और अनम्य अवधारणाओं में व्यक्ति को व्यवहार की स्वतन्त्रता नहीं रहती और वह सामाजिक रूप से निर्धारित कार्यकलापों को बिना नानुच के यथावत करता चला जाता है, जब कि सामाजिक संगठन की अवधारणा में व्यक्ति को अपने व्यवहार में चयन की सुविधा होती है। "कार्य-सम्पादनपरक विश्लेषण" (ट्रैनजैक्शनल अनैलॅसिस) तो इस धारणा से भी एक कदम आगे बढ़कर यह दावा करता है कि सामाजिक व्यवहार प्रस्थितियों और भूमिकाओं में गड़े पूर्व निश्चित नियमों के आधार पर नहीं होता, अपितु सामाजिक व्यवहार विवेकी कर्त्ता के अधिकाधिक गणना (अच्छे-बुरे के बारे में सोच-विचार) पर निर्भर करता है, अर्थात् समझदार कर्त्ता कोई भी व्यवहार करने के पूर्व काफी सोच-विचार करता है।जैवकीय रूप में समाजों के समाकलित होने की धारणा जैसे-जैसे कमजोर पड़ती जा रही है, वैसे-वैसे "प्रस्थिति" और "भूमिका" की अवधारणाओं की आभा भी क्षीण होती जा रही है।

Stillbay culture – स्टिलबे संस्कृति

पूर्वी अफ्रीका तथा केप प्रोविन्स के बीच की अत्यन्त नूतन संस्कृति को "स्टिलबे संस्कृति" (पूर्वी अफ्रीका) कहा जाता है। इस संस्कृति की प्रमुख विशेषताएं इसके शल्क उपकरण तथा मोस्तारी एवं सोल्यूत्री प्रकार के अस्त्र-शस्त्र हैं।

stratigraphy – स्तर-क्रम विन्यास

स्तर-क्रम विन्यास या स्तरिकी भूविज्ञान की एक शाखा है जिसमें भूमि के स्तरों की उत्पत्ति, रचना, वितरण तथा उनके अनुक्रम का अध्ययन किया जाता है। इसके अतिरिक्त, इसका प्रयोग पुरातत्वीय उत्खनन में प्राप्त वस्तुओं के आपेक्षित स्थानों के स्तरीय अध्ययन द्वारा संस्कृति तथा लोगों के कायिक रूपों के कालानुक्रम का निर्धारण में भी किया जाता है। स्तरों के माध्यम से सापेक्षिक काल निर्धारण की यह सबसे विश्वसनीय विधि है।

structural-functionalism – संरचनात्मक-प्रकार्यवाद

सामाजिक संरचना कैसे बनी रहती है और इसे बनाये रखने में प्रथाओं और संस्थाओं की क्या भूमिका है, उनके क्या प्रकार्य हैं; इस विषयों का अध्ययन करने वाला परिप्रेक्ष्य या उपागम ही संरचनात्मक-प्रकार्यवाद के नाम से जाना जाता है। वास्तव में, यह प्रकार्यवाद का ही एक रूप

है जिसके साथ प्रारंभिक मानवशास्त्री **रेडक्लिफ ब्राउन** का नाम विशेष रूप में जुड़ा हुआ है, को संरचनात्मक-प्रकार्यवाद का नाम दिया गया है। रेडक्लिफ ब्राउन और उनके समकालीन मानवशास्त्री **मेलिनोस्की** दोनों ही मूलतः प्रकार्यवादी रहे हैं, किन्तु ब्राउन द्वारा अपने प्रकार्यवाद में सामाजिक संरचना के विश्लेषण पर अधिक जोर दिये जाने के कारण रेडक्लिफ ब्राउन के प्रकार्यवाद के संस्करण को "संरचनात्मक-प्रकार्यवाद" कहा जाने लगा। किन्तु, बाद में यह अवधारणा प्रसिद्ध अमेरिकी समाजशास्त्री **टालकट पार्सन्स** के समाजशास्त्रीय उपागम के लिये अधिक व्यापक रूप मे प्रयोग की गई है। पार्सन्स का यह उपागम समन्वयात्मक अन्तअर्नुशासनात्मक है, जिसमें मानवशास्त्र, समाजशास्त्र और मनोविज्ञान को "परत वाली रोटी" के रूप में प्रयोग किया गया है जो "अर्द्ध-संत्रात्रिकी" या "व्यवस्था सिद्धान्त" के विश्लेषणात्मक मॉडल नाम से जाना जाता है। पार्सन्स ने बताया है कि मनोवैज्ञानिक, सामाजिक और सांस्कृतिक व्यवस्थाओं (प्रणालियों) को विश्लेषण की दृष्टि से संगठन के भिन्न स्तरों के रूप में जाना जा सकता है। ये स्तर अलग-अलग होते हुए भी आपस में जुड़े हुए हैं और एक दूसरे को आगे बढ़ाने में सहारा देते हैं। इनमें से प्रत्येक का अपना समाकलन (जुड़ने) का तर्क है, किन्तु ये तीनों ही स्तर एक दूसरे का पोषण करते हैं। बाद में, **क्लिफोर्ड ग्रीज** (1973) ने कहा कि सामाजिक प्रणालियां कारणात्मक आधार पर जुड़ी होती हैं, जबकि सांस्कृतिक व्यवस्थाएं तार्किक-अर्थपूर्ण आधार पर समाकलित होती हैं और मनोवैज्ञानिक व्यवस्थाओं के समाकलन का आधार मनोगत्यात्मकता होती है। (देखिये - प्रकार्यवाद, संरचनावाद)

structuralism – संरचनावाद

व्यापक अर्थों में, संरचनावाद से तात्पर्य किसी रचना के प्रतिमान के बारे में जानकारी है, अर्थात् प्रथम दृष्टि में जो वस्तुएं बिल्कुल एक दूसरे से असम्बद्ध नजर आती हैं, वे वास्तव में अन्तर्सम्बन्धित हिस्सों के रूप में व्यवस्था का एक भाग होती हैं। संरचनात्मक सिद्धान्त में किसी समष्टि (समग्रता) को भागों का एक योग मात्र नहीं माना जाता, अपितु उसे इस योग से अधिक एक ऐसी सम्पूर्णता में देखा जाता है जिसका निर्माण व्यवस्थित रूप में उसकी निर्मायक इकाइयों के पारस्परिक संबंधों के आधार पर होता है और यह भी माना जाता है कि अधिकांश समष्टियों को उनके विशिष्ट लक्षणों अथवा द्विभाजी विपरीतता के विचार के आधार पर टुकड़ों (भागों) में बांटा जा सकता है। उदाहरणार्थ, किसी संस्कृति में, जैसा कि हम भाषा में देखते हैं, किसी एक विशिष्ट लक्षण की उपस्थिति अथवा अनुपस्थिति इस तथ्य को भली-भांति स्पष्ट करने में सक्षम है। संरचनावाद अध्ययन का एक ऐसा उपागम है जो केवल मानवशास्त्र तक सीमित नहीं है। इसके कीटाणु गणितशास्त्र, मनोविज्ञान और दर्शनशास्त्र में भी हैं। किन्तु, इसका प्रमुख स्त्रोत भाषाशास्त्र है जहां से यह मानवशास्त्र में मुख्यतः **लेवी स्ट्रास** के लेखनों द्वारा आया है।

संरचनावाद किसी घटना की विषयवस्तु (कन्टेन्ट) की अपेक्षा उसके स्वरूप (फार्म) पर अधिक बल देता है। यह परिप्रेक्ष्य संरचनात्मक सम्बन्धों (समाज के विभिन्न अंगों के बीच सम्बन्ध) पर बल देता है। एक संरचनावादी की रुचि यह जानने में होती है कि किसी व्यवस्था

में उसके अंगों के आपसी सम्बन्ध क्या हैं, वे किस प्रकार एक दूसरे से तालमेल बिठाते हैं। संरचनावादी मानते हैं कि वस्तुएं संरचना में उनके स्थान (महत्व) के आधार पर अर्थ ग्रहण करती हैं। इस अर्थ में, यह इस मत को अस्वीकार करता है कि बिना स्वरूप के कोई विषयवस्तु हो सकती है। भाषा में किसी भी स्तर पर संरचनाओं (जैसे, स्वरविज्ञानपरकता, वाक्य विन्यासिकता या आकृतिमूलकता) और संस्कृति के लगभग सभी क्षेत्रों (जैसे, नातेदारी, पाकविद्या, मिथकशास्त्र आदि) में प्रच्छन्न उपमायें देखी जा सकती हैं। यही कारण है कि **सासूर** और **लेवी स्ट्रॉस** के मानवशास्त्र के प्रेग सम्प्रदाय तथा अन्य लोगों द्वारा भाषाविज्ञान से संरचनावाद में संक्रमण बड़ी सहजता से हुआ है। यद्यपि आधुनिक संरचनावाद पर **लेवी स्ट्रॉस** का प्रभाव सर्वाधिक रहा है, तथापि संरचनात्मक मानवशास्त्र एक दुर्बोध विधा रही है।

"संरचनावाद" एक पद्धति है, एक सौन्दर्यपरक विश्लेषण की शैली है और साथ ही यह एक दार्शनिक रुझान भी है जिसका मानवशास्त्र में सर्वाधिक विशिष्ट और स्पष्ट रूप में प्रयोग फ्रांसीसी मानवशास्त्री **क्लॉड लेवी स्ट्रॉस** ने किया है। किन्तु बीसवीं शताब्दी के वृहत् आधुनिकतावादी आन्दोलन के रूप में इस परिप्रेक्ष्य ने संगीत, नाटक, उपन्यास तथा तथाकथित मानवतावाद विरोधी दर्शन तथा साहित्यिक समालोचना जैसी अनेक विधाओं को प्रभावित किया है। यही नहीं, उसी के द्वारा तथाकथित उत्तर-संरचनावादी धारा (**बार्थ्स, फूको, लेकन और दरिदा**) का भी प्रत्यक्ष-अप्रत्यक्ष तौर पर उदय हुआ है। अपने "शुद्ध" लेवी स्ट्रासवादी अर्थ में संरचनावाद की धारणा संरचनात्मक भाषाशास्त्र तथा संज्ञानात्मक मानवशास्त्र में देखने को मिलती है जिसका विकास उत्तरी अमेरिका में सन् 1950 और 1960 के दशकों में बोआॅसवादी परम्परा से हुआ है। लेवी स्ट्रास के संरचनावाद की विशिष्टता इस तथ्य में स्पष्ट झलकती है कि इसमें सभी संभव संरचनाओं की खोज करने का प्रयास किया गया है। उनका मानवशास्त्र वास्तव में, "मानसिक एकता के सिद्धान्त" की उपज है जिसे लेवी स्ट्रॉस ने फ्रैंच भाषा में "ल स्प्रीट ह्यूमेन" कहा है। उनकी यह धारणा **दुर्खाइम** की "सामूहिक चेतना" की धारणा के विपर्यय (विरोध) के रूप में कभी-कभी "सामूहिक अचेतन" के अर्थ में ढीले-ढाले लचीले रूप में अनुवादित कर ली जाती है।

मानवशास्त्र में संरचनावाद का सम्बन्ध **रेडक्लिफ ब्राउनवादी** अर्थ में मात्र सामाजिक संरचना अथवा संरचनात्मक स्वरूप से ही नहीं है, अपितु इसमें विचारों की संरचना को भी सम्मिलित किया गया है। लेवी स्ट्रास की कृतियों में विशेषतः संरचनाओं को आनुभविक आधार की अपेक्षा एक तार्किक (बुद्धिपरक) आधार पर निर्मित माना गया है, अर्थात् लेवी स्ट्रासवादी अर्थ में किसी वस्तु की तार्किक संभावनाओं पर विचार करने के बाद नृजातिक क्षेत्र में उसके उदाहरणों की खोज की जाती है। इस सम्बन्ध में लेवी स्ट्रास ने क्रिस्टल की संरचना की उपमा का प्रयोग करते हुए कहा है कि जब एक भौतिकशास्त्री एक क्रिस्टल के गणितीय गुणों का अध्ययन करता है, तब उसे संभवतः वास्तविक क्रिस्टलों से कोई मतलब नहीं होता (जिनमें कमियां हो सकती हैं), अपितु उसका सम्बन्ध कुछ आदर्श, अर्थात् परिशुद्ध सटीक क्रिस्टल से होता है। वास्तविक क्रिस्टलों की रचना ऊष्मा (ताप) और दबाव, बाह्य विजातीय तत्वों तथा कई अन्य बातों के परिवर्तन के प्रभावों पर निर्भर करती है। प्रकृति में पूर्णतः शुद्ध क्रिस्टल को ढूंढ पाना मुश्किल है, किन्तु इसकी छवि, इसका नक्शा अवश्य मस्तिष्क में होता

है या हो सकता है। अतः लेवी-स्ट्रास समाज की आदर्श संरचना के बारे में बात करते हुए इसे दो रूपों में देखते हैं, (1) शोधकर्त्ता के मस्तिष्क में रची-बसी रचना के अर्थ में और (2) उन लोगों के मस्तिष्क में रची-बसी रचना के अर्थ में जिनका अध्ययन शोधकर्त्ता करता है। अधिकांश मानवशास्त्री प्रथम अर्थ के स्थान पर द्वितीय अर्थ का ही अधिक प्रयोग करते हैं। वास्तव में, लेवी स्ट्रॉस का संरचनावाद संस्कृति को एक अमूर्तता के रूप में देखता है, अर्थात् इसमें व्यक्तियों के वास्तविक व्यवहार की अपेक्षा आदर्शात्मक प्रतिमान से काफी मिलते-जुलते रूप में संरचना की व्याख्या की जाती है।

एक पद्धति के रूप में, **लेवी स्ट्रॉसवादी** संरचनावाद (तथा मानवशास्त्रीय संरचनावाद) का उद्‌भव **फर्डिनंड डी सासूर** (1959) के संरचनात्मक भाषाशास्त्र, **रोमन जेकबसन** (1956, 78, 87) तथा **मार्शल मॉस** के दुर्खाइमवादी समाजशास्त्र और सूचना सिद्धान्त से हुआ है। लेवी स्ट्रॉस ने इनके अतिरिक्त भूगर्भशास्त्र, मार्क्सवाद और मनोविश्लेषण में अन्तर्निहित संरचनाओं का भी उल्लेख किया है। सासूर ने कहा है कि भाषा में इकाइयों के अर्थ की रचना भिन्नता की एक व्यवस्था के रूप में होती है, अर्थात् प्रत्येक इकाई को, व्यवस्था की अन्य इकाइयों से, उसकी विशिष्टता के आधार पर महत्व दिया जाता है। इसे बड़ी आसानी से ध्वनिग्रामिक व्यवस्था (स्वरविज्ञान) के साथ-साथ अर्थविज्ञान में व्याप्त भिन्नता से स्पष्ट किया जा सकता है। व्याकरण तथा संरचनात्मक भाषाविज्ञान के स्वरूप सभी स्तर पर अभिज्ञ नहीं होते, फिर भी वे सर्वांगी होते हैं। वक्ता बिना नियमों को जाने सही और गलत स्वरूपों को जान सकता है। इसी आधार पर, लेवी स्ट्रॉस ने कहा कि मानवशास्त्री को भी एक ऐसी व्यवस्थित विधि की आवश्यकता है जिसके द्वारा वह सांस्कृतिक स्वरूपों में अन्तर्निहित संरचनाओं को उजागर कर सके जो इसी प्रकार व्यवस्थित होती हैं। यह विधि विश्लेषण की द्विभाजी तरीके पर आधारित है जिसका सर्वाधिक विकास सूचना सिद्धान्त में हुआ है। इन स्वरूपों की लोक व्याख्याएं भ्रामक हैं क्योंकि लोगों को अपनी संरचनाओं के बारे में चेतन रूप में पूरी जानकारी नहीं होती।

लेवी स्ट्रॉस ने अपने संरचनात्मक विचारों को अपनी कई पुस्तकों ("स्ट्रक्चरल एंथ्रापोलॉजी", 1968, 1977, "द एलिमेन्ट्री स्ट्रक्चर्स ऑफ किनशिप," 1963 तथा "द सेवेज माइन्ड," 1966) में प्रस्तुत किया है। लेवी स्ट्रॉस के अनुसार, "सभी संस्कृतियों के तत्व मूलतः एक ही मानसिक प्रक्रिया की उपज हैं जो सम्पूर्ण मानव समाज में समान रूप से पाई जाती है। यह संभव है कि सांस्कृतिक रूप से बाह्य रूप में भिन्नता प्रकट हो, किन्तु आन्तरिक संरचना में एक प्रकार की समानता होती है जो मानव चिन्तन की समान संरचना को प्रकट करती है।" उन्होंने आगे कहा कि "हम मानव मस्तिष्क की कार्य-प्रणाली के बारे में मूलभूत तथ्यों की जानकारी उनकी सांस्कृतिक अभिव्यक्तियों के प्रेक्षण द्वारा प्राप्त कर सकते हैं। घटनाओं को 'द्वि-विरोधी धड़ों में बांटने की प्रवृत्ति मानव मस्तिष्क का एक सार्वभौमिक लक्षण है।" लेवी स्ट्रॉस ने अपनी संरचनात्मक विधि का सर्वप्रथम प्रयोग 'प्रारंभिक नातेदारी व्यवस्थाओं' (विवाह की आदेशात्मक व्यवस्थाओं जिनमें यह पहले से निश्चित होता है कि किस सम्बन्धी के साथ विवाह किया जा सकता है और किस के साथ नही), प्रमुखतः

आस्ट्रेलिया, दक्षिण तथा दक्षिण-पूर्वी देशों के अध्ययन में किया। आदेशात्मक व्यवस्थाओं के साथ ही उन्होंने अधिमान्य विवाहों (अर्थात् विवाह सम्बन्धों के लिये कुछ सम्बन्ध-श्रेणियों को वरीयता दी जाती है) का भी विश्लेषण किया है और कहा है कि विवाह की विनिमय व्यवस्थाओं के ये संरचनात्मक नियम लघुस्तरीय समाजों के प्रादेशिक एकीकरण को प्रभावित करते हैं। बाद में उन्होंने वर्गीकरण की अपनी प्रखर धारणा को प्रस्तुत करते हुए लगभग 800 उत्तरी अमरीकी और दक्षिणी अमरीकी मिथकों का सारगर्भित विश्लेषण किया। मिथकों की व्याख्या करते हुए **लेवी स्ट्रॉस** ने लिखा है कि मिथक उन विरोधाभासों को प्रकट करते हैं ज़ो मानव मस्तिष्क को घेरे रहते हैं, किन्तु साथ ही ये मिथक इन विरोधाभासों को दूर करने के तार्किक तरीकों को भी बताते हैं।

दार्शनिक स्तर पर, लेवी स्ट्रॉस ने **ज्यां पाल सार्त्र** की अस्तित्ववादी धारणाओं को चुनौती देते हुए कहा कि "भाषा और संस्कृति को उदात्त इच्छा, व्यक्तियों की राजनीतिक चेतना और राजनीतिक समूहों के द्वारा आसानी नहीं बदला जा सकता है।" इतिहास के सम्बन्ध में इस विवाद ने पहले "संरचनात्मक मार्क्सवाद" को और बाद में "आलोचनात्मक मानवशास्त्र" को जन्म दिया। यही नहीं, इसी विवाद ने वर्तमान तथाकथित "उत्तर-आधुनिकवाद" की पीढ़ी को तैयार किया है। यद्यपि उत्तर-आधुनिकतावादी लेखकों ने संरचनात्मकतावादी यांत्रिक द्वैधवाद को चुनौती दी है, किन्तु दार्शनिक आधार पर उन्होंने लेवी स्ट्रॉसवादी संरचनात्मकतावाद का समर्थन किया है।

संरचनावाद और संरचनात्मक-प्रकार्यवाद में कुछ मामलों में समानताएं हैं, जैसे दोनों ही वस्तुओं या घटनाओं के बीच सम्बन्धों का अध्ययन करते हैं, किन्तु दोनों में कुछ महत्वपूर्ण अन्तर भी हैं। संरचनात्मक-प्रकार्यवाद सामाजिक सम्बन्धों के बीच एक व्यवस्था देखता है। संरचनावादियों की सामान्यतः रुचि समाज की संरचनाओं को जानने के साथ-साथ विचारों की संरचनाओं को भी जानने में होती है। **रेडक्लिफ ब्राउन** का संरचनात्मक-प्रकार्यवाद मुख्यतः आगमनात्मक विधि पर आधारित है, जबकि संरचनावादी बहुधा जिस विधि का प्रयोग करते हैं, वह निगमनात्मक है जो कुछ पूर्व प्रस्थापनाओं पर आधारित होती है। वे बहुधा पहले तार्किक संभावनाओं को खोजते हैं और बाद में उन्हें यथा स्थान "फिट" करने की कोशिश करते हैं। जहां ब्राउन इस बात पर बल देते हैं कि किसी समाज के विभिन्न तत्व किस प्रकार कार्य करते हैं, वहां लेवी स्ट्रास ने इस तथ्य को उजागर किया है कि प्रणालियों का उद्भव (जन्म) ही कैसे होता है।

अन्त में, सूचना सिद्धान्त के आन्दोलन, विशेष रूप में विभिन्न क्षेत्रों में कम्प्यूटर विज्ञान के प्रयोग किये जाने के कारण आजकल अधिकांश मानवशास्त्रियों ने संरचनात्मकतावाद से अपना मुख मोड़ लिया है। जीवशास्त्र के क्षेत्र में कम्प्यूटरों के प्रयोग ने मानवशास्त्रीय शोध-अध्ययनों को भी प्रभावित किया है। यही नहीं, कम्प्यूटरों का प्रयोग आजकल सामाजिक एवं सांस्कृतिक स्वरूपों के अध्ययन में भी किया जा रहा है।

structuralism, British – ब्रिटिश संरचनावाद

मूलतः तथाकथित ब्रिटिश संरचनावाद सन् 1950 के दशक में प्रचलित संरचनात्मक-

प्रकार्यवाद का ही एक पर्याय (समानार्थी) रहा है, किन्तु बाद में उन ब्रिटिश मानवशास्त्रियों के कार्यों के लिये इस अवधारणा का प्रयोग किया जाने लगा जिन्होंने फ्रांसीसी संरचनावाद के विचारों (सन् 1960 के बाद से) को ग्रहण कर लिया और किसी संस्कृति के एक समय विशेष के संरचनात्मक तत्वों के अध्ययन में रुचि लेना शुरू किया। संरचनावाद का यह रूप समाज अथवा संस्कृति को अपनी सम्पूर्णता में देखता है जिसका निर्माण व्यवस्थित रूप में उसकी निर्मायक इकाइयों के पारस्परिक संबंधों के आधार पर होता है। इस प्रकार के संरचनावाद के प्रमुख हस्ताक्षर **लीच** (1954) और **नीडहॉम** (1962) रहे हैं।

ब्रिटिश संरचनावाद और स्ट्रासवादी संरचनावाद में भिन्नता है। जहां ब्रिटिश संरचनावाद में सांस्कृतिक भिन्नता के साथ-साथ सामाजिक और सांकेतिक संरचनाओं में अन्तर-सांस्कृतिक समानताओं को स्वीकार किया गया है, वहां स्ट्रासवाद ऐसी सांस्कृतिक सार्वभौमिकता पर आधारित है जिसकी जड़ें 'मानव प्राणी की मानसिक एकता' के सिद्धान्त में गड़ी हैं।

structuralism, Dutch – डच संरचनावाद

संरचनावाद का वह रूप जो नीदरलैंड में सन् 1920 के दशक के पूर्व विकसित हुआ। इस संरचनावाद में प्रादेशिक संरचनाओं, जैसे मलाया आर्चीपेलागो की संस्कृति को अपनी सम्पूर्णता में अध्ययन पर बल दिया गया। डच संरचनावाद का उद्‌भव बीसवीं शताब्दी में भाषा, संस्कृति और समाज के अध्ययनों द्वारा हुआ है। इस संरचनावाद के प्रमुख विद्वान **जोशेलीन डी जोंग** (1935) रहे हैं जिन्होंने सांस्कृतिक क्षेत्रों अथवा अंचलों की अनूठी संरचनाओं के अध्ययन पर बल दिया है।

structuralism, French – फ्रांसीसी संरचनावाद

वृहत् आधार पर, संरचनावाद का वह रूप फ्रांसीसी संरचनावाद के नाम से जाना जाता है जो **क्लॉड लेवी स्ट्रॉस** और उसके प्रशंसकों के विचारों से अनुप्राणित है। संकुचित अर्थों में, यह मानवशास्त्र का एक परिप्रेक्ष्य है जो किसी विशिष्ट संस्कृति के सदस्यों अथवा किसी विशिष्ट संस्कृति क्षेत्रों के लोगों के मस्तिष्कों की संरचनाओं की अपेक्षा मानव मस्तिष्क की संरचनाओं के अध्ययन पर बल देता है।

structuralism, Marxist – मार्क्सवादी संरचनावाद

फ्रैंच संरचनावाद की एक धारा जो मार्क्सवादी सिद्धान्त के आधार पर 1960 और 1980 के दशकों के बीच पनपी, वह मार्क्सवादी संरचनावाद के नाम से जानी जाती है। इस क्षेत्र में फ्रैंच मानवशास्त्री **मारिस गॉडलिअर** (1973) **इम्मानुएल टेरे** (1972) और **क्लॉड मिलासोक्स** (1981) ने **क्लॉड लेवी स्ट्रॉस** के विचारों और दृष्टिकोण का प्रयोग करते हुए पूर्व-पूंजीवादी समाजों में नातेदारी और धर्म का उत्पादन सम्बन्धों के सन्दर्भ में अध्ययन किया है। अपने अध्ययनों के आधार पर निष्कर्ष रूप में इन शोधार्थियों ने कहा कि पूर्व-पूंजीवादी समाजों में अधि-संरचनात्मक तत्व मुख्यतः नातेदारी उत्पादन सम्बन्धों को निर्मित करते हैं तथा श्रम को प्रभावित करते हैं।

कुछ मानवशास्त्रियों ने **लेवी स्ट्रॉस** के विचारों का अनुसरण न करके **लुईस अल्थ्युज़र** की शुद्ध मार्क्सवादी संरचनावाद की योजना का पूर्व-पूंजीवादी समाजों के अध्ययन में प्रयोग किया है।

subaltern perspective – दलितवर्गीय परिप्रेक्ष्य

इतिहास और साहित्यिक आलोचना का एक दृष्टिकोण दलित वर्गीय परिप्रेक्ष्य के नाम से जाना जाता है जो प्रभु समूह के स्थान पर मातहत एवं दीनहीन समूह के दृष्टिकोण पर बल देता है। यह परिप्रेक्ष्य मुख्य रूप में दक्षिणी एशिया और भारत में प्रभावशाली रहा है। इस परिप्रेक्ष्य को लेकर आजकल महिलाओं तथा अन्य शोषित वर्ग एवं जातियों के अध्ययन किये जा रहे हैं।

ऑक्सफोर्ड कोश में "सबआल्टर्न" का अर्थ निम्न पद या दरजा बताया गया है, अर्थात् वे व्यक्ति जिनकी वर्ग, जाति, आयु, लिंग और पद अथवा किसी अन्य तरह से मातहत अथवा अधीनता की स्थिति होती है, वे सबआल्टर्न की कोटि में आते हैं। अधीनता को द्विआधारी संबंधों के रूप में देखा जा सकता है जिसका दूसरा सिरा प्रभुत्वता से निर्मित होता है। बिना प्रभुत्वता के अधीनता का सवाल ही नहीं उठता। दबे-कुचले समूह हर समय प्रभुत्व प्राप्त या प्रभु समूहों के अधीन होते हैं। ऐसे समूह चाहे विद्रोह करें और उनका उत्थान भी हो जाये, फिर भी उन पर प्रभु समूहों का वर्चस्व बना रहता है।

subculture – उपसंस्कृति

जब हम किसी समाज के सामान्य रूप में साझा रीति-रिवाजों और जीवन-शैली की बात करते हैं, तब हम उसे संस्कृति कहते हैं, किन्तु जब हम उसी समाज के किसी एक समूह के सामान्य साझा रीति-रिवाजों या जीवन-शैली की बात करते हैं, तब इसे उपसंस्कृति कहते हैं।

अतः उपसंस्कृति किसी संस्कृति का वह भाग या अंश है जो किसी समाज की मुख्य संस्कृति से कुछ बातों, जैसे भाषा, रीति-रिवाज, मूल्य, सामाजिक मानदंड तथा जीवन-शैली में थोड़ा बहुत भिन्न होता है। दूसरे शब्दों में, उपसंस्कृतियां ऐसे समूह होते हैं जिनके वृहद् समाजों, जिनसे वे जुड़े या सम्बन्धित होते हैं, के भीतर विशिष्ट सांस्कृतिक विशेषताएं अथवा जीवन के प्रतिमान होते हैं। नृजातिक समूह, मध्यवर्ती अल्पसंख्यक समूह, बालकों का खेल समूह, अपराधी गिरोह, आदि उपसंस्कृति युक्त समूहों के कुछ उदाहरण हैं।

succession – पदाधिकार

"सक्सेशन" शब्द का प्रयोग दो अर्थों में किया गया है। पारिस्थितिकी के क्षेत्र में "सक्सेशन" शब्द का प्रयोग "अनुक्रमण" के अर्थ में किया जाता है। इस अर्थ में, किसी क्षेत्र विशेष पर एक प्रकार के अधिभोक्ताओं को किसी दूसरे प्रकार के अधिभोक्ताओं द्वारा बलात् बाहर निकाल कर अधिकार जमाने की जो चेष्ठा की जाती है, वह "सक्सेशन" या "अनुक्रमण" कहलाती है। बाहर निकालने तथा दूसरी प्रजाति द्वारा क्षेत्र विशेष पर बलात् अधिकार जमाने की यह प्रक्रिया निरन्तर चलती रहती है।

"सक्सेशन" शब्द का प्रयोग जब सामाजिक विज्ञानों (विशेषकर मानवशास्त्र और

समाजशास्त्र) में किया जाता है, तब यह "अधिकारों के संचरण" को इंगित करता है। यह संचरण वरिष्ठता, चुनाव या नातेदारी सम्बन्धों के आधार पर हो सकता है। अंग्रेजी शब्दावली में "सक्सेशन" शब्द की भांति एक अन्य शब्द 'इन्हेरिटेन्स' का भी प्रयोग बहुधा समानार्थक और पर्याय के रूप में किया जाता है। "सक्सेशन" शब्द का प्रयोग अधिकांशतः पद के अधिकारों के संचरण (पदाधिकार) के लिये और 'इन्हेरिटेन्स' शब्द का प्रयोग पद और सम्पत्ति दोनों के संचरण (उत्तराधिकार) के लिये किया जाता है।

डब्ल्यू. एच. आर. रीवर्स (1914) ने सम्पत्ति के उत्तराधिकार, पद के पदाधिकार और वंश के नियमों (जो नातेदारी समूहों की पात्रता को परिभाषित करते हैं) में भेद किया है। उन्होंने 'दाय' अर्थात् सम्पत्ति के हस्तान्तरण के लिये दायाधिकार (इन्हेरिटेन्स) तथा 'पद' अथवा 'प्रतिष्ठा' के संचरण के लिये पदाधिकार (सक्सेशन) के पदों (टर्म्स) के प्रयोग का सुझाव दिया है। दायाधिकार के लिये आंग्ल भाषा में कोई अलग शब्द न होने के कारण "इन्हेरिटेन्स" शब्द का ही प्रयोग कर लिया जाता है, जबकि यह शब्द सम्पत्ति और पद दोनों के संचरण को अभिव्यक्त करता है। संचरण की प्रत्येक व्यवस्था एक भिन्न रूप धारण कर लेती है क्योंकि जो कुछ संचरित किया जाता है, वह अन्ततः पीढ़ियों के बीच होता है। पदाधिकार का रूप मातृवंशीय अथवा पितृवंशीय दोनों व्यवस्थाओं में से कोई एक रेखा में होता है। सामान्यतः पदाधिकार वरिष्ठता के क्रम में होता है, किन्तु कुछेक मातृवंशीय समाज ऐसे भी पाये गये है जहां परिवार की सबसे कनिष्ट पुत्री को परिवार का उत्तराधिकारी बनाया जाता है।

suffering – दुःखभोग

वेदना या दुःखभोग महान् धर्मों की एक केन्द्रीय समस्या, एक महत्वपूर्ण वैचारिक विषय रहा है। किन्तु सामाजिक विज्ञानों की जड़ें भी एक रूप में इस विषय में गड़ी हुई हैं। बीमारी के अनुभवों और अपंगता के वृतान्तों ने ही "चिकित्सा मानवशास्त्र" को जन्म दिया है। दुख-दर्द, वेदना के कई कारण हो सकते हैं, किन्तु दुःखभोग के अनुभवों में भिन्नता के होते हुए भी इसके स्वरूपों में विभिन्न संस्कृतियों में समानता पाई गई है और यही विषय मानवशास्त्रियों के अध्ययन का विषय रहा है। दुःखभोग एक सामाजिक यथार्थ है, यद्यपि इसकी रचना कई भिन्न रूप में होती है, फिर भी मात्र रचना के लिये इसे 'सांस्कृतिक तात्विकितावाद' में नहीं रूपान्तरित किया जा सकता। इस सन्दर्भ में उत्तर-आधुनिक दार्शनिक **स्टेनली केबेल** (1994) ने लिखा है कि "विश्व शब्दों का आह्वान करता है" तथा दुःखभोग अनेकों तरीकों में से एक है जिसके द्वारा विश्व अपनी प्रतिक्रियाओं और प्रतिज्ञाओं को अभिव्यक्त करता है। मानवशास्त्रीय क्षेत्र में वेदना को लेकर जो अध्ययन हुए हैं, उनमें घटनाक्रियावादी परिप्रेक्ष्य की ओर अधिक झुकाव देखने को मिला है। विशिष्ट सामाजिक और ऐतिहासिक सन्दर्भों को लेकर वेदना के अनुभवों को घटनाक्रियावादी विधि द्वारा परखा गया है। **माग्रेट लॉक** (1993) ने इसी प्रकार के अपने एक अध्ययन में स्त्रियों की रजोनिवृत्ति के अनुभवों को प्रलेखित करते हुए बताया कि सभी महिलाओं के जीवन के उत्तरार्द्ध वर्षों में रजोनिवृत्ति की घटना उत्पन्न होती है और सामान्यतः इसे स्त्रियों की एक वेदनापूर्ण स्थिति के रूप में चित्रित किया जाता

है। किन्तु **लॉक** के अनुसार, जहां उत्तरी अमरीकी महिलाओं द्वारा रजोनिवृत्ति सम्बन्धी वेदना के कटु अनुभव बताये गये, वहां जापानी महिलाओं के रजोनिवृति सम्बन्धी अनुभव वेदनाओं से भरे नहीं थे। उन्होंने इस घटना को बड़े हल्के ढंग से लिया। इसके ठीक विपरीत, **पॉल फार्मर** (1992, 94) ने अपने अध्ययन द्वारा यह प्रदर्शित किया कि किस प्रकार हैती किसानों में फैली हुई एड्स और टी. बी. की बीमारियां संरचनात्मक हिंसा का प्रतिफल होने के कारण मानवीय दुर्दशा और दुखद स्थिति के गहरे घावों को प्रदर्शित करती हैं। इसी प्रकार, **नैनसी शेफर-ह्यूज़ेज** (1992) ने बताया कि किस प्रकार समस्त नैतिक विश्व का पुनर्निर्माण किया जा सकता है जिसके कारण जीवन के कई पहलुओं पर चरम गरीबी की पीसने वाले प्रभावों ने वेदना के एक जगत् को जन्म दिया है। **पीयरे बोदियू** तथा उनके साथियों (1993) ने इस संबंध में सामाजिक शक्ति और समूहों के विनाशात्मक प्रभावों के एक सिद्धान्त की रचना की है। कुछेक शोधार्थियों ने व्यक्तियों के दुख-दर्द की निजी कहानियों को प्रलेखित कर इस क्षेत्र में शोध के नये आयामों के द्वार खोले हैं। मानवीय वेदनाओं के अध्ययन का क्षेत्र अत्यन्त चुनौती भरा है। इस क्षेत्र में कई ऐसे विषय हैं जिन पर अभी बहुत कम काम हुआ है, जैसे राजनीतिक हिंसा, आर्थिक पुनर्रचना की योजनाएं (बांध निर्माण, गन्दी बस्तियों का उन्मूलन आदि), बलात् बेघर करना, सामाजिक विकास की योजनाओं की असफलता, आतंकवाद और साम्प्रदायिकता आदि समस्याओं से उत्पन्न कटु अनुभव और मानसिक आघात आदि ऐसे विषय हैं जिन पर अति शीघ्र शोध की आवश्यकता है।

supernaturalism – अलौकिकतावाद

अलौकिकतावाद एक सिद्धान्त है जिसके अनुसार यह माना जाता है कि वास्तविक अस्तित्व प्रकृति से परे है और एक अदृश्य शक्ति प्रकृति तथा मनुष्य का नियंत्रण एवं मार्गदर्शन करती है। **टायलर** तथा अन्य कई मानव वैज्ञानिकों ने इसे धर्म का प्रमुख लक्षण माना है। यह सिद्धान्त अधिप्राकृतिकता अथवा अलौकिकता में विश्वास प्रकट करता है।

superorganic – अधिजैविक

यह संस्कृति से सम्बन्धित एक अवधारणा है जिसके अनुसार यह माना जाता है कि संस्कृति एक ऐसी सत्ता है जो मानव प्राणियों से ऊपर और उनसे परे है तथा वे इसकी छत्र-छाया में रहते हैं। मानव के अस्तित्व का (उसके आने-जाने का) संस्कृति के अस्तित्व पर कोई प्रभाव नहीं पड़ता। वह सभी अन्य वस्तुओं की आधात्री (जन्मदाता) है और स्वयं संस्कृति की अभिवृद्धि एवं क्रियाशीलता अपने ही नियमों द्वारा परिचालित होती है। मूल रूप में, यह विचार **हरबर्ट स्पेन्सर** द्वारा उद्‌विकास की उच्च अवस्था को इंगित करने के लिये किया गया था, किन्तु मानवशास्त्र में इसका उपरोक्त अर्थ में प्रचलन **ए. एल. क्रोबर** (1917) ने किया।

मानवशास्त्र की दृष्टि से पशु और मनुष्य में मुख्य अन्तर यह है कि वातावरण से अनुकूलन करने हेतु पशु के शरीर में वरण की प्रक्रिया द्वारा स्वतः जैविक भेद उत्पन्न हो जाते हैं, जबकि मनुष्य उसी उद्देश्य की पूर्ति के लिये सांस्कृतिक तत्वों की रचना करता है जो जैविक नहीं होते, अतः उन्हें अधिजैविक या पराजैविक कहा गया है।

superstition – **अंधविश्वास**
ऐसे विश्वास जिनका विज्ञान और धर्म दोनों में ही कोई वास्तविक आधार नहीं होता, अंधविश्वास कहलाते हैं। अधिकांश अंधविश्वास मृतप्रायः विश्वास परम्पराओं के अवशेष होते हैं। कई अंधविश्वास कालांतर में प्रथाओं का रूप धारण कर लेते हैं जो व्यक्ति के दैनिक जीवन के कार्यों को निर्धारित करते हैं।

super structure – **अधिसंरचना**
अधोसंरचना की भांति अधिसंरचना भी मार्क्सवादी मानवशास्त्र की एक प्रमुख अवधारणा है। अधिसंरचना से तात्पर्य उन वस्तुओं से है जो उत्पादन प्रणाली से दूर से जुड़ी होती हैं, जैसे धार्मिक विश्वास, अनुष्ठान आदि। निस्संदेह, धर्म और उत्पादन में सम्बन्ध हो सकते हैं, किन्तु ये सम्बन्ध सामान्यतः इतने प्रत्यक्ष एवं घनिष्ट नहीं होते हैं जितने कि राजनीति और उत्पादन के बीच सम्बन्ध होते हैं। अधिसंरचना से मार्क्स का मन्तव्य सामाजिक संरचना के ऊपरी भाग से रहा है जिसकी रचना नैतिक आदर्श, कला, साहित्य, धार्मिक विश्वास, सामाजिक एवं राजनीतिक संस्थाओं से होती है। मार्क्स के अनुसार अधिसंरचना का स्वरूप अधोसंरचना अर्थात् उत्पादन-प्रणाली की प्रकृति पर निर्भर करता है। अतः उत्पादन-प्रणाली (अधोसंरचना) में परिवर्तन अधीसंरचना (कला, साहित्य, धर्म, नैतिकता आदि) को भी प्रभावित कर बदल देती है।

मार्क्स की अधिसंरचना की अवधारणा सांस्कृतिक पारिस्थितिविज्ञ **जुलिअन स्टीवर्ड** की "सम्पूर्ण संस्कृति" की अवधारणा से मिलती-जुलती है जिसके आधार पर सांस्कृतिक प्रसार होता है।

survey, archaeological – **पुरातत्वी सर्वेक्षण**
कालानुक्रम को निश्चित करने के उद्देश्य से पुरातात्विक क्षेत्रों के नमूनों को एकत्रण करने हेतु खुदाई करने तथा नक्शे बनाने की विधा को पुरातत्वी सर्वेक्षण कहते हैं।

survey, social – **सामाजिक सर्वेक्षण**
सामाजिक अनुसंधान की एक विधि सर्वेक्षण कहलाती है जिसमें किसी विशिष्ट भौगोलिक, सांस्कृतिक अथवा प्रशासनिक क्षेत्र में निवास करने वाले मानव समुदाय के जीवन से सम्बन्धित सामाजिक तथ्यों को व्यवस्थित ढंग से साक्षात्कार, प्रश्नावली या अनुसूची आदि विधियों के माध्यम से एकत्रित कर उन्हें विश्लेषित किया जाता है। यह सामाजिक शोध की एक परिमाणात्मक विधि है।

survival – **अवशेष**
पुरातन काल से बची हुई अभी तक आधुनिक काल में विद्यमान वस्तुओं को अवशेष कहा जाता है। मानवशास्त्र के क्षेत्र में सर्वप्रथम **टायलर** ने अपनी पुस्तक "आदिम संस्कृति" (1871) में अवशेषों की महत्ता पर प्रकाश डाला है। सन् 1846 में **डब्ल्यू. जे. थॉमस** ने

बताया कि किस प्रकार लोकगाथाओं का आधार अवशेष रहा है। **औटिस मेशन** ने आदिम स्त्रियाँ और आविष्कार के अपने अध्ययन में भौतिक संस्कृति के अवशेषों का प्रयोग किया है। उन्नीसवीं शताब्दी के तुलनात्मक मानवशास्त्रियों ने प्रारम्भिक मानव समाज के विकास के अध्ययनों में अवशेष चिन्हों का प्रयोग किया है। बहुत-कुछ सीमा तक आधुनिक नृजातिवृत लेखकों ने अभौतिक तत्वों के अवशेषों को अपने अध्ययनों में बिना किसी फेर-बदल के यथावत् स्वीकार कर उन्हें सम्पूर्ण संस्कृति के तानेबाने में विश्लेषित करने पर बल दिया है।

survival of the fittest – योग्यतम की उत्तरजीविता

चार्ल्स डार्विन के उद्विकास के सिद्धान्त के आधार पर **हरबर्ट स्पेन्सर** ने योग्यतम की उत्तरजीविता का विचार रखा जिसके अनुसार यह माना जाता है कि जो सावयव (जीव) आसानी से अपने पर्यावरण के साथ अनुकूलन कर लेते हैं, वे "प्राकृतिक प्रवरण" की प्रक्रिया के माध्यम से जीवित रहते और बच जाते हैं तथा अन्य नष्ट हो जाते हैं। वास्तव में, "योग्यतम की उत्तरजीविता" या "सर्वोत्तम का अतिजीवन" के सिद्धान्त को वनस्पति और पशुओं की भांति मानव प्राणी पर यथावत् लागू नहीं किया जा सकता क्योंकि अव्वल तो मानव एक बुद्धिजीवी एवं श्रेष्ठ प्राणी है, तिस पर भी उसके सामाजिक-सांस्कृतिक होने के कारण उसमें अपने समाज की मान्यताओं के अनुरूप मानवीयता का गुण निहित होता है। फिर, मानव में समायोजन की अधिक क्षमता भी उसके लिये रक्षा-कवच का कार्य करती है।

symbolic capital – सांकेतिक पूंजी

पीयरे बोदि्यू (1990) द्वारा प्रयुक्त एक अवधारणा "सांकेतिक पूंजी" से तात्पर्य ऐसे सामाजिक सम्मान या प्रतिष्ठा से है जो एक सामाजिक कर्त्ता की "प्रस्थिति" को प्रदर्शित करने के साथ-साथ आंशिक रूप में उसकी रचना भी करती है। इस सांकेतिक पूंजी का वस्तुओं, सेवाओं और सामाजिक पहचान द्वारा विनिमय किया जा सकता है।

syntax – वाक्य-विन्यास

भाषाशास्त्र के क्षेत्र में मुहावरों और वाक्यों में शब्दों के संगठन के अध्ययन को वाक्य-विन्यास कहते हैं।

system ecology – व्यवस्था पारिस्थितिकी

व्यवस्था सिद्धान्त की शुरुआत पारिस्थितिकी से हुई है। पारिस्थितिकी में इसके द्वारा उन प्रक्रियाओं का अध्ययन किया जाता है जिनके द्वारा जीव और प्रजातियों के समुदाय एक दूसरे के साथ तथा उनके आसपास के पर्यावरण से पदार्थ और ऊर्जा का विनिमय करते हैं। व्यवस्था सिद्धान्त के अधिकांश गणितीय आधार की रचना का श्रेय **अल्फ्रेड लोटका** (1925) को जाता है, जिन्होंने कहा कि "उद्विकास ऐसी दशा में आगे बढ़ता है जब व्यवस्था के माध्यम से सम्पूर्ण ऊर्जा के प्रवाह द्वारा पारिस्थितिकी-व्यवस्था के साथ अधिकतम अनुरूपता बनाई रख जा सकती है।"

मानवशास्त्र के क्षेत्र में सर्वप्रथम **क्लिफोर्ड ग्रीज़** (1963) ने मानवशास्त्रियों से "पारिस्थितिकी व्यवस्था" परिप्रेक्ष्य के प्रयोग किये जाने की अपेक्षा की, यद्यपि स्वयं उन्होंने इन्डोनेशिया के कृषि-सांस्कृतिक विकास में इसका प्रयोग नहीं किया। मानवशास्त्र के क्षेत्र में इस विधि के सर्वप्रथम प्रयोग का उदाहरण हमें **रॉय ए. रेप्पापोर्ट** (1967) के अध्ययन का मिलता है। रेप्पापोर्ट ने न्यूगिनी के बागवानी करने वाले टेम्बगा समुदाय में सूअरों को पालने और उद्यान लगाने में अनुष्ठानों की भूमिका का अध्ययन किया है। रेप्पापोर्ट के अध्ययन का अनुसरण करते हुए बाद में अनेक अध्ययनों, विशेषतः यूरोप और दक्षिणी अमेरिका में मानवीय समूहों के अध्ययनों में व्यवस्था पारिस्थितिकी का प्रयोग किया गया है।

synecology – संपारिस्थितिकी

पारिस्थितिकीशास्त्र की एक शाखा संपारिस्थितिकी के नाम से जानी जाती है जिसमें पारिस्थितिक समुदायों की संरचना, विकास और वितरण का अध्ययन पर्यावरण के सन्दर्भ में किया जाता है।

T

taboo – **निषेध/वर्जना (टेबू)**

अंग्रेजी का शब्द "टेबू" पोलिनेशी शब्द "टाबू" का अपभ्रंश है जिसके बारे में सन् 1777 में सर्वप्रथम **कैप्टेन कूक** ने जानकारी एकत्रित की थी। "टेबू" का सामान्य अर्थ है, "समाज द्वारा आरोपित निषेध अथवा वर्जनाएं।" "किसी वस्तु, व्यक्ति अथवा किसी क्रिया के साथ सम्पर्क के विरोध में सांस्कारिक रूप में स्वीकृत निषेधों को टेबू कहते हैं।" टेबू यद्यपि एक पोलिनेशी शब्द है, किन्तु यह अवधारणा सार्वभौमिक है। समाजों के संगठन में इसकी महत्वपूर्ण सांस्कृतिक भूमिका है। साधारणतः कुछ भोज्य पदार्थों को खाना, रक्त, मृत व्यक्ति, रजस्वला स्त्री, नवजात शिशु, युद्ध से लौटे व्यक्ति, अपरिचित व्यक्ति, राजा या नीच जाति के व्यक्ति, तथा विशेष प्रकार की संपत्ति या टोटम को स्पर्श करना या इनके साथ सम्पर्क या संसर्ग रखना निषिद्ध माना गया है। निषिद्ध वस्तु को पवित्र अथवा अपवित्र माना जा सकता है तथा किसी वर्जना (टेबू) का उल्लंघन न केवल एक अपराध होता है, अपितु यह अपवित्रीकरण की एक क्रिया भी मानी जाती है। किसी वर्जना के तोड़ने को सामान्यतः किसी विशिष्ट अलौकिक शक्ति का कोप भाजन बनना या किसी प्रकार के दुर्भाग्य को आमंत्रण देना माना जाता है। ऐसा देखा गया है कि वर्जनाएं उपान्त (बीच की) सामाजिक स्थितियों वाले व्यक्तियों, जैसे शासकगण, अस्पृश्य व्यक्ति और साधुगणों के साथ विशेष रूप में जुड़ी पाई गई हैं। ये व्यक्ति बहुधा साधारण व्यक्तियों के लिये निषेधित होते हैं। इसी प्रकार, ऐसे व्यक्ति जो सामाजिक संक्रमण की स्थिति में होते हैं, जैसे नव माता-पिता या नव दीक्षित व्यक्तियों को प्रायः अनेक प्रकार की वर्जनाओं का पालन करना होता है।

टेबू अथवा निषेध मानव समाज की सबसे प्राचीन अलिखित अनुशास्तियां (सैन्क्शन्स) है। टेबू का उद्देश्य साधारण तथा अलौकिक, पवित्र तथा अपवित्र दोनों का नकारात्मक अनुष्ठानों द्वारा अनुरक्षण करना है। इसीलिये टेबू (निषेधों) को संस्कृति के नकारात्मक अनिवार्य तत्व माना गया है। अनेक प्रारंभिक विद्वानों की भांति **फ्रेजर** (1890) ने टेबू को आदिम अतार्किकता का एक लक्षण तथा अलौकिक तथा अप्रत्याशित खतरों से एक सुरक्षा कवच माना है जिनसे आदिम मानव अपने आपको हर समय घिरा हुआ महसूस करता था। प्रकार्यवादियों ने टेबू की अलग रूप में व्याख्या की है। **दुर्खाइम** ने इसे पवित्र और अपवित्र (लौकिक) के बीच अन्तर बनाये रखने के एक साधन के रूप में देखा है तथा कहा है कि एक निषेध सामाजिक एकजुटता को बनाये रखने में महत्वपूर्ण भूमिका अदा करता है।

रेडक्लिफ ब्राउन के अनुसार, यह कुछ व्यक्तियों और वस्तुओं की सामाजिक महत्ता को उजागर करने का एक तरीका है। **फ्रायड एवं लेवी स्ट्रॉस** ने "निकटाभिगमन निषेध" (इन्सेस्ट टेबू) का उदाहरण देते हुए कहा कि स्वयं समाज की उत्पत्ति 'इन्सेस्ट टेबू' से हुई है। **मेरी डगलस** (प्योरिटी एण्ड डेन्जर, 1966) ने प्रतीकात्मक दृष्टिकोण अपनाते हुए कहा कि वस्तुएं और व्यक्ति तब निषिद्धता की श्रेणी में आ जाती हैं जब वे अपनी संस्कृति के मानक प्रतीकात्मक वर्गीकरण में फिट नहीं बैठती हैं। कुछ अत्यधिक व्यापक निषेधों ने मनोवैज्ञानिकों और जैवकीय मानवशास्त्रियों के ध्यान को भी आकर्षित किया है। उदाहरणार्थ सामाजिक-जीवशास्त्रियों ने कहा है कि निकट सम्बन्धियों (माता-पिता और संतानों के बीच) में विवाह सम्बन्धी सार्वभौमिक वर्जनाएं जननिक दोषों (अभावों) से बचने का एक जैवकीय तरीका है।

tabooed person – निषिद्ध जन

जिस व्यक्ति का सम्पर्क एवं संसर्ग निषिद्ध माना जाता है, उसे निषिद्ध जन की श्रेणी में रखा जाता है। दीक्षा संस्कार के समय युवक, ऋतु धर्म अथवा प्रसूति के समय स्त्री, नवजात शिशु, रोगी, शव तथा मैलिनेशियाई मुखिया जैसे व्यक्ति निषिद्ध जन की श्रेणी में आते हैं। इस प्रकार की वर्जना का उद्देश्य (दुर्बल) व्यक्तियों, स्त्रियों, शिशुओं, पुरोहितों तथा साधारण जनों को संरक्षण प्रदान करना होता है। वर्जना का उल्लंघन करने वाला स्वयं भी निषिद्ध हो जाता है। इसका दोष निवारण प्रायश्चित तथा शुद्धि संस्कार द्वारा होता है।

taboo word – निषिद्ध शब्द

ऐसे शब्द जिनका प्रयोग निषिद्ध हो। उदाहरणार्थ, कई समाजों में किन्हीं सम्बन्धियों, टोटम अथवा कुछ अन्य वस्तुओं के नाम का उच्चारण निषिद्ध माना जाता है।

tali – ताली

दक्षिण भारत के कुछ भागों में विवाह के अवसर पर वर के द्वारा वधू के गले में पहिनाये जाने वाला सोने का एक आभूषण जो सूत्रों में बिंधा होता है और जिसे सुहाग का चिन्ह (मंगल सूत्र) माना जाता है, उसे वहां "ताली" (मलयालम भाषा का शब्द) कहते हैं। इस आभूषण को स्त्रियां अपने जीवनकाल में गले में पहने रहती हैं।

tali-tying ceremony – ताली बांधने की प्रथा

भारत में केरल के नायर समाज में प्रचलित एक प्रथा "ताली केट्टु कल्याणम्" (मलयालम भाषा के शब्द) के नाम से जानी जाती है। इस प्रथा के अनुसार इस समाज में वयस्कता प्राप्त करने पर सर्वप्रथम कन्या को आनुष्ठानिक स्नान कराया जाता है तथा संस्कार-समारोह के रूप में उसके गले में एक ताली (स्वर्ण का छोटा आभूषण) पहनाई जाती है। इस समाज में प्रत्येक लड़की के लिये यौवनारम्भ के पूर्व यह संस्कार सम्पन्न करना आवश्यक होता है, अन्यथा एक प्रकार की धार्मिक अपवित्रता मानकर लड़की तथा उसके परिवार को समाज से बहिष्कृत कर दिया जाता है।

कुछ समय पूर्व तक इस अवसर पर उसी समुदाय का कोई श्रेष्ठ पुरुष, पुरोहित अथवा ब्राह्मण ताली बांधने का कार्य करता था और उसके उपरान्त वही उसका कोमार्य भंग करता था और उसके बाद ही समाज उसे किसी व्यक्ति को प्रेमी स्वीकार करने की अनुमति प्रदान करता था। किन्तु आजकल कौमार्य भंग करने की यह प्रथा समाप्त हो गई है और ताली बांधने की प्रथा को मात्र एक दीक्षा समारोह के रूप में विवाह के अवसर पर सम्पन्न किया जाता है।

Tampanian culture – तैपेनियाई संस्कृति
मलाया में पाई गई एक अत्यन्त प्राचीन संस्कृति जिसकी प्रमुख विशेषता खंडक उपकरण थे, तैपेनियाई संस्कृति के नाम से जानी जाती है।

tarwad – तरवड़ (तरवाड़)
केरल के नायर समाज में पाई गई मातृस्थानिक परिवार की एक ऐसी सामाजिक संरचना "तरवड़" (तरवाड़) कहलाती है जिसमें परिवार के सभी सदस्य अपने मातृ परिवार में रहते हैं। एक नायर तरवड़ की रचना एक स्त्री और उसकी पुरुष और स्त्री सन्तानों तथा इन स्त्री सन्तानों की सन्तानों और इसी प्रकार आगे भी स्त्री सन्तानों द्वारा होती है। पुरुष सन्तानों के बच्चे इस तरवड़ के सदस्य नहीं होते, अपितु वे उन तरवड़ों से जुड़े होते हैं, जिनसे उनकी साथी-पत्नी जुड़ी होती है। इस प्रकार के पारिवारिक संकुलों की प्रमुख विशेषताएं इस प्रकार हैं, (1) मातृवंशीय सदस्यता, (2) मातृस्थानिकता, (3) तरवड़ की सम्पत्ति पर उस तरवड़ के सभी स्त्री एवं पुरुष सदस्यों का साझा अधिकार, (4) तरवड़ के ज्येष्ठ पुरुष द्वारा तरवड़ का संचालन। यह ज्येष्ठ पुरुष "कर्णवान" कहलाता है। (5) सामाजिक अनुष्ठानों और संस्कारों का तरवड़ द्वारा सम्पादन, (6) तरवड़ से अलग होकर मूल परिवारों की स्थापना के बाद भी तरवड़ की मूल भावना में कोई बदलाव नहीं होता। जब तरवड़ बहुत बड़ा हो जाता है जिसका संचालन कर्णवान के लिये एक समस्या बन जाता है, तब ये तरवड़ छोटी-छोटी इकाइयों में विभाजित कर दिये जाते हैं। ये इकाइयां "तवाझी" कहलाती हैं। इन तवाझियों को तरवड़ की सम्पत्ति में कोई कानूनी अधिकार नहीं होता। किन्तु मूल तरवड़ के साथ उनके नातेदारी सम्बन्ध यथावत् बने रहते हैं।

इस प्रकार की पारिवारिक संरचना लक्षद्वीप तथा भारत के तटवर्ती कई अन्य द्वीपों में भी पाई गई है।

Tardenosian culture – तार्देनोज़ी संस्कृति
तार्देनोज़ी संस्कृति पूर्व मध्य पाषाण काल से सम्बन्धित है जिसकी प्रमुख विशेषता ज्यामितिक आकार के छोटे चकमक उपकरण रहे हैं। कुछ विशेषज्ञों के अनुसार यह संस्कृति अजीलियाई संस्कृति की समकालीन कैप्सियाई संस्कृति का उत्तरवर्ती (उत्तर दिशा की ओर) उन्नत स्वरूप है।

tatoo – गोदना

शरीर पर सूइयों से गोद कर चिन्ह बनाना तथा उनमें रंग भर कर तरह-तरह के नमूने बनाना आदिम समाजों में शरीर अलंकरण का एक विशेष तरीका रहा है। ओशेनिया में ऊंचे स्तर के पोलेनेशी प्रमुख बहुधा आपदामस्तक गोदन से सजावट करते पाये गये हैं। आजकल आधुनिक समाज के पढ़े-लिखे लोग भी अपने शरीर के विभिन्न अंगों पर गोदना करवाने लगे हैं।

Tayacian culture – तयासी संस्कृति

क्लैक्टोनी तथा मोस्तारी संस्कृति के मध्यकाल की संस्कृति तयासी संस्कृति के नाम से जानी जाती है। इस संस्कृति की प्रमुख विशेषता साधारण रूप में गढ़े हुए समोत्तल (समतल उत्तल) शल्क उपकरण हैं। इस काल में प्रचुर-क्षुरक, अत्यन्त नुकीले उपकरण तथा कुछ बहुत बढ़िया अनगढ़ चाकू पाये गये हैं। इस संस्कृति के बारे में कुछ ऐसे साक्ष्य भी मिले हैं कि जिन पर क्रोडों तथा चकमक क्रोडों से छोटे उपकरण बनाने के लिए शल्क उतारे जाते थे, उन्हें भी खंडक उपकरण की भांति प्रयोग किया जाता था।

technology – प्रौद्योगिकी

प्रौद्योगिकी वे साधन तथा माध्यम हैं जिनके द्वारा मानवीय समाज अपने भौतिक पर्यावरण का सामना करते हैं और उसे रूपान्तरित करते हैं। एक प्रक्रिया या व्यवस्था के रूप में, प्रौद्योगिकी में उन पदार्थों को सम्मिलित किया जाता है जिन पर कार्य किया जाता है। इसके साथ इसमें उन उपकरणों और अन्य साधनों को भी सम्मिलित किया जाता है जिनके द्वारा क्रिया की जाती है। इसमें कार्य करने के उन तरीकों जिनके द्वारा इच्छित कार्य किया जाता है और कार्य सम्पन्न करने के ज्ञान को भी सम्मिलित किया जाता है। संक्षेप में, इसमें उन समस्त क्रियाओं, प्रक्रियाओं, ज्ञान तथा पदार्थों को सम्मलित किया जाता है जिनके द्वारा मानव अस्त्र-शस्त्र, यन्त्र, निवास, वस्त्र, आभूषण, परिवहन के साधन आदि का निर्माण करता है। प्रारंभिक अविकसित और अल्प-विकसित प्रौद्योगिकी को "आदिम" अथवा "पूर्वग प्रौद्योगिकी" कहा जाता था। पत्थर, लकड़ी, हड्डी के औजार और हथियार पूर्वग प्रौद्योगिकी के उत्पादन हैं। इसके विपरीत, राइफल, हथगोला, बम, मोटर, हवाई जहाज, रेल आदि आधुनिक प्रौद्योगिकी द्वारा निर्मित उत्पादन हैं।

मानवशास्त्रियों के अध्ययनों में हर समय सांस्कृतिक शिल्प-तथ्यों के रूप में उपकरणों के उपयोग पर ध्यान दिया गया है। इस सम्बन्ध में एक प्रारंभिक प्रयास **ऑगस्टस पिट्-रीवर्स** (1906) द्वारा किया गया है। उन्होंने स्पेन्सरवादी और डार्विनवादी उद्‌विकास की धारणा का अनुसरण करते हुए तकनीकी शिल्प-तथ्यों के परिवारों को उद्‌विकासीय अनुक्रम (सरल से जटिल स्वरूपों के रूप में) में जमाया है।

पारम्परिक तकनीकों को कैसे सुरक्षित रखा जाता था, इस बारे में काफी अध्ययन हुए हैं। मानव की यह सामान्य प्रवृत्ति रही है कि वह नई तकनीक को तब तक नहीं अपनाता और पुरानी को नहीं छोड़ता, जब तक नई तकनीक को पूरी तरह से परख न लिया गया हो और

अधिक कार्यक्षम के साथ आर्थिक दृष्टि से वह तकनीक लाभप्रद पाई गई हो। यह सामान्य रूप में देखा गया है कि किसी वस्तु को बनाने का विशिष्ट तकनीकी ज्ञान एक परिवार या कुछ व्यक्तियों तक सीमित होता है और उसे पूर्णतः गुप्त रखने का प्रयास किया जाता है।

प्रौद्योगिकी के आधार पर मानव ऐतिहासिक कालों के वर्गीकरण करने के अनेक प्रयास किये गये हैं, जिनमें एक सर्वाधिक प्रसिद्ध वर्गीकरण **लेविस हेनरी मॉर्गन** का है जिन्होंने मानव इतिहास को जंगली अवस्था, बर्बर अवस्था और सभ्यावस्था में (प्रौद्योगिकी के आधार पर) विभाजित किया है। इसी प्रकार का, किन्तु एक अधिक परिष्कृत वर्गीकरण **मॅमफोर्ड** (1934) का है जिन्होंने प्रौद्योगिकी के तीन स्तर—आदि तकनीकी स्तर, पुरा तकनीकी स्तर और नव तकनीकी स्तर बताये हैं। सन् 1962 में **लेविस बीनफोर्ड** ने एक भिन्न प्रकार से प्रकार्यात्मक वर्गों में तकनीकों का वर्गीकरण किया है : (1) **तकनोमिक,** (वे तकनीकें जो भौतिक पर्यावरण के साथ अन्तर्क्रियाएं करती हैं) (2) **समाजोतकनीक** (वे तकनीकें जो सामाजिक समूहों के निर्माण में प्रयोग की जाती हैं), (3) **विचारोतकनीक** (वे तकनीकें जो प्रतीकात्मक होती हैं)।

मानवशास्त्र में परिष्कृत औद्योगिकी तकनीकों के स्थान पर पारम्परिक तकनीकों के अध्ययन पर ही अधिक बल दिया गया है।

teknonymy – माध्यमिक सम्बोधन

कई समाजों में कुछ सम्बन्धियों को उनके नाम से प्रत्यक्ष रूप में सम्बोधित नहीं किया जाता, अपितु ऐसे सम्बन्धियों को इंगित करने या सम्बोधन करने के लिये किसी माध्यम का सहारा लिया जाता है। सामान्यतः इस प्रथा में माता या पिता को सम्बोधित या इंगित करने के लिये उनकी संतान के नाम को माध्यम बनाया जाता है, जैसे मोहन के पिता, या श्याम की माँ। भारत में कुछ क्षेत्रों में एक हिन्दू पत्नि अपने पति का नाम नहीं लेती, किन्तु जरूरत के समय वे अपनी सन्तान के नाम को माध्यम बना कर उन्हें इंगित या सम्बोधित करती हैं। इस शब्द की रचना अंग्रेज मानवशास्त्री **ई. बी.टायलर** ने की है।

term marriage – सावधि विवाह

संविदा (समझौता) विवाह की एक रीति सावधि विवाह कहलाती है। इस रीति के अनुसार एक विशेष अवधि के लिये ही विवाह किया जाता है। इस अवधि के बाद विवाह भंग माना जाता है। ईथोपिया तथा पूर्व के देशों में यह प्रथा प्रचलित है। सावधि विवाह मुस्लिम विवाह के रूपों में से एक रूप है जिसे 'बातिल' कहा जाता है।

tertiary era – तृतीयक काल

नूतन जीव महाकल्प के समरूप भूवैज्ञानिक काल जिसमें आल्प, काकेशस, हिमालय तथा अन्य महापर्वतीय श्रृंखलाओं की संरचना हुई थी। इस युग के प्रमुख पशु सरीसृप थे तथा इस काल में प्रारंभिक स्तनधारी पशुओं का भी उद्‌विकास होना बताया जाता है।

thanatos – मुमूर्षा/मरणवृति

स्वयं को अथवा दूसरे को मारने, नष्ट करने की विध्वंसात्मक प्रवृत्ति मुमूर्षा या मरणवृति

कहलाती है। यह वृत्ति जीवनवृत्ति (इरोज़) अर्थात् रचनावृत्ति की ठीक उल्टी है। **फ्रायड** के अनुसार, एक प्रकार का प्राथमिक आवेग जिसका लक्ष्य जैव एककों को नष्ट करके उनके आदिम अजैव स्थिति में लाना अपचायात्मक प्रवृत्ति का सूचक है। मानसिक दृष्टि से यह एक ऐसा अन्तर्नोद (ड्राइव) है जिसका लक्ष्य सदा विध्वंश करना और दूसरों को पीड़ा पहुंचाना होता है, जो अंततः आक्रामक रूप धारण कर लेता है।

इस प्रवृत्ति का प्रभाव मानव के व्यक्तित्व और व्यवहार पर विशेष रूप से पड़ता है। कुछ बालकों द्वारा खिलौनों को तोड़ना-फोड़ना, क्रोध में हाथ-पैर पटकना आदि इसी प्रकृत वृत्ति के कुछ सामान्य लक्षण हैं। इसे सरल भाषा में "डेथ इन्सटिंक्ट" कहते हैं।

theophagy – देव (प्रतीक) भक्षण

देवता का पशु-मूर्ति अथवा अन्य किसी प्रतीक के रूप में सांस्कारिक भक्षण जो साधारणतः ईश्वर की शक्ति का अवगाहन करने, वरदान मांगने, अनुग्रह प्राप्त करने अथवा सहधर्मचारिता के लिये धार्मिक अनुष्ठान के रूप में किया जाता है, देव (प्रतीक) भक्षण कहलाता है।

themes – मान्यताएं

ऐसे सामान्य अभिप्रेरकों को मान्यताएं कहा जाता है जो किसी समाज में विभिन्न प्रकार के व्यवहारों के मूल में निहित होती हैं। **मॉरिस ओपलर** ने संस्कृति के एकीकरण के सन्दर्भ में इस अवधारणा को विकसित किया है। अपनी धारणा की पुष्टि उन्होंने अपाचे नामक जनजाति के लोगों की संस्कृति के अपने अध्ययन द्वारा की है।

theomancy – देववाणी प्राक्ख्यापन

दिव्यवाणी, अर्थात् शकुन-अपशकुन विचारों द्वारा प्राक्ख्यापन करना, जैसे आकाश में धूमकेतु नक्षत्र को देख कर राजा की मृत्यु की जो भविष्योक्ति की जाती है, वह देववाणी प्राक्ख्यापन कहलाता है।

theomorphism – देवरूपवाद

इस शब्द का प्रयोग दो अर्थों में किया जाता है, (1) किसी वस्तु अथवा व्यक्ति को देवरूप में मान्यता देना या (2) देवरूप में प्रस्थापित करने की दशा देवरूपवाद कहलाती है।

therianthropic god – पशुरूप देव

कुछ धर्मों में देवी-देवताओं की संकल्पना पशुरूप में की गई है, उदाहरणार्थ—हिन्दू धर्म में मानव और पशु के मिले-जुले स्वरूप, जैसे नरसिंह रूप को देवत्व के रूप में प्रतिष्ठित किया गया है।

theory – सिद्धान्त

सिद्धान्त क्या है, इसे कुछ शब्दों में परिभाषित किया जाना बड़ा कठिन है। इसे एक उदाहरण की सहायता से समझाना सरल होगा। क्यों कुछ समाजों में दीर्घ अवधि के लिये प्रसवोत्तर मैथुनिक निषेध होते हैं ? सामान्यतः इस प्रशन के उत्तर में (व्याख्या के रूप में) कहा जाता है

कि यदि किसी समाज में लोगों के भोजन में प्रोटीन की मात्रा कम होती है, तब ऐसे समाज में दीर्घकालीन मैथुनिक निषेध होता है। किन्तु इस सम्बन्ध में पुनः यह प्रश्न पूछा जा सकता है कि भोजन में प्रोटीन की कम मात्रा किस प्रकार निषेध को जन्म देती है ? वह कौन-सी कार्यप्रणाली है जिसके द्वारा कोई समाज इस प्रकार के भोजन द्वारा दीर्घकालीन प्रसवोत्तर मैथुनिक निषेध की प्रथा को जन्म देती है ? इस प्रकार के कई प्रश्न और खड़े हो सकते हैं। सिद्धान्त का कार्य इन प्रश्नों के उत्तर देना है। *सिद्धान्त किसी घटना के बारे में "क्यों" और "कैसे" के प्रश्नों के उत्तर देने का एक तरीका है।* **जॉन व्हाइटिंग** (1964) ने उपरोक्त प्रश्न के उत्तर में एक सिद्धान्त प्रस्तुत किया है कि "दीर्घकालीन प्रसवोत्तर मैथुनिक निषेध कुछ दशाओं (भौगोलिक) के प्रति अनुकूल हो सकता है।" इस उदाहरण से स्पष्ट है कि एक सिद्धान्त किसी घटना के कारणों का एक व्याख्यात्मक उत्तर है।

शोध की भाषा में, "*एक सिद्धान्त विभिन्न परिवर्त्यों या चरों (वेरिएबल्स) के बीच कारणात्मक सम्बन्धों को प्रदर्शित करने वाली प्रस्थापनाओं का एक समूह है।*" यह एक ऐसा सामान्यीकरण है जिसकी रचना तथ्यों के एक वृहद् समूह के प्रमाणीकरण के आधार पर होती है। विज्ञान विशेषतः सामाजिक विज्ञानों में, किसी भी ऐसे कथन, परिप्रेक्ष्य या विमर्श (डिस्कोर्स) को सिद्धान्त कहते हैं जो विश्व की किसी घटना के बारे में किसी प्रकार का निष्कर्ष होता है, उदाहरणार्थ **मार्सल मॉस** के उपहार के सिद्धान्त के अनुसार यह माना जाता है कि "उपहार मात्र स्वेच्छा के कारण नहीं, अपितु सामाजिक दायित्वों को निभाने के कारण से दिये जाते हैं।"

सिद्धान्त के चार प्रमुख अंग या तत्व हैं : (1) प्रश्न, (2) अनुमान, (3) विधियां और (4) साक्ष्य। हमारी खोज का क्या विषय है ? और इस ज्ञान की क्या उपयोगिता है ? सभी प्रकार की शोध के बारे में ये दो आधारभूत प्रश्न हैं। मानवशास्त्रीय ज्ञान अपने समाज को समझने में उपयोगी हो सकता है या सम्पूर्ण मानव जाति की प्रकृति को जानने में लाभदायक हो सकता है, जैसे समाजों में परिवर्तन क्यों और कैसे होता है ? या निजी सम्पत्ति और सामाजिक संस्तरण दोनों में से पहले किसका विकास हुआ ? या सामाजिक संस्थाएं कैसे काम करती हैं ? इन प्रश्नों के सम्बन्ध में पहले कुछ अनुमानों से शोध की शुरुआत की जा सकती है।

नियमों (लॉज़), सांख्यिकीय सहसम्बन्धों और सिद्धान्तों में अन्तर होता है। सिद्धान्त संभावनाएं व्यक्त करने वाले ऐसे कथन होते हैं जिनके प्रेक्षण में निश्चितता नहीं होती, जब कि नियमों और सांख्यिकीय सह-सम्बन्धों में निश्चितता और सटीकता होती है और जो पूर्णतः प्रेक्षण (अवलोकन) पर आधारित होते हैं। सिद्धान्तों को पूर्णतः सिद्ध नहीं किया जा सकता अथवा पूर्ण निश्चितता से सिद्ध नहीं किया जा सकता। मानवशास्त्र में बहुधा "नृजातिलेखन" (एथनॉगरॅफि) और "सिद्धान्त" में अन्तर किया जाता है। शाब्दिक रूप में, नृजातिलेखन का अर्थ लोगों के बारे में लिखने या उनका वर्णन करने से है। बहुधा इसे दूसरे लोगों की विचारणाओं को समझने का एक तरीका माना जाता है। इसके विपरीत, सिद्धान्त को सामान्यतः अपनी संस्कृति को समझने का एक मानवशास्त्रीय तरीका माना जाता है।

theriomancy – पशु-प्राक्ख्यापन

पशुओं के द्वारा भविष्य कथन की प्रथा पशु-प्राक्ख्यापन कहलाती है। इसमें जीवित और मृत दोनों ही प्रकार के पशुओं का प्रयोग प्राक्ख़्यापन के लिये किया जाता है। इस विधि में पशुओं को देखने, उनके क्रियाकलापों (हिलने-डूलने) अथवा उनके अंग-प्रत्यंगों के रूप-स्वरूप द्वारा भविष्य कथन किया जाता है, जैसे बिल्ली या कुत्ते के रोने की आवाज़ को आसपास में मृत्यु का संकेत माना जाता है। वर्षा के मौसम में कीड़ियों के दल के निकलने को वर्षा के जोर का संकेत माना जाता है।

thick description – गहन वर्णन

गहन वर्णन नृजातिवृत लेखन की एक विधि है जिसमें घटना का उसके संदर्भ में अत्यन्त सतर्कतापूर्वक ब्योरेवार विस्तृत वर्णन किया जाता है। इसमें व्याख्या सहित वर्णन की एकात्मकता को बनाये रखा जाता है। मानवशास्त्र में इस अवधारणा को **क्लिफोर्ड ग्रीज़** (1973) ने काफी लोकप्रिय बनाया है।

time – समय/काल

"समय" एक तात्विक (तत्वमीमांसक) अवधारणा है। अतः प्रश्न उठता है कि इसका मानवशास्त्र से क्या लेना-देना है। सापेक्षवाद की कमजोरियों के विषय में जानकारी होते हुए भी प्रसिद्ध समाजशास्त्री **दुर्खाइम** (1915) ने इसे (समय) समाजशास्त्रीय अन्वेषण का एक उपयुक्त विषय स्वीकार किया और कहा है कि यद्यपि मानव बोध (समझ) की कोटियों का उद्‌भव सामाजिक रूप में हुआ है, किन्तु वे यथार्थ से भी मेल खाती हैं। वे पूर्णतः प्रकृति का अनुकरण करती हैं, अतः समाजों को जीवित रहने के लिये उनके अनुरूप अपने आपको ढालना आवश्यक है। दुर्खाइम के एक साथी **हेनरी हूबर्ट** (1905) के द्वारा जब से "समय और संस्कार" पर उनका प्रतिष्ठित अध्ययन प्रकाशित हुआ, तब से मानवशास्त्र में इस विषय पर बहस छिड़ गई कि संस्कृतियां कई रूप में समय/काल को परिभाषित करती हैं तथा समय के कई भिन्न रूप हैं। **ईवान्स प्रिचार्ड** (1939) ने न्यूर जनजाति के अपने अध्ययन में बताया है कि समय के बारे में न्यूर लोगों और यूरोपीय लोगों के भिन्न विचार हैं, अतः समय के बारे में उनके मूल्य भी अलग-अलग हैं। न्यूर लोगों की समय सम्बन्धी अवधारणाएं मानव-निर्मित हैं, अतः सामाजिक धारणाएं प्रधानतः सामुदायिक रुचियों का संकेत देती हैं। निष्कर्षतः प्रिचार्ड ने कहा है कि समय का निर्धारण सांस्कृतिक आधार पर होता है। **लीच** (1953, 1955) ने हूबर्ट का अनुसरण करते हुए कहा कि आदिम लोगों में समय के बारे में यह धारणा रही है कि समय पुनरावर्तक और गैर-संचयी होता है, जबकि समय की आधुनिक धारणाएं रेखीयता और अनपलटता पर ज़ोर देती हैं। **लेवी स्ट्रॉस** (1953) ने तो यहां तक लिखा है कि एक एकल संबंधात्मक शब्दावली में भिन्न धारणाओं के अन्तर्गत समय के भिन्न रूप पाये जा सकते हैं।

tjuringa (churinga) – चुरिंगा

पत्थर अथवा काष्ठ की बनी एक अंडाकार वस्तु जिस पर बहुत से अभिकल्प या आकृतियां

उत्कीर्णित होती हैं, इसे मध्य आस्ट्रेलिया की आदिम जनजातियां 'चुरिंगा' के नाम से पुकारती हैं। ये जनजातियां इस पत्थर या काष्ठ को पवित्र और गोपनीय मानते हैं। इन जनजातियों में यह विश्वास प्रचलित है कि यह किसी पूर्वज के अलौकिक स्वरूप अथवा टोटॅमी पूर्वज की आत्मा का प्रतिनिधित्व करती है।

tomb slave – कब्र निहित दास
प्राचीन मिस्रवासी मालिक के शव के साथ उसके दासों को परलोक में उनकी सेवा-परिचर्या के उद्देश्य से उनकी कब्र में दफना देते थे। मृत व्यक्ति के साथ दफनाए गए ये व्यक्ति ही कब्रनिहीत दास कहलाते हैं।

totem – गणचिन्ह (टोटॅम)
कोई भौतिक वस्तु अथवा वस्तुओं का एक समूह, सामान्यतः कोई पशु, पक्षी अथवा पेड़-पौधा, जिसके साथ किसी सामाजिक समूह (गोत्र अथवा वंश समूह आदि) के सदस्य विशिष्ट भावनात्मक सम्बन्धों को अनुभव कर उसके प्रति विशेष सम्मान और श्रद्धा प्रकट करते हैं, टोटॅम या गणचिन्ह कहलाता है। संसार की अनेक आदिवासी जातियों में गणचिन्ह की धारणा पाई गई है। उनमें यह विश्वास है कि उनके पूर्वज कोई पशु अथवा वनस्पति थे अथवा किसी पूर्व काल में उनका इन पशुओं अथवा वनस्पतियों के साथ घनिष्ठ सम्बन्ध रहा है। अतः वे ऐसी वस्तुओं को देव-तुल्य मानते हैं। इनके साथ कई निषेध जुड़े पाये गये हैं, जैसे टोटॅम वस्तु को खाया नहीं जाता, उन्हें कोई हानि नहीं पहुंचाई जाती, न नष्ट किया जाता है, बल्कि हानि से उसकी रक्षा की जाती है। उसके चित्र शरीर पर गुदवाये जाते हैं, उपकरणों और घर की दीवारों पर बनाये जाते हैं। संक्षेप में, इनके साथ अनेक धार्मिक क्रियाकलाप एवं वर्जनाएं जुड़ी पाई गई हैं। कुछ विद्वानों ने तो टोटॅम से जुड़े विश्वासों और अनुष्ठानों को धर्म की उत्पत्ति का एक कारण भी माना है। टोटॅम और उसके अनुयायी समुदायों के बीच पारस्परिकता का सम्बन्ध भी माना जाता है जिसके अनुसार मनुष्य अपने टोटॅम की रक्षा करते हैं और टोटॅम उनकी रक्षा करता है।

"टोटॅम" शब्द की उत्पत्ति उत्तरी अमेरिका के पश्चिमी तटवासी कुछ आदिवासियों (ओजिनवा) के शब्द "ओडम" या "डोडम" शब्द से हुई है, जिसका अर्थ होता है, "यह मेरा सम्बन्धी है", अर्थात् यह मेरे बहिर्विवाही गोत्र समूह का सदस्य है। "टोटॅम" पद का सर्वप्रथम प्रयोग **जे. लेंग** ने अपनी पुस्तक "वोयेज़ेज एण्ड ट्रवेल्स (1791) में किया है।

totemism – गणचिन्हवाद/टोटॅमवाद
किसी गणचिन्ह/टोटॅम के साथ जुड़े हुए विश्वासों, प्रथाओं और संस्कारों के समूह को गणचिन्हवाद (टोटॅमवाद) कहा जाता है। इसका प्रयोग किसी सामाजिक समूह (वंश अथवा गोत्र समूह) तथा प्राकृतिक वस्तु, जैसे कोई वृक्ष, पशु अथवा पक्षी आदि के बीच किसी प्रकार के सुदृढ़ एवं अलौकिक सम्बन्धों को प्रकट करने के लिये किया जाता है। यह इस प्रकार के सांकेतिक सम्बन्धों की एक अभिव्यक्ति है।

"टोटॅम" के विचार और उससे जुड़े विश्वासों की उत्पत्ति कैसे हुई, इस सम्बन्ध में मानवशास्त्रियों में भिन्न मत रहे हैं। **जे. एफ. मैक्लिनेन** ने टोटॅमवाद को आत्मावाद का अवशेष बताया है। **विलियम रॉबर्टसन स्मिथ** (1889) के अनुसार, टोटम की उपस्थिति यह बताती है कि व्यक्ति टोटॅम से कुछ लाभ होने की आशा रखते हैं। **जेम्स फ्रेज़र** ने इसे प्रजनन की धारणा से जोड़ते हुए कहा कि टोटॅमवाद जंगली लोगों में पाया गया है जिन्हें गर्भधारण में पुरुष की भूमिका के बारे में जानकारी नहीं थी। उन्होंने आस्ट्रेलिया की अरूण्टा जनजाति का उदाहरण देते हुए बताया कि वहां स्त्रियां टोटॅम को ही गर्भधारण के लिये उत्तरदायी मानती हैं। **दुर्खाइम** (1915) ने **रॉबर्टसन स्मिथ** का अनुसरण करते हुए टोटॅमवाद की व्याख्या प्रारम्भिक धर्मों के रूप में की जो गोत्र पर आधारित थे। उन्होंने कहा कि टोटॅम की पूजा स्वयं की पूजा है, अर्थात् एक गोत्र के व्यक्तियों द्वारा अपनी पूजा करना है। प्रत्येक गोत्र अपनी एकजुटता अपने-अपने गणचिन्हों के "प्रतीकों" के द्वारा करते हैं। उनके अनुसार, टोटॅम सामाजिक समूहों का प्रतीकीकरण है, अतः वह समाज ही है जो अपनी पूजा मूर्त और दृष्यगत टोटॅम के माध्यम से करता है।

मैक्स वेबर (1963) ने दुर्खाइम के इस मत को अस्वीकार किया है कि धर्म और समाज की सार्वभौमिक उत्पत्ति टोटॅमवाद से हुई है। **रेडक्लिफ ब्राउन** (1930) ने बहुत कुछ रूप में दुर्खाइम के विचारों को ही स्वीकार किया है, किन्तु सन् 1950 में अपने पूर्व विचारों में थोड़ा संशोधन करते हुए कहा कि टोटॅमवाद धर्म और समाज मात्र का ही उत्पत्ति का कारण नहीं है, अपितु यह वैज्ञानिक विचारधारा का भी एक आधार कारण है। **मेलिनोस्की** (1948) ने कहा कि जीवित रहने के लिये यह आवश्यक है कि व्यक्तियों को दुर्लभ जाति के पौधों और पशुओं के बारे में ज्ञान हो। **हॉकिन्स** ने टोटॅमवाद की उत्पत्ति के लिये आर्थिक कारणों को उत्तरदायी माना है। उनके अनुसार, पशु-पक्षियों और वनस्पतियों के प्रति आदर-भाव उत्पन्न होने के कारण आदिवासियों की भोजन सम्बन्धी आवश्यकता की पूर्ति करना रहा है। **मेयर फोर्ट्स** ने मानव प्राणी और पशुओं के बीच सम्बन्धों को जीवित व्यक्तियों और उसके पूर्वजों के साथ सम्बन्धों के रूप में देखा है। **इवान्स प्रिचार्ड** ने टोटॅमवाद की प्रकार्यात्मक उपयोगिता को अस्वीकार करते हुए कहा कि सर्वाधिक बेकार (अनुपयोगी) पशु भी संस्कारों का केन्द्र हो सकता है। मानव प्राणी और पशुओं के सम्बन्ध मात्र प्रतीकात्मक हो सकते हैं। **लेवी स्ट्रास** (1963) ने रेडक्लिफ ब्राउन और मेलिनोस्की के टोटॅमवाद सम्बन्धी उपयोगितावादी दावों को अस्वीकार किया है। यही नहीं, उन्होंने धर्म की उत्पत्ति में भी टोटॅम की भूमिका को नहीं माना है। उन्होंने टोटॅम को मानव की वर्गीकरण करने की प्रवृत्ति का आधार बताते हुए कहा है कि पशुओं और वनस्पति जगत् की भिन्नताओं को मानव ने अपनी भिन्नताएं प्रकट करने के लिये किया है। स्ट्रॉस के तर्कों ने पश्चिमी तथा गैर पश्चिमी समाजों में पुनः पशु प्रतीकात्मकता सम्बन्धी अध्ययनों को प्रोत्साहित किया है।

प्रसिद्ध मनोविश्लेषक **फ्रायड** का टोटॅमवाद का सिद्धान्त उनकी "इडिपस मनोग्रंथी"

(1918) पर आधारित है जो पूर्ववर्ती सभी सिद्धान्तों से भिन्न है। फ्रायड ने कहा कि प्रारंभिक आदिम दलों में पुत्र अपने पिता को मार दिया करते थे ताकि उन्हें स्त्रियों पर अधिकार मिल जाये। किन्तु, बाद में इस कृत्य के अपराध-बोध के कारण उन्होंने "निकटाभिगमन निषेध" का नियम लागू किया होगा और प्रायश्चित के उद्देश्य से किसी पशु की बलि के रूप में मूल पापात्मक हत्या के अनुष्ठान की शुरुआत की होगी। यह पशु बलि, वास्तव में, पिता के एवज़ में की जाती थी और यहीं से प्रथम पशु टोटॅम की शुरुआत हुई होगी। फ्रायड का यह सिद्धान्त टोटॅमवाद के साथ-साथ बहिर्विवाह की प्रथा, निकटाभिगमन-निषेध के नियम, बलि और यहां तक कि धर्म की उत्पत्ति की भी व्याख्या करता है।

totem pole – गणचिन्ह स्तंभ

उत्तर-पश्चिमी अमेरिका की तटवर्ती जनजातियां अपने सामुदायिक घरों के सामने एक स्तंभ लगाती हैं जिन पर वंशक्रम के सभी टोटॅमी प्रतीकों का चित्रण या तक्षण (उकेरना) किया जाता है। इस प्रकार के चित्रण में बहुधा ऐतिहासिक या रहस्यात्मक प्रसंग उत्कीर्ण होते हैं। ऐसे स्तंभ ही "गणचिन्ह स्तम्भ" कहलाते हैं।

trade – व्यापार

व्यापार एक दुतरफा विनिमय है जिसमें प्रायः लेन-देन एक निश्चित समय में एक-दूसरे के बीच होता है। व्यापार दो प्रकार के विनिमय को प्रदर्शित करता है; (1) ऐसा विनिमय जो किसी प्रकार की मुद्रा के माध्यम से किया जाता है तथा खरीद-बेच जिसके मुख्य तत्व होते हैं, (2) वस्तु विनिमय या अदला-बदली जिसमें दो प्रकार की वस्तुओं या सेवाओं की एक दूसरे से अदला-बदली की जाती है तथा जिसमें मुद्रा का कोई प्रयोग एवं हस्तक्षेप नहीं होता है। उपहार-विनिमय को व्यापार की श्रेणी में रखा जाये अथवा नहीं, यह गंभीर बहस का एक मुद्दा है। मानवशास्त्रीय लेखन में यद्यपि व्यापार पर बहुधा लिखा गया है, तथापि यह मानवशास्त्र का एक प्रमुख विषय नहीं है। मानवशास्त्रियों के लिये व्यापार के रूपों में मुख्यतः "लम्बी दूरी का व्यापार" या "निकटवर्ती व्यापार" के रूप में ही अध्ययन के रुचिकर विषय रहे हैं, क्योंकि इस प्रकार के व्यापार कई ऐसे भिन्न समाजों के बीच होते हैं जिनके भिन्न सांस्कृतिक मूल्य होते हैं। आदिम समाजों में लम्बी-दूरी के व्यापार के बहुत कम साक्ष्य मिले हैं। नृजातिलेखन में अधिकांशतः निकटवर्ती आसपास के लोगों के बीच व्यापार का ही अधिक वर्णन मिलता है। इस प्रकार के व्यापार में व्यापारना वस्तु एक स्थानिक समूह से पास-पड़ौस के समूह को हस्तान्तरित की जाती है। बहुधा इसमें एक अलग प्रकार की वस्तु को विपरीत दिशा में हस्तान्तरित किया जाता है। इस प्रकार के व्यापार (बहुधा इन्हें उपहार-विनिमय भी कहते हैं) का सबसे अच्छा उदाहरण "कूला चक्र" का दिया जा सकता है, जिसका सविस्तार वर्णन प्रसिद्ध मानवशास्त्री **मेलिनॉस्की** ने किया है। इस प्रकार के वस्तु-विनिमय सामान्यतः लघु समतावादी समाजों की विशेषता रहे हैं, किन्तु वृहद् स्तरीकृत समाजों में व्यापार के अधिक संगठित रूप देखने को मिले हैं। (देखिये—कूला प्रथा)

tradition – परम्परा

व्यवहार सम्बन्धी मूल्यों एवं मानदंडों पर आधारित परिपाटियों के एक ऐसे पुंज को परम्परा कहते हैं जिनका वास्तविक अथवा काल्पनिक विगत के साथ सम्बन्ध होने के कारण उन्हें अपनाये और सम्पन्न किये जाने पर बल दिया जाता है। "परम्परा" वंशागत (जन्मजात) लक्षणों को प्रदर्शित करने वाला एक ऐसा पद (शब्द) है जिसके साथ समाज और व्यक्तिगण वर्तमान में कुछ ऐसी अभिव्यक्तियों, विश्वासों और व्यवहारों को जोड़ते हैं ताकि भविष्य में उनका महत्व प्रकट हो सके। परम्परा हमेशा भूतकाल को इंगित करती है और जिस किसी घटना को प्रतीकात्मक रूप में परम्परा घोषित कर दिया जाता है, उसके अर्थ और महत्व में वृद्धि हो जाती है। इतिहास के साथ इसे जोड़ने से यह "आधुनिकता" का विपर्यय (विलोमार्थी) बन जाती है। यह संरक्षण, विशिष्ट व्यवहार और देखभाल की मांग करती है तथा जिस घटना को परम्परा का नाम दे दिया जाता है, उसे बनाये रखने के लिये प्रोत्साहित किया जाता है और उसके जीवन-काल में वृद्धि हो जाती है। यद्यपि परम्परा एक कल्पना का विषय है, तथापि सामाजिक जीवन में इसकी उपस्थिति के भारी महत्वपूर्ण परिणाम होते हैं। किसी व्यवहार, घटना, क्रियाकलाप आदि को परम्परा कहने का तात्पर्य ही यह है कि हमने इसे महत्वपूर्ण मानकर स्वीकार क़र लिया, अतः हमें उसका पालन करना ही चाहिये। बहुधा परम्पराओं के साथ कर्मकाण्ड और प्रतीकात्मक व्यवहार के कुछ रूप जुड़े होते हैं जिनके द्वारा इनकी अभिव्यक्ति होती है। *परम्परा संचरणशील होती है जिसे एक पीढ़ी से दूसरी पीढ़ी को हस्तान्तरित कर संस्कृति को बनाये रखा जाता है।*

प्राक्-लिपिक समाजों में तथा लिपिक (साक्षर) समाजों में भी विचारों, विश्वासों, रीति-रिवाजों, संसूचनाओं तथा ज्ञान का हस्तांतरण एक पीढ़ी से दूसरी पीढ़ी को अधिकतर मौखिक कथाओं तथा उपदेशों के माध्यम से होता है, इस प्रक्रिया को ही परम्परा कहा गया है। दीर्घकाल तक अपरिवर्तित रूप में प्रचलित रहने के कारण परम्परागत विचारों और विश्वासों आदि को धर्म सम्बद्ध और पवित्र मान लिया जाता है और उनका उल्लंघन अवांछनीय और पाप समझा जाता है। परम्पराओं को उदाहरण के रूप में पेश किया जाता है, उनका संदर्भ दिया जाता है, उनका सम्मान किया जाता है और समाजीकरण की प्रक्रिया द्वारा इनकी निरन्तरता को बनाये रखा जाता है।

परम्परा और प्रथा में अन्तर है एक परम्परा एक विद्यमान प्रथा की भांति मात्र मूर्त तथ्य नहीं है, अपितु यह एक ऐसा विचार है जिसमें मूल्य-निर्णय का भाव (सही-गलत का बोध) निहित होता है। बहुत सी प्रथाओं में मूल्यों का भाव नहीं होता, अतः वे जड़ हो जाती हैं और कुछ समय तक ही जारी रहती हैं। किसी परम्परा को इसलिये माना जाता है कि उसके मानने वाले उसे सही मानते हैं, उसे वांछित व्यवस्था समझते हैं। यह एक ऐसे समूह, एक ऐसे राष्ट्र की रचना करती है जो समूह चेतना/राष्ट्र भक्ति के भाव से भरे होते हैं।

परम्पराओं का कई प्रकार से वर्गीकरण किया गया है। जहां **रेडफील्ड** (1956) ने वृहत् और लघु परम्परा और **वैद्यनाथ सरस्वती** ने शास्त्रीय, लौकिक और लोकोत्तर परम्पराओं का

त्रीवर्ती ढांचा प्रस्तुत किया है, वहां **श्यामाचरण दूबे** ने भारतीय परम्परा के विश्लेषण के संदर्भ में इसके पाँच प्रकार बताये हैं: शास्त्रीय परम्पराएं, उभरती हुई राष्ट्रीय परम्पराएं, क्षेत्रीय परम्पराएं, पाश्चात्य परम्पराएं, छोटे समूहों की स्थानीय और उप सांस्कृतिक परम्पराएं।

मानवशास्त्री **फ्रैंज बोआॅस** ने परम्परा, लोकगाथा और संस्कृति तीनों को घुला-मिला दिया है और बहुधा उन्होंने संस्कृति और परम्परा शब्दों का प्रयोग भी लगभग समान अर्थों में किया है। वे परम्परा को संस्कृति का ऐतिहासिक तत्व मानते हैं। **रेडफील्ड** (1960) और **मिल्टन सिंगर** (1972) ने अपने-अपने अध्ययनों में "वृहत् परम्परा" और "लघु परम्परा" तथा नगरीय जटिल जीवन-शैली और कृषक समुदायों की सरल जीवन-शैली में भेद बताने के लिये परम्परा शब्द का प्रयोग बहुत कुछ संस्कृति के मिलते-जुलते अर्थ में किया है।

समाज अपनी संस्कृति के कुछ पक्षों को परम्परा का नाम इसलिये देते हैं ताकि उनमें महत्ता और ऐतिहासिक के भाव को जागृत किया जा सके। कई बार इस प्रकार के नामकरण का उद्देश्य पुराने रीति-रिवाजों, प्रथाओं और परिपाटियों को बनाये रखना और उनकी निरन्तरता को आश्वस्त करना होता है। किसी कार्य-व्यवहार को पारम्परिक कहने का तात्पर्य उस कार्य-व्यवहार को संस्थागत रूप प्रदान कर मान्यता प्रदान करना है ताकि सामाजिक रूप में इसके सम्पादन किये जाने को प्रोत्साहित किया जा सके।

tradition, great – वृहत् (महान्) परम्परा

ऐसी परम्पराएं जिनका सम्बन्ध समाज के कुलीन एवं संभ्रांत वर्ग, अभिजात्य लोग और चिन्तक, दार्शनिक एवं साहित्यकारों से होता है तथा जिनका जन्म शहरी केन्द्रों, विद्यालयों और देवालयों से होता है, वृहत् या महान् परम्पराएं कहलाती हैं। इस प्रकार की परम्पराओं के आदि-स्त्रोत प्राचीन चिन्तकों एवं दार्शनिकों की विद्वतापूर्ण कृतियां, महाकाव्य एवं शोध प्रबन्ध होते हैं। भारतीय संदर्भ में महाभारत, गीता, रामायण, उपनिषद् आदि ऐसे ही स्त्रोत ग्रंथ हैं जिनमें अगणित देवी-देवताओं, पर्व-त्यौहारों, कर्मकाण्ड, नृत्य-संगीत का वर्णन किया गया है और जिन्होंने परम्परा का रूप धारण कर लिया है। वृहत् परम्परा सदा परिवर्तनशील, प्रसरणशील, नवीन तत्वग्राही और प्राचीनता का त्याग करने वाली होती है। इनका सृजन एवं हस्तान्तरण सचेतन प्रयासों से होता है। इन्हें अभिजन, नगरीय या शास्त्रीय (सरस्वती, 1975) परम्परा भी कहा गया है।

कृषक समुदायों के सांस्कृतिक जीवन के विश्लेषण के सन्दर्भ में **रॉबर्ट रेडफील्ड** ने अपनी पुस्तक "पीजेन्ट सोसाइटी एंड कल्चर" (1956) में वृहत् (महान्) और लघु परम्परा की दो जुड़वां अवधारणाओं की रचना की है। बाद में इन अवधारणाओं का प्रयोग **मिल्टन सिंगर** और **मैक्किम मेरिअॅट** ने भारत में हो रहे सामाजिक-सांस्कृतिक परिवर्तन के सन्दर्भ में किया है।

tradition, little – लघु परम्परा

ग्रामीण समुदायों में रहने वाले अनपढ़, अप्रबुद्ध एवं सामान्य जनों की ऐसी परम्पराओं को लघु

परम्परा कहा गया है जिनका उद्‌गम स्थल भी गांवों की स्थानीय संस्कृति होता है। महान् या वृहत् परम्परा की भांति लघु परम्परा के परिष्करण एवं सजाने-संवारने का कोई सचेतन प्रयास नहीं किया जाता। इनका उल्लेख लोक-साहित्य या गौरव ग्रंथों में नहीं मिलता और इनका हस्तान्तरण पीढ़ी दर पीढ़ी मौखिक रूप में होता है। प्रायः इनका रूप-स्वरूप संदिग्ध, असंगठित एवं अव्यवस्थित होता है। इन्हें कुछ लोगों ने "लोक परम्परा" भी कहा है।

traditions, multi – बहु-परम्पराएं

पिछली सदी के चालीसवें दशक से भारतीय समाज में हो रहे सामाजिक-सांस्कृतिक परिवर्तन विषय को लेकर कई समाज वैज्ञानिकों ने विभिन्न क्षेत्रों में अध्ययन-अनुसंधान किये हैं। इसी अवधि में **रेडफील्ड** (1956) ने परिवर्तन के संदर्भ में 'महान् (वृहत्) और लघु परम्पराओं' के विचार को प्रस्तुत किया। कुछेक समाज वैज्ञानिकों ने रेडफील्ड के द्विधर्मी परम्पराओं के विचार को यथावत स्वीकार किया है तो कुछेक ने इसमें संशोधन प्रस्तावित किये हैं। संशोधन प्रस्तावित करने वालों में भारत के एक शीर्षस्थ समाज वैज्ञानिक **प्रो. श्यामाचरण दूबे** (एस.सी.दूबे) भी रहे हैं, जिन्होंने सन् 1965 में रेडफील्ड के विचार से असहमति प्रकट करते हुए कहा कि भारतीय परम्पराओं का द्विविभाजन वाला विचार भारतीय संरचना और संस्कृति में हो रहे परिवर्तनों को स्पष्ट करने में असमर्थ और अपर्याप्त है। प्रो. दूबे के अनुसार "जहां तक लघु और महान् (वृहत्) परम्पराओं का प्रश्न है, इनकी स्पष्ट और कोई सुनिश्चित परिभाषा नहीं है ...यही नहीं, इस द्विधर्मी परम्परा के ढांचे में क्षेत्रीय, पश्चिमी और उभरती हुई नई परम्पराओं को कोई स्थान नहीं दिया गया, जबकि इनमें से प्रत्येक अपने तरीके से महत्वपूर्ण है। प्रो. दूबे ने रेडफील्ड के द्विधर्मी परम्परा के ढांचे के स्थान पर वैकल्पिक रूप में पांच परम्पराएं बताई हैं जो उनके अनुसार भारतीय सांस्कृतिक यथार्थ का अधिक सच्चे ढंग से प्रतिनिधित्व करती हैं। उनके अनुसार ये परम्पराएं इस प्रकार हैं : (1) शास्त्रीय परम्परा, (2) उभरती हुई राष्ट्रीय परम्परा, (3) क्षेत्रीय परम्परा, (4) पश्चिमी परम्परा, और (5) छोटे समूहों की स्थानीय उप-सांस्कृतिक परम्पराएं।

प्रो. दूबे की भांति ही **श्री वैद्यनाथ सरस्वती** (1970, 1977) ने भी रेडफील्ड से भिन्न तीन परम्पराओं के एक सतही वर्गीकरण को प्रस्तुत किया है। ये परम्पराएं हैं : (1) शास्त्रीय (ग्रंथीय) परम्परा, (2) लौकिक (मौखिक) परम्परा, और (3) नैवृत्तिक (लोकोत्तर) परम्परा। सरस्वती ने परम्परा के अपने विचार को स्पष्ट करते हुए लिखा है कि परम्पराओं के इस भेद का अनुक्रमिक आधार पर सीमांकन नहीं किया जा सकता क्योंकि इनमें से प्रत्येक स्व-नियंत्रित और स्व-शासित मूल्य व्यवस्था द्वारा संचालित होती है।

traditional occupation – पारम्परिक व्यवसाय

ऐसे पूर्वज व्यवसायों को पारम्परिक व्यवसाय कहा जाता है जो दर-पीढ़ी एक लम्बे अर्से से हस्तान्तरित होते चले आ रहे हैं तथा जिन्हें आगामी संतानें अन्य सांस्कृतिक एवं सामाजिक परम्पराओं की भांति बिना किसी नानुच के स्वीकार करती रहती हैं।

traditional society — पारम्परिक समाज

"पारम्परिक समाज" शब्द का प्रयोग सामान्यतः औद्योगिक, नगरीकृत और पूंजीवादी "आधुनिक" समाज के साथ तुलना के सन्दर्भ में किया जाता है। इस शब्द का प्रयोग "आधुनिक समाज" के विलोम अर्थ में प्रयोग कर लिया जाता है। कई बार भूल से कई अन्य प्रकार के गैर औद्योगिक समाजों, जैसे आद्य आखेटक और कंदमूल-फल संग्रहाक समूहों को भी इसमें सम्मिलित कर लिया जाता है। वास्तव में, यह एक मूल्यांकनात्मक पद (शब्द) है, जिसे बहुधा नकारात्मक लक्षणों, जैसे पिछड़ापन, आदिम, गैर-वैज्ञानिक, और भावात्मकता आदि लक्षणों के साथ जोड़ा जाता है। यही नहीं, कभी-कभी इस पद का प्रयोग घनिष्ठ रूप में गुंथे हुए पारिवारिक मूल्यों और समुदायों के पौराणिक स्वर्ण युग की कल्पनाओं के लिये भी किया जाता है।

पारम्परिक समाज अपेक्षाकृत धीमी गति से परिवर्तित होने वाला एक ऐसा समाज होता है जिसमें सामाजिक प्रस्थिति का निर्धारण अधिकांशतः जन्म, नातेदारी, आयु, जाति-प्रजाति के आधार पर होता है। ऐसे समाज में मूल्यों की एक अधिक समरूप संरचना देखने को मिलती है, विशेषीकरण कम से कम होता है, सामान्यतः सामाजिक ढांचा सत्तावादी होता है और अधिकांशतः ऐसे समाजों में जमींदारी और सामंतवादी (कुलीनतंत्र) व्यवस्था होती है। पारम्परिक समाज के व्यक्ति पारलौकिक विचारणा एवं भाग्यवादी मूल्य-व्यवस्था, रूढ़िगत धार्मिक आस्था और विश्वास से निर्देशित होते हैं जिसमें तार्किकता का अपेक्षाकृत अभाव होता है।

trance — भाव-समाधि (ट्रान्स)

ट्रान्स या भाव समाधि मनोवैज्ञानिक वियोजन की एक ऐसी स्थिति है जिसमें व्यक्तिगण अपने रोज़मर्रा के यथार्थ से कट जाते हैं। यह नींद जैसी एक ऐसी मनोदशा है जिसमें उद्दीपनों के प्रति संवेदिता कम हो जाती है, चारों ओर जो कुछ हो रहा होता है, उसका ज्ञान नहीं रहता और ऐच्छिक क्रियाएं स्वायत्त क्रियाओं का रूप ले लेती हैं। इस दशा में व्यक्ति पूर्णतः अन्यमनस्क और अप्रतिक्रियाशील दिखाई देता है, वह ऐसी वस्तुओं और व्यक्तियों को देखता है जो दूसरों को दिखाई नहीं देते, वह थकान, क्लान्ति और समय की सामान्य गति से अप्रभावित रहता है। इस प्रकार की सभी दशाओं में व्यक्ति की संवेदनाएं, बोध, संज्ञान और मनोभाव सभी कुछ बदल जाते हैं।

इस प्रकार की परिवर्तित मनोदशा नृत्य, दवाओं, शराब और अति वायु-संचालन के प्रभाव से आसानी से उत्पन्न हो जाती है। इन दशाओं को एकाग्रता सम्बन्धी कुछ औपचारिक प्रशिक्षण तकनीकों, जैसे ध्यान, चिन्तन-मनन, कल्पना-विचरण, प्रार्थना, मन्त्रोच्चारण आदि से उत्पन्न किया जा सकता है। भाव-समाधि या ट्रान्स के अतिरिक्त मनोदशा में परिवर्तन स्वप्नों, दवाओं के प्रभावों तथा आध्यात्मिक ध्यान की दशाओं से भी हो जाता है, किन्तु मानवशास्त्रियों के लिये ट्रान्स की अवस्था ही अध्ययन की दृष्टि से विशेष रूप में रुचिकर रही

है क्योंकि इसके सांस्कृतिक अर्थ विविधतापूर्ण हैं। किसी विशिष्ट संस्कृति में इन ट्रान्स अवस्थाओं की व्याख्या कैसे की जाती है, मानवशास्त्रियों के लिये यह प्रश्न ही अधिक महत्वपूर्ण रहा है। बहुधा ट्रान्स की अवस्थाएं आध्यात्मिकता और निदान-उपचार से जुड़ी पाई गई हैं और बहुधा इन्हें व्यक्ति की बीमारी का कारण भी माना जाता है। सामान्यतः इनकी व्याख्या दो नितान्त भिन्न आधार पर की जाती है : (1) इस अवस्था में देह किसी बाहरी शक्ति के वश में होती है, (2) व्यक्ति की आत्मा कुछ कार्य करने के लिये देह छोड़कर कहीं बाहर चली जाती है। पहली अवस्था को प्रायः "भूतबाधा" और दूसरी अवस्था को "ट्रान्स" कहा जाता है। इन दोनों तत्वों के समन्वय के द्वारा ही "शामनवाद" की उत्पत्ति हुई है। **बौरगुईनाँ** (1973) ने बताया कि भूतबाधा वाले ट्रान्स सम्बन्धी क्रियाकलाप आखेटक, खाद्य संग्राहक, मछुवाही जैसे सरल समाजों की अपेक्षा अधिक जटिल कृषक समाजों में ही अधिक पाये गये हैं।

भूतबाधा वाली घटना पूर्णतः ट्रान्स से ही सम्बन्धित हो, ऐसी बात नहीं है। कई बार व्यक्तियों को देखा गया है कि वे अपनी ऐसी इच्छओं और जरूरतों की पूर्ति करने के लिये भूतबाधा की विधि का प्रयोग (ढोंग रचकर) एक साधन के रूप में करते हैं, जिन्हें वे साधारण तौर-तरीकों से पूरा नहीं कर पाते हैं। कुछेक शोधार्थियों का कहना है कि यही कारण है कि भूतबाधा की घटना बहुधा स्त्रियों और समाज के नीचे तबके के पुरुषों में अधिक देखी गई है, क्योंकि वे साधारण अवस्था में अपनी बात स्वतन्त्रतापूर्वक नहीं कह पाते हैं। मानवशास्त्र में इस विषय को लेकर कई अध्ययन किये गये हैं तथा किये जा रहे हैं।

transactional analysis – कार्य सम्पादन (आदान-प्रदान) विश्लेषण

सामाजिक विनिमय का एक प्रतिरूप कार्य-सम्पादन (आदान-प्रदान) विश्लेषण के नाम से जाना जाता है जिसमें समूहों के विपरीत, व्यक्तियों के बीच होने वाले आदान-प्रदान या कार्य-व्यापार (अन्तःक्रिया) का अध्ययन किया जाता है। इस अध्ययन द्वारा यह खोजबीन की जाती है कि किस प्रकार स्वयं कर्त्ताओं द्वारा मानदंडात्मक व्यवस्था को निर्मित किया जाता है और बनाये रखा जाता है। वे किस प्रकार अपने हितों की अधिकाधिक पूर्ति करते समय बड़ी कुशलता से साधनों का चयन करते हैं।

कार्य-सम्पादन विश्लेषण के प्रमुख प्रतिपादक **फ्रेडरिक बार्थ** (मॉडल्स ऑफ सोशल ऑरगनाइजेशन, 1966) रहे हैं। उनके कार्य-सम्पादन के मॉडल ने विशेष रूप में उन मानवशास्त्रियों को आकर्षित किया है जो प्रकार्यवादियों और संरचनावादियों के विनिमय की पूर्ववर्ती धारणाओं से असंतुष्ठ थे। बार्थ के कार्य-सम्पादन विश्लेषण की मूल धारणा यह है कि "खेल के नियम" पहले से ही सीमाओं को निश्चित कर देते हैं जिसके अन्तर्गत एकल कर्त्ताओं को कुशलतापूर्वक चयन करना पड़ता है और इन चयन क्रियाओं का सम्पूर्ण व्यवस्था

पर प्रभाव पड़ता है। बार्थ ने अपने कार्य-सम्पादन के मॉडल में सामाजिक क्रिया, पहचान का प्रबन्धन, तथा पारस्परिकता और निर्णय-प्रक्रिया के द्वारा सामाजिक मूल्यों की रचना को प्रमुखता दी है। उनके अध्ययन का केन्द्र स्वैच्छिक व्यक्तिगत क्रियाएं रहा है।

कार्य-सम्पादनवाद (विनिमय) की जड़ें **मेलिनोस्की** के सामाजिक संगठन सम्बन्धी विचारों में गड़ी हुई है तथा ये विचार **सिमल** और **वेबर** के समाजशास्त्र में भी विद्यमान हैं। यह एक ऐसा परिप्रेक्ष्य या विधि है जो सामाजिक विश्लेषण के आधार के रूप में व्यक्तियों के बीच आदान-प्रदान (विनिमय) पर बल देता है।

trans-culturation — पारस्परिक संस्कृतिग्रहण

जब दो संस्कृतियाँ आपस में सांस्कृतिक तत्वों और सांस्कृतिक संकुलों का आदान-प्रदान करती हैं, तब इस प्रक्रिया को पारस्परिक संस्कृतिग्रहण कहते हैं। इस प्रक्रिया को ही कुछ विचारकों ने "संस्कृतिग्रहण" कहा है।

tree worship — वृक्ष पूजा

एक ऐसा व्यापक मिथक या विश्वास विद्यमान है जिसके अनुसार यह माना जाता है कि वृक्षों में मनुष्यों और पशुओं की भांति ही आत्मा और ईश्वरीय सत्ता का निवास होता है। वृक्षों का देवता समस्त वनस्पति, अर्थात् खाद्य एवं उर्वरता का देवता है। यही कारण है कि घने वन प्रदेश रोम में निवास करने वाली आर्य जाति ने अपने धर्मों में वृक्षों के पूजन को महत्व दिया है। इनके सबसे प्राचीन देवालय वृक्षों की कुंज थे। भारत के आर्य (हिन्दू) आज भी कुछ वृक्षों, जैसे पीपल, कल्पवृक्ष, बड़ आदि की पूजा करते हैं।

tribe — जनजाति

"ट्राइब" (जनजाति) शब्द का एक लम्बा और विकृत इतिहास है। इसका प्रयोग मानवशास्त्र और इसके बाहर कई रूप में किया गया है। मानवशास्त्री बहुधा इस शब्द का प्रयोग "आदिम" शब्द के एवज़ (स्थानापन्न) में करते रहे हैं। किन्तु, जब इसे एक विश्लेषणात्मक कोटि के एक संकुचित रूप में किया जाता है, तब इसे राजनीतिक इकाई का एक रूप माना जाता है और इसे निम्न रूप में परिभाषित किया जाता है :

एक जनजाति परिवारों अथवा परिवार-समूहों का एक ऐसा संकलन है जिसका एक सामान्य नाम (जैसे टोडा, उरांव, मुंडा, भील), विशिष्ट भाषा, समाज-व्यवस्था, संस्कृति और उत्पत्ति सम्बन्धी एक मिथक (पुराकथा) होता है, तथा जो एक निश्चित क्षेत्र में निवास करता है। एक जनजाति के लोग एक ही पूर्वज की संतान के रूप में अपने आपको परस्पर आबद्ध मानते हैं। यह एक अंतर्विवाही समूह होता है। इसके सदस्यों में सामान्यतः स्तरण नहीं होता और सारे सदस्यों का सामाजिक स्तर एक सा होता है। यह जनजातीय संगठन की सबसे बड़ी इकाई होती है।

बदलती हुए विश्व-दृष्टि के कारण "ट्राइब" की उपर्युक्त अवधारणा के अर्थ में भी अब परिवर्तन होता जा रहा है।

tribes, criminal = ex-criminal tribes

tribes, scheduled = scheduled tribes

tribe-caste continuum — जनजाति-जाति सततता (नैरन्तर्य)

'सततता' (नैरन्तर्य) की अवधारणा के जनक **रेडफील्ड** (1941) रहे हैं, जिन्होंने ग्राम्य-नगरीय सम्बन्धों के विश्लेषण में इस अवधारणा का प्रयोग एक अर्से पूर्व किया था। बाद में इस अवधारणा का प्रयोग जनजाति और जाति के बीच सम्बन्धों के विश्लेषण में मानवशास्त्रियों ने किया। सर्वप्रथम इस बहस की शुरुआत जनसंख्या अधीक्षकों द्वारा इस मुद्दे को लेकर की गई कि जनजाति की कोटि (कैटिगरी) कहां समाप्त होती है और जाति का प्रारंभ कहां से होता है। बहुत पहले सन् 1891 में **रिज़ले** ने कहा था कि "जनजाति और जाति के बीच सीमा रेखा खींचना कठिन है।" इसी बहस को मोड़ देते हुए **एफ. जी. बैली** (1960-61) ने जनजाति और जाति में नैरन्तर्य या सांतत्यक को स्वीकार नहीं किया है। उन्होंने इन दोनों को दो आदर्श ध्रुवों पर रख कर इनकी व्याख्या करते हुए कहा है कि जहां जनजाति का रूप पूर्णतः "खंडित एकजुटता" (सेग्मन्टरी सॉलिडैरिटी) लिये होता है, वहां जाति व्यवस्था "जैविक एकजुटता" (ऑर्गनिक सॉलिडैरिटी) पर आधारित होती है।

रेडफील्ड के शिष्य **प्रो. सुरजीत सिन्हा** ने जनजातियों के अपने अध्ययन के आधार पर बैली के मत से अपनी असहमति व्यक्त करते हुए कहा है कि भारत में अनेक जातियों में जनजातियों के कई लक्षण देखे जा सकते हैं, जैसे अपने ही जातीय वर्ग में सामाजिक व्यवहार में समानता पर बल, सांस्कृतिक सहभागिता में महिलाओं को यथेष्ठ स्वतन्त्रता तथा अति नैतिकता के बोझ से दबी मूल्य-व्यवस्था आदि। इनके अतिरिक्त, जनजातियों के अलौकिकवाद सम्बन्धी भी कई समानताएं जातियों में देखने को मिली हैं। अपने विचारों की पुष्टि के लिये प्रो. सिन्हा ने मध्य भारत की जनजातियों के राजपूतीकरण का उदाहरण दिया है। उन्होंने बताया है कि मध्य भारत की अधिकांश जनजातियों तथा उत्तर-पश्चिमी भारत के उच्च वर्ग के राजपूतों के बीच एक अनुक्रमिक संरचनात्मक तथा वैचारिक (मिथकीय) जुड़ाव देखा जा सकता है जो एक अत्यन्त मजबूत जनजाति-जाति नैरन्तर्य (सततता) की पुष्टि करता है। इस संदर्भ में, **डॉ. सच्चिदानन्द सिन्हा** (1970) द्वारा जनजाति-जाति नैरन्तर्य (सततता) के सन्दर्भ में बिहार की गोंड जनजाति का अध्ययन भी उल्लेखनीय है। उन्होंने इस अवधारणा को लेकर रामायण, महाभारत, किरातार्जुनीय, वायु पुराण और विष्णु पुराण जैसे अनेक धर्मग्रन्थों की खोजबीन करते हुए बताया है कि इन ग्रन्थों में भील, किरात और खासी जैसी कई आदिवासी जनजातियों का उल्लेख आया है। इन ग्रंथों में इन जनजातियों का समुदाय विस्तार की उच्च सीमा तक सार्वभौमीकरण हुआ प्रतीत होता है। इससे प्रकट होता है कि किस प्रकार भारतीय

जनजातियों की इस लघु परम्परा ने भारतीय सभ्यता के उत्थान एवं विकास में महत्वपूर्ण योगदान दिया है। इस अवधारणा पर **एन. के. बोस** और **मार्टिन ओरान्स** ने भी टिप्पणी की है। **प्रो. बोस** ने सन् 1941 में अपने एक लेख ''हिन्दू मैथड ऑफ् ट्राईबल एब्जॉर्पशन'' में बताया है कि जनजातियों को मुख्यतः जातिगत समाज की कृषि व शिल्प पर आधारित अर्थव्यवस्था के माध्यम से जाति-व्यवस्था की ओर धकेला जा रहा है। उन्होंने इस संदर्भ में उड़ीसा की जुओंग नामक एक अत्यन्त आदिम जनजाति का उल्लेख करते हुए कहा कि किस प्रकार यह जनजाति ब्राह्मणवादी परम्पराओं से प्रभावित हुई है जो कि अनन्त काल से हिंदुत्व की छाया से मुक्त रही है। इसी प्रकार, मार्टिन ओरान्स ने अपनी पुस्तक ''संथाल : ट्राइब इन सर्च ऑफ ए ग्रेट ट्रेडिशन'' (1965) में भी बोस के इस विचार की पुष्टि की गई है कि किस प्रकार जनजातियों (संथाल) को हिंदुत्व की महान् परम्पराओं को अपनाने के लिये बाध्य होना पड़ रहा है और अप्रत्यक्ष तौर पर उन्हें हिन्दू जाति-व्यवस्था की ओर धकेला जा रहा है। **प्रो. एल.पी. विद्यार्थी** (1972) ने जाति और जनजातियों के बीच हो रही अन्तर्क्रिया के आधार पर एक स्थान पर लिखा है कि ''मानवशास्त्रीय दृष्टिकोण से भारत में जनजातियां अब धीरे-धीरे जाति व्यवस्था में विलीन होती जा रही हैं।'' सुप्रसिद्ध समाजशास्त्री **प्रो.घुर्ये** ने तो भारत की कुछ जनजातियों को इसी संदर्भ में ''पिछड़े हुए हिन्दू'' तक कहा है।

tribalization — जनजातिकरण

किसी सभ्य मानव समुदाय द्वारा जनजातियों के ऐसे रीति-रिवाजों, कर्मकाण्डों तथा विश्वासों को अपना लेने की प्रक्रिया जनजातिकरण कहलाती है जो उनके अपने रीति-रिवाजों एवं विश्वासों से सर्वथा भिन्न होते हैं। यह प्रक्रिया तब उत्पन्न होने की संभावना रहती है जब तथाकथित सभ्य समाज के व्यक्ति जनजातियों के बीच स्थाई अथवा अस्थाई रूप में रच-बस जाते हैं और सांस्कृतिक सम्पर्क और पर्यावरण के दबाव के कारण धीरे-धीरे जनजातियों के रीति-रिवाजों और विश्वासों को अपना लेते हैं।

tribalization, de — वि-जनजातिकरण/जनजातीयताक्षरण

पारम्परिक जनजातीय संस्कृति के मूल्यों और जीवन-शैली में नकारात्मक तत्वों के प्रवेश की विधा को वि-जनजातिकरण या जनजातीयता-क्षरण कहते हैं। इस अवधारणा का प्रयोग जनजातियों में हो रहे सांस्कृतिक परिवर्तनों के सन्दर्भ में इस अर्थ में किया गया है कि जब परम्परागत आदिवासी संस्कृति के आदर्श रूप में जटिलता, विषमरूपता, प्रतिस्पर्द्धा, टकराव और निराशा जैसे नकारात्मक तत्वों का प्रवेश होने लगता है, तब यह स्थिति जनजातीयता-क्षरण को उत्पन्न कर देती है।

सामान्य रूप में, जनजातीय जीवन-शैली के बारे में यह धारणा रही है कि आदिवासी लोग अत्यन्त सीधे, सरल, निष्कपट, भेदभाव रहित, प्रदर्शन और प्रतियोगिता की भावना से मुक्त, समरस, सहयोग की भावना से आलोड़ित एवं पूर्णतः एकजुट होते हैं। किन्तु आधुनिकता और औद्योगिक संस्कृति के प्रभाववश इन सभी लक्षणों का धीरे-धीरे लोप होता

जा रहा है या इनमें अत्यधिक परिवर्तन आ रहा है और इनका स्थान उपरोक्त वर्णित नकारात्मक तत्व लेते जा रहे हैं। यह स्थिति ही जनजातीयता-क्षरण की परिचायक है।

वि-जनजातिकरण अथवा जनजातीयता-क्षरण का प्रमुख कारण बाहरी आधुनिक संस्कृति के साथ सम्पर्क है जिसके कारण जनजातियों की सामाजिक और सांस्कृतिक संरचनाओं में विघटन हो रहा है। इस सांस्कृतिक सम्पर्क के फलस्वरूप एक जनजाति अपनी पारम्परिक जीवन-शैली और जीवन के प्रतिमानों को छोड़कर दूसरी ऐसी जीवनशैली और प्रतिमान को अपना लेती है, जिसे सामान्यतः आधुनिक जीवन-शैली कहते हैं।

tribal organization — जनजातीय संगठन

सामाजिक संगठन की एक व्यवस्था जिसमें परिवार, गण, भिन्न पीढ़ियां, वृंद (दल) इत्यादि सम्मिलित होते हैं, जनजातीय संगठन कहलाता है। सामान्यतः एक जनजाति के लोग एक ही भू-भाग के निवासी, समान भाषा-भाषी, तथा समान संस्कृति लिये होते हैं। इनकी अंतरंग एवं बाह्य प्रशासन व्यवस्था एक ही केन्द्र (मुखिया, प्रधान) से संचालित होती है। इनमें परस्पर एकता एवं एकजुटता होती है। इनकी सामाजिक परम्पराएं, रीति-नीति, वंशानुक्रम और अपनी नातेदारी प्रणाली होती है।

मानवशास्त्र में जनजातीय संगठन को लेकर जो अध्ययन हुए हैं, वे बताते हैं कि जनजातीय संगठन के कई भिन्न रूप हैं। कहीं पर इनका रूप सपिण्डता पर आधारित खंडात्मक वंश व्यवस्थाओं (साहलिन्स, 1961) का है, तो कही मातृस्थानीय समाजों में इनका बिल्कुल भिन्न रूप (आर. मर्फी, 1957) है। वास्तव में, जनजातीय पहचान बहुधा कई तत्वों पर निर्भर करती है। आधुनिकीकरण की प्रक्रिया ने जनजातीय पहचान के संकट की समस्या उत्पन्न कर दी है।

tribal religion — जनजातीय (आदिवासीय) धर्म

सरल समाजों, विशेषतः आदिवासी लोगों में पाये गये धर्म का रूप महान् धर्मों से कई मामलों में भिन्न पाया गया है। आदिवासी धर्म महान् धमों (हिन्दू, इस्लाम, ईसाई, बौद्ध आदि) की भांति धार्मिक विवेचनाओं अथवा तार्किक व्याख्याओं पर आधारित नहीं होता। इसमें पूर्वज आत्मा, ग्राम देवता, भूतप्रेत तथा किसी परम शक्ति (माना) या सर्वोच्च देवता में अगाध विश्वास प्रकट किया जाता है। आदिवासी धर्म का पुजारी एक बहुउद्देशीय व्यक्ति होता है।

twice-born — द्विज

हिन्दू समाज व्यवस्था में ब्राह्मण, क्षत्रिय, और वैश्य वर्णों के लोग जिन्हें यज्ञोपवीत संस्कार की शास्त्रीय अनुमति होती है, द्विज कहलाते हैं। इन्हें द्वि-जन्मा कहा गया है। वास्तविक रूप में इस धरा पर मानव देह का जब पदार्पण होता है, वह पहला जन्म है। यज्ञोपवीत संस्कार द्वारा व्यक्ति संस्कारित मानव बनता है, यह उसका दूसरा जन्म माना जाता है।

typological dating – प्रारूपिक काल निर्धारण
काल निर्धारण की वह विधि प्रारूपिक कहलाती है जिसमें एक ही प्रकार की वस्तुओं-उपकरणों अथवा अन्य हस्तकृतियों के निर्माण काल का निर्धारण उनके सह सम्बन्धों के अनुसार किया जाता है।

U

ubaid culture – उबेद संस्कृति

तीन हज़ार ई. पू. से पहले मेसोपोटामिया की पूर्व कांस्य युगीन संस्कृति उबेद संस्कृति कहलाती है।

uction – अभिषेक

इस शब्द का प्रयोग दो अर्थों में किया जाता है। प्रतिष्ठान के प्रतीक के रूप में जब धार्मिक कृत्यों सहित किसी व्यक्ति अथवा देवी-देवताओं की प्रतिमा का अनावरण किया जाता है, तब यह अभिषेक कहलाता है। दूसरे अर्थ में, उपचार के उद्देश्य से जब रोगी पर तेल का लेप किया जाता है, तब यह तैलाभिषेक कहलाता है। यह रोगी को स्वस्थ करने का एक धार्मिक संस्कार है।

ultimogeniture – कनिष्ठाधिकार

उत्तराधिकार की एक विधि/नियम जिसके अनुसार सबसे छोटी संतान—पुत्र या पुत्री (मातृवंशीय समाजों में) को माता-पिता की समस्त संपत्ति या उसका बड़ा भाग प्राप्त होता है, कनिष्ठाधिकार कहलाता है। "बारो इंगिलिस" के नाम से यह प्रथा इंग्लैण्ड के कई भागों तथा जर्मनी, रूस, हंगरी में देखी गई है। एशिया में यह प्रथा तुर्की एवं मंगोल जातियों, सुमात्रा और भारत आदि में भी पाई गई है। भारत में खासी जनजाति जो कि मातृवंशीय एवं मातृस्थानिक है, सम्पत्ति का उत्तराधिकार परिवार की सबसे छोटी लड़की को (प्रो. चट्टोपाध्याय के अनुसार) मिलता है। यह लड़की "का खादुह" कहलाती है।

uniformitarianism – एकरूपतावाद

एक सिद्धान्त जिसके अनुसार यह माना जाता है कि पृथ्वी के लक्षण (आकृति) एक दीर्घकालीन प्रक्रियाओं का फल है तथा इन लक्षणों की सततता अतीत की भांति वर्तमान में भी यथावत कायम रहेगी। इस सिद्धान्त का प्रतिपादन **लेयल** द्वारा किया गया है जो यह मानते हैं कि पर्यावरण में सक्रिय भौतिक प्रक्रियाएं जिस गति और तीव्रता से सम्पूर्ण भूगर्भिक काल में होती रही हैं, उसी प्रकार आज भी हो रही हैं। यह सिद्धान्त उत्क्रांतिवाद (कॅटैस्ट्राफिज़्म) का उलटा (विपरीत) है। इसके आधार पर अनन्त भूगर्भिक काल की गणना संभव हो पाई है। यही नहीं, इसका प्रयोग हम पृथ्वी के इतिहास की पुनर्रचना की समसामयिक प्रक्रियाओं को समझने में भी कर सकते हैं।

unigeniture – **समानाधिकार**
उत्तराधिकार का एक नियम जिसके अनुसार सहोदरों के समूहों में से कोई एक माता-पिता की सम्पत्ति का उत्तराधिकारी बनता है, समानाधिकार कहलाता है।

unilateral descent = descent, unilateral

unilinear evolutionism = evolutionism, unilinear

unilocal residence = residence, unilocal

unity and extension – **एकता एवं फैलाव**
भारतीय गांवों के अध्ययन के दौरान कई नई अवधारणाओं का विकास हुआ है। 'एकता और फैलाव' भी एक ऐसी ही अवधारणा है जिसका विकास कॉरनेल विश्वविद्यालय के मानव वैज्ञानिक **मॉरिस ओपलर** द्वारा **प्रो. आर. डी. सिंह** के साथ मिलकर सेनापुर नामक गांव के अध्ययन के दौरान किया गया है। ओपलर का विचार है कि जहां एक ओर भारतीय गांव सजातीय सांस्कृतिक एकता को प्रकट करता है, वहां दूसरी ओर वैवाहिक सम्बन्ध, नातेदारी बंधन, आर्थिक लेन-देन के सम्बन्ध तथा अन्तर-ग्रामीण मेलों और उत्सवों द्वारा एक गांव की प्रशासनिक-राजनीतिक सीमाएं बहुत दूर तक बाहर फैली होती हैं।

ओपलर की इसी अवधारणा को **एच. ए. गौल्ड** ने थोड़ा संशोधित करते हुए 'केन्द्राभिसारी' (सेन्ट्रिपिटल) और 'केन्द्रापसारी' (सेन्ट्रिफ्युगल) कहा है। जब किसी गाँव की गतिविधियां अपने गाँव की एक निश्चित सीमा तक सीमित होती हैं तब इसे 'केंद्राभिसारी' कहते हैं, किन्तु जब गांव की गतिविधियां गांव की सीमाएं लांघ कर दूसरे गांवों, शहरों और बाजारों तक फैल जाती हैं, तब इसे 'केंद्रापसारी' कहते हैं। गौल्ड की इन अवधारणाओं का बाद में **एम. आरेन्सटेन** (1965) ने गोवा के एक गांव के अपने अध्ययन में प्रयोग किया है। उन्होंने बताया कि जहां गांवों में एक ओर एकात्मकता के दर्शन होते हैं, वहां दूसरी ओर ये ही गांव जाति, अधिकार और टकराव के विभिन्न केंद्रापसारी कारकों द्वारा प्रभावित रहते हैं।

universal evolutionism = evolutionism, universal

universalisation – **सार्वभौमीकरण**
रेडफील्ड द्वारा विकसित लघु और वृहद् (महान्) परम्पराओं के बीच निरन्तर होने वाली अन्तर्क्रियाओं की प्रक्रियाओं को अधिक स्पष्ट करते हुए **मैक्किम मेरिॲट** ने भारत के विशेष सन्दर्भ में सार्वभौमीकरण और संकुचितीकरण (स्थानीयकरण) की दो विरोधी किन्तु एक दूसरे की पूरक अवधारणाओं को विकसित किया है। मूल रूप में, सार्वभौमीकरण शब्द का प्रयोग रेडफील्ड ने ही किया है, किन्तु उन्होंने इसे मात्र सांस्कृतिक चेतना के फैलाव तक सीमित किया है, जब कि मेरिॲट ने इसे विस्तृत अर्थ देते हुए इसमें सांस्कृतिक चेतना के साथ-साथ सांस्कृतिक सामग्री के फैलाव को भी सम्मिलित किया है।

मैक्किम मेरिअट के शब्दों में, "सार्वभौमीकरण का पद मैं न केवल सांस्कृतिक-चेतना अपितु सांस्कृतिक-सामग्री को आगे और ऊपर ले जाने की प्रक्रिया के लिये प्रयोग करता हूं।"

उन्होंने आगे लिखा है, "जब लघु परम्पराओं के तत्व (देवी-देवता, प्रथाएं, अनुष्ठान आदि) ऊपर की ओर बढ़ते हैं और उनके फैलाव के क्षेत्र में बढ़ोतरी होती है, तब वे वृहत् (महान्) परम्परा के स्तर तक पहुंच जाते हैं और उनके मूल स्वरूप में बदलाव आ जाता है, तब इस प्रक्रिया को सार्वभौमीकरण कहते हैं।"

संस्कृति में फैलने और व्यापक होने का गुण होता है। इसी गुण के कारण एक स्थानीय या लघु परम्परा (कोई रीति-रिवाज या अनुष्ठान) धीरे-धीरे विस्तृत क्षेत्र में फैल कर व्यापक रूप धारण कर लेती है। कालान्तर में विस्तृत क्षेत्र में फैली यही लघु परम्परा धार्मिक पुस्तकों और गौरव ग्रंथों में अपना स्थान बना लेती है। फैलने और व्यापक होने की इस प्रक्रिया को ही सार्वभौमीकरण के नाम से जाना जाता है। किशनगढ़ी गांव के अपने अध्ययन में मैक्किम मेरिऑट ने सौरति देवी की उपासना और सलूनों के पर्व का उदाहरण देकर स्थानीय (लघु) सांस्कृतिक तत्वों के सार्वभौमीकरण को स्पष्ट किया है। (देखिये— संकुचितीकरण)

universalism — सार्वभौमवाद

एक सिद्धान्त जिसके अनुसार यह माना जाता है कि समाज एक वास्तविकता के साथ-साथ एक मानसिक प्रत्यय भी है तथा इसका सर्वोपरि महत्व है। सार्वभौमवाद के दो प्रमुख रूप हैं: **(1) अतिवादी (उग्र) सार्वभौमवाद** व्यक्ति को सामाजिक समष्टि का मात्र एक अंश, एक अंग मानता है। इस अंश का समष्टि से पृथक कोई महत्व नहीं होता और अंश की अपेक्षा समष्टि का अधिक महत्व होता है, **(2) नरमपंथी सार्वभौमवाद** व्यक्तिगत वास्तविकता तथा सामाजिक समष्टि से परे व्यक्ति के कुछ महत्व को स्वीकारता है।

universe — समग्र

"यूनिवर्स" का शाब्दिक अर्थ विश्व या सृष्टि है, किन्तु सामाजिक शोध की शब्दावली में इस शब्द का प्रयोग अध्ययन-क्षेत्र के विशेष संदर्भ में किया जाता है। एक शोधकर्त्ता का विश्व या सृष्टि उसकी अध्ययन-इकाइयों का वह सीमित क्षेत्र है जिनका वह अध्ययन करने जा रहा है। संक्षेप में, अध्ययन की इकाइयों के समुच्चय को समग्र कहते हैं।

untouchables — अस्पृश्य/अछूत लोग

अंग्रेजी के "अॅन्ट्चॅबल्स" शब्द का प्रयोग भारत की जाति-व्यवस्था के संदर्भ में ऐसी जातियों, उपजातियों और व्यक्तियों के लिये किया जाता है जिन्हें सर्वाधिक अशुद्ध या अपवित्र माना गया है और जिनके छूने, देखने या नजदीक आने मात्र से दूसरे लोगों (द्विज जातियों) का अपवित्र होना माना जाता है। गांधी जी ने इन लोगों के लिये "हरिजन" (परमेश्वर के पुत्र) शब्द का प्रयोग किया था, किन्तु आजकल इन जातियों के लिये "दलित" शब्द का प्रयोग किया जा रहा है। अस्पृश्य कहे जाने वाले लोग भी कई जातियों और उपजातियों में बंटे हुए हैं और इनमें आपस में अन्तर-विवाह और सहभोजी संबंध नहीं हैं। स्वतंत्रता के बाद, भारतीय संविधान ने जाति अस्पृश्यता को समाप्त कर दिया है, किन्तु व्यवहार में जातीय आधार पर अस्पृश्यता आज भी किसी न किसी रूप में विद्यमान है।

upper palaeolithic age — उत्तर-पुरापाषाण युग
ऐसा माना जाता है कि उत्तर-पुरापाषाण युग वर्तमान से लगभग चालीस हजार वर्ष पूर्व से प्रारंभ होकर बीस हजार वर्षों तक रहा है। इसमें औरिग्नेशी, सोल्यूत्री तथा मग्दाली तीन अवस्थाएं सम्मिलित की जाती हैं। इस काल में अस्थि, हाथी दांत, तथा प्रस्तर के उपकरणों का प्रयोग किया जाता था। इस समय के क्रोमेन्यान मानव संभवतः पशुओं के चमड़े से बने कपड़ों का प्रयोग करते थे तथा प्रथम बार कला का निर्माण हुआ था। इस युग में क्रोड से लंबे, सुघढ़ चाकू फलक के समान शल्क निकाले गये थे तथा दक्षिणी-पश्चिमी यूरोप में गुहा चित्रों का निर्माण प्रारम्भ हुआ था।

urban — नगरीय
नगर-निवास की एक विशिष्ट जीवन-शैली के पुंज को नगरीय कहते हैं। यह अवधारणा एक ओर जनसंख्या के आकार, घनत्व और कामकाज की वृति (गैर कृषि) को इंगित करती है, तो दूसरी ओर यह जनसंख्या की विषमता, अवैयक्तिकता, परस्पर निर्भरता, जीवन-शैली के गुणात्मक एवं औपचारिक नियंत्रण और औपचारिक सरकारी व्यवस्था के प्राबल्य पर बल देती है।

urban community — नगरीय समुदाय
एक ऐसा समुदाय जहां जनसंख्या का उच्च घनत्व, गैर-कृषिहर व्यवसायों का बाहुल्य, अत्यधिक श्रम-विभाजन, एवं विशेषीकरण तथा नियंत्रण एवं व्यवस्था की औपचारिक संस्थाओं की प्रधानता हो, नगरीय समुदाय कहलाता है। इन विशेषताओं के अतिरिक्त, नगरीय जीवन-शैली की रचना में अवैयक्तिकता तथा द्वितीयक संबंधों का प्राबल्य होता है। यही नहीं, नगर की जनसंख्या विषमता एवं विजातीयता लिये होती है।

urbanism — नगरवाद
नगरवाद एक विशिष्ट प्रकार की जीवन-शैली (जिसे सामान्यतः नगर की जीवन-शैली कहते हैं) का परिचायक शब्द या पद है जिसकी प्रमुख विशेषताएं अस्थिर और अल्पकालीन सम्बन्ध, दिखावापन, औपचारिक एवं अवैयक्तिक सम्बन्ध, गुमनामपन (अजानपन), व्यक्तिवादिता, अत्यधिक गतिशीलता एवं परिवर्तनशीलता, संयम और लय का दबाव, निजी स्वार्थों और कार्यों की वैशिष्टयता पर आधारित श्रम-विभाजन, पारिवारिक जीवन का ह्रास, काम करने के लिये निर्जीव शक्ति का प्रयोग तथा उन्नत प्रौद्योगिकी (सूचना प्रौद्योगिकी) पर आधारित सामाजिक जीवन है।

नगरवाद या नगरीयता और नगरीकरण को एक ही समझने की भूल नहीं की जानी चाहिये। दोनों में अन्तर है। नगरवाद या नगरीयता एक दशा है, यह परिस्थितियों का एक पुंज है, जबकि नगरीकरण परिवर्तन की एक प्रक्रिया है जिसमें लोग नगरीय जीवन-शैली को अपनाते हैं।

नगरवाद अथवा नगर का जीवन एक सामाजिक घटना है जिसके अध्ययन की शुरुआत मुख्य रूप में बीसवीं शताब्दी के प्रारंभ में शिकागो विश्वविद्यालय में हुई। यहां

समाजशास्त्रियों और मानवशास्त्रियों ने नगरवाद के एक सिद्धान्त को विकसित करते हुए कहा कि "यह सामाजिक जीवन का एक विशिष्ट रूप है।" अपने एक प्रख्यात लेख में **लुई विर्थ** (1938) ने कहा कि "नगरवाद या नगरीयता बसावट का तरीका नहीं है, अपितु यह जीवन की एक विशिष्ट शैली है जो ग्राम्य जीवन-शैली से भिन्न होती है।" उन्होंने आगे कहा कि "आकार, घनत्व, स्थायित्व, और सामाजिक विषमरूपता की पारिस्थितिकीय दशाएं अवैयक्तिक, आभासी (दिखावापन), अस्थायी तथा खंडित सामाजिक सम्बन्धों के सामाजिक विश्व का निर्माण करती हैं। यहां परिवार और पड़ौस के प्राथमिक सम्बन्ध नहीं होते। नगर के रहने वाले व्यक्ति अनेकों विशिष्ट भूमिकाओं को निभाते हुए खंडित और पृथक्कृत सामाजिक जगत् में कटा हुआ जीवन जीते हैं।" उनके विचारानुसार शहरी व्यक्ति इन परिस्थितियों में "मानकशून्यता" (एनॉमी) का अनुभव करते हैं जो उन्हें सामाजिक विघटन के कारकों, जैसे अपराध, आत्महत्या, भ्रष्टाचार, व्यक्तित्व में टूटन, तथा जन आंदोलन आदि की ओर धकेलते हैं।" वास्तव में, विर्थ के उपरोक्त विचारों की जड़ें **सिमेल** (1950) की "बेगानापन के सिद्धान्त" तथा **पार्क** (1928) के "सीमान्त मानव" के विश्लेषण में गड़ी हुई हैं।

urbanization – नगरीकरण

'नगरीकरण' के पद का प्रयोग दो रूपों में किया गया है। प्रथम अर्थ में, ग्रामीण क्षेत्रों से नगरीय क्षेत्रों की ओर गतिशीलता की प्रक्रिया को नगरीकरण कहा गया है।, किन्तु इसमें जनसंख्या के संक्रमण के अतिरिक्त अभिवृत्तियों, विश्वासों, मूल्यों और व्यवहार प्रतिमानों (सम्पूर्ण जीवन-शैली) में बदलाव भी सम्मिलित है। मात्र जनसंख्या के संक्रमण को (गांव से नगर की ओर) नगरीकरण नहीं कहा जा सकता।

द्वितीय अर्थ में, नगरवाद के लक्षणों (जीवन-शैली में बदलाव) के विकास एवं प्रसार की प्रक्रिया को नगरीकरण कहा जाता है। प्रसिद्ध नगरीय समाजशास्त्री **लुई विर्थ** के अनुसार, "ग्रामों के नगरों में बदलने की प्रक्रिया नगरीकरण है।" वास्तव में, नगरीकरण की अवधारणा का प्रयोग कई अर्थ एवं संदर्भ में किया गया है। नगरीय बन जाना, नगरों की ओर निष्क्रमण, खेतिहर कार्यों को छोड़ कर गैर-कृषिहर कार्यों को अपनाना और व्यवहार प्रतिमानों में समानान्तर परिवर्तन आदि जैसी सभी घटनाओं को नगरीकरण की अवधारणा में समाहित कर लिया जाता है। आजकल इस अवधारणा का प्रयोग मुख्यतः वृहत् समुदायों (नगरों) में जनसंख्या के केन्द्रीकरण के लिये किया जाने लगा है जहां व्यवसायों की प्रकृति गैर-खेतिहर होती है।

urn burial – कलश शवाधान

शवाधान की एक विधि जिसमें शव अथवा उसकी अस्थियों को कलश में रख कर प्रस्तर से या दूसरे कलश के मुख को उस कलश के मुख पर रखकर सील बंद कर दिया जाता है।

uxorical residence = residence, uxorical

V

varna – वर्ण

भारत के सामाजिक स्तरीकरण के संदर्भ में "वर्ण" और "जाति" दो अवधारणाओं का प्रयोग हुआ। कभी-कभी इन दोनों अवधारणाओं को एक दूसरे का पर्याय मान कर एक दूसरे के एवज में प्रयोग कर लिया जाता है, किन्तु इस प्रकार का प्रयोग त्रुटिपूर्ण है। ये दोनों भिन्न अवधारणाएं है जो दो भिन्न सामाजिक व्यवस्थाओं का संकेत देती हैं। दोनों शब्दों की उत्पत्ति भिन्न रूप में हुई है। 'वर्ण' की व्युत्पत्ति 'वृ' धातु से मानी जाती है, जिसका अर्थ 'वरण करने' से होता है। वर्ण-व्यवस्था के संदर्भ में इसका अभिप्रायः संभवतः 'व्यवसाय के वरण' से रहा हो सकता है। एक अन्य अर्थ में 'वर्ण' का अर्थ रंग से भी होता है। ऐसा माना जाता है कि इस शब्द का सर्वप्रथम ऋग्वेद में हुआ है जिसका रचना-काल लगभग 4000 ई.पू. मानते हैं। **पी. वी. काने** के अनुसार, वर्ण की धारणा वंश, संस्कृति, चरित्र, स्वभाव एवं व्यवसाय पर मूलतः आधारित है। इसमें व्यक्ति की नैतिक और बौद्धिक योग्यता का समावेश होता है। यह स्वाभाविक वर्गों की व्यवस्था को इंगित करती है।

हिन्दू सामाजिक संगठन के चातुर्वर्ण के सिद्धान्त के अनुसार समाज को ब्राह्मण (पुरोहित), क्षत्रिय (सैनिक), वैश्य (व्यापारी) और शूद्र (सेवक) के चार भागों में विभाजित किया गया है। ऐसा माना जाता है कि यह वर्गीकरण पूर्णतः श्रम-विभाजन पर आधारित था। इनका आधार आनुवंशिक न होकर कर्म था। वैदिक काल में, इन वर्णों में आपसी वैवाहिक, खान-पान या अन्य सामाजिक सहवास संबंधी कोई प्रतिबंध नहीं थे। यही नहीं, कर्म पर आधारित होने के कारण एक वर्ण का व्यक्ति दूसरे वर्ण में प्रवेश पा सकता था। वास्तव में, वर्णों में संकुचितता और ऊँच-नीच का भाव बाद में (230 ई.पू. से 700 ई.पू.) पैदा हुआ मानते हैं। कालान्तर में, इस ऊँच-नीच की धारणा ने ही वर्ण व्यवस्था को जाति-व्यवस्था में बदल दिया प्रतीत होता है।

values – मूल्य

मूल्य वे कसौटियां हैं जिनके आधार पर अच्छे-बुरे, सही-गलत, करणीय और अकरणीय का निर्णय किया जाता है। सामाजिक विज्ञानों के संदर्भ में, मूल्य वे सांस्कृतिक अथवा व्यक्तिगत धारणाएं या आदर्श हैं जिनके द्वारा वस्तुओं अथवा घटनाओं की एक दूसरे के साथ तुलना की जा सकती है, उन्हें स्वीकार अथवा अस्वीकार किया जा सकता है तथा सापेक्षिक रूप में यह देखा जा सकता है कि क्या वांछित अथवा अवांछित है, क्या अच्छा या बुरा है, क्या अधिक

ठीक और कम ठीक है। समाज वैज्ञानिक सामाजिक मूल्य और व्यक्तिगत मूल्य में अन्तर करते हैं। सामाजिक मूल्यों के भी कई प्रकार हैं, जैसे शैक्षणिक मूल्य, राजनीतिक मूल्य, आर्थिक मूल्य आदि।

varve analysis – अनुवर्षस्तरी कालानुक्रम

पुरातत्वशास्त्र में तिथि के निर्धारण की एक विधि अनुवर्षस्तरी कालानुक्रम कहलाती है जिसमें स्थिर जलाशयों, जैसे ग्लेशियल झील में समय के वार्षिक अनुक्रम (चक्र) में महीन एवं खुरदरी मिट्टी की एकांतर तहों में जमी तलछट के अध्ययन द्वारा समय का अनुमाप किया जाता है। जिस प्रकार वृक्षवलयों के अध्ययन द्वारा वृक्षों की तैथिकी (उम्र) मालूम की जाती है, उसी प्रकार तलछट की तहों द्वारा भूमि के कालानुक्रम का निर्धारण किया जाता है।

veddoid – वेड्डायड

दक्षिणी एशिया, विशेषतः श्रीलंका में रहने वाले लोग वेड्डायड प्रजाति के माने जाते हैं। यह एक मिश्रित प्रजाति है जिसमें काकेशॉयड, पूर्व-द्रविड़ और इंडो-आस्ट्रेलियाई प्रजातियों के लक्षण पाये जाते हैं। इनकी संख्या बहुत कम है। इनका सिर लम्बा और संकरा, केश लहरदार और घुंघराले होते हैं। इनका कद छोटा होता है, औसत ऊंचाई 5 फीट होती है। त्वचा का रंग चाकलेटी-भूरा होता है। **क्रोबर** ने इसे अपने प्रजाति वर्गीकरण में संदेहजनक प्रजातियों में माना है।

verstehen – सहज बोध (वर्स्टहेन)

"वर्स्टहेन" जर्मन भाषा का एक शब्द है जिसका अंग्रेजी में अनुवाद "अन्डरस्टैन्डिंग" या "इन्टरप्रिटेशन" के रूप में किया गया है जिसका अर्थ 'सहज बोध' या निर्वचन से है। सामाजिक विज्ञानों, विशेषतः समाजशास्त्र में इस शब्द का प्रयोग **मैक्स वेबर** द्वारा पद्धतिशास्त्रीय एक उपकरण के रूप में किया गया है। वेबर के अनुसार व्यक्ति की सामाजिक क्रियाओं को समझने के लिये वर्स्टहेन पद्धति का प्रयोग किया जाना चाहिये, अर्थात् एक व्यक्ति दूसरों के साथ व्यवहार करते समय अपनी क्रियाओं का क्या अर्थ लगाता है, उसे समझा जाना आवश्यक है और इसके लिये अन्तर्दृष्टि की आवश्यकता होती है। इस अन्तर्दृष्टि द्वारा सामाजिक व्यवहार को समझने को ही वर्स्टहेन या सहज बोध कहते हैं। *वर्स्टहेन घटना को देखने-समझने की स्वबोधक पद्धति है जिसमें शोधकर्त्ता स्वयं कर्त्ता की भूमिका में अपने आपको रखकर कर्त्ता की क्रियाओं के अर्थ एवं मन्तव्य को समझने का प्रयास करता है।* लोग क्या करते हैं और ऐसा वे क्यों करते हैं, इसे जानने के लिए यह जानना आवश्यक है कि व्यक्ति क्या सोचते हैं। इस 'जानने' या बोध प्राप्त करने के लिये ही वर्स्टहेन की जरूरत पड़ती है। मानवशास्त्रियों द्वारा आदिम समाजों के गहन अध्ययन के लिये जो "सहभागिक अवलोकन" विधि का प्रयोग किया जाता है, वह मैक्स वेबर की शब्दावली में वर्स्टहेन विधि से मिलती-जुलती विधि है। दोनों ही पद्धतियों का मूल उद्देश्य घटना की बारीकियों को जानने के लिये घटना से सम्बन्धित कर्त्ताओं के मन्तव्य को जानना है। संक्षेप में, कर्त्ता की क्रियाओं/व्यवहार के वास्तविक भीतरी अर्थ को जानने की विधि को ही वर्स्टहेन कहते हैं।

vicaricus participation — अन्यदीय सहभागिता
किसी व्यक्ति अथवा वस्तु को किसी अन्य व्यक्ति अथवा वस्तु के द्वारा स्थानापन्न कर प्रतिनिधित्व कराने को अन्यदीय सहभागिता कहते हैं।

vicarious sacrifice — प्रतीकात्मक बलि
किसी व्यक्ति, पशु या प्राणी की बलि के स्थान पर उसके प्रतीक स्वरूप किसी अन्य वस्तु (प्रतिरूप) की बलि चढ़ाने को प्रतीकात्मक बलि देना कहा जाता है। किसी जीवित पशु के स्थान पर आटे या अन्य पदार्थ से पशु के प्रतिरूप का प्रतीकात्मक बलिदान करना इसका एक उदाहरण है।

village — गाँव
ग्रामीण क्षेत्र के घरों के उस छोटे से समूह को गाँव कहते हैं जिसकी एक निश्चित स्थानीय सीमा और एक नाम होता है। संभवतः मानव आवास का यह सबसे पुराने स्थाई समूह का एक रूप रहा है। गाँव की सीमा में वह समस्त जमीन आती है जिस पर गांव के लोग रहते हैं और खेती करते हैं, अपने पशु चराते हैं तथा अन्य कार्यों के लिये उसका उपयोग करते हैं। यह एक ऐसा लघु समुदाय है जिसके सदस्य प्रायः एक-दूसरे को जानते हैं। इसके अतिरिक्त, इस समुदाय में सामाजिक-सांस्कृतिक दृष्टि से काफी समरूपता होती है। इसमें प्राथमिक समूहों और अनौपचारिक सम्बन्धों की प्रधानता होती है। जनसंख्या की दृष्टि से ऐसा समुदाय कम घनत्व वाला होता है तथा यहां के अधिकांश लोग खेती या खेती से जुड़े व्यवसायों में संलग्न होते हैं। ऐसा माना जाता है कि गाँव का उद्‌भव नव-पाषाण युग में हुआ था और ये मिश्र में 8000 ई. पू. विद्यमान थे।

violence — हिंसा
"*शारीरिक रूप से अहित पहुंचाने के उद्देश्य से जानबूझ कर (साभिप्राय) शक्ति के प्रयोग को हिंसा कहते हैं।*" हिंसा की यह एक सामान्य परिभाषा है, किन्तु इस परिभाषा की एक बड़ी कमजोरी यह है कि इसमें "शारीरिक अहित" को ही मात्र हिंसा माना गया है और इसके दायरे में सामाजिक, आर्थिक और राजनीतिक उन असमानताओं को बाहर रखा गया है जो सुविचारित रूप में निर्मित और बनाये रखी जाती हैं, किन्तु जिनका प्रत्यक्ष तौर पर प्राथमिक उद्देश्य शारीरिक हानि पहुंचाना नहीं होता। ये असमानताएं अप्रत्यक्ष तौर पर हिंसा का कारण होती हैं। उपरोक्त परिभाषा के अतिरिक्त हिंसा की एक अन्य विस्तृत परिभाषा के अन्तर्गत कई अन्य प्रकार के व्यवहार को हिंसा माना गया है, जैसे उच्छृंखल व्यवहार के रूप में हिंसा, सम्पत्ति अथवा प्रतिष्ठा के अतिक्रमण या अतिलंघन के रूप में हिंसा, उग्र एवं उपद्रवी व्यवहार के रूप में हिंसा, शारीरिक शक्ति के प्रयोग के रूप में हिंसा, शारीरिक प्रहार के रूप में हिंसा, और उपरोक्त में से सभी अथवा किसी एक व्यवहार के बारे में धमकी या उसकी नाटकीय अभिव्यक्ति के रूप में हिंसा आदि। कुछ धर्मों, विशेषतः जैन धर्म में हिंसा को अत्यन्त व्यापक अर्थों में परिभाषित करते हुए किसी भी जीव के प्रति मन, वचन अथवा कर्म से दुर्भावना से किये गये ऐसे व्यवहार को हिंसा कहा गया है जिससे जीव को किसी भी प्रकार की ठेस

पहुंचती हो, चाहे इस व्यवहार से जीव को कोई शारीरिक हानि होती हो अथवा न होती हो। मानवशास्त्रीय दृष्टिकोण से भी शारीरिक अहित पहुंचाने की उपरोक्त संकुचित धारणा को चुनौती दी गई है। "शक्ति के प्रयोग" और "शारीरिक अहित" के बारे में अलग-अलग जगह भिन्न मत हो सकते हैं। इस सम्बन्ध में आधुनिक सभ्य समाजों और आदिम समाजों की धारणाओं में काफी अन्तर पाया गया है। उदाहरणार्थ, जादू-टोने में "शारीरिक शक्ति" का उस अर्थ में प्रयोग नहीं किया जाता जैसा कि आधुनिक विज्ञान में माना जाता है, फिर भी जादू-टोने के प्रयोगकर्त्ता (ओझा या शामन) यह मानते हैं कि उनकी क्रियाएं लक्ष्य को शारीरिक हानि पहुंचाने में सक्षम होती हैं। चीन में पैरों को छोटा बनाये रखने के उद्देश्य से वहां शिशु अवस्था में ही लड़कियों के पैरों में लोहे या अन्य किसी धातु के जूते पहना कर बांध दिया जाता है। पश्चिमी चिकित्सा पद्धति के अनुसार इसे शारीरिक रूप से हानिकर माना जाता है जबकि चीनी लोग इसे ऐसा कुछ नहीं मानते। उत्तर प्रदेश में अभी हाल हुए एक सामाजिक सर्वेक्षण की रिपोर्ट से विस्मयकारी तथ्य उजागर हुआ है कि वहां की पत्नियां अपने पति द्वारा पीटे जाने, या अन्य जुल्म किये जाने को बुरा नहीं मानती हैं, अपितु वे इसे "पति का अधिकार" मानती हैं। ये उदाहरण यह प्रकट करते हैं कि हिंसा क्या है और क्या नहीं, इसका निर्धारण सामाजिक-सांस्कृतिक आधार पर होता है और यह समय और स्थान के अनुसार बदलता रहता है। अधिकांश मानवशास्त्रीय लेखनों में हिंसा और सामाजिक-सांस्कृतिक व्यवस्था के आपसी सम्बन्धों, अर्थात् दोनों किस प्रकार एक दूसरे को प्रभावित करते हैं, पर विचार किया गया है। इन सभी लेखनों में हिंसा की परिभाषा में दुर्भावना से शारीरिक अहित पहुंचाने की दृष्टि से किये गये ऐसे प्रहार, जिसे आधुनिक जैव-चिकित्सा हानिप्रद मानती है, का विचार निहित है।

हिंसा के सम्बन्ध में हुए कुछ अध्ययनों के सामान्य निष्कर्ष इस प्रकार हैं : ऐसे सरल समाजों जिनमें राजनीतिक सत्ता के पद सोपान तथा भौतिक समृद्धि की विषमता का अभाव होता है, उनमें जटिल समाजों की अपेक्षा बहुत कम खुला विद्रोह होता है। फिर भी, चूंकि सरल समाजों में संघर्ष का निर्णय करने तथा उसे लागू करने के औपचारिक साधन कम होते हैं, अतः वहां वैमनस्य की भावना से आन्दोलित होने की संभावनाएं अधिक होने से हत्याएं अधिक होती हैं। वहां अधिकांश ऐसी घटनाएं लैंगिक ईर्ष्या अथवा पारस्परिकता के मानदण्डों के उल्लंघनों को लेकर होती हैं। ऐसे समाजों में राजनीतिक मामलों को लेकर समूहों के बीच सशस्त्र संघर्ष बिरले ही होते हैं। इसके विपरीत, राजनीतिक आधार पर संस्तरित समूहों में समूह के भीतर तथा समूह और दूसरे समूह के बीच संसाधनों पर कब्जा (पशुओं और जमीन पर) हेतु राजनैतिक सत्ता हथियाने के उद्देश्य से खुला संघर्ष और विद्रोह होता है। ऐसे समाजों में जहां केन्द्रिकृत राजनीतिक सत्ता नहीं होती, वहां समूह के भीतर तथा समूह और समूह के बीच दुश्मनी होने की संभावना अधिक होती है, वहां विवाह के प्रतिमान पुरुष सम्बन्धियों को एक जगह इकट्ठा होने में सहायक होते हैं। **मार्क रोश** (1986) ने 90 गैर-औद्योगिक समूहों के हिंसात्मक समूह-संघर्षों का विश्लेषण कर बताया कि भ्रातृकता के आधार पर गठित हित समूहों की उपस्थिति हिंसा का एक प्रमुख निर्धारक तत्व है। किन्तु इसके अलावा उन्होंने बालकों के पालनपोषण और प्रशिक्षण के तरीकों को भी समान रूप से हिंसा का कारण माना

है क्योंकि ये तरीके बालक में ऐसी मनोवैज्ञानिक प्रवृत्तियों की नीवों को मजबूत करती हैं जो जीवन-भर उसके व्यवहार को प्रभावित करती हैं। रूखा, कठोर और स्नेहहीन उदासीनता युक्त समाजीकरण का हिंसा के साथ घनिष्ठ सम्बन्ध है। इसके साथ सामाजिक-सांस्कृतिक कारकों की भी हिंसा को भड़काने में महत्वपूर्ण भूमिका होती है।

समाजशास्त्र में, दुर्खाइमवादी परम्परा के अनुसार यह माना जाता है कि व्यक्तिगत अनैतिक मूल प्रवृत्तियों द्वारा उत्पन्न हिंसा को समाजीकरण की प्रक्रिया द्वारा दबा दिया जाता है। समाज में समय-समय पर जो तनाव उत्पन्न होते हैं, उन्हें समाज की द्वितीयक संस्थाएं (संस्कार से लेकर उपहार देने की प्रथा) अपने तरीकों से हिंसा को नियंत्रित करती रहती हैं और इस प्रकार सामाजिक-संरचनात्मक संतुलन बना रहता है। दुर्खाइम की परम्परा के विपरीत मार्क्स की वैचारिक परम्परा हिंसा को वर्ग-आधारित मानती है और यह स्वीकार करती है कि समाज में सामाजिक-संरचनात्मक तनावों में हमेशा हिंसा को भड़काने की प्रवृत्ति होती है और अन्ततः यह प्रक्रिया सामाजिक-सांस्कृतिक विकास को प्रवृत्त करने का काम करती है और इस प्रकार इतिहास अपने उद्देश्यानुसार आगे बढ़ता है। इन दोनों परम्पराओं से भिन्न जीव-पारिस्थितिकी परम्परा के अनुसार यह माना जाता है कि हिंसा मानव की पशु प्रकृति का एक अनिवार्य हिस्सा है और जो अपने आपको सामाजिक–सांस्कृतिक रूप में अभिव्यक्त करता है। यह मूल प्रवृत्ति की अभिव्यक्ति का दूसरा तरीका है। आधुनिक मानवशास्त्रीय अध्ययनों में, एक प्रासंगिक घटना के रूप में हिंसा को किन्हीं सामाजिक-सांस्कृतिक लक्ष्यों को प्राप्त करने का एक साधन माना जाने लगा है। कुछ अध्ययन इस तथ्य को लेकर हुए हैं कि हिंसा कैसे पनपती है, इसे पनपाने वाले युवा-किशोरों के क्या तौर-तरीके और प्रवृत्तियां होती हैं, आदि।

vitamins – विटामिन्स

जीवों को अपने मुख्य खाद्य पदार्थों के साथ-साथ कुछ ऐसे अन्य पदार्थों की थोड़ी मात्रा में आवश्यकता होती है, जो उनके शरीर को बनाये रखते हैं। ये अतिरिक्त खाद्य पदार्थ (कार्बनिक योगिक) विटामिन्स कहलाते हैं। इनकी (विटामिन्स) की कमी या अनुपस्थिति से कई प्रकार के अभाव रोग हो जाते हैं, जैसे रिक्केट्स, रतोन्धी, एनिमिया, स्कर्वी एवं आंख के रोग आदि। प्रमुख रूप से छः प्रकार के विटामिन्स होते हैं। ये हैं—ए, बी, सी, डी, ई और के।

voice – वाणी/अभिव्यक्ति

"वाणी" अथवा "अभिव्यक्ति" की अवधारणा का उद्भव मानवशास्त्रीय लेखनों की समीक्षा की प्रतिक्रिया स्वरूप सन् 1970 के आसपास तब हुआ जब मानवशास्त्री की एक भीतरी व्यक्ति की भूमिका के बारे में प्रश्न खड़े किये गये और कहा गया कि ऐसी स्थिति में सूचनादाता को बिरले ही कहने-सुनने का अवसर दिया जाता है क्योंकि ऐसा माना जाता है कि भीतरी व्यक्ति, अर्थात् सहभागिक मानवशास्त्री दूसरे व्यक्तियों के सोच और अनुभवों को अभिव्यक्त करने में सक्षम है। इस स्थिति को कभी-कभी अभिव्यक्ति की "हिंसा" भी कहा जाता है। उदाहरणार्थ, महिलावादियों ने यह आरोप जड़ा है कि पारम्परिक मानवशास्त्रीय संस्कृतियों के वर्णन में स्त्रियों को कभी "बोलते" हुए नहीं पाया गया और उनकी प्रस्थिति

और दृष्टिकोण के अभाव ने इस प्रकार के लेखनों में विभेद की समस्या पैदा की है।

पारम्परिक नृजातिलेखन में विभेद और कथन की समस्या के समाधान के रूप में सन् 1980 के दशक में "वाकोपवाक (डाइलॉजिक) मानवशास्त्र" का उद्‌भव हुआ। **केविन डव्एेर** (1982) और **डेनिस टेडलॉक** (1983) जैसे मानवशास्त्रियों ने मानवशास्त्री और सूचनादाता के बीच होने वाले संवाद पर बल दिया और कहा कि नृजातिलेखन को दोनों की कृति मानी जानी चाहिये। वास्तव में, जिसे आजकल 'डाइलॉजिक मानवशास्त्र' कहा जा रहा है, उसकी जड़ें महान् रूसी साहित्य समीक्षक **एम. एम. बखतिन** (1981) के विचारों में गड़ी है जिन्होंने स्वरूपवादी साहित्यिक और संरचनावादी भाषिक सिद्धान्तों की भाषा के "एकालापी" दृष्टिकोण की आलोचना की है। इसके अतिरिक्त इस सम्बन्ध में आधुनिक मानवशास्त्रियों पर **वॉलोसिनोव** (1973) के विचारों का भी प्रभाव पड़ा है जिन्होंने विस्तार से भाषा के "वाकोपवाक" (डाइलॉजिक) मॉडल पर प्रकाश डाला है।

"डाइलॉजिक मॉडल" के बारे में कुछ संदेह प्रकट किये गये हैं कि क्या इस प्रकार की सांस्कृतिक अभिव्यक्ति की योजना में दबे हुए पराधीन व्यक्ति की कोई "आवाज़" हो सकती है, चाहे नृजातिलेखन कितना भी राजनीतिक रूप में आत्म-आलोचक क्यों न हो। उदाहरणार्थ, **गायत्री चक्रवर्ती स्पीवक** (1988) ने इस बारे में लिखा है, "अधीनस्थ व्यक्ति कभी नहीं बोल सकता है, क्योंकि मानवशास्त्री और सूचनादाता के बीच जो शक्ति-गतिकी (संरचना) होती है, वह बिरले ही कभी समान होती है, अतः "अभिव्यक्ति की हिंसा" अपरिहार्य है। यह स्थिति पुनः इस प्रश्न को छेड़ देती है कि क्या "दूसरों" द्वारा किया गया दावा भी ज्ञानमीमांसात्मक समस्याओं से घिरा हुआ है जो अनुभव के ऐसे अनुमानों पर आधारित है जिसे **दरिदा** (1976, 1998) ने "शब्द केन्द्रित" कहा है।

voodoo (vudu) – वूडू

संभवतः इस शब्द (टर्म) की उत्पत्ति योरूबा के 'वोडू' शब्द से हुई प्रतीत होती है जहां इसका प्रयोग ईश्वर, आत्मा अथवा पवित्र वस्तु के लिये किया गया है। इसका प्रयोग हैती के सर्वहारा और कृषक समुदायों के अलावा कैरिब्बिअन सागर, ब्राजील तथा उत्तरी अमेरिका के दक्षिणी भाग के काले लोगों के एक संगठित धार्मिक पंथ के लिये किया जाता है। वूडू के साथ जुड़े हुए विश्वासों और कर्मकाण्डों के साथ-साथ जिस शब्दावली का प्रयोग किया जाता है, उसकी उत्पत्ति अफ्रीकी क्षेत्र से हुई है और जिसमें कैथॉलिक धर्म के कई तत्व भी मिले हुए हैं। इस पंथ के पुजारी लोग मानवरूपी आत्माओं के वशीभूत हो कर काम करते हैं। ये लोग सामुदायिक भोजों और नृत्य में भाग लेते हैं तथा बीमारियों को ठीक करने संबंधी सुझाव देने के साथ-साथ उनका निदान भी करते हैं।

votive offering – संकल्प अपर्ण

किसी मनोकामना की पूर्ति हेतु अलौकिक शक्ति (देवी-देवता) के समक्ष आनुष्ठानिक अपर्ण अथवा मनौती के रूप में बलि भेंट करना संकल्प अपर्ण कहलाता है।

W

War/Warfare – युद्ध/युद्धस्थिति

युद्ध संघर्ष का एक रूप है जिसमें समूहों के बीच आक्रमण के लिये हथियारों का खुलेआम प्रयोग किया जाता है। इसका रूप लघु स्तर के समाजों के बीच होने वाले छोटे-मोटे झगड़ों और छापामारी धावों से लेकर तकनीकी रूप में सम्पन्न आधुनिक राष्ट्रों के बीच होने वाले वृहत स्तरीय महायुद्ध की हो सकती है। मानवशास्त्र में युद्ध का अध्ययन मुख्य रूप में इस विवाद पर केन्द्रित रहा है कि क्या युद्ध अन्तर्हित मनोवैज्ञानिक प्रवृतियों (लड़ाकूपन की मानव की जन्मजात प्रवृति) का परिणाम है, या इसके पीछे कुछ पारिस्थितिकीय कारण होते हैं तथा ऐसे लोग जो इस प्रकार की व्यवस्थाओं (मनोवैज्ञानिक तथा पारिस्थितिकीय) को निर्धारणवादी मानकर पूर्णतः अस्वीकार करते हैं। सामान्यतः राजनीतिक सत्ताओं, जैसे समुदायों, प्रदेशों अथवा राष्ट्रों के बीच होने वाली भयंकर हिंसा को युद्ध कहा जाता है। इस प्रकार की हिंसा को सामाजिक वैधानिकता प्राप्त होती है। मानवशास्त्रीय अध्ययनों से विदित हुआ है कि अधिकांश आदिम समाजों में अथवा वृहत् प्रादेशिक समूहों के बीच युद्ध होते रहे हैं अथवा युद्ध की स्थिति विद्यमान रहीं है। फिर भी, मानवशास्त्रीय क्षेत्र में युद्ध के प्रभावित कारणों, इसके प्रकारों और इसकी आवृत्ति पर बहुत कम अध्ययन हुए हैं।

द्वितीय विश्व युद्ध के काल में कुछ मानवशास्त्रियों का ध्यान युद्ध पर गया और उन्होंने इस विषय पर कुछ छुटपुट अध्ययन किये हैं। **मेलिनोस्की** (1941) ने इस विषय पर विद्यमान अध्ययनों को समन्वित करने का प्रयास किया है। **टर्ने हाई** का अध्ययन "आदिम युद्ध" (1949) इस विषय का एक बहुचर्चित अध्ययन रहा है जिसमें वास्तविक युद्ध का सविस्तार वर्णन-विश्लेषण किया गया है। अनेक अध्ययन उत्तरी अमेरिका के इंडियनों के साथ युद्ध को लेकर हुए हैं।

युद्ध के कारणों को लेकर अधिकांश अध्ययन मनोविज्ञान के क्षेत्र में हुए हैं। **फ्रायड** ने "थान्टोज़" नामक मानव की एक मूलप्रवृत्ति को युद्ध का कारण माना है। **कोनार्ड लॉरेंज** (1966) ने फ्रायड के विचारों से ही सहमति प्रकट करते हुए युद्ध को लड़ाकूपन की जन्मजात सहजवृत्ति की उपज माना है। सहज मूलवृति के सिद्धान्तों की कई आधार पर आलोचना हुई है। यह कहा गया कि मानवीय उद्‌विकास का अधिकांश इतिहास यह बताता है कि मानव के प्रारंभिक काल में युद्ध न के बराबर हुए हैं। आजकल युद्ध के पुरातन सिद्धान्तों का स्थान सामाजिक-जैवकीय सिद्धान्तों ने ले लिया है जो बढ़ती हुई जनसंख्या और सिकुड़ते हुए

सीमित संसाधनों को युद्ध का प्रत्यक्ष या परोक्ष कारण मानते हैं। राजनीतिक मानवशास्त्र में युद्ध और राजनीति के सम्बन्धों को लेकर अध्ययन किये गये हैं। ये अध्ययन बताते हैं कि राजनीतिक संगठन इस समझ को पैदा करने के लिये युद्ध का आवश्यक आधार तैयार करते हैं कि व्यक्ति कैसे और क्यों युद्ध करते हैं। विभिन्न संस्कृतियों में मानवशास्त्र के क्षेत्र में हुए युद्ध सम्बन्धी सांख्यिकीय तुलनात्मक अध्ययनों से कई तथ्य उभर कर आये हैं, उनमें एक सर्वाधिक महत्वपूर्ण तथ्य यह सामने आया है कि युद्ध और सामाजिक संरचना में घनिष्ठ सम्बन्ध होता है, अर्थात् ऐसे आदिवासीय क्षेत्रों में युद्ध की अधिक घटनाएं देखी गई हैं जहां पितृवंशीय आधार पर जुड़े पुरुषों के "भ्रातृक हित समूह" होते हैं (**ऑटरबैन** 1977)। मातृवंशीय आधार पर आपस में काटने वाले बंधनों से बने समूहों के बीच लम्बी दूरी के युद्ध कम होते हैं (**डाबेल**, 1084)। इनके अलावा, खंडात्मक वंश व्यवस्था और युद्ध के बीच सम्बन्धों की भी पड़ताल की गई है (**साहलिन्स**, 1961)। मनोवैज्ञानिक कारकों और समाजीकरण की रीतियों का भी अध्ययन कर युद्ध में इनकी भूमिका का विश्लेषण किया गया है।

सन् 1980 के दशक के बाद इस क्षेत्र में कई विभिन्न आयामों वाले नये विषयों पर काम हुआ है। "शांति" उनमें से एक प्रमुख विषय है जिसके बारे में कहा गया है कि "शांति का तात्पर्य युद्ध की अनुपस्थिति मात्र से कहीं अधिक है, यह एक सकारात्मक स्थिति है जिसकी अपनी सहायक संस्थाएं, प्रथाएं, और आस्थाएं होती हैं जो इसे बनाये रखती हैं।" दूसरा विषय स्थानीय सांस्कृतिक कारकों से सम्बन्धित है जो सैन्यबल को अर्थ और स्वरूप प्रदान करता है। युद्ध को ऐतिहासिक परिप्रेक्ष्य में अध्ययन करने वाला तीसरा विषय है जिसमें दीर्घकालीन बाह्य प्रभावों को युद्ध का कारण मानकर अध्ययन किया जाता है। आधुनिक मानवशास्त्र में अभी एक नई धारा का विकास हुआ है जो वर्तमान विश्व में युद्ध की समस्याओं के अध्ययन पर जुटी हुई हैं। इन अध्ययनों में "प्रभुत्व, प्रतिरोध, भय की संस्कृति", "अन्तर्राष्ट्रीय सुरक्षा और पेशेवरों की संस्कृति" तथा उत्तर-शीत युद्ध राज्यों में "नृजातिक" और अन्य हिंसा की चुनौतियों जैसे प्रमुख विषय हैं जिन पर अनेक शोध की जा रही हैं।

Wechselwirkung — वेच्सेवर्कगं

प्रसिद्ध जर्मन समाजशास्त्री **सिमेल** की धारणा "पारस्परिक प्रभाव" को जर्मन भाषा में "वेच्सेवर्कगं" कहा गया है। "पारस्परिक प्रभाव" से तात्पर्य "सामाजिकता" की शुरुआत से है, यह तब होती है जब दो या अधिक व्यक्ति एक-दूसरे के साथ अन्तर्क्रिया करते हैं और जब एक व्यक्ति के व्यवहार को दूसरे व्यक्ति का प्रत्युत्तर माना जाता है।

Whorfian hypothesis — वोर्फवादी प्राक्कल्पना

"भिन्न भाषाएं भिन्न विश्व दृष्टि को जन्म देती है", इस मूल विचार पर आधारित "वोर्फवादी प्राक्कल्पना" (यह सपिर-वोर्फ प्राक्कल्पना के नाम से भी जानी जाती है) के अनुसार यह माना गया है कि "यथार्थ विश्व की रचना बहुत सीमा तक समूह की भाषा की आदतों (भाषाई ढांचे की विचारधारा के अत्यधिक अभ्यस्त स्वरूप) के आधार पर होती है।" इसका सबसे सुन्दर और प्रचलित उदाहरण व्याकरण-मूलक स्वरूपों का दिया जा सकता है, जैसे आंग्ल भाषा के

लिंगमूलक एकवचन सर्वनाम (ही या शी), संस्तरण को व्यक्त करने वाले हिन्दी भाषा के शब्द जैसे बड़ा भाई / छोटा भाई और फ्रैंच भाषा के टू/वोज़ शब्द हैं। वोर्फ ने अपनी इस धारणा के आधार पर कहा है कि कई आदिम लोगों की भाषाएं जैसे इन्यूट और अमेरिंडियन भाषाएं अंग्रेजी भाषा से काफी कठिन हैं। इसी के आधार पर उन्होंने यह प्राक्कल्पना प्रस्तुत की है कि जो लोग इस प्रकार की भाषाएं बोलते हैं, उनका विश्व को देखने का नज़रिया सरल भाषाएं, जैसे अंग्रेजी बोलने वालों से भिन्न होता है। इस प्राक्कल्पना के अनुसार यह माना जाता है कि मात्र "हमारे" और "उनके" (या तुम्हारे) दो प्रकार के विचारों के स्वरूप नहीं हैं, अपितु विचारों के अनेक विविध स्वरूप हैं। फिर भी वोर्फ ने उन दो रूपों को प्रमुखता दी है जो व्यापक रूप में प्रचलित हैं। इनमें प्रथम में वे विचार आते हैं जिनकी अंग्रेजी भाषा में अभिव्यक्ति हुई है और द्वितीय में वे विचार आते हैं जिनकी अभिव्यक्ति उत्तरी इन्डियनों की मूल भाषाओं में हुई है।

स्मरण रहे कि **बैंजामिन ली वोर्फ** (1956) एक रासायनिक अभियन्ता थे और बोऑसवादी परम्परा के एक शौक़िन मानवशास्त्रीय भाषाविद् थे। **एडवर्ड सपिर** (1949) बोऑस के शिष्य थे जिनके सानिध्य में वोर्फ का मानवशास्त्रीय प्रशिक्षण हुआ था। वोर्फ ने अपनी इस प्राक्कल्पना के द्वारा भाषा और संस्कृति के मध्य सम्बन्ध स्थापित करने का प्रयास किया है। किन्तु, वोर्फ को अपने इस प्रयास में सफलता नहीं मिली। भाषाविदों ने बहुत पहले ही संस्कृति और भाषा के प्रत्यक्ष सम्बन्धों को अस्वीकार कर दिया और कहा है कि लोग अपनी जरूरत के हिसाब से नये शब्दों की रचना कर लेते हैं तथा एक अवधारणा को दूसरी अवधारणा में अनुवाद किया जा सकता है।

widow inheritance – विधवा उत्तराधिकार

पति की मृत्यु के उपरान्त विधवा को चल-सम्पत्ति की भांति पति के भाई (भाभी विवाह), लड़के या किसी अन्य पुरुष संबंधी को हस्तान्तरित कर विवाह संबंधों में निरन्तरता बनाये रखने या आगे बढ़ाने की प्रथा को विधवा उत्तराधिकार कहा गया है। इसकी व्याख्या विवाह संबंधों की संरचनात्मक महत्ता तथा स्त्री की मैथुनिकता पर नियंत्रण के दोनों रूप में की गई है।

wife hospitability – पत्नी आतिथ्यता

कुछ आदिम समाजों में व्यक्ति द्वारा अपनी पत्नी को आतिथ्य-सत्कार के रूप में रात्रि में भेंट करने की प्रथा प्रचलित है, इसे ही पत्नी आतिथ्यता कहते हैं। इस प्रथा का पालन सामान्यतः कुछ विशेष अवसरों पर ही होता है। उद्‌विकासवादी मानवशास्त्रियों का मत है कि यह प्रथा कामाचार या मैथुनिक साम्यवाद के अवशेष के रूप में ही अभी भी कहीं-कहीं विद्यमान है।

wind break – वातरोध

यह आवास का एक आदिम रूप है जिसमें शाखाओं को धरती में सीधी दीवार की तरह अथवा अर्ध वृत्ताकार रूप में गाड़ दिया जाता है। तत्पश्चात् उन्हें झाड़-झंखाड, घासफूस एवं पत्तियों से इस प्रकार ढक दिया जाता है ताकि तेज हवा और वर्षा में इसमें शरण लेकर रक्षा की जा सके। खानाबदोश जनजातियां इनका प्रयोग घरों के रूप में करती हैं। वेद्दा, बुशमैन,

अमेरिंडियन जनजातियों में इनका प्रयोग पाया गया है।

witchcraft – **अभिचार / जादू-टोना**

विशेषकर दूसरों को हानि पहुंचाने के उद्देश्य से जब ऐसी क्रियाओं और साधनों का प्रयोग किया जाता है जो समाजोनुमोदित नहीं होते और जिन्हें समाज में हेय दृष्टि से देखा जाता है, तब ऐसी क्रियाओं, साधनों और इनसे जड़े विश्वासों के पुंज को जादू-टोना या जादुई अभिचार कहा जाता है। **इवान्स प्रिचार्ड** (1937) ने अभिचार और काला जादू (सॉःसरी) में भेद किया है। काला जादू (सॉःसरी) को उन्होंने सीखी हुई एक ऐसी क्रिया माना है जो आक्रामक और नुकसानदायक होती है।

एक अन्य अर्थ में, डायनों या जादूगरनियों की अलौकिक क्रियाओं को जादू-टोना कहा गया है। सामान्यतः इस शब्द का प्रयोग ऐसे व्यक्तियों (प्रायः स्त्रियों) को इंगित करने के लिये किया जाता है जिनका दुष्ट आत्माओं या शैतानों (पिशाचों) के साथ सम्बन्ध माना जाता है। सामान्यतः जादू-टोने सम्बन्धी क्रियाकलाप खेतिहर समाजों में ही अधिक देखने को मिले हैं।

मानवशास्त्र के क्षेत्र में जादू-टोने पर अधिकांश शोध कार्य अफ्रीका की जनजातियों पर किया गया है और इन अध्ययनों में अधिकांशतः प्रकार्यवाद का प्रयोग किया गया है। **इवान्स प्रिचार्ड** (1937) **मैक्स मारविक** (1965), **जॉन मिडिलटन** (1960), **इस्थर गूडी** (1973), और **मेरी डगलस** (1963) ने जादू-टोने पर कुछ महत्वपूर्ण कार्य किये हैं। इन अध्ययनों में निष्कर्षतः कहा गया है कि जादू-टोने का प्रयोग प्रत्यक्ष सम्बन्धों वाले समाजों में सामाजिक संघर्षों को शाब्दिक रूप में अभिव्यक्त करने अथवा उन्हें समाधान करने के उद्देश्य से किया जाता है।

witch doctor – **ओझा**

आदिम समाजों के साथ-साथ निरक्षर पारम्परिक समाजों में ऐसे लोग पाये गये हैं जो मंत्रों, तावीजों, जड़ी-बूटियों और टोनों-टोटकों द्वारा बीमारों का इलाज करते हैं, डाइनों का पता लगा कर उसे भगाते हैं तथा अपकारी जादुई प्रभावों को दूर करने में विशेषज्ञता प्राप्त व्यक्ति होते हैं, इन्हें ओझा या शामन कहा जाता है।

women/women's roles – **महिलाएं/ महिलाओं की भूमिकाएं**

एक सामाजिक समूह के रूप में महिलाओं को प्रायः पुरुषों के विपरीत चित्रित किया जाता है। इस विपरीतता की जड़ें मूलतः स्त्रियों और पुरुषों के लिंग-अन्तर में गड़ी हुइं हैं। किन्तु "स्त्री" और "स्त्रियां" की अवधारणाएं तब अधिक जटिल हो जाती हैं जब लिंग (जैन्डर), यौन (सेक्स) और कामात्मकता (सेक्स्युऐलिटी) को अन्तर-सांस्कृतिक और ऐतिहासिक धारणाओं के साथ जोड़ कर देखा जाता है। अतः जब मानवशास्त्री "स्त्रियों" की बात करते हैं, तब उनका संकेत समाज के सेक्स/जेन्डर व्यवस्था की ओर होता है। नववाद के अनुसार, सेक्स/जैन्डर व्यवस्था से तात्पर्य, "लिंग (जेन्डर) भूमिकाओं और मैथुनिक इच्छाओं के आदेशात्मक नियमों और आरोपित व्याख्याओं के यौन-भेद के आधार पर सांस्कृतिक रूपान्तरण है।"

"महिलाएं" एक सामाजिक तथ्य और एक विश्लेषणात्मक उपकरण (कोटि) दोनों ही है, जो एक शोधकर्त्ता को किसी समाज विशेष में स्त्रियों की सामाजिक भूमिकाओं के बारे में जानने में मदद करता है। स्त्रियों और पुरुषों की सामाजिक भूमिकाओं और मूल्यों या उनके जीवन काल के दौरान उभरती हुई सामाजिक भूमिकाओं और प्रस्थितियों में अन्तर प्रदर्शित करने के लिये सांस्कृतिक आधार पर महिलाओं को कैसे देखा जाता है, जैसे विषय शोधार्थियों के खोज के विषय रहे हैं। मानवशास्त्र में हुए अधिकांश प्रारंभिक शोध-कार्यों में विभिन्न सामाजिक संरचनाओं, जैसे घुमक्कड़ समाजों और जटिल समाजों में स्त्रियों के जीवन और मूल्यों का तुलनात्मक अध्ययन किया गया है।

कई समाज "महिला" को मात्र एक यौन (सेक्स) कोटि ही नहीं मानती, अपितु ऐसे समाजों में एक लिंग (जेन्डर) व्यवस्था भी होती है जो उनकी सामाजिक और यौनिक भूमिकाओं का भी निर्धारण करती है। यदि कोई स्त्री इन निर्धारित भूमिकाओं का पालन नहीं करती तो उन्हें "एक आदर्श महिला" की कोटि से बहुधा सांस्कृतिक रूप में बहिष्कृत कर दिया जाता है। जिन समाजों में स्त्रियोचित यौनिकता (कामात्मकता) को विलिंगी और निष्क्रिय (निश्चेष्ट) के रूप में परिभाषित किया जाता है, ऐसे समाजों में किसी भी स्त्री की किसी क्रियाकलाप में या किसी अन्य स्त्री के साथ अन्तर्क्रिया में उसकी सक्रिय भूमिका को अच्छा नहीं माना जाता, और यह उसकी मौलिक स्त्रियोचितता के प्रति स्वयं उसके मस्तिष्क में और समाज में संदेह पैदा करता है।

"महिला" की अवधारणा तब अधिक कठिनाई पैदा कर देती है, जब इसे "नृजातिक समूह" और "प्रजाति" के संदर्भ में देखा जाता है। उदाहरणार्थ, दक्षिणी और पूर्वी यूरोपीय समाजों की निम्न वर्गों और यहूदी स्त्रियों के बारे में यह माना जाता है कि वे श्वेत उच्च-वर्ग की स्त्रियों से लिंग (जेन्डर), यौन (सेक्स) और कामात्मकता के मामले में भिन्न हैं। उत्तरी अमेरिका में, श्वेत स्त्रियां यह नहीं अनुभव करतीं कि अफ्रीकी-अमरीकी स्त्रियां उसी प्रकार गुलाम नहीं हैं, जिस प्रकार कि वे स्वयं हैं।

स्त्रियों की भूमिका को दो रूप में परिभाषित किया जा सकता है, प्रथम अर्थ में, स्त्रियों द्वारा किये जाने वाले काम के संदर्भ में उनकी भूमिका का निर्धारण होता है। द्वितीय अर्थ में, जिस विशिष्ट सामाजिक समूह से वे सम्बन्धित हैं, उसमें उनके लिये क्या भूमिका निर्धारित है, उसे उनकी भूमिका माना जाता है। मानवशास्त्रियों ने उन्नीसवीं सदी के उत्तरार्द्ध में जो अध्ययन किये, उनसे प्रकट हुआ है कि आदिम समाजों में स्त्रियां जीवन के सभी क्षेत्रों में, यथा आर्थिक क्रियाओं में, धार्मिक एवं आनुष्ठानिक क्रियाओं में, मां और मैथुनिक साथी के रूप में तथा समुदाय की राजनीतिक क्रियाकलापों में भाग लेती थीं। किन्तु, सन् 1970 के बाद, जब से "महिलावादी मानवशास्त्र" का उद्भव हुआ, महिलावादी मानवशास्त्रियों ने स्त्रियों के उपरोक्त चित्र से सर्वथा भिन्न चित्र खींचा है। उन्होंने स्त्रियों की भूमिकाओं में काफी भिन्नता प्रदर्शित करने के साथ-साथ यह भी बताया है कि उनकी क्या भूमिकाएं हो सकती थीं। उन्होंने कहा कि यद्यपि प्रारंभिक मानवशास्त्रियों ने स्त्रियों की सामाजिक भूमिकाओं का चित्रण

किया है। किन्तु उन्होंने इनसे सम्बन्धित सामाजिक चलनों की अधिकांशतः अवहेलना की है। उन्होंने कहा कि इन शोध कार्यों में स्त्रियों को पुरुष की क्रिया की वस्तुएं मान कर उन्हें पशु, सीप-शंख, मुद्रा की भांति पुरुष विनिमय की निष्क्रिय वस्तुएं माना गया है। इससे पूर्णतः विपरीत, आजकल महिलावादी मानवशास्त्र या लिंग के मानवशास्त्र में स्त्रियों को सांस्कृतिक उत्पादन और प्रजनन के अभिकर्त्ता के रूप में चित्रित एवं प्रदर्शित किया जा रहा है।

women and anthropology – स्त्रियां और मानवशास्त्र

एन. क्वीन्न ने बताया है कि स्त्रियों की प्रस्थिति और भूमिका संबंधी मानवशास्त्रीय अध्ययनों पर "महिलावाद" और अमेरिका तथा यूरोपीय समाज में स्त्रियों की भूमिका संबंधी विभिन्न राजनीतिक दृष्टिकोणों का असर पड़ा है। स्त्रियों की प्रस्थिति के अन्तर-सांस्कृतिक तुलना संबंधी अध्ययन मुख्यतः महिला मानवशास्त्रियों द्वारा किये गये हैं और इनमें से अधिकांश अमेरिका की महिलाएं अग्रणी रही हैं। इन अध्ययनों के प्रमुख विषय स्त्रियों की भूमिका, पितृसत्तात्मकता तथा पुरुष प्रभुत्व की महिलावादी दृष्टिकोण से चर्चा एवं व्याख्या करना रहा है। उदाहरणार्थ, कुछ मानवशास्त्रियों ने, महिलाओं की आधिनता के अनेक सतही प्रकार के समान नृजातिक प्रकरणों के द्वारा यह सिद्ध करने का प्रयास किया है कि मानवीय समाज में सार्वभौमिक लैंगिक असमानता रही है और इसका आधार घर और बाहर (सार्वजनिक) क्षेत्रों में श्रम-विभाजन, और स्त्रियों की घरेलू कार्यों तक सीमाबन्दी रही है। यही नहीं, स्त्रियों को प्रकृति के साथ और पुरुष को संस्कृति के साथ सांकेतिक रूप में जोड़ा जाता रहा है। किन्तु, इस प्रकार के अध्ययनों को स्त्रियों की प्रस्थिति की जटिल प्रकृति को अति सरल रूप में प्रस्तुत करने का दुस्साहस की कहा जायेगा। वास्तव में, स्त्रियों की प्रस्थिति के आधुनिक विश्लेषणों से विदित हुआ है कि कुछ मामलों में उनकी प्रस्थिति पुरुषों से "निची" है, तो कुछेक में "ऊँची" भी है, और ऐसे भी क्षेत्र हैं जिसमें दोनों लिंगों की समान प्रस्थिति है। फिर भी, 'सार्वभौमिक लैंगिक असमानता' के विचार को एकदम खारिज़ नहीं किया जा सकता और राजनीतिक, आर्थिक, सामाजिक और वैचारिक व्यवस्थाओं के संदर्भ में स्त्रियों की प्रस्थिति के पुनर्मूल्यांकन किये जाने की आवश्यकता है।

मानवशास्त्र में महिलाओं के अध्ययन के संदर्भ में एक बात विशेष उल्लेखनीय है कि अधिकांश नृजातिक अध्ययन 'पुरुष-अभिनति' से रंगे हुए हैं और किस प्रकार पुरुष नृजातिक लेखकों ने संस्कृति और समाज के प्रति स्त्रियों के दृष्टिकोण की अवहेलना की है, या वे उनके दृष्टिकोण को ठीक प्रकार से समझ ही नहीं पाये हैं। कुछेक अध्ययनों में कभी-कभी इस बात को भी उभारा गया है कि यद्यपि स्त्रियों की प्रस्थिति हमेशा निम्न नहीं होती, तथापि पुरुष-अभिनति से ग्रस्त नृजातिक लेखकों द्वारा ऐसा अनुभव किया गया बताया गया है। स्त्रियों की प्रस्थिति संबंधी अन्तर-सांस्कृतिक अध्ययनों में प्रस्थिति की भिन्नता की व्याख्या के लिये कई सिद्धान्तों का प्रयोग किया गया है। कुछेक ने पुरुषों की आक्रमकता की जन्मजात प्रवृति को स्त्रियों की हीन स्थिति के लिये उत्तरदायी माना है, तो कुछेक ने स्त्रियों द्वारा बच्चों के उत्पादन, उनके लालन-पालन आदि को स्त्रियों की प्रस्थिति के साथ जोड़ा है। बच्चों के

उत्पादन और लालन-पालन के कारण स्त्रियों की गतिशीलता घट जाती है और उन्हें घर के दायरे तक सीमित कर देती है। कुछ मानवशास्त्रियों ने स्त्रियों की प्रस्थिति के निर्धारण में समाजीकरण की प्रक्रिया की भूमिका की महत्ता पर प्रकाश डाला है।

work – कार्य

मानव प्राणियों द्वारा किये गये श्रम अथवा जिस श्रम के किये जाने की आशा की जाती है, उसे "कार्य" कहा जाता है। इसमें मानसिक और शारीरिक दोनों प्रकार के श्रमों को सम्मिलित किया जाता है, यद्यपि बहुधा इन दोनों में भेद किया जाता है। मानवीय जीवन की यह पूर्व आवश्यकता है कि वह भौतिक संस्कृति की रचना करे जो प्राकृतिक विश्व से उसे अलग भी करती है तथा मानवीय प्रकृति को सुरक्षित रखती है। कार्य मानवीय संस्कृति का आधार है क्योंकि यह भौतिक परिवेश के बिना विश्वासों, मूल्यों और व्यवहार का कोई अस्तित्व नहीं होता और भौतिक परिवेश का निर्माण बिना कार्य के संभव नहीं है। बाइबिल की रचना ही ईश्वर के कार्य से शुरू होती है जिसने जगत् की रचना की है। ग्रीक पुराणशास्त्र के अनुसार "ज़ेस" सहित सभी देवताओं ने "दरिद्रता की देवी"—"अनन्के" का समादर करते हुए उसके प्रति नतमस्तक हुए हैं क्योंकि उसकी देह में कार्य का निवास माना जाता है। भारतीय (हिन्दू) धर्म में चार पुरुषार्थों में "अर्थ" के रूप में मान्यता देकर कार्य की महत्ता को प्रकट किया गया है। मानवशास्त्रीय परिप्रेक्ष्य में कार्य के मानवीय आयाम को पर्याप्त महत्व दिया गया है। समय-समय पर प्राकृतिक आपदाओं और युद्ध से हुए विनाश के बाद मानव समाजों और संस्कृतियों ने अपने भौतिक पर्यावरण की पुनः रचना कर कार्य के महत्व को स्थापित किया है। भौतिक वस्तुओं का पुनर्निर्माण मानवीय संस्कृति के ज्ञान, निपुणताओं, मूल्यों, प्रौद्योगिकी, जानकारियों, व्यवहार प्रतिमानों तथा पुनर्रचना और पुनर्निर्माण के आग्रह और अध्यवसाय के द्वारा ही संभव हो पाया है।

रचनात्मकता एक मानवीय विशेषता है जिसकी अभिव्यक्ति, व्यक्तिगत और सामूहिक दोनों स्तर पर, कई प्रकार के कार्यों में होती है। कार्य सार्वभौमिक एवं सर्वकालिक है। गैर-बाजार संस्कृतियों में रहने वाले व्यक्तियों के किसी भी सामाजिक क्षेत्र में कोई भी कार्यकलाप उनके सामाजिक पद से प्रभावित होता था। उदाहरणार्थ, ट्रोब्रिएंड द्वीपवासियों में बागवानी का कार्य वहां की सामाजिक व्यवस्था का एक हिस्सा है जिसमें पचास प्रतिशत् फसल को नातेदारी दायित्वों को पूरा करने हेतु प्रयोग किया जाता है (**मेलिनोस्की**, 1922)। चेयन्ने स्त्रियां घरों का निर्माण सामाजिक और नातेदारी दायित्वों के कारण निर्माण करती हैं (**हॉबल**, 1960)। नूअर स्त्रियां अपनी गायों का दूध परिवार और समुदाय के प्रति दायित्वों को पूरा करने हेतु निकालती हैं (**प्रिचार्ड**, 1940)। एक कुंग बुशमैन को एक शिकारी की भूमिका को अपने समाज के प्रति दायित्वों को पूरा करने हेतु निभाना पड़ता है, चाहे वह शिकारी बनना चाहे या न चाहे। इन संस्कृतियों में कार्य इस प्रकार जड़ें जमाये हुए है कि इनमें इसके लिये कोई अन्य शब्द ही नहीं है। अतः शेष सामाजिक संरचना से कार्य का कोई अन्य आयाम इन समाजों में नहीं है।

इसके विपरीत, औद्योगिक समाजों में, मानव व्यक्ति जिन कार्यों में व्यस्त और घिरे रहते हैं, उसके लिये अन्य शब्दों "धन्धा", "व्यवसाय" या "पेशा" का प्रयोग किया जाता है। इन समाजों में जब व्यक्ति प्रथम बार मिलते हैं, तब बातचीत की शुरुआत के रूप में कई बार एक-दूसरे से पूंछते हैं कि आप क्या करते हैं ? यहां क्या करने से तात्पर्य ही "व्यवसाय" या "धन्धे" से होता है। अतः आधुनिक परिप्रेक्ष्य में, अपने लिये अथवा दूसरों के उपभोग या विनिमय के लिये वस्तुओं और सेवाओं के उत्पादन हेतु शारीरिक, मानसिक एवं संवेगात्मक प्रयासों की आपूर्ति को कार्य माना जाता है।

कार्य के आधार पर ही संगठन की व्यवस्था की रचना और निर्माण होता है, जिसका मूर्तीकरण हम उन भौतिक वस्तुओं के रूप में देखते हैं जिनकी मानव व्यक्तियों को अपने भौतिक विश्व के साथ अन्तर्क्रिया में आवश्यकता पड़ती है। अन्य प्राणियों से भिन्न , मानव व्यक्ति प्रकृति के साथ भौतिक रूप से अन्तर्क्रिया उपकरणों और कार्य की व्यवस्था के प्रयोग बिना नहीं कर सकता है। मानवशास्त्रियों ने विभिन्न समाजों में कार्य से जुड़ी विभिन्न संस्थाओं का अध्ययन किया है। विभिन्न समाजों में कार्य की प्रकृति के बारे में क्या दृष्टिकोण हैं, कार्य-व्यवहार के क्या सार्वभौमिक तथा विशिष्ट प्रतिमान हैं तथा सम्पूर्ण विश्व में कार्य के प्रति क्या दृष्टिकोण है, इन विषयों को लेकर मानवशास्त्रियों ने कई अध्ययन किये हैं तथा किये जा रहे हैं।

world-system theory – विश्व-व्यवस्था सिद्धान्त

अमरीकी समाजशास्त्री और इतिहासकार **इम्मानुएल वॉलेंस्टीन** "विश्व-व्यवस्था सिद्धान्त" (1974) के प्रतिपादन करने वालों में प्रमुख व्यक्ति रहे हैं। इस सिद्धान्त की मूलभूत रूपरेखा की रचना उन्होंने ही की है। यद्यपि इस सिद्धान्त की जड़ें समाजशास्त्र में गड़ी हुई हैं, तथापि विश्व-व्यवस्था सम्बन्धी शोध आजकल सभी विज्ञानों का विषय बनी हुई हैं। अधिकांशतः इस प्रकार की शोध की प्रकृति बहुवैषयिक है। इस सिद्धान्त का प्रमुख प्रेरणा स्त्रोत "फ्रांसीसी इतिहास-लेखन का इतिवृत सम्प्रदाय" और "पराश्रितता का सिद्धान्त" रहा है, किन्तु फिर भी यह सिद्धान्त सम्पूर्ण व्यवस्था की समष्टिपरक और आन्तरिक रूप में चक्रिक प्रकृति पर जोर देता है। न्यूयार्क के स्टेट विश्वविद्यालय के "फरनेंड ब्राडेल केन्द्र" ने विश्व-व्यवस्था सिद्धान्त सम्बन्धी अध्ययनों में विशेषज्ञता हासिल की है। इस केन्द्र ने न केवल इस सिद्धान्त सम्बन्धी कई अध्ययनों तथा अन्य सामग्री को प्रकाशित किया, अपितु यह केन्द्र इससे सम्बन्धित एक पत्रिका 'रिव्यू' भी प्रकाशित करता है।

"विश्व-व्यवस्था" से **वॉलेस्टीन** का तात्पर्य, एक ऐसी अन्तर-सामाजिक व्यवस्था से है जो आत्मनिर्भर श्रम-विभाजन द्वारा निर्मित होती है। यहां "विश्व" शब्द का अर्थ "आत्मनिर्भरता" से है और "व्यवस्था" शब्द का अर्थ "कुछ सीमा तक आन्तरिक सम्बद्धता" से है। इस व्यवस्था में आर्थिक पक्ष को तो एक दूसरे से जुड़ा हुआ किन्तु राजनीतिक पक्ष को खुला छोड़ दिया गया है, अर्थात् समस्त विश्व के देश राजनीतिक रूप में अलग रहते हुए भी वे आर्थिक मुद्दों पर विश्व स्तर पर एक प्रकार की मूक सहमति द्वारा बंधे होंगे। इस सिद्धान्त

Z

zoolatry – पशु-पूजा

धर्म का एक रूप पशु-पूजा है, जिसमें देवता के रूप में जीवित पशुओं अथवा पशु आकार के देवताओं की पूजा की जाती है। इसी के आधार पर पशुदेववाद (पशु-देवताओं में विश्वास) का जन्म हुआ।

zoomorphism – पशुत्वारोपण

पशुत्वारोपण एक ऐसी धार्मिक प्राक्कल्पना है जिसमें देवी-देवताओं को पशु सदृश आकृति तथा गुण प्रदान किये जाते हैं।

zygote – युग्मजन

एक अंडाणु और एक शुक्राणु के सम्मिलन या संयोग से बनी कोशिका को 'युग्मजन' कहते हैं। इसमें गुणसूत्र की सभी विशेषताएं होती हैं और इसमें एक सम्पूर्ण जीव के रूप में विकसित होने की संभावनाएं होती हैं।